Deutsche Gegenwartsliteratur

Deutsche Gegenwartsliteratur

Ausgangspositionen und aktuelle Entwicklungen

Herausgegeben von
Manfred Durzak

Philipp Reclam jun. Stuttgart

CIP-Kurztitelaufnahme der Deutschen Bibliothek

Deutsche Gegenwartsliteratur:
Ausgangspositionen u. aktuelle Entwicklungen /
hrsg. von Manfred Durzak. –
Stuttgart : Reclam, 1981.
ISBN 3-15-010300-2
NE: Durzak, Manfred [Hrsg.]

Gesamtherstellung: Reclam, Ditzingen. Printed in Germany 1981
Umschlagentwurf: Alfred Finsterer, Stuttgart
ISBN 3-15-010300-2

Inhalt

MANFRED DURZAK

Einleitung

Dieses Buch ist der jüngere Bruder eines anderen Buches *(Die deutsche Literatur der Gegenwart. Aspekte und Tendenzen)*, das vor genau zehn Jahren das erstemal erschien, seitdem drei Auflagen erlebte und vergriffen ist. Und wie es bei realen Geschwistern zu sein pflegt, gibt es auch hier einige modifizierte gemeinsame Züge, aber sehr viel mehr unterscheidende Merkmale. Um es genau zu sagen: Von den 28 Beiträgen dieses Bandes sind 22 neu geschrieben worden. 6 erweiterte und umgearbeitete Beiträge gehen auf das ältere Buch zurück (einer davon war erst in der dritten Auflage hinzugekommen).

Es ist daher Rechtens, trotz der vorhandenen Familienähnlichkeit von einem eigenen und neuen Gesicht dieses Buches, von einem neuen Buch zu sprechen. Gerade weil der 1971 erstmals erschienene Band sich offenbar als Orientierungsinstrument in der deutschsprachigen Literatur bewährt hat, schien es erforderlich, jenes Jahrzehnt literarischer Entwicklung, das seit dem Ersterscheinen verstrichen ist, zu reflektieren und in seinen Auswirkungen auf die Literatur zu berücksichtigen. Aber hat sich so viel verändert?

Die Kassandrarufe, die die (bundes-)deutsche Literatur Ende der sechziger Jahre begleitet haben, sind eigentlich nicht verstummt, sie werden nur anders intoniert. Man erinnert sich. Der Soziologisierungs- und Politisierungstrend, der die permanent kränkelnde und von Zeit zu Zeit immer wieder totgesagte bürgerliche Literatur vergeblich auf das Streckbett der politischen Relevanz zu zwingen versuchte und das rückgratlose Opfer schließlich – im November 1968 im *Kursbuch* – als unbrauchbar auf den Schindanger der öffentlichen Mißachtung beförderte, scheint passé. Was – so von Walter Boehlich[1] – schon zum Kadaver erklärt worden war, hat überlebt. Die Totgesagte hat sich zwar nicht auf spektakuläre Weise regeneriert, aber immerhin neue Kräfte gesammelt und in den innenpolitischen Wetterstürzen Mitte der siebziger Jahre in der Bundesrepublik den Kopf eingezogen und sich auf den Marsch nach Innen begeben, auf der Suche nach den Stunden der wahren Empfindung, auf der Suche nach Sinnlichkeit statt Sinn.

Enzensberger hatte freilich schon 1968 zu bedenken gegeben, »daß der ›Tod der Literatur‹ selber eine literarische Metapher ist, und zwar die jüngste nicht. Seit wenigstens hundert Jahren, sagen wir: seit Lautréamont, befindet sich die Totgesagte, nicht unähnlich der bürgerlichen Gesellschaft, in einer permanenten Agonie, und wie diese hat sie es verstanden, die eigene Krisis zur Existenzgrundlage zu machen.«[2]

So gesehen, hat sich wenig verändert. Oder doch? Wenn nicht alles täuscht, hat sich jenseits der ideologisch instrumentierten Debatten pro und contra Literatur bzw. bürgerliche Literatur doch einiges verändert. Um es ganz kurz zu sagen: Die Öffentlichkeit, die dieser Literatur zur Verfügung steht und die ihre Wirkung erst konstituiert, ist weiter geschrumpft. Damit ist freilich nicht so sehr die quasi professionelle Öffentlichkeit gemeint, die als ein Sektor des literarischen Lebens in der Literaturkritik zum Ausdruck kommt. Obwohl auch dieser Bereich – wieder einmal – heftig von

Krisen geschüttelt wurde. Gemeint ist einmal das durch einen *Spiegel*-Artikel ausgelöste, sich in vielfältigen kontroversen Meinungsäußerungen dokumentierende Unbehagen an der kunstrichterlichen Funktion des Kritikers Marcel Reich-Ranicki[3], durch die öffentliche Reaktion Heinrich Bölls auf dessen Verriß seines jüngsten Romans *Fürsorgliche Belagerung* noch bedeutsam verstärkt[4].

Gemeint ist zum andern der heftige Schlagabtausch, der in den Feuilletonspalten durch eine moralisierende Polemik des Kritikers Fritz J. Raddatz[5] gegen eine Reihe von namhaften Autoren der deutschen Nachkriegsliteratur entfacht wurde, die während des Dritten Reiches zu schreiben begonnen oder weitergeschrieben hatten. Gewiß, das war in beiden Fällen im wesentlichen eine Insider-Veranstaltung, ein Sturm im feuilletonistischen Wasserglas, aber offenbar symptomatisch für die Aufzehrung des literarischen Vertrauenskapitals nicht nur zwischen Kritikern und Kritikern, sondern vor allem zwischen Autoren und Kritikern. Derjenige, der diesem Sachverhalt am stärksten Ausdruck verliehen hat, ist Günter Grass, dem mit seinem Roman *Der Butt* in den siebziger Jahren zugleich der größte Bucherfolg der deutschen Nachkriegsliteratur gelang: »Der Leser – und ich glaube, wir haben ein literarisches Publikum in der Bundesrepublik – ist solcher Kritik voraus. Ich glaube, das haben bloß einige Großkritiker noch nicht gemerkt; sie werden nicht mehr ernst genommen.«[6]

Auf diesem Hintergrund wirkt es denn schon fast wie unfreiwillige Ironie, wenn ein anderer Literaturkritiker angesichts von Vorträgen junger Literaturwissenschaftler über Aspekte der Gegenwartsliteratur gemeint hat: »Tag für Tag und Woche für Woche beweisen die Rezensenten der großen Zeitungen, daß ihre Methode, sich der Gegenwartsliteratur zu nähern, der akademischen, wie immer sie aussieht, überlegen ist.«[7]

Zur Selbstgerechtigkeit haben freilich die Literaturwissenschaftler auch ihrerseits keinen Anlaß. Denn der Öffentlichkeitsschwund, dem Literatur in den siebziger Jahren mit steigender Tendenz unterworfen war, reicht unmittelbar in die Universitäten hinein, in die Hörsäle, in denen diejenigen, die sich gleichfalls professionell mit Literatur beschäftigen, die Hochschuldidaktiker des Faches Deutsch, die Universitätsgermanisten und Literaturstudenten, ihrerseits nur – so die These eines engagierten akademischen Kritikers – die »Entliterarisierung« der Literatur betreiben: »Mit der üblichen Verspätung von mehreren Jahren haben sich allerorten junge Garden von Lehrern und Hochschuldidaktikern daran gemacht, das Todesurteil über die Belletristik zu exekutieren, mit dem es denen, die es ausgesprochen hatten, so ernst gar nicht war.«[8]

Aber das entscheidendste Symptom des Öffentlichkeitsverlustes, dem die deutsche (und sicherlich nicht nur die deutsche) Literatur der siebziger Jahre unterworfen war und ist, signalisiert eine Anfang 1977 von Infratest erarbeitete (und die bisher umfassendste) demoskopische Untersuchung über das Bücherlesen in Deutschland: »Tatsächlich, das bestätigt auch diese Studie wieder, wenden die Leute heute fast viermal so viel Zeit fürs Fernsehen auf wie für Bücher: 69,5 Stunden im Monat, fast ebensoviel fürs Radio, gegenüber 18,5 Stunden fürs Buch im Monat (fast ebensoviel für die Zeitung). Die Verbreitung des Fernsehens ist in den letzten zwanzig Jahren (in Deutschland) auf das Dreizehnfache angestiegen.«[9]

Und selbst unter den Büchern, die noch gelesen werden, erscheint die anspruchsvolle, die sogenannte belletristische Literatur – die Sachbücher dominieren bei weitem – erst auf Platz 19, d. h., sie erreicht nur noch etwa elf Prozent der Bevölkerung. Bei der Lyrik und beim Drama schrumpft der Anteil sogar auf sechs Prozent. Sind also alle Vorzeichen auf »Untergang« programmiert? Ist die ernsthafte Literatur, die mit dem Informationsträger Buch identisch zu sein scheint, auf einem unaufhaltsamen Rückzug begriffen, der dabei ist, ihre Substanz zu zerstören? Oder ist nur der Informationsträger Buch dabei, überholt zu werden von anderen Instrumenten der (auch literarischen) Informationsvermittlung?

Gewiß, das sind Fragen an die Zukunft. Aber schon jetzt läßt sich jenen Kritikern entgegenhalten, die Plattenspieler und Fernsehen, mit denen die Jüngeren die bei weitem meiste freie Zeit verbringen, im Dienste einer geheimen Gehirnwäsche sehen, an deren Ende die Analphabetisierung steht, daß die neuen, dem Buch vorgezogenen Informationsträger nicht automatisch mit Inhaltsnivellierung identisch sind. Die Rock-Poesie eines Bob Dylan oder Leonard Cohen, um nur zwei Beispiele zu nennen (es gibt auch deutschsprachige Beispiele von kleinerem Kaliber[10]), ist öffentliche »Lyrik«, deren Differenziertheit nur andere (und bisher kaum entwickelte) Kriterien der Beurteilung voraussetzt als die traditionelle Buchlyrik. Und die Zeit, wo man seine Bildung damit dokumentierte, daß man aufs Fernsehen schimpfte, scheint auch vorbei. Es stimmt nachdenklich, daß ernsthafte Schriftsteller wie Tankred Dorst, Dieter Wellershoff oder Dieter Forte – um nur einige zu nennen – sich in den letzten Jahren verstärkt dem Medium Fernsehen zugewandt haben und an der Konstituierung einer neuen, an den elektronischen Informationsträger gebundenen Literatur gearbeitet haben, die es ihrerseits verdient, ernst genommen zu werden.

Gewiß, die Funktionsveränderungen, denen der traditionelle Literaturbegriff offenbar unterliegt, gehen mit vielen beängstigenden Aspekten einher. Aber hermetische Abriegelung und Konzentration auf ein schrumpfendes, sich elitär nach außen panzerndes Bildungspublikum scheint keine erfolgversprechende Therapie. Aber welche Therapie böte sich an? Stimmt es in der Tat, was ein Beobachter dieses aktuellen kulturellen Umschichtungsprozesses gemeint hat: »Wir sind mitten in einer Debatte über die Medienkultur. Hat das Buch noch eine Zukunft? Wenn das Buch keine Zukunft mehr hätte, hätten wir alle keine Zukunft mehr.«[11]

Das sind – verständliche – apokalyptische Töne, aber man übersieht dabei leicht, daß es Jahrhunderte kultureller Überlieferung ohne den Informationsträger Buch (im heutigen Sinne) gegeben hat. Bemerkenswert ist zudem, daß die Autoren sich früher umzuorientieren beginnen als die professionell mit der Verbreitung und Analyse von Literatur Befaßten. Selbst ein in seinen Absichten so respektables Unternehmen wie die »ZEIT-Bibliothek der 100 Bücher der Weltliteratur«, der Versuch, einen neuen Literatur-Kanon für – das ist das Wunschziel – möglichst neue Leser zu begründen, erwies sich im Ergebnis nur als ein schmückendes Ornament des Literaturbetriebs. Das ist auch den sechs Juroren spätestens klar geworden, als sie sich von einer Gruppe von fünfzehn- bis siebzehnjährigen Schülern sagen lassen mußten, daß das Unternehmen in der sprachlichen Einzelpräsentation, in den Theorie- und Bildungsvoraussetzungen zumeist über die Köpfe der potentiellen Leser hinwegging.[12]

Die Literaturwissenschaft steht nicht besser da. Die Energie, mit der sie in den Nachkriegsjahrzehnten begangene Theorie-Sünden (oder -Unterlassungen) aufarbeitete, aber dabei gleich ins andere Extrem verfiel, nämlich ihre Legitimation nur durch ein funktionierendes Theorie-Konstrukt glaubte beweisen zu können,[13] hat nun zwar dazu geführt, daß man periodisch sogenannte methodische Paradigmenwechsel einläutete, aber im theoretischen Hader über die möglichen Zugänge zur Literatur (bzw. die Sackgassen) die Literatur in begriffliche Maschendrähte einzäunte, hinter denen sie dann auch für die noch verbliebenen Lesewilligen allmählich verschwand. Den unfreiwillig ironischsten Paradigmenwechsel stellt auf diesem Hintergrund sicherlich die sogenannte Rezeptionsästhetik dar, die in einer Zeit, in der die Literatur laufend Leser verlor (und verliert), die Institution des Lesers in den Mittelpunkt der Theorieanstrengung stellte.

Diese zur Nachdenklichkeit tendierende Skizze soll nur das aktuelle Problemfeld beleuchten, dem auch die Entwicklung der deutschsprachigen Literatur im letzten Jahrzehnt zugeordnet ist, auch wenn der Literaturbetrieb nach außen hin wie eh und je funktioniert. Daß die Informationsschneisen, die dieser Band im folgenden in seinen einzelnen Beiträgen zu legen versucht, von diesem Problembewußtsein mehr oder minder stark bestimmt sind, läßt sich sicherlich sagen, auch wenn sie kein Orientierungskonzept versprechen können, das die Möglichkeiten eines solchen Unternehmens von vornherein übersteigt. Die Veränderungen, die zu einer fast gänzlich neuen Gestalt dieses Buches geführt haben, sind mit ein Resultat dieses Sachverhalts.

Hinzu kommen – wenn man die Vergleichsjahre 1970 und 1980 nebeneinanderstellt – nicht nur Veränderungen des literaturpolitischen Klimas, sondern vor allem auch Umschichtungen im literarischen Strahlungsbereich der im zurückliegenden Jahrzehnt entstandenen Arbeiten. Die Lyrik, die im Zuge der politischen Umwälzungshoffnungen seinerzeit zum Innerlichkeitsressort kleinbürgerlicher Idiosynkraten geschrumpft war, hat sich im Herbst der phantasmagorisch entschwundenen Veränderungsblütenträume (desillusioniert zwar) auf die Widerstandskraft des individuellen Ichs besonnen und als literarische Gattung einen bemerkenswerten Aufschwung erlebt.

Das Drama hingegen, die Lieblingsgattung jeder agitatorisch inspirierten Literatur, hat einen merkwürdigen Schwund an Produktivität und Wirkungskraft hinnehmen müssen. Das noch 1970 in hellstem Licht leuchtende Dreigestirn Dürrenmatt, Frisch, Weiss ist auf der literarischen Himmelskarte gegenwärtig kaum mehr auszumachen. Die dokumentarische Darstellungsmethode, der ein Dramatiker wie Rolf Hochhuth seinen Durchbruch verdankte, hat sich offenbar verschlissen. Soweit das Theater gegenwärtig auf die ersten Seiten der Feuilletons gerät, handelt es sich überwiegend um die Leistungen von Regisseuren, die die Aufmerksamkeit beanspruchen, und nur mittelbar um die Leistungen von jungen oder neuen Dramatikern. Und auch auf der Bühne hat sich eine Wendung vom Didaktischen zum Kulinarischen vollzogen: weg von der Belehrung und hin zur sinnlich-konkreten Faszination.

Die seinerzeit wiederum mit großem programmatischem Aufwand angekündigten Experimente mit einer neuen Prosa-Großform Roman (eines Helmut Heißenbüttel vor allem, dessen Romantitel *D'Alemberts Ende* unfreiwillig prophetisch war) sind relativ folgenlos geblieben (sieht man von Einzelgängern wie Oswald Wiener einmal ab). Das von einigen Autoren damals im Unisono mit der Kritik wieder einmal beschworene Ende des bürgerlichen Romans ist lediglich zu einer Marginalie des damaligen Literaturbetriebs geschrumpft.

In einer Zeit, wo große Romanreihen – durchaus zum Teil wenigstens honoriert vom lesenden Publikum – die Energie einer beachtlichen Zahl von wichtigen Romanciers fordern (von Uwe Johnsons vierteiligen *Jahrestagen* über Walter Kempowskis sechsteiligen Familienroman von *Tadellöser & Wolf* bis *Aus großer Zeit* und darüber hinaus, von Horst Bieneks Schlesien-Trilogie *Die erste Polka*, *Septemberlicht* und *Zeit ohne Glocken* bis Peter Weiss' Trilogie *Die Ästhetik des Widerstands*, von Günter Herburgers mehrbändigem Romanprojekt *Flug ins Herz* und *Die Augen der Kämpfer* bis hin zur retrospektiv nobilitierten Danzig-Trilogie des durch die Veröffentlichung des *Butt* zum unangefochtenen Großmeister der Gattung avancierten Günter Grass), wirkt es schon wie ein merkwürdiger Anachronismus der Literaturkritik, wenn wieder einmal – im Herbst 1980 – im Feuilleton behauptet wird, da den Autoren ein ganzheitlicher Zugang zur disparaten gegenwärtigen Welt fehle, gebe es auch den großen Roman nicht mehr: »[...] Doderer war, vorerst jedenfalls, der letzte. Die Nachgeborenen hingegen stehen der Welt ratlos, ohnmächtig gegenüber: Sie sind nicht imstande, sie zu interpretieren –«.[14] Den Wahrheitshaken in dieser Vermutung signalisiert das Wörtchen »vorerst«, das den Schneckengang der nachvollziehenden Literaturkritik unfreiwillig zu erkennen gibt.

Eine Gattung wie das Hörspiel wiederum, zu der viele Autoren der älteren Generation wichtige Beispiele beigesteuert haben, ist gegenwärtig in einem wirkungsgeschichtlichen Getto kaserniert. Es werden zwar auch jetzt noch Hörspiele geschrieben und produziert, aber nur noch von einer Minderheit wahrgenommen – eine Spiegelung des Tatbestandes, daß auch die im Funk ausgebildeten literarischen Formen gegenüber dem Fernsehen an Boden verloren haben.

Die Beiträge dieses Bandes haben sich solchen Umorientierungen und Umschichtungen zu stellen versucht. Sie gehen davon aus, daß die deutsche Literatur der Gegenwart deutschsprachige Literatur ist. Aus diesem Grunde wird die Literatur der DDR in vier separaten Beiträgen ausgiebig analysiert. Aus diesem Grunde werden die Literaturen Österreichs und der deutschsprachigen Schweiz in Übersichtsaufsätzen einbezogen. Aus diesem Grunde wird aber auch die Aufmerksamkeit auf jene deutschen Binnenliteraturen im Ausland gelenkt, die in der Regel kaum wahrgenommen werden und auf deren kulturpolitisches Gewicht hier (stellvertretend für eine Reihe von anderen Beispielen einer »auslanddeutschen Literatur«) hingewiesen wird.

So wird zumindest versucht, eine Informationsbalance herzustellen, die dem Interessierten möglicherweise Materialien in die Hand gibt, die helfen, die literarische Entwicklung in der Bundesrepublik in übergeordnete Zusammenhänge einzugliedern und unter anderen Aspekten neu zu sehen. Natürlich steht das Entwicklungsspektrum der bundesrepublikanischen Literatur nach wie vor im Mittelpunkt. Sie wird in ihren aktuellen Entwicklungsschüben in einer panoramahaften Situationssynopse von Helmut Kreuzer dargestellt. Sie wird zum andern in Gattungsquerschnitten analysiert: in zwei Beiträgen zum Drama, drei Beiträgen zum Roman (wobei auch bewußt der Unterhaltungsroman einbezogen wird), in einem Beitrag zur Lyrik und einem weiteren zur Entwicklung des Essays. So sehr zudem versucht wird, aktuellste literarische Sonderentwicklungen – das gilt für den Essay Jost Hermands über die Gründe und Auswirkungen des kulturpolitischen Klimawechsels, für die Darstellungen über die »Literatur der Arbeitswelt« und »Feministische Trends« in der Gegenwartsliteratur – zu registrieren, soll jedoch keineswegs der Blick für die historischen Voraussetzungen dieser aktuellen Situation verdunkelt werden. Deshalb wurde die Darstellung Vormwegs über die Neukonstituierungsphase der deutschen Nachkriegsliteratur eingefügt, deshalb wird die Gruppe 47, die zwei Jahrzehnte lang das literarische Geschehen in

dieser Republik nachhaltig bestimmte, in zwei Aufsätzen untersucht, deshalb werden in dem Beitrag »Die Wiederentdeckung der Einzelgänger« einige Autoren rekapituliert, die Teil dieser Gegenwartsliteratur sind, aber deren Werk auf viel ältere Traditionsvoraussetzungen und auch zeitgeschichtliche Erfahrungen zurückweist.
So wie der Band in einer Reihe von Beiträgen die literarische Entwicklung nicht von der Wirkungsweise des Literaturbetriebs getrennt sieht, ist zumindest ansatzweise versucht worden, in einem Beitrag über die Literaturkritik und in einer Analyse der Arbeitsweise von deutschen Verlagen wesentliche Facetten dieses Literatursektors vorzustellen. Gleichzeitig wurde versucht – und das ist eine der Konsequenzen der zuvor erörterten Funktionsveränderung der traditionellen Buch-Literatur –, die Medienkonkurrenz der Literatur zu reflektieren, und zwar keineswegs im Sinne polemischer Gegensetzung, sondern eher im Sinne von Annäherung und versuchsweiser Symbiose. Daher kommt den Beiträgen über die Beziehungen zwischen Gegenwartsliteratur und Fernsehen, Rundfunk und Film eine besondere Bedeutung in der Konzeption dieses Handbuches zur deutschsprachigen Gegenwartsliteratur zu.
Herausgeber und Verlag können nur hoffen, daß sich erneut jener Wunsch annäherungsweise erfüllt, der bereits 1971 ausgesprochen wurde: »Sollte die angestrebte Verbindung von breit aufgefächerter Informationsvermittlung und kritisch sondierender Analyse verwirklicht worden sein, dann wären in der Tat die Erwartungen erfüllt [...]: über übliche lexikalische Information und Autoren-Kurzmonographie hinaus ein aus Analyse und Kritik bestehendes Instrument geschaffen zu haben, das die verwirrende Vielfalt der zeitgenössischen deutschen Literatur in ihren Voraussetzungen, aktuellen Erscheinungen und Entwicklungstendenzen überschaubar macht.«

Anmerkungen

1 Vgl. dessen »Autodafé« auf dem Kursbogen zum *Kursbuch* 15 vom November 1968.
2 Gemeinplätze, die Neueste Literatur betreffend. In: Kursbuch 15 (1968) S. 188.
3 Vgl. dazu den Versuch eines Resümees (und einer Analyse der möglichen Hintergründe) von Walter Boehlich: Antisemitismus oder Unbefangenheit? In: Der Spiegel v. 2. 10. 1978. S. 252–257.
4 Vgl. auch die Anmerkungen von Dieter E. Zimmer: Notizen zur Psychologie des Verreißens und Verrissenwerdens. In: Literatur und Kritik. Hrsg. von Walter Jens. Stuttgart 1980. S. 120–132. Bes. S. 128.
5 Wir werden weiterdichten, wenn alles in Scherben fällt... Der Beginn der deutschen Nachkriegsliteratur. In: DIE ZEIT. Nr. 42 v. 12. 10. 1979. S. 33–35.
6 Gespräche mit Günter Grass. In: Text + Kritik. Nr. 1/1a (1978) S. 39.
7 Rudolf Walter Leonhardt: Große Arien und Harfengezirp. Germanisten aus aller Welt trafen sich zu ihrem sechsten Kongreß in Basel. In: DIE ZEIT. Nr. 37 v. 5. 9. 1980. S. 38.
8 Horst Albert Glaser: Endlösung für die Literatur. In: DIE ZEIT. Nr. 5 v. 25. 1. 1980. S. 37 f.
9 Dieter E. Zimmer: Hat das Fernsehen wirklich das Buch verdrängt? Transportmittel auf dem Regal. In: DIE ZEIT. Nr. 41 v. 6. 10. 1978. S. 55.
10 Vgl. u. a.: Liedermacher. 23 Porträts. Hrsg. von Thomas Rothschild. Frankfurt a. M. 1980.
11 So Hans Mayer in einem in der *ZEIT* dokumentierten Gespräch der Juroren der »ZEIT-Bibliothek der 100 Bücher der Weltliteratur« mit Gymnasiasten: Lesen ist für mich Spaß, keine Anstrengung. In: DIE ZEIT. Nr. 16 v. 18. 4. 1980. S. 16.
12 Vgl. den Kommentar eines Schülers: »Es wimmelt von wahnsinnig hoch-literarischen Begriffen, unheimlich vielen Fremdwörtern und so weiter; das ist dann für Jugendliche nicht zu gebrauchen« (ebd.).
13 Vgl. etwa die folgende Äußerung von Wolfgang Iser: »Für den Fall, daß Literaturwissenschaft auf

dem Wege ist, eine Wissenschaft zu werden, muß sie zwangsläufig Modelle für das Erfassen historischer Sachverhalte konstruieren« (Im Lichte der Kritik. In: Rezeptionsästhetik. Theorie und Praxis. Hrsg. von Rainer Warning. München 1975. S. 332). Wieso eigentlich »zwangsläufig«?

14 Marcel Reich-Ranicki: Der Kaiser ist nackt oder: Über den Herbst unserer Literatur. In: Frankfurter Allgemeine Zeitung. Nr. 233 v. 7. 10. 1980. Literatur. S. 2.

HEINRICH VORMWEG

Deutsche Literatur 1945–1960: Keine Stunde Null

Samuel Beckett hat gesagt, er schreibe, um eine Spur zu hinterlassen. Viele schreiben mit weit höherem Ziel und hinterlassen nicht einmal Spuren. Manche Spur ist tief eingekerbt, doch wer sie zog, bleibt vergessen. Erinnerung und Überlieferung sind selten Medien der Wahrheit, sie hängen ab von konkreteren Interessen. Geschichtsschreibung ist eine Häufung von Akten der Ungerechtigkeit. Niemand ist imstande, auch nur Bruchteile des Perspektivennetzes zu erfassen, das in einer vergangenen Gegenwart die Motive setzte. Eine Perspektive auf Vergangenes, die sich heute aufdrängt, ist morgen belanglos. Es gibt den Standort nicht, der Einblick ermöglicht, ohne Vorgänge, Bezüge und Gegensätze zu verzerren. Das Gefühl, objektiv zu sein, erzeugt die brutalsten aller Entstellungen.

Dennoch besteht die Erwartung fort, eine Spur zu hinterlassen, und wird Geschichtsschreibung fortgesetzt. Beides hat unverwüstliche Rechtfertigungen: den Trieb zu Artikulation und Mitteilung und den Erinnerungstrieb, die ausgehen vom Sprach- und Erinnerungsvermögen. Auch ein Versuch, die deutsche Literatur der Jahre 1945 bis 1960 zu skizzieren, ist durch nichts anderes legitimiert. Er berührt oder verändert im übrigen die Vergangenheit selbst nicht, sondern höchstens die Vorstellung, das Bild von ihr, und das ist eine Sache der Gegenwart. Gründe genug, die Auseinandersetzung mit der Geschichte nicht länger allein den Historikern zu überlassen.

Das Bewußtsein, Objektivität sei dabei bestenfalls etwas Vorgetäuschtes, ist bei dem hier in Frage stehenden Versuch allerdings intensiviert dadurch, daß über jüngste, von einer Vielzahl der Mitlebenden noch miterlebte Vergangenheit zu berichten ist. Das Material ist noch nicht ausgekühlt. Wer hier zu sortieren, zu vergleichen, zu unterscheiden sucht, sieht sich meist selbst noch unmittelbar betroffen. Ich habe die Mehrzahl der Gedichte, Erzählungen, Romane und Theaterstücke, die zu erinnern sind, etwa zu der Zeit gelesen, da sie erstmals publiziert wurden, und sie haben meine Vorstellung von Literatur beeinflußt, beeinflussen sie bis heute auch dann noch, wenn ich sie inzwischen für inaktuelle historische Dokumente halte. Ebenso die Moden, die Phasen allgemeiner Bewunderung für einzelne Autoren und ihre Verschiebungen. Die verschiedenen Stadien des Kennenlernens der zwölf Jahre lang ausgesperrten neueren englischen, amerikanischen und französischen Literatur und die Stadien der Neuentdeckung der zwölf Jahre lang verbotenen deutschen Literatur vor 1933, die teilweise im Exil fortgeschrieben worden war, sie waren für mich aktuelle Lernprozesse. Die Fiktion, nur von den vorliegenden Texten auszugehen, könnte ich – wie noch immer die meisten – nicht durchhalten; von der Erinnerung an die erste, unmittelbare Rezeption läßt sich nicht abstrahieren. Auch das ist Voraussetzung dieses Rekapitulationsversuchs. Er kann also bestenfalls anregen, die Literatur der ersten fünfzehn Jahre nach dem Zweiten Weltkrieg neu zu diskutieren. Er ist kein Kondensat, das den Gegenstand ersetzen will.

Die allgemeine Schlußfolgerung nach erneuter Durchsicht der literarischen Produktion jener fünfzehn Jahre sei als These vorangestellt: Sie ist die sprachliche Objektivierung einer großen Diffusion, und diese Diffusion ist es, was derzeit an ihr vor allem anderen noch wichtig erscheint. Trotz des in den späteren vierziger Jahren immer wieder artikulierten Vorsatzes, ganz neu anzufangen, zeigen sich – von Ausnahmen abgesehen – Symptome einer neugewonnenen Selbständigkeit, eines Bewußtseins, das Literatur wieder in Beziehung setzt zu den tatsächlichen Abläufen, den Realitäten der Epoche, erst gegen Ende der fünfziger Jahre. Dem widerspricht nicht die Erinnerung an das oft euphorische Interesse für Literatur, an die Wachheit, die große Erwartung, die erregte Offenheit, die vor allem für die früheren Jahre der Zeitspanne bezeichnend sind; das war ein moralisches, auch politisches, kein literarisches Phänomen, signalisierte Hunger, Leere, Hoffnung, nicht Produktivität. Es läßt sich anders, zugespitzt, auch so sagen: Die Literaturvorstellungen und Literaturerzeugnisse dieser Phase haben in der Mehrzahl historisch geringeren Belang als die Etablierung der Gruppe 47. Jedenfalls wenn man von Literatur erwartet, daß sie Bewußtsein der Weltverhältnisse realisiert.

Gerade das aber war unmöglich zu erwarten. Der Blick war verstellt von Elend, physischem und ideologischem Elend. Aufschlußreich die Enttäuschung über die leeren Schubladen der Dichter mit und ohne Namen, die in der frühen Nachkriegszeit gelegentlich geäußert wurde: daß sie empfunden wurde, beweist eine pseudo-idealistische, für die gesellschaftlichen Bedingungen von Literatur und das Ausmaß der überstandenen Katastrophe blinde Beschränktheit, die erschreckend bleibt, auch wenn sie verständlich ist, wenn es die besten psychologischen Erklärungen für sie gibt. 1946 veröffentlichte andererseits Kasimir Edschmid, berühmt als Autor früher expressionistischer Prosa, einen Roman *Das gute Recht*, geschrieben, um sich heftig darüber zu beschweren, daß der Krieg und seine Folgen seine schriftstellerische Arbeit beeinträchtigt hatten und weiter beeinträchtigten, daß er belästigt wurde durch die Not anderer, durch Flüchtlinge z. B., für die er sich nicht verantwortlich fühlte. Er klagte dagegen sein vermeintliches Recht ein, in Ruhe gelassen zu werden. Falls der Roman 1946 irgendwelche Reaktionen hervorgerufen hat, so dürften sie weit weniger kritisch ausgefallen sein als nach einem Neudruck Anfang der sechziger Jahre. Er forderte Proteste gegen einen naiven Privilegierten-Egoismus heraus, der 1946 noch als natürliches Vorrecht des ›geistigen Menschen‹ ohne weiteres bejaht wurde. War dieser es doch, von dem die Mehrheit jetzt Wiedergeburt erhoffte.

Es dauerte Jahre, bis das historische Ausmaß dessen, was mit diesem Krieg geschehen war, tatsächlich bewußt wurde. *Die Ermittlung*, das Auschwitz-Oratorium von Peter Weiss, machte nicht etwa 1948 oder 1950 Aufsehen, sondern im Jahr 1965. Unmittelbar nach Kriegsende dominierten vage Schuldgefühle, die Berufung auf die Ideale des Eigentlichen und Höheren, das je eigene Elend und das Gefühl, noch einmal davongekommen zu sein. Die bereits 1946 unter dem Titel *Lemuria* als Buch erschienenen »Aufzeichnungen und Meditationen« des rheinischen Dichters Emil Barth (*Das Lorbeerufer*, 1943; *Xantener Hymnen*, 1948) aus den Jahren 1943 bis 1945 illustrieren drastisch das Verhältnis von Ideal und Wirklichkeit, wie es sich dem ›geistigen Deutschland‹ jener Jahre darstellte. Sein Signum ist eine Innerlichkeit, zu deren Kennzeichen weiterhin die politische Neutralität, das Sich-Heraushalten aus den niederen alltäglichen Umtrieben, die Versenkung ins vermeintlich Wesentliche zählen. Wenige Tage vor Kriegsende schrieb Barth: »Wohin wir blicken, sehen wir den deutschen Menschen in der grausamsten Schule für die Zukunft zubereitet werden, die entweder in seiner

Innerlichkeit oder nirgends gelegen sein wird.« Und einige Wochen später heißt es im Anschluß an einige Notizen zu Informationen über KZ-Greuel: »Das eigentlich Wichtige, das Wesentliche, worum es jetzt geht, ist doch dieses: daß jeder in sein Purgatorium hinabsteige und sich dem klärenden Feuer der Gewissenserforschung aussetze. Alles, was gelitten worden ist, wird umsonst gewesen sein, alles, was noch gelitten werden muß, vom Fluch der Vergeblichkeit gezeichnet sein, ja, vom selben Geist des Bösen zu seinem Triumph ausgeschlachtet werden, wenn nicht die ganze abendländische Zeitgenossenschaft die grauenhaften Erfahrungen dieser Jahre in unermüdlicher geistiger und seelischer Arbeit zum Grundstoff ihrer Selbstprüfung und Erneuerung macht.« Die Selbstverständlichkeit, mit der sich Barth der konkreten Konfrontation in ein unverbindliches Höheres entzieht, ist ebenso symptomatisch wie die Tendenz, unabhängig von Deutschland eine allgemeine menschliche Haftung für das Geschehene anzustrengen. Die Innerlichkeit, weiterhin Fluchtort des ›geistigen Menschen‹ und der Literatur, soll nicht nur Deutschland retten, sie wird der ganzen Welt anempfohlen.

Es geht hier nicht um subjektive Ehrlichkeit, um die Glaubwürdigkeit von Gefühlen und Überzeugungen, sondern darum, daß zwischen ihr und den objektiven Verhältnissen kaum noch eine Verbindung war. Der Titel *Dies Irae*, unter dem Werner Bergengruen gleich 1945 Gedichte veröffentlichte, entsprach wie der Titel *De profundis*, den Gunter Groll 1946 einer Anthologie »Deutscher Lyrik in dieser Zeit« gab, intensiven Empfindungen. Zugleich aber ist festzuhalten, daß die ersten literarischen Reaktionen auf den Zusammenbruch – Sonette erbrachten, und dies ist bezeichnender: *Venezianisches Credo*, Sonette von Rudolf Hagelstange, außerdem die *Moabiter Sonette* des von der Gestapo ermordeten Albrecht Haushofer gehörten zu den frühesten Nachkriegsveröffentlichungen. Und wenn nicht das Sonett, so verwendeten die Dichter jedenfalls ähnlich konventionelle, zeitferne Formen. Bezeichnender als alle Trauer, alle Bereitschaft zur Gewissenserforschung, alle Offenheit des Fühlens ist, daß Rainer Maria Rilke und nach dem Erscheinen seiner *Statischen Gedichte* 1948 auch Gottfried Benn die Idole fast all jener wurden, die versuchten, ihre Empfindungen in Gedichte zu bringen. Neoromantik, mit Surrogaten des Expressionismus versetzt, Legendenton, Bildersprache und eine Metaphorik, die kompliziert und reizstark das Hintergründige zu evozieren suchte, Weltinnenraum und immanente Transzendenz, Rauschwert, Melancholie und Apokalypse, Mythos und Ausdruckswelt – der Verdacht, dies alles, mit Eifer in der frühen Nachkriegszeit umworben, übrigens auch in Erzählungen und Romanen, stehe zuletzt ein für eine unbewußte, oft höchst kunstvolle Kostümierung einer elementaren Sprachlosigkeit, erscheint nur allzu begründet.

›Kahlschlag‹ und ›Auszug aus dem Elfenbeinturm‹ wurden erst 1949 proklamiert. Diese herausfordernden Prägungen von Wolfgang Weyrauch[1] und Wolfdietrich Schnurre[2], diese für die Literatur der ersten fünfzehn Nachkriegsjahre so wichtigen Schlagwörter hatten unmittelbar Resonanz, denn sie bezeichneten Erwartungen und Ansätze, die schon vorher in den Vordergrund gedrängt hatten. Doch sie kamen erst 1949 unter die Leute, vier Jahre nach Kriegsende, und das wird im Rückblick leicht übersehen. Außerdem stieß das Literaturkonzept, das sie spiegeln, sofort auf heftigen Widerstand. Der Versuch, die Stunde Null, den Neubeginn nach der großen Zerstörung, mit mehrjähriger Verspätung doch noch nicht nur individuell, sondern auch gesellschaftlich, auch für das allgemeine Literaturbewußtsein nutzbar zu machen, kam zu spät. Im übrigen ist zu bezweifeln, daß es eine Stunde Null im mit dieser Bezeichnung intendierten Sinn überhaupt gegeben hat. Das war eine absurde Hoffnung. Es war nur die Stunde äußersten physischen und ideologischen Elends, die Stunde der Unfähigkeit zu kritischem Denken, die Stunde der Anfälligkeit für die geringsten Tröstungen. Es konnte sich in ihr weder eine neue Gesellschaft noch eine neue Literatur konstituieren.

Den altbewährten Dichtern und Schriftstellern machte zunächst einmal niemand das Wort streitig. Gerhart Hauptmann lebte noch, unangefochten als Dichterfürst – seine zweifelhafte Rolle unter Hitler wurde bis heute mit zweifelhaftem Takt im öffentlichen Bewußtsein verdrängt. Zwar wurde schon in den ersten Nachkriegsjahren eine recht große Anzahl Erstlingsarbeiten junger Autoren veröffentlicht, die von ihrem Umbruchserlebnis zum Schreiben stimuliert worden waren; darüber ist zu berichten. Doch abgesehen selbst davon, daß die meisten von ihnen zu schreiben aufhörten, sobald das Erlebnis verblaßte, wogen sie das Angebot literarischer Arbeiten von Autoren auch nur der ›inneren Emigration‹ keineswegs auf. Etliche der von den Nationalsozialisten – aus welchen Gründen auch immer – geduldeten oder gar protegierten Autoren publizierten ohne von heute aus noch deutlich erkennbaren Einschnitt weiter. Reiht man die Publikationsdaten um 1945 hintereinander, so ergeben sich verblüffende Kontinuierlichkeiten. Ernst Jünger publizierte neue Titel in den Jahren 42, 43, 47, 48; Friedrich Georg Jünger 42, 44, 46, 47; Werner Bergengruen 43, 44, 45, 46; Bernt von Heiseler 42, 43, 45, 47; Gertrud von Le Fort 40, 43, 46, 47; Hermann Claudius 40, 42, 44, 46, 47, 48. Das sind nur wenige Beispiele. Hans Bender hat für den Anhang seiner Anthologie *Widerspiel – Deutsche Lyrik seit 1945*, die 1961 herauskam, einen Katalog der *Lyrikbände seit 1945* zusammengestellt, der drastisch das Übergewicht einer Tradition belegt, die längst aller Zweifel würdig war, statt dessen jedoch hingegeben adoriert und interpretiert wurde. Schon 1949 veröffentlichte auch Agnes Miegel wieder, *Flüchtlingsgedichte*.

Das blieb nicht ganz und gar unbemerkt. Horst Lange erinnerte im mit dem Erscheinungsdatum 1. Januar 1947 versehenen Heft 10 der von Alfred Andersch und Hans Werner Richter herausgegebenen, im April 1947 von der amerikanischen Militärregierung verbotenen Zeitschrift *Der Ruf* unter dem Titel *Bücher nach dem Kriege* an die Zeit, da edle, feinsinnige und kunstvolle Bücher »bereits als bedeutsames Element der Opposition« galten. Dann fährt er fort: »Die offiziellen Wächter, welche das geistige Leben bei uns unter ihrer Kontrolle hielten, duldeten und förderten diese Idylliker – während das äußere Reich immer stärker und ausschließlicher der Barbarei verfiel, sollten sie das innere Reich kultivieren helfen – so lange, bis an die Stelle der Hexameter Marschbefehle, an die Stelle der Oden der Wehrmachtsbericht und an die Stelle der Sonette Volksgerichtshof-Urteile zu treten hatten. Selbst bis in die äußersten Bezirke der Geistigkeit reichte die politische Spekulation. Wir haben nicht ohne Erstaunen jene Wendung wahrgenommen, in der sich, als es an der Zeit war, das ›innere Reich‹ als ›innere Emigration‹ deklarierte. Und wir waren mit Recht darauf neugierig, was diese innere Emigration nun vorweisen würde, wenn sie nach außen und in die Öffentlichkeit heimkehrte. Es ist das alte Lied, das wir zu hören bekommen, und wir sind noch nicht einmal davon überrascht, daß man keine neue Tonart fand, um es noch einmal zu Gehör zu bringen. Erfindungsreichtum gehört nicht zu den Vorzügen der Idylliker, denn sie vertrauen auf die Harmlosigkeit der leisen Melodien und auf die Schnellebigkeit und Vergeßlichkeit ihrer Zeitgenossen.«

Es besteht kein Zweifel, daß der Begriff ›innere Emigration‹ schillert. Mitläufer und Angepaßte verwendeten ihn geschickt als Alibi, naivere Gemüter waren fest überzeugt, die innere Emigration echt gelebt zu haben, mit knapper Not dem Terror des Hitler-Regimes Entkommene hatten zu dulden, daß auch sie dem Begriff, zu seiner Aufwertung, subsumiert wurden.[3] In den Jahren nach 1945 erschienen außerdem von Autoren, die schon früher bekannt geworden waren und Hitler in Deutschland überlebt hatten, eine Reihe von lyrischen und Prosadichtungen, deren Faszination sich bis heute jedenfalls diejenigen nicht entziehen können, die sie zur Zeit der Erstveröffentlichung kennengelernt haben. Es seien nur genannt die Romane *Die Stadt hinter dem Strom* von Hermann Kasack oder Elisabeth Langgässers *Das unauslöschliche Siegel*. Oder die Gedichte von Oskar Loerke, Marie Luise Kaschnitz, Wilhelm Lehmann. Auch diese Werke aber widerlegen zuletzt den Ruf nach dem ›Kahlschlag‹ nicht. Es genügt, sie etwa mit dem packenden *Memorial* des Widerstandskämpfers und Zuchthäuslers Günther Weisenborn zu vergleichen, um das zu begreifen.

Eine radikal neue Literatur, auch wenn sie nicht nur Wunschbild gewesen wäre, wenn es sie gegeben hätte, konnte unter den gegebenen Voraussetzungen, angesichts der fortbestehenden Gewohnheiten des Empfindens, Denkens und Vorstellens, damit auch des Lesens und des Schreibens, nur sehr langfristig auf Erfolge hoffen. Und es gab diese Literatur bestenfalls in Ansätzen. Dafür ist das andere, weit stärkere Glied der Zange, in die alle Hoffnungen, ganz neu anzufangen, gerieten, noch gar nicht beschrieben: die Literatur jener Schriftsteller, die tatsächlich vor Hitler hatten fliehen, die hatten emigrieren müssen. Es kehrten zurück, wo nicht in Person, so mit ihren Werken, den in der Emigration abgeschlossenen und den jetzt zügig neu entstehenden: Bertolt Brecht, Heinrich Mann, Hermann Broch, Thomas Mann, Alfred Döblin, Arnold Zweig, Anna Seghers und Leonhard Frank, Robert Neumann und Hermann Kesten, Johannes R. Becher und Friedrich Wolf. Dazu eine große Anzahl weiterer emigrierter Autoren, die entweder nicht so berühmt waren oder deren Arbeiten die höchsten literarischen Ansprüche nicht so ganz erfüllten. Inzwischen sind wohl nur noch wenige im Zweifel über die Bedeutung von Carl Zuckmayers Stück *Des Teufels General* – ab 1946 aber beherrschte es, neben Thornton Wilders *Wir sind noch einmal davongekommen*, auf Jahre die provisorisch wieder zusammengeflickten deutschen Bühnen. Thomas Mann erfuhr eine Renaissance, die ihn zu einem bald nahezu unumstrittenen Präzeptor des verwüsteten, dann sich emsig wieder aufbauenden Deutschland machte, insbesondere in dessen westlichen Zonen. Ganz ähnlich Hermann Hesse. Das Werk Robert Musils, der 1942 im Genfer Exil gestorben war, war zu rezipieren und fand überraschend breite Resonanz. Franz Werfel hatte bis zu seinem Tode 1945 in Beverly Hills Buch um Buch verfaßt, ähnlich Georg Kaiser, der völlig vereinsamt 1945 in der Schweiz gestorben war.

Die Literatur der zuvor ›Verbrannten und Verbannten‹, hier nur roh andeutend in Erinnerung gebracht, hat bis hoch in die fünfziger Jahre und länger die Vorstellungen von literarischer Qualität in Deutschland bestimmt, teilweise in Parallele ganz allgemein zur Wiederentdeckung der Literatur des Expressionismus, mit dem sich viele der Emigranten in Beziehung bringen ließen. Wie groß das Übergewicht war, zeigt besonders deutlich das Alterswerk Thomas Manns. Fast alle seine neu erscheinenden Bücher wurden akzeptiert als Setzungen neuer Maßstäbe: der *Doktor Faustus* im Jahr 1947, 1949 *Die Entstehung des Doktor Faustus*, 1951 *Der Erwählte*, 1953 *Die Betro-*

gene, 1954 die Neufassung des *Felix Krull*. Die im Exil entstandenen, die von den zurückkehrenden Autoren verfaßten Werke drängten auch die Produktion der inneren Emigration schließlich in die zweite Reihe. Und wie konnten da Wolfdietrich Schnurres vergleichsweise schlichte Erzählung *Das Begräbnis*, die er auf der ersten Tagung der Gruppe 47 am 10. September 1947 am Bannwaldsee bei Füssen im Allgäu vorlas, und selbst Wolfgang Borcherts 1947 uraufgeführtes Schauspiel *Draußen vor der Tür* allein nur vor dem *Doktor Faustus* bestehen. In Karl August Horsts Abriß *Die deutsche Literatur der Gegenwart*, 1957 erschienen und 274 Seiten stark, kommt Schnurre gar nicht vor und wird Borcherts Heimkehrer-Stück gerade noch im Zusammenhang mit anderem und in wenigen Zeilen nebenbei eingeordnet. Das ist sogar begreiflich. Ein ganzer literarischer Kosmos war wieder sichtbar geworden, und er glühte aufs neue in starken Farben auf. Verhieß er nicht Überwindung und Kontinuität, war nicht er die wirkliche Gegenwart? Was die sozial und sozialistisch engagierte Literatur betraf, so führten auch die radikaleren Entwürfe doch stets wieder zurück zu Bertolt Brecht, der ihnen immer schon und noch weit voraus war. Sogar nach seinem Tode 1956 noch.

Es ist im übrigen so verwunderlich gar nicht, daß viele der zwölf Jahre lang Verbannten sich mit den politisch-moralisch rehabilitierten Autoren der inneren Emigration leichter verständigen konnten als mit den wenigen jüngeren, offensichtlich ratlosen, mühevoll werkelnden, von der Nazizeit deformierten und aus all diesen Gründen völlig einflußlosen jungen Autoren, die von einem völligen Neubeginn träumten. Es ist bekannt, welche Abneigung Thomas Mann gegen die Gruppe 47 empfand, die auch Robert Neumann bis hin zu ihrer letzten Tagung immer wieder attackiert hat. Und was deren Vorläufer betrifft, die ›junge Generation‹ der frühesten Nachkriegszeit, immer wieder apostrophiert von der Zeitschrift *Der Ruf*, deren Redakteure und Mitarbeiter schließlich die Gruppe 47 auf den Weg brachten, so schien für sie zunächst überhaupt nur charakteristisch zu sein, daß sie schwieg. In Heft 2 des *Ruf*, herausgekommen am 1. September 1946, untersuchte Hans Werner Richter die Frage »Warum schweigt die junge Generation?«. Er schrieb: »In Deutschland redet eine Generation, und in Deutschland schweigt eine Generation. Und während die eine sich immer mehr in das öffentliche Gespräch hineinflüchtet, während sie, gleichsam in eine Wolke von bußfertigem Weihrauch gehüllt, in die beruhigenden Schatten der Vergangenheit flieht, versinkt die andere immer mehr für das öffentliche Leben in ein düsteres, nebelhaftes Schweigen. Spricht die eine, die ältere Generation, der anderen, ihr nachfolgenden, jede geistige und sittliche Fähigkeit mit professoraler Selbstverständlichkeit ab, so sieht die jüngere nur mit erstaunter Gleichgültigkeit diesem seltsamen Gebaren zu und schweigt. [...] Ist diese Generation noch mit Gedankengängen belastet, die ›denazifiziert‹ werden müssen, oder hält sie noch immer die Handgranate geistig in der Hand, die sie gestern zu entsichern gezwungen wurde?« Richter schildert die Erfahrungen dieser Generation, ihr Bewußtsein der Existenzbedrohung, das stark genug sei, die »unendliche Flut von wohlgemeinten Reden« völlig gleichgültig abrinnen zu lassen. Dann nennt er die Gründe für ihr Verhalten. Diese junge Generation, sagt er, »schweigt aus dem sicheren Gefühl heraus, daß die Diskrepanz zwischen der bedrohten menschlichen Existenz und der geruhsamen Problematik jener älteren Generation, die aus ihrem olympischen Schweigen nach zwölf Jahren heraustrat, zu groß ist, um überbrückbar zu sein. Sie weiß, daß jenes Bild des Menschen, das die ältere Generation von ihren

Vorvätern ererbt hat und das sie nun wieder errichten möchte, nicht mehr aufgebaut werden kann. Sie weiß, daß dieses Bild endgültig zerstört ist. Sie weiß es vielleicht nur intuitiv, aber sie weiß es.«

Auch Hans Werner Richters Schlußfolgerung sei noch zitiert: »Aus der Perspektive dieses intuitiven Wissens heraus gewinnen die Dinge des menschlichen Lebens ein anderes Gesicht, werden sie dem äußeren Bild jener Landschaft adäquat, deren Profil von den Ruinen und Trümmern der großen Städte gezeichnet ist. Der moralische, geistige und sittliche Trümmerhaufen, den ihr eine wahrhaft ›verlorene‹ Generation zurückgelassen hat, wächst ins Unermeßliche und erscheint größer als jeder real sichtbare. Vor dem rauchgeschwärzten Bild dieser abendländischen Ruinenlandschaft, in der der Mensch taumelnd und gelöst aus allen überkommenen Bindungen irrt, verblassen alle Wertmaßstäbe der Vergangenheit. Jede Anknüpfungsmöglichkeit nach hinten, jeder Versuch, dort wieder zu beginnen, wo 1933 eine ältere Generation ihre kontinuierliche Entwicklungslaufbahn verließ, um vor einem irrationalen Abenteuer zu kapitulieren, wirkt angesichts dieses Bildes wie eine Paradoxie. Aus der Verschiebung des Lebensgefühls, aus der Gewalt der Erlebnisse, die der jungen Generation zuteil wurden und die sie erschütterten, erscheint ihr heute die einzige Ausgangsmöglichkeit einer geistigen Wiedergeburt in dem absoluten und radikalen Beginn von vorn zu liegen.«

So eindeutig und einfach aber, wie Hans Werner Richter sie im ersten Nachkriegsjahr geschildert hat, war, wie schon angedeutet, für die junge Generation die Situation keineswegs. Richter hat damals – in provokatorischer Absicht, doch zugleich auch in Abhängigkeit von gewohnten Denkweisen – die aktuelle Problematik leicht mythisiert und idealisiert. Der »absolute und radikale Beginn von vorn« war keine reale Hoffnung, sondern eine Idee, nichts anderes, vielleicht sogar eine Illusion. Die sehr konkreten Abhängigkeiten gerade der jungen Generation jener Jahre wurden unterschätzt. In einer sehr informativen Studie, die Urs Widmer 1966 unter dem Titel *1945 oder die ›Neue Sprache‹* veröffentlicht hat und die sich mit der Prosa jener jungen Generation auseinandersetzt, wird nicht zuletzt auch die Sprache des *Ruf* als Untersuchungsmaterial zugrunde gelegt. Die Ergebnisse sind nicht besonders erfreulich. Tatsächlich hätte eine sprachliche ›Denazifizierung‹ nicht nur der Prosa der jungen Leute, die zwischen 1945 und 1948 zu schreiben begannen, ganz allgemein, sie hätte auch dem *Ruf* selbst genützt. Widmer konstatiert: »Zwölf Jahre Klischeesprache scheinen schwer auf den jungen Journalisten zu lasten. Sie können sich von den vernebelten Begriffen, die das ›Dritte Reich‹ geschaffen hat, nicht lösen. Im gleichen diffusen Stil wird weitergeschrieben – nur die Vorzeichen haben sich geändert. Es ist ein Symptom, wenn inzwischen ausgezeichnete Stilisten gewordene Autoren wie Alfred Andersch sich so hilflos ausdrücken, wie dies im *Ruf* der Fall ist. Eine Gefahr besteht bei der Betrachtung dieser Sprache [der Nazi-Sprache]: man legt moralische Maßstäbe an sie an, spielt vor einzelnen Wörtern den Staatsanwalt. Aber man kann nicht einzelne Wörter aufspießen und glauben, mit ihnen allen Nazi-Einfluß auf die Sprache ausmerzen zu können. *Der Ruf* zeigt, daß 1945 die Sprache in weit größerem Maße angegriffen war.«

Die kritische Verwendung von Wörtern wie etwa ›Held‹, ›Gefolgschaftstreue‹, ›fanatisch‹, ›Volk‹, ›Blut‹ genügte in der Tat wohl kaum, sich den tief eingebrannten sprachlichen Zwängen zu entziehen. Widmers breitangelegte und sorgfältige Analyse der Sprache der damaligen jungen Generation demonstriert unmißverständlich, daß aller gute Wille das konkrete Versagen vor der Sprache nicht aufwiegen konnte. Es gibt zahlreiche nationalsozialistische Relikte, eine unbewußte Fortschreibung in zwölf Jahren eintrainierter Sprachregelungen. Bester Teil der Versuche ist, daß verschiedene Autoren sich ihres Versagens vor der Sprache bewußt blieben und daß sie dieses Bewußtsein zum Ansatzpunkt ihrer Schreibversuche machten.

In den Prosaarbeiten der jungen Generation von 1945 herrschen vor: vage Traditionalismen, daneben Wendungen popularisierter Neoromantik und eines popularisierten Expressionismus. Einzig der radikale Rückzug auf die Umgangssprache, wie Wolfgang Borchert und Wolfdietrich Schnurre ihn zum Programm machten,[4] erlaubte einzelnen Autoren, ihre Sprache aus den Zwängen zu lösen. Als Beispiel der Anfang der 1946 entstandenen, bereits erwähnten Erzählung *Das Begräbnis* von Wolfdietrich Schnurre:

»Steh ich in der Küche auf m Stuhl. Klopft's.
Steig ich runter, leg den Hammer weg und den Nagel; mach auf:
Nacht; Regen.
Nanu, denk ich, hat doch geklopft.
›Ptsch‹, macht die Dachrinne.
›Ja–?‹ sag ich.
Ruft's hinter mir: ›Hallo!‹
Geh ich zurück wieder. Liegt n Brief auf m Tisch. Nehm ihn.
Klappt die Tür unten. Leg ich den Brief hin, geh runter, mach auf:
Nichts.
Ulkig, denk ich.
Geh rauf wieder.
Liegt der Brief da; weiß mit schwarzem Rand.
Muß einer gestorben sein, denk ich.
Seh mich um.
›Riecht nach Weihrauch‹, sagt meine Nase.
›Hast recht‹, sag ich; ›war doch vorher nich. Komisch.‹
Reiß den Brief auf, setz mich, putz mir die Brille.
So.
Richtig, ne Traueranzeige. Ich buchstabiere:
VON KEINEM GELIEBT, VON KEINEM GEHASST, STARB HEUTE NACH LANGEM, MIT HIMMLISCHER GEDULD ERTRAGENEM LEIDEN: GOTT.
Klein, darunter:
Die Beisetzung findet heute nacht in aller Stille auf dem St.-Zebedäus-Friedhof statt.
Siehste, denk ich, hat's ihn auch geschnappt, den Alten; nu ja. Steck die Brille ins Futteral und steh auf.«

Daß diese Prosa keine simple Reproduktion der Umgangssprache ist, daß sie vielmehr eine Kunstsprache intendiert, die sich bestimmter Kürzel, Lakonismen, auch Floskeln der Umgangssprache bedient, um mit ihnen den gewohnten Sprachfluß zu brechen, liegt auf der Hand. Es ist eine Sprache, um sich nicht länger dumm machen zu lassen – von der Sprache. Dem entspricht das Thema der Erzählung: die alltagsnahe Variation des Motivs »Gott ist tot«. Die Form der Erzählung ist beibehalten, was hier jedoch nicht wichtig ist. Es kommt an auf den Versuch, etwas so zu erzählen, daß es nicht sofort von gewohnten Bedeutungen der Sprache entstellt und verschüttet, daß es in seinen aktuellen Umrissen erkennbar wird. Allein darin liegt die Qualität der Erzählung, die im übrigen keineswegs sonderlich neu oder originell ist.

Das Zitat läßt merken, wieviel Anstrengung es die jungen Autoren, die nicht auf die Schreibweisen der Zeit vor 1933 zurückgreifen wollten und konnten, unmittelbar nach dem Krieg kostete, das zu sagen, was sie zu sagen hatten, ohne es von ihrer eigenen gewohnten Sprache entstellt zu sehen. Es gelang nur durch Aussparungen, es gelang selten genug, und viel Bewunderung ließ sich dieserart nicht finden. Zudem war die Bemühung um die harte, nüchterne neue Sprache immer wieder Rückfällen ausgesetzt. Vor allem, wenn vom Krieg die Rede ist, doch nicht nur dann, unterliegt die erstrebte Nüchternheit meist einer dubiosen Metaphorik. Urs Widmer hat herausgearbeitet, daß er mit Vorliebe als furchterregendes Tier oder als Naturkatastrophe objektiviert wurde. Heinrich Böll sieht in der 1948 entstandenen Erzählung *Wiedersehen in der Allee* »seine zähnefletschende Fratze«, erinnert seinen »grauenhaften Atem«, und für Ilse Aichinger ist er in dem 1948 zuerst erschienenen Roman *Die größere Hoffnung* die »Sintflut«. Auch sonst schlägt ständig Metaphorik durch, bemüht und verworren meist. Selbst Wolfgang Borchert behält bei allem Mißtrauen eine Schwäche für unbestimmte, teils Rilke-nahe Bilder, die seiner Kontrolle immer wieder entkommen. Schnurre hat sich am entschiedensten um ein Schreiben abgemüht, das allen Ballast hinter sich ließ. Er stellt das im Rückblick so dar: »Es war kein einfaches Schreiben. Es gab keinen ethischen Rückhalt. Es gab keine Tradition. Es gab nur die Wahrheit. Nicht einmal die Sprache war mehr zu gebrauchen; die Nazijahre und die Kriegsjahre hatten sie unrein gemacht. Sie mußte erst mühsam wieder Wort für Wort abgeklopft werden. Jedem Und, jedem Adjektiv gegenüber war Vorsicht geboten. Die neue Sprache, die so entstand, war nicht schön. Sie wirkte keuchend und kahl.«[5]

Für die Wahrheit, das einzige, was Schnurre – und mit ihm eine ganze Reihe anderer – fest zu besitzen glaubte, gab es noch keine Sprache. Das Medium dieser Wahrheit, einer Wahrheit des Gefühls, war allein das Mißtrauen gegenüber der Sprache. Es war moralisch motiviert, und schon deshalb reichte es nicht sehr weit – selten weit genug. Kein Zweifel aber besteht, daß es ein notwendiges Mißtrauen war. Die Texte, die ihm zu verdanken sind, waren nicht sehr zahlreich, und sie blieben anfällig für die überkommene, bald immer breiter in den Vordergrund drängende Sprache jener symbolischen Darstellungsweise, die noch aus der Zeit vor 1933 legitimiert schien und deren zum Teil komplizierte, stets aufs Ganze zielende Weltentwürfe und Weltdeutungen all den Ergebnissen des Mißtrauens gegenüber der Sprache weit überlegen erscheinen mußten.

1961 faßte Walter Jens in seinem Buch *Deutsche Literatur der Gegenwart – Themen, Stile, Tendenzen* die Phase um 1950 folgendermaßen zusammen: »Die Fronten begannen sich langsam zu klären; der Neorealismus verschwand so schnell wie er kam, auch Weyrauch sagte dem ›Kahlschlag‹ valet. Man sah wieder auf Stil und Verwandlung, Manier und akkurate Imagination: die Manen Kafkas wurden beschworen, und allmählich fand man dann doch den eigenen Ton.« Obwohl inzwischen Zweifel erlaubt sind auch an dem, was Jens hier den ›eigenen Ton‹ nennt – er ist längst ebenso dahin wie der ›Kahlschlag‹ –, so trifft doch zu, daß der Versuch der jungen Nachkriegsautoren, eine ›neue Sprache‹ zu erarbeiten, nur zu sehr kurzatmigem Erfolg führte. Kaum richtig an die Öffentlichkeit gebracht, war es vorbei mit dem so mühsam durchgesetzten Kahl-

schlag, mit der neuen Sprache, und eine Rückkehr in den Elfenbeinturm unter neuem Vorzeichen setzte ein.
1949 also proklamierte Wolfgang Weyrauch im Begleitwort zu seiner Anthologie *Tausend Gramm*: »Wir achten die fremden Wegweiser. Aber – ich bin davon überzeugt, daß es so ist – die Literaturen der anderen können uns erst dann achten, wenn wir uns mit ihnen auseinandersetzen, wenn wir sie nicht, direkt oder indirekt, nachahmen, wenn wir vor den Kopien, die sich zeigen, warnen und wenn wir versuchen, eine Literatur, in diesem Zusammenhang also eine Prosa, zu gründen und zu entwickeln, welche die unsre ist. Eine deutsche Literatur, die nimmt – aber auch gibt! Und immerhin – sie gibt schon etwas. Was aber gibt sie? Sie gibt einen Kahlschlag in unserem Dickicht. In der gegenwärtigen deutschen Prosa sind mehrere Schriftsteller erschienen, die versuchen, unsre blinden Augen sehend, unsre tauben Ohren hörend und unsre schreienden Münder artikuliert zu machen.«
Das vielzitierte Gedicht *Inventur* von Günter Eich zeigt, weniger drastisch als *Latrine*, doch ebenso eindringlich, was man unter ›Kahlschlag‹ verstand. Hans Werner Richter zitiert es in einem Rückblick, der den 1962 zu ihrem fünfzehnjährigen Bestehen erschienenen *Almanach der Gruppe 47* einleitet, als Exempel für die Kahlschlag-Literatur. Neben der Prosa von Wolfdietrich Schnurre seien wenigstens die beiden ersten Strophen des Gedichts in Erinnerung gebracht:

> Dies ist meine Mütze
> dies ist mein Mantel,
> hier mein Rasierzeug
> im Beutel aus Leinen.
>
> Konservenbüchse:
> mein Teller, mein Becher,
> ich hab in das Weißblech
> den Namen geritzt ...

1950 erhielt Günter Eich den Preis der Gruppe 47, aber nicht mehr für ein Kahlschlag-Gedicht. In seinem Kommentar zu einer »Auswahl der Lesungen auf den Tagungen der Gruppe 47« im bereits erwähnten Almanach schreibt vielmehr Fritz J. Raddatz: »Mit der ersten Verleihung des Preises der Gruppe 47 an Günter Eich 1950 ist die Bindung ans Thema endgültig vorbei. Es gibt keine ›poetischen Themen‹, Flamingo oder Gaslaterne können gleich geeignetes poetisches Material sein.« Raddatz verweist dann auf das Gedicht *Fränkisch-tibetischer Kirschgarten*, für das unter anderem Eich den Preis erhielt. Er nennt es ein »großartiges, ›reines‹ Gedicht«, und es erscheint sinnvoll, es gerade an dieser Stelle zu zitieren:

> Gebet im Ohr der Stare
> aus den Zellen der Klosterstadt,
> über den Kirschenhängen
> die Aderung im Blatt,
>
> mit Rost- und Regenzeichen
> geschrieben auf flatterndes Gras,

was von zerfransten Bändern
zornig der Paßwind las,

von einem Wolkenschatten
ist die Kirschhaut geprägt,
ein Rauschen, das die Schnecke
in ihrem Hause trägt,

das vom Boden des Kessels
aufsteigt, eine Welle im Tee,
über den Pilgerzelten
gehißt als Fahne von Schnee.

An diesem Punkt, 1950, schien der Kahlschlag, kaum proklamiert und nur im Ansatz versucht, auch schon überwunden. Die Frage lautet: War in den fünf Jahren seit Kriegsende tatsächlich die Sprache so weit überprüft, erneuert, zu sich selbst gebracht, in ihrer Struktur wie in ihren Bedeutungen neuerlich so im Einklang mit der individuellen und sozialen Realität, so identisch der Wahrnehmung, daß ein ›reines Gedicht‹ wieder möglich war? Oder hatte man den mühsam und ohne große Ergebnisse eingeleiteten Prozeß eines mißtrauischen Umgehens mit Sprache, ohne sich das bewußt zu machen, nur einfach abgebrochen, unterdrückt, um sich zunächst einmal, schon erschöpft von der Konfrontation mit der Wirklichkeit, schreibend der Angebote der Tradition zu vergewissern, die zu dieser Zeit schon in ihren besten Beispielen wieder zugänglich waren, und sie weiter zu modifizieren? Wie immer das in den fünfziger Jahren ausgesehen haben mag, von heute aus gesehen, trifft diese zweite Frage den Zustand. Gerade das Œuvre Günter Eichs ist ein aufschlußreicher Beleg für diese Hypothese. Eich, der ja auch im Dritten Reich veröffentlichen konnte, ist in den fünfziger Jahren, grob gesagt, wieder in eine moderne Innerlichkeit ausgewichen, in seinen Gedichten und – vor allem – im Hörspiel, dem nicht zuletzt er auf diese Weise zu außerordentlichen Erfolgen verhalf. Er erzeugte einen Innenraum der Läuterung und Erlösung, mit Hilfe von Gelenkstücken der großen Religionen. In seinen späten Arbeiten, den *Maulwürfen*, bezieht Eich jedoch – plötzlich wieder sarkastisch, böse, aggressiv, auf dem widersprüchlichen Erfahrenen bestehend – eine Gegenposition zu dieser seiner eigenen Dichtung, die bei aller Originalität doch primär Ansätze einer neoromantischen Mystik und neoromantische Vorstellungen von der Autonomie der Dichtung fortsetzte, und diese Gegenposition ist seiner Haltung in den Kahlschlag-Gedichten überraschend ähnlich. Wiederum sondiert Eich, was bleibt, wenn die Bilder, die Illusionen und schönen Fügungen verblassen, und es geschieht in einer Nähe zur Sprache, zum Fragen in der Sprache, die seine poetischeren Werke nicht haben. Es setzt im übrigen erstaunlich heftige Aggressionen gegen alles Poetische frei.[6]

Um 1950 wurde die radikale Forderung nach einer neuen Sprache, obwohl sie sich kaum in ersten Versuchen umgesetzt hatte, wenn nicht kassiert, so doch an den Rand gedrängt. Der ›Kahlschlag‹ versandete in einem Neorealismus, der ihn in der Tat desavouierte. Dabei bleibt jedoch zu unterscheiden zwischen der Intention, die mit der radikalen Forderung, ganz neu anzufangen, verknüpft war, und dem, was sie hervorgebracht hatte: nicht viel mehr als Ansätze zu einem für die Gegenwart glaubwürdigeren

Realismus. Steckte aber nicht in der Intention, die ja vor allem auch Befragung der Sprache gefordert hatte, weit mehr? Etwas, das auch ihre Verfechter nur vage empfunden hatten, ohne es konkretisieren zu können? Vieles spricht dafür. Es blieb virulent, wenn es häufig auch gänzlich verschüttet schien. Von ihm aus erzeugten sich Spannungen, die bis in diese Gegenwart reichen.

In den fünfziger Jahren zeigte sich eine große Anzahl jüngerer Schriftsteller, die nach dem Krieg zu schreiben begonnen hatten, zunehmend konkurrenzfähig, auch im Vergleich mit dem internationalen literarischen Angebot. Dabei erinnerte die Literatur der fünfziger Jahre immer wieder an die dunkle und böse Vergangenheit, von der die Gesellschaft in der Bundesrepublik bald glaubte, sie bewältigt zu haben. Aber sie ging ihr nicht auf den Grund. Sie war pluralistisch, auf eine eklektisch-poetische Weise, vielfarbig und vielseitig zwischen vagem Engagement, ernsthafter Objektivierung von subjektiven Erinnerungen, Gefühlen, Vorstellungen und schön eingefärbten Stimmungsspielen. Eine Literatur der Bilder, Gefühle, Aussagen, Reminiszenzen mehr als eine Literatur der Wahrnehmung, der Artikulation des Realen.

Für die Literatur dieser Jahre war bezeichnend, was Fritz J. Raddatz 1962 in seiner Einführung zu der *Almanach*-Auswahl der Lesungen auf den Tagungen der Gruppe 47 so beschrieb: »[...] wir erleben bei der Lektüre dieser Textsammlung etwas Unerwartetes, fast Nimbus-Zerstörendes: die ›öffentlichen Dinge‹ erscheinen nicht in der Schrift. Das hier Dargebotene weist die Gruppe 47 durchaus nicht als politisches Instrument aus, als Fortsetzung des *Ruf* etwa, wie Hans Werner Richter es beabsichtigte; nicht einmal die Notierungen eines empfindlichen Seismographen können festgestellt werden. In dem ganzen Band kommen die Worte Hitler, KZ, Atombombe, SS, Nazi, Sibirien nicht vor – kommen die Themen nicht vor. [...] Die wichtigen Autoren Nachkriegsdeutschlands haben sich allenfalls mit dem Alp der Knobelbecher und Spieße beschäftigt; die Säle voll Haar und Zähnen in Auschwitz oder die Pelztiermentalität des tagebuchführenden SS-Professors Kremer [...] wurden nicht zu Gedicht und Prosa. Gewiß, man hätte einen anderen Band zusammenstellen können und es wäre dann manchmal Hiroshima genannt oder Budapest erinnert worden. Aber gar so anders hätte es nicht werden können – viel mehr ist da nicht drin. Das Abenteuer Sowjetunion ist hier offensichtlich keines [...] Die französische Nachkriegsliteratur – bis hinunter zur Unterhaltungskonfektion à la Jean Cau – wäre nicht denkbar ohne den Disput über Marxismus; das blieb nicht theoretische Gebärde zwischen Sartre – Camus – Merleau-Ponty, sondern drang tief ein bis in die Gestaltungsprinzipien. Hier weder Disput noch Gebärde noch Prinzip.«

Es war für die Literatur der fünfziger Jahre bezeichnend, was Walter Jens 1961 in *Deutsche Literatur der Gegenwart* so zusammengefaßt hat: »Nach 1950 erst entfaltete sich eine Poesie, deren Sprache deutsch und deren Erbe europäisch war: die in tausend Schulen erzogenen Kinder, Gide- und Lorca-Enkel, Brecht- und Pavese-Erben, die Schüler Majakowskis und Kafkas betraten die Bühne, fanden ihre eigene Sprache, eigene Themen und Topen und verwandelten ein Erbe, das sie – den Kaiserzeit-Griechen vergleichbar – oft genug von den ausgewanderten Söhnen ihrer Großväter, als Fremde, kennenlernten: so kehrten Freud und Strindberg heim, so gab der Beschenkte das Empfangene verwandelt wieder her, so wirkte europäischer Geist, wie ein ›Traumtoxin‹ in Amerika gespeichert, auf den Mutterkontinent zurück; so kam es, wie einst zwischen Griechen und Römern, zum wechselseitigen Austausch: die ›lost generation‹

versammelte sich in Paris; die Poesie Europas lernte in New York und Kansas City. Die National-Dichtung war für immer gestorben. Lebend im Angesicht des dritten Jahrtausends, herangewachsen im Schatten der Bombe, unterrichtet zu Füßen des Babylonischen Turms gingen die Autoren ans Werk. Niemand bisher konnte die Welt, den Raum und die Zeit, so weithin überschauen wie sie [...].«
Insbesondere der etwas fatale Optimismus dieser Eloge ist bezeichnend für die deutsche Literatur fünf bis fünfzehn Jahre nach dem Zweiten Weltkrieg, in jener Zeit, da sich unwiderruflich zwei deutsche Literaturen etablierten: eine in der ›Zone‹, wie es damals hieß, eine in der Bundesrepublik.

Aus der Entfernung zwischen zwanzig und mehr Jahren angesehen, und aus der Totalen, verblassen bereits die Farben. Das Bild wird durchsichtig. Wo die Vergangenheit Originale sah, werden überall Imitationen, Anpassungen, Wiederholungen erkennbar. Bei strikter Forderung mag, mit vereinzelten Ausnahmen, diese ganze Phase schon jetzt nur noch ihre Bedeutung haben als Lernprozeß, als Prozeß einer notwendigen, zeitweise stagnierenden Reproduktion all dessen in anderen Literaturen und in der eigenen Vergangenheit, von dem die Gesellschaft zwölf Jahre lang ausgeschlossen gewesen war, ein Prozeß, der direkt und indirekt auch ihre literarische Produktion einfärbte. Wer heute dreißig und jünger ist, mag schon gar nicht mehr fähig sein, etwas anderes auszumachen.
Das Bild verändert sich, wenn die Œuvres einzelner Autoren in den Vordergrund geholt werden, wobei allerdings bestehenbleibt, daß eine sozusagen modernistisch variierte Abhängigkeit von den Traditionen, die erst wieder eingeübt werden mußten, überwiegt. Von heute aus gesehen vielleicht nur mit einer Ausnahme: Arno Schmidt; den dafür Karl August Horst[7] seinerzeit, 1957, ohne weitere Erläuterung in die Rubrik »bemühtes experimentelles Kunstgewerbe« einordnen durfte, Widerspruch mußte er nicht befürchten. Arno Schmidt zeigte von seinen ersten Arbeiten an – *Leviathan* erschien 1949 – ein differenziertes Bewußtsein der rationalistischen und aufklärerischen Tradition, das ihre aktuellen Möglichkeiten entwarf, das unmittelbar und radikal auch die Sprache reflektierte und Intentionen vorwegnahm, die erst nach 1960 auch von anderen deutlicher erkannt wurden. Seine Methode, mit ›Momentaufnahmen‹ den imaginären, irrealen Strom des Erzählens zu brechen, seine Theorie des längeren Gedankenspiels, sein Erzählen in nebeneinander ablaufenden Strängen sind konsequente formale Entwürfe, die bis heute weder überholt noch eingeholt sind.
Auch Wolfgang Koeppen und Hans Erich Nossack haben Sonderrollen. Koeppen hatte nach zwei Romanen, die 1934 und 1935 – er war 28, 29 Jahre alt – erschienen, bis 1951 geschwiegen. Dann erschienen rasch hintereinander die Romane *Tauben im Gras* (1951), *Das Treibhaus* (1953) und *Tod in Rom* (1954), rabiate und hoffnungslose Analysen der psychischen und sozialen Verhältnisse in der Phase sich verstärkender Restauration nach dem Kriege, deren Scharfblick und formaler Zuschnitt die selbstverständliche Kenntnis von James Joyce und Gertrude Stein spüren ließen. Aber Koeppen hatte nur wenig Erfolg. Die Situation war einer mehr gefühlsbetonten Selbstbespiegelung günstig, stieß die rationale Analyse ab. Außerordentliches Ansehen dagegen gewann Hans Erich Nossack. Schon als Person stand er auf eine Weise zwischen den Fronten, die Legendenbildung begünstigte. Er hatte unter dem Naziregime konsequent als Außenseiter gelebt.

Nossack war 46 Jahre, als – 1947 – Gedichte von ihm und die Erzählung *Nekyia* erschienen, in der Heimkehrergeschick und Muttermythologie ineinander verwoben sind. Schon 1948 folgte *Interview mit dem Tode*. Nossack hatte schon vor 33 zu schreiben begonnen, doch nicht veröffentlicht. In diesem Fall hätte sich möglicherweise die Erwartung auf volle Schubladen bei jenen, die zu völligem Schweigen gezwungen gewesen waren, erfüllt – doch kurz vor Kriegsende verbrannten, bei der Zerstörung Hamburgs, seine Manuskripte. Im Medium einer Konfrontation von Wirklichkeitserfahrung und mythischen Bildern, von Protokoll und Vision, die sich mit dem ›zweiten Gesicht‹ vergleichen ließe, näherte sich Nossack mit seiner Ideologie eines »Aufbruchs ins Nicht-Versicherbare«, der alles bürgerliche Treiben hinter sich läßt, dem Existentialismus – mehr dem Albert Camus' freilich als dem Sartres. In Nossacks Erzählungen und Romanen erkannten die gebildeten Neubürger der fünfziger Jahre ihre Verdrängungen, ihre Widersprüche.

Menschliche Wirklichkeit aufzuspüren, durchaus ›eigentliche‹ und ›höhere‹ Wirklichkeit, die jedoch der erfahrbaren Wirklichkeit nicht länger widersprechen sollte, blieb primäre Intention des Schreibens. In ihr trafen sich die unterschiedlichen – und im Rückblick doch gar nicht so verschiedenen – Ansätze. Realistische Schreibweisen, wie bei Schnurre, Hans Werner Richter, Walter Kolbenhoff, fanden Bestätigungen und Anregungen in Roman und Kurzgeschichte amerikanischer Herkunft, behaupteten sich neben zunehmender neuer Verinnerlichung, wurden – bis hin zu Martin Walser – immer wieder aufgenommen. Die dingnahen Gedichte und Erzählungen von Hans Bender sind hier zu nennen. Auch die allerdings ganz in der Konvention zurückbleibende Prosa von Siegfried Lenz. Oder die Romane von Paul Schallück. Der außerordentliche Erfolg des Erzählers Heinrich Böll in jenem Jahrzehnt verweist dabei besonders deutlich auf die Erwartungen der Leser: wie in Bölls Romanen, durchaus nach Absicht des traditionellen Realismus, die Erfahrung klein- und großbürgerlicher Alltagsrealität in der sich beschleunigenden Restauration sich koppelt mit einem Gefühl für das, was Schnurre zuvor mit »Es gab nur die Wahrheit« umschrieben hatte, mit einer Forderung nach höherer oder tieferer, nur bildlich zu vergegenwärtigender Wahrheit – darin wohl zeigt sich die Basis für die Wirkung dieses Autors. Die Koppelung ist eine Hinterlassenschaft der Kriegs- und Nachkriegserlebnisse, des Bedürfnisses nach Wahrheit, wie es die Grenzsituation hervorbringt. Böll hat es dadurch aktualisiert, daß er sich am Katholizismus als einer institutionalisierten konventionellen Erscheinungsform von Wahrheit rieb.

Bleibt nachzuholen die Erwähnung des Romans *Stalingrad* von Theodor Plievier (1945), dessen an der neuen Sachlichkeit orientierter, von Augenzeugenberichten, Dokumenten wie vom eigenen Erlebnis gestützter Tatsachenaufriß eine Literatur intendierte, die allen Mythos durch Sachorientierung zu ersetzen versuchte. So groß aber der Erfolg des Buches war – es wurde nicht als ›Literatur‹ rezipiert. (Erst in den sechziger Jahren kam es zu einer Welle dokumentarischer Literatur, die sich inzwischen weniger leicht als ehedem zur Nicht-Literatur erklären läßt.) Gert Ledigs *Stalinorgel* (1955) nahm die dokumentarische Methode bis zu einem gewissen Grade noch einmal auf. Mit uneingeschränkterem Beifall konnte allerdings noch Gerd Gaisers Heldenlied *Die sterbende Jagd* (1953) rechnen, eine Mythe vom Untergang einer soldatischen Elite. Alfred Andersch beschrieb in *Die Kirschen der Freiheit* (1952) seine Entscheidung zur Desertion. Zu nennen ist hier auch *Wunschkost* von Hans Bender (1959), ein knapper,

integrer, dennoch gefühlsstarker Bericht aus der Gefangenschaft in der Sowjetunion. Im übrigen gilt für die Mehrzahl der Romane mit dem Stoff des Kriegserlebens, was Bender als Motiv dafür angibt, daß er *Wunschkost* geschrieben hat: »Zum Buch über die Gefangenschaft stachelte mich die unbefriedigende Literatur, die zehn Jahre später darüber vorlag; eine geschönte, selbstbemitleidende Literatur. Da waren wieder die kernigen Helden, die liebenden Dolmetscherinnen und Ärztinnen: Roman-Klischee-Figuren, die aus den strapaziösen und blutigen Vorgängen des Krieges und Nachkriegs Unterhaltungslektüre machten.«
Während die dramatische Literatur stagnierte – von Bertolt Brecht abgesehen, kamen die wichtigeren Stücke, von Dürrenmatt und Max Frisch, aus der Schweiz –, brachten die fünfziger Jahre einen wahren Boom lyrischer Arbeiten, in dem allerdings die spröde Realitätsnähe der ›Inventur‹ sich nur noch sehr selten artikulierte. Rilke und T. S. Eliot, später Benn und Wystan Hugh Auden waren die Vorbilder nicht nur für Hans Egon Holthusen, der schon 1947 mit dem Band *Klage um den Bruder* eine elegisch-pathetische Variante zwischen überkommenem Tonfall und Zeiterlebnis fand, die auf Jahre hinaus bewundert wurde. Ingeborg Bachmann, Wolfgang Bächler, Paul Celan, Günter Eich, Peter Härtling, Walter Höllerer, Karl Krolow, Peter Rühmkorf und eine ganze Reihe weiterer Lyriker fanden neue Tonarten, die all die weiterhin vorausgesetzten Traditionen gleichsam transzendierten, um neue Eigenwelten aus Bildern und Symbolen zu erfinden. Gedankenlyrik, Naturlyrik, Erlebnislyrik organisierten sich in stets anderen Variationen zum Gedicht. Die Gedichte von Günter Grass holten kräftigere Farben, komplexere Erfahrungen ein. Nur Hans Magnus Enzensberger brachte dabei, orientiert vor allem am frühen Brecht, Politik in die Lyrik. 1957 erschien sein Band *Verteidigung der Wölfe*, fürs erste in seiner zeitkritischen Aggressivität eine Einzelerscheinung, deren Tendenzen jedoch in den sechziger Jahren breit umgesetzt wurden. Als hätten alle Jüngeren gelesen, was Enzensberger *Ins Lesebuch der Oberstufe* zu schreiben vorschlug:

> lies keine oden, mein sohn, lies die fahrpläne:
> sie sind genauer, roll die seekarten auf,
> eh es zu spät ist. sei wachsam, sing nicht.
> der tag kommt, wo sie wieder listen ans tor
> schlagen und malen den neinsagern auf die brust
> zinken. lern unerkannt gehen, lern mehr als ich ...

Noch ist nicht zu unterscheiden, welche Gedichte von welchen Autoren dieses sehr lyrisch gestimmten Jahrzehnts haltbarer sein werden als die anderen. Manche zur Zeit ihrer Entstehung vielbewunderten Gebilde erscheinen inzwischen besonders durchsichtig, manche Namen sind schon vergessen. Festzustehen scheint inzwischen auch, daß Eugen Gomringer, Helmut Heißenbüttel, Franz Mon, die damals ebenfalls schon zu publizieren begonnen hatten – jedoch als Außenseiter, weit geringer eingeschätzt als viele inzwischen verstummte Lyriker –, mehr Folgen gehabt haben als sämtliche anderen Autoren. Wie auch die Wiener Gruppe, die in den fünfziger Jahren nahezu unbekannt geblieben war. Von dem Sprachbewußtsein, das zuerst die ›konkrete Lyrik‹ signalisierte, einem Bewußtsein, das Sprache nicht mehr als Medium für Bilder, Symbole und Kombinationen aus ihnen ansieht, sondern selbst als konkretes Material, ist bei den in den fünfziger Jahren bewunderten Dichtern kaum etwas zu merken. Es artikulierte sich bereits, doch es schien den meisten nicht erforderlich zu sein, es auch nur ernst zu nehmen.

Wie groß die Entfernung zur Literatur der fünfziger Jahre inzwischen schon ist, verdeutlicht sich gerade beim Wiederlesen jener beiden Romane, die bei ihrem Erscheinen 1959 als Höhepunkte und Beginn einer neuen literarischen Epoche empfunden wurden: beim Wiederlesen der *Blechtrommel* von Günter Grass und der *Mutmassungen über Jakob* von Uwe Johnson. Dabei erscheint vor allem *Die Blechtrommel* überraschend rückwärtsgewandt. Indem dieser Roman des Helden als Kretin die Tradition des Romans konterkarierte, gab er ihr zugleich einen letzten Höhepunkt. Johnsons Roman, der menschliche und soziale Realität nicht mehr für ohne weiteres durchschaubar hält, der nicht vorgibt, etwas anderes und mehr als Mutmaßungen über ein Geschick mitteilen zu können, zeigt solche Haltung auch in seiner Sprache, läßt sie die Syntax angreifen, ihre gewohnte Ordnung stören. Darin ist Johnson dem Roman jener Zeit voraus, nimmt er – andeutungsweise – Anstrengungen vorweg, die dann in den sechziger Jahren fast selbstverständliches Element des Schreibens wurden. Dennoch bleibt die Bindung an die Konvention.

Um die Literatur des folgenden Jahrzehnts und dieser Gegenwart verstehen zu können, ist es gewiß unerläßlich, die Literatur der ersten fünfzehn Jahre nach dem Zusammenbruch des Hitler-Regimes zu kennen. Auch die Ansätze dessen, was dann später als neue Literatur bezeichnet wurde, die Ansätze zur Erkundung der Sprache nicht nur und nicht primär als Medium, sondern als Material, finden sich in dieser Phase, treten ihrem Ende zu schon deutlicher hervor, so wenig sie beachtet wurden. Möglicherweise aber begründet etwas anderes die Unerläßlichkeit des Rückblicks besser.

Ein ungemein heftiger, existentiell und moralisch motivierter Impuls steht am Anfang jener Phase: der Impuls, das Wahre, die Wahrheit auszusprechen, und er führte unmittelbar zur Frage nach den Möglichkeiten der Sprache, diese Wahrheit auszusprechen. Es war die verquollene, entstellte, lügnerische Sprache des Naziregimes, die hier Zweifel weckte, und es war verhältnismäßig leicht, die Schwierigkeiten beim Schreiben der Wahrheit auf diese Nazisprache zurückzuführen. Dabei mußte der Schluß, daß es ja eine bessere Sprache gebe, daß die wirkliche Sprache, die nicht mißbrauchte, zur Wahrheit führen werde, zunächst überzeugend klingen. Die Bereitschaft, diese nicht mißbrauchte, gute, wirkliche Sprache zu erlernen, sie nachzuholen, die gestörte Kontinuität wiederherzustellen, war groß. Insbesondere die Literatur der fünfziger Jahre ist in ihren zentralen Zügen von dieser Bereitschaft her interpretierbar. Vielleicht bezeichnet dies – historisch gesehen, im Ablauf der Veränderungen in dieser zweiten Jahrhunderthälfte, nicht ›ästhetisch‹ im gewohnten Sinn – am deutlichsten ihren Zustand. Dann war sie eine Literatur der aktiven Adaptation einer inzwischen gealterten Sprache und ihrer Literatur, die als Literatur der Innerlichkeit und in der Emigration fortgesetzt worden war. Diese Adaptation brauchte ihre Zeit. Und sie führte über zahllose Entwürfe in Lyrik und Prosa schließlich aufs neue zur Konfrontation mit der Sprache: zur Einsicht in ihre Historizität, zur Erfahrung, daß die Schwierigkeiten beim Schreiben der Wahrheit nicht Sache nur schlechter Sprache, sondern grundsätzlich gegeben sind. Daß sie für die Literatur die geschichtliche Realität dieser zweiten Jahrhunderthälfte repräsentieren.

Dieses Schauspiel breitet sich in der Literatur der fünfziger Jahre aus. So angesehen, ist es erklärlich, wenn selbst viele von jenen Schriftstellern, die für diese Literatur einstehen, inzwischen sozusagen mit ihr gebrochen haben – indem sie verstummten oder sich gegen sie wendeten und sie angriffen. Günter Eich, der bewunderte Dichter der fünfziger Jahre, beschimpfte in den *Maulwürfen* auch seine eigene Vergangenheit: »Da kommen sie an, die neun Musen des Stumpfsinns, – laßt mich meinen ohnmächtigen Zorn ausschreien – die Dichter und Dichterinnen mit ihren wohlriechenden Strophen, das ganze mit Namen und Ländereien belohnte Gezücht – ja, wenn man Messer und Stricke genug hat, ist alles Harmonie.« Die Blütezeit, die die Literatur in der Bundesrepublik gegen Ende des Zeitraums zu erleben schien, war ein geborgter Reichtum. Er hob die Fragen, die an seinem Anfang gestellt wurden, nicht auf. Doch er sorgte, sei hier behauptet, auch für die Möglichkeit, diese Fragen jetzt genauer und radikaler zu stellen. Er sorgte dafür, daß niemand einwenden kann, man habe die besten Möglichkeiten versäumt – nämlich all die Möglichkeiten der literarischen Tradition.

Es hat auch für die deutsche Literatur keine ›Stunde Null‹ gegeben. Das Neue, Wirklichere einer jeden Epoche kann nur aus dem Bewußtsein ihrer Realitäten und aller ihrer Möglichkeiten entstehen. Die vermeintliche Stunde Null war eine Stunde der größten Entfernung von solchem Bewußtsein, Stunde eines unterdrückten, verstörten, belasteten Bewußtseins. Fünfzehn Jahre später war die Literatur in Deutschland noch immer dabei, die Angebote durchzuprobieren, die eine mit Verspätung rezipierte Tradition ihr in großer Vielfalt gemacht hatte. Doch sie hatte sich schon Offenheit erarbeitet. Sie war offen für Veränderung wie kaum jemals zuvor.

Anmerkungen

1 Von »Kahlschlag« und einem Neubeginn »in der Sprache, Substanz und Konzeption« als Intention der damals neuen Literatur spricht Weyrauch erstmals im Begleitwort zu seiner Geschichtenanthologie *Tausend Gramm*, Hamburg/Stuttgart 1949.

2 *Auszug aus dem Elfenbeinturm* war der Titel einer Polemik Schnurres in: Ja – Zeitschrift der jungen Generation. Berlin 1949. Sie ist nachgedruckt in Wolfdietrich Schnurre: Schreibtisch unter freiem Himmel. Polemik und Bekenntnis. Olten / Freiburg i. Br. 1964.

3 Zur Problematik des noch immer umstrittenen Begriffs der ›inneren Emigration‹ s. Reinhold Grimm: Im Dickicht der inneren Emigration. In: Die deutsche Literatur im Dritten Reich. Hrsg. von Horst Denkler und Karl Prümm. Stuttgart 1976. S. 406–426.

4 Schnurre: Auszug aus dem Elfenbeinturm (Anm. 2). Weitere Hinweise in den einleitenden Aufsätzen zum *Almanach der Gruppe 47*, Reinbek b. Hamburg 1962.

5 Zitiert laut dem Nachwort von Klaus Wagenbach zu der von ihm herausgegebenen Anthologie: Das Atelier. Frankfurt a. M. 1962.

6 Siehe auch Hans Dieter Schäfer: Die nichtfaschistische Literatur der ›jungen Generation‹ im nationalsozialistischen Deutschland. In: Die deutsche Literatur im Dritten Reich (Anm. 3) S. 459–503. Schäfer erläutert u. a. die Rolle von Autoren wie Günter Eich, Peter Huchel, Wolfgang Koeppen, Marie Luise Kaschnitz, die um 1930 zu schreiben begonnen hatten und als scheinbar unpolitische Einzelgänger auch im Dritten Reich publizieren konnten. Er vertritt mit plausiblen Gründen die These, daß die von der ›jungen Generation‹ der dreißiger Jahre intendierte Literatur um 1950 dominant geworden sei.

7 Karl August Horst: Die deutsche Literatur der Gegenwart. München 1957.

Literaturhinweise

Almanach der Gruppe 47, 1947–1962. Hrsg. von Hans Werner Richter und Walter Mannzen. Reinbek b. Hamburg 1962.

»Als der Krieg zu Ende war«. Literarisch-politische Publizistik 1945–1950. Katalog zur Ausstellung des Deutschen Literaturarchivs im Schiller-Nationalmuseum Marbach a. N. Hrsg. von Bernhard Zeller. Stuttgart 1973.

Horst, Karl August: Die deutsche Literatur der Gegenwart. München 1957.

Jens, Walter: Deutsche Literatur der Gegenwart. München 1961.

Die Literatur der Bundesrepublik Deutschland. Hrsg. von Dieter Lattmann. München/Zürich 1973.

Der Ruf. Eine deutsche Nachkriegszeitschrift. Hrsg. von Hans Schwab-Felisch. München 1962.

Wehdeking, Volker Christian: Der Nullpunkt. Über die Konstituierung der deutschen Nachkriegsliteratur (1945–1948) in den amerikanischen Kriegsgefangenenlagern. Stuttgart 1971.

Widmer, Urs: 1945 oder die ›Neue Sprache‹. Studien zur Prosa der ›Jungen Generation‹. Düsseldorf 1966.

HERBERT LEHNERT

Die Gruppe 47. Ihre Anfänge und ihre Gründungsmitglieder[1]

Was die Gruppe 47 war und was sie für die Entwicklung der deutschen Literatur nach 1945 bedeutet, ist immer problematisch gewesen. Sicher ist nur, daß diese jährlichen oder halbjährlichen Treffen von Schriftstellern, eingeladen von Hans Werner Richter, eine integrative Funktion ausübten, daß sie augenblicksweise ein literarisch-kulturelles Zentrum bildeten, das sonst in der Bundesrepublik fehlte, das in Deutschland eigentlich immer gefehlt hat. Die kulturelle Mittelpunktsfunktion, die Berlin in der Weimarer Republik ausgeübt hatte, war 1933 unterbrochen worden; sie hatte auch damals nicht die Intensität von Paris oder London erreicht. Der ephemere Mittelpunkt der literarischen Kultur in der Bundesrepublik in den ersten zwanzig Jahren ihres Bestehens hat geradezu symbolische, kennzeichnende Bedeutung.

Das Bedürfnis nach solchen Treffen war offenbar groß. Das Freundestreffen nahm nach den ersten drei Jahren mehr und mehr einen öffentlichen Charakter an. Zuerst beteiligte sich der Rundfunk, von dem viele Schriftsteller lebten, an den Tagungen, dann kamen auch Kritiker und Verleger. Dennoch behielt Hans Werner Richter so viel Autorität über die Gruppe, daß er ihre Etablierung, etwa durch Identifizierung mit einer Akademie, einer Zeitschrift, einem Verlag verhinderte und schließlich entschied, daß sie aufhören solle. Dafür gab es zwar einen konkreten Anlaß, den Wunsch von Prager Schriftstellern, die für 1968 in Prag geplante Tagung nirgendwoanders stattfinden zu lassen, als sie nach dem sowjetischen Einmarsch unmöglich geworden war, aber in Richters eigenen Erinnerungen an die Gruppe 47, in einer Rundfunksendung von 1974,[2] datiert er seine Zweifel an der Wünschbarkeit der Fortführung schon Jahre früher, 1966 anläßlich der in seinen Augen mißlungenen Tagung in Princeton, 1967 anläßlich einer Studentendemonstration, die die Jahrestagung in dem fränkischen Landgasthof »Die Pulvermühle« stören sollte, und zwar in der Form eines ›Happenings‹. Es stellte sich heraus, daß Schriftsteller, die zu dieser Tagung eingeladen waren, deren Störung mehr oder weniger heimlich unterstützten. Die Studenten betrachteten die Gruppe als etablierte Institution, während ihr Kern, der Freundeskreis um Hans Werner Richter, einig in der Kritik am rechten Bürgertum, aber eher sozialliberal und humanistisch als marxistisch eingestellt, die Gruppe nicht mehr in der alten möglichst unmerklichen Form kontrollieren konnte. Die Tendenz zu Abweichungen von ihrer ursprünglichen Konzeption hatte Grade erreicht, die ihrem Gründer und Leiter offenbar nicht mehr tolerierbar erschienen.

Diese ursprüngliche Konzeption ist nicht eindeutig greifbar, jedoch kann man sie approximativ aus der Betrachtung ihrer Anfänge gewinnen. Sie entstand aus der Emanzipation des Journalisten Hans Werner Richter von der ›Re-Education‹ der amerikanischen Militärregierung, aus seinem Ausweichen vor der Übermacht in die Literatur, einem Ausweichen, das er nicht als schöngeistigen Eskapismus verstehen wollte.

Das Muster der Tagungen begann sich aus der Redaktionssitzung einer geplanten

literarischen Zeitschrift im September 1947 zu entwickeln. Ein Probeheft war gedruckt. Es trug den Titel *Der Skorpion*, was auf einen aggressiven, stechenden, unbequemen, satirischen Charakter schließen läßt. Diese literarische Zeitschrift sollte das politische Engagement der Zeitschrift *Der Ruf* auffangen. Auf Verlangen der Militärregierung hatte der deutsche Verleger und Lizenzträger Curt Vinz den beiden leitenden Redakteuren, Alfred Andersch und Hans Werner Richter, im Frühjahr 1947 gekündigt.
Die Redaktionssitzung war eine Zusammenkunft von 15 früheren Mitarbeitern des *Ruf* in einem Privathaus am Bannwaldsee bei Füssen. Neue Manuskripte wurden vorgelesen, darunter Wolfdietrich Schnurres komisch-melancholische Erzählung von der Bestattung Gottes im Regen. Eine zweite Tagung im November 1947 in Herrlingen bei Ulm fand statt, immer noch zum Zweck der Zeitschriftengründung. Aber Richter erhielt keine Lizenz von der Militärregierung, auch für eine literarische Zeitschrift nicht. Auf das Vorlesen von Manuskripten folgte eine Werkstattkritik der Teilnehmer, die sich vor allem auf die Sprache richtete. Dieses Format ließ den Wunsch nach Wiederholung entstehen. Als Folie soll ein Dichtertreffen des Stahlberg-Verlags gewirkt haben, das Monate früher stattgefunden hatte. In seinem Mittelpunkt hatte Rudolf Alexander Schröder gestanden. Offenbar sollten die Treffen des Hofmannsthal-Kreises in Neubeuern am Inn wiederbelebt werden. Das traf bei Hans Werner Richter und anderen Mitarbeitern des *Ruf* auf Ablehnung. Die sprach- und klischeekritische Arbeit war der aktive Gegenentwurf.
Richter verstand diese Sprachkritik als Neuanfang. Er und seine Freunde hofften, durch eine gereinigte literarische Sprache auf die Nation wirken zu können. Sie versprachen sich Wirkungen auf die aus dem Krieg heimkehrende junge Generation, weil *Der Ruf* diese Wirkung gehabt hatte. Er konnte sie haben, weil Andersch und Richter in Kriegsgefangenenzeitungen Erfahrungen gesammelt hatten.
Allerdings lösten sie sich trotz guter Absichten nicht sofort von der Sprache, wie sie sich im Nationalsozialismus entwickelt hatte. Das verräterische Wort »fanatisch« findet sich in Leitartikeln des *Ruf*. Dennoch ist die Absage an bombastische Übertreibung und das Bedürfnis nach Wahrheit deutlich. Das politische Ziel eines humanistischen Sozialismus wird in denselben Leitartikeln entwickelt. Dieses Ziel war schon im Kriegsgefangenen-*Ruf* verkündet worden. Hans Werner Richter hat in seiner Rundfunksendung von 1974 seine Konzeption des Münchener *Ruf* scharf von den Re-Education-Tendenzen des amerikanisch zensierten Kriegsgefangenen-*Ruf* abgesetzt, weil er von Anfang an die Kollektiv-Schuld-These bekämpft habe.[3] Das ist sicher ein Teil der Wahrheit, aber die Gemeinsamkeiten des Kriegsgefangenen-*Ruf* und die der Münchener Zeitschrift sind dennoch unverkennbar. Obwohl es Auseinandersetzungen mit der amerikanischen Zensur im Kriegsgefangenen-*Ruf* gab, ist Richter doch Anderschs Aufforderung gefolgt, als dieser in München, zusammen mit dem Verleger Curt Vinz, den Kriegsgefangenen-*Ruf* fortführen wollte. Eine Betrachtung des Kriegsgefangenen-*Ruf* läßt zwar die Absicht erkennen, das Bewußtsein der Leser zu verändern. Jedoch hielt die Zeitschrift, mehr noch als später der Münchener *Ruf*, Verbindung mit literarischen Traditionen. Es ist schon lange erkannt worden, daß die Gruppe 47 kein totaler Neuanfang sein konnte; den kann es in einer entwickelten Literatursprache nicht geben.
Schon im Kriegsgefangenen-*Ruf* wirkten Konservative, Ästheten und ehemalige Kommunisten zusammen im Bestreben, ihre nationalsozialistisch infizierten Leser zu errei-

chen. In den amerikanischen Lagern herrschte ein nationalsozialistischer Gesinnungsterror, der von der internen Gefangenenselbstverwaltung unterstützt wurde. Zugleich mußte sich die Redaktion der Kriegsgefangenenzeitschrift gegen die Bevormundung der amerikanischen Aufsichtsoffiziere wehren, soweit das möglich war. Das Verhältnis zwischen den Deutschen und den Amerikanern im Lager Fort Kearny (Rhode Island) war offenbar freundlich, aber nicht frei von Spannungen. Unter den deutschen Kriegsgefangenen, die, wenn auch zu verschiedenen Zeiten, leitende Funktionen im *Ruf* ausübten, waren einige ehemalige Kommunisten, nämlich Alfred Andersch, Walter Kolbenhoff, Walter Mannzen und Hans Werner Richter. Auch der führende amerikanische Offizier, Walter Schönstedt, war ehemaliger deutscher Kommunist. Sie hatten die Partei jedoch verlassen und waren auch der Ideologie gegenüber skeptisch eingestellt, wenn auch grundsätzlich sozialistisch geblieben. Curt Vinz, früher Angestellter des konservativen Eugen-Diederich-Verlags, spielte im Kriegsgefangenen-*Ruf* wie im späteren Münchener *Ruf* eine leitende organisatorische Rolle. Ein Journalist mit ästhetischen Neigungen war Gustav René Hocke, der als Romanist unter Ernst Robert Curtius promoviert hatte und seit 1934 als Redakteur und Korrespondent der *Kölnischen Zeitung* eine Linie der inneren Emigration einzuhalten gesucht hatte. Hocke war Chefredakteur des Kriegsgefangenen-*Ruf* in seiner Entwicklungsphase, Andersch Leiter des literarischen Teils. Richter leitete zunächst eine andere Lagerzeitung, aus der der Kriegsgefangenen-*Ruf* gelegentlich zitierte. Nach der Entlassung Anderschs wurde er in die Redaktion des *Ruf* versetzt.

Die Umerziehungsaufgabe dieser Kriegsgefangenenzeitschrift begann sehr zögernd und vorsichtig, einfach mit Mitteilungen über die Wahrheit der Kriegslage, gegen die sich viele der Soldaten sperrten. Der Gesinnungsterror läßt sich aus ihren Spalten belegen. In einer Zuschrift (veröffentlicht 15. Juni 1945) des Juristen Walter Mannzen (der später in die Redaktion eintrat und sich dann auch am Münchener *Ruf* beteiligte) wird die Angst vieler Kriegsgefangener beschrieben. Es sei einmal die Angst, daß einer später in Deutschland seiner politischen Ansicht wegen doch noch verfolgt werden könne. »Aber unmittelbarer ist die Angst vor den zu allem bereiten Nazis in den Lagern, die es – von den Drahtziehern ganz abgesehen – gewohnt sind, mangels Argumenten die Faust sprechen zu lassen (und, wie die Erfahrung zeigte, auch hier in den Lagern vor Mord nicht zurückschrecken), die auf Grund jahrelanger Dressur sich gar nicht vorstellen können, daß Andersdenkende keine Verbrecher sind, für die Anschauungen nicht richtig oder falsch, sondern entweder nationalsozialistisch oder schurkisch sind.« In einem anderen Bericht (veröffentlicht am 1. Dezember 1945) werden die »Rollkommandos, aus kräftigen Rowdies zusammengesetzt«, und die »Femegerichte« genannt. Hier findet sich die erstaunliche Feststellung: »In fast allen amerikanischen Gefangenenlagern gelang es solchen Gruppen, über die vernünftig denkenden Kräfte die Oberhand zu bewahren.« Die amerikanischen Offiziere, die mit der Bewachung betraut waren, mischten sich möglichst wenig in das innere Leben der Lager ein, das von deutschen Lagerführern geleitet wurde, die oft mit den Terroristen zusammenarbeiteten. Auch noch im Münchener *Ruf* erwähnt Alfred Andersch den Gesinnungsterror in den Gefangenenlagern (Nr. 5, 15. Oktober 1946, S. 6).

Das Ethos der Wahrhaftigkeit, mit dem *Der Ruf* seine verblendeten Mitgefangenen zu gewinnen suchen mußte, formulierte Hans Werner Richter in einer Zuschrift: »Von der Illusion zur Wirklichkeit, aus der Welt der schönen Täuschungen in die Welt

der nüchternen Realität, das ist der Weg, den auch wir gehen müssen, unabhängig von unseren Wünschen und unabhängig von unseren Hoffnungen.
Wir werden in den sich neuentwickelnden Kräften im großen Geschehen der Welt den klaren Blick so bitter nötig haben.«
Die Wendung von den »schönen Täuschungen« bezieht sich auf den Titel eines Teils der Autobiographie von Hans Carossa, der 1941 erschienen war, *Das Jahr der schönen Täuschungen*. Offenbar beabsichtigte Richter schon damals eine Distanzierung sowohl von dem unpolitischen Ästhetizismus Carossas und der später so genannten ›inneren Emigration‹ wie von dem Jugendstil der Jahrhundertwende. Eine solche Absicht war jedoch nur keimhaft vorhanden. Sie wurde noch überdeckt von dem Appell an die »inneren Mächte«, der Widerstandslinie der ›inneren Emigration‹, der Gustav René Hocke nahestand. In den ersten Nummern des Kriegsgefangenen-*Ruf*, seit März 1945, werden Josef Weinheber und Ernst Wiechert zitiert. Nach Kriegsende wurde seine Umerziehungsmission deutlicher. Das wirkte sich auch auf die Literaturbeigaben aus. Wir finden Zitate von Thomas Mann, Hermann Hesse, auch Erich Kästner. Einmal kommt ein Zitat aus Bert Brechts *Furcht und Elend des Dritten Reiches* vor.
Aber auch unter den entschiedener politischen Mitarbeitern wie Alfred Andersch und Hans Werner Richter finden sich ästhetische Züge. Ein Gedicht von Hans Werner Richter, das in der Nummer vom 15. April 1945 erscheint, trägt deutliche Spuren des Jugendstils:

Das Leben
Geht an uns vorbei
Als ob es nicht in uns bestände
Es gleicht in dieser Zeitenwende
Dem Körnchen Sand
Das in des Schöpfers Hand geweht
Nun wartet
Daß es sich vollende.

Doch was im Warten vor der Zeit besteht
Ist fast vollendet
Es wächst nur mit den Jahresringen
Die sich um jedes Leben ziehen
Und will sich in sich selbst vollbringen
Bevor es seinen Weg beendet.

Die wachsenden Jahresringe, die Berufung auf die Zeitenwende, auch die Benutzung Gottes als lyrisches Bild, lassen den Einfluß von Rilkes *Stundenbuch* deutlich erkennen. Rilke-Einfluß ist auch in einem anderen, rein beschaulichen Gedicht *Sommer* erkennbar (1. September 1945). Alfred Andersch, der, wie er selbst bekennt, nach seiner zweiten Verhaftung 1933 sich einer Periode der Introversion verschrieben hatte (*Die Kirschen der Freiheit*, 1952), berichtet von einer Fahrt durch Rom nach seiner Gefangennahme, auf der er eine geliebte Kirche wiedersieht (15. Mai 1945): »In solchen Schreinen liegt die Seele Europas verschlossen. Die Bogen der Vorhalle und der schlanke, verwitterte Glockenturm, die damals in mein Gefühl eingegangen waren, sie wurden mir zur klaren Tröstung meiner Gedanken, und ich opferte in Gedanken dem Wunder, das sie mir unversehrt aus dem Chaos überliefert hatte. Ich begriff ihre Unzerstörbarkeit und nahm sie hin, als Gruß und geheimes Zeichen jener Erde, von der ich nun geschieden war.«

Das ist ein Text, der eine unsentimentale nüchterne Haltung ausdrücken möchte, aber sich dennoch in ästhetischer Sprechweise bewegt. Diese Belege sind Randerscheinungen, sie zeigen aber deutlich genug, daß Richter und Andersch den ästhetischen Maßstab der Jugendstilepoche in sich hatten, daß der Entschluß zur ›nüchternen Realität‹ ein Entschluß nicht nur gegen die berühmten Schriftsteller der ›inneren Emigration‹, sondern auch gegen eigene Neigungen war, Neigungen überdies, die einem Gefangenen naheliegen.

Sogar im Münchener *Ruf* finden sich noch Reste ästhetischer Gesinnung. Eine lyrische private Untergrundzeitschrift *Tag und Traum* wird da beschrieben, deren Verfasser und Leser während des Hitler-Krieges Religion, Kunst und Wissenschaft heilighielten und sich von Rudolf Binding ›das Maß‹ vorschreiben ließen. Aber das waren Ausnahmen. In der gleichen Nummer 1 vom 15. August 1946 des Münchener *Ruf* findet sich auch der Abdruck einer Wiechert-Parodie.

Sicher ist jedoch, daß der Wunsch nach politischer Unabhängigkeit, nach realistischer Unbefangenheit, Offenheit, einem ästhetischen Erneuerungsprogramm vorangeht. Ein sehr deutlicher Vorklang der späteren politischen Tendenz des Münchener *Ruf* findet sich schon in einem Beitrag Hans Werner Richters, der aus seiner Lagerzeitung in Camp Ellis unter dem Titel *Ost und West* am 1. September 1945 im Kriegsgefangenen-*Ruf* abgedruckt wurde. Richter warnt darin vor einer einseitigen Stellungnahme der Deutschen gegen westliche oder östliche Ideen, besonders gegen die Verblendung durch das Wort ›Bolschewismus‹. Aus einer friedliebenden, objektiven, realistischen Haltung heraus sollten die Deutschen »jede Frontstellung gegen die eine oder andere Form des gesellschaftlichen Lebens von vornherein vermeiden«. Vielmehr sollten sie das dem westlichen Liberalismus und dem Sozialismus Gemeinsame suchen. *Sozialer Humanismus*, die Verbindung zwischen Tradition und revolutionärem Fortschritt, ist das Programm eines ungezeichneten Artikels vom 15. Januar 1946, der dem Programmartikel in der ersten Nummer des Münchener *Ruf* nahesteht, obwohl dessen Verfasser Alfred Andersch damals schon entlassen war und daher den ungezeichneten Artikel nicht geschrieben haben kann.

Der Münchener *Ruf* wurde von Andersch vorbereitet, während er als Redaktionsassistent Erich Kästners an der *Neuen Zeitung* arbeitete. Diese Zeitung wurde damals von Hans Wallenberg geleitet, der vor seiner erzwungenen Emigration in der *Vossischen Zeitung* in Berlin mitgearbeitet hatte, jetzt die Uniform eines amerikanischen Majors trug. Die Beziehungen zwischen der *Neuen Zeitung* und dem *Ruf* waren eng. Allerdings bedienten sich die Kontrolloffiziere der Militärregierung auch dieser ihrer Zeitung und ihrer deutschen Mitarbeiter, um den *Ruf* zurückzupfeifen, wenn er in seiner Kritik der Besatzungsregierung lästig geworden war. Anfangs zeigte sich *Der Ruf* dankbar für die Umerziehungsmethoden in Sonderkursen an der amerikanischen Ostküste. Die daran beteiligten Kriegsgefangenen, unter ihnen Andersch, empfanden es als wohltuend, wenn sie als Menschen und als Partner ohne Rücksicht auf formale Vorbildung oder militärischen Rang angesprochen wurden.

Neben Andersch leitete von Anfang an Hans Werner Richter den *Ruf*, wenn er auch erst von der vierten Ausgabe an im Impressum als Herausgeber erscheint. Außer ihnen war der Arbeiterdichter Walter Kolbenhoff, der Jurist Walter Mannzen und der Verleger Curt Vinz mit dem Kriegsgefangenen-*Ruf* verbunden gewesen. Ein neuer Mitarbeiter wurde Walter Maria Guggenheimer, der, 1903 geboren, etwas älter war als Richter (geb. 1908) und Andersch (geb. 1914). Guggenheimer hatte als Student an der *Weltbühne* mitgearbeitet. Er mußte emigrieren und hatte während des Krieges zeitweise in der freien französischen (Gaullistischen) Armee gekämpft. Nach seiner Rückkehr stellte er sich entschieden auf die Seite der aufzubauenden deutschen Demokratie. Er brachte Kenntnis Frankreichs hinzu.

Der Untertitel der halbmonatlich erscheinenden Zeitschrift war: »Unabhängige Blätter der jungen Generation«. Das darin enthaltene Programm nahmen die Herausgeber ernst. Sie wollten auf die zwanzig bis vierzig Jahre alten Deutschen einwirken, die, aus Krieg und Gefangenschaft zurückgekehrt, den alten Rezepten mißtrauten. *Der Ruf* hatte weibliche Mitarbeiter, war aber anfangs überwiegend auf die männlichen Heimkehrer eingestellt. Das Blatt war eher als Zeitung denn als Kulturzeitschrift aufgemacht. Politische Meinungsbildung überwog, jedoch war Kultur, insbesondere Literatur, von Anfang an ein betontes Seitenthema. Das erste Heft erschien am 15. August 1946.

Anderschs erster Leitartikel, *Das junge Europa formt sein Gesicht* (Nr. 1, 15. August 1946), vertritt denselben freiheitlichen Sozialismus, der schon in den Spalten des Kriegsgefangenen-*Ruf* empfohlen worden war. Europas Jugend sei bereit, »das Lager des Sozialismus zu verlassen, wenn sie darin die Freiheit des Menschen aufgegeben sähe zugunsten jenes alten orthodoxen Marxismus, der die Determiniertheit des Menschen von seiner Wirtschaft postuliert und die menschliche Willensfreiheit leugnet. Fanatismus für das Recht des Menschen auf seine Freiheit ist kein Widerspruch in sich selbst, sondern die große Lehre, welche die Jugend Europas aus der Erfahrung der Diktatur zieht.« Obwohl das Wort ›Fanatismus‹, mit positiver Wertsetzung gebraucht, an die Sprache der Nationalsozialisten erinnert, ist klar, daß die Position des *Ruf* in der Tat »unabhängig« war, gegen den Kapitalismus, vertreten durch die Schutz- und Besatzungsmacht USA, gegen den Stalinismus, vertreten durch die östliche Besatzungsmacht, gegen die deutschen restaurativen Kräfte, die sich zu sammeln begannen. Die Hoffnung des *Ruf* war, daß die junge Generation der Deutschen, die für eine falsche Sache gekämpft hatte, sich an das junge Europa anschlösse, das Andersch und seine Kollegen im Sinne eines humanistischen Sozialismus konzipierten. Dem religiösen Erlebnis der Kriegsgeneration, sagt Andersch ausdrücklich, solle der neue Sozialismus offen sein. Jedoch ist wirklich Sozialismus gemeint. Den privaten Besitz der Produktionsmittel erklärt Andersch für veraltet, Planwirtschaft für notwendig.[4]

Die *Entfremdung des Menschen*, ausgehend von Marx, behandelt Walter Mannzen im zweiten Heft (1. September 1946).[5] Auch volkswirtschaftliche Beiträge halten einen künftigen freiheitlichen Sozialismus für notwendig zur Befestigung der Demokratie. Die Initiative des einzelnen solle freilich erhalten werden und privates Eigentum in Klein- und Mittelbetrieben bestehenbleiben.[6] Die Hoffnung auf einen neuen Sozialismus, gleich weit entfernt von machiavellistischem Pragmatismus wie von der totalitären Praxis der Sowjetunion, spricht Andersch noch in Heft 15, kurz vor dem Ende des ursprünglichen *Ruf*, aus (15. März 1947). Die Unabhängigkeit dieses Sozialismus von dem russischen Vorbild demonstriert die Sympathie, die der *Ruf* für Arthur Koestler hat, der mehrfach genannt wird und von dem ein Artikel und ein Romanausschnitt nachgedruckt werden. Dieser erzählende Beitrag behandelt das Verhör eines alten russischen Revolutionärs durch einen Funktionär; er illustriert das Stalinistische System.[7] Koestlers Enttäuschung von der organisierten Kommunistischen Partei entsprach der von Andersch und Richter. Sie ließen aber auch die Meinungen Mannzens zu, der vor der Gefahr warnte, daß der enttäuschte Antikommunismus der Reaktion Vorschub leiste. Mannzen blieb entschiedener Marxist, erkannte allerdings die Demokratie an.

Warum schweigt die junge Generation? fragt Hans Werner Richter in der zweiten Nummer (1. September 1946) und antwortet: »Sie schweigt aus dem sicheren Gefühl heraus, daß die Diskrepanz zwischen der bedrohten menschlichen Existenz und der geruhsamen Problematik jener älteren Generation, die aus ihrem olympischen Schweigen nach zwölf Jahren heraustrat, zu groß ist, um überbrückbar zu sein.« Richter als Sprecher der Generation, wie er sie sieht, sehen möchte, betrachtet das »rauchgeschwärzte Bild dieser abendländischen Ruinenlandschaft« als Zeichen für den »moralischen, geistigen und sittlichen Trümmerhaufen«, den die »verlorene« Generation zurückgelassen habe. Das Adjektiv ›verloren‹ wurde damals gern auf die jüngere Generation angewandt, in Analogie zum Selbstbewußtsein der amerikanischen ›lost generation‹, die nach dem Ersten Weltkrieg sich in Paris zusammengefunden hatte. Richter wirft das Adjektiv gleichsam zurück auf die Generation, die »vor einem irrationalen Abenteuer« kapituliert hat. Eine Restauration der Verhältnisse von vor 1933 hält Richter für eine Paradoxie.[8] In einem späteren Artikel (Nr. 6, 1. November 1946), *Die Wandlung des Sozialismus – und die junge Generation*, spricht Richter von dem notwendigen Neuaufbau, von dem er sich eine Chance für einen erneuerten Sozialismus erhofft. »Vor der Klarheit dieser Aufgaben zerrinnen alle Utopien einer vergangenen Zeit und behauptet sich nur noch der Realismus einer Generation, deren eigene Träume mit den Orgien dieses Krieges aus der Welt der schönen Täuschungen bis in die nüchterne Konstatierung der realen Gegebenheiten getrommelt worden sind.«[9]

Es ist also deutlich genug, daß ein Generationsgegensatz das Selbstbewußtsein des *Ruf* bestimmt und daher in die Gruppe 47 hinüberwirkt. Der Gegensatz ist definierbar als Mißtrauen gegenüber Orientierungen, die versagt haben. Die »schönen Täuschungen«, von denen schon im Kriegsgefangenen-*Ruf* die Rede war, sind die Orientierungen der älteren »verlorenen« Generation, die sich dem irrationalen Abenteuer ergeben hatte. Diese Orientierungen waren (wie die Erfahrungen der Gefangenenlager zeigten) von der jungen Generation zunächst übernommen worden, konnten aber nicht bestehen vor der Realität der Trümmerlandschaft. Diese Sicht erstreckt sich, was ja schon in der Carossa-Wendung angedeutet ist, auch auf die Literatur.

Im zweiten Heft (1. September 1946) steht eine als »Bericht« deklarierte Erzählung von Alfred Andersch, *Jahre in Zügen*. Hier werden Typen von Soldaten charakterisiert, von dem nationalsozialistisch überzeugten, aber anständigen ehemaligen Hitlerjungen bis zu anpassungsfähigen Bauern. Unter ihnen sind zwei heimlich zur Desertion entschlossen. Ein Maler, »von hoher schöpferischer Unruhe und vom Selbstzweifel geplagt«, versteht es dennoch, sich feinfühlig Vertrauen und Ansehen zu verschaffen. Erkennbar wird ein elitärer Führungsanspruch des künstlerisch Sensiblen, freilich ohne alle Arroganz und ohne Klassenhochmut. Er wirkt der allgemein menschlichen Tendenz zum sich anpassenden Schmarotzer entgegen.

Das wird besonders deutlich in Alfred Anderschs Besprechung einer Münchener Aufführung der *Antigone* von Jean Anouilh (1. September 1946). Antigone repräsentiert für Andersch die Jugend, Kreon die Tragik eines eher demokratischen Herrschers, »der in der Verantwortung des Regierens Kompromisse mit dem Bösen machen muß«. »Antigone, die gegen ihn aufsteht, ist kompromißlos, intolerant, antivernünftlerisch, und zur Tragik entschlossen.« Andersch unterscheidet dann zwischen »echten« und »faulen« Kompromissen. »Ohne die Bereitschaft der Jugend zur Tragik, zum gefährlichen Leben, gibt es keinen Aufschwung.« Man bemerkt, wie die amerikanische Lehre des progressiven und integrativen, einigenden Kompromisses mit der deutschen expressionistischen Tradition der Unbedingtheit streitet. Diese Tradition geht auf die von der politischen Elite ausgeschlossene Situation der großen deutschen Literatur vor dem Ersten Weltkrieg zurück, auf den Ästhetizismus und den Symbolismus, der sich in einem politikfreien Raum oder in der Form utopischer Politik abspielte. Auch eine Erinnerung an die kommunistischen Anklagen gegen die verräterischen Sozialdemokraten könnte noch mitspielen, so entschieden sich die *Ruf*-Herausgeber vom stalinistischen Kommunismus gelöst hatten.

Der gegen die Dichter in der Jugendstilnachfolge gerichtete Artikel *Deutsche Kalligraphie oder Glanz und Elend der modernen Literatur*[10] ist von dem ersten Chefredakteur des Kriegsgefangenen-*Ruf*, Gustav René Hocke, geschrieben. Hocke hat sich überwiegend als Verfasser von Büchern über bildende Kunst einen Namen gemacht, auch als geistiger Vermittler zwischen Italien und Deutschland. 1948 veröffentlichte er einen während des Krieges geschriebenen Roman *Der tanzende Gott*, der in der Antike spielt. Eine durch Suggestion verbreitete Epidemie ist eine verschlüsselte Anspielung auf den Nationalsozialismus. Hocke schrieb den Artikel über die ›Kalligraphie‹ auf ausdrücklichen Wunsch Alfred Anderschs.[11] Da sowohl Hocke als auch Andersch eine Art von Flucht in die Innerlichkeit hinter sich hatten, ist der Artikel als bewußte Selbstdisziplinierung aufzufassen. Er warnt vor der Nachahmung von Schriftstellern, die aus Tarnungsgründen ihren Stil verklausulierten. Der *Ruf* sagt sich also los von dem Stil der ›inneren Emigration‹. Die »symbolistische, pastoral idyllische, elegisch-egozentrische essayistische Form« sei vielleicht in guter Absicht gewählt worden, um der Propagandaphrase zu entgehen, sie verführe aber zum Inhaltlosen. Die Bezeichnung ›Kalligraphen‹ verwendete Hocke nach dem Vorbild einer ähnlichen italienischen Polemik. Einen neuen Stil will Hocke in Zeitschriften der Zeit finden, und zwar in Reportagen über Deutschlandfahrten. Hier werde, »noch ganz impressionistisch, Tupfen um Tupfen, Bewegung um Bewegung, die Wirklichkeit zurückgewonnen«.[12] Diese Rückgewinnung vermittle das Gefühl der wiedergewonnenen geistigen Freiheit.

Solche Reportagen gibt es auch im *Ruf*. In der ersten Nummer schon (fortgesetzt in der zweiten) berichtet Hans Werner Richter von einer illegalen Reise nach Berlin und Vorpommern, seiner Heimat, unter dem Titel: *Wo sollen wir landen, wo treiben wir hin ...?* aus der Schlußrede Michael Kramers in Hauptmanns Drama. Eine Hauptmann-Feier in Bad Pyrmont nach der Rückkehr liefert das Stichwort. Die »kalte Revolution« in der östlichen Zone wird abgesetzt von der »Restauration«, die rechtsstaatliche Verhältnisse wiederherstellt. »Drüben das proletarische Deutschland, hier die Reste des bürgerlichen.«[13] Die Vision von einem neuen demokratischen und sozialistischen Deutschland wird im *Ruf* immer wieder durch Reportagen korrigiert, die von der abstumpfenden Wirkung der Trümmer und des Hungers, von der trotzigen, gleichgültigen oder feindseligen Haltung der Bevölkerung gegen die demokratische Umerziehung berichten. Sehr eindrucksvoll ist eine Elendsreportage von einer Reise Alfred Anderschs durchs Ruhrgebiet (Nr. 11, 15. Januar 1947), die bitter-ironisch überschrieben ist: *Der richtige Nährboden für die Demokratie*.

Es gibt einige, wenn auch schwache Spuren einer Verbindung des *Ruf* mit der linken Literatur der Weimarer Republik und des Exils. Im ersten Heft wird anläßlich der deutschen Erstaufführung von Brechts *Mutter Courage und ihre Kinder* in Konstanz »eine ausführliche Darstellung von Werk und Persönlichkeit Bert Brechts« versprochen, zu der es aber nicht kommt. Immerhin wird Brechts Gedicht *An die Nachgeborenen* in Heft 8 (1. Dezember 1946) mehr als eine halbe Seite eingeräumt. In Nummer 3 (15. September 1946) widmet Alfred Andersch Erich Kästner einen kleinen Artikel *Fabian wird positiv*. Gedichte von Kästner mit ihrem »zündenden Realismus« habe es in Abschriften in der Hand von Frontsoldaten gegeben. Kästners *Fabian* biete sich als Vergleich für die gegenwärtige Generation an. Andersch bedauert, daß die damalige »hohe« Literaturwissenschaft sich mit dem Mythischen bei Hölderlin oder den *Duineser Elegien* befasse, aber nicht mit Kästners Romankunst, »die keine andere Form kennt als die Form der Wahrheit«.

Die Zuwendung zur Wirklichkeit, verbunden mit der ursprünglichen Absicht der Zeitschrift, Meinungen zu bilden, führte zur Kritik an der Politik der Militärregierungen. Andersch und Richter hatten sich auf die Kriegsteilnehmergeneration eingestellt, die auf die Politik, die zum Nationalsozialismus führte, keinen Einfluß gehabt hatte. Wenn einer dieser jungen Deutschen bereit war, Rassendiskrimination und Machtmißbrauch zu verurteilen, dann begann er die Praxis der alliierten Verwaltungen mit dem Maß der Umerziehungspolitik zu messen. Diesem Bedürfnis kamen Andersch und Richter entgegen. Im Winter 1946/47 waren die Lebensmittelrationen auf einem Tiefstand. Der Hunger konnte nur enden, wenn Industrieproduktion Importe bezahlte. Aber die Demontagepolitik schien dies unmöglich zu machen. In dieser Situation mußte Kritik an der Besatzungspolitik einen nationalen Charakter annehmen. Die Kontrolloffiziere ihrerseits, unbetroffen von Hunger und überzeugt von der deutschen Schuld, die das deutsche Elend hervorgerufen hatte, konnten schlecht zwischen den demokratischen Regungen eines nationalen Selbstbewußtseins und dem alten Nationalismus unterscheiden. Sie übten Druck auf den Verleger und Lizenzträger Curt Vinz aus. Als er versuchte, Andersch und Richter unter seine Kontrolle zu bringen, entstanden naturgemäß Spannungen. Damals müssen sich Andersch und Richter entschlossen haben, in die freie Literatur auszuweichen. Jedenfalls gaben sie nur wenig nach, was ihre Entlassung und ein Verbot des *Ruf* zur Folge hatte, das aber nach der Entlassung der beiden wieder aufgehoben wurde.[14]

Der Konflikt, aus dem die Gruppe 47 entstand, hat eine persönliche, sozusagen kleine Seite, ist aber dennoch voller literaturhistorischer Bedeutung. Mochten die Beteiligten auch vorhaben, eine rein literarische Zeitschrift zu gründen, dort die junge Literatur zu sammeln und die realistische Selbstdisziplinierung fortzuführen, in ihrem gezwungenen Übertritt von einer wesentlich politischen Zeitschrift in die Literatur gerieten sie in die Traditionslinie der Literatur als Politikersatz, die von dem Kreis um Stefan George bis in Kreise der Expressionisten und darüber hinaus reicht. Der freiheitlich-humane Sozialismus, der Andersch und Richter vorschwebte, entsprach nicht der wirklichen

Entwicklung der zukünftigen Bundesrepublik und nicht den Traditionen der führenden Eliten der westlichen Besatzungsmächte (auch nicht der östlichen). Die Unbedingtheit, mit der sie ihren Kurs verfolgten, hat Verbindung mit der Kompromißfeindlichkeit der Literatur vor dem Ersten Weltkrieg und deren Bürgerfeindlichkeit, die ihrerseits eine Wirkung des Ästhetizismus, der wirklichkeitsfreien Innerlichkeit war. Im Mißtrauen gegen Parteien liberaler Tradition und gegen die ältere Generation überhaupt schwingt etwas von dem expressionistischen Aktivismus nach, auf dessen Ressentiments auch die nationalsozialistische Jugendpropaganda zurückgegriffen hatte. Hielten auch die Trümmerwirklichkeit und der Entschluß zum Realismus expressionistische Visionen und Ausbrüche in Schranken, so hatte der Konflikt mit der Militärregierung die Mitwirkung an der politischen Neuorientierung, den direkten Einfluß auf die Wirklichkeit abgeschnitten. Darum boten sich neben dem Reportagestil jetzt Groteske und Satire an. Diese Möglichkeit zeigt sich in dem Titel der geplanten literarischen Ersatzzeitschrift: *Der Skorpion*. Sie zeigt sich auch in den Geschichten des Gründungsmitglieds Wolfdietrich Schnurre. Richter selbst sollte, allerdings erst Jahre später, den satirischen Roman *Linus Fleck* über seine *Ruf*-Erfahrungen und die kulturelle Politik der Besatzungsmacht USA veröffentlichen.

Die Gruppe 47 hat einerseits versucht, internationalen Anschluß zu gewinnen, andererseits keine sehr guten Beziehungen zur deutschen Literatur im Exil entwickelt. Das mag seinen Ursprung auch in dem *Ruf*-Konflikt haben. Ein gewisser Trotz gegen die Umwelt, gegen die Älteren, gegen Literaturbetrieb, gegen Autoritätsfiguren, gegen Anpassung aller Art war vorhanden und traf auf eine deutsche Literaturtradition, ob das den einzelnen bewußt wurde oder nicht.

Im Bemühen, die junge deutsche Literatur zu sammeln, entwickelte Richter eine bemerkenswerte Toleranz. Besonders in der Lyrik wurden auch esoterische Stile zugelassen. Das entspricht der Toleranz gegenüber der Tradition der ästhetischen, expressionistischen, provokativen, antibürgerlichen Literatur. Günter Grass' Prosa ist ein Beispiel für die spielerische Verbindung von expressionistischem Grotesk-Stil und realen, politischen Intentionen. Heinrich Böll und Siegfried Lenz paßten ebenso gut in der Intention, noch besser im Stil zu Richters Erwartungen.

Als aus dem Zeitschriftenplan nichts wurde, erst aus Lizenzschwierigkeiten, dann aus ökonomischen, nach der Währungsreform von 1948, erhielt sich doch der Gedanke der Gruppentreffen. Hans Werner Richter allein bestimmte, wer mittels Postkarte eingeladen wurde und wer vorlas. Der Vorlesende wurde kritisiert, von den Kollegen, von Anfang an auch von Berufskritikern. Zuerst war Walter Maria Guggenheimer der führende Kritiker, später Walter Jens (der auch Autor ist) und Marcel Reich-Ranicki. Die Teilnahme von Kritikern, bald auch die Teilnahme von Verlegern veränderte den Charakter der Gruppentagungen im Laufe der Zeit. Ihr intimer, informeller Charakter wurde reduziert, verschwand aber nie völlig.

Es soll hier nicht die Geschichte der Gruppe 47 erzählt werden. Vielmehr geht es um die Anfänge und um die Gründungsmitglieder. Die Gruppe 47 war zugleich ein Neuanfang, und sie knüpfte an Traditionen an. Das kann gar nicht anders sein, weil die besondere Kommunikationsform Literatur eine eigene Sprache entwickelt. Im Zeitalter des Pluralismus spaltet sich diese Sprache in mehrere Formen auf. Im Falle der deutschen Literatur liegen diese Formen zwischen der exoterischen Reportage in naturalistischer Tradition und esoterischem Symbolismus nachromantischer Herkunft.

Obwohl die Gruppe 47 sich gegen die Sprachverderbnis unter dem Nationalsozialismus wehrte, hat sie doch ihre Mitglieder, Tagungsteilnehmer und Vorleser nicht daran gehindert, sich der vorhandenen literarischen Sprachformen zu bedienen. So entstand ein Stilpluralismus. Erst deshalb konnte die Gruppe zu einer Art von literarischer Öffentlichkeit werden; deshalb wurde sie nicht zu einem ›Kreis‹ im Sinne des George-Kreises oder eines Bundes linker Schriftsteller.

Unter dem frühen Kern der Gruppe spielte Walter Kolbenhoff deshalb eine besondere Rolle, weil er schon in der Emigration ein Buch veröffentlicht hatte. Walter Kolbenhoff (eigentlich Hoffmann) war ein Arbeiterdichter, der als vierzehnjähriger Fabrikarbeiter die Arbeiterjugendbewegung, das Berliner Proletariat und später Europa von Trampwanderungen her kennengelernt hatte. Er war dann in der sozialistischen Presse tätig. 1933 floh er nach Dänemark. Dort veröffentlichte er seinen ersten Roman *Untermenschen* (1933). Das Buch ist von proletarischer neusachlicher Prosa im Stile Adam Scharrers inspiriert. Als Motto benutzte Kolbenhoff ein Zitat aus der *Ballade von den Abenteurern*, einem frühen Gedicht von Bert Brecht. Der Held des Romans, ein jugendlicher Rebell, verweigert, sich für die Gewährung eines Existenzminimums zu verkaufen. Dieser Ich-Erzähler wandert durch die Welt, die in Satte und Hungernde geteilt ist. Wie in Kästners *Fabian* und in Remarques *Im Westen nichts Neues* betrachtet sich der Protagonist als Vertreter einer betrogenen Generation. Wie dem 1908 geborenen Autor ist ihm die Jugend geraubt worden, durch den Ersten Weltkrieg, durch die Prügelschule, durch das Elend des Proletarierdaseins in einem Berliner Mietshaus. Einen gewissen Halt findet er nur in einer jugendlichen Bande. Als Landstreicher vertraut er nur noch auf sich, glaubt an nichts mehr, auch nicht an den Sozialismus. Er führt eine Auseinandersetzung mit einer bürgerlichen Pfarrersfamilie herbei. »Sie sind vielleicht reicher als ich, denn Sie sind gut und glauben an etwas. Ich bin nicht gut und glaube an nichts als den Hunger. Alles andere ist Lüge. Ich beneide Sie manchmal um Ihre Illusion. Es lebt sich angenehmer mit Illusionen.« Infolgedessen lehnt der Erzähler ästhetischen Trost ab und verwirft die Pseudosehnsucht der lügenhaften Dichter. Er zitiert Rilkes »Armut ist ein großer Glanz von innen«. Ein Glaube scheint möglich: der Kommunismus. Aber sein Freund, der ihm mit seiner tapferen Entschlossenheit imponiert hat, wird beim Flugblätterverteilen in Berlin von SA-Männern zusammengeschlagen und abgeführt, sein Überleben für unmöglich gehalten. Obwohl außerhalb geschrieben, soll das Buch die Zustände während der Anfänge der Naziherrschaft darstellen.

Nach der Besetzung Dänemarks geriet Kolbenhoff unter deutsche Gewalt und wurde Soldat. Sein zweites Buch *Von unserem Fleisch und Blut* wurde in der Kriegsgefangenschaft geschrieben, und Kolbenhoff hatte für das Manuskript in einem Literaturwettbewerb den Preis des Kriegsgefangenen-*Ruf* gewonnen. Es wurde 1947 veröffentlicht. Der Roman spielt in Deutschland in einer Nacht zur Zeit des Kriegsendes. Die Ereignisse sind also nicht aus Erlebnissen gespeist, sondern imaginiert. Ein siebzehnjähriger Werwolf-Kämpfer steht im Mittelpunkt, er spricht oft im inneren Monolog. Sein nationalsozialistisches Bewußtsein, sein Stolz auf seine mitleidlose Härte, mit der er einen Kameraden erschießt, der keinen Sinn mehr im Weiterkämpfen sah, die Jungvolk- und Hitlerjugendlieder, die ihm trotz völliger Verlassenheit ein Rauschgefühl gewähren, während Furcht, Einsamkeit, Müdigkeit und Schwäche ihn dennoch bedrohen und er sehr schnell nur noch seine eigenen Landsleute haßt, die sich ergeben haben, das ist eindrucksvoll dargestellt, obwohl es Werwolf-Kämpfer ja nicht gegeben hat. Kolbenhoff hielt aber immerhin Wunschgedanken einiger seiner jüngeren Mitgefangenen fest. Diese Bewußtseinsdarstellung ist zusammenkomponiert mit den nächtlichen Gesprächen anderer Deutscher, die die Möglichkeit des Weiterlebens diskutieren. In der dunklen Verzweiflung läßt Kolbenhoff eine schwache Hoffnung sichtbar werden: ein Rückkehrer, der erkennt, daß der Rückzug auf das Interesse der eigenen Familie das Unglück möglich gemacht hat. Im Morgengrauen entfernt er die Trümmer, die den Eingang seiner Notwohnung versperren.

Der nächste Roman von Kolbenhoff reflektiert seine *Heimkehr in die Fremde*, so der Titel des 1948 veröffentlichten Romans, der, wie die beiden früheren und überhaupt ein großer Teil der Literatur der Gruppe 47, sich wieder um das Problem bekümmert, was Deutschland sei und wie man in diesem Lande leben könne. Gegen Anfang findet sich eine melancholische, aber dennoch scharfe Ablehnung von schöngeistigen Schuld- und Trostbekenntnissen. Der Erzähler liest einen Artikel von Ernst Wiechert, der namentlich genannt wird, und kann »das Schicksal der in gefärbte Uniformen gekleideten Gestalten, die gleich mir durch die Straßen wanderten, nicht entdecken«. Bald darauf formuliert der Ich-Erzähler sein Programm. Seine Leser »werden sich vielleicht in mir wiedererkennen, und ich muß ihnen sagen, daß sie nicht verzweifeln sollen, daß sie wieder von vorn anfangen müssen«. Und später: »Ehrlich sein, dachte ich, als ich anfing zu schreiben, nicht sich bestechen lassen durch schöne Worte«. Kolbenhoff versucht die hoffnungslose Zeit des Hungerns und des Schwarzmarktes imaginativ zu registrieren. Dies geschieht in reportagehaften Szenen mit viel Dialog. Manche sind gelungen, andere nicht, besonders dann nicht, wenn Kolbenhoff zu klischeehaften Sentimentalitäten greift wie: »Ich wollte die Einsamkeit, die mich zu erwürgen drohte, erschlagen.« Vorgänge in einer Proletarierwohnung sind in Szenen naturalistisch bis zur Banalität dargestellt. Dies sollte Böll später kürzer und prägnanter gelingen. Erwähnenswert sind autobiographische Erinnerungen an die autodidaktische Bildung des Verfassers gegen den Widerstand seiner Umgebung und eine Szene, die von der Vergangenheit der Arbeiterbewegung handelt. Der Erzähler betont die Notwendigkeit eines Neuanfangs. Er will zum Sozialismus gelangen, glaubt aber nicht mehr an die alten Rezepte. Ebenso erklärt er die Restauration des Bürgerlichen für unsinnig, obwohl er sie für möglich hält. Was der Autor offensichtlich als vorbildlich hinstellen möchte, ist das Bemühen seines Ich-Erzählers, zu helfen, freundlich zu sein, an der Überwindung der bürgerlichen Vereinzelung zu arbeiten. Trotz mancher, manchmal geradezu peinlicher Schwächen haben wir hier ein Zeitdokument vor uns, das manches von der trostlosen deutschen Wirklichkeit der Jahre 1946 und 1947 festhält, und zwar kunstloser, auch, der Romanform entsprechend, umfassender, weniger pointiert als in den (künstlerisch sehr viel besseren) frühen Kurzgeschichten Bölls, weniger manieriert als in Gerd Gaisers *Eine Stimme hebt an* (1950). Bölls und Koeppens erste Nachkriegsromane spielen nach der Währungsreform, als die Hoffnungslosigkeit weniger allgemein war, vielmehr einzelne betraf, die sich gerade deshalb von der sie umgebenden Gesellschaft unterschieden, während Kolbenhoff es umgekehrt zu zeigen sucht.

Im *Almanach der Gruppe 47* (1962) findet sich die Erzählung *Ich sah ihn fallen*, die Beschreibung einer Hinrichtung, die den Leser in das Bewußtsein des Verurteilten zieht. Diese Geschichte hat Kolbenhoff 1949 auf der Tagung in Marktbreit vorgelesen. Er geriet danach beinahe in Vergessenheit. Ein kleiner Kriminalroman *Die Kopfjäger*

(1960) und eine fiktive Reportage *Das Wochenende* (1970) blicken aus ihrer Gegenwart zurück, auf das deutsche Wirtschaftswunder, von amerikanischer Macht beschützt, in dem die Falschen reich werden, und auf die proletarischen Hoffnungen.

Hans Werner Richters frühe Romane sind in einem ebenso anspruchslosen Reportage- und Dialogstil abgefaßt, für den als Vorbild die Reportageromane der deutschen Neuen Sachlichkeit in Frage kommen, aber auch die Werke, die von seinen amerikanischen Generationsgenossen stammen, wie Dos Passos und Hemingway. Diese wurden damals in Deutschland viel gelesen und diskutiert, zumeist in deutschen Übersetzungen.

Richter, 1908 geboren, wuchs in Bansin, Pommern, auf und kam zur Literatur über eine Buchhändlerlehre. Seit 1940 Soldat, begann er in der Kriegsgefangenschaft zu schreiben. Über seine Rolle im Münchener *Ruf* ist schon berichtet worden.

Die Geschlagenen (1949) ist in der dritten Person, jedoch aus der Perspektive der Hauptperson erzählt, eines deutschen Soldaten, der den Rückzug in Italien, die Schlacht von Monte Cassino und die amerikanische Kriegsgefangenschaft als Gegner des Nationalsozialismus erlebt. Der Roman ist offensichtlich weitgehend autobiographisch. Meistens gelingt es Richter, den Reportagestil durch Sparsamkeit erträglich zu machen. Der zweite Teil des Buches vergegenwärtigt den Terror in den Kriegsgefangenenlagern, von dem schon die Rede war. Richter zeigt, wie fest die nationalsozialistische Ideologie auch dann noch in den Köpfen saß, als sie schon vollständig absurd geworden war, im Gefangenenlager des Siegers durch einen Ozean von der Heimat getrennt. Diese Absurdität zeigt sich besonders daran, wie die künstliche Siegesgewißheit in sich zusammenfällt, wie Terror und Ideologie vor der Wahrheit der Niederlage ins Nichts verpuffen. Für das Buch erhielt Richter den Fontane-Preis der Stadt Berlin.

Sie fielen aus Gottes Hand (1951) beruht auf Interviews mit ausländischen Flüchtlingen, die nach dem Kriege in einem Lager in Deutschland lebten. Der Roman ist eine Komposition von Szenen, in denen dreizehn Personen immer wieder vorkommen. »Wir wählen immer das kleinere Übel und enden im Großen«, sagt einer von ihnen. Der Zweite Weltkrieg und die ersten Nachkriegsjahre, sogar der französische Indochina-Krieg, werden in den Dialogen gespiegelt. Auch die Geschichte eines Lagers wird wiedererzählt, aus dem 1939 der Arbeitsdienst ausrückt, das danach Konzentrationslager ist, nach dem Krieg SS-Leute als Gefangene aufnimmt und schließlich als Flüchtlingslager für Menschen dient, die nicht in ihre Heimat zurückkehren können. Die Diskrepanz zwischen den Anstrengungen, den Leiden, den Morden, der ungeheuren Aufregung und der Sinnlosigkeit des Krieges ist das durchgehende Thema. Ordnungen, die noch gestern gegolten hatten, Versprechen, Verträge, Loyalitäten sind unzuverlässig. Hoffnungslose Situationen entstehen: ein Partisan in Jugoslawien, der kein Genosse ist; ein Junge im Endkampf des Warschauer Ghettos, von allen verlassen; Polen im Warschauer Aufstand, während die Russen zögern; die Wlassow-Armee; ein Este, der auf beiden Seiten gekämpft hat, und Liebes- und Eheverhältnisse zwischen Deutschen und Angehörigen anderer Völker. Das hatte auch einen pädagogischen Aufklärungszweck, denn ausländische Flüchtlinge waren im Deutschland jener Jahre sehr unbeliebt. Wie Kolbenhoff sucht auch Richter die Idee des Sozialismus von den stalinistischen Methoden zu trennen. Einen europäischen Sozialismus werde es geben, läßt er eine Polin sagen, einen europäischen Bolschewismus nicht. Auch ernüchterte

Kommunisten führt er vor. Richter treibt die Aufklärung keineswegs einseitig. Szenen grausamer Rache der Sieger an den Besiegten, in denen der Haß sich fortsetzt, fehlen nicht. Die aufklärende Absicht, aber auch formale und thematische Mittel, lose Verklammerungen, Hinweise auf ähnliche Schicksale und das Thema des Lagers, in dem am Ende alle Hauptpersonen zusammenkommen, integrieren die Szenen. Diese integrierenden Kräfte bleiben relativ gering. Auch stören gelegentlich Klischees. Betten sind zerwühlt, Unruhe läuft durch ein Lager, es gibt unergründliche Tieraugen. Dennoch sind das Ethos und an vielen Stellen auch die Kraft der Vergegenwärtigung eindrucksvoll, besonders im letzten Kapitel, das an die Schlußszene von Hauptmanns *Webern* erinnert.

Hermann Kesten, Thomas Mann und Robert Neumann erkannten Hans Werner Richter den René-Schickele-Preis für *Sie fielen aus Gottes Hand* zu, Thomas Mann erst nach langem Bedenken. Der Roman war ihm künstlerisch nicht genug durchgebildet. Ebenso störte ihn Richters »Gleichmacherei«, wenn er schwere moralische Fehler auch bei den Gegnern Deutschlands fand.[15] Kunstlosigkeit wurde Richters Roman auch von der Kritik vorgeworfen.

Der offenbar im wesentlichen autobiographische »Roman einer Jugend« *Spuren im Sand* (1953) vergegenwärtigt mit fiktionalen Mitteln das Leben eines pommerschen Jungen kleinbürgerlich-proletarischer Herkunft. Das Buch ist mehr noch als die vorhergehenden in der Nachfolge Erich Kästners geschrieben. Es ist die Geschichte einer deutschen Erziehung mit Schlägen und Ohrfeigen bei jeder Gelegenheit: wenn der Junge die falschen Fragen stellt, wenn er die falschen Bibelstellen liest oder seekrank wird. Aber es ist auch ein humorvolles Buch. Der Stil ist schlichter und gefeilter geworden. Was den Leser aufklären soll, wird gezeigt, gelegentlich im Dialog ausgesprochen, aber es wird kaum räsoniert. Die Prügel und die Angeberei, die sexuellen Tabus, die Angst vor der Sexualität, die die Jugendliebe des Heranwachsenden belebt und stört, die Roheit der Freunde in sexuellen Dingen, die Schule, in der Schlachtennamen eingeprügelt werden, aber von der Republik nie die Rede ist, der provinzielle Buchhändler mit dem Bildungsstolz auf Rudolf Herzog und Felix Dahn, das alles wird szenisch lebendig. Die Bildung, die der Junge am Ende erreicht, besteht darin, den falschen Bildungsstolz zu verachten.

Spuren im Sand ist ein aufrichtiges, aber auch ein liebevolles Buch. In der Gestalt der skeptisch-nüchternen Mutter, die ihre sozialdemokratische Familie regiert, aber auch nicht von der Liebe zu ihrem arroganten deutschnationalen Bruder lassen kann, ist Liebe zu Deutschland verkörpert. Dieser Patriotismus bestimmte die Romane Kolbenhoffs genauso wie seine sozialistische Tendenz, er ist in Hans Werner Richters Romanen wirksam, in den Werken von Böll, Grass und Siegfried Lenz. Patriotismus, sei er in nüchtern-direkter Form vorgetragen, sei er skurril verfremdet oder zum frustrierten Ärger geworden, gehört seit dem *Ruf* zur Tendenz der Gruppe 47, soweit und solange man eine solche Tendenz überhaupt beschreiben kann. Daß diese zarte Liebe von den rückwärts-orientierten Nationalisten aus Angst nicht wahrgenommen wurde, versteht sich.

1970 ließ Richter einige Nachträge zu seinem autobiographischen Roman folgen, *Blinder Alarm: Bansiner Geschichten*. Hier steht der Vater im Mittelpunkt, kaum weniger die Mutter, in ihrem Streben, aus der Armut herauszukommen, wobei ihr Mann ihr eher hinderlich war. Diese Geschichten geben zusammen mit *Spuren im Sand* ein außerordentlich anschauliches Bild des deutschen Kleinbürgertums mit seinen Widersprüchen: sozialdemokratisch und militärisch, besitzgierig und klassenbewußt, strebend und genügsam, hart zu den Kindern, aber ihnen doch eine lebenswerte Heimat gewährend.

Richters dritter Kriegsroman *Du sollst nicht töten* (1955) beginnt und endet in der pommerschen Heimat. Er benutzt das gleiche Geflecht aus Episoden, wie in *Sie fielen aus Gottes Hand*, jedoch ist diesmal die Auflösung einer pommerschen Familie durch den Krieg das Thema. Falsche Sentimentalitäten und billige Klischees sind vermieden. Dieser Roman muß zu den besten fiktiven Darstellungen des Zweiten Weltkrieges von der deutschen Seite gerechnet werden. Das Rückgrat der Darstellung bildet eine schwierige Liebesgeschichte, die, statt gelöst zu werden, vom Chaos des Krieges verschlungen wird. Ebenso wie die erotischen Probleme, die aus den bürgerlichen Tabu-Vorstellungen entspringen, gegenstandslos werden, so wird der politische Zwiespalt, der sich anfangs durch die Familie zog, durch die physische Vernichtung der feindlichen Brüder nicht gelöst, sondern hinfällig. Ansätze zur politischen Einsicht finden sich bei mehreren Figuren, aber gnadenlos läßt Richter sie untergehen. Darin zeigt sich die Resignation der fünfziger Jahre. Das Bedürfnis, Hoffnung aus dem Chaos steigen zu lassen, hat der Sorge Platz gemacht, die absolute Sinnlosigkeit des Krieges könnte vergessen werden. So ist ein harter und melancholischer Reportageroman zustande gekommen, dessen Szenen das Interesse des Lesers halten, weil er mit den Figuren sich immer wieder gegen die Sinnlosigkeit des Kriegsgeschehens auflehnt, ohne daß er dazu vom Erzähler ermahnt werden müßte.

Die Enttäuschung der Hoffnungen des *Ruf* findet satirische Darstellung in Richters fünftem Roman *Linus Fleck oder Der Verlust der Würde* (1959). Der satirische Angriff richtet sich gegen den Kulturbetrieb der Nachkriegszeit, in den ein dummer und fauler junger Mann durch Protektion der Amerikaner gerät; seine Versuche, auf den Wogen des beginnenden Wirtschaftswunders zu schwimmen, schlagen am Ende fehl. Wie weit er immerhin durch nicht einmal geschickte Anwendung weniger angelernter Phrasen gelangen kann, ist der satirische Spaß des Romans. Richters eigene Erlebnisse mit dem *Ruf* werden karikiert im Roman reflektiert. Die Amerikaner regen eine Jugendzeitschrift an, die zurückgepfiffen wird, als sie zu kritisch wird. Der Vorwurf des ›Nihilismus‹, der im Buch von amerikanischen Kulturoffizieren erhoben wird, ist gegen die *Ruf*-Redaktion wirklich erhoben worden. Im Roman wird die Redaktion der Zeitschrift jedoch nicht gewechselt, so daß Richter seine fiktiven Kulturoffiziere in die peinliche Lage versetzen kann, den Kurswechsel zum Antikommunismus und zur beginnenden Wiederaufrüstung plausibel machen zu müssen. Der Redakteur Waschbottel, dessen Ansichten denen Richters nahestehen, zieht sich am Ende aus dem politischen und journalistischen Leben zurück, um Dozent an einer kleinen Universität zu werden. Diese idyllische Lösung paßt in die Komik des satirischen Romans, ist aber auch ein Ausdruck für die Resignation Richters, ähnlich der, die in dem ein Jahr später erschienenen Roman *Die Kopfjäger* von Kolbenhoff deutlich wird. Die Restauration der Bundesrepublik frustrierte die politischen Vorstellungen, mit denen der *Ruf* und die Gruppe 47 begonnen hatten.

Wolfdietrich Schnurres Erzählung *Das Begräbnis* (geschrieben 1946) war der erste Text, der auf der ersten Tagung am Bannwaldsee verlesen wurde. Wolfdietrich Schnurre ist zwölf Jahre jünger als Kolbenhoff und Richter. Er ist 1920 in Frankfurt am

Main geboren, wuchs seit 1928 in Berlin inmitten von Proletariern auf. Schnurres Vater war Bibliothekar und Biologe. Sonntags wanderte er mit seinem Sohn. Eine intime Naturkenntnis schlägt sich oft in Schnurres Erzählungen nieder. Sozialistisch und humanistisch erzogen, vereinsamte der heranwachsende Junge inmitten seiner Uniform tragenden Umgebung. Erste Veröffentlichungen noch während der Zeit des Nationalsozialismus blieben erfolglos. Nachdem er sechseinhalb Jahre Soldat gewesen war, begann er seine Geschichten zu schreiben. Schnurre lebte im Ostsektor Berlins. Als er wegen seiner Veröffentlichungen im Westen verwarnt wurde, zog er in die Westsektoren um. In seinen Selbstinterpretationen hat Schnurre geschildert, wie er während des Krieges ästhetische Literatur, er nennt Rilke und Hesses *Narziß und Goldmund*, benutzt habe, um sich von der verhaßten Wirklichkeit des Krieges zu distanzieren. »Und ich ging nun, mit Hesse, soweit, meine Auffassung von der Kunst endgültig von allem Menschlichen zu abstrahieren und sie ganz ins nebulos Ästhetische zu verlagern.« Dieses Ästhetische empfand Schnurre nach dem Krieg als menschenfeindlich. »Ich habe mir lange eingeredet, die Ziele des Künstlers – irgendwelche fiktive unwandelbare Gesetze – lägen *hinter* dem Menschen, außerhalb seiner Leidenssphäre. Nein; sie liegen mitten darin.«[16]

Schnurres anti-ästhetisches Programm kann man schon an der Erzählung *Der Fremde* ablesen, die er in Nummer 14 des *Ruf* (1. März 1947) veröffentlichte. Der Fremde ist »Gottvater«, der auf der Erde nachsehen will, ob die Menschen »glücklich seien bei ihrer Arbeit«. Meistens wird er aus Höflichkeit belogen, bis ein Bauer ihm ein Schlachtfeld zeigt und ihn zur Verantwortung ziehen will. Gottvater sucht Ausflüchte unter Hinweis auf die Schönheit der Schädelnaht eines Toten. Aber der Bauer will wissen, wo Gott gewesen sei während des Krieges. Gottvater, der den Krieg schon vergessen hat, antwortet: »[. . .] hab' ich die Zeit doch verbracht, ein neues Blau für die Kornblume zu mischen. Hier – schau.« Wir haben also eine Legende vor uns, die sich gegen den Gott der ästhetischen Anbetung richtet. Diese satirische Benutzung der Legendenform ist schon im Ansatz artistischer als der Reportagestil.

Das Begräbnis hat diesen satirischen Charakter. Die Erzählung benutzt die Stilmittel der naturalistischen Kurzgeschichte, um Tod und Begräbnis Gottes darzustellen sowie die völlige Sinnlosigkeit geistlichen Trostes. Diese Erzählung ist, wie alle Erzählungen Schnurres, streng strukturiert. Sie ist aus zwei Orientierungen zusammengesetzt: Die eine ist die alltägliche. Sie ist durch naturalistischen Stil ausgedrückt, der noch dadurch übertrieben wird, daß Jargon nicht nur im Dialog, sondern auch vom Ich-Erzähler gebraucht wird.[17] Diese ›alltägliche‹ Orientierung wird nun von einer pseudometaphysischen durchsetzt, die die romantischen Erinnerungen des Lesers benutzt. So legt eine unsichtbare Hand eine Traueranzeige auf den Tisch, die aber, halb in die alltägliche Orientierung zurückfallend, in einem Stil abgefaßt ist, der eine intentional wichtige Aussage mit den üblichen Klischees verbindet: »Von keinem geliebt, von keinem gehaßt, starb heute nach langem, mit himmlischer Geduld ertragenem Leiden: Gott.« »Von keinem geliebt, von keinem gehaßt« ist natürlich keine soziologische Feststellung, keine statistisch beweisbare Aussage, sondern Fiktion, entstanden durch Verabsolutierung von spürbaren Tendenzen in der Religiosität der Deutschen. Die fiktive Welt verallgemeinert die Gleichgültigkeit, an der Gott gestorben ist, schafft ein Modell, das einerseits plakathaft deutlich, andererseits unwirklich, ›surrealistisch‹ ist. Die penible Beschreibung der Totengräberverrichtungen wird vermischt mit Unerklärtem.

Deutlich wird, daß es sich um die deutsche Nachkriegszeit handelt: Heimkehrer in abgerissenen Uniformen zeigen es an. Die Banalität der Totengräber hindert den Pastor an seiner Rede: Trost wird nicht gespendet. Aber der Pastor wird auch nicht beschimpft. Er darf den Sarg mittragen. Auch der irdische Vertreter Gottes wird weder geliebt noch gehaßt. Daß in Grabreden freigebig gespendeter religiöser Trost »Opium fürs Volk« sein kann, wird eindringlich gemacht. Zugleich bringt die Romantik-Satire etwas Komisches in die Erzählung.

Andere frühe Erzählungen Schnurres sind nicht weniger eindringlich. *Der Ausmarsch* (1946) beschreibt naturalistisch, als ob es sich um ein historisches Faktum handele, den Abmarsch Vierjähriger an die Front. Diesmal kommt der Pfarrer zu seiner trostreichen Ansprache. Die Kinder halten Teddybären und Gewehre, die Mütter schweigen. Schnurre hat diese Geschichte später als Beispiel für eine menschenfreundliche Satire verwandt, womit er sich von der haßerfüllten Schreibart Jonathan Swifts distanzieren wollte.[18] *Man sollte dagegen sein* (1947) beschreibt einen Traum, in dem alle Einwohner einer Stadt der Remilitarisierung zujubeln (die zur Zeit der Abfassung der Erzählung noch keine Wirklichkeit war) und den einzigen Kriegsdienstverweigerer hetzen. Auch eine Vereinfachung, aber eine, die ans Licht hebt, wie tief die Lust am Soldatenspielen im deutschen Leser steckt, auch wenn er sagt: »Man sollte dagegen sein.«

Die späteren Erzählungen Schnurres verzichten manchmal auf die grotesken und satirischen Mittel. Sie verzichten aber auch oft genug auf realistische Genauigkeit. So verkürzt die Geschichte *Freundschaft mit Adam* (aus: *Eine Rechnung, die nicht aufgeht*, 1958) eine »in Wirklichkeit« Jahre dauernde Entwicklung der Bedingungen, unter denen Juden im nationalsozialistischen Deutschland leben konnten, in den Zeitraum von Wochen, erreicht aber damit eine eindrucksvolle Wirkung. Die Erzählung scheint zunächst einfach das Böse der Verfolger dem Guten des Jungen entgegenzusetzen, der dem schwachsinnigen Juden verstehende Freundschaft entgegenbringt. Aber dann merkt der Leser, daß das Böse, der Haß, auch in die jüdischen Pfleger eingedrungen ist. Der Vater des Schwachsinnigen, selbst zum Tragen des Judensterns gezwungen, will noch, während die Verfolgung näherrückt, seinen kindlich gebliebenen Sohn zwingen, Uhrmacher zu werden. Der Mensch wird als Objekt der Manipulation gezeigt, sei es durch Liebe oder Haß, aber nicht innerhalb einer eindeutigen moralistischen Struktur. Die Moral entzieht sich eindeutiger Bestimmung selbst dort, wo es sich einfach um Verfolger und Verfolgte zu handeln schien. Dies ist übrigens eine Tendenz, die sich außerordentlich häufig in der Literatur der Gruppe zeigt. So deutlich das soziale Interesse auch ist, so bedeutet das nicht, daß diese Geschichten mit Hilfe einer simplifizierenden Moral ›parteiisch‹ werden. Obwohl Schnurre sich der Technik der fiktionalen Vereinfachung bedient, er tut es zur Verdeutlichung des Hervorzuhebenden, nicht um seine Welt moralistisch zu verfälschen.

Eine vereinfachende Zusammenziehung ist auch Schnurres Verwendung von Tieren. *Die Aufzeichnungen des Pudels Ali*, zuerst 1951 unter dem Titel *Sternstaub und Sänfte* erschienen, verspotten liebevoll das Ästhetische, besonders ästhetische Tagebuchschreiber wie Ernst Jünger. Tiere sind oft Akteure in Schnurres Erzählungen. Eine Rohrdommel, die jeden Tag ruft und so das Kriegsgeschehen relativiert (*Das Haus am See*, 1947), ist keine ungewöhnliche Verwendung des Tiermotivs, so eindrucksvoll Schnurre es auch verwendet. Aber ein Kranich, der eine Eifersuchtstat an einem Menschen begeht und sich dann umbringt, manifestiert das Phantasieleben eines Jungen

(*Der Selbstmord* in: *Eine Rechnung, die nicht aufgeht*). Wenn Tiere beinahe menschliche Rollen in sonst realistisch erzählten Geschichten spielen, so ist hier der Stil der Tierfabel mit dem der realistischen Erzählung zusammenkomponiert. Damit betont Schnurre das Beispielhafte. Er will den Leser zur Besinnung zwingen. In einer Erzählung, deren Vorform schon im *Ruf* abgedruckt war (Nr. 9, 15. Dezember 1946), *Die Tat* (endgültige Fassung in: *Eine Rechnung, die nicht aufgeht*), ist eine Katze zur Materialisation der Schuld geworden. Einer der Erzähler in dieser Geschichte (die vielfach verschachtelt ist, vielleicht zu sehr) spricht eine Erkenntnis aus, auf die es Schnurre ankommt: »Ich begriff, daß auch im Grauen, auch in der Angst eine Forderung steckt; die Forderung etwas zu tun. Etwas, das das Grauen beschämt, das die Angst auslöscht.« Diese erlösende Tat, die Rettung einer Katze, wird in der Geschichte aber durch die Kriegsjustiz bestraft, die Erlösung also frustriert. Was dem Leser gezeigt werden soll, ist, daß die individuelle Lösung allein nicht genügt, wenn die Gesellschaft sie frustrieren kann. In der zweiten Version finden wir darum einen offenen Ausgang. Zwar hat die Katze auch den Kriegsgerichtsrat ereilt, er hat ihretwegen einen schweren Verkehrsunfall erlitten und ein Bein verloren. Aber er hat überlebt. Er muß die Geschichte erzählen, aber er wehrt sich noch, sie für sich anzunehmen. Die Erlösung wäre der Verzicht auf Krieg und Gewalt, die alle angeht.

Daß das Programm in *Die Tat* so deutlich wird, mag damit zusammenhängen, daß gerade diese Erzählung künstlerisch etwas weniger überzeugt als andere. Das ändert aber nichts daran, daß in Schnurres Erzählungen die Auseinandersetzung mit der deutschen Vergangenheit auf eine außergewöhnlich suggestive und dennoch durchdachte Weise demonstriert wird. Die meisten Erzählungen Schnurres sind exemplarisch durchgebildete Kunstwerke.

Auf eine mehr indirekte Art legt Schnurre dem Leser die Auseinandersetzung mit deutscher Geschichte nahe in dem »Roman in Geschichten« *Als Vaters Bart noch rot war* (1958). Zwar dürfte der Begriff ›Roman‹ mehr aus Verkaufswünschen zu erklären sein, aber die Geschichten haben einen inneren Zusammenhang. Es sind Geschichten eines Jungen, der mit seinem zumeist arbeitslosen Vater sich während der großen Depression (die Geschichten spielen ungefähr zwischen 1929 und 1933) in Berlin ein lebenswertes Leben zu erhalten sucht. Dabei handelt es sich um die kleinen Dinge und Ereignisse, die im Leben eines etwa Zehnjährigen eine Rolle spielen: Freunde, Tiere, Geburtstage, Weihnachten, sehr oft die Freunde und Bekannten des Vaters, der, kindlich und erwachsen zugleich, die Welten vermittelt. Das ist natürlich auch die Aufgabe des Lesers, dem der Zeithintergrund mehr sagen muß, als der Erzähler andeutet. Juden, Zigeuner und Kommunisten werden als Freunde des Jungen vorgestellt. Einmal wird scheinbar beiläufig von der Vergasung von Ratten erzählt. Die Erzählungen sind realistisch, insofern sie sich auf die Welt der Leser und auf historische und soziologische Fakten beziehen, auch haben sie einen autobiographischen Hintergrund, wobei Schnurre mit dem Alter des ›Ich‹ etwas willkürlich umgeht. Sie sind jedoch mit einem Erwachsenenbewußtsein geschrieben, auch reden die erwachsenen fiktiven Figuren eine Erwachsenensprache, die der Ich-Erzähler niemals hätte aus seiner Jugend behalten können. Überdies sind die meisten Geschichten als erfundene kenntlich, obwohl keine ganz unmöglich ist. Ihre Wirkung beruht also auf dem Ineinander von Kinderwelt und Erwachsenenbewußtsein, wie auch Günter Grass' Roman *Die Blechtrommel*, der ein Jahr später erschien.

Die zwar nicht auffällige, aber deutliche politische Tendenz ist noch dieselbe wie in der Frühzeit der Gruppe. Die Sympathien des Lesers werden für Proletarier und Kleinbürger in Anspruch genommen. Aber sozialistische Tendenzen werden doch auch dadurch eingeschränkt, daß der abstrakte Glaube an ein papiernes Parteiprogramm zumindest belächelt wird.

»›Willst du [. . .]‹, fragte Frieda finster, ›etwa behaupten, daß die Partei keine Anteilnahme [sic] am Geschick der Werktätigen nimmt?‹

›Willi ist ein Mensch‹, sagte Vater; ›und für Menschen kann sich nur ein Mensch interessieren.‹«

Dieses Interesse manifestiert sich freilich nicht weiter als darin, daß der Vater dem verwitweten und traurigen Willi eine Stelle als Toilettenwärter verschafft. Aber Willi ist glücklich, während das Parteiprogramm ihn kalt ließ. Andererseits muß sich der Leser seine Gedanken machen, wenn er erfährt, daß dieser sonst so prächtige Vater allzuoft zu faul war, am Wahlsonntag für seine Partei (die SPD) zu stimmen, und so passiv mithalf, die Nazis zur Macht zu bringen.

Die politische Absicht ist zugleich realistisch und parabolisch in der letzten Erzählung des Bandes gestaltet: *Kalünz ist keine Insel.* Die skurrilen Einschläge hindern nicht, daß auch diese Geschichte prinzipiell realistisch ist. Es geht um den Versuch, die historischen Vorgänge des Jahres 1938 auszuschließen, ohne sie zu leben. Dabei entsteht eine Satire auf die innere Emigration. Ein befürchteter Angriff von Wölfen (eine Anspielung auf Ernst Jüngers *Auf den Marmorklippen*) wird gegenstandslos: es sind nur streunende Hunde. Am Ende steht eine Heirat des gastgebenden Barons mit seiner Schweinemeisterin, ein Zug, der trotz einer gewissen Skurrilität den Wunschtraum einer Vereinigung der alten Oberschicht mit der Unterschicht aus Proletariern und Kleinbürgern ausdrückt, wie wir ihn auch bei anderen Autoren der Gruppe finden.

Das Buch *Das Los unserer Stadt* (1959) ist eine Gruppe von Parabeln. In der ersten Geschichte wird die Zeit exekutiert, nachdem »der Rat« sie gezwungen hatte, der Vergangenheit entgegenzugehen, weshalb die Geschichte *Die Hinrichtung* im Mittelalter spielt. Aber die Zeit, ein großer Hahn, erhebt sich und fliegt kopflos davon. Kopflosigkeit, das Fehlen eines, der Richtung gibt, wert ist, angebetet zu werden, ist der Gegenstand einiger der anderen Geschichten. In *Das Kloster* heißt der Gott »Der Lesende«. Ein Mönch, der gegen strenges Verbot dessen Zimmer betritt, findet es leer und verstaubt. Die Blätter des »Buches der Botschaft«, an dem die Schriftstellermönche arbeiten, liegen am Boden und verderben. Der Lesende ist kein existierender Gott. Die Namengebung verweist auf den Leser. Er ist in Wahrheit der fehlende Mittelpunkt, auf ihn kommt es an.

In den späteren Erzählungen Schnurres findet man immer noch realistische neben Parabelformen sowie Parodien der Parabelform. Schnurre wendet sich naturgemäß auch gegenwärtigen Themen zu. Hier und da dienen diese späteren Erzählungen der Erinnerung der Krisenjahre der Weimarer Republik und des Kriegsendes. Schnurres verspielte Ironie will den Leser aktivieren, eine Absicht, die ästhetische Distanz und humanes Engagement vereinigt. Seine Gedichte, zuerst in *Kassiber* (1956) gesammelt, spiegeln in ihren Intentionen die Kriegsgegnerschaft ihres Autors, sein enges Verhältnis zur Natur und seinen Widerstand gegen bequeme Sinndeutungen. Ein skeptisches Spiel mit religiösen Motiven, das einen Rest von Glaubensbereitschaft pantheistischer Art verrät, findet sich in dem Gedicht *Hinnahme*. Jedoch wendet sich das folgende Gedicht gegen eine bequeme Naturgöttlichkeit, wie sie in traditioneller deutscher Lyrik seit der Goethezeit dem Leser vertraut ist:

Strophe
Als der Falke
der Taube
die Fänge ins Fleisch schlug,
sank eine Feder
der Welt auf den Mund.
Reglos hing sie
an den dörrenden Lippen
und harrte des Atems.
Er kam nicht; es
war der Abendwind,
der sie fortnahm.

Das Gedicht ist zugleich eine symbolische Klage darüber, daß die Gewalttaten des Krieges schnell vergessen wurden, daß der Dichter sich mit seinem militanten Pazifismus allein findet. So auch in dem folgenden Gedicht, dessen Titel sich verzweifelt-symbolisch auf das eigene Land bezieht:

Aschenland
Und wieder branden grau und gelb
die Wolken auf befehlsdurchbellten Staubs;

die Marmorgeier haben sich von ihrem Sturz erholt
und recken sich auf den Podesten.

Die tausend Schwalbenmorde bleiben ungesühnt;
der Herbstwind, der die Reue suchte, kam umsonst.

Schnurres Naturmotive gehören offensichtlich in den Bereich der Naturlyrik der Lehmann und Eich. Aber es finden sich auch Anklänge an den Frühexpressionismus, der in den fünfziger Jahren von Literaturwissenschaft und Kritik wiederentdeckt wurde. Einige Gedichte haben apokalyptischen Ton:

Kassiber
Eine Staubwolke kam,
eine rote;
lastend
ein Dunstleib,
sank sie herab.
Die U-Bahn blieb stecken,
der Bus drückte die Wand ein,
es war Mittag, und war
eine rötliche Nacht.

Und roch nach Leder,
nach Steppe und Tierschweiß.
Frauen fielen in Krämpfe der Wollust;
Kinder erstarrten im Spiel;
und es regnete Sand.

Schnurre bedient sich auch der symbolistischen Rätselsprache, am liebsten mit Tiermotiven:

Die Vogelfische atmen
schon durch schwarze
Schattenkiemen, denn
die Nachtluft steigt (aus: *Herbstalb*)

Auch in späteren Gedichten von Schnurre kann man verfolgen, wie die symbolistisch-hermetische, »moderne« lyrische Form und die politische Absicht, die schlichtere Direktheit fordert, miteinander eine Spannung bilden. Diese Spannung ist nicht eigentlich charakteristisch für die Gruppe 47, mag sie auch den Pol der politischen Direktheit der Aussage verstärkt haben.
Lyrik wurde auf den Tagungen von Anfang an vorgelesen, jedoch hat die Gruppe keine prägende Kraft auf ihre Lyriker ausgeübt. Gedichte von Wolfgang Bächler, die auf den beiden ersten Tagungen 1947 vorgetragen und 1962 im *Almanach der Gruppe 47* wieder abgedruckt wurden, zeigen Unsicherheit der lyrischen Sprache. In einem Gedicht erscheint der Vers:

Da rauscht es dumpf, als ob der Urgrund riefe.

In einem anderen finden wir diese Strophe:

Mit schmerzender Hand
am Buge des Monds
häng ich befreit
schräg durch das Nichts.

Das erste Beispiel steht dem Jugendstil nahe, das zweite imitiert die symbolistisch-expressionistische Tradition, die 1947 schon bedeutend älter als der 1925 geborene Autor war. Versuche, sich lyrisch an die Trümmer-Thematik der Prosaisten anzupassen, sind wenig überzeugend:

In der erlöschenden Flamme der Zeit
rieselt der Kalk von den Mauern ...

Ilse Schneider-Lengyel, die Gastgeberin des ersten Treffens der Gruppe am Bannwaldsee, hauptsächlich als Kunstkritikerin tätig, las dort und 1949 in Marktbreit aus ihrer Lyriksammlung *Septemberphase* (erschienen 1952). Ihre Gedichte, reifer als die Bächlers, sind der symbolistischen Tradition verpflichtet. Das folgende Beispiel gestattet immerhin, in dem Gefühl der Bedrohung einen Zeitbezug zu sehen:

gefahr
eine methode ist fackeln zu tragen
aber die fackeln kippen gleichmäßig
zugeschnitten sind die nächtlichen wege
ins freie so gefährlich beginnen
die heimlichen häuser zu leuchten
du drehst die scheibe

Gedichte von Günter Eich waren im *Ruf* abgedruckt worden. Auch Hans Werner Richters Sammlung von Gedichten deutscher Kriegsgefangener *Deine Söhne Europa* (1947) enthält einige. Richters Bestreben, den deutschen Lyriker zu finden, der das Erlebnis der Zeit in die Gedichtsprache übertrug, schien mit Günter Eich Erfolg zu haben. Jedoch hat Eich seine Gedichte aus dieser Zeit verworfen. Nur ungern gestattete er 1968 einen Nachdruck der Sammlung *Abgelegene Gehöfte* (1948).

Die Entwicklung der Lyrik Günter Eichs mit den weiteren Sammlungen *Untergrundbahn* (1949), *Botschaften des Regens* (1955), *Zu den Akten* (1964) und *Anlässe und Steingärten* (1966) zeigt deutlich, wie die ästhetische deutsche (und außerdeutsche) Tradition sich durch die Absicht eines Neuanfangs hindurch behauptet. Obwohl seine Erlebnisse in Krieg und Gefangenschaft denen der anderen Begründer der Gruppe ähnlich waren, obwohl er von 1947 an zur Gruppe gehörte, 1948 zuerst vorlas und 1950 als erster den Preis der Gruppe 47 erhielt, behauptete sich Eichs ästhetischer Individualismus gegenüber dem sozialen und politischen Engagement führender Mitglieder. Eichs Lyrik zeigt zwar den Einfluß der Gruppe, indem er sich einer ästhetischen Ersatzreligion, zu der er neigte, entzieht, ja ihr allmählich immer stärker sprachlich entgegentritt (eine Spätwirkung dieses Einflusses), aber er ist immer Individualist und bleibt ästhetischen Sprachspielen sowie melancholischem Selbstgenuß zugeneigt.

Zwischen zwei Pole – die Absicht, politische Wirkung zu üben, und die Neigung zu symbolistischer Gedichtsprache – geriet auch Wolfgang Weyrauch. 1946 erschien sein erster Gedichtband *Von des Glückes Barmherzigkeit.* Weyrauch, 1907 in Königsberg geboren, war damals 39 Jahre alt. In Frankfurt, wo er aufwuchs, hatte er, wie er selbst berichtet,[19] expressionistische Dichter gelesen. 1934 erschien eine Erzählung, genannt »Legende«, *Der Main*, mit Zeichnungen von Alfred Kubin. Sie ist in einem Stil geschrieben, der so etwas wie magischer Realismus sein will, nicht ohne falsche Urwüchsigkeit. Auch ein Roman *Strudel und Quell* (1938) sowie weitere Erzählungen wurden vor 1945 publiziert.

Von fünf Jahren Kriegsdienst zurückgekehrt, begann Weyrauch von neuem. Er wollte, »daß niemals geschehe, was gestern geschah«. So überschrieb er das erste Kapitel der genannten Gedichtsammlung. Die Verse sind voll guten Willens, jedoch allzuoft von peinlicher Naivität:

Und die Kinder treten mit den holden Füßen
tausend Panzerwagen jubelnd in den Schlund,
wo die Mörder enden und die Morde büßen:
»Friede!« fährt es aus dem allerreinsten Mund.

(letzte Strophe von *Friede*)

Weyrauchs späterer Anschluß an die moderne Gedichtsprache hilft ihm, solche Banalitäten zu vermeiden.

Atom und Aloe,
im letzten Areal
des schwarzen Ninive,
der Hauch floh vor der Zahl.
(aus: *Atom und Aloe*, in: *Gesang um nicht zu sterben*, 1956)

Weyrauch hat diesen Text unter dem Titel *Mein Gedicht ist mein Messer* selbst kommentiert.[20] Gerade dieser Kommentar enthüllt, wie unverbindlich die Kombination heterogener Bilder ist, ein Spiel, mit tödlichem Ernst zelebriert.
Weyrauchs Geschichten haben eine entfernte Ähnlichkeit mit denen Schnurres. Auch sie wollen den Leser als Partner zur Mitarbeit zwingen. Weyrauchs Erzählungen sind aber einsträngiger und wortreicher. Oft bestehen sie aus einem inneren Monolog. Die Wendung an den Leser ist schockierender als bei Schnurre. Auch hat Weyrauch eine Neigung zum Absurden, zum Rätselhaften. Bei einigen Geschichten ist es unwahrscheinlich, daß sie den Leser erreichen. So berichtet *Ein unerklärliches Dokument* in sich selbst aufhebenden Fragen von der Landung eines »X«, einer Art von außerirdischem Flugkörper. Seit dessen Landung beherrschen geheimnisvolle zirpende Stimmen das Bewußtsein der Menschen einschließlich des Schreibers. Auch *Das Ende von Frankfurt am Main*, obwohl begreiflicher, gehört in den Bereich von Science-fiction. Das Mittel der Vernichtung ergreift die Zerstörer selbst. Einige der inneren Monologe schockieren den Leser durch die wie selbstverständlich vorgebrachte Bosheit des Sprechers zum Beispiel in *Beginn einer Rache* (wie die beiden vorhergenannten und die folgenden aus *Mein Schiff, das heißt Taifun*, 1959), wo eine solche Bosheit als Produkt von Eifersucht, sexuellen Tabus und bürgerlichen Ordnungsidealen verstanden wird. In *Vor der Hinrichtung* nimmt der Leser an Gesprächen Neugieriger teil, moderner Menschen, die auf die Hinrichtung eines Heiligen warten. Religion ist in der fiktiven Welt dieser Erzählung verboten. Solange der Heilige noch predigen konnte, hat er drei Eigenschaften genannt, die den Menschen zum Menschen machen, »erstens, die Geduld, zweitens, die Vernunft, und drittens, die Liebe zu den Feinden«. Da der Heilige nicht aufhörte zu segnen, hat die Staatsgewalt ihm die Zunge herausgeschnitten, Arme und Beine abgeschnitten und die Augen ausgestochen. Der so reduzierte Rest wird auf einem Mistwagen zur Hinrichtung gefahren und segnet noch mit den Augenlidern, ein Motiv, das Weyrauch übrigens mehrfach verwendet. Zwar kann kein Zweifel darüber bestehen, was gemeint ist, dennoch dürfte die grelle, expressive Deutlichkeit ihren Zweck verfehlen.
Alfred Anderschs erste Buchveröffentlichung war eine kleine essayistische Schrift, *Deutsche Literatur in der Entscheidung* (1948), in der er im wesentlichen die literarische Position des *Ruf* zusammenfaßt, vor allem ein Ende des Stils der ›inneren Emigration‹ verlangt. Die äußere, meint er anläßlich Thomas Manns, sei nicht eine Frage der Geographie. Obwohl Andersch im *Ruf* sich zu dem neuen Anfang bekannte, beweist sein Werk doch, wie stark es der ästhetischen Tradition verhaftet ist. Schon im Kriegsgefangenen-*Ruf* zeugt die Erzählung *Fräulein Christine* davon: Unter dem Eindruck der Figuren von Barlach, die sie in Zürich gesehen hat, wendet sich die

Gelehrtentochter während des Nationalsozialismus von dem angepaßten und erfolgreichen jungen Historiker ab und einem schreibenden Arbeiter zu. Die Erzählung umschreibt das Wunschbild der Überwindung des Klassengrabens unter dem Zeichen von Kunst.[21]

In Anderschs Werk streitet eine Tendenz zu bildhafter Klarheit mit einer zu spielerischer Kombination. 1949, auf der Tagung in Marktbreit, las er die Erzählung *Weltreise auf deutsche Art*, die später in die Sammlung *Geister und Leute* (1958) aufgenommen wurde. Sie erzählt die Geschichte eines deutschen Küfergesellen, der sieben Jahre lang in Kolonialkriege verwickelt wurde, in China und Afrika. Der Erzähler hält die Perspektive des schlichten und geraden Mannes durch. Trotz der zurückhaltenden Sparsamkeit der Mittel wird der Leser gezwungen, der Geschichte weitere Bedeutsamkeit abzugewinnen. Daß der Held Johann Benedikt Zimmermann zugleich seine badische Braut Barbara und Angélique, die Frau seines französischen Chefs im türkischen Mazedonien, liebt, daß er zuerst auf einem deutschen Schiff namens »Loreley« Dienst tut, daß der Truppentransport nach China vom athenischen Hafen Piräus abgeht, daß Johann Benedikt später auf dem Kreuzer »Habicht« nach Südwestafrika transportiert wird, daß der berühmte Befehl »the Germans to the front« während der Boxeraufstand-Operationen aus einer Schlägerei um Teehaus-Mädchen abgeleitet wird, daß Eifersüchteleien zwischen den in China eindringenden Nationen eine alberne Wichtigkeit beigemessen wird, alles dies wird hintergründig, ein Gleichnis für Europa im Guten und im Bösen und für Deutschland als Teil dieses Europa. Als Europas eigentliches Verschulden tritt der gewaltsame Imperialismus hervor, gefaßt in das Bild einer riesigen chinesischen Partisanin, die Johann Benedikt in Notwehr tötete, als sie mit ihrem Schwert zum Schlag ausholte. Am Ende wird Johann Benedikt einige Jahre Familienidyll erlaubt, bis zu dem Moment, »als ihn im August 1914 der zweite Gestellungsbefehl seines Lebens erreichte«. Dies ist der Schlußsatz der Erzählung. Mit einem Minimum an Kommentar gelingt Andersch ein Maximum an Wirkung. Als Beispiel mögen hier zwei beschreibende Passagen stehen, die am Schluß der Erzählung erscheinen, durch etwa eine Seite Text getrennt, deren Bildlichkeit imperialistische Gewaltsamkeit und friedliche europäische Kulturlandschaft wirkungsvoll nebeneinanderstellen:

»Wenn er durch eines der völlig verlassenen Dörfer ging, befiel ihn ein Grauen vor der Stille der halbkugeligen Pontoks, die den leeren Viehkraal umschlossen. Und mit dem gleichen Gefühl, mit dem er vor Jahren in China die alte Partisanin betrachtet hatte, blickte er jetzt auf die Leichen der erschlagenen Hereros, die im Tode zwischen auseinandergerissenen Lippen die zugefeilten Zähne sehen ließen, indes das sandfarbene Abendlicht ihre ledernen Gewänder und ihren Eisenschmuck überspülte.«

»An den Sonntagen machten sie manchmal mit den Kindern Ausflüge. Sie besichtigten das Straßburger und das Freiburger Münster und blickten von der Breisacher Höhe aus über das Elsaß und den Oberrhein. Unendlich klar und scharf gezeichnet stand die Nähe aus Weinlaub, Pappeln und hellen, südlichen Häusern vor dem zarten Dunst der Vogesenferne.«

Anderschs Erzählungen zeichnen sich durch eine geradezu klassische Überlegenheit des Erzählers aus. Davon ist sogar etwas zu spüren, wenn er, wie die meisten anderen Erzähler der Gruppe, das Absurde des Krieges deutlich machen will. *Die Letzten vom ›Schwarzen Mann‹* sind Tote des Krieges, ein Amerikaner und ein Deutscher, die als

Geister leben und Kaffee schmuggeln. *Cadenza Finale* ist in der ersten Person erzählt. Der Erzähler, ein Soldat auf Dienstreise, versucht vergeblich eine Pianistin zu besuchen: Kunst ist ihm Zuflucht und Trost. Er erinnert sich an ein George-Gedicht, das er als Widerspruch in eine Gesellschaft geworfen hatte, in der »politisch alles klar« war: »Man sollte nie völlig in den Kategorien der Gesellschaft aufgehen, in der man sich befindet. Auch wenn sie einem noch so sympathisch ist. Widerspruch ist alles. George-Zitat war Einbruch aus einer fremden Welt. Wollte das. Wollte Ärgernis erregen. Nichts langweiliger als Übereinstimmung.« Kritisierbare Kunst also auch als lebendiger Widerspruch in der Umwelt des Todes. Oft läßt Andersch seinem Erzähler einen gewissen Abstand, so daß der Leser die Figuren aus der Nähe, aber doch kritisch beobachten kann, nicht in das Bewußtsein des Sprechers hineingezogen wird wie in monologischen Erzählungen, wie sie bei Weyrauch vorherrschen. Jede von Anderschs Geschichten hat eine ausgeprägte und vor allem anschaulich gemachte Eigenart, wobei sie von einem Leitgedanken, einer Idee beherrscht ist: Der Leser nimmt teil an dem Freiheitsbedürfnis einer schleswig-holsteinischen Gräfin, das sie gegen ihre nationalsozialistische Umwelt und Familie aufrechterhält und mit dem Verzicht auf Liebe und Gesellschaft bezahlt, wobei sie von Erinnerungen an Italien, an etruskische Gräber lebt. Ein abgeschossener englischer Flieger findet eine jahrhundertealte Okarina, die im Rungholt-Watt freigespült wird: *Diana mit Flötenspieler*. Der Leser zweifelt mit einem Priester an seinem Glauben. Dieser zelebriert die Messe lateinisch, während er erschüttert ist von der Beichte eines Vaters, der sein Kind geschlagen hatte. Der Vater fühlt sich von dem Lebenskampf der ersten Nachkriegsjahre aufgerieben. Er ist untröstlich, während der Leser das Kind beim Spielen beobachtet und weiß, daß es den Vorfall vergessen hat und den Vater liebt: *Vollkommene Reue*. In *Mit dem Chef nach Chenonceaux* wird der Leser zwischen Zustimmung und Ablehnung gespannt. Ein Krefelder Industrieller nimmt einen Intellektuellen seiner Werbeabteilung auf eine Kunstreise nach Frankreich mit, wobei er ihn halb als Gesprächspartner und halb als Hofnarren behandelt. Der Erzähler verknüpft positive wie negative Signale mit beiden Figuren. Die Erwartung des Lesers, er solle gegen den Wirtschaftswunder-Chef eingenommen werden, wird nicht ganz erfüllt, in eine Schwebe gebracht. Ein Ausgleich zwischen den blitzenden Krefelder Fabriken und den »vergammelten« Zeugnissen der Historie erscheint möglich. Für diese Erzählungen gilt überhaupt, daß Geistig-Kulturelles auf eine manchmal schockierende Weise mit der Gegenwart von Autor und Leser konfrontiert wird. Als anachronistischer Scherz geschieht das in *Ein Auftrag für Lord Glouster*.

Anderschs Kompositionskunst ist zwei seiner Erzählungen besonders zugute gekommen. *In der Nacht der Giraffe* (in: *Geister und Leute*, 1958) kontrastiert Charles de Gaulles Machtergreifung 1958 mit der politischen Abdankung eines jungen bürgerlichen Kritikers, weil es ihm nicht gelang, eine wichtige Information in einer Zeitung unterzubringen, die den Mythos de Gaulles zerstört hätte. Dieser Handlungsstrang führt zu Diskussionen über die Rolle des überzeugten bürgerlichen Demokraten. »Demokratie ist eine Technik des Kompromisses, natürlich nicht des faulen, sondern des schöpferischen Kompromisses«, sagt ein Gesprächspartner, einen Gedanken des Kritikers Andersch wiederholend, als er im *Ruf* Anouilhs *Antigone* besprach. Ob mit de Gaulle zu paktieren ein schöpferischer Kompromiß sein kann, bleibt offen. Sowohl de Gaulles Entschluß, die Republik nicht zu zerstören, wie sein reaktionärer Hang,

König zu spielen, kommt in inneren Monologen zum Ausdruck. Dazu kommen Handlungen: ein Mordversuch an jenem bürgerlichen Kritiker, ein Polizeieinsatz und eingeblendete lyrische Episoden in Prosa (zum Teil surrealistischer Natur), die den Zauber der Stadt Paris einzufangen bestimmt sind.

Anderschs erstes Prosawerk von Buchlänge war der autobiographische Bericht seines Lebens bis zur Desertion in Italien *Die Kirschen der Freiheit* (1952). Eindrucksvolle Szenen wechseln mit Reflexionen, die ungeduldig machen können. Auch ein forcierter Stil trägt zu dem Eindruck des Ungleichen, Unausgereiften bei. Der Bericht ist dennoch unentbehrlich als Dokument. Er beginnt mit dem Zug der zum Erschießen bestimmten Arbeiter nach der Einnahme Münchens durch Truppen der Reichswehr. Die Schilderung des nationalistischen Vaters, dessen politische Verbohrtheit und standhaft ertragenes Leiden bis zum Tode verschiedene Arten von Mitleid erregen, Anderschs politisches Engagement im kommunistischen Jugendverband, sein Aufenthalt im Konzentrationslager, sein Entschluß zur politischen Abstinenz, der Ästhetizismus als Zuflucht und schließlich die Desertion aus der Hitler-Armee als ein Augenblick der Freiheit zwischen zwei Gefangenschaften, alle diese Szenen sind zwar ganz persönliche Erlebnisse, sie sind aber dennoch auch stellvertretend für eine Generation, und sie werfen Licht auf die Antriebe, die nicht nur hinter Anderschs Schreiben wirken. Zwei Szenen aus diesem autobiographischen Bericht montierte Andersch in der Erzählung *Drei Phasen* mit einer dritten zusammen: das Sterben der KPD 1932/33, die Erschießung von Juden im Konzentrationslager Dachau 1933, die Beerdigung von Toten der Schlacht bei Nettuno durch Gefangene 1944. Die Absicht ist deutlich, ihr künstlerisches Gelingen muß bezweifelt werden.

In Anderschs erstem Roman *Sansibar oder der letzte Grund* (1957) dagegen sind die Grundmotive von Anderschs Selbstverständnis in ein überzeugendes Kunstwerk integriert. Der Roman ist übersichtlich und leicht verständlich und hat dennoch eine neue und eigenartige Komposition, weil er das Phänomen des Perspektivenwechsels dem Leser bewußt macht und es zur Komposition ausnutzt. Die Stimmen der handelnden Romanfiguren klingen isoliert auf, stimmen dann für einen Augenblick zusammen (was nicht ohne starke Dissonanzen abgeht) und trennen sich wieder. Die »Stimmen« stammen von Figuren, die sozial nicht füreinander bestimmt sind: ein kommunistischer Funktionär, ein kommunistischer Fischer, der den Funktionär haßt, ein lutherischer Pastor der Bekennenden Kirche, ein schönes Mädchen aus reichem Hamburger Hause, das, obwohl eigentlich glaubenslos, den Stempel »Jude« im Paß hat und fliehen muß, und ein Schiffsjunge und Fischerlehrling, Sohn eines Trinkers und einer immer »nölenden« Mutter, der aus seinen Büchern nur einen Wunsch gewonnen hat: fortgehen. Bis auf den Jungen, der ganz unpolitisch ist, haben die Figuren die Furcht vor und den Haß gegen das nationalsozialistische Regime gemeinsam, das stets nur durch das blasse Wort »die anderen« umschrieben wird.

Der Junge gibt dem Werk jedoch den Titel. Er hat drei Gründe fortzugehen: Langeweile, das Gefühl, verachtet zu sein seines Vaters wegen, und den »letzten Grund«, daß es die Ferne gibt, das Außergewöhnliche, Unberechenbare, das er Sansibar nennt. Es ist das Freiheitsverlangen aus dem autobiographischen Bericht, das Figur geworden ist. Auch sonst finden wir autobiographische Züge: der Pfarrer Helander hat die Todeskrankheit von Anderschs Vater, der kommunistische Funktionär Gregor will die Partei verlassen und fühlt sich als Deserteur, auch der Begriff ›Fahnenflucht‹ wird gebraucht.

Der Fischer Knudsen will sich von der Partei ins Privatleben zurückziehen, wie es Andersch tat. Da Andersch während der Zeit seiner politischen Abstinenz in Hamburg lebte, dürfte das Hamburger Haus am Alsterkanal ebenfalls auf Erinnerungen zurückgehen. Autobiographisch ist natürlich auch das Thema des Verhältnisses zwischen bürgerlicher Intelligenz und proletarischem Bewußtsein. Vermittelt wird die Kluft durch ein Kunstwerk, den lesenden Klosterschüler, eine Holzplastik von Barlach (der nicht genannt wird). Sie ist zugleich ein Zeichen für den kritischen Leser, denn kritisches Lesen ist, was sie darstellt. Der Sansibar-Freiheit des Jungen tritt die kritische Freiheit zur Seite, die aus Nachdenken entsteht. Die Flucht gelang, weil, wenigstens augenblicksweise, die Figuren aufeinander hörten, ihre Neigungen zur Vereinzelung, zum Alleinsein beschränkten. Der Funktionär hörte auf den Pfarrer und auf die Tochter aus reichem Hause, der Fischer, wenn auch widerwillig, auf den Funktionär, und der Junge nimmt am Ende seine Freiheit doch nicht in Anspruch, weil die flüchtende Jüdin ihm klargemacht hat, daß er den Fischer in tödliche Gefahr brächte. Und dennoch ist auch die Gemeinschaft verdächtig, weil sie von Zwang nicht frei sein kann: Der Funktionär Gregor muß den Fischer erst niederschlagen und ihm Angst um sein Boot machen, bevor die Flucht endgültig gelingen kann. Pfarrer Helander endet allein, erschossen, nachdem er sich gegen die Verhaftung gewehrt hat. Dies ist ein stummer Vorgang der Gewalt. Kurz vorher hatte Helander die Sprachlosigkeit der verhaftenden SS noch kommentiert: »[...] sie waren so frech wie feige, sie kamen im Morgengrauen, auf leisen Limousinensohlen, sie scheuten die Auseinandersetzung und den Tag, sie kamen leise und wollten leise und wortlos verhaften, sie selbst besaßen keine Sprache und sie haßten nichts mehr als die Sprache derer, die sie verhafteten. Ihr Haß auf die Sprache war der Grund, warum sie ihre eigene Stummheit nicht anders erlösen konnten als in den Schreien der Gefolterten. Zwischen Limousinen und Folterbänken vegetierte das stumme Gesindel schwarz dahin.«

Das ist kaum wörtlich und historisch wahr, aber doch im Sinne der Sprache des kritischen Lesens, die in diesem Buch gemeint ist. Dieser Sprache, die auch die deutsche Sprache ist – so deutsch wie Barlach und das nationale Bewußtsein der *Ruf*-Mitarbeiter –, widmet der Autor durch seine Figur ein Bekenntnis, das sie sauber von den Nationalsozialisten, »den anderen«, trennen soll. An die Hoffnung des *Ruf* erinnern die Sätze, mit denen der Leser Gregors Perspektive verläßt: »Das graue Morgenlicht erfüllte die Welt, das nüchterne, farblose Morgenlicht zeigte die Gegenstände ohne Schatten und Farben, es zeigte sie beinahe so, wie sie wirklich waren, rein und zur Prüfung bereit. Alles muß neu geprüft werden, überlegte Gregor. Als er mit den Füßen ins Wasser tastete, fand er es eisig.«

Sansibar oder der letzte Grund ist in Wahrheit nicht der kindliche Traum des Jungen, obwohl dieser Traum gleichsam die Nahrung der Freiheit bleibt. Der letzte Grund des Buches ist die Hoffnung, die der *Ruf* verbreiten sollte und die in die Gruppe 47 übertragen wurde, die Hoffnung, aus dem kritischen Lesen der Art, wie »die anderen« Deutschland sich entfremden ließen und es verdarben, könne ein sozialer und humaner Neuaufbau entstehen, der die künstlerische Sensibilität der bürgerlichen Intelligenz hinüberrettet, ohne die Klassen wiederaufzurichten.

Die Redakteure des *Ruf* mußten, als sie in die Literatur eintraten, sich mit dem Ästhetizismus in sich und außer sich auseinandersetzen. Die symbolistische Verführung einer elitären Antibürgerlichkeit mußte verlocken und den stilistischen Ausgangs-

punkt der deutschen Neuen Sachlichkeit und entsprechender ausländischer, besonders amerikanischer Vorbilder variieren. Bei Andersch kommt noch der filmische Stil des italienischen Verismo hinzu, der ihn stark beeindruckte. Diese Literatur ist weltoffen, aber spezifisch deutsch, da sie ja von der Hoffnung, von der skeptisch temperierten Hoffnung, des anderen Deutschland lebt.
Alfred Anderschs Romane und Erzählungen sind nicht zuletzt mitbestimmt von dem bewußten Erfassen der kulturbürgerlichen Tradition. Diese Kultur, soll der bürgerliche Leser verstehen, ist es wert, weitergeführt zu werden in eine neue Zeit, die sich erst zu dem Neuen in sich entschließen muß. Diese Möglichkeit in einer oft genug zwingenden Form weitergetragen zu haben ist das Verdienst dieser Literatur.

Anmerkungen

1 Dieser Aufsatz wurde in seiner ersten Fassung 1970 geschrieben. Er wollte mit einer Betrachtung der beiden *Ruf*-Zeitschriften und einem interpretierenden Durchgang durch die bis gegen 1970 veröffentlichten Werke einiger früher Mitglieder zeigen, wie sich der Wille zum Neuanfang in der Gruppe 47 verbindet mit einer kritischen Aufnahme und Weiterführung der bürgerlichen, ästhetischen Literatur. Diese Absicht ist inzwischen von einer Reihe von Studien bestätigt und weitergeführt worden. Das Jahr 1945 war kein ›Nullpunkt‹. Das im einzelnen immer noch wertvolle Buch von Volker Wehdeking, *Der Nullpunkt. Über die Konstituierung der deutschen Nachkriegsliteratur (1945–1948) in den amerikanischen Kriegsgefangenenlagern*, Stuttgart 1971, erschien ungefähr gleichzeitig mit der ersten Auflage dieses Sammelbandes. Die Geschichte der beiden *Ruf*-Zeitschriften ist jetzt am zuverlässigsten dargestellt in Jérôme Vaillant, *Der Ruf. Unabhängige Blätter der jungen Generation* (1945–1949), München 1978. Das Buch, aus einer Dissertation (Paris-Nanterre 1973) entwickelt, die in der deutschen Fassung revidiert wurde, ist besonders wertvoll in der Klärung der Hintergründe. Es verläßt sich nicht zu sehr auf die Erinnerung der Beteiligten. In der Bewertung der Abwehr der Kollektivschuld durch Andersch und Richter wird Vaillant den beiden in ihrer Situation nicht immer ganz gerecht. Vgl. auch Georg Boehringer, »Zeitschriften der jungen Generation«, in: *Zur literarischen Situation 1945–1949*, hrsg. von Gerhard Hay, Kronberg 1977, S. 86–117, und Hans Dieter Schäfer, »Zur Periodisierung der deutschen Literatur seit 1930«, in: *Literaturmagazin 7. Nachkriegsliteratur*, hrsg. von Nicolas Born und Jürgen Manthey, Hamburg 1977, S. 95–115. In demselben Band Erinnerung von Andersch und Richter. Von H. D. Schäfer ebenfalls: »Die nichtfaschistische Literatur der ›jungen Generation‹ im nationalsozialistischen Deutschland« in: *Die deutsche Literatur im Dritten Reich*, hrsg. von Horst Denkler und Karl Prümm, Stuttgart 1976, S. 459–503. Eine literatursoziologische Typisierung der Gruppe 47 versuchte Friedhelm Kröll, *Die »Gruppe 47«. Soziale Lage und gesellschaftliches Bewußtsein literarischer Intelligenz in der Bundesrepublik*, Stuttgart 1977.
Die vorliegende Neufassung verzichtet auf die Betrachtungen von Werken der frühen Mitglieder von 1960 (mit einer Ausnahme, Richters *Blinder Alarm* als Ergänzung der *Spuren im Sand*). Sie sucht dafür die literaturhistorische Situation noch etwas stärker zu profilieren. Die obengenannte Literatur wurde dankbar genutzt.

2 Hans Werner Richter: wie entstand und was war die Gruppe 47. In: Hans Werner Richter und die Gruppe 47. Hrsg. von Hans A. Neunzig. München 1979, S. 41–176.

3 Ebd. S. 44–47.

4 Der Artikel ist wieder abgedruckt in der Sammlung: *Der Ruf: Eine deutsche Nachkriegszeitschrift*. Hrsg. von Hans Schwab-Felisch. München 1962, S. 21–26. Diese Ausgabe wird zitiert als: *Ruf*, 1962.

5 *Ruf*, 1962, S. 37–42.

6 Henry Ehrmann: *Im Vorraum des Sozialismus*, Nr. 3 und 4, 15. September und 1. Oktober 1946. Nicht in *Ruf*, 1962.

7 Der Artikel *Die Gemeinschaft der Pessimisten* in Nr. 2 wurde von der Emigrantenzeitschrift *Deutsche Blätter*, die in Santiago de Chile erschien, übernommen. Der Auszug aus *Darkness at Noon* in deutscher Übersetzung erschien in Nr. 10, 1. Januar 1947.

8 *Ruf*, 1962, S. 31 f.
9 *Ruf*, 1962, S. 72.
10 Ruf, 1962, S. 203–208; in der Zeitschrift war der Artikel nicht gezeichnet, weil er die Meinung der Redaktion vertrat.
11 Mündliche Mitteilung von Alfred Andersch, Cambridge, Mass., Herbst 1970.
12 *Ruf*, 1962, S. 207.
13 *Ruf*, 1962, S. 237–252.
14 Siehe Vaillant (Anm. 1) bes. S. 106–149.
15 Thomas Manns Brief an Hermann Kesten vom 13. 12. 1951. In: T. M.: *Briefe 1948–1955*. Frankfurt a. M. 1965. S. 235 f. Vgl. auch Martin Walser in: *Die Gruppe 47*. Hrsg. von Reinhard Lettau. Neuwied 1967. S. 279 f.
16 *Auszug aus dem Elfenbeinturm*. In: W. S.: *Schreibtisch unter freiem Himmel*. Olten 1964. S. 18 und 20.
17 Ein charakteristischer Abschnitt der Erzählung ist im vorliegenden Sammelband S. 21 zitiert.
18 *Das verzerrte Gesicht*. In: W. S.: *Was ich für mein Leben gern tue*. Neuwied 1967. S. 162–185.
19 *Autobiographisches Nachwort*. In: W. W.: *Das grüne Zelt – Die japanischen Fischer*. Zwei Hörspiele. Stuttgart 1966.
20 *Mein Gedicht ist mein Messer*. Hrsg. von Hans Bender. Heidelberg 1955. S. 22–30. Weyrauchs Beitrag gab der Sammlung von Selbstinterpretationen den Titel.
21 Abgedruckt in: Wehdeking (Anm. 1) S. 201–203.

RUDOLF WALTER LEONHARDT

Aufstieg und Niedergang der Gruppe 47

Es klingt heute schon wie ein Lied aus fernen Zeiten: Gruppe 47. Aber wenigstens die Hälfte der westdeutschen Schriftsteller von internationalem Renommee – von Walser bis zu Enzensberger, von Böll bis zu Grass – haben dieser Gruppe zumindest eine Starthilfe von schwer schätzbarem Wert zu danken. Es gäbe sie gewiß auch ohne Gruppe 47 – aber es hätte sie so schnell und allgegenwärtig nicht gegeben, so, als ob Westdeutschland, die Bundesrepublik, eine Hauptstadt gehabt hätte und dort eine Börse, wo der Kurswert von Literatur notiert wurde.

Romanisches Café oder musische Metropole: das war die Gruppe 47. Sie war nicht eine literarische Bewegung, nicht der Klassik oder Romantik oder auch nur dem Expressionismus vergleichbar. Sie hat keinen Stil des Schreibens geprägt, sondern einen Stil des Miteinander-Umgehens.

Manche haben die Gruppe gehaßt – vor allem die, die sich ausgeschlossen fühlten. Manche haben die Gruppe geliebt – vor allem die, denen sie nützte.

Politik war ihnen allen wichtig. Die meisten der zu den Tagungen geladenen Autoren neigten irgendeiner Form des Sozialismus zu. Aber darauf kam es so sehr nicht an. Literatur war wichtiger. Als in der Studentenrevolte der späten sechziger Jahre die Literatur in die Rolle einer Magd der Politik gedrängt wurde, hatte eine literarische Gruppe, die dieser Tendenz nicht zu widerstehen vermochte, ihre Existenzberechtigung verloren.

Das müssen wir uns etwas genauer und am besten chronologisch anschauen:

Die Gruppe hat 29½ mal getagt; zum letztenmal ganz richtig in der Pulvermühle bei Waischenfeld in Oberfranken. Sie war nie »Gruppe« in einem soziologisch relevanten Sinne. Sie war auch kein Verein. Es gab keine Mitglieder, keine Satzung, keinen Schatzmeister, kein Programm. Es gab einen inneren Kern und ständig wechselnde Satelliten. Aber auch im inneren Kern gab es Verschiebungen.

Wer »die Gruppe 47« war, bestimmte von Anfang bis zum Ende, von 1947 bis 1967 (oder 1972) Hans Werner Richter – der einzige also, von dem feststeht, daß er dazugehörte. Und er sagte es deutlich, auf der Tagung in Saulgau (1963): »Viele bilden sich ein, zur Gruppe 47 zu gehören. Aber wer wirklich dazugehört, weiß nur ich; und ich werde es nicht sagen.«

Weise gesprochen. Denn wir dürfen vermuten, daß die Antwort 1963 anders ausgefallen wäre als 1947 und auch anders als 1967. Euphemistisch bezeichneten sich Gruppenmitglieder gern als »Freundeskreis« – was von Jahr zu Jahr immer weniger stimmen konnte, da die Interessendivergenz mit steigender »Mitglieder«-Zahl stieg.

Als »Mitglieder« durften sich wenigstens drei Tage lang immer diejenigen verstehen, die sich zu einer Tagung eingeladen fanden, ohne ausdrücklich als »Gäste« bezeichnet worden zu sein. Das waren am Anfang 17, am Ende bis zu 150 Leute. Und da diese Einladungen von Hans Werner Richter nach ganz eigener und persönlicher Entscheidung auf Postkarten verschickt wurden, nannte Hermann Kesten die Gruppe einen »autoritären Autorenverband auf postalischer Grundlage«.

Die Gruppe 47 ist aus der Redaktion jener »Blätter der jungen Generation« hervorgegangen, die seit August 1946 unter dem Titel *Der Ruf* zweimal im Monat erschienen, bis sie im März 1947 von der Militärregierung der amerikanischen Besatzungszone verboten wurden.

Dieses Verbot ist umstritten und bedarf einer Erklärung, wenn jetzt aus der Distanz versucht werden soll, Legenden auf ihren historischen Wahrheitsgehalt zurückzuführen. Noch leben die Zeugen.

Gehen wir zurück ins Jahr 1945, als das Dritte Reich zusammenbrach. Im September jenes Jahres wurde der kriegsgefangene Obergefreite Hans Werner Richter, der die Lagerzeitung von Camp Ellis im US-Staat Illinois redigierte, abkommandiert in die Redaktion der Kriegsgefangenenzeitschrift *Der Ruf* in Fort Kearny, deren Chefredakteur Gustav René Hocke gerade von Walter Mannzen abgelöst wurde. Auch Walter Kolbenhoff war in Fort Kearny.

Im April 1946 wurde diese Gefangenenzeitschrift eingestellt, ihre Redakteure wurden in die Heimat entlassen.

Für Hans Werner Richter stellten sich, wie für so viele Kriegsgefangene damals, mit dieser Entlassung Existenzfragen. Als den Ort, wohin er entlassen zu werden wünschte, gab er Bad Pyrmont an: die Heimatstadt seiner Frau Toni. Von dort aus fuhr er zu seinen Eltern nach Pommern, das in der sowjetischen Besatzungszone lag (wohin man aus amerikanischer Gefangenschaft nicht entlassen werden konnte). Zu Hause in Pommern gab es für den PoW (prisoner of war), der 1930 der Kommunistischen Partei beigetreten und 1932 als Trotzkist wieder ausgeschlossen worden war, reizvolle Aufgaben. Nachweisbare Nichtnazis waren gesuchte Leute.

Aber kurz vor seiner Abfahrt von Bad Pyrmont hatte Hans Werner Richter ein Brief seines Freundes Walter Kolbenhoff erreicht: Wir machen hier in München einen neuen *Ruf* – willst Du mitmachen? Hans Werner wollte. Frau Toni lag München näher als Pommern.

Im Juni 1946 meldete er sich in der entstehenden Redaktion des *Ruf* und traf dort (Legenden müssen korrigiert werden) als den Herausgeber des *Ruf* zum erstenmal Alfred Andersch, der zwar auch Kriegsgefangener in Amerika gewesen, aber Richter nie begegnet war.

Zusammen, von der 4. Nummer an auch gemeinsam verantwortlich, machten sie 16 Nummern des *Ruf* – bis die Amerikaner im März 1947 entschieden: So nicht. Die Zeitschrift vertrat nicht ausreichend jene Richtung der ›Re-education‹, die man sich in Washington ausgedacht hatte. Dem Verleger Curt Vinz von der Nymphenburger Verlagsanstalt wurde in heftigen Verhandlungen, deren Spuren sich verloren haben, klargemacht, daß *Der Ruf* verboten sei, solange Richter und Andersch dort das Sagen hätten. Um den *Ruf* zu retten, wechselte der Verleger dann ziemlich bereitwillig die Führungsmannschaft aus. Chefredakteur seiner ganz neuen Crew wurde Erich Kuby, der ohnehin schon Angestellter der Amerikaner war und sich »Mr. Kuby« nannte. Ihm folgte später Walter von Cube.

Die Stammredaktion des *Ruf* war arbeitslos, als der Stahlberg-Verlag (Inge Stahlberg und Christian von Tauchnitz) für den 25. Juli 1947 einlud zu einem Treffen nach Altenbeuren auf das Gut der Gräfin Degenfeld. Ehrengast, Genius loci gewissermaßen, war Rudolf Alexander Schröder. Gegen ihn wurde, wenn man so will, die Gruppe 47 gegründet. Denn: »Man müßte so etwas öfter machen, Manuskripte vorlesen, diskutieren; nur, die richtigen Leute müßten zusammenkommen, das hier ist zu gemischt.« So etwa soll sich (nach der Erinnerung von Heinz Friedrich, heute Leiter des Deutschen Taschenbuch Verlages, der bei der Entstehung der Gruppe 47 aktiv beteiligt war) Hans Werner Richter geäußert haben.

Und so geschah's. Eine inzwischen nur noch wenigen bekannte Ilse Schneider-Lengyel, emanzipiert ein bißchen im Stil der George Sand, längst ehe ›Emanzipation‹ Mode wurde, konnte ein kleines Haus am Bannwaldsee (bei Hohenschwangau im Allgäu) zur Verfügung stellen für die erste Tagung der Gruppe 47, die freilich noch nicht Gruppe 47 hieß.

Ohne die Stahlberg-Tagung in Altenbeuren hätte ein entscheidender Anstoß gefehlt zur Entstehung der Gruppe 47. Man kann den letzten Tag, den 29. Juli 1947, als Richters »man müßte so etwas öfter machen« fiel, als Geburtstag annehmen.

Richtiger verlegte man ihn auf den letzten Tag am Bannwaldsee: den 16. September 1947. Dort waren eben schon die »richtigen« Leute. Sie hießen: Hans Werner Richter, Toni Richter, Ilse Schneider-Lengyel, Walter Kolbenhoff, Isolde Kolbenhoff, Walter Mannzen, Walter Maria Guggenheimer, Wolfdietrich Schnurre, Heinz Friedrich, Maria Friedrich, Wolfgang Bächler, Walter Hilsbecher, Friedrich Minssen, Nicolaus Sombart, Heinz Ulrich, Franz Wischnewsky, Freya von Wyhlisch. Alfred Andersch war nicht dabei; er war inzwischen Leiter des Nachtstudios beim Hessischen Rundfunk geworden.

Und wieder sagte einer am Ende der Tagung: »Das müssen Sie öfter machen.« Diesmal war es Dr. Walter Maria Guggenheimer, und er sagte es zu Hans Werner Richter, als er morgens um vier Uhr sich auf den beschwerlichen Rückweg nach Frankfurt machte, wo die von ihm redigierten *Frankfurter Hefte* auf ihn warteten.

Wieder eine Zeitschrift zu haben: das war damals der beherrschende Gedanke jenes Kerns der Gruppe 47, die mit dem *Ruf* ihre Zeitschrift verloren hatte. Daß man sich am Bannwaldsee Artikel aus dieser neuen Zeitschrift vorgelesen habe, ist wiederum Legende. Diese Artikel waren bereits in der Druckerei, die neue Zeitschrift hieß *Skorpion*, und 100 Exemplare, von Hans Werner Richter auf eigene Kosten gedruckt, lagen vor, als die Ex-*Ruf*-Redaktion, *Skorpion*-Redaktion in spe, sich, dem Rat Dr. Guggenheimers folgend, bereits zwei Monate später wieder traf: am 8. und 9. November im Hause des enthusiastischen Literaturfreundes Hanns Ahrens in Herrlingen bei Ulm. Diesmal war auch Alfred Andersch dabei.

Dem *Skorpion* ging es nicht besser als dem alten *Ruf*. Die Amerikaner mochten ihn nicht. Da wurde zu viel kritisiert, auch an der Besatzungsmacht. Sie nannten das »nihilistisch«.

Der *Skorpion* bekam keine Lizenz, die es ihm ermöglicht hätte, wie geplant, am 1. Januar 1948 zu erscheinen. Vielleicht hätte er später die Lizenz bekommen. Aber am 20. Juni gab es die große Währungsreform; danach hatten die Verleger andere Sorgen als die, eine neue Zeitschrift zu finanzieren.

Wo es gilt, die Anfänge der Gruppe 47 so faktengetreu wie möglich aus den Legenden herauszuschälen, um damit die Basis zu legen für eine auch weiterhin von der Parteien Haß und Gunst nicht verwirrte Darstellung, bleibt schließlich noch die Namensgebung zu klären.

Die Legende: Wolfgang Bächler habe den in Herrlingen Versammelten den Namen Gruppe 47 als Vorschlag Hans Georg Brenners unterbreitet. Wahr ist vielmehr: bereits am 7. November, einen Tag vorher also, erschien in der *Neuen Zeitung* ein »Sh.« gezeichneter Artikel (Reinhard Lettau vermutet als Autor Hans Jürgen Soehring, mir scheint das eher unwahrscheinlich – wir können ihn nicht mehr fragen, er ist als deutscher Botschafter 1960 beim Baden im Kongo ertrunken), in dem es heißt: »Eine Gruppe junger Schriftsteller aus allen Teilen Deutschlands, die sich den Namen Gruppe 47 gegeben hat, wird am Sonnabend und Sonntag, dem 8. und 9. November, in Ulm erneut zusammenkommen.«

Hans Georg Brenner ist in der Tat der geistige Vater des Namens. Er schlug ihn Richter vor. Richter machte sich den Vorschlag zu eigen. Und als er von der *Neuen Zeitung* wegen der bevorstehenden Tagung angerufen wurde, nannte er die Tagenden »Gruppe 47«.

Brenner war ein vorzüglicher Romanist. Er übersetzte Jean-Paul Sartre ins Deutsche. Er kannte, wo nicht als einziger, so doch besser als jeder andere unter den Beteiligten, jene Gruppe 98 (Generación de 98), die in Spanien nach dem totalen Zusammenbruch des Reiches (nach verlorenem Krieg gegen die Amerikaner) mit Hilfe der Literatur ein neues Selbstverständnis, eine neue Identität zu wecken versucht hatte. Die Philosophen Miguel de Unamuno und José Ortega y Gasset, der Lyriker und Nobelpreisträger Juan Ramón Jiménez und der erst viel später in seiner Bedeutung verstandene Romancier Ramón del Valle-Inclán waren die Wortführer.

So ist die Gruppe 47 in Deutschland entstanden. Und die Tagung in Herrlingen wurde, nach der am Bannwaldsee, als Nummer zwei gezählt. Weitere 27 und eine halbe sollten folgen. »Die Gruppe 47«: das sind diese 29½ Tagungen; denn nur während der Tagungen existierte die Gruppe 47 wirklich. In der Zwischenzeit vergaßen die Getagthabenden einander freilich nicht ganz. Einmal entstandene persönliche Beziehungen wurden weitergesponnen.

Es ist wohl ein wenig überspitzt, zu sagen, die Gruppe 47 habe nur während der Tagungen existiert. Richtiger: Sie hat sich nur auf den Tagungen, für viele sichtbar und für jedermann im Rundfunk hörbar, manifestiert.

Jede Tagung begann damit, daß die dort erwünschten Autoren vier bis sechs Wochen vorher eine meistens handgeschriebene Postkarte von Hans Werner Richter bekamen, auf der Datum und Ort des Treffens mitgeteilt wurden sowie die Versicherung, der Einladende würde sich freuen, sie zu sehen. Das Bild einer Party, das zuweilen für die Gruppe gebraucht worden ist, trifft den Einladungsmodus genau. Dazu paßt auch, daß Gerngesehene »mit Damen« eingeladen wurden.

Die wohin auch immer Anreisenden fanden ihr Quartier bestellt, das hatten Hans Werner und Toni Richter für sie erledigt. Abends traf man sich noch zu Bier und Wein, und manchmal explodierte an solchen Begrüßungsabenden der Unmut, der sich während der Zeit der »Nicht-Existenz« angesammelt hatte.

Vom nächsten Morgen an folgte das Procedere strengen Bräuchen, die nirgendwo festgelegt waren und immer eingehalten wurden. Schriftlich oder telefonisch hatte Hans Werner Richter von etwa zwanzig Autoren den Wunsch entgegengenommen, bei arrivierten dann später die Bereitschaft eingeholt, daß sie lesen: aus einem möglichst noch unveröffentlichten Manuskript mit literarischen Ansprüchen, möglichst nicht länger als eine halbe Stunde; Lyriker kamen manchmal mit zehn Minuten aus, es pendelte sich auf einen Durchschnitt von zwanzig Minuten ein. Die Kritik, sofort nach der Lesung, dauerte selten länger als zwanzig und manchmal nur zwei Minuten.

Morgens um zehn wurde der erste Kandidat auf den Stuhl, der bald »der elektrische« hieß, gebeten; neben ihm nur Hans Werner Richter; ihm gegenüber und um ihn herum die Kollegen, die Kritiker, später auch mehr und mehr Vertreter der Medien und der Verlage. Mit mehreren kurzen Unterbrechungen und zwei längeren für Mittag- und Abendessen ging das oft bis in die Nacht hinein. Aber auch die Nacht war nicht allein zum Schlafen da.

Jeder Anwesende konnte als Kritiker des gelesenen Textes auftreten. Auf dem Höhepunkt der Gruppe, den im Jahre 1958 anzusetzen es mehrere gute Gründe gibt, waren jedoch die Laien im Aufspüren von Fehlern verdrängt von Profis der Sofort-Rezension nach kurzem Anhören: Joachim Kaiser, Walter Jens und Walter Höllerer, zu denen später noch Marcel Reich-Ranicki und Hans Mayer kamen.

Ritual 1: Richter bestimmte, wann einer anfing und wann einer aufhörte zu lesen, bestimmte die Reihenfolge der Lesenden, bestimmte, welcher Kritiker zu Wort kam und wann die Kritik abgeschlossen wurde.

Autoritäre Manipulation? Bei einem anderen hätte man es so nennen können. Aber Hans Werner Richter ging es, nachdem er auf den eigenen Autorenehrgeiz verzichtet hatte, immer nur darum, daß die Tagungen gut liefen; und so entwickelte er einen beinahe untrüglichen Sinn für die Meinung der Mehrheit. Wenn das Publikum anfing, sich zu langweilen, drückte sich das in Raunen und Räkeln aus – dann wurde abgebrochen.

Ritual 2: Der lesende Autor durfte auf Kritik nicht erwidern. Diese scheinbar unfreundliche Regelung stammte aus den ersten Jahren, als die Kollegen dem, der gelesen hatte, mit guten Ratschlägen gewissermaßen helfen wollten, seine Arbeit zu verbessern und weiterzubringen. So ganz pur und ungiftig waren solche »Werkstattgespräche« von Anfang an nicht. Aber auf die Marktchancen eines Autors hatten sie vor 1958 kaum einen Einfluß. Auch später ist dieser Einfluß eher überschätzt worden.

Die Regel hatte übrigens manches für sich. Der Autor, der schweigend Kritik über sich ergehen läßt, nimmt mehr für sich ein als der sich verzweifelt wehrende, der ja doch aus einer taktisch unglücklichen Position operieren muß.

Ritual 3: Es darf im Anschluß an die Lesungen nur über den gelesenen Text gesprochen werden – nicht über frühere Arbeiten oder die Person des Autors, nicht über allgemeine literarische Fragen, nicht über politische oder gesellschaftliche Probleme. Erich Kuby wunderte sich in Sigtuna (1964) ebenso wie Peter Handke in Princeton (1966), daß ihre doch nicht unberechtigten Einwände – politische im ersten Fall, literarische im zweiten – so untergingen, nicht diskutiert wurden. Sie verstießen gegen eine Gruppen-Regel, die oft kritisiert worden ist, die jedoch gewiß dazu beigetragen hat, daß die Tagungen der Gruppe 47 ihr literarisches Soll erfüllen konnten.

Wer 1958 einen Einschnitt sieht, kann sich dabei auf Hans Werner Richter berufen, der als erster Fachmann in Sachen Gruppe 47 gelten muß. »Bis 1958«, sagte er einmal, »haben uns die Verlage ja gar nicht beachtet. Sie nahmen uns erst 1958, nach dem Erfolg der *Blechtrommel*, zur Kenntnis.«

Gewiß war die Gruppe bis dahin nicht unbekannt geblieben. 1952 war ein wichtiges Jahr. Da schien sich der alte Gruppen-Traum von einer eigenen Zeitschrift zu erfüllen. *Die Literatur* wurde gegründet, erschien bei der Deutschen Verlagsanstalt – und wurde noch im gleichen Jahr wieder eingestellt; ob sie dem Verlag »zu weit links« oder einfach nicht gut genug war, ist eine umstrittene Frage für Spezialisten.

Im Mai jenes Jahres fand aber auch die Tagung in Niendorf an der Ostsee statt, auf der Ilse Aichinger für ihre *Spiegelgeschichte* den Preis bekam, auf der Ingeborg Bachmann und Siegfried Lenz zum erstenmal dabei waren und auf der zum ersten (und zum letzten) Male eine Stimme ertönte, die die sonst eher forsche Gruppen-Kritik in Verlegenheit brachte: Paul Celan las seine *Todesfuge*. Nur wenige der Anwesenden konnten damit etwas anfangen – unter den wenigen jedoch der Lektor der Deutschen Verlagsanstalt: Paul Celan hatte einen Verlag gefunden.

Die Frühjahrstagung des folgenden Jahres, in Mainz, konnte auch auf kurfürstlichem Schloß den Erfolg von Niendorf nicht wiederholen. Wobei die immer wiederkehrenden, notwendig immer wiederkehrenden Angaben von Orten und Jahreszahlen auf ihre Weise verdeutlichen, daß, wer über die Gruppe 47 schreibt, über die Tagungen schreiben muß, weil eben nur dort die Gruppe öffentlich in Erscheinung trat. Mainz ist in die Gruppen-Memoiren eingegangen, weil Ingeborg Bachmann dort den Preis gewann.

An den Wirkungen des Preises der Gruppe 47 läßt sich ablesen, was Hans Werner Richter meinte, als er sagte: Vor 1958 haben uns die Verleger gar nicht beachtet.

Die ersten Preise stiftete die Werbefirma McCann, bei der das Gruppen-»Mitglied« Franz Joseph Schneider angestellt war. Es waren 1000 Mark. Als erster gewann sie Günter Eich 1950 auf der Mai-Tagung im ehemaligen Kloster Inzighofen.

Die katholische Umgebung mag dort einen Kritiker darauf gebracht haben, nach der Lesung aus einem Roman *Der arme Reinhold* den Text zu charakterisieren als »mit Krummstab und Klampfe« geschrieben. Vielleicht kann man es dem Autor nachfühlen, daß er gleich abreiste und fortan der Gruppe nicht wohlgesonnen war. Er hieß Rudolf Krämer-Badoni.

»Seit eine amerikanische Reklamefirma einen jährlichen Preis von 1000 Mark für die junge deutsche Literatur ausgesetzt hat, haben die Tagungen der Gruppe 47 immer mehr Zulauf bekommen«, schrieb Heinz Ulrich in der *ZEIT* vom 24. Mai 1951.

Zulauf vielleicht. Aber gerade die Geschichte des Preisträgers jenes Jahres 1951, die Gruppe hatte in Bad Dürkheim getagt, kann zeigen, wie wenig der Preis damals galt. Preisträger war ein Angestellter der Stadt Köln, ärmlich gekleidet und offenbar unzureichend ernährt. Er hieß Heinrich Böll und hatte eine Geschichte vorgelesen mit dem Titel *Die schwarzen Schafe*. Sie steht inzwischen in manchem Schullesebuch.

Beim Preis der Gruppe 47 stimmten alle Anwesenden ab: für Böll stimmten zwei mehr als für Milo Dor. Kommentar von Hans Georg Brenner: »Das ist das Ende der Gruppe 47.« Tröstende Bemerkung von Jens zu Hans Werner Richter: »Laß nur, wir werden den Preis schon wieder hochbringen.«

Böll pumpte 100 von seinen 1000 Mark dem knapp unterlegenen Mitbewerber Milo Dor. Mit den restlichen 900 eilte er sofort zum Postamt, um sie zu überweisen für seine Frau und seine drei Kinder.

Die Pointe, auf die es ankommt, folgt. Ausgezeichnet von der Gruppe 47 und fast ausgezeichnet, liefen Heinrich Böll und Milo Dor von Verlag zu Verlag: Sie wollten, für 500 Mark im Monat der eine, für 300 der andere, Vertragsautoren werden. Aber weder Desch noch Rowohlt gaben ihnen einen Vertrag; bis endlich Joseph Caspar Witsch den Böll anheuerte. So viel galt damals der Preis der Gruppe 47.

Das wurde im November 1958 in Großholzleute (Allgäu) anders, nachdem Günter

Grass im »Gasthof Adler« aus der *Blechtrommel* gelesen hatte. »Früher hatte ich bei Verlegern betteln müssen«, sagte Hans Werner Richter, »jetzt kamen sie auf einmal von selber an, um mir Geld für einen Preis zur Verfügung zu stellen.«

Daraufhin beschloß Richter, der auch ein guter Taktiker ist, sonst hätte er die Gruppe nicht zwanzig Jahre über die Runden bringen können, immer erst am Ende einer Tagung zu entscheiden, ob ein Preis verliehen wird. Er konnte das allein entscheiden. Aber er hat es natürlich mit den ihm am nächsten Stehenden besprochen.

Daß Günter Grass für die zweite Dekade der Gruppe 47 eine eminent wichtige Person war, ist gewiß richtig. Robert Neumann freilich übertrieb maßlos, als er 1966 zu Protokoll gab, es stehe außer Frage, »daß Grass heute der Chef ist und die um ihre frühere Potenz kastrierte Gruppe zu seinem ihm persönlich tributpflichtigen Fähnlein oder Gang deklassiert hat«.

Günter Grass hat Hans Werner Richter nie verdrängen können, nie verdrängen wollen. Keiner fühlte sich ihm tributpflichtig. Als er in Sigtuna Szenen aus seinem Schauspiel *Die Plebejer proben den Aufstand* las, erfuhr er herbe, wenn auch respektvolle Kritik.

Aber: wie nur wenige neben Hans Werner Richter hat sich Günter Grass mit der Gruppe 47 identifiziert. Als einziger unter den sehr Erfolgreichen ist er bis zuletzt zu jeder Tagung gekommen, hat er immer gelesen und auch Kritik hingenommen, war er auf jeder Tagung eine der Attraktionen. Er versuchte sich in persönlicher Bescheidenheit und nahm die Sache sehr ernst. Natürlich wog sein Wort schwer.

Eine ganz andere Rolle als Grass spielte Heinrich Böll. Aus Dankbarkeit, weil jene 1000 Mark im Jahre 1951 und schließlich dann doch jene Publizität, die einem Preisträger zuteil wurde, ihm geholfen hatten, kam er noch ein paarmal zu Tagungen, las sogar noch einmal – aber so richtig dabei war er nicht mehr. Und als ihm 1972 der Nobelpreis zugesprochen wurde und als in der Gruppe 47 das Gefühl vorherrschte »also gut: dann eben Böll für uns alle« – erwähnte er in seiner Stockholmer Dankrede die Gruppe 47 mit keinem Wort.

Seit dem Grass-Erfolg von 1958 wurde 1959 auf Schloß Elmau und vor allem 1960 in Aschaffenburg der Kreis der Eingeladenen erweitert, auch um den einen oder anderen »Vertreter der Presse«.

Im Oktober 1951 hatte die Gruppe ihre Arbeitstagung in der Laufenmühle bei Ulm gehabt. Bis 1955 gab es je eine große Tagung im Frühjahr, auf der zuweilen auch ein Preis verliehen wurde, und eine kleine »Arbeitstagung« im Herbst. Aber der Preis im Frühjahr zog eben doch mächtig, und im Herbst zog nicht so viel: Von 1956 an tagte die Gruppe dann nur noch einmal im Jahr, und zwar (Ausnahme: Princeton, April 1966) im Herbst.

In der Laufenmühle nun war zum erstenmal der Rundfunk dabei. Während einer Pause ging Hans Werner Richter, interessiert, zum Ü[bertragungs]-Wagen und fragte einen jungen Mann, der dort saß und den er für einen Techniker hielt: »Na, wie läuft das?«

»Technisch einwandfrei«, antwortete der junge Mann, »aber was da gelesen wird, das kann ich besser.«

Der Mann war kein Techniker, sondern ein freier Mitarbeiter des Süddeutschen Rundfunks und hieß Martin Walser. Richter lud ihn ein. 1955 gewann er auf der Tagung in Berlin den Preis; den letzten Preis der Bescheidenheit übrigens, 1000 Mark, von Berliner Verlegern gestiftet. Mit Grass schnellte dann die Preissumme auf 5000 Mark. Bei der letzten Tagung, 1967, waren es 12500 Mark! An ökonomischem Mißerfolg ist die Gruppe nicht gescheitert.

Von den Ausnahmen abgesehen, kosteten diese Gruppen-Tagungen nicht viel Geld. Verwaltung gab es nicht. Die Preise wurden gestiftet. Reise-, Übernachtungs- und Verpflegungskosten trugen die Autoren selbst, wobei die meisten freilich einen Auftraggeber sich beschaffen konnten, einen Rundfunk oder eine Zeitung, die die Spesen übernahmen. Seit 1952 zahlten dann die Sender Bremen, Hamburg, Berlin und Köln eine Pauschale von 3000 Mark für die Erlaubnis, Lesungen und Kritik mitzuschneiden. Das gab Hans Werner Richter die Möglichkeit, weniger bekannten Schriftstellern, die noch keinen Auftraggeber gefunden hatten, denen die Reise auch nicht wie manchen anderen von ihrem Verlag bezahlt wurde, einen Zuschuß zu geben.

Wie Ingeborg Bachmann zur Gruppe kam: Hans Werner Richter hatte mit Hans Weigel eine Verabredung für ein Rundfunkprogramm bei der österreichischen Sendergruppe Rot-Weiß-Rot in Wien. Während er auf Weigel wartete, frönte er einer weitverbreiteten Lieblingsbeschäftigung: er »las Schreibtische«. Und dort las er Gedichte, die ihm gefielen. »Wer hat denn die geschrieben?« fragte er die Jung-Redakteurin, als sie wieder hereinkam. »Ich«, gestand Ingeborg Bachmann errötend.

Das war vier Wochen vor der Tagung in Niendorf. Sie wurde gleich zu dieser Tagung noch eingeladen. »Wir haben da noch einen Freund«, sagten Ingeborg Bachmann und Milo Dor abends in Wien beim Wein, »der schreibt sehr gute Gedichte.«

»Gut, dann soll er auch kommen.«

»So einfach ist das nicht. Er wohnt in Paris und schlägt sich dort mühsam durch als Hauslehrer.«

Auch das ließ sich regeln. Alles ließ sich damals regeln, freundschaftlich, unbürokratisch. Der NWDR, dessen Hamburger Intendant Ernst Schnabel war, hatte ohnehin sein Erholungsheim an der Ostsee für die Tagung zur Verfügung gestellt. Nun lud er Paul Celan ein, um Gedichte zu lesen. Das war für den Funk, der ein interessantes Programm gewann, ebenso nützlich wie für den Autor, der nun seine Reisekosten nicht selbst zu bezahlen brauchte.

Die deutsche Literatur der Nachkriegszeit – nicht nur, aber vor allem die Gruppe 47 – hat dem Rundfunk viel zu verdanken. Der deutsche Rundfunk der Nachkriegszeit hat der Gruppe 47 viel zu verdanken; nämlich zwei ganz neue Gattungen, zu denen es allenfalls journalistische Vorformen bis dahin schon gegeben hatte. Aus ökonomischen Gründen gezwungen, für die Bedürfnisse des Rundfunks zu produzieren, produzierten die Literaten literarische Kunstwerke: das Hörspiel (Wegbereiter: Günter Eich und Wolfgang Hildesheimer) und das Feature (englischen Ursprungs, in Deutschland literaturfähig gemacht von Ernst Schnabel und Alfred Andersch).

Von 1958 an wurde die Gruppe 47 immer berühmter, ihre Tagungen wurden immer spektakulärer, routinierter – und gerade diese Entwicklung trug den Keim des Verfalls in sich. Die Bezeichnung »Clique« mußten sich auch die, die sich eher für Freunde halten wollten, gefallen lassen. Gegenseitige Hilfeleistungen ließen sich mit ein bißchen Mißgunst durchaus als Cliquenwirtschaft interpretieren. Auf Einhaltung literarischer Maßstäbe wurde dabei freilich immer geachtet; die Hilfeleistungen bestanden nicht im bewußten »Hochloben«.

Der Vorwurf, die Gruppe sei zum Wanderzirkus geworden, in dem Artisten konkur-

rieren um Ruhm und Geld und dann in der Zirkuskuppel stehen ratlos (Alexander Kluges Formulierung): dieser Vorwurf war nicht mit einem Achselzucken abzutun.
Zehn Jahre danach ließ sich, glaube ich, erkennen, daß es ein Fehler war, 1964 in Schweden (Sigtuna) und 1966 in den USA (Princeton) zu tagen. Übrigens hielten viele es schon damals für einen Fehler. Hans Werner Richter nicht.
Gewiß, die schwedischen Schriftsteller waren glücklich über den Besuch aus Deutschland. »Wenn sich während der Nachkriegsjahre die Einstellung dieses Landes gegenüber der Bundesrepublik gebessert hat«, schrieb der schwedische Autor Göran Löfdahl im Dezember 1964, »so hat an dieser Wendung zum Guten die Existenz der Gruppe 47 ganz entscheidenden Anteil.«
Und für die amerikanische Germanistik war es ein wichtiges Erlebnis, Autoren, die sie bisher kaum aus Büchern kannte, persönlich kennenzulernen. Das inzwischen gerade in seiner Erstarrung sehr selbstsicher wirkende Ritual der Gruppe 47 machte überall Eindruck, ließ den Wunsch nach einer schwedischen, einer amerikanischen Gruppe 47 laut werden – »aber wo kriegen wir einen Hans Werner Richter her?« fragte ein schwedischer Autor.
Hans Werner Richter, der Einladende, war auf einmal selbst Eingeladener. Zwar waren die amerikanischen und besonders die schwedischen Gastgeber rührend bemüht, Richters Handlungsfreiheit nicht einzuengen; aber Gastgeber blieben eben doch die Universität Stockholm und die Universität Princeton.

Wie war mit Gruppe es vordem im Feuilleton doch so bequem. Literatur stellte sich selber dar. Sie wurde angefeindet und verteidigt. Und die Verteidiger (Höllerer, Jens, Kaiser, Mayer, Reich-Ranicki) waren meistens besser als die Angreifer (Krämer-Badoni, Mampell, Neumann, Nossack, Sieburg): sie hatten Heimvorteil gewissermaßen, spielten auf eigenem Platz. Sie wußten; die anderen waren auf Mutmaßungen angewiesen.
Friedrich Sieburg (*Frankfurter Allgemeine Zeitung* v. 1. 12. 1962): »Wohin kämen wir, in welche Stickluft gerieten wir, wenn sich nicht endlich einmal jemand fände, der die Leistungen der Martin Walser, der Günter Grass, der Uwe Johnson, der Ingeborg Bachmann, der Heinrich Böll schonungslos durchleuchtet? Einige von ihnen ertragen diese Durchleuchtung mühelos, ja sie gewinnen dabei. Andere fallen in das Nichts zurück, aus dem die Dreistigkeit der Manager und die feige Urteilslosigkeit des Publikums sie gehoben hat.«
Aber wer sind die »einigen« und wer die »anderen«? Darauf käme es doch an, wenn die Polemik nicht verpuffen soll, ohne irgend jemanden zu treffen. Immer diese Ungewißheit!
Der Feuilletonist brauchte damals, bis 1967, nur noch zu beschreiben, was er selbst sehen oder von allen Rundfunkstationen hören konnte.
Das war interessant, auch für den nicht speziell an Literatur interessierten Leser. Geschichten von Niederlagen und Triumphen, von Haß und Liebe sind immer interessant. Die Tagungen der Gruppe 47 lieferten solche Geschichten doppelt: einmal literarisch und einmal im lebenden Original. So muß man es sehen, wenn man gefragt wird, warum denn heute Literatur so »langweilig« sei, warum sie denn vorüber seien, die Zeiten, da auch der durchschnittliche Zeitungsleser sich lebhaft interessierte für Literatur. Ginge es nach den Bedürfnissen der Medien, die Gruppe 47 strahlte heute

heller denn je. Aber es geht nicht um die Medien, die der Gruppe 47 so viel verdankten und denen die Gruppe 47 so viel zu verdanken hat.

Es gibt eine These, die Medien, der Rummel hätten die Gruppe 47 am Ende kaputt gemacht. Ich halte das für völlig falsch. Die Gegenthese, die Medien haben die Gruppe erst gemacht, hat viel mehr für sich. Gemeint ist dabei mit »Gruppe« freilich nicht jener kleine Freundeskreis, bis etwa 1951, wo einer den anderen was vorlas. Die Gruppe 47 mit ihm gleichzusetzen ist (auch zu Gruppenzeiten schon gepflegte) Nostalgie. Gewiß hätte die Gruppe so, wie sie war, nicht anders entstehen können als aus einem kleinen Freundeskreis. Sie hätte jedoch nichts bewirken können, wenn sie nur Freundeskreis geblieben wäre.

Was hat sie denn bewirkt? Zumindest dies: daß es in Deutschland zehn Jahre lang, von 1957 bis 1967, ein literarisches Leben gab, das bis in die Schweiz, nach Österreich und in die DDR hineinreichte (von Schweden und den USA nicht zu reden). Drei Tage im Jahr gab es durch die Gruppe für die deutschsprachige Literatur eine Hauptstadt. Auch aus dieser Perspektive wird deutlich, warum Sigtuna und Princeton weniger geeignete Tagungsorte waren.

Als im April 1954 die Gruppe sich, angeregt durch die in Rom lebende Ingeborg Bachmann, zu ihrer ersten Auslandstagung südlich von Rom in Cap Circeo versammelte, empörte das niemanden. Selbst Martin Walser, der die Ausflüge des Wanderzirkus nach Sigtuna und Princeton heftig beklagt hat, durfte sich in Cap Circeo noch guten Gewissens wohl fühlen: eine Hauptstadtfunktion hatte die Gruppe damals noch nicht, sie repräsentierte nur sich selbst.

In Walsers eigenen Worten (heute): »Das Auftreten im Ausland als Literatur-Nationalmannschaft war pure Hybris, weil weder inländische Ausscheidungsspiele stattgefunden hatten noch eine demokratische Form der Zugänglichkeit zur Gruppe beabsichtigt war.« Der letzte Satz erinnert an einen Vorschlag Walsers, noch zu Lebzeiten der Gruppe formuliert und in der *ZEIT* gedruckt: »Sozialisieren wir die Gruppe 47!«

Dazu steht in leichtem Widerspruch Walsers Antwort auf die Frage, ob man denn noch einmal so etwas wie eine Gruppe 47 zu gründen versuchen sollte: »Nein. Denn was Hans Werner Richter da an tollkühner Vermittlung glückte, dürfte sowieso kein anderer versuchen.«

Darin waren sich übrigens die Autoren, die ich dreißig Jahre nach Entstehen, zehn Jahre nach Vergehen der Gruppe 47 gebeten hatte, sich jener Jahre zu erinnern, alle einig. »Was die Gruppe zusammenhielt, war zunächst Hans Werner Richter« (Walter Jens). »Wichtig war die Person Hans Werner Richter. In ihr trafen sich Autorität, notwendiger Eigensinn, die Fähigkeit zur Freundschaft und ausreichende Toleranz. Ich kenne niemanden und wüßte auch kein Kollektiv, die in der Lage wären, Richters Arbeit aufzunehmen und weiterzuentwickeln« (Günter Grass).

Ich habe elf Autoren der weiland Gruppe 47 auch die Frage gestellt: Warum mußte, was 1947 klein begonnen hatte und von 1957 an Triumphe feierte, 1967 zu Ende gehen?

Das Ende der Gruppe 47 kann man sehr einfach erklären: Princeton (1966) war von den meisten Beteiligten als Debakel empfunden worden. Aber die Gruppe hatte schon andere schlechte Tagungen überlebt. Und sie überlebte ja auch diese. »So soll es nicht zu Ende gehen«, meinte Hans Werner Richter. Also folgte 1967 die Tagung im Landgasthof »Pulvermühle«, die trotz der Störungsversuche des Erlanger SDS (Soziali-

stischen Deutschen Studentenbunds) eine gute Tagung war. »Jetzt macht es wieder Spaß«, erklärte Walser, »jetzt komme ich wieder öfter.«
Für den 10. September war dann die nächste Tagung, in Prag auf dem »Dichterschloß«, schon fest geplant, die ersten Einladungen schon geschrieben, als am 20. August die Sowjettruppen in die Tschechoslowakei einrückten.
Die Prager Schriftsteller baten Richter darum, keine Tagung der Gruppe 47 mehr einzuberufen, solange diese Tagung nicht in Prag stattfinden könne. Das kann sie gewiß auch heute noch nicht.
Aber diese einfache Erklärung ist nicht die einzige Erklärung. Andere Erklärungen: »Äußere Ereignisse haben den Zeitpunkt des Hinscheidens beeinflußt, ursächlich für die Auflösung der Gruppe waren sie nicht. Am Ende waren alle Mitglieder der Gruppe mit einem neuen Typ des Literaten und der Literatur konfrontiert, denen die bisherigen Spielregeln der Gruppe mißfielen« (Hans Mayer). »Die Gruppe hatte ihren Nutzen und ihre Zeit, war genau richtig für die Wiederaufbau-Periode mit all ihren Chancen, Schrecknissen und Ödigkeiten« (Hans Magnus Enzensberger). »Die Gruppe ging an Routine zugrunde. Außerdem gab es mittlerweile bessere Kommunikationsmöglichkeiten als das vom Ratsuchen zum Wetteifern im Gemerk herabgekommene Verfahren« (Walter Jens). »Daß die Gruppe ›nur‹ zwanzig Jahre gehalten hat – so what! Wie lange haben denn ›literarische Bewegungen‹ jemals gehalten?« (Walter Höllerer). »Ich glaube, daß der Überdruß einiger Autoren an der Gruppe 47 nur noch des Anstoßes von außen bedurfte; den haben, mit wie ohne Absprache, einige Studenten aus Erlangen geliefert. Hinzu kam, daß die jüngeren Autoren der letzten Jahre (wie etwa Handke) die Funktion der Gruppe nicht mehr begreifen wollten, sondern diese Gruppe allenfalls noch als Sprungbrett benutzten; dabei halfen ihnen einige Verleger« (Günter Grass). »Nach meinen Informationen entstand die Pause, der Feind der Gewohnheit, durch die Ereignisse in der Tschechoslowakei. In der Wartezeit haben sich bestimmt auch andere Verhinderungs- und Erlahmungsmotive, einfach Alterserscheinungen, ›gruppenfeindlich‹ ausgewirkt. Eine Clique muß ja oft genug beisammen sein« (Gabriele Wohmann). »Daß hinter den Studentenauftritten in der Pulvermühle offenbar nicht ganz wenige 47er steckten, roch schon ein bißchen nach Leichenfledderei. Tatsächlich war die Gruppe in Princeton an ihrem Ende angelangt. Nicht Handkes stotternder Alleingang hat das Ende herbeigeführt, sondern die Tatsache, daß tatsächlich elendes Zeug vorgelesen wurde. Das waren drei Tage Leerlauf und übler Nachgeschmack vor vielen unbequemen Zeugen ... Die Literaturstudenten waren nachgerückt. Neue Celans, Bachmanns, Enzensbergers, Johnsons, Grasse waren nicht darunter« (Ernst Schnabel). »Die Altersunterschiede wurden zu groß. Kritisierten zu Beginn vorwiegend gleichaltrige Autoren einander (und gleichaltrige Profi-Kritiker kamen dazu), so stellten am Ende sich junge Schriftsteller bei der Gruppe vor, um eine Generation von denen getrennt, die Kritik übten« (Ingrid Bachér).
Das alles möchte kommentiert werden. Aber hieße das nicht nur, daß der Berichterstatter elf Meinungen noch eine zwölfte hinzufügte? Besser bleibe alles so widerspruchsvoll nebeneinander stehen. Die Gruppe hatte immer ihre Widersprüche.

Wir müssen uns hier so interessante Exkurse versagen wie z. B. »Die Gruppe 47 und der Rundfunk« (der von 1968 bis 1973 in seinen Berliner Gesprächsrunden einen Nachklang der Gruppe 47 weitertönen ließ), »Die Imitation einer Tagung der Gruppe

47« (Mai 1972 im SFB, im ersten Teil dieses Berichts als halbe Tagung nach den 29 gezählt), »Die Einsamkeit des Schriftstellers oder Das Kommunikationsbedürfnis der Kumpel«, »Der literarische Rang der Gruppe 47« (der heute nicht mehr so umstritten ist wie vor zehn Jahren). Im allgemeinen haben sich die meisten Autoren der Gruppe eher gut gehalten. Ich wüßte trotz Sieburgs zitiertem Machtwort keinen, von dem sich sagen ließe, er wurde damals »überschätzt«. Die literarische Landschaft ist erstens diffuser und zweitens österreichischer geworden (Ingeborg Bachmann hatte in Österreich kaum ein Echo gefunden); wesentlich verändert hat sie sich nicht. Den gequälten Analysen junger Germanisten, die das Gegenteil nachweisen wollen (Hans Dieter Schäfer und Frank Trommler in Rowohlts *Literaturmagazin 7*), kann ich nicht folgen.

Hier sollte die Geschichte der Gruppe 47 in großen Linien nachgezeichnet werden. Die Darstellung kann Anspruch auf Vollständigkeit natürlich nicht, sie möchte jedoch Anspruch auf unvoreingenommene Genauigkeit erheben. Abschließend noch drei Themenkreise.

1. Princeton und Handke: Die Tagung in Princeton war unglücklich verlaufen. Hans Mayer schrieb in der *Süddeutschen Zeitung* (21. August 1971): »Der Mißerfolg der Tagung von Princeton war nicht zuletzt darin begründet, daß namhafte Autoren mit vielleicht bemerkenswerten Texten, nach reiflicher Prüfung der kaufmännischen Gegebenheiten, auf eine Lesung verzichteten. Es stand zu viel auf dem Spiel.«

Damit wurde in Princeton nur eklatant, was schon manchen vorher aufgefallen war. Aus welchen Motiven auch immer hatten zum letzten Male, und danach nie wieder, gelesen: Ilse Aichinger 1962 (also seit vier Jahren nicht mehr), Ingeborg Bachmann 1961, Martin Walser 1961, Wolfdietrich Schnurre 1961, Peter Rühmkorf 1961, Uwe Johnson 1960, Heinrich Böll 1957, Alfred Andersch 1955 (also seit elf Jahren nicht mehr). Ihre Teilnahme in Princeton hatten außerdem abgesagt: Gisela Elsner, Hubert Fichte, Helmut Heißenbüttel, Otto F. Walter.

Über Peter Handkes Gruppenbeschimpfung in Princeton sagen die Quellen: Er habe zweimal aufbegehrt, einmal nach einer Lesung Walter Höllerers, ein zweites Mal nach dem Höllerer-Schüler Hermann Peter Piwitt; er habe diese Texte »geistlos« genannt und von »Beschreibungsimpotenz« gesprochen, »läppisch« und »idiotisch« seien diese Texte, »läppisch und idiotisch« auch die Kritik, deren Instrumentarium wohl so eben noch ausreiche, derart läppische und idiotische Texte zu interpretieren. Handke hatte den Stil seiner *Publikumsbeschimpfung* gefunden.

Die Gruppe schwieg dazu, halb amüsiert, halb peinlich berührt. Günter Grass stellte versuchsweise einen Sinnzusammenhang her mit Hilfe der (so überlieferten) Frage: »Warum müssen Germanisten schreiben?«

2. Die Gruppe und die Politik. In Princeton war unliebsames Aufsehen erregt worden dadurch, daß Peter Weiss, Reinhard Lettau und Hans Magnus Enzensberger sich beteiligt hatten an einer Anti-Vietnam-Demonstration der amerikanischen Studenten. Im Rückblick erscheint das als höchst ehrenwert. Auch damals schon waren viele im Prinzip einverstanden. Aber sogar Amerikaner, die den Krieg in Vietnam verwünschten und bekämpften, wußten nicht, was sie davon halten sollten, daß mit dem Geld der amerikanischen Steuerzahler eingeladene deutsche Gäste die amerikanische Regierungspolitik attackierten.

Die von Anfang an, schon seit den Tagen der *Ruf*-Redaktion mächtig drängende Neigung der Gruppe 47, sich auch politisch zu engagieren, war immer wieder explosiv.

Irgendwie gehören ja Literatur und Politik zusammen; es bleibt dann nur noch dieses »irgendwie« zu klären. Schriftsteller, die 1967/69 das Ende der Literatur proklamierten, haben literarische Impotenz dafür in Kauf genommen und es dennoch nicht geklärt.
Hans Werner Richter suchte vergebens einen Ausweg und fand einen zweiten. Im Februar 1956 gründete er den Grünwalder Kreis, unterstützt von den Spitzen der bayrischen SPD, Waldemar von Knoeringen und Hans-Jochen Vogel. Dort sollten politische Diskussionen nach dem Muster der Gruppe 47 stattfinden. Das ging nicht schlecht, das ging überhaupt nicht. »Politik braucht Parteien und Blöcke und Organisationen und Sekretariate und Abstimmungen und viel Papier – braucht das alles, was für den literarischen Meinungsaustausch überflüssig, ja gefährlich ist.« So Hans Werner Richter im Rückblick.
Richter fand einen listigen Ausweg: Die Gruppe 47, deren Existenz ja ohnehin nützlicherweise undefiniert blieb, äußerte sich niemals politisch. Das jedoch sollte einzelne Schriftsteller, die zu Tagungen der Gruppe 47 zusammengekommen waren, nicht davon abhalten, als einzelne zu artikulieren und durch ihre Unterschrift zu bekräftigen, wo sie politisch standen.
Auf diese Weise wurden veröffentlicht: Resolutionen gegen die Unterdrückung des Ungarn-Aufstandes durch die Sowjetunion (Dezember 1956), gegen die atomare Bewaffnung der Bundeswehr (April 1958), gegen den Algerienkrieg (November 1960), gegen Adenauers Deutschland-Fernsehen (November 1960), für Berlin als Sitz der UNO (September 1961), für den des Landesverrats bezichtigten *Spiegel* (Oktober 1962), gegen den Vietnam-Krieg (Dezember 1965), gegen den Axel-Springer-Verlag (Juni 1967). Nie waren das Resolutionen »der Gruppe«; immer waren es Meinungskundgebungen von einzelnen, die mit ihrem Namen dafür bürgten. »Man darf Mehrheiten nicht vergewaltigen.« Und nach einer kleinen Pause: »Aber man darf auch Minderheiten nicht vergewaltigen« (Hans Werner Richter).
Es kam das Jahr 1967, es kam die Studentenrevolte. Die Studenten des SDS wollten solche feinen Unterschiede zwischen persönlich verantworteten und Gruppenresolutionen nicht verstehen. Am 7. Oktober 1967 kamen sie in Omnibussen aus Erlangen vor die »Pulvermühle« gefahren, und sie forderten eine Gruppenresolution gegen die Zeitungen des Springer-Verlags. Ernst Schnabel hat in seiner Antwort auf eine *ZEIT*-Frage darauf hingewiesen, daß diese Studentendemarche nicht ganz spontan, daß sie von Gruppenmitgliedern mitorganisiert war. Nach allen mir vorliegenden Zeugnissen betrifft das Reinhard Lettau, mit dem sich Erich Fried und Yaak Karsunke solidarisch erklärten. Es kam zu heftigen Auseinandersetzungen innerhalb der Gruppe, bei denen sich Günter Grass zum Sprecher jener Mehrheit machte, die unterschieden wissen wollte zwischen der Gruppe 47 und dem politisch naiven Draufgängertum des SDS Erlangen.
In der »Pulvermühle« zerfiel die Gruppe 47 in zwei oder drei oder noch mehr politische Lager, die einander – und das war neu – befehdeten. Es war die letzte Tagung der Gruppe 47.
3. Generationen: 1967 hatte sich die Welt von 1947 um eine Generation weitergedreht. Die Konfrontation zwischen den 1947 Jungen und den 1967 Jungen paßt durchaus in das Stereotyp des Vater-Sohn-Konfliktes, der ja gerade seit 1967 wieder in vielen deutschen Familien virulent zu werden anfing. Wie die 67er waren auch die 47er der ersten Jahre wild entschlossen gewesen, die Welt zu verändern, waren sie gegen Staat

und Establishment und Obrigkeit; hielten sie nichts von Zivilisationserrungenschaften wie gepflegtem Äußeren, gesitteten Umgangsformen, genießendem Leben.

Die jungen 47er bedienten sich wie die jungen 67er eines herzlich-rüden Umgangstones und einer mit viel Exkrement- und Analvokabular durchsetzten Sprache. Jeder nannte (beinahe) jeden »du«, und eine hemdsärmelige Kumpelhaftigkeit herrschte vor.

Im Laufe der Jahre freilich waren die Wagenparks bei den Gruppentagungen immer prächtiger geworden; und was im Kriege und während der ersten Jahre danach als Kommunikationsform zwischen Obergefreiten und Flakhelfern ganz natürlich geklungen hatte, wirkte jetzt eher gewollt burschikos.

Die jungen 67er wußten nichts mehr von den Anstrengungen der jungen 47er, eine neue Welt oder doch wenigstens ein neues Deutschland aufzubauen. Sie maßen diese nur am Ergebnis, und das mißfiel ihnen.

Ins Literarische gewendet – und Sache der Gruppe 47 war eben doch die Literatur: Die Nachkriegsliteratur war zu Ende gegangen. So wie die Gruppe 47 Schwierigkeiten gehabt hatte mit denen, die im Dritten Reich überlebt hatten (Marie Luise Kaschnitz, Rudolf Alexander Schröder, Erich Kästner) oder daraus emigriert waren (Hermann Kesten, Robert Neumann, Carl Zuckmayer), so hatten die Trümmerkinder, für die Hitler und der Krieg Geschichte, die Folgen des Krieges Spiellandschaft waren, Schwierigkeiten mit den immer noch und immer wieder Vergangenheit bewältigenden älteren Damen und Herren.

Drei Kurzgenerationen hatte die Gruppe integrieren können: die alten Krieger (Eich), die jungen Soldaten (Böll) und die Flakhelfer (Grass). Bei der vierten, zu deren Sprecher sich Peter Handke machte, war die Absorptionsfähigkeit offenbar erschöpft. Die drei Kurzgenerationen jedoch wollen akademischen Betrachtern 1977 als eine erscheinen: die ›Krisengeneration‹.

Nachdem die ›Nachkriegsliteratur‹, Neubeginn nach der Zäsur des Krieges, zur idée reçue geworden war, ›Nullpunkt‹, ›Tabula rasa‹, ›Kahlschlag‹ waren dafür die auch in der Gruppe 47 beliebten Schlagwörter, konnte es gar nicht ausbleiben, daß junge Germanisten zur Abwechslung einmal die Zäsur so weit wie möglich leugnen und die ungebrochene literarische Kontinuität von 1917 bis 1967 zu demonstrieren versuchten. Das *Literaturmagazin 7 – Nachkriegsliteratur* gibt davon Zeugnis: »In den fünfziger Jahren standen sich mit dem klassizistischen Realismus und dem klassizistischen Expressionismus in Ost und West die Positionen von 1930 frontartig gegenüber: beiden Literaturen kam es weniger auf kritische Veränderung als auf Stabilisierung des Erreichten an« (Hans Dieter Schäfer).

Die Geistesgeschichte kennt keinen totalen Neubeginn, das ist wahr. Und auch in der Gruppe 47 wurde oft, nicht ohne Wohlgefallen, auf die Pluralität der Stilrichtungen hingewiesen. Dennoch gab es eine weitgehend durch die Gruppe 47 repräsentierte deutsche ›Nachkriegsliteratur‹, die sich deutlich von Vergangenem unterscheidet, sinnvoller unterscheiden läßt als etwa die ›Romantik‹ von der ›Klassik‹. Die Fixierung auf Krieg und Sühne, Schuld und Selbstbefreiung gehört ebenso dazu wie das begierige Aufsaugen literarischen Weltgeistes: Kafka, Camus, Faulkner.

Auch eine so scheinbar formale Nebensächlichkeit wie die, daß kein dramatischer Versuch die kritischen Schranken der Gruppe 47 passiert hat, spricht für einen literarischen Konsensus, der weit reichte. (Die einzige Ausnahme ist eher Bestätigung: Peter Weiss las mit Erfolg aus seinem Marat-Spiel: aber nur Songs und Monologe.)

Wir fragten Schriftsteller der Gruppe 47: »Was hat die Gruppe im Rahmen der deutschen Nachkriegsliteratur bedeutet?« Die Antworten divergieren:
»Sie hat eigentlich die Literatur repräsentiert« (Gabriele Wohmann). »Es hat eine westdeutsche Nachkriegsliteratur gegeben, das ist richtig. Heute sehe ich nur noch Bücher, aber keine Literatur mehr« (Ernst Schnabel). »Den unverächtlichen Versuch, einer rasanten Restauration durch kollektiven Widerspruch Rechtfertigung zu entziehen« (Martin Walser). »Die Gruppe gab den Nachkriegsliteraten Gewicht und verstärkte ihre Stimme. Sie machte Gemeinsamkeiten deutlich und definierte literarische Richtungen. Ich bin etwas betroffen, wenn ich jetzt überlege, ob es eine andere Nachkriegsliteratur gegeben hat« (Ingrid Bachér). »Da die Tradition unterbrochen, die Sprache korrumpiert war und die Autoren verstreut lebten, bedurfte es einer Konzentration und einer anhaltenden Anstrengung. Das hat die Gruppe 47 geleistet« (Günter Grass). »Daß sie den Aufbau aus Scherben besser angegangen ist als andere, das sieht man im Abstand deutlich ... Daß sie die schwierige Aufgabe des Knüpfens der Fäden aus der deutschen Isolation ins Feld der Nachbarschaften, West wie Ost und Süd wie Nord, glücklich gehandhabt hat, darüber kann man kaum streiten« (Walter Höllerer). »Gruppe 47: Handwerksbetrieb von Literaten – ein Betrieb, den die Poesie bitter nötig hatte, um regenerieren zu können« (Walter Jens). »Sie hat, wie man heute immer deutlicher sieht, dank dem besonderen Mechanismus ihrer Spielregeln keinen der begabten literarischen Debütanten, der vorlas, verkannt ... Sie hat kaum bekannte Autoren mit dem Preis der Gruppe 47 ausgezeichnet, die heute jeder kennt« (Hans Mayer).

Man sieht, die meisten Antworten gehen in eine andere Richtung als die vom Fragenden suggerierte. Auch meine Vorstellungen, denjenigen, die sich so lange Zeit Jahr für Jahr getroffen haben und, nehmt alles nur in allem, gern gesehen haben, müsse doch wohl etwas fehlen, etwas immerhin, das für ihre Entwicklung so wichtig war, daß sie es den nachfolgenden Generationen wünschen möchten, wurden nur teilweise bestätigt durch die Antworten auf die Frage: »Was hat die Gruppe 47 für Ihre eigene Arbeit bedeutet? Glauben Sie, daß den Jüngeren eine solche Gruppe gut täte?«
»Sie hat mir, der 1959 noch als Leipziger Professor zur Gruppe kam, eine Kenntnis neuer Autoren, Bücher und Tendenzen der Literatur deutscher Sprache vermittelt, die ich nirgendwo sonst erlangt hätte ... Von Wiederbelebungsversuchen halte ich nichts« (Hans Mayer). »Ich habe der Gruppe 47 zu verdanken, daß ich, in der Provinz lebend, mir niemals verloren vorgekommen bin ... Heute müßte die Gruppe 47, politisch wie literarisch, ein Programm haben; Literatur und Kritik sind in einem Maße ›verwissenschaftlicht‹, daß die kategorienlos-treuherzige Vorführung und Beurteilung von Texten heute zu recht wie ein Anachronismus aus der Pionierära wirken würde« (Walter Jens). »Von 1956 bis 1967 waren die Tagungen für mich Probierfeld, Ort der Konfrontation und Schule der Kritik. Seitdem es die Gruppe 47 nicht mehr gibt, fehlt sie ... fehlt sie auch mir« (Günter Grass). »Ich verdanke der Gruppe einige Freundschaften, die sich ziemlich lang hielten, und einige Feindschaften, die sich immer noch halten ... Ich sehne mich nicht nach der Gruppe zurück ... Da wir jetzt einen Verband haben, der lebendig ist [gemeint ist der Verband deutscher Schriftsteller in der Gewerkschaft Druck und Papier], bedarf es keiner Gruppe mehr« (Martin Walser). »Wofür ich der Gruppe vor allem zu danken habe: daß sie mir in dieser so einsamen Beschäftigung, der Schriftstellerei, schon jung und unverhofft Gefährten und damit im Laufe der Jahre

einen Sinn von Zeitgenossenschaft verschaffte, ohne den meine Wirklichkeit viel weniger wirklich wäre ... Natürlich sehne ich mich manchmal nach der Gruppe zurück, und natürlich glaube ich, daß den Jüngeren eine solche Gruppe gut täte. Aber ich glaube auch, daß sie sich nicht wiederholen läßt« (Barbara König). »Sicherlich gab es da Anregungen, aber ich konnte mit ihnen nichts anfangen. Freundschaften und Halbfreundschaften: für beide bin ich dankbar ... So, wie sie zuletzt war, möchte ich die Gruppe nicht wiederhaben. An neue Gruppen oder Kollektive glaube ich nicht mehr, seit die Generationen allenfalls noch drei bis vier Semester alt werden« (Ernst Schnabel). »Zu verdanken habe ich der Gruppe 47 gewiß etwas, und wäre es auch nur eine Art Klatsch-Wert, dieses ›Im-Gespräch-sein‹ und Profitieren von Publizität ... Ich glaube, daß es eine solche Gruppe nicht mehr geben kann, alles wäre eine Imitationsüberanstrengung« (Gabriele Wohmann). »Zu verdanken habe ich der Gruppe künstlerisch nichts, menschlich sehr viele Freundschaften. Schöne Erinnerungen ... Zurücksehnen? Nein. Aber gern daran denken« (Wolfgang Hildesheimer). »Ich vermisse die Gruppe nicht, leide keineswegs unter Einsamkeit, verabscheue, je älter ich werde, desto mehr Tagungen, Kongresse, Verbandssitzungen, besonders in Deutschland ... leugne keineswegs, im Gegenteil, daß ich ihr viel verdanke, objektiv im industriellen Sinn – sie war ein erheblicher Faktor für die Ausbildung unserer damaligen ästhetischen und ideologischen Konstrukte und gleichzeitig ein Marketing-Instrument für alle, die da kamen – wer wollte das bestreiten?« (Hans Magnus Enzensberger). »Ich habe der Gruppe sehr viel zu verdanken ... Natürlich ›sehne‹ ich mich nach der Gruppe 47 zurück ... Man kann eine Konstellation, wie sie für die Gruppe im Jahre 1947 da war, nicht wiedertreffen. Aber man könnte eine neue Gruppe gründen, schön wär's!« (Ingrid Bachér).

Könnte man eine neue Gruppe gründen? Wäre das schön? Darüber gehen die Meinungen offenbar auseinander. Eine Stärke der Gruppe lag auch darin, daß sie nie eigentlich »gegründet« worden ist. Das hat sich so ergeben und ist groß geworden und schließlich gestorben, nicht durch eine Katastrophe, eher an Altersschwäche.

HELMUT KREUZER

Neue Subjektivität. Zur Literatur der siebziger Jahre in der Bundesrepublik Deutschland[1]

I. Wenn jemand im Jahre 1966 über die Literatur der sechziger Jahre gesprochen hätte, wäre es ihm nicht möglich gewesen, schon umfassend das ›Bild‹ zu entwerfen, das wir 1976 mit diesem Begriff verbinden. Zwar – im Bereich des Dramas hätte er bereits notieren können, daß die Vorherrschaft des antirealistischen Theaters durch neue Stücke wie Rolf Hochhuths *Stellvertreter* oder Peter Weiss' *Ermittlung* gebrochen war – Stücke, die die Auseinandersetzung mit der Vergangenheit zu ihrem Thema machten, und zwar in den Formen eines dokumentarischen Theaters und mit aktueller, politisch-moralischer Brisanz für die sechziger Jahre. Aber die Tendenz zum Volksstück, der der oberdeutsche Verismus Martin Sperrs und Franz Xaver Kroetz' zu breitem Erfolg verhalf, hätte er noch kaum belegen können, außer in der Form der Horváth-Renaissance. Sperrs *Jagdszenen in Niederbayern* erschienen gerade 1966; die Stücke von Fassbinder und Kroetz wurden erst seit Ende der sechziger bzw. Anfang der siebziger Jahre bekannt.

Im Bereich der Lyrik hätte sich ein Referent von 1966 vielleicht auf Günter Eich und Paul Celan bezogen, auf Karl Krolow und Marie Luise Kaschnitz, alles Autoren, die schon in den vierziger Jahren wichtig geworden waren, aber in den sechziger Jahren neue Gedichtbände veröffentlicht hatten. Er hätte sicherlich Hans Magnus Enzensberger genannt und möglicherweise auch experimentelle Autoren der Stuttgarter Schule und der Wiener Gruppe, etwa Helmut Heißenbüttel oder Hans Carl Artmann, Autoren und Richtungen also, die man in den literarischen Zirkeln bereits seit den fünfziger Jahren kannte. Aber vielleicht hätte er auch schon vermerkt, daß Walter Höllerer 1965 und 66 für den »Typ des langen Gedichts« eintrat, »eines republikanischen Gedichts« der »Verständigung und Kommunikation«, daß Peter Hamm im Nachwort einer neuen Anthologie von 1966 für eine politisch-realistische Lyrik der Linken warb, daß Erich Fried mit seinem Band ... *und vietnam und* ... der lyrischen Szene ein Thema gab, dem mit der ›absoluten‹ Metaphorik der fünfziger Jahre nicht wirksam beizukommen war. Ja, er hätte auch schon die Chance gehabt, den neuen Typus der sechziger Jahre vorzustellen: den populären Liedermacher und Protestsong-Barden. Denn im Jahr zuvor, 1965, war Wolf Biermanns *Drahtharfe* erschienen. Aber noch lag kein Buch Franz Joseph Degenhardts vor, noch keine Song-Anthologie des *Kürbiskern*; und es war noch nicht abzusehen, daß und wie sich die Songs und Folklore-Festivals auf Burg Waldeck politisieren würden und daß auf ihnen die charakteristischsten lyrisch-balladesken Genres der ausgehenden sechziger Jahre ihr Forum finden würden.

In der Prosa kam damals gerade die »Kölner Schule« des »neuen Realismus« ins Gespräch, als deren Programmatiker Dieter Wellershoff und als deren erzählerisches Hauptwerk heute Rolf Dieter Brinkmanns Roman *keiner weiß mehr* von 1968 gilt.

Aber am Ende der sechziger Jahre war die politisch stimulierte Entwicklung auf der literarischen Szene über die Kölner Schule schon wieder hinweggegangen, so daß Brinkmann, der 1975 in London tödlich verunglückte, in einem nachgelassenen Manifest von 1974 erbittert und vereinsamt klagte, jene »lebhafte, lebendige Bewegung«, die er mitvertreten hatte, sei »zusammengeschlagen worden« und »fast zerstört«.[2]
Es gab 1966 schon den Sexualismus in Literatur und Film, vom primitiven Kommerz-Porno bis zum esoterischen Homosexuellen-Roman Hubert Fichtes, Tendenzen, die in den siebziger Jahren noch genauso mächtig sind, allerdings mit neuen Akzenten durch Woman's Lib und eine nicht nur individualerotisch, sondern ›geschlechtspolitisch‹ begründete, programmatische Literatur zur lesbischen Liebe. Aber die Gruppe 61 mit Max von der Grüns Industrieromanen stand noch ganz im Schatten der Gruppe 47, die 1966 in Princeton den Gipfel ihrer Publizität erreichte und von der niemand voraussagen konnte, daß sie sich 1967 zum letztenmal versammeln, daß sie so rasch politischer Polarisierung zum Opfer fallen würde.[3] 1966 gab es die ersten *Industriereportagen* Günter Wallraffs, aber noch keinen Werkkreis Literatur der Arbeitswelt, keine *Bottroper Protokolle*.
Neue Zeitschriften waren 1966 schon erfolgreich gegründet, z. B. das *Kursbuch* und der *Kürbiskern*. Aber noch wurde der ›Tod der Literatur‹ im *Kursbuch* nicht diskutiert, sondern der Strukturalismus. Herbert Marcuses *Eindimensionaler Mensch* erschien erst 1967 auf deutsch. Die APO stand noch näher bei Rousseau und dem Club Voltaire als bei Marx und Mao.
Es soll nicht versucht werden, aus der Literatur der vergangenen Jahre die ›kanonische‹ Literatur, die künftigen ›Klassiker‹ herauszufischen. Es sei nur auf bestimmte Züge in der Buchliteratur der Bundesrepublik hingedeutet,[4] und Beispiele sollen näher betrachtet werden, an denen sie sich belegen lassen, Werke von jungen Autoren der sechziger Jahre, die sich unter den Bedingungen der siebziger Jahre neu orientieren oder eine neue Bedeutung erlangen.
Daß Veränderungen eingetreten sind, ist keine neue These. ›Tendenzwende‹ ist nicht nur ein politisches, sondern auch ein literarisches Schlagwort. Die literarische Intelligenz war in den sechziger Jahren ein Stück nach links gerückt, teils in »Reformeuphorie«, teils in »revolutionärer Ungeduld«, wie man nun rückblickend kritisiert. Emanzipation und Mitbestimmung (ein altes Gewerkschaftspostulat) wurden Zeit- und Schlagworte ›neulinker‹ Studenten und Redakteure, Lektoren und Bühnenleute für einen ›langen Marsch durch die Institutionen‹, an dessen Ende eine neue Gesellschaft, eine ›Systemveränderung‹ stehen sollte. Die Regierungen der Bundesländer nahmen diese Absichten ernst genug, um ihnen mit dem sogenannten Radikalenerlaß zu begegnen. Mehr als eine halbe Million Bewerber für den öffentlichen Dienst sind seither vor der Einstellung politisch überprüft worden. Das wirkt sich mittelbar auf Millionen aus, auch wenn nur wenige tatsächlich nicht eingestellt wurden. Der ›Verfassungsschutz‹ erhielt damit eine neue Funktion von ungeahntem Gewicht. Vom Inhalt seiner Karteien hängt es ab, wer Deutschlehrer, Bibliothekar oder Literaturprofessor werden kann. Der PEN-Club, der Schriftstellerverband, der Germanistenverband protestierten. Diese Entwicklungen wirkten sich aber nicht nur indirekt auf das literarische Leben aus; die Gesinnungskontrolle wurde zum literarischen Thema: z. B. 1975 in Heinrich Bölls satirischen *Berichten zur Gesinnungslage der Nation*, in Peter Schneiders semi-dokumentarischer Erzählung ... *schon bist du ein Verfassungsfeind* (die »Das unerwartete

Heranwachsen der Personalakte des Lehrers Kleff« beschreibt), in Arnfried Astels Epigramm *Ein Lehrer mit Berufsverbot*, in Roman Ritters ›langem Gedicht‹ *Verfassungsfeindlicher Brief an Fritz*. Die Träger der ›revolutionären Ungeduld‹ erkannten, daß ihnen die breite soziale ›Basis‹ in der Bevölkerung fehlte. Wer von ihnen die Revolution nicht zu vertagen bereit war, trieb in die Randgruppen der Gesellschaft ab, in den politisch-kriminellen Untergrund. Auf dessen spektakuläre Terrorakte (Banküberfälle, Geiselnahmen, Attentate) reagierte man in der Bevölkerung mit Angst und Abscheu, in der Presse mit »law-and-order«-Parolen, in Parlamenten und Regierungen mit restriktiven Gesetzen; die Meinungsfreiheit wurde eingeschränkt; der Meinungsspielraum in den Massenmedien verengte sich. Erschreckend zeigte sich, »Wie Gewalt entstehen und wohin sie führen kann«.[5] Mit dem Ende des Vietnam-Kriegs entfiel ein mächtiges moralisches Motiv für übernationales Engagement. Innerstaatliche Reformimpulse kollidierten mit überlegenen Reaktionen auf die ökonomische Rezession. Der Pragmatismus der ›Macher‹ erhielt erhöhtes Ansehen in der öffentlichen Meinung, ›Theorie‹ begann suspekt zu werden; eine neue Entfremdung zwischen der Macht und den Intellektuellen bahnte sich an.[6] Der Bildungsexpansion wurden Grenzen gesetzt. Die staatlichen Administrationen erhielten mehr Macht an den Universitäten. Der Numerus clausus und der Stellenmangel im öffentlichen Dienst wie in der privaten Wirtschaft veränderten sukzessive das Lehr- und Lernklima an den Schulen und Hochschulen.[7] Linke Literatur verlor einen Teil ihres Marktes. »Vor wenigen Jahren noch hatten die großen Verlage ihre Hinterfragungsliteratur wie heiße Brötchen unter die Leute gebracht – über Nacht, so schien es, wurde die Nachfrage flau.« Verlage und Zeitungen stellten sich um. Adolf Muschg, Dichter und Germanist in Zürich, kommentierte ironisch: »Die Ware Aufklärung bewies, daß sie wie jede andere dem Gesetz der Sättigung [...] gehorchte. [...] Der linke Verstand, überspielt vom Apparat seiner Veröffentlichung, begann stillzustehen und sich in sich selbst zurückzuziehen, um daselbst Gefühl zu werden.«[8] Der Markt annonciert »die persönliche Depression als rechtmäßigen Erben der politischen Revolte«. Es darf wieder »erzählt, fabuliert und in eigener Sache gesprochen werden [...]. Auch die Wirtschaft der Literatur wird über den privaten Sektor wiederbelebt«.[9]

Man spricht in eigener Sache: In der Tat gehört das autobiographische Genre zu den florierenden schon seit Anfang der siebziger Jahre. In ihm kann sich der Authentizitätsanspruch des Dokumentarismus mit dem neuen Rückbezug auf das eigene Ich verbinden. Autoren mittleren Alters schreiben nun Erinnerungen, darunter Jakov Lind, Gerhard Zwerenz, Peter Rühmkorf. Günter Grass veröffentlicht 1972 sein *Tagebuch einer Schnecke*, Max Frisch sein *Tagebuch 1966–71*. Seit 1971 reüssiert Walter Kempowski mit autobiographischen Romanen. Viele Jüngere übertragen die autobiographischen Intentionen in das ›lange Gedicht‹ und das ›Erzählgedicht‹ – wie Klaus Konjetzky in sein *Poem vom Grünen Eck* (1975). Als literarisches Ereignis des Jahres 1975 galt eine autobiographische Liebesgeschichte: Max Frischs *Montauk*, zugleich ein Publikumserfolg par excellence. Auch Grass hat sie sogleich gelesen, im Zusammenhang mit der Arbeit an seinem Roman *Der Butt*, der dem Geschlechterproblem gewidmet ist, dem Anspruch des Feminismus, die »Lebensart des Mannes« und die »patriarchalische Dominanz« in Frage zu stellen.[10] Den »Ich-Kult« der Jüngeren betrachte Grass mit Sympathie, berichtete der *Spiegel*: »Es ist ganz gut, wieder bei sich selbst anzufangen, zu fragen, wo stehe ich, wo ist mein Punkt.«[11] Ähnlich kommentierte Gabriele

Wohmann »die Lage«.[12] Peter Handke entdeckt nun die Erinnerungsromane von Hermann Lenz, Jahrgang 1913, die in den sechziger Jahren zu Unrecht fast niemand beachtet hatte, und rühmt sie nostalgisch als Fluchtburg eines inneren Friedens: »Manchmal hatte ich Angstzustände, daß mir beim Vorübergehen an einem leeren Zimmer die Ohren stachen, aber sobald ich *Der Kutscher und der Wappenmaler* las (den Lenz-Roman von 1972), hörten die Gegenstände um mich herum auf, Vorzeichen des Furchtbaren zu sein [...] Ich bekam vom Lesen ein Kindheitsgefühl: als ob nun endlich alle Vermißten zu Hause wären.«[13]

Das Gebären, das Kindsein, das Lieben, die Krankheit und der Tod – ›existentielle‹ Themen dringen gegenüber den politisch-sozialen vor, in den unterschiedlichsten literarischen Formen und Schichten: bei Hildegard Knef, Karin Struck, Günter Steffens, Jean Améry, Heinar Kipphardt. »Nicht wie man die Gesellschaft umbauen und die Menschheit erlösen könnte, möchten die Leser von den Autoren wissen. [...] Man interessiert sich [...] für Privates und Individuelles.« So die *Frankfurter Allgemeine Zeitung* am 8. Oktober anläßlich der Frankfurter Buchmesse. Und weiter: »Was man als neue Subjektivität anpreist, ist die Rückkehr zu jener notwendigen Perspektive, die – als Folge einer einseitigen Politisierung der Literatur – allzu häufig in der vergangenen Zeit vernachlässigt wurde.«[14]

In der gleichen Zeitung nahm Erika Runge *Abschied von den Protokollen*. Ihre eigene dokumentarische Methode erscheint ihr nun nachträglich als Produkt eines Defizits, des Mangels an »Sprachfähigkeit«: »Warum habe ich denn nicht meine Erlebnisse und Erkenntnisse, meine Phantasie und meine Sprache eingebracht? Ich war dazu nicht imstande, obgleich ich das Bedürfnis hatte. Ich wollte schreiben, aber mir fehlten die Worte. Ich wollte von mir, meinen Wünschen und Schwierigkeiten sprechen, aber ich hatte Angst, mich bloßzustellen.« Nun kündigt sie einen Roman an, in der Absicht, alles das »auszuprobieren«, was die Dokumentaristik versage: »Ich will [...] versuchen, Freiheiten, Phantasie, Spielraum – mich selbst und die Beziehung zu anderen – auszuprobieren. Will die Fülle der Möglichkeiten von Literatur nutzen, und das nicht nur aus Gründen politischer Einsicht, sondern um den Anspruch des Menschen auf Selbstverwirklichung, auf Individualität, auch für meine Person zu vertreten.«[15] Auch marxistische Kritiker applaudieren solchen Konversionen; so schreibt Kurt Batt in der DDR in einem Aufsatz von 1973: »In der jüngsten Entwicklung der humanistisch-oppositionellen Literatur der BRD scheint konträr zu allen Prognosen vom Tod des Erzählens die Phantasie in die ihr zustehenden Rechte einzutreten.«[16] Dagegen ist der Bremer Dieter Richter »sehr skeptisch gegenüber [...] der neuen Sensibilität«. Er sieht darin ein bloßes Kompensationsphänomen. »Die Feuer werden kleiner, und man drängt sich enger und in kleineren Gruppen um sie, und da werden auch die alten Lieder wieder gesungen, und die Träume und Phantasien stehen hoch im Kurs – aber all das hat doch ursächlich damit zu tun, daß es Winter geworden ist in der Landschaft.«[17]

Die »alten Lieder« werden buchstäblich wieder gesungen, Thomas Rothschild hat in der *ZEIT* vom 30. 7. das Jahr 1976 zum »Jahr des Folkfestivals« erklärt. Als »Fazit einer sangesseligen Saison« beschrieb er »Die Wiederkehr des Volksliedes«. Die Festivals, Ende der sechziger Jahre Zentren politischer Agitation, hätten schon 1973 eine »neue Innerlichkeit« entdeckt. »Auf die Kraftmeierei der Studentenrevolte, aber auch auf die zunehmende Brutalisierung des Alltags [...] reagierte man mit zur Schau gestellter Verletzlichkeit und Zärtlichkeit. [...] Defensives Gemeinschaftserlebnis statt offensiver Aktion, kampfloses Glück statt glücklosem Kampf. Und nun das Volkslied allerwegen.«[18] Auch die Buchlyrik ist wieder im Kommen, die Ende der sechziger Jahre schlechte Zeiten hatte, wie Peter Schneider sich erinnert. Selbst Lyriker, die »mit der politischen Entwicklung nicht nur Schritt hielten, sondern ihr weit vorauseilten«, mußten »ihre Gedichte oft vor zehn bis zwölf Leuten vortragen und sich anschließend beschimpfen lassen, daß sie schrieben, statt zu handeln. Inzwischen, da jede außerparlamentarische Opposition mehr und mehr unterdrückt wird, sitzen die Künstler, auch die rebellischen, wieder auf dem aufsteigenden Ast. Gehen Sie auf irgendeine Dichterlesung in Deutschland. Sie finden keinen Sitzplatz mehr.«[19]

An der Wende zu den siebziger Jahren war zunächst das »epigrammatische Lehrgedicht« im »Vormarsch«, ein Gedicht-Typ, der die politisch-didaktische Intention der sechziger Jahre in die Form des Gedichts integrierte. Peter Rühmkorf hat ihn so beschrieben:

»1. Geringer Umfang, straffes Bindegewebe.
2. Bequeme Überschaubarkeit, plus das Bemühen, selbst etwas überschaubar, faßlich, einsichtig zu machen.
3. Die didaktische Entwicklung eines Erkenntnisblitzes aus der ungewöhnlichen Konfrontation gebräuchlicher Redewendungen.
4. Sprache nicht mehr als individuelles Ausdrucks-, sondern als didaktisches Demonstrationsmedium.
5. Verzicht also auch auf die Bekundung subjektiver Empfindsamkeiten, ja auf die Lebenszeichen eines sogenannten Subjekts überhaupt.«[20]

Als Beispiel nennt er u. a. das Gedicht *das gleiche* von Gerhard C. Krischker:

ein lahmer
fragt einen lahmen
wie geht's
ein arbeiter
fragt einen arbeiter
wie stehen die aktien.

Aktueller für die Mitte der siebziger Jahre ist aber auch für Rühmkorf selbst die »neue Subjektivität« einer lyrischen Richtung, zu der er die jüngsten Produktionen von Nicolas Born und F. C. Delius, Michael Krüger und Johannes Schenk, Jürgen Theobaldy und Roman Ritter zählt: »Was diese Poeten [...] verwandt erscheinen läßt, ist die [...] selbstbewußte Herauskehrung eines Ich von ziemlich gleicher Herkunft (klein- bis mittelbürgerlicher), ähnlichem sozialen Status (literarisches Wanderarbeitertum) und vergleichbarem politischem Werdegang (APO und die Folgen bis zur statistisch signifikanten Italien-Euphorie). [...] Fast bei allen in Frage stehenden Autoren datiert die Geburtsstunde des neuen Ich-Gefühls mit Zerfall der Studenten-Bewegung.«[21] Es ist eine formal und sprachlich einfache Lyrik, zuweilen an der Grenze zur rhythmisierten Prosa; sie will so wenig esoterisch sein wie die Songlyrik, wendet sich aber an den einzelnen Leser. Sie erzählt – z. T. in neuen Zeitschriften – vom Alltag der Schreiber, vom Gang in die Kneipe, vom Kino. Viele Gedichte sind Reiseprodukte und Reisebilder, Schlaglichter auf Freundschafts- und Liebesbeziehungen, Momentaufnahmen des Ich und seiner Umwelt, lässig und provokativ. Ihre Autoren sind zumeist Linke, die ihre politische Vergangenheit zum Thema machen, ihre gegenwärtigen Schwierigkeiten nicht verleugnen; aber sie wollen kein ›operatives Genre‹, sondern den Ausdruck und Austausch persönlicher Erfahrung; und amerikanische Poeten (wie Frank O'Hara und Charles Bukowski) oder ihre deutschen Vermittler (wie Rolf Dieter Brinkmann) stehen ihnen näher als die ›offizielle‹ Lyriktradition der sozialistischen Länder. Die Bedeutung dieser Lyrik sieht Rühmkorf darin, daß in ihr »unverstellte Auskunft über die Verfassung des Ich gegeben wird und sei es über die heillose Entfremdung von einerseits politischen Passionen und andererseits fast asozialen Privatantrieben«.[22] Rühmkorf selbst bekennt, daß der ›Politiker‹ und der ›Poet‹ in ihm »getrennte Existenzen führen und unterschiedliche Interessen verfolgen«, derart, daß der eine für »politische Parteiungen oder gesellschaftliche Ordnungen votiert, vor denen der andere sich schüttelt«.[23]

Auch Peter Schneider sieht jetzt einen Widerspruch zwischen Dichtung und Politik. »Zu Beginn der Studentenbewegung« hatte er behauptet, »die einzige Art, das Kunstleben in Deutschland in Gang zu bringen, bestünde in der Förderung der revolutionären Aktionen in den Straßen und Betrieben«.[24] Nun nimmt er dies ausdrücklich zurück, ja sieht einen Gegensatz zwischen Literatur und Revolte. Erst jetzt: »Heute, da auch die politisch aktiven Schriftsteller wieder an ihre alten Arbeitsplätze zurückgekehrt sind, [...] da die Bewegung aus den Straßen in die Wohngemeinschaften zurückgedrängt ist, kommen die Themen dieser Jahre in der Literatur [...] an. Auf einmal gibt es wieder neue Stoffe [...], Experimente, und das alles zu einem Zeitpunkt, da wir uns mitten in einer Periode zunehmender Depression und Entpolitisierung befinden.«[25] Auch Schneider erlaubt sich nun »wieder« zu »erzählen«, zu »fabulieren«. Seine erfolgreiche Erzählung *Lenz* (1973), vielbesprochen,[26] schon nach einem Jahr in 40 000 Exemplaren verbreitet, experimentiert mit einer historischen Vorlage aus den dreißiger Jahren des 19. Jahrhunderts: Sie »erzählt Büchners gleichnamige Novelle neu«,[27] wie der Klappentext anzeigt. Schneider transponiert sie in das politische Milieu der Studentenbewegung, aber der »neue Stoff« wird nicht aufgegriffen, um unmittelbar Politik zu betreiben: Schneider agitiert nicht, sondern psychologisiert; ein einzelner steht im Zentrum der Erzählung; seine Liebesbeziehungen spielen eine beträchtliche Rolle.

Lenz ist ein junger Intellektueller; die Geschichte – eine Er-Erzählung – ist ganz aus seiner Perspektive erzählt, meist in kurzen, parataktisch gereihten Sätzen. Sie hat drei Teile. Der erste spielt in einer deutschen Großstadt (offenbar West-Berlin), der zweite auf einer Italienreise, bei und in Rom; der dritte unter Studenten und Arbeitern in Trient. Der erste ist eine additive Folge von meist kurzen Erzählbildern, äußerlich nur lose verbunden, etwa durch unbestimmte Zeitangaben wie »An einem anderen Tage« (S. 8, S. 10, S. 14 usw.), »Am anderen Morgen« (S. 20), »An einem Wochenende« (S. 16), »An einem Nachmittag« (S. 22). Einzelne Punkte des Zeitflusses werden isoliert und festgehalten, als würde ein Film in Standfotos aufgelöst und jedes für sich unter die Lupe genommen. »Es ist wahr«, sagt Lenz einmal, »[...] ich sehe schon alles wie durch ein Vergrößerungsglas, das mir nur noch Widerwärtigkeiten zeigt« (S. 49). Man könnte von Stationen einer ruhelosen Bewegung sprechen, die doch nicht von der Stelle kommt, Ausdrucksform eines Zustandes ist. ›Stationen‹ werden in einem buchstäblichen Sinne passiert, denn Lenz läuft nicht nur ziellos durch die Straßen der Stadt, er fährt ebenso ziellos S-Bahn. »Nach ein paar Stationen stieg Lenz um. [...] Er fuhr lange, er wußte nicht wohin, dann stieg er aus und verließ den Bahnhof« (S. 7). Lenz lebt ohne Richtung und ohne Kontinuität, folgt dem Antrieb isolierter Augenblicke. Er kann sich seinen Impulsen überlassen, weil er nicht dem Zwang zu ‹geregelter Arbeit‹ unterworfen ist, der Arbeiter und Angestellte zu festen Zeiten in die S-Bahn treibt: »Sie gehen zur Arbeit, dachte Lenz. Er verband mit dem Satz keine Vorstellung« (S. 6). Später arbeitet Lenz eine Zeitlang in einer Fabrik, und zwar freiwillig als Hilfsarbeiter, obwohl er eine andere Stelle bekommen hätte. Zum ›Arbeiter‹ wird er dadurch nicht. Er hat die Freiheit, im Moment des Überdrusses aufzuhören. Von Lenz' eigener beruflicher Tätigkeit (anscheinend als Schriftsteller) erfahren wir fast nichts. Die zuletzt zitierte Stelle verweist uns aber auf eines der Probleme Lenz', sein Leiden an der Inkongruenz seiner Begriffe und Vorstellungen, seiner Theorien und seiner sinnlichen Erfahrung, seiner Rede und seiner Empfindung.

Lenz ist unglücklich. Seine Freundin L. hat ihn vor 3 Monaten verlassen. Sie sollte ihm das sinnlich-praktische Leben verkörpern, er für sie den theoretischen Geist. Diese neubelebten Antithesen der Jahrhundertwende von Geist und Leben, intellektuellem Mann und sensuellem Weib werden mechanisch dem sozialen Klassenschema übergestülpt. Lenz selbst ironisiert dies im Rückblick. »Ein junger Intellektueller verknallt sich in ein schönes Mädchen aus dem Volk. Er hat bisher wenig gesellschaftliche Erfahrungen gemacht, als gehorsamer Sohn seiner Klasse hat er sich mit dem Leben hauptsächlich theoretisch auseinandergesetzt, [...]. Seine Geliebte wird für ihn der Schlüssel zur Welt, [...]. Die Geliebte dagegen sucht in der Beziehung zu dem Intellektuellen endlich einen Schlüssel für ihre unbegriffenen Erfahrungen« (S. 45). Beide überfordern einander.

Lenz verfolgen seitdem regelmäßig nächtliche Alpträume. Erwachend sieht er das Marxbild über seinem Bett, das er »nicht mehr ausstehen« kann. »Er hatte es schon einmal verkehrt herum aufgehängt. Um den Verstand abtropfen zu lassen, hatte er einem Freund erklärt. Er sah Marx in die Augen: ›Was waren deine Träume, alter Besserwisser, nachts meine ich? Warst du eigentlich glücklich?‹« (S. 5). Die Stelle beschließt den ersten Absatz und deutet bereits auf die Spannung von Verstand und Gefühl, die Muschg als Problem einer literarischen Generationsgruppe von heute ansprach und die auch dieses Buch mitbestimmt. Sie strukturiert nicht nur die skizzierte Liebesbeziehung, sondern auch die politische Gruppenbildung. Lenz trifft sich in einer Betriebsgruppe wöchentlich mit deutschen und ausländischen Arbeitern und mit Studenten. Es wird diskutiert, ein Mao-Text besprochen. Das Theoretisieren seiner Gruppe erscheint ihm gespenstisch. Lenz »erschrak über den fremden Blick, mit dem er alle betrachtete« (S. 30). Die rationale Diskussion eines abstrakten Textes ergibt für ihn nur eine Pseudobeziehung ohne die Öffnung ins Private. Er sucht den Austausch der individuellen Konnotationen politischer Begriffe, der von ihnen aufgerührten Affekte und der mit ihnen verbundenen Erlebnisse. Es kommt ihm »komisch vor, daß alle diese Genossen [...] nichts weiter voneinander wissen wollten als diese sauberen Sätze von Mao Tse-tung, das kann doch nicht wahr sein, dachte Lenz. Wollten sie etwa nicht auch einfach zusammen sein, ihre Genüsse und Schwierigkeiten untereinander austauschen, [...]?« (S. 28). Wie Lenz sich am Riß zwischen Verstand und Gefühl, Abstraktion und Anschauung, Begriff und Individualität wundreibt, so an der Diskrepanz zwischen politischer und privater Beziehung. Er ist – wie er einmal sagt – »hin-

und hergerissen zwischen den Neurotikern und den Theoretikern, bei den einen die Leidenschaften, bei den anderen die Rettung suchend« (S. 49).

Erst der dritte Teil bringt die Synthese, natürlich in Italien, das – wie wir schon von Rühmkorf hörten – für die Autoren der »neuen Subjektivität« nicht weniger bedeutet als seinerzeit für die klassizistisch-romantische Tradition zwischen Winckelmann und Paul Heyse oder in unserem Jahrhundert für Gottfried Benn. Repräsentierte für Benn der mittelmeerische Süden das Mythisch-Irrationale, so für Schneider die heile Welt des Eurokommunismus als Vereinigung von Ich und Gemeinschaft, Glück und Politik, Theorie und Sinnlichkeit. Der Aufbruch in den Süden erfolgt natürlich wieder ganz spontan. »Am anderen Morgen«, heißt es, »faßte Lenz einen raschen Entschluß. [...] Er brachte seine Gitarre ins Leihhaus und bezahlte mit dem Geld zwei Monatsmieten im voraus. [...] Auf dem Bahnhof löste er eine einfache Fahrkarte nach Rom. Als er im Zug saß, wunderte er sich, wie schnell alles gegangen war« (S. 51). Nach einer Zwischenstation in den Albaner Bergen lebt er zunächst mit einer Schauspielerin in Rom zusammen, die regelmäßig ihren Psychoanalytiker frequentiert. Sie gehört zu einem Intellektuellenzirkel, einer Boheme dorée, die den sozialen Pol der Neurotiker verkörpert, den Lenz mit den intellektuellen Theoretikern zu Hause kontrastiert. Führten die einen »jeden Konflikt, auch noch den privatesten, auf den Widerspruch zwischen Kapital und Arbeit zurück«, so leiteten die anderen »jeden Konflikt, auch noch den gesellschaftlichsten, aus der Familiensituation« ab (S. 71). So bildet der zweite Teil eine Antithese zum ersten; der Leser wird darauf vorbereitet, daß Lenz nicht nur an sozial bedingter »Entfremdung« leidet, sondern auch an einem Schuldkomplex gegenüber seiner toten Mutter (S. 85).

Ein Freund namens B. nimmt ihn nach Oberitalien mit, zu den Studenten und Arbeitern von Trient. Dort, »Zwischen den Bergen« (S. 82), findet Lenz die bessere Welt, das schlichte wahre Leben. Sein Freund B. reist zurück; er selbst wird von den Studenten eingeladen, in Trient zu bleiben, um die »Arbeit der Studenten aus der Universität hinauszutragen in die Stadtviertel und Fabriken« (S. 83). Der politische Inhalt dieser Arbeit bleibt ebenso unerörtert wie die Finanzierung seines täglichen Lebens. Die Geschichte des politisch-intellektuellen Außenseiters schlägt ins Märchenhafte um. Alle bringen ihm warme Kleider, als es kalt wird. »Es ging ihm gut, wenn er durch die paar Straßen des Zentrums ging. Er sah alle und wurde gesehen« (S. 84). Jeder kennt und grüßt ihn. Er ist geborgen, kommuniziert unbefangen mit allen, sowohl über »Entfremdung, doppelte Ausbeutung, sexuelle Repression« (89) wie auch über seine Freundin L., »über einen Traum, über eine Angst« (S. 82). Der Riß zwischen privater und politischer Beziehung schließt sich ebenso wie der Riß zwischen Begriff und Vorstellung, Verstand und Gefühl. »Da er die Bedürfnisse der Studenten und der Arbeiter [...] jeden Tag offen vor sich sah, zweifelte er nicht an den Begriffen, mit denen er sie ausdrückte« (83). Er lebt wieder im Moment, aber nicht mehr im leeren, unbefriedigten, sondern im erfüllten Augenblick: »Er schrieb keine Briefe mehr und telefonierte nicht mehr nach Deutschland. Er sehnte sich nirgends zurück und nirgends hin« (S. 83). Die Menschwerdung ist vollbracht. Es bedeutet nichts mehr, daß die Polizei ihn über die Grenze abschiebt. Als sein Freund B. ihn zu Hause fragt, was er jetzt tun wolle, antwortet er im Schlußsatz der Erzählung: »Dableiben!« Er hat sich selbst und seinen sozialen Ort gefunden, fast ein Happy-End.

Was hat das mit Georg Büchners *Lenz* zu tun – einer viel aufwühlenderen Erzählung.

Zunächst haben beide den jungen Intellektuellen mit unglücklicher Liebe und dem Schuldgefühl gegenüber der toten Mutter; beide haben die Motive der Langeweile, der Angst, des ziellosen Herumwanderns usw. als Symptome der Gemütsverstörung, der Selbst- und Weltentfremdung, die Büchner freilich zur exakten Darstellung der Schizophrenie (und zum Ausdruck religiöser Leidensproblematik) steigert. Sodann hat Schneider eine Anzahl wörtlicher Büchner-Zitate, z. B. Landschaftsbeschreibungen, geschickt in seinen Text einmontiert. Einige andere Zitate werden in neue Problemaspekte eingefügt. Bei Büchner bittet Lenz seinen Gastgeber Oberlin, ihn nicht nach seinen Schriften zu beurteilen; bei Schneider kehrt diese Stelle in der Schilderung einer Intellektuellenparty abgewandelt wieder, auf der sich »Früh gealterte Dichter« und »heimlich dichtende Revolutionäre und Studentenfunktionäre« im Tanz versuchen (S. 37). »Der Gastgeber tanzte mit einem entschuldigenden Lächeln auf den Lippen, das jede seiner Bewegungen gleich wieder zurücknahm. ›Ich möchte lieber nach meinen Schriften beurteilt werden‹, schien er seiner Partnerin sagen zu wollen, ›das Tanzen ist nicht eine von meinen Stärken‹« (S. 40). So wird hier das Zitat für die Antithese von Intellekt und Sinnlichkeit verwertet. Ein anderes Schlüsselzitat ist einem Wendepunkt der Büchnerschen Novelle entnommen. Die momentane, bald wieder gefährdete Einigung des Helden mit sich selbst, der Welt, dem ›göttlichen Sein‹ ereignet sich dort mitten in der Handlung. Sie wird vollends zerstört durch den Besuch Kaufmanns, eines Bekannten, der das moralische Prinzip der Zwecksetzung, der Nutzung des Lebens geltend macht. »Er hatte Briefe von Lenzens Vater erhalten, sein Sohn sollte zurück, ihn unterstützen. Kaufmann sagte ihm, wie er sein Leben hier verschleudere, unnütz verliere, er solle sich ein Ziel stecken und dergleichen mehr. Lenz fuhr ihn an: ›[...] Hier weg? [...] mit den zwei Worten ist die Welt verhunzt. [...] Immer steigen, ringen und so in Ewigkeit Alles, was der Augenblick giebt, wegwerfen und immer darben, um einmal zu genießen; dürsten, während einem helle Quellen über den Weg springen‹.«[28] Was Büchners Lenz zur Abwehr des utilitaristisch-familiären Anspruchs dient, richtet sich bei Schneider gegen einen politischen Asketismus, eine Zukunftsorientierung, die niemals Ruhe findet, »auch nicht, wenn der Gegner besiegt ist« (S. 50) (wovon hier allerdings nicht die Rede sein kann). Der eine wie der andere Lenz scheut die Frage, die doch nicht illegitim ist, »woher er gekommen und wohin er gehen werde« (S. 449) (wie es bei Büchner heißt).

Wie Kaufmann für den Vater, so spricht B. für die politische Gruppe. »B. fragte Lenz, was er mache. [...] Wie lange, mit welchem Ziel Lenz dabei bleiben wolle, was er danach tun wolle. Sie gerieten in eine Diskussion über die politischen Aufgaben des Intellektuellen« (S. 48). »B. setzte ihm zu, er habe mit Freunden aus seiner Gruppe gesprochen, sie seien über Lenz' Unzuverlässigkeit verärgert, er verschleudere sein Leben, er solle sich ein Ziel stecken und dergleichen mehr. ›Und du mit deinen Ratschlägen‹, rief Lenz erregt, ›sage mir endlich, was dir gefällt, was du liebst. Ich meine nicht eine Idee, eine Vorstellung von der Zukunft, sondern etwas, was du jetzt hast, irgendwas‹« (S. 49).

Bei Büchner folgt dem zitierten Streit der Weg des Helden in die Zerrüttung, bei Schneider beginnt danach die Reise nach Italien, zuletzt in die fast totale Zufriedenheit des Alltags. Trotz solcher Diskrepanzen könnte diese Umschlagstelle Schneider den Anstoß für den Rückbezug auf Büchner gegeben haben. Mit diesem Ansatz, die Orientierung auf das Ziel, auf die Zukunft zu relativieren durch die Orientierung auf das Jetzt, das Glück auf dem Wege, scheint er Stimmungen entgegenzukommen, die Adolf Muschg innerhalb der jüngsten Lesergeneration konstatiert. Die Drohung für diese »heißt nicht mehr Repression, sondern Realitätsverlust. [...] Sie hat die Utopie abgelöst durch die Stunde der wahren Empfindung. Was ihr auf dem langen Marsch aufgeht, sind die Blumen an seinem Weg, auch Abfall, Liegengebliebenes, Weggeworfenes: das Verweilen kommt sie an. Der Weg wird das Ziel.«[29]

»Die Stunde der wahren Empfindung«[30] – das ist eine Anspielung auf den Roman gleichen Titels, den ein anderer, noch weit berühmterer junger Autor 1975 herausgebracht hat: Peter Handke. Dieser Roman wurde von der Kritik ebenso beachtet wie *Lenz*; auch er hatte sofort Erfolg. Er spielt in Paris, Grund genug für Muschg, ihn schwärmerisch mit Rilke in einem Atem zu nennen. »Handke in Paris: der neue Malte Laurids Brigge. [...] Die Erfahrungsfähigkeit wird in sorgfältigen, sprachbewußten Operationen [...] zurückgewonnen. Es werden Einsichten gebucht für einen Tag, eine Stunde, einen Augenblick. [...] Todesurteile [...] für jede Bemühung, die ausschweifender, das heißt: ahnungsloser gewesen ist im Umgang mit Erfahrungen.«[31] Der Kritiker vollzieht hier den Rückzug auf den Augenblick mit, den Verzicht auf die geschichtliche Perspektive. »Handke hat lange nur als formalistisches Buchstabiertalent gegolten. Jetzt zeigt sich, daß er damit die Schreib-, Lese- und Empfindungsgewohnheiten einer Generation neu aufgerollt und sie zum Eingeständnis ihrer Verlorenheit geführt hat. Diese Generation wird keine Barrikaden bauen.«[32]

Lassen wir die zweifelhafte Prophezeiung am Schluß außer acht[33] und halten wir uns an den Roman, dem solche Wirkung zugeschrieben wird. Er entstand 1974 in Paris und hat offenbar autobiographische und autopsychographische Züge.[34] Es ist ein Er-Roman, bis auf den Schlußsatz streng aus der Perspektive Gregor Keuschnigs erzählt, zwei Tage umfassend, vom Morgen des ersten bis zum Abend des zweiten Tages. Ich zitiere den Anfang: »Wer hat schon einmal geträumt, ein Mörder zu sein und sein gewohntes Leben nur der Form nach weiterzuführen? Damals, zu der Zeit, die noch andauert, lebte Gregor Keuschnig seit einigen Monaten als Pressereferent der österreichischen Botschaft in Paris. Er bewohnte mit seiner Frau und der vierjährigen Tochter ein dunkles Appartement im sechzehnten Arrondissement. [...] In einer [...] Nacht Ende Juli hatte Gregor Keuschnig einen langen Traum, der damit anfing, daß er jemanden getötet hatte. Auf einmal gehörte er nicht mehr dazu. [...] Welche Schande werde ich meinen Eltern bereiten, dachte er, während die Ermordete, eine alte Frau, dürftig vergraben in einer Holzkiste lag: ein Mörder in der Familie! Am meisten aber bedrückte ihn, daß er jemand andrer geworden war und doch weiter so tun mußte, als ob er dazugehörte« (S. 8). Die Anklänge an Kafka sind deutlich, besonders natürlich an die *Verwandlung* des Gregor Samsa, auf die der Roman auch an späteren Stellen noch anspielt. Auch Handke scheint es um eine »Darstellung seines traumhaften innern Lebens« zu gehen, trotz aller gehäuften, unverfremdeten Realitätspartikel aus dem Paris zur Zeit der Zypern-Krise, trotz der Bemühung um eine relativ eingängige Geschichte mit meist durchschaubarer, meist ›realistisch‹ nachvollziehbarer Handlung.

Der innerlich verwandelte Gregor empfindet sich als »kadaverschwere Wesenlosigkeit« (S. 66): er verliert seinen gewohnten Bezug zu Ich und Außenwelt, dessen scheinbares Fortbestehen in einem scheinbaren Leben er dennoch vorzutäuschen versucht. Scheinbar führt er »ein Doppelleben«, in Wahrheit gar »kein Leben: weder das gewohnte noch ein neues, denn das gewohnte werde ich nur vortäuschen, und das neue wird sich erschöpfen müssen im Vortäuschen des gewohnten« (S. 13). Angst und Neugier – Schlüsselwörter des Buches – vermischen sich; auf Gregor bezogene »Zeichen«, auch »Todeszeichen«, werden in den zufälligen Dingen der Umwelt gesucht und gefunden; im übrigen war es, »als ob seine Blicke, bevor sie etwas aufnehmen konnten, von einer unsichtbaren Schicht unschädlich gemacht würden« (S. 17). Er ist voller Ekel und mühsam kaschierter Aggressivität, nicht nur gegen seine Frau Stefanie. »Wenn ich etwas zu sagen hätte, würde ich alles durchstreichen« (S. 21). Medizinisch-psychologisch gesprochen, erzählt Handke hier Phänomene einer Neurose, die als Ehekrise manifest wird, mittels einer engbegrenzten Zahl repetierter und variierter, vor allem im ersten Teil des Buches minuziös geschilderter Motive.

Er absolviert angestrengt-mechanisch seine Bürostunden, geht über Mittag zu seiner Freundin, aber er »gehörte nicht mehr zu ihr, [...]. Es knisterte in ihm, dann stürzte alles durcheinander. Ein komplizierter Seelenbruch, dachte er« (S. 31). Er wandert herum, hat spontan einen weiteren Koitus mit einer ihm völlig Unbekannten im Büro, bewirtet am Abend einen Schriftsteller und dessen Freundin; der Schriftsteller hat ihn in der Stadt beobachtet. Gregor fühlt sich entlarvt; er zieht sich nackt aus und prügelt sich mit dem Schriftsteller.

Dieser erste Teil ist kausal strukturiert, progressiver Selbstverlust als Folge des Mordtraums; der zweite final: Vorspiel neuer Selbstfindung: »der Tag, an dem seine Frau von ihm wegging, an dem ihm sein Kind abhanden kam, an dem er zu leben aufhören wollte und an dem schließlich doch einiges anders wurde« (113). Das ist die Handlung des zweiten Tages, nebst vielem Herumlaufen und Herumfahren. Auf einem Felskopf, von dem er in den Tod springen will, bemerkt er den »dicken Schriftsteller«, der reale Romanfigur und surrealer Doppelgänger zu sein scheint, eine Art Schatten-Ich Gregors wie seines Erzählers, und der Gregor »betrachtete wie schon seit langem; ohne etwa von dem steilen Weg den Hügel herauf außer Atem zu sein. Er klappte das Notizbuch zu und steckte es weg, [...] als ob er es nun nicht mehr benötigte. ›Ich bin dir den ganzen Tag gefolgt, Gregor‹, sagte er. ›Ich habe meine Idee in den Erscheinungen geborgen [...]. Dein Kind ist mit Stefanie bei mir und wird erst einmal da bleiben. Ich brauche dich nicht mehr und wünsche dir alles Glück‹« (S. 157). Der erneut verwandelte Gregor entdeckt nun die Wirklichkeit neu, die gleiche Pariser Wirklichkeit wie im ersten Teil, auf die er nun anders reagiert, »etwas schon Gesehenes, das er jetzt erst ERLEBTE« (S. 163). Er kauft sich neue Kleider, zieht sie an, »und plötzlich ergriff ihn eine tiefe Freude über die Zeit, die jetzt vor ihm lag. Er brauchte eine Arbeit, deren Ergebnis verbindlich und unverrückbar wäre wie ein Gesetz! Er wollte kein System für sein Leben, dachte nur, daß es in Zukunft wenn keine neuen Gegenstände und neuen Menschen geben würde, so doch eine beständigere Sehnsucht« (S. 161).

Vergleicht man Handke und Kafka, so wird bei Kafka der Verwandelte zum Objekt des Ekels seiner Umwelt, bei Handke die Umwelt zum Objekt des Ekels seiner Figur.[35] Die ›Verwandlung‹ wird nur bei Kafka ausgelotet, der sie in die alltäglich-bürgerliche Umwelt Gregor Samsas plaziert, während die Entfremdung Gregor Keuschnigs im fremden Paris der Reise- und Künstlerromane ›literarisierter‹ wirkt[36] – wie die italienische Erlösung von Schneiders Lenz als bloß ›romanhaft‹ erscheint, jedenfalls für den Leser, der sie als eine Art Zitat zu rezipieren vermag, als Variante einer literarischen Tradition.

Bei Schneider wie bei Handke findet man die Konzentration auf die Krise eines entfremdeten, egozentrischen Ich mit Schuldkomplex und Liebesnöten; bei Handke offener und formal radikaler als bei Schneider, der die Ersetzung der ›Revolte‹ durch die »persönliche Depression« (um noch einmal auf Muschg zurückzugreifen) mit Hilfe der stofflichen Einbettung in ein politisches Milieu vor dem Leser verdeckt. Beide teilen die Motive der Vereinzelung, Langeweile, der Angst und Schuld, der Bewegung ohne Ziel. Sie teilen sie mit Büchner und teilweise auch mit Kafka, mit literarischen Modellen, die sie dem Leser nicht verbergen.[37] Weder Büchner noch Kafka können ihre Helden retten; Schneider und Handke weichen darin gemeinsam von ihnen ab und erlösen die ihren in ein sinnhaftes Leben und damit auch vom inneren Zwang zur permanenten Aggressivität, gemäß dem Motto Max Horkheimers, das Handke vorangestellt hat: »Sind Gewalt und Sinnlosigkeit nicht zuletzt ein und dasselbe?«

Sosehr man diesem Motto zustimmen mag, liegt wohl eine Schwäche dieser Bücher (ungeachtet ihrer hervorstechenden Bedeutung im Kontext der siebziger Jahre) in ihren Happy-Ends, nicht etwa weil negative Schlüsse als solche positiven vorzuziehen wären, sondern weil die Hoffnungen und Lösungen (trotz aller Authentizität des thematisierten Leidens und Wollens) zu leicht gewonnen werden. So bleibt bei Handke die Schuld (auch die Traumschuld am Tode einer »alten Frau«) ein zwar auslösendes, im übrigen aber stumpfes Motiv, und die neue Lebenshoffnung (auf eine »Arbeit, deren Ergebnis verbindlich und unverrückbar wäre wie ein Gesetz« und auf eine »beständigere Sehnsucht«) trifft auf die Zweifel des Lesers,[38] dem jenes ›Unverrückbare‹ irreal erscheint, das hier Erstrebte zu formal und ichbefangen.

Bei Schneider verläuft sich die praktisch-theoretische Auseinandersetzung mit der Wirklichkeit (etwa der unbekannten Fabrikwelt der anderen) und die subjektive Anstrengung, eine vorgefertigte Theorie für aktuelle Erfahrungen zu öffnen, in eine links-romantische Reise- und Bohemeerzählung, in der die Versöhnung der erlittenen Widersprüche zwar erzählend mitgeteilt wird, das Erzählen selbst aber nicht wirkungskräftig für den Leser prägt.

Aber es ist doch aufschlußreich, daß zwei repräsentative Bücher der ›neuen Subjektivität‹ sich zwar mit der heilbaren Depression einlassen, nicht aber mit unheilbarer Resignation und Kapitulation. Die Beispiele ließen sich vermehren. Der Gedanke an das Glück begegnet erstaunlich oft. Allerdings sind es männliche Helden männlicher Autoren, von denen hier die Rede war. Sie werden zwar von ihren Frauen verlassen, und sie spüren diese Wunde, aber sie allein haben das Wort. Zugleich aber haben auch »Emanzen« selbst, wie man sie spöttisch nennt, das literarische Wort ergriffen. Seit dem Durchbruch der *Klassenliebe* Karin Strucks (1973) haben nicht nur die »persönlichen Depressionen« der Männer das literarische Erbe der Politliteratur angetreten, sondern auch die Aggressionen und »Häutungen« der Frauen (um auf einen Buchtitel Verena Stefans von 1975 anzuspielen). Geschlechtsbewußte Frauen sind dabei, sich als Autorinnen oder Figuren vor klassenbewußte oder ichbewußte Männer zu drängen. Ihre Wut ist zuweilen größer, ihre Stimme lauter, ihre Kritik radikaler. Zum Schluß sei eine Romanfigur Christa Reinigs zitiert: »Irrenhaus, Krankenhaus, Zuchthaus. Das ist der Drei-Satz der Weiber-Weltformel. Lehnst du dich auf, so kommst du ins Zuchthaus, lehnst du dich nicht auf, drehst du durch und kommst ins Irrenhaus und beneidest die Weiber, die zum Beil gegriffen haben. Unterwirfst du dich mit Lust, kommst du mit deinem kaputtgerammelten Unterleib ins Krankenhaus, und mit sieben

Schläuchen im Bauch beneidest du die Frauen [...] im Irrenhaus [...].«[39] Der Roman erschien 1976 und hat den sprechenden Titel *Entmannung*.

II. 1966 war der Ausgangspunkt dieser Entwicklungsskizze, welches Bild bietet sich gut zehn Jahre später 1976/77? Der wirtschaftliche »Aufschwung« (viel beredet im Wahljahr) stagniert; die Arbeitslosen sehen noch keinen Hoffnungsschimmer; die Jugendarbeitslosigkeit wird bedrohlich; auch die Zukunftsaussichten der jungen Akademiker schrumpfen. Dennoch ist die wirtschaftliche Situation besser als in den meisten anderen Ländern; und die Bevölkerung weiß es. Andere Ängste, andere Probleme kommen jedoch dazu und tragen zur Virulenz des Unbehagens, depressiver Stimmung bei. Das ökonomisch-technische ›Wachstum‹ wird gewollt und zugleich (in seinen möglichen Folgen für Umwelt und ›Lebensqualität‹) gefürchtet. In den Bürgerinitiativen gegen die Atomkraftwerke hat sich eine neue Art von außerparlamentarischer Opposition herangebildet, genährt sowohl aus dem ›Wählerreservoir‹ der etablierten Parteien als auch aus extremen Randgruppen des Parteiensystems, die durch Engagement innerhalb der Initiativen Publizität und breitere Resonanz für sich erstreben. Der Terrorismus aus dem Untergrund und die Maßnahmen gegen ihn eskalieren; die Besorgnis vor einer ›Überreaktion‹, vor einer weiteren Einschränkung bürgerlicher Freiheiten und Rechte verdüstert das ›Image‹ der Bundesrepublik im westlichen Ausland. Die Studenten drängen wieder stärker zu Boykottaktionen; auch liberale Gruppen fühlen sich durch die »Schnüffel- und die Büffelzeit«[40] herausgefordert.
Selbst *Die Gerechten* von Albert Camus, ein Stück von 1950, sind in dieser Situation, wie sich erwiesen hat, nicht mehr spielbar (zu schweigen von Ulrike Meinhofs *Bambule*) – während z. B. der Roman eines inhaftierten Autors aus dem Untergrund, Peter Paul Zahls *Von einem der auszug, Geld zu verdienen* (1970) 1976 erfolgreich neuaufgelegt werden konnte. Die Beispiele zeigen den Unterschied zwischen dem Buchmarkt und der öffentlichen Situation des Theaters. Es wäre aber falsch, am gegenwärtigen Theater nur die situationsbedingten Restriktionen von außen zu sehen. Die Prozesse und Akzentverlagerungen im Theater selbst hat Günther Rühle 1975 auf die Formel »Von der Politik zur Rolle« gebracht.[41] Die Theateropposition der sechziger Jahre, die sich damals trotzig (mit Handke) zum »Elfenbeinturm« bekannte, steht im Rampenlicht des Interesses. Doch auch Exponenten des vergangenen Jahrzehnts haben ihre Positionen von damals verändert. Kroetz hat zwar die Politisierung seiner Stücke weitergetrieben; die DDR hat ihn für sich entdeckt. Aber Peter Weiss ist zur experimentellen Romanbiographie übergegangen (*Die Ästhetik des Widerstands*, 1975), freilich nicht aus Abkehrmotiven, sondern um sich eine umfassendere Aufarbeitung von Geschichte zu ermöglichen. Heinar Kipphardt konzentriert sich nun auf die Kritik der Psychiatrie im Fernsehfilm (*Das Leben des schizophrenen Dichters Alexander März*, 1975) und im sympathetischen Roman des dichtenden Kranken (*März*, 1976). An der Folge der dramatischen Dichterfiguren zwischen Tankred Dorsts *Toller* (1968) und Rolf Hochhuths Hemingway (*Der Tod eines Jägers*, 1976) zeigt sich ein allgemeinerer Prozeß: der schrittweise Übergang von ›politischer‹ zu ›existentieller‹ Thematik: 1971 erschien Peter Weiss' *Hölderlin*, 1972 Gaston Salvatores *Büchners Tod*, 1973 Tankred Dorsts *Eiszeit* mit dem alten Hamsun als Helden. »Statt Jugend: Alte Leute [...], statt Aufbruch: Sterbevorgänge, statt Ruf nach Zukunft: Erstarrungen und Versteinerungen.«[42] Repräsentative Klassikerinszenierungen von Rudolf Noelte (Molières *Men-*

schenfeind) und Peter Zadek (Ibsens *Wildente*) vom März und April 1975 erscheinen als aktualisierte Kritik am Intellektuellen, am »Herausreißen der Mitmenschen aus den alten Konventionen im Namen der ›Wahrheit‹ [...]. Beide Inszenierungen polemisieren indirekt gegen Positionen der letzten Jahre, gegen den ›Veränderungsimpuls‹«.[43] Als Dramatiker der »Stunde« erscheinen (in der Bundesrepublik) drei Österreicher: »Handke, Bauer, Bernhard. Alle durchschauen das Leben als Rollentheater, aus verschiedenen Distanzen, in entgegengesetztem Milieu.« Sie haben Fragen und Probleme – »Aber sie geben keine Antworten«.[44] Ein vierter Name ist hinzuzufügen: Botho Strauß, der den literarisch Eingeweihten *Bekannte Gesichter, gemischte Gefühle* präsentiert (so ein Schauspieltitel von 1975) und dessen Texte seit dem *Hypochonder* (1971) von der Kritik mit zunehmender Spannung erwartet wurden. 1977 scheint er den Durchbruch bei den Theatern und dem Lesepublikum erreicht zu haben: zum einen mit der *Trilogie des Wiedersehens*, seinem jüngsten Theaterstück, zum anderen mit der Erzählung *Die Widmung*, der psychologisch virtuosen Geschichte eines »Liebesunglücks«, zeittypisch schon in der Figur des verlassenen Mannes, der sich an die glücklose Liebe und das Leiden an ihr fixiert. Doch auch diese Autoren haben es schwer, gegen die neue Filmkunst der Herzog, Wenders, Fassbinder zu konkurrieren, die – ohne ›These‹, ohne didaktischen Gestus – an Sinne und Emotionen appelliert. *Sie* hat die Talente (Emmerich, Schilling, Boldt, Keusch und noch Jüngere), die das Theater gegenwärtig nicht zu finden scheint. *Sie* hat die Ausstrahlung, auch international, die das deutsche Drama in den sechziger Jahren besaß, aber seither verloren hat, so daß auch und gerade die Etabliertesten – wie Bernhard oder Handke – sich ihrer als zusätzliches Medium zu bedienen versuchen, im sogenannten Autoren-Kino, als dessen unkonventionellster Vertreter ein dritter Suhrkamp-Autor gilt: der Bayer Herbert Achternbusch.

Auch die Lyriker besannen sich wieder auf das »verketzerte Gefühl« und überlegten, »ob die Aufgabe des Künstlers nicht vielleicht darin bestehen müsse, ein *Experte der sinnlichen Bewußtheit* (McLuhan) zu sein«.[45] Auch sie gingen in die Schule des Kinos (und der Fotografie): von Wolf Wondratschek bis Christoph Derschau. Doch sind sie – weniger exponiert als die Theaterleute – in ihren Inhalten politischer geblieben; sie haben mehr junge Debütanten unter sich (die wohl erfolgreichste ist Karin Kiwus) und sind in einer Vielzahl neuer Bände präsent (unter denen sich auch Dialektgedichte behaupten).[46]

Die Lyrik der ›neuen Subjektivität‹ scheint den Zenit ihres Erfolges erreicht zu haben; schon nehmen die Angriffe auf sie zu. Die kritischen Essays, die sie ausgelöst hat, beschreiben, preisen oder verurteilen sie zwar noch als einheitliche Bewegung, unterscheiden aber doch schon eine beträchtliche Anzahl unterschiedlicher Talente.[47] Wir beschränken uns hier auf Jürgen Theobaldy, da er sich nicht nur durch Gedichtbände, sondern als theoretisch-kritischer Wortführer, erfolgreicher Anthologist, engagierter Verteidiger mit dieser lyrischen Bewegung identifiziert hat und ebenso symptomatisches Lob wie symptomatischen Tadel auf sich zieht. Was in der *Frankfurter Rundschau* gelobt wird: daß Theobaldy über »Leute. Alltag. Kleinigkeiten. Nebensächlichkeiten« schreibt, »mit Rolf Dieter Brinkmann von Gedichten [träumt] so einfach wie Songs, so einfach wie eine Tür aufzumachen«,[48] das gilt im *Spiegel* als »modisch linke Einfachheit«,[49] im *Litfaß* als »Lyrik für nachlässige Zeitgenossen«,[50] in den *Akzenten* als Poesie, die »wirkt, als sei sie wissentlich unter ihr eigenes intellektuelles Niveau gegangen«.[51] In diesen Urteilen spiegelt sich etwas vom Dilemma dieser Lyrik, die sich zwar rhetorisch an das Publikum der Fußballplätze wendet, tatsächlich aber ein intellektuelles Publikum erreicht, das teils den Stil der neuen Einfachheit ästhetisch in Zweifel zieht, teils den Stil der neuen Subjektivität politisch ›hinterfragt‹. Der Titel der Anthologie Theobaldys: *Und ich bewege mich doch. Gedichte vor und nach 1968* (1977) stellt sich in die Tradition der sechziger Jahre und signalisiert zugleich den neuen Rückzug auf das Ich; er signalisiert den Rückzug, aber als einen »Schritt nach vorn, durch den die gesellschaftlichen Widersprüche sowohl als politische wie auch als persönliche erlebt werden«.[52] Das ist der ›dialektische‹ Topos, den wir schon von *Lenz* her kennen: die ›Aufhebung‹ der ›Neuen Linken‹ in der ›Neuen Sensibilität‹.

Es handelt sich durchaus um eine Anthologie der siebziger Jahre. Nur wenige der Gedichte stammen aus der zweiten Hälfte der sechziger Jahre – entgegen dem Anspruch des Titels. Gerade deshalb ist die Emphase der Rückbeziehung auffällig und aufschlußreich. Sie soll wohl den Verdacht des Gesinnungswandels Lügen strafen; sie trifft aber auch den Albumcharakter dieses Bandes voll »rosa Katzenjammer«,[53] mit seinen ausgestellten Erinnerungen an das abgelaufene Jahrzehnt seit 1967, lyrischen Zeitungsausschnitten, intimen Tagebuch-, Brief- und Fotogedichten. Und sie trifft die Traditionsbindung an amerikanische Trends der sechziger Jahre und ihre deutschen Parallelen (ein Gedicht von Brinkmann eröffnet den Band) – an Beatlyrik und Pop-art, an ›Trivialmythen‹, Drogenkult, Sex- und Fäkaljargon.

Den Lyrikern der neuen Subjektivität bescheinigt Peter Hamm, sie hätten seit 1968 »Skepsis« gelernt – »Skepsis nicht zuletzt gegen die gerade noch so gepriesene Vernunft«.[54] Die »Lüste« sind politisch en vogue (selbst im Gefängnis des Peter Paul Zahl).[55] Die »Vernunft« hat eine viel schlechtere Presse; ebenso wie Wissenschaft und Technik, Partei und Staat. An ihre Stelle setzt eine »Nouvelle Philosophie« den »Deserteur, den Unwissenden, den Indifferenten, den Vagabunden« als Idol auch der neuen deutschen ›Sensibilität‹.[56] Das Gepäck des Hegelianismus wird abgeworfen. »Irrational?« fragt Michel Foucault: »Gewiß, wenn das Rationale [...] dazu führt, Gelassenheit und Ruhe zu entwickeln mit Hilfe irgendeiner übermächtigen Theoriemaschine.«[57] Konsequenterweise sieht Benjamin Henrichs »die vielleicht wichtigste politische Aufgabe des Theaters« darin, »die Vernünftigkeit des Unvernünftigen zu behaupten«.[58] Ein resonanzstarker Teil der Frauenliteratur zielt in die gleiche Richtung – von Karin Struck (*Lieben*, 1977) bis zu Verena Stefan (die darin Peter Handkes *Linkshändiger Frau* von 1976 näher steht, als ihr lieb sein dürfte). Die *Häutungen* der letzteren – in einem unbekannten Frauenselbstverlag 1975 erschienen, in 10. Auflage 1977 – wurden zum Sensationserfolg, weil sich unzählige Frauen und Mädchen darin wiederfanden, mit Ängsten und Erfahrungen, Sehnsüchten und Komplexen. In diesen Identifikationsprozessen liegt die Bedeutung des Buches (ähnlich wie 1973 bei Karin Strucks *Klassenliebe*). Die ungewollte Regressionstendenz und das sprachlich Mißglückte, stilistisch Dilettantische wurden zunächst weniger empfunden als der Mut der Selbstaussprache und das ›schöpferische‹ Bemühen, die vorgegebene Sprachform zu durchbrechen und für (zum Teil bisher tabuisierte) Frauenthemen eine neue Ausdrucks- und Gesprächsform zu suchen. Verena Stefan schreibt nur von sich, über ihre Freundschafts- und Liebesbeziehungen als Irrwege und Wege zum Selbst, über ihre Zugehörigkeit zu einer Frauengruppe, ihre Schreibversuche, ihre Entdeckung der gleichgeschlechtlichen Liebe als Element einer neuen, ›organischen‹ Lebensform. Da weder mit einem ›linken‹ noch

einem farbigen Liebhaber eine Beziehung ohne Unterdrückungsgefühle zustande kam, formuliert sie, kursiv gedruckt und mit dem Anspruch auf Allgemeingültigkeit, ihr feministisches Credo: *»Sexismus geht tiefer als rassismus als klassenkampf«.*[59] Im Grunde handelt es sich um eine Variante der individualbiographischen Entfremdungs- und Verstörungsliteratur der siebziger Jahre, die auch hier ins Happy-End der Heilung mündet, wie bei Handke oder Schneider, in das Gefühl der ›Ganzheit‹, das sich in der Anschauung des eigenen Körpers bestätigt.[60] In einer assoziativ gegliederten Montage von Erinnerungen, Dialogen, Träumen, Reflexionen und Gedichten wird ein Ideal von Natur und Natürlichkeit suggeriert, das selbst im Geschlechterbild unterderhand die alte polarisierende Tradition erneuert, gegen die sie zu Recht rebelliert: die rationalistisch-zivilisatorische Männerwelt fungiert als düstere Bedrohung für den »kreis der frauen«[61], den Inbegriff von Sinnlichkeit, Körperlichkeit, von Heilkraft und Natur[62].
In der Prosa setzt sich auch sonst der Strang der Autobiographien fort, teils unverhüllt, teils fiktionalisiert. Wolfgang Koeppens *Jugend*, Elias Canettis *Die gerettete Zunge*, Manès Sperbers *Bis man mir Scherben auf die Augen legt* sind 1977 bedeutende Exempel von Autoren der älteren Generation. In ichbezogen entblößenden Erinnerungswerken, Romanen, Erzählgedichten der mittleren und jüngeren Generation begegnet auch weiterhin eine Fixierung auf die Krankheit und den Tod, die Drogen und den Alkohol, die Nöte der Vereinzelung, die Schwierigkeiten des Sprechens und Schreibens, die Hoffnung auf die Heilung und das Glück, Themen, die schon in Günter Steffens' *Annäherung an das Glück* (1976) eine exemplarische Darstellung gefunden hatten. 1977 folgen der Schweizer Fritz Zorn mit *Mars*, Ernst Herhaus mit *Kapitulation – Aufgang einer Krankheit*, Maria Erlenberger mit dem *Hunger nach Wahnsinn*. Aus dem Nachlaß erschienen Bernward Vespers *Die Reise* und Unica Zürns *Der Mann im Jasmin. Eindrücke aus einer Geisteskrankheit*.

Publikumsnäher ist eine andere Erzählergruppe, die den Weg in die Geschichte sucht. Nach Peter Härtlings *Hölderlin* (1976) setzen Dieter Kühns *Ich-Wolkenstein*, Wolfgang Hildesheimers *Mozart*, Adolf Muschgs *Gottfried Keller* 1977 die Reihe der Künstlerbiographien fort; Horst Bienek die Reihe der Familiengeschichten, in der ihm August Kühn vorangegangen war. Elisabeth Plessen hat nach ihrem autobiographischen Romandebüt *Mitteilung an den Adel* (1976) inzwischen ein Buch über Michael Kohlhaas veröffentlicht. Auch die ›Hitlerwelle‹ – mit der Biographie und dem Film von Joachim Fest – hatte schon von dem neuen Geschichts- und Bildungsinteresse der siebziger Jahre profitiert, das sich zunächst vorwiegend in nichtfiktionalen Genres – aber auch in historischen Unterhaltungsromanen – manifestierte, bis *Der Butt* von Günter Grass das Geschlechterverhältnis in breiten epischen Epochenbildern aufwendig und artistisch anspruchsvoll vergegenwärtigte.

Als das literaturhistorisch signifikanteste Ereignis, das sicherlich erregendste und vielleicht auch folgenreichste seit der Niederschrift des ersten Teils, sehe ich aber nicht das Erscheinen irgendeines Werkes an – sei es auch von Grass, Koeppen, Canetti oder Huchel –, sondern den Konflikt der Künstler mit der SED und mit der Regierung der DDR nach der Ausbürgerung Wolf Biermanns. Es ist das signifikanteste Ereignis wohl auch für die Literatur der Bundesrepublik, nicht allein, weil nun – nach Huchel und neben Biermann – auch Thomas Brasch, Reiner Kunze, Bernd Jentzsch, Sarah Kirsch, Jürgen Fuchs, Gerulf Pannach, Christian Kunert als ›westliche‹ Erzähler, Lyriker oder Liedermacher gelten müssen – wie seit Jahren Heinar Kipphardt oder Hartmut Lange als ›westliche‹ Dramatiker –, sondern auch, weil die literarische Intelligenz des Ostens seither verstärkt in westlichen Zeitungen und Magazinen publiziert und diskutiert und weil in der DDR das Verhältnis der deutschen Staaten zueinander überhaupt zu einem Gegenstand zentralen Interesses geworden ist – wie für die literarische Intelligenz des Westens die kulturpolitische Szene und die Literatur der DDR, wo der Schriftsteller »eine Funktion hat, wie er sie im Westen nie erreichen kann«.[63] Autoren des Ostens scheinen gegenwärtig den Westen zu brauchen[64] (Hans Joachim Schädlichs *Versuchte Nähe*, ein Favorit der Kritik nach der Herbstmesse 1977, kam aus der DDR, aber erschien nur im Westen, wo der Autor inzwischen auch lebt); Kritiker und Leser des Westens blicken nach Osten: »Fast will es scheinen, als hätten die DDR-Autoren jetzt die Österreicher abgelöst, denen unser literarisches Leben in den letzten Jahren viel Farbe und Glanz verdankte.«[65]

III. Blickt man vom Ende der siebziger Jahre auf deren Literatur zurück und vergleicht das Bild, das sich ergibt, mit den ersten beiden Teilen dieses Beitrags, ›Momentaufnahmen‹ des literarischen Geschehens, die während der siebziger Jahre entstanden sind, dann drängen sich neben Bestätigungen (in Form von mehr Namen und Titeln, als hier Platz zu finden vermögen) und neben variierenden Ergänzungen auch Relativierungen und Korrekturen auf. Sie sollen am Ende zur Sprache kommen.

Zunächst aber sei festgehalten, daß die ausgehenden siebziger Jahre im literarischen Leben der Bundesrepublik ohne einschneidende Veränderung verstrichen sind. Das entspricht der relativen Statik der innerdeutschen Situation in Politik und Gesellschaft. Der Ausbau der Computertechnik weckt zwar Hoffnungen wie Befürchtungen; die periodisch erneuerte Ölkrise schürt Gefühle der Unsicherheit über die Beständigkeit der kollektiven Ziele, Einstellungen und Lebensformen der westdeutschen Gesellschaft. Da es aber bisher gelang, mit dem Status quo eine relative Balance von Sorge und Zuversicht zu wahren, nährten sich die neuen Ängste, die es am Ende der siebziger Jahre durchaus gab, vor allem aus außerdeutschen Entwicklungen. Der Entspannungsbegriff verlor an internationalem Kurswert; Kriegsängste kamen auf. Der politische Wind blies der Linken ins Gesicht. Weder in China noch in Indochina, weder im Nahen noch im Mittleren Osten entsprachen die politischen Entwicklungen links-europäischen Wunschvorstellungen der sechziger und frühen siebziger Jahre. Die ökologisch-›grüne‹ und die mit ihr verbundene Anti-Atomkraft-Bewegung waren im internationalen Feld politischer Rechts-Links-Gegensätze nicht fest einzuordnen. ›Rechte‹ Diktatoren wurden in mehreren Staaten gestürzt. Aber die Verfahren in sozialistischen Ländern gegen intellektuelle Dissidenten weckten Sympathien für diese und Antipathien auch gegen sozialistische ›Machtapparate‹; immer mehr DDR-Autoren wechselten in den ›Westen‹ über oder suchten dort zumindest Presseforen für brisante Themen, Verlage und Aufführungschancen für im ›Osten‹ unveröffentlichte Werke.[66]

Die heranwachsende Intellektuellengeneration der Bundesrepublik wich, soweit sie sich nicht anzupassen bereit war, zu einem beträchtlichen Teil in eine unpolitisch-mystische, teilweise auch anarchistisch beeinflußte ›Gegenkultur‹ aus.[67] Der »neue Typ« dieser ›Alternativszene‹ weiß – nach einem Manifest von 1979[68] –, »daß wir sterben müssen«; für ihn ist »die Pointe aller Religion: Therapie«. Er »gebraucht Psychodrogen«, will sich aber vor »Giften« in der Ernährung hüten. »Er bevorzugt die Selbstverwaltung vor der Fremdbestimmung, die Genossenschaft vor dem autoritären

Betrieb, ist Föderalist und ein Gegner des ›demokratischen Zentralismus‹.« Unter den Postulaten der Französischen Revolution favorisiert er die »am meisten mißachtete [...]: Brüderlichkeit. Noch recht maskulin ausgedrückt damals. Geschwisterlichkeit heute.«

Soweit die ›Alternativkultur‹ diesem Programm entspricht, ist sie – wie sich rasch rekapitulieren läßt – nur ein Spiegelbild der »neuen Subjektivität«, der man in der ›Szene‹ zwar verächtlich attestiert, daß sie »momentan in der bürgerlichen Repräsentativkultur ihre Erfolge feiert«,[69] doch im Grunde nichts entgegenzusetzen hat. Diese Übereinstimmung gilt für die Sensibilisierung gegenüber ›maskuliner‹ Sprach- und Lebenskonvention, für den »Föderalismus« in seiner literarischen Spielart als neuer Regionalismus mit Dialekt und Heimatmotivik;[70] es gilt auch für den »Anti-Institutionalismus«.[71] Das Rowohltsche *Literaturmagazin* von 1979 legt Wert darauf festzustellen, daß es »gegen den Zentralismus der Institutionen der Arbeiterbewegung genau so gerichtet [ist] wie gegen das Machtmonopol der Kulturindustrie«.[72] Das Modell politischer »Diversifikationsprozesse« in »Bürgerinitiativen« wird umstandslos auf das literarische Leben übertragen und radikalisiert zu einer unbekümmerten Absolutsetzung des »schreibenden Ich«, das bereits als solches, »ohne die Autorität von Form oder Faktizität, das Authentische garantiert«.[73] Der Wert dieses »Authentischen« wird nicht relativiert; das unmittelbare Sich-Ausdrücken wird wichtiger als das Bemühen, Richtiges und Falsches, Besseres und Schlechteres, Bedeutsames und Belangloses voneinander zu sondern.[74] Von den professionellen Schriftstellern hatte Peter Handke mit seinem umstrittenen Tagebuch *Das Gewicht der Welt* (1978) ein praktisches Beispiel für diese Attitüde gegeben. Bernward Vesper hatte theoretisch proklamiert, ›daß jeder schreiben kann‹; er wird damit nun zur postumen Autorität: »Jeder kann es, jeder! Es gibt keine Künstler mehr! [...] was Du tust, was ich morgen tun sollte, ist gleich viel wert!«[75]

Das Bekenntnis zur Droge begleitete den Leser sowohl in der »offiziellen« als auch in der »Alternativszene« auf dem »Weg des Wissens« in dem amerikanischen Bestseller von Carlos Castaneda *Die andere Realität: Die Lehren des Don Juan* (dt. 1972), dessen Übersetzung 1976 in 6. Auflage erscheinen konnte; es begleitet ihn noch auf der *Reise* Vespers, die für einige Zeit ins Zentrum der Diskussion geriet; bereits ihr Titel spielt auf den ›Trip‹ an. Ein anderes Exempel (gleichfalls mit zeitsymptomatischem Reisetitel) ist eine lyrisierende Erzählung des jungen Österreichers Peter Rosei, *Von Hier nach Dort* (1978), deren fahrender Held mit Drogen handelt; sie wurde in der Bundesrepublik von der Kritik wie ein neuer *Taugenichts* aufgenommen. In der Lyrik poetisiert Wolf Wondratschek die *Kokain Kids* (»Zum Lachen zu müde / Zum Sterben zu jung«).[76]

Das »Sterben« ist mehr als je literarische Mode. Der »Absprung« in den Suizid[77] und mehr noch der Tod von Mutter und Vater, der Rückblick auf ihre Leiden oder ihre Fremdheit, ihren Alltag, ihre Grenzen und ihre Schuld aus der Perspektive von Sohn oder Tochter setzten am Ende der siebziger Jahre viele Federn in Bewegung.[78] (Handkes *Wunschloses Unglück* hatte schon 1972 dem Thema die Bahn gebrochen.) Die Todesbücher sind z. T. auch Bücher der Verstörung, Äußerungen oder Analysen eines »Elends mit der Psyche« (das gleichfalls schon 1972 in einem *Kursbuch* gleichen Titels hunderttausenden realer Bundesbürger zugeschrieben wurde). Es verlangt nach Therapie – auch nach »Religion« als »Therapie« (wie das ›Alternativ‹-Manifest formuliert). In einem *Kursbuch* von 1979 werden die Sekten zum Thema. Hermann Hesses *Siddharta* bleibt bei Schülern und Studenten populär. Handke verstärkt die mystisch-religiösen Züge seines Schreibens in *Langsame Heimkehr* (1979). Meditationsbücher bieten ihre Hilfe auf dem »Weg nach innen« an. Auch der ›neue deutsche Film‹ bringt auf seine Weise Symptome und Rezepte ins suggestive Bild – als Kontraste von geschlossentristem Stadtalltag und offenen Naturrefugien, als Ausbruchsträume von einem unbürgerlichen Leben ziellos »on the road«.[79]

Psychotherapie, Religiosität, die Hoffnung auf das neue Selbst, den ›ganzen Menschen‹ erscheinen literarisch eng verquickt mit allgemeiner Kultur- und Sozialkritik. Die Bücher der Psychologen Horst Eberhard Richter und Tilmann Moser finden sich regelmäßig im Lichtkegel der einflußreichen Feuilletons. Erich Fromm bleibt auch nach seinem Tode bei Lesern aktuell, für die Adorno und Marcuse in historische Distanz entrückt sind. Theoretische, fiktionale, autobiographische Schriften des internationalen Feminismus machen die ›Hysterikerin‹, die ›Neurotikerin‹, das Mutter-Tochter-Problem zu ihrem Thema und versuchen, die Psychoanalyse – in der Kritik ›phallozentrischer‹ Momente – über Freud hinaus weiterzuentwickeln.[80] Das Vorzugsthema »Wahnsinn«[81] erscheint teils als kreative Kraft, teils als Verhängnis, das die Opfer sozialer Strukturen befällt; die Familie erscheint als Brutstätte ›kranker‹ Reaktionen. »Antipsychiatrie« wurde zu einem geläufigen Terminus auch der literarischen Kritik, die über keine eigene Kenntnis der psychiatrischen ›Schulmedizin‹ verfügt. Die Werbung für den kranken Robert Walser (im Jahre seines 100. Geburtstags) fiel nun auf günstigeren Boden. Der »Wahnsinn« Hölderlins wurde neu gedeutet: als Strategie des Dichters in einer feindlichen Gesellschaft.[82] Deutsche Ausgaben der Werke von Ronald Laing, Jacques Lacan, Michel Foucault, Jacques Derrida setzen sich immer stärker durch; sie treten vielfach an die Stelle anderer Autoritäten, insbesondere der ›Klassiker des Marxismus‹, in den Fußnoten und Literaturverzeichnissen jüngerer Philologen. Auf deren linkem Flügel behauptet sich Wilhelm Reich als wirkende Kraft; *Männerphantasien* heißt der germanistische Bestseller Klaus Theweleits, der den NS-Faschismus als historisch-kollektiven Fall von Sexualpathologie interpretiert.[83] Der »Rationalitätstick der Weimarer Linken« ist eine der Zielscheiben dieses Buches. »Der neue Irrationalismus« breitet sich aus; Rowohlts 9. *Literaturmagazin* ist ihm gewidmet (das 12. erscheint als Sonderband über Nietzsche). Paul K. Feyerabends polemische Vorstöße gegen rationalistischen »Methodenzwang« dringen ins deutsche literarische Zeitgespräch vor.[84] Im Zeichen einer »Ästhetik des Schreckens« beginnt Ernst Jünger erneut zu faszinieren.[85] Seinen Freund aus der Zeit des Dritten Reiches, den profaschistisch-katholischen Staatsphilosophen Carl Schmitt, erkürt sich die »Neue Rechte« in Frankreich als Idol. Der Philosophie Martin Heideggers wendet sich (wie Nietzsches) ›rechts‹ und ›links‹ – im Aus- und Inland – verstärktes Interesse zu.

Das literarische Feuilleton spricht vom »Aufzug der neuen Romantiker«.[86] Der Rückbezug auf die Zeit um 1800 (und immer wieder auch auf Georg Büchner) wird in der Tat bewußt vollzogen.[87] Das zeigt sich in einer Vielzahl von ehrgeizigen Klassikerinszenierungen (die das zeitgenössische Drama kaum noch zur Geltung kommen ließen), auch am festgehaltenen Thema Hölderlin, überhaupt an der immer noch wachsenden Kette von Werken, die ›klassische‹ Werkmuster in neuen Romanen (oder Filmen) adaptieren oder – in beiden deutschen Staaten – Künstler und Philosophen von damals zum Gegenstand von Romanen oder literarischen Biographien machen.[88] Die breiteste

Resonanz hatten Christa Wolf (Büchner-Preisträgerin 1980), die aktuelle Schwierigkeiten in die Situation Kleists und der Günderode projiziert (*Kein Ort. Nirgends*, 1979), und Günter Grass, der gar bis ins Jahr 1647 zurückgeht, um – mit großer literaturhistorischer Sachkenntnis – an den Dichtern von damals zu demonstrieren, daß »Gestern [sein] wird, was Morgen gewesen ist. Unsere Geschichten von Heute müssen sich nicht Jetzt zugetragen haben«.[89]
An die Umschlagsphase zur Romantik erinnert von fern auch der Triumphzug phantastischer Literatur, in dessen Zeichen sich (wie bei Michael Endes Bestseller *Die unendliche Geschichte*, 1980) zuweilen Kinder und Erwachsene zu einem gemeinsamen Publikum vereinigen. Mit diesem Triumphzug kamen die polnischen Science-fiction-Märchen Stanislaw Lems nach Deutschland; vor allem aber die Elfen, Ungeheuer und tapferen kleinen »Hobbits«, mit denen der englische Germanist und Mediävist J. R. Tolkien seine mythisch-manichäische Fabelwelt bevölkert. Gleichermaßen floriert der internationale phantastische Film, mit Weltraumabenteuern, Katastrophen, Vampiren, erotisch-satanistischen Motiven.[90]
Manches davon erinnert auch ans ausgehende 19. Jahrhundert, die ›Überwindung des Naturalismus‹ im Fin de Siècle. Dessen Untergangsvisionen hat Hans Magnus Enzensberger neu belebt. Der engagierte ›Trendsetter‹ der späten fünfziger und der sechziger Jahre zog sich in den siebziger Jahren in einen venezianischen Palazzo zurück, um den *Untergang der Titanic* (1978) zu besingen, nachdem er zuvor in einem Zyklus über historische Persönlichkeiten ein lyrisch-balladeskes *Mausoleum* (1976) für die neuzeitliche Fortschrittsidee errichtet hatte. Dabei entfernt er sich weit von der lyrischen Simplizität der Neuen Subjektivität, im auffälligen Rückgriff auf historisch gewordene Formen – einen Gedichttypus Petrarcas im bildungsträchtigen *Mausoleum*, Formen der Versepik im *Untergang der Titanic.*[91]
Die Abkehr der ehemals Neuen Linken von einer unmittelbar politisch-sozialen Thematik öffnete eine Lücke im Büchermarkt; sie mag Importen aus der DDR wie Hermann Kants *Der Aufenthalt* (1977), Volker Brauns *Unvollendete Geschichte* (1977), Maxie Wanders *Guten Morgen, du Schöne* (1978) zugute gekommen sein, ermöglichte aber auch eine gewisse Renaissance der Autorengeneration, die in der Weimarer Republik und im Exil mit kritisch-republikanischer Belletristik und Publizistik hervorgetreten war. Eine Vielzahl von Neudrucken (darunter ein Reprint der *Weltbühne*, 1978) und Literaturverfilmungen aus dieser Tradition setzten ein Gegengewicht zu Neuer Innerlichkeit und Neuem Irrationalismus.[92] Sie fördern nicht nur die Durchdringung der NS-Vergangenheit und ihrer Vorgeschichte, sondern auch die Bemühungen um eine demokratische Allgemeinkultur, die sich der generellen Spaltung in eine E- und U-Kultur, in Kunst und Zweck, Dichtung und Unterhaltung entzöge. Die medienkritische Diskussion um *Holocaust* (1979) – dem international meistbeachteten ›Fernsehereignis‹ der siebziger Jahre – stand hierzulande noch im Zeichen dieser Spaltung. Den einen diente die Sendefolge über den Völkermord im Dritten Reich zur Rechtfertigung nicht etwa einer entschieden humanistischen, sondern einer prinzipiell ›trivialliterarischen‹ Programmpolitik; für andere entwerteten formale Parallelen zur Familienserie bereits die gesamte politisch-moralische Resonanz der Ausstrahlung und machten sie ideologisch verdächtig.[93] Dieser Richtung der Kritik ist auch Rolf Hochhuth ein Ärgernis; sie vermag das politisch-didaktische Gewicht eines Teils seiner Arbeiten (das sich – mit der Rückkehr zu zeitgeschichtlicher Thematik – in der Affäre

Filbinger 1978 erneut bestätigte) weder als Faktum zu bestreiten noch als legitim zu erkennen. Näher steht ihr Botho Strauß, der 1978 mit seinen ›Szenen‹ *Groß und klein* (einem Stationendrama um eine Außenseiterin) sein literarisches Prestige als deutscher Bühnenrepräsentant der Neuen Subjektivität behauptete – freilich nach wie vor überschattet von Thomas Bernhard, der mit seinen außergewöhnlichen Autobiographien in den vergangenen Jahren dem Publikum und der Kritik neue Zugänge zu sich und seinem Werk eröffnet hat.

Der Kontrast, der sich am Ende der siebziger Jahre zwischen Strauß und Hochhuth zeigt – oder zwischen Bernhard und Kroetz (der zwar 1980 seinen Austritt aus der DKP erklärt, aber wie Günter Herburger, Uwe Timm und Peter Schütt während der siebziger Jahre seine schwierige und unpopuläre Position behauptet hat) –, ist eines der vielen Indizien dafür, daß Tendenzen der ›sechziger Jahre‹ in den siebziger Jahren noch präsent sind, wie es die Tendenzen der ›siebziger Jahre‹ in den sechziger Jahren schon gegeben hat. Der Bühnenerfolg von Hochhuths *Juristen* (1979) ist voraussichtlich viel geringer als der des *Stellvertreters*; aber typologisch sind die beiden Stücke ebenso eng verwandt wie auf der anderen Seite Handke- oder Bernhard-Stücke aus beiden Jahrzehnten. Diese Dezennien gehören, trotz aller Umschichtungen, epochengeschichtlich zueinander; ein epochaler Wechsel hat sich im Übergang vom einen ins andere nicht vollzogen. Darin liegt die erwähnte Korrektur und Relativierung des Eindrucks, der sich aus den ersten Teilen dieses Beitrags ergeben mag, die sich auf die Trendveränderungen konzentrieren.

Eine spannungsvolle Einheit der Dekaden lassen selbst die Erzähler aus dem Umkreis der Studentenbewegung erkennen, die im autobiographischen Rückblick ihre ursprüngliche Nähe zu Existenzphilosophie und Bohemetum (die politisch fragwürdige Züge der Studentenbewegung mitgeprägt haben) zum Ausdruck bringen[94] und zugleich sichtbar machen, daß die individuellen Krisen, die die Literatur der Neuen Subjektivität ins Rampenlicht rückt, nur z. T. aus Depressionen hervorgehen, die (kausal oder zeitlich) dem Ende der Studentenbewegung folgen. Hans Fricks *Tagebuch einer Entziehung* (1973) behandelt denselben Erlebniszeitraum wie schon sein Krisen-Roman *Henri* von 1970. Vespers ›Roman-Essay‹ *Die Reise* wurde schon 1969 begonnen, auch wenn er erst 1977, sechs Jahre nach dem Suizid des Autors, erscheinen konnte. Hermann Kinders ›Bildungsroman‹ *Der Schleiftrog* (1979) leitet die ›Krise‹ geradezu aus einer Art von ›Double Bind‹-Situation seines Helden zwischen ›literarischer‹ Disposition und politischem Anspruch ab.[95] Die ›Gestimmtheit‹ solcher Autobiographien und autobiographisch gefärbten Romane auch aus den mittleren und späteren siebziger Jahren erklärt sich nicht nur aus Bedingungen der Entstehungs- oder Erscheinungsjahre, sondern bringt zugleich – nach dem sprechenden Romantitel Nicolas Borns von 1976 – etwas von der »erdabgewandten Seite der Geschichte« von gestern zum Vorschein: nämlich Erinnertes aus der ›Privatgeschichte‹ literarischer Intellektueller aus Kleinbürgertum und Bildungsschicht in der Zeit der Studentenbewegung und im Bannkreis ihres Aktionismus. Diese »Seite« wird nun – im Zeichen der literarischen Retro- und Introperspektive – als psychische Labilität, Gespaltenheit, gestörte Umweltbeziehung herausgekehrt.

Ein Signal zur Thematisierung des Todes setzte schon Christa Wolfs *Nachdenken über Christa T.* (1968), mit breiterer und positiverer Resonanz im ›Westen‹ als im ›Osten‹. 1971 folgte bei Suhrkamp – zunächst mit viel geringerem Applaus bedacht als der

DDR-Roman, der sich als Systemkritik interpretieren ließ – Ingeborg Bachmanns *Malina*, eine mehrschichtige, verfremdet autobiographische Darstellung von Identitätsproblemen einer Frau (die über »Todesarten« schreibt) im zeitgenössischen Umfeld und sozialen Spielraum der österreichischen literarischen Intelligenz. Der Roman liest sich heute wie ein frühes und eindrucksvolles Zeugnis ›neuer Subjektivität‹.[96]
Doch noch wichtiger als solche Überlappungen und Verzahnungen im Jahrfünft etwa von 1968 bis 1973 erscheint das Faktum, daß (wie am Beispiel des Dramas schon angedeutet) dieselben Autoren in beiden Jahrzehnten die widersprüchlichen ›soziozentrischen‹ und ›egozentrischen‹ Tendenzen, die wir mit den Stichworten ›sechziger‹ und ›siebziger‹ Jahre belegen, zu vertreten vermochten (auch wenn ihre Positionen im literarischen Zeitgespräch sich verschoben, ja z. T. wie ausgetauscht erscheinen). Die engagierte Prosa Wallraffs oder Engelmanns, das Liederschaffen Biermanns, die Stücke und Fernsehspiele Dieter Fortes sind Exempel dieser Kontinuität. Darüber soll der sozio-kulturelle ›Klima‹- und literarische ›Trendwechsel‹ nicht bagatellisiert werden, der sich Schritt für Schritt vollzog und vor allem in den Jahren '72/73 allmählich deutlich wurde. Die ›unpolitisch-existentielle‹ Opposition der sechziger Jahre verdrängte nunmehr die ›politische‹ Attitüde aus dem Rampenlicht des öffentlichen Interesses und z. T. auch von den Regalen der nachwachsenden Lesergeneration. Neue Themen und Formen, Motiv- und Genrepräferenzen bildeten sich im gleichen Prozeß heraus, wie wir gesehen haben. Daß in der Kreuzungszone nicht wenige Autoren ›umstiegen‹ und dadurch zu Mitrepräsentanten der ›siebziger Jahre‹ wurden, hat gewiß z. T. ökonomische Motive; es konnte sich aber zweifellos auch ohne solche aus der subjektiv aufrichtigen Verarbeitung persönlicher Erfahrung ergeben, wie man es Hans Magnus Enzensberger, Heinar Kipphardt, Peter Schneider, Karin Struck und vielen anderen zugestehen wird. Eine ›neue‹ Autoren-›Generation‹ aber trat nicht auf; die jungen Debütanten der siebziger Jahre, wie groß ihre Zahl auch war, folgten zumeist einer der beschriebenen Doppeltendenzen oder versuchten, diese auf je eigene Weise zu kombinieren. (Die deutsche Literatur des Feminismus ließe sich als eine solche Kombination beschreiben.)
Eine weitere Korrektur und Relativierung des gezeichneten Bildes ergibt sich, wenn wir einen anderen Gegensatz im literarischen Leben ins Auge fassen: die Diskrepanz zwischen Kritik und Publikum. Fernsehspiel und Fernsehadaptionen[97] finden immer noch nicht das gleiche kritische Interesse wie die anerkannte Buchliteratur; das Publikum aber bildet sich mehr an jenen als an dieser im Umgang mit fiktiver Welt. (Und blicken wir unmittelbar auf die Filmkritik, so krönt diese Herbert Achternbusch, den das Publikum über Volker Schlöndorffs Filmen *Die verlorene Ehre der Katharina Blum* und *Die Blechtrommel* übersieht.) Als Repräsentant einer Linken, die die Impulse der sechziger Jahre lebendig erhält, erscheint beim Blick ins Feuilleton Peter Paul Zahl, beim Blick aufs Publikum die Gilde der alten und neuen Liedermacher, von Wolf Biermann bis zu Konstantin Wecker und manchen Dialektsängern der siebziger Jahre. Die Kritik teilt ihr Interesse hauptsächlich zwischen denjenigen ›anerkannten‹ Autoren, die seit den fünfziger Jahren die größten Erfolge auf sich ziehen,[98] und der Neuen Subjektivität als der noch aktuellsten Richtung (die sich mit jenen Autoren in manchem punktuell berührt). Das Publikum hält es mehrheitlich mit der ersten Gruppe: Autoren wie Böll, Grass, Siegfried Lenz (der mit *Heimatmuseum* 1978 dem nationaldidaktischen Anspruch der *Deutschstunde* von 1968 treu blieb und von Grass 1979 den Bonner

Parteien vergeblich als Bundespräsident empfohlen wurde); mit der Novelle *Ein fliehendes Pferd* (1978) erntete Martin Walser einen ähnlichen Erfolg. Zwischen ihnen und einem Autor wie Johannes Mario Simmel zieht die Kritik einen abgrundtiefen Trennungsstrich, den ein nicht unbeträchtlicher Teil des Publikums ignoriert.
Den Werken dieser Autorengruppe – neben den fiktionalen Genres der technischen Massenmedien – wird auch das Publikum der achtziger Jahre gehören; zugleich in sicher noch wachsendem Maße dem Sachbuch, der literarischen Faktographie, die sich an die gleichen Leserschichten wie die Belletristik wendet und in den siebziger Jahren von der Vor- und Frühgeschichte bis zur Atomgefahr ein breites Themenspektrum unterhaltsam-informativ erfaßte. Schwerer ist es, die Geschicke der Neuen Subjektivität in der Kritik und beim Publikum der achtziger Jahre vorauszusagen. Es hängt von allzu vielen unbekannten, nicht zuletzt politisch-sozialen und ökonomischen Faktoren ab. Einer dieser soziokulturellen Faktoren wird die künftige Rolle und der künftige Charakter der ›Alternativszene‹ sein, zu der die Neue Subjektivität, wie sich zeigte, bislang eine besondere Affinität besaß. Was am Anfang der siebziger Jahre wie ein Auflösungsphänomen der Studentenbewegung erschien, ist mittlerweile, verjüngt, zu einem Sammelbecken vieler Jugendlicher aller Sozialschichten geworden. Es gibt in ihr abgekapselte Ghettos, deren Bewohner stolz darauf sind, seit »Jahren kein Wort mehr mit einem von denen, die draußen sind, gesprochen zu haben«.[99] Es gibt aber auch fließende Grenzen zum ›juste milieu‹ der Älteren, z. B. »einer ganzen Mischpoche von Teilzeitlehrerinnen, Versicherungsfritzen und Diplomkaufleuten [...], die ihre inneren Hohlräume mit Urschreiexperimenten, Verhaltenstherapie und Gruppendynamik füllen« (wie der SPD-Politiker Peter Glotz, ein aufmerksamer Beobachter der ›Szene‹, mit berechtigter Kritik und unberechtigter Verachtung schreibt).[100] Die Szene setzt sich vielfach aus kleinen städtischen Gruppen zusammen, aus einzelnen voller »Erfahrungshunger«,[101] aus gemeinsam arbeitenden Landkommunen ohne Lust an den spektakulären Auftritten der Achtundsechziger. Doch bildete sich am Ende der siebziger Jahre zunehmend auch ein neues Potential der Aggression und der Gruppenrevolte heraus, wie die Zürcher Jugendkrawalle, aber auch manche Protestformen des Wahljahres 1980 erkennen lassen, an denen die emotionelle Negation deutlicher in Erscheinung tritt als das politisch-soziale Credo *für* etwas. Nicht Studenten oder Literaturleser, sondern aliterarische und nichtakademische Gruppen – unerreichbar für die Literatur der Neuen Subjektivität – scheinen dieser jugendlichen Alternativszene heute ihr vorherrschendes Gepräge zu geben. Ein Hohlraum (mit Glotz zu sprechen), ein Vakuum an Sinn tritt aber hier wie dort in Erscheinung. Die Autoren der Neuen Subjektivität wissen (wir sehen es am Motto der *Stunde der wahren Empfindung*), daß individuelle Gewalttätigkeit und Sinnlosigkeit verschwistert sind. Aber seelische Hohlräume füllen sich nicht auf Kommando. Da es der Neuen Subjektivität nach wie vor schwerfällt, ihre offenen Schlüsse, ihre halben happy endings jenseits von Gewalttätigkeit und Sinnlosigkeit, überzeugend zu begründen, bleibt eine Versuchung zur Gewalt auch für sie ein selbstkritisch diagnostiziertes Problem. »Früher war mein einziges Zuhause eine Phantasie, die alle Anderen ausschloß. Jetzt will ich die Anderen, dafür habe ich kein Zuhause mehr. Wenn mich wieder die unerklärbare Furcht ergreift, die Wände des Zimmers nur Messer haben, dann stürze ich zum Balkon, öffne das Fenster und versuche, mich den Menschen, die unter mir vorbeigehen, verbunden und ähnlich zu fühlen. Aber manchmal ist die Furcht größer, und die Anderen soviel kleiner, daß ich

mir noch immer wünsche, es möge etwas passieren, jemandem soll auf der Stelle etwas zustoßen [...].«[102] Nicolas Born hat in seinem letzten Roman *Die Fälschung*, 1979 (in der *Frankfurter Allgemeinen Zeitung* als Fortsetzungsroman erschienen), das kollektive Elend der Libanesen – im Kreuzfeuer von Bürger-, Religions- und internationalen Stellvertreterkriegen – mit den mentalen Nöten und erotisch-familiären Krisen eines schreibenden deutschen Intellektuellen von heute konfrontiert. Für dessen Individualroman findet Born einen offenen Schluß, ein halbes happy ending nur mittels des fiktiven Mordes, den der Deutsche an einem unbekannten Libanesen begeht. Ob es den jungen Autoren der achtziger Jahre gelingen kann, ihren Figuren mit wenigstens gleicher literarischer Überzeugungskraft ein sinnvolleres Geschick zu bescheren, ist eine Frage, deren Antwort nicht allein vom subjektiven Wollen dieser Autoren abhängen wird. Nicht als moralistisches Postulat, sondern als hoffnungsträchtige Erinnerung ist daher der Hinweis auf das Glücksethos gemeint, das Brecht in *Der gute Mensch von Sezuan* so formuliert: »Keinen verderben zu lassen, auch nicht sich selber / Jeden mit Glück zu erfüllen, auch sich, das / Ist gut.«[103]

Anmerkungen

1 Die drei Teile dieses Textes stellen Reaktionen des Verfassers auf die Literatur der siebziger Jahre dar, die nicht zur gleichen Zeit fixiert wurden. Teil I entstand – als Vortrag für australische Germanistikstudenten – im Sommer 1976; er wurde um Teil II für den Druck erweitert, Teil III wurde 1979 angeschlossen; Erstdruck von Teil I/II: Basis 8 (1978). In Einzelheiten 1980 ergänzt. – Eine abweichende Auffassung der siebziger Jahre (als ein Jahrzehnt ohne literarische Richtung, mit lauter Einzelgängern) vertritt Marcel Reich-Ranicki: Anmerkungen zur deutschen Literatur der siebziger Jahre. In: Merkur 33 (1979) H. 2.

2 Literaturmagazin 5. Reinbek 1976. S. 236.

3 Inzwischen hat Rudolf Walter Leonhardt in der *ZEIT* (vgl. Nr. 29 v. 1. 7. 1977 und die folgenden Nummern) noch andere mitwirkende Faktoren für das Ende der Gruppe 47 aufgezeigt. Seine Ausführungen sind in den vorstehenden Aufsatz dieses Bandes eingegangen.

4 Die literarischen Schauplätze in der DDR, in Österreich und der Schweiz bleiben hier in ihren Besonderheiten außer Betracht, nicht als Quantités négligeables, sondern weil sie teilweise unter anderen Bedingungen stehen und eigene Themen abgäben. (Autoren aus den genannten Staaten, deren Bücher in der Bundesrepublik erschienen und in deren literarischer Szene eine für unseren Zusammenhang bedeutsame Rolle spielen, sind einbezogen.) West-Berlin ist unter den Gesichtspunkten dieses Beitrags ein Teil der westdeutschen Literaturszene.

5 Vgl. Heinrich Böll: Die verlorene Ehre der Katharina Blum oder Wie Gewalt entstehen und wohin sie führen kann (1974). Böll reagierte wieder besonders rasch und mit breiter Resonanz. Seine Erzählung beleuchtet u. a. Gefahrenmomente, die in der skizzierten Situation von der Massenpresse ausgehen.

6 Symptomatisch ist ein polemisch überspitzter *Spiegel*-Essay des Kritikers und Literaturhistorikers Rolf Vollmann vom 11. 10. 1976. Er definiert die »Intellektuellen« der Mittsiebzigerjahre als »jene Radikalen, die schon von sich aus nicht in den öffentlichen Dienst wollen. [...] Intellektuelle, die Macht wollen, sind keine mehr. In diesem Sinne gibt es unter den Politikern wirklich keine Intellektuellen. Es gibt Schlauköpfe und Schöngeister, das ist wahr, aber mehr gibt es nicht«.

7 Vgl. das satirische Vorwort der Herausgeber Michael Krüger und Klaus Wagenbach zum *Tintenfisch* 8 (1975): »Ein Gespenst geht um in Deutschland: die Langeweile. Die ehemals radikalen Schüler sitzen schwitzend über Bonus- und Malus-Werten und denken über die Höhe ihrer Pension nach; die ehemals radikalen Studenten sitzen frischrasiert und gerade an ihren sauberen Schreibtischen und entdecken die alte oder die neue Ordnung, auf jeden Fall eine Ordnung; die ehemals radikalen Schriftsteller liegen in den warmen Armen der Gewerkschaft, seitdem sind sie ruhig; der Rest der Bevölkerung scheint, aus Angst vor Entlassung, regelmäßig und unauffällig zu leben. [...]

Das Wort radikal fühlt sich nur noch im Zusammenhang mit der Bürokratie wohl, [...] als Radikalenerlaß.«

8 Literaturmagazin 5. S. 25.

9 Ebd. S. 25. In der *Frankfurter Allgemeinen Zeitung* Nr. 257 v. 13. 11. 1976, S. 25, berichtet Hans Christoph Buch: »Als ich nach meiner Rückkehr aus Haiti einen Redakteur anrief und ihm anbot, einen Reisebericht zu schreiben, meinte er, nachdem ich ihm mühsam klargemacht hatte, daß es sich nicht um Tahiti, sondern um Haiti handelte: ›Dritte Welt läuft bei uns nicht mehr. Schreiben Sie lieber ein persönliches Bekenntnisbuch!‹«

10 Vgl. *Der Spiegel*. Nr. 31 v. 26. 7. 1976. S. 125.

11 Ebd.

12 Vgl. Gabriele Wohmanns Gedicht *So ist die Lage* in: Tintenfisch 8 (1975) S. 35:

[...]
Aber wie kommt es daß mich die Fernsehbilder jetzt
Weniger angreifen als dein Tonfall vorhin
Daß es mich beschäftigt wie wir uns GUTE NACHT sagen
Während die Erdbebengeschädigten keine Schlafstätte haben
[...]
Beim Versuch nach etwas Belangvollem Ausschau zu halten
Und von mir abzusehen
[...]
Bin ich auf mich gestoßen.

13 Peter Handke: Als das Wünschen noch geholfen hat. Frankfurt a. M. 1974. S. 84. Handkes Hinweise auf Lenz sind verdienstvoll, allerdings in ihrer Deutungstendenz nicht unproblematisch; vgl. K.-M. Hinz' Besprechung von Lenz' *Der Kutscher und der Wappenmaler* in der *Stuttgarter Zeitung* v. 19. 7. 1975 und seine Einwände gegen Handke.

14 Vgl. Marcel Reich-Ranicki: Erika Runges Schwierigkeiten. In: Frankfurter Allgemeine Zeitung. Nr. 155 v. 17. 7. 1976. S. 19.

15 Ebd.

16 Vgl. Kurt Batt: Revolte intern. Betrachtungen zur Literatur in der BRD. Leipzig 1974. S. 49 f.

17 Literaturmagazin 5. S. 166.

18 Thomas Rothschild: Zur Wiederkehr des Volksliedes. Fazit einer sangesseligen Saison. In: DIE ZEIT. Nr. 32 v. 30. 7. 1976. S. 29. Inzwischen hat sich ein Teil der neuen Lieder wieder politisiert: die Lieder der Bürgerinitiativen gegen die Atomkraftwerke modifizieren das Fazit der nachfolgenden Saison (Hinweis von Hans-Joachim Steinert).

19 Literaturmagazin 5. S. 191.

20 Peter Rühmkorf: Walther von der Vogelweide, Klopstock und ich. Reinbek 1975. S. 188.

21 Ebd.

22 Ebd.

23 Ebd. S. 147. Den besseren Zeiten für die Lyrik korrespondieren schlechtere für das politische Theater (vgl. die Klagen von Franz Xaver Kroetz im *Literaturmagazin* 5, S. 60). Das dominierende westdeutsche Erfolgsstück in der Mitte der siebziger Jahre kam zwar aus der DDR, handelte aber von »Privatantrieben«: Ulrich Plenzdorfs *Die neuen Leiden des jungen W.* (1972), die – zumindest für die Rezeption im *westlichen* Publikum – doch wohl unpolitische Geschichte eines jungen Außenseiters, die sich an Goethes *Werther* anlehnt.

24 Vgl. Literaturmagazin 5. S. 188.

25 Ebd. S. 189.

26 Die überaus zahlreichen Besprechungen (u. a. von R. Baumgart, U. Greiner, P. Lämmle, R. Wiegenstein, W. Schütte) waren vorwiegend positiv. Die ›Linke‹ allerdings war in ihrem Urteil gespalten; positiv reagierten u. a. W. Biermann, P. P. Zahl, E. Fried, negativ P. Rühmkorf und T. Proll; die Stellungnahme von M. Schneider in *Die lange Wut zum langen Marsch*, Reinbek 1975, S. 317–329, die mir erst nachträglich bekannt wurde, spiegelt die gegensätzlichen Positionen in ihrer eigenen Ambivalenz.

27 Vgl. den Umschlag von Peter Schneider: Lenz. Eine Erzählung. Berlin 1973; 75.–84. Tsd. 1976; im folgenden werden nur die Seitenzahlen dieser Ausgabe im Text angeführt.

28 Büchner wird zitiert nach der historisch-kritischen Ausgabe von Werner R. Lehmann: Sämtliche Werke und Briefe. Bd. 1. Hamburg o. J. [1967].

29 Literaturmagazin 5. S. 27. Daß die Tendenz zum ›Glück am Wege‹ sich nur auf die Büchner-*Stelle*

berufen kann, die Schneider modifiziert, daß Büchners Lenz hier nicht unvermittelt für den Autor spricht, wird vielleicht schon deutlich, wenn man sich Büchners fieberhafte Arbeitsexistenz ins Gedächtnis ruft.

30 Peter Handke: Die Stunde der wahren Empfindung. Frankfurt a. M. 1975. Im folgenden werden nur die Seitenzahlen im Text angegeben. Unter den zahlreichen Besprechungen (u. a. von Jean Améry, M. Buselmeier, U. Jenny, W. Kraus, K. L. Tank) stechen als die wohl positivste diejenige von U. Greiner (Frankfurter Allgemeine Zeitung v. 29. 3. 1975), als die wohl negativste diejenige von Peter Schneider heraus (Angst aus dem Zettelkasten. In: Frankfurter Rundschau v. 28. 6. 1975).

31 Literaturmagazin 5. S 29.

32 Ebd. S. 30.

33 Die Voraussage Muschgs wurde durch den Anteil der von ihm beschriebenen Altersgruppe an den heftigen Auseinandersetzungen um Atomkraftwerke bereits widerlegt.

34 Über das Maß des Anteils seiner »eigenen Existenz«, seines »Lebensgefühls«, über die Annäherung an die »Grenze zum Privaten« in der *Stunde der wahren Empfindung* äußert sich Handke in einem Gespräch mit Heinz Ludwig Arnold in der *ZEIT* Nr. 11 v. 12. 3. 1976.

35 Darauf weist schon Peter Schneider (Anm. 30) hin.

36 John Updike hat in seiner Besprechung der amerikanischen Ausgabe des Buchs den Anteil der literarischen Tradition an Handkes »Discontent« stark betont: »Like Kafka, he has a hero called Gregor who awakes monstrously metamorphosed; like Joyce, he has his hero wander a city street by street; like Robbe-Grillet, he sets down physical details with a flat precision that conveys a menacing emptiness« (The New Yorker v. 26. 9. 1977).

37 Schneider und Handke haben hier an einer allgemeineren Tendenz der siebziger Jahre Anteil, die sich in mehreren Medien und Gattungen und über die Bundesrepublik hinaus belegen ließe. Es mag hier genügen, auf Hochhuths *Lysistrate*-Komödie, auf Plenzdorfs *Neue Leiden*, auf Christa und Gerhard Wolfs *Till Eulenspiegel*, auf Kroetz' *Maria Magdalena* und *Agnes Bernauer* hinzuweisen.

38 Wir erfahren nichts Konkreteres über diese »Arbeit«, die »unverrückbar wäre wie ein Gesetz«, nichts über den Inhalt der »Sehnsucht«. Nur Naturgesetze sind »unverrückbar«, menschliche Gesetze sind wie menschliche Arbeiten (glücklicherweise) stets »verrückbar«, als Momente der Geschichte. Handke hat in seinem Gespräch mit Arnold (Anm. 34) erklärt, er beziehe sich hier auf die »nicht entfremdete Arbeit«, ein »Glück«, das »allein nicht zu schaffen« sei. Insofern will auch er »ganz richtig politisch schreiben«. Hier zeigt sich eine naive Utopie von »Ganzheit«, »Harmonie«, von »Einverständnis, Zufriedenheit und Geheimnis«, die in der deutschen Geistesgeschichte ihre geschichtswidrige Tradition hat (und Anhänger auch noch bei der Neuen Linken, der Handke scheinbar so fern steht). Sie ist so wirklichkeitsfremd wie die harmonische Synthese von sinnlichen Genüssen und gesellschaftlichem Engagement, von persönlichen und politischen Beziehungen, die Schneiders Lenz verkündet. (Vgl. zu Berührungspunkten zwischen ›neulinker‹ und konservativer »Sozialromantik« R. Hinton Thomas / Keith Bullivant: Westdeutsche Literatur der sechziger Jahre. Köln 1974. S. 73, 222 und passim.) Überzeugender ist bei Handke die Beschreibung eines mystisch-außersozialen Glücks von sekundenschneller Flüchtigkeit (S. 81).

39 Christa Reinig: Entmannung. Düsseldorf 1976. S. 211.

40 Das Zitat bezieht sich auf den Buchtitel von Helmut Ruge: Die Schnüffel- und die Büffelzeit ... Tübingen 1977; vgl. aus demselben Verlag (texte Verlag) auch die ersten Nummern der *tübinger texte*, einer der neuen erfolgreichen Zeitschriften der siebziger Jahre.

41 Vgl. Günther Rühle: Theater in unserer Zeit. Frankfurt a. M. 1976. S. 233–260.

42 Ebd. S. 240.

43 Ebd. S. 234.

44 Ebd. S. 255 f.

45 Vgl. Peter Hamm: Ein rosa Katzenjammer. In: Der Spiegel. Nr. 34 v. 16. 8. 1976. S. 122. Zum »verketzerten Gefühl« vgl. Paul Stöcklein: Das verketzerte Gefühl. In: Herderbücherei INITIATIVE 14 (1976). Die Formel Stöckleins bezieht sich auf die generelle Entwicklung der sechziger Jahre, nicht speziell auf die Lyrik.

46 Vgl. Warum im Dialekt? Interviews mit zeitgenössischen Autoren. Hrsg. von Gerhard W. Baur und Hans Ruediger Fluck. Bern/München 1976; Claus Schuppenhauer: Niederdeutsch heute. Leer 1976.

47 Vgl. etwa Jörg Drews: Selbsterfahrung und Neue Subjektivität in der Lyrik. In: Akzente 24 (1977)

H. 1; dazu die Erwiderung von Jürgen Theobaldy in Akzente 24 (1977) H. 2; ferner Michael Zeller: Die Sensitivität der Neuen Sensibilität. Gedichte von Ursula Krechel, Ludwig Fels und Wolf Wondratschek. In: Frankfurter Allgemeine Zeitung. Nr. 74 v. 29. 3. 1977. S. L 2; Peter M. Stephan: Lässige Lyrik für nachlässige Zeitgenossen. Eine Bilanz der Lyrik nach 1970. In: Litfaß 2 (1977) H. 6. Darin heißt es: »Zum Beispiel: Nicolas Born (geb. 1937), Rolf Dieter Brinkmann (1940–1975), F. C. Delius (1943), Christoph Derschau, Jörg Fauser (1944), Ludwig Fels (1946), Günter Herburger (1932), Karin Kiwus (1942), Jochen Kelter, Klaus Konjetzky (1943), Michael Krüger (1943), Rainer Malkowski (1939), Renate Rasp (1935), Roman Ritter (1943), Peter Salomon (1947), Johannes Schenk (1941), Godehard Schramm (1943), Jürgen Theobaldy (1944), Peter Paul Zahl (1944).« Stephan fährt fort: »Natürlich sind nicht alle gleich relevant« und läßt dann einzelne Revue passieren.

48 Vgl. Christian Linder: Das Ausprobieren unserer Stimmen. Die neuen Gedichtbücher von Jürgen Theobaldy und Michael Krüger. In: Frankfurter Rundschau v. 31. 7. 1976.

49 Vgl. Hamm (Anm. 45) S. 123.

50 Vgl. Stephan (Anm. 47).

51 Vgl. Drews (Anm. 47) S. 95.

52 Vgl. Theobaldy (Anm. 47) S. 190; vgl. auch Theobaldys Nachworte zu seinem Gedichtband *Zweiter Klasse* (1976) und zur Anthologie *Und ich bewege mich doch* (1977), seinen Aufsatz *Das Gedicht im Handgemenge* im *Literaturmagazin* 4, 1975 (nachgedruckt in: Was alles hat Platz in einem Gedicht? Hrsg. von Hans Bender und Michael Krüger. München 1977) und das Buch von Jürgen Theobaldy / Gustav Zürcher: Veränderung der Lyrik. Über westdeutsche Gedichte seit 1945. München 1976.

53 Vgl. Anm. 45.

54 Vgl. Hamm (Anm. 45) S. 122. So bleibt es der konservativen Reihe *INITIATIVE* (im Rahmen der Herderbücherei von Gerd Klaus Kaltenbrunner herausgegeben) überlassen, bereits ihren ersten Band (1974 mit dem Untertitel »Signale einer Tendenzwende« erschienen) programmatisch als *Plädoyer für die Vernunft* zu betiteln.

55 Vgl. Zahls Nachwort zu: Von einem, der auszog, Geld zu verdienen. Frankfurt a. M. 1976.

56 Vgl. *Michel Foucault über André Glucksmann*, einen Aufsatz des *Nouvel Observateur*, in deutscher Fassung in der *ZEIT* Nr. 29 v. 8. 7. 1977, S. 35. (Glucksmanns *Köchin und Menschenfresser* erschien auf deutsch im linken Verlag Klaus Wagenbach.)

57 Ebd.

58 Vgl. den Jahresrückblick der *ZEIT* v. 31. 12. 1976, S. 234.

59 Verena Stefan: Häutungen. Autobiographische Aufzeichnungen Gedichte Träume Analysen. München 1975. Zitiert nach der 7. Aufl. (55.–75. Tausend) 1976, S. 34.

60 Sie will »Ein ganzer Mensch werden« (S. 17) und erwartet dies allen Ernstes vom Verlust bewußter Zeitlichkeit des Daseins; sie wünscht sich (wie wir es ähnlich bei *Lenz* fanden) »in jedem augenblick des lebens voll da zu sein, nicht in gedanken bereits beim folgenden, nicht im eilen von einem augenblick zum anderen lebend, sondern: hier und jetzt« (S. 10). Zum Ideal der körperlichen ›Ganzheit‹ vgl. S. 98: »Mein körper ist körperlich. [...] Ich beginne, mich beim namen zu nennen. Ich füge die einzelteile zu einem ganzen körper zusammen. [...] ich sehe mich genau an [...].« Vgl. ferner das Kapitel »Kürbisfrau«, das von der autobiographischen Ich-Form zur fiktionalisierenden dritten Person übergeht.

61 Vgl. ebd. S. 13.

62 Vgl. ebd. passim. Dazu Marlis Gerhardt: Wohin geht Nora? Auf der Suche nach der verlorenen Frau. In: Kursbuch 47 (1977).

63 Vgl. das *Spiegel*-Interview mit Jurek Becker in der Nr. 30, 1977, S. 131.

64 Vgl. Heiner Müllers *Spiegel*-Interview in der Nr. 38, 1977, S. 212: »Seine [Braschs] Texte können hier, in der DDR, vielleicht besser arbeiten [...]; er, der sie schließlich schreiben muß, kann es wahrscheinlich besser [...] dort. Das Dilemma ist nur individuell auflösbar [...]. *Das bessere Deutschland* bleibt eine Formel der Romantik, zunächst und auf lange wird das eine jeweils das andere des anderen sein.«

65 Marcel Reich-Ranicki: Deutsche Literatur 1977. Ein Überblick aus Anlaß der Frankfurter Buchmesse. In: Frankfurter Allgemeine Zeitung v. 13. 10. 1977.

66 In die jüngsten Auseinandersetzungen mit der SED und den DDR-Behörden waren u. a. Stefan Heym, Rolf Schneider, Joachim Seyppel und Jurek Becker verstrickt. Wolfgang Harich ging nach Österreich. Klaus Poches *Atemnot* (1978), Rolf Schneiders *November* (1978) – als Schlüsselroman

zum Fall Biermann aufgefaßt – erschienen nur im Westen. Die Beispiele ließen sich vermehren. Günter Kunert siedelte 1979 in die Bundesrepublik über und wurde ein Favorit der Kritik.

67 Die K-Gruppen machten viel weniger Schlagzeilen als die Drogen- und die Sekten-Szene. Das verhalf wohl den zahlreichen Initiativen gegen den Radikalenerlaß zu – allerdings nur begrenztem, regional unterschiedlichem – Erfolg. So erklärt sich wohl auch, daß nun, 1979, in Bochum Ulrike Meinhofs *Bambule* aufgeführt werden konnte und der Bremer Literaturpreis dem Häftling Peter Paul Zahl (zusammen mit Peter Rühmkorf) verliehen wurde.

68 Reimar Lenz: Der neue Typ. Religiöse Subkultur, Ökobewegung und neue Linke finden zueinander. In: Gegenkultur Heute. Die Alternativ-Bewegung von Woodstock bis Tunix. Hrsg. von Jens Gehret. Amsterdam 1979. S. 189–196.

69 Vgl. Delf Schmidt: Gegen die Placebo-Literatur. Eine Vorbemerkung. In: Literaturmagazin 11. Schreiben oder Literatur. Red.: Nicolas Born, Jürgen Manthey und Delf Schmidt. Hamburg 1979. S. 15.

70 Die schwäbische Motivik Hermann Lenz' (der den Büchner-Preis 1978 erhielt) wird nun positiver als zuvor aufgenommen. Der Spielraum des neuen Regionalismus wird deutlich, wenn man Manfred Essers pittoresken Stuttgarter Ostend-Roman (1979), in dem auch Lenz als Romanfigur erscheint, zugleich mit dessen eigenen, leiseren Romanen aus Alt-Württemberg ins Auge faßt. Vgl. auch die saarländischen Bücher Ludwig Harigs (Heimweh, 1979), die *Kürbiskern*-Nummer 3/75 (Heimat und Revolution), den *Tintenfisch*-Band von 1976 (Thema: Regionalismus) und Norbert Mecklenburgs Aufsatz *Regionalismus und Literatur. Kritische Fragmente* in: *Basis* 9 (1979).

71 Vgl. Schmidt (Anm. 69) S. 15.

72 Ebd.

73 Ebd. S. 14.

74 Elemente des ›klassischen‹ Geniebegriffs überleben so in der Hobby-Schriftstellerei, während die ›Apparate‹ der Massenmedien, der ›Literaturproduktion‹ überhaupt das individualistische Autorenkonzept der Tradition für viele Berufsschriftsteller immer mehr in Frage stellen. Vgl. Hannes Schwenger: Literaturproduktion. Stuttgart 1979.

75 Literaturmagazin 11. S. 9.

76 Ebd. S. 378.

77 Vgl. den Roman von Paul Kersten, *Absprung*, 1979. Der Suizid Jean Amérys am Vorabend der Frankfurter Buchmesse 1978 machte einen starken Eindruck auf die literarische Intelligenz. Zur Reaktion vgl. z. B. Christian Schultz-Gerstein: Der Doppelkopf (1979).

78 Vgl. z. B. außer den schon erwähnten Romanen von Elisabeth Plessen und Bernward Vesper die folgenden Romane und Erzählungen: Sigfrid Gauch: Vaterspuren (1979); Peter Henisch: Die kleine Figur meines Vaters (1975); Paul Kersten: Der alltägliche Tod meines Vaters (1978); Roland Lang: Die Mansarde (1979); Christoph Meckel: Suchbild. Über meinen Vater (1980); Ruth Rehmann: Der Mann auf der Kanzel (1979); Jutta Schutting: Der Vater 1980); Gerhard Wagner: Die Tage werden länger (1978). – Auch unabhängig von diesem Motivkomplex hielt das Interesse am Kindheitsthema und am autobiographischen Schreiben an. Die Namen Christa Wolf, Thomas Bernhard, Wolfdietrich Schnurre, Mechthild Curtius stehen für viele andere.

79 Vgl. Götz Großklaus: Zu Tendenzen des Films der siebziger Jahre – in der Bundesrepublik Deutschland. In: LiLi (1979) H. 36 (Filmtheorie und Filmanalyse). Charakteristisch für solche Stimmungen ist auch Wolf Wondratscheks Gedicht *Im Hotel* (Literaturmagazin 11. S. 381 f.), wo die »Gefühle« in der eigenen Wohnung absterben, im Hotel aber wiederkehren. Freilich sucht das lyrische Ich hier letztlich mehr als sie, nämlich ein Aufgehen in quietistischer Mystik: »Ich will nur das: verschwunden sein / Nur eine Nacht allein in einem fremden Zimmer / Nicht fliegen, sondern stehn / Aufhören, die Dinge zu lenken / Und ohne Denken verstehn« (S. 382).

80 Vgl. Ursula Böhmer: »Se dire – s'écrire«: Frauen, Literatur und Psychoanalyse in den siebziger Jahren in Frankreich. In: LiLi (1979) H. 35 (Die Literatur der siebziger Jahre). Zur Aufnahme der dort im französischen Kontext behandelten Autorin Marie Cardinal in der Bundesrepublik vgl. man etwa Michael Rutschky: Katastrophenliteratur – die neueste Tendenz? (Zu den Büchern von Schwaiger, Cardinal und Zorn). In: Neue Rundschau 88 (1977) H. 4. – Der hier gleichfalls besprochene, erkennbar autobiographisch gefärbte Erstlingsroman der Österreicherin Brigitte Schwaiger, *Wie kommt das Salz ins Meer* (1977), ist wohl der beim Publikum erfolgreichste deutschsprachige Roman der siebziger Jahre zum Thema der Frauenemanzipation.

81 Vgl. Literatur und Schizophrenie, hrsg. von Winfried Kudszus (Tübingen 1977), und die dort

abgedruckten bzw. bibliographierten Arbeiten Leo Navratils u. a. Autoren (aus den verschiedensten Disziplinen). Vgl. ferner: Tintenfisch 13: Thema: Alltag des Wahnsinns. Hrsg. von Hans-Jürgen Heinrich und Michael Krüger. Berlin 1978; Wolfgang Hädecke: Der taube Lärm unterhalb der Geschichte. Das Thema Wahnsinn in der neuesten Literatur. In: Neue Rundschau 89 (1978) H. 1 (darin Hinweise auf Neuerscheinungen u. a. von Ernst Augustin, Peter Jokostra, Hannah Green, Mary Barnes, Lars Gustafsson). Der österreichische Suhrkamp-Autor Gerhard Roth wurde mit Romanen bekannt, die aus der Perspektive Geisteskranker erzählt sind (die autobiographie des albert einstein, 1972; Der Wille zur Krankheit, 1973).

82 Vgl. das kontroverse Buch von Pierre Bertaux: Friedrich Hölderlin. Frankfurt a. M. 1978.

83 Klaus Theweleit: Männerphantasien. Bd. 1: Frauen, Fluten, Körper, Geschichte. Frankfurt a. M. 1977; Bd. 2: Männerkörper. Zur Psychoanalyse des Weißen Terrors. Frankfurt a. M. 1978. Zur Faschismustheorie vgl. Bd. 2, S. 487, die ernstgemeinte Behauptung, es seien »die vorübergehenden Frauenbeziehungen, meist abrupt begonnen und nach intensivem Verlauf ebenso abrupt beendet«, durch die sich »die Lebensgeschichte produktiver Nicht-Faschisten« auszeichne. »Die nichtfaschistischen Männer fanden so einen Weg, ihre Körperströme nicht einsperren zu müssen. Ich glaube ein gravierender [sic] Unterschied zum soldatischen Mann wird sich kaum finden lassen.« – Der Wert der Bände liegt ungeachtet solcher Entgleisungen in dem Engagement, mit dem hier wichtiges Material erstmals für die Literaturwissenschaft erschlossen wird.

84 Vgl. Paul K. Feyerabend: Wider den Methodenzwang. Entwurf einer anarchistischen Erkenntnistheorie. Frankfurt a. M. 1976; ders.: Erkenntnis für freie Menschen. Frankfurt a. M. 1979. Auch Theweleit (Anm. 83) beruft sich auf Feyerabend.

85 Vgl. Karl Heinz Bohrer: Die Ästhetik des Schreckens. Die pessimistische Romantik und Ernst Jüngers Frühwerk. München 1978.

86 Vgl. Hannelore Schlaffer: Der Aufzug der neuen Romantiker. In: Frankfurter Allgemeine Zeitung v. 19. 5. 1979.

87 »ich schaue in den geheimnisvollen Raum eines Denkens, dessen Tür die Romantik einen Spalt weit geöffnet hat.« So lautet der Untertitel von Margaretha Hubers Buch *Rätsel*, Frankfurt a. M. 1978. Vgl. dazu die Kritik von Helga Geyer-Ryan in: Basis 10 (1980).

88 Vgl. Ludwig Harigs *Rousseau. Der Roman vom Ursprung der Natur im Gehirn* (1978) oder Hans J. Fröhlichs *Schubert* (1978), nebst den Jean Paul-Büchern von Rolf Vollmann sowie (in der DDR) von Wolfgang Harich und Günter de Bruyn. Die in Anm. 37 erwähnte Anlehnung an ›klassische‹ Texte setzt sich auch bei Hans J. Fröhlichs *Im Garten der Gefühle* (1975; mit Bezug auf Goethes *Wahlverwandtschaften*) und im Bereich der Schweizer Literatur bei Otto F. Walters *Die Verwilderung* (1977; mit Bezug auf Kellers *Romeo und Julia auf dem Dorfe*) fort. Ein amerikanisches Exempel ist E. L. Doctorows *Ragtime* (1976) mit Motiven nach Kleists *Kohlhaas*. – Das meistgespielte Stück der Saison 1978/79 war Kleists *Der zerbrochne Krug*; danach folgte Peter Hacks' *Ein Gespräch im Hause Stein über den abwesenden Herrn von Goethe* (1976), das auch vom bundesrepublikanischen Fernsehen ausgestrahlt wurde.

89 Günter Grass: Das Treffen in Telgte. Darmstadt/Neuwied 1979. S. 7.

90 Vgl. Jens Malte Fischer: Phantastischer Film und phantastische Literatur. Mit einem Exkurs über »Rosemary's Baby«. In LiLi (1978) H. 29 (Film- und Fernsehforschung).

91 Zu Enzensberger ist allerdings anzumerken, daß er gleichzeitig auch in eine entgegengesetzte Richtung tendiert, insofern als er Chansons für die populäre Sängerin Ingrid Caven schreibt.

92 Vgl. in der zweiten Hälfte der siebziger Jahre die »Reihe Q« des Scriptor-Verlags (1976 ff.), die mit Edlef Köppens *Heeresbericht* eröffnet wurde; die »Bibliothek der Verbrannten Bücher« des Konkret-Verlags mit Konrad Merz, *Ein Mann fällt aus Deutschland*, 1978, als erstem Band; die »Stern«-Serie Jürgen Serkes (in Buchform u. d. T. *Die verbrannten Dichter*, 3. Aufl. 1978); die »Republikanische Bibliothek« bei Athenäum (u. a. mit Romanen von Ludwig Renn, 1979); die Reprint-Reihe zur Exilliteratur des Gerstenberg-Verlags (die mit Alfred Döblin startet, 1979). Dazu kommen zahlreiche Einzeltitel außerhalb solcher Reihen, u. a. von Lion Feuchtwanger, Ernst Glaeser, Georg Glaser, Werner Hegemann, Egon Erwin Kisch, Walter Mehring, Graf Stenbock-Fermor, Gabriele Tergit. Das Werk von Oskar Maria Graf und Irmgard Keun kommt in Gesamtausgaben neu heraus. Fernsehverfilmungen gab es z. B. zu Bernard von Brentano, Alfred Döblin, Hans Fallada, Leonhard Frank, Oskar Maria Graf, Erik Reger. Hörspiele Arno Schirokauers wurden neu gesendet. Die Beispiele ließen sich vermehren.

93 Ich übernehme diesen Hinweis zur *Holocaust*-Diskussion aus meinem Einleitungsaufsatz zu: Fernsehsendungen und ihre Formen. Typologie, Geschichte und Kritik des Programms in der

Bundesrepublik Deutschland. Hrsg. von Helmut Kreuzer und Karl Prümm. Stuttgart 1979. S. 18.

94 Vgl. Bernd Neumann: »Als ob das Zeitgenössische leer wäre ...«. Über die Anwesenheit der fünfziger Jahre in der Gegenwartsliteratur. In: LiLi (1979) H. 35 (Literatur der siebziger Jahre). Vgl. auch die Rückblicke von Gerhard Zwerenz und vor allem Michael Buselmeier (Leben in Heidelberg) in: Nach dem Protest. Literatur im Umbruch. Hrsg. von W. Martin Lüdke. Frankfurt a. M. 1978. Eine karikaturistische Selbstreflexion des aus der Studentenbewegung hervorgegangenen Intellektuellentyps der Neuen Subjektivität findet sich in den weitverbreiteten Comic-Strips von Chlodwig Poth (Unser täglich Frust, 1978). – Der von Neumann (vgl. auch Anm. 95) beschriebene Trend dürfte dem Erfolg der Neuübersetzung (1979) der bohemischen Romanautobiographie von Jules Vallès, *Jacques Vingtras* (1879–86), zugute kommen, die zentrale Motive (vom Kindheitsthema über die Kritik an den Bildungsinstitutionen bis zum politischen Scheitern) mit den Autobiographien aus der Studentenbewegung teilt, sie aber an stofflicher Fülle, sprachlicher Verve und vitalem Rebellentum übertrifft.

95 Vgl. Bernd Neumann: Die Wiedergeburt des Erzählens aus dem Geist der Autobiographie? In: Basis 9 (1979), S. 108 ff.

96 Daß die künstlerische Substanz der Neuen Subjektivität – und der deutschsprachigen Literatur der siebziger Jahre überhaupt – zum guten Teil aus Österreich kommt, dürfte aus den Beispielen deutlich geworden sein. Sie steht dort allerdings in einem anderen Traditions- und Funktionszusammenhang als in der Bundesrepublik. Auf diesen und auf die vermutlichen Funktionsverschiebungen läßt sich an dieser Stelle nicht eingehen. Das Publikum der bundesrepublikanischen Literaturszene rezipiert die zur Zeit wohl erfolgreichsten österreichischen Autoren (wie Bernhard, Handke, Schwaiger) offenbar als Teil der ›deutschen‹ Literatur schlechthin. Gerade die weniger erfolgreichen bleiben auf diese Integration ökonomisch angewiesen; auch sie sind in relativ großer Zahl im öffentlichen literarischen Zeitgespräch der Bundesrepublik präsent, das sie – je nach dem Befremdungsreiz österreichischer Lokal- und Sondermotive – in abgestuftem Maß auf ihren österreichischen Kontext bezieht. Wenigstens erwähnt seien hier die Erzähler Alois Brandstetter, Helmut Eisendle, Barbara Frischmuth, Franz Innerhofer, Gert Friedrich Jonke, Michael Scharang, Gernot Wolfgruber, die sehr unterschiedlichen Richtungen angehören.

97 Vgl. die einschlägigen Beiträge in den Bänden *Fernsehsendungen und ihre Formen* (Anm. 93) und *Fernsehforschung – Fernsehkritik* (LiLi-Beiheft 11, Göttingen 1979). Das Fernsehen mag dem Autorenfilm wie dem Buchautor durchaus auch zugute kommen (durch Produktion von ›amphibischen‹ Kino- und TV-Filmen, durch Übernahmen und Fernsehspiel-Aufträge, Literaturverfilmungen, werbekräftige Literatursendungen, überhaupt als ökonomische Existenzbasis, die auch Buchprodukte mit ermöglicht und künstlerisch fördern kann, wie die Beispiele Kipphardt und Dorst beweisen). – Auch die Hochschultätigkeit ist in den siebziger Jahren für eine wachsende Anzahl von Autoren zur ökonomischen Existenzbasis geworden; vgl. die Exempel Bruno Hillebrand, Mechthild Curtius, Urs Jaeggi, Hermann Kinder, Uwe Pörksen, Hans Dieter Schäfer, Werner Vordtriede.

98 Mit geringerer Breitenwirkung setzten auch andere Autoren ihre jeweiligen Spielarten eines kritischen Realismus aus den fünfziger und frühen sechziger Jahren in modifizierten Formen fort; unter ihnen Alfred Andersch (der 1980 verstarb), Uwe Johnson, Günter Herburger, Alexander Kluge. Auf die Rolle des letzteren in der Filmgeschichte der siebziger Jahre kann nur hingewiesen werden, etwa auf seine Mitwirkung (als treibende Kraft) an dem Kollektivfilm *Deutschland im Herbst* (1978); hier wurde das Terrorismusproblem zum Thema, das im Fernsehen noch tabu ist und in der Buchliteratur z. B. von Böll (Fürsorgliche Belagerung, 1979) und Chotjewitz (Die Herren des Morgengrauens, 1978) berührt wurde.

99 Tilmann Fichter / Siegward Lönnendonker: Die Klammheimlichen im Ghetto. Zitiert nach Peter Glotz: Die Innenausstattung der Macht. Politisches Tagebuch 1976–1978. München 1979. S. 240.

100 Glotz (Anm. 99) S. 266 f.

101 Vgl. Michael Rutschky: Erfahrungshunger. Ein Essay über die siebziger Jahre. Köln 1980.

102 Jutta Heinrich: Das Geschlecht der Gedanken (1977). München [2]1978. S. 130; vgl. auch S. 5.

103 Bertolt Brecht: Gesammelte Werke in 20 Bänden. Bd. 4. Frankfurt a. M. 1967. S. 1553.

MARIANNE KESTING

Das deutsche Drama vom Ende des Zweiten Weltkriegs bis Ende der sechziger Jahre

Parabeldrama in der Nachfolge Brechts

Für einen großen Teil der deutschen Nachkriegsdramatik blieb das Drama Brechts, seine Dramaturgie und Theorie, bestimmend. Dies ist aus der Situation des Zusammenbruchs zu verstehen. Eine junge Dramatikergeneration suchte nach einer neuen Orientierung. Brecht, dessen Stücke im Zürcher Schauspielhaus während des Krieges gespielt worden waren und die Schweizer Dramatiker nachhaltig beeinflußten, errichtete 1949 mit seinem Berliner Ensemble eine Bühne, die gedacht war, ein Beispiel zu geben. Er brachte nicht nur sein geschlossenes dramatisches Werk aus dem Ausland mit, eine ausgebaute Theatertheorie und Dramaturgie, sondern setzte in Musterinszenierungen seine Intentionen auf der Bühne um. Kein Wunder also, daß die deutschsprachige Dramatik in eine besondere Abhängigkeit von seinem Drama und seiner Theorie geriet.

Dabei ist zu berücksichtigen, daß Brechts Werk mehrere Entwicklungsstadien durchlief, die zwar untereinander in ein Mischverhältnis geraten können, aber, aus methodischen Gründen, gegeneinander abgegrenzt seien.

Grundsätzlich eignet dem Brechtschen Drama der Charakter der Parabel mit politischem Lehrgehalt, die sich jedoch verschiedener stilistischer Komponenten annehmen kann und formal großen Variationsreichtum aufweist.

Es gibt:

1. das realistische Lehrstück (*Trommeln in der Nacht, Die Gewehre der Frau Carrar, Furcht und Elend des Dritten Reiches, Die Tage der Commune*)
2. die Parabel mit grotesken Zügen (*Im Dickicht der Städte, Mann ist Mann, Die Dreigroschenoper, Mahagonny*)
3. die Parabel oratorienhaften Charakters (*Das Badener Lehrstück vom Einverständnis, Der Jasager und der Neinsager, Die Maßnahme, Die Ausnahme und die Regel, Die Horatier und die Kuriatier*)
4. die parabolischen Lebensläufe (*Baal, Die Mutter, Die heilige Johanna der Schlachthöfe, Mutter Courage und ihre Kinder, Das Leben des Galilei, Die Gesichte der Simone Machard, Schweyk im zweiten Weltkrieg, Puntila und sein Knecht Matti*)
5. freie Parabeln, die sich eines geschichtlichen, märchenhaften oder mythischen Exempels annehmen (*Der gute Mensch von Sezuan, Die Rundköpfe und die Spitzköpfe, Der aufhaltsame Aufstieg des Arturo Ui, Das Verhör des Lukullus, Der kaukasische Kreidekreis, Turandot oder der Kongreß der Weißwäscher*).

Bei seinen Nachfolgern verflüchtigte sich größtenteils der ästhetisch revolutionäre Charakter von Brechts ›epischer‹ Dramaturgie, daß nämlich das gesamte Drama epischen Reflexionsvorgängen unterstellt oder von ihnen durchzogen war.[1] Auch die drei Voraussetzungen der Brechtschen Parabel wurden bald, besonders von den Schweizer Dramatikern Frisch und Dürrenmatt, in Zweifel gezogen.

Walter Hinck[2] formulierte diese Voraussetzungen folgendermaßen:
1. das Vertrauen in die Belehrbarkeit des Zuschauers
2. die Überzeugung von der Durchschaubarkeit der Welt
3. das Vertrauen in die Veränderbarkeit der Welt.
Dennoch tauchten die stilistischen Grundentscheidungen in der Brechtschen Dramatik innerhalb der deutschen Nachkriegsdramatik immer wieder auf, also die des realistischen Stücks, des Parabelstücks mit grotesken oder volkstümlichen Zügen.

Einen direkten Nachfolger seiner mit Songs durchzogenen Parabelform mit grotesken Zügen fand Brecht in Friedrich Dürrenmatt, der zunächst mit barock aufgezäumten historischen Dramen begann (*Es steht geschrieben*, 1946; *Der Blinde*, 1947), die sich mit theologischen Themen auseinandersetzten, der Frage des Glaubens und der nach Gottes Gerechtigkeit. Er projizierte sie in die Zeiten der Reformationskriege und des Dreißigjährigen Krieges, weil er versuchte, sich historisierend mit dem eigenen Erlebnis des Zweiten Weltkrieges und seines Chaos auseinanderzusetzen. Führend in diesen beiden Dramen ist noch eine an Claudel geschulte, ins Expressionistische tendierende Rhetorik, die Dürrenmatt ganz abstreifte, sobald er unter den Einfluß Brechts geriet. Bereits *Romulus der Große* (1948) ist ein Parabelstück in Brechts Sinne und stellt die Frage nicht mehr nach Gott, sondern nach einem klugen, nicht dem Machtdenken gehorchenden Verhalten des letzten römischen Kaisers, der sich unheroisch gebärdet, sich mit dem germanischen Eroberer gütlich einigt, um sein Volk vor der endgültigen Vernichtung zu bewahren. Romulus ist ein unheroischer Held, der sich aufs Land zurückzieht, auf Macht und Machtkämpfe verzichtet und sich – mit Hühnerzucht beschäftigt. »Dies sei«, schrieb Dürrenmatt in seiner Anmerkung II zu *Romulus*,[3] »gelegentlich zur Nachahmung empfohlen.« Das Exempel hatte also Lehrcharakter.
Mit *Romulus* hatte Dürrenmatt seine eigentliche Theaterform erreicht: die mit grotesken Zügen und kabarettistischen Komponenten durchsetzte Komödie, die am geschichtlichen, mythischen oder auch frei erfundenen Modell versuchte, zeitgenössische Fragen zu behandeln. An die Stelle der barocken expressiven Rhetorik der frühen Stücke war der knappe, schlagkräftige, stark pointierte Dialog getreten, der in einigen Stücken (*Ein Engel kommt nach Babylon*, 1953; *Frank V.*, 1958) durch Songs unterbrochen werden konnte, aber die eigentlich ›episierenden‹ Momente vermied, wie das Heraustreten der Figuren aus ihrer Rolle, die direkten Adressen an das Publikum, den Auftritt eines Erzählers, die das Drama übergreifende Reflexion. Insgesamt tendiert Dürrenmatt eher zur geschlossenen Form mit den beibehaltenen aristotelischen Einheiten (*Besuch der alten Dame*, 1955; *Die Physiker*, 1960/61; *Der Meteor*, 1963/64) als zur offenen Szenenreihung (*Ein Engel kommt nach Babylon*).
Weitergeführtes Brecht-Thema bei Dürrenmatt ist die Pervertierung der öffentlichen Ordnung und ihrer Moral, wobei er die sozialkritische Komponente Brechts übernimmt, sich aber von dessen revolutionärer Gläubigkeit distanziert. An die Stelle des Klassenkampfmodells ist für Dürrenmatt das Modell einer anonymen gesellschaftlichen Maschinerie getreten, die die öffentliche Moral und Ordnung korrumpiert, bei den einzelnen Individuen ein schizoides Verhalten zwischen bürgerlicher Heuchelei und amoralischem Geschäftsgebaren hervorruft. Diese Komponenten begründen sein Abrücken von der Tragödie und dem Geschichtsdrama, seine Tendenz zur Parodie, zur Komödie mit grotesken und absurden Zügen: »Die heutige Welt, wie sie uns erscheint,

läßt sich [...] schwerlich in der Form des geschichtlichen Dramas Schillers bewältigen, allein aus dem Grunde, weil wir keine tragischen Helden, sondern nur Tragödien vorfinden, die von Weltmetzgern inszeniert und von Hackmaschinen ausgeführt werden [...]. Der heutige Staat ist [...] unüberschaubar, anonym, bürokratisch geworden, und dies nicht etwa nur in Moskau oder Washington, sondern auch schon in Bern. Die echten Repräsentanten fehlen, und die tragischen Helden sind ohne Namen. Mit einem kleinen Schieber, mit einem Kanzlisten, mit einem Polizisten läßt sich die heutige Welt besser wiedergeben als mit einem Bundesrat, als mit einem Bundeskanzler. Die Kunst dringt nur noch bis zu den Opfern vor, dringt sie überhaupt zu den Menschen, die Mächtigen erreicht sie nicht mehr. Kreons Sekretäre erledigen den Fall Antigone.«[4]

Für Dürrenmatt sind göttliche wie gesellschaftliche Kausalitäten verwischt, teilweise aufgehoben. An Stelle des antiken Fatums lenkt der Zufall das Geschehen, der sich oft zum komischen Unfall verkleinert: »Das Schicksal hat die Bühne verlassen, auf der gespielt wird, um hinter den Kulissen zu lauern, außerhalb der gültigen Dramaturgie. Im Vordergrund wird alles zum Unfall, die Krankheiten, die Krisen.«[5]

Deswegen hat Gerhard Neumann[6] zu Recht von einer ›Dramaturgie der Panne‹ gesprochen. Seinen Anschauungen gemäß müßte Dürrenmatt zur absurden Parabel à la Ionesco tendieren, aber gerade sie lehnt er ab: »Das Absurde umschließt nichts.«[7]

Einerseits also verzichtet Dürrenmatt, wie Walter Hinck[8] feststellte, auf Analyse und betont das Absurde und Grotesk-Komische der Handlung, andererseits behandelt er gerade dies Absurde innerhalb seiner Komödien als kausal, läßt es also die Handlung nicht bis ins Innerste regieren. Und zwar hilft sich Dürrenmatt aus dieser Inkonsequenz, indem er durch einen Zufall die Handlung in Gang setzt, sie dann aber konsequent und kausal weiterlaufen läßt. Im *Besuch der alten Dame* beispielsweise bricht in die verarmte und verlotterte Kleinstadt Güllen der Zufall in Gestalt der Milliardärin Claire Zachanassian ein, die als alte Frau in ihr Städtchen zurückkommt, um sich an einem einstigen Liebhaber zu rächen, dessen Auslieferung sie fordert. Mit dieser scheinbaren Wiederherstellung der Moral aber setzt sie eine ökonomische Pervertierung der Moral in Gang: die Stadt macht im Hinblick auf die versprochenen Millionen der Claire Schulden, bis ihr gar nichts mehr übrigbleibt, als Ill der Claire auszuliefern. Die Folgen des Zufalls also sind streng kausal und konsequent. Die Gesetze der Prosperität bewirken eine allgemeine Pervertierung der Moral.

Das gleiche ist in *Frank V.* der Fall, der »Oper einer Privatbank«, die sich an Brechts *Dreigroschenoper* anlehnt. Auch hier bewirkt kommerzielles Reglement eine allgemeine Pervertierung der Moral. Das Gesetz des Zufalls, das sich aber logisch konsequent entfaltet, ist hier das ökonomische Gesetz, das vom Staat zum Schluß noch sanktioniert wird, welche Verbrechen es auch immer bemänteln möge.

Gemäß der ursprünglich im Religiösen verankerten Frage nach der Gerechtigkeit bei Dürrenmatt aber kann der Zufall, der die Handlung regiert, auch durch ein Wunder herbeigeführt werden. Gern imaginiert Dürrenmatt, was auf Erden geschähe, wenn beispielsweise ein Engel »nach Babylon« käme und dort nach dem Rechten sähe. In *Ein Engel kommt nach Babylon*, einer Handlung, die weitgehend nach dem Vorbild von Brechts *Gutem Menschen von Sezuan* konstruiert ist, ist der Engel von komischer Hilflosigkeit gegenüber den massiven irdischen Machtkämpfen und zieht sich, wie Brechts Götter, wieder in den Himmel zurück, gibt vor, nichts zu sehen und zu bemerken, und überläßt seinen Schützling Kurrubi einer moralisch unlösbaren Situation. Das himmlische Wunder bewirkt auf der Erde nichts.

In einem anderen Falle, dem ständig wiederauferstehenden Lazarus in Gestalt des Nobelpreisträgers Schwitters (*Der Meteor*), bewirkt gerade dieses irdisch-himmlische Wunder lauter abstruse Katastrophen. Während Schwitters nicht sterben kann, häufen sich um ihn die Selbstmorde, Herzinfarkte, die Leichen. Die Welt rechnet nicht mehr mit dem Wunder und kann es nur noch mit Hilfe der Heilsarmee übertönen. Im übrigen ist das Wunder ein veritabler ›Unfall‹ – und nicht eingeplanter Zufall, der mit eiserner Konsequenz alles durcheinanderbringt.

Als Wunder und Zufall erscheint auch in Dürrenmatts *Physikern* die Tatsache, daß drei Wissenschaftler moralisch denken und, die sozialen Konsequenzen ihrer Wissenschaft fürchtend, sich in ein Irrenhaus zurückziehen, um dort verrückt zu spielen. Wie Romulus die Tarnkappe der Narrheit, so ziehen sie sich die Tarnkappe des Irrsinns über, aber sie sehen sich überrascht durch einen zweiten Zufall: die Leiterin der Irrenanstalt ist selbst irre und pervertiert wiederum das Irresein der Physiker zu den normalen Konsequenzen, die aber natürlich, in Dürrenmatts Sicht, ebenfalls nicht normal sind. Kurzum, der exakte Plan mißlingt – durch Zufall.

Während in Brechts Parabeln präzise gesellschaftliche Diagnosen enthalten sind, erlaubt der Zufall in diesem Falle bei Dürrenmatt nur noch die Feststellung, daß die Vorgänge um die Atomphysik irrsinnig und abstrus sind – im engeren Sinne für Dürrenmatt Anlaß für eine theaterwirksame Gruselkomödie. Die Undurchschaubarkeit der göttlichen und sozialen Gesetze, die die Welt regieren, sind für Dürrenmatt ein Freibrief für die Phantasie des reinen grotesken Spiels.

Anders als Dürrenmatt suchte Max Frisch immer private Themen mit politischen zu verbinden. Das erlaubte ihm, über Brechts politische Haltung hinaus Fragen zu stellen, verwirrte aber zugleich sein Verhältnis zum Parabeltheater Brechts, das er durch seine Zweifel unterminierte, von dem er sich aber lange Zeit nicht lösen konnte: »Die Parabel strapaziert den Sinn, das Spiel tendiert zum quod erat demonstrandum. Es hilft dann wenig, wenn ich mich durch Untertitel verwahre: ›Lehrstück ohne Lehre‹. Die Parabel impliziert die Lehre – auch wenn es mir nicht um eine Lehre geht. Vielleicht ist es mir nie in erster Linie darum gegangen. Daher das Unbehagen an der Parabel.«[9] Parabeln sind allerdings *Die chinesische Mauer* (1947), *Biedermann und die Brandstifter* (1958), *Andorra* (1961) nur insofern, als sie reguläre politische Modelle entwerfen, an denen politisch-moralische Fragen expliziert werden sollen. In der *Chinesischen Mauer* ließ sich Frisch wohl von Brechts Gedicht *Fragen eines lesenden Arbeiters* inspirieren, anhand des Exempels des chinesischen Mauerbaus durch einen ›Heutigen‹ das Problem des Mißbrauchs politischer Macht unter revolutionärem Blickpunkt zu durchleuchten, nicht ohne zugleich die Ohnmacht des Intellektuellen gegenüber den Machtverhältnissen zu apostrophieren. Und dies bedeutet eine entscheidende Zurücknahme gegenüber Brecht, denn sie impliziert nicht nur den Zweifel an den bestehenden Verhältnissen, sondern auch an der Chance ihrer Änderung. Doch die sozialkritische Beleuchtung behielt er, wie Dürrenmatt, bei.

Biedermann und die Brandstifter, eine Parabel mit parodierten Chor-Resümees, stellt das anpassungswütige Verhalten von Kleinbürgern unter totalitärem Terror dar. Hier ist es ein Verbrecher, der in die Wohnung einbricht und Herrn Biedermann erfolgreich unter Druck setzt; aus Furcht um sein Eigentum wird Biedermann zum Handlanger, um sich später, in einem »Nachspiel in der Hölle«, als bejammernswürdiges Opfer zu beklagen.

Andorra diskutiert die psychisch-politischen Hintergründe der Anpassung. Frisch hat sich vorgestellt, was geschehen wäre, wenn die nationalsozialistischen Truppen die Schweiz besetzt hätten. Sein Modell gewinnt Konkretheit, obwohl dies nun geschichtlich nicht geschehen ist, weil er versucht, Anpassungsvorgänge, bei denen der Druck der manipulierten Massen und die Entindividualisierung eine Rolle spielen, ausgerechnet an einem kleinen Dorf zu exemplifizieren. Die terroristische Ideologie, der sich die Bürger Andorras anpassen, ist der staatlich verordnete Antisemitismus. Die Fabel entbehrt nicht der Abstrusität: ein junger Mann wird verdächtigt, Jude zu sein, entwickelt zwangsläufig die Eigenschaften, die seine Umgebung von ihm als Jude erwartet, und wird aufgrund dieser Eigenschaften geächtet; schließlich stellt sich heraus, daß er gar kein Jude war. Hier verbindet sich das politische Thema mit dem für Frisch von Anfang an wichtigen Pirandello-Thema der Festlegung der Person durch die soziale Umwelt. Schon sein Don Juan in *Don Juan oder die Liebe zur Geometrie* (1952) suchte sich ihr zu entziehen; sein Rechtsanwalt in *Graf Öderland* (1951) erlebte die durch seine Umgebung initiierte Entfremdung seiner selbst. Während *Graf Öderland* und *Andorra* noch dieses Pirandello-Problem mit dem politischen und gesellschaftlichen zu verbinden trachteten, glitt Frisch mit *Biografie* (1968) ganz in eine private Frage ab, nämlich die, ob man nicht nur dem sozialen Vorurteil der anderen über die eigene Person, sondern auch dem eigenen Schicksal, seiner eigenen Biographie entgehen könne. Wie wenig realistisch diese Frage auch ist, ob man sein Leben wiederholen kann, Frisch blieb stilistisch dem Realismus verhaftet. Das Stück ist in jeder Hinsicht ein Circulus vitiosus: Frisch demonstriert mit Hilfe der Wahl, sein Leben noch einmal leben zu können, die Zwangsläufigkeit biographischen Verhaltens. Er möchte das ästhetische Problem der bewußt hergestellten Fiktion biographisch realistisch lösen, was nicht möglich ist; er möchte sich vom Realismus der Abschilderung trennen, durchbricht ihn aber nur durch einige Unwahrscheinlichkeiten, nämlich die, daß der Verhaltensforscher Kürmann sein Leben noch einmal vor sich selbst auf dem Theater wiederholt und diskutiert, was strenggenommen nur der Schriftsteller kann. Die Möglichkeit, seine Biographie noch einmal zu entwerfen, ist, wie Walter Hinck diagnostizierte,[10] ein »Variantenspiel der Kunstwelt, das keine Analogie in der historischen oder empirischen Wirklichkeit hat«. Frischs Kürmann gelingt es nicht einmal in der Kunstwelt.

In gewisser Hinsicht ähnelte die Position Martin Walsers der Dürrenmatts und Frischs. Auch er vermied die dramaturgisch revolutionäre Komponente Brechts und verlegte sich mehr auf die volkstümliche Parabelform, auch er betrieb eine Art nachrevolutionäres Lehrtheater, Gesellschaftskritik ohne utopisches Gegenbild. Auch er wich schließlich nach einigen Ausflügen in die Parabel, wie Frisch, in private Probleme aus. Auch er konnte sich, wie Frisch, stilistisch nie ganz von der realistischen Darstellung lösen, die er nicht goutierte.[11] Auch für ihn wurde die Aufbereitung totalitärer Vergangenheit, die Frage nach der Gerechtigkeit zum Problem, und er kämpfte, gleich Frisch und Dürrenmatt, mit seinen moralischen, an Brecht geschulten gesellschaftlichen Ansprüchen und seiner Einsicht in das schäbige politische und private Arrangement. Sein erstes Stück, *Der Abstecher* (1961), ist noch ein quasi realistisches Stück, das parallel gleich zwei schäbige Arrangements behandelt: das ›unter Männern‹ über eine

Frau und das zwischen ›Herr und Knecht‹, d. h. einem florierenden Geschäftsmann und seinem Chauffeur Berthold, der, aufgefordert, sich etwas Pikantes über seines Herrn Liebesabenteuer zu denken, sich gar nichts denkt und diesen Zustand wohl auch politisch als den bequemsten erachtet – eine kleine Persiflage auf Brechts Puntila, Veränderungen im Denken des ›kleinen Mannes‹ anzeigend.

Ebenso stellt *Eiche und Angora* (1962) eine Aufweichung von Brechts Position dar, die er noch in seinem *Schweyk* für gültig hielt, nämlich, daß der kleine Mann sich nur scheinbar anpasse und seinen Oberen insgeheim ein Schnippchen schlage. Walser zeichnet in seinem nicht sehr intelligenten ›kleinen Mann‹ Alois einen Typus, der sich immer zu spät anpaßt, d. h., er wird zum Nazi, nachdem sich das Blatt der Geschichte gewendet hat, und muß sich von seinen neu-alten Oberen, die sich rechtzeitig umgestellt haben, belehren lassen – ein halb realistisches, halb parabolisches Spiel mit leicht absurden Komponenten. Das Nachspiel zu diesem Erlöschen revolutionärer Alternativen im Volk ist *Überlebensgroß Herr Krott* (1963), ein Stück, in dem Walser einen Schritt ins Phantastische und damit zugleich auf das ›Theater des Absurden‹ zu tat, ohne dessen surreale Mittel konsequent zu verwenden. Phantastisch ist die Situation, daß ein erfolgreicher Geschäftsmann, dem alles, aber auch alles gelingt und zu Geld wird, von der widerstandslosen Gesellschaft seine Absetzung erfleht. Aber niemand ist auch nur bereit zum Protest, und das ›große Gericht‹, von dem noch Brechts Fewcoombey im *Dreigroschenroman* träumte, bleibt völlig aus. Krotts ›schlechte Unendlichkeit‹ ist unabsehbar. In der satten Wohlstandsgesellschaft verschwimmen die Antagonismen, heben sich die Klassengegensätze im billigen Arrangement auf. An der Einförmigkeit der von ihm geprägten Landschaft aber geht Krott fast zugrunde. Er fleht Widerstand herbei – umsonst. Auch Walsers *Schwarzer Schwan* (1964), worin ein junger Hamlet, Rudi Goothein, um moralische Bewältigung der Nazivergangenheit ringt, ist phantastisch schon im Grundeinfall: kein alter Nazi wird, wie Walsers Professor Liberé, als Bußübung Sahnebesen basteln, und keine Nervenheilanstalt wäre denkbar, in der wie in Walsers Karwang Nazis mit Hilfe von Psychodramen zu politischen Schuldgeständnissen gebracht werden. Phantastisch ist hier der politische Wunschtraum Walsers, nicht indes die dramaturgischen Mittel. Die bleiben konventionell.

Mit der *Zimmerschlacht* (1967) endlich, die wohl durch Edward Albees *Wer hat Angst vor Virginia Woolfe* angeregt wurde, persifliert Walser einen schäbigen Ehekampf nebst schäbigem Arrangement und landet damit im realistischen Milieustück – und im Unterhaltungstheater.

Während im Drama von Frisch, Dürrenmatt und Walser Brechts Parabelstück teils ins Realistisch-Private abgewandelt wurde, teils ins Groteske tendierte, nahm es bei Peter Hacks aufgrund der als Glaube übernommenen marxistischen Utopie romantisch-märchenhaften Charakter an. Es ist nicht zu verkennen, daß Brecht in einigen seiner Stücke der prallen, saftigen und buntstilisierten Volkstümlichkeit der Hacksschen Figuren Vorschub geleistet hat.

Hacks, der 1951 über das *Volksstück des Biedermeier* promovierte, verrät, auf welche Weise er die naiv-romantische Stilisierung marxistisch zu untermauern sucht: »Die plebejische Tradition ist eine kleinbürgerlich-romantische Tradition; bemüht um Progress, stöbert sie in alten Kalendern. Ihr dramaturgisches Leitbild ist das Volksstück. Was sind Volksstücke? Der Puppenfaust, das Wiener Zaubertheater, Pocci, die Altberliner Posse, Valentins Raubritter, jene schönen, einfältigen, derben und naiven Gesamtkunstwerke mit ihrer epischen Montagetechnik, ihrer noch nicht von der Resignation des Familiendramas ausgezehrten Personenfülle.«[12]

Hacks ließ außer acht, daß bereits im Volksstück des Biedermeier das Volkstümliche epigonal war, eine historische Konstruktion, die nicht zuletzt mit der von Marx angegriffenen bürgerlichen Restauration in Deutschland zusammenhing. Das progressive Moment dieser Stücke war die romantische Ironie, die Parodie, die Illusionsdurchbrechung – Elemente, die Hacks ignoriert und infolgedessen auch nicht weiter ausbaut. Selbst die Naivität war schon im Biedermeier-Stück eine bewußte Stilisierung. Es befremdet, daß Hacks sie fortführen und sogar dem modernen Industriearbeiter, auf den Marx reflektierte, aufkleben möchte.

Formal bemächtigte sich Hacks von Anfang an der durch Songs unterbrochenen Szenenreihung Brechts, wie Dürrenmatt, ohne den übergeordneten Reflexionsmodus des Brechtschen Dramas. In seinen Songs wußte er bis auf Tonfall und Syntax Brecht zu imitieren. Fast jedes Stück geht auf einen Einfall Brechts zurück. In seiner *Eröffnung des Indischen Zeitalters* (1954) ist sein Columbus ein kleinerer Galilei, der das neue wissenschaftliche Zeitalter ankündigt: »Wenn meine Zeit kommt, ohne Folterkammern und Marterbänke, ohne Rad und Galgen, wird keiner mehr euren Himmel ersehnen.« Alsdann widmete sich Hacks der von Brecht gewünschten Revision der preußischen Legende in der *Schlacht von Lobositz* (1954) (nach den Memoiren des Ulrich Bräker), im *Müller von Sanssouci* (1955) führte er die Ideen Brechts aus, wonach der Alte Fritz selbst die Anekdote mit dem Müller inszenierte, um Preußens Rechtsstaatlichkeit nach außen hin zu demonstrieren. Hacks schrieb sogar eine Fortsetzung der *Dreigroschenoper* in *Polly oder Die Bataille am Bluewater Creek* (1963, nach John Gay).

Engeres Vorbild für das Hackssche Drama waren Brechts Bearbeitungen älterer Stücke (*Der Hofmeister*, 1950 nach Lenz; *Pauken und Trompeten*, 1954 nach Farquhar), seine kritische Sorge galt vor allem der Korruptheit von Adel und Kirche in der Historie (*Das Volksbuch von Herzog Ernst*, 1953; *Margarete in Aix*, 1965 und 1966) und, wo er sich der industriellen Gegenwart zuwandte (*Die Sorgen und die Macht*, 1960), einer volkstümlich emotionalisierten Plansollerfüllung. Den Umbruch von 1945 zum sozialistischen Staat schilderte er in *Moritz Tassow* (1964) als kurze Verwirklichung eines anarchisch-poetischen Wunschtraums, der durch die nüchternen Funktionäre in die Schranken verwiesen wird. Die erfüllte marxistische Utopie wäre, nach Hacks, eine Art romantischer Sommernachtstraum.

Auch Hartmut Lange führte die volkstümliche Komponente der Brechtschen Dramen fort und schrieb einen neuen *Puntila* in seinem *Marski* (1962/63), indem er zeigte, wie ein Gutsbesitzer auf amüsante Weise von den Dorfbewohnern klassengerecht umfunktioniert wird. Danach widmete er sich im *Hundsprozeß* (1964) einer Stalin-Parabel in Form eines gruseligen Grand Guignol. Diese Parabeln nehmen manieristische Züge an, ebenso wie Heiner Müllers Bearbeitung antiker Dramen, für die wiederum Brechts *Antigone*-Bearbeitung das Vorbild war. Müller rauhte die antiken Verse durch eine manierierte Syntax auf und erhob zum Problem die Frage des Widerstandes gegen die Götter (*Prometheus*). Sein *Herakles* (1964/66) reinigt den Augiasstall ohne göttliche Hilfe. In *Philoktet* (1958/66) demonstriert Müller die barbarische Amoral des Krieges, nicht ohne Hinweis auf jene fernen Zeiten, »als noch der Mensch des Menschen Todfeind« war.

Dramatiker wie Tankred Dorst und Wolfgang Hildesheimer traten nur zeitweilig die Nachfolge von Brechts Parabeldramatik an, auch hier ohne Brechts Formdurchbrüche, Wolfgang Hildesheimer z. B. in seinem Turandot-Stück *Der Drachenthron* (1956), das in ähnlicher Weise wie Frischs *Chinesische Mauer* das Verhältnis des Intellektuellen zur Macht diskutierte. Bei Hildesheimer verzichtet der im Rätselspiel Turandots siegreiche Intellektuelle auf die Machtübernahme und begibt sich ins Private. Dorsts *Große Schmährede an der Stadtmauer* (1961) ist eine Parabel in chinesischer Stilisierung, ein radikal pazifistisches Stück, die vitale Klage einer Frau um ihren zum Soldaten ›umgebauten‹ Mann. Auch seine Bearbeitung von Thomas Dekkers *Shoemakers' Holiday* (*Der Richter von London*, 1964) betont im Sinne von Brecht den gesellschaftskritischen Aspekt, die Auseinandersetzung zwischen Adel und Bürgertum. Aber sowohl bei Hildesheimer wie bei Dorst ist die Anlehnung an Brecht ephemer. Sie gehören mit ihren übrigen Werken in einen anderen Zusammenhang. Als einziger unter den deutschen Nachkriegsdramatikern führte Peter Weiss Prämissen der Brechtschen Dramatik zu einer originellen und einzigartigen Konzeption.

Gerade das strukturelle Moment, das Brecht in das deutsche Drama einführte und das von seinen wie immer gearteten Nachfolgern mißachtet und beiseite geschoben wurde, baute Peter Weiss in seinem großen *Marat/Sade*-Stück vielschichtig aus: das Moment der ›epischen‹ Reflexion über die Handlung. In *Die Verfolgung und Ermordung Jean Paul Marats, dargestellt durch die Schauspielgruppe des Hospizes zu Charenton unter Anleitung des Herrn de Sade* (1964) teilt sich das Drama strikt in eine vielschichtige Pantomime und Kommentar, in Aktion und Reflexion.

Als äußerer Rahmen fungiert das Irrenhaus von Charenton mit seinem Anstaltsleiter Coulmier, Vertreter der bürgerlichen Restauration unter Napoleon, und seinen Helfershelfern, den Folterknechten der Irren. Im Irrenhaus hat der Marquis de Sade ein Theaterstück über die Ermordung Marats geschrieben, das unter seiner Regie aufgeführt wird. Dieses Theaterstück hat keine kausale Handlung, es stellt den Zustand der Revolution dar, den der in seiner Wanne fiebernde Marat kurz vor seinem Tode imaginiert. Marats Fieberphantasien werden durch die Besuche der Charlotte Corday unterbrochen, die dreimal vor der Türe erscheint und ihn schließlich, am Ende des Stücks, ermordet. Der Kulminationspunkt der Revolution fällt zusammen mit dem Sterben Marats, das eigentlich schon zu Beginn des Stückes einsetzt, immer wieder hinausgezögert wird und das Stück schließlich beendet. Das ganze Drama vollzieht sich also in einer ›kontinuierlichen Gegenwart‹, im ›Bewußtseinsstrom‹ Marats, der im Geiste seine – szenisch realisierten – Erinnerungen, seine Reden, seine Zukunftsvisionen sich vergegenwärtigen kann und in der Imagination über Ort und Zeit ebenso verfügt wie der Verfasser des Stücks, de Sade, der als Autor und Regisseur immer auf der Bühne ist. Das Ganze wird überwölbt durch den imaginären Disput zwischen de Sade und Marat, den das szenische Geschehen lediglich illustriert. Die Revolution aber wird weiterhin noch kommentiert durch den Anstaltsleiter Coulmier, durch den Ansager des Stücks, der listig noch einmal auf volkstümliche Weise die Ansichten des Marquis de Sade erklärt, dann durch den fanatischen Revolutionär Roux, schließlich durch die Sänger des Proletariats in Songs. Nicht genug all dieser reflektierenden Illusionsdurchbrechungen, ist die Identität der Figuren selbst auch noch in sich geteilt: Die Rollen werden durch Irre dargestellt, die mit bestimmten Leiden behaftet sind. Zu der Verfremdung der gesamten Handlung als ›Theater auf dem Theater‹ tritt die

Verfremdung der einzelnen Rollen durch das Auseinanderbrechen in kranke Person und Rolle. Außerdem gibt es noch die Montage verschiedener sprachlicher Mittel: den parodierenden Knittelvers, die Diskussion in freien Versen, die feierlichen Aufrufe und Reden Marats, dazu noch Songs und Chöre. Das vielschichtige Geschehen ist mehreren Perspektiven unterworfen. Formal bietet es sich als Totaltheater aller erdenklichen Bühnenmittel dar wie Musik, Tanz, Pantomime, Debatte.

Während im Theater Brechts die Bühnenmittel durchrationalisiert und exakt voneinander getrennt sind, sind sie bei Weiss' *Marat/Sade* fusioniert, so daß jenseits der rationalen Durchleuchtung durch die Dispute Marat – de Sade, durch die Vielzahl der Aktionen, Bühnen- und Sprachmittel der Eindruck einer Phantasmagorie entsteht, wiederum legitimiert sowohl als Phantasie de Sades wie als Traum Marats.

Während sich Weiss in seinem *Marat/Sade*-Stück von vornherein auf die phantastische Ebene begab, schon durch die Entscheidung, es als ›Theater auf dem Theater‹ zu bringen, geriet er mit seiner Darstellung des Auschwitz-Prozesses, *Die Ermittlung* (1964/65), einem »Oratorium in 11 Gesängen«, in ein Dilemma zwischen dem dokumentarischen Realismus der Darstellung und seiner artifiziellen, oratorischen Form. Auch hier ergeben sich zwei Aktionsebenen: die Gerichtsverhandlung selbst und die Darstellung des Konzentrationslagers Auschwitz und seiner verschiedenen Stationen, die sich als ›Erinnerung‹ der Verhörten, da aber nur verbal, vergegenwärtigen. Die ›kontinuierliche Gegenwart‹ der Gerichtsverhandlung überlagert also die stationenartig ablaufende Handlung der Vergangenheit. Weiss zog sich auf die blanke Darstellung zurück und versagte sich die Zwischenkommentare und die reflektierende Analyse. Es gibt Berichte vor allem über den Aufbau der Tötungsmaschinerie, über das aus der Nahperspektive der Zeugen gesehene Verhältnis zwischen Schinder und Opfer, eine monotone Aufzählung der Greuel in Weiss' makelloser Sprache.

Weiss' *Gesang vom Lusitanischen Popanz* (1966) ist sowohl als Rückgriff auf das oratorische Lehrtheater Brechts wie als Vorgriff auf das Laien-Straßentheater der Studentenrevolte anzusehen. Auf der Bühne agieren Kollektive, aus denen einzelne Protagonisten hervortreten. Im mobilen Ensemble, dessen Schauspieler mehrere Rollen übernehmen können, sind die Figuren austauschbare Sprachrohre für bestimmte Anschauungen der Kollektive. Der Chor kommentiert das Geschehen, das ebenso wie im *Marat/Sade*-Drama sich nicht als geschlossene Handlung darstellt, sondern einen Zustand, den der kolonialen Unterdrückung, vielschichtig illustriert mit allen Bühnenmitteln: Pantomime und Kommentar, epischem Bericht und Chor-Resümees, eingeschalteten Dokumenten. Das Ganze ist bewußt als ›Theater auf dem Theater‹, als Laienspiel, aufgezogen, ist auch gedacht, durch Laien interpretiert zu werden und sie so zu einem revolutionären Agitationstheater zu führen. Während im *Marat/Sade* die komplizierte Form dazu diente, das Geschehen der Revolution vielschichtigen Perspektiven zu unterwerfen, unterwirft sich die komplizierte Form des *Lusitanischen Popanz* einer eindeutigen politischen Interpretation. Obgleich dokumentarisch beglaubigte Verhältnisse in den portugiesischen Kolonien dargestellt werden, tendiert das Ganze doch in der theatralischen Formulierung zum Phantastischen.

Anders im *Viet Nam Diskurs* (1966/68), der in trockener Stationenreihung und Chor-Resümees einen Anschauungsunterricht über die Geschichte Vietnams bis zur Gegenwart gibt. Die Anlehnung an Brechts Lehrstücke der zwanziger Jahre ist hier deutlich. Die Geschichte Vietnams ist in der Sicht von Peter Weiss ganz eindeutig eine von

Klassenkämpfen. Dies illustriert die Szene. Auch hier bedient er sich eines mobilen Ensembles, in dem der Schauspieler zur Demonstrationsfigur wird.
Seit der *Ermittlung* ist Weiss' Tendenz zum Dokumentarischen offenbar, das aber immer in den Widerstreit zu den rituellen und komplizierten Theaterformen geriet. Erst in *Trotzki im Exil* (1968) entschied er sich eindeutig für eine realistische Formulierung, um den Preis, daß das Drama in die Nähe eines Theaterlehrgangs über die Russische Revolution geriet. Als einziges formales Element seines *Marat/Sade*-Dramas behielt Weiss bei, daß sich die Handlung als ›Erinnerung‹ Leo Trotzkis abspielt, der während der Vergegenwärtigung der einzelnen Szenen an seinem Schreibtisch sitzt.

Gesellschaftskritischer Realismus und politisches Dokumentartheater

Das deutsche Nachkriegstheater erlebte und erlebt noch heute verschiedene Spielarten des realistischen Stücks. Seinen bereits bei Strindberg durchbrochenen Formenkanon versuchte man durch teils inhaltliche, teils formale Komponenten zu aktualisieren.
Zwei Dramatiker, Herbert Asmodi und Hans Günter Michelsen, traten dabei auf verschiedene Weise das Erbe der Jahrhundertwende an. Asmodi belebte, um die pseudobürgerliche bundesrepublikanische Restauration zu karikieren, die pièce bien faite als bewußte Kolportage und zeigte, daß die gesellig-gesellschaftlichen Inhalte der Jahrhundertwende bei den heutigen Imitatoren der großbürgerlichen und feudalen Milieus zur Kolportage heruntergekommen seien. Asmodi ist, als Wahl-Münchner, durch die Schule Wedekinds gegangen, bei dem die pièce bien faite bereits einen Umschlag in die bewußte Kolportage erlebte (*Musik*).
Bemächtigte sich Wedekind der die Großbourgeoisie imitierenden Milieus, der Künstler-Bohème, der Halbwelt, der Hochstapler, so Asmodi der überlebten, nun korrupten österreichischen Feudalen (*Nachsaison*, 1969) und endlich der bundesrepublikanischen Neureichen (*Mohrenwäsche*, 1963; *Stirb und Werde*, 1965/66), deren Zeichnung zum kalt karikierenden Klamauk geriet. Asmodi konfrontierte neudeutsche Familiengemütlichkeit mit eiskalten Intrigen, noble Sprüche und skrupelloses Arrivieren, Erotik und Geschäft. Seine Gauner aus den besseren Kreisen sind auf bürgerliche Umgangsformen eingestellt, lesen Klassiker, hausen in den feinsten Antiquitäten und pflegen – äußerlich – ein gemütliches Familienleben, das sich allerdings nach innen hin ungemütlich entfaltet. Die Form des spätbürgerlichen Gesellschaftsstücks wird hier zur Persiflage seiner selbst, und zuweilen liefert Asmodi, um die Publikumswünsche gleich mit zu befriedigen, noch als Parodie ein Happy-End in Knittelversen hinterdrein. Asmodis bürgerlich geordnete Verhältnisse gedeihen aufgrund von allseitiger Korruption. Seine Stücke fällen die Diagnose, bürgerliches Gebaren sei selbst zu Klamotte und Klamauk heruntergekommen.
Hans Günter Michelsen greift die Ibsensche Frage nach der Gewalt der Vergangenheit und ihrer Gespenster, die das Leben der Gegenwart erdrosseln, politisch auf. Seine Überlebenden des letzten Krieges – in *Stienz* (1963) ist es ein in symbolischer Trümmerstätte hausender Offizier, der seine Memoiren zu Papier bringen möchte – versuchen, mit ihrer teils privaten, teils politischen Vergangenheit ins reine zu kommen, aber sie ersticken an den Revenants, in *Stienz* verkörpert durch den ehemaligen Burschen des Hauptmanns, in *Lappschiess* (1964) durch einen alten Mann, in *Helm*

(1965) durch einen Krüppel, der als ›Revenant‹ der Vergangenheit rächend wiederkehrt. Die Gegenwart wird gelähmt durch die Vergangenheit, deren Relikte und Trümmer über die Lebenden triumphieren. Von der politischen Thematik glitt Michelsen sehr schnell in die private (*Frau L.*, 1967), und nun wurde es die Erinnerung schlechthin, die das Leben in der Gegenwart überwältigte. Aus dem Circulus vitiosus dieser Erinnerung wissen die Figuren Michelsens nicht zu entfliehen. Formal tendiert Michelsens symbolisch aufgeladener Realismus zur Kreislaufform, die den Zirkel der Wiederholung demonstriert, in seinen Dialogen zu einer düsteren Sentimentalität.
Martin Sperr nahm gesellschaftliche Verhältnisse in der Provinz Bayern in Augenschein und maß am Lokalen das Allgemeine. In seinen *Jagdszenen aus Niederbayern* (1966) schildert er im Realismus der Nahsicht, wie in einem bayerischen Dorf eine reguläre Menschenjagd auf einen Homosexuellen veranstaltet wird im Namen einer heuchlerischen Moral. Auch dies ein Versuch gesellschaftskritischen Realismus, der sich allerdings in der Diagnose der rückständigen Verhältnisse in bayerischen Dörfern erschöpft. Seine *Landshuter Erzählungen* (1966) berichten in schlagkräftigen Kurzszenen über den harten Konkurrenzkampf zweier Bauunternehmer, dem sich alles unterwirft: politisches, familiäres, erotisches Verhalten. Das Stück ist abhängig von Brechts *Furcht und Elend des Dritten Reiches*, indem es wie dort die Auswirkungen hoher Politik in der Mentalität derer zeigt, die durch sie bestimmt werden.
Auch der junge Österreicher Wolfgang Bauer bedient sich der konventionellen Struktur des psychologisch-realistischen Stücks, wendet sie lediglich zur Schilderung neuer Milieus an, der heutigen Jugendlichen in der vollkommenen Umklammerung durch die Zivilisation. Gerade dies bewirkt eine Diskrepanz zwischen der realistischen Formulierung und den höchst unkonventionellen Dingen, die sich auf der Bühne abspielen. Erstickten die Bürger der Jahrhundertwende in Ibsens Stücken an der Konvention, so wird bei den Jugendlichen in Bauers Stücken diese durch den Gruppenzwang ersetzt. Denn hier wird die Gruppe zur neuen Konvention, zum neurotischen Zwang des Aufeinanderangewiesenseins. Auch sie sitzen, späte Enkel der Bürger der Jahrhundertwende, in ihren Zimmern herum, tun nichts und beschäftigen sich mit ihren Neurosen. Das Arbeiten überlassen sie den Erwachsenen. Sie leben ein parasitäres Dasein, das sie mit zivilisatorisch-modischen Relikten ausschmücken. Sie vegetieren im Zustand einer absoluten Lähmung dahin, der nur noch den Ausbruch in die gegenseitige Aggression oder in eine Art Happening erlaubt. Sie ›spielen mit dem Leben‹, d. h., sie treffen Arrangements, eine ›Manipuläschn‹, untereinander, die es darauf absieht, einen anderen zu vernichten (*Change*, 1969). Partys sind die Hintergrundsfolie für diese inszenierten Happenings, die tragisch enden können, mit Mord (*Magic afternoon*, 1968) oder Selbstmord (*Change*). Die Bewegungsverläufe der Bauerschen Dramen werden geprägt durch die einander übertrumpfenden actes gratuites; gerade ihre sich beschleunigende Wiederholung ist Zeichen ihrer leeren Willkür. Bauers durchaus realistische Milieustücke rufen einen quasi surrealen Eindruck hervor durch das ›Unglaubliche‹, was in ihnen geschieht. Die Schocks, die im surrealistischen Theater durch die Stilmittel erreicht wurden, sind hier auf die Aktionen selbst übergegangen. Sogar der österreichische Dialekt der Dialoge wirkt surreal, da er, wenn er auch durch Jargon und Anglizismen angereichert ist, dennoch immer Assoziationen an das gemütvolle Idiom weckt, in dem Hofmannsthals Wiener Aristokraten und Schnitzlers Großbürger, oder auch das einfache unverbildete Volk redeten. Wie das realistisch-psychologische Stück

meidet Wolfgang Bauer die auch wie immer tendenziöse oder gesellschaftskritische Analyse, er klagt in keiner Weise an, er registriert und schildert.
Eine spezielle Art der Wiederbelebung erfuhr der Realismus durch das politische Dokumentarstück, das Heinar Kipphardt und Rolf Hochhuth zeitweilig zu triumphalen Publikumserfolgen führten. Heinar Kipphardt mit der Dramatisierung des Oppenheimer-Prozesses *In der Sache J. Robert Oppenheimer* (1964), Rolf Hochhuth mit seiner politischen Anklage gegen des Papstes Pius XII. Verhalten in der Judenfrage (*Der Stellvertreter*, 1963).
Heinar Kipphardt, der zunächst mit *Der Hund des Generals* (1961/62) seinen Beitrag zur Bewältigung deutscher Vergangenheit lieferte, bemächtigte sich im Falle des *J. Robert Oppenheimer* einfach des Prozeßmaterials um den Atomphysiker, das er in schlichtem Verfahren dramatisierte. Das Verfahren war so schlicht, daß der Regisseur Jean Vilar aus dem gleichen Material ein ähnlich wirksames Stück zusammenstellte.
Kipphardt verstand sich als ›Chronist‹, der das Protokoll und die ihm zugänglichen Dokumente benutzte. »Er [der Autor] ist gehalten, ein abgekürztes Bild des Verfahrens zu liefern, das die Wahrheit nicht beschädigt.«[13] Das Dilemma, daß innerhalb eines Theaterstücks ›die Wahrheit‹ immer arrangiert und formuliert ist und also nicht mehr als dokumentarisch gelten kann, war ihm nicht bewußt. So geriet das Dokumentarstück in die Gefahr, brisante politisch-soziale Fragen in Form eines Reißers zu kolportieren.
Rolf Hochhuths Bemühungen stehen unter keinem geringeren Anspruch als dem, das Schillersche Geschichtsstück noch einmal zu beleben, indem er Papst Pius XII., den er im Schillerschen Sinne als Protagonisten der Geschichte mißverstand, vor das Gericht der Bühne zitierte. In seinen langen Anmerkungen zum Stück freilich meditierte er inhaltliche Momente der Politik, die seine Form eigentlich widerlegten: nämlich die Rolle der abstrakten, anonymen und schwer durchschaubaren Administration, die durch die Apparatur erzwungene Distanz zwischen politischen Entschlüssen und ihrer Wirkung. Die Überlegungen, die Friedrich Dürrenmatt zur Geschichtstragödie kamen, verwies Hochhuth in die Anmerkungen zu seinen Stücken; sie schlugen sich nicht formal nieder. »Die heutige Welt«, schrieb Dürrenmatt,[14] »läßt sich schwerlich in der Form des geschichtlichen Dramas Schillers bewältigen [...] Aus Hitler und Stalin lassen sich keine Wallensteine mehr machen [...] Die Macht Wallensteins ist eine noch sichtbare Macht, die heutige Macht ist nur zum kleinsten Teile sichtbar, wie bei einem Eisberg ist der größte Teil im Geschichtslosen, Abstrakten versunken.« Bei Hochhuth indes erscheinen noch die Protagonisten der Geschichte, sie sprechen in Jamben oder freien Versen, und damit spielen sich Vorgänge, die des klassisch Erhabenen durchaus entbehren, in klassischer Erhabenheit ab. Die politischen Konsequenzen der modernen Massengesellschaft, die Manipulierung des Individuums, die Eingeschränktheit des Handelns auch auf den sozialen ›Kommandohöhen‹, die Demoralisierung durch Propaganda, die Schizoidität öffentlichen und privaten Verhaltens erklärte Hochhuth für dramaturgisch nicht existent. Bei ihm ist, wie sein Regisseur Erwin Piscator es ausdrückte, »der Mensch frei in der Erfüllung dieser Idee, frei in der Einsicht in die Notwendigkeit ›kategorischen‹, das heißt sittlichen, menschenwürdigen Handelns«.[15]
Als Konsequenz dieser Sicht gibt es bei Hochhuth Gute und Böse, es gibt klassische Gespräche über Moral und Macht, so zwischen dem Papst und dem Pater Riccardo Fontana im *Stellvertreter* und zwischen Churchill und dem Bischof von Chichester in

Soldaten (1967). In den Anmerkungen zu seinen Stücken hingegen bedenkt Hochhuth die Arbeitsteilung des Tötens, das Erlöschen der frei handelnden Persönlichkeit, die Entindividualisierung im »Zeitalter des Neutrums«, die Abstraktheit und Undurchschaubarkeit der technisch-bürokratischen Maschinerie, die Auswechselbarkeit zwischen Schinder und Opfer, sogar die Surrealität, den »Eindruck des Unwirklichen«, den das Konzentrationslager und seine Welt selbst hervorrufe.[16] Ästhetisch hat Hochhuth aus seinen Überlegungen keine Konsequenzen gezogen. Seinem Realismus der äußeren Abschilderung sucht er durch klassizistische Überhöhung der Fakten beizukommen: durch Verse oder gar durch Lyrik, in die die Opfer angesichts der Gaskammern ausbrechen.

Auch in *Soldaten* griff Hochhuth ein aktuelles moralisches Thema auf: die Unzulänglichkeiten der Genfer Konvention, die Amoral des technischen Massenmords, in diesem Fall des von Churchill befohlenen Flächenbombardements. Auch hier gibt er einen Blick hinter die Kulissen, wo die hohe Politik gemacht wird. »Darsteller auf der Bühne ist ohnehin nur der grüne Tisch.«[17] Es erhebt sich nur die Frage, welche Perspektiven der ›grüne Tisch‹ hergibt. Das Dokumentardrama sieht sich gezwungen, um seine Prämissen nicht selbst in Frage zu stellen, höchst unwahrscheinliche Fälle zu konstruieren, die sich nie so abgespielt haben, nämlich, daß Churchill mit dem Bischof Chichester über die Moral des Flächenbombardements diskutiert und daß ein Flieger bei der Bombardierung Dresdens abstürzt und selbst sieht, was er angerichtet hat. Auch darf man bezweifeln, daß Churchill, mit der Zigarre im Bett liegend, seiner Umgebung so viel schlechtes Theater vorgespielt habe wie bei Hochhuth.

Durch den stilistisch beibehaltenen Realismus der Nahsicht aber wird suggeriert, der Dramatiker wisse genau, was sich hinter den Kulissen abgespielt habe. Aber auch dieser Realismus ist ein Arrangement, im Falle Hochhuths ist das Schillersche Geschichtsdrama zum blanken politischen Reißer heruntergekommen, der die entsetzlichsten Fakten des letzten Krieges zum Theatereffekt degradiert, aus dem Hochhuth naiv genug ist, noch Pathos schlagen zu wollen. Es erhebt sich die von Brecht schon aufgeworfene Frage, wieweit der Realismus der Abschilderung an die politisch-gesellschaftliche Realität noch heranreiche: »Die eigentliche Realität ist in die Funktionale gerutscht. Die Verdinglichung der menschlichen Beziehungen [. . .] gibt die letzteren nicht mehr heraus. Es ist also tatsächlich ›etwas aufzubauen‹, etwas ›Künstliches‹. Es ist also ebenso tatsächlich Kunst nötig.«[18]

Auch Hochhuth setzt sich in den Anmerkungen zu *Soldaten*[19] mit dem Dokumentar-Optimismus auseinander, er möchte betonen, »daß wir im Theater sind«[20], er versteigt sich sogar zu der Behauptung, dieses Stück Geschichte, das er darzustellen versuche, sei ›absurdes Theater‹; zugleich aber polemisiert er gegen das ›absurde Theater‹ und meint, es sei nur gegenstandslos.[21] Der Gedanke liegt ihm fern, daß neue Inhalte zu ihrer Darstellung neue Formen erfordern.

Schon Lessing billigte im 19. Stück seiner *Hamburgischen Dramaturgie* dem Dichter Souveränität über die Geschichte zu: »Er braucht eine Geschichte nicht darum, weil sie geschehen ist, sondern darum, weil sie so geschehen ist, daß er sie schwerlich zu seinem gegenwärtigen Zwecke besser erdichten könnte.« Bei Kipphardt und Hochhuth überwiegt bezeichnenderweise der Stoff selbst die Formulierung, und ihre Dramen leben, wie die Kolportage, von der Sensation des geschichtlichen Ereignisses, nicht von seiner Durchdringung.

In das Dilemma der politischen Dokumentarstücke geriet auch Günter Grass mit seinem »deutschen Trauerspiel« *Die Plebejer proben den Aufstand* (1966), worin er, indem er sich mancher Fakten aus Brechts Leben und seiner Theaterarbeit bemächtigte, schildern wollte, wie ein sozialistischer Dichter eine Arbeiterrevolte, die ihn politisch anging und der er sich hätte anschließen müssen, lediglich zur ästhetischen Formulierung mißbrauchte. Der Chef, der viele Züge Brechts hat, probt mit seiner Theatertruppe den Volksaufstand in Shakespeares *Coriolan*, als er vom regulären Aufstand der Arbeiter am 17. Juni 1953 überrascht wird, der in sein Theater vordringt. Während Grass Brecht in diesem Stück indirekt vorwarf, sich in einer politischen Situation ästhetisch verhalten zu haben, warf man Grass vor, Brechts Verhalten und die Situation der Arbeiterrevolte des 17. Juni nicht richtig dargestellt zu haben. Grass wehrte sich, indem er behauptete, er habe gar nicht Brecht darstellen wollen, sondern ihn nur als Beispiel, wie es sich besser gar nicht erfinden ließe, zitiert. Dichterische Freiheit in der Handhabung geschichtlicher Details aber existiert nicht gegenüber Fakten, deren Augenzeugen noch leben, zumal wenn Grass durch seinen teilweise realistischen Angang der Szene suggeriert, so genau habe sich das mit Brecht und seinem Ensemble abgespielt. Grass hätte über das Thema allenfalls eine Parabel schreiben können.

Tankred Dorst griff mit seinem *Toller* (1968) glücklicher ein verwandtes Thema auf, ohne durch realistischen Stil den Anspruch zu erheben, er stelle politische Fakten dokumentarisch genau dar. Dorst behandelte das höchst aktuelle Thema, daß ein Dichter, nämlich Ernst Toller, eine Revolution als expressionistisches Theaterstück mißverstanden habe. Dorst griff auf Tollers eigene Darstellung der Bayerischen Räterepublik zurück, die er aber nicht als Dokument ansah: »Das war dramatisch arrangiert, die revolutionären Vorgänge hatten sich in Theaterszenen verwandelt. Toller dramatisiert sich selbst, er sieht sich im spotlight einer expressionistischen Menschheitsbühne als Leidender und als Held.«[22] Bezeichnenderweise wollte Dorst kein politisches Dokumentarstück schreiben, aber sein *Toller* wurde im Jahre 1968/69 als politisches Dokumentartheater allenthalben im Stile der Piscator-Bühne gespielt. Dabei sagte Dorst deutlich genug, er habe kein Dokumentardrama geschrieben, sondern Dokumente seien allenfalls als »Partikel der Wirklichkeit« eingesetzt.[23] Es war also ein Stück über einen Literaten, der Politik mit Theater verwechselte; die expressionistische Szenenflucht auf der Brucknerschen Simultanbühne war zugleich als Parodie auf die theatralische Vorstellung Tollers gedacht.

Das Dokumentartheater erfuhr eine Aktualisierung durch die Emotionalisierung und Neubelebung sozialistischer Theoreme innerhalb der deutschen und französischen Studentenrevolte 1968. Einerseits versuchte man wieder ein Arbeitertheater zu aktualisieren (Max von der Grün, *Notstand oder Das Straßentheater kommt*, 1968) und Arbeiter selbst zur Darstellung ihrer eigenen Probleme zu animieren;[24] zugleich griff man auf das Straßentheater der Russischen Oktoberrevolution, die Theaterrevuen der ›lebenden Zeitung‹ zurück. Dessen Sinn war damals wie heute Aufklärung über aktuelle politische Probleme in verständlicher Form, politische Agitation: »Die Straße ist nach wie vor die einzige zensurfreie Tageszeitung der Opposition und bietet Raum für Kundgebungen und Demonstrationen aller Art, für Plakate, Wandzeitungen und Mauerinschriften, für improvisierte Szenen, Dokumentarfilme und Agitprop.«[25]

Dieses politische Agitationstheater, das stilistisch alle Mittel zum Zwecke der aktuellen Propaganda und Diskussion mischte, betont weniger seinen künstlerischen als seinen politischen Anspruch. Dennoch ergab sich eine neue Verwischung zwischen Realität und Theater, und zwar durch die Happening-Bewegung,[26] die, Anfang der sechziger Jahre von Amerika ausgehend, auf die bildenden Künstler Europas übergriff. Hierin versuchten die Künstler, die sie umgebende Wirklichkeit selbst zum Kunstakt zu erklären. Innerhalb der Mai-Unruhen 1968 in Paris schwenkten nicht wenige bildende Künstler, die zunächst ganz unpolitische Happenings inszeniert hatten, auf die Politik über und erblickten in politischer Opposition eine Legitimation ihrer Kunstvorstellungen. Zum politischen Straßentheater der Studenten gesellte sich beispielsweise ein Pop-Artist wie Jean-Jacques Lebel, der nicht nur politisches Agitations- und Straßentheater und Happenings miteinander vermählte, sondern auch die Revolte selbst mit einem Happening verwechselte: »Die Mai-Revolte sprengte die Grenzen von ›Kunst‹ und ›Kultur‹ sowie alle anderen gesellschaftlichen und politischen Schranken. Der alte Avantgardisten-Traum, ›Leben‹ in ›Kunst‹ zu verwandeln, in eine kollektive schöpferische Erfahrung, hatte sich endlich erfüllt [...] Die Mai-Erhebung war theaterhaft insofern sie eine gigantische Fiesta war, eine sinnliche und sinnfällige Explosion jenseits der ›normalen‹ politischen Spielregeln.«[27]

Insofern freilich die Kunst gegen die formulierte Kunst rebellierte und, um sie aufzuheben, sich darin erschöpfte, auf die Realität selbst hinzuweisen, konnte sie jedes Ereignis, welcher Art auch immer, zum Kunstakt rein durch Hinweis erheben und also auch eine politische Revolte als Happening erleben.

Damit aber ist nicht, wie die Verkünder der Happenings meinen, die Kunst aufgehoben in der Realität oder die Realität zum Kunstwerk geworden, sondern der Akt der künstlerischen Formulierung wird selbst überflüssig.

Surreale Parabel und Sprechtheater

Versuche, die sich vom Parabeltheater Brechtscher Observanz und vom realistischen Stück abheben, traten in Deutschland nur vereinzelt auf. Der Begriff des Parabeltheaters ist sehr weiträumig, beschränkt sich selbst beim frühen Brecht nicht auf die eindeutig ablesbare politische Parabel. Auch Eugène Ionesco, Samuel Beckett schreiben vielschichtig verrätselte Parabeln, für die innerhalb der modernen Literatur die Parabeln Franz Kafkas und Maeterlincks und Strindbergs Traumspiele das Vorbild sein dürften. Sie pochen auf das Recht zu einer dichterischen Sondersprache, die sich nicht in einem gleichnishaften Äquivalent für Fakten erschöpft, die sich auch anders ausdrükken lassen. Schon Kafkas Prosastück *Von den Gleichnissen* meditierte das Auseinanderbrechen zwischen der dichterischen Gleichnissprache und dem Alltäglichen und gab damit einen Hinweis auf die eigene verrätselte Parabel, die nicht mehr ein übertragener Ausdruck eines alltäglichen Verstehenszusammenhanges, sondern vieldeutig oder überhaupt Ausdruck für den verlorenen Sinnzusammenhang transzendentaler oder gesellschaftlicher Vorgänge wird. Die Bildersprache dieser Parabel wirkt traumhaft oder surreal, ja, sie ist, nicht zuletzt von Strindberg, zunächst als ›Traumspiel‹ legitimiert worden.

In diesen Zusammenhang gehören die nach dem Kriege erst bekannt gewordenen lyrischen Dramen der Nelly Sachs, die man durchaus als ›dreidimensionale Lyrik‹ bezeichnen könnte, denn die lyrischen Metaphern ihrer Gedichte scheinen hier in den

Raum gewachsen zu sein, sie haben angefangen sich zu bewegen, sie sind szenische Bilder geworden. So entstanden szenische Aktionen, die weniger einen Handlungsverlauf zeichnen als Zustände, die sich in traumhaften Bildern entfalten. Dabei ergibt sich bei Nelly Sachs eine Fusion aller Bühnenmittel, ein Totaltheater aus Tanz, Film, Musik, Pantomime und gesprochenem Wort. Diese ›szenischen Dichtungen‹ versuchen, lyrische Metapher und chassidischen Mythos miteinander zu verschmelzen, in beiden das jüdische Schicksal zu deuten und zugleich aufzuheben im Wort. Die Hauptfiguren in den szenischen Dichtungen der Nelly Sachs sind Träumer, Tänzer und Entrückte, chassidische Gottesknechte, Seher, die sich in die Magie des Wortes retten (*Beryll sieht in der Nacht*, 1961; *Abraham im Salz*, 1944). Sie sind von Gott Gezeichnete, die nur zum Schein in dieser Welt herumwandern. Dem visionären Grundcharakter der Dramen entsprechend kann auch das Bühnenbild im Zusammenhang mit der Choreographie der Figuren zur Phantasmagorie expressionistischer Prägung verschmelzen: »Rauch beginnt aufzusteigen und sich in durchsichtige Gestalten zu verwandeln. Sterne und Mond strahlen ein schwarzes Licht aus. Die Baumwurzeln sind Leichen mit verrenkten Gliedern.« Oder: »Der Horizont öffnet sich als größter Kreis. Ein blutender Mund wie eine niedergehende Sonne erscheint.« (*Eli*, 1943.)

Die Figuren sind entpsychologisiert, sie sind Tänzer, Schattenbilder, Marionetten oder blockartig archaische Gestalten, zu deren Charakterisierung »Der Mann«, »Der Jäger«, »Die Frau« genügt.

Gleichwertig neben den Figuren agieren Stimmen und Gegenstände, die nicht mehr illustrierende Requisiten sind, sondern metaphorisches Eigenleben bekunden.

Wenn auch die szenische Bildwelt bei Nelly Sachs durchaus expressionistische Züge hat, so ist doch gerade der Triumph einer nicht mehr ins Realistische aufgelösten, sondern in gewisser Weise verselbständigten Metaphorik das, was sie mit dem sogenannten Theater des Absurden (Esslin) in Frankreich gemein hat. In Deutschland versuchten zeitweilig Günter Grass und Wolfgang Hildesheimer sich in dieser Art von Theater, bezeichnenderweise beides Dichter, die sich auch als Maler betätigen. Dabei lehnte sich in seinen einzelnen Einfällen besonders Wolfgang Hildesheimer in *Spiele, in denen es dunkel wird* (1958) an die Metaphorik und die Einfälle Eugène Ionescos an und gab in seiner *Erlanger Rede über das absurde Theater* diese ins Surreale tendierenden Parabeln als Parabeln über die »Aussagelosigkeit der Welt« aus, aber es läßt sich nachweisen, daß sie aus reinen Bildwirkungen und Bildeinfällen bestehen, die zum Teil gesellschaftliche, zum Teil politisch-bundesrepublikanische Gepflogenheiten persiflieren und nicht ohne modischen Aufputz sind. Als sein wirksamstes Stück muß *Die Verspätung* (1961) gelten, worin er sich dem Problem der nicht mehr faßbaren Realität der Sprache und der Identität der Person widmet und für diese Thematik eine sehr einleuchtende, ins Kafkaeske tendierende Parabel findet. Weitaus weniger zu rätseln gibt es an den surrealen Parabeln des Günter Grass, die sich vor allem als nicht immer einer gedanklichen Konzeption entsprungene amüsante Bildvorstellungen entpuppen, worin sich die Figuren als etwas anderes enthüllen, als sie erscheinen; in *Onkel, Onkel* (1958) z. B. enthüllt sich der Gewohnheitsverbrecher Bollin als harmloser Mitmensch, in den *Bösen Köchen* (1956) sind die Köche, die sich auf der Bühne tummeln, Trompete blasen und zuckrige Bildvorstellungen hervorrufen, skrupellose Verbrecher.

Der Trend zur reinen Bildwirkung wird bei Grass durchkreuzt durch breit ausgewalzte realistische Details. Es ist denn auch nicht von ungefähr, daß Günter Grass' dramatische Arbeiten schließlich in das realistische Stück *Davor* (1969) einmündeten, das biographische Details aus seinem Leben und politisches Denken ohne große Verbrämung auf die Bühne brachte. Das Groteske und Surreale blieb bei ihm Einsprengsel, verließ sich auf Bildvorstellungen, gehorchte einer gewissen Assoziationsautomatik, es ist nicht, wie die Kafkasche oder Ionescosche Parabel, vieldeutig interpretierbar, sondern hat zuweilen keinen Sinn, keine genaue Konzeption.

Zeitweilig in der Nachfolge des ›absurden Theaters‹ bewegten sich Tankred Dorst, Konrad Wünsche und Paul Pörtner, und zwar Tankred Dorst mit seinem Stück *Die Kurve* (1960), worin zwei clowneske Brüder eine blümchengeschmückte Idylle an einer Autostraße errichten, die sich als ein makabres Unternehmen entpuppt: sie verdienen an Autounfällen, die sich an der Kurve, in deren Nähe sie sich etabliert haben, mit pünktlicher Regelmäßigkeit ereignen – ein idyllisch ausgeschmücktes Gewohnheitsverbrechen also.

Konrad Wünsche, der zunächst mit kleinen Stücken mehr lyrischen Genres hervortrat (*Über den Gartenzaun*, *Vor der Klagemauer*, 1962), versuchte in seinem Stück *Der Unbelehrbare* (1963) einen Bürgersalon um die Jahrhundertwende selbst als stickige Theaterkulissenwelt zu charakterisieren, dessen gespenstisches Figurenarsenal wie von Zwängen regiert wird, ein ehemaliges Theaterstück zu wiederholen. Nur der Sohn Paul möchte dieses Theaterstück vermeiden und ›unbelehrbar‹ bleiben, aber er nimmt Gift in einer Teetasse und wird doch endlich gezwungen, seinen Theatertod zu sterben.

Paul Pörtner formulierte, indem er sich an das expressionistische Drama, wie Georg Kaisers *Von morgens bis mitternachts* (1912), anlehnte, eine Parabel über den abstrusen Tages-Lebenslauf eines unscheinbaren Jedermann in *Mensch Meier oder Das Glücksrad* (1959). Darin wird die gewöhnliche Welt zum Ungewöhnlichen, zu einer surrealen, bedrückenden Apparatur menschlicher Selbstentfremdung und sozialer Manipulation, in deren Räderwerk der kleine Mann gerät.

Der wichtigste Dramatiker einer solchen, ins Surreale tendierenden dramatischen Parabelsprache war in jeder Hinsicht Peter Weiss in seinen frühen Stücken, die erst nach dem Erfolg seines *Marat/Sade*-Dramas bekannt wurden. Weiss verfaßte zunächst surrealistische Grotesken. Die szenische Moritat *Nacht mit Gästen* (1962) zieht ihre Schocks aus dem Kontrast zwischen der scheinbar naiven Formulierung in Knittel- und Kinderversen und der selbstverständlichen Ungerührtheit, mit der hier das Unwahrscheinliche in die Tat umgesetzt wird: Die Familienmutter bietet dem Einbrecher Kaspar Rosenrot ein trauliches Heim an und legt sich mit ihm ins Bett; der Nachbar, der die Familie angeblich vor dem Einbrecher warnen will, erschlägt en passant den Vater; nachdem Kaspar noch die Mutter ermordet hat, steigen die Kinder über die Leichen ihrer Eltern weg zu unheimlichem Kindersingsang unbekümmert ins Freie.

In der Surrealgroteske *Die Versicherung* (1952), Weiss' erstem Stück, das mit ganz ähnlichen Mitteln arbeitet, erweitert sich der Gruseldramenhorizont auf die gutbürgerliche Gesellschaft, in der alles drunter und drüber geht. Da hilft die Versicherung, die der Polizeipräsident Alfons eingehen will, nicht mehr. Schon seine Festgäste bei der Abendgesellschaft zeigen befremdendes Benehmen. Sie werden durch einen Dr. Kübel in eine Privatklinik gebracht, die sich als eine Art Irrenanstalt entpuppt, wo die Kranken gefoltert und in Käfige gesperrt werden. Das ganze Stück besteht aus einer Aneinanderreihung von Grausamkeiten und komischen erotischen Schocks. Da läßt eine Frau ihren Mann, der, an den Füßen aufgehängt, am Fensterrahmen sich festhält, ungerührt in die Tiefe fallen, da vergewaltigt ein Herr Grudek die zufällig vorbeikommende Hulda hinter einem Kohlenhaufen, da vereinigt sich der Verbrecher Leo mit der Frau des Polizeipräsidenten im Mülleimer, da begräbt die Kinderschar des Polizeipräsidenten hocherfreut den von Leo erwürgten Hund Pluto, da entfaltet sich in Dr. Kübels Privathaushalt eine schaurig-komische Idylle – kurzum: das Chaos ist ausgebrochen, und der Polizeipräsident, der sich versichern lassen wollte, wird zuallererst unter ihm begraben. Schließlich herrschen Anarchie und Revolution auch draußen: »Die Ziegel fallen von den Dächern. Das ist noch gar nichts. Das ist nur der Anfang. Ihr werdet sehen, was noch kommt.« Chaos, Unrecht und Gewalt, die unter dem Deckmantel der Bürgerlichkeit sich nicht mehr verbergen können, dringen auf die Straße. Die vom Verbrecher Leo angeführte Revolution ist nur ihre folgerichtige Fortsetzung, nicht etwa ihr Ende. Und Peter Weiss scheint ihr in der *Versicherung* mit eben jenem grimmigen Sarkasmus zuzustimmen, der einst Brecht in der *Hauspostille* bewog, die bolschewistische Armee grinsend in des ›Bürgers Paradeis‹ zu führen, Chaos von Anarchie verschlingen zu lassen, und ein Sodom und Gomorrha, das den Untergang verdient, auch dem Untergang zu überantworten.

Peter Handke trat auf originelle Weise das späte Erbe der Gertrude Stein und – Pirandellos an. Gertrude Stein hatte in ihren *Operas and Plays* alle Bühnenvorgänge zum Gegenstand verbaler Exerzitien gemacht.[28] Das gleiche tat Peter Handke in seinen ›Sprechstücken‹, worin zunächst verbale Redeweisen wie die Beichte (*Selbstbezichtigung*, 1966), die Prophetie (*Weissagung*, 1966), die des Rufs (*Hilferufe*, 1967) als verbale Musik in Rhythmus, Tempo und auf vier Sprecher verteilt, durchexerziert werden; in der *Publikumsbeschimpfung* (1966) aber hob er das Theater auf und machte dessen Mittel und Mode zum Gegenstand einer Sprachrecherche. Dadurch radikalisierte er die Pirandellosche Illusionsdurchbrechung. Er verzichtete in diesem Stück, auf der Bühne eine ›andere‹ und sei es parabolische Realität zu errichten, er verzichtete auf Rollen, Handlung, Kulissen. Das Theater selbst, seine Wirkung, der Zuschauerraum wurden zum Gegenstand einer Sprachrecherche, was zu einer völligen Umkehrung der theatralischen Situation führte. Suchten in Pirandellos *Sei Personaggi* sechs Personen einen Autor, um Drama werden zu können, so wurden bei Handke die Zuschauer zu ›Personen ohne Autor‹ erklärt, die das Theater brauchen, um auf die Welt zu kommen. »Das Theater«, schrieb Handke, »bildet [...] nicht die Welt ab, die Welt zeigt sich als Nachbild des Theaters.«[29] Und er äußerte ohne Scheu den provokanten Satz, daß man so lange spielen möge, »bis die Wirklichkeit ein einziger Spielraum geworden ist«.

Das Theater ist bei Handke eben nicht Transportmittel fremder Bedeutungen, sondern ist selbst Wirklichkeit. »Das Theater als Bedeutungsraum ist dermaßen bestimmt, daß alles, was außerhalb des Theaters Ernsthaftigkeit, Anliegen, Eindeutigkeit, Finalität ist, *Spiel* wird [...].« Man hat nicht bemerkt, daß Handke damit die äußersten Prämissen einer L'art pour l'art übernahm in der ironisch geäußerten Hoffnung, die ganze Welt werde dereinst – Theater und damit Kunstraum werden, womit er freilich nicht, wie die Pop-Artisten, behauptete, daß sie schon Kunstraum sei.

Handkes Stücke sind Parabeln über diese seine Wirklichkeit des Theaters. Sein Kaspar (*Kaspar*, 1968) beispielsweise ist – eine Bühnenfigur. Er wird auf der Szene geboren, dringt durch den Vorhang, lernt sich bewegen, reden – und wird zur Rolle. Er ordnet die zunächst ungeordneten Kulissen, lernt mit den Gegenständen umgehen – und er hat seine Regisseure oder Einsager, die ihm suggerieren, was er zu tun habe. Das ist eine klare Parabel – zunächst über das Theater. Aber der Bedeutungsraum der Bühne erzwingt nicht nur, wie Handke meint, das Spiel, sondern erzwingt auch, wie schon Goethe anmerkte, die Bedeutung, zumindest die Assoziation einer Bedeutung, die Handke eigentlich vermeiden wollte. Indem Handke einen theatralischen Vorgang abbildet und damit zeigt, daß die Bühne nur sich selbst spielt, zeigt sich zugleich, daß der Bedeutungsraum der Bühne sich weitet und zur Welt wird. Und schon hatte Handke eine Parabel formuliert zugleich über die Anpassungsvorgänge, die Beraubung der Individualität durch die vorgeprägten Floskeln der Sprache, die ihm die Einsager beibringen. Als Kaspar die Bühne betritt, ist er noch Person. Später ist er nur mehr eine Rolle, ein Kaspar unter vielen.

Ebenso ging es Handke mit seinen weiteren Stücken, der ebenfalls einen Theatervorgang bewußt erstellenden Pantomime *Das Mündel will Vormund sein* (1969), die zur Zeit der Studentenrevolten flugs in eine Parabel über die Aufsässigkeit Jugendlicher gegen die ›autoritären‹ Erwachsenen interpretiert wurde – und diese Interpretation durchaus erlaubt –, und seinem losen Handlungsentwurf *Quodlibet* (1969), der überhaupt erst auf der Bühne vom Regisseur zur Theateraktion ausgedeutet werden muß, denn was dort geschieht, ist nur Meditation dessen, was auf der Bühne geschieht: Personen in verschiedenen Kostümen treten auf und geben Redensarten von sich. Sie spielen damit ihre Rolle als Theaterfigur, aber natürlich stellt sich damit, wie bei Becketts *Spiel* und *Endspiel*, eine ganze Skala von Bedeutungsmöglichkeiten ein, die die Assoziationskraft des Publikums und der Kritik durchaus aktivieren. Deshalb machte Handke in seinem bisher letzten Stück *Der Ritt über den Bodensee* (1970) einen fast schon verzweifelten Versuch, den vorgeprägten Gesten, Bedeutungen, den Sprachklischees, aber auch der Assoziation parabolischer Bedeutung zu entrinnen, indem er sie auf der Bühne von einer Reihe von Schauspielern, die nichts spielen als sich selbst, also unter ihrem Privatnamen auftreten, gegenseitig einander austreiben läßt. Die Bühne bedeutet nichts als die Bühne. Die Möbel und Bilder unter den Schonbezügen enthüllen nichts als Möbel und Bilder. Hinter der Theaterfigur verbirgt sich nicht eine Person, sondern die Person ist eben der Schauspieler. Eine schwarzgeschminkte Frau tritt auf mit einem Staubsauger und bedeutet nichts anderes als eine schwarzgeschminkte Frau mit einem Staubsauger. Die Schauspieler auf der Bühne treiben sich und den Zuschauern in Exerzitien die Erwartungen an Gesten und Repliken aus, indem sie aus diesen Gesten zitieren oder sich völlig unerwartet benehmen. Das Stück ist ein einziger anarchischer Protest gegen die eingebürgerten Gewohnheiten der Bühne wie des Alltags. In seiner zornigen Tirade gegen die »Naturgesetze« der Gewohnheit, die der Gewohnheit des Gehorchens sowohl der Sprache wie der Gebärde entspricht, sagt der Schauspieler, der hier provisorisch Jannings genannt wird: »Man hat angefangen miteinander zu verkehren, und es hat sich eingespielt ... eine Ordnung ergab sich, und um weiter miteinander verkehren zu können, machte man diese Ordnung ausdrücklich: man formulierte sie. Und als man sie formuliert hatte, mußte man sich daran halten, weil man sie schließlich formuliert hatte!«

Dieser Protest, der wild mißachtet, daß sowohl im täglichen Leben wie auf der Bühne Gewohnheiten reguläre ›Entlastungsmomente‹ darstellen, auf deren Folie sich durchaus das Unerwartete, die neue Reizbarkeit und Sensibilität, die Handke anstrebt, aufzeichnen kann, geht letztlich auf Wittgenstein zurück, der der Sprache die Bedeutung austreiben wollte. Handke betreibt dasselbe auf der Bühne, und damit gerät er in die Nähe einer Tautologie des theatralischen Ausdrucks. Gelänge ihm, was er wollte, die Bühne wäre überflüssig. Darum nannte er sein Stück *Der Ritt über den Bodensee*.

Anmerkungen

1 Marianne Kesting: Das epische Theater. Stuttgart 1968.
2 Walter Hinck: Von der Parabel zum Straßentheater. In: Gestaltungsgeschichte und Gesellschaftsgeschichte. Hrsg. von Helmut Kreuzer. Stuttgart 1969. S. 585.
3 Theaterschriften und Reden. Zürich 1966. S. 177.
4 Ebd. S. 119.
5 Die Panne. Zürich ^{2}1966. S. 10 f.
6 Friedrich Dürrenmatt: Dramaturgie der Panne. In: Dürrenmatt. Frisch. Weiss. Hrsg. von Gerhart Baumann. München 1969. S. 27 ff.
7 Ebd. S. 186.
8 Hinck (Anm. 2) S. 593.
9 Interview mit Dieter E. Zimmer. In: DIE ZEIT v. 22. 12. 1967.
10 Hinck (Anm. 2) S. 591.
11 Martin Walser: Tagtraum vom Theater. In: Theater heute 8 (1967) H. 11. S. 20.
12 Vorwort zum *Volksbuch vom Herzog Ernst*. Bühnenmanuskript des Dreimasken Verlags, München.
13 Vorwort zu *In der Sache J. Robert Oppenheimer*. Frankfurt a. M. 1964.
14 Dürrenmatt (Anm. 6) S. 119.
15 Rolf Hochhuth: Der Stellvertreter. Reinbek b. Hamburg 1963. S. 7 (Vorwort Erwin Piscators).
16 Ebd. S. 179.
17 Rolf Hochhuth: Soldaten. Reinbek b. Hamburg 1967. S. 132.
18 Bertolt Brecht: Gesammelte Werke. Frankfurt a. M. Bd. 17. S. 162 ff.
19 Hochhuth (Anm. 17) S. 94.
20 Ebd. S. 97.
21 Ebd. S. 100.
22 Tankred Dorst: Arbeit an einem Stück. In: Spectaculum XI. Frankfurt a. M. 1968. S. 329.
23 Ebd. S. 333.
24 In diesen Zusammenhang gehören Stücke aus dem Verlag der Autoren, Frankfurt a. M., wie Heinrich Henkel: Eisenwichser; Gerhard Kelling: Die Auseinandersetzung, Arbeitgeber; Gerlind Reinshagen: Doppelkopf; s. Literaturhinweise unter 2.
25 Peter Schütt: Kulturpolitische Aktionen und Aufgaben der demokratischen Opposition. In: Blätter für deutsche und internationale Politik 13 (1968) H. 8. S. 10.
26 Jürgen Becker / Wolf Vostell: Happenings. Reinbek b. Hamburg 1965. – Marianne Kesting: Happenings, Analyse eines Symptoms. In Melos (Juli/August 1969).
27 Wolf Vostell: Aktionen. Reinbek b. Hamburg 1970 (Kapitel über Jean-Jacques Lebel).
28 Marianne Kesting: Gertrude Stein. In: M. K.: Panorama des zeitgenössischen Theaters. München ^{2}1969. S. 45 ff.
29 Peter Handke: Straßentheater und Theatertheater. In: Theater heute 9 (1968) H. 4. S. 7 ff.

Literaturhinweise

Es werden folgende Abkürzungen verwendet:

Th. h. = Theater heute. Zeitschrift des Friedrich Verlags, Velber b. Hannover.
ed. s. = edition suhrkamp. Reihe des Suhrkamp Verlags, Frankfurt a. M.
Sp. = Spectaculum. Alljährlich im Suhrkamp Verlag, Frankfurt a. M., erscheinende Dramensammelbände.
STB = Suhrkamp Taschenbuch.

1. Sammelbände deutscher Gegenwartsdramatik

Deutsches Theater der Gegenwart. Hrsg. von Karlheinz Braun. 2 Bde. Frankfurt a. M.
Junges deutsches Theater von heute. Hrsg. von Joachim Schondorff. München o. J.
Modernes deutsches Theater. Hrsg. von Paul Pörtner. Neuwied/Berlin 1961.
Spiele in einem Akt. Hrsg. von Walter Höllerer. Frankfurt a. M. 1961.
Spielplatz. Hrsg. von Karlheinz Braun und Klaus Völker. Berlin 1972 ff.
Straßentheater. Hrsg. von Agnes Hüfner. (ed. s. Nr. 424.)

2. Werke der einzelnen Dramatiker

Hans Carl Artmann: Die Fahrt zur Insel Nantucket. Neuwied/Berlin 1969.
Wolfgang Bauer: Drei Stücke. Köln 1969; München 1972.
– Gespenster; Silvester oder Das Massaker im Hotel Sacher; Film und Frau. Drei Stücke. Köln 1974.
Thomas Bernhard: Die Salzburger Stücke. Frankfurt a. M. 1975.
– Ein Fest für Boris. Th. h. 1/70.
– Der Italiener. München 1973.
– Der Präsident. Frankfurt a. M. 1975.
– Die Jagdgesellschaft. Frankfurt a. M. 1974.
Tankred Dorst: Die Mohrin. Köln 1964.
– Die große Schmährede an der Stadtmauer. Th. h. 12/61.
– Toller. ed. s. Nr. 294.
– Kleiner Mann, was nun? (nach Fallada; mit Zadek). Th. h. 11/72.
– Eiszeit. Th. h. 5/73.
– Auf dem Chimborazo. Th. h. 3/75. Frankfurt a. M. 1974. Sp. 22.
– Sand. Ein Szenarium. Köln 1971.
Friedrich Dürrenmatt: Komödien. 3 Bde. Zürich 1957, 1963, 1966.
Rainer Werner Fassbinder: Antitheater. ed. s. Nr. 443.
– Antitheater 2. ed. s. Nr. 560.
– Stücke 3. ed. s. Nr. 803.
Max Frisch: Stücke. 2 Bde. Frankfurt a. M. 1962.
– Biografie. Frankfurt a. M. 1967.
Günter Grass: Theaterspiele. Neuwied/Berlin 1970.
Peter Hacks: Fünf Stücke. Frankfurt a. M. 1965.
– Vier Komödien. Frankfurt a. M. 1971.
– Zwei Bearbeitungen. ed. s. Nr. 47.
– Stücke nach Stücken. ed. s. Nr. 122.
– Adam und Eva. Th. h. 12/72.
– Das Jahrmarktsfest zu Plunderweilern. Th. h. 12/75.
Peter Handke: Die Unvernünftigen sterben aus. Frankfurt a. M. 1973. STB Nr. 168.
– Stücke 1. Frankfurt a. M. 1972. STB Nr. 43.
– Stücke 2. Frankfurt a. M. 1973. STB Nr. 101.
– Prosa, Gedichte, Theaterstücke, Hörspiele, Aufsätze. Frankfurt a. M. 1971.
Michel Harty: Notstandsübung. Th. h. 5/68.
Heinrich Henkel: Eisenwichser. Th. h. 9/70.
– Olaf und Albert. Th. h. 9/73.

– Die Betriebsschließung. Th. h. 4/75.
– Frühstückspause (Neue Fassung). Th. h. 7/71.
Wolfgang Hildesheimer: Spiele, in denen es dunkel wird. Pfullingen 1958.
– Der Drachenthron. München 1955.
– Die Verspätung. ed. s. Nr. 13.
– Nachtstück. ed. s. Nr. 23.
– Herrn Walsers Raben. ed. s. Nr. 77.
– Mary Stuart. Sp. XIV.
Rolf Hochhuth: Der Stellvertreter. Reinbek b. Hamburg 1963.
– Soldaten. Reinbek b. Hamburg 1967.
– Guerillas. Reinbek b. Hamburg 1970.
– Die Hebamme. Reinbek b. Hamburg 1973.
– Lysistrate und die NATO. Reinbek b. Hamburg 1973.
– Die Berliner Antigone. Reinbek b. Hamburg 1975.
– Dramen; Der Stellvertreter, Soldaten, Guerillas. Reinbek b. Hamburg 1972.
Gerhard Kelling: Arbeitgeber. Th. h. 12/69.
– Die Massen von Hsunhi. Frankfurt a. M. 1975.
– Die Auseinandersetzung. Th. h. 7/71.
Heinar Kipphardt: Stücke 1. ed. s. Nr. 659.
– Stücke 2. ed. s. Nr. 677.
Franz Xaver Kroetz: Gesammelte Stücke. Frankfurt a. M. 1975. STB Nr. 259.
– Sterntaler. Th. h. Sonderh. 1974.
– Das Nest. Th. h. 5/75.
Hartmut Lange: Marski. ed. s. Nr. 107.
– Der Hundsprozeß. Herakles. ed. s. Nr. 260.
– Die Gräfin von Rathenow. ed. s. Nr. 360.
– Trotzki in Coyoacan. Th. h. 3/72.
– Die Ermordung des Aias oder Ein Diskurs über das Holzhacken. Berlin 1973.
– Theaterstücke 1960–71. Reinbek b. Hamburg 1973.
Hans Günter Michelsen: Stiens, Lappschiess. ed. s. Nr. 39.
– Drei Akte, Helm. ed. s. Nr. 140.
– Feierabend 1 und 2. Sp. VI.
– Planspiel. Sp. XIII.
Heiner Müller: Philoktet, Herakles. ed. s. Nr. 163.
– Prometheus. Sp. XI.
– Die Umsiedlerin oder Das Leben auf dem Lande. Berlin 1975.
– Macbeth. Nach Shakespeare. Th. h. 6/72.
– Geschichten aus der Produktion 1. Stücke, Prosa, Gedichte, Protokolle. Berlin 1974.
– Geschichten aus der Produktion 2. Berlin 1974.
Paul Pörtner: Scherenschnitt. Köln 1964.
– Polizeistunde. Köln 1975.
Gerlind Reinshagen: Doppelkopf. Th. h. 4/68.
– Himmel und Erde. Th. h. 10/74.
Nelly Sachs: Zeichen im Sand. Die szenischen Dichtungen. Frankfurt a. M. 1962.
– Verzauberung. Späte szenische Dichtungen. Frankfurt a. M. 1970.
Harald Sommer: Ein unheimlich starker Abgang. Th. h. 12/70.
– Ich betone, daß ich nicht das geringste an der Regierung auszusetzen habe. Frankfurt a. M. 1970.
– Scheiß-Napoleon. München 1975.
Martin Sperr: Jagd auf Außenseiter. Jagdszenen aus Niederbayern. München 1971.
– Bayrische Trilogie. Frankfurt a. M. 1972.
Botho Strauß: Bekannte Gesichter, gemischte Gefühle. Th. h. Sonderh. 1974.
– Die Hypochonder. Th. h. 1/73.
Martin Walser: Das Sauspiel. Szenen aus dem 16. Jahrhundert. Th. h. 9/75.
– Gesammelte Stücke. Frankfurt a. M. 1971. STB Nr. 6.
Peter Weiss: Dramen in zwei Bänden. Frankfurt a. M. 1968.
– Trotzki im Exil. Frankfurt a. M. 1970.
– Hölderlin (Neufassung). Frankfurt a. M. 1974.

– Die Verfolgung und Ermordung des Jean Paul Marat. ed. s. Nr. 68.
– Der Prozeß. Nach dem gleichnamigen Roman von Franz Kafka. Th. h. 7/75.
Konrad Wünsche: Der Unbelehrbare und andere Stücke. ed. s. Nr. 56.
– Jerusalem, Jerusalem. ed. s. Nr. 183.
– Ein blühender Garten (nach Walser). Frankfurt a. M. 1975.
Jochen Ziem: Die Einladung. Th. h. 7/67.
– Nachrichten aus der Provinz. Th. h. 1/68.
– Die Versöhnung. Th. h. 6/71.

3. *Bibliographien*

Elly Wilbert-Collins: A Bibliography of Four Contemporary German-Swiss Authors. Friedrich Dürrenmatt, Max Frisch, Robert Walser, Albin Zollinger. Bern 1967.
Johannes Hansel: F.-Dürrenmatt-Bibliographie. Bad Homburg v. d. H. / Berlin / Zürich 1968. (Bibliographien zum Studium der deutschen Sprache und Literatur. Bd. 3.)
Klaus W. Jonas: Die Dürrenmatt-Literatur (1947–1967). In: Börsenblatt für den Deutschen Buchhandel. Frankf. Ausg. 24 (1968) S. 1725–38.
Klaus-Dietrich Petersen: M. Frisch-Bibliographie. In: Über M. Frisch. Hrsg. von Thomas Beckermann. Frankfurt a. M. 1971. S. 305–347.
George A. Everett: A select bibliography of Günter Grass. From 1956 to 1973. New York 1974.
Patrick O'Neill: Günter Grass. A bibliography 1955–1975. Toronto/Buffalo 1976.
Bibliografie. Sekundärliteratur zu den Arbeiten von Heiner Müller. In: Alternative 19 (1976) S. 228 f.
Nelly Sachs. Eingel. von Paul Kersten. Hamburg 1969. (Hamburger Bibliographien 7.)

4. *Sekundärliteratur*

a) Zu den einzelnen Autoren

Über H. C. Artmann. Hrsg. von Gerald Bisinger. ed. s. Nr. 541.
Werner Eggers: H. C. Artmann. In: Deutsche Literatur der Gegenwart in Einzeldarstellungen. Hrsg. von Dietrich Weber. Bd. 2. Stuttgart 1977.
Peter Pabisch: H. C. Artmann. Ein Versuch über die literarische Alogik. Wien 1978.
Über Thomas Bernhard. Hrsg. von Anneliese Botond. ed. s. Nr. 401.
Hans Höller: Kritik einer literarischen Form. Versuch über Thomas Bernhard. Diss. Salzburg 1973.
Thomas Bernhard. Text + Kritik. H. 43. München 1974.
Erich Jooß: Aspekte der Beziehungslosigkeit. Zum Werke von Thomas Bernhard. Selb 1976.
Erika Tunner: Absolutheitsstreben und Vernichtungsdrang oder die Kunst des Scheiterns. Reflexionen zum Werk von Thomas Bernhard. In: Revue d'Allemagne 8 (1976) S. 584–600.
Michel Demet: Le théâtre de Thomas Bernhard. Nostalgie de la nature et triomphe de l'artifice. In: Etudes germaniques 31 (1976) S. 58–66.
Alfred Barthofer: Das Cello und die Peitsche. Beobachtungen zu Thomas Bernhards »Die Macht der Gewohnheit«. In: Sprachkunst 7 (1976) S. 294–311.
Hans Höller: Die Form der Sprache als Form der Gesellschaft. Zu Thomas Bernhards »Ein Fest für Boris«. In: Germanica Wrat 26 (1976) S. 203–219.
Hartmut Reinhardt: Das kranke Subjekt. Überlegungen zur monologischen Reduktion bei Thomas Bernhard. In: Germanisch-Romanische Monatsschrift 26 (1976) S. 334–356.
Herbert Gamper: Thomas Bernhard. München 1977.
Wendelin Schmidt-Dengler: Thomas Bernhard. In: Deutsche Literatur der Gegenwart in Einzeldarstellungen. Hrsg. von Dietrich Weber. Bd. 2. Stuttgart 1977. S. 56–76.
Bernhard Sorg: Thomas Bernhard. München 1977.
Alfred Barthofer: King Lear in Dinkelsbühl. Historisch-Biographisches zu Thomas Bernhards Theaterstück »Minetti«. In: Maske und Kothurn 23 (1977) S. 159–172.
Bruno Hannemann: Satirisches Psychogramm der Mächtigen. Zur Kunst der Provokation in Thomas Bernhards »Der Präsident«. In: Maske und Kothurn 23 (1977) S. 147–158.
Alfred Barthofer: The plays of Thomas Bernhard – a report. In: Modern Austrian Literature 11 (1978) Nr. 1. S. 21–48.
Erika Tunner: Die Thematik der Regression bei Thomas Bernhard. In: Austriaca 7 (1978) S. 23–36.
Werkbuch über Tankred Dorst. ed. s. Nr. 713.

Heinz-B. Heller: Tankred Dorst. In: Deutsche Literatur der Gegenwart in Einzeldarstellungen. Hrsg. von Dietrich Weber. Bd. 2. Stuttgart 1977. S. 77–97.
Rainer Taëni: Tankred Dorst: Toller. Frankfurt a. M. 1977.
Beda Allemann: F. Dürrenmatt »Es steht geschrieben«. In: Das deutsche Drama vom Barock bis zur Gegenwart. Interpretationen. Hrsg. von Benno von Wiese. Düsseldorf 1962. Bd. 2. S. 415–432.
Der unbequeme Dürrenmatt. Hrsg. von Reinhold Grimm [u. a.]. Basel 1962. S. 31–33. (Theater unserer Zeit. Bd. 4.)
Jacob Steiner: Die Komödie Dürrenmatts. In: Der Deutschunterricht 15 (1963) H. 6. S. 81–98.
Hans-Jürgen Syberberg: Zum Drama F. Dürrenmatts. Zwei Modellinterpretationen zur Wissensdeutung des modernen Dramas. München 1963.
Elisabeth Brock-Sulzer: F. Dürrenmatt. Stationen seines Werkes. Neue, erw. Aufl. Zürich 1964.
Adolf D. Klarmann: F. Dürrenmatt and the Tragic Sense of Comedy. In: Modern Drama. Essays in Criticism. Hrsg. von Travis Bogard und William J. Oliver. New York 1964. S. 99–133.
Günter Waldmann: Dürrenmatts paradoxes Theater. Die Komödie des christlichen Glaubens. In: Wirkendes Wort 14 (1964) S. 22–35.
Erich Kühne: Satire und groteske Dramatik. Über weltanschauliche und künstlerische Probleme bei Dürrenmatt. In: Weimarer Beiträge 12 (1966) S. 539–565.
Hans Bänziger: Frisch und Dürrenmatt. Bern/München [6]1971.
Edward Diller: F. Dürrenmatt's Theological Concept of History. In: German Quarterly 40 (1967) S. 363–371.
E. S. Dick: Dürrenmatts »Besuch der alten Dame«. Welttheater und Ritualspiel. In: Zeitschrift für deutsche Philologie 87 (1968) S. 498–509.
Beda Allemann: Die Struktur der Komödie bei Frisch und Dürrenmatt. In: Das deutsche Lustspiel. T. 2. Hrsg. von Hans Steffen. Göttingen 1969. S. 200–217.
Armin Arnold: F. Dürrenmatt. Berlin 1969.
Cesare Cases: F. Dürrenmatt »Die Ehe des Herrn Mississippi«. In: C. C.: Stichworte zur deutschen Literatur. Wien 1969. S. 241–252.
Arnold Heidsieck: Das Groteske und das Absurde im modernen Drama. Stuttgart 1969.
Gerhard Neumann: F. Dürrenmatt. Dramaturgie der Panne. In: G. N. / Jürgen Schröder / Manfred Karnick: Dürrenmatt, Frisch, Weiss. München 1969.
Hans-Georg Werner: F. Dürrenmatt. Der Moralist und die Komödie. In: Wissenschaftliche Zeitschrift der Universität Halle. Gesellschafts- und sprachwissenschaftliche Reihe 18 (1969) H. 4. S. 143–156.
Elfriede Bayerl: Friedrich Dürrenmatt »Romulus der Große«. Vergleich der Fassungen. Diss. Wien 1970.
Oskar Keller: Friedrich Dürrenmatt »Die Physiker«. Interpretation. München 1970.
Manfred Durzak: Dürrenmatt, Frisch, Weiss. Deutsches Drama der Gegenwart zwischen Kritik und Utopie. Stuttgart [2]1973.
Kurt J. Fickert: To Heaven and Back. The New Morality in the Plays of Friedrich Dürrenmatt. Lexington 1972. (Studies in the Germanic Languages and Literatures 5.)
Fritz Heuer: Das Groteske als poetische Kategorie. Überlegungen zu Dürrenmatts Dramaturgie des modernen Theaters. In: Deutsche Vierteljahrsschrift 47 (1973) S. 730–768.
Ulrich Profitlich: Friedrich Dürrenmatt. Komödienbegriff und Komödienstruktur. Eine Einführung. Stuttgart 1973.
Urs Jenny: Friedrich Dürrenmatt. Velber [5]1973. (Friedrichs Dramatiker des Welttheaters 6.)
Claudia Gutmann: Die Gestalt des Narren bei F. Dürrenmatt. Bielefeld 1975.
F. Dürrenmatt. Der Besuch der alten Dame. Erläuterungen und Dokumente. Hrsg. von Karl Schmidt. Stuttgart 1975.
F. Dürrenmatt. Studien zu seinem Werk. Hrsg. von Gerhard P. Knapp. Heidelberg 1976.
Hans Mayer: Über F. Dürrenmatt und M. Frisch. Pfullingen 1977.
Ulrich Profitlich: F. Dürrenmatt: Der Besuch der alten Dame. In: Die deutsche Komödie. Vom Mittelalter bis zur Gegenwart. Hrsg. von Walter Hinck. Düsseldorf 1977. S. 324–341.
Wolfgang Böth: Vom religiösen Drama zur politischen Komödie. Friedrich Dürrenmatts »Die Wiedertäufer« und »Es steht geschrieben«. Frankfurt a. M. [u. a.] 1978.
Eduard Stäuble: M. Frisch. Ein Schweizer Dichter der Gegenwart. Versuch einer Gesamtdarstellung seines Werkes. Amriswill 1957; [3]1967.
Marianne Kesting: M. Frisch. Nachrevolutionäres Lehrtheater. In: M. K.: Panorama des zeitgenössischen Theaters, 50 literarische Porträts. München 1962. S. 219–223.

Rolf Eckart: M. Frisch: »Andorra«. Interpretation. München 1965.
Peter Gontrum: M. Frischs »Don Juan«. A new look at a traditional hero. In: Comparative Literature Studies 2 (1965) S. 117–123.
Monika Wintsch-Spiess: Zum Problem der Identität im Werk M. Frischs. Zürich 1965.
Hellmuth Karasek: M. Frisch. Velber b. Hannover 1966; 5., auf den neuesten Stand gebr. Aufl. 1975.
Carol Petersen: M. Frisch. Berlin 1966.
Ulrich Weisstein: M. Frisch. New York 1967.
Wilhelm Ziskoven: M. Frisch. In: Zur Interpretation des modernen Dramas – Brecht, Dürrenmatt, Frisch. Hrsg. von Rolf Geißler. Frankfurt a. M. ^{4}1967. S. 97–144.
Manfred Jurgensen: Max Frisch. Die Dramen. Bern 1968.
Adelheid Weise: Untersuchungen zur Thematik und Struktur der Dramen von Max Frisch. Göppingen 1969.
Heide-Lore Schaefer: M. Frisch: »Santa Cruz«. Eine Interpretation. In: Germanisch-Romanische Monatsschrift 20 (1970) S. 75–92.
Klaus Matthias: Die Dramen von M. Frisch. Strukturen und Aussagen. In: Literatur in Wissenschaft und Unterricht 3 (1970) S. 129–150; 236–252.
Über Max Frisch. ed. s. Nr. 404.
Max Frisch. Beiträge zu einer Wirkungsgeschichte. Freiburg i. Br. 1971. Hrsg. von Albrecht Schau.
Brigitte L. Bradley: M. Frisch's »Biografie. Ein Spiel«. In: German Quarterly 44 (1971) S. 208–226.
Doris F. Merrifield: Das Bild der Frau bei Max Frisch. Freiburg i. Br. 1971.
Jørgen Kjoer: M. Frisch, Theorie und Praxis. In: Orbis litterarum 27 (1972) S. 264–295.
Thorbjoern Lengborn: Schriftsteller und Gesellschaft in der Schweiz. Eine Studie zur Behandlung der Gesellschaftsproblematik bei Zollinger, Frisch und Dürrenmatt. Frankfurt a. M. 1972.
Heinrich Geisser: Die Entstehung von M. Frischs Dramaturgie der Permutation. Bern/Stuttgart 1973.
Jean Quenon: Anthroponymie et caractérisation dans le théâtre de M. Frisch. In: Revue des langues vivantes 39 (1973) S. 526–537 und 40 (1974) S. 25–40.
Walter Pache: Pirandellos Urenkel. Formen des Spiels bei M. Frisch und T. Stoppard. In: Sprachkunst 4 (1973) S. 124–141.
G. Bauer Pickar: The narrative time sense in the dramatic works of Max Frisch. In: German Life & Letters 28 (1974/75) S. 1–14.
Marianne Biedermann: Das politische Theater von Max Frisch. Lampertheim 1974.
Marian E. Musgrave: The evolution of the black character in the works of Max Frisch. In: Monatshefte 66 (1974) S. 117–132.
Annemarie Schnetzler-Suter: Max Frisch. Dramaturgische Fragen. Bern / Frankfurt a. M. 1974.
Max Frisch. Text + Kritik. Sonderband. H. 47/48 (1975).
Max Frisch. Biedermann und die Brandstifter. Erläuterungen und Dokumente. Hrsg. von Ingo Springmann. Stuttgart 1975.
Hans Gerd Rötzer: Frischs Don Juan. Zur Tradition eines Mythos. In: Arcadia 10 (1975) S. 243–259.
Peter Ruppert: M. Frisch's »Don Juan«. The seduction of geometry. In: Monatshefte 67 (1975) S. 237–248.
Tildy Hanhart: M. Frisch: Zufall, Rolle und literarische Form. Kronberg i. Ts. 1976.
Wolfgang Frühwald / Walter Schmitz: M. Frisch. »Homo Faber« – »Andorra« – »Wilhelm Tell«. Materialien, Abbildungen, Kommentare. München 1977.
Hiltrud Gnüg: M. Frisch: Don Juan oder die Liebe zur Geometrie. In: Die deutsche Komödie. Vom Mittelalter bis zur Gegenwart. Hrsg. von Walter Hinck. Düsseldorf 1977. S. 305–323.
Henryka Szumowska: Günter Grass – der Dramatiker. In: Studia Germanica Posnaniensia 1 (1971) S. 85–90.
Grass. Kritik – Thesen – Analysen. Hrsg. von Manfred Jurgensen. Bern/München 1973.
Günter Grass. Ein Materialienbuch. Hrsg. von Rolf Geißler. Darmstadt/Neuwied 1976.
Noel J. Thomas: Shakespeare's »Coriolanus« und Grass, »Die Plebejer proben den Aufstand«. In: New German Studies 5 (1977) S. 169–184.
Günter Grass. Text + Kritik. H. 1/1 a., München ^{5}1978.
Horst Laube: Peter Hacks. Velber 1972. (Friedrichs Dramatiker des Welttheaters 68.)
Winfried Schleyer: Die Stücke von Peter Hacks. Tendenzen, Themen, Theorien. Stuttgart 1976.
William H. Rey: Das erstaunliche Phänomen Peter Hacks oder die Wiederentdeckung des Schönen. In: Monatsheft 68 (1976) S. 395–408.
John Milfull: Utopie und Wirklichkeit in Peter Hacks' »Moritz Tassow« und Heiner Müllers »Der Bau«.

In: Rezeption der deutschen Gegenwartsliteratur im Ausland. Hrsg. von Dietrich Papenfuss und Jürgen Söring. Stuttgart 1976. S. 407–414.

Ruth-Ellen Boetcher-Joeres: »Hereinspaziert! Hereinspaziert!« Goethe and Hacks at the Jahrmarktsfest zu Plundersweilern. In: The Germanic Review 51 (1976) S. 259–277.

Horst Laube: Peter Hacks. München 1976.

Judith Roberta Scheid: Enfant terrible of contemporary East German drama: Peter Hacks in his role as an adaptor and innovator. Bonn 1977.

Uwe-Karsten Ketelsen: Hacks: Moritz Tassow. In: Die deutsche Komödie. Vom Mittelalter bis zur Gegenwart. Hrsg. von Walter Hinck. Düsseldorf 1977. S. 342–359, S. 409–411.

Christine Cosentino: Geschichte und »humane Utopie«: Zur Heldengestaltung bei Peter Hacks. In: The German Quarterly 50 (1977) S. 248–263.

Heidi Ritter: Vom »aufklärerischen« zum »klassischen« Theater. Bemerkungen zu Peter Hacks. In: Erworbene Tradition. Hrsg. von Günter Hartung, Thomas Höhle [u. a.]. Berlin/Weimar 1977. S. 194–225.

Winfried Schleyer: Zur Funktion des Komischen bei Friedrich Dürrenmatt und Peter Hacks. In: Der Deutschunterricht 30 (1978) H. 2. S. 67–78.

Über Peter Handke. Hrsg. von Michael Scharang. ed. s. Nr. 518.

Harald Müller: Klangstrukturen in Peter Handkes Sprechstück »Weissagung«. Celle 1969.

Uwe Schulte: Peter Handke. 2., auf den neuesten Stand gebr. Aufl. München 1974.

Henning Falkenstein: Peter Handke. Berlin 1974.

Günter Heintz: Peter Handke. München 1974.

Lilo Herbrandt: Peter Handkes Kaspar: ein Modell der Inhaltsbezogenen Grammatik. In: Diskussion Deutsch 6 (1975) S. 529–545.

Rainer Nägele: Unbehagen in der Sprache. Zu Peter Handkes »Kaspar«. In: Basis 6 (1976) S. 78–96.

Werner Thuswaldner: Sprach- und Gattungsexperiment bei Peter Handke. Praxis und Theorie. Salzburg 1976.

Jürgen Jacobs: Peter Handke. In: Deutsche Literatur der Gegenwart in Einzeldarstellungen. Hrsg. von Dietrich Weber. Bd. 2. Stuttgart 1977. S. 152–179.

Manfred Mixner: Peter Handke. Kronberg 1977.

Linda Hill: Obscurantism and verbal resistance in Handkes Kaspar. In: The Germanic Review 52 (1977) S. 304–315.

Georges Arthur Goldschmidt: En quoi Peter Handke nous concerne-t-il? In: Austriaca (1978) Nr. 7, S. 59–66.

Rainer Nägele / Renate Voris: Peter Handke. München 1978.

Peter Handke. Text + Kritik. H. 24/24 a. München [4]1978. (Mit Nachtr. zur Bibliographie von Harald Müller und Winfried Hönes.)

Über Wolfgang Hildesheimer. Hrsg. von Dierk Rodewald. ed. s. Nr. 448.

Burkhard Dücker: Wolfgang Hildesheimer und die deutsche Literatur des Absurden. Rheinfelden 1976.

Rainer Taëni: Wolfgang Hildesheimer: Nachtstück. In: Das deutsche Drama vom Expressionismus bis zur Gegenwart. Hrsg. von Manfred Brauneck. Bamberg 1977. S. 264–270.

Eva-Maria Müller: Einige Bemerkungen zu Wolfgang Hildesheimer »Mary Stuart« und zu Martin Walser »Das Sauspiel«. In: Positionen und Tendenzen in der Literatur der BRD um die Mitte der 70er Jahre. Red.: Bruno Schrage. Rostock 1977. S. 54–68.

Siegfried Melchinger: Rolf Hochhuth. Velber 1967. (Friedrichs Dramatiker des Welttheaters 44.)

Susan Sontag: Gedanken zu Hochhuths »Stellvertreter«. In: S. S.: Kunst und Antikunst. Reinbek b. Hamburg 1969.

Werner Keller: Rolf Hochhuth. In: Deutsche Literatur der Gegenwart in Einzeldarstellungen. Hrsg. von Dietrich Weber. Bd. 2. Stuttgart 1977. S. 254–277.

Rainer Taëni: Rolf Hochhuth. München 1977.

Ursula Reinhold: Interview mit Rolf Hochhuth. In: Weimarer Beiträge 23 (1977) H. 12. S. 85–95.

Rolf Christian Zimmermann: Rolf Hochhuth: Der Stellvertreter. In: Das deutsche Drama vom Expressionismus bis zur Gegenwart. Hrsg. von Manfred Brauneck. Bamberg 1977. S. 277–288.

Jan Berg: Hochhuths Stellvertreter und die Stellvertreter-Debatte. »Vergangenheitsbewußtsein« in Theater und Presse der 60er Jahre. Kronberg i. Ts. 1977.

Ursula Reinhold: Drama und Geschichte bei Rolf Hochhuth. In: Weimarer Beiträge 23 (1977) H. 12. S. 96–115.

Rolf Hochhuth. Text + Kritik. H. 58. München 1978.
Elisabeth Endres: Heinar Kipphardts Durchbruch. In: Merkur 30 (1976) S. 785–788.
Rainer Taëni: Heinar Kipphardt: »In der Sache J. Robert Oppenheimer«. Dokumentarisches Theater als Anspruch an das Publikum. In: Das deutsche Drama vom Expressionismus bis zur Gegenwart. Hrsg. von Manfred Brauneck. Bamberg 1977. S. 289–295.
Ferdinand van Ingen: Heinar Kipphardt: »In der Sache J. Robert Oppenheimer«. Frankfurt a. M. / Berlin / München 1978.
Curt Hohoff: An der Sprachlosigkeit entlang. Das Theater des Franz Xaver Kroetz. In: Merkur 30 (1976) S. 189–193.
Michael Töteberg: Der Kleinbürger auf der Bühne. Die Entwicklung des Dramatikers Franz Xaver Kroetz und das realistische Volksstück. In: Akzente 23 (1976) S. 165–173.
Evalouise Panzner: Franz Xaver Kroetz und seine Rezeption. Die Intentionen eines Stückeschreibers und seine Aufnahme durch die Kritik. Stuttgart 1976.
Rolf-Peter Carl: Franz Xaver Kroetz. In: Deutsche Literatur der Gegenwart in Einzeldarstellungen. Hrsg. von Dietrich Weber. Bd. 2. Stuttgart 1977. S. 318–336.
Franz Xaver Kroetz. Text + Kritik. H. 57. München 1978.
Jochen Schulte-Sasse: Hartmut Lange. In: Deutsche Literatur der Gegenwart in Einzeldarstellungen. Hrsg. von Dietrich Weber. Bd. 2. Stuttgart 1977. S. 356–383.
Geschichte und Drama. Ein Gespräch mit Heiner Müller. Red. von Reinhold Grimm und Jost Hermand. In: Basis 6 (1976) S. 48–64.
Hildegard Brenner: Heiner Müllers Mauser-Entwurf: Fortschreibung der Brechtschen Lehrstücke? In: Alternative 19 (1976) S. 210–221.
Hartmut Rosshoff: Heiner Müllers Lehrstück Mauser. In: Alternative 19 (1976) S. 193–209.
Rüdiger Bernhardt: Antikerezeption im Werk Heiner Müllers. In: Weimarer Beiträge 22 (1976) S. 3; S. 83–122.
Roland H. Wiegenstein: Länger als Glück ist Zeit, und länger als Unglück. Entfremdung und Widerspruch im Werk Heiner Müllers. In: Merkur 30 (1976) S. 159–181.
Alexander von Bormann: Nämlich der Mensch ist unbekannt. Ein dramatischer Disput über Humanität und Revolution. (Masse-Mensch, Die Maßnahme, Mauser.) In: Wissen aus Erfahrung. Festschr. für Herman Meyer. Hrsg. von Alexander von Bormann. Tübingen 1976. S. 850–880.
Jost Hermand: Deutsche fressen Deutsche. Heiner Müllers »Die Schlacht« an der Ostberliner Volksbühne. In: Brecht-Jahrbuch (1978) S. 129–143.
Gottfried Fischborn: Intention und Material. Einige Aspekte zu Heiner Müllers »Schlacht« und »Traktor«. In: Weimarer Beiträge 24 (1978) H. 3. S. 58–92.
Helmut Fuhrmann: »Where violent sorrow seems a modern ecstasy«. Über Heiner Müllers »Macbeth nach Shakespeare«. In: Arcadia 13 (1978) S. 55–71.
Rolf Dornbacher: Martin Sperr: »Jagdszenen aus Niederbayern«. In: Das deutsche Drama vom Expressionismus bis zur Gegenwart. Hrsg. von Manfred Brauneck. Bamberg 1977. S. 324–326.
Martin Roda Becher: Poesie der Unglücksfälle. Über die Schriften von Botho Strauß. In: Merkur 32 (1978) S. 625–628.
Über Martin Walser. ed. s. Nr. 407.
Hellmut Karasek: Der Dramatiker Martin Walser. In: Wilhelm Johannes Schwarz. Der Erzähler Martin Walser. Bern/München 1971.
Joachim Werner Preuss: Martin Walser. Berlin 1972.
Klaus-Detlef Müller: Das Ei des Kolumbus? Parabel und Modell als Dramenformen bei Brecht, Dürrenmatt, Frisch, Walser. In: Beiträge zur Poetik des Dramas. Hrsg. von Werner Keller. Darmstadt 1976. S. 432–461.
Hellmut Karasek: Martin Walser: »Der schwarze Schwan«. In: Das deutsche Drama vom Expressionismus bis zur Gegenwart. Hrsg. von Manfred Brauneck. Bamberg 1977. S. 320–323.
Hermann Glaser: Martin Walser: Überlebensgroß Herr Krott. In: Das deutsche Drama vom Expressionismus bis zur Gegenwart. Hrsg. von Manfred Brauneck. Bamberg 1977. S. 315–319.
Eva-Maria Müller: Einige Bemerkungen zu Wolfgang Hildesheimers »Mary Stuart« und zu Martin Walsers »Das Sauspiel«. In: Positionen und Tendenzen in der Literatur der BRD um die Mitte der 70er Jahre. Red. Bruno Schrage. Rostock 1977. S. 54–68.
Werner Brändle: Die dramatischen Stücke Martin Walsers. Variationen über das Elend des bürgerlichen Subjekts. Stuttgart 1978.
Anthony Edward Waine: Martin Walser. The development as dramatist 1950–1970. Bonn 1978.

Über Peter Weiss. Hrsg. von Volker Canaris. ed. s. Nr. 408.
Otto F. Best: Peter Weiss. Vom existentialistischen Drama zum marxistischen Welttheater. Eine kritische Bilanz. Bern/München 1971.
Der andere Hölderlin. Materialien zum »Hölderlin«-Stück von Peter Weiss. Hrsg. von Thomas Beckermann und Volker Canaris. STB Nr. 42.
Peter Weiss: In: Text + Kritik. H. 37. München 1973.
Brigitte Keller-Schuhmacher: Dialog und Mord. Eine Interpretation des »Marat/Sade« von Peter Weiss. Frankfurt a. M. 1973.
Wolfgang Kehn: Von Dante zu Hölderlin. Traditionswahl und Engagement im Werk von Peter Weiss. Köln/Wien 1975.
Manfred Haiduk: Zur Brechtrezeption im dramatischen Werk von Peter Weiss. In: Arbeiten zur deutschen Philologie 9 (1975) S. 27–41.
Josemaria Taberner-Prat: Über den »Marat/Sade« von Peter Weiss. Artistische Kreation und rezeptive Mißverständnisse. Stuttgart 1976.
Rainer Sell: Kasper und Moritat: Form und Perspektive in den Dramen von Peter Weiss. In: Amsterdamer Beiträge zur neueren Germanistik 5 (1976) S. 41–64.
Henning Rischbieter: Peter Weiss. München 1976.
Manfred Haiduk: Der Dramatiker Peter Weiss. 2., überarb. und erw. Aufl. Berlin 1977.
Peter Schneider: Peter Weiss: »Die Verfolgung und Ermordung des Jean Paul Marat«. In: Das deutsche Drama vom Expressionismus bis zur Gegenwart. Hrsg. von Manfred Brauneck. Bamberg 1977. S. 296–303.
Ernst Schumacher: Peter Weiss: »Die Ermittlung«. Über die szenische Darstellbarkeit der Hölle auf Erden. In: Das deutsche Drama vom Expressionismus bis zur Gegenwart. Hrsg. von Manfred Brauneck. Bamberg 1977. S. 304–314.
Thomas Hocke: Artaud und Weiss. Untersuchungen zur theoretischen Konzeption des »Theaters der Grausamkeit« und ihrer praktischen Wirksamkeit in Peter Weiss' »Marat/Sade«. Frankfurt a. M. / Bern 1978.

b) Allgemeine Darstellungen

Margret Dietrich: Das moderne Drama. Stuttgart 1961.
Arnold Heidsieck: Das Groteske und Absurde im modernen Drama. Stuttgart 1961.
Hans Mayer: Ansichten. Reinbek b. Hamburg 1962.
Marianne Kesting: Das deutsche Drama nach 1945. In: Almanach der Nymphenburger Verlagshandlung. München 1966.
Gerhart Baumann: Über das neuere Drama. In: Gerhard Neumann [u. a.]: Dürrenmatt. Frisch. Weiss. München 1969.
Walter Hinck: Von der Parabel zum Straßentheater. In: Gestaltungsgeschichte und Gesellschaftsgeschichte. Hrsg. von Helmut Kreuzer. Stuttgart 1969.
Marianne Kesting: Panorama des zeitgenössischen Theaters. München 1969.
Henning Rischbieter: Friedrichs Theater-Lexikon. Velber b. Hannover 1969.
Das deutsche Drama vom Expressionismus bis zur Gegenwart. Interpretationen. Hrsg. von Manfred Brauneck. Bamberg 1970.
Mobiler Spielraum, Theater der Zukunft. Mit Beiträgen von Karlheinz Braun [u. a.]. Frankfurt a. M. 1970.
Heinz Rieder: Die Dramatik der österreichischen Moderne. Wien 1970.
Hans Joachim Schaefer: Was geschieht heute auf dem Theater? Versuch einer Orientierung über Stoffprobleme, Stilwandlungen und Spielweisen im Schauspiel seit Bertolt Brecht. Hannover 1970.
Theater im Umbruch. Eine Dokumentation aus Theater heute. Hrsg. und eingel. von Henning Rischbieter. München 1970.
Hans Christoph Angermeyer: Zuschauer im Drama. Brecht – Dürrenmatt – Handke. Frankfurt a. M. 1971.
Karlheinz Braun / Peter Iden: Neues deutsches Theater. Zürich 1971.
Joachim Hintze: Ansätze zu einer neuen Klassikerrezeption auf dem Theater der BRD. In: Klassiker heute (1972) S. 88–142.
Die Bühne als Forum. Internationale Schauspielszene seit 1945. Wien 1972.
Manfred Durzak: Dürrenmatt, Frisch, Weiss. Deutsches Drama der Gegenwart zwischen Kritik und Utopie. Stuttgart 1972.

Martin Esslin: Jenseits des Absurden. Aufsätze zum modernen Drama. Wien 1972.
Christian Jauslin: Dramatiker der deutschen Schweiz. Ein Rückblick auf die Jahre 1961–1972. Zürich 1973.
Beispiele, Schauspiel in deutscher Sprache. Theatertreffen Berlin 1964–1973. Berlin 1973.
Hans-Jürgen Greiff: Zum modernen Drama. Martin Walser, Wolfgang Bauer, Rainer Werner Fassbinder, Siegfried Lenz, Wolfgang Hildesheimer. Bonn 1973.
Walter Hinck: Das moderne Drama in Deutschland. Vom expressionistischen zum dokumentarischen Theater. Göttingen 1973.
Alex Hübler: Drama in der Vermittlung von Handlung, Sprache und Szene. Eine repräsentative Untersuchung an Theaterstücken der 50er und 60er Jahre. Bonn 1973.
Theater und Gesellschaft. Das Volksstück im 19. und 20. Jahrhundert. Hrsg. von Jürgen Hein. Düsseldorf 1973.
Wolfgang Schivelbusch: Sozialistisches Drama nach Brecht. 3 Modelle, Peter Hacks, Heiner Müller, Hartmut Lange. Darmstadt/Neuwied 1974.
Manfred Wekwerth: Theater und Wissenschaft. Überlegungen für das Theater von heute und morgen. München 1974.
Ernst Wendt: Moderne Dramaturgie. Bond und Genet; Beckett und Heiner Müller; Ionesco und Handke; Pinter und Kroetz; Weiss und Gatti. Frankfurt a. M. 1974.
Robert Germay: Les grandes tendances du théâtre allemand d'après-guerre. In: Revue des langues vivantes 41 (1975) S. 162–182.
Zur Interpretation des modernen Dramas. Brecht – Dürrenmatt – Frisch. Hrsg. von Rolf Geißler. Frankfurt a. M. 1975.
Franz Norbert Mennemeier: Modernes deutsches Drama. Bd. 2: 1933 bis heute. Kritiken und Charakteristiken. München 1975.
Helmut Motekat: Das zeitgenössische Drama seit 1945. Stuttgart 1975.
Gerhart Baumann: Über das neuere Drama. In: G. B.: Entwürfe: zu Poetik und Poesie. München 1976. S. 69–85.
Geschichte im Gegenwartsdrama. Hrsg. von Reinhold Grimm und Jost Hermand. Stuttgart 1976.
Linda M. Hill: Language as aggression. Studies in the post-war drama. Bonn 1976.
Wend Kässens / Michael Töteberg: Fortschritt im Realismus? Zur Erneuerung des kritischen Volksstücks seit 1966. In: Basis 6 (1976) S. 30–47.
Peter von Matt: Das literarische Gespenst »klassisches Drama«. Zur Sozialgeschichte der modernen Dramaturgie. In: Merkur 30 (1976) S. 728–742.
Michael Patterson: German theatre today. Post-war theatre in West and East Germany, Austria and Northern Switzerland. London 1976.
Dagmar Ralinofsky: Die Gestaltung zwischenmenschlicher Beziehungen im Drama der Moderne. Tradition und Mutation. Bern / Frankfurt a. M. / München 1976.
Günther Rühle: Theater in unserer Zeit. Frankfurt a. M. 1976.
Frank Trommler: Komödie und Öffentlichkeit nach dem Zweiten Weltkrieg. In: Die deutsche Komödie im 20. Jahrhundert. Hrsg. von Wolfgang Paulsen. Heidelberg 1976. S. 154–186.
Ulrich Weisstein: Das Geschichtsdrama. Formen seiner Entwicklung. In: Geschichte im Gegenwartsdrama. Hrsg. von Reinhold Grimm und Jost Hermand. Stuttgart 1976. S. 9–23; S. 111 f.
Karl-Heinz Hafranke: Individualgeschichte und Gesellschaftsprozeß in unserer neueren Dramatik. In: Weimarer Beiträge 22 (1976) S. 4; S. 12–35.
Michael Hays: Theater history and practice: an alternative view of drama. In: New German Critique (1977) Nr. 12. S. 85–97.
Walter Hinck: Von der Parabel zum Straßentheater. Notizen zum Drama der Gegenwart. In: Positionen des Dramas. Hrsg. von Heinz Ludwig Arnold und Theo Buck. München 1977. S. 27–52; S. 259–261.
Wolfgang Ismayr: Das politische Theater in Westdeutschland. Meisenheim am Glan 1977.
Helmut Motekat: Das zeitgenössische deutsche Drama. Einführung und kritische Analyse. Stuttgart 1977.
Reinhold Grimm: Spiel und Wirklichkeit in einigen Revolutionsdramen. In: R. G.: Nach dem Naturalismus. Kronberg (Ts.) 1978. S. 141–184.
Walter Hinck: Theater im »wissenschaftlichen Zeitalter«. Kontroversen vom Naturalismus bis zur Gegenwart. In: Literatur und Theater im Wilhelminischen Zeitalter. Hrsg. von Hans-Peter Bayerdörfer, Karl Otto Conrady und Helmut Schanze. Tübingen 1978. S. 258–274.

Karl Richter: Vom Herrschaftsanspruch der Komödie. Dramentheoretische Betrachtung im Anschluß an Dürrenmatt und Hacks. In: Jahrbuch der Deutschen Schillergesellschaft 22 (1978) S. 637–656.

Otto F. Riewoldt: Von Zuckmayer bis Kroetz. Die Rezeption westdeutscher Theaterstücke durch Kritik und Wissenschaft in der DDR. Berlin 1978.

Zur Interpretation des modernen Dramas. Brecht, Dürrenmatt, Frisch. Hrsg. von Rolf Geißler. Unter Mitarb. von Therese Poser und Wilhelm Ziskoven. Frankfurt a. M. / Berlin / München [9]1978.

Ulrich Profitlich: »Heute sind alle guten Stücke Volksstücke«. Zum Begriff des »sozialistischen Volksstücks«. In: Zeitschrift für deutsche Philologie 97 (1978) Sonderh. S. 182–218.

OTTO F. RIEWOLDT

Zum Drama und Theater der siebziger Jahre in der Bundesrepublik Deutschland

Die siebziger Jahre waren für die westdeutsche Gesellschaft vor allem Nachspiel und Reaktion auf jenen Aufbruch, den 1967/68 zunächst die studentische Protestbewegung markierte. Unmittelbar zuvor hatte die Bundesrepublik die erste ökonomische Krise nach Wiederaufbau und Wirtschaftswunder erlebt; es folgte 1969 die Ablösung der christdemokratischen konservativen Parteien aus zwanzigjähriger Regierungsverantwortung durch die sozialliberale Koalition. Die Nachkriegszeit war für die 2. deutsche Republik zu Ende, die produktive Unruhe einer ›neuen Linken‹ und die Ansätze zu innen- und außenpolitischen Reformen wiesen auf Perspektiven jenseits der nach 1945 vollzogenen Restauration. Die Hoffnungen trugen nur kurz, schon ab 1972 kommt jener noch nicht abgeschlossene Prozeß in Gang, der die siebziger Jahre prägt: die zweite westdeutsche Restaurationsphase.[1]

Seismographisch hatten in den sechziger Jahren Autoren und Theaterleute die Kritik der akademischen Linken vorweggenommen, empfindlich reagierten sie auch jetzt auf die Umschwünge, Irritationen und Enttäuschungen der verebbenden (und abgewürgten) Revolte, die ›Tendenzwende‹ wurde schließlich thematisches und persönliches Problem. »Gesellschaftskritik im Drama der sechziger Jahre ist zu einem guten Teil Auseinandersetzung mit der Vergangenheit (der ungelösten, fortwirkenden oder wiedererstandenen)«, dieses Resümee Walter Hincks bedarf der Ergänzung.[2] Die Stücke von Rolf Hochhuth, Martin Walser, das Dokumentartheater von Peter Weiss und Heinar Kipphardt waren nur der erste wichtige Schritt zu jener Wiedereroberung der Wirklichkeit, die die Entwicklung des westdeutschen Dramas ab 1963 kennzeichnet. In der zweiten Hälfte der sechziger Jahre folgte auf den historischen Befund die Darstellung der Gegenwart: Nach und neben den ausgreifenden Geschichts- und Revolutionsschauspielen waren es nun Alltagsausschnitte, nach den großen Namen und Vorgängen nun Kleinbürger, Landbevölkerung, Randgruppen und überschaubare provinzielle Verhältnisse, denen das Interesse einer Reihe junger Dramatiker (Rainer Werner Fassbinder, Martin Sperr, späterhin Franz Xaver Kroetz) galt. Diese Ankunft im Alltag traf zusammen mit einem neuen Anspruch, der über thematische Innovation hinausgehend die Forderung nach Veränderung der Institution Theater stellte. Die Revolte machte vor den Bühnen nicht halt, der andernorts propagierte »Tod der Literatur« bedeutete hier zumindest die radikale Hinterfragung hergebrachter Organisationsstrukturen bis hin zur Negation des herkömmlichen Subventionstheatersystems.

Die antizipierte Umwälzung der gesellschaftlichen Bedingungen erwies sich eingangs der siebziger Jahre zunehmend als illusionär. Die Skepsis gegenüber dem eigenen Perspektivebewußtsein und Zukunftsoptimismus wuchs bei engagierten Stückeschreibern und Theatermachern, resultierte schließlich in Rückbesinnung und Rückzug auf subjektive Befindlichkeiten. Der Introspektive, etwa in den Stücken von Botho Strauß, oder dem ins Komische gewendeten Pessimismus bei Thomas Bernhard entsprachen Tendenzen in den Theatern zur Loskoppelung von gesellschaftskritischer Thematik und Intention. Was Günther Rühle in einem Rückblick 1977 die »Wiederherstellung des Kunstprodukts«[3] nannte, erwies sich in der Konsequenz als tendenzielle »Emanzipation der Theaterleute auch vom Publikum«.[4] Unverkennbar ist in den letzten Jahren der Hang zur Dissoziation der theatralischen Mittel, zur Verselbständigung von Assoziations- und Bildräumen; auch die Bevorzugung klassischer, überkommener Vorlagen vor neuen Stoffen und Stücken ist nur ein Aspekt einer allgemeineren Entliterarisierung.

Ließ das Theater zunehmend im vergangenen Jahrzehnt von der Politik, so doch diese nicht von jenem: Die Rückzüge waren auch Folge wachsenden Außendrucks. Der seit 1975 eskalierende politische Terrorismus, die immer umfassenderen staatlichen Gegenmaßnahmen, mündend in einer Spirale von Gewalt und Gegengewalt im Herbst 1977, ließ die Bühnen nicht unbehelligt. Beispielhaft wurde die Auseinandersetzung um das Stuttgarter Staatsschauspiel, dessen Leiter Claus Peymann schließlich vor den Pressionen der CDU-Landesregierung resignierte. Doch gerade im Umfeld dieses exemplarischen Konflikts zwischen Theater und Staat kam es zu einer ersten Rehabilitierung des politischen Theaters. Fünfzehn Jahre nach seinem spektakulären, von Anfeindungen und Protesten begleiteten Debüt mit dem Papstdrama *Der Stellvertreter* schaffte der von der Fachkritik geschnittene Moralist unter den westdeutschen Dramatikern Rolf Hochhuth das scheinbar nicht mehr Mögliche, nämlich ein Stück politischer Wirklichkeit zu verändern: Die Vorabpublizität seines neuen Schauspiels *Juristen* führte zu einer öffentlichen Kontroverse um die Person des baden-württembergischen CDU-Ministerpräsidenten Hans Filbinger, eines Marinerichters im Dritten Reich, die mit der Demission des Politikers endete.

Provinz, Randgruppen, Arbeitswelt

Der Weg vom Geschichts- und Dokumentardrama der sechziger Jahre zum neuen ›kritischen Volksstück‹ führte vom Prozeß auf der Bühne zurück zur Beweisfeststellung, zum Indiziennachweis. Doch die am Vorbild Ödön von Horváths und Marieluise Fleißers ausgerichtete eindimensionale Dramaturgie der ›neuen Volksstücke‹ stieß bei wachsendem politischem Anspruch an ihre natürlichen Grenzen. Martin Sperr versuchte mit den drei Teilen seiner *Bayrischen Trilogie* immer größere Wirklichkeitssegmente einzubeziehen: Was aber der Darstellung eines archaischen Dorflebens in *Jagdszenen aus Niederbayern* (1966) angemessen war und für das negative Kleinstadtpanoptikum der *Landshuter Erzählungen* (1967) noch anging, reichte für die komplizierteren Verfilzungen von Kapital und Politik am Beispiel aktueller Großstadt-›Sanierung‹ nicht aus. *Münchner Freiheit* (1971) handelt von den Machenschaften skrupelloser Bauspekulanten und den hilflosen Protesten unberatener junger Linker. Der ursächlich sozial vermittelte Widerspruch zwischen kapitalistischen Verwertungsinteressen und antikapitalistischem Engagement reduziert sich auf einen Generationskonflikt, statt Milieudichte und Authentizität gelingen Sperr nur klischeehafte Typisierungen. Diese Gefahr hatte schon das unmittelbar vorhergehende Stück *Koralle Meier. Geschichte einer Privaten* (1970) gezeigt: Das Schicksal einer bajuwarischen ehrbaren Dirne im faschistischen Deutschland der dreißiger Jahre sollte an kleinem Beispiel Großes demonstrieren. Hinter der kleinstädtischen Idylle lauert der Schrecken, die

Ausgrenzung der Außenseiterin bedeutet Liquidierung. Die szenischen und dialogischen Mittel sind zu fast unerträglicher Drastik gesteigert, am Ende erscheint das ›gefallene Mädchen‹ als einzig Aufrechte in einem arischen Provinz-Bestiarium. Sperrs Bemühungen, die nur in überschaubaren, meist schichthomogenen Zusammenhängen funktionierenden Techniken des ›kritischen Volksstücks‹ weiterzuentwickeln, kamen zu keinem Ende, die Suche nach neuen Lösungen unterbrach 1972 ein gefährlicher Unfall: Der Autor war nach schweren Operationen jahrelang arbeitsunfähig. Erst 1977 gelang ihm mit der Bühnenfassung eines älteren Fernsehfilms (*Die Spitzeder*) die Rückkehr auf die Bühne.

Daß Rainer Werner Fassbinder, der sich 1967 mit dem Stück *Katzelmacher* in die Horváth-Fleißer-Tradition gestellt hatte, sich mehr für die Rituale von Unterdrückung und Gewaltableitung interessierte als für den jeweils sozialen Fall, bewies die weitere Entwicklung dieses überaus produktiven Künstlers. Marieluise Fleißer kommentierte seine Folgearbeiten mit der Bemerkung, es gebe »Sorgenkinder«.[5] Schnell wurde seine »antitheater«-Truppe provokant-schickes Skandalon im Stadttheaterbetrieb. Trivialmotive, sexuelle Atavismen und melodramatische Arrangements sind die Momente eines Stils, den Fassbinder parallel auch in seinen in immer rascherem Tempo entstehenden Filmen herausbildet. Der deklassierte Außenseiter als mittelalterlicher Vampir in *Der Werwolf* (Mitverfasser war Harry Baer, 1970) oder der historische Fall einer mehrfachen Giftmörderin als Beispiel früher weiblicher Emanzipation in *Bremer Freiheit* (1971) zeigen Auflehnung als perspektivelose monströse Kriminalität, an die Stelle von Aufklärung tritt der Schock. So auch in dem, den Sprechstücken Peter Handkes intentional nachempfundenen, Schauspiel *Blut am Hals der Katze* (1971): Das sprachlose Opfer ist hier die Comic-Strip-Heroine Phoebe Zeitgeist, die »Einsager« sind Partygäste, am grellen Ende revoltiert die fremde Außerirdische und saugt der schwätzenden Gesellschaft mit Vampirbissen Blut und Sprache aus. Mit *Die bitteren Tränen der Petra von Kant* (1971) wechselt die Machart, statt drastisch eskalierender Szenen nun ein mondän-flächiges Gruppenbild aus gutsituierten Kreisen, auch hier zitiert Fassbinder Klischees: Dekorative Modewelt und Handlungsmomente des unterhaltenden Liebes- bzw. Frauenromans bilden den Rahmen für eine lesbische Beziehung zwischen sozial ungleichen Partnern, zwischen Modeschöpferin und Untergebener. Das Melodram überdeckt die kritische Schlußwendung (die Loslösung von der ›Herrin‹). Im Laufe der siebziger Jahre verlagerte sich der künstlerische Schwerpunkt bei Fassbinder endgültig vom Theater zum Film. Sein Œuvre umfaßt mittlerweile 35 Titel. Internationale Anerkennung brachten ihm vor allem die (mit amerikanischem Kapital finanzierten) Filme *Despair. Eine Reise ins Licht* und *Die Ehe der Maria Braun* (beide 1978), auch hier überwiegen melodramatische Züge. Fassbinders vorläufiger Abschied von der Bühne (für die Saison 1980/81 ist ein Opernlibretto *Große Lieder vom Krebs* angekündigt) war ein Eklat: 1975 legte er als Leiter des Frankfurter »Theaters am Turm« ein Stück über die hessische Metropole vor, *Der Müll, die Stadt und der Tod.* Über das Probenstadium kam man nicht hinaus, die Buchausgabe wurde vom Verlag nach Protesten zurückgezogen. »Linker Antisemitismus« und »Linksfaschismus« lauteten die Vorwürfe an den Autor, der in dieser gegen Bodenspekulation und Stadtzerstörung gerichteten bizarren Collage einer Halbwelt aus Prostituierten, Zuhältern, Transvestiten, Lederschwulen, Gnomen usf. als zentrale Figur einen »reichen Juden« einführt, dessen finanzielle und kriminelle Aktionen eine korrupte Kommunalverwaltung deckt. Die Empörung über diesen »poetischen Amoklauf« (so der Rezensent Benjamin Henrichs) erübrigte die Auseinandersetzung mit den kritisierten Zuständen.[6]

Der Dialog im »kritischen Volksstück« Horváthscher Prägung leistet, indem er die sozialen Schranken der dramatischen Subjekte fixiert, über Sprachkritik Gesellschaftskritik. Soziales Unvermögen drückt sich in mangelndem Sprachvermögen aus, das Maß gesellschaftlicher Teilhabe bestimmt die sprachliche Kompetenz, Sprachlosigkeit verhindert Selbstbestimmung, verweist auf Fremdbestimmung. Spielort, Herkunft der Personen und eine kaum literarisierte Umgangssprache (teils stilisierter Dialekt) definieren den kritischen Realismus dieses Stücktyps. Auf die soziale Fundierung des Problemzusammenhangs von Ich-Identität und Sprachkompetenz hatte Peter Handke, der sich gleichfalls auf Horváth berief, von vornherein verzichtet (z. B. in *Kaspar*, 1968). Auch eine Reihe weiterer junger österreichischer Dramatiker vernachlässigte diesen für die gesellschaftskritische Wirkung wichtigen Aspekt, obwohl sie im Gegensatz zu Handke naturalistische Wirklichkeitsausschnitte bot. Der heimatliche (Grazer) Dialekt wurde zu einer neuen Kunstsprache, die artistisch-spielerische Möglichkeiten eröffnete.

Der bekannteste unter ihnen, Wolfgang Bauer, konnte indessen an die Erfolge seiner vielgespielten ersten Stücke *Magic Afternoon* (1968) und *Change* (1969) nicht mehr anknüpfen. Sein Personal blieb das gleiche, eine steirisch-wienerische Literaturboheme, die nur mit dem Autor allmählich älter wurde, aggressiver, desolater. Die Selbstinszenierung ist dramaturgisches Prinzip in *Silvester oder Das Massaker im Hotel Sacher* (1971): Ein Schriftsteller, verlegen um ein längst fälliges Stück, veranstaltet zum Jahresausklang ein Fest samt makabrem politischem Happening in der Wiener Nobelherberge, die Tonbandaufzeichnung des Abends verkauft er als neues Bühnenwerk. Schreibschwierigkeiten und Leerlauf innerhalb einer intellektuellen In-Group thematisieren Bauers *Gespenster* (1974), aus paranoiden Sequenzen eines Schriftstellers setzen sich die 1976 uraufgeführten *Magnetküsse* zusammen. Die Lust am Trivialen und an ›Action‹-Momenten, bei Bauer in der Regel eingebunden in geschlossene Gruppensituationen, verselbständigen sich bei Harald Sommer und Peter Turrini. Die Odyssee einer jugendlichen Hausgehilfin endet in Sommers *Ein unheimlich starker Abgang* (1970) nach studentischer Subkultur, Strich, Bürgerschreck und Mord vor Gericht, ein himmlischer Retter enthebt die Delinquentin der Szene. Gewalttätige Exzesse illustrieren Turrinis *Rozznjogd* (1971), ein Endspiel mit Toten auf einer donauländischen Müllkippe, und *Sauschlachten* (1972), die breit ausgemalte faschistoide Ausmerzung eines dörflichen Sonderlings. Harmlos nimmt sich neben diesen kalkulierten Bühnenschocks das Zweipersonenstück eines anderen Grazer Autors aus, Franz Buchriesers *Hanserl* (1970): genaue Exposition eines Vater-Sohn-Konflikts, der tödlich endet.

Zum wichtigsten Autor des ›neuen Volksstücks‹ wurde binnen weniger Jahre Franz Xaver Kroetz. Seine ab 1971 in schneller Folge auf den Bühnen erscheinenden frühen Stücke (schon in der Spielzeit 1972/73 ist er der meistgespielte deutschsprachige Gegenwartsdramatiker) sind naturalistische Zustandsbeschreibungen enger, ausswegloser Situationen, detailgenaue Abbilder einer schlimmen Realität am untersten Rand der Gesellschaft, die sich sonst hinter Boulevardschlagzeilen und Polizeiberichten verbirgt. Mit der radikalen Verengung des Gegenstandsfeldes modifizierte Kroetz die Horváth-Fleißersche Sprachbehandlung. Horváth leistete die Enttarnung des Dialogs als aufgesetzten Jargon, der zur Regelung der eigenen Angelegenheit nicht mehr taugt, die Fleißerschen Figuren leiden an der Kluft zwischen Empfindung und Ausdrucksfähigkeit, bei Kroetz führt die schichtspezifische Sprachlosigkeit zur sozialen Verkümmerung, zum Kommunikationsverlust. Immer wieder geht es bei ihm um unerwünschte Schwangerschaften (*Heimarbeit*, 1969), Abtreibungen (*Hartnäckig*; *Michis Blut*, beide 1970), körperliche und geistige Behinderungen (*Hartnäckig*; *Stallerhof*, 1972), versuchten oder vollzogenen Totschlag (*Wildwechsel*, 1968; *Heimarbeit*; *Männersache*, 1970; *Geisterbahn*, 1971), um die Aussonderung von Außenseitern (*Hartnäckig*; *Lieber Fritz*, 1971). »Sprachnot, Triebnot, Liebesnot, soziale Not, Arbeitszwänge: aus all dem, was Kroetz in seinen kurzen Szenen zusammenrafft zu einer Welt aus lauter Woyzecks, ist kein Herauskommen, diese Not kann sich nicht mehr anders äußern als in aggressiver Sexualität, Roheit und in Nothandlungen wie Abtreibungen und Masturbation.«[7] Die Gewalt richtet sich gegen den Nächstschwächeren (oder gegen sich selbst wie in dem stummen Einpersonenstück *Wunschkonzert*, 1971, der Selbstmordvorbereitung einer einsamen Frau), auch die Täter sind Opfer, brutale Ausbrüche ziehen statt Befreiung weitere heillose Verstrickung nach sich, zeigen Ohnmacht. In *Stallerhof* schwängert ein einsamer alter Knecht die debil-zurückgebliebene Tochter der Bauersleute. Den Kindsvater verjagt man vom Hof, sein einziger Gefährte, ein Hund, wird vergiftet. Halbherzig nimmt die Bäuerin an der Minderjährigen einen Abtreibungsversuch vor, schließlich findet man sich mit dem illegitimen Enkel ab. *Geisterbahn* zeigt als Fortsetzung den Umzug der Tochter in die Stadt, dort tötet sie ihr Kind. Beschrieben werden statische Zustände, die keinen Ansatz von Veränderbarkeit zeigen, aber die Ausweglosigkeit hat reale Ursachen, keinen existentiellen Charakter. Der Autor hält zu seinen deformierten Gestalten, das genaue negative Bild intendiert soziale Anklage, der jeweilige Einzelfall als statistisch belegbarer Normalfall wird zur Abrechnung mit den ihn ermöglichenden gesellschaftlichen Verhältnissen. Klischeehafte Denunziation liegt Kroetz fern, bezeichnend war sein Protest gegen eine Fernsehverfilmung des Stücks *Wildwechsel* durch Rainer Werner Fassbinder (1973), die den auch in dieser Vorlage enthaltenen Fatalismus zum Hauptmoment machte.[8]

»Würde diese explosive Kraft dieser massiven Ausnutzung und Unterdrückung sich nicht, leider, gegen die Unterdrückten und Ausgenützten selbst richten, so hätten wir die revolutionäre Situation«, schrieb Kroetz 1971 in der Vorbemerkung zu *Wunschkonzert*.[9] Einige Monate später trat er in die DKP ein (1980 trat er wieder aus). Der politischen Standortbestimmung entsprach die kritische Hinterfragung der eigenen Arbeiten, die bloß registrierende ›Mitleidsdramatik‹ mit ihrem Randgruppenpersonal sollte von repräsentativeren, ausgreifenderen und perspektivefähigen Sujets abgelöst werden. Für *Dolomitenstadt Lienz* (1972) benutzte Kroetz erstmals Songeinlagen, die als Autorkommentare die statische Situation (das Dreipersonenstück spielt in einer U-Haftzelle) transzendieren. In *Oberösterreich* (1972) treten statt Randexistenzen Durchschnittsmenschen auf, ein Arbeiterehepaar vor der schwierigen Entscheidung für ein ungewolltes Kind. Die Fähigkeit zur Problemreflexion und die positive Lösung (Verzicht auf Abtreibung) bezeichnen die Distanz zu den frühen Stücken (etwa zu *Heimarbeit*). Erstmals versuchte Kroetz mit einer polemisch-parodistischen Bearbeitung von Friedrich Hebbels *Maria Magdalena* (1972) die Karikierung kleinbürgerlicher Verhaltensweisen. Mit *Globales Interesse* (1972) und *Münchner Kindl* (1973) lieferte er Beiträge zur Parteiarbeit, Bauskandale und Bodenspekulation sind die Themen dieser mit Agitprop-Mitteln arbeitenden operativen Stücke. Obwohl sich der Autor nun intensiver mit den Positionen Bertolt Brechts beschäftigte und die begrenzte Reichweite bei Horváth und Fleißer kritisierte, kam es in der Folgezeit zu keiner Überwindung der identifikatorischen Dramaturgie. Kroetz vertraute der Wirkung bloß aufzeigender naturalistischer Darstellungsweisen nicht mehr, zugleich mit den Bühnenfiguren sollte sich der Zuschauer bewegen: Das war kein Schritt zu Brecht, wohl aber zum kathartisch-aktivierenden sozialistischen Schauspiel z. B. Friedrich Wolfs. *Das Nest* (1974) nimmt eine schon bekannte Kroetzsche Konstellation wieder auf (zusätzlich betont durch ein Eigenzitat: am Stückanfang läuft im Fernsehen eine Aufzeichnung von *Oberösterreich*): ein junges Arbeiterpaar mit bald geborenem Kind. Das private Idyll stört eine unglückliche Verkettung von Umständen: illegal entleert der Vater für seinen Arbeitgeber Giftmüllfässer in einen See, das eigene Kind stirbt fast an den Folgen. Die unmittelbare persönliche Betroffenheit löst einen politischen Denkprozeß aus, am Schluß steht das Bekenntnis zur Gewerkschaft. Zuschaueridentifikation und positiver Held sind ebenfalls das dramaturgische Grundmuster in Kroetz' einzigem Versuch, gesamtgesellschaftliche Totalität zu gestalten: *Agnes Bernauer* (1976; die Anlehnung an Hebbels Drama gleichen Titels ist nur lose) zeigt zum erstenmal die Gegenwelt zu Unterschicht und Arbeiterklasse. Anders als Sperr (*Münchner Freiheit*) wählte Kroetz die Provinz als Modell, Hintergrund des Stückkonflikts ist der archaisch anmutende Gegensatz zwischen Heimarbeitern und Verleger, man fertigt Rosenkränze. Agnes Bernauer, Tochter eines armen Friseurs, heiratet den Sohn des Devotionalienfabrikanten, empört sich über die Ausbeutungsverhältnisse und verläßt mit ihrem Mann das Schloß der reichen Schwiegereltern. Der Weg zu einem umfassenderen Realismus führte Kroetz zunächst zur antikapitalistischen Legende.

Der Versuch fand keine Fortsetzung, *Mensch Meier* (1977) und *Der stramme Max* (1978) spielen wieder in vertrauter Umgebung: Facharbeiterhaushalte in München, die Sorgen sind von heute (Jugendarbeitslosigkeit, Angst vor Arbeitsplatzverlust, gesundheitsgefährdende Arbeitsbedingungen), die Protagonisten allerdings älter, die Kinder schon auf der Schule bzw. vor der Lehre. Komplexer strukturiert, erscheinen die familiären Konflikte nicht mehr nur als Reaktion auf äußere Einwirkungen: Patriarchalische Haltungen und häusliche Abhängigkeitsverhältnisse provozieren Gegenwehr, unversehens sind die Schwächeren, Ehefrau, Sohn oder Tochter, den bornierten Vätern einen Schritt voraus. Diese bislang letzten Arbeiten (*Der stramme Max* wurde zu den Ruhrfestspielen 1980 uraufgeführt) tragen im Untertitel die Bezeichnung »Volksstück«. Zu Recht, denn Kroetz gelang es (unter weitgehender Beibehaltung der Dramaturgie des Volksstücks der zwanziger Jahre), Gegenwart mit zunehmender Relevanz einzuarbeiten, wenn auch der fällige entscheidende Schritt noch aussteht: vom aktivierenden Befund zur Gestaltung exemplarischen Engagements.

Der stilisierte Dialekt bei Sperr, Fassbinder, Kroetz und einigen österreichischen Autoren, oft nur mittelbar präsent in einer von der Syntax her mundartnahen Umgangssprache, dient sozialer Fixierung und milieuhafter Authentizität. Ähnlich naturalistisch funktioniert der kaum dialektal gefärbte harte Jargon in Harald Muellers Stück *Halbdeutsch* (1970): In einem Obdachlosenasyl eskaliert verbale Aggressivität bis zum Mord an einem Außenseiter. (In späteren Arbeiten, z. B. den Einaktern *Stille Nacht* und *Strandgut*, beide erstaufgeführt 1971, wechselte Mueller von abbreviativ-bruchstückhafter Satztechnik zu einer mehr demonstrativ-verweisenden Dialogführung.) Aargauer Mundart verwandte der Schweizer Autor Hansjörg Schneider in *Brod und Wein* (U. 1974). Auch hier geht es um eine geschlossene Gruppe, drei Häftlinge mißhandeln einen Neuzugang aus besseren Kreisen. Dokumentarische Gesprächsprotokolle gaben den Stoff ab für Schneiders Monologstück *Die Schlummermutter* (1977). Der Vergleich dieses Selbstporträts einer alten Baslerin mit einer Bühnenarbeit des bayerischen Autors Herbert Achternbusch, *Ella* (1978), zeigt indessen, daß der bloße Einsatz mundartlicher Mittel noch keine realistische Prägnanz garantiert. Auch *Ella* besteht aus einem einzigen Monolog, dem Lebensbericht einer Frau, die Jahrzehnte in Heimen, psychiatrischen Anstalten und als Landstreicherin verbrachte. Achternbusch verlegt die Szene in einen Hühnerstall, die Darstellerin der Ella sitzt stumm vor einem Fernsehgerät, den Text spricht (in Frauenkleidern) Joseph, Ellas Sohn. Die Verfremdung ist als Zusatzinformation Konkretisierung und Verallgemeinerung zugleich, Hinweis auf belegte Lebensumstände (längere Zeit diente Ella ein Hühnerstall als Unterschlupf) und Verweis auf die Modellhaftigkeit dieser fremdbestimmten, vergewaltigten Einzelexistenz. Im Abgehen von naturalistischer Stimmigkeit ergeben sich realistische Wirkungen.

Dialekt auf der Bühne ermöglicht überdies regionale Identität, der Kontrast zur Hochsprache kann kritischer Hebel sein (so z. B. in Martin Sperrs Fernsehfilm *Der Räuber Mathias Kneißl*, 1971), funktioniert aber weit häufiger, betrachtet man herkömmliches Mundarttheater, als Bühnenspaß. Die hessisch eingefärbten Szenenfolgen, Possen und Farcen von Wolfgang Deichsel waren erste Beweise für die Vereinbarkeit von gängiger Komik und kritischen Absichten. »Es muß mehr Unterhaltung in das westdeutsche Theater«, hatte Deichsel 1971 gefordert,[10] seine schon 1965 entstandenen, sechs Jahre später uraufgeführten fünf Einakter unter dem Sammeltitel *Bleiwe losse* zeigen die Tücken kleiner Leute, der Zweiakter *Agent Bernd Etzel* (erstinszeniert 1968) demontiert eine heile Spießerwelt. In hessischem Idiom bearbeitete der Autor auch Molière und Labiche, hochdeutsch sind seine *Frankenstein*-Szenen (1972) verfaßt (Untertitel: »Aus dem Leben der Angestellten«). Sie demonstrieren am deutlichsten Deichsels Thema: das Erschrecken im Lachen über die Unheimlichkeit alltäglicher Vorgänge, ›normalen‹ Verhaltens, über »Androides« als Bürgertugend. Weit derber und unbekümmerter verfährt Fitzgerald Kusz in seinen kritischen Schwänken. Die fränkischen Stücke dieses jungen Dramatikers benutzen die verschlissene Dramaturgie harmlosen ›Volkstheaters‹ (»Komödienstadl« usw.) zur Illustrierung aktueller Probleme. In *Stinkwut* (1979) sabotiert z. B. eine Arbeiterfamilie mit einem dreisten Anschlag eine benachbarte umweltverseuchende Chemiefabrik, ein ökologisch engagierter Bühnenklamauk.

Zeitlich versetzt zu entsprechenden Entwicklungen auf dem Gebiet der Prosaliteratur (Gruppe 61, Werkkreise), erschloß sich die neue realistische Dramatik zu Beginn der siebziger Jahre ein weiteres Gegenstandsfeld: die Arbeitswelt. Eigene Erfahrungen brachten Heinrich Henkel und Karl Otto Mühl in ihre Stücke ein. Der frühere Schiffsmaler Henkel war 1970 mit *Eisenwichser* erfolgreich, der szenische Report über die eintönige Beschäftigung zweier Industriemaler brachte es binnen weniger Spielzeiten auf über siebzig Aufführungen. Die Zuschauer erfuhren viel über einen entfremdeten Arbeitsprozeß, jedoch wenig über die zugrundeliegenden ökonomischen Zusammenhänge. Diesen Mangel suchte der Autor bei *Betriebsschließung* (1975) zu vermeiden: Aus den Gesprächen zwischen Handwerkern und Arbeitern bei Räumung und

Renovierung einer stillgelegten Fabrik ergeben sich Ansätze zu kritischer Analyse. Die modellhafte Exaktheit der Zustandsbeschreibungen Henkels erreichte Karl Otto Mühl in seinen Stücken nicht. Sein Interesse ist personal, nicht situativ. So führt z. B. in *Rosenmontag* (1974) ein eher privates Mißgeschick beinahe zur Entlassung der Hauptfigur. Und der mittels kleiner Szenen ›lebensecht‹ nachgestellte Büro- und Geschäftsalltag in *Wanderlust* (1976) und *Hoffmanns Geschenke* (1978) weckt in erster Linie Sympathie mit den agierenden Personen. Die Differenzen setzen sich bei wechselndem Sujet fort, beide Autoren haben in weiteren Stücken Probleme alter Menschen behandelt: Während Henkels *Olaf und Albert* (1973) Negatives nicht ausspart und die Beziehung zweier Greise auch in ihren deformierten, aggressiven Verlaufsmustern zeigt, arbeitet Mühls *Rheinpromenade* (1973) mit sentimentalen Kontrasten, Mißgunst und Ressentiments behindern die späte Zuneigung eines Rentners zu einer jungen Frau.

Die Hinwendung zu Themen der Arbeitswelt, zu Fragen der materiellen Produktion führte bei einer Reihe anderer Autoren zu entschiedeneren Konsequenzen. Analog zu Bestrebungen der studentischen Linken suchten sie ihr Publikum nicht mehr im herkömmlichen Theater, Arbeiter sollten die neuen Adressaten sein. Der literarische Anspruch trat hinter didaktischen Absichten zurück, was zählte, war der politische Informationswert dieser Gebrauchsstücke. Bei Renke Korn geht es um proletarische Betriebs- und Freizeitprobleme (*Partner*, 1970), Gastarbeiterschicksale (*Die Reise des Engin Özkartal von Nevsehir nach Herne und zurück*, 1975), um die Scheinnöte leitender Angestellter (*Die Flucht nach Hinterwiesenthal*, 1971), Milieugenauigkeit ist angestrebt. Gerhard Kelling, der wie Korn 1970 im Rahmen des »Jungen Forums« der Ruhrfestspiele debütierte (mit der Szenenfolge *Arbeitgeber*), benutzte demonstrative, argumentative Mittel, Anleihen bei Brechts Lehrstücken sind unverkennbar. *Die Auseinandersetzung* (1971) nimmt einen realen Konflikt um eine oppositionelle Gewerkschaftsgruppe zum Anlaß exemplarischer Kritik an Sozialpartnerschaft und Gewerkschaftsbürokratie, politische Standpunkte und Lernprozesse werden zur Diskussion gestellt. Internationalistisch gewendet griff Kelling das Problem kollektiven Lernens nochmals am Beispiel der chinesischen Kulturrevolution auf: *Die Massen von Hsunhi* (1971). Individuelles, gleichwohl repräsentatives Entscheidungsverhalten behandelte er mit *LKW* (1975), einem Chile-Stück.

Alternativen zum Stadttheater

Linke Straßentheatergruppen hatten ab 1967/68 operative mobile Theaterformen, die im Zusammenhang der studentischen Protestaktionen gegen das rechtskonservative Verlagshaus Springer und die geplante Verabschiedung der Notstandsgesetze u. a. in West-Berlin und München entstanden waren, entwickelt. Nach dokumentarischem Theater und kritischem Volksstück waren die Spielweisen der proletarischen Agitprop-Trupps der Weimarer Republik die dritte kritische Tradition, die innerhalb weniger Jahre für die Bundesrepublik wiederentdeckt wurde. Zwar fehlte im Unterschied zu den zwanziger Jahren der politische Rückhalt einer revolutionären Arbeiterpartei (die 1968 neukonstituierte DKP wurde erst langsam zu einem Bezugspunkt), dennoch gelang es einer ganzen Anzahl dieser Gruppen, sich organisatorisch zu stabilisieren. Verstärkung erhielten sie durch oppositionelle Theaterleute, die die etablierten Apparate verließen. Der Schriftsteller Erasmus Schöfer, Mitglied des Werkkreises Literatur der Arbeitswelt, gründete mit Laien und Berufsschauspielern z. B. 1970 das »Industrietheater Rhein-Ruhr«, schrieb aber gleichzeitig weiter für Bühne und Funk (z. B. das »proletarische Lustspiel« *Vielleicht bin ich schon morgen eine Leiche*, 1970). Franz Xaver Kroetz verfaßte, wie erwähnt, für die »Aktion 73 der DKP gegen Mietwucher und Bodenspekulation« das Agit-Stück *Münchner Kindl*, gespielt wurde es vom parteinahen Münchner »Theater K«. Für die *Mannesmann-Kantate*, mit der der Verband Deutscher Studentenschaften 1973 bei den Ostberliner »Weltfestspielen der Jugend und Studenten« auftrat, steuerten die Autorin Erika Runge und der Komponist Hans Werner Henze Text und Musik bei. Die Ansprüche wurden im Laufe der Zeit, nach dem Abklingen der neulinken Euphorie, bescheidener, realistischer, konkreter: »Zielgruppentheater« lautete das neue Stichwort. Programme für Lehrlinge, Gastarbeiter, Jugendliche, Kinder wurden entwickelt. Von »Hoffmann's Comic-Theater«, »Interpol«, »Rote Rübe«, »Zentrifuge« bis zu »Theatermanufaktur« und »Theaterwehr Brandheide«, die bekannteren freien Ensembles fanden bald als ›alternative Tourneetheater‹ selbst in der Provinz ihr engagiertes Publikum. Auch die ökologische und feministische Basisbewegung bediente sich ausgangs der siebziger Jahre agitatorisch-kabarettistischer Spielformen, Anfang 1980 führte z. B. das erste westdeutsche »Frauentheater-Festival« in Köln professionelle und Amateurgruppen zusammen.

Diese ›zweite Theaterkultur‹ war nicht das einzige Ergebnis der Revolte von 1968. Innerhalb des Stadttheatersystems kam es zu heftigen Auseinandersetzungen: Eine Demokratisierung der verkrusteten Bühnenhierarchie sollte durch Mitbestimmung und kollektive Produktionsprozesse erreicht werden. In Frankfurt konzipierten die Regisseure Claus Peymann, Peter Stein und Dieter Reible ein Direktoriumsmodell: »Es besteht die Absicht, ein Organisationsmodell zu erarbeiten und einzuführen, das die Mitbestimmung aller künstlerischen Mitarbeiter gewährleistet.«[11] Das Vorhaben scheiterte am Einspruch des nicht zu entmachtenden Intendanten. Erst 1972 konnte für die Städtischen Bühnen ein Mitbestimmungsstatus durchgesetzt werden. Er blieb die einzige Ausnahme von Dauer, der Stadttheaterbetrieb erwies sich weithin intransigent für die Erprobung neuer Strukturen. Realisiert wurde das Vorhaben von Stein und Peymann ab 1970 in anderem Rahmen an anderem Ort: In West-Berlin übernahm man die »Schaubühne am Halleschen Ufer«. Dieses öffentlich subventionierte, privat getragene Theater bot den nötigen experimentellen Spielraum. Die steile Entwicklung der »Schaubühne« zum wichtigsten westdeutschen Theater des letzten Jahrzehnts war nicht zuletzt Resultat neuer kollektiver Arbeitsformen. Die Negation der tradierten Theaterorganisation mündete hier, in West-Berlin, wo die »außerparlamentarische Opposition« ihren Ausgang genommen hatte und wo sich im Übergang zu den siebziger Jahren Auflösungs- und Erstarrungstendenzen zuerst zeigten, in einem paradigmatischen künstlerischen Gegenentwurf. Neben den großen Produktionen standen an der »Schaubühne« von Anfang an politische Zielgruppenprojekte, Gerhard Kellings *Auseinandersetzung* (1971) spielte man in Gewerkschaftssälen, 1972 übernahm man ein Stück des Kreuzberger Straßentheaterautors Johannes Schenk (*Transportarbeiter Jakob Kuhn*), eine Kollektivarbeit (*Märzstürme 1921*) behandelte noch im gleichen Jahr einen Abschnitt deutscher revolutionärer Geschichte.

Die Stadttheater verweigerten sich den organisatorischen Reformen, übernahmen jedoch die thematisch-dramaturgischen Impulse der neuen operativen Spielformen schnell. Max von der Grüns Revue *Notstand oder Das Straßentheater kommt* (1968) ist ein frühes Beispiel, Tankred Dorst machte in seinem Schauspiel *Toller* (1968) Agitprop-Anleihen. Historisches und Politisches (z. B. *Ruhrkampfrevue* von Yaak Karsunke, 1974) oder literarische Vorlagen (z. B. Romane von Fallada, Heinrich und Thomas Mann) dramatisierte man zu kritisch-unterhaltenden Szenencollagen. Im Laufe der siebziger Jahre, als die Praxis des 1972 in Kraft gesetzten Radikalenerlasses und die beginnende Terrorismus-Hysterie linke Positionen gesamtgesellschaftlich in die Defensive zwang, wurde die Agitation auf der Bühne zum Mittel demokratischen Widerstands. Programme gegen Berufsverbote und Gesinnungsüberprüfungen, gegen politische Repression und die im Zeichen staatlicher Terroristenverfolgung zu verzeichnende Einschränkung von Bürgerrechten entstanden in enger Zusammenarbeit von engagierten Autoren und Bühnenleuten (z. B. Michael Schneider: *Die Freiheit stirbt zentimeterweise*, 1976 in Wiesbaden; Peter Schneider: *Alte und neue Szenen zum Thema Radikale*, 1975; die Ensemblearbeit *Schauspieler im Paragraphenwald*, 1976 in Stuttgart).

Den folgenreichsten Einfluß hatten die mobilen, alternativen Spielformen jedoch auf das Kinder- und Jugendtheater. Zu den antiautoritären radikaldemokratischen Anfängen der Studentenbewegung gehörte das Interesse an emanzipatorischen Erziehungskonzepten, bald waren ›Kinderläden‹ fester Bestandteil der linken Subkultur. Die ersten Konsequenzen für ein neues Kindertheater zog man in West-Berlin. Das bis dahin mit politischer Satire bekannt gewordene »Reichskabarett« wurde als »Grips-Theater« zum Schrittmacher. Realität trat in den »Grips«-Stücken (verfaßt meist von Volker Ludwig und Rainer Hachfeld) an die Stelle märchenhafter Scheinwirklichkeit, statt Anpassung und Einübung förderte man kindliches Selbstbewußtsein, Widerspruch, sozialen Mut. Die Stoffe kamen aus der Erfahrungswelt der kleinen Adressaten, da ging es um Spielplatzprobleme, Gastarbeiterkinder, Schule, Familienstreit. Die Kritik an kinderfeindlichen Verhaltensweisen und Umständen blieb nicht an der Oberfläche: In *Trummi kaputt* (1971) tauchte zum erstenmal in einem westdeutschen Kinderstück das Thema Arbeitswelt auf, der Zusammenhang zwischen privater Unterdrückung und Frustration am Arbeitsplatz wurde nicht ausgespart. *Banana* (1977) informierte über imperialistische Ausbeutungsverhältnisse in der dritten Welt. Die »Dramaturgie des Zwischenrufs und Sich-Einmischens«[12] aktivierte das Kinderpublikum schon während der Vorstellung, satirische, agitierende Mittel verbanden sich mit alten Wirkweisen volkstümlicher Spieltraditionen (Figurentheater). Mobilität ist eine weitere Bedingung dieses emanzipatorischen Kindertheaters: »Hoffmann's Comic-Theater« z. B. ging mit seinen Straßenaktionen für Kinder in das unwirtliche Westberliner Neubaugebiet Märkisches Viertel. Politischer Ärger blieb nicht aus, das »Grips«-Theater erhielt in einigen CDU-regierten Westberliner Bezirken Auftrittssperre. Eine andere freie Gruppe aus West-Berlin, »Rote Grütze«, erregte mit ihren sexualaufklärerischen Stücken (*Darüber spricht man nicht*, 1973; *Was heißt hier Liebe*, 1977) Proteste und Boykottmaßnahmen. Aber die Spielvorlagen vor allem des »Grips«-Theaters setzten sich auf den kommunalen Jugendbühnen in der Bundesrepublik durch. Was im ›großen‹ Theater nicht gelang, die breite Fortführung der emanzipatorischen Ansätze politischen Theaters aus den sechziger Jahren, das schafften freie Gruppen (z. B. »Klecks« in Hamburg oder »Ömmes & Oimel« im Rheinland) zusammen mit örtlichen

Spielstättenneugründungen für das Kinder- und Jugendtheater. Der Marsch des Zielgruppentheaters in die Institutionen war zugleich begleitet von ästhetischen Positionsgewinnen. Das zeigt auch die qualitative Weiterentwicklung im Bereich des Jugendstücks. Werner Geifrig z. B., der 1970 als erste Bühnenarbeit Erika Runges *Bottroper Protokolle* schmucklos für die Ruhrfestspiele dramatisiert hatte, legte seit seinem Erfolg mit *Stifte mit Köpfen* (1973) Stücke vor, die ihre aufklärerische Absicht thematisch attraktiv und dramaturgisch schlüssig präsentieren: *Bravo Girl* (1974) und *Hit Show Live* (1977) beschäftigen sich mit der verlogenen Talmiwelt von Schlagerbranche und Teenagerzeitschriften, die eingesetzten Show-Effekte unterstützen die kritische Intention.

Wirkungseinbruch, Genrewechsel, historische Biographie

Kritisches Volksstück und aktivistische Agitation lenkten den Blick auf Gegenwart und revolutionäre Perspektive, die historisch argumentierende Dramatik geriet darüber in den Hintergrund. Für die Wirkung der dominanten Autoren des politischen und dokumentarischen Theaters der sechziger Jahre bedeuteten die Folgen der Revolte von 1968 eine Zäsur. Weder Martin Walser noch Peter Weiss oder Rolf Hochhuth konnten an ihre vordem kontinuierliche Rezeption anknüpfen. Walsers Zweiakter *Kinderspiel* (1970) brachte die Protestgeneration auf die Bühne. Anders als Günter Grass, der in *Davor* (1969) auf Abstand zum systemkritischen, antiimperialistischen Engagement der Studentenbewegung gegangen war (und nachfolgend vehement gegen vermeintliche Systemfeinde an den Theatern auftrat, so gegen Heinar Kipphardt anläßlich einer von diesem verantworteten kontroversen Inszenierung an den Münchner Kammerspielen, so gegen das erwähnte Frankfurter Mitbestimmungskonzept von Stein und Peymann), versuchte Walser eine sympathetische Erkundung der sozialpsychologischen Motive des neulinken Aufbegehrens. Als Erklärungsmodell dient (ähnlich wie in *Der schwarze Schwan*, 1964) der historisch begründete Generationskonflikt innerhalb einer westdeutschen Bürgerfamilie. Sohn und Tochter befreien sich in einem Rollenspiel von den belastenden Dispositionen einer Erziehung, die auf Anpassung an den gesellschaftlichen Status quo und Verdrängung vergangener Schuld fußte. Die Bewußtmachung bereitet politisches Engagement vor. Die Privatheit des Modells, der Verweis auf die Subjektivität rebellierender Bürgerkinder, griff der erst im Gefolge scheiternder Illusionen einsetzenden Selbstreflexion der ›neuen Linken‹ vor. In diesem Sinne eher zu spät kam 1975 das als Auftragsarbeit zum Dürer-Jahr geschriebene *Sauspiel*, Walsers bislang letztes Stück. Es stellte an historischem Beispiel die Frage nach der gesellschaftlichen Funktion von Intellektuellen zu einem Zeitpunkt, als objektive Nachweise in der Literatur subjektiver Selbstbefragung Platz machten. Walser gestaltete das soziale Panorama Nürnbergs im 16. Jahrhundert, die Konflikte zwischen beharrenden reformatorischen Patriziern und oppositionellen Wiedertäufern als historisch drapierte Allegorie für aktuelle Fronten. Zwischen den Lagern die Intelligenz: der erfolgreiche Wissenschaftler Dr. Faust, die arrivierten Künstler Dürer und Sachs, die angesehenen Gelehrten Paracelsus und Melanchthon und als kleinbürgerlicher Antiheld der Volkssänger Jörg Graf. Die Analogien zum ›Nach-Mai‹ der siebziger Jahre, zur zweiten westdeutschen Restauration, strich Walser durch einen mit Anachronismen durchsetzten Dialog heraus, er entging hierbei nicht der Gefahr zu vordergründiger Parallelisierung, die Diskrepanz zwischen handlicher aktueller Lehre und erheblichem szenischen Aufwand (über vierzig Personen treten auf, die Musik schrieb Mikis Theodorakis) wurde zu groß.

Rolf Hochhuth, der 1970 mit seinem Schauspiel *Guerillas* von der fiktionalen Rekonstruktion historischer Vorgänge zur utopischen Projektion übergegangen war, nahm mit den Folgestücken *Die Hebamme* (1971) und *Lysistrate und die NATO* (1974) einen Genrewechsel vor, die Wendung zur Komödie bedeutete keine grundsätzliche Revision. Weiterhin gelten die traditionellen dramaturgischen Regeln. Zeigen die Tragödie betitelten Werke die große Persönlichkeit auf hoher politischer Ebene, so die Komödien die handfesten Probleme kleiner Leute. Nach wie vor trennen moralische Standpunkte Held und Gegenspieler, nicht objektive soziale Interessen oder Klassengrenzen. Der aufgeklärte, fortschrittliche US-Senator Nicolson plant in *Guerillas* eine Revolution durch Infiltration, einen Staatsstreich von oben, wie seine Antipoden gehören die von ihm geführten Reformkräfte zur Bourgeoisie, die eigentlichen antagonistischen Kräfte werden von Hochhuth nicht gestaltet. Auch die bundesdeutschen Obdachlosen in *Die Hebamme* sind nicht fähig, aus eigener Kraft ihre deprimierende Lage zu verändern, sie brauchen die resolute Titelheldin, eine allseits anerkannte und beliebte Krankenschwester, als Bündnispartner. Kolportage und polemische Überdeutlichkeit bleiben bevorzugte Mittel der Handlungsführung, wirken jedoch in Komödienform für die Zuschauer erträglicher. (Obwohl rückblickend der entsprechende Unmut vieler Kritiker im Falle *Guerillas* partiell zu revidieren ist: gewisse prophetische Züge sind der Hochhuthschen Darstellungsweise nicht abzusprechen, man denke an die negative Karikierung des ehemaligen US-Präsidenten Nixon, die die ›Watergate-Affäre‹ nachträglich bestätigte, oder an die mittlerweile offenkundigen kriminellen Praktiken des US-Geheimdienstes CIA.) Die verringerte Fallhöhe der Komödie relativiert auch die Einwände gegen literarische Qualität und Wahrscheinlichkeit der Stückvorgänge. Hochhuths Bühnenvorlagen sind als Konstrukte Träger moralischer Appelle, nicht nachlassende Plädoyers für die Verantwortung und Handlungsverpflichtung von Individuen. *Guerillas* ist keine szenische Analyse des US-amerikanischen Klassen- oder lateinamerikanischen Befreiungskampfes, *Die Hebamme* behauptet nicht, den einzig möglichen Weg zur Lösung sozialer Mißstände in der Bundesrepublik zu weisen. Die zweite Komödie *Lysistrate und die NATO* weicht vom Heldentypus des Selbsthelfers nicht ab. Initiativ wird für die Belange einer kleinen Ägäisinsel wieder eine weibliche, privilegierte Figur, Lysistrate hat als einzige der Inselfrauen studiert und ist Abgeordnete im Athener Parlament. Hochhuth beläßt es indessen nicht bei dem üblichen ideellen Interessenkonflikt: Den Streit um die zukünftige Bestimmung der Insel überlagert als Metakonflikt die Frauenfrage. Der Kampf der Inselbewohnerinnen gegen den geplanten und von ihren einheimischen Männern favorisierten Truppenstützpunkt, ausgetragen mit den Waffen Liebesentzug und Promiskuität, richtet sich zugleich gegen die Normen einer Männergesellschaft. Die freimütige und streckenweise mit sexuellen Deftigkeiten überfrachtete Aristophanes-Adaption endet bei Hochhuth mit dem vorläufigen Erfolg der Frauen, erhält aber ihren realistischen Schlußakzent durch die gleichzeitige Meldung vom Putsch der Obristen in Athen. Beide Komödien, *Die Hebamme* und *Lysistrate*, sind Aufforderungen zu zivilem Ungehorsam, nicht zufällig haben sie weibliche Protagonisten als Auslöser humanen Engagements: »Wer, wenn nicht die Frauen, sollte [...] dieses immer erneut zu leistende Geschäft, die Schwächung des Mannes [...] zum Zweck der Humanisierung übernehmen«, heißt es in einem Begleittext zu *Lysistrate*.[13] Einem Mann war Hochhuths nächstes Stück gewidmet, der Monolog *Tod eines Jägers* (1976) zeigt den Schriftsteller Ernest Hemingway während der letzten Stunden vor seinem Selbstmord. Ein großer einzelner zieht Bilanz. Keiner der integren Helden seiner Tragödien, Hochhuths Hemingway gehört zu den Gegenspielern, die (wie Papst Pius XII. oder Churchill in den Schauspielen *Stellvertreter* und *Soldaten*) vor moralischen Herausforderungen versagen, Ideale praktischem Erfolgskalkül opfern. Die biographische Rekonstruktion kann keine Authentizität beanspruchen, zu konsequent motivieren hier existentielle Gründe, vernichtende Selbsterkenntnis die Entscheidung zum Selbstmord. Für Hochhuth war das Beispiel Hemingway Anlaß zur Diskussion auch der eigenen schriftstellerischen Position und Motivation.

Nicht mehr, wie vordem, Gegeninformation, sondern Orientierungsbedürfnis signalisierte im Übergang zu den siebziger Jahren der personalisierte Rückbezug auf Geschichte (Hochhuths Hemingway-Stück ist hier nur Beleg am Rande), die historische Biographie wurde zum Schlüssel für die politische Gegenwart. Die Rolle von Intellektuellen in gesellschaftlichen Umwälzungen thematisierte 1968 schon Tankred Dorsts *Toller* (die kritische Darstellung der Aktivitäten des expressionistischen Schriftstellers Ernst Toller während der kurzlebigen Münchner Räterepublik meinte die aktuelle Revolte). Peter Weiss kehrte nach Versuchen mit einer depersonalisierten dokumentarischen Dramaturgie (z. B. *Viet Nam Diskurs*, 1968) mit *Trotzki im Exil* (1970) wieder zum historischen Individuum zurück. Nach Jahren des Einverständnisses mit dem »realen Sozialismus« Moskauer Prägung war dieser kritische Beitrag zum Lenin-Jahr eine Anknüpfung an die Thematik seines *Marat/Sade*-Stücks von 1964. Wieder geht es um die Rehabilitation eines Revolutionärs, den die Revolution zu Tode brachte, allerdings dominiert diesmal die Apologie. *Trotzki im Exil* besteht zum größten Teil aus Rückblenden, das Stück baut sich auf aus der Erinnerung des Verbannten. Die retrospektive Technik informiert in erster Linie über Abschnitte und Drehpunkte der russischen Revolution, die mit großem personellen Aufwand nachgestellt werden, die Charakterisierung der Hauptfigur bleibt ungenügend. Ursprünglich hatte Weiss den Trotzki-Stoff zusammen mit dem Anfang der sechziger Jahre aus der DDR gekommenen Dramatiker Hartmut Lange bearbeiten wollen. Dieser legte 1971 ein eigenes Stück zum Thema vor: *Trotzki in Coyoacan* beschränkt sich auf die Schilderung der letzten Exilsituation des vertriebenen und verfolgten Revolutionärs. Die Sicht ist differenzierter, kritischer und spart die illusionären und widersprüchlichen Aspekte des Trotzkismus nicht aus. *Trotzki in Coyoacan* ergänzte die Auseinandersetzung Langes mit Genese und Folgen des Stalinismus in den parabelhaften, mythologisches Material benutzenden Stücken *Die Ermordung des Aias oder ein Diskurs über das Holzhauen* und *Staschek oder das Leben des Ovid* (1971 bzw. 1972) durch die realistische Darstellung einer chancenlosen Alternative. Paradigmatischer als die szenische Aufbereitung sowjetischer Revolutionsgeschichte wirkte Peter Weiss' nächstes Schauspiel *Hölderlin* (1971). Die Ausgangsthese berief sich auf die aktuelle Neuinterpretation Hölderlins durch den französischen Germanisten Pierre Bertaux: »Hölderlin ist der letzte deutsche Jakobiner« (Weiss). Die Uneinlösbarkeit revolutionärer Hoffnungen läßt den Dichter zerbrechen, der Wahnsinn erscheint als letzter irreversibler

Protest gegen die reaktionären Verhältnisse im Deutschland seiner Zeit. Marat, Trotzki, Hölderlin sind für Weiss revolutionäre Märtyrer, deren Scheitern nicht Widerlegung, sondern Bestätigung von Vorbildlichkeit ist. »Es ist ständig der gleiche Konflikt – der Dualismus von Utopie, Wunschbild, Traum, Poesie, Humanismus, Veränderungstrieb kontra Außenwirklichkeit, Dogma, Erstarrung, Zwang, Kompromiß, Regression.«[14] Dem idealistischen Konzept entspricht eine lineare Stationendramaturgie: Die Konfrontation der Hauptfigur mit berühmten Zeitgenossen, mit Hegel, Schelling, Fichte, Goethe, Schiller, nimmt Hölderlins kompromißlose, schließlich selbstzerstörerische Konsequenz zum Maßstab und denunziert die Positionen und Verhaltensweisen der anderen als Anpassungsstrategien. Auch die Vielfalt der eingesetzten epischen Mittel, Sängerfigur, Chöre, Knittelvers und die eigenwillige archaisierende (der Hölderlin-Zeit angenäherte) Sprachgestaltung dienen einer Eindeutigkeit, die keine Distanz zur Hauptfigur, nur noch Mitgefühl zuläßt. (In einer Neufassung versuchte Weiss 1972 negative Überzeichnungen zurückzunehmen.) Das Schicksal Hölderlins als lehrreiches revolutionäres Exemplum bestätigt die Schlußszene, ein fiktives Zusammentreffen des kranken Dichters mit dem jungen Karl Marx. Neben manchen Anspielungen im Stück (z. B. der Analogie Empedokles – Che Guevara) weist der Epilog auf die Aktualisierbarkeit des Stoffes hin. Anpassung oder Aussteigen aus der ›deutschen Misere‹, blindwütige Tat oder leidender Rückzug: Weiss hatte damit ein Thema vorgegeben, das in den Folgejahren für die linke Intelligenz in der Bundesrepublik zunehmend wichtiger werden sollte. Trotz des Bühnenerfolgs mit *Hölderlin* (binnen zwei Spielzeiten gab es sechzehn westdeutsche Inszenierungen) zog sich der Autor vom Theater zurück. Abgesehen von einer wenig beachteten Dramatisierung des Romans *Der Prozeß* von Franz Kafka (1974), entstand nun der schon länger geplante mehrbändige antifaschistische Roman *Die Ästhetik des Widerstandes* (1975 bzw. 1978).

Die Identifikation mit Hölderlin beinhaltete bei Weiss die positiv beantwortete Frage nach Sinn und Richtung eigenen Engagements. (Ähnliches intendierten die unbedarfteren Versuche anderer Autoren, z. B. W. W. Schütz' *Hus* und Joachim Burkhardts *Lassalle*, beide 1978.) Pessimistischer urteilte Gaston Salvatore in seinem Schauspiel *Büchners Tod* (1971). Hier resümierte ein Vertreter der neulinken Studentenbewegung eigene Erfahrungen am historischen Beispiel. Die resignative Selbstkritik, die Salvatore dem sterbenden Dichterrevolutionär in den Mund legt, betrifft Fehleinschätzungen, offenkundige Versäumnisse, das notwendige Scheitern der antiautoritären Revolte. Tankred Dorst, der mit *Toller* die biographischen Auslotungen eingeleitet hatte, kündigte mit *Eiszeit* (1973) den bisherigen Konsens. Seine greise Hauptfigur gehört nicht in das Lager der progressiven Aufrührer und literarischen Rebellen, bezeichnet im Gegenteil eine extreme Gegenposition: Das Stück porträtiert den norwegischen Schriftsteller Knut Hamsun, während des Zweiten Weltkrieges NS-Kollaborant und 1945 zeitweise interniert. Genau und ausführlich entwickelt der Autor Haltung und Charakter des altgewordenen Reaktionärs, der Gegenspieler, ein junger Partisan, vermag die Dominanz der Hauptfigur nicht zu mindern. Sein Widerspruch gegen den beeindrukkenden Starrsinn des alten Schriftstellers bleibt folgenlos, am Ende bringt er sich um. Die Größe des politischen Irrtums gehört zur Größe des Irrenden, das Stück hält hier eine nicht ungefährliche Balance, die schnell zur Apologie umschlagen kann. Die Themenverschiebung bei Salvatore und Dorst war symptomatisch: Sie zeigten statt (scheiternden) Aufbruchshaltungen das Sterben der Revolte, statt sterbender Revolutionäre die Vitalität beharrender Verhältnisse und Haltungen. Auf der Bühne warf die zweite westdeutsche Restauration ihre Schatten voraus.

Wie Nachzügler wirkten demgegenüber die Stücke von Dieter Forte und Peter Rühmkorf, die alternative Geschichtsschreibung bzw. historisch kostümierten Unterricht in Politischer Ökonomie betrieben. Fortes ausufernde dokumentarische Szenencollage *Luther & Münzer oder Die Einführung der Buchhaltung* (1970) hatte Erfolg als polemische Provokation. Die Darstellung Luthers als Fürstenknecht und die unbedenkliche Verkürzung der Reformation auf ökonomische Interessenskonflikte: Das war polarisierende Entlarvungsdramatik wie seinerzeit Hochhuths *Der Stellvertreter*. Überlänge und fehlende dramaturgische Schlüssigkeit des Stücks machen Regiefassungen nötig. Das Gegensatzpaar Luther – Münzer und die Schlüsselfunktion des Augsburger Handelsherrn Fugger halten Fortes Erstling zusammen, in seiner zweiten Theaterarbeit *Jean Henry Dunant oder Die Einführung der Zivilisation* (1978), einer ähnlich monströsen Kompilation informierender bis karikierender Einzelszenen, fehlen Orientierungspunkte dieser Art. Der Lebenslauf des Gründers des Internationalen Roten Kreuzes ist ein zu dünner roter Faden für ein Panorama des 19. Jahrhunderts, das von 1848 bis in die Tage der Pariser Commune reichte. Die historische Persönlichkeit gibt nur noch Anlaß zu breiten epischen Bilderfolgen, die politisch-soziale Zusammenhänge erhellen, Parallelen zur Gegenwart betonen. Das dritte Schauspiel *Kaspar Hausers Tod* (1979) brachte eine Wende, statt Reihung und Montage die Beschränkung auf eine prägnante Begebenheit: das Leichenbegängnis für den rätselhaften Findling Kaspar Hauser. Die Trauergemeinde im Wirtshaussaal liefert im Gespräch Aufschlüsse über die deutsche Situation anno 1833, bürgerliche Haltungen unter dem Druck finsterster Restauration. Aktuelle Analogien werden nahegelegt, aber nicht herbeigezwungen, die geschlossene Form befördert die aufklärerische Wirkung. Der vor allem durch Lyrik und Essay bekannte Schriftsteller Peter Rühmkorf beließ es in *Was heißt hier Volsinii?* (1969) nicht bei bloßen Verweisen, der Bilderbogen über eine plebejische Erhebung in einer etruskischen Stadt und ihre Niederschlagung durch römische Truppen sollte als vergnüglich-lehrreiche Parabel über das Verhältnis von Kapital und Macht verstanden werden. Dialog und Szene bieten pointenreiches Zeitkabarett in antiker Verkleidung. Ähnlich unterhaltend, aber mitnichten dramatisch, arrangiert Rühmkorf in seinem zweiten Stück *Lombard gibt den Letzten* (1972) den abenteuerlichen Kampf zweier ländlicher Gastwirte zum Modell kapitalistischer Konkurrenzwirtschaft und treibt das kleine, mitunter groteske Beispiel bis zur faschistischen Variante bürgerlicher Herrschaftssicherung. Die politökonomischen Lernziele kommen über Kalauern, Parodien und Show-Effekten beinahe abhanden. Dramatikern wie Forte und Rühmkorf ging es nach wie vor um die kritische Darstellung historisch-politischer Zusammenhänge, um die szenische Analyse sozioökonomischer Bedingungen. Doch nicht Zustände, sondern Menschen rückten immer mehr in das Zentrum literarischen Interesses. Das ›neue Volksstück‹, die biographische Erkundung waren Vorstufen für den Rückzug auf subjektive und künstlerische Innenwelten, der nach der Politisierung von Bühne und Drama eine Phase neuerlicher Ästhetisierung einleitet.

Außendruck auf Binnenwelten

Umschlagpunkt war das Krisenjahr 1973: Die Zahl der Arbeitslosen erreichte ihren höchsten Nachkriegsstand, die kurze westdeutsche Reformperiode ging zu Ende (auch personell: im Frühjahr 1974 trat der erste sozialliberale Bundeskanzler Willy Brandt zurück). Während sich die sozialen Widersprüche eher verschärften, politisches Krisenmanagement die Reformansätze beiseite räumte und mit Gesinnungsprüfungen und Berufsverboten linke Systemkritik tabuisierte, machte sich das Theater auf den Weg nach innen: »Die Bühne versteht sich, nach einigen Exkursionen in grobes politisches Engagement nun wiederum als Phantasie-Raum, ihre Agitation gilt der Empfindlichkeit, der Projektionslust, dem Spekulationstalent ihres Publikums«, so 1973 der Theaterkritiker Peter Iden.[15] Charakterisiert war damit ein »Theater der Regisseure« (Iden), die Tendenz zur Subjektivierung der theatralischen Darstellung drückte sich im zunehmend subjektiveren, auch selbstbewußteren inszenatorischen Zugriff auf Stücke und Stoffe aus. »Es gibt zur Zeit kein Autorentheater«, schrieb im gleichen Jahr der Dramaturg Klaus Völker: »Es gibt Stücke, für die sich mehr die Theater interessieren, und Stücke, für die hauptsächlich die künstlerisch führenden Regisseure plädieren.«[16] Zur ersten Gruppe zählte er Forte, Henkel, Hochhuth, Kroetz und Weiss, zur zweiten von den Gegenwartsautoren nur Peter Handke und als Neuling Botho Strauß.

Beispiel für die fruchtbare Interdependenz von Zeitdramatik und experimentierfreudigem Regietheater war in den sechziger Jahren das Bremer Theater unter der Intendanz Kurt Hübners gewesen: hier arbeiteten Martin Sperr und Rainer Werner Fassbinder, hier inszenierten Peter Stein und Peter Zadek. Letztere verfügten zu Anfang der siebziger Jahre über eigene Theater. Zadek brachte in Bochum die neuen Stücke von Tankred Dorst heraus (*Kleiner Mann, was nun?* nach Fallada, 1972; *Eiszeit*; schon 1969 hatte er *Rotmord*, die Fernsehfassung von *Toller*, produziert), Fassbinder arbeitete in Bochum als Regisseur. Der Theaterkritiker Botho Strauß kam 1971 zur Westberliner »Schaubühne«, für einige der wichtigsten Inszenierungen Peter Steins war er als Dramaturg und Bearbeiter verantwortlich (*Peer Gynt*; *Prinz von Homburg*; *Sommergäste*), 1972 legte er sein erstes eigenes Stück vor, *Die Hypochonder*, das Claus Peymann, ein anderes Gründungsmitglied des »Schaubühnen«-Kollektivs, in Hamburg erstinszenierte. Peymann war seit 1966 durch die Uraufführungen der Sprechstücke Peter Handkes bekannt geworden, ein anderer österreichischer Autor wurde in den siebziger Jahren von ihm auf der Bühne durchgesetzt: Thomas Bernhard, am Anfang stand 1971 *Ein Fest für Boris*. Als man Peymann 1974 zum Leiter des Stuttgarter Staatsschauspiels berief, wurde die kontinuierliche Beschäftigung mit deutschsprachiger Gegenwartsdramatik zum festen Spielplanbestandteil. Ein Beispiel direkter Kooperation zwischen Autoren und Bühne gab es auch am Basler Theater, wo Intendant Werner Düggelin die Stückeschreiber Dieter Forte und Heinrich Henkel mit festen Verträgen an sein Haus band.

Innerhalb der Gegenwartsdramatik bezog Peter Handke im Übergang zu den siebziger Jahren die entschiedenste Gegenposition zum politisch-aktivistischen und neonaturalistischen Theater. Gegen den Abbildrealismus behauptete er die Kunstwirklichkeit der Bühne. Die Künstlichkeit theatralischer Hervorbringungen war Bedingung für die Verallgemeinbarkeit seiner sprach- und normenkritischen Modelle. Auf die frühen Sprechstücke folgte zunächst ein Spiel ohne Worte: *Das Mündel will Vormund sein*

(1969) veranschaulicht zeitlupenhaft den formalen Auf- und Abbau einer Herr-Knecht-Beziehung, zeigt, wie Machtausübung sich indirekt in Imitationshandlungen auf seiten des Unterdrückten fortsetzt, alternatives Verhalten deutet sich nur als zweckloses autistisches Spiel an. *Quodlibet* (1970) verlagert die Demonstration in die Köpfe der Zuschauer: Während auf der Bühne »Figuren des Welttheaters« (Handke), Politiker, Geistlichkeit, Gangster usw., scheinbar beliebige Konversation pflegen, sind im Parkett nur vereinzelte Wortfetzen der unablässigen, leisen Unterhaltung zu verstehen. Diese Bruchstücke liefern gezielte Assoziationsauslöser, der Zuschauer soll mit je eigener Sinngebung reagieren, unterschwellige, verdrängte Bedeutungsebenen sollen erschlossen werden. So erhält z. B. harmlos Hingesprochenes in der Rezeption einen aufschreckenden Inhalt, das Verb »aus-schwitzen« verweist z. B. auf Auschwitz, der technische Begriff »Vergaser« auf Vergasung. Pantomimisches Exempel und inszenierte Probe auf Publikumsassoziationen waren Vorstufen für *Der Ritt über den Bodensee* (1971). Zur Dressur durch Sprache und Begriffe tritt die zwanghafte Verknüpfung von Verhalten und schematisierten Bedeutungen. Die verbale und gestische Kommunikation zwischen den Figuren (sie tragen die Namen bekannter UFA-Schauspieler) funktioniert nur so lange, wie jene nach den Regeln dieser umfassenden Konditionierung funktionieren. Unter diesem trügerischen Existenzgrund lauern Bodenlosigkeit, Rollenverlust, Weltverlust. Die Brüchigkeit alltäglicher Übereinkünfte und Rituale entwickelt das Stück mit unterkühlter Situationskomik, das Erwachen aus schlafwandlerischer fremdbestimmter Sicherheit bedeutet Irritation, endet nicht final (wie in der bekannten Volksballade), sondern öffnet den Weg zur Befreiung durch Verweigerung, zu beginnender Individuation. Konkreter faßt Handke den Konflikt zwischen sozialer Rolle und individuellem Anspruch auf Selbstverwirklichung in seinem nächsten Stück *Die Unvernünftigen sterben aus* (1973). Alte Thesen werden an einem weiteren, diesmal negativen Beispiel verifiziert, trotz der für Handke neuen Rückgriffe auf Fabel, traditionellen Held und soziale Fixierung bleibt es auch hier bei der Künstlichkeit eines formalen Modells: Vergeblich versucht die Hauptfigur, der erfolgreiche Unternehmer Quitt, aus gesellschaftlichen Zwängen auszubrechen. Statt neuer Ich-Findung wartet am Ende immer wieder die alte Rolle, selbst dysfunktional intendiertes Verhalten wirkt sich funktional im Sinne kapitalistischer Zweckrationalität aus, die Systemvernunft setzt sich sogar gegen die Unvernunft dieses mächtigen einzelnen durch. Das Leben jenseits der Rolle ist nicht von dieser Welt, zu guter Letzt rennt sich der tragikomische Protagonist an einem Felsbrocken den Schädel ein. Die parodistischen, farcenhaften Momente sind nicht politisch zu verstehen, Handke bietet weder eine antikapitalistische Groteske noch ein augenzwinkerndes Plädoyer für die menschlichen Seiten der herrschenden Klasse. Die szenische Konkretheit meint nicht soziale Realitäten, Verrätselungen und artifizielle Befremdlichkeit sensibilisieren das Publikum für die verunsichernden Aporien und Ränder der eigenen Existenz. Tendenziell redundant werden Sprache und Bühnengeschehen, weil sie immer nur Gleiches belegen: die Ohnmacht des Individuums. Von dem langsam zergehenden Eiskubus und dem erratischen Felsen in *Die Unvernünftigen sterben aus* führt eine direkte Linie zu einem entliterarisierten Theater der evokativen Bilder, das den Zuschauer in diffusen Bedeutungsräumen bei sich und damit alleine läßt (herausragendes Beispiel sind Arbeiten des Amerikaners Robert Wilson), bzw. zum avantgardistischen Tanztheater der westdeutschen Choreographin Pina Bausch, deren Produktionen in extremer Expressivität die immer gleichen verstörenden Befunde demonstrieren: Entindividualisierung, Entfremdung, Selbstverlust als eigentliche Inhalte normierter Interaktion (z. B. *Kontakthof*, 1978; *Keuschheitslegende*, 1979).

»Mentales Theater« hatte 1970 Botho Strauß Handkes *Ritt über den Bodensee* genannt. Er hatte damit das Prinzip seiner eigenen Theaterarbeit, die er ab 1971 als Dramaturg der Westberliner »Schaubühne« und bald darauf als Autor mit eigenen Stücken vorstellte, vorformuliert: »Zur Zeit ist das Irresein, so scheint es, eine ganz gewöhnliche Metapher für das Befinden des Individuums überhaupt, für die internierten Kräfte seiner Phantasie, inmitten einer Gesellschaft, welche nur zur Raison zu bringen versteht, welche im Namen der Vernunft eine perverse Unterdrückungsherrschaft ausübt.«[17] Strauß kam aufgrund der eigenen Biographie sowie des unter dezidiert politischen Vorzeichen entstandenen Arbeitszusammenhangs der »Schaubühne« von vornherein eine symptomatische Bedeutung zu. Ähnlich entsprechenden Vorgängen im Bereich der Prosa (z. B. bei Peter Schneider und Bernward Vesper) setzte hier die Selbstreflexion der Aufbruchsgeneration ein. Die Illusion von der Geschichtsmächtigkeit der antiautoritären Bewegung, von der Intelligenz als neuem revolutionärem Subjekt zerbrach, der Verlust kollektiver Identität führte zu Resignation und fragender Regression auf die eigene, mit einemmal vereinzelte Subjektivität. Für die Produktionen der »Schaubühne« brachte die skeptische Hinterfragung optimistischer Hoffnungen Gewinn: Die differenzierte Dialektik von Aufbruch und Scheitern spiegelte sich in den Bearbeitungen von Strauß (Ibsen, Kleist) im Verhalten der Subjekte, die historische Bedingtheiten nicht vernachlässigende Psychologisierung beförderte realistische Wirkungen. Das erste eigene Stück *Die Hypochonder* (1971) bezeichnet dagegen eine eindeutig romantische Inversion, die Anknüpfung an Handke ist offensichtlich, doch findet sich eine wichtige Modifikation: Vom Strukturgeflecht aus Normierungsprozessen und individuellem Zwangsverhalten wechselt der Blick auf das irritierte, krankhafte Verhalten von Individuen. Orientierungsverlust und Ohnmachtsgefühl äußern sich in nervöser Selbstbeobachtung und Überempfindlichkeit. In *Die Hypochonder* rückt die spielerische Vexierdramaturgie, gemischt aus Effekten einer Liebes-, Kriminal- und Salonkomödie, die Handlung in eine irreale Künstlichkeit: Die großbürgerliche Amsterdamer Villa um 1902 ist ein poetischer Raum für vieldeutige, undeutliche, verwirrende Ereignisse. Literarische Anspielungen und Zitate überwuchern noch die gestörten Beziehungen und Wahrnehmungen der Figuren. Mit *Bekannte Gesichter, gemischte Gefühle* (1974) wird das Krankheitsbild konkreter. Handlungszeit ist die Bundesrepublik »in diesen Jahren«: In einem schäbigen abgewirtschafteten Hotel im rheinischen Königswinter lebt seit langem eine Gruppe von Freunden, Besitzerehepaar, Angestellte, Dauergäste, zusammengehalten durch alte Abhängigkeiten, Gewöhnungen und leere Hoffnungen. Der angekündigte Verkauf des Hotels bricht die statische Situation auf, für kurze Zeit stellt die Störung eine unwirkliche, mit Traummomenten durchsetzte Harmonie her, die jäh der Selbstmord des Hoteleigners beendet. Auf szenische Rätselhaftigkeit und irreale Verwischungen verzichtete Strauß in dem auf diese bittere Komödie folgenden Stück *Trilogie des Wiedersehens* (1976). Damit schuf er Platz für die nun merklich intensivierte Wirkung seiner sensiblen Beschreibungen. Die Begegnung mit dem Personen- und Beziehungspanorama einer verhinderten Kunstvereinsvernissage wird zum »hautnahen Wiedersehen mit uns selbst«.[18] Ein äußerer Eingriff, der Einspruch eines wichtigen Mäzens gegen die Präsentation eines

Bildes, suspendiert die üblichen Abläufe, die Eröffnungsgäste reagieren hilflos auf das Verbot. Die Handlungshemmung wirft die Anwesenden auf sich selbst zurück, legt die Psychopathologie dieser amorphen Gruppe bloß. In wechselnden blendenartigen Ausschnitten separieren Monologe und (oft kaum zustandekommende) Dialoge Einzelgestalten aus der durchgehend simultanen Gruppenpräsenz. Die zutagetretenden individuellen Geschichten, Geschicke besagen sämtlich das gleiche: Vereinzelung, vergebliche Sehnsüchte, die Unmöglichkeit von Verständigung. Hier strauchelt jeder für sich, den anderen auffangen kann keiner. Über die einfühlsame Anatomie gelangt das Stück nicht hinaus, die Drohfigur des reichen Mäzens bleibt als Gegenspieler völlig unkonturiert. Stagnierende unverrückbare Zustände beschädigen die fragilen Straußschen Geschöpfe, an stabilen (restaurativ verfestigten) Bedingungen werden sie wund. Auch die im Vergleich zu den übersensiblen Hypochondern und Kunstfreunden eher mediokre Heldin Lotte des Schauspiels *Groß und klein* (1978) geht über der Intransigenz ihrer Umwelt verloren. Die Ansprüche und Angebote dieser Mittdreißigerin an ihren früheren Mann, an Bekannte, Freunde, Familie stoßen ins Leere, ihr Weg durch die westdeutsche Gesellschaft ist eine Reise ins Nichts, macht sie sukzessiv ärmer, schwächer, haltloser. Die Stationendramaturgie kulminiert in einer symbolistisch überhöhten Szene: »Falsch verbunden« zeigt die letzte Stufe des Selbstverlusts als Glaubensverlust. Die deprimierende Vivisektion von Innenwelten mündet in der (religiösen) Sinnfrage. Nicht erst in *Groß und klein* macht sich eine spezifische Ambivalenz bemerkbar: Tiefsinn kann in Banalität umschlagen, ironische, mitunter karikierende Attribute begleiten die existentiellen Befunde. Indem Strauß seine Figuren bloßstellt, gibt er zugleich die Möglichkeit zur Denunziation, und bezeichnenderweise funktioniert diese als reaktionäres Verlachen gerade in den wenigen Fällen, wo kleinbürgerliche Aufsteiger oder Unterschichtsvertreter typisiert werden (z. B. in *Trilogie des Wiedersehens* Drucker und Kaufhausangestellter, in *Groß und klein* Gastarbeiter und Rockerpärchen).

Frühes Indiz für die Verschiebung der Gewichte zwischen Sozialkritik und subjektiven Rückzügen im Gegenwartsdrama war 1974 die Verleihung des Hannoverschen Dramatikerpreises an Franz Xaver Kroetz, Botho Strauß und den Österreicher Thomas Bernhard. Seit seinem Theaterdebüt mit *Ein Fest für Boris* (1970) thematisierte Bernhard in schnell aufeinanderfolgenden Stücken die extrem subjektive, eingegrenzte Welt seiner Prosaarbeiten für die Bühne: Beispiele inszenierter Endzustände, geprägt durch unweigerlichen krankhaften Verfall, die als einzigen Einschnitt nur noch den Tod als letzte Auflösung gewärtigen lassen. Unabänderlich scheinen Verkrüppelungen und Krankheiten der Personen, beinlos und debil sind die Gäste in *Ein Fest für Boris*, der kurz vor der Entmachtung stehende General der *Jagdgesellschaft* (1974) ist erblindet und todsiech. Niedergang und Zerfall auch in der äußeren Welt, überkommene Ordnungsgefüge und Machtpositionen werden unaufhaltsam unterhöhlt, eine Käferseuche vernichtet den riesigen Waldbesitz des Generals (*Jagdgesellschaft*), anarchistische Umtriebe schwächen eine diktatorische Staatsgewalt (*Der Präsident*, 1975). Erkenntnis beschränkt sich auf nihilistische Diagnose, die Einsicht in die Unumkehrbarkeit des regressiven Prozesses isoliert einzelne, ihnen bleibt als kalter Fluchtpunkt die Idealität großer Kunst, vor allem die Musik (*Der Ignorant und der Wahnsinnige*, 1972; *Die Macht der Gewohnheit*, 1974). Andererseits erweist sich die Forderung nach Vollkommenheit der Kunstleistung als kaum erfüllbar, der Nachvollzug durch die reproduzierenden Künste ist gefährdet (*Der Ignorant und der Wahnsinnige*), verkommen (*Die Berühmten*, 1976) oder versagt (*Macht der Gewohnheit*). Bernhards Generalthema, die Zerstörung und Außerkurssetzung alter Rollenbilder durch eine unaufhaltsame schleichende Zersetzung erhält durch die Verdoppelung des Kunstcharakters, die in diesen endzeitlichen Szenen die Kunst zusätzlich zum Inhalt macht, einen höheren Verallgemeinerungsgrad. Die ›Macht der Gewohnheit‹ zwingt so in der gleichnamigen Komödie einen alten Zirkusdirektor zur tagtäglichen vergeblichen Anstrengung, mit seinen Artisten eine Probe des *Forellenquintetts* zustande zu bringen. Die Übung ist ein Beherrschungsspiel, das nie aufgeht. So sicher am nächsten Tag an anderem Ort der Zirkus gastieren wird, so sicher wird das *Forellenquintett* von Dompteur, Spaßmacher und Jongleur nie gespielt werden.

Die Dramaturgie dieser unterschiedlichen Gleichnisse für die Beschreibung des ewig gleichen finalen Zustands läßt Handlung im perspektivischen Sinn nicht zu. Monologische Anlage, häufige Repetition feststehender Wendungen, weitgehende Äquivalenz (und damit Austauschbarkeit) von Aussagen sind charakteristisch für Bernhards Bühnensprache. Die monomanischen Diskurse der Hauptfiguren, oft sprunghaft bzw. übergangslos verschiedene Argumentations- und Gesprächsstränge mischend, leisten keine psychologische Exposition, sie bestätigen wie die Interaktionen nur die Unaufhörlichkeit und Unveränderbarkeit der Grundkonstellation. Die allmähliche Hinwendung zur Komödie (eine Analogie zum absurden Drama) erscheint konsequent, da das pessimistische Welttheater Bernhards die Tragödie als persönliches Schicksal von vornherein unmöglich macht, die fossilen Mächtigen haben sich längst überlebt. Endzeiten setzen auch Unernst frei: In *Immanuel Kant* (1978) fährt ein seltsamer Philosoph per Schiff nach Amerika, der Import der ›kritischen Vernunft‹ soll ihm dort die Behandlung seines Augenleidens ermöglichen. Während der Atlantikpassage wählt er, umgeben von nichtigen Gesprächspartnern, einen Papagei zum Bewahrer seiner Lehren. *Der Weltverbesserer* (1978) nimmt konziser das Gelehrtenthema nochmals auf, Bernhard porträtiert mit höhnischem Spott die lächerliche Greisenexistenz einer einsamen Geistesgröße. Sympathie bei aller Bitterkeit kennzeichnet demgegenüber das Stück *Minetti* (1976), geschrieben für den Schauspieler Bernhard Minetti, handelnd von der letzten versiegenden Hoffnung eines alten Charakterdarstellers auf eine Rückkehr zur Bühne. *Minetti* zeigte, wie sehr Bernhard zu einem Autor der Theaterleute geworden war, das Interesse ambitionierter Regisseure an seinen Stücken beschränkte sich nicht auf die Aktualität dieser negativen, engen Befunde. Nach der Nivellierung durch naturalistische Gebrauchsstücke und mundartnahe, jargonhafte Dialoge bedeuteten der Kunstanspruch und die eigenwillige Sprachkraft der Bernhardschen Texte willkommene Herausforderungen für ein Theater, das nach neuen ästhetischen Lösungen suchte und dabei sämtliche theatralischen Mittel aufs neue bemühte. Aber: »Thomas Bernhards Stunde ist auch eine Stunde des Mangels – was nichts gegen den Kunstwert seiner Stücke aussagt – des Mangels an Stücken, die uns energisch packen«, meinte 1975 Günther Rühle.[19] Bestätigung passivischer Betroffenheit und entpolitisierende Gegenaufklärung: Damit schienen die möglichen Wirkungen Bernhards auf dem Theater umschrieben, bis 1979 in Reaktion auf die Auseinandersetzungen um die NS-Vergangenheit des ehemaligen baden-württembergischen CDU-Ministerpräsidenten Filbinger das Stück *Vor dem Ruhestand* herauskam. Diese »Komödie von deutscher Seele« benutzt Bekanntes: begrenzter personaler Ausschnitt, hermetische Situation,

szenische Zitate aus früheren Schauspielen (u. a. *Fest für Boris*). Doch die historisch-politische Rückbindung, ein westdeutscher Gerichtspräsident feiert alljährlich den Geburtstag des SS-Führers Himmler, hebt die schon vertrauten Momente zu unerwarteter neuer Bedeutsamkeit. Die drei Kunstfiguren, der unverbesserliche Jurist, früher SS-Kommandant eines Konzentrationslagers, und seine beiden Schwestern, die ältere ganz dem Bruder zugetan, die jüngere gelähmt im Rollstuhl voll hilfloser innerer Abwehr, spielen in grotesker Überzeichnung den Alptraum einer unheimlichen Realität. Die Konkretisierung der für Bernhard typischen Topoi, ihr Wiedererkennen in bedrängendem politischem Rahmen könnte Anlaß sein, auch die früheren Stücke dieses Autors erneut auf ihren möglichen Realismus zu befragen und hierbei die Endzeitvariationen als kritische Menetekel zu entdecken.
»Den neuen Typ einer Konversationskomödie, die unter Verwendung oft schwankhafter, scheintragischer oder auch grotesker Mittel heutige Literatur- und Kunsterfahrungen zum eigenen und manchmal einzigen Thema macht«,[20] sah der Kritiker Peter von Becker in einigen Stücken Handkes, Bernhards, Strauß' und eines weiteren österreichischen Autors, Gerhard Roths. Bekannter durch seine Prosaarbeiten, hatte Roth mit einem Handke-nahen sprachkritischen Kriminalspiel *Lichtenberg* (1973) debütiert, die Kehre zur neuen Innerlichkeit vollzog er in den folgenden Stücken nach: Dialogpassagen aus *Sehnsucht* (1977) und *Dämmerung* (1978) erinnern an Handke und Strauß, klingen teilweise zum Verwechseln ähnlich. Die Momenteinblicke in desaströse Gefühlswelten flächiger Gruppenszenen (in *Sehnsucht* intellektuell, in *Dämmerung* eher spießbürgerlich) wirken trotz der vorgeblich engen autobiographischen Fundierung konstruiert und entbehren jener reizvollen Undeutlichkeit, die z. B. bei Strauß die spezifische Zuschauerbetroffenheit auslöst. Ein weiterer Beleg für die mögliche Trivialisierung der neuen Subjektivität sind die Stücke von Gerlind Reinshagen. Sie zwingen zur einfühlenden Identifikation mit dem Schicksal ihrer weiblichen Mittelpunktsfiguren, die eingeschränkte Perspektive läßt Mitleid, keine objektivierenden Rückschlüsse zu. *Himmel und Erde* (1974) schildert das Sterben einer vierzigjährigen Frau, die Rückschau auf ein gewöhnliches Leben und gewöhnliche Hoffnungen rührt nur als individuelles Unglück. Von der statischen Ausnahmesituation rücken die Folgestücke *Sonntagskinder* (1976) und *Frühlingsfest* (1979) ab, sie gestalten Abschnitte neuerer deutscher Geschichte, gespiegelt in der Perzeption der beiden Protagonistinnen. Das Kind Elsa erlebt in *Sonntagskinder* die Jahre 1939–1945, die episch gereihten Familienszenen lassen die historischen Vorgänge nur mittelbar, atmosphärisch durchscheinen, die Reduktion auf den Wahrnehmungsradius des Mädchens engt zusätzlich ein. Der Mikroausschnitt belegt Richtiges: Die Beschädigungen durch Faschismus und Krieg wirken in den Individuen über das Kriegsende hinaus, werden erst jetzt zum akuten Problem – die Repräsentativität dieser Kinderbiographie bleibt dennoch begrenzt. *Frühlingsfest*, in den fünfziger Jahren spielend, führt die subjektive Perspektive am Beispiel einer jungen Frau fort, deutlicher wird der autobiographische Zug: »die Suche nach einer (meiner) Geschichte« (Reinshagen).
Die Rückzüge auf Erinnerungen, Selbstverständigungen, auf Endzeitpessimismus und sensiblen Relativismus waren einerseits Symptom für Resignation, Orientierungsverlust und Angstzustände angesichts einer verfestigten, starren äußeren Welt, sie sind aber auch Resultat von Bedrohung und Einschüchterung. »Was uns [...] heute verkauft wird unter den modisch geputzten Namen ›Spielfreude‹ und ›Phantasie‹ und

›Unterhaltung‹ ist die alte Bewußt- und Geschichtslosigkeit, ist die Neuauflage der Restauration von 1948«, hatte 1973 der Autor Erasmus Schöfer gewarnt. Über den »Abgründen der Seele« gerieten die »Abgründe der Gesellschaft« aus dem Blick.[21] Was Theater und Dramatiker an gesellschaftskritischem Anspruch nicht schon präventiv aufgegeben hatten, stand ab Mitte der siebziger Jahre unter wachsendem Druck: Terroristische Militanz und forcierte Formierung staatlicher Abwehrmittel wirkten sich in Zensur und Selbstzensur aus. Der Spieltext der nachmaligen Anarchistin Ulrike Meinhof zum Thema Fürsorgeerziehung *Bambule* durfte 1977 in Stuttgart nicht inszeniert werden, das durch die Zeitereignisse wieder aktuelle Schauspiel *Die Gerechten* von Albert Camus stieß hier auf Proteste, an anderen Theatern wurde es abgesetzt, das erste Stück von Frank Geerk *König Hohn* (1977) zog man in Münster kurz vor der Uraufführung zurück. Insgesamt zählt eine Dokumentation in den letzten Jahren über vierzig politisch motivierte Eingriffe in die Arbeit westdeutscher Theater.[22] Der Außendruck auf Binnenwelten, erst nur erfahrbar als individuelle Ohnmacht, wurde zur manifesten öffentlichen Repression.

Theater für ein kaltes Land

Von den entlegenen Randgruppen zur eigenen Randexistenz: Die westdeutsche Gegenwartsdramatik kehrte von der Entdeckung kunstferner sozialer Realität zurück in (nicht unbedrohte) ästhetische Bereiche, von der Aufklärung über Zustände zur irritierten Selbstbeobachtung. Indirekt restituierten die subjektiven Krankheitsbilder eine alte Rolle: die des intellektuellen Außenseiters. Auch Geschichte war nicht mehr Material zur Aufdeckung von Fortschrittskausalität und Perspektive, sondern Beleg für Aporien, Diskontinuität und Niederlagen. Zwei politische Ereignisse sollten diese Sehweise nachhaltig aktualisieren und radikalisieren: die innerstaatliche Feinderklärung im (west-)»deutschen Herbst« 1977 sowie die Zwangsexilierung des DDR-Liedermachers Wolf Biermann im November 1976. Die historische Kontinuität »deutscher Misere« und die seit Mitte der sechziger Jahre fast vergessene »nationale Frage« rückten verstärkt in das Bewußtsein von Autoren und Theaterleuten. Kein neues Stück, ein szenisches Unternehmen außergewöhnlicher Art setzte das erste und bildmächtigste Zeichen: *Winterreise*, die Hölderlin-Produktion des »Schaubühnen«-Regisseurs Klaus Michael Grüber im Berliner Olympiastadion. Zu Texten aus Hölderlins Briefroman *Hyperion* inszenierte Grüber in den ersten Dezembertagen 1977, nach den Terrormorden von Köln und Mülhausen, nach Mogadischu und den Toten von Stammheim, »Bilder deutschen Wahns«.[23] Hölderlins »So kam ich unter die Deutschen ...« in der nationalsozialistischen Arena im zugespitzten Klima dieser Monate: Die Fülle möglicher, angerissener, widersprüchlicher Assoziationen löste an kaltem fremdem Ort ratlose Betroffenheit aus.

Gegenüber dieser großen, aber auch ohnmächtigen Antizipation, die schwer entschlüsselbare poetische Auskünfte zu Geschichte und Zustand eines Landes gab, wirkte die Auseinandersetzung mit einer nahen Vergangenheit in neueren Stücken eher kleinformatig. Familie und Biographie sind die schmalen Ausschnitte bei Tankred Dorst, Horst Laube und (wie erwähnt) Gerlind Reinshagen. Das Leiden an der Geschichte zeigt sich als individuelle Verstümmelung, die Figuren sind nicht anders als die ›sprachlosen‹

Randgänger der frühen Kroetz-Stücke Opfer, beschädigt von Vorgängen und Umständen, die keine Auswege lassen. Das gesellschaftliche Mittelmaß verschlimmert jedoch den Befund und ermöglicht den Umschlag in bittere Komödien, da die Deformation der Subjekte nicht länger als Auswuchs einer bestimmten Gesellschaftsstruktur, sondern als Folge eines absehbar unveränderlichen pathologischen ›Normalzustands‹ erscheint. Bei Dorst beginnt die Chronik einer deutschen Familie dort, wo sie endet. Die Komödie *Auf dem Chimborazo* (1974) spielt im Jahr 1970: Dorothea Merz, eine alte, einst wohlhabende Fabrikantenwitwe macht mit ihren kaum lebenstüchtigen Söhnen und einigen Bekannten einen Ausflug auf einen Berg nahe der Grenze zur DDR. Der Blick in die alte Heimat meint Rückblick in das alte, durch Krieg und Enteignung zerstörte Leben. Anders als der auch im Alter noch starke Schriftsteller Hamsun in Dorsts *Eiszeit* ist diese alte Frau mit ihren Illusionen am Ende. Auf das statische, epiloghafte Dialogstück folgten zwei Fernsehfilme (*Dorothea Merz*, 1976; *Klaras Mutter*, 1978) und eine Erzählung, die frühere Abschnitte dieser deutschen Familiengeschichte gestalteten, gesellschaftlicher Hintergrund waren jetzt die zwanziger Jahre. Mit dem zweiten Bühnentext aus diesem thematischen Zusammenhang, *Die Villa* (1979), geht der Autor auf die unmittelbare Nachkriegszeit ein.

Auch ein deutsches Schicksal, wenngleich ein absonderliches, stellte Horst Laube mit *Der Dauerklavierspieler* (1974) vor: Die authentische Lebensgeschichte des Rekordpianisten Heinrich Abend, Weltmeister im Dauerklavierspiel in den dreißiger Jahren, gab die Vorlage ab, von der sich das Stück nicht weit entfernt. Von 1928, dem Beginn der seltsamen Karriere, bis in die Bundesrepublik führt dieser szenische Lebenslauf, dessen enge Welt die jeweiligen Zeitumstände nur als nuancenhafte Veränderungen eines fixierten Milieus merken läßt. Die schlimme Komik dieses ehrgeizigen Lebens wird nicht zwingend exemplarisch. Laubes zweites Stück *Der erste Tag des Friedens* (1978) benutzt erneut einen tatsächlichen Vorfall: Ausgangspunkt war die Tat eines Amokschützen, der als unverdächtiger Familienvater von seiner Wohnung aus die Umgebung unter Beschuß nahm. Der Ausnahmefall als Symptom für verborgene Dispositionen kleinbürgerlichen Verhaltens verweist in Laubes Schauspiel auf die prägenden Erfahrungen des nachmaligen Täters, auf Kriegserlebnisse und auf die private Isolation in einer anonymen Großstadtwelt. Die Kleinfamilie ist Fluchtpunkt und letzte Bastion vor äußerer Bedrohung, die aggressive Normabweichung wird zur letzten Bestätigung eines latenten Ausnahmezustands. Die Interpretation devianten Verhaltens als notwendige bewußtlose Rebellion gegen die Anomalie von Verhältnissen macht aufmerksam auf eine für die westdeutsche Literatur der siebziger Jahre nicht zu unterschätzende Theorierezeption: Die Beschäftigung mit neueren psychoanalytisch argumentierenden Ansätzen, vor allem mit den Arbeiten von Michel Foucault und Jacques Lacan, fundierte und begleitete die Ablösung von objektivierter Gesellschaftskritik. Gab z. B. in Peter Weiss' *Hölderlin*-Stück die Krankheitsgenese noch Auskunft über historische Erstarrungsprozesse (und hatte von daher ihren funktionalen Stellenwert innerhalb einer politisch-aufklärerischen Wirkungsabsicht), so kehrte sich das Erkenntnisinteresse jetzt diametral um: Der Widerspruch zwischen Individuum und Gesellschaft erscheint als schematischer Gegensatz, die Beschreibung psychopathologischer Grenzfälle und Regelverletzungen geht zwar nach wie vor von der sozialen Bedingtheit individueller Abweichung aus, diese Vorgabe bleibt jedoch abstrakt und leistet deshalb eine nur unspezifische kritische Negation gesellschaftlicher Zwangszustände. Extreme

Beispiele für die Verselbständigung dieser Thematik bieten Bodo Kirchoffs Stücke *Das Kind oder die Vernichtung Neuseelands* (1976) und *Body-Building* (1978), die ihre Dramaturgie aus formalen psychoanalytischen Erklärungsmodellen beziehen.
Die möglichen Anstöße für die Ausweitung des vereinseitigten Blickwinkels der westdeutschen Zeitdramatik kamen von außen, von Stückeschreibern der DDR. Nach der Ausbürgerung des oppositionellen Liedermachers Wolf Biermann setzte ein bis heute anhaltender Exodus namhafter Schriftsteller und Theaterleute ein. Unter den ersten, die wenige Wochen nach dem Beschluß der DDR-Regierung in den Westen übersiedelten, war der Schriftsteller Thomas Brasch. Sein 1977 uraufgeführtes Schauspiel *Rotter* hatte entsprechenden, Zeit und nahe Geschichte vorstellenden westdeutschen Stücken Entscheidendes voraus. Die biographische Anlage dieses »Märchens aus Deutschland« dient nicht rückversichernder Verkleinerung, zielt im Gegenteil auf ausgreifende exemplarische Demonstration. Der fiktive Titelheld, der gelernte Fleischer Rotter, verkörpert ein Lebensprinzip, eine deutsche Tugend, die sich in episch gereihten historischen Etappen jeweils bestätigt und abnutzt: Rotter ist der stete Mitmacher, Aufbauer, Soll-Erfüller, vor 1945 und nachher in der DDR – ein deutscher Fall. Sein antithetischer Gegenspieler (das Paar erinnert an frühe Brecht-Stücke) ist der anarchische Verweigerer Lackner, auf nichts verpflichtet, immer davonkommend. Brasch ergänzt die Lehrstückdramaturgie durch irreale, allegorisierende Elemente: Traumszenen, symbolische Figuren (›Die Alten Kinder‹), Zwischenspiele. Der Aufstieg Rotters ist zugleich Demontage, Widerlegung dieses ›Helden der Arbeit‹, die totale Entäußerung läßt ihn am Ende leer zurück. Expressive Sprachgestaltung und sprunghafte, fragmentarisch scheinende Collagetechnik, die auf Psychologisierung zugunsten typisierender und assoziativer Realitätsüberschreitung verzichtet (deutlicher in *Lovely Rita*, U. 1977, und in *Lieber Georg*, einer Szenenmontage um den expressionistischen Lyriker Georg Heym, 1980), zeigen Brasch in der Nachfolge Heiner Müllers. Bruchstellen deutscher Geschichte, nationale Traumata und Verwundungen der Subjekte fügen sich hier zusammen zu unverstellter theatralischer Ausdruckskraft. Diese (auch über die permanente Gasttätigkeit wichtiger DDR-Regisseure vermittelten) Impulse aus dem sozialistischen Deutschland bezeichnen ausgangs der siebziger Jahre im Theater der Bundesrepublik die Alternative zur oft nur noch larmoyanten, unsicheren Introspektive und zur Minimierung von thematischem Ausschnitt und politischem Anspruch.
»Die verbindliche Erfahrung ist jetzt die der Diskontinuität«: Horst Laube bezog diese Feststellung auf Autoren beider deutscher Staaten,[24] aber die divergierenden Antworten zeigen, wie verschieden Diskontinuität, Perspektiveverlust und Geschichtszweifel erfahren werden. Auch die scheinbar einende Gegenposition zum Theater Brechts in den siebziger Jahren, in der Bundesrepublik früh begonnen mit der Polemik Peter Handkes und der Traditionswahl des neuen kritischen Volksstücks, als allgemeinere Ablehnung spätestens offenkundig 1978 anläßlich des Frankfurter Symposions zum 80. Geburtstag des ›sozialistischen Klassikers‹, in der DDR schon länger und konstruktiver von Peter Hacks und Heiner Müller formuliert, führte zu unterschiedlichen Ergebnissen. Denn das westdeutsche Unbehagen an Brecht ist in erster Linie ein Unbehagen gegenüber politisch verbindlichen Auskünften auf dem Theater, in der DDR hingegen gerade motiviert durch die zur Affirmation tendierende ›Brecht-Pflege‹, die die kritischen Möglichkeiten Brechtscher Dramaturgie zusehends stumpf machte. Angesichts

›finsterer Zeiten‹, der Verunsicherung durch politische Klimaveränderungen läßt sich das Abrücken von Brecht nicht nur durch den Hinweis auf aktuell anders gelagerte inhaltliche und ästhetische Interessen begründen.
Außenseiterschaft und Mutlosigkeit bedingen sich in den ausgehenden siebziger Jahren, das Theater als eine Art inneres Exil, als Stätte inszenierter Selbsterfahrung für Regisseure, Schauspieler und (immer wichtiger werdend) Bühnenbildner, benötigt auch die Zeitdramatik nur noch bedingt. Rolf Hochhuths neuestes Stück *Juristen* (1979), das sich mit der ungesühnten Mordjustiz deutscher Richter während des Zweiten Weltkriegs auseinandersetzt, Hauptfigur ist einer dieser »Hin-Richter«, heute Minister und Verfechter des Radikalenerlasses, kam Anfang 1980 nur an nebenrangigen Bühnen heraus. Aufsehenerregend und folgenreich waren Vorausveröffentlichungen einiger diesem Schauspiel zugrundeliegender Dokumente gewesen: Einer der führenden rechtskonservativen Politiker der Bundesrepublik, Baden-Württembergs Ministerpräsident Hans Filbinger, mußte über der Debatte um seine frühere Tätigkeit als Marinerichter zurücktreten.[25] »Wir sind aber an einer Situation, an einem historischen Zeitpunkt, an dem wir einfach umdenken müssen, daß Fragen um eine moralische Position der Kunst einen anderen Solidaritätsgrad brauchen. Da hilft die Frage nach der Qualität nicht weiter. Mich stört, daß wir einen so festgefügten Qualitätsbegriff haben. Ich habe ihn auch und ich setze ihn auch immer an. Aber enthält dieser Begriff nicht auch Gefahren? Vor lauter Qualitätsanspruch lähmen wir uns plötzlich selbst [...] Ich empfinde eine Lücke, die zwischen unseren theatralischen Ausdrucksmitteln klafft, und den blutigen Themen, die sich stellen. Vielleicht könnte Hochhuth mit seinen Stücken diese Lücke schließen helfen.«[26] Claus Peymann, der seinen Posten als Leiter des Stuttgarter Staatsschauspiels 1977 unter dem Druck Filbingers kündigte, stand drei Jahre später mit solchem Umdenken noch allein (er selbst produzierte *Juristen* an seinem neuen Bochumer Theater allerdings auch nicht). Sicher muß sich Hochhuths dreiaktiges Konversationsstück literarische Einwände gefallen lassen, der langatmige Disput zwischen dem belasteten Politiker und drei Vertretern der ›Berufsverbots‹-Generation (die eigene Tochter und zwei junge Freunde) läßt kaum ein aktuelles Problemfeld unangesprochen, das szenische Kolleg lockern komische Trivialeffekte nur notdürftig auf. Der Verzicht wichtiger Bühnen auf das Stück ist aber gleichbedeutend mit dem Verzicht auf einen wichtigen Stoff und erhält so Signalcharakter. Die Bereitschaft, inopportune Zeitstücke gegebenenfalls zurückzuziehen oder zu meiden, hatte sich 1977 schon bei der grotesken Komödie um eine Industriedynastie *König Hohn* (1976) von Frank Geerk gezeigt, einen überspitzten innerfamiliären Konflikt zwischen Konzernlenker und aufsässigem Sohn interpretierte man in die Nähe terroristischer Ereignisse, der Autor wurde als ›Sympathisant‹ verdächtigt. Jahre mußte auch Peter Greiner warten, bis sein wichtigstes Stück *Kiez* (1975) seine Uraufführung 1980 erlebte, die unverstellte Härte dieses »unbürgerlichen Trauerspiels um Ganovenehre und Ganovenkälte« (so der Untertitel), angesiedelt im ungeschönten Reeperbahn-Milieu, paßte kaum in eine zunehmend empfindsamere (und ängstlichere) Bühnenlandschaft. Günther Rühle schrieb Ende 1979 vom »gerissenen Zusammenhang zwischen Autor und Bühne«: »Wir haben derzeit zwar etliche neue Stücke, die die Welt auf desaströse, zynische oder verrückte Weise abbilden, aber kein Drama, das ein Theater so prägen kann, daß es in die öffentliche Aufmerksamkeit zurückkehrt, weil es ihr neue Bilder zum Denken einsetzt.«[27] In Frostzeiten, in einem kalten Land zogen sich Theaterma-

cher und eine Reihe Autoren zurück auf subjektive und ästhetische Binnenräume, doch Wärme entsteht nicht durch Abkapselung, eher durch Reibung, das Theater kann sich auf Dauer öffentlichen Herausforderungen nicht entziehen. Die Fragen des Publikums sind auch immer die Fragen der Bühne: Gegenstandsgewinne und Positionsverluste der siebziger Jahre könnten so für die westdeutsche Gegenwartsdramatik in den achtziger Jahren zu Aktivposten auf dem Weg zu breiterer Relevanz werden.

Anmerkungen

1 Vgl. die engagierten Bemerkungen bei Wolfgang Abendroth: Haben wir »Alten« noch etwas zu sagen? Sind wir zornig? In: Die zornigen alten Männer. Gedanken über Deutschland seit 1945. Hrsg. von Axel Eggebrecht. Reinbek b. Hamburg 1979. S. 159 f.

2 Walter Hinck: Das moderne Theater in Deutschland. Göttingen 1973. S. 192.

3 Günther Rühle: Zurück in die Kunst – aber wie? In: Theater 1977. (Sonderheft der Zeitschrift *Theater heute.*) Velber 1977. S. 120.

4 Peter von Becker: Der Tanz auf dem Eisberg. In: Theater 1979. (Sonderheft der Zeitschrift *Theater heute.*) Velber 1979. S. 39.

5 Marieluise Fleißer: Alle meine Söhne. In: Theater 1972. (Sonderheft der Zeitschrift *Theater heute.*) Velber 1972. S. 86 f. Als »Söhne« tituliert wurden Martin Sperr, Rainer Werner Fassbinder und Franz Xaver Kroetz.

6 Vgl. Stückabdruck, Pressezitate und Interview mit Fassbinder in: Theaterbuch 1. Hrsg. von Horst Laube und Brigitte Landes. München 1978. S. 275–326.

7 Ernst Wendt: Dramen über Zerstörung, Leiden, Sprachlosigkeiten im Alltag – auf der Flucht vor den großen politischen Stoffen? In: Theater heute 12 (1971) H. 5. S. 37.

8 »Alle Intentionen, die ich in dem Stück hatte, wurden verändert, die Charaktere der Figuren pervertiert und verblödet, die kriminelle Handlung selber war keine ›sprachlose‹ Ersatzhandlung, sondern geile Tötungswut« (Franz Xaver Kroetz: Weitere Aussichten ... Ein Lesebuch. Köln 1976. S. 599).

9 Franz Xaver Kroetz: Stücke. Berlin [DDR] 1975. S. 106.

10 Wolfgang Deichsel: Es muß mehr Unterhaltung in das westdeutsche Theater! In: Theater heute 12 (1971) H. 9. S. 23.

11 Zitiert bei Peter Iden: Erschwerte Konzentration auf die näheren Ziele. In: Theater heute 10 (1969) H. 12. S. 17.

12 Melchior Schedler: Sieben Thesen zum Theater für sehr junge Zuschauer. In: Theater heute 10 (1969) H. 8. S. 30.

13 Rolf Hochhuth: Lysistrate und die NATO. Komödie. Mit einer Studie: Frauen und Mütter, Bachofen und Germaine Greer. Reinbek b. Hamburg 1973. S. 213 f.

14 Vorstehendes und hier wiedergegebenes Zitat von Peter Weiss finden sich bei Volker Canaris: Interview mit Peter Weiss. In: Der andere Hölderlin. Materialien zum ›Hölderlin‹-Stück von Peter Weiss. Hrsg. von Thomas Beckermann und Volker Canaris. Frankfurt a. M. 1972. S. 146 bzw. 142.

15 Peter Iden: Fortschreitend aus einer Zwangslage. In: Theater 1973. (Sonderheft der Zeitschrift *Theater heute.*) Velber 1973. S. 56–61.

16 Klaus Völker: Das alte Theater und die neuen Stücke. Ebd. S. 160 ff.

17 Botho Strauß: Versuch, ästhetische und politische Ereignisse zusammenzudenken. In: Theater heute 11 (1970) H. 9. S. 68.

18 Helmut Schödel: Ein Selbstverriß und eine Publikumsbeschimpfung. In: Theater heute 19 (1978) H. 5. S. 8.

19 Günther Rühle: Von der Politik zur Rolle. In: Positionen des Dramas. Hrsg. von Heinz Ludwig Arnold und Theo Buck. München 1977. S. 195.

20 Peter von Becker: Gewalt in der Idylle. In: Theater heute 18 (1977) H. 11. S. 40.

21 Erasmus Schöfer: Gegen Restauration – nicht nur im Theater. In: Kürbiskern (1973) H. 2. S. 353.

22 Vgl. Der Freiheit eine Gasse. Dokumentation. Hrsg. von der Initiative für die Freiheit der Theaterarbeit. Offenbach 1978.

23 Rolf Michaelis: Bilder deutschen Wahns. In: Theater heute 19 (1978) H. 2. S. 35.
24 Horst Laube: Der Riß – ein Vorwort. In: Theaterbuch 1 (Anm. 6) S. 7.
25 Vgl. die ausführliche Dokumentation von Rosemarie von Knesebeck: In Sachen Filbinger gegen Hochhuth. Reinbek b. Hamburg 1980.
26 Claus Peymann. Zitiert in: Theater heute 21 (1980) H. 4. S. 11.
27 Günther Rühle: Die Krise im Theater. In: Frankfurter Allgemeine Zeitung v. 6. 12. 1979.

Literaturhinweise

Die folgenden Literaturangaben schließen zeitlich wie der Aufsatz selbst an den Beitrag »Das deutsche Drama vom Ende des Zweiten Weltkriegs bis Ende der sechziger Jahre« von Marianne Kesting an (Abkürzungen wie dort).

1. Sammelbände deutscher Gegenwartsdramatik

Neues deutsches Theater. Hrsg. von Karlheinz Braun und Peter Iden. Zürich 1971.
Theater zum Radikalenerlaß. Offenbach 1978.

2. Werke der einzelnen Dramatiker

Herbert Achternbusch: Ella. Th. h. 2/78.
– Magic Afternoon. Change. Party for Six. Drei Stücke. Köln 1969. München 1972.
Wolfgang Bauer: Die Sumpftänzer. Dramen, Prosa, Lyrik aus zwei Jahrzehnten. Köln 1978.
Thomas Bernhard: Die Berühmten. Frankfurt a. M. 1976.
– Minetti. Th. h. 10/76. Frankfurt a. M. 1977.
– Immanuel Kant. Th. h. 6/78. Frankfurt a. M. 1978.
– Der Weltverbesserer. Th. h. Sonderh. 1978. Frankfurt a. M. 1979.
– Vor dem Ruhestand. Th. h. 8/79. Frankfurt a. M. 1979.
Thomas Brasch: Der Papiertiger. Sp. 26.
– Lovely Rita. Sp. 28. Th. h. 2/77.
– Rotter. ed. s. Nr. 939. Th. h. Sonderh. 1977.
Wolfgang Deichsel: Frankenstein. Aus dem Leben der Angestellten. Berlin 1972, [2]1979.
Tankred Dorst: Stücke. 2 Bde. Frankfurt a. M. 1978. STB Nr. 437/438.
– Die Villa. Th. h. Sonderh. 1979. Frankfurt a. M. 1980.
– Merlin-Szenen. Th. h. 4/79. Frankfurt a. M. 1980.
Hans Magnus Enzensberger: Das Verhör von Habana. Frankfurt a. M. 1970.
Dieter Forte: Martin Luther & Thomas Münzer oder Die Einführung der Buchhaltung. Frankfurt a. M. 1970.
– Jean Henry Dunant oder Die Einführung der Zivilisation. Frankfurt a. M. 1978.
– Kaspar Hausers Tod. Frankfurt a. M. 1979.
Max Frisch: Tryptichon. Frankfurt a. M. 1978.
Werner Geifrig: Stifte mit Köpfen. München 1975.
– Bravo Girl! München 1976.
Peter Greiner: Kiez. Th. h. 7/77.
– Roll over Beethoven. Th. h. 7/79.
– Fast ein Prolet. Drei Stücke. Frankfurt a. M. 1980.
Peter Hacks: Das Jahrmarktsfest zu Plunderweilern. Rosie träumt. Düsseldorf 1978.
Peter Handke: Die Unvernünftigen sterben aus. Frankfurt a. M. 1973. STB 168. Sp. 20.
Heinrich Henkel: Spiele um Geld. Basel 1971.
Rolf Hochhuth: Tod eines Jägers. Reinbek b. Hamburg 1976.
– Juristen. Reinbek b. Hamburg 1979.
Ernst Jandl: Aus der Fremde. Th. h. 11/79.
Heinar Kipphardt: Theaterstücke. Bd. 1. Köln 1978.
Bodo Kirchhoff: Body Building. Frankfurt a. M. 1980. ed. s. Nr. 1005.

Renke Korn: Partner. Zehn Beispiele. Zürich/Köln 1971.
– Die Reise des Engin Özkartal. Th. h. 8/75.
Franz Xaver Kroetz: Heimarbeit. Hartnäckig. Männersache. Drei Stücke. Frankfurt a. M. 1971. ed. s. Nr. 473.
– Stallerhof. Geisterbahn. Lieber Fritz. Wunschkonzert. Vier Stücke. Frankfurt a. M. 1972. ed. s. Nr. 586.
– Wildwechsel. Wien/München 1973.
– Oberösterreich. Dolomitenstadt Lienz. Maria Magdalena. Münchner Kindl. Frankfurt a. M. 1974. ed. s. Nr. 707.
– Stücke. Berlin (DDR) 1975.
– Agnes Bernauer: Th. h. 9/76.
– Weitere Aussichten ... Ein Lesebuch. Köln 1976; Berlin (DDR) 1976.
– Mensch Meier. Der stramme Max. Wer durchs Laub geht. Frankfurt a. M. 1979. ed. s. Nr. 753.
Dieter Kühn: Herbstmanöver. Frankfurt a. M. 1977. Sp. 27.
– Seperatvorstellung. Th. h. 12/78.
Horst Laube: Der Dauerklavierspieler. Th. h. 11/74.
– Der erste Tag des Friedens. Th. h. 10/78. Theaterbuch 1. München 1978.
Karl Otto Mühl: Rheinpromenade. Th. h. Sonderh. 1973.
– Rheinpromenade. Rosenmontag. Berlin 1974.
– Hoffmanns Geschenke. Th. h. 1/79.
Harald Müller: Großer Wolf. Halbdeutsch. Zwei Stücke. Frankfurt a. M. 1970. ed. s. Nr. 382.
Heiner Müller: Kopien. Drei Versuche, Shakespeare zu töten. Frankfurt a. M. 1977.
– Germania Tod in Berlin. Berlin 1977.
– Mauser. Berlin 1978.
– Shakespeare's Factory. Frankfurt a. M. 1978.
Adolf Muschg: Kellers Abend. Th. h. 6/75.
Gerlind Reinshagen: Sonntagskinder. Th. h. 7/76.
– Doppelkopf. Leben und Tod der Marylin Monroe. Frankfurt a. M. 1971. ed. s. Nr. 486.
– Das Frühlingsfest. Frankfurt a. M. 1980. STB Nr. 637.
Gerhard Roth: Lichtenberg. Manuskripte 37/38/1973.
– Sehnsucht. Th. h. 11/77.
– Dämmerung. Manuskripte 61/1978.
Peter Rühmkorf: Was heißt hier Volsinii. Reinbek b. Hamburg 1969.
– Lombard gibt den Letzten. Berlin 1972.
– Die Handwerker kommen. Berlin 1974.
Gaston Salvatore: Freibrief. Th. h. 9/77.
Hansjörg Schneider: Stücke. 3 Bde. Basel 1980 ff.
Martin Sperr: Der Räuber Mathias Kneißl. München 1971.
Botho Strauß: Trilogie des Wiedersehens. Th. h. Sonderh. 1975. München 1976.
– Die Hypochonder. Bekannte Gesichter, gemischte Gefühle. München 1979.
– Groß und klein. München 1978.
Peter Turrini: Turrini-Lesebuch. Wien 1978.
Peter Weiss: Stücke. Frankfurt a. M. 1976.
Urs Widmer: Die lange Nacht der Detektive. Zürich 1973.
– Nepal. Zürich 1977. Th. h. 10/77.
– Stan und Ollie in Deutschland. Manuskripte 64/1979.

3. Sekundärliteratur

a) zu den einzelnen Autoren

Wolfgang Bauer. Text + Kritik. H. 59. München 1978.
Ria Endres: Am Ende angekommen. Dargestellt am wahnhaften Dunkel der Männerporträts des Thomas Bernhard. Frankfurt a. M. 1980.
Gertrude Cepl-Kaufmann: Günter Grass. Eine Analyse des Gesamtwerks unter dem Aspekt von Literatur und Politik. Kronberg (Taunus) 1975.
Günther Sergooris: Peter Handke und die Sprache. Bonn 1979.
Handke. Ansätze, Analysen, Anmerkungen. Hrsg. von Manfred Jurgensen. Bern/München 1979.

In Sachen Filbinger gegen Hochhuth. Hrsg. von Rosemarie von Knesebeck. Reinbek b. Hamburg 1980.
Rolf Hochhuth. Dokumente zur politischen Wirkung. Hrsg. von Reinhart Hoffmeister. München 1980.
Rolf Peter Carl: Franz Xaver Kroetz. München 1978. (Autorenbücher 10.)
Anthony Waine: Martin Walser. München 1980. (Autorenbücher 18.)
Henning Rischbieter: Peter Weiss. 2., durchges. Aufl. München 1974.
Ulrike Paul: Vom Geschichtsdrama zur politischen Diskussion. Über die Desintegration von Individuum und Geschichte bei Georg Büchner und Peter Weiss. München 1974.
Christa Grimm: Peter Weiss. Ein Schriftsteller in der Entscheidung. Diss. Leipzig 1975.

b) Allgemeine Darstellungen

Georg Hensel: Theater der Zeitgenossen. Frankfurt a. M. [u. a.] 1972.
Melchior Schedler: Kindertheater. Geschichte, Projekte, Modelle. Frankfurt a. M. 1972.
Mannomann! Sechsmal exemplarisches Jugendtheater. Hsg. von Melchior Schedler. Köln 1973.
Theaterfragen von heute. Theaterforum der DKP. München 1974.
Hans Daiber: Deutsches Theater seit 1945. Stuttgart 1976.
Klaus Harro Hilzinger: Die Dramaturgie des dokumentarischen Theaters. Tübingen 1976.
Dagmar Ralinofsky: Die Gestaltung zwischenmenschlicher Beziehungen im Drama der Moderne. Tradition und Mutation. Bern [u. a.] 1976.
Positionen des Dramas. Hrsg. von Heinz Ludwig Arnold und Theo Buck. München 1977.
Der Freiheit eine Gasse. Dokumentation zur Zensur im Theater. Hrsg. von der Initiative für die Freiheit der Theaterarbeit. Offenbach 1978.
Theaterbuch 1. Hrsg. von Horst Laube und Brigitte Landes. München 1978.
Volker Canaris: Peter Zadek. Der Theatermann und Filmemacher. München 1979.
Das GRIPS-Theater. Geschichte und Geschichten, Erfahrungen und Gespräche aus einem Kinder- und Jugendtheater. Hrsg. von Wolfgang Kolneder [u. a.]. Berlin 1979.
Peter Iden: Die Schaubühne am Halleschen Ufer 1970–1979. München 1979.
Gerd Müller: Das Volksstück von Raimund bis Kroetz. Die Gattung in Einzelanalysen. München 1979.
Georg Hensel: Das Theater der siebziger Jahre. Stuttgart 1980.
Gerhard vom Hofe / Peter Pfaff: Das Elend des Polyphem. Zum Thema der Subjektivität bei Thomas Bernhard, Peter Handke, Wolfgang Koeppen und Botho Strauß. Königstein (Taunus) 1980.

HANS DIETER SCHÄFER

Zusammenhänge der deutschen Gegenwartslyrik

1927 beklagte Stefan Zweig in dem Geleitwort zu der von Willi R. Fehse und Klaus Mann herausgegebenen *Anthologie jüngster Lyrik* eine Geringschätzung des Gedichts durch Publikum und Verlage.[1] Als 1931 Karl Rauch mit seiner Schrift *Der Lyrik eine Bresche* für die Gattung warb, hatten sich die Voraussetzungen dafür grundlegend verbessert. Im Widerspruch zur »Technik- und Fortschrittsgläubigkeit«[2] machten sich mit Ausbruch der Weltwirtschaftskrise energisch irrationale Strömungen bemerkbar, die dem Ansehen des Gedichts zugute kamen. Seitdem betrachtete man die Lyrik für lange Zeit nicht nur als vollwertige Dichtungsart, sondern als Inbegriff der literarischen Kunst überhaupt; das Schreiben von Versen erfreute sich einer wachsenden Popularität. Noch 1956 berichtete Alfred Andersch: »Unter 50 Manuskripten, die ich zur Veröffentlichung in *Texte und Zeichen* vorgelegt erhalte, befinden sich in der Regel 40 lyrische Arbeiten. Man kann mit Sicherheit sagen, daß sich heute in Deutschland ein sehr großer Personenkreis mit dem Abfassen von Gedichten beschäftigt.«[3] Je weiter sich jedoch in Westdeutschland ein optimistisch-diesseitiges Lebensgefühl Bahn brach, desto rascher verlor das Gedicht vor allem für die junge Generation mit Ausnahme einiger Gebrauchsformen an Attraktivität. Es gibt vermutlich einen Zusammenhang zwischen dem Vertrauen in eine technologisch gesicherte Zukunft und einer Entindividualisierung der Kunst; doch nicht nur die subjektiven Gedichtarten erfuhren damals einen Rangverlust, es wurde bei Lyrikern bald üblich, ihre grundsätzliche Nichtbeachtung durch die Literaturkritik zu beklagen.[4] Da die Verheißung, durch ein Maximum an Produktion sowie durch uneingeschränkten Konsum Glück und Freiheit zu finden, nicht in Erfüllung ging, wuchs nach der ›Tendenzwende‹ in der ersten Hälfte der siebziger Jahre geradezu zwangsläufig das Interesse für die verfemte Gattung, so daß ein wissenschaftliches Symposion in Münster 1979 übereinstimmend eine »Renaissance des Gedichts« feststellen konnte.[5] Die Gründe für das Auf und Ab in der Bewertung der Lyrik sollten nur aus dem jeweils anders begrenzten gesellschaftlichen und seelischen Umfeld erhellt werden, doch offensichtlich ist, daß sowohl in den dreißiger wie auch in den siebziger Jahren eine gemeinschaftliche Enttäuschung die junge Generation nach innen und damit zum Gedicht geführt hatte.

In neueren Forschungsarbeiten wurde angedeutet, wie sich um 1930 unter dem Eindruck der politischen, ökonomischen und geistigen Krise der Weimarer Republik eine Epoche konstituierte, die Klassisches und Revolutionäres zu einer Synthese verschmolz und deren Wirkung erst in den sechziger Jahren erlosch.[6] Man zog sich wie Benn auf »Maß und Form« zurück, versuchte jedoch, das Urtümliche des Expressionismus zu bewahren. Die Erneuerung der Lyrik ist in den epochalen Zusammenhang dieser ›Modernen Klassik‹ einzubeziehen. Damals fielen Entscheidungen, die auch für das westdeutsche Nachkriegsgedicht verbindlich blieben, zumal im Dritten Reich die Verbreitung ›entarteter Kunst‹ zu keiner Zeit lückenlos unterbunden wurde.[7] Schon um 1930 zeichnete sich eine erste Rezeption der Werke Benns, Loerkes und Lehmanns ab. Von der jungen Generation schufen Huchel, Kramer, Gertrud Kolmar und Elisabeth

Langgässer zu Beginn der Epoche bedeutende Gedichte. Auch Eich, Celan und Bobrowski wurden entscheidend von den dreißiger Jahren geprägt.[8] Allein die Tatsache, daß Brecht im Exil zu einem neuen, allerdings erst nach 1960 wirksam werdenden Gedichttyp fand, weist auf die Kraft, welche die erste Phase der ›Modernen Klassik‹ auszeichnete.

In der literarischen Öffentlichkeit bestimmten zunächst jedoch Gebrauchsformen und neoklassizistische sowie anakreontische Gedichte das Bild. Erbauungsliteratur und tendenzfreie Dichtung gingen ineinander über; vor allem der Klassizismus näherte sich mit Feier und Trost dem erbaulichen Schrifttum an. Erinnert sei z. B. an die Kantatentradition, an der Nationalsozialisten wie Anacker und Böhme, aber auch nichtfaschistische Autoren wie Lange, Huchel und viele Christen Anteil hatten. Ähnliches gilt für die Sonett-Mode. Noch die ›Trümmerlyrik‹ der Nachkriegszeit ist zu einem großen Teil auf diese gattungsgeschichtlichen Zusammenhänge zurückzubeziehen.[9] Seit der Gründung der Bundesrepublik verschob sich das Interesse von der säkularisierten Erbauung der ›inneren Emigranten‹ auf Gedichte der ›Modernen Klassik‹, die sich als Unterströmung während des Dritten Reiches bewahrt hatte. Mit dem Siegeszug der Wiederaufbau-Ideologie erfuhren die Tendenzformen eine noch heute nachwirkende Diffamierung; Gebrauchsliteratur fand erst Mitte der sechziger Jahre – als man aggressiv eine Veränderung der Gesellschaft forderte – erneute Beachtung.

Wir wissen heute, daß anakreontische Lyrik nicht auf das 18. Jahrhundert beschränkt ist. Zu Recht spricht die Forschung von einer Biedermeier-Anakreontik,[10] eine ähnliche Neigung zum Erotisch-Graziösen hat man in der Gründerzeit[11] und der Stilkunst[12] beobachtet. Auch in der ›Modernen Klassik‹ wird eine ähnliche Verspielung sichtbar. Gedichte mit galantem Ausdruck schrieben in den dreißiger und vierziger Jahren Friedrich Bischoff, Karl Krolow, Anton und Friedrich Schnack, Georg von der Vring u. a. Das Magische der Natur wurde bukolisch aufgelöst. Bei einem Lyriker wie Krolow, der von 1940 bis 1945 mehr als 60 Gedichte über landschaftliche und jahreszeitliche Themen veröffentlichte, ist die Kontinuität dieser Schreibweise über 1945 hinaus gut zu belegen. Nach wie vor forderte er vom Gedicht, es habe »zierlich«, »zart«, »liquid«, »graziös«, »intim«, »leicht« zu sein, ferner »vergnügt«, »keck«, »spielerisch«, »schmal«, »federnd«, »bündig«, »luftig«, »leuchtend«, »kurz«, »diskret« und »durchlässig«.[13] Jede geschichtliche und seelische Grundlage wird ängstlich aus dem Gedicht verbannt. Während Huchel, Bobrowski und Hermann Lenz im Dritten Reich vereinzelt Gedichte über den Schrecken des Krieges veröffentlichten,[14] versetzte Krolow einen toten Soldaten mit einem Lorbeerkranz unter die Sterne.[15] Das Auslöschen der Lebensnähe drückt sich nicht zuletzt in der dichterischen Technik aus. Krolow isolierte Wörter oder Wortreihen aus Gedichten unterschiedlicher Herkunft und setzte sie als Concetti neu zusammen. Nachdem er sich in den vierziger Jahren um das botanische Vokabular Lehmanns bemüht hatte,[16] arbeitete er 1950–67 vor allem mit Materialien des französischen und spanischen Surrealismus[17] und öffnete sich dann Einflüssen amerikanischer Realisten. In allen Fällen paßte er sich den jeweils neuen Traditionszusammenhängen an und schwächte die Intentionen seiner Vorbilder zum Gefälligen und Ornamentalen ab.

Handstreiche der Dämmerung [1956]

Handstreiche der Dämmerung: –
Die Radler verirren sich
Im blauen Staub des Himmels
Und kommen zu Fall.
Der Nachmittag erscheint noch einmal
Als Film auf heißen Ziegelwänden.
Passanten schütteln den Kopf
und bekennen seinen Abschied.
Das Zwielicht macht aus einer
Entblößten Brust im Hauseingang
Ein schwarzes Idyll.
Eine rasche Bewegung zerstört es,
Während die Schatten der Abendkleider
Vorüberhuschen.

Nun kann die Nacht kommen
Und die Bilderrätsel lösen![18]

Überschrift und erste Zeile bringen eine Metapher für die Dämmerung, die sich wie ein Handstreich, wie ein rascher, lautloser Überfall vollzieht. Die Metapher wird von drei Concetti und einem Schlußbild variiert; alle sind nach der gleichen Methode gebaut. Tageszeit und Licht (Dämmerung, Nachmittag, Zwielicht, Nacht) ordnete Krolow Wörtern aus dem menschlichen Bereich zu (Radler, Passanten, entblößte Brust, Abendkleider), beide Vergleichsebenen sind durch Verben miteinander verbunden, wobei eine leichte Beweglichkeit vorherrscht (sich verirren, zu Fall kommen, erscheinen, Kopf schütteln, bekennen, machen, zerstören, vorbeihuschen, lösen). Krolow wechselte das einmal entworfene Bild wie in einem Kaleidoskop und stellte durch Umstürzen ein neues her, ein Vorgang, der durch die Aufforderung an die Nacht, die Bilderrätsel zu lösen, einen Abschluß erhält. Es gibt freilich nichts zu entziffern; Magisch-Geheimnisvolles kommt in keiner Zeile auf, die Bilderrätsel sind lediglich eine weitere Metapher, die sich mit den vorhergehenden zu einer geschmackvollen Dekoration zusammenfügt.

An Krolows Arbeiten läßt sich eindrucksvoll das literarische Klima der fünfziger Jahre erfahrbar machen. Es ging der Kunst darum, sich »aus der Kenntnislosigkeit und Zusammenhanglosigkeit dem Ausland gegenüber zu befreien« (Krolow[19]) und möglichst rasch in der »Weltsprache der Dichtung« wieder mitzusprechen (Hans Bender[20]); bei der »Neuetablierung des Gedichts« handelte es sich um einen gesamtgesellschaftlichen Reflex. Jungwirth und Kromschröder fanden zu folgender Charakteristik der westdeutschen Nachkriegszeit: »Völlig unvorbereitet wollten die Bewohner der drei Westzonen auf einmal wie ›in normalen Zeiten‹ leben, ohne daß die meisten von ihnen so etwas jemals erlebt hatten. Kaum war Hitler-Deutschland besiegt, das die meisten von ihnen noch bis zuletzt verteidigt hatten, da wollten sie mit der gleichen Verbissenheit von heute auf morgen schon wieder einen Staat errichten, ›der sich sehen lassen kann‹.«[21] Der Ausstattung der Wohnungen mit Nierentischen, Picassolampen und Doppelbettcouch entsprach im Gedicht das geschmackvolle Arrangement von Lesefrüchten der Moderne. 1956 konstatierte Andersch: »Assoziation, Montage und abstrakte Metaphorik triumphieren in einem Ausmaß, daß Rilke, ja selbst Benn, daneben als Naturalisten erscheinen.«[3] – Daß ein Buch wie Hugo Friedrichs *Die Struktur der modernen Lyrik* von 1956 bis 1960 70 000mal verkauft wurde, belegt, wie wenig exklusiv damals diese »exklusive« Lyrik tatsächlich war. Die dort mitgeteilten Gedichtproben regten ebenso zum Schreiben an wie die spanisch-deutsche Anthologie *Rose aus Asche* von Erwin Walter Palm (München 1955) und die Übersetzungen von Alberti (Berlin [Ost] 1959, Frankfurt a. M. 1960), Char (Wiesbaden 1954, Frankfurt a. M. 1959), Eluard (Singen 1947, Berlin [Ost] 1949, Neuwied 1949, Berlin 1959), García Lorca (Stuttgart 1948, Wiesbaden 1953, 1956), Guillén (Zürich 1952), Jiménez (Zürich 1958), Michaux (Eßlingen 1954, 1956, Frankfurt a. M. 1961), Neruda (Berlin [Ost] 1953, 1955, 1956, 1957), Saint-John Perse (Berlin 1949, Darmstadt 1957, 1959, 1960), Ponge (Krefeld 1955, Berlin 1955). Von der angelsächsischen Lyrik wurden in den fünfziger Jahren vornehmlich Pound (Zürich 1953, 1954, 1956, 1959), Eliot (Wien 1948, Frankfurt a. M. 1951, 1952) und Auden (Wiesbaden 1951, 1955) rezipiert. Das realistische Gedicht der USA blieb vorerst unvermittelt. Von Bedeutung für die Aufarbeitung des deutschen Expressionismus waren die späten Lyrikbücher von Arp (Wiesbaden 1953, 1955, 1957, Zürich 1955, Pfullingen 1959) und Benn (Zürich 1948, Wiesbaden 1949, 1951, 1953, 1955) sowie ihre Sammelausgaben (Arp: Zürich 1963; Benn: Wiesbaden 1956, 1959–61). Erinnert sei ferner an die Veröffentlichungen der gesammelten Gedichte von Heym (Zürich 1947, Hamburg 1959/60), van Hoddis (Zürich 1958), Lasker-Schüler (München 1959), Stadler (Hamburg 1954), Stramm (Wiesbaden 1956), Trakl (Salzburg 1949–51), an die Expressionismus-Anthologie von Benn (Wiesbaden 1955) und die Neuauflage von Pinthus' *Menschheitsdämmerung* (Hamburg 1959). Diese Namen markieren ziemlich genau den Fundus, auf den die junge Nachkriegslyrik zurückgriff; immer wieder betonte man für die eigenen Gedichte den antirhetorischen Impuls, das »understatement« und die sprachliche Simplizität. »Das oberste Gebot allüberall: Beschränkung, Beschränkung, Beschränkung: *Reduktion statt Expansion*«, forderte damals Walter Jens.[22] Das klassizistische Stilideal der Nachkriegszeit führte zur Dämpfung der surrealistischen oder expressionistischen Bildlichkeit und verkürzte viele Gedichte zu wenigen Zeilen, in denen die entlegene Metapher oder das Detail wie Ausstellungsstücke zum Kauf angeboten wurden.

Der wirklichkeitsfremde Charakter dieser Lyrik fand in der sogenannten ›experimentellen Literatur‹ der fünfziger Jahre seine Entsprechung; beide Formtypen wurden um 1960 von Peter Rühmkorf und Hans-Magnus Enzensberger aufs schärfste als »kunstgewerbliche Imitationen« attackiert.[23] Während Theobaldy und Zürcher in ihrem Buch *Veränderung der Lyrik* 1976 Rühmkorfs Charakteristik des Nachkriegsgedichts als ein »Ausverkauf an Realität« übernahmen,[24] blieb seine Abrechnung mit der konkreten Poesie ungeteilt. Das hat verschiedene Ursachen: Zunächst arbeitete die experimentelle Literatur einer rationalen Wirklichkeitserfahrung entgegen; ihre Popularisierung ist eng mit dem Verdämmern des existentialistischen Denkens verbunden. Außerdem gelang es ihr, durch theoretische Rückbindungen auf Naturalismus und Dadaismus nach 1965 ihre Zugehörigkeit zur Design-Kunst der Nachkriegszeit zu verhüllen. Lange Zeit übersehen wurde ferner die Tatsache, daß sich unter dem Schlagwort ›experimentelle Literatur‹ höchst gegensätzliche Traditionen verbargen. So konnten die österreichischen Lyriker auf sprachkritischen und neopositivistischen Kontinuitäten aufbauen, die den schweizerischen oder deutschen Exponenten verschlossen blieben. In den Gedichten Jandls reduziert sich die Sprache auf eine physische Dimension, in der Grunderfahrungen des Menschen radikal sichtbar werden können; Gedichte dieser Art haben mit der konstruktiv-klassizistischen Mechanik Benses, Heißenbüttels und Gomringers wenig zu tun. Der Experiment-Begriff Benses steht in Zusammenhang mit der Tagebuchliteratur Ernst Jüngers und Gottfried Benns, der 1943/44 in *IV. Block II, Zimmer 66* bemerkte: »Ich habe es nicht weiter gebracht, etwas anderes zu sein als ein experimenteller Typ, der einzelne Inhalte und Komplexe zu *geschlossenen Formgebilden* führt.«[25] Die von Bense 1943 im *Reich* entwickelten Grundzüge einer experimentellen Literaturtheorie wurden nicht ohne Zufall am Werk Ernst Jüngers gewonnen; sie sind existenzphilosophisch fundiert.[26] Die »Konfigurationen« und das Zeichenhafte und Kombinatorische der Tagebuchnotizen hätten für den Leser einen appellativen Charakter. Bense arbeitete bereits hier mit den Formeln ›Tendenz‹ und ›Experiment‹, die er in den fünfziger Jahren als Untertitel seiner Zeitschrift *Augenblick* herausstellte.[27] Doch mit wachsender Stabilisierung der westdeutschen Wirtschaft und Politik verzichtete Bense auf seine Forderung, das Subjekt voller Brüche aus den fragmentierten Sätzen treten zu lassen; an die Stelle des »metaphysischen Begriffs Substanz« rückte er zudem den der »technischen Information«,[28] um sich weniger auf die Mitteilung als auf den Mitteilungsvorgang zu konzentrieren. Wie Krolow das Geheimnisvoll-Rohe der Lehmannschen Naturwirklichkeit oder des Surrealismus zu Kaleidoskopbildern zerlegte, so betonte auch die mehr technologisch-linguistische Strömung den Spielcharakter des Text- und Zeichenmaterials. Bense lobte die Decollagen Heinz Reinhold Köhlers ausdrücklich, weil ihre Kombinationen »keine Bedeutung, aber Spiel vermitteln«.[29] Von einer verwandten Berührungsangst mit dem Leben sind auch die Arbeiten Heißenbüttels geprägt; sein Experiment-Begriff steht ebenfalls dem Klassizismus der dreißiger Jahre nahe. Heißenbüttel bekannte sich mehrfach zu Max Kommerell[30] sowie zu Ernst Jüngers *Gärten und Straßen* und dem ersten Teil der *Strahlungen*,[31] wo die Sachbeschreibung ins Geometrische übergeführt wird, etwa in der Notiz vom 9. Juli 1940: »Wieder voraus, an Dixmont vorbei über Villeneuve nach Paisy-Cosdon. Im Auto fiel mir die Art, in der die Scheinwerfer die Straße widerspiegeln, auf. In ihrer parabolisch geschliffenen Metallform bilden sich Objekte, wie Bäume und Häuser, in großer Schärfe ab, um sich dann zu verkleinern, indem sie sich auf einer Kurve drehen. So werden sie unaufhaltsam einem Nullpunkt, an dem sie ins Nichts verschwinden, zugeführt.«[32] Vermutlich weniger Mallarmé als Jünger ist für die Vermittlung der Begriffe ›Figuren und Konstellationen‹[33] und ›Kombinationen‹[34] verantwortlich. Doch während Jünger in seine Tagebücher den Wirklichkeitsbezug stets einbrachte, wurde er von der experimentellen Literatur der Nachkriegszeit bewußt außer Kraft gesetzt. Der Verzicht auf »metaphysische Substanz« ist von Anfang an mit einem Ausblenden gesellschaftlicher und seelischer Grundlagen verbunden, ein Vorgang, der von Heißenbüttel als »Befreiung« empfunden wurde,[35] aber dem Verdrängungsmechanismus der Adenauer-Restauration entsprach, nur daß diese Aktion noch geschickter als bei Krolow durch eine Rückbindung auf die Avantgarde von einst ins Progressive umgefärbt wurde. So bemerkte Heißenbüttel über Gertrude Stein: »Der Ansatzpunkt [...] ist in der Opposition gegen die Kategorien des Inhaltlichen zu erkennen. Inhalt wird reduziert [...] zu abstrakter Wort- und Satzkomposition.«[36] Die Termini ›abstrakt‹,[37] ›absolut‹,[38] ›konkret‹ und ›experimentell‹ wurden damals oft synonym gebraucht. Erst allmählich bestimmte man das »Materiale« der neuen Kunst und akzentuierte die Gattungsoffenheit.[39] Die Kritik der fünfziger Jahre betonte bei Heißenbüttel demgegenüber das »feste formale Gerüst«.[40] Kasack erkannte in seiner Nachbemerkung zu den *Kombinationen*: »Dieser Form der nackten Aussage liegt kein zerstörerisches, sondern ein konstruktives Prinzip zugrunde.«[41] In den *Kombinationen* (1954) dominieren Interieurs mit Geometrisierungen oder Landschaftsbilder; auch in den *Topographien* (1956) gibt es noch eine Anzahl dieser genreartigen Gedichte, die häufig mit Avantgarde-Objekten ausgeschmückt wurden: »Tintenflecke fliehen rasch über das Konzept des Septemberabends / ein Miró von 1931 mit dem Titel Silence / der Springbrunnen der Schwalben ist unterwegs [. . .].«[42] Hinzu treten Reihungen einfacher Aussagesätze; das Dekorative hat sich dabei lediglich vom Bildlichen aufs Syntaktische verlagert.

ich gehe geradeaus
ich gehe nicht geradeaus
ich erkläre mich einverstanden
ich erkläre mich nicht einverstanden
ich sage die wahrheit
ich sage nicht die wahrheit
ich erkenne an
ich aberkenne
ich stelle fest
ich rede
ich rede nicht[43]

Auffällig ist die Mechanik im Wechsel von positiver und negativer Aussage, die – der traditionellen Steigerung entsprechend – erst gegen Ende aufgehoben wird. Der Schluß der Reihung nimmt das Muster des Anfangs wieder auf; die letzten Zeilen wirken wie eine Bekräftigung und eine Abrundung. Klarer als Heißenbüttel hat sich Eugen Gomringer zur Verwandtschaft der experimentellen Lyrik mit dem Wiederaufbau-Denken der Nachkriegszeit bekannt. »somit möchte die konkrete dichtung – und also auch die konstellation – eine art literatur sein, die mit dem literaturbetrieb weniger zu tun hat als mit den entwicklungen auf den gebieten der architektur, der malerei und plastik, der produktgestaltung, der industriellen organisation, mit entwicklungen, denen ein kritisches, doch positiv entschiedenes denken zugrunde liegt.«[44] Das anarchistische, das ursprüngliche Leben freisetzende Buchstaben- oder Collage-Gedicht des Dadaismus veränderte sich zu seinem das Leben wegsperrenden »positiven« Gegenteil. Die Schwäche dieser »selbsternannten Avantgarde« hatte neben Enzensberger und Rühmkorf vor allem Grass 1960 auf der Arbeitstagung »Lyrik heute« schonungslos bloßgelegt.[45] Die Texte Heißenbüttels, Gomringers und Mons stehen dem Klassizismus Bechers näher als z. B. Arbeiten der Berliner Dadaisten 1918–20. Ihr konstruktiver Wille ist leer und ähnlich wie die von Becher geprägte Aufbau-Lyrik der DDR Ausdruck einer gesamtdeutschen Geschichtsblindheit.

Wirklichkeits- und Lebensbezüge wurden im wesentlichen von der hermetischen Strömung bewahrt, die bis heute zu Unrecht als »aristokratisch« und »leserfeindlich« denunziert wird. Es ist bedauerlich, daß viele Kritiker offensichtlich keinen Unterschied zwischen der Verspielung hoher Unbestimmtheitsgrade durch Krolow und seine Anhänger sowie den Gedichten Eichs, Celans und Bobrowskis erkannten, sie klammerten die Appellstruktur dieser Arbeiten aus ihren Überlegungen aus und machten für die anakreontische Auflösung die Richtung selbst verantwortlich. Auf die symbolistische Herkunft des Hermetismus ist in anderen Arbeiten hingewiesen worden.[46] Karl Eugen Gaß erläuterte das zeichenhafte Dichten dieser Tradition 1940 in der *Kölnischen Zeitung* am Beispiel der italienischen ›poesia ermetica‹, die das »naturalistische Hängen am Stofflichen im Sinn einer neuen Klassizität« überwunden habe.[47] Auch Eich, Celan und Bobrowski ging es um eine ähnliche Verhauchung des Materiellen, gleichzeitig bemühten sie sich verstärkt um die Einbeziehung autobiographischer und zeitgeschichtlicher Erfahrungen. Diese radikale, auf das Subjekt konzentrierte Lyrik fragmentierte persönliche Grunderlebnisse und schuf so Leerstellen, mit denen sich der Leser aktiv auseinandersetzen konnte. Während Brinkmann seine Biographie neben seinem Werk offenlegte, verkürzten Celan und Eich in ihren öffentlichen Mitteilungen ihr Leben zu wenigen Daten, obgleich – im Widerspruch dazu – ihre Gedichte von einem dichten Geflecht privater Bezüge durchwachsen sind. Die Auffassung vom Dichter als ›Magier‹, ›Prophet‹ oder ›Mahner‹ entsprach dem Autoritätsdenken der Nachkriegszeit, das sich als Reaktion auf die Krise von Weimar über 1945 hinaus erhalten hatte. Wenn Jizchak Alpan über eine frühe Begegnung mit Celan erzählte, »man hatte das Gefühl, daß Paul eher *zu* Menschen sprechen wollte, als *mit* ihnen«,[48] dann ist der monologische Charakter seines Wesens gut gekennzeichnet. Der sakrale Anspruch dieser Lyrik geriet in den sechziger Jahren in Gegensatz zum Gruppen- und Informationsdenken, das unter dem Eindruck einer beispiellosen Prosperität die existentiell-metaphysische Weltdeutung ersetzte. Jedoch die immer wieder vorgebrachte Meinung, das hermetische Gedicht habe das »Einverständnis mit dem Leser aufgekündigt«[49] und eine »minimale Verbreitung« gefunden,[50] widerspricht der tatsächlichen Rezeption. Celans Gedichtbände wurden kontinuierlich auch in den späten sechziger und frühen siebziger Jahren mit 3000 bis 5000 Exemplaren pro Auflage verlegt; der Verkauf lag erheblich über den Sammlungen Brinkmanns, der ausdrücklich »Kunst für alle« schreiben wollte.[51] Die Lesungen Celans blieben bis zu seinem Tod Ereignisse; auch die protestierende Jugend konnte sich diesem Bann nicht entziehen.[52] Zweifellos trug der durch Benn und Loerke eingeleitete zweite Abschnitt des deutschen symbolistischen Gedichts Züge einer »Spätphase« und war aufgrund des veränderten Lebensgefühls nach 1960 auf die junge Generation nicht ohne weiteres übertragbar, gleichzeitig darf nicht unterschlagen werden, daß der Hermetismus – aus Einkehr – den einzigen produktiven Gegenentwurf zur Anakreontik und zum Wiederaufbau-Dekor der Nachkriegslyrik gewagt hatte.

Paul Celan schrieb in beobachtender Distanz in Paris, er äußerte sich kaum theoretisch; die Poetologie ist – wie sein Leben – in das Werk aufgegangen. Diese Rückzugshaltung ist mit einem Verzicht auf eindimensionale Kommunikation verbunden. Die Gedichte sparen weder historische noch seelische Ereignisse aus, sie zerstören vielmehr die erwarteten Zusammenhänge und erzeugen so eine Löcherstruktur, die der Leser – in Aufmerksamkeit gebracht – ausfüllen muß.

Schibboleth

Mitsamt meinen Steinen,
den großgeweinten
hinter den Gittern,

schleiften sie mich
in die Mitte des Marktes,
dorthin,
wo die Fahne sich aufrollt, der ich
keinerlei Eid schwor.

Flöte,
Doppelflöte der Nacht:
denke der dunklen
Zwillingsröte
in Wien und Madrid.

Setz deine Fahne auf Halbmast,
Erinnrung.
Auf Halbmast
für heute und immer.

Herz:
gib dich auch hier zu erkennen,
hier, in der Mitte des Marktes.
Ruf's, das Schibboleth, hinaus
in die Fremde der Heimat:
Februar. No pasaran.

Einhorn:
du weißt um die Steine,
du weißt um die Wasser,
komm,
ich führ dich hinweg
zu den Stimmen
von Estremadura.[53]

Das im Herbst 1954 geschriebene Gedicht ist ein Erkennungszeichen. Schibboleth bedeutet nach einem jüdischen Lexikon von 1935: »(Ähre), Kennwort, an dessen falscher Aussprache (Sibbolet) d. Gefolgsleute d. Richters Jeftah d. Stammeszugehörigkeit d. flüchtenden Efraimiter erkannten (Ri. 12, 5 f.). Übertragen: unfreiwilliges (oder auch freiwilliges) Farbebekennen.«[54] Der erste Teil des Gedichts lebt vom Gegensatz der Enge (Welt hinter Gittern) und Weite (Welt des Marktes), des Privaten (großgeweinte Steine = Tränen) und Öffentlichen (aufgerollte Fahne). Die Metapher »großgeweinte Steine« vergegenständlicht durch die Verbindung von Stein und Träne eine psychische Starre, die durch die politischen Ereignisse eine Aufweichung erfährt.

Das Wort »schleifen« ist doppeldeutig eingesetzt, es drückt den Gewaltakt, aber gleichzeitig das durch die Schmerzen bewirkte »Abschleifen« der Versteinerung aus: das Herz gibt sich zu erkennen. Während die ersten beiden Strophen die Judenverfolgung beschwören, deuten die folgenden appellativ Konsequenzen an: Flöte und Herz werden aufgefordert, der Vergangenheit zu gedenken bzw. sich erkennen zu geben. Der Leser wird unausgesprochen in diesen Prozeß mit einbezogen. Durch die Ortsangaben von Wien und Madrid sowie die rätselhafte Formel »No pasaran« bekommt das Gedicht eine geschichtliche Tiefe, deren konkreter Beweggrund nach Ausformulierung verlangt. Wien und Madrid bezeichnen Orte des Reichs Karls V., in dem die »Sonne nicht unterging« und die in den dreißiger Jahren eine neue – allerdings negative – Einheit stifteten. Am 13. März 1938 marschierten deutsche Truppen in Wien ein; am 28. März 1939 eroberten die Faschisten Madrid. Das Gedicht erinnert an den Kampfruf der Roten im Spanischen Bürgerkrieg »no pasaran« (sie werden nicht durchkommen), der noch im Februar verzweifelt Hoffnung versprach.[55] Der Ruf ist im Gedicht selbst als »Schibboleth« bezeichnet; Celan setzte das historisch-politische Geschehen mit dem der Bibel »in eins«,[56] denn auch während des europäischen Faschismus ging es um das Überleben der Juden. Das Gedicht löst das »No pasaran« aus seiner geschichtlichen Einmaligkeit und erweitert seine Bedeutung zum Eingedenken; erst die »heute und immer« geleistete Trauerarbeit läßt die Faschisten »nicht durchkommen«.[57] Doch kaum klären sich die politischen und sozialen Bezüge, werden sie durch die Erwähnung des Einhorns sogleich wieder verwischt. Das angeredete Einhorn weiß um die Steine (Grabsteine?) und Wasser (Tränen?), es soll herbeigelockt und entführt werden. Celan ordnete dem Ich jene magische Kraft zu, die im Mythos dem Fabelwesen zukommt. Das Gedicht endet offen mit der Evokation von Estremadura, einer spanischen Provinz, in der zwar gekämpft wurde, doch der Name löst anders als Wien und Madrid kaum tatsächliche Geschichte aus. Vermutlich kam es Celan auf den musikalischen Eindruck an. Das zu Beginn beschworene Leid wirkt in der Klangfülle des Namens »Estremadura« zu sich gekommen und gleichzeitig aufgehoben. Vergegenwärtigt man sich außerdem die emblematisch-allegorische Bedeutung von Einhorn, findet man einen Schlüssel für die dichterische Struktur. Das lockende Einhorn verkörpert mit Keuschheit und Wollust antithetische Eigenschaften,[58] auch die Verse versuchen, Extremes – und zwar Politik und Poesie – in eins zu setzen; sie sind von der »Flöte, / Doppelflöte der Nacht« geprägt.

Doch es bleibt ein vom Leser nicht auflösbarer Rest, der sich durch das Bild der großgeweinten Steine »hinter den Gittern« andeutet. Spätestens seit Szondis fragmentarischer Interpretation des Gedichts *Eden*[59] aus *Schneepart* (1971) ist die Forschung mit dem Problem konfrontiert, daß Celan etliche nur für ihn oder für einen einzigen Adressaten erkennbare autobiographische Erfahrungen in seine Gedichte eingebracht hatte. *Schibboleth* enthält Kennworte für Celans Jugendfreund Erich Einhorn (1920–74) aus Czernowitz, mit dem ihn eine intensive, nicht unerotische Beziehung verband.[60] Der typologische Sinn des Namens und die Lebenswirklichkeit fallen zusammen. 1936 verbrachten die Freunde gemeinsam ihre Sommerferien, Weihnachten 1938 besuchte Erich Einhorn Celan in Paris; beide Begegnungen standen unter dem Eindruck des Spanischen Bürgerkriegs, der am 18. Juli 1936 ausbrach. Während seines Studienaufenthalts in Tours 1938 erfuhr Celan von spanischen Emigranten Einzelheiten über die Gewaltakte der Faschisten. Es liegt nahe, daß er Erich Einhorn in Paris davon berichtete, auch von spanischen Folkloredarbietungen, die neben die Klage heitere Stimmen stellten.[61] Das Gedicht nimmt auf die doppelte Erfahrung Bezug: »Einhorn: / du weißt um die Steine, / du weißt um die Wasser, / komm, / ich führ dich hinweg / zu den Stimmen / von Estremadura.« Einhorn wußte auch, daß sich Celan »in der Mitte des Marktes« zu erkennen gab. Er begeisterte sich nicht nur wie Kafka für die anarchistischen Schriften Kropotkins und Landauers,[62] sondern sammelte im Sommer 1936 Spenden für die Rote Hilfe, die den republikanischen Kämpfern in Spanien zukommen sollten. (»Herz: / gib dich auch hier zu erkennen, / hier, in der Mitte des Marktes. [...]«). Einhorn hatte 1941 Czernowitz verlassen und sich den russischen Truppen angeschlossen; erst 1962 gelang es Celan, die Anschrift des Freundes in Moskau ausfindig zu machen und die Beziehung zu erneuern. Das Gedicht enthüllt sich von diesen Daten her als Schibboleth »in allereigenster Sache«, das über die von den geschichtlichen Ereignissen aufgebrochenen Abgründe hinweg ins Dunkle hinein redet. Celan hat in seinen beiden poetologischen Äußerungen – der Bremer Preisrede und dem *Meridian* – eindrucksvoll auf die verzweifelte Gesprächssituation seiner Arbeiten hingewiesen, das Gedicht »bleibt seiner Daten eingedenk, aber – es spricht«.[63] Obgleich für den Leser der Lebenszusammenhang vieler Gedichte verschlossen bleibt, arbeitet das Erfahrene seelisch an der poetischen Substanz mit. Anders als Krolow und Heißenbüttel stellte sich Celan rücksichtslos der Geschichte und seiner Kreatürlichkeit, um in der »allereigensten Enge« durch den Prozeß des Eingedenkens seine Identität und die des Lesers freizusetzen.[64]

Auch Günter Eich wollte Gedichte schreiben, »in denen man sich zugleich ausdrückt und verbirgt«.[65] Ähnlich wie Celan verdunkelte er seine Biographie und verbarg sich in der immateriellen Welt seiner Gedichte; in *Huhu* bekannte er sich ausdrücklich zu dieser Grundhaltung.

> Wo die Beleuchtung beginnt,
> bleibe ich unsichtbar.
> Aus Briefen kannst du mich nicht lesen
> und in Gedichten verstecke ich mich.
>
> Den letzten Schlag
> gab ich euch allen.
> Mich triffst du nicht mehr,
> solang ich auch rufe.[66]

In das Gedicht sind Elemente aus Grimms *Märchen von der Unke* integriert. Teil I erzählt von einem Mädchen, das eine Milch trinkende Unke mit einem Löffelchen schlägt, und von der Mutter, die das Tier schließlich tötet; Teil III hebt das Geschehen in folgendem Dialog auf: »Unke ruft: ›Huhu, huhu‹, Kind spricht: ›Komm herut.‹ Die Unke kommt hervor, da fragt das Kind nach seinem Schwesterchen: ›Hast du Rotstrümpfchen nicht gesehen?‹ Unke sagt: ›Ne, ik og nit: wie du denn? Huhu, huhu, huhu.‹«[67] Eich löste den Unkenruf aus dem Zusammenhang und setzte ihn in die Überschrift; anders als das Tier kommt das Ich nicht aus seinem Versteck heraus. Der Rückzug ist Voraussetzung für die Unverletzlichkeit (»mich triffst du nicht mehr«) und das Austeilen des »letzten Schlages«. Eich arbeitete mit der doppelten Bedeutung von

»treffen« und »antreffen«. Dem Optimismus der Industriegesellschaft stellte er seinen »Unkenruf« gegenüber. »Lyrik spricht nicht die Sprache der Macht, – das ist ihr verborgener Sprengstoff«, notierte er einmal.[65] Eichs Rückzug ist keine Flucht nach innen, sondern trägt – wie in dem 1964 geschriebenen Gedicht *Ziegeleien* – alle Merkmale eines aktiven Vorgehens.

Ziegeleien zwischen 1900 und 1910

1
Denk nicht
über die Ziegel nach,
das Auswintern, blaue Anflüge.
Die Maße sind geblieben
unter den Bauern,
eine Sagenart,
die einen von ferne enthält,
eine Wissensfamilie,
fruchtbar, verwundert,
das scharfsinnige
Gedächtnis eingebaut
in überwachsene Backöfen:
Ein Pferd
in der Lotterie gewonnen,
die Schwester des Brenners,
Winterarbeiter,
etwas geschrieben
in Tintenstiftzeichen
auf die Fliesen im Stallgang.

2
Steinlaibe,
luftdurchschossen,
von Regen gesäuert –
niemandes Hunger,
niemandes rotes Brot.
Schnapp nach den Ebenen,
in die Tonlager gehört die Zeit,
ein saurer Regen, eine
Kümmelspur, Rinde
aus Bildern.

3
Schlechte Bilanz.
Ein Jahrgang mißlungener Pfannen.
Wer kann es ausgleichen
in diesem kurzen Leben,
wenn die Glieder

von Wasser anschwellen
und man ratlos
auf die verpichten Spaliere schaut,
auf die Kanarienvögel,
die leichthin sterben
in der zufallenden Tür?

4
Isländisch Moos,
ein Flüsterwort
bei Gehörprüfungen,
verstanden
aus zwei Metern.

Eine bestimmte Dürre
hinter den wendischen Gräbern,
ein Gelände, das
hörbar wird unter den Pfoten
eines melierten Hundes.

Ein bestimmtes
isländisches
Geländewort, das
alles zukünftig wendische
Moos
unter uns Hundern
unter uns Gräben
hörbar ergraut
dürr flüsternd verpfotet.

5
Dachshunde,
ein großer Schimmel,
der Ziegel, der klingend wird.

Rhabarber im Garten Eden,
Wutausbrüche der Pfauen,
Ringöfen.
Der Lehrer Bibup aus dem Nachbardorf,
krank sein,
ein Automobil.[68]

Eich wünschte sich Gedichte »ohne die Dimension Zeit«, die »meditiert, nicht interpretiert werden müssen«.[65] Die Negation zu Beginn »Denk nicht / über die Ziegel nach, / das Auswintern, blaue Anflüge« verdeutlicht die Absage an die rationale Weltauffassung und möchte den Leser an einer meditativen Grundeinstellung teilhaben lassen.

Das Gedicht arbeitet mit der Überlappung unterschiedlicher Bedeutungen in ein und demselben Wort (»Sagenart« / Sage-art; »Backöfen« / »Ringöfen«; »Tonlager« für Wörter / »Tonlager« für Ziegel; »Rhabarber« / Gerede). Nach der Beschreibung der Ziegel (»eine Sagenart, / die einen von ferne enthält«) gab Eich Wörter, die in die Kindheit zurückführen: ein gewonnenes Pferd, die Schwester des Brenners, Winterarbeiter usw. Die Reihung erfährt in den folgenden Abschnitten ihre Fortsetzung und räumliche Konkretisierung, offensichtlich bezieht sich die »Rinde / aus Bildern« auf eine bäuerliche Welt »hinter den wendischen Gräbern« im Osten. Das »Angedenken«[69] führt zu offenen Vorstellungsbereichen, weil die Eindeutigkeit ausgefiltert und die Zusammenhänge getilgt wurden. Das Gedicht spricht diesen Vorgang durch den Prozeß der Ziegelherstellung aus, der mit wenigen Vokabeln ins Gedächtnis rückt: »Ziegel«, »Auswintern«, »Maße«, »Tonlager«, »der Ziegel, der klingend wird«, »Ringöfen«. Nicht die Ziegeleien, sondern der Vorgang vor und während des Brennens öffnet eine zweite Bedeutung des Gedichts. »Der Ton wird grob zerkleinert, zum Durchfrieren über Winter im Freien gelagert, dann mit viel Wasser geschlämmt, um Verunreinigungen zu entfernen [...]. Er wird geformt durch Einstreichen der Masse in Holzformen [...]. Das Brennen geschieht in keramischen Öfen. Anfangs entweicht das mechanisch, dann das chemisch gebundene Wasser [...]. Bei der Sinterung der Tonminerale bei 1400° entstehen zementähnliche Verbindungen; es kommt zur Klinkerbildung.«[70] Der Brennvorgang vollzieht sich häufig in Ringöfen, wo in dicht voneinander abgeschlossenen Kammern die Ziegel den Prozessen des Vorwärmens, Brennens, Nachglühens und Abkühlens ausgesetzt werden. Eich fand in der Klinkerherstellung eine genaue Metapher für seine hermetische Schreibweise. Das Abkapseln in Kammern entspricht der Isolierung von erinnertem Leben aus kausalen Zusammenhängen; die Zerkleinerung des Tons weist auf die Auflösung der semantischen Struktur, die Eich unter Nr. 4 modellartig in drei Strophen vorführt: Die ersten beiden bestimmen das Isländisch Moos als Wort und als Flechte »hinter den wendischen Gräbern«, in der dritten Strophe scheinen fast alle Wörter zu neuen Verbindungen verwachsen, und zwar durch Adjektivvertauschung (»Isländisch Moos« zu »isländisches Geländewort« und »wendisches Moos«) oder Buchstabenwechsel (»unter uns Hundern / unter uns Gräben«).[71] Ähnlich verschachtelte Eich im zweiten Abschnitt die Brot- und Ziegelmetapher. Je sieben Wörter bzw. Wortteile ordnete er den gegensätzlichen Bedeutungsfeldern zu; dem Ziegelbereich gehören »Stein«, »luftdurchschossen«, »Regen«, »rot«, »Ebenen«, »Tonlager« und »–spur« an, der Backmetapher »–laibe«, »gesäuert«, »Hunger«, »Brot«, »schnappen«, »Kümmel-«, »Rinde«. Beiden mit Auflösungen und Neukombinationen arbeitenden Abschnitten ließ Eich Vorstellungsbereiche der Kindheit folgen; ihre Evokation wirkt wie ein Ergebnis des »Auswinterns«. Die auf diese Weise gewonnenen Erinnerungsbilder sind »niemandes Hunger, / niemandes rotes Brot«, doch in ihrer schutzlosen Subjektivität bedeuten sie eine lebenswichtige Nahrung. Eine verwandte Funktion spiegelt das Gedicht in dem rätselhaften »Isländisch Moos«. Wie der Ton muß die Flechte »ausgewässert« werden, um als schleimlösende Mixtur die Tuberkulose zu lindern. Nicht ohne Zufall gedachte Eich in der Mitte der *Ziegeleien* der »schlechten Bilanz«. Die Verse legitimieren sich vom privaten Tod her, »wenn die Glieder / von Wasser anschwellen / und man ratlos / auf die verpichten Spaliere schaut«. Eine derart »ausgewinterte« Sprache, in welcher festgefügte Bedeutungen immerfort widerrufen werden, mildert »in diesem kurzen Leben« die Angst; sie fordert den Leser auf, alle Formen der Besitzergreifung durch Logik aufzugeben, um zu *sein*.

Was für das *Schibboleth*-Gedicht gilt, trifft gleichermaßen für die *Ziegeleien* zu, die ein Orientierungszeichen in allereigenster Sache sein wollten. Die Überschrift weist mit den Daten »1900 und 1910« auf einen historisch konkreten Zeitraum. Eich wurde am 1. Februar 1907 in Lebus (Oder) geboren. Die Verse aus *Anlässe und Steingärten* (1966) stehen in der Nähe verwandter autobiographischer Arbeiten: In *Berlin 1918* gedachte Eich des frühen Todes seiner Mutter und der Novemberrevolution[72], *Pfeffers Ernte* ist einem Arbeitskollegen aus der Zensurstelle des OKW gewidmet[73], in die Gedichte *Abschließend* und *Kinder- und Hausmärchen* sind frühe Erinnerungen eingearbeitet.[74] Der fünfte Abschnitt von *Ziegeleien* trug in der ersten veröffentlichten Fassung den Titel *Arenzhain*[75], hier hatte der Vater[76] 1907 – wenige Monate nach Eichs Geburt – einen Gutshof mit einer Ziegelei auf 99 Jahre gepachtet; der Vertrag mußte 1911 wegen finanzieller Schwierigkeiten aufgekündigt werden. »Schlechte Bilanz. / Ein Jahrgang mißlungener Pfannen«, heißt es in dem Gedicht; der Maulwurf *Schlüssel* ergänzt diesen Befund: »Die Ziegel waren körnig und verkauften sich schlecht«.[77] Der Kindheit in Arenzhain gedachte Eich bereits früher in dem Gedicht *Briefstelle*: »Keins von den Büchern werde ich lesen. // Ich erinnere mich an die strohumflochtenen Stämme, / an die ungebrannten Ziegel in den Regalen, / Der Schmerz bleibt und die Bilder gehen.«[78] Der fünfte Abschnitt der *Ziegeleien* bringt als »klingenden Ziegel« die »ungebrannte« Sprache ins Gedächtnis, die sich jenseits der Bücher artikulierte: Der Lehrer Driebusch aus dem 1,5 km entfernten Nachbardorf Trebbus wurde von Eich in Arenzhain »Onkel Bibup aus Bebup« genannt; mit »Dote Mimme lolch« meldete er den Eltern einen losgerissenen »großen Schimmel«. Das Gedicht mündet heimlich in das Nachbuchstabieren frühkindlicher Lall- und Dingworte, die magisch mit den bezeichneten Sachen verschmolzen. »Der Pfau, das Pferd, der Apfelbaum, / so sprech ich Worte hin«, heißt es in *Kindheit*[79], und in dem Aufsatz *Der Schriftsteller vor der Realität* (1956) bemerkte Eich: »Ich bin über das Dingwort noch nicht hinaus. Ich befinde mich in der Lage des Kindes, das Baum, Mond und Berg sagt und sich so orientiert.«[80] Die Jahre von 1907 bis 1911 waren nicht nur »heil«, es gab auch Gerede (Rhabarber) und Wutausbrüche. Im dritten Abschnitt erinnerte Eich an die ökonomische Instabilität (»Schlechte Bilanz«), weitete den Blick aber sogleich auf Grunderfahrungen (»Wer kann es ausgleichen / in diesem kurzen Leben«). Vermutlich dachte er an das Sterben des Vaters und an den ersten Todesschock; Antje Friedrichs erzählte er von Kanarienvögeln, die in Arenzhain oben auf einer Türkante saßen und durch das Zufallen der Tür einen Schlag gegen den Kopf erhielten.[81] Das Gedicht endet mit dem Patina-Wort »Automobil«, das als Zeichen für die Abreise aus dem »Garten Eden« der Kinderzeit steht und gleichzeitig die Ursache für das rasche Ende der 99 Jahre zeigt. Das sich im Autokauf ausdrückende Lebensgefühl des Vaters ließ sich auf die Dauer nicht mit der harten Arbeit eines Ziegeleipächters in Einklang bringen. Das Gedicht sperrt den Leser aus dem Nachvollzug derartig privater Bezüge aus. Wie in den Arbeiten Celans baut auch in denen von Eich ein extremer Narzißmus mit, der durch die Spiegeleien auf Selbstheilung aus ist. Celan ließ *Schibboleth* mit dem geheimnisvollen Wort »Estremadura« enden, Eich siedelte seine *Ziegeleien* zwischen 1900 und 1910 an und öffnete die Biographie zum Mythisch-Flechtenartigen, in dessen Verwachsungen das Ich eingebettet ist. Beide Lyriker schrieben aus einer psychischen Verletzung heraus. Der Rückzug ist

Ausdruck einer früh erfahrenen Zurückweisung und Kälte; es ist hier nicht der Ort, die Identitäten in der seelischen Struktur von Celan und Eich darzustellen.[82] Die Kommunikationsschwere ist sowohl durch die mythisch-magische Weltauffassung bedingt wie durch die Scheu vor neuen Verwundungen (»Mich triffst du nicht mehr, / solang ich auch rufe«). Eine ausführliche, die autobiographischen Zusammenhänge erschließende Interpretation von *Schibboleth* und *Ziegeleien* wurde deshalb versucht, um der hermetischen Schreibweise die Möglichkeit einer Rehabilitation zu verschaffen; sie müßte allerdings vom Mythos befreit und – auf den Sachenrausch der Erwerbsgesellschaft bezogen – therapeutisch genauer begründet werden.[83]

Die Verlagerung des Interesses auf soziale und ökonomische Theorien führte in den sechziger Jahren nicht nur zu einem Verlöschen metaphysischer Dimensionen, sondern auch zu einem nicht unproblematischen Wegbeizen seelisch-subjektiver Erfahrungen. Die Welt lag für viele nunmehr offen und künstlich vereinfacht da; die Lyrik der jüngeren Generation verzichtete auf Deutung und gab angeblich realistisch Handlungs- und Lebensanweisungen. Meine »gedichte sind gebrauchsgegenstände«, notierte Hans-Magnus Enzensberger 1960. »nicht geschenkartikel im engeren sinne. zur erregung, vervielfältigung und ausbreitung von ärger sind diese texte nicht bestimmt. der leser wird höflich ermahnt, zu erwägen, ob er ihnen beipflichten oder widersprechen möchte.«[84] Enzensberger mied das komplizierte Geschiebe der Innenwelt und objektivierte die Konflikte an gesellschaftlichen Mißständen; den Aufruf zum Eingedenken vertauschte er – angriffslustig – mit einem Appell an die Vernunft.

bildzeitung
du wirst reich sein
markenstecher uhrenkleber:
wenn der mittelstürmer will
wird um eine mark geköpft
ein ganzes heer beschmutzter prinzen
turandots mitgift unfehlbarer tip
tischlein deck dich:
du wirst reich sein.

manitypistin stenoküre
du wirst schön sein:
wenn der produzent will
wird dich druckerschwärze salben
zwischen schenkeln grober raster
mißgewählter wechselbalg
eselin streck dich:
du wirst schön sein.

sozialvieh stimmenpartner
du wirst stark sein:
wenn der präsident will
boxhandschuh am innenlenker

blitzlicht auf das henkerlächeln
gib doch zunder gib doch gas
knüppel aus dem sack:
du wirst stark sein.

auch du auch du auch du
wirst langsam eingehn
an lohnstreifen und lügen
reich, stark erniedrigt
durch musterungen und malz-
kaffee, schön besudelt mit straf-
zetteln, schweiß,
atomarem dreck:
deine lungen ein gelbes riff
aus nikotin und verleumdung
möge die erde dir leicht sein
wie das leichentuch
aus rotation und betrug
das du dir täglich kaufst
in das du dich täglich wickelst.[85]

Das Gedicht ist äußerst genau kalkuliert und säuberlich gearbeitet. Die erste und letzte Zeile von Strophe 1 nennen jene Verlockung beim Namen, welche die Adenauer-Restauration für viele so anziehend machte: »du wirst reich sein.« Diese Satzstruktur kehrt in Strophe 2 und 3 wieder (»du wirst schön sein«; »du wirst stark sein«), um dann am Schluß in der Wiederholung »auch du auch du auch du / wirst langsam eingehn« die Desillusion zu bringen. Eine ähnliche Strukturbildung übernehmen die Verstellungen »markenstecher uhrenkleber« (Strophe 1), »manitypistin stenoküre« (Strophe 2) und »sozialvieh stimmenpartner« (Strophe 3), die falsches Bewußtsein vergegenständlichen; der Leser ist aufgefordert, mit »markenkleber uhrenstecher«, »maniküre stenotypistin« und »sozialpartner stimmenvieh« den verfälschten Sachverhalt wiederherzustellen. Als Komplizen der Industriegesellschaft werden jeweils in der dritten Zeile genannt: Mittelstürmer, [Film-]Produzent und Präsident [eines Sportclubs?]; ihr Einsatz schafft Zerstreuung und fesselt den unterdrückten Willen der »Sozialpartner«. Enzensberger rückt die Verlockungen zusätzlich in einen märchenhaften Bezirk. Die Fußballspieler erscheinen als ein »ganzes heer beschmutzter prinzen«, beim sonntäglichen Lottospiel »wird um eine mark geköpft«, ein »unfehlbarer tip« ist folgerichtig »turandots mitgift«, die ihre Freier nach Nichtlösung der aufgegebenen Rätsel töten läßt. Auch in der nächsten Strophe findet eine ähnliche »Enthauptung« statt: die Sekretärin träumt nicht von Fußballspielern, sondern von Filmstars und Schönheitswettbewerben, die hinter den »groben rastern« der Zeitung locken. Mißwahl und Wechsel kombinierte Enzensberger zur märchenhaften Figur des »mißgewählten wechselbalgs«. Das Parabelhafte ist zusätzlich durch Motive aus dem Märchen *Von dem Tischchen deck dich, dem Goldesel und dem Knüppel aus dem Sack* gefestigt. Reichtum durch Lottogewinn, Star-Karriere durch Inkaufnahme von Prostitution (»eselin streck dich«) und schließlich Stärke-Ersatz durch Bedienung eines Rennautos sowie durch den Appell an die männliche

Sexualität (»knüppel aus dem sack«) werden auf diese Weise effektvoll verfremdet. Die Schlußstrophe zieht die Summe, das Versprechen von Reichtum, Schönheit und Stärke wird neu gewendet; der Zeitungsleser erscheint am Ende arm, aber an »lügen *reich*«, »*schön* besudelt« und »*stark* erniedrigt«. Die Drohung mit dem Tod wird ohne existentialistische Bewegung vorgetragen, sie ist konkret auf die gesellschaftlichen Mangelerscheinungen bezogen. Mit dem Wortspiel [ein]»wickeln« (= betrügen) wollte Enzensberger dem Leser die Augen öffnen und zeigen, daß er sich durch den freiwilligen Erwerb der *Bildzeitung* selbst in ein Leichentuch schlägt. Das Gedicht steht in seiner parabelhaften Anlage der Literatur des ›Neuen Realismus‹ fern, doch die Märchenelemente dienen nicht wie in Eichs Gedicht *Huhu* der Meditation, sondern der Aufklärung. Es ist in seiner Grundhaltung dem »Denk nicht« der *Ziegeleien* und dem Eingedenken von *Schibboleth* entgegengesetzt und wirkt eher wie ein durchkonstruiertes Concetti Krolows. Enzensberger rückte in seiner Untersuchung zur *Sprache des Spiegel* (1957) oder in seiner *Beschreibung einer Allgemeinen Zeitung für Deutschland* (1962)[86] der bundesdeutschen Nachkriegswirklichkeit viel näher auf den Leib als in vielen seiner verspielt aufgebauten Gedichte. Die unterschiedliche Überzeugungskraft von wissenschaftlicher Sachprosa und Lyrik in der Aufklärungsvermittlung mußte ihn notwendigerweise 1965 zur Gründung des *Kursbuchs* mit seinen antikünstlerischen Affekten führen.[87] Auf der anderen Seite reagierte er mit seiner Polemik gegen jede fiktionale Literatur auf die »Entlastungs- und Ersatzfunktion«, die der Kunst der Nachkriegszeit aufgeladen wurde: »Und je mehr die westdeutsche Gesellschaft sich stabilisierte, desto dringender verlangte sie nach Gesellschaftlichkeit in der Literatur; je folgenloser das Engagement der Schriftsteller blieb, desto lauter wurde nach ihm gerufen. Dieser Mechanismus sicherte der Literatur einen unangefochtenen Platz in der Gesellschaft, aber er führte auch zu Selbsttäuschungen [...]«, erkannte Enzensberger scharfsichtig.[88]

Gleichwohl okkupierte in den sechziger Jahren gesellschaftspolitisch engagierte Lyrik die Aufmerksamkeit; daß es sich dabei oft bloß um eine »Abart von [...] moralischem Journalismus« handelte, wurde vielen erst nach dem Verlöschen der 68er-Bewegung verwundert bewußt.[89] Bedeutung bekamen zunächst weniger rhetorisch längere Gedichte, wie sie Enzensberger bereits in *landessprache* vorgeprägt hatte,[90] als Epigramme, die in betonte Konkurrenz zum sogenannten »lakonischen Gedicht« der Nachkriegszeit (Eich, Krolow, Fritz) und neurealistischen Genre-Gedicht »ohne Tiefe« der Williams-Nachfolger traten (z. B. Brinkmann: *Le chant du monde*, 1964). Die Renaissance von Epigramm und Aphorismus ist ein gesamtdeutsches Phänomen; bei der Aufwertung der Gattung spielte zweifellos die nunmehr vehement einsetzende Brecht-Rezeption eine bedeutende Rolle, auch wenn bei Autoren wie z. B. Hans-Jürgen Heise[91] und Dieter Leisegang[92] ältere Traditionszusammenhänge wirksam wurden. Man war sich mit Reiner Kunze einig: »Poesie soll einfach sein. Sie kann aber nicht einfacher sein, als es die Genauigkeit erlaubt.«[93] Zunächst bediente sich Kunze – ähnlich wie Enzensberger – Elementen der Tierfabel.

Das Ende der Kunst

Du darfst nicht, sagte die eule zum auerhahn,
du darfst nicht die sonne besingen
Die sonne ist nicht wichtig

Der auerhahn nahm
die sonne aus seinem gedicht

Du bist ein künstler,
sagte die eule zum auerhahn

Und es war schön finster.[94]

Das 1960 geschriebene Gedicht hat die Kulturreglementierung der DDR-Funktionäre zum Thema. Es nennt das Verbot (»Du darfst nicht ...«, »du darfst nicht ...«), die Befolgung, das Lob und das negative Ergebnis, das durch die Reimverbindung von »künstler« und »finster« zusätzlich eine ironische Note erhält. Kunze entwarf eine Verstellung: Anders als die Eule der Fabeltradition ist die Eule des Gedichts nicht weise, sie durchschaut nicht die Nacht, sondern erzeugt sie. Kunzes Arbeiten aus der zweiten Hälfte der sechziger Jahre verzichten auf derartige Einkleidungen und sind zuweilen dokumentarisch, wie einige Nummern aus den *21 variationen über das thema »die post«*, z. B. Nr. 12, in der die Spanne des Absende- und Empfangsdatums eines Eilbriefes offengelegt wurde, um auf das System der Briefzensur aufmerksam zu machen.[95] Mit einer ähnlichen Authentizität arbeiteten die Epigrammatiker aus Westdeutschland, nur daß – mit Ausnahme von Dieter Leisegang[96] – an anderen Fronten gekämpft wurde. Während in der DDR die »Verteidigung der Poesie« damals ein Politikum war, herrschte in der Bundesrepublik seit ihrer Gründung »Kunstfreiheit«. Die gemeinsame Bedrohung der Individualität durch die sich in Ost und West kooperativ verfestigende Industriegesellschaft blieb im westlichen Teil Deutschlands unreflektiert; man zielte darauf ab, die politischen Widersprüche des privatkapitalistischen Systems zu entlarven, und hoffte optimistisch auf eine Erneuerung durch die Beseitigung von Unmoral und Privateigentum. Erich Fried bediente sich dabei ähnlicher Mittel wie Kunze.

17.–22. Mai 1966

Aus Da Nang
wurde fünf Tage hindurch
täglich berichtet:
Gelegentlich einzelne Schüsse

Am sechsten Tag wurde berichtet:
In den Kämpfen der letzten fünf Tage
in Da Nang
bisher etwa tausend Opfer[97]

Das Epigramm setzt sich aus vorgefundenen Materialien zusammen (»es wurde berichtet«), Ort (Da Nang) und Daten (17.–22. Mai 1966) sind authentisch. Die Konfrontation der beiden Zeitungsmeldungen pointiert unausgesprochen die Fragwürdigkeit der amerikanischen Pressepolitik. Darüber hinaus verbreitet das Gedicht ein Stück »Revolutionsgeschichte«: Fried will die parteiliche Information; die Epigramme und die beigeheftete Chronik über die Entwicklung des Vietnam-Krieges bilden eine Einheit.

Der Glaube an eine »Revolution über Nacht« brach sich Ende der sechziger Jahre neben zu Mauerparolen vereinfachten Epigrammen vor allem in Songs Bahn. Degenhardts *Ostermarschlied 68*[98] wandte sich nicht mehr allgemein gegen die Atombewaffnung wie gewisse Protestgedichte der fünfziger Jahre,[99] der Anlaß – das Attentat auf Rudi Dutschke – war aktuell. Wie in der Vormärz-Lyrik steht die Anweisung zum Handeln im Vordergrund (»Beginnt! sofort!«), der Gegner wird nicht – wie bei Enzensberger – »jungdeutsch« kompliziert und ferngerückt, sondern unmißverständlich beim Namen genannt (»Macht endlich Schluß mit diesem faulen Frieden, / mit unsrer Angst, die Springer täglich schürt«). Der Text sucht die Gemeinschaft, er will gesungen werden; Degenhardt hat seinen Liedern Noten beigegeben, Ziel ist die befreiende Aktion. Derartige Lieder sind Dokumente eines revolutionären Verbalismus, der sich – von der Realität getrennt – auf »Erpressung und Parteinahme« gründete, aber – wie Pasolini analysierte – bereits »Produkt der Verzweiflung und eines unbewußten Gefühls der Ohnmacht« vor der technologischen Wirklichkeit war, denn »in dem Moment, wo sich in Europa eine neue Gesellschaftsform und eine lange Zukunft programmierter ›Entwicklung‹ abzeichneten [...], hat man gespürt, daß jegliche Hoffnung auf eine Arbeiter-Revolution zu schwinden drohte. Eben deshalb wurde so lautstark nach der Revolution gerufen.«[100]

Auch die seit 1965 veröffentlichten Gedichte Wolf Biermanns wenden sich aggressiv an den Leser: *Warte nicht auf beßre Zeiten*,[101] eine solche Aufforderung hält allerdings nicht bloße Verbalität parat. Biermann lebte bis zu seiner Ausbürgerung aus Ost-Berlin in ferner Nähe zu beiden deutschen Staaten; er »hatte eigentlich kaum Verbindungen zu DDR-Autoren«.[102] Gleichwohl erreichten seine Lieder schon früh eine Lebendigkeit, um die sich die meisten Lyriker in der Bundesrepublik nach 1960 zunächst vergeblich bemühten. Die Ursache ist darin zu sehen, daß sich Biermann nicht nur politischen, sondern stets auch seelisch-kreatürlichen Erlebnisbereichen öffnete. Darüber hinaus befand sich das Gedicht in der DDR in einer günstigeren Position. Die Subjektivität war Kampfziel; folgerichtig kam es – anders als in Westdeutschland – in den sechziger Jahren zu einer Lyrikwelle;[103] das Gedicht nahm nach wie vor eine Sonderstellung innerhalb der Gattungen ein. Die nach dem Mauerbau geduldete und teilweise auch staatlich geförderte Entfaltung einer anspruchsvollen DDR-Literatur konnte vor allem im Bereich der Lyrik auf lebendige, in der unmittelbaren literarischen Erfahrungswelt verwurzelte Traditionen aufbauen. Erich Arendt und Stephan Hermlin hielten Verbindungen zum Surrealismus wach; Bobrowski und Huchel repräsentierten das moderne Naturgedicht, das sich aufgrund seiner sozialen Komponente anders als die magisch-metaphysischen Arbeiten Lehmanns als erstaunlich ausbaufähig erwies.[104] Die Wirkung Brechts war für viele junge Autoren mit persönlichen Erlebnissen verbunden. Der Einfluß des Klassizisten Georg Maurer auf Braun und Mickel zeigt, daß selbst die Entwicklung des langen Gedichts nicht von außen herangetragen werden mußte. Trotz derartiger Unterschiede setzten sich das epigrammatische Kurzgedicht und rhetorisch längere Formen etwa zur gleichen Zeit in beiden Teilen Deutschlands durch. Während Volker Braun den weltfremden Klassizismus Bechers durch die Integration neuer Stoffe überwand, protestierten in Westdeutschland Rühmkorf, Enzensberger und Brinkmann erfolgreich gegen das bloß Dekorative des »absoluten Gedichts« der Benn-Nachfolger. Die Positionen von Becher und Benn hatten sich beide um 1930 im Zeichen einer neuen Klassizität als Reaktion auf die Krise artikuliert; sie erfuhren spätestens um 1965 unter dem Eindruck eines optimistisch-diesseitigen Lebensgefühls ihre endgültige Revision.

Die lyrische Entwicklung in Westdeutschland verlief zunächst wesentlich problematischer als in der DDR. Der Ästhetizismus der fünfziger Jahre war so mächtig, daß er nur zögernd überwunden werden konnte; eine verhängnisvolle Wirkung übte ungewollt die Lyrikkritik Rühmkorfs aus. Als Autor des ›Gegengesangs‹ empfahl er für die Erneuerung des Gedichts einen Wörteraustausch durch eine stärkere Berücksichtigung von Vokabeln aus dem »Umgangs- und Gebrauchsfundus«,[105] doch was bei parodistischen Gedichten zu überzeugenden Ergebnissen führen konnte, mußte, auf andere Gattungsarten angewandt, scheitern. Durch Rühmkorf wurde jener Wortfetischismus legitimiert, der den Gedichten der Pop-art nach dem Verdämmern des subkulturellen Lebensgefühls einen so leeren und sterilen Eindruck verleiht. Literarische Gattungen erneuern sich in einem Zusammenspiel von Kontinuität und Traditionsbrüchen, doch gerade dieser Prozeß war in Westdeutschland durch die einsträngige Überlieferung gestört. Im Unterschied zur DDR konnte man in der Bundesrepublik kaum auf eigenständige, während der fünfziger Jahre unterdrückte Alternativen bauen. Der nunmehr aggressiv erzeugte ›Kahlschlag‹ und ›Nullpunkt‹ führte zunächst zu keiner kräftigen Lyrik, sondern zelebrierte lediglich den Nachvollzug neuer Vorbilder. Die Auslandsorientierung der fünfziger Jahre blieb in den sechziger Jahren erhalten; der Austausch des französisch-spanischen Surrealismus zugunsten der amerikanischen Avantgarde als neuer »Leitliteratur« war zudem ein Reflex des gesellschaftlichen und politischen Amerikanismus zur Zeit des Außenministers und Kanzlers Willy Brandt, der – nachahmend – die Ausstrahlung und Werte Kennedys zu verkörpern suchte.

Die etappenweise Kenntnisnahme der realistischen Lyrik aus USA soll kurz ins Gedächtnis gerufen werden: Walter Höllerer und Gregory Corso gaben 1961 eine Anthologie *Junger amerikanischer Lyrik* u. a. mit Gedichten von Blackburn, Creeley, Ferlinghetti, Ginsberg, Kerouac, McClure, O'Hara und Olson heraus (München), Karl O. Paetel folgte 1962 mit seiner Sammlung *Beat* (Reinbek b. Hamburg). Vorher erschienen bereits Einzelausgaben von E. E. Cummings (München 1958) und Allen Ginsberg (Wiesbaden 1959). 1962 wurden in der Bundesrepublik Übersetzungen von Ferlinghetti (Wiesbaden) und William Carlos Williams (Frankfurt a. M.) verlegt. Bedeutung für die neurealistische Lyrik – sieht man einmal von der Vermittlung der New Yorker Pop-Szene durch R. D. Brinkmann Ende der sechziger Jahre ab – erlangten schließlich die Sammlungen von Charles Olson (Frankfurt a. M. 1965) und Robert Creeley (Frankfurt a. M. 1967). Einen »spontanen Zugang« (Jürgen Becker)[106] fand vor allem die von Enzensberger besorgte Auswahl der Gedichte von Williams; einige im Nachwort formulierte Grundpositionen gehörten bald zum Standardrepertoir, z. B.: »Diese Schreibweise hat es nicht auf Deutung, sondern auf Evidenz abgesehen. Sie verzichtet konsequent auf ›Tiefe‹ und gibt stattdessen die Oberfläche der Erscheinungen in höchster Prägnanz.«[107] Wenn Brinkmann 1968/69 in der Notiz zu den *Piloten* und in den Bemerkungen zu den Anthologien *Acid* und *Silverscreen* als Opposition zur »Sakralisierung der Form« eine »Poesie der Oberfläche« forderte, dann übersah er, daß sich der amerikanische Realismus – wie in der Malerei[108] – in einer ununterbrochenen Tradition entwickeln konnte. Brinkmanns Formeln »Man muß vergessen, daß es so etwas wie Kunst gibt! Und einfach anfangen«[109] und »Keiner ist [aus der Produktion und Rezeption von Gedichten] ausgeschlossen«[110] enthüllen sich im nachhinein als Mystifikationen; der anar-

chistische, die Vieldimensionalität der ›Klassischen Moderne‹ zertrümmernde Impuls war allerdings so gewaltig, daß die Tabula-rasa-Situation auch nach dem Verebben der Bewegung erhalten blieb.
Auf der Suche nach geschichtlichen Zusammenhängen verwischen viele Lyriker der jungen Generation die tatsächliche Distanz ihrer Arbeiten zu den Absichten des ›Neuen Realismus‹. Die Verse Brinkmanns aus den späten sechziger Jahren verzichten zwar auf eine hinter den Sachen liegende zweite Bedeutung, sie wollen die Alltagswirklichkeit »jetzt, in einem Augenblick«[111] wiedergeben, doch da über den Dingen das geschlossene Weltbild vom »Konsumhimmel« steht, rücken die Gedichte – wie die trivialchristlichen des 19. Jahrhunderts – in die Nähe der Allegorie. Brinkmann versuchte ähnlich wie die New Yorker Pop-art das Ich zugunsten archaischer Triebstrukturen auszulöschen; die Objekte der Glamourwelt geraten unter einen überirdisch flackernden Schein. Die Intention war optimistisch. Durch die Ankoppelung der Trivialmythen an sexuelle Wunschvorstellungen sollte sich das Subjekt aus den Hörigkeits- und Abrichtungshaltungen der modernen Industriegesellschaft befreien.

Eine übergroße Photographie von Liz Taylor

Ich trinke meinen Kaffee wie jeder Kaffee trinkt
aber die Bilder sind anders.
Der eine denkt an irgendetwas

und ich denke
an irgendetwas, Liz Taylor lächelt immerzu.
Wenn es etwas gibt, das sich lohnt, dann

ist es das.
Die Krümmung einer Haarlocke und
die natürliche Kräuselung des

Schamhaars
wie Schamhaar sich in meinen
Träumen kräuselt, es ist schon

spät.
Und noch immer lächelt Liz Taylor
mich an. Was ist das? Nehmen wir an, es

ist nichts
was sich lohnt, dann bleibt dieses von allem übrig
nachdem ich meinen Kaffee ausgetrunken habe.[112]

Das Gedicht aus der Sammlung *Die Piloten* (1968) löst den Anspruch auf Alltäglichkeit und Trivialmythos durch Verbalität ein. Von dem Lächeln der Liz Taylor wird lediglich gesagt, daß es übrigbleibt. Während in den Bildern der amerikanischen Popmalerei die nah und übergroß gesehenen Details durch ihren spezifischen Materialcharakter eine strukturbildende, flächenorganisierende Funktion erzeugen, dringen die Wörter Brinkmanns kaum zu einer intensiven Bildwirklichkeit vor. Der Verzicht auf

Subjektivität (»Der eine denkt an irgendetwas / und ich denke / an irgendetwas«) weicht zwar die traditionelle Bedeutungsschwere in ein neutrales Nebeneinander von Ich und Starfoto auf, doch das Ziel, den Leser mitten in das Bild zu ziehen, bleibt aus. Der gigantomanische Effekt der immerzu lächelnden Diva wird eher zu einem Kaffee-Genre verkleinert. Brinkmann vertraute zu sehr auf die Provokation bloßer Vokabeln wie »Schamhaar« und »Liz Taylor«, doch neue Wörter machen noch keine neuen Gedichte. Die Arbeiten bezogen ihre Energien aus dem Erfahrungsbereich von drei, vier Universitätsjahrgängen, die sich – angeblich unabhängig von der krebsartig wuchernden Destruktion des Industriestaats – abkapselten und in der Subkultur kurzfristig die Basis eines Identitätsgefühls fanden. Mit dem Verlöschen der Euphorie büßte das Gedicht der Pop-art seine Wirkung ein, weil es eindimensional auf die spontane Reaktion einer bestimmten Gruppe in einem bestimmten Zeitabschnitt ausgerichtet wurde. Anders als in der Prosa (*Keiner weiß mehr*, 1968) fand Brinkmann erst seit 1970 im Gedicht zu überzeugenden Leistungen, nachdem er sich vom Literaturbetrieb angeekelt distanziert hatte. Dieser Rückzug und der damit verbundene Abschied von den Idolen der Pop-art bedingten eine immer radikaler werdende Selbst- und Umwelterfahrung (»ich sehe klarer, ich sehe auch genauer, ich nehme aufmerksamer die Gegenwart wahr«[113]); nunmehr konnte sich der Dichter – aus dem ästhetischen Spannungsfeld der Vorepoche entlassen – unmittelbar und mitleidend aussprechen und für seine Kritik an der Versteinerung der Industriegesellschaft eine eigenständige Form erarbeiten. Die in *Westwärts 1* & *2* (1975) abgedruckten Songs und monströsen Flächenkompositionen wandten sich vom Alltags-Genre ab. Brinkmann gruppierte häufig »unscheinbare, geringe und zufällige Eindrücke« zu Wortblöcken, die nicht nacheinander, sondern nebeneinander gesetzt sind, so daß die traditionelle Lesegewohnheit gestört wird. Das Auge muß zurück und seitwärts tasten, um die Zusammenhänge zu erkennen; in solchen Flächen- oder Löchergedichten ist die Kausalität extrem in Frage gestellt mit dem Ziel, eine totale Einsicht in den tatsächlichen Lebenszustand zu vermitteln. Die aus dem Nachlaß 1979 unter dem Titel *Rom, Blicke* [14. Oktober 1972 bis 9. Januar 1973] veröffentlichten Materialienbriefe an seine Ehefrau und Freunde bestätigen, wie systematisch Brinkmann daran ging, einen Ort und seine Umgebung durchzuarbeiten. Mit geradezu wissenschaftlicher Präzision topographierte er die häßliche Materie der modernen Großstadt mit ihren an jeder Ecke aufgestellten »Hinweisen und Drohungen des Todes«, um sie als Projektionen der seelischen Entleerung zu deuten. Die Gedichte aus *Westwärts 1* & *2* bilden mit den Rombriefen, der als Privatdruck der Villa Massimo veröffentlichten Collage *Worlds End* (1973) und den Aufzeichnungen *To a world filled with compromise, we make no contribution* (*manuskripte* Nr. 36/1972) eine Einheit; die Nähe dieser Formen zeigt, wie sehr die Gattungen in Bewegung geraten waren.

Schon vorher hatte Günter Herburger Beschreibung, Erinnerung, Reflexionen, umgangssprachliche Rede u. a. rhetorisch aneinandergereiht und war für eine Gattungsvermischung eingetreten. »Mir sind ein, zwei Gedanken jedenfalls zu wenig, mit denen sich Gedichte meistens zufrieden geben«, bekannte er 1967 im *Kursbuch*. »Dann will ich wenigstens an einer zusammengepreßten Materialiensammlung scheitern. Ich wünsche mir Gedichte wie voll gestopfte Schubladen, die klemmen.«[114] Es fällt auf, daß nicht die in Stereotypen steckengebliebene Imitation der amerikanischen Pop-art, sondern das zuerst von Walter Höllerer geforderte »lange Gedicht«[115] die Entwicklung vorangetrieben hatte. Die programmatische Stilmischung und die Öffnung zur banalen Alltagswirklichkeit wirkten erneuernd. Während Herburgers Beschreibungsgedichte stofflich aufquollen und sich im Beliebigen verloren, brachte neben Brinkmann vor allem Jürgen Becker neue, die Wirklichkeitselemente konstruktivistisch durchformende und dynamisierende Impulse in das Konzept der Gattungsmischung ein. Ähnlich wie Handke[116] opponierte er gegen die bloße Reproduktion der Realität ohne syntaktische Veränderung[117], er wollte neben der Wirklichkeit auch den Bewußtseinsvorgang abbilden, den die Erfahrung hervorruft. Seit Anfang der sechziger Jahre bemühte sich Becker um die Erschließung privater, durch Beobachtung gewonnener Stoffbereiche; eine an Heißenbüttel erinnernde Mechanik, die in den frühen Prosabüchern *Felder* (1964) und *Ränder* (1968) vorherrscht, überwand er in den Lyriksammlungen *Schnee* (1971) und *Das Ende der Landschaftsmalerei* (1974). Becker schulte sich an der »magischen«, »genauen« und »kalten« Tagebuchliteratur der dreißiger Jahre, vor allem an Felix Hartlaub,[118] der auch Bernward Vesper »jahrelang als äußerst progressiv erschien«.[119] Doch anders als Hartlaub löste Becker das Statische der Beobachtungen auf und drängte wie Vostell auf »Verwischungen«, denn »was wir zu sehen glauben, verschwindet gleich wieder; im Kopf ein Rauschen; verwischte Welt«.[120] Becker entwarf größere lyrische Kompositionen wie das *Berliner Programm-Gedicht; 1971*, in dem »ein Monats-Protokoll [. . .] in Tagebuch-Form« gegeben wird; der Autor versuchte, »die täglichen Ereignisse und zugleich das, was sie an Erinnerung und an vergangener Erfahrung rekapitulieren, in einen lyrischen Vorgang zu verwandeln«.[121] Dabei vergegenständlichte er seine Erfahrungen durch den raschen Wechsel von Kurz- und Langzeilen, eine Technik, die er u. a. bei Paul van Ostaijen vorgebildet fand und die W. C. Williams und Charles Olson in den USA weiterentwickelt hatten. Beckers Zeile ist »offen«, ihre Länge oder Kürze richtet sich nach der sich ständig im Bewußtsein verschiebenden Bedeutung. Die beobachteten, gehörten und erinnerten Materialien verschwimmen nicht wie bei Herburger als Reproduktionen ineinander, sondern können sich selbst in einer Folge fragmentierter Sätze herstellen.

Gedicht im Wind

Jahre; das sind die faulenden Mauern
im Fachwerk
                    – aber, das ist Fachwerk; das Dorf,
die Dörfer sind weg; Leverkusen
auf allen Hügeln; auf allen Hügeln
Los Angeles –
                    im Wind. Es sind die Geräusche
der Produktion
                    (»Die Pappeln am Bauernhof
werden nicht still«, im Kriegstagebuch 39 von
Hartlaub. September)
                              im Wind. Birnen
rasseln; das harte, das alte Gras, unten,
macht keinen Unterschied; die Birnen,
die faulenden Birnen sind weg
                                        – und

keinen Unterschied macht jetzt der Nebel,
(»was heißt hier
                    Nebel«) unten. Wir
husten. Alle in der Bucht. Bucht
                                        im Wind
der Chemie; hier,
                    auf den Hügeln,
sage ich, hier auf den Hügeln,
Beverly Hills –
                    Jahre; das sind
die alten Sprachen im Kopf; im Koffer, noch,
die alten Karten
                    (California); die Karten da
an der Wand
                    – und da die Dörfer sind weg.
Dörfer auf Karten. Leverkusen
(Carl Leverkus) seit 1930.
                              Chemie. Der
Nebel. Älter ist dies Fachwerk
                                        (Fäulnis,
Chemie); alternd, im Wind.[122]

Zwischen dem ersten Wort »Jahre« und dem letzten »im Wind« erscheint ein Bild der durch chemische Gase zerstörten Kölner Bucht. Ähnlich wie Vostell Plakate oder Fotos mehrfach überklebt und teilweise wieder abtrennt, hat Becker in sein Gedicht verschiedene Vorstellungsbereiche – oft in einem Wort oder Halbsatz – fragmentiert eingebracht. Neben symmetrischen Bildungen wie z. B. »Leverkusen / auf allen Hügeln; auf allen Hügeln / Los Angeles –« und »die alten Sprachen im Kopf; im Koffer, noch, / die alten Karten« arbeiten vor allem Wiederholungen (4mal »im Wind«) und identische Satzkonstruktionen (»das sind die faulenden Mauern«, »das ist Fachwerk«, »es sind die Geräusche der Produktion« usw.) an einer einheitlichen Struktur. Der Eindruck des Geometrisch-Konstruktiven wird nicht zuletzt durch die Wortwahl erzeugt: »Fachwerk«, »Produktion«, »Chemie«, »Karten«; eine verwandte Wirkung geht von den nicht ausgeschriebenen Jahreszahlen (»Kriegstagebuch 39«, »Leverkusen [. . .] seit 1930«) sowie den in der Mathematik geläufigen Einklammerungen aus. Becker arbeitete mit Selbstzitat (»auf den Hügeln, / sage ich, hier auf den Hügeln«), gehörter Rede (»was heißt hier / Nebel«) und einem Satz aus dem Kriegstagebuch Hartlaubs (»Die Pappeln am Bauernhof / werden nicht still«). Aus dem Zitat Hartlaubs dämmern die Konturen einer dörflichen Welt, als das Fachwerk noch nicht verfaulte und die Birnen ins Gras rasselten. Wie das Ich die in der Schule gelernten »alten Sprachen« im Kopf behält, so auch die Landschaftswirklichkeit der Kindheit. Durch den Verweis auf Hartlaub verdeutlichte Becker die geschichtliche Dimension, die das Idyll der rauschenden Bäume bedroht. Hartlaub schrieb über »Pappeln am Bauernhof«, aber auch über »Hochofen-Türme«, die »waagrecht rote Flamme« eines Giftgaswerks[123] und den objektiven Schrecken des Krieges. Becker bekannte einmal, daß er eine »Archäologie« seiner Vergangenheit betreibe[124] und dabei auf verschollene Stimmen höre. Von Hartlaub beeindruckte ihn vor allem der kleine Text *Nachtwachen*, »seit ich diese Passagen [...] kenne, kenne ich meine Erinnerungen wieder an den Spätsommer, den Herbst 39, weiß ich wieder, was in der rasselnden deutschen Landschaft damals *mehr noch* zu hören war, zu sehen, zu riechen, zu empfinden an spätzeitlicher Stimmung, in dieser dröhnenden, flirrenden Luft voller Lautsprecher [...]«.[125] Wörter speichern unterschiedliche Erfahrungen, es gilt sie so anzuordnen, daß sie Eingeschlossenes wieder freisetzen. Nicht ohne Zufall endet das Gedicht mit einer Reihe, in der isolierte Substantive vorherrschen: »Chemie. Der / Nebel. Älter ist dies Fachwerk / (Fäulnis, / Chemie); alternd, im Wind.« Die Wörter summieren die Grundvorstellung, doch aus semantischen Bezügen gelöst, werden sie in die Lage versetzt, das subjektive Altern auszudrücken, ohne daß Becker das Ich mit seinen Gefühlen und Stimmungen bemühen muß. Die Schlußwendung »alternd, im Wind« schafft eine Offenheit, in die der Leser – seine Sinne und sein Gedächtnis aktivierend[126] – am Ende selbst eintreten kann.

Vergleicht man *Das Ende der Landschaftsmalerei* (1974) mit Beckers nächster Gedichtsammlung *Erzähl mir nichts vom Krieg* (1977), so ist eine Auflösung der konstruktivistischen Schreibweise zu beobachten.[127] Eine ähnliche Dämpfung hatte sich schon Anfang der siebziger Jahre bei Peter Handke abgezeichnet. Die 1965–68 geschriebenen Gedichte aus *Die Innenwelt der Außenwelt der Innenwelt* (1969) geben neben objets trouvés modellhafte Demonstrationen einer Sprachtheorie, die weniger auf Wittgenstein als auf Edward Sapir und Benjamin Lee Whorf zurückgeht und die Sapir in folgenden zwei Sätzen zusammenfaßte: »Tatsächlich wird die ›Reale Welt‹ sehr weitgehend unbewußt auf den Sprachgewohnheiten der Gruppe erbaut [...]. Wir sehen und hören und machen überhaupt unsere Erfahrungen in Abhängigkeit von den Sprachgewohnheiten unserer Gemeinschaft, die uns gewisse Interpretationen vorweg nahe legen.«[128] Handkes Ziel war es, diesen Vorgang durch Gedichte und Sprechstücke bewußtzumachen. Die Welt zog sich jedoch für viele zu Beginn der siebziger Jahre wieder in eine opake Dunkelheit zurück. 1971 war bereits das »Ende der Popliteratur« erkennbar.[129] Die Presse beobachtete einen »Abschied von den Theorien«,[130] eine »Rückkehr des Ich«[131] und eine allgemeine Re-Literarisierung.[132] Hans Christoph Buch gehörte zu den ersten, die unmißverständlich eine Umkehr artikulierten: »Schreiben wir über unsere eigenen Erfahrungen, vergessen wir den theoretischen Müll, den wir in unseren Köpfen angehäuft haben.«[133] Wie Brinkmann seine Vorstellung, daß das »unglückliche Leben [...] lediglich die Folge eines falschen Programms« sei,[134] aufgab, so distanzierte sich Handke von der Hoffnung, daß eine neue Sprache einen besseren Menschen mache. Vergleicht man z. B. das Gedicht *Die neuen Erfahrungen* von 1967 mit *Leben ohne Poesie* von 1972, so ist neben dem Abbau der rationalen Satz-Montage eine Rückbindung des Authentischen an private Erfahrungsbereiche zu beobachten; das Gedicht von 1972 hat den Modellcharakter verloren und bringt statt Aufklärung Empfindungen zur Sprache. Eine Wendung wie »und an einer Stelle inmitten der düsteren / Landschaft / flimmerten die Birkenblätter so hell wie ein / Schmerzenslaut«[135] ordnet das Gefühl zwar den Dingen und nicht dem Subjekt zu und steht daher noch in einer gewissen Distanz zur Erlebnislyrik Goethes (»Füllest wieder Busch und Tal / Still mit Nebelglanz, / Lösest endlich auch einmal / Meine Seele ganz«)[136], dennoch wird die Natur wieder als Stimmungsträger eingesetzt. Bei der Wende zum Gefühl handelt es sich um eine allgemeine Erscheinung. An die Stelle der Aufbruchs- und Siegesstimmung des Fortschrittdenkens rückten Orientierungslosigkeit und Depression. Diese seit 1974 als ›Tendenzwende‹[137] bezeichnete Klimaveränderung ist u. a. von der Erfahrung der Ohnmacht geprägt, aber auch von einer wachsenden Kritik an technologischen Prozessen und der das Individuum in seinen seelischen Bedürfnissen reduzierenden Industriegesellschaft.[138] Zweifellos ist auch ein Generationswechsel wirksam geworden, der sich zum erstenmal 1971 in der von Klaus Gallwitz herausgegebenen Dokumentation zur Wirkung Dalis auf die Jugend angekündigt hatte. Die damals 15–18jährigen forderten als Alternative zur Protestbewegung »einen Weg nach innen«.[139]

Der Lebenskult der sechziger Jahre war ein rhetorischer Protest und bekämpfte die metaphysische Grundhaltung der ›Klassischen Moderne‹; in den siebziger Jahren wurden die »neuen Erfahrungen« an die Lebenspraxis herangeführt, eine Entwicklung, die sich schon einmal im 19. Jahrhundert – aus einer ähnlich depressiven Stimmung heraus – ereignet hatte. Die enttäuschte Jugend von 1968 proklamierte wie die von 1848 ausdrücklich eine Abkehr von politisch-philosophischen Ideen und eine Hinwendung zur »Objektivität«.[140] So erkannte Hugo Dittberner 1975 in einem Aufsatz über Tendenzen der neuen Lyrik ein verstärktes Bedürfnis nach »pragmatischer Orientierung«, er forderte – fast wörtlich wie Gustav Freytag und Julian Schmidt in den *Grenzboten* – Einfachheit und Praxisbezug.[141]

Die *Literarischen Hefte* setzten sich bereits 1973 für einen »praktikablen Realismusbegriff« ein; als Kennzeichen der neuen Gedichte wurden Verständlichkeit und Identifikationsmöglichkeit genannt sowie ausschnittweises Vorführen von »empirischer Realität«, vom »Detailrealismus« rückte man ab. »Es geht nicht [...] um das Schwelgen in der Beschreibung von Oberflächenphänomenen, sondern um den Versuch, im Einzelnen, Individuellen, das Allgemeine eines gesellschaftlichen Zustandes erkennbar zu machen.«[142] Man distanzierte sich folgerichtig von den Flächenkompositionen Brinkmanns aus *Westwärts 1 & 2*[143] und verlangte nach »stringenter Organisation« der »einfachen Sprache« (Jürgen Theobaldy)[144]. Nach dem ›Kahlschlag‹ der Pop-art blieb als literarisches Bezugsfeld fast ausschließlich der amerikanische Realismus übrig, der in den sechziger Jahren vermittelt wurde. Daß sich dabei gewisse poetische »Standardposen«[145] entwickelten, verwundert kaum. Brinkmann widmete 1968 seine *Piloten* »all denen, die sich immer wieder von neuem gern auf den billigen Plätzen vor einer Leinwand zurücksinken lassen«; bei Theobaldy gehört diese Provokation zehn Jahre später bereits zum Repertoire: »Diese Gedichte sind für alle, die in den Zügen der Deutschen Bundesbahn zweiter Klasse sitzen, auf den vorderen Plätzen im Kino, für alle, die Stehplatzkarten für die Kurve haben, wo der Abstand zum Spielfeld am weitesten ist.«[146] Ähnlich unindividuell und angelernt wirken auch die in Kneipen, Wohnungen oder auf der Straße angesiedelten Gedichte, oft erstarren bereits die Anfänge in ihrer Saloppheit zum Stereotyp[147] oder verschwimmen zum Stimmungsbild wie bei Hugo Dittberner.

Straßenbahngedicht

Als ich von dir kam
schrieb ich dies Gedicht auf
von meiner Fahrt in der Straßenbahn
wo ich neben einem Mädchen stand

in einem Lodenmantel
das warm roch und nach Liebe
sie sah so müde aus genau wie ich
zufrieden sahen wir unser Bild
in den spiegelnden Scheiben
während wir von Station zu Station
fuhren die Straßenbahn wurde immer leerer
aber wir
blieben dicht beieinander stehen
wir gehörten zusammen wie wir da
gleich groß und ruhig in der Scheibe standen
und die Fahrt endlos dauern konnte.[148]

Während Brinkmann in seinem Gedicht *Einfaches Bild* 1967 unpersönlich, wie von einer Kamera beobachtet, »ein Mädchen / in / schwarzen / Strümpfen« vorbeigehen läßt,[149] bringt sich das Ich bei Dittberner selbst in das Gedicht ein. Gefühlssprache (»Liebe«) und positive Wertungen (»zufrieden«, »endlos«) dämpfen die Spannung der beiden lediglich in der »spiegelnden Scheibe« zusammenfindenden Menschen; der harmonische, Konflikte eindämmende Eindruck überwiegt. Roman Ritter steigert die Idylle in seinem Gedicht *Kinderbild* durch Sprachrequisiten aus der neuromantischen Literatur, die der Naivität eines Kindes widersprechen. »Im Baum sitzt ein Vogel mit lila Federn / und singt«, ein alter Mann hat »silberne Augen«, eine »weiße Wolke flattert lautlos durch das Haar« eines Mädchens, ihr Schoß ist weich »wie eine Feder« usw.[150] Auf die Spannungslosigkeit dieser Gedichte – »halb Schnappschuß, halb Genrebild« (Enzensberger) – hat die Kritik bald hingewiesen.[151] Dittberner selbst betonte die Gefahr, daß »die gegenwärtige gesellschaftliche Realität zu sehr geläutert wird zu einer klassischen, daß also dieser Kunst die Widerstände genommen werden«.[141] Daß ein Gefühlsschub aus dem Bewußtsein der Orientierungslosigkeit und Erschütterung nicht zu einer qualitativen Blüte führen muß, legte Brecht bereits 1927 offen, als er als Preisrichter der *Literarischen Welt* 400 Einsendungen junger Lyrik zurückwies.[152] Die von ihm damals vorgebrachte Charakteristik der Werke als »sentimental«, »unecht« und »weltfremd« kann ebenso wie die Abrechnung Benjamins mit Erich Kästners »Linker Melancholie« von 1930 (»Seine Schwermut kommt aber aus Routine«)[153] auf Gedichte der Lyrikwelle seit 1973 bezogen werden. Daß sich unter der Jugend der siebziger Jahre aus enttäuschter Mitleids- und Begeisterungsfähigkeit eine ähnliche Verlorenheit wie um 1930 artikuliert, hat Jürgen Busche erkannt.[154] Die zahlreichen Lyrikzeitschriften und Pressendrucke, die an den Universitäten hergestellt und vertrieben werden, sind ein kollektives Ereignis wie die Plakatmalereien von 1968, nur hat sich die Hektik der Gruppenbegeisterung zu einer dumpfen Unzufriedenheit verschoben; der mangelnde Mut zu Eigenverantwortung und Offenheit, der die Protestbewegung kennzeichnete, ist geblieben.

Der Aufstieg des Gedichts findet seinen sichtbarsten Ausdruck in den seit 1974 wöchentlich von der *Frankfurter Allgemeinen Zeitung* abgedruckten Interpretationen; der Anteil der nach 1930 geborenen Lyriker beträgt dabei weniger als 15%.[155] Die traditionelle Grundeinstellung der *Frankfurter Anthologie* entspricht einer Neigung der späten siebziger Jahre – ratlos – Anschluß an Autoritäten der Vergangenheit zu suchen.

Jürgen Theobaldy notierte 1979 zu seiner Gedichtsammlung *Drinks*: »Ich las die *Römischen Elegien* wieder, die *Italienische Reise*, all diese naheliegenden Texte. Unter dem südlichen Licht dachte ich, enger an deutsche Klassik und Romantik heranzukommen als in den freudlosen, hektischen Städten des Nordens.«[156] Auch wenn Theobaldy eine Rückkehr zu gebundenen Formen gegenwärtig für unwahrscheinlich hält, ist eine Entwicklung zu konventionellen Gattungsarten wie Lied, Sonett, Hymne, Ode usw. als scheinbare Antithese zum lässigen Daherreden des Parlando-Gedichts nicht auszuschließen; bei einzelnen Autoren wie Herburger kündigt sich bereits wieder der seit den fünfziger Jahren verbannte Reim an. Es ist bezeichnend, daß Rühmkorf in seinen Frankfurter Poetik-Vorlesungen 1980 den Reim nicht mehr nur als parodistisches Element, sondern wieder als »archaisches [...] Beschwörungsmittel« empfahl.[157] Ein erneutes Verschanzen hinter feste Formen könnte ein Warnzeichen sein, daß die Melancholie abermals einem unlebendigen Ordnungsdenken entgegentreibt. Der in den letzten Jahren zu beobachtende Rückgriff auf das Versepos, das schon im 19. Jahrhundert epigonenhafte Züge trug und mit seiner Mischung von Idyllik und Heroismus Ausdruck einer tiefen Unsicherheit war, weist jedenfalls nicht auf ein selbstbewußtes Offenlegen seelischer und gesellschaftlicher Konflikte (Konjetzky: *Das Poem vom grünen Eck*, 1975; Schenk: *Jona*, 1976; Enzensberger: *Der Untergang der Titanic*, 1978).

Dennoch wäre es falsch, die künftige Entwicklung ausschließlich auf dem Hintergrund der Gedichtbegeisterung der jungen Generation zu sehen; ein allgemeiner Gefühlskult und die Schaffung von bemerkenswerten Gedichten können sich – wie in den dreißiger Jahren – sogar bedingen. Noch lebt die Gattung im Spannungsfeld unterschiedlicher Strömungen. Jenseits der Kleinmalerei und der fatalistisch-passiven Stimmung der Nach-68er entstanden und entstehen nach wie vor inhaltlich und formal außerordentlich vitale Gedichte. Eindringlich sei auf die letzten Arbeiten Dieter Leisegangs und Rolf Dieter Brinkmanns hingewiesen.[158] Sie repräsentieren die beiden gegensätzlichen Ausdruckstypen der Lyrikrevolution, die sich in Deutschland Ende des 19. Jahrhunderts unter dem Eindruck der anonymen und komplexen Industriegesellschaft bei Stefan George und Arno Holz herausgebildet hatten. Sowohl die kurzen wie die langen, beschreibenden Formen entziehen sich einer raschen Gefühlsbestätigung und legen im Leser durch ihre Struktur die verschachtelte Innen- und Außenwelt offen. Jörg Drews beobachtete, daß in den Prosa-Arbeiten der jungen Generation mehr übers »Innere der zeitgenössischen Subjekte« zu erfahren sei als in der Lyrik.[159] Die Ursache liegt vermutlich in der Einengung des Gattungsspektrums auf die »heile« klassisch-romantische Erlebnisästhetik, die schon im Bürgerlichen Realismus 1848–80 zwar diskutable Romane, aber kaum überzeugende Gedichte hervorgebracht hatte. Realismus in der Lyrik drängt auf ein Zerstören der Realität, ein umgekehrtes Verfahren erzeugt Idyllendichtung. Es sollte der Poesie nicht darum gehen, in Konkurrenz zu den Medien Zerstreuungs- oder Trostbildchen anzubieten; das Gedicht der achtziger Jahre wird nach dem Grad seiner Lebendigkeit gemessen werden und an seiner sprachlichen Kraft, den Leser – heilend – in die Klüfte und Brüche seines Ichs zu versetzen, denn »Dichtung ist eine Erneuerung der Erfahrung« (Wallace Stevens).[160]

Anmerkungen

1 Hamburg 1927. S. 2.

2 Damit begründet Karl Rauch seine Sammlung *Der Lyrik eine Bresche* (Berlin 1931, S. 42), vgl. dort S. 68 das Bekenntnis von Gottfried Sello: »Unsere Zeit braucht sie [die Lyrik] als Gegengewicht gegen die äußere Geschäftigkeit, gegen das hastende Tempo [...]. Diese Erkenntnis beginnt sich allmählich, gerade auch in der Jugend, immer mehr durchzusetzen. Es gibt heute eine immer stärker werdende Bewegung, die sich abwendet von Technisierung und Rationalisierung und um eine geistige, gewissermaßen lyrische Einstellung zum Leben ringt. Das Gefühl wird wieder oberste Norm. Das Irrationale, Dunkle lockt.« S. 52 berichtet Paul Zech, daß in öffentlichen Bibliotheken »die Ausleihe von Versbüchern moderner Autoren seit 1926 eine steigende Tendenz aufweist«.

3 Lyrische Demoskopie. In: Texte und Zeichen 2 (1956) S. 647.

4 Jürgen Becker in einem Brief an den Verf. vom 12. 3. 1974.

5 Siehe dazu den Bericht in der Frankfurter Allgemeinen Zeitung. Nr. 124 v. 20. 5. 1979. S. 27 von Walter Hinck, dort unrichtig eine angebliche Reim-Empfehlung im Vortrag des Verf.s.

6 Vgl. die Arbeiten des Verf.s in: Die deutsche Literatur im Dritten Reich. Hrsg. von Horst Denkler und Karl Prümm. Stuttgart 1976. S. 459–503; Literaturmagazin 7. Reinbek 1977. S. 95–105; Anmerkungen und Nachwort zu Horst Lange: Tagebücher aus dem Zweiten Weltkrieg. Mainz 1979. S. 224–259, 292–331.

7 Die von Hugo Friedrich auf die Baudelaire- und Mallarmé-Rezeption eingeengte »Struktur der modernen Lyrik« lebte während der Hitler-Zeit in beschränkten Veröffentlichungen weiter. Im Handel waren nicht nur die Übersetzungen Georges – von dem 1938 eine Gesamtauflage von 251 980 Exemplaren genannt wurde (Lektoren-Brief 1 [1938] 5. S. 9) – es kamen auch neue hinzu, z. B. von *Mallarmé* (Gedichte. Übers. von F. J. Nobiling. Jena 1938; Gedichte. Dt. von Fritz Usinger. Dessau 1943) und *Verlaine* (Gedichte. Übertr. von Georg von der Vring. Berlin 1940). Obgleich Meyers Lexikon (Leipzig [8]1936) *Baudelaires* Dichtungen vorwirft, nur das »Phantastische, Krankhafte, pervers Erotische« zu gestalten (Sp. 1002), wurde die dreibändige Werkausgabe von Franz Blei (München 1925) durch Berliner Kaufhäuser wie KaDeWe und Hertie im Dritten Reich zu herabgesetzten Preisen vertrieben (vgl. die Anzeigen im *Berliner Tageblatt* Nr. 4 v. 3. 1. 1936, Nr. 371 v. 7. 8. 1936, Nr. 165/166 v. 9. 4. 1937 u. a.). Kenntnisse des französischen Symbolismus vermittelten ferner die Arbeiten über *Baudelaire* von C. Schröer (Leipzig/Paris 1935), *Rimbaud* von H. Reitz (Diss. München 1937), E. Starkie (Berlin 1938) und *Mallarmé* von K. Wais (München 1938). – Eine wichtige Rolle für die Kontinuität der modernen Lyrik übernahm die Reihe »Das Gedicht. Blätter für die Dichtung« des Ellermann Verlags (seit 1934), hier schon eine *Verlaine*-Auswahl von Georg von der Vring (Februar 1935). Ellermann brachte neben Sammlungen von *Benn* (Januar 1936), *Langgässer* (Mai 1935), *Lehmann* (Dezember 1936), *Loerke* (Juli 1941) noch während des Krieges Ausgaben von *Stadler* (November 1939) und *Heym* (April 1942), vorher zahlreiche Einzeldrucke, vor allem von *Heym* (Mai 1935, Oktober 1936, Dezember 1936, Juni 1937). Es ging Ellermann darum, »in möglichst gerechter Weise ein Bild der zeitgenössischen Dichtung und ihrer Impulse überhaupt zu geben«. So der Verleger im *Berliner Tageblatt* Nr. 506 v. 24. 10. 1936. Einzeltitel der Reihe von Jg. 3 (1936/37) bis Jg. 10 (1944) im Gesamtverzeichnis des deutschsprachigen Schrifttums Bd. 42, S. 119 f.; Bestand teilweise im Deutschen Literaturarchiv / Marbach, nicht katalogisiert. – Außerdem hielten die Feuilletons einiger überregionaler Tageszeitungen Erinnerungen an die Moderne wach, die *Kölnische Zeitung* z. B. an: *Baudelaire* (U. Menck Nr. 442 v. 31. 8. 1942), *Rimbaud* (H. B. Wagenseil Nr. 583 v. 17. 11. 1938), *Verlaine* (F. Gierson Nr. 438 v. 31. 8. 1938; Texte: Nr. 93 v. 3. 4. 1944, Nr. 115 v. 27. 4. 1944), *Mallarmé* (F. Rauhut Nr. 181 v. 11. 4. 1937; K. H. Eickert Nr. 342 v. 10. 7. 1938; F. Usinger Nr. 371 und 372 v. 13. und 14. 8. 1943), *Valéry* (C. Heselhaus Nr. 472 v. 18. 9. 1938; Texte: Nr. 588 v. 20. 11. 1934; Nr. 224 v. 3. 5. 1936, Nr. 161 v. 30. 3. 1938, Nr. 82 v. 14. 2. 1939, Nr. 104 v. 26. 2. 1939, Nr. 191 v. 16. 4. 1939), *Trakl* (G. F. Hering Nr. 60 v. 2. 2. 1937; W. Gall Nr. 103 v. 25. 2. 1940; Texte: Nr. 558 v. 3. 11. 1939, Nr. 515 v. 9. 10. 1941, Nr. 531 v. 18. 10. 1941, Nr. 563 v. 24. 12. 1943), *Heym* (Nr. 72 v. 8. 2. 1942), *Stadler* (Nr. 479 v. 20. 9. 1942), *Ungaretti* (Nr. 483 v. 24. 9. 1939), *Montale* (G. R. Hocke Nr. 358 v. 31. 7. 1943). Diese Angaben verdanke ich K.-D. Oelze, der an der Universität Regensburg eine Dissertation über den Kulturteil der *Kölnischen Zeitung* vorbereitet. – 1936 erschien in der Übertragung von Hans Gebser und Roy Hewin Winstone ein Band mit *Neuer*

spanischer Dichtung, in dem u. a. Gedichte von *Alberti*, *García Lorca* und *Salinas* abgedruckt wurden. Vgl. ferner den Hinweis auf *García Lorca* von Werner Matz im *Berliner Tageblatt* Nr. 233 v. 17. 5. 1936. Die 1938 im Stauffacher Verlag, Zürich, veröffentlichte 1. Fassung der Übersetzung von Lorcas *Zigeunerromanzen* durch Enrique Beck konnte auch nach Kriegsausbruch im Reichsgebiet vertrieben werden. – Zur »poesia ermetica« s. Erich Stock: Novecento. Die italienische Literatur der Gegenwart. Berlin 1942; in dem Kapitel »Lyrik – hermetisch und unhermetisch« Charakteristiken u. a. von *Ungaretti* (S. 228–231), *Montale* (S. 231–234) und *Quasimodo* (S. 236 f.). Weitere Informationen über die italienische Moderne gab die von Werner von der Schulenburg seit 1942 hrsg. Monatsschrift der deutsch-italienischen Gesellschaft *Italien*, dort u. a. Gedichte italienisch-deutsch von *Ungaretti* (Juni 1942; Januar 1943), *Montale* (Januar 1943), *Quasimodo* (Juli 1943), *Cardarelli* (November 1943); Aufsätze von K. E. Gaß über *Montale* (März 1942) und E. Peterich über *Quasimodo* (Juli 1943). – Vereinzelt wurde in den letzten Jahren des Hitler-Staats auch auf die jüngste existentialistische Avantgarde des Auslands positiv aufmerksam gemacht. Vgl. die Hinweise auf *Pavese* durch Carl-Ratzlaff (*Italien* / Januar 1943), *Vittorini* – nach dessen Verhaftung – durch E. Peterich (ebd.) sowie auf *Sartre* durch A. Buesche (*Das Reich*. Nr. 37/1943) und *Camus* durch K. Frahm (*DAZ*. Nr. 357 v. 28. 7. 1943). – Die Widersprüchlichkeit der NS-Kulturpolitik zeigt sich ferner in der Behandlung der beiden Protagonisten experimenteller Erzählkunst *Proust* und *Joyce* (Beispiele in den Kommentaren zu den Tagebüchern Horst Langes [Anm. 6] S. 226 Anm. 7 und S. 240 Anm. 96). Polemische Argumente gegen Joyce weiter bei A. Schlösser (*Wille zur Macht* 6, 1. 12. 1938), zur wohlwollenden Joyce-Rezeption s. neben H. Papajewski (*Die Literatur* 41, 1938/39, S. 619) den beispielreichen Essay über *Finnegans Wake* von C. H. Petersen (*DAZ*. Nr. 305 v. 28. 6. 1939). – Ähnliche Gegensätze sind in der Bewertung moderner Malerei und Musik zu beobachten. Mit den zwei programmatischen Kulturreden Hitlers in München und Nürnberg 1937 (*Berliner Tageblatt*. Nr. 336/337 v. 20. 7. 1937 und Nr. 424/425 v. 9. 9. 1937), in denen er seinen »unabänderlichen Entschluß« bekanntgab, »genauso wie auf dem Gebiet der politischen Verwirrung nunmehr auch [...] mit den Phrasen im deutschen Kunstleben aufzuräumen«, reduzierte sich zwar die öffentliche Verbreitung moderner Malerei und Plastik zum zweitenmal seit den Gleichschaltungsbemühungen von 1933, ihre Rezeption brach jedoch auch jetzt nicht vollständig ab. So veröffentlichte das *Berliner Tageblatt* vom Frühjahr 1933 bis zu seinem Einstellen am 31. 1. 1939 dreiundvierzig durchweg positive Würdigungen von Einzel- und Sammelvernissagen expressionistischer oder nachexpressionistischer Künstler in Berlin, die – mit Ausnahme der großen internationalen Ausstellungen – von privaten Galerien wie Buchholz, von der Heyde, Möller, Nierendorf u. a. veranstaltet wurden. – Obgleich bei der Ausstellung *Entartete Kunst* ein Grammophon *Strawinskis Feuervogel* als Beispiel der Kulturzersetzung reproduzierte (Zwischen Widerstand und Anpassung. Kunst in Deutschland 1933–1945. Katalog der Akademie der Künste. Berlin [West] 1978. S. 72), gehörte der Komponist lange Zeit zu den am häufigsten gespielten ausländischen Musikern. Das *Berliner Tageblatt* widmete Strawinski-Balletten und -Konzerten vom 15. 11. 1934 bis 31. 1. 1939 fünfzehn Besprechungen. Eine bedeutende Funktion für die Verbreitung moderner Musik übernahm die Schallplattenindustrie. So finden sich im Columbia-Hauptkatalog 1938 neun Strawinski-Aufnahmen – u. a. *Die Geschichte des Soldaten* – und bei Electrola sechs. Noch 1938 nahm Strawinski mit den Berliner Philharmonikern in Berlin für Telefunken die damals in Deutschland mehrfach aufgeführte Ballettkomposition *Jeu des cartes* auf. Viel Beachtung fanden ferner Strawinskis persönliches Auftreten beim Internationalen Fest zeitgenössischer Musik in Baden-Baden im April 1936 (*Berliner Tageblatt*. Nr. 169 v. 8. 4. 1936) sowie die deutsche Uraufführung von *Persephone* (Nr. 264/265 v. 8. 6. 1937). Vgl. dazu: Persephone. Melodram in drei Bildern. Musik von Igor Strawinsky. Dichtung von André Gide. Deutsch von Fritz Schröder. Berlin/Leipzig 1937. Dabei wurden die Nationalsozialisten nicht müde, Strawinski als »Kulturbolschewisten« (Joseph Wulf: Musik im Dritten Reich. Gütersloh 1963. S. 287) und seine Werke als »seelenlos gestalteten Konstruktivismus« (S. 44) und »rassefremde Musik eines in jüdischen Kreisen geförderten Geräuschkomikers« (S. 331) zu denunzieren. (Weitere Dokumente bei Wulf, S. 401 f., 423). – Über die trotz heftiger Angriffe (Wulf, S. 346–358) durch Schallplatten und private Gastspiele bis Kriegsende verbreitete ›artfremde‹ Jazz- und Swingmusik s. grundlegend Horst H. Lange: Jazz in Deutschland. Die deutsche Jazz-Chronik 1900–1960. Berlin 1966. S. 64–118. – Die im System des NS-Staats angelegten Widersprüche spalteten auch die Lexika. Die 8. Auflage von Meyers lediglich bis SO reichendem Lexikon (Leipzig 1936–42) folgt ziemlich genau den reaktionären Kunstauffassungen Hitlers und Rosenbergs, während der *Neue Brockhaus in vier Bänden* (2., verb. Aufl. Leipzig 1941) die ›entarteten‹ Künstler zumeist neutral oder wohlwollend darstellt. Vgl.

z. B. die unterschiedlichen Wertungen *Barlachs* bei Meyer (1936, Sp. 965) und Brockhaus (1941, S. 217).

8 Vgl. Hans Dieter Schäfer: Zur Spätphase des hermetischen Gedichts. In: Die deutsche Literatur der Gegenwart. Hrsg. von Manfred Durzak. Stuttgart 1971. S. 148–169; ferner die Ergänzungen in: Die deutsche Literatur im Dritten Reich (Anm. 6), S. 484–488, die dort (S. 482) getroffene Feststellung, daß das Gedicht »erst Mitte der fünfziger Jahre seine Schwäche überwunden« habe, läßt sich nicht halten.

9 Gustav Zürcher (»Trümmerlyrik«. Politische Lyrik 1945–1950. Kronberg 1977) klammert weitgehend diese Verbindungen aus.

10 Friedrich Sengle: Biedermeierzeit. Bd. 2. Stuttgart 1972. S. 514 f.

11 Lyrik der Gründerzeit. Hrsg. von Günther Mahal. Tübingen 1973. S. 21.

12 Vgl. die von Richard Hamann und Jost Hermand gefundenen Kennzeichen des literarischen Jugendstils. In: Stilkunst um 1900. Berlin [Ost] 1972. S. 275–287.

13 Hans Dieter Schäfer: Die Wandlungen Karl Krolows. In: Neue Rundschau 86 (1975) S. 330–334, bes. S. 332; die Charakteristik seiner Arbeiten als galante »Gesellschaftslyrik« bestätigt ein Epigramm Bobrowskis aus dem Nachlaß (»Er hat zu jedem Fest das passendste Angebot Verse, / hier für ein Twen-Magazin, dort für die Imker-Revue. / Greift in den Topf, kein Bedürfnis, das euch nicht der Dichter versorgte! / Fehlt es an Festen, er schafft noch die Feste dazu«, Festsänger Krolow. In: Johannes Bobrowski: Literarisches Klima. Ganz neue Xenien, doppelte Ausführung. Stuttgart 1978. S. 46).

14 Peter Huchel: Im nassen Sand [= Späte Zeit]. In: Die Dame. 2. Oktoberheft 1941. S. 34; dazu: Hans Dieter Schäfer: Die nichtfaschistische Literatur der ›jungen Generation‹ im nationalsozialistischen Deutschland. In: Die deutsche Literatur im Dritten Reich (Anm. 6). S. 487; Johannes Bobrowski: Anruf. In: Das innere Reich 10 (1944) H. 4. S. 353; dazu: Die Welt der Literatur. Nr. 25 v. 4. 12. 1969. S. 18 f.; Hermann Eduard Lenz: Russischer Herbst. In: Die junge Front. Gedichte junger Soldaten. Hrsg. von Georg von der Vring. München 1943. S. 52; vgl. vor allem die an Celans *Todesfuge* erinnernde Schlangen- und Aschemetaphorik. Celan hat Lenz später sein Gedicht *Nächtlich geschürzt* gewidmet, in dem vom Totengedächtnis die Rede ist (Paul Celan: Von Schwelle zu Schwelle. Stuttgart 1955. S. 49).

15 Einem Toten des Krieges. In: Brüsseler Zeitung. Nr. 63 v. 4. 3. 1943. S. 3 (»Wie ein Sternbild, das nun jäh entrückte, / Bist du in das Ew'ge ausgesetzt. / Und der Totenkranz, der knapp dich schmückte, / Wuchs zum stillen Lorbeer dir zuletzt.«).

16 Belege bei Hans Dieter Schäfer: Wilhelm Lehmann. Studien zu seinem Leben und Werk. Bonn 1969. S. 252–263; die durch Rolf Paulus' Krolow-Bibliographie bekannt gewordenen Zeitungsdrucke 1940–45 vermehren die Anzahl der Entlehnungen.

17 Artur Rümmler: Die Entwicklung der Metaphorik in der Lyrik Karl Krolows (1942–1962). Die Beziehung zu deutschen, französischen und spanischen Lyrikern. Bern / Frankfurt a. M. 1972. S. 142–223; vgl. dazu Germanistik 15 (1974) H. 3. S. 713 f.

18 Karl Krolow: Gesammelte Gedichte. Frankfurt a. M. 1965. S. 164.

19 Aspekte zeitgenössischer deutscher Lyrik. Gütersloh 1961. S. 13.

20 Vorwort zu: Hans Bender (Hrsg.). Widerspiel. Deutsche Lyrik seit 1945. München 1962. S. 10.

21 Nicolaus Jungwirth / Gerhard Kromschröder: Die Pubertät der Republik. Die 50er Jahre der Deutschen. Frankfurt a. M. 1978. S. 6.

22 Deutsche Literatur der Gegenwart. Themen, Stile, Tendenzen. München 1961. S. 151.

23 Die Charakteristik bei Hans Magnus Enzensberger: Museum der modernen Poesie. München 1964. S. 10. (1. Aufl. Frankfurt a. M. 1960); vgl. ferner: Die Kunst und das Meerschweinchen oder: Was ist ein Experiment? In: Texte und Zeichen 2 (1956) S. 214 f., dort die Kennzeichnung der experimentellen Literatur als »Bluff« (S. 215); vgl. ferner die erweiterte Fassung u. d. T. Die Aporien der Avantgarde. In: Einzelheiten. Frankfurt a. M. 1962. S. 305–311; Experimentum bedeutet »das Erfahrene [. . .], je weiter sie sich von jeder Erfahrung entfernt, desto ›experimenteller‹ sind die Experimente der Avantgarde« (S. 310 f.). Rühmkorf faßte seine Angriffe gegen die »avantgardistischen Konventionellen«, die er in *Konkret* als Leslie Meier führte, eindrucksvoll in dem 1962 geschriebenen Essay *Das lyrische Weltbild der Nachkriegsdeutschen* zusammen; jetzt in: Strömungslehre I. Poesie. Reinbek 1978. S. 11–43, über die »öde Addition und das klapperdürre Räsonnement« der »Wortmechanik« S. 33–37.

24 München 1976. S. 17 f.

25 Doppelleben. In: G. B.: Gesammelte Werke. Bd. 4. Wiesbaden 1961. S. 128 f. (Hervorhebung von

H. D. S.) Der Experiment-Begriff hatte ursprünglich eine klassizistische Bindung; Benn gewann ihn 1932 in Auseinandersetzung mit Goethe (Goethe und die Naturwissenschaften. In: Gesammelte Werke. Bd. 1. Wiesbaden 1959. S. 189 f.).

26 Bemerkungen über einige Schriftsteller. In: Das Reich Nr. 52 v. 26. 12. 1943. Literatur / Kunst / Wissenschaft. Bense hatte noch 1935 in der *Kölnischen Zeitung* v. 20. 1. und der *Europäischen Revue* (S. 389 f., 560–562) auf Benn hingewiesen; über ihre Beziehungen im Dritten Reich vgl. Gottfried Benn: Ausgewählte Briefe (Wiesbaden 1957. S. 54 f., 57 f., 61 f., 63, 77 f.) sowie Gottfried Benn: Briefe an F. W. Oelze 1932–1945 (Wiesbaden/München 1977. Nr. 29, 30, 117).

27 Augenblick. Aesthetica, Philosophie, Polemica 1 (1955), danach: augenblick. Zeitschrift für tendenz und experiment.

28 Text und Kontext. In: augenblick 4 (1960) H. 1. S. 42.

29 augenblick 4 (1960) H. 1. S. 2.

30 Zur Lyrik Max Kommerells. Ein Versuch in Hermeneutik. In: Max Kommerell: Gedichte, Gespräche, Übertragungen. Olten / Freiburg i. Br. 1973. S. 9–44.

31 1945 ist heute. Ein persönlicher Bericht. In: Literaturmagazin 7. Reinbek 1977. S. 234.

32 Gärten und Straßen. Berlin 1942. S. 200.

33 Ebd. S. 190. Vgl. Eugen Gomringer: Konstellationen. Bern 1953.

34 Strahlungen. Tübingen 1949. S. 186. Die Eintragung vom 14. 10. 1942 spricht von »Kombinationen des Absoluten«, vgl. Helmut Heißenbüttel: Kombinationen. Esslingen 1954.

35 Helmut Heißenbüttel: Einleitung zu Eugen Gomringer: worte sind schatten. die konstellationen 1951–1968. Reinbek 1969. S. 13 f.

36 Augenblick 1 (1955) H. 4. S. 6.

37 Helmut Heißenbüttel: Abstrakte Prosa. In: Texte und Zeichen 2 (1956) S. 267–274.

38 Udo Kultermann: Auf dem Weg zum absoluten Gedicht. Zum Stil Helmut Heißenbüttels. In: Augenblick 1 (1955) S. 51–53.

39 So Max Bense: Konkrete Poesie. In: Sprache im technischen Zeitalter (1965) H. 15. S. 1240.

40 Kultermann (Anm. 38) S. 52.

41 Esslingen 1954. o. S.

42 Helmut Heißenbüttel: Topographien. Esslingen 1956. S. 23.

43 Ebd. S. 22.

44 das gedicht als gebrauchsgegenstand [1960]. In: Gomringer (Anm. 35) S. 293

45 Akzente 8 (1961) S. 38–50.

46 Schäfer (Anm. 8) S. 148 f.

47 Kölnische Zeitung Nr. 548 v. 26. 10. 1940. S. 4.

48 Israel Chalfen: Paul Celan. Eine Biographie seiner Jugend. Frankfurt a. M. 1979. S. 91.

49 Jürgen Theobaldy / Gustav Zürcher: Veränderung der Lyrik (Anm. 24) S. 9.

50 Ebd. S. 17.

51 Celan erreichte mit seinen Bänden *Atemwende* (1967), *Fadensonnen* (1968) und *Lichtzwang* (1970) eine Gesamtauflage von 16 000 Exemplaren, Brinkmanns Sammlungen *Was fraglich ist wofür* (1967), *Die Piloten* (1968) und *Gras* (1970) erzielten im gleichen Zeitraum eine Auflagenhöhe von nur 4 616:

Celan: *Atemwende* 1967 1. Aufl.: 4000
1968 2. Aufl.: 2000
Brinkmann: *Was fraglich ist wofür* 1967 1. Aufl.: 680
1967 2. Aufl.: 270
Celan: *Fadensonnen* 1968 1. Aufl.: 5000
Brinkmann: *Die Piloten* 1968 1. Aufl.: 1030
1968 2. Aufl.: 1020
Celan: *Lichtzwang* 1970 1. Aufl.: 3000
1970 2. Aufl.: 2000
Brinkmann: *Gras* 1970 1. Aufl.: 1616

– – – – – – – –

Celan: *Schneepart* 1971 1. Aufl.: 4000

Für die Ermittlung der Daten danke ich Hans Ulrich Müller-Schwefe (Suhrkamp Verlag, Frankfurt a. M.) und Renate Matthaei (Kiepenheuer & Witsch Verlag, Köln).

52 U[rs] S[tahl]: Paradoxe Bildersprache. Der Lyriker Paul Celan las im Kieler Schauspielhaus. In: Kieler Nachrichten. Nr. 150 v. 2. 7. 1969. Kultur. In einem Brief an den Verf. vom 28. 9. 1979

erinnerte sich Stahl, »daß im letzten Augenblick [...] eine größere Gruppe sonst nicht zum Publikum passender Studenten auf dem Rang Platz nahm [...], daß die Unruhe dieser Studenten sehr schnell wich und daß sie sich genau so wie das übrige Publikum von Celan in Bann schlagen ließen«.

53 Von Schwelle zu Schwelle. Stuttgart 1955. S. 55 f. Die Interpretation verdankt einem Gespräch mit Israel Chalfen am 2. 6. 1972 zahlreiche Hinweise, die biographischen Hintergründe jetzt in seiner Celan-Biographie (Anm. 48). In der Entschlüsselung der historischen Daten bezieht sich die Deutung teilweise auf Peter Horst Neumann: Zur Lyrik Paul Celans (Göttingen 1968. S. 58–60), bei dem jedoch wichtige seelische und allegorische Zusammenhänge unerkannt bleiben.

54 Philo-Lexikon. Handbuch des jüdischen Wissens. Berlin 1935. Zitiert nach Dietlind Meinecke: Wort und Name bei Paul Celan. Bad Homburg / Berlin / Zürich 1970. S. 156.

55 *Februar* weist auf das Ungesicherte der Hoffnung. *Österreich*: 11.–16. Februar 1934: Blutige Straßenkämpfe in Wien zwischen Republikanischem Schutzbund und Regierung; 12. Februar 1938: Schuschnigg bei Hitler in Berchtesgaden. Unter Druck Zusage einer Amnestie für die Nationalsozialisten und Aufnahme in die Regierung. *Spanien*: 16. Februar 1936: Wahlsieg der Volksfront; 27. Februar 1939: Anerkennung des Franco-Regimes durch England und Frankreich.

56 *In eins* nannte Celan ein Gedicht mit verwandten Motiven aus der Sammlung *Die Niemandsrose* (Frankfurt a. M. 1963. S. 68).

57 Celans Gedichte stehen im Gegensatz zu der von Alexander Mitscherlich beobachteten »Unfähigkeit zu trauern« (München 1967), sie regen zum dort S. 10 geforderten Durcharbeiten an.

58 Rüdiger Beer: Einhorn. Fabelwelt und Wirklichkeit. München 1972. S. 9.

59 Celan-Studien. Frankfurt a. M. 1972. S. 113–125.

60 Chalfen (Anm. 48) S. 54 f.; vgl. ferner S. 64 f., 84, 114 und 170 f. Anm. 154.

61 Ebd. S. 82.

62 Celan bezeichnet sich in seiner Büchner-Preis-Rede als einen »auch mit den Schriften Peter Kropotkins und Gustav Landauers Aufgewachsenen« (in: Ausgewählte Gedichte. Zwei Reden. Frankfurt a. M. 1968. S. 135; dazu Chalfen [Anm. 48] S. 63 f.). Kropotkin-Lektüre auch bei Kafka, z. B. Eintragung unter dem 15. 10. 1913 (Tagebücher. 1910–1923. Hrsg. von Max Brod. Frankfurt a. M. 1951. S. 323). Chalfen, S. 63: »Paul besuchte nun regelmäßig die Zusammenkünfte eines antifaschistischen Zirkels, die in Privathäusern stattfanden [...]. Paul beteiligte sich nur wenig an den Debatten, meistens saß er schweigend in einer Ecke und hörte aufmerksam zu.« Ein ähnliches Verhalten bei Kafka, der 1909/10 an anarchistischen Versammlungen teilnahm. Vgl. Michal Mareš: Wie ich Franz Kafka kennenlernte. In: Klaus Wagenbach: Franz Kafka. Eine Biographie seiner Jugend. Bern 1958. S. 271 f. (»Er [...] griff aber niemals selbst in die Debatten ein [...]. Er beobachtete, zurückhaltend und öfters fast verschlossen [...] immer mit einem leichten Schatten der Traurigkeit.«)

63 Der Meridian. Rede anläßlich der Verleihung des Georg-Büchner-Preises [1960]. In: P. C.: Ausgewählte Gedichte. Zwei Reden. Frankfurt a. M. 1968. S. 142, noch deutlicher S. 144: »Das Gedicht wird [...] Gespräch.«

64 Ebd. S. 146.

65 [Thesen zur Lyrik, 1968.] In: Gesammelte Werke. Bd. 4. Frankfurt a. M. 1973. S. 413.

66 Gesammelte Werke. Bd. 1. Frankfurt a. M. 1973. S. 129 f.

67 Brüder Grimm: Kinder- und Hausmärchen. Ausg. letzter Hand mit den Originalanmerkungen der Brüder Grimm. Mit einem Anhang sämtlicher, nicht in allen Auflagen veröffentlichter Märchen und Herkunftsnachweisen hrsg. von Heinz Rölleke. Stuttgart 1980. Bd. 2. S. 102.

68 Gesammelte Werke. Bd. 1. Frankfurt a. M. 1973. S. 137–139. Die Interpretation korrigiert die Abwertung in Schäfer (Anm. 8) S. 153; die Kenntnis der autobiographischen Hintergründe dieses Gedichtes verdanke ich einem Gespräch mit Hans Eich, dem Bruder des Autors, am 19. 9. 1977. Zum Hermetismus in »allereigenster Sache« vgl. ferner die Interpretation in Hans Dieter Schäfer: Nach Seumes Papieren. In: Neue deutsche Hefte 137 (1973) S. 45–55.

69 So in einer handschriftlichen Fassung (Deutsches Literaturarchiv, Marbach).

70 Brockhaus Enzyklopädie. Bd. 20. Wiesbaden 1974. S. 672.

71 Die Buchstabenvertauschung mit dem Ziel, das Wort »Gräber« in das Assoziationsfeld des Lesers zu ziehen, hat Eich erst im 2. Entwurf eingebaut. Die im Deutschen Literaturarchiv, Marbach, aufbewahrten Fassungen zeigen, wie sehr Eich auf Vieldeutigkeit hinarbeitete, so tilgte er nach der Aufforderung »Denk nicht / über die Ziegel nach« das Deskriptive. An die Stelle der Wendung »die gelben Abarten, die Glasuren« setzte er »das Auswintern, blaue Anflüge« und betonte damit

präziser den Herstellungsvorgang, gleichzeitig erreichte er, daß sich Spirituelles (»Anflüge«) und Kreatürliches durch das Farbadjektiv »blau« verschmelzen (1. Farbe der Klinkerglasur; 2. Blauwerden des Fleisches in der Winterkälte); der Gedichteingang wird auf diese Weise offen.

72 Bd. 1. S. 139. Eichs Mutter Helene, geb. Heine (1880), starb in Berlin im Oktober 1918.

73 Bd. 1. S. 139 f. Diese Dienststelle innerhalb des Oberkommandos der Wehrmacht wurde von Jürgen Eggebrecht geleitet; Mitarbeiter neben Eich zeitweilig Walter Bauer, Harald von Königswald und ein im Ersten Weltkrieg verwundeter Rittmeister »Pfeffer von ...«, der die Zensurtätigkeit »Igel striegeln« oder »Igel kämmen« nannte.

74 Bd. 1. S. 140 und S. 141, die S. 141 genannte Großmutter war Auguste Heine, geb. Wolberg (1858–1920), die wendischer Abstammung war und zu der Eich von 1911 bis 1917 in Finsterwalde ein besonders enges Verhältnis entwickelte; sie ersetzte die Mutter, die 1915–17 ohne Kinder in Berlin lebte. Vgl. ferner *Oder, mein Fluß* (S. 192 f.), *Windschiefe Geraden* (S. 324 f.).

75 In der Fassung für Atlas. Berlin 1965. S. 65; dort noch nicht die Nennung von »Bibup«.

76 Otto Eich (1874–1942) war als Rendant (Rechnungsführer) bei verschiedenen Gütern angestellt, nach Arenzhain arbeitete er als Bücherrevisor für landwirtschaftliche Betriebe (u. a. für die Arnims) und Hotels (u. a. für den »Russischen Hof«, Berlin) und gab zeitweilig eine *Zeitschrift für landwirtschaftliche Bürobeamte* heraus (vgl. Gesammelte Werke. Bd. 1. S. 325).

77 Bd. 1. S. 334.

78 Bd. 1. S. 97. Vgl. u. a. *Abgelegene Gehöfte* (S. 24), *Mittags um zwei* (S. 94), *Kindheit* (S. 185), *Schulbücher* (S. 155), *Kleine Tochter* (S. 155 f.).

79 Bd. 1. S. 185.

80 Bd. 4. S. 442.

81 Auskunft von Antje Friedrichs v. 15. 2. 1973.

82 Chalfen berichtet in seinem Celan-Buch (Anm. 48) S. 36 von einer Verwundung der psychischen Struktur durch die autoritäre Erziehung des Vaters; eine vertiefte Schädigung dürfte die Mutter verursacht haben, die durch ihre narzißtische Fixierung eine Persönlichkeitsstörung auslöste. Vgl. Heinz Kohut: Narzißmus. Eine Theorie der psychoanalytischen Persönlichkeitsstörungen (Frankfurt a. M. 1976), der S. 87 »ein traumatisches Alternieren zwischen falscher Einfühlung, Übereinfühlung und mangelnder Einfühlung« als Ausdruck der mütterlichen Selbstbezogenheit definiert. Die von Chalfen S. 61 mitgeteilte »ideale Liebesbeziehung zur Mutter« nach der Pubertätskrise weist auf den Wärmemangel. Eich neigte zu einer verwandten Überidealisierung seiner Mutter, zu der er u. a. durch ihre Abreise nach Berlin (1915) und ihren frühen Tod kaum dauerhafte Bindungen entwickeln konnte. Nach den Auskünften von Hans Eich war der Vater »tyrannisch« und nicht fähig, einfühlend auf die Bedürfnisse der Kinder zu reagieren. Die Bedeutung einer das seelische Leben erfassenden Biographie hat Jean-Paul Sartre am Beispiel Flauberts modellhaft vorgeführt (Der Idiot der Familie. Gustave Flaubert 1812 bis 1857. Bd. 1. Reinbek 1977. Bes. das Kapitel »Die Mutter«, S. 82–102).

83 Vgl. dazu die Charakterisierung des heutigen Industriemenschen durch Erich Fromm: »Das Subjekt bin nicht *ich*, sondern *ich bin, was ich habe*. Mein Eigentum konstituiert mich und meine Identität« (Haben oder Sein. Die seelischen Grundlagen einer neuen Gesellschaft. Stuttgart 1976. S. 80). Vgl. ferner Erich Fromm: Anatomie der menschlichen Destruktivität. Reinbek b. Hamburg 1977. S. 385; Pier Paolo Pasolini: Freibeuterschriften. Die Zerstörung der Kultur des Einzelnen durch die Konsumgesellschaft. Berlin 1978. S. 30, 63. – Das Rätselhafte und Dunkle des hermetischen Gedichts sollte nun nicht mehr auf mythische, sondern auf seelische Geheimnisse bezogen werden, wobei es darauf ankäme, die Beobachtungen Fromms durch die Forschungsergebnisse Kohuts über den frühkindlichen Narzißmus (Anm. 82) zu vertiefen. Danach entspricht der Löchercharakter der Textstruktur der defekten seelischen Struktur von Autor/Leser, der Objektkult einer Ersatzbildung aufgrund früher Zurückweisungen (Kohut, S. 66). Da das Übereinanderlagern bzw. Abkappen von Bedeutungen eine stimmungshafte Identifikation verhindert, fühlt sich der narzißtische Leser mobilisiert, den Leerstellenbetrag aufzufüllen, um am Ende seine verschütteten Defekte in den Satz- und Bildfragmentierungen durch Mitvollzug wiederzuerkennen, obgleich sie im Text selbst nicht formuliert sind. »Dem hohen Unbestimmtheitsgrad wird mit einer massiven Bedeutungsprojektion geantwortet« (Wolfgang Iser: Die Appellstruktur der Texte. Konstanz 1971. S. 31). Wie der Therapeut hat allerdings auch der Hermetiker mit der Wahrnehmungsmauer zu kämpfen, die der Industriemensch vor der Unbestimmtheit und damit vor der eigenen Beschädigung errichtet.

84 gebrauchsanweisung. Beilage zu *landessprache*. Frankfurt a. M. 1960; zitiert nach Hans Bender (Anm. 20) S. 37.

85 verteidigung der wölfe. Frankfurt a. M. 1957. S. 80f.
86 Einzelheiten. Frankfurt a. M. 1962. S. 62–87; 16–61.
87 Gemeinplätze, die Neueste Literatur betreffend. In: Kursbuch 15 (1968) S. 189: »Wenn die intelligentesten Köpfe zwischen zwanzig und dreißig [...] darauf pfeifen, Belletristik zu machen und zu kaufen: Das sind freilich gute Zeichen.« Vgl. ferner Karl Markus Michel: Ein Kranz für die Literatur. Ebd. S. 169–186.
88 Ebd. S. 190.
89 So Peter Hamm in: Der Spiegel. Nr. 34 v. 16. 8. 1976. S. 122.
90 Frankfurt a. M. 1960. *landessprache*, S. 5–13; *schaum*, S. 35–47; *gewimmer und firmament*, S. 87–101.
91 Vgl. Neue Rundschau 82 (1971) H. 3. S. 545–549; Neue Deutsche Hefte 148 (1975) S. 802 bis 805.
92 Über Dieter Leisegang unterrichtet ein Artikel des Verf.s in: Deutsche Lyrik seit 1945. Zwischen Botschaft und Spiel. Hrsg. von Klaus Weissenberger. Düsseldorf 1981.
93 Maß-Stab und Meinung. Fünf Anmerkungen. In: Neue deutsche Literatur 13 (1965) H. 7. S. 112.
94 Sensible Wege. Reinbek 1969. S. 14. Erstdruck in: R. K.: Aber die Nachtigall jubelt. Halle 1962; zu Kunze vgl. grundsätzlich Manfred Jäger: Sozialliteraten. Düsseldorf 1973. S. 102–115; ferner: Neue Rundschau 83 (1972) H. 4. S. 746–753.
95 Sensible Wege (Anm. 94) S. 82; vgl. auch Nr. 15 (S. 84) und Nr. 18 (S. 87).
96 Leisegang erklärte programmatisch: »Gerade weil / heute alles nach außen geht, das Private verfemt ist / als Chinoiserie [...] haben / wir unseren Frieden innen errichtet« (D. L.: Hoffmann am Fenster. Frankfurt a. M. 1968. S. 11). Leisegang wurde folgerichtig in der Bundesrepublik nicht rezipiert, seine Gedichte erschienen in Pressendrucken unter Ausschluß der Öffentlichkeit. Kunze schrieb 1976 an Karl Corino: »Ich frage mich nur, wo war (ist) Eure anspruchsvolle Literaturkritik, als Leisegang auftauchte? Oder war die Umwelt so, daß sie nicht nur Leisegang selbst, sondern auch seine Fürsprecher nicht hören wollte (konnte)?« (Zitiert nach dem Funkmanuskript der Sendung *Das Prisma*, HR II, 22. 9. 1978, 18 Uhr 30).
97 und Vietnam und. Einundvierzig Gedichte und eine Chronik. Berlin 1966. S. 23.
98 Im Jahr der Schweine. 27 neue Lieder mit Noten. Hamburg 1970. S. 93.
99 Vgl. Ulla Hahn: Literatur in der Aktion. Zur Entwicklung der operativen Literaturformen in der Bundesrepublik. Wiesbaden 1978. S. 17f.
100 Pier Paolo Pasolini: Freibeuterschriften. Die Zerstörung des Einzelnen durch die Konsumgesellschaft. Berlin 1978. S. 25.
101 Die Drahtharfe. Balladen. Gedichte. Lieder. Mit Notenbeispielen des Autors. Berlin 1965. S. 65f.
102 Gespräch mit Wulf Kirsten am 9. 3. 1979.
103 *Saison für Lyrik* nannte sich 1968 eine Anthologie des Aufbau-Verlags Berlin/Weimar, in der u. a. Gedichte von Volker Braun, Bernd Jentzsch, Sarah Kirsch, Wulf Kirsten, Günter Kunert und Reiner Kunze vorgestellt wurden.
104 Wulf Kirsten arbeitete außerdem die Dresdner Zeitschrift *Die Kolonne* (1929–32) durch und entwickelte die lyrischen Ansätze Theodor Kramers weiter. (»Huchel faszinierte mich schon lange, schon seit Anfang der fünfziger Jahre. Es mußte aber erst Bobrowski kommen, insbesondere sein Roman *Levins Mühle*, um mich freischwimmen zu können. – Die wenigen Jahrgänge der *Kolonne* hatte ich während des Studiums eifrig ausgekundschaftet und abgeklopft. Es gibt noch ein paar Leute aus dem Raschke-Kreis, die in Dresden leben.« Brief an den Verf. v. 12. 6. 1971).
105 Rühmkorf (Anm. 23) S. 107.
106 Brief an den Verf. v. 18. 3. 1974.
107 William Carlos Williams: Gedichte. Amerikanisch und deutsch. Übertr. und Nachw. Hans Magnus Enzensberger. Frankfurt a. M. 1962. S. 183.
108 Vgl. den Ausstellungskatalog der Kunsthalle Düsseldorf *2 Jahrzehnte amerikanische Malerei 1920–1940* (1979), dazu Eduard Beaucamp in: Frankfurter Allgemeine Zeitung. Nr. 154 v. 6. 7. 1979. S. 23: »Man bekommt hier auf Schritt und Tritt einen starken Eindruck von der Einheit amerikanischer Kultur. Die Popart Warhols oder Lichtensteins war lange vorgebildet. Rauschenberg hat die dadaistische Collage nicht erst wiederentdecken müssen, sie hat in Amerika eine handfeste Tradition (bei Stella oder Dove). Aber auch der Hyperrealismus eines Paul Sarkasian oder Duane Hanson ist bereits in den dreißiger Jahren vorbereitet (etwa in der penetranten Graumalerei Albrights).«
109 Notiz. In: Die Piloten. Neue Gedichte von Rolf Dieter Brinkmann. Köln 1968. S. 7.

110 Notizen 1969 zu amerikanischen Gedichten und zu dieser Anthologie. In: Silverscreen. Neue amerikanische Lyrik. Hrsg. von Rolf Dieter Brinkmann. Köln 1969. S. 10.
111 Ebd. S. 9.
112 In: Die Piloten (Anm. 109) S. 40. Vgl. das Brinkmann-Porträt des Verf.s in: Deutsche Lyrik seit 1945 (Anm. 92).
113 Rom, Blicke. [14. Oktober 1972 bis 9. Januar 1973.] Reinbek 1979. S. 284.
114 Dogmatisches über Gedichte. In: Kursbuch 10 (1967) S. 160.
115 Thesen zum langen Gedicht. In: Akzente 12 (1965) S. 128–130.
116 Zur Tagung der Gruppe 47 in USA. [1966.] In: Ich bin ein Bewohner des Elfenbeinturms. Frankfurt a. M. 1972. S. 29 f.: »Ich bin *für* die Beschreibung, aber nicht für die Art von Beschreibung, wie sie heutzutage in Deutschland als ›Neuer Realismus‹ proklamiert wird. Es wird nämlich verkannt, daß die Literatur mit der Sprache gemacht wird, und nicht mit den Dingen, die mit der Sprache beschrieben werden [...]. Die Sprache bleibt tot, ohne Bewegung, dient nur als Namensschild für die Dinge. Die Dinge werden reportiert, nicht bewegt.«
117 Gegen die Erhaltung des literarischen status quo [1964.] Über Jürgen Becker. Hrsg. von Leo Kreutzer. Frankfurt a. M. 1972. S. 15.
118 Der Reiz der Wörter. Eine Anthologie zum 150jährigen Bestehen des Reclam-Verlags. Stuttgart 1978. S. 12 die Charakteristik von Hartlaubs Schreibweise. Erwähnungen Hartlaubs in: Ränder. Frankfurt a. M. 1968. S. 98; Das Ende der Landschaftsmalerei. Frankfurt a. M. 1974. S. 12, 101; Erzähl mir nichts vom Krieg. Frankfurt a. M. 1977. S. 40.
119 Die Reise. Romanessay. Frankfurt a. M. 1977. S. 152.
120 Ränder. Frankfurt a. M. 1968. S. 22.
121 Brief an den Verf. v. 18. 3. 1974. Zu dem *Berliner Programm-Gedicht* vgl. die Interpretation von Hans Dieter Schäfer in: Neue deutsche Hefte 143 (1974) S. 587 f.
122 Das Ende der Landschaftsmalerei (Anm. 118) S. 101 f.
123 Das Gesamtwerk. Dichtungen. Tagebücher. Frankfurt a. M. 1955. S. 41.
124 Christian Linder: Gespräch mit Jürgen Becker. In: Über Jürgen Becker (Anm. 117) S. 38.
125 Nachtwachen. In: Das Gesamtwerk (Anm. 123) S. 37; der Kommentar in: Der Reiz der Wörter (Anm. 118) S. 11.
126 So die Charakteristik seiner Wirkabsicht in einem Interview mit Manfred Leier. In: Über Jürgen Becker (Anm. 117) S. 25.
127 Vgl. Hans Dieter Schäfer in: Die Welt v. 12. 10. 1977. Die Welt des Buches. Der in diesem Zusammenhang beobachtete qualitative Niedergang verstärkt sich in der Sammlung *In der verbleibenden Zeit* (1979), die auf Volker Hage zu Recht sprachlich »unbeholfen«, »steril« und »künstlich« wirkte (Frankfurter Allgemeine Zeitung. Nr. 235 v. 9. 10. 1979. Literatur. S. 2).
128 Zitiert nach Benjamin Lee Whorf: Sprache Denken Wirklichkeit. Beiträge zur Metalinguistik und Sprachphilosophie. Reinbek b. Hamburg 1963. S. 74. Vermutlich kannte Handke dieses Taschenbuch. Über die Zusammenhänge vgl. ausführlich Günter Heintz: Peter Handke. München 1974. S. 75–85. Eine Kritik der Metalinguistik gibt Gerhard Helbig in *Geschichte der neueren Sprachwissenschaft* (Reinbek b. Hamburg 1974), der Whorf und damit auch indirekt Handke eine »Überbewertung der Sprache innerhalb der Gesellschaft« (S. 151) und eine Umkehr tatsächlicher Abhängigkeiten (S. 150) vorwirft.
129 Hans Dieter Schäfer: Das Ende der Popliteratur. In: Die Welt der Literatur. Nr. 11 v. 27. 5. 1971. S. 2.
130 Süddeutsche Zeitung. Nr. 276 v. 29. 11. 1974. S. 45.
131 DIE ZEIT. Nr. 53 v. 27. 12. 1974. S. 9.
132 DIE ZEIT. Nr. 53 v. 26. 12. 1975. S. 1.
133 Zitiert nach Ulrich Greiner: Kann man wieder über Bäume reden? Schriftsteller trafen sich zum »Steirischen Herbst« in Graz. In: Frankfurter Allgemeine Zeitung. Nr. 248 v. 25. 10. 1974. S. 25.
134 Nach Dieter Wellershoff: Destruktion als Befreiungsversuch. Über Rolf Dieter Brinkmann. In: Akzente 23 (1976) H. 3. S. 281.
135 Die neuen Erfahrungen in: Die Innenwelt der Außenwelt der Innenwelt. Frankfurt a. M. 1969. S. 7–13; Leben ohne Poesie. In: Als das Wünschen noch geholfen hat. Frankfurt a. M. 1972. S. 9–23, Zitat S. 22.
136 An den Mond. Hamburger Ausg. Bd. 1. S. 129.
137 Der Begriff wurde dem ökonomischen Jargon entlehnt; im Winter 1972/73 hoffte man auf eine ›Tendenzwende‹ im Preisanstieg. Über eine geistige Tendenzwende diskutierte im November 1974

die Bayerische Akademie der Schönen Künste. Vgl. dazu: Süddeutsche Zeitung. Nr. 276 v. 29. 11. 1974. S. 45; Frankfurter Allgemeine Zeitung. Nr. 278 v. 30. 11. 1974. S. 21; Der Spiegel. Nr. 1/2 v. 6. 1. 1975; ferner: Die Welt. Nr. 301 v. 28. 12. 1974. Die geistige Welt.

138 Vgl. die breite Rezeption der Bücher von Erich Fromm; die Taschenbuchausgaben von *Haben und Sein* erreichten 1980 das 331. bis 380. Tausend, von *Kunst des Liebens* das 894. bis 1043. Tausend.

139 So der damals 16 Jahre alte Günter F. Schmidt. In: Metamorphose des Narziß. Die Jugend entdeckt Dali. Hrsg. von Klaus Gallwitz. Hamburg 1971. S. 21; vgl. dazu den Kommentar des Verf.s aus der Welt, Nr. 257 v. 4. 11. 1971. Die Welt des Buches. In derselben Nummer wurde erstmals »ein neues Interesse an der Lyrik« als Reaktion auf die »bloße Agitation« und den »technokratischen Positivismus« beobachtet.

140 Helmuth Widhammer: Realismus und klassizistische Tradition. Zur Theorie der Literatur in Deutschland 1848–1860. Tübingen 1972.

141 Unterwegs mit den Leuten. Einige Überlegungen zu neuen Tendenzen in unserer Lyrik: Mut machen, um uns zu entfalten. In: Frankfurter Rundschau. Nr. 218 v. 20. 9. 1975. Feuilleton.

142 Literarische Hefte 44 (September 1973) S. 59.

143 Roman Ritter: »Neue Innerlichkeit« – von innen und außen betrachtet. In: Kontext 1. München 1976. S. 250–254.

144 Das Gedicht im Handgemenge. In: Literaturmagazin 4. Reinbek 1975. S. 70.

145 Jörg Drews: Selbsterfahrung und Neue Subjektivität in der Lyrik. In: Akzente 24 (1977) H. 1. S. 92.

146 Die Piloten (Anm. 109) S. 9; Theobaldy: Zweiter Klasse. Berlin 1978. S. 75.

147 Vgl. von Theobaldy die Anfänge von *Es ist beinahe poetisch* mit *Samstag-Gedicht*: »Es ist beinah poetisch / mit dir im *Rialto* zu sitzen / und eine Pizza *Caprese* zu essen / nachdem sie unsre Wohnung gekündigt haben / und eine andere / ging uns eben durch die Lappen!« (Blaue Flecken. Reinbek 1974. S. 25); »Es ist schön, am Samstagnachmittag / das Wasser in die Wanne laufen zu lassen / und für eine Weile / nackt durch die Wohnung zu gehen« (ebd. S. 31).

148 Hugo Dittberner: Der Biß ins Gras. Köln 1976. S. 9.

149 Was fraglich ist wofür. Gedichte. Köln 1967. S. 18.

150 Einen Fremden im Postamt umarmen. Gedichte. München 1975. S. 70–72.

151 Die Replik Enzensbergers in einer Würdigung Rühmkorfs (Bruder Lustig und metaphysischer Dichter. In: Frankfurter Allgemeine Zeitung. Nr. 119 v. 22. 5. 1976 – Literatur): »Man braucht ihn nur gegen die Kleinmeister der allerneuesten deutschen Lyrik zu halten, die ihre bösgemeinten Idyllen zwischen Kneipe und Fußballplatz, Supermarkt und Badestrand ansiedeln, und man sieht sofort: mit diesen Miniaturen, die halb Schnappschuß und halb Genrebild sind, hat Rühmkorf wenig Ähnlichkeit.« Vgl. ferner Hans Dieter Schäfer: Stimmungen wie in Sammetherzen. Der plötzliche Aufstieg der Lyrik. In: Die Welt. Nr. 187 v. 13. 8. 1976. Kultur [entstellende Druckfehler]; Peter Hamm: Ein rosa Katzenjammer. In: Der Spiegel. Nr. 34 v. 16. 8. 1976. S. 122 f.; Jörg Drews (Anm. 145) S. 89–95; Harald Hartung: Die eindimensionale Poesie. Subjektivität und Oberflächigkeit in der neuen Lyrik. In: Neue Rundschau 84 (1978) H. 2. S. 222 bis 241.

152 Kurzer Bericht über 400 (vierhundert) junge Lyriker. In: Die Literarische Welt 3 (1927) H. 5. S. 1. Auch in: Bertolt Brecht: Schriften zur Literatur und Kunst I. 1920–1932. Frankfurt a. M. 1967. S. 69–71.

153 Gesammelte Schriften. Bd. 3. Frankfurt a. M. 1972. S. 280.

154 Frankfurter Allgemeine Zeitung. Nr. 154 v. 6. 7. 1979. S. 1.

155 Berechnet nach: Frankfurter Anthologie. Gedichte und Interpretationen. Bd. 1–3. Hrsg. von Marcel Reich-Ranicki. Frankfurt a. M. 1976–78. Von 60 Bd. 1: 8 (= 13,3 %), Bd. 2: 7 (= 11,7 %), Bd. 3: 8 (= 13,3 %). Der Anteil der vor 1900 geborenen Autoren erhöhte sich von 48,3 % (Bd. 1: 29 [26]) auf 67,1 % (Bd. 2: 41 [33]; Bd. 3: 41 [30]). Der nach Manuskriptabschluß veröffentlichte Bd. 4 (Frankfurt a. M. 1979) verzeichnet zwar eine Steigerung der nach 1930 geborenen Lyriker auf 21,7 % (von 60 13 [11]), mit 61,7 % (von 60 37 [32]) sind die vor 1900 geborenen jedoch unverändert tonangebend.

156 Drinks. Gedichte aus Rom. Heidelberg 1979. S. 42 f.

157 Franz Josef Görtz: Renaissance des Reims? Zu den Frankfurter Poetik-Vorlesungen Peter Rühmkorfs. In: Frankfurter Allgemeine Zeitung. Nr. 158 v. 11. 7. 1980. S. 23.

158 Dieter Leisegang: Lauter letzte Worte. Gedichte und farbige Miniaturen. Hrsg. von Karl Corino.

Frankfurt a. M. 1980; Rolf Dieter Brinkmann: Westwärts 1 & 2. Gedichte. Mit Fotos des Autors. Reinbek b. Hamburg 1975. Über beide Lyriker vgl. die Porträts des Verf.s in: Deutsche Lyrik seit 1945. (Anm. 92).

159 Drews (Anm. 145) S. 95.

160 Wallace Stevens: Der Planet auf dem Tisch. Gedichte und Adagia. Übertr. und hrsg. von Kurt Heinrich Hansen. Hamburg 1961. S. 209.

MANFRED KOCH

Der westdeutsche Roman der fünfziger und frühen sechziger Jahre

Als Rolf Hochhuth während des Bundestagswahlkampfes 1965 in einem von Hans Werner Richter herausgegebenen Bändchen mit dem Titel *Plädoyer für eine neue Regierung*[1] der Formel von der ›Sozialpartnerschaft‹ entgegentrat und das schon in der Überschrift *Klassenkampf*[2] zum Ausdruck brachte, reagierte der damalige Bundeskanzler Ludwig Erhard mit ungewohnter Polemik: »Es gibt einen gewissen Intellektualismus«, bemerkte er gereizt, »der in Idiotie umschlägt. Da hört bei mir der Dichter auf, und es fängt der ganz kleine Pinscher an, der in dümmster Weise kläfft.«[3] Diese Äußerung dokumentierte, daß auch der zweite Kanzler der Bundesrepublik ebenso wie sein Vorgänger Adenauer ein gestörtes Verhältnis zu all jenen Schriftstellern und Intellektuellen hatte, die im Unterschied zu breiten Kreisen der Bevölkerung und zahlreichen Literaten der aufkommenden Wohlstandsgesellschaft der Entpolitisierung der Öffentlichkeit und der »Einordnung ins Große Ganze, das nun Freier Westen hieß«[4], skeptisch gegenüberstanden. Sie empfanden das, was sich während der politischen ›Großwetterlage des Kalten Krieges‹ als ideologische Frontenbildung vollzog und innenpolitisch zu einer »Vereisung und Erstarrung des Denkens«[5] führte, als »Treibhausklima«, wie Wolfgang Koeppen es Anfang der fünfziger Jahre einmal formulierte. Diese Atmosphäre also kennzeichnet die gesellschaftspolitischen Rahmenbedingungen, unter denen sich der westdeutsche Roman der fünfziger und frühen sechziger Jahre entwickelte.

Natürlich wirkten noch viele andere Faktoren auf die Entwicklung der Literatur und des Buchmarktes ein. So hatte das Inkrafttreten des Besatzungsstatuts am 21. September 1949 insofern erhebliche Bedeutung, als von nun an für die drei westlichen Siegermächte und insbesondere für die Amerikaner keine Möglichkeit mehr bestand, direkt in den Literaturbetrieb der Bundesrepublik einzugreifen und die nach dem Krieg begonnene Re-education durch Literatur fortzuführen.[6] Aber die Weichen für eine – zumindest wirtschaftlich – unabhängige Literaturentwicklung waren sogar noch ein Jahr früher mit der Währungsreform und dem Fortfall der Papierzuteilung gestellt worden, was zur Zeit der Berlin-Blockade (1948) und des ausgebrochenen Kalten Krieges durchaus nicht immer im Einklang mit der für die amerikanische Literaturpolitik verantwortlichen Behörde ICD (Information Control Division) stand, die zwar »von vornherein« geplant hatte, »nach einigen Jahren der Fremdverwaltung die Deutschen wieder in die eigene Verantwortung«[7] zu entlassen, für die aber die liberale Öffnung des Buchmarktes nach nur drei Besatzungsjahren doch wohl überraschend kam. Allerdings ging das Wiederaufblühen des Buchmarktes nach Darstellung von Franz Schonauer in zwei Schüben vor sich: Denn die Buchhändler, die vor der Währungsreform im Zuteilungsverfahren beliefert worden waren und nicht die geringsten Absatzschwierigkeiten gehabt hatten, sahen sich mit der Einführung der knappen und kaufkräftigen D-Mark plötzlich unverkäuflichen Lagerbeständen gegenüber, da zunächst elementare Konsumbedürfnisse dominierten – »eine sogenannte ›Freß‹- und

›Kleider-Welle‹«[8] machte den Anfang – und kulturelle Interessen noch zurückgestellt wurden. In dieser Phase unmittelbar nach der Währungsreform liquidierten viele neue Buchhandlungen das Geschäft oder verkleinerten ihr Programm. Man hielt sich mit Neubestellungen zurück und wartete auf »Friedensware« nach Aufhebung des Lizenzzwanges, der ja auch bald erfolgte. Jetzt erst kam es zum eigentlichen Aufschwung: »Einerseits, weil nun alte, bisher noch nicht wieder zugelassene Verlage – mit einem Fond wertvoller Autorenrechte – ihre Tätigkeit aufnahmen; andererseits, weil die wirtschaftliche Stabilisierung es nahelegte, auf bekannte, bei Buchhandel und Publikum eingeführte Schriftstellernamen zurückzugreifen.«[9] Damit war kurz nach Gründung der Bundesrepublik wieder eine erstaunliche Heterogenität auf dem Buchmarkt hergestellt. Haben schon die Arbeiten von Hans Mayer,[10] Frank Trommler,[11] Heinrich Vormweg[12] und Hans Dieter Schäfer[13] nachgewiesen, daß es selbst 1945 keine ›Stunde Null‹ für die deutsche Literatur gegeben hat, auch wenn dies bis Mitte der sechziger Jahre immer wieder behauptet wurde, so gilt für die westdeutsche Literatur nach 1949 um so mehr, daß sie zwar neue Wege geht oder sich neueren Strömungen anschließt, aber ebenso an literarische Traditionen aus der Zeit vor 1945 anknüpft.[14] Dafür spricht nicht zuletzt die Tatsache, daß ein großer Teil der Autoren der Adenauer-Zeit, die sich selbst gern als »Nullpunkt-Generation« bezeichneten, schon vor Kriegsende zur deutschen Literatur gerechnet werden muß und teilweise schon am Ende der Weimarer Republik zu publizieren begonnen hatte. Und eine ganze Reihe von ihnen konnte sogar noch während des Dritten Reiches weiter veröffentlichen, »auch wenn sich die Produktion und Rezeption oftmals an der Peripherie des Kunstbetriebs ereigneten«[15] und während des Krieges allmählich zum Erliegen kamen. So sind in diesem Zusammenhang folgende Romanciers zu nennen: Gerd Gaiser, Rudolf Hagelstange, Wolfgang Koeppen, Rudolf Krämer-Badoni, Ernst Kreuder, Horst Lange, Hermann Lenz, Hans Erich Nossack, Ernst Schnabel und Wolfdietrich Schnurre.[16] Daß Autoren dieser Gruppe nach 1945 ihre früheren Publikationen »herunterspielten«, die »Zensurschwierigkeiten übertrieben«[17] oder die Haltung des »Debütanten« einnahmen, »der an einer neuen Literatur arbeitet und damit seine moralische Legitimation und sein literarisches Profil gewinnt«,[18] ist menschlich verständlich und drückte in vielen Fällen tatsächlich das subjektive Bewußtsein »eines totalen Neuanfangs« aus. Darüber hinaus hatten viele Schriftsteller in der unmittelbaren Nachkriegszeit keine andere Wahl, als ihre Veröffentlichungen im Dritten Reich zu verkleinern und demgegenüber die innere Opposition zu betonen,[19] wenn ihre Bücher die Kontrolle der Militärregierungen passieren sollten. Außerdem förderte die Verleugnung der literarischen Wurzeln die Annäherung an diejenigen Autoren, die wie Alfred Andersch, Walter Kolbenhoff und Hans Werner Richter wirklich geschwiegen hatten und nach ersten Anfängen in amerikanischen Kriegsgefangenenlagern zusammen mit literarischen Neulingen wie Heinrich Böll, Walter Jens oder Siegfried Lenz nach 1948 um eine neue Literatur in West-Deutschland bemüht waren.

Andererseits fühlten sich zahlreiche Schriftsteller, die sich in den ersten Nachkriegsjahren von ihren eigenen biographischen und literarischen Fundamenten »wegkatapultiert« hatten, noch »als Gefangene ihrer Lebensläufe von 1945«, als die alliierte Lizenzpolitik mit der Gründung der Bundesrepublik längst abgeschafft war.[20] Nur wenige konnten sich dazu durchringen, ihre Angaben über die Verhältnisse im Dritten Reich dahingehend zu korrigieren, wie sie Hans Dieter Schäfer 1976 beschrieben hat:

»Von einer totalen geistigen Einkerkerung durch das NS-Regime kann zumindest für die dreißiger Jahre keine Rede sein, die ›Unterdrückung ist nicht einmal im Kriege vollständig gelungen‹ (Korn)«, und »eine Absperrung von der ausländischen Moderne, wie sie nach 1945 für die gesamte Hitler-Ära festgestellt wurde, hat es tatsächlich nicht gegeben«.[21] Dennoch setzten sich Formeln wie ›Kahlschlag‹ und ›Auszug aus dem Elfenbeinturm‹, die Vertreter der Gruppe 47 erst 1949 geprägt hatten, in der literarischen Öffentlichkeit durch, da sie beim Lesepublikum und bei debütierenden Autoren Erwartungen wachhielten, die sich seit der Zerschlagung des Faschismus nicht erfüllt hatten.[22] Und der Intensität, mit der in der Bundesrepublik bis in die sechziger Jahre verleugnet wurde, daß sich selbst unter der Hitler-Diktatur eine außerordentlich vielgestaltige Literatur entwickelt und daß maßgebliche »Autoren der Nachkriegszeit« sie mitgeschaffen hatten, verdankten die Schlagwörter von Wolfgang Weyrauch und Wolfdietrich Schnurre ihre Zählebigkeit.
Im krassen Gegensatz zum Nullpunkt-Postulat stand allerdings die Tatsache, daß schon 1950 Autoren, die bei den Nationalsozialisten Rang und Ansehen besessen hatten, wie Erwin Guido Kolbenheyer und der zeitweilige Präsident der Reichskulturkammer Hans Friedrich Blunck wieder zu publizieren begannen, während andererseits »eine Integration der im Exil entstandenen Literatur in die der Bundesrepublik nicht stattfand« und »von einer Rückkehr der im Exil lebenden Schriftsteller in den westlichen Teil Deutschlands, von wenigen Ausnahmen abgesehen, nicht die Rede sein«[23] konnte.
Angesichts dieser restaurativen Tendenzen, die sich in der Bundesrepublik während der sogenannten Wiederaufbauphase in der Politik Konrad Adenauers ebenso wie in der Literatur abzeichneten, ist die Enttäuschung über diese Entwicklung, wie sie Wolfgang Koeppen 1959 im *Jahresring* ausdrückte, verständlich und durchaus kein Einzelfall, wenn man an Erich Kubys polemische Schrift *Das ist des Deutschen Vaterland* (1957) oder Heinrich Bölls *Brief an einen jungen Katholiken* (1958) denkt. »Die Stadt hatte gelitten«, schrieb Koeppen in dem Essay *München oder Die bürgerlichen Saturnalien*, »aber bald zeigte sie sich blind für die Möglichkeit der Erneuerung, die in der Zerstörung verborgen lag. Die Menschen waren durch ein Fegefeuer gegangen, doch man wußte nicht, ob sie geläutert und gerettet waren. Sie richteten sich ein.«[24] Man vertraute darauf, daß die Ablehnung des Hitler-Faschismus und die bürgerlich-parlamentarische Demokratie auf dem Boden des Grundgesetzes ausreichen werde, um den Nationalsozialismus für alle Zeiten am Boden zu halten und neue Kriegsgefahren abwenden zu können, ohne grundlegende ökonomische und soziale Veränderungen vornehmen zu müssen. Und die Bevölkerung konzentrierte sich mit imponierendem Eifer, aber ebenso beängstigender Einseitigkeit auf den wirtschaftlichen Wiederaufbau, auf die Beschaffung von Wohnungen und Arbeitsplätzen, während sich politisch eine »Ohne-mich-Haltung« durchsetzte. Diese politische Abstinenz des ›Normalbürgers‹ wirkte sich auch auf das Verhalten der Schriftsteller aus. Hatten Romanciers wie Werner Bergengruen, Ernst Wiechert oder Hans Carossa, die sich als Vertreter einer ›inneren Emigration‹ verstanden, der Politik schon seit Jahren den Rücken gekehrt und sich in das »Reich des Geistes« zu flüchten gesucht, so introvertierten jetzt auch Schriftsteller, die in den ersten Nachkriegsjahren gerade erst mit dem Schreiben begonnen hatten. Sie wandten sich ab von der öffentlichen Diskussion eigener politischer Konzepte, wie sie Richter und Andersch 1946 in der literarischen Zeitschrift *Der*

Ruf noch mutig praktiziert hatten (man denke an das von ihnen vertretene »One-World-Konzept«). Das zunächst geäußerte Mißtrauen gegenüber »Patentrezepten« (Richter) und orthodoxen ideologischen Leitlinien für die Neuorientierung des politischen und literarischen Lebens mündete ein in die »Ideologie der Ideologiefeindschaft«,[25] wie Hans Mayer die Bewußtseinslage um 1950 charakterisierte: »Die deutschen Schriftsteller [...] verwarfen das falsche *und* das richtige Bewußtsein zugleich. Sie glaubten gewitzt und gewarnt zu sein. Nicht mehr Expressionismus und zum letzten Mal Ideologie. Die Literatur hatte von nun an im Dienst der Ideologiefeindschaft zu stehen.«[26]

Als Folge des »totalen Ideologieverdachts« und der politischen Zurückhaltung der Schriftsteller war in der ab 1950 erscheinenden Literatur eine gewisse thematische Umorientierung zu verzeichnen, die Lyrik und Prosa erfaßte. Zwar dominierte weiterhin die Auseinandersetzung mit der Vergangenheit und die »Verachtung über Restauration, materielle Prosperität und manipulierte Kulturindustrie«,[27] aber mit der ersten Verleihung des Preises der Gruppe 47 an Günter Eich für sein »reines« Gedicht *Fränkisch-tibetanischer Kirschgarten* war »die Bindung ans Thema endgültig vorbei«,[28] wie Fritz J. Raddatz 1962 im *Almanach der Gruppe 47* in der Rückschau bemerkte. Gemeint war die »Bindung ans moralisch-politische Thema« (Vormweg). Denn man hatte, so fuhr Raddatz fort, eingesehen, daß es nötig sei, »die allzu neuplatonische Perspektive des Sehschlitzes aus dem Betonbunker mit der Position des Europäers« oder einem ähnlich weiten Gesichtskreis zu tauschen, auch wenn man dies nicht von heute auf morgen erreichen konnte. Zwar behauptete auch Raddatz nicht, daß die Auseinandersetzung »mit Nazismus, Weltkrieg und politisch-gesellschaftlicher Umwelt« von 1950 an »eliminiert worden« sei (zumal sich seine Feststellung nur auf die Texte bezog, die als exemplarisch für die Lesungen der Gruppe 47 in den *Almanach* aufgenommen wurden), aber er deutete an, daß »der Versuch solcher Auseinandersetzung [...] nicht mehr Voraussetzung«[29] für literarische Anerkennung war und daß die Versuche abnahmen. Die Autoren waren dabei, sich unter den politischen Bedingungen der Adenauer-Ära »einzurichten« und mit ihrer Literatur in einer »klimatisch [...] gemäßigten Zone«[30] anzusiedeln. Selbst die Gegensätze zwischen Emigranten und ›innerer Emigration‹, zwischen alter und junger Generation wurden entschärft.[31] Was das für die Romanliteratur bedeutete, faßte Jürgen Peters 1977 zusammen: »Im Mittelpunkt standen wieder einmal: immer noch Individuen, die, zumeist aus gebildeten Kreisen stammend, ihre Konflikte untereinander hatten oder mit der Gesellschaft und, da sie sich bildend nicht entwickeln konnten, scheiterten. Oder es ging um einzelne im Faschismus, der mit dem Jahre 1945 zu Ende gewesen sein sollte. Wie ein Spuk, der verfliegt. Die Gruppe 47 blühte mit dieser Entwicklung auf.«[32]

Hinzu kam, daß die ›Neue Literatur‹ kaum zu »umwälzenden ästhetischen Entwürfen« vorstieß, sondern »im allgemeinen« einer »zumeist der bürgerlichen Literatur des 19. Jahrhunderts verpflichteten Ästhetik« folgte.[33] Stilistisch schlug sich die um Ausgleich bemühte poetologische Orientierung in einer Sprache nieder, die entweder Formen »eines gedämpften und entspannten Expressionismus« adaptierte, den »die existentialistische Generation schon während der dreißiger und vierziger Jahre gepflegt hatte«,[34] oder die Anschluß an die Literatursprache der internationalen Moderne suchte, wie man sie in Autoren wie Joyce, Faulkner, Kafka, Sartre, Camus und Eliot verkörpert sah.[35] Ebenso aber griff man zurück auf den ›Mischstil‹ der Neuen Sachlichkeit, auf das

Vorbild des bürgerlichen Realismus des 19. Jahrhunderts oder auf den »kargen Realismus« amerikanischer Kurzgeschichtenautoren. Von den letzteren wirkte besonders Hemingway stilbildend für die Erzählungen und Romane Bölls, Schnurres, Richters und Siegfried Lenz'.[36] Allerdings wurde das realistische Modell amerikanischer Erzähler in Westdeutschland zum Teil in einen »magischen Realismus« verwandelt, »in dem sich äußerste Gegenständlichkeit des sprachlichen Ausdrucks mit einer bedeutungsgeladenen, aber das Wesentliche aussparenden Montage-Technik«[37] verbinden. Schließlich konnte man ein zeitweiliges Wiederaufleben hermetisch-allegorischer Erzählweisen in der konfessionell geprägten Belletristik registrieren, während die surrealistische Tradition (z. B. Hans Arp, Elias Canetti)[38] höchstens in der Prosa Ernst Kreuders, Ilse Aichingers oder Wolfdietrich Schnurres nachweisbar ist. Insgesamt schloß man sich bei dem Bemühen, »endlich in der ›Weltsprache der Dichtung wieder mitreden‹ zu können« also »nur in den seltensten Fällen avantgardistischen Strömungen an, sondern griff zumeist auf historisch abgeschlossene Entwicklungen zurück«.[39] Die dennoch vorhandene »Zersplitterung der Stile« versuchte man möglichst schnell zugunsten einer einheitlichen Literatursprache zurückzudrängen, indem man unterschiedliche Stilmittel amalgamierte, abschliff und angemessen einsetzte. Und wenn Walter Jens 1955 für eine »abstrakte Literatur« warb und Ideale wie »intellektuelle Genauigkeit [. . .], Kälte und konzise Prägnanz« herausstellte, so klingen seine Äußerungen, die am Schluß die Synthese von »mythischer Welt« und »artistisch sauberem Handwerk« preisen, wie eine Apologie der »klassizistischen Moderne«.[40] Hans Dieter Schäfer zieht aus diesen Beobachtungen den Schluß, daß man den verblüffend erfolgreichen Slogan ›Keine Experimente‹ mit gewissen Einschränkungen auch auf die dominierenden Stilformen der Literatur der fünfziger Jahre anwenden könnte.[41]

Abgesehen von einigen Ausnahmen wie Koeppen oder Arno Schmidt zeigt sich der westdeutsche Roman erst um 1959 herum wieder experimentierfreudiger, als Martin Walser, Uwe Johnson und Günter Grass mit epischen Werken debütieren, die sowohl sprachliche als auch konzeptionelle Innovationen wagen, aber auch neue Stoffgebiete erschließen. Da gleichzeitig Heinrich Böll, Siegfried Lenz, Paul Schallück und selbst Gerd Gaiser progressive Romanentwürfe vorlegen, kann man das Jahr 1959 tatsächlich als einen gewissen Wendepunkt in der westdeutschen Romanliteratur bezeichnen, der sie zugleich im internationalen Ansehen ›einen Sprung‹ machen läßt.

Wie mühselig jedoch die ›ersten Schritte‹ waren, läßt sich exemplarisch an Hans Werner Richters Roman *Die Geschlagenen* nachweisen, der sich im Gründungsjahr der Bundesrepublik als einer der ersten deutschen Nachkriegsromane mit dem Nationalsozialismus und der Lage des besiegten Deutschland auseinandersetzte. Bereits Titel und Thema deuten noch eindeutig auf eine Bewußtseinslage hin, wie sie unmittelbar nach 1945 bestanden hatte, als Kriegsgefangene, Flüchtlinge, Befreite oder Verfolgte sich in ihrem »physischen und psychisch-ideologischen Elend« als »Geschlagene« fühlen konnten. Hans Werner Richter, der wie Alfred Andersch, Gustav René Hocke, Walter Mannzen und Walter Kolbenhoff seit 1940 am Krieg teilgenommen hatte und auch zu jener halben Million Deutscher zählte, »die ab Frühjahr 1943 mit ›Liberty-ships‹ nach Amerika transportiert worden waren«, konnte auf der »Geschmackstopographie« dieser potentiellen Leser aufbauen, als er seine weitgehend autobiographisch geprägten Romane verfaßte.[42]

Die Geschlagenen widmete Richter seinen vier Brüdern, »die Gegner und Soldaten« des

Zweiten Weltkrieges waren, »die ein System haßten und doch dafür kämpfen mußten und die weder sich selbst, ihren Glauben, noch ihr Land verrieten«. In ihrer Lage befindet sich auch der Obergefreite Gühler, aus dessen Perspektive der Roman erzählt wird. Gühler erlebt nach der Schlacht um Monte Cassino in einem amerikanischen Kriegsgefangenenlager, daß die NS-Ideologie keineswegs bei allen Geschlagenen zu existieren aufgehört hat, obwohl die Zerschlagung des Dritten Reiches sich bereits abzeichnet und die Inhumanität der NS-Herrschaft nicht mehr zu bestreiten ist.

Die sprachlichen Mittel des Romans werden eindeutig von den inhaltlichen Interessen des Autors dominiert, der Ideen, Erfahrungen und Forderungen möglichst direkt umsetzen will und im Banne der Kahlschlag-These von Weyrauch und Borcherts *Literarischem Manifest* von der Alltagssprache her wieder Zugang zur Wirklichkeit zu finden hofft.[43] Dabei sind jedoch die sprachlichen Voraussetzungen nicht reflektiert.[44] Andererseits verraten die szenische Umgangssprache, die realistische Schilderung von überschaubaren Situationen, die »Darstellung exemplarischer Figuren mit banalen Zeitrequisiten« und der Reportagestil das Vorbild der deutschen Neuen Sachlichkeit und des Amerikaners Hemingway, der schließlich auch für die Titelgebung, einer härteren Variante des Schlagworts von der ›lost generation‹ aus dem Jahre 1926, anregend gewesen sein dürfte.[45]

Eine wesentlich kompliziertere Komposition als im Erstlingswerk wählte Richter für den 1949/50 geschriebenen und 1951 veröffentlichten Roman *Sie fielen aus Gottes Hand*, in dem er dreizehn Personen verschiedenster Nationalität in »sechs Büchern« und über 100 Szenen (»Kapiteln«) immer wieder auftreten läßt. Doch im Gegensatz zu Wolfgang Koeppens gleichzeitig erschienenem Roman *Tauben im Gras* sind die einzelnen Kapitel in Richters Buch keineswegs eigenständig oder untereinander austauschbar, so daß sein Vorstoß in Hinblick auf neue Romanstrukturen bei weitem nicht mit Koeppens anfänglicher Experimentierfreude verglichen werden kann.

Den zeitlich-politischen Hintergrund von *Sie fielen aus Gottes Hand* bilden der Zweite Weltkrieg und die ersten Nachkriegsjahre. Schauplätze sind Tallin, Polen, Barcelona, Königsberg, Kairo, Jugoslawien, die Ukraine, Nürnberg und sogar Indochina. Erzählt werden die »Schicksale von Menschen, die 1945 zum Strandgut des Krieges« wurden. Laut Nachwort der Neuausgabe von 1976 hat Hans Werner Richter 1949 zusammen mit dem damaligen *Spiegel*-Korrespondenten Claus Hardt umfangreiche Recherchen im Flüchtlingslager Hersbruck bei Nürnberg getrieben und »alle Personen« seines Buches getroffen, die ihm ihr Schicksal erzählt hätten. Auch im Roman finden sich die Hauptfiguren am Ende im Lager Hersbruck zusammen, für die der Autor in aufklärerischer und pädagogischer Absicht um Verständnis wirbt. Sie alle sind überdeutlich als Typen konzipiert und sollen repräsentative Erfahrungen vermitteln. Freilich unterliegt Richter in diesem zweiten Roman – ebenso wie später in dem autobiographischen »Roman einer Jugend« *Spuren im Sand* (1953) und in der Hochstaplergeschichte *Linus Fleck* (1959) – zuweilen der Gefahr, Klischees aufzugreifen und eine gewisse »Gleichwerterei«[46] vorzunehmen, wenn er »schwere moralische Fehler« auch bei Deutschlands Kriegsgegnern aufzeigt (so die Kritik von Thomas Mann im Zusammenhang mit der Verleihung des René-Schickele-Preises für *Sie fielen aus Gottes Hand* 1951).

Alfred Andersch, Weggefährte Richters bei der Herausgabe der Nachkriegszeitschrift *Der Ruf* sowie bei der Gründung der Gruppe 47, schrieb seinen ersten Roman, *Sansibar oder der letzte Grund*, zwar erst 1957, aber einen wichtigen Schlüssel für das

Verständnis seines gesamten Werkes lieferte er schon mit dem fünf Jahre vorher erschienenen Bericht *Die Kirschen der Freiheit*. In ihm rekapituliert der Autor die Geschichte seines eigenen Lebens, als dessen Fluchtpunkt er die Desertion von der deutschen Wehrmacht in Italien im Sommer 1944 in das Reich der »wilden Wüstenkirschen«, d. h. der unberührten Natur, ansieht. Neben der selbstkritischen Betrachtung der eigenen Person entfaltet Andersch zugleich ein breites Spektrum von autobiographischen Erfahrungen, »die je als spezifischer Niederschlag historischen Geschehens der Jahre 1918 bis 1944 reflektierbar werden sollen«.[47]
Richters Roman *Die Geschlagenen* ist der Bericht nicht nur wegen der Perspektive des Erzählers und seiner Erzählweise, sondern auch durch Gemeinsamkeiten hinsichtlich des Schauplatzes und Zeitpunkts der Handlung sehr verwandt. Außerdem teilen beide Autoren die Sympathie für den einfachen Soldaten, den ›Landser‹. Und schließlich sind *Die Kirschen der Freiheit* in einem ähnlichen reportagehaften Stil mit sparsamen und knappen Sätzen und einem oft umgangssprachlichen Ton verfaßt, der jedoch durch den Wechsel von unterkühlten mit assoziierenden Passagen, von sinnlicher Beschreibung oder »lyrischen Phantasmagorien« nie langweilig wird.[48]
Grundlegend verschieden von Richters Roman *Die Geschlagenen* ist jedoch die »existentielle Perspektive« in Anderschs Bericht: »Wo Gühler/Richter, ungeachtet aller ideologischen Mißverständnisse, an die gesellschaftliche Einsicht seiner Mitgefangenen appelliert, glaubt Andersch nur an kurze, individuelle Verwirklichungen der Freiheit ›zwischen Gefangenschaft und Gefangenschaft‹.«[49]
Mit *Die Kirschen der Freiheit* hatte Andersch zugleich das zentrale Thema seiner Romane angeschlagen: die Flucht des Menschen »als Rückzug und mögliche Emanzipation der Freiheit vor dem Hintergrund der Zwänge und Zerstörungen durch Ideologie und Entfremdung«,[50] eine gleichsam philosophische Fragestellung.
Und gemäß der existentialistischen Auffassung des Dichters, daß nicht die objektiv existierende Welt gelte, sondern die Desertion aus deren Bindungen, strebt Andersch das nach Kierkegaard höchste Stadium der Existenz, das religiöse, das Alleinsein mit Gott, als Wahrheitsfindung an. So heißt es in *Die Kirschen der Freiheit*: »Die Freiheit ist das Alleinsein mit Gott oder dem Nichts«,[51] wobei das »Nichts« als ein »genauso großes Heiliges wie Gott« bezeichnet wird.
Flucht und freie Willensentscheidung in einer existentiellen Grundsituation stehen denn auch im Mittelpunkt seines ersten Romans *Sansibar oder der letzte Grund*, der in dem kleinen Ostseehafen Rerik 1937 spielt. Am Schicksal von fünf Gestalten, einem protestantischen Pfarrer, einer jungen deutschen Jüdin, den an der Partei zweifelnden KP-Genossen Gregor und Knudsen sowie dessen fünfzehnjährigem Schiffsjungen, die aus den verschiedensten politischen oder privaten Motiven nach Schweden fliehen wollen, werden typische menschliche und politische Verhaltensweisen vorgeführt, die durch die Herrschaft der »Anderen« (das sind außer für den Jungen die Nationalsozialisten) hervorgerufen werden.
Die vier erwachsenen Hauptfiguren werden zunächst in kurzen Abschnitten von der Art eines inneren Monologs vorgestellt, bevor von den Fluchtvorbereitungen und der Flucht selbst erzählt wird. Allen Kapiteln vorangestellt und später sorgfältig in sie eingeschoben sind aber immer wieder Passagen, in denen die Sehnsüchte des Schiffsjungen zum Ausdruck kommen. Auf der Ebene seiner Traumwelt, die durch Lektüre und Phantasien gespeist wird und uneingeschränkte Erfüllung gewährt, werden die gehei-

men Wünsche der Erwachsenen nach einem freien Leben spielerisch rekapituliert. Zudem verschafft ihm das »kleine Abenteuer« der Flucht im Sinne der oben geschilderten Freiheitstheorie, daß Freiheit niemals länger dauern könne »als ein paar Atemzüge lang«, das für kurze Zeit währende Gefühl der Freiheit.

Aber auch alle anderen Figuren bringt die gemeinsame Bedrohung zu sich selbst, ermöglicht ihnen eine mehr oder weniger überzeugende Abkehr von den bisher durchlaufenen Wegen der Entfremdung, der Angst und des Mißtrauens. Dieser Prozeß der Selbstverwirklichung, der die Entscheidungsfreiheit des Individuums voraussetzt, dokumentiert zugleich Anderschs Auffassung von der Unzulänglichkeit der großen ideologischen Systeme, die hier differenzierter und überzeugender artikuliert wird als im vorangegangenen Bericht oder im nachfolgenden zweiten Roman.

Die Rote wurde 1960 zunächst als Fortsetzungsroman in der *Frankfurter Allgemeinen Zeitung* veröffentlicht und schien sich diesem Medium bereits durch den Titel angepaßt zu haben. Tatsächlich ist der Roman in ›mondäner‹ Atmosphäre angesiedelt und »reichlich mit Spannungseffekten des Abenteuer- und Kriminalromans versehen: Flucht, Bedrohtsein, Verfolgung und Mord sowie phantastische nächtliche Begegnungen mit zweifelhaftem Ausgang«.[52] Im Mittelpunkt steht die Titelheldin Franziska Lukas, die aus dem faden Leben ihrer Ehe und der westdeutschen Wohlstandsgesellschaft in die bescheidene Existenz an der Seite des ehemaligen antifaschistischen Spanienkämpfers Fabio Crepaz flüchtet, womit die Themen Flucht, Sehnsucht nach Freiheit und Suche nach einem sinnvollen Dasein erneut aufgegriffen werden. Dabei wird die Flucht der ›Heldin‹ »orchestriert« durch die Nebenfiguren, die alle vor etwas oder vor jemandem flüchten (ihrem Gewissen, ihrer Vergangenheit, ihren aufgegebenen Idealen), während die Erzählstruktur auf den Blickwinkel von Franziska und Fabio gegründet wird, deren erlebte Reden und innere Monologe abwechseln. Allerdings wird der durch die zweistimmige Komposition ermöglichte Perspektivenwechsel »vom Autor nicht dazu benutzt, das Romangeschehen unter zwei Aspekten darzustellen; die beiden Gestalten haben mit ihrer Vergangenheit und romansimultanen Gegenwart nichts miteinander zu tun, außer einer flüchtigen Begegnung in der Mitte und einer endgültigeren am Ende des Buches«.[53]

Aufgrund der ungenutzt gelassenen Darstellungsmöglichkeiten bezüglich der Romantechnik, der wenig überzeugenden intendierten Wandlung der Hauptfigur, einer zuweilen manierierten Sprache und kolportagehaften Behandlung der obengenannten Themen fand *Die Rote* bei der literarischen Kritik ein überwiegend negatives Echo, während der Roman beim breiten Publikum zum Bestseller avancierte und bis 1979 eine deutsche Gesamtauflage von 400 000 Stück erreichte. Hinzu kommen Lizenzausgaben in Europa und Übersee. Außerdem wurde *Die Rote* 1962 von Helmut Käutner verfilmt und 1972 in einer neuen, vom Autor revidierten Fassung publiziert.

Zu den echten Debütanten unter den Romanciers der fünfziger Jahre zählt Walter Jens, der 1948 aufgrund einer kurzen Geschichte[54] von Ernst Rowohlt zu einem Roman mit dem Arbeitstitel *Weltuntergang* angeregt wurde. »In ganzen drei Wochen«[55] stellte der damals sechsundzwanzigjährige Habilitand für klassische Philologie das Buch im Mai 1949 fertig, das 1950 erschien und jetzt *Nein – Die Welt der Angeklagten* hieß. Diesem ersten Roman folgten bis 1963 noch drei weitere.

Inzwischen sind alle diese Romane bis auf das Erstlingswerk in Vergessenheit geraten. Wenn sie dennoch in diese Untersuchung einbezogen werden, so nach Durzaks

Argumentation, daß sich an Jens' Romanwerk »Typologisches« demonstrieren läßt, das »zur Verdeutlichung gewisser Entwicklungslinien in der zeitgenössischen deutschen Epik dienen«[56] kann. Denn betrachtet man Jens' ersten Roman *Nein – Die Welt der Angeklagten* und seinen vierten *Herr Meister. Dialog über einen Roman* (1963) zusammen, so ist der eine typischer Repräsentant der Romanliteratur, wie wir sie im Werk von Richter und Andersch kennengelernt haben, während *Herr Meister* »jene vielberedete Auflösung des Romans, die Außerkraftsetzung der überschaubaren fabulierten Geschichte, die Zerlegung des Romans in vielschichtige epische Montagegebilde« signalisiert, »die etwa für die Struktur der Romane Uwe Johnsons typisch sind«.[57] Außerdem läßt sich nicht bestreiten, daß der Name Jens Anfang und besonders Mitte der fünfziger Jahre in einer Reihe mit anderen Romanciers wie Andersch, Böll, Gaiser, Koeppen, Lenz und Arno Schmidt genannt wurde. Verstärkt wurde Jens' Bedeutung für den gesamten Literaturbetrieb durch seine frühe Zugehörigkeit zur Gruppe 47 und seine Rolle als einer ihrer hervorragendsten Literaturkritiker sowie seine Schlüsselposition innerhalb der gesamten damaligen literarischen Szene, die er durch seine Tätigkeit als Erzähler, Hörspielautor, Essayist, Redner, Literaturmanager, Rezensent und Verfasser von zahlreichen wissenschaftlichen und literaturhistorischen Büchern errungen hatte. Insgesamt ist Jens seit *Nein – Die Welt der Angeklagten* »alles andere als ein in seiner schriftstellerischen Arbeit aufgehender Autor«[58], sondern er repräsentiert eher den Poeta doctus, der sich »in der Tradition der griechischen Antike ebenso weiß wie etwa in der Paul Valérys und T. S. Eliots«[59]. Dazu gehört bei Jens das Bewußtsein, ein »Nachgeborener« zu sein, und die »rhetorisch-pädagogische [...] Neigung, die Demonstration und Aktualisierung von Tradition ebenso didaktisch wie deklamatorisch dem Literaturpublikum zu präsentieren«.[60]

Der Hang zum Exemplarischen und lehrhaften Engagement ist bereits im Erstlingsroman angelegt. Er reflektiert noch das unmittelbare Nachkriegsbewußtsein und hat den Kampf des einzelnen gegen den totalitären Staat und gegen ›Kollektivmechanismen‹ zum Thema. Es wird ein utopischer ›Weltstaat‹ entworfen, in dem es nur drei Gruppen von Menschen gibt: Angeklagte, Zeugen und Richter. Sie werden von einem totalitären System regiert, wo jeder angeklagt wird, der sich den Normen des Staates nicht beugt. Nur ein anonymer oberster Richter vermag den totalitären Herrschaftsapparat noch zu durchschauen. Zu den letzten, die sich der allgemeinen Uniformierung des Bewußtseins noch nicht ergeben haben, zählt der Privatdozent Walter Sturm, die Hauptfigur des Romans mit deutlich autobiographischen Zügen. Durch die Individualität dieses Helden wird dem nüchternen Charakter der »parabolischen Konstruktion« entgegengearbeitet.

Walter Sturm durchläuft in den »drei Büchern« des Romans die Hierarchie staatlicher Abhängigkeit vom Angeklagten zum Zeugen bis hin zum designierten Nachfolger des Großinquisitors. Indem Sturm dieses Angebot ausschlägt, nimmt er eine echte Möglichkeit wahr, im Sinne des moralischen Anspruchs der ›Parabel‹ seinen Protest gegen die totalitäre Herrschaft auszudrücken, ohne allerdings dadurch etwas ändern zu können, außer daß es nach dem Tode des Machthabers keinen mehr gibt, »der die Maschinerie kennt«[61].

Im Nachwort zur Neuauflage seines Romans im Jahre 1968 skizzierte Jens die Mängel seines Buches recht treffend, als er formulierte: »Die Schwächen bieten sich ohnehin nach wie vor an: Franz Kafka steht Pate [...], krassen Naturalismen entsprechen

lyrische Sentimentalitäten; Richter und Priester wirken ein wenig wie Ufa-Heroen; die Gespräche zwischen Mutter und Sohn fallen unter Benns ›gutgemeint‹-Kategorie; aber daneben gibt es denn doch wohl Passagen, Gespräche, Schilderungen und Reflexionen, die nicht nur dem fünfundzwanzigjährigen Autor wohl anstehen mögen.«[62]
Parallelen zu Arthur Koestlers *Sonnenfinsternis* und George Orwells *1984* bieten sich an, aber Jens hat beide Bücher 1949 noch nicht gekannt. Wichtiger ist der Hinweis von Jürgen Kolbe, daß bereits im ersten Roman »der Kalkül des Einfalls oder besser: des Schemas gelten«, auf dem das Buch aufbaut. »Es ist ein intellektuell ausgeklügeltes, in der Theorie durchgespieltes Grundmuster«.[63]
Da der Roman als engagierte Auseinandersetzung mit der gesellschaftlichen Wirklichkeit des Nationalsozialismus verstanden wurde und nicht mehr nur die Kriegszeit behandelte, fand er bei seinem Erscheinen respektvolle Anerkennung beim deutschen Publikum und wurde vor allem in Frankreich von René Lalou und Gabriel Marcel überschwenglich gelobt. Anläßlich der Neuauflage von 1968 hat sich der Autor zu seinem Buch und zum Thema seines Romans noch einmal ausdrücklich bekannt: »Das Problem des letzten Menschen«, heißt es im Nachwort, »bleibt im Sinne einer denkbaren Gesamtuniformierung nicht nur so aktuell wie vor zwanzig Jahren, sondern es hat an Brisanz noch gewonnen.«[64] Dieser Text ist unverändert in die Taschenbuchedition von 1977 übernommen worden.
Deutet sich schon nach Jens' bester Erzählung *Der Blinde* (1951) eine »intellektuell begründete Skepsis gegenüber der genau und geradlinig erzählten Geschichte, der anfänglichen Stärke«[65] des Autors, an, so muß der melancholische Stimmungsroman *Vergessene Gesichter* von 1952, der unter alternden Schauspielern in einem französischen Altersheim spielt und auf eine abstrakte ›Parabel‹ verzichtet, als ein unfruchtbarer literarischer Umweg bezeichnet werden, über den die Zeit hinweggegangen ist.
Eine Wende brachte hingegen der drei Jahre danach erschienene Roman *Der Mann, der nicht alt werden wollte*. Bei Beibehaltung eines verwandten Motivs, dem des Alterns, ist Jens bereit, in diesem Roman die geschlossene Romanform zugunsten einer kunstvoll gebrochenen Fabel aufzugeben, deren drei verschiedene Erzählebenen erst vom Leser interpretierend einander zugeordnet werden müssen. Als Erzähler – und damit institutionalisiert Jens »die eigene Literatenexistenz als Romanfunktion« – dient der emeritierte Literaturprofessor Friedrich Jacobs, ein Nachfahre des Serenus Zeitblom, der nach dem Selbstmord seines Schülers Bugenhagen dessen Nachlaß erbt. Zu diesem Nachlaß gehören Tagebuchnotizen und ein Romanfragment mit dem Titel *Der Mann, der nicht alt werden wollte*. Der alte Professor ist von diesem Material derart fasziniert, daß er eine Biographie über die schillernde Existenz Bugenhagens verfassen will. Die Arbeit daran wird jedoch zu einer Suche nach der eigenen Jugend, und der philologisch-positivistischen Kleinarbeit wird Jacobs zunehmend untreu, da er sich mit seinem »Forschungsgegenstand und auch mit dessen Produkt, dem Helden aus dem fragmentarischen Roman, identifiziert«[66]. Zugleich wird in dieser Beschäftigung die auf Jens zurückweisende problematische Existenzform des Philologen und Literaturschaffenden gespiegelt. Und wenn in diesem Zusammenhang die Angst des erfundenen Autors Bugenhagen zur Sprache kommt, der nämlich fürchtet, seine eigenen Werke als epigonal zu empfinden, so wird auch mit diesem Problem des »Alexandrinismus«[67] das eigene schriftstellerische Dilemma von Walter Jens thematisiert. D. h., es geht um jenen Schriftsteller-Typus, »der alles andere als naiv der Literatur gegenübertritt«.[68]

Eine andere Variante des Poeta doctus ist in der westdeutschen Literatur Arno Schmidt, der wie Walter Jens mit Erzählungen, Romanen, Essays, Funksendungen und wissenschaftlichen Abhandlungen hervorgetreten ist, aber im Gegensatz zu Jens nach verschiedenen Domizilen seit 1958 zurückgezogen in einem Heidedorf »vom Schreiben und schreibend lebt[e]«.

Seine zahlreichen, seit 1949 in fast regelmäßigen Abständen erschienenen Bücher bezeugen jedoch einen Autor, »der, bei aller Absonderung, seiner Zeit und den Zeitgenossen nicht den Rücken« zugewendet hat, wie Werner Eggers einmal treffend formulierte, sondern der ihr »die Stirn bietet«.[69] Dabei hat eine beachtliche Portion Aggressivität und Esoterik seine Popularität bei einer kleinen Lesergemeinde, die den elitären Geist schätzt, nicht beeinträchtigt, während Schmidts Dichtung von manchen Kritikern als Spielerei abgetan wird.

Doch zweifellos galt das Erstlingswerk *Leviathan* bei seinem Erscheinen (1949) neben Wolfgang Borcherts Erzählungen, Wolfgang Weyrauchs Gedichtsammlung *An die Wand geschrieben* (1950) und Elisabeth Langgässers Roman *Das unauslöschliche Siegel* (1946) als exemplarischer Beitrag zur ›neuen deutschen Literatur‹. Zugleich eröffnet das Buch *Leviathan* jene Serie von provokativen Veröffentlichungen Arno Schmidts, die in polemischer Schärfe in den fünfziger Jahren Themen wie Krieg und Restauration, Wiederaufrüstung, Atombewaffnung und zum erstenmal in der westdeutschen Nachkriegsdichtung die Teilung Deutschlands behandeln (in *Das steinerne Herz*, 1956). In seinem Werk vermischen sich historische Interessen mit geschichtsphilosophischem Pessimismus, demokratisch-sozialistische Auffassungen mit konservativ-nationalistischen, das Ethos »gütiger Menschenliebe« mit radikaler Verneinung christlicher Metaphysik, programmatischer Humanismus mit schärfster Kritik an der »menschlichen Gattung«.[70] Seine »Kurzromane« (Schmidt) sollen Warnungen vor den menschheitsbedrohenden Mächten und »Aufforderungen an den denkenden Leser« sein sowie das menschliche Dasein »topographisch« fixieren.[71]

In seinem Buch *Rosen & Porree* (1959) hat Schmidt in den Teilen *Berechnungen I und II* sein formal-ästhetisches Programm in einer Art Poetik dargelegt. Danach will er eine »konforme Abbildung unserer Welt« liefern, womit aber nicht die objektiven Gegebenheiten, sondern subjektive Gedankenprozesse und Gefühlszustände gemeint sind. Diese Bewußtseinsvorgänge sollen sprachlich (z. T. sogar phonetisch) adäquat wiedergegeben werden, indem spezifische Erzählformen psychischen Vorgängen, z. B. der Erinnerung, dem Traum, mosaikartig zugeordnet werden. Um die vom Autor propagierte »Wiedergabe mehrfacher räumlicher Verschiebung des Handelnden bei festgehaltener Einheit der Zeit« zu ermöglichen, verwendet er erzählerische Mittel wie den inneren Monolog, »montierte Details«, die »Rastermethode« (d. h. die Zusammensetzung von kleinsten Ausschnitten), die Technik des »Fotoalbums« (kleinste Erinnerungsbausteine werden von »Texten« umlagert), Ironie und Wortwitz. Die jeweiligen Textsequenzen werden dabei konsequenterweise von Helden als Bewußtseinsträgern vermittelt, die ihren ›Inhalt‹ in der ersten Person präsentieren. Daß der Leser auf diese Weise nur Impressionen und Wahrnehmungsbruchstücke vorgesetzt bekommt, aber keine zusammenhängende Darstellung der objektiven Welt mehr, deutet auf die Schwächen dieser Romantechnik Arno Schmidts hin. Außerdem hat die Verachtung des Stoffes von seiten des Autors (»völlig uninteressant«) zur Folge, daß Handlungsabläufe diskontinuierlich und Figuren indifferent dargestellt werden und daß sich Raum-

und Zeitumstände oder verschiedene Themenbereiche bzw. Textsorten überlagern. Dabei zielt die zwischen saloppem Jargon und esoterischer Experimentierwut schwankende Sprache, die durch nonkonformistische Interpunktion, Syntax, Typographie (Kursiveinsprengsel) und durch willkürliche Collagen geprägt ist, darauf ab, »die Nessel Wirklichkeit« (Schmidt) anzufassen.

Dieser ungewöhnliche, in den Spätwerken (*Zettel's Traum*) aber fast unverständlich gewordene Stil, der Gedanken selbst in der schriftsprachlichen Fixierung »ihre Flüchtigkeit und Neigung zur Verkürzung beläßt«, ist in den fünfziger Jahren zunächst ein damals nur noch mit Koeppens Buch *Tauben im Gras* (1951) vergleichbarer Versuch, die Nachkriegsprobleme politischer, sozialer, erotischer oder literarischer Art in wirklich neuen Sprachformen einzufangen. Freilich bemerkte Jürgen Peters 1977 zu Recht, daß eine breitere Rezeption der frühen Romane Schmidts dadurch ausgeschlossen wurde und weiterhin undenkbar ist, weil diejenigen, deren Alltag in seiner Sprache dargestellt wird, »sich die *Formen* dieser Produktion nicht aneignen können«[72]. So erreichten von den ersten Romanen nur *Das steinerne Herz* (1956) und *Die Gelehrtenrepublik* (1957) ein größeres Publikum.

In seinem Buch *Das steinerne Herz*, das im Untertitel als *Historischer Roman aus dem Jahre 1954* deklariert wird, diagnostiziert Schmidt aus der Perspektive des sich als Philologe und Sammler betätigenden Landvermessers Walter Eggers die ständig neue Konflikte heraufbeschwörende Kriegs- und Nachkriegszeit. Was an äußerer Handlung in der Ich-Erzählung des gebildeten Außenseiters vorkommt und kolportagehafte Züge aufweist, ist gegenüber den eingeschobenen Reflexionen über Sex, Bildung, Natur, Kunst und zeitgenössische Politik unerheblich. Formal präsentiert sich der Roman als verwirrende epische Montage von Erfahrungsbruchstücken, zergliederter Fiktion und den angesprochenen essayistischen Einschüben. Die auf solche Weise vermittelten Wirklichkeitsausschnitte und Impressionen des Autors bringen dessen tiefempfundene Skepsis gegenüber den zeitgenössischen Verhältnissen zum Ausdruck, als die Bundesrepublik Deutschland die volle Souveränität erlangte, der NATO beitrat und die Bundeswehr aufstellte. Eine freundlichere ›Gegenwelt‹ sieht Schmidt in der Natur, Kunst und Technik sowie in den exakten Naturwissenschaften, »von denen er die wissenschaftliche Bewältigung gesellschaftlicher Probleme erwartet«[73].

Im kurz darauf folgenden Roman *Die Gelehrtenrepublik* entwirft Schmidt ein ähnlich düsteres literarisches Utopia wie sieben Jahre zuvor Walter Jens in *Nein – Die Welt der Angeklagten*. Auf einer schwimmenden Insel im Sargassomeer, einem komfortablen »Dicht- und Denkdomizil für die Genies der Erde«, das zur einen Hälfte für die Künstler und Wissenschaftler ›des Ostblocks‹ und zur anderen für die Elite ›der freien Welt‹ reserviert ist, wird im Jahre 2008 der ›Kalte Krieg‹ fortgesetzt. Der *Kurzroman aus den Roßbreiten*, wie der witzige Untertitel lautet, ist aus der Sicht eines als Urgroßneffe des Autors Schmidt imaginierten Reporters namens Charles Henry Winer verfaßt und in einer »als Tarnung gedachten« und nach dem Atomkrieg »nicht mehr existierenden Sprache«, dem Deutschen, niedergeschrieben. Winer hat von den Weltmächten ein Visum zum Besuch der IRAS (d. i. International Republic for Artists and Scientists) erhalten und wird bereits auf dem Wege durch den dorthin führenden »Hominidenstreifen« Zeuge grausamer Kämpfe zwischen Mensch-Tier-Mutationen. Diese untereinander feindlich gesonnenen Zentauren im Westen der USA sind durch radioaktive Vorgänge entstanden. In der Gelehrtenrepublik IRAS erlebt Winer dann

erst recht einen hinterhältigen Geheimkrieg beider Hälften, in dem mit Methoden der Spionagedienste gearbeitet wird. In einem Augenblick höchster Spannung gelingt es dem Journalisten gerade noch, die gefährliche Insel zu verlassen.
Konstitutiv für diese Satire auf die politische Situation des zerrissenen Europas und auf die individuellen Schwächen der Zeitgenossen ist erneut die Mischung aus Wortcollagen, Reflexionen und Bildfetzen, die zwar grundsätzlich dem Utopisch-Phantastischen angemessen sein mag, aber in der Schmidtschen Ausprägung das Rezeptionsvermögen des literarisch gebildeten Lesers mitunter überfordert. Nicht minder »sperrig« ist die epische Montagetechnik in den »Kurzromanen« *Aus dem Leben eines Fauns* (1953), *Kosmos oder Vom Berge des Nordens* (1955), *Rosen & Porree* (1959) und *KAFF, auch Mare Crisium* (1960). Dennoch hat der Stil Arno Schmidts Autoren wie Peter O. Chotjewitz, Oswald Wiener und Helmut Heißenbüttel zur Nachahmung angeregt, letzterer wies 1966 ausdrücklich darauf hin.[74]
Elisabeth Langgässer hatte bereits Ende der zwanziger Jahre zu schreiben begonnen und publizierte auch nach Hitlers Machtergreifung, ehe sie 1936 als Halbjüdin Schreibverbot erhielt. In der Nachkriegszeit veröffentlichte sie erneut Novellen, Gedichte, Essays und zwei Romane. Da der Roman *Das unauslöschliche Siegel* (1946) vor dem hier behandelten Zeitraum entstanden ist, soll nur der postum erschienene Roman *Märkische Argonautenfahrt* (1951) im Zusammenhang mit Langgässers epischem Schaffen dargestellt werden. Dieses vom katholischen Glauben geprägte Werk, das christliches Gedankengut, magisch-mythische Grundmotive und ›modernes Lebensgefühl‹ in sich aufnimmt, will den »außerzeitlichen und an keinen Raum gebundenen Kampf zwischen Gott und Satan« am Schicksal einzelner Menschen aufzeigen, die weniger als Individuen, sondern als typisierte Gestalten konzipiert sind. Zeugt das Vorkriegsschaffen der Autorin jedoch von einem ungebrochenen christlichen Glauben, so stehen die letzten Romane und Erzählungen unter dem Einfluß von Paul Claudel und Georges Bernanos und der radikalen Katholizität des französischen »Renouveau catholique« [d. i. die Erneuerung des katholischen Weltbildes], wodurch die Widersprüche in der Existenz des Menschen stärker in das ansonsten heilsgeschichtlich orientierte Weltbild Eingang finden.
Stilistisch verkörpert die Sprache Langgässers, die gegenständliche Bilder mit symbolhaltigen Begriffen und sich scheinbar verselbständigenden aneinandergereihten Assoziationen verbindet, den von Hans Werner Richter 1947 definierten ›magischen Realismus‹. Die Autorin selbst hat in ihren Essays (*Geist in den Sinnen behaust*, 1951) eine »dialogische Sprache« gefordert, eine Sprache, die der »Gemeinschaft« bedürfe, »um aus den Gräbern des Nihilismus, der Verzweiflung, der Monotonie endgültig aufzustehen«. Geführt werde eine solche Sprache im modernen christlichen Roman, der die »Realität Gottes« sowie »eine Fülle von Welt« einschließe.
Als praktische Umsetzung der zur gleichen Zeit formulierten ästhetischen Überzeugungen präsentiert sich der Roman *Märkische Argonautenfahrt*. In ihm wird die unter dem mythischen Sinnbild der Argonautenreise nach dem ›Goldenen Vlies‹ stattfindende Wanderung von sieben zufällig zusammentreffenden Menschen aus dem kriegszerstörten Berlin nach dem in der Mark Brandenburg gelegenen Kloster Anastasiendorf (d. h. Dorf der Auferstehung) geschildert. Alle diese Personen, die zeittypische Verirrungen repräsentieren, versprechen sich von der »Pilgerfahrt« die Befreiung von ihren traumatischen Erlebnissen im Dritten Reich und die Erlösung von »gemeinsamer Schuld«.

Aber ihr Weg scheitert zunächst, weil ihre vom Bösen infizierten Seelen noch nicht offen sind für die Gnade der »Läuterung«, sondern an eine Erlösung durch sich selbst glauben. Erst ihre Abkehr von sündiger Selbstüberschätzung und die gewachsene Bereitschaft zu Reue und Demut bringt ihrer Wallfahrt am »Ort der Auferstehung« das gesuchte Heil.

Überblickt man den Handlungsablauf der *Argonautenfahrt*, so erfüllt der Roman mustergültig das Postulat der Autorin, wonach der moderne christliche Roman den Kampf zwischen Göttlichem und Satanischem im Menschen als zentralen Konflikt herauszustellen habe. Das wiederum impliziert die Dominanz heilsgeschichtlich ablaufenden oder gedeuteten Romangeschehens gegenüber realistischen Schilderungen der düsteren Wirklichkeit im Sommer 1945, die nicht zuletzt deshalb immer wieder »entwirklicht« wird, weil über weite Strecken eine magisch-mythische Sprache vorherrscht. Souverän operiert die Autorin dagegen mit modernen Erzähltechniken, wenn sie zeitgenössische Realität mit christlicher Heilswelt, Gegenwärtiges und Antik-Mythisches durch Leitmotive, Vor- und Rückgriffe oder Einblendungen strukturell miteinander verbindet.

Gerd Gaisers Romane *Eine Stimme hebt an* (1950), *Sterbende Jagd* (1953), *Das Schiff im Berg* (1955) und *Schlußball* (1958) fanden in den fünfziger und frühen sechziger Jahren bei einer vorwiegend konservativen Leserschaft und literarischen Kritik (so Friedrich Sieburg in der *Frankfurter Allgemeinen Zeitung*) ein überaus positives Echo. Sie sahen in Gaiser ähnlich wie in Koeppen, Schmidt oder Nossack einen Autor, der abseits vom großen Literaturbetrieb und der damals bestimmenden Gruppe 47 seine Werke verfaßte. Im Unterschied zu den drei oben genannten Autoren achtet Gaiser jedoch auf eine bewußt ›dichterische‹, d. h. in seinem Falle reservierte, verallgemeinernde Sprachform und ausgewogene Komposition. Er ist ein Vertreter jenes realistischen, ›gemäßigten‹ Stils, von dem wir am Anfang dieses Aufsatzes gesprochen haben, worüber auch nicht der versiert-konventionelle Umgang mit magischen Symbolen und surrealistischen Zeichen hinwegtäuschen kann.

Zu den Konstanten in Gaisers epischem Werk gehören seine unkritische Sympathie für ein ›heroisches Menschenbild‹,[75] sein romantischer Antikapitalismus, das auf Nietzsche zurückgreifende »Mißtrauen gegenüber fortschrittsgläubiger Intellektualität«[76] sowie der Glaube an einen zyklischen Ablauf der Geschichte, an deren Ende die Natur über die zivilisatorischen Werke des »vergänglichen« Menschen obsiegt.[77]

So wird schon der erste Roman *Eine Stimme hebt an*, der sich dem in der Nachkriegszeit beliebten Genre des ›Heimkehrerromans‹ zuordnen läßt, trotz der anerkennenswerten Darstellung sozialen und psychischen Elends durch eine naive Verherrlichung des ›einfachen Lebens‹ und scheinbar unkomplizierter ländlicher Gemeinschaften bestimmt. Auffallend ist gerade in diesem Roman auch eine vorindustrielle Haltung zur Natur.

Nicht zufällig findet der Kriegsheimkehrer Oberstelehn, wie der »lahme Offizier« in *Das Schiff im Berg* und Soldner in *Schlußball* eine für Gaiser typische Gestalt, nur noch bei wenigen Menschen, vor allem bei Kindern, ›gesundes, echtes‹ Leben, das frei ist von den »Verführungen zur Hoffart«. Der »Ton archaischer Schlichtheit« tut dabei ein übriges, um die Zivilisationskritik »von rechts« zu untermauern.

Der nachfolgende Roman *Die sterbende Jagd* (1953), dessen Anfänge bereits auf das Jahr 1942 zurückgehen (eine Version von Kapitel 4 wurde 1942 in *Das Innere Reich* veröffentlicht[78]), gehört zu den Werken, die in den fünfziger Jahren erfolgreich die kritisch-realistische ›Kahlschlagprosa‹ eines Richter oder Andersch ablösten bzw. begleiteten. Als angeblich »unpolitischer« Abgesang auf eine allmählich aufgeriebene deutsche Fliegerstaffel im Zweiten Weltkrieg liefert dieser Roman eine irritierende Verklärung heroischer Gemeinschaft, unbefragter Tapferkeit und Männlichkeit.

Gaisers berühmtester Roman *Schlußball*, der immerhin in neun Sprachen übersetzt wurde, liefert zwar ein formal gelungenes episches Mosaik aus 30 Erinnerungsmonologen, in denen handfeste Kritik an der westdeutschen ›Wirtschaftswundergesellschaft‹ geübt wird, die jedoch selbst wieder in Zweifel zu ziehen ist wegen der unterschwellig vermittelten Ideologie einer ›bodenständigen Welt‹ und einer fragwürdigen Herrenmoral. Bedenken gegenüber der sprachlichen Gestalt des Romans ergeben sich aufgrund der simplifizierenden Gegenüberstellung der ›plebejischen Massen‹ und ›edlen Einzelgänger‹ in Form von Schwarzweißzeichnungen der Figuren und Situationsklischees.

Ein Jahr nach Gaisers *Eine Stimme hebt an* (1950) begann mit Wolfgang Koeppen ein weiterer Autor wieder zu publizieren, der schon vor dem Kriege mit zwei Romanen hervorgetreten war. Freilich hatte er mit seinen ersten Büchern, *Eine unglückliche Liebe* (1934) und *Die Mauer schwankt* (1935; 1939 u. d. T. *Die Pflicht*), wenig Erfolg gehabt und mußte sich während des Krieges notdürftig als Manuskriptschreiber beim Film den täglichen Lebensunterhalt verdienen, zumal seit in der Emigrantenzeitschrift *Das Neue Tage-Buch* über seine schriftstellerische Tätigkeit in Holland (1934–38) berichtet worden war.[79]

Mit seinem ersten Roman nach 1945, *Tauben im Gras* (1951), stieß Koeppen zunächst auf eine zwiespältige Rezeption, obwohl in ihm »die Auseinandersetzung mit der überkommenen Roman-Form am radikalsten, am erfolgreichsten vorangetrieben«[80] war, wenn man die literarische Produktion der Bundesrepublik bis Uwe Johnsons *Mutmassungen über Jakob* (1959) zum Vergleich heranzieht. Symptomatisch für die Unaufgeschlossenheit gegenüber den formalen und inhaltlichen Innovationen von *Tauben im Gras* war damals besonders die ablehnende Rezension von Hans Schwab-Felisch, der Koeppen in *Der Monat* vorwarf, »sich fast ausschließlich im Morbiden« zu tummeln und seine »Analyse dieser Gegebenheiten« nicht »von einer höheren Warte aus geschrieben« zu haben. Ebenso schockierend für den Autor wirkte eine anonyme Kritik im *Münchner Merkur*, die ihm »Schlüsselloch«-guckerei und sittliche Verfehlungen vorwarf. In der Zeitschrift *Die Literatur* antwortete Koeppen den »Kunstrichtern« und Münchner Spießbürgern, die sich in seinem Roman zu erkennen glaubten, und verwahrte sich gegen eine postfaschistoide »Einpferchung« der Literatur. Dennoch vergingen Jahrzehnte, bis Koeppens erster Nachkriegsroman zu voller Anerkennung gelangte,[81] wenn man einmal von der frühen Würdigung durch Reich-Ranicki absieht.

Mit *Tauben im Gras* lieferte Koeppen unabhängig von der Gruppe 47 und dem ›etablierten Literaturbetrieb‹ ein Buch, das massive Kritik an der gesellschaftlichen Wirklichkeit der Bundesrepublik übte und die Kritik zugleich in einer neuen Form vortrug, die nicht selbst wieder »zum Ausdruck der gesellschaftlichen Misere« wurde, »die zu kritisieren sie angetreten« war.[82] *Tauben im Gras* enthält zwar noch im Untertitel die Gattungsbezeichnung Roman, bricht aber mit den traditionellen Normen dieser Gattung radikal, wenn man die Gestalt des Erzählers von diesem Urteil ausnimmt. Zwischen den Eingangs- und Schlußabschnitten, die deutlich aufeinander bezogen sind und den äußeren Rahmen des Erzählten bilden, sind über 100 Erzählsequenzen mit über 20 Erzählsträngen eingelagert. Diese Erzählpassagen lassen zwar gewisse Ordnungsprinzipien mit filmischen Überblendungstechniken bzw. »Klebestellen« erkennen, sind aber grundsätzlich austauschbar und allein durch den zeitlichen Ablauf von etwa 18 Stunden bestimmt, worin eine deutliche Parallelität zu Joyces *Ulysses* spürbar ist.

Der Verzicht auf eine einsinnig durcherzählte Geschichte mit einem verbindlichen ›plot‹ erlaubt die Darstellung eines »Pandämoniums« der Nachkriegszeit, wie der Autor sein facettenreiches Werk einmal selbst bezeichnet hat.[83] So werden die Schicksale von über 30 Personen an mehr als 20 Schauplätzen geschildert und ihre alltäglichen Erfahrungen und Beziehungen untereinander zur Sprache gebracht. Dabei greift Koeppen auf Techniken zurück wie den inneren Monolog, filmische Montagetechnik, asyndetische Reihung von Assoziationen, Einflechtung von literarischen Zitaten und »Newsreels«, die er bei Joyce, Döblin, Gide oder Dos Passos vorgebildet fand. Als Folge solch narrativer Praxis tritt der Erzähler entscheidend zurück und bezieht keine explizite Position mehr, auch wenn er stets präsent bleibt und »Verknüpfungen auf der Erzählebene herstellt«, die »auf der Handlungsebene fehlen«.[84] Er ist » – wie seine Gestalten – « nur noch das »Produkt der jeweiligen Situation, auf die er sich erzählend einläßt«, wie es Peters treffend formuliert hat.[85]

Diese Abkehr von der Herausstellung einzelner Personen, und sei es die ›Erzählergestalt‹, erscheint als konsequenter ästhetischer Weg in einem Buch, das gerade zeigen soll, wie schwer es ist, »so etwas wie Individualität im bürgerlichen Sinne«[86] noch zu verwirklichen. Solcher Mangel an Identität der Personen wird unterstrichen durch die Sprache des Romantextes. Es ist eine von Zitaten durchsetzte Sprache, in der Koeppen auf vieles verweist: »auf Literatur und Geschichte, auf Märchen und Mythos«[87], auf die Sprache »der Zeitungen, des Radios, der Schlager, der Politiker«[88]. Es handelt sich hierbei aber nicht um den Nachklang bürgerlicher Bildungsreminiszenzen, die den Erzählvorgang beglaubigen sollen, sondern vielmehr um die adäquate Ausdrucksform der Entindividualisierung der Sprache als einer Voraussetzung für die gestörte Kommunikation der Romanfiguren. Zugleich kann man aber Wieckenbergs These zustimmen, daß im Zitieren ein »Gestus der Verweisung auf das Allgemeine und einst verbindlich Gewesene« zu sehen ist, der zwar ohne Wirkung bleibt, aber doch als Aufbegehren des Autors Koeppen gegen den Status quo in der Welt und in der Kunst zu werten ist.[89]

Nach *Tauben im Gras* liegt ein Einschnitt, der bedeutsamer zu sein scheint als der zwischen den drei Romanen der frühen fünfziger Jahre insgesamt und den nachfolgenden Reisebüchern. Denn nach *Tauben im Gras* laufen in der Romanproduktion zwei sich »widersprechende Intentionen«[90] einher. Zunächst gibt es im Buch *Das Treibhaus* (1953) wieder eine Handlung und einen Helden. Es ist der aus der Emigration zurückgekehrte Politiker Keetenheuve, der als isolierter Abgeordneter der Oppositionspartei einen hilflosen Kampf gegen die Wiederaufrüstungsabsichten der Regierung führt. Die Kritik an der Bundesrepublik und ihrem ›Treibhausklima‹ wird dabei über weite Strecken in der Form des inneren Monologs und aus der begrenzten Perspektive des Protagonisten Keetenheuve vorgetragen, womit das von Heißenbüttel registrierte ›Gegenanerzählen‹ Gestalt geworden zu sein scheint.

Im Scheitern der Figur Keetenheuves und ihres ›Gegenanlebens‹ gegen die politischen Verhältnisse wird zugleich das ›Gegenanerzählen‹ in Frage gestellt, zumindest wenn die Kräfteverhältnisse so ungleich sind wie im Roman *Das Treibhaus*. Der Einzelgänger Keetenheuve, dessen Position in manchem an Koeppen selbst erinnert, kann nämlich kein ernsthafter »Gegenentwurf« zu den politischen Verhältnissen sein, so daß von daher auch die ästhetische Konzeption des Romans in Zweifel zu ziehen ist.

Der nachfolgende Roman *Der Tod in Rom* (1955), bereits im Titel eine Anspielung auf Thomas Manns Novelle *Der Tod in Venedig* (1912), ist »Roman und Anti-Roman in einem«[91]. Hier werden Verzweiflung, Verbitterung, Haß, Heimatlosigkeit und Uneinsichtigkeit zum Ausdruck gebracht, indem verschiedene typisch Koeppensche Erzähltechniken (innerer Monolog, Assoziationsketten usw.) angewandt und zugleich desavouiert werden. Zu beklagen ist jedoch, daß damit die Literarisierung der Wirklichkeit, besonders deren Mythologisierung[92], vorangetrieben und die Kritik am deutschen Militarismus und dem ungebrochenen Weiterwirken der nationalsozialistischen Ideologie in den Köpfen einiger Bundesbürger demzufolge immer abstrakter und ahistorischer wird. Außerdem ist der Einblick in die gesellschaftliche Realität der Bundesrepublik gegenüber dem vielschichtigen Panorama in *Tauben im Gras* auf einen Ausschnitt reduziert worden, da nur noch eine Familie im Mittelpunkt der Handlung steht. Und die Gefahr eines potentiellen deutschen Neofaschismus wird zwar am Beispiel der Biographien, der Verhaltens- und Denkweisen der einzelnen Familienmitglieder ins Bewußtsein des Lesers gerückt, sie wird aber nicht durch den Ablauf des Geschehens durchschaubar gemacht.

Mit seinem 1976 erschienenen Buch *Jugend* hat sich Koeppen wieder der Form von *Tauben im Gras* angenähert. Dies wird durch die Beobachtung nahegelegt, daß die einzelnen Kapitel relativ autonomen Charakter haben und zuvor in völlig anderer Reihenfolge in der Zeitschrift *Merkur* veröffentlicht worden waren (unter den Titeln *Anamnese*, *Jugend*, *Vom Tisch*, *In meiner Stadt war ich allein*). Das Spätwerk *Jugend* bestätigt also erneut, daß die »Grenzen des Romans [...] nicht die des Schriftstellers Wolfgang Koeppen«[93] sind, auch wenn dieser bei aller praktizierten Distanz und mutigen Innovation die Form des Romans schließlich doch noch für ein brauchbares Instrument hält.

Im Unterschied zu Koeppens Romanen sind die von Hans Erich Nossack weniger aus einer direkten gesellschaftskritischen Auseinandersetzung mit der westdeutschen Nachkriegswirklichkeit hervorgegangen, sondern eher Ausdruck einer philosophischen Weltbetrachtung.

Nossack, der 1933 Veröffentlichungsverbot erhalten hatte, ohne bis dahin als Schriftsteller hervorgetreten zu sein, mußte nach 1945 buchstäblich von vorn beginnen, da seine gesamten Manuskripte bei einem Bombenangriff auf Hamburg vernichtet worden waren. Weltanschaulich hatte sich Nossack nach dem erschütternden Erlebnis des Zweiten Weltkriegs und unter dem Einfluß von Camus den Positionen des französischen Existentialismus genähert und behandelte seitdem Themen wie die vom Sinn des Lebens und Sterbens, der Bewährung in physischer und psychischer Not, vom Umgang mit der Freiheit, von Aufbruch und Untergang, von Gericht und Selbstgericht.

Schon im Erstlingsroman *Nekyia. Bericht eines Überlebenden* (1947) wird ein existentialistischer Ton angeschlagen, wenn der Autor einen Davongekommenen des Krieges erkennen läßt, daß die Grundlagen des menschlichen Lebens Not und Schmutz seien. Ebenso scheinen die neun Erzählungen und Berichte des Bandes *Interview mit dem Tode* (1948), die nach dem Sinn menschlicher Existenz in Krieg und Nachkriegszeit fragen, aus einer philosophischen Haltung heraus geschrieben zu sein. Alle diese Texte, von denen einer bezeichnenderweise *Der Untergang* heißt, geben sich als Berichte, Protokolle, Aufzeichnungen und Recherchen.

In Nossacks bekanntestem Roman *Spätestens im November* (1955) wird ähnlich wie in Koeppens *Tauben im Gras* das Thema der gestörten Kommunikation am Beispiel der Beziehung zwischen dem Schriftsteller Möncken und der Industriellenfrau Marianne Helldegen als Monolog der Gestorbenen artikuliert und dabei zugleich die seelische Leere bürgerlichen Daseins in der ›Wirtschaftswundergesellschaft‹ angedeutet. Der entscheidende Unterschied zu Koeppens *Tauben im Gras* besteht darin, daß es in Nossacks Roman wieder um eine Zweier- bzw. Dreierbeziehung geht und daß damit das Kommunikationsproblem nur an den Lebensgeschichten weniger Protagonisten sichtbar wird. Jedoch bekommt Nossacks Schaffen mit *Spätestens im November* gesellschaftskritischere Konturen, auch wenn die nüchtern berichtende Sprache von Symbolen, religiösen und mythologischen Motiven durchzogen ist und in kafkascher Manier Reales und Irreales verbindet.

Im nachfolgenden Werk *Spirale. Roman einer schlaflosen Nacht* (1956), ein in Wirklichkeit aus fünf parabelhaften Prosastücken bestehendes Buch, hält ein Mann, »sein Leben zurück und zu Ende« denkend, über sich Gericht, »klagt sich an, verteidigt sich und versucht, sich zu begnadigen, um endlich Ruhe zu finden«. Inhaltlich kreisen die Texte also um die Frage nach der existentiellen Verschuldung des einzelnen und der Notwendigkeit des Selbstgerichts.

In *Der jüngere Bruder* (1958) wird das seit Kolbenhoff populäre Heimkehrer-Thema vom zeitgeschichtlichen Kontext abgelöst und im Sinne philosophischer ›Existenzerhellung‹ als Suche nach dem eigentlichen Ich gedeutet.

Erneut aufgegriffen wird das Thema der Ich-Suche im nächsten Roman *Nach dem letzten Aufstand* (1961), der die fingierte Form postum veröffentlichter Aufzeichnungen des Begleiters eines übermenschlichen Jünglings aufweist und noch einmal die »monologische Grundströmung«[94] in Nossacks Romanen deutlich macht. Schließlich enthält *Nach dem letzten Aufstand* mit seiner parabolisch verfremdeten Kritik an der zunehmenden Bürokratisierung der Gesellschaft noch einmal eine Begründung für die in *Der jüngere Bruder* geäußerte Hoffnung auf eine neue »unsichtbare Vorhut des Menschen«, die nur noch bei den »Wilderern, Vaganten und Anachoreten«[95] der Großstädte zu finden sei.

Gegenüber dem Außenseiter Nossack hat Heinrich Böll mit seinen Romanen die westdeutsche Literatur der fünfziger Jahre maßgeblich bestimmt und ihr im Verlaufe der sechziger Jahre zusammen mit Günter Grass wieder weltweite Geltung verschafft.

Begonnen hatte Böll als Autor von Kurzgeschichten, die dem »Hemingway-Stil ebenso wie dem Generationsgestus und den Intentionen der 47 verpflichtet sind«[96]. Dabei geht die Hälfte der bis zum ersten Roman erschienenen Kurzgeschichten zurück in die Jahre des Krieges; sie greifen Heimkehrer-Motive auf oder schildern aus einer Perspektive des Mitleidenden das materielle und seelische Elend der Menschen in der Kriegs- und Nachkriegszeit. Noch 1962 bezeichnete Böll im Interview mit Horst Bienek die

Gattung der Kurzgeschichte als die für ihn »reizvollste Prosaform«, da sie »gegenwärtig, intensiv, straff« und »auch am wenigsten schablonisierbar sei«.[97]

In dem gleichen Gespräch nannte der Autor seinen ersten Roman *Wo warst du, Adam?* (1951) »eines der Bücher«, die ihm »am liebsten« seien. Gerade weil er damit nichts über die »objektive Qualität« gesagt haben wollte, signalisiert diese Bemerkung doch das stark empfundene Neue, das mit *Wo warst du, Adam?* in sein Schaffen tritt. Wie Hans Joachim Bernhard überzeugend ausgeführt hat, kann man nämlich in Bölls erstem Roman den Versuch sehen, »eine erzählte Handlung unter Verzicht auf jede novellistische Akzentuierung zu entwickeln«.[98] Damit wird die in den Kurzgeschichten und in der großen Erzählung *Der Zug war pünktlich* (1949) zu beobachtende Einengung des Wirklichkeitsausschnittes und Zuspitzung des Geschehens auf eine Entscheidungssituation aufgegeben zugunsten einer in mehrere Erzählepisoden zerlegten Abfolge von Begebenheiten aus mehreren Monaten gegen Ende des Krieges, die nur schwach durch die Figur des Soldaten Feinhals und einiger wiederholt auftretender Gestalten zusammengehalten werden. Aber offensichtlich legte der Autor besonderen Wert darauf, die Handlung nicht nur auf das Schicksal des Soldaten Feinhals zu konzentrieren, sondern seine Verurteilung des Krieges auch durch andere Figuren und deren Verhalten sowie durch Variation des ›epischen Grundkonflikts‹ zu verdeutlichen. Daß die Anlage des Romans zur Ausfaltung, ja zur Verselbständigung einzelner Episoden tendiert, wird durch die Erzählweise unterstrichen, die vom einsträngigen Erzählen abweicht, einzelne Vorgänge episch ausweitet oder in allgemeinere Zusammenhänge einordnet.

Den mit *Wo warst du, Adam?* eingeschlagenen Weg setzt Böll in den nachfolgenden Werken nicht mehr fort, da er den Wirklichkeitsbereich, in dem das Handlungsgeschehen abläuft, wieder deutlich einengt und von nun an versucht, über Reflexionen und Erinnerungen seiner Figuren zu einer Ausweitung des Stoffes und der durch die Handlung eröffneten Perspektive zu gelangen.

Bereits in *Und sagte kein einziges Wort* (1953) kehrt Böll zum novellistisch geprägten Erzählen einer Krisensituation zurück. In einer Krise befindet sich in seinem Roman nämlich die Ehe der beiden Hauptfiguren Fred und Käte Bogner, aus deren Sicht die dreizehn Kapitel des Buches abwechselnd erzählt werden. Das Gesamtgeschehen läuft innerhalb eines Tages und der darauffolgenden Nacht ab und wird noch einmal konzentriert auf den Höhepunkt des Romans im zehnten Kapitel, als die beiden Eheleute in einem billigen Hotelzimmer zusammentreffen, um dort ihre eheliche Gemeinschaft vor dem Auseinanderbrechen zu retten. Die Geschichte der Familie Bogner kann jedoch ebensowenig überzeugen wie die mit ihr verbundene Kritik an der westdeutschen Wohlstandsgesellschaft, insbesondere an der katholischen Kirche und der mangelnden Nächstenliebe der Bundesbürger. Dafür deutet die vorsichtige Einflechtung von Erinnerungshandlung über Bewußtseinsvorgänge der Romanprotagonisten auf neuartige strukturbildende ästhetische Prinzipien hin, mit denen Böll die künstlerische Erfassung der westdeutschen Nachkriegswirklichkeit in der epischen Großform des Romans behutsam vorantreibt.

Im nachfolgenden Roman *Haus ohne Hüter* (1954), der das Motiv der gefährdeten Familie wieder aufgreift, dokumentieren eine mehrschichtige Erzähltechnik, bei der der Autor nicht mehr souverän über Zeit und Raum verfügt, die Erweiterung des Stoffbereichs und der Figurenkonstellationen, wie gut Böll die Erfahrungen mit der ersten

Gestaltung eines Nachkriegsstoffes verarbeitet hatte und wie sehr er ein Gespür für zeitgeschichtlich aktuelle Themen besaß. Denn mit dem Schicksal der vaterlosen jugendlichen Mittelpunktfiguren Martin Bach und Heinrich Brielach sowie den »Onkelehen« ihrer Mütter hatte er ein typisches Problem der Nachkriegszeit angepackt. Und in der realistischen Darstellung der indirekten Kriegsfolgen für zwei sozial unterschiedlich gestellte ›Rest-Familien‹ in einer Atmosphäre gestörter Vergangenheitsbewältigung vermag Böll seine auf die Entlarvung von Heuchelei und Gewissenlosigkeit gerichteten Kräfte voll zu entfalten. Auffällig ist dabei, welches Gewicht Böll der Gestaltung des Kleinbürgertums zumißt und daß er diese Schicht selbst eindeutig positiv zeichnet, während sie bei Grass eher in ihrer politischen Fragwürdigkeit gezeigt und kritisch porträtiert wird.[99] Die Konzentration auf das Klassenmilieu des Kleinbürgertums birgt allerdings auch die Gefahr in sich, daß Böll im *Haus ohne Hüter* und anderen frühen Arbeiten hinter der Wirklichkeitserfassung der pluralistischen Gesellschaft zurückbleibt, die Koeppen zur gleichen Zeit schon meisterhaft gestaltet hatte.[100]

Nach der überzeugenden Liebesgeschichte *Das Brot der frühen Jahre* (1955), einem »grandiosen Widerruf« (Durzak) von *Und sagte kein einziges Wort*, erreichte Böll 1959 mit *Billard um halbzehn* einen ersten Höhepunkt seines bisherigen Schaffens. Man kann dieses Buch als Bölls ambitioniertesten Versuch einer Bewältigung der Vergangenheit bezeichnen, denn das Geschehen reicht von der Gegenwartshandlung im Jahre 1958 über die in den dreißiger Jahren angesiedelte ›Erinnerungshandlung‹ zurück in das Jahr 1907 und bringt zugleich mit einer erheblichen Stofferweiterung eine Zunahme an ›Welt‹-Gehalt.

Das novellistische Moment des Romans, der ansonsten eine komplizierte Erzählstruktur aufweist, liegt in der als Höhepunkt konzipierten Geburtstagsfeier des angesehenen achtzigjährigen Architekten Heinrich Fähmel. Auf diesen Tag am 6. September 1958 laufen alle Erzählstränge zu, die vorher bruchstückhaft aus der Perspektive immer anderer Figuren in erlebter Rede oder eingefügten inneren Monologen Gegenwart und Vergangenheit simultan reflektieren. Daß die Gegenwartshandlung in einem Attentat der geistesgestörten alten Frau Fähmel kulminiert, wird durch die novellistische Gewichtung des Schlußkapitels nahegelegt.

Überblickt man Bölls Romanschaffen der fünfziger Jahre, so kann man eine stetig weiter entwickelte Kompositionstechnik, eine enorme thematische und stoffliche Ausweitung verzeichnen, die aufgrund der vertieften gesellschaftlichen Einsichten des Autors mit einem erheblichen Zuwachs an kritischer Aussage verbunden sind. In diesem Prozeß setzt *Billard um halbzehn* den Abschluß unter eine Produktionsphase, die mit den *Ansichten eines Clowns* (1963) zunächst nicht überboten werden konnte. Die Kritik in den *Ansichten eines Clowns* wird im Ton zwar heftiger und im Einzelfall deutlicher, das Werk wirkt jedoch weniger geschlossen und in der politischen Grundhaltung resignativ und pessimistisch.

Zeitgleich mit Heinrich Bölls Erstlingsroman *Wo warst du, Adam?* debütierte Siegfried Lenz mit seiner ersten selbständigen Buchveröffentlichung, dem Roman *Es waren Habichte in der Luft* (1951). Ihm folgten bis 1965 noch vier weitere Romane und sechs Bände mit Erzählungen. Den eigentlichen Durchbruch zu einem der meistgelesenen Autoren in der Bundesrepublik Deutschland erzielte Lenz allerdings erst mit dem 1968 erschienenen Roman *Deutschstunde*. Der Erfolg dieses Buches förderte die Rezeption

seines Werkes erheblich und führte auch zu Neuauflagen seiner früheren Publikationen sowie zu einer Reihe von Einzelinterpretationen seiner Prosa.
Die entscheidenden Impulse für sein frühes Schaffen empfing Lenz zunächst von amerikanischen Autoren, vor allem von Hemingway. In den Kurzgeschichten Hemingways, zu dem er sich in einer Art ›poetologischer Standortbestimmung‹ mit dem Titel *Mein Vorbild Hemingway. Modell oder Provokation* (1966) ausdrücklich bekannte, fand Lenz sein grundlegendes thematisches und sprachliches Vorbild: »Ich wußte durchaus«, beschreibt er rückblickend sein »künstlerisches Erweckungserlebnis« (Lachinger), »wovon ich erzählen wollte, doch mir fehlte – neben manchem anderen – die Perspektive, und ich fand sie bei Ernest Hemingway. Ich fand sie vor allem in seinen Geschichten, die für mich, zum Teil auch heute noch, den Ausdruck einer musterhaften Spannung darstellen: es ist der Antagonismus zwischen Traum und Vergeblichkeit, zwischen Sehnsucht und Erfahrung, zwischen Auflehnung und demütigender Niederlage.«[101]
Tatsächlich übernimmt Lenz von Hemingway ein für sein Werk grundlegendes Strukturschema, das Lachinger folgendermaßen beschrieben hat: »Der ›Held‹ gerät in Widerspruch mit sich selbst oder der Umwelt und scheitert schließlich nach erfolglosem Kampf physisch oder moralisch an der Unmöglichkeit, den Widerspruch aus eigener Kraft zu überwinden.«[102] Weil Lenz jahrelang an diesem Schema festhielt, handelte er sich nicht ganz zu Unrecht den Vorwurf einer gewissen thematischen Unbeweglichkeit ein, den er jedoch ebenso gelassen hinnahm, wie er sich auch selbstbewußt zu konventionellen Erzählformen bekannte. Von Anfang an peinigten ihn keine Zweifel gegenüber dem Erfinden handfester Fabeln und hinsichtlich der Leistungsfähigkeit des herkömmlichen Romans. So wendet er sich im *Gnadengesuch für die Geschichte* (1966), das natürlich schon die sogenannte Krise des Romans der sechziger Jahre widerspiegelt, nachdrücklich dagegen, daß die Geschichte zugunsten eines neuen Stils »der schmucklosen Verzagtheit und der unerschrockenen Registrierung« aufgelöst werden müsse, »damit die Literatur ihre Chance im ›Laboratorium des Berichtens‹« finde.[103] Das Erzählen von Geschichten betrachtet Lenz vielmehr als »zierliche Nötigung der Wirklichkeit, Farbe zu bekennen«, als »Versuche, die Wirklichkeit da zu verstehen, wo sie nichts preisgeben möchte«, auch wenn durch Geschichten »nichts zu entscheiden« sei.[104] Entsprechend dieser Konzeption besitzen alle seine Romane eine überschaubare Erzählstruktur mit einer auf den dramatisch zugespitzten Schluß hinführenden Krisengeschichte, deren Höhepunkt vom ersten Satz an über eine begrenzte Anzahl von »episodisch-szenenhaften Handlungsstufen« angesteuert wird.[105]
Bereits für den ersten Roman *Es waren Habichte in der Luft* (1951) ist das angesprochene Handlungsschema von Konflikt und Scheitern konstitutiv. Der Konflikt ergibt sich hier aus der vergeblichen Auflehnung des freiheitlich gesinnten Lehrers Stenka gegen den perfekt funktionierenden Staatsapparat einer Diktatur, wobei die Durchführung des Themas durchaus an existentialistische Werke wie Sartres *Huis Clos* oder Camus' *La Peste* erinnert.
Auch in den nächsten beiden Romanen, *Duell mit dem Schatten* (1953) und *Der Mann im Strom* (1957), verstricken sich die Helden unter widrigen Umweltverhältnissen und aufgrund eigener Schuld in Konflikten von existentieller Bedeutung und unterliegen zuletzt. So verliert der Oberst in Afrika das Duell mit dem Schatten seiner alten Schuld,

während der Taucher Hinrichs ein Opfer des Arbeitsmarktes wird, dem er nicht mehr jung genug ist und nicht mehr seine volle Arbeitskraft anbieten kann.

Obwohl es in den ersten drei Romanen um Zerreißproben der Helden geht und ihr Kampf in Niederlagen endet, dominieren die gedämpften Töne, die für Lenz charakteristisch bleiben sollen. Freilich wird der sachliche, asyndetisch reihende Stil nicht immer durchgehalten, sondern durch gefühlsbetonte Adjektive, symbolhaltige Detailbeschreibungen, eingestreute Reflexionen und lyrische Passagen aufgelockert. Und mit derselben Technik, mit der Lenz zuweilen eine düstere Atmosphäre schafft, hebt er sie durch Komik und groteske Verfremdung auch wieder auf, so daß es im *Duell mit dem Schatten* dabei zuweilen sogar zum Stilbruch kommt. In den späteren Werken weicht dieser Hang zum Grotesken jedoch einer mehr ironischen Grundhaltung des nun meistens als selbständige Figur in Erscheinung tretenden Erzählers.

Werden in den frühen Romanen die Vorstufen der Krise des Helden nur ansatzweise in den Schluß hineingearbeitet, so wird in *Brot und Spiele* die ganze Geschichte des geltungssüchtigen Sportlers Bert Buchner in die Reportage seines letzten Zehntausend-Meter-Laufes eingeschaltet. Mit der Verlagerung der Handlung auf zwei zeitliche Ebenen ist ein Zugewinn an epischer Tiefendimension verbunden und eine Verfeinerung der erzähltechnischen Mittel erkennbar. Zugleich wird durch das Medium des erinnernden Erzählers vergangenes Geschehen als subjektiv erfahrene Wirklichkeit verdeutlicht und somit die auch von Johnson und Walser zur gleichen Zeit aufgeworfene Frage nach der Möglichkeit gesicherter Wahrheitsfindung gestellt. Dasselbe Problem thematisiert Lenz dann in den nachfolgenden Romanen *Stadtgespräch* (1963) und *Deutschstunde* (1968) durch die Einführung einer zweiten erzählerischen Perspektive, die aber erst in *Deutschstunde* voll entfaltet wird.

Ende der fünfziger Jahre traten mit Martin Walser, Uwe Johnson und Günter Grass drei neue Autoren hervor, deren Romane Hans Mayer einmal zusammen mit einer Reihe anderer zeitgleicher Werke recht treffend als »Mutmaßungen und Lebensläufe« charakterisiert hat.

Bereits 1957 legte Martin Walser sein Buch *Ehen in Philippsburg* vor, das, von der Erzählgattung her gesehen, zwischen der vorangegangenen Kurzprosa und den nachfolgenden Romanen *Halbzeit* (1960) und *Das Einhorn* (1966) vermittelt. *Ehen in Philippsburg* besteht aus vier relativ selbständigen Er-Erzählungen, die nur durch Ort und Zeit des Geschehens, durch gemeinsame Figuren und das Thema Ehe locker miteinander verbunden sind und sich so zu einem Roman zusammenschließen lassen. In ihm werden an beispielhaften Gestalten aus der Welt der Journalisten, Akademiker und Unternehmer, mit denen der junge Zeitungswissenschaftler Hans Beumann in einer süddeutschen Großstadt zusammentrifft, kritisch einige ›Stützen der Gesellschaft‹ der jungen Bundesrepublik Deutschland dargestellt und insbesondere die Zerstörung der modernen bürgerlichen Ehe durch Gleichgültigkeit, übersteigerte Gewinnsucht und moralischen Verfall mit subtiler Ironie geschildert. Überzeugen kann vor allem die psychologisch fundierte Beschreibung seelischer Vorgänge und die vornehmlich in Einzelheiten exakte Schilderung der Umwelt, auch wenn die sprachliche Virtuosität im Verhältnis zu den nachfolgenden Romanen noch eine untergeordnete Rolle spielt.

Im breitangelegten nachfolgenden Roman *Halbzeit*, der vorrangig in Vertreterkreisen und unter Managern des Wirtschaftswunders spielt, beginnt sich dagegen Walsers Sprachkunst zu entfalten. Die Einheit von Figur und Sprache wird nicht mehr angestrebt. Der monologische Ich-Erzähler und Held des Romans, Anselm Kristlein, ein gescheiterter Student, der vom Vertreter zum großen Werbeboß aufsteigt, »tummelt sich auf den verschiedensten Niveaus sprachlicher Möglichkeiten«.[106] Aber ebensowenig kommt den übrigen Figuren noch ein persönlicher Ausdruck zu; »sie weisen sich, wie auch die Einschübe aus der Feder anderer Personen, als Produkte des Ich-Erzählers aus«.[107]

Im *Einhorn* schildert Anselm Kristlein seinen weiteren Werdegang vom prominenten Diskussionsredner zum Schriftsteller, der den Auftrag erhält, einen »Sachroman« über die Liebe zu schreiben, und daran scheitert, weil er in seiner seelisch verkümmerten Umwelt keine Sprache mehr für die Liebe finden kann. Dabei setzt sich in Kristleins erfolglosem Ringen mit der Sprache die Aufhebung der sprachlichen Einheit des Romans fort, die Walser schon in *Halbzeit* durch Einschübe im Telegramm- und Reportagestil oder Abschnitte in Form moderner Lyrik aufgegeben hatte. Im *Einhorn* genügt dem Erzähler nicht einmal mehr eine Sprache mit ihren Variationsmöglichkeiten: Er verfällt gelegentlich ins Englische oder vermengt sein Deutsch mit Ausdrücken aus den verschiedensten Sprachräumen. Auch die Romanform wird immer komplizierter und unüberschaubarer, denn die angedeuteten Fabulierübungen und verschiedenartigsten Reflexionen bilden natürlich keine echten Bindeglieder zwischen den sowieso schon recht selbständigen Einzelepisoden des Romans. Und während in *Halbzeit* der Ablauf eines halben Jahres noch relativ kontinuierlich erzählt und nur zuweilen von abschweifenden Reflexionen und Erinnerungen unterbrochen wurde, werden im *Einhorn* verschiedene Vergangenheitsebenen mit Rückblenden eingeholt und ineinandergeschachtelt.

Das Einhorn und die beiden voraufgegangenen Romane Walsers setzen sich zum Zeitpunkt ihrer Entstehung kritisch mit der bundesdeutschen Wohlstandsgesellschaft auseinander, auch wenn sie keinen Vertikalschnitt durch alle repräsentativen Schichten anlegen, sondern vorrangig den Mittelstand ins Blickfeld rücken. Zudem spielt sich das ziemlich handlungsarme Romangeschehen in einem engumgrenzten Raum, vorwiegend in Stuttgart und München, ab. Bevorzugte Schauplätze und Gelegenheiten, wo sich die typischen Figuren Walsers treffen, sind Salons und Feste. Sie bieten den Theaterleuten, Managern, Intellektuellen und Akademikern die passende Bühne für ihren ›Auftritt‹ und lange Konversationen, in denen sie sich selbst bloßstellen.

Indem Walser in seinen Romanen auf die Position eines allwissenden Autors verzichtet, was sich nicht nur auf das Verhältnis zu seinen Figuren bezieht, sondern den generellen Zweifel des Dichters an der Erkennbarkeit der Welt und der Möglichkeit der Wahrheitsfindung einschließt, nähert er sich der poetologischen Theorie und Praxis Uwe Johnsons.

Dessen 1959 erschienener Erstlingsroman *Mutmassungen über Jakob* kreist ebenfalls um das Problem der Wahrheitsfindung. Exemplarisches Beispiel seiner Demonstration mangelnder Erkenntnisfähigkeit und -möglichkeit des Menschen sind seine Bemühungen, die Hintergründe über das Leben und den Tod von Jakob Abs aufzudecken. Logischerweise bleibt daher die zentrale Frage, ob der Streckendispatcher der Reichsbahn nach seiner Rückkehr von einem Besuch in Westdeutschland einem Unfall oder einem Selbstmord auf den Gleisen zum Opfer gefallen ist, ungeklärt.

Neben die von Johnson zum Prinzip erhobene Zurückhaltung, in seine Figuren hineinzusehen oder sie einer verläßlichen Deutung unterziehen zu wollen, tritt die

Skepsis, die Umwelt in einer souveränen Synopse erfassen zu können. An ihrer Stelle erscheint höchstens noch ein Mosaik aus minuziösen Detailschilderungen, die aber kein geschlossenes Abbild einer als hochkomplex erfahrenen Wirklichkeit mehr liefern. Außerdem kann sich der Leser, dessen Lektüre schon durch die verwirrende Kombination von Erzählebenen und Erzählsträngen, eine verfremdete Syntax und Semantik erschwert wird, nicht mehr an Raum und Zeit als eindeutigen Ordnungskategorien der ›Fabel‹ orientieren, soweit man noch von einer solchen sprechen kann.
Der zweite Roman Johnsons, *Das dritte Buch über Achim* (1961), schildert ebenfalls die Suche nach der Wahrheit über eine Figur vor dem Hintergrund der gesellschaftspolitischen Verhältnisse im Deutschland des Jahres 1960. Dabei will der Autor vor allem »die Grenze: die Entfernung: den Unterschied« zwischen den beiden deutschen Staaten beschreiben. Er betont jedoch ausdrücklich, alles erfunden zu haben. Wie im ersten Roman geht es nicht um eine traditionelle Geschichte, sondern um die Darstellung der Schwierigkeiten eines Journalisten namens Karsch, den Lebenslauf eines prominenten DDR-Sportlers und seine gesellschaftliche Umwelt zu beschreiben.
Dagegen kehrt Johnson in einer 1965 erschienenen Prosaarbeit *Zwei Ansichten*, die im Unterschied zu *Mutmassungen über Jakob* und *Das dritte Buch über Achim* nicht die Gattungsbezeichnung Roman trägt, zum konventionelleren Erzählen und zu ›normalisierten‹ Sprachformen zurück. Die eigenwillige Syntax ist dem klareren Berichten gewichen, und anstelle tastender Ermittlungen, jäher Wechsel der Erzählebenen und des Verzichts auf eine genau rekonstruierbare Fabel zugunsten exzessiver epischer Diskontinuität enthält *Zwei Ansichten* wieder eine »richtige« Geschichte. Sie handelt von einem »jungen Herrn B.« aus Westdeutschland und einer »Krankenschwester D.« aus Ost-Berlin, die zunächst nur flüchtig befreundet sind, aber durch die erzwungene Trennung nach dem Bau der Berliner Mauer im August 1961 aufeinanderzutreiben und unter Mitwirkung berufsmäßiger Fluchthelfer tatsächlich in West-Berlin zusammenkommen. Es bleibt jedoch offen, ob B. und D. eine gemeinsame Zukunft haben werden, denn einen Heiratsantrag, den der westdeutsche Pressefotograf der D. macht, als sie ihn der »Form halber« nach einem Unfall im Krankenhaus besucht, will sie sich überlegen.
Zur Sprache kommen aber nicht nur die emotionale Distanz der beiden Protagonisten sowie deren verschiedene ›Ansichten‹ vom Leben, sondern auch die unterschiedlichen Verhaltensweisen der B. und D. in ihrer alltäglichen Umwelt, womit ganz offensichtlich einige typische Züge der Durchschnittsbürger in der Bundesrepublik und in der DDR charakterisiert werden sollen. Dabei wird das Trennende in den Lebensauffassungen und Existenzformen der Hauptfiguren und der mit ihnen jeweils gemeinten Gesellschaftssysteme, das äußerlich durch den Bau der Berliner Mauer symbolisiert wird, auch durch die formale Struktur des Romans unterstrichen: Die zehn Kapitel des Buches werden nämlich abwechselnd aus der Perspektive des B. und der D. erzählt, und zwar von einem Autor, der erklärtermaßen alles erfunden hat. Die Chronologie wird wie in den vergangenen Romanen immer wieder durch Rückblenden unterbrochen, aber die Kombination zusammengehöriger Erzählstränge stellt den Leser vor leichtere Aufgaben, als dies etwa in dem »Gewirr« der *Mutmassungen über Jakob* der Fall ist.
Ist es das besondere Verdienst Uwe Johnsons, mit seinen ersten drei Romanen den Unterschied zwischen den beiden Teilen Deutschlands ohne die sonst übliche Schwarz-

weißzeichnung sichtbar gemacht zu haben, so gelang Günter Grass mit seinem Erstlingsroman *Die Blechtrommel* 1959 ein neuer Anlauf zur Aufarbeitung der Vorgeschichte, Herrschaft und Nachwirkung des Nationalsozialismus.
Zugleich begründete der internationale Erfolg der *Blechtrommel* den heutigen Weltruhm des Autors, der vor allem in den angelsächsischen Ländern als bedeutendster deutschsprachiger Romancier der Gegenwart angesehen wird und in der Gunst des Publikums noch vor Heinrich Böll rangiert. In der Bundesrepublik basiert die enorme Popularität von Grass allerdings nicht nur auf seinem literarischen Werk, sondern geht zum Teil auch auf sein politisches Engagement in der deutschen Öffentlichkeit zurück. Denn Grass hat der für westdeutsche Schriftsteller der fünfziger Jahre »fast sprichwörtlichen politischen Enthaltsamkeit und selbstgenügsamen Beschränkung auf den künstlerischen Bereich«[108] von Anfang an widersprochen und sich bereits seit dem Wahlkampf 1961 entschieden für die SPD eingesetzt und bis zum Bundestagswahlkampf 1980 immer wieder daran beteiligt.
Schließlich würde man der Vielfalt von Grass' künstlerischen Ausdrucksformen nicht gerecht werden, wenn man seine Leistungen als Lyriker, Dramatiker, Grafiker und Bildhauer unerwähnt ließe, obwohl er mit seinem epischen Schaffen den größten Erfolg gehabt hat und hier der Schwerpunkt seines Interesses liegt.
Auch 1953, als Grass mit den ersten Entwürfen zur *Blechtrommel* begann, liefen verschiedene künstlerische Produktionen nebeneinander her. Dazu gehörten die Grafiken und Gedichte *Die Vorzüge der Windhühner* (1956) und kleinere dramatische Stücke wie *Onkel, Onkel* oder *Die bösen Köche*. Zudem bildete *Die Blechtrommel* den ersten von drei Prosabänden, deren wesentlicher Schauplatz der Danziger Raum ist und die von Verlag und Autor in einer Neuauflage zu Recht als *Danziger Trilogie* betitelt werden. Dazu zählen außer der *Blechtrommel* die Novelle *Katz und Maus* (1961) und der Roman *Hundejahre* (1963). Zwar verzichten auch die späteren Romane *Örtlich betäubt* (1969) und *Der Butt* (1977) nicht auf den Handlungsort Danzig, und in Interviews hat Grass davon gesprochen, daß der Danzig-Stoff für ihn nie bewältigt sein wird, aber man tut gut daran, »zwischen Danzig als notwendigem Anteil der Handlung [...] und Danzig als austauschbarem Nebenschauplatz« zu unterscheiden, wie dies Cepl-Kaufmann angeregt hat.[109]
In ebendiesem Danzig wächst Oskar Matzerath, der ins Groteske gesteigerte Held und Erzähler der *Blechtrommel*, auf und beschreibt als Insasse einer Heilanstalt seinen Lebensweg zwischen 1924 und 1954. Die sprachmächtige und bilderreiche Darstellung aus der Perspektive eines physischen Gnoms, der schon als Embryo mit der Einsicht eines Erwachsenen ausgestattet ist und mit drei Jahren freiwillig sein weiteres Wachstum einstellt, ist jedoch von vornherein nicht als private Lebensbeichte, sondern als Abrechnung mit einer ganzen Epoche angelegt. Dabei erlaubt die selbstgewählte Position des amoralischen Außenseiters und dessen betonte Froschperspektive die Provokation der latent vorhandenen Unmenschlichkeit der gesellschaftlichen Zustände des Dritten Reichs, womit deren Entlarvung vorgenommen werden kann. Im Mittelpunkt der Kritik des Romans stehen Typus und Mentalität des Kleinbürgers, dessen Mangel an politischer Orientierung und moralischen Kategorien die Herrschaft des nationalsozialistischen Regimes ermöglicht hat.
Zu den auffälligsten Merkmalen der sprachlichen Gestaltung dieses von Episoden und Einfällen überquellenden Buches zählt die Anreicherung von Oskars ironischem

Bericht durch derbe Ausdrücke aus der Umgangssprache, durch Dialekte oder Fachsprachen, womit Grass offensichtlich bewußt auf künstlerische Anregungen Alfred Döblins zurückgreift, ohne daß damit seine »Originalität« insgesamt geschmälert würde, da er ebenso Stilelemente des barocken Schelmenromans, des klassischen deutschen Entwicklungsromans und nicht zuletzt der Luther-Bibel adaptiert.

Nicht viel weniger Aufsehen als *Die Blechtrommel* erregte 1961 die Novelle *Katz und Maus*, die das Schicksal des 1944 verschollenen Gymnasiasten Jochen Mahlke aus der Perspektive eines unmittelbar am Geschehen beteiligten Schulfreundes erzählt. Grass selbst hat geschildert, wie sich der ›Mahlke-Stoff‹ während der Arbeit an *Hundejahre* Anfang Juli 1960 verselbständigte, als die Niederschrift des Romans ins Stocken geriet: »Bis zu Seite 350 ging es, dann aber reichte der Atem nicht mehr aus, die Erzählweise wurde überanstrengt und künstlich. Die Erzählung *Katz und Maus*, ursprünglich ein Stück des neuen Romans, isolierte sich von selbst.«[110] Aber nicht nur der genetische Zusammenhang zwischen diesen beiden Büchern ist heute bekannt, sondern auch die Tatsache, daß große Teile von *Hundejahre* bereits zum Zeitpunkt des Erscheinens der *Blechtrommel* konzipiert waren. Immerhin las Grass schon 1960 auf der Tagung der Gruppe 47 in Aschaffenburg ganze Passagen aus dem damaligen Manuskript *Hundejahre* vor, das als Romanprojekt freilich noch den Arbeitstitel *Kartoffelschalen* getragen hatte.[111]

Gegenüber dem in der *Blechtrommel* dominierenden Interesse des Autors an der Beschreibung von kleinbürgerlicher Mentalität und dem daraus resultierenden Verhalten als einer für Grass grundlegenden Voraussetzung für die Herrschaft des Nationalsozialismus wird in *Katz und Maus* ganz konkret nach der Vermittlung faschistoiden Gedankengutes in der Institution Schule während des Dritten Reichs gefragt. Und dieses Nachspüren nach der Herkunft von Bewußtseinsstrukturen, die den Aufstieg des Nationalsozialismus erklärbar machen, setzt der Roman *Hundejahre* fort, der in seinem dritten Teil zugleich den Bogen vom Dritten Reich bis in die Nachkriegsgesellschaft schlägt, ohne in seiner satirischen Darstellung überzeugen zu können. Hinzu kommt, daß die komplizierte Erzählstruktur des Buches, dessen Handlung in zahllosen Episoden und auf dreifach gebrochener Erzählperspektive vorgeführt wird, die Integrationsfähigkeit des normalen Lesers übersteigt, aber auch hinsichtlich der künstlerischen Notwendigkeit in Zweifel zu ziehen ist.

Schließlich muß gerade mit einem Ausblick auf Grass' vierte Prosaarbeit *Örtlich betäubt* (1969) betont werden, daß der damals in Berlin lebende Autor zu den wenigen westdeutschen Schriftstellern gehörte, die bedeutende Vorgänge in der Geschichte der Bundesrepublik ab Mitte der sechziger Jahre wie die Bildung der großen Koalition, die Verabschiedung der Notstandsgesetze und die Studentenunruhen ohne zeitliche Verzögerung in einem Roman einzufangen versuchte. Diese unmittelbare Reaktion in einer literarischen Großform war durchaus nicht selbstverständlich, wenn man einmal daran denkt, daß die Romane von Gerd Fuchs (*Beringer und die lange Wut*), Uwe Timm (*Heißer Sommer*) oder Wolfgang Körner (*Katt im Glück*), die ebenfalls die politische ›Emphase der Studentenbewegung‹ aufnahmen, durchweg erst 1973 oder 1974 erschienen, und wenn man daran erinnert, daß sich andere Autoren dem studentischen ›Abschied von der bürgerlichen Literatur und Gesellschaft‹ anschlossen und das ›Ende des Romans‹ propagierten. Andererseits feierte nämlich auch Siegfried Lenz 1968 mit *Deutschstunde* einen der größten Romanerfolge der Nachkriegszeit, obwohl der Autor mit seinen literarischen Mitteln und der Geschichte des Siggi Jepsen, die wiederum im Dritten Reich angesiedelt ist, noch einmal an die Romane der Übergangsphase zwischen den fünfziger und sechziger Jahren wie *Die Blechtrommel* oder *Billard um halbzehn* anknüpfte.

Anmerkungen

1 Plädoyer für eine neue Regierung oder Keine Alternative. Hrsg. von Hans Werner Richter. Reinbek 1965.
2 Rolf Hochhuth: Klassenkampf. Wiederabdruck in: Vaterland, Muttersprache. Deutsche Schriftsteller und ihr Staat seit 1945. Ein Nachlesebuch für die Oberstufe. Zusammengestellt von Klaus Wagenbach, Winfried Stephan und Michael Krüger. Berlin 1979. S. 226–228. Ursprüngl. in: Plädoyer für eine neue Regierung (Anm. 1).
3 Zitiert nach einer Fußnote zu dem Wiederabdruck des Aufsatzes von Rolf Hochhuth (Anm. 2) S. 228. Ursprüngl. in: Der Spiegel v. 21. 7. 1965.
4 Alexander von Bormann: Der Kalte Krieg und seine literarischen Auswirkungen. In: Literatur nach 1945. Bd. 1. Hrsg. von Jost Hermand. Wiesbaden 1979. S. 111. (Neues Handbuch der Literaturwissenschaft. Bd. 21.)
5 Manfred Durzak: Der deutsche Roman der Gegenwart: Entwicklungsvoraussetzungen und Tendenzen. Heinrich Böll, Günter Grass, Uwe Johnson, Christa Wolf, Hermann Kant. 3., erw. und veränd. Aufl. Stuttgart/Berlin [u. a.] 1979. S. 34.
6 Nähere Ausführungen dazu bei Hansjörg Gehring: Literatur im Dienst der Politik. Zum Reeducation-Programm der amerikanischen Militärregierung in Deutschland. In: Literaturmagazin 7. Nachkriegsliteratur. Hrsg. von Nicolas Born und Jürgen Manthey. Reinbek 1977. S. 268.
7 Gehring (Anm. 6) S. 254.
8 Franz Schonauer: Die Prosaliteratur der Bundesrepublik. In: Literatur nach 1945 (Anm. 4) S. 212.
9 Ebd. S. 213.
10 Hans Mayer: Zur deutschen Literatur der Zeit. Zusammenhänge – Schriftsteller – Bücher. Reinbek 1967.
11 Frank Trommler: Der zögernde Nachwuchs. Entwicklungsprobleme der Nachkriegsliteratur in West und Ost. In: Tendenzen der deutschen Literatur seit 1945. Hrsg. von Thomas Koebner. Stuttgart 1971. S. 1–116.
12 Heinrich Vormweg: Deutsche Literatur 1945–1960: Keine Stunde Null. In: Die deutsche Literatur der Gegenwart. Hrsg. von Manfred Durzak. 1. Aufl. Stuttgart 1971. S. 13–30. Wiederabdr. hier S. 14–31.
13 Hans Dieter Schäfer: Die nichtfaschistische Literatur der »jungen Generation« im nationalsozialistischen Deutschland. In: Die deutsche Literatur im Dritten Reich. Hrsg. von Horst Denkler und Karl Prümm. Stuttgart 1976. S. 459–503.
14 Frank Trommler: Nachkriegsliteratur – eine deutsche Literatur? In: Literaturmagazin 7 (Anm. 6) S. 183.
15 Hans Dieter Schäfer: Zur Periodisierung der deutschen Literatur seit 1930. In: Literaturmagazin 7 (Anm. 6) S. 105.
16 Ebd. S. 105 f.
17 Ebd. S. 108.
18 Trommler (Anm. 14) S. 168.
19 Schäfer (Anm. 15) S. 108.
20 Ebd. S. 109.
21 Ebd. S. 463.
22 Hans Mayer: Deutsche Literatur seit Thomas Mann. Reinbek 1968. S. 9.
23 Schonauer (Anm. 8) S. 226.
24 Wolfgang Koeppen: München oder Die bürgerlichen Saturnalien. In: Jahresring 1959/60. S. 127.
25 Mayer (Anm. 22) S. 58.
26 Ebd. S. 57.
27 Ebd. S. 78.
28 Fritz J. Raddatz: Einführung zu einer Auswahl der Lesungen auf den Tagungen der Gruppe. In:

Almanach der Gruppe 47, 1947–1962. Hrsg. von Hans Werner Richter und Walter Mannzen. Reinbek b. Hamburg 1962. S. 65.
29 Heinrich Vormweg: Prosa in der Bundesrepublik seit 1945. In: Die Literatur der Bundesrepublik Deutschland. Hrsg. von Dieter Lattmann. Zürich/München 1973. S. 194.
30 Mayer (Anm. 22) S. 75.
31 Vormweg (Anm. 29) S. 195.
32 Jürgen Peters: Wolfgang Koeppen, ein Schriftsteller der Bundesrepublik. Zu den Romanen. In: Literaturmagazin 7 (Anm. 6) S. 305.
33 Trommler (Anm. 11) S. 2.
34 Schäfer (Anm. 15) S. 104.
35 Trommler (Anm. 14) S. 183.
36 Volker Christian Wehdeking: Der »magische« Realismus einer »jungen« Nachkriegsliteratur. In: Geschichte der deutschen Literatur aus Methoden. Westdeutsche Literatur von 1945–71. Bd. 1. Hrsg. von Heinz Ludwig Arnold. Frankfurt a. M. 1972. S. 6.
37 Ebd. S. 5.
38 Ebd. S. 8.
39 Schäfer (Anm. 15) S. 104 f.
40 Walter Jens: Plädoyer für die abstrakte Kunst. In: Texte und Zeichen 1 (1955) H. 4. S. 505–515.
41 Schäfer (Anm. 13) S. 491.
42 Volker Christian Wehdeking: Eine deutsche *Lost Generation*? Die 47er zwischen Kriegsende und Währungsreform. In: Literaturmagazin 7 (Anm. 6) S. 151.
43 Vormweg (Anm. 29) S. 193 f.
44 Ebd. S. 193.
45 Wehdeking (Anm. 42) S. 162.
46 Thomas Mann in einem Brief an Hermann Kesten am 13. 12. 1951. In: Thomas Mann. Briefe III 1948–1955. Hrsg. von Erika Mann. Frankfurt a. M. 1979. S. 235.
47 Hans Geulen: Alfred Andersch. Probleme der dargestellten Erfahrung des »deutschen Irrtums«. In: Gegenwartsliteratur und Drittes Reich. Deutsche Autoren in der Auseinandersetzung mit der Vergangenheit. Hrsg. von Hans Wagener. Stuttgart 1977. S. 207.
48 Livia Wittmann: Alfred Andersch. Stuttgart 1971. S. 30.
49 Wehdeking (Anm. 42) S. 163.
50 Geulen (Anm. 47) S. 206.
51 Alfred Andersch: Die Kirschen der Freiheit. Stuttgart 1967. S. 80.
52 Wittmann (Anm. 48) S. 46.
53 Ebd. S. 51.
54 Walter Jens: Nachwort zu *Nein – Die Welt der Angeklagten*. München 1967. S. 300–302.
55 Ebd. S. 300.
56 Manfred Durzak: Der deutsche Roman der Gegenwart. Böll, Grass, Handke, Härtling, Jens, Johnson, Wiener, Wolf. Stuttgart 1971. S. 275.
57 Ebd. S. 275.
58 Ebd.
59 Jürgen Kolbe: Walter Jens. In: Deutsche Literatur seit 1945. In Einzeldarstellungen. Hrsg. von Dietrich Weber. Stuttgart 1968. S. 156.
60 Ebd.
61 Jens (Anm. 54) S. 280.
62 Ebd. S. 301 f.
63 Kolbe (Anm. 59) S. 158.
64 Jens (Anm. 54) S. 302.
65 Kolbe (Anm. 59) S. 160.
66 Ebd. S. 162.
67 Ebd. S. 168.
68 Durzak (Anm. 56) S. 276.
69 Werner Eggers: Arno Schmidt. In: Deutsche Literatur seit 1945 (Anm. 59) S. 130.
70 Helmut Heißenbüttel: Annäherung an Arno Schmidt. In: Geschichte der deutschen Literatur aus Methoden (Anm. 36) S. 331.
71 Arno Schmidt: Das steinerne Herz. Historischer Roman aus dem Jahre 1954. Frankfurt a. M. 1976. S. 101.

72 Peters (Anm. 32) S. 308.
73 Lexikon deutschsprachiger Schriftsteller. Von den Anfängen bis zur Gegenwart. Bd. 4. Hrsg. von Kurt Böttcher und einem Autorenkollektiv. Kronberg (Taunus) 1974. S. 274.
74 Heißenbüttel (Anm. 70) S. 333.
75 R. Hinton Thomas / Wilfried van der Will: Der deutsche Roman und die Wohlstandsgesellschaft. Gaiser, Koeppen, Böll, Grass, Walser, Johnson. Stuttgart 1969. S. 21.
76 Ebd. S. 27.
77 Gerd Gaiser: Schlußball. Frankfurt a. M. 1977. S. 7 und S. 211.
78 Thomas / van der Will (Anm. 75) S. 191.
79 Manfred Koch: Wolfgang Koeppen. Literatur zwischen Nonkonformismus und Resignation. Stuttgart 1973. S. 58.
80 Peters (Anm. 32) S. 308.
81 Dietrich Erlach: Wolfgang Koeppen als zeitkritischer Erzähler. Uppsala 1973.
82 Peters (Anm. 32) S. 305.
83 Horst Bienek: Gespräch mit Wolfgang Koeppen im Sommer 1961. In: H. B.: Werkstattgespräche mit Schriftstellern. München 1965. S. 60.
84 Ernst Peter Wieckenberg: Der Erzähler Wolfgang Koeppen. In: Geschichte der Literatur aus Methoden (Anm. 36) S. 197.
85 Peters (Anm. 32) S. 309.
86 Ebd.
87 Wieckenberg (Anm. 84) S. 198.
88 Peters (Anm. 32) S. 310.
89 Wieckenberg (Anm. 84) S. 199.
90 Peters (Anm. 32) S. 312.
91 Ebd.
92 Klaus Haberkamm: Wolfgang Koeppen. »Bienenstock des Teufels« – Zum naturhaft-mythischen Geschichts- und Gesellschaftsbild in den Nachkriegsromanen. In: Zeitkritische Romane des 20. Jahrhunderts. Die Gesellschaft in der Kritik der deutschen Literatur. Hrsg. von Hans Wagener. Stuttgart 1975. S. 241–275.
93 Peters (Anm. 32) S. 316.
94 Manfred Durzak: Die deutsche Literatur. In: Moderne Weltliteratur. Hrsg. von Gero von Wilpert und Ivar Ivask. Stuttgart 1972. S. 618.
95 Hans Erich Nossack: Der jüngere Bruder. Roman. Frankfurt a. M. 1958. S. 339.
96 Wehdeking (Anm. 42) S. 163.
97 Horst Bienek: Gespräch mit Heinrich Böll Anfang des Jahres 1961. In: Bienek (Anm. 83) S. 170.
98 Hans Joachim Bernhard: Die Romane Heinrich Bölls. Gesellschaftskritik und Gemeinschaftsutopie. Berlin 1970. S. 42.
99 Durzak (Anm. 56) S. 23.
100 Thomas / van der Will (Anm. 75) S. 58.
101 Siegfried Lenz: Mein Vorbild Hemingway. Modell oder Provokation (1966). In: S. L.: Beziehungen. Ansichten und Bekenntnisse zur Literatur. München 1972. S. 40.
102 Johann Lachinger: Siegfried Lenz. In: Deutsche Literatur der Gegenwart in Einzeldarstellungen. Bd. 1. Hrsg. von Dietrich Weber. Stuttgart 1976. S. 488.
103 Siegfried Lenz: Gnadengesuch für die Geschichte (1966). In: Lenz (Anm. 101) S. 93 und 99.
104 Ebd. S. 94 f.
105 Lachinger (Anm. 102) S. 488.
106 Ingrid Kreuzer: Martin Walser. In: Deutsche Literatur der Gegenwart in Einzeldarstellungen (Anm. 102) S. 518.
107 Ebd.
108 Durzak (Anm. 5) S. 207.
109 Gertrude Cepl-Kaufmann: Günter Grass. In: Deutsche Literatur der Gegenwart in Einzeldarstellungen (Anm. 102) S. 536.
110 [Günter Grass in einem Gespräch mit Geno Hartlaub.] Geno Hartlaub: Wir, die wir übriggeblieben sind ... [In: Sonntagsblatt, Hamburg, v. 1. 1. 1967.] Zitiert aus dem Nachdruck in: Günter Grass in der Kritik. Hrsg. von Gert Loschütz. Neuwied/Berlin 1968. S. 213.
111 Durzak (Anm. 5) S. 278 f.

Literaturhinweise

Bormann, Alexander von: Der Kalte Krieg und seine literarischen Auswirkungen. In: Literatur nach 1945. Bd. 1. Hrsg. von Jost Hermand. Wiesbaden 1979. (Neues Handbuch der Literaturwissenschaft. Bd. 21.) S. 61–113.

Deutsche Literatur in Einzeldarstellungen. Bd. 1. Hrsg. von Dietrich Weber. Stuttgart 1976.

Durzak, Manfred: Der deutsche Roman der Gegenwart. Entwicklungsvoraussetzungen und Tendenzen. 3., erw. und veränd. Aufl. Stuttgart 1979.

– Gespräche über den Roman. Formbestimmungen und Analysen. Frankfurt a. M. 1976.

Engelmann, Bernt: Wie wir wurden, was wir sind. Von der bedingungslosen Kapitulation bis zur unbedingten Wiederbewaffnung. München 1980.

Gegenwartsliteratur und Drittes Reich. Deutsche Autoren in der Auseinandersetzung mit der Vergangenheit. Hrsg. von Hans Wagener. Stuttgart 1977.

Geschichte der deutschen Literatur aus Methoden. Westdeutsche Literatur von 1945–1971. Hrsg. von Heinz Ludwig Arnold. 3 Bde. Frankfurt a. M. 1972.

Knapp, Gerhard P.: Der Deutsche Roman seit 1925. (Forschungsbericht.) In: Wirkendes Wort 27 (1977) H. 3. S. 199–220.

Die Literatur der Bundesrepublik Deutschland. Hrsg. von Dieter Lattmann. München 1973.

Literaturmagazin 7. Nachkriegsliteratur. Hrsg. von Nicolas Born und Jürgen Manthey. Reinbek 1977.

Schonauer, Franz: Die Prosaliteratur der Bundesrepublik. In: Literatur nach 1945. Bd. 1. Hrsg. von Jost Hermand. Wiesbaden 1979. (Neues Handbuch der Literaturwissenschaft. Bd. 21.) S. 195–268.

Thomas, R. Hinton / van der Will, Wilfried: Der deutsche Roman und die Wohlstandsgesellschaft. Stuttgart 1969.

Thomas, R. Hinton / Bullivant, Keith: Westdeutsche Literatur der sechziger Jahre. München 1975.

Trommler, Frank: Der zögernde Nachwuchs. Entwicklungsprobleme der Nachkriegsliteratur in Ost und West. In: Tendenzen der deutschen Literatur seit 1945. Hrsg. von Thomas Koebner. Stuttgart 1971. S. 1–116.

Vaterland, Muttersprache. Deutsche Schriftsteller und ihr Staat seit 1945. Ein Nachlesebuch für die Oberstufe. Hrsg. von Klaus Wagenbach, Winfried Stephan und Michael Krüger. Berlin 1979.

Vormweg, Heinrich: Prosa in der Bundesrepublik seit 1945. In: Die Literatur der Bundesrepublik Deutschland. Hrsg. von Dieter Lattmann. München 1973. S. 141–343.

Wehdeking, Volker Christian: Der Nullpunkt. Über die Konstituierung der deutschen Nachkriegsliteratur (1945–1948) in den amerikanischen Kriegsgefangenenlagern. Stuttgart 1971.

Zeitkritische Romane des 20. Jahrhunderts. Die Gesellschaft in der Kritik der deutschen Literatur. Hrsg. von Hans Wagener. Stuttgart 1975.

RAINER NÄGELE

Geschichten und Geschichte. Reflexionen zum westdeutschen Roman seit 1965

»Uns bleibt noch viel Arbeit, Traumarbeit.
Gesellschaftlicher Kampf, sagt der andere und hebt einen sorgsam abgenagten Knochen von großer Schönheit gegen den Himmel.«
Adolf Muschg: *Albissers Grund*

»Die Zukunft eine Form der Vergangenheit und das ist Grammatik.«
Rolf Dieter Brinkmann

I. Auf der Suche nach Dokumenten und Materialien aus den sechziger Jahren stieß ich im *Spiegel* vom 20. Januar 1965 auf ein Bild und einen Namen, deren Kombination schockartig den Riß zwischen Gegenwart und Vergangenheit aufbrach. Es handelte sich im Kontext jener Zeit um einen eher beiläufigen Bericht über eine Beleidigungsklage von Franz Josef Strauß gegen einen Aufsatz von Ulrike Meinhof, begleitet vom Bild einer jungen Frau. Es war nicht nur der Schock, daß dieses Bild in der Erinnerung nun überlagert war von jenen gräßlichen Bildern der toten Ulrike Meinhof, es war auch die Erkenntnis, wie sehr dieser Name, hier noch verbunden mit dem Bild einer lebendigen Frau, längst zur entkörperten Allegorie und Signatur in der politischen Rhetorik geworden ist, so sehr, daß kaum noch der Name für sich besteht, sondern eingefroren ist in die Kombination Baader-Meinhof. Paradigmatisch wird hier ein Historisierungsprozeß sichtbar: Historisierung als Transformation von Personen in Signaturen, die rekombiniert als Geschichten und Geschichte auftreten. Und nicht erst am Vergangenen findet diese Verwandlung statt, auch was an Gegenwart in die Erfahrung tritt, steht schon unter dem Zeichen der Signatur. In dem 1975 erschienenen Roman *Montauk* reflektiert Max Frisch dieses Phänomen an Samuel Beckett: »Der Name, den er bei seiner Geburt bekommen und ein Leben lang als Unterschrift verwendet hat, bezeichnet eine öffentliche Wirkung und hat sich von der Person abgelöst«.[1] Indem Frisch hier ein Hauptmotiv seines Werkes und seiner eigenen Problematik anschlägt, artikuliert er gleichzeitig ein historisches Thema.

Geschichte und Literaturgeschichte im besonderen als Effekt und Konstellation von Signaturen aufzufassen scheint zumindest eine Möglichkeit, die von Roland Barthes aufgezeigten Probleme traditioneller Literaturgeschichtsschreibung zu überwinden.[2] Die Reflexion solcher Probleme ist um so dringender, als gegenwärtig nicht weniger als vier neue umfangreiche literaturhistorische Projekte gleichzeitig in der Bundesrepublik geplant und im Erscheinen begriffen sind.[3] Zweierlei soll vermieden werden: 1. Literaturgeschichte als Chronik von Autoren und Werken, 2. Literaturgeschichte als einfache Abbildung anderer Geschichte(n). Insofern es eine relativ selbständige Geschichte der Literatur gibt, ist sie in deren eigenstem Medium zu suchen: als Horizont der jeweiligen Diskursmöglichkeiten, oder genauer in linguistischer Analogie als eine *langue*, zu der die einzelnen Texte die *paroles* sind. Diese *langue* wurde bereits angedeutet als Potential der Signaturen und ihrer Kombinationsmöglichkeiten.[4] In solchen Termini zu sprechen ist freilich nicht historisch unschuldig. Es bedeutet Teilnahme an einer spezifischen Tradition des 20. Jahrhunderts, die in einem weitreichenden Sinne die Episteme der Moderne kennzeichnet. Die zunehmend selbstreflektive Gestik moderner Kunst und Literatur geht Hand in Hand mit einer Theorieentwicklung, die von den russischen Formalisten, von Saussure und Jakobson bis zu Derrida, Lacan und Habermas die traditionelle humanistische Problematik als Problematik des Textes, der Sprache, der Metaphern und Metonymien, der Schrift und der Kommunikation faßt.

Hier stellt sich nun eine besondere Schwierigkeit ein. Bedeutet nicht die Beschreibung der Literatur*geschichte* als eine *langue* die Aufgabe der diachronischen Sicht zugunsten einer synchronischen? Tatsächlich wird die folgende Bestandsaufnahme des Romans seit 1965 weniger eine Geschichte erzählen als vielmehr eine Struktur und einen Querschnitt beschreiben.[5] Dies geschieht jedoch nicht, um Geschichte als Entwicklungsprozeß auszuschalten, sondern um die Voraussetzungen zu schaffen, die es ermöglichen werden, die Generierung literarischer Systeme und deren Transformation zu beschreiben, wobei freilich auch der traditionelle humanistische und metaphysische Geschichtsbegriff subvertiert wird. Verknüpft damit ist das Problem, wie sich das literarische System zu anderen Systemen verhält. Ein erster Hinweis auf die Richtung, in der möglicherweise die Antwort liegt, ist der Begriff der Signatur als Einheit der literarischen *langue*. Im Gegensatz zu den einfachen lexikalischen und phonetischen Einheiten der *langue* im primär linguistischen Sinne ist die Signatur eine komplexe Einheit und – wie die anfangs erwähnten Beispiele zeigen – bereits Produkt eines Transformationsprozesses, der sich nicht auf mimetische Abbildung reduzieren läßt. Die Signatur tritt deformiert in den Rekombinationsprozeß, von dem sie formiert wird.

II. Die Mitte der sechziger Jahre war vor allem in der Bundesrepublik politisch und literarisch eine Übergangszeit. Politisch vollzog sich in diesen Jahren der Übergang vom CDU/CSU-Staat über die große Koalition zur sozial-liberalen Regierung. Diese politische Veränderung berührte die Literatur nicht nur thematisch, sondern betraf ihren Status als öffentliche Instanz. Als diese Instanz stand sie – und das gilt zum größten Teil für die Moderne im allgemeinen – in einem negativ-kritischen Verhältnis zu den übrigen gesellschaftlichen Instanzen.[6] Solange die SPD als politische Partei in der Opposition stand, blieb auch das Engagement für sie[7] durchaus konsistent mit dem impliziten oder expliziten kritischen Selbstverständnis der bundesrepublikanischen Schriftsteller. Ein solches Engagement mußte jedoch in dem Augenblick zu einer strukturellen Krise im Öffentlichkeitsbewußtsein der Schriftsteller führen, als die ›Alternative‹ durch den Regierungsantritt der SPD politische Wirklichkeit zu werden schien. Ein Vergleich mit der frühen Situation der DDR drängt sich auf, wo die zurückgekehrten Emigranten nach jahrelangem antibürgerlichem und antifaschistischem Engagement sich nun in einem sozialistischen Staat nicht nur von außen, sondern durchaus auch von der eigenen politischen Überzeugung her zum positiven Engagement aufgerufen sahen, für das ihnen jedoch buchstäblich die Sprache fehlte. Freilich ist dieser Vergleich nur sehr begrenzt zulässig: das Engagement für die SPD war von vornherein weit problematischer und ambivalenter. Bereits das Godesberger Programm von 1960 hatte den Alternativcharakter der SPD abgeschwächt. Und als sie dann nicht nur bereit war, in die große Koalition einzutreten, sondern auch die Notstandsgesetze zu unterstützen, verlor sie für viele Autoren an Glaubwürdigkeit. Durch Radikalenerlasse und Berufsverbote schien dann von Alternative kaum noch die Rede sein zu können. Dennoch lag für manche Autoren in den sechziger Jahren hier noch eine politische Hoffnung, wenn auch wenige sich in dem Grade wie Günter Grass parteipolitisch engagierten. In seinem Engagement für die SPD verkörperte Grass letztlich jedoch exemplarisch die hier skizzierte strukturelle Öffentlichkeitsproblematik und darin – nicht in den politischen Meinungen des Autors – liegt auch die Bedeutung seines Romans *Aus dem Tagebuch einer Schnecke* (1972).[8]

Gleichzeitig findet Mitte der sechziger Jahre ein literarischer Generationswechsel statt, der sich unter anderm in der allmählichen Desintegration der Gruppe 47 abzeichnet. Ein Signal setzte der 24jährige Peter Handke beim Treffen der Gruppe 47 in Princeton 1966: Seine Kritik an der Beschreibungsimpotenz der hier vorgetragenen Literatur traf jenseits des Publicity-Skandals ins Zentrum einer literarischen Problematik erzählender Texte. Kündigte sich hier gewissermaßen eine neue Literaturgeneration an, meldete sich bei der Gruppentagung im folgenden Jahr gewaltsam eine neue politische Realität: eine Demonstrationsgruppe der außerparlamentarischen Opposition sprengte die Tagung. Jenseits von Generationsunterschieden führten politische Entscheidungen zu neuen Konstellationen, alte Verbindungen lösten sich auf, als Schriftsteller wie Grass, Walser, Enzensberger und Johnson ihre eigenen Wege gingen.

Eine Art Konsensus hat sich in der Literaturkritik eingespielt, wonach auf die allgemeine Politisierung der späten sechziger Jahre eine neue Innerlichkeit und Subjektivität folgen. Paradigmatisch ist das Muster dieses Fort- oder Rückschritts – je nach kritischem Standpunkt – in Peter Laemmles literarischer Bestandsaufnahme der sechziger Jahre bereits als Titel artikuliert: »Von der Außenwelt zur Innenwelt«.[9] Das seit Anfang der siebziger Jahre erscheinende *Literaturmagazin* bestätigt in der Reihe seiner Themen eine solche Bewegung: »Die Phantasie an die Macht« heißt programmatisch der Titel von Band 3, von der »Literatur nach dem Tod der Literatur« ist wieder die Rede,[10] um schließlich beim »neuen Irrationalismus«[11] anzugelangen. Aber gerade diese Bände sind auch Zeugnis davon, wie problematisch eine Dichotomie ist, für die Begriffe wie Subjektivität, Phantasie und Irrationalismus nur als Gegentendenz zu Politisierung, Realismus und Engagement auftreten. Solche Kontraste werden hier in Frage gestellt. Und sosehr die politische Entwicklung auf ›Tendenzwende‹ deutet, so wenig läßt sich die literarische Chronologie damit gleichschalten. Haupttexte der sogenannten neuen Innerlichkeit erschienen mitten in der ›politischen‹ Phase. Thomas Bernhard und Peter Handke, deren Texte zum Inbegriff von Innerlichkeit und Subjektivität wurden, hatten ihre Signatur zwischen 1965 und 1970 voll ausgebildet. Andererseits erschien eine ganze Reihe politisch-realistischer Romane in den siebziger Jahren: Franz Josef Degenhardt, Max von der Grün, Michael Scharang, Uwe Timm und Günter Wallraff, um nur wenige zu nennen, publizierten Romane und Reportagen aus der Arbeitswelt und aus der Studentenbewegung.[12]

Dennoch stellen sich spezifische Oppositionspaare in der Beschreibung dieser Literaturperiode immer wieder ein. Auf der einen Seite stehen Begriffe wie: Realismus, Außenwelt, Gesellschaft, politisches Engagement, Aufklärung; auf der andern: Formalismus, Innerlichkeit, Subjektivismus, Irrationalismus: Traumarbeit oder gesellschaftlicher Kampf, wie die Alternative in Adolf Muschgs *Albissers Grund* sich einmal artikuliert und gleichzeitig in der phantasmatischen Konstellation von Freud und Marx aufgehoben wird. So fragwürdig in der Praxis der Literatur die Oppositionsreihe als Alternative ist, muß sie doch zunächst anerkannt werden als konkreter Faktor der Literaturdebatten der letzten Jahrzehnte, deren historische Wurzeln zurückreichen in die Anfänge der Moderne. Als solcher Faktor ist die Oppositionsreihe nicht bloß ein Gespenst in den Köpfen einiger Kritiker, sondern konstitutiv für den literarischen Rezeptions- und Produktionshorizont, dessen Struktur als Ensemble aller literarischen Diskurse um so weniger Rücksicht auf intellektuelle Subtilität nimmt, als der literarische Betrieb auch tiefreichend Marktbetrieb ist, von dem selbst der antagonistische Widerstand des Werkes, das seinen Kunstcharakter dem Warencharakter entgegenstellt, berührt wird.

Anerkennung eines historischen Sachverhalts bedeutet freilich noch nicht die Anerkennung seiner Wahrheit. Es gibt auch deformierte Diskurse. Literaturkritik kann da produktiv, das heißt im Rahmen deformierter Diskurse dekonstruktiv, werden, wo sie am subversiven Widerstand der Texte anknüpft. Die genannten Begriffsreihen sind Termini einer literarischen und literaturtheoretischen *langue*, innerhalb der das einzelne Werk sich einerseits konstituiert und gleichzeitig in seiner partikulären Form neue Begriffe setzt.

Die Situation des Romans zwischen 1965 und 1978 läßt sich nicht rein ablösen von der allgemeinen Modernismusproblematik und deren Auswirkungen auf den Roman im 20. Jahrhundert.[13] Sosehr die Nachkriegssituation neue und in sich differenzierte Phasen bildet, sind es doch Phasen innerhalb der Entwicklung der Moderne, was nicht ausschließt, daß die letzten Phasen jene Problematik schon so weit modifiziert haben, daß eine qualitativ neue Struktur sich abzeichnet.[14] Im folgenden seien einige spezifische Fragen an den Roman der letzten Jahre gestellt: Wie vor allem verhalten sich die Gattungselemente des Romans innerhalb und gegen die skizzierte Oppositionsstruktur? Wir beschränken uns dabei auf wenige Grundelemente: den Erzähler, den Leser, die Geschichte. Im spezifischen Verhältnis dieser Grundelemente hoffen wir zumindest im Ansatz die Elemente einer Literaturgeschichte zu finden.

III. Beginnen wir mit dem Erzähler. Daß es kritisch um ihn steht, und nicht erst seit neuestem, ist allenthalben nachzulesen. Bereits in den dreißiger Jahren charakterisierte Joseph Warren Beach den modernen Roman unter dem Stichwort »Exit Author«,[15] und gleichzeitig fast diagnostizierte Christopher Caudwell die Krise des Romans als »epistemologische Krise«, als eine Krise der erzählerischen Perspektive.[16] In Deutschland machte in den fünfziger Jahren Wolfgang Kaysers Verdikt, das Verschwinden des Erzählers bedeute das Ende des Romans, Schule. Und was bis anhin noch in der relativ mild-humanen Form des Exils und der Krise den Erzähler bedrohte, wurde in den siebziger Jahren blutig-brutal »Die Exekution des Erzählers« genannt.[17]

Hinter diesen Krisen und Exekutionen steht insistent und wiederkehrend die Frage: wer spricht, wo gesprochen wird? In der blutigen Metaphorik äußert sich eine Angst, die in engem Zusammenhang steht mit der Phantasmatik eines selbstbewußten Subjekts, das glaubt, autonome Verfügung über den Signifikationsprozeß zu haben und sich ihm doch beständig ausgeliefert sieht. Man konstatiert jedoch beim Lesen von Romanen des letzten Jahrzehnts keineswegs ein Verschwinden des Erzählers überhaupt, wohl aber eine Problematisierung und Verunsicherung der erzählenden Instanz.

Eine gewisse selbstreflektive Gestik des Erzählens gehört beinahe schon zum traditionellen Formbestand des modernen Romans. Mit wenigen Ausnahmen – wozu etwa die einem Konzept des sozialistischen Realismus angenäherte Schreibweise der in der AutorenEdition erscheinenden Romane gehören – integrieren selbst bewußt traditionelle Autoren fast schon routinehaft erzählreflektive Elemente. Siegfried Lenz, der von sich sagt, er empfinde sich »einfach nur als Geschichtenerzähler«,[18] kann doch in seinem Roman *Das Vorbild* (1971) nicht einfach eine Geschichte erzählen, sondern reflektiert darüber, wann und wo abzublenden ist, und, anstatt eine Station einfach zu beschreiben, fragt er sich erst »Wie soll man sie nachmachen?«. Wo freilich die Reflexion zum Requisit geworden ist, verliert sie ihre ursprüngliche Funktion: sie ist entweder Floskel oder geht, falls sie ironisch-parodistisch sein soll, am eigentlichen Problem vorbei. Implizit beginnt fast jeder Roman mit jener selbstreflektiven Geste, die in Adolf Muschgs Roman *Gegenzauber* (1967) die Erzählung explizit eröffnet: »Mein Name ist Klaus Marchbach: ich schreibe jetzt ein Buch«. Kein Wunder, daß ein großer Teil der Erzählfiguren beruflich oder auf Zeit als Schriftsteller, zumindest als faktensammelnde Berichterstatter auftreten, wie Bölls »Verf.« in *Gruppenbild mit Dame* (1971), der zudem schon in seiner buchstäblichen Erscheinung verstümmelt im Text steht.

Sosehr damit auch die neuesten Romane an der allgemeinen Tradition der Moderne teilhaben, zeichnen sich gleichzeitig Verschiebungen in der Problematik ab. Auffallend ist nicht nur eine generelle Verunsicherung der Erzählposition, sondern eine merkwürdige Infragestellung eines für Literaturwissenschaftler längst selbstverständlich gewordenen Dogmas, daß nämlich eine klare Trennung bestehe zwischen Autor und Erzähler. Diese Trennung, die – wie übrigens die Trennung des lyrischen Ich vom empirischen Ich – selbst Teil der Modernismus-Entwicklung ist, war nicht bloß Reaktion auf eine naive Identifizierung von Meinungen einer Erzählinstanz mit denjenigen des Autors, sondern funktionierte darüber hinaus auch für den Autor selbst als Möglichkeit einer Rollentrennung, in der die fiktive Figur des Erzählers sich loslösen konnte von den Marktzwängen, denen der empirische Autor sich unterworfen sah. Der reduzierten Partizipation des realen Autors in der öffentlichen Sphäre stand die ideale Partizipation des fiktiven Erzählers im Universum literarischer Diskurse gegenüber. Wenn nun in neueren Romanen diese Trennung zunehmend wieder in Frage gestellt wird, zeichnet sich darin nicht nur eine Formverschiebung, sondern in dieser eine historische Verschiebung ab.

Die Verwischung der Grenzen zwischen Autor und Erzähler zeigt sich zunächst in einem auffallend hohen Anteil autobiographischer Texte und Materialien. Thomas Bernhards *Die Ursache* (1975) und *Der Atem* (1978) sind direkte autobiographische Bestandsaufnahmen seiner Kindheit und Jugend. Günter Grass erzählt im *Tagebuch einer Schnecke* (1972) die Erfahrungen seines Engagements im Wahlkampf für die SPD, und auch sein neuester Roman *Der Butt* (1977) erzählt, oft nur leicht modifiziert, Erfahrungen des Autors in seiner Privatsphäre (als Ehemann) und als öffentliche Figur in Indien und Gdansk. Eine ähnliche Mischung von privater und öffentlicher Selbsterfahrung strukturiert Max Frischs *Montauk* (1975). Peter Handkes Romane *Der kurze Brief zum langen Abschied* und *Wunschloses Unglück* (beide 1972) haben geradezu als ihr Thema die Interrelation von realer Erfahrung und Fiktion. Uwe Johnsons *Jahrestage* verdoppeln gewissermaßen den Autor im Text: einmal in der Figur der Gesine

Cresspahl, die in vieler Hinsicht zur Trägerin Johnsonscher Erfahrungen wird, und durch die Erscheinung Johnsons selbst als Figur im Text (nicht unähnlich jenem vertraut-ironischen Erscheinen Hitchcocks in den meisten seiner Filme). Herbert Achternbuschs Romane schließlich sind häufig unverdeckte Selbstentblößungen des Autors. Und die Beispiele ließen sich noch lange vermehren von Rolf Dieter Brinkmanns *Keiner weiß mehr* (1968) bis zu Gabriele Wohmanns *Schönes Gehege* (1975).
Gewiß haben die autobiographischen Materialien verschiedenen Stellenwert in den genannten Texten. Dennoch deuten sie auf eine gemeinsame Tendenz. Durch die zunehmende Rückbeziehung der Texte auf den empirischen Autor wird die Implikation der fiktiven Welt in die empirische, jener »Erdenrest zu tragen peinlich«, neu unterstrichen, und damit die Implikation des Autors, den die Fiktion nicht aus seiner konkreten historischen Situation zu erlösen vermag. Umgekehrt freilich erscheint auch die empirische Welt schon durchsetzt von, wenn nicht gar konstituiert durch Fiktion.
In exemplarischer Weise wird diese Problematik in Max Frischs Roman *Montauk* deutlich. Interessant sind hier, wie überhaupt im Werk Frischs, nicht die immer wieder aufgegriffenen existentiellen Versatzstücke, die als solche nur die alten Sackgassen des autonomen Subjekts ablaufen, sondern die Kollision dieser Existentialismen mit dem realen Schreibakt, in dem das Ich nicht da ist, wo es schreibt. Hier, wo das imaginäre Ich in Spannung tritt zur symbolischen Ordnung der Sprache, entsteht Literatur. Die Spannung und die Spaltung sind im Werk Frischs faßbar schon in der paradoxen grammatischen Erscheinungsweise seines Erzählsubjekts. Christa Wolf, eine Autorin, die unter modifizierten Bedingungen ähnliche Schreiberfahrungen gemacht hat, hat dies an Frisch am prägnantesten formuliert: »Doch sind fast alle Prosaarbeiten romanhaften Charakters Ich-Geschichten. Im Tagebuch wird das Ich ein seltenes Wort«.[19] Frisch selbst hat das paradoxe Verhältnis des Autors zum Text auf Beckett bezogen formuliert: »das Werk scheint ferne von ihm, zugleich ist er identisch damit«,[20] wobei die Form der Selbstreflexion im andern die Problematik noch unterstreicht. Der Text wird zum Ort, an dem der Autor sich konstituiert und gleichzeitig auslöscht. »Ich, das bin ich jederzeit«,[21] heißt diese Rede- und Schreiberfahrung in Günter Grass' Roman *Der Butt*. Das Ich hat hier genau jene Funktion, die die Grammatik ihm zuweist: es ist ein ›shifter‹, ein Signifikant, der gleitet und gelegentlich auch jene Stelle einnimmt, die wir mit dem Namen ›Günter Grass‹ bezeichnen. Aber diese Stelle ist selbst kein fixes Signifikat, sondern die Stelle eines Effekts, einer Wirkungskonstellation von Texten.
Denn die andere Seite der Entfiktionalisierung des Erzählers ist eben, wie schon angedeutet, die Fiktionalisierung des Autors. Er (oder sie) ›selbst‹ ist Produkt des Textes. Insofern trifft der amüsant-spielerische Einfall in Walter Höllerers Roman *Die Elephantenuhr*, wo Oskar Matzerath seinen Autor Günter Grass gewissermaßen schreibend erfindet, den Kern eines literarischen Sachverhalts, der in neueren Romanen zunehmend thematisiert wird. Wenn Uwe Johnson immer wieder mit obstinatem Ernst von seinen Figuren spricht, als wären sie reale Personen, über die er keine Verfügung hat, ja die über ihn Verfügung haben, wenn er allen Ernstes mit ihnen in eine Vertragssituation tritt, so ist dies nicht einfach spielerische Mystifikation, auch nicht bloß emphatische Anerkennung der Eigengesetzlichkeit von fiktiven Konstellationen, sondern die ernst zu nehmende Anerkennung, daß nicht nur der Schreibende die Fiktion, sondern auch die Fiktion den Schreibenden erschafft. Schreiben und neuer-

dings mehr noch Filmen sind für Herbert Achternbusch die einzigen Instanzen, wo überhaupt ein Ich entstehen kann: »Beim Schreiben werde ich«, heißt es in *Land in Sicht* (1977). Auch Hubert Fichte versteht Schreiben in diesem Sinn: er schreibt sich gewissermaßen durch mehrere fiktive Ichs durch zu einer – freilich immer instabilen – Identität.

Die Ambivalenz von Selbstverwirklichung und Selbstentäußerung im Schreiben gewinnt besondere Bedeutung für zwei Gruppen von Autoren und Typen des Romans: Arbeiterroman und Frauenroman. Nicht daß Arbeiter- oder Frauenprobleme in Romanen abgehandelt werden, ist von primärer Bedeutung, sondern daß neue Formen des Sprechens entstehen. In diesem Sinne gibt es freilich bisher nur Ansätze für beide Formen im deutschen Roman der Gegenwart. Zwar haben die in den sechziger Jahren sich entwickelnden literarischen Arbeitergruppen (Gruppe 61, Werkkreis Literatur der Arbeitswelt) der Kategorie ›Arbeiterliteratur‹ neue und wichtige Impulse gegeben. Aber in dem Maße, wie die Identität der Arbeiter als Klasse im Spätkapitalismus ideologisch und strukturell sich verwischt, wird es auch für den schreibenden Arbeiter problematisch, seine Sprache zu finden. Die Integration in den bürgerlichen Literaturbetrieb ist nicht so sehr ein Problem individueller Korruption oder von Erfahrungsverlust in bezug auf die Arbeitswelt, sondern Symptom einer Erfahrungswelt, deren eigene Struktur noch gar nicht zur Artikulation gekommen ist und deshalb unartikuliert nur in den Bruchstellen des Textes negativ erscheint, oder blind, wie in den ›blinden‹ Motiven, die Max von der Grüns Roman *Stellenweise Glatteis* (1973) durchziehen und sogar gewaltsam ins Thematische einschlagen, wenn die Tochter ein Auge verliert. Nicht zufällig ist gerade die tieferotische Spannung zwischen Vater und Tochter eines der stärksten ›blinden‹ Motive, das nicht zum Austrag kommt und doch die intensivsten Leerstellen schafft. Zu sagen, es handle sich hier um ›private‹ Bereiche, die in einem Roman der Arbeitswelt am Rande bleiben müssen, zeugt nur von der Ohnmacht eines Diskurses, der gefangen bleibt in den zerfallenen Ruinen bürgerlicher Öffentlichkeit.

Vielleicht einen Schritt weiter auf dem Weg zum eigenen Sprechen ist der Frauenroman. Hier gibt es im deutschen Bereich zumindest einen Text, der wahrhaft bahnbrechend ist, obwohl offenbar die Spur, die er gelegt hat, noch kaum entdeckt ist: Ingeborg Bachmanns *Malina* (1971). Seiner radikalen Differenz gegenüber fand die Kritik im allgemeinen nichts Besseres als die Schublade »Subjektivität«, die dann eilends geschlossen wurde. »Rückzug in die Innerlichkeit« und »Weltverlust« lauteten paradigmatisch die Klischees in einer *Zeit*-Rezension, als ob die Welt verloren hätte, wer sie nicht mehr im patriarchalischen Diskurs beschreibt. Nicht daß dieser ausgeschlossen wäre. Im Gegenteil: seine Präsenz greift mit gefräßiger Gewalttätigkeit um sich und verschlingt buchstäblich die weibliche Figur. Aber noch im Prozeß des Verschlingens geht etwas auf, das nicht zurückgenommen werden kann. Noch in ihrer scheinbar völligen Verfallenheit an die männliche Stimme beginnt im tödlichen Artikulationsversuch die weibliche Stimme anzuklingen. Weit entfernt von Subjektivismus ist dies einer der objektivsten Texte der deutschen Nachkriegsliteratur. Die Dialektik einer Identität durch totale Selbstentäußerung im Kampf mit dem andern Selbstbewußtsein ist seit Hegels Herr-Knecht-Dialektik nicht mehr so konsequent weitergeführt worden wie in diesem Roman.

Weil es um die Artikulation der Differenz geht, ist der Frauenroman nicht auf weibliche Autoren beschränkt. Teil an dieser Artikulation hat auch ein Text wie *Der*

Butt, nicht nur weil die Frauenbewegung darin eine so große Rolle spielt. Daß in der Darstellung des Frauenkonzils auch aggressive männliche Ironie mitspielt, spricht nicht gegen ihn. Denn auch dies ist nötig: die Artikulation der männlichen Ängste und Phantasmen. Aber von besonderer Bedeutung ist hier eine der erzählenden Stimmen. Denn neben jenem ›shifter-Ich‹, von dem schon die Rede war und das konstant eine männliche Stimme ist, die sich um, in, für und gegen eine weibliche Figur artikuliert, spricht auch die Stimme des Butt. Und diese ist nun ein ›shifter‹ in anderem Sinne. Zunächst scheint sie die Verkörperung des patriarchalischen Diskurses; dies ist ja der Grund, warum der Butt vor dem Frauentribunal sich rechtfertigen muß. Zudem invoziert er als Fisch ohnehin phallische Symbolik, wobei er allerdings als Butt, flach und stumpf, an der Grenze phallischer Formation, wenn nicht schon Deformation, sich befindet. Und dies ist auch sein wahrer Ort: die Grenze, an der Differenz und Artikulation stattfindet. Sein Sprechen schließlich für die Frauen ist nicht bloßer Opportunismus, es ist Teil seines Gleitens als Signifikant der Erzählung. Ohnehin ist sein Sprechen für die Frauen weniger bedeutend für die Entfaltung des Romans, als daß an und um ihn die Artikulation der Frauen sich entwickelt, so wie früher die der männlichen Diskurse. Um diese Artikulation durch Differenz geht es, selbst da, wo, wie in Handkes *Linkshändige Frau*, die Differenz als betontes Schweigen zum Ausdruck kommt. Diese Differenzierung ist nicht ohne Antagonismus, denn Selbstbewußtsein fällt eben, wie Hegel wohl wußte, nicht schmerzlos in die Wiege. Wenn deshalb an Frauenromanen wie Beate Klöckners *Anna – oder leben heißt sterben* (1975) und Verena Stefans *Häutungen* (1975) kritisiert wird, sie ließen sich nicht mehr auf eine Synthese mit andern sozialen Emanzipationsbewegungen ein, ist eine solche Kritik abstrakt und letztlich idealistisch. Ehe von Synthesen die Rede sein kann, müssen die Widersprüche radikal hervortreten, sollen nicht in erpreßten Versöhnungen nur neue Deformationen und Herrschaftsverhältnisse produziert werden.

Die Grenzverwischung zwischen Autor und Erzähler führt zu einer Problematisierung des Autors als privilegierter Stimme. Dieses Privileg stand ihm gewissermaßen in dem Grade zu, als er sich im fiktiven Erzähler ›aufhob‹. Dieser hatte als poetische Stimme noch in seiner Säkularisation und Verunsicherung die Aura einer höheren Instanz an sich. Und diese Aura leuchtete wieder auf den realen Autor zurück, zeichnete ihn und seine Stimme aus, wenn nicht gerade als Propheten, so doch als ausgezeichnet Leidenden. Solche Auszeichnung kann exemplarisch und stellvertretend gesellschaftliches Leiden ans Licht bringen, wird aber leicht auch zur ideologischen Finsternis, die gesellschaftliche Deformationen verdeckt, ja sogar grobschlächtig negiert. Bis zur Karikatur zugespitzt erscheint solche Ideologisierung der privilegierten Stimme des Autors bei Marianne Kesting, bei der zu lesen ist, »daß der Intellektuelle, der ›Geistesarbeiter‹ [...], zur sozial unterprivilegierten Schicht gehört. Er, weniger der Arbeiter, ist der eigentliche Außenseiter der technisch industriellen Gesellschaft«.[22] Der Ausspruch fällt in bezug auf Thomas Bernhards Werk, spezifisch dessen Roman *Das Kalkwerk* (1970). Hier liegt nun freilich die Gefahr eines finster inszenierten Selbstmitleids sehr nahe. Dennoch transzendieren diese Texte, was an ihrer Oberfläche an Ideologie erscheint. Gerade die Erzählstimmen unterminieren, was Kritiker eilfertig von der Oberfläche ablesen. Eines der auffälligsten Erzählmerkmale dieser Texte, besonders des *Kalkwerks*, ist die verwickelte Interdependenz der erzählenden Stimmen. Der Haupterzähler ist meist um mehrere Stimmen von dem, was er erzählt, entfernt. Sein Beruf als Versicherungsagent im *Kalkwerk* markiert ironisch genau seine Position: denn nicht Sicherheit bietet der Versicherungsagent, sondern Verunsicherung; je mehr Verunsicherung, desto mehr Versicherungspolicen: desto mehr Text! Und das gilt auch für den Sprachgestus der Bernhardschen Erzähler: je weniger Substanz als Stimmen sie haben, desto obstinater und doktrinärer wird ihr Sprechen, das durchsetzt ist mit emphatischen Wörtern wie »naturgemäß« und »notwendig«. Und nicht nur die vermittelten Erzähler, auch die Quelle ihres Erzählens, im *Kalkwerk* z. B. Konrad, ist von paradoxer Unzuverlässigkeit. Von ihm heißt es, er sei ein Wahrheitsfanatiker, während fast im gleichen Atemzug von seinen lügenhaften Tricks und Täuschungen die Rede ist.

Ein Meister in der Aufhebung jeder privilegierten Erzählinstanz durch Stimmverkoppelung ist auch der jüngere österreichische Romancier Gert Jonke. Die Verschachtelung wird bei ihm besonders eindringlich, wo ›Wirklichkeit‹ zur Sprache kommen soll: »In Wirklichkeit, habe der Fischgroßhändler gesagt, sagte mein Freund, der Student der Musikwissenschaft, sei er, habe der Großfischhändler gesagt und ihn, meinen Freund, den Studenten der Musikwissenschaft geheimnisvoll beiseitegezogen, in Wirklichkeit, habe dann der Fischgroßhändler gesagt, in Wirklichkeit sei er, von dem alle meinten, er sei Großfischhändler, ja gar kein Fischgroßhändler, nein, er sei kein Großfischhändler, er sei vielmehr ein Politiker!«[23] Verschachtelung wird zum Prinzip, zur Verschlingung ohne Ende und kombiniert und subvertiert auch die Einzelworte, die zu instabilen Wortmonstern anwachsen.

Was bei Jonke textliches Ereignis ist: die Entprivilegierung des sprechenden Subjekts, ist für Martin Walser zunächst gesellschaftlicher Anspruch. Einerseits besteht Walser, wie viele seiner Zeitgenossen, darauf, daß er als Schriftsteller nur von seiner eigenen Erfahrung aus sprechen kann. Nicht mehr darf er kraft einer besonderen Gnade im Namen anderer sprechen, den Schein erwecken, als könnte er souverän fremde Erfahrung erfinden. Aber gerade in dieser Beschränkung geht ihm die Möglichkeit auf, in und durch seine partikuläre Erfahrung gesellschaftliche, durch die seine vermittelt ist, mit zu artikulieren. Nicht kraft seiner Privilegierung, sondern gerade durch Entprivilegierung eröffnet sich die Möglichkeit, für andere zu sprechen. Dies jedoch ist eine Möglichkeit, die der schriftstellerischen Verfügungsgewalt entzogen ist. Walsers Erzähler-Helden sind gesellschaftsbezogen in ihrer Monomanie. Wo sich eine Gegenmöglichkeit abzeichnet, wenn auch nur zaghaft, wie in der *Gallistl'schen Krankheit* (1972), geschieht es in Ansätzen kommunikativer Gesten und Gespräche. Die Habermassche Utopie eines herrschaftsfreien Diskurses steht dahinter, jedoch nicht ohne deren Problematik aufzuspüren.

Walser ist ein besonders gutes Beispiel dafür, wie sehr einerseits die Dichotomie von subjektiver oder objektiver Welt sich den Texten aufdrängt und von ihnen – den besseren wenigstens – unterminiert wird. Denkbar und möglich ist zwar auf der Basis der Erzählperspektiven ein Schema, das an den einen Pol radikal subjektive Texte setzt, etwa die Romane von Achternbusch, von dem ein Kritiker sagte, »Achternbusch lebt und schreibt fast ausschließlich in der ersten Person Singular«,[24] oder die Romane Wolfgang Hildesheimers, der von sich selber sagt, »Ja, letzten Endes kann ich über nichts anderes schreiben als über ein potentielles Ich, also über mich selbst, wenn man es kraß sagen will«,[25] am andern Pol dann gesellschaftsbezogene, ›realistische‹ Romane, wie sie die Gruppe der AutorenEdition aufs Programm gesetzt hat. Aber gerade in den

›subjektiven‹ Texten wird radikal dekonstruiert, was Subjektivität begründen soll: das selbstbewußte Ich. Auf der andern Seite bemühen sich die ›Realisten‹ redlich, das Ich und Individuum zu rekonstruieren und mögen darin freilich idealistischer sein als sie glauben.[26] Die AutorenEdition ist allerdings mehr als ein Versuch, das Subjekt im Text zu rekonstruieren: sie will als Institution den Autor als Subjekt im Literaturbetrieb wiederherstellen. Sie wurde gegründet, um Autoren ein gewisses Maß an Verfügung über ein literarisches Verlagsprogramm zu geben.[27]

Ein besonderes Problem für die Erzählinstanz bietet der dokumentarische Roman. Hier scheint tatsächlich die ›Exekution des Erzählers‹ und des Autors vollzogen. So sieht es auch der DDR-Kritiker Kurt Batt, der über Erika Runges dokumentarische Texte schreibt, sie »lieferte nichts als Protokolle und präsentierte damit eine Selbstdarstellung von Arbeiten, hinter der sie als Autorin völlig zurücktrat«.[28] Es widerspricht dies aber Runges eigener Darstellung ihrer Arbeitsweise, in der sie als Autor sehr wohl, wenn auch auf andere Weise als der Produzent von Fiktionen, gegenwärtig ist: »Zunächst habe ich das, was mir spontan und assoziativ mitgeteilt worden war, wortgetreu abgeschrieben und die Erzählungen dramaturgisch geordnet und gerafft. Das entsprach meiner Arbeitsweise bei der Montage von Dokumentarfilmen, zu der die Aufnahmen zuerst nach Komplexen zerlegt und dann in einer Auswahl neu zusammengesetzt werden.«[29] Solche Dekonstruktion und Rekonstruktion führt in Hans Magnus Enzensbergers Roman *Der kurze Sommer der Anarchie* (1972) und in den Texten Alexander Kluges zu völlig neuen Formen. Die alten Subjektkonzepte sind freilich noch stark genug, daß eine Autorin wie Erika Runge »Abschied von der Dokumentarliteratur« genommen hat, um im Schreiben von Fiktionen »den Anspruch des Menschen auf Selbstverwirklichung, sein Recht auf Individualität und Entfaltung seiner Persönlichkeit« für sich selbst wahr zu machen.[30] Dagegen sieht Wallraff in der Reportage geradezu eine Form, die eigene Subjektivität vermittelnd zu konstituieren. Hier wird nicht ein Autor-Ich ausgelöscht, sondern durch das Sprechen des andern erst hergestellt: »Manchmal habe ich den Eindruck, mich gibt es gar nicht; durch die Reibungsflächen, die ich immer wieder suche, immer wieder herstelle, komme ich überhaupt erst zu einer Identität, zu einem Selbstbewußtsein.«[31] Darüber hinaus aber zielen Wallraffs und Runges Texte darauf, verdrängte, verleugnete Diskurse zur Artikulation zu bringen. Und dies bedeutet letztlich nicht nur eine quantitative Vermehrung der literaturfähigen Stimmen, sondern die qualitative Umstrukturierung literarischer Öffentlichkeit.

IV. Damit stellt sich die Frage nicht nur nach Autor und Erzähler, sondern auch nach dem Leser. Hier begegnet der moderne Roman, gerade insofern er kritisch ist, seinem größten Problem. Seit dem Beginn der Moderne wurde zunehmend deutlich, daß eine kritische Literatur sich nicht damit begnügen kann, inhaltliche Kritik zu üben, sondern daß es um fundamentale Probleme des Literaturkonsums geht. Das ist zunächst ein Distributionsproblem: die Bücher, von denen hier die Rede ist, erreichen mit wenigen Ausnahmen nur eine sehr kleine Leserschaft. Nicht weniger problematisch ist das qualitative Leseverhalten, dessen Modell von den professionellen Schnellesern der Feuilletons geprägt ist. Sosehr der kritische Jargon es verdecken möchte, ist die Institution der Literaturrezension längst zur Warenagentur geworden, die mit der Bücherware gleich auch das gängige Vokabular, darüber zu reden, vermittelt.

Wenn der Autor schon wenig Verfügung über den literarischen Produktionsprozeß hat, ist sein Einfluß auf die Rezeption noch geringer. Wenig neue Versuche sind erkennbar in dieser Hinsicht. Autoren, die im Zusammenhang mit der AutorenEdition mehr Einfluß auf den Produktionsprozeß suchen, schreiben gleichzeitig Romane, die, auf Einfühlung ausgehend, traditionelles Konsumverhalten des Lesers bestärken. Man hat dies als besonders diskrepant an Romanen über die Studentenbewegung kritisiert.[32] Im allgemeinen jedoch herrscht nach wie vor die zur Tradition der Moderne gewordene Verfremdungstechnik als Versuch, eingespielte Erwartungshorizonte zu erschüttern, anstatt – wie im traditionellen, ›realistischen‹ Roman – Wiedererkennungserlebnisse zu evozieren. Während manche Autoren, wie etwa Thomas Bernhard, vor allem auf semantischer Ebene, durch Intensität und Extremität der dargestellten Zustände den Leser verstören wollen, suchen andere, wie Heißenbüttel, Handke, Jonke und Wiener, mit Hilfe konkretistischer Experimente Rezeptionsmechanismen auf der Ebene der Signifikanten zu subvertieren. Dieser dominanten dekonstruktiven Technik stehen nur wenige Ansätze zu konstruktiven Modellen gegenüber. Beide Aspekte treffen sich zu einem gewissen Grad in den Texten von Peter O. Chotjewitz, der einerseits die Romanform völlig dekonstruiert, um den Leser dann aufzufordern, aus den Versatzstücken sich seinen eigenen Text zu komponieren. Auf Aktivierung des Lesers zielt auch Walter Höllerers Roman *Die Elephantenuhr* und besonders intensiv Uwe Johnsons bewußt umständlich genaue Erzählweise, die, wie Theo Buck richtig bemerkt hat, »an die Teilnahme des lesenden Partners gebunden ist«.[33] Der Einwand gegen solche Texte ist gewöhnlich, daß sie sich nur an privilegierte Leser richten. Was aber die Kultur- und Konsumindustrie als unabänderliches Faktum fixieren möchte, ist als Ideologie verwundbar. Grass greift sie im *Butt* frontal direkt an im Gespräch zwischen Autor und Arbeitern, die vorbringen, was ihnen allenthalben eingeredet wird: »Sag mal, Kollege. Was schreibste denn so kompliziert nur für die bürgerlich Privilegierten und nicht für uns, die Arbeiterklasse? [...] Das ist zu hoch für uns. Wenn wir fixfertig sind vom Malochen, bleibt nur noch die Glotze. Uns muß man schon einfach und spannend wien Krimi kommen.«[34] Der Autor rechtfertigt seine ›Kompliziertheit‹ als Realismus: die scheinbare Verfremdung ist die Erfahrung derer, für die sie nur verstellt ist, ihre Wirklichkeit und auch ihre Angst.

Was bei Grass nur episodisch angedeutet und reflektiert wird, ist Strukturprinzip und Hauptthema von Peter Weiss' Roman *Ästhetik des Widerstands* (1975 und 1978). Es ist ein Bildungsroman neuer Art: nicht um die Bildungswege eines bürgerlichen Individuums geht es hier, sondern um die Geschichts- und Kulturaneignung jener, die bisher im dunkeln standen. Kulturgeschichte ist hier Teil einer potentiellen Bewußtseinstotalität, die, weit entfernt von aller Harmonisierung, mitten in den Widersprüchen und internen Zerrissenheiten des antifaschistischen Kampfes sich in der räsonierenden, anschauenden und lesenden Auseinandersetzung der Kunsterscheinungen vom Pergamonaltar bis zu Klee, Kandinsky, Kafka und Majakowski zu konstituieren sucht. Kunstrezeption ist hier nicht mehr die passive Selbstgenügsamkeit des Bildungsbürgers, sondern kollektive Hermeneutik, kommunikative Praxis: das Aufdecken verschütteten und verdrängten Bewußtseins.

V. Die *Ästhetik des Widerstands* ist ein Roman, dessen narrative Elemente auf ein Minimum reduziert sind – und dennoch ein spannender Roman. In der Dekonstruktion des Erzählens äußert sich die Problematisierung des schreibenden Subjekts ebenso wie die des konsumierenden Lesers. Hier ist der Krisenherd des modernen Romans. Und es ist dies nicht bloß ein Formproblem: mit der narrativen Struktur verbinden sich tief eingeschriebene ideologische Muster und Perzeptionsweisen. Sosehr auch die dekonstruktive Tendenz im modernen Roman zur Tradition geworden ist und Kritiker so tun, als sei dies längst zur Selbstverständlichkeit geworden, hat offenbar diese kollektive Dekonstruktion höchstens die Oberfläche des Bewußtseins geritzt. Infiziert ist auch die gewitzte Kritik noch vom tiefsitzenden Glauben, im Geschichtenerzählen komme die Welt auf natürliche, unverstellte Weise zu sich. Wenn Hans C. Blumenberg zum Beispiel naiv und exemplarisch zugleich über Max von der Grün schreibt, er sei »weniger Theoretiker als Praktiker, weniger Ideologe als Geschichtenerzähler«,[35] artikuliert er, ohne es wohl zu wissen, stereotype politische Ideologie und Rhetorik, die die Konstellation und Sequenz des Bestehenden als natürliche Ordnung fixieren will. Pragmatiker sind jene, die die akzeptierten Geschichten erzählen. Die Identifikation von Geschichte als Geschichten, history als story, ist von den amerikanischen Nachrichtenmedien längst vollzogen, indem Nachrichten, die Geschichte machen, als »story« bezeichnet werden. Dem entspricht der Erzählgestus des Nachrichtensprechers, der im Ton des Märchenonkels und Geschichtenerzählers seine Neuigkeiten vorträgt. Und es ist dies auch nicht nur die Erfindung kommerzieller Medien: diese nützen aus, was als ›human interest‹ gilt; sie appellieren, wie unbewußt auch immer, an eine humanistische Tradition, die explizit bei Kurt Batt zum Ausdruck kommt, wenn er die Destruktion der narrativen Erzählform mit der Destruktion des Humanen überhaupt gleichsetzt.[36]

Die hier skizzierte Problematik reicht damit weit über den Roman hinaus. Auf theoretischem Gebiet artikuliert sie sich seit den sechziger Jahren zunehmend als Dichotomie zwischen – grob gesprochen – Strukturalisten und Hermeneutikern.[37] Ihren Niederschlag findet sie auch innerhalb der Geschichtswissenschaft in den vehementen Debatten zwischen jenen, die narrative Geschichte schreiben, und einer zunehmenden Strukturalisierung der Geschichtswissenschaft von seiten der Soziologen, Ökonometristen und Annalisten.[38] Diese weiteren Zusammenhänge der Erzählproblematik als einer universalen Problematik in der Episteme der Humanwissenschaften können hier nur angedeutet werden. Auf sie zu verweisen ist jedoch um so nötiger, als davon auch der literaturhistorische Diskurs mit betroffen ist: wir treffen im Gegenstand unserer Untersuchung auf die – anfangs skizzierte – Problematik der Untersuchung selbst.

Seit Mitte der sechziger Jahre war es vor allem Peter Handke, der hartnäckig die Natürlichkeit und Selbstverständlichkeit des Geschichtenerzählens in Frage stellte, in der Theorie wie in der Praxis. Besonders seine frühen Prosatexte sind direkte Antigeschichten, die die in das narrative Prinzip eingeschriebene Ideologie freilegen wollen. Dabei entwickelt sich allerdings bei Handke eine merkwürdige Ambivalenz. Denn wenn ihm anfangs das Geschichtenerzählen als Inbegriff vorvermittelter, vorstrukturierter und damit verstellter Wirklichkeit fungiert, so liegt dem immer noch eine eigentümliche Sehnsucht nach einer unvermittelten Welt zugrunde, eine Sehnsucht, die schließlich doch wieder in den einfachen Geschichten ihre Wahrheit zu finden glaubt. Sosehr aber Handkes Entwicklung als Romancier seit dem 1970 erschienenen Buch *Die Angst des Tormanns beim Elfmeter* zurück zur narrativen Struktur zu gehen scheint, ist dies doch keine einsinnige Bewegung; eher läßt jeder der folgenden Texte sich als momentane prekäre Kristallisierung jener Spannung mit jeweils verlagerter Dominanz beschreiben. Das Tagebuch Handkes, *Das Gewicht der Welt* (1977), bietet nur noch die Materialien zu Geschichten, oder genauer noch: jene Elemente der Erfahrung, die Handke glaubt, vor dem Zwang und dem ›System‹ der Geschichten bewahrt und gerettet zu haben.

Handke hat in den sechziger Jahren noch einmal in exemplarischer Weise die Dichotomie Formalismus–Realismus aufgerissen, sie in die Debatte gezwungen und gleichzeitig ihre Hinfälligkeit demonstriert. Was auf der Ebene des Subjekts bereits deutlich wurde, die Verwischung der Grenzen von fiktivem und realem Erzähler, betrifft die Fiktion als Ganzes. Mimetisch ist der neuere Roman nicht so sehr darin, daß er eine Wirklichkeit außer sich darstellt, sondern daß er Organisationsmuster der Erfahrung freilegt und ins Spiel bringt; das ist sein Realismus. Die traditionellere Form dieser Grenzverwischung zwischen fiktiver und realer Ebene findet im semantischen Bereich statt als Vermischung von phantasmatischer und realer Welt, von subjektiver und objektiver Wirklichkeit; die komplexere und ›modernere‹ Form dagegen verlegt die Problematik auf die Textstrukturierung: Wirklichkeit und Textualität werden zunehmend ununterscheidbar. Es ist dies freilich nur eine typologische Unterscheidung, die selten in reiner Alternative erscheint.

Für Walter Höllerer ist es das »Ineinander von Geträumtem, von Vorstellungen, und tatsächlich faktisch, empirisch wahrnehmbaren Sachen«, das Wirklichkeit und Roman strukturiert.[39] In diesem Zusammenhang ist auch die Rolle der *New York Times* in Uwe Johnsons *Jahrestage* zu sehen: über den bloß dokumentarischen Charakter hinaus wird sie selbst zur zentralen Erzählinstanz, deren Produkt Fiktion und Wirklichkeit gleichzeitig ist. Überhaupt erscheint Dokumentation in neueren Romanen in paradoxer Funktion: reale Dokumentation ist häufig Dokumentation fiktiver Organisationsstrukturen, während ganze Romane als fiktive Dokumentation sich geben. Bölls *Gruppenbild mit Dame* ist das bekannteste Beispiel dieser Art. Alexander Kluge hat aus der Mischung fiktiver und realer Dokumentation einen neuen Formtypus geschaffen. In Gert Jonkes *Schule der Geläufigkeit* vollzieht sich die Textualisierung der Welt auf allen Ebenen, geradezu allegorisch in dem Gartenfest, für das der Maler Florian Waldstein Bilder aufstellt, die »genau jene Ausschnitte des Gartens« darstellen, »die von der Fläche der jeweiligen Bilder verdeckt [werden], und zwar so naturgetreu, daß sie aus allen Blickwinkeln ständig mit der jeweiligen Natur verwechselt werden«.[40]

Realität als strukturiert von Fiktion erscheint im Roman häufig als Geschichte, die von einer andern Geschichte strukturiert wird. Während aber am Anfang der Moderne in Joyces *Ulysses* noch der große Mythos dem Dubliner Alltag seine unsichtbare Grammatik aufprägt, sind es in den neueren Romanen eher marginale, ja banale Geschichten, nach denen die erzählte Wirklichkeit sich richtet. Nicht selten sind es die Muster des Westerns oder der Detektivgeschichte. Solche Muster stellen gleichzeitig die Geschichtlichkeit der erzählten Geschichten in Frage, indem sie deren temporäre Einmaligkeit im Wiederholungsprinzip aufheben. Daß dies aber nicht einfach Enthistorisierung bedeuten muß, hat Günter Grass im *Butt* demonstriert, dessen Formprinzip die Dialektik von Wiederholung und Einmaligkeit ist, wenn auch nicht immer in gleichem Maße erfüllt. Die Programmierung – wörtlich: Vor-Schreibung – des Lebens erreicht in Alexander Kluges Buch *Lernprozesse mit tödlichem Ausgang* ihre genaueste Dialektik:

denn nicht nur geht es hier um Realisationen von einprogrammierten Erfahrungs- und Verhaltensweisen, sondern gleichzeitig um die Diskrepanz von Programm und Wirklichkeit, die formal in Kluges Geschichten als ein ständiger Wechsel von Konsequenz und Inkonsequenz, von Kontinuität und Diskontinuität erscheint, am häufigsten als Programm, das in seiner Konsequenz sich selbst und seinen Träger destruiert.

In dem Maße wie Geschichten als Programme der Wirklichkeit erscheinen, kann das Erzählen von Geschichten in der Form von Antigeschichten sich auch gegen den Zwang jener Organisationsprogramme richten. Da aber die vorprogrammierte Ordnung und ihre vertraute Konstellation und Sequenz sich auch als rationale legitimiert, erscheinen Antigeschichten als das Irrationale und als subjektive Phantasmatik. Indessen sprengen gerade die besten von ihnen die Dichotomie von Rationalität und Irrationalität. Die sogenannte irrationale Phantasmatik eines Achternbusch legt den Wahnsinn rationalisierter Gesellschaftsstrukturen und deren Diskurs bloß. Nicht zufällig finden sich bei Achternbusch häufig Anklänge an die schwindelerregende Logik eines Karl Valentin.

Diese Verschiebungen in der Funktion des Geschichtenerzählens erhalten ihren stärksten Impuls auf jener Ebene, die bereits anfangs als epistemologischer Kernpunkt der Moderne bezeichnet wurde: auf der Ebene des Signifikanten. Daher ist es zu erklären, daß scheinbar mitten im Politisierungsprozeß der sechziger Jahre nicht nur sogenannte formalistische Experimente fortgesetzt wurden, sondern im deutschen Bereich erst voll zur Geltung kamen und sich gerade jetzt auch auf den Roman ausdehnten. Zu den radikalsten Versuchen dieser Art gehört Oswald Wieners *Die Verbesserung von Mitteleuropa* (1969), dessen ›Verbesserung‹ in einer radikalen Dekonstruktion der Welt als sprachlichem Konstrukt besteht. Sein anarchistischer – dieses Wort ist hier im genauesten Sinn zu verstehen – und gleichzeitig kybernetisch informierter Gestus ist getragen von einem Bewußtsein, das die Sprache, in der es sich findet, als Instrument öffentlicher Gewalt erfährt. So verwickelt es sich in die Aporie, daß es jene Gewalt der Sprache zu sprengen sucht, ohne die es doch nicht ist. Es ist dieselbe Aporie, die auch Handkes Texte beherrscht, der wie viele seiner österreichischen Kollegen, die aus der Grazer Gruppe[41] hervorgingen, viel dazu beigetragen hat, die sprachexperimentelle Problematik aus ihrer Randstellung ins Zentrum des Literaturbetriebs zu rücken, freilich nicht ohne problematische Zugeständnisse an den herrschenden Diskurs, den solche Texte in Frage stellen.

Sprache nicht bloß als Darstellungsmittel, sondern als Organisationsprinzip der Wirklichkeit, als potentielle und reale Gewalt, ja als das Subjekt schlechthin, das spricht, beherrscht thematisch und formal die wichtigsten Romane des vergangenen Jahrzehnts. Das gilt nicht nur für explizit sprachexperimentelle Autoren wie Wiener oder Heißenbüttel, der in *D'Alemberts Ende* (1970) ebenfalls seine Textexperimente auf den Roman ausgedehnt hat. Höllerer versucht die Welt als semiologisches System[42] in den Text *Die Elephantenuhr* einzubringen, wobei diesem Roman im Gegensatz zu Wieners dystopischer Perspektive auf den Bio-Adapter eine semiologische Utopie zumindest tendenziell vorschwebt, auch wenn er in einer Denkmalssprengung aufgeht. Arno Schmidts Romane expandieren proportional zu ihrem Eintauchen in die sprachliche Mikrostruktur, deren wichtigste Einheit für Schmidt das Etym ist, jene kleinste phonematische oder graphematische Einheit, in der sich die unbewußten und der Verfügung des sprechenden Subjekts völlig entzogenen Signifikationsprozesse organisieren. Aber auch in Romanen, die scheinbar primär von der semantischen Oberflächenstruktur organisiert sind, treibt die Buchstäblichkeit der Signifikanten ihr subversives Spiel unverhohlener und deutlicher als je. Es scheint, daß viele Autoren mit offenerem Sinn die Macht der Buchstäblichkeit anerkennen; zumindest findet sich weniger defensive Abwehr eines Selbstbewußtseins, das herrisch auf seiner Verfügungsgewalt über den Buchstaben pocht, nur um desto ohnmächtiger dem Buchstaben zu verfallen, so wie in Poes *The Purloined Letter* der Minister im besten Glauben an seine Verfügung über den Brief (»letter«) sich unversehens als Opfer jenes Briefes findet. »Wer Paddel sagt, muß auch Pedal sagen«, lautet ein scheinbarer Unsinnsatz in Achternbuschs *Der Tag wird kommen*. Artikuliert ist damit aber eines der Strukturprinzipien jener Gegenwartsromane, die, indem sie es mit der Macht des Signifikanten zu tun haben, sehr wohl mit konkreter Geschichte zu tun haben. Wenn in scheinbarem radikalem Formalismus Peter Bichsel von seinen Geschichten sagt, ihn interessiere, »was auf dem Papier geschieht, wenn ich das Wort ›Tisch‹ schreibe. Ich erwarte von diesem Wort, daß es mir weitere Wörter bringt, daß es Sätze produziert«,[43] so interessiert er sich für jenen eminent geschichtlichen Prozeß, den wir am Anfang im Begriff der Signatur zu bezeichnen versuchten.

Anmerkungen

1 Max Frisch: Montauk. Frankfurt a. M. 1975. S. 65.

2 Roland Barthes: Literatur oder Geschichte. Frankfurt a. M. 1969.

3 Die J. B. Metzlersche Verlagsbuchhandlung und der C. H. Beck-Verlag haben sich zu einem Großprojekt zusammengetan, bei Rowohlt erscheint eine 10bändige Taschenbuchausgabe, der Hanser-Verlag bringt eine Sozialgeschichte der deutschen Literaturgeschichte, die gleichzeitig bei dtv im Taschenbuch angeboten wird, und beim Athenäum-Taschenbuch-Verlag gibt Viktor Žmegač eine mehrbändige Literaturgeschichte heraus.

4 Nahe kommt dem Adornos Bestimmung der Kunst als einer »geschichtlich sich verändernden Konstellation von Momenten« (Theodor W. Adorno: Ästhetische Theorie. Frankfurt a. M. 1970. S. 11).

5 Vgl. dazu die Diskussion von Jürgen Habermas zum Problem narrativer Geschichtsschreibung in: Jürgen Habermas: Zur Rekonstruktion des Historischen Materialismus. Frankfurt a. M. 1976. S. 204 ff.

6 Dieses negative Selbstverständnis der Moderne in bezug auf die gesellschaftlichen Instanzen wurde im deutschen Bereich von Adorno am radikalsten artikuliert. Zwar dürfte die anthropologisch-gesellschaftliche Funktion der Kunst, wie die Diskussionen spätestens seit Plato andeuten, immer ambivalent gewesen sein: affirmativ-integrierend, stabilisierend, gemeinschaftsbildend einerseits und subversiv, destabilisierend andererseits. Ihr Selbstverständnis scheint jedoch traditionell stärker von der ersten Funktion dominiert, und erst mit der Moderne verlagert sich die Dominanz fast ganz auf die zweite Funktion. Dieser Verlagerungsprozeß beginnt wahrscheinlich in Europa bereits im 18. Jahrhundert. Das Bewußtsein davon spricht bereits aus einem Brief Schillers an Goethe vom 17. August 1797: »So viel ist auch mir bei meinen wenigen Erfahrungen klar geworden, daß man den Leuten, im ganzen genommen, durch die Poesie nicht wohl, hingegen recht übel machen kann, und mir deucht, wo das eine nicht zu erreichen ist, muß man das andere einschlagen. Man muß sie inkommodieren, ihnen ihre Behaglichkeit verderben, sie in Unruhe und Erstaunen setzen. Eins von beiden, entweder als ein Genius oder als ein Gespenst muß die Poesie ihnen gegenüber stehen.« Seit den russischen Formalisten tritt der Begriff der Verfremdung ins Zentrum ästhetischer Theorie; Poetizität bestimmt sich im Grad ihrer Abweichung.

7 Bereits 1961 hatte Martin Walser einen Band *Die Alternative* herausgegeben, in dem bundesrepublikanische Schriftsteller für die SPD plädierten.

8 Es handelt sich auch nicht nur um ein bundesrepublikanisches Phänomen, wie überhaupt in die Betrachtung des »westdeutschen« Romans hier Werke auch österreichischer und Schweizer Autoren einbezogen sind. Einer der namhaften deutschen Gegenwartsschriftsteller, der Schweizer Adolf Muschg, stellte sich als Kandidat der Schweizer Sozialdemokraten zur Wahl. Vgl. dazu das Interview mit Muschg im *Börsenblatt für den Deutschen Buchhandel* 71 (Sept. 1975) S. 1158.
9 Peter Laemmle: Von der Außenwelt zur Innenwelt. In: Positionen im deutschen Roman der sechziger Jahre. Hrsg. von Heinz Ludwig Arnold und Theo Buck. München 1974. S. 147–170.
10 Literaturmagazin. Bd. 4. Reinbek 1975.
11 Literaturmagazin. Bd. 9. Reinbek 1978.
12 Zu den Romanen aus der Studentenbewegung vgl. Horst Denkler: Langer Marsch und kurzer Prozeß. Oppositionelle Studentenbewegung und streitbarer Staat im westdeutschen Roman der siebziger Jahre. In: Der deutsche Roman und seine historischen und politischen Bedingungen. Hrsg. von Wolfgang Paulsen. Bern/München 1977. S. 124–144.
13 Vgl. dazu die Einführung zu Manfred Durzak: Gespräche über den Roman. Formbestimmung und Analysen. Frankfurt a. M. 1976.
14 Die Frage, ob wir uns nicht schon in einer ›postmodernistischen‹ Phase befinden, sei zunächst ausgeklammert.
15 Vgl. Durzak (Anm. 13) S. 11.
16 Christopher Caudwell: Romance and Realism. A Study in English Bourgeois Literature. (1937). Princeton 1970. S. 97.
17 Kurt Batt: Die Exekution des Erzählers. West-Deutsche Romane zwischen 1968 und 1972. Frankfurt a. M. 1974.
18 Durzak (Anm. 13) S. 180.
19 Christa Wolf: Max Frisch, beim Wiederlesen oder: Vom Schreiben in Ich-Form. In: Über Max Frisch II. Hrsg. von Walter Schmitz. Frankfurt a. M. 1976. S. 12.
20 Frisch (Anm. 1) S. 65.
21 Günter Grass: Der Butt. Neuwied 1977. S. 9.
22 In: DIE ZEIT. Nr. 40 v. 6. 10. 1976.
23 Gert Jonke: Im Inland und im Ausland auch. Frankfurt a. M. 1974. S. 49.
24 Benjamin Henrichs in: DIE ZEIT. Nr. 13 v. 28. 3. 1975.
25 Wolfgang Hildesheimer in: Durzak (Anm. 13) S. 286.
26 Vgl. dazu Uwe Timm und Gerd Fuchs: »Nicht die versifizierten Leitartikel interessieren mehr, nicht die objektivistische Haltung des Dokumentaristen, sondern die Frage, wie sich gesellschaftliche und politische Prozesse ins Individuum vermitteln« (Literatur und Wirklichkeit. Hrsg. von Uwe Timm und Gerd Fuchs. München 1976. S. 10). – Roman Ritter unterscheidet in diesem Zusammenhang zwei Formen von ›Innerlichkeit‹: »Die einen wollen Subjektivität einbringen in die literarische Aneignung der Realität, um ein Mehr an Wirklichkeit erfassen zu können. Für die andern ist das Subjektive am Verhältnis zur Wirklichkeit das entscheidende Kriterium« (ebd. S. 239).
27 Ähnliche Versuche beginnen bereits in der frühbürgerlichen Phase im 18. Jahrhundert. Man vergleiche zum Beispiel Lessings *Projekt für Schriftsteller und Buchhändler*. In: Lessing: Werke. Bd. 1. Berlin/Weimar 1968. S. 268.
28 Batt (Anm. 17) S. 68.
29 Erika Runge: Überlegungen beim Abschied von der Dokumentarliteratur. In: Literatur und Wirklichkeit (Anm. 26) S. 97.
30 Ebd. S. 114.
31 Günter Wallraff in: Heinz Ludwig Arnold: Gespräche mit Schriftstellern. München 1975. S. 199.
32 Vgl. Hermann Peter Piwitt: Rückblick auf heiße Tage. Die Studentenrevolte in der Literatur. In: Literaturmagazin 4. Reinbek 1975. S. 36.
33 Theo Buck: Zur Schreibweise Uwe Johnsons. In: Positionen im deutschen Roman (Anm. 9) S. 92.
34 S. 543.
35 In: DIE ZEIT. Nr. 27 v. 4. 7. 1975.
36 Batt (Anm. 17) S. 18.
37 Für eine differenzierte Darstellung dieser Problematik vgl. Manfred Frank: Das individuelle Allgemeine. Frankfurt a. M. 1977.
38 Vgl. Anm. 5.
39 Walter Höllerer in: Durzak (Anm. 13) S. 490.
40 Gert Jonke: Schule der Geläufigkeit. Frankfurt a. M. 1977. S. 9.

41 Vgl. dazu: Wie die Grazer auszogen, die Literatur zu erobern. Hrsg. von Peter Laemmle und Jörg Drews. München 1975.
42 Höllerer selbst hatte 1972 in Berlin eine Ausstellung unter dem Titel *Welt aus Sprache* organisiert.
43 Peter Bichsel in: Grenzverschiebung. Neue Tendenzen in der deutschen Literatur. Hrsg. von Renate Matthaei. Köln 1970. S. 80.

Die wichtigsten Romane seit 1965

Aufgeführt werden im folgenden nur jene Romane, die entweder explizit im Text genannt werden oder implizit der Analyse zugrunde gelegt wurden. Die Auswahl sollte, wenn nicht vollständig, doch repräsentativ für die Romansituation seit 1965 sein. Angesichts der allgemeinen Destabilisierung des Romans als Gattung wird keine fixe Grenzlinie zwischen Roman und Erzählung gezogen.

Achternbusch, Herbert: Die Alexanderschlacht. 1971. – L'état c'est moi. 1972. – Der Tag wird kommen. 1973. – Die Stunde des Todes. 1975. – Land in Sicht. 1977.
Bachmann, Ingeborg: Malina. 1971.
Bernhard, Thomas: Frost. 1963. – Verstörung. 1967. – Das Kalkwerk. 1970. – Korrektur. 1974. – Die Ursache. 1975. – Der Atem. 1978. – Der Stimmenimitator. 1978.
Bichsel, Peter: Die Jahreszeiten. 1967.
Böll, Heinrich: Gruppenbild mit Dame. 1971. – Die Verlorene Ehre der Katharina Blum. oder: Wie Gewalt entstehen und wohin sie führen kann. 1974.
Chotjewitz, Peter: Die Insel. Erzählungen auf dem Bärenauge. 1968.
Degenhardt, Franz Josef: Zündschnüre. 1973.
Diggelmann, Walter Matthias: Freispruch für Isidor Ruge. 1967.
Enzensberger, Hans Magnus: Der kurze Sommer der Anarchie. Buenaventura Durrutis Leben und Tod. 1972.
Fichte, Hubert: Das Waisenhaus. 1965. – Die Palette. 1968. – Detlevs Imitationen »Grünspan«. 1970. – Versuch über die Pubertät. 1974.
Frisch, Max: Montauk. 1975.
Frischmuth, Barbara: Die Klosterschule. 1968. – Das Verschwinden des Schattens in der Sonne. 1973.
Grass, Günter: Örtlich betäubt. 1969. – Aus dem Tagebuch einer Schnecke. 1972. – Der Butt. 1977.
Grün, Max von der: Zwei Briefe an Pospischiel. 1968. – Stellenweise Glatteis. 1973.
Handke, Peter: Die Hornissen. 1966. – Der Hausierer. 1967. – Die Angst des Tormanns beim Elfmeter. 1970. – Der kurze Brief zum langen Abschied. 1972. – Wunschloses Unglück. 1972. – Die Stunde der wahren Empfindung. 1975. – Die linkshändige Frau. 1976. – Das Gewicht der Welt. 1977.
Heißenbüttel, Helmut: D'Alemberts Ende. 1970.
Hildesheimer, Wolfgang: Tynset. 1965. – Masante. 1973.
Höllerer, Walter: Die Elephantenuhr. 1973.
Johnson, Uwe: Das dritte Buch über Achim. 1961. – Jahrestage. 1970, 1971, 1973.
Jonke, Gert Friedrich: Geometrischer Heimatroman. 1969. – Im Inland und im Ausland auch. 1974. – Schule der Geläufigkeit. 1977.
Kempowski, Walter: Tadellöser & Wolff. 1971. – Aus großer Zeit. 1978.
Kluge, Alexander: Lernprozesse mit tödlichem Ausgang. 1973. – Neue Geschichten. »Unheimlichkeit der Zeit«. Hefte 1–8. 1977.
Kühn, Dieter: N. 1970. – Die Präsidentin. 1973.
Lenz, Siegfried: Deutschstunde. 1968. – Das Vorbild. 1973. – Heimatmuseum. 1978.
Mechtel, Angelika: Kaputte Spiele. 1970. – Die Blindgängerin. 1974.
Muschg, Adolf: Im Sommer des Hasen. 1965. – Gegenzauber. 1967. – Mitgespielt. 1969. – Albissers Grund. 1974.
Nossack, Hans Erich: Der Fall d'Arthez. 1968. – Dem unbekannten Sieger. 1969. – Die gestohlene Melodie. 1972. – Bereitschaftsdienst. Bericht über die Epidemie. 1973.
Novak, Helga M.: Aufenthalt in einem irren Haus. 1971.
Raeber, Kuno: Alexius unter der Treppe oder Geständnisse vor einer Katze. 1973.
Rinser, Luise: Ich bin Tobias. 1966. – Der schwarze Esel. 1974.
Roth, Gerhard: die autobiographie des albert einstein. 1972. – Der Ausbruch des Ersten Weltkriegs und andere Romane. 1972. – Der Wille zur Krankheit. 1973. – Der große Horizont. 1974.

Runge, Erika: Bottroper Protokolle. 1968.
Scharang, Michael: Charly Traktor. 1973.
Schmidt, Arno: Zettels Traum. 1970.
Schneider, Peter: Lenz, eine Erzählung von 1968 und danach. 1973.
Stefan, Verena: Häutungen. 1975.
Struck, Karin: Klassenliebe. 1973. – Die Mutter. 1975.
Timm, Uwe: Heißer Sommer. 1974.
Wallraff, Günter: 13 unerwünschte Reportagen. 1970. – Von einem, der auszog und das Fürchten lernte. 1970. – Ihr da oben – wir da unten. 1973.
Walser, Martin: Die Gallistl'sche Krankheit. 1972. – Der Sturz. 1973. – Ein fliehendes Pferd. 1978.
Weiss, Peter: Die Ästhetik des Widerstands. 1975.
Wiener, Oswald: Die Verbesserung von Mitteleuropa. 1969.
Wohmann, Gabriele: Ernste Absicht. 1970. – Paulinchen war allein zu Haus. 1974. – Schönes Gehege. 1975.

MANFRED JURGENSEN

Der deutsche Unterhaltungsroman der Gegenwart

Man wird der deutschen Literaturwissenschaft des vergangenen Jahrzehnts nicht vorwerfen können, sie habe sich am populären Buchmarkt vorbei orientiert. Weitverbreitete Sammelbände und vielbeachtete Einzeluntersuchungen zeugen von der anhaltenden Beschäftigung mit einer Massenliteratur, die den kritischen Wertmaßstäben der überkommenen Bildungsästhetik nicht gerecht wird.[1] Indes bleibt die Trivialliteratur, wie sie nach wie vor genannt wird, weitgehend aus dem akademischen Studienbereich der Germanistik ausgeschlossen.[2] In einer sich – im Zusammenhang mit einer Studienreform – programmatisch verstehenden Einführung für Germanisten findet sie keine Erwähnung.[3] Von einer in Manfred Braunecks kritischem Sammelband *Der deutsche Roman im 20. Jahrhundert. Analysen und Materialien zur Theorie und Soziologie des Romans*[4] aufgenommenen »Arbeitsgruppe Massenliteratur«, die sich aus einem literatursoziologischen Proseminar der Universität München rekrutierte, heißt es, daß sie »nur privat weiterarbeiten« konnte.[5] *Ansätze* zu einem Studium der Massenliteratur gibt es inzwischen an fast allen unseren Hochschulen, auch wenn sich die traditionelle Germanistik noch immer mit dem neuen Forschungs- und Lehrstoff schwertut. Eine *umfassende* Untersuchung populärer Literatur steht hingegen bislang noch aus. Zwar gibt es bereits eine ganze Anzahl von Veröffentlichungen, die mehr oder weniger als erste Standardwerke ihres Forschungsbereiches betrachtet werden können. Dazu gehören vor allem Helmut Kreuzers Kritik des deutschen Trivialromans seit der Aufklärung, Jochen Schulte-Sasses Arbeit über das gleiche Thema, Walter Killys Überlegungen zum deutschen Kitsch, Walter Nutz' Analyse über Herstellungsformen des Trivialromans und Heinz Otto Burgers Studien zum Phänomen der Trivialliteratur allgemein.[6] Doch bleibt die Mehrzahl dieser wissenschaftlichen Darstellungen bei einer durchaus bewußten, ja absichtsvollen Beschränkung auf Teilaspekte des Gesamtphänomens. So kontrastiert der kürzlich erschienene nützliche Sammelband Schulte-Sasses *Literarischer Kitsch* phänomenologische Deutungen mit historisch-materialistischen und (materialistisch-)semiotischen Ansätzen.[7] Einige Titel dieser Studien deuten bereits an, daß hier zwischen Massen-, Trivial- und Unterhaltungsliteratur kaum unterschieden wird. Trotz mancher reizvollen Ansätze (Gert Ueding, Günter Waldmann) dürften Versuche, das Gesamtphänomen der populären Literatur unter der Pauschale eines literarischen Kitschbegriffs zu subsumieren, eine präzise und sinnvolle Charakterisierung eher zusätzlich erschwert haben.

Das Konzept der Unterhaltung bedarf einer soziologischen und historischen Präzisierung. Bei der wissenschaftlichen Erfassung zukünftiger Freizeitgestaltung dürfte es eine wesentliche Rolle spielen. Der Begriff Unterhaltung verfügt über eine Geschichte, die so alt ist wie der Mensch. Dabei hat sich als Unterhaltung immer das erwiesen, was den Rahmen eines gesellschaftlichen Machtgefüges »unterhält«. Den Römern galten aus Rebellen rekrutierte Gladiatoren als Unterhaltung. Das Spiel wirkt als demonstrative, zuweilen spektakuläre Inszenierung des gesellschaftlichen Status quo; es dient der Aufrechterhaltung, in diesem Sinne der »Unterhaltung« einer sozialen Machtstruktur.

Seine Ästhetik vermittelt wesensgemäß das Vergnügen am Bestehenden. Spiel wird als Muster der Bestätigung erfahren, Unterhaltung als beschönigender »Unterhalt« konsumiert. Die Ästhetik der Unterhaltungsliteratur wird einer solchen Gesellschaftsgeschichte machtpolitischer Interessenbezüge Rechnung tragen müssen, will sie nicht in einer unreflektierten Werkimmanenz steckenbleiben.

Zu berücksichtigen wäre ferner die Selbstbestimmung der Unterhaltungsschriftsteller. Heinz G. Konsalik begreift die ästhetische Kategorie Unterhaltung im wesentlichen als Verpackung, womit er ganz bewußt einen Warenterminus des Massenkonsums auf das Produkt der eigenen literarischen Arbeit bezieht: »Ich rechne mich zur Kategorie der Unterhaltungsschriftsteller, wobei ›Unterhaltung‹ so zu verstehen ist, daß man ernsthafte Themen, Anliegen, menschliche, soziale oder politische Probleme nicht trocken abhandelt, sondern sie volkstümlich ›verpackt‹ in eine Sprache, in eine Handlung und in eine Form, die jedermann versteht. Es hat in meinen Augen keinen Sinn, nur für 500 Intellektuelle zu schreiben [. . .] meine Aufgabe als Schriftsteller ist die Breitenwirkung. Das Fräulein hinterm Ladentisch soll mich ebenso verstehen und von meinen Büchern begeistert sein wie der Direktor auf seiner Chef-Etage. Wenn mir das gelungen ist – und die Auflagenzahlen sprechen dafür –, habe ich mein Ziel erreicht. Man kann dazu auch ›Volksschriftsteller‹ sagen [. . .] das wäre sogar ein Ehrentitel. Waren Emile Zola oder Balzac etwas anderes?«[8]

Konsaliks Identifizierung als Volksschriftsteller ist von grundsätzlicher Bedeutung; wir werden daher (weiter unten) eine ausführlichere literatursoziologische Untersuchung dieses programmatischen Anspruchs durchführen. »Volksschriftsteller« ist der immer wiederkehrende Selbstausweis in Konsaliks biographischen Schriften, Interviews und brieflichen Äußerungen. Für ihn wird Literatur »in dem Moment gut, wo sie eine ungeheure Breitenwirkung auf den Leser hat oder auf das Volk«.[9] Eine solche Massenwirkung bestimmt die ›Volksschriftsteller‹. Zu ihnen zählt Konsalik außer sich noch »meinen sehr erfolgreichen Kollegen Simmel, [. . .] Kirst, Habe, dann Marie Louise Fischer. Ja, und jetzt wird es gefährlich – ich würde sogar sagen: Hemingway.«[10] Der Begriff des Volksschriftstellers bleibt wesensgemäß rezeptionsorientiert; er ist speziell ablesbar an der Auflagenhöhe seiner Werke. Balzac, Zola und Hemingway (man könnte ihnen Greene, Maugham, Dumas oder Dickens an die Seite stellen) werden rezeptionsbedingt mit Konsalik, Simmel, Kirst, Habe oder Fischer gleichgesetzt. Unterhaltungsliteratur und Volksliteratur sind für Konsalik (und viele seiner Kollegen) im wesentlichen identisch. Gemessen am Kriterium der Auflagenziffern allein qualifizieren sich in der deutschen Gegenwartsliteratur auch Autoren wie Heinrich Böll, Günter Grass, Siegfried Lenz oder Max Frisch für den Titel eines Volksschriftstellers. Indes dürfte eine solche Ästhetik der Unterhaltungsliteratur ihren Werken kaum gerecht werden. Wo liegen da die Unterschiede?

Mit einer ausschließlich werkimmanenten Differenzierung wird das Problem der sogenannten hohen und niederen Literatur nicht zu lösen sein. Peter Uwe Hohendahl hat bereits die Fragen aufgeworfen, die bei einer sinnvollen Charakterisierung unterschiedlicher Literaturkonzepte ausschlaggebend sein dürften: »Wie weit überschneidet sich der Leserkreis von Habe mit dem von Lenz? Sind Habe-Leser auch Simmel-Leser? Greifen die Rezipienten von Lenz auch zu einem Roman von Härtling oder Handke?«[11] Die seit geraumer Zeit vollzogene sozial- und damit auch bildungspolitische Nivellierung des bundesdeutschen Leserpotentials läßt eine klassenbezogene

Abgrenzung literarischen Rezeptionsverhaltens immer fragwürdiger werden. Es ist längst nicht mehr bloße Vermutung, daß die gleichen Leser hohe und populäre Literatur konsumieren. Beide Arten der Literatur dienen ihrer Unterhaltung. In diesem Zusammenhang müssen die zahlreichen, außerordentlich einflußstarken Buchklubs zusätzlich als marktregulierende Institutionen vornormierter Lesegewohnheiten betrachtet werden. Als kommerzielle Riesenunternehmen sind sie ein nicht zu unterschätzender Umschlagplatz unterhaltsamer Massenliteratur. Böll, Grass und Lenz teilen sich den Büchermarkt mit Konsalik, Habe und Simmel. Ideologisch gibt eine gesellschaftlich orientierte Medienindustrie vor, legitime Massenbedürfnisse (die sie freilich ihrerseits erst stimuliert haben dürfte) demokratisch zu befriedigen. Im daraus resultierenden gleichgeschalteten Unterhaltungskonzept ersetzen die Ästhetik der warenhaften Verpackung und das (ebenfalls sich daraus ergebende) verlegerische Monopol herkömmliche Wertkriterien der Kunstkritik. Die bürgerliche Bildungsästhetik nivelliert sich ins Volkstümliche, in die »Verpackung«. Der Markt propagiert (s)eine (literarische) Identität der Verpackung; die Ideologie einer entsprechenden Ästhetik gibt sich zu erkennen. Die »volkstümliche Verpackung«, von der Konsalik spricht, ist nichts anderes als die Darbietung einer marktgerechten Ware. Keineswegs zufällig läßt er sich selbst denn auch gerne als »diese Marke Konsalik« oder »dieser Markenname Konsalik« bezeichnen.[12] Die Nivellierung der deutschen Gegenwartsliteratur entspringt einer solchen Umwandlung des literarischen Werkes in Ware, seines Autors in einen Markenartikel. Zwischen dem »neuen Böll oder Grass« und dem »neuen Simmel oder Konsalik« besteht insofern kaum noch ein Unterschied.

Unterhaltung, meinten wir, diene der Aufrechterhaltung einer sozialen Machtstruktur. Konsalik begreift Unterhaltung als volkstümliche Verpackung. Seine Unterhaltungsromane charakterisieren sich durch ganz bestimmte Wertvorstellungen, die leitmotivisch das Gesamtwerk durchlaufen.

Dazu gehört die immer wiederkehrende Bezugnahme auf ein undurchdringliches, unabwendbares *Schicksal.* »So muß das Schicksal nun seinen Lauf nehmen«, heißt es weniger resigniert als programmatisch in *Liebe in St. Petersburg* (S. 147).[13] Noch »volkstümlicher« lautet die gleiche Einsicht: »Det is Schicksal – da kann keener was ändern...« (S. 215). In *Natascha* beschwört der Erzähler das raunende Imperfekt: »Noch schlief das große Schicksal« (S. 225). Im Science-fiction-Roman *Ein Komet fällt vom Himmel* wird schon recht früh bemerkt: »Die Regie des Schicksals war vollkommen« (S. 12).

Der erst kürzlich erschienene Roman *Niemand lebt von seinen Träumen* mag als Musterbeispiel dafür gelten, wie dem *Schicksal*-Konzept eine durchaus zentrale Rolle in der volkstümlichen Verpackung Konsalikscher Unterhaltungsliteratur zugeteilt wird. Es beginnt mit der erzählerischen Vorwegnahme: »Wie konnte er auch ahnen, daß er soeben Schicksal gespielt hatte?« (S. 6). Schon kurz darauf ist von einer »schicksalhaften Wendung« des Lebens die Rede (S. 13). Am Ende des 4. Kapitels findet sich der Satz: »Ich stehe vor meinem Schicksal, dachte sie« (S. 43). Mit neugewonnenem Bewußtsein erkennt die Protagonistin als nächstes: »Drei Tage – ein Geschenk des Schicksals« (S. 53). Doch nur wenig später erfährt der Leser: »Aber das Schicksal war damals gegen sie« (S. 55). Auch in den folgenden Kapiteln wird »die Stimme des Schicksals« (S. 67) angerufen oder vernommen. Selbst das politische Bündnis zwischen den USA und der Bundesrepublik Deutschland wird auf solche Weise begrifflich

erfaßt: »einst feindliches Land, jetzt verbunden durch das Schicksal um die Erhaltung der Welt« (S. 71). Gelegentlich wird der Leser auch ermuntert: »Das Schicksal meinte es offenbar gut mit Susanne« (S. 90). Verschiedene Romangestalten werden aufgefordert: »Sie müssen jetzt ein wenig Schicksal spielen« (S. 97). Bald erkennt denn auch der zukünftige Retter der Protagonistin: »Daß Sie Studentin der Kunstgeschichte sind, ist ein Wink des Schicksals« (S. 101). Dabei sinnt er zugleich über sich selber nach: »aber wie sollte mir bei meinem Schicksal eine solche Liebe widerfahren?« (S. 111). Er kommt zu dem Schluß: »Nein, ich darf nicht ungerecht meinem Schicksal gegenüber sein« (S. 112). Es folgen Reflexionen über »den Widerstand des Schicksals« (S. 129). Eine grundsätzliche Einsicht gibt sich in der Erklärung kund: »Wie gut, daß man nie wußte, was das Schicksal einem bescherte« (S. 136). Alles läuft schließlich auf die eine, allumfassende Erkenntnis hinaus: »›Schicksal, meine Herren!‹ meinte Professor Krausz ernst. ›Ich glaube an solche Fügungen!‹« (S. 152).
Unübersehbar spielt das Schicksal eine entscheidende Rolle in den Romanen des Unterhaltungsschriftstellers Konsalik. Es propagiert fast ausnahmslos die Notwendigkeit eines Sichfügens, einer fatalistischen Annahme des Unabänderlichen. Konsaliks Schicksal perpetuiert das Muster einer gesellschaftlichen Machtstruktur. Vordergründig scheint das im Roman *Niemand lebt von seinen Träumen* zwar nicht der Fall zu sein, erzwingen sich hier die Protagonisten doch das große Glück in den USA (vgl. »Zwei glückliche Menschen, die das Schicksal besiegt hatten.« – S. 168). Indes verewigt Konsalik mit diesem in den ersten Nachkriegsjahren spielenden Roman nur mehr – dem Titel zum Trotz – den klischeehaften Traum vom großen Glück in den Vereinigten Staaten. Die »Besiegung des Schicksals« bestätigt den vorbestimmt individuell-kapitalistischen Unternehmergeist, das Wirtschafts- und Gesellschaftsgefüge des Bestehenden. Insoweit diese soziale Machtstruktur sowohl inhaltlich als auch formal ihrerseits als Schicksal projiziert und propagiert wird, ist selbst die (scheinhafte) Besiegung des Schicksals noch Schicksal: der Vorgang signalisiert nichts anderes als den systemimmanenten Erfolg des »free enterprise«, den Gewinn des Unternehmers innerhalb eines musterhaften Profits. Nicht umsonst endet Konsaliks Roman mit der Ernennung des Protagonisten »zum Direktor der Newark Steel Corporation« (S. 184). Sein ehemaliger Vorgesetzter gibt sich als personifiziertes Schicksal zu erkennen: »Und damit Sie eins wissen, Mr. Barron: Die große Direktorenvilla in Newark gehört Ihnen und Ihrer zukünftigen Frau allein!« (ebd.). Der Alleinanspruch auf Eigentum erweist sich als vorprogrammierter Triumph eines solchen Schicksals. Der solchermaßen Begünstigte zieht Bilanz: »Newark, dachte er. Direktor eines Stahlwerkes. Eine Villa für Susanne und mich« (S. 185). Erfolg und Besitz gehen Hand in Hand. »Es ist wie ein Märchen – mein Lebensmärchen«, läßt Konsalik seinen schicksalsträchtigen Protagonisten sinnieren (S. 191). Dieser Zusammenfassung des Romans wird sich der Leser ebensowenig entziehen können. Auch die Bezwingung des Schicksals bleibt noch Fügung: das System wird nicht in Frage gestellt, oder allenfalls doch nur zum Schein. Der Unterhaltungsschriftsteller Konsalik propagiert eine Ästhetik, die den Erfolg oder Nichterfolg gleichermaßen als auferlegtes Schicksal, als systemimmanent Unabänderliches begreift. Konsequenterweise klassifiziert er denn auch seine eigene Leserschaft in marktwirtschaftlichen Kategorien: er unterscheidet zwischen dem »Fräulein hinterm Ladentisch« und dem »Direktor auf seiner Chef-Etage«. (Simmel charakterisiert seine Leser in durchaus entsprechender Weise: »Minister und Waschfrauen, Briefträger und Millionä-

rinnen, Bankpräsidenten und Telefonistinnen, Straßenbahnschaffner und Fabrikarbeiterinnen.«[14]) *Schicksal* bedeutet (nicht nur) in Konsaliks Romanen die volkstümliche Verpackung der Aufrechterhaltung einer sozialen Machtstruktur. Es ist ein zentrales, ein ideologisches Konzept der Unterhaltungsliteratur.
Untrennbarer Bestandteil einer solchen schicksalhaften Wertvorstellung ist *die Liebe*, speziell die Liebe als entpolitisierte Erfahrungswelt. Wie ein Leitfaden zieht sich das Thema der leidenschaftlichen Liebe durch die Werke der deutschen Unterhaltungsliteratur. »Liebe ist ein Wort, das man nicht erklären kann«, erfährt der Leser in Konsaliks *Liebe in St. Petersburg* (S. 17). Es ist »eines jener unerklärbaren Gefühle, die Gott dem Menschen mitgegeben hat« (ebd.). Wie beim Schicksal ist es die Unerklärbarkeit und eine gottgewollte Unabänderlichkeit, die immer wieder betont wird. »Liebe ist etwas Heiliges«, lehrt der Erzähler (S. 35). Die für den deutschen Unterhaltungsroman so kennzeichnend feindliche Gesinnung jeglichem politischen Bewußtsein gegenüber ist nicht zuletzt auf ein Konzept der Liebe zurückzuführen, das den Konflikt zwischen privatem Glück und gesellschaftlicher Ordnung als schicksalhaft auferlegt begreift und programmatisch zu verewigen sucht. »So zerbricht die Politik die Herzen«, demonstriert Konsaliks Roman. »Das war immer so, und es wird sich nie ändern« (S. 100). Gerade deshalb gilt es jedoch, als ästhetische Geste, d. h. als systemimmanente Fiktion, dieser Politik im Namen der Liebe (Schein-)Trotz zu bieten. »Gegen Liebe sind alle Paragraphen machtlos und alle Ideologien«, lautet die trostreiche Geste in *Der letzte Karpatenwolf* (S. 141). Wo wider Erwarten die Politik die Dramaturgie des Schicksals übernimmt, erhöht sich die Liebe ins Martyrium. Als in *Natascha* der Ingenieur L. N. Sedow wegen Verdachts der Spionage für den Westen erschossen wird, weiß seine Frau es besser: »An seiner Liebe ist er gestorben. – Man hat ihn umgebracht« (S. 282). Auf solche Weise wird der Konflikt zwischen Liebe und Gesellschaft bis in den Tod aufrechterhalten. Auch in *Niemand lebt von seinen Träumen* geht es um das Thema: »Man kann zwei Liebende nicht durch ein unmenschliches Gesetz trennen!« (S. 48). Gesetz und Liebe bleiben unvereinbar. Der Unterhaltungsroman unternimmt keinen Versuch, das Gesetz der Liebe zu erkennen; bei ihm regiert allein das (undurchschaubare) Schicksal. *Niemand lebt von seinen Träumen* behandelt dieses Thema in durchaus symptomatischer Weise; der Roman läßt sich in den beiden Zitatsätzen zusammenfassen: »Susanne fährt nach Amerika. Und die Liebe, die große heilige Liebe fährt mit ihr« (S. 71). (Bei Simmel gibt sich die ästhetische Geste eher zynisch – vgl. *Liebe ist nur ein Wort* –, ohne das hier dargelegte Muster zu durchbrechen. Der scheinbare Unterschied erweist sich als andere Verpackung; die Ware ist die gleiche. Gelegentlich bedient auch Simmel sich der markengeschützten »heiligen Liebe« – vgl. *Gott schützt die Liebenden.*)
Hand in Hand mit einer Verabsolutierung des Schicksals und Entpolitisierung der Liebe geht das Konzept einer kategorischen *Menschlichkeit*, die sich gleichfalls weder historisch noch gesellschaftspolitisch festlegen läßt. In einer für die deutsche Unterhaltungsliteratur durchaus kennzeichnenden Weise gibt sich darin das bürgerliche Bildungsgut eines zunehmend ästhetisierten, d. h. abstrahierten Humanismus zu erkennen. Nahezu alle Unterhaltungsautoren der Gegenwart sind bürgerlicher Herkunft, einige studierten Literaturwissenschaft oder Germanistik (Konsalik z. B. Theaterwissenschaft, Literaturgeschichte und Germanistik, Paretti Musik und Germanistik). In ihrer ästhetisierten, entpolitisierten Menschlichkeitsbestimmung suchen sie sich durch

die Berufung auf den klassischen Humanismus-Begriff bürgerlicher Bildung zu legitimieren. Der deutsche Unterhaltungsroman folgt dem Vorbild einer bürgerlichen Bildungsästhetik. Er kennzeichnet sich durch einen bewußt konservativen Erzählstil; Vokabular und Syntax bleiben trotz gelegentlicher Schnoddrigkeit und Anglophobie (vgl. »›Englisch klingt alles besser‹, sagte Archibald. ›Sogar Scheiße.‹« – Willi Heinrich: *So long, Archie* – S. 24) dem traditionellen Sprachmuster treu. Stilistische Experimente werden nicht versucht; wo sich der Unterhaltungsschriftsteller um einen literarischen Stil bemüht, schreibt er einem Klassiker der Moderne nach, am deutlichsten belegbar in Simmels *Niemand ist eine Insel*, dessen diarische Formfiktion Max Frischs Tagebuchroman *Stiller* nachzuahmen sucht. Simmel plädiert in seinem Roman rhetorisch für einen Humanismus des Mitleids, insbesondere mit denen, die der kapitalistischen Leistungsgesellschaft nicht gewachsen sind. »Weg von dem Schema, daß nur der ein Mensch ist, der etwas verdient und etwas leistet! Diese Haltung, wie sie immer noch besteht, ist unmenschlich und menschenunwürdig!« (S. 153). Seine Ästhetik verfügt über ein Alibi der guten Absicht, die es rhetorisch formuliert. Gesellschaftliche Bezüge werden über solche literarische Geste hinaus nicht konkretisiert. Die Sprache des deutschen Unterhaltungsromans bedient sich weitgehend der ausweichenden Abstraktionen einer Ersatzrhetorik. »Wenn jeder Mensch auf der Welt nur einen einzigen anderen Menschen glücklich machte, wäre die ganze Welt glücklich.« Simmel erkennt darin einen Kernsatz seines Werkes.[15] Dieser »Lieblingsgedanke«[16] des Autors gibt einem Wunschgefühl Ausdruck, das ansonsten nicht erhärtet wird. *Wie* eine solche glückliche Welt zu bewerkstelligen wäre, *wie* genau jeder Mensch auf der Welt nur einen einzigen anderen Menschen glücklich machen könnte (beispielsweise auf den vietnamesischen Flüchtlingsbooten) oder wie dauerhaft ein solcher Glückszustand Simmel zufolge wäre, bleibt in solcher rhetorischen Geste unberücksichtigt. Genau da aber finge die Politik an, eine Politik, an der die Literatur ganz wesentlich teilhaben könnte, die sich jedoch nicht so »unterhaltsam« ästhetisieren ließe. Simmel will, daß »alle Menschen sich in den Gestalten meiner Bücher wiederzuerkennen vermögen«.[17] Er schafft sich eine Ästhetik der Verallgemeinerung, verschreibt sich der Abstraktion des gemeinsamen Nenners, begreift sich (wie Konsalik) als »Volksschriftsteller«[18] und sieht in seinem erzählerischen Bekenntnis zur »reinen Menschlichkeit« sowohl den Ausweg aus der Notwendigkeit einer politisch-historischen Konkretisierung solcher humanistischen Verpflichtung als auch die ideologische Grundlage für den kommerziellen Massenanklang seiner Unterhaltungsliteratur. Die Literatur als Ware, speziell der Roman, wird ihm zum Massenmedium, das sich eine politische Präzision seiner rhetorischen Ästhetik nicht leisten kann und dadurch den Status quo des sozialen Machtgefüges ausdrücklich bekräftigt.

Bei Willi Heinrich drückt sich diese kennzeichnende Furcht vor einer politischen Stellungnahme in einem entsprechenden Bekenntnis zur Verallgemeinerung, Abstraktion und Unverbindlichkeit aus. Wenn es in *So long, Archie* heißt: »Ich bin nicht für ein anderes System, ich bin für eine Welt ohne Systeme« (S. 32), so wird damit nicht der Anarchie das Wort geredet. Heinrichs Roman-Humanismus erweist sich trotz allem systembezogen; auch hier bleibt es bei der erzählrhetorischen, konsumierbaren Geste des Widerstands innerhalb eines nicht in Frage gestellten kapitalistischen Wertesystems. In kaum verhülltem Widerspruch heißt es denn auch an anderer Stelle: »Archibald glaubte an ein System, das nicht willkürlich, sondern das Ergebnis irdischer

Einsicht in die Realitäten ist, zu denen auch gehört, daß die Menschen, so sie die Wahl zwischen einer Welt ohne Hunger, Armut und Ausbeutung auf der einen, und einem schönen Eigenheim und einem eigenen Auto auf der anderen Seite hätten, letzteren immer den Vorzug geben würden« (S. 208). Menschlichkeit bedeutet eine (mehr oder weniger ironische) Apologetik des Eigentums. Diesen Humanismus des Besitztums spielerisch in Frage zu stellen, auch wohl in rhetorischer Geste als Klage in den Erzähltext zu integrieren, gehört durchaus zum Charakter des Unterhaltungsromans. Wie in der Popmusik läßt sich in der Massenliteratur der Protest gegen den Konsum gut konsumieren. Nichts verkauft sich so gut wie der unterhaltsame Appell gegen die Käuflichkeit gesellschaftlich-menschlicher Werte, wie ein gestenhaftes Alibi. Zwischen Produzent und Konsument herrscht stilles Einverständnis. Der Leser weiß: Es ist dem Autor dieses Romans nicht ernst; das würde nicht nur die Unterhaltung verderben, sondern auch dem sprachlichen und inhaltlichen Charakter des Buches widersprechen. So ist in der Selbstanzeige des Romans von einem »sympathischen und selbstbewußten Junggesellen« und dessen »sicherem Instinkt für lohnende Objekte« die Rede. Der Umschlagtext spricht vom »schicken Seebad«, vom »konservativen Wohlstandsbürger« und in enthüllender Weise von einer »sehr erotischen Story – die aber [!] trotz aller Realistik [!] von einem Hauch Romantik und Liebessehnsucht umspielt ist«. Auch hier siedelt sich das Menschliche zwischen Liebe und Besitz an. Es gibt zahlreiche Variationen in diesem Spiel, die zentralen Bezugspunkte bleiben indes die gleichen. Ein Thema wird weniger behandelt oder untersucht, sondern vor allem darstellerisch »umspielt«.

Konsalik verbindet Liebe, Menschlichkeit und Politik in ähnlicher (spielhafter) Weise. »Wir sind in erster Linie Menschen«, bemerkt er in *Liebe in St. Petersburg*. »Und Liebe ist etwas, das nur den Menschen, aber nicht die Nationalität angeht« (S. 37). Noch deutlicher wird er, wenn er eine Romangestalt erklären läßt: »Ich habe geholfen, weil es Menschen sind, nicht aus politischen Motiven!« (S. 86). In symptomatischer Verallgemeinerung ruft er aus: »Warum kann ein Mensch nicht einfach ein Mensch sein?« (S. 122). Der Roman verkündet zuversichtlich: »Nur ein freier Mensch ist ein guter Mensch« (S. 132), ohne den geringsten Versuch zu unternehmen, den Begriff Freiheit gesellschaftspolitisch näher zu bestimmen. Es ist ein wesentliches Kennzeichen des Unterhaltungsromans, bewußt eine Vielzahl politischer Lesarten unter seiner Erzählrhetorik von Verallgemeinerungen zu vereinigen. Auch in *Natascha* propagiert Konsalik eine entsprechend vage Formel der Menschlichkeit: »Wie glücklich könnten wir sein«, gibt er zu bedenken, »wenn nicht Ideen die Völker regierten, sondern der Verstand der Menschlichkeit« (S. 226). Als ob »der Verstand der Menschlichkeit« nicht auch eine »Idee« wäre. In solchen Äußerungen läßt sich wieder einmal die für die Unterhaltungsliteratur so charakteristische Ästhetik der Geste erkennen – die sich im übrigen (bei einer als Ware verstandenen Literatur konsequenterweise) bereits in den marktgerecht ausgefallenen Titeln ihrer Werke mitzuteilen beginnt. Die erzählerische Geste, die sich zudem gelegentlich als moralischer Appell begreift (und damit zugleich das verpackungsgerechte Alibi verschafft), muß verkaufbar sein, sich zum allumfassenden Massenempfinden stilisieren. Die Mehrzahl der Simmel-Titel artikuliert ein (nicht nur sprachlich) zeichenhaftes Einvernehmen; die ästhetische Geste wird erkannt, sie wird als Ware angeboten und durch den Kauf des Buches als Eigentum des Konsumenten ausgewiesen. Dieses Einverständnis zwischen Autor und Leser gibt sich in der ihr eigentümlichen Rhetorik kund; der Massenabsatz solcher Werke basiert auf ihrer selbstverkündeten Überredekunst. Die folgenden Titel sind Beispiele der Simmelschen Warenästhetik, die durch Rhetorik und Geste zum einvernehmlichen Kauf locken: Bis zur bitteren Neige, Liebe ist nur ein Wort, Lieb Vaterland magst ruhig sein, Alle Menschen werden Brüder, Und Jimmy ging zum Regenbogen, Der Stoff, aus dem die Träume sind, Die Antwort kennt nur der Wind, Niemand ist eine Insel, Hurra – wir leben noch!, Es muß nicht immer Kaviar sein, Ich gestehe alles und Gott schützt die Liebenden. Daß dabei Zitate aus dem bürgerlichen Bildungsgut eine wichtige Rolle spielen, kann bei der Herkunft dieser Ästhetik nicht verwundern. Auch Schlagertexte (Die Antwort kennt nur der Wind) können in solchen Titeln zu neuen Ehren kommen; Simmel bedient sich hier der kommerziellen Zeichensprache des ›Volkstümlichen‹, wie er es definiert.[19] Entsprechendes gilt für volkstümliche Redensarten. Gelegentlich ist es freilich das Ungewöhnlich-Interessante, wohl auch Rätselhafte, das als neue Titelverpackung die Ware Simmel zum Bestseller werden läßt (Und Jimmy ging zum Regenbogen, Zweiundzwanzig Zentimeter Zärtlichkeit). Der Appell an die Menschlichkeit gehört wie die Liebe und das Schicksal zur marktgerechten erzählerischen Geste. Gemeinsam bilden sie das rhetorische Gemeingut des bürgerlichen Unterhaltungsromans. (Auch bei Sandra Paretti, die sich in ihrem Erzählstil von Simmel, Konsalik und Heinrich abzusetzen scheint, findet der Leser »Gesetze des Schicksals, denen alle Menschen unterworfen waren, auch diejenigen, die stärker zu sein schienen«.[20])

Wenn es zutrifft, daß die akademische, vor allem aber die germanistisch ausgerichtete literaturwissenschaftliche Kritik programmatisch zwischen sogenannter hoher und trivialer Literatur mit einer zuweilen verdächtig anmutenden Strenge zu unterscheiden sucht, so läßt sich eine nicht minder kategorische Differenzierung im Selbstverständnis der Unterhaltungsschriftsteller feststellen. Simmel schreibt über die Aufnahme seiner Bücher in Deutschland:

»Trotzdem nannten ihn viele geistreiche und auf ihr Niveau stolze Kritiker (deutsche, nicht ausländische!) noch lange, lange einen ›Illustriertenautor‹, während er von vielen anderen geistreichen und auf ihr Niveau stolzen Kritikern (deutschen und ausländischen!) mit Somerset Maugham und Graham Greene und immer wieder mit Hans Fallada verglichen wurde.

Die Herren in Deutschland, die ihn nicht mochten, nannten ihn auch einen ›Nestbeschmutzer‹ und einen ›brutalen Erfolgsjäger‹ und einen ›Trivialliteraten‹, und endlich (da ging ihnen schon die Puste aus) einen ›demokratisch engagierten Unterhaltungsschriftsteller‹.«[21]

Bei einer Ausklammerung der Polemik und selbstgefälligen Verzerrung (›Nestbeschmutzer‹) bleibt an dieser Eigendarstellung manches gültig. Sicherlich zu Recht erhebt Simmel der deutschen Literaturkritik gegenüber den Vorwurf einer durchaus charakteristischen Hilflosigkeit in der Bewertung von Unterhaltungsliteratur. Auch der Bezug auf ausländische Kritiker entbehrt nicht einer gewissen Berechtigung (selbst wenn diese Rezensenten nicht näher ausgewiesen werden und wohl kaum außerhalb des Feuilletons zu finden sein dürften): insbesondere die angelsächsische und die französische (in vieler Hinsicht auch die russische) Literatur haben eine Trennung zwischen hoher Prosadichtung und unterhaltsamem Gesellschaftsroman nie mit der für die deutsche Literaturwissenschaft so symptomatischen Schärfe gezogen. Nicht nur die von Simmel erwähnten Somerset Maugham und Graham Greene werden auch als anspruchsvolle Unterhaltungsautoren gelesen, ähnlich verhält es sich mit einer Vielzahl von angelsächsischen Schriftstellern (Jane Austen, Emily Brontë, Joseph Conrad, Charles Dickens, George Eliot, Ernest Hemingway, um nur einige offensichtliche Beispiele zu nennen), die alle in der Tradition einer unterhaltenden Literatur (Defoe) geschrieben haben und gelesen werden. Simmel sucht sich an dem Konzept eines legitimen Unterhaltungsschriftstellers zu orientieren. Indes läßt sich das Muster (ganz abgesehen von im einzelnen nachzuweisenden literaturästhetischen Unterschieden) so ungebrochen nicht übernehmen. Die Problematik der deutschen Unterhaltungsliteratur ist untrennbar mit dem (besonders im 19. Jahrhundert) nicht zur Entfaltung gekommenen deutschen Gesellschaftsroman verbunden. Dieser so kennzeichnende Mangel in der Geschichte der deutschen Literatur ist Ausdruck einer politisch nicht voll entwickelten, auf nationaler Ebene sich formierenden (bürgerlichen) Gesellschaft. Überspitzt ausgedrückt: An die Stelle einer gesellschaftspolitischen Entwicklung trat der ästhetisierte Entwicklungsroman. Eine sozial- und bildungspolitisch integrierende Kraft, die eine vom Volk getragene Unterhaltungsliteratur hätte entwickeln helfen können, gab es nicht. Statt dessen bildete sich ein immer stärker ausgeprägtes literaturästhetisches Klassenbewußtsein, das »hohe« und »niedere« Literatur streng zu scheiden wußte. (Bereits in der deutschen Klassik, bei Goethe wie bei Schiller,[22] erweist sich das Volk als weitgehend ästhetisches Phänomen.)

Diese scharfe Trennung zwischen »ernster Dichtung« und Unterhaltungsliteratur hat sich durch den systematischen Unterricht deutscher Literaturgeschichte bis in die Gegenwart erhalten. Erst aus dem daraus abgeleiteten bildungsorientierten Klassenbewußtsein läßt sich das musterhafte Rezeptionsverhalten der gegenwärtigen Literaturkritik erklären. Ihre automatische Verdächtigung einer (nicht näher erläuterten) Verbindung zwischen »Erfolg«, »Unterhaltung« und »Trivialität« erweist sich als programmatische Ablehnung einer Massenliteratur. Indes hat die jüngste Literaturgeschichte immer wieder den Beweis erbracht, daß »Erfolg«, auch kommerzieller Massenerfolg, keineswegs der sogenannten Trivialliteratur allein beschieden ist. Bestsellerautoren der »hohen« Literatur (Grass, Böll, Lenz) sind wie ihre Kollegen der »Unterhaltungsliteratur« seit langem nationale Markenartikel.

Literarische Betrachtung, die glaubt, ohne eine Soziologie des Rezeptionsverfahrens auskommen zu können, verurteilt sich selbst zur Unverbindlichkeit. Die »triviale«, formelhafte Sprache eines Konsalik, Simmel oder Heinrich besitzt den Charakter eines gesellschaftlichen Zeichens, das von ihrer Leserschaft erkannt wird. Das Verständnis für die Angemessenheit ihrer Aussageform kann sich erst aus dem wechselseitigen Bezug zwischen Sprachästhetik und Literatursoziologie ergeben. Ein »trivialer« Stil läßt sich nicht von einer bewußt angestrebten Leserschaft trennen. Der literarische Markt produziert Aussageformen, die wie alle Ware den Gesetzen von Angebot und Nachfrage unterstehen. Wir kommen damit auf die Grunderkenntnis zurück, daß alle Unterhaltungsliteratur ihrem Wesen gemäß eine bestimmte Lesergruppe anzusprechen und dadurch die Struktur des sozialen Gefüges zwangsläufig aufrechtzuerhalten sucht. Unterhaltung im literarischen Bereich (und nicht nur dort) ist ein soziologisch definierbares Phänomen. Sie bekräftigt vorgebildete, von der Leserschaft bereits getragene Meinungen. Wo Literatur nicht Selbstbestätigung bietet, bedeutet sie eine Herausforderung. Eine Literatur der Herausforderung hat mit Unterhaltungsliteratur nichts gemein. Die sogenannte hohe Literatur erweist sich als eben solche Provokation: sie fordert zum Nachdenken, zur Veränderung, zur Selbstkritik auf.

Selbstbestätigung – Selbstkritik: in dieser Gegenüberstellung äußert sich ein wesentlicher Unterschied zwischen Unterhaltungsliteratur und »hoher« Literatur. Wenn es überhaupt Sinn hat, zwischen »Trivialliteratur« und »Unterhaltungsliteratur« zu unterscheiden, so müßte man soziologisch genau die jeweiligen Konsumenten einer solchen Literatur berücksichtigen. Eine scharfe Trennung zwischen proletarischer und bürgerlicher Unterhaltungsliteratur ist gegenwärtig kaum noch zu ziehen. Fohrbeck/Wiesand haben bereits 1972 nachweisen können:

»Romanheftleser nutzen auch andere Medien: z. B. lesen 16% der *Jerry-Cotton*-Konsumenten den *Spiegel*, 36% den *Stern*.

Romanheftleser sind überwiegend auch Buchkäufer bzw. -leser: drei Fünftel von ihnen zählen zu den Kunden der Buchhandlungen.«[23]

Wenn vor dieser Nivellierung die proletarische Unterhaltung (nicht nur auf dem Gebiet der Literatur) als »trivial« ausgewiesen wurde, so sind die Voraussetzungen für eine solche klassenbezogene Terminologie bei einer Angleichung an den bürgerlichen Literaturkonsum weitgehend nicht mehr gegeben. (Die ökonomische Annäherung zwischen ›Arbeiterklasse‹ und ›Mittelstand‹, die sich in der Bundesrepublik seit den fünfziger Jahren immer nachhaltiger vollzogen hat, spielt bei diesem neuen »Unterhaltungs«konzept eine wesentliche Rolle.) Literaturhistorisch bedeutet die Wertbezeichnung »trivial« ein ideologisches Urteil. Hohe und niedere Literatur werden gleichermaßen von Massen konsumiert. Während das Schema einer bildungs- und klassenorientierten Unterhaltungsliteratur in Deutschland bis zum Ende des Zweiten Weltkrieges intakt blieb, konnte bereits 1958 Karl Markus Michel konstatieren: »Was jetzt in den Sechs-Groschen-Romanen steht, unterscheidet sich kaum von der Unterhaltungsliteratur, die im Buchhandel vertrieben wird, und schon gar nicht von den Fortsetzungsromanen in Zeitungen und Zeitschriften.«[24] Das Lesepublikum konsumiert seitdem eine neue Form der literarischen Unterhaltung, die es durch seinen gemäßigten, eine klare Klassentrennung nivellierenden Wohlstand selber mit bestimmen half. Michel spricht in diesem Zusammenhang von einer »Einebnung der Geschmacksdifferenzen«, über deren Wesen und Funktion er erklärt: »Sie ist Ideologie.«[25] Die Geschichte der proletarischen (»trivialen«) und der bürgerlichen (»leichten«) Unterhaltungsliteratur fließt in Autoren wie Simmel, Konsalik, Heinrich und Paretti zusammen.

Inzwischen hat sich die Situation weiterhin kompliziert: Selbstbestätigung und Selbstkritik sind als eindeutige Unterscheidungsmerkmale der niederen und hohen Literatur kaum noch anwendbar. Auch hier hat eine Nivellierung stattgefunden: Selbstgefälligkeit ästhetisiert Gesten. Die Literatur kommerzialisiert Alibis. Moral wird zum wesentlichen Teilbestand der literarischen Ware, auch sie muß konsum- und marktgerecht dargeboten werden. Über das Verhältnis von Moral und Roman in den letzten dreihundert Jahren schreibt Michel: »Bald gab sich die hohe, bald die niedere Literatur moralisch, fast immer aber die mittlere.«[26] Michel operiert mit dem Begriff einer »mittleren Unterhaltungsliteratur«,[27] definiert ihn jedoch nicht näher. Über den deutschen Gegenwartsroman läßt sich sagen, daß er auf allen Ebenen – vom Heft- oder Illustriertenroman über den Unterhaltungsroman bis hin zum »großen« Roman der hohen Literatur – inhaltlich und formal ein deutlich moralisches Anliegen zum Ausdruck zu bringen sucht. Darin liegt seine eine allumfassende Charakteristik. Die Moral wirkt als nivellierende Kraft der literarischen Produktion und Rezeption. Der Unterschied liegt allenfalls noch in der Verpackung.

Gelegentlich wird die Moral bereits im Titel marktgerecht verpackt: Niemand ist eine Insel (Simmel), Niemand lebt von seinen Träumen (Konsalik). Schon auf Seite 5 des Simmel-Romans findet sich das zentrale moralische Motto, das später nochmals (Ende des 7. Kapitels, S. 219) von der Ärztin Ruth Reinhardt als Personifizierung reiner Menschlichkeit jenseits aller Politik lautstark im Namen der Liebe verkündet wird:

»Es ist ein unerträglicher, ja verbrecherischer Hochmut, wenn ein Mensch über die Existenz eines anderen Menschen sagt, sie sei sinnvoll oder sie sei sinnlos. Niemals können wir verwirrten, ohnmächtigen Wesen, die wir auf dieser Erde herumkriechen, das entscheiden. Und niemals werden wir wissen können, welche Bedeutung ein menschliches Leben haben kann, welche unerhörte Bedeutung sogar – oder gerade! – in seiner tiefsten Erbärmlichkeit.«[28]

Auch hier wieder leitet sich die Moral aus einer Unwissenheit ab (»...niemals werden wir wissen können...«), ja, die Moral soll solches Unwissen als Geste der Unterhaltung schmackhaft machen.

Es ist bezeichnend, wie sehr sich Autoren wie Simmel und Konsalik in der Kommerzialisierbarkeit der Moral, in ihrer Auffassung des Begriffs *Verpackung* entsprechen. So erklärt Simmel über seinen Erfolgsroman *Es muß nicht immer Kaviar sein*: »Es war ein lustiges Buch, weil es ein so ernstes Thema behandelte. Gerade darum hatte Simmel es lustig geschrieben. Er nannte das die ›Verpackung‹.«[29] Die Form als Verpackung also, jedoch – und darin liegt die wesentliche Konzession des Unterhaltungsromans – als kommerziell-marktgerechte, verkauf- und konsumierbare Verpackung. Die Form orientiert sich an ihrer Verkäuflichkeit. Die Moral wird nicht in die künstlerische Ausdrucksform integriert, sondern als käufliche Ware angeboten und ausgewiesen, d. h.: sie muß rhetorisch, bequem, gestenhaft unverbindlich bleiben. Denn auch die Moral soll unterhalten. So bleibt es in fast allen Werken der deutschen Unterhaltungsliteratur bei moralischen Gemeinplätzen, bei einer gesellschaftspolitisch nicht konkretisierten Kritik. Konsalik will »menschliche, soziale oder politische Probleme nicht trocken abhandeln, sondern sie volkstümlich ›verpackt‹ in eine Sprache, in eine Handlung und in eine Form« bringen, »die jedermann versteht«.[30] Er begreift sich als ›Volksschriftsteller‹.[31] Simmel versteht sich als »ein Schriftsteller, der für das Volk – nein, für viele Völker schreiben wollte«.[32] Dieses Konsalik und Simmel (und anderen Unterhaltungsautoren) gemeinsame »volkstümliche Schreiben« bedeutet literatursoziologisch Schreiben für die Konsumenten; was einst als »volkstümlich« bestimmt wurde, erweist sich im spätkapitalistischen Literaturmarkt als massenhaft verkauf- und reproduzierbare Rhetorik einer unterhaltsamen, d. h. die strukturelle Marktgesellschaft bestätigenden Mehrheitsmoral. »Deshalb die ewige Plage mit den zahlreichen Arten der ›Verpackung‹« (Simmel[33]). Es ließe sich eine Ästhetik der Geste allein aus der Verpakkung kaufkräftiger Titel ableiten. Sowohl für den Autor als auch für den Leser gilt es, sich »volkstümlich«, d. h. marktgerecht zu verhalten. Rezeptionsbehaviouristisch trifft Karl Markus Michels Diktum mehr denn je zu: »Moralisch sein heißt: wie die meisten sein.«[34]

Daß es allerdings auch (zumindest nuancierte) Unterschiede in der marktgerecht verpackten Volkstümlichkeit dieser Autoren gibt, belegt Gunar Ortlepp in seinem *Spiegel*-Beitrag *Urwaldgöttin darf nicht weinen*:

»Er [Konsalik] belästigt nicht, wie zum Beispiel Simmel, mit pessimistischer Sozial- und Kultur- und Zeitkritik, sondern preist das Allgemein- und Ewig-Menschliche, das sich vorzugsweise – denn ›ein gesundes Nationalgefühl‹, mahnt Konsalik, ›sollte auch der Deutsche haben‹ – in sauberen teutonischen Helden mit Pflichtbewußtsein, Opfermut und ›eiserner‹ Disziplin verkörpert.«[35]

Nun verfügt der Begriff ›volkstümlich‹ über eine weit zurückreichende Geschichte. Max L. Baeumer hat auf dem 1972 in Madison abgehaltenen »Fourth Wisconsin Workshop« den Nachweis erbracht, daß »im 15. und 16. Jahrhundert keine Identität von Volks- und Trivialliteratur besteht«. Er schließt daraus: »Eine für alle Epochen gültige und allgemein begriffliche Gleichstellung von Volks- und Trivialliteratur ist daher falsch.«[36] Der Begriff »das gemeine Volk« ist erst zu Beginn des 18. Jahrhunderts als sozial herabsetzend verwendet worden.[37] Baeumer weist zu Recht darauf hin, daß eine solche Volksbestimmung noch ohne jede politische Klassifizierung operiert. Naturgemäß zieht ein sich historisch veränderndes Volkskonzept entsprechend variable Vorstellungen des Begriffs ›volkstümlich‹ nach sich. Klaus L. Berghahn hat die Idealisierung und Ästhetisierung der ›Volkstümlichkeit‹ bei Friedrich Schiller analysiert.[38] Horst Denkler untersuchte die Termini ›Volkstümlichkeit‹, ›Popularität‹ und ›Trivialität‹ in den Revolutionslustspielen der Berliner Achtundvierziger. Auch seine Arbeit stellt das literaturwissenschaftliche Konzept der ›Trivialität‹ ausdrücklich in Frage. Denkler spricht von »Hilfsbegriffen ungleicher Herkunft und differenten Bedeutungsspielraums«, die »durch andere aus der Rezeptionstheorie zu ersetzen« bleiben, will man dem Wesen der Massenliteratur historisch und soziologisch gerecht werden.[39] Auf die gegenwärtige Lage bezogen läßt sich die geschichtliche Untersuchung des Sammelbandes *Popularität und Trivialität* wie folgt ergänzen: Der von den heutigen Unterhaltungsschriftstellern erhobene Anspruch der Volkstümlichkeit artikuliert ein literarisches Marktverständnis, das seinen kapitalistischen Volksbegriff auf ökonomische Richtlinien des Massenkonsums reduziert. Das »Volk« ist längst zur wirtschaftswissenschaftlichen Einheit, zum errechenbar mehrheitlichen Marktverhalten geworden. Seiner musterhaften Nachfrage zu entsprechen und womöglich neuen Bedarf zu stimulieren ist vornehmliche Aufgabe des zeitgenössischen »Volksschriftstellers«: literarischer Produzent und Konsument »unterhalten« sich gegenseitig.

Zusätzlich erschwert wird eine literatursoziologische Definition des »Trivialromans« durch die (nicht nur von der Dortmunder Gruppe 61 propagierte) Literatur der Arbeitswelt, die eine »klassenbezogene Information und fortschrittliche Unterhaltung beinhaltende Literatur«[40] zu gestalten sucht. Inwieweit hier eine Bemühung stattfindet, die zunehmend verwischten Spuren einer klassenstrukturierten Gesellschaft in neuer, eventuell künstlicher Schärfe konturenhaft zu umreißen, sei dahingestellt. Fohrbeck/Wiesand haben gezeigt, daß das Heftroman-Publikum zu überwiegender Mehrheit aus Angestellten, Beamten und Facharbeitern besteht; laut Bastei-Verlag setzen sich zwei Drittel aller Leser aus ihnen zusammen. Dagegen scheinen sich freie Berufe/Inhaber von Unternehmen/leitende Angestellte und Beamte mit der Rubrik »Sonstige Arbeiter« zu decken: ihr Leseanteil beläuft sich auf jeweils (ungefähr) 15%.[41] Der Arbeiter nimmt also in seinen Lesegewohnheiten am allgemeinen Buchmarkt der Unterhaltungsliteratur teil; er beschränkt sich keineswegs (mehr) auf Heftromane. Bedenkt man, daß fast 40% der bundesdeutschen Bevölkerung Romanheft-Leser sind,[42] so relativiert sich der Konsum dieser »Trivialliteratur« durch den Arbeiter weiterhin. Eine proletarische

Massenliteratur in der Bundesrepublik gibt es nicht. Ebensowenig gibt es eine (wenn auch immer wieder geforderte) Literatur der Arbeiterklasse. Gerade weil »der Arbeiter« seinen gesicherten Platz im kapitalistischen Gesellschafts- und Wertesystem eingenommen hat, rezipiert er eine Literatur, die auch ihn zu »unterhalten« vermag. Die freie Marktwirtschaft führte zur großen kulturellen Angleichung; Bildungsgut und Leseverhalten wirken seit langem als Ware, die es in Eigentum zu verwandeln gilt. Die Kulturindustrie hat sich als Warenmarkt zu erkennen gegeben.[43]

Das Rezeptionsmuster des deutschen Unterhaltungsromans orientiert sich überwiegend an wirtschaftlichen Maßstäben. Dementsprechend herrscht ein Konsensus an Leseerwartungen, der eine soziologische Differenzierung der Begriffe ›Trivialliteratur‹ und ›Unterhaltungsliteratur‹ immer schwieriger macht. Es wäre daher an der Zeit, den Ausdruck ›trivial‹ von einer gesellschaftspolitischen Betrachtung gegenwärtiger Unterhaltungsliteratur auszuschließen. Wie die »Kitsch«-Debatte (doch nicht nur sie) gezeigt hat, ist es der Literaturwissenschaft bislang ebensowenig gelungen, überzeugende Kriterien für eine werkimmanente oder literaturgeschichtliche Ästhetik des Trivialen zu finden.[44] Kategorische Wertmaßstäbe, die sich auf das historische Vorbild der klassischen Kunstphilosophie bezogen, werden schärfer denn je relativiert, in ein sozialhistorisches Bezugsverhältnis gesetzt. Die Frage nach dem »Wert« eines Werkes stellt sich im Rahmen eines veränderten gesellschaftlichen Kommunikationskonzepts in gewandelter Form: Für wen ist es wertvoll? Der Rezipient motiviert das Selbstverständnis vor allem der Unterhaltungsliteratur, er liefert ihre sozial inbegriffene Identität. Obwohl das zu allen Zeiten (in entsprechend wirtschafts- und gesellschaftshistorischem Kontext) der Fall gewesen ist, artikuliert sich im formalen Selbstverständnis der Gegenwartsliteratur bewußter als je zuvor eine Rezeptionsästhetik, die sich wesensmäßig am Konsum orientiert. Die literarische Form bestimmt sich mehr und mehr durch ihre Konsumierbarkeit, sie wird zur Verpackung. Als Reaktion auf die unkritische Annahme dieser verpackten Konsumierbarkeit durch die Unterhaltungsliteratur, die ja gerade darin ihr eigentliches Anliegen verwirklicht sieht, läßt sich in der »hohen« Literatur eine mehr oder weniger zum Selbstzweck erhobene Form feststellen, die auch darin noch, wiewohl in negativer Weise, den Hang zur Rezeptionsästhetik belegt. Der formale Annäherungsversuch der Unterhaltungsliteratur an die Romanautoren Frisch, Grass, Böll und Lenz bezeugt eine zunehmende Nivellierung auch im ästhetischen Selbstverständnis marktabhängiger »freier« Schriftsteller. Es dürfte kein bloßer Zufall sein, daß Willi Heinrich in seinem Roman *Jahre wie Tau* relativ anspruchsvolle Formfiktionen wie »Gedächtnisprotokoll«, »Nachlaß«, »Tagebuchfragmente« und dergleichen in den Erzählgestus integriert. Zuweilen lesen sich einige Passagen wie Grass-Imitationen, wenn auch nur auf oberflächlicher Ebene (die meisten Formfiktionen bleiben in der Unterhaltungsliteratur gleichfalls vordergründige Geste, Rhetorik also auch hier): »Ilsemädchen genoß die bräunende Sonne ebenso wie meine unermüdlichen Aufmerksamkeiten. Natürlich plauderten wir zwischendurch wieder über kulturelle und andere, Ilsemädchen interessierende lokale Begebenheiten« (S. 134). Im Martin-Walser-Ton wird gegen Ende des Romans dieses Ilsemädchen in ein »Alidamädchen« verwandelt, so daß der Erzähler recht bald berichten kann: »Ich küßte ihren roten Alidamund« (S. 447). Den eigentlichen Schluß aber bildet eine an Frisch gemahnende Genese scheindokumentarischer Fiktion. Im letzten »Gedächtnisprotokoll« erklärt eine Romangestalt ihrem Erzähler: »Ich bin sehr gespannt auf das

Manuskript [...] Hoffentlich findest du, wenn du damit fertig bist, auch gleich einen Verleger dafür« (S. 448). Bezeichnend für solche formfiktionalen Perspektivenwechsel bleibt, daß sie (wie hier bei Heinrich) schnell wieder abbrechen, vom Autor selbst nicht ernst genommen und konsequent durchgehalten werden. Es sind Versuche der gestenhaften Legitimierung, einer Angleichung an das Formverständnis der »hohen« Literatur, ohne daß daraus ein erhöhter Anspruch an das Lesevermögen des Konsumenten gestellt werden darf. Bei Johannes Mario Simmel dürfte die formale Angleichung an eine Bildungsliteratur etwas komplizierter liegen. Wie der Erzählband *Begegnung im Nebel* verdeutlicht, schrieb Simmel (bereits als Siebzehnjähriger) durchaus gekonnte Imitationen klassischer Formen der deutschen Literatur. Vor allem seine den Kleistschen Novellen nachgeschriebenen Erzählungen zeugen von einer geradezu epigonenhaften Befangenheit in den Formen traditioneller Meisterwerke einer bürgerlichen Bildung.[45] Simmels spätere Kommerzialisierung der literarischen Form hat, nimmt man diesen Autor und seine Entwicklung ernst, ihren Ursprung in der Unfähigkeit, den historisch und gesellschaftlich vorgegebenen Formen (derer er sich durchaus souverän zu bedienen verstand) zeitgenössischen Ausdruck zu verleihen. In dem Versuch, eine total vermarktete Gesellschaft darzustellen, bedient sich Simmel marktgerechter Ausdrucksmittel – und entblößt damit weniger die Gesellschaft als sich selbst. Nicht daß er zum Bestsellerautor wurde, macht ihn zum Teil eben jener fragwürdigen Konsumgesellschaft, die er zu durchschauen bemüht ist, sondern daß er ganz bewußt inhaltliche und formale Darstellungsformen benutzt, die den Massenerfolg seines Erzählprodukts garantieren.[46]

Sandra Paretti scheint diesem Dilemma in hohem Maße entkommen zu sein. Sie ist dem historischen Roman treu geblieben und damit einer Ausdrucksweise, die sie ihrer bürgerlichen Herkunft und Erziehung gemäß vorzüglich beherrscht. Eine ihrer hervorragendsten Eigenschaften ist die Fähigkeit, der Erzählsprache einen geschichtlich überzeugenden Ton zu verleihen. Sie »stimmt« fast immer, auch (und gerade) da, wo sie Handlungen im Ausland spielen läßt. Hier wird überwiegend scheindokumentarisch erzählt; den Romanfiktionen der Paretti haftet stets die Genauigkeit eines historischen Berichts an. Ihr Erzählterrain ist präzise abgesteckt, die Autorin wagt sich so gut wie nie außerhalb dieses selbstbeschränkten Spielraums. Ein Vergleich der Romane Sandra Parettis mit der etablierten Literatur ist nicht zuletzt deshalb schwierig, weil sich auffällig wenige Werke der letzteren Gattung mit geschichtlichen Themen beschäftigt haben, sieht man einmal von den obligatorischen Kriegs- und Nachkriegsromanen ab. Es gibt auch so einige bedeutende Ausnahmen: Frischs *Wilhelm Tell* zum Beispiel oder Grass' *Treffen in Telgte*. Ebendiese Fähigkeit eines Grass, Geschichte und Gegenwart miteinander (nicht nur literarisch) in Bezug zu setzen, geht der Paretti ab. Sie verfügt statt dessen über eine geschlossene Erzählform, die den Leser – den Kriterien des Unterhaltungsromans gemäß – zu keiner gegenwartsbezogenen Stellungnahme zwingt. Geschichte wird fiktional nachvollzogen, sie erweist sich als widerstandslos konsumierbar. Der Leser braucht sich nur wie die Sprache dem Fiktionsbereich einer solchen Geschichte anzuvertrauen. Geschichte im luftleeren, ästhetisierten Raum: Sandra Paretti weiß sie gekonnt nachzuerzählen.

Wir fassen zusammen: Nicht ein Literaturkonzept bürgerlicher Bildung, das sich auf die klassische Ästhetik beruft, wird dem Phänomen der Unterhaltungsliteratur gerecht, sondern eine Literatursoziologie, die *gesellschaftliche Kommunikation* zur Grundlage ihres literarischen Ausdrucksbegriffs bestimmt, sollte sich mit diesem Phänomen der Unterhaltungsliteratur historisch-konkret auseinandersetzen. Statt vorgefaßter Werturteile gilt es, den Produktions- und Rezeptionsprozeß so genau wie möglich nachzuzeichnen. Nur so kann der Stellenwert des literarischen Werkes innerhalb eines sozialen Lesepotentials und damit die Angemessenheit seines Kommunikationsbestrebens beurteilt werden. Jede Verabsolutierung ästhetischer Maßstäbe ist Ideologie. Es ist deshalb kaum sinnvoll, von ›Trivialliteratur‹ zu sprechen. Der zeitgesellschaftliche Bezug eines literarischen Werkes definiert Wesen und Funktion seiner Aussage. Wertmaßstäbe artikulieren sich in historischer Relativierung; selbst »zeitlose« Meisterwerke der Weltliteratur haben es sich gefallen lassen müssen, ihre Größe in geschichtlicher Neubestimmung nachgewiesen zu erhalten. Unterhaltungsliteratur ist schon aus dem Grund unentbehrlicher Bestandteil einer sinnvollen Literaturgeschichte, weil sie die tatsächlich vollzogene Massenkommunikation einer Gesellschaft zu einem bestimmten historischen Zeitpunkt umfaßt. Eine solche Geschichte der deutschen Literatur gibt es bislang noch nicht. Der Unterhaltungsroman würde darin eine zentrale Rolle spielen. Solange es keine Sozialgeschichte der deutschen Literatur gibt, werden Unterhaltungsschriftsteller gesellschaftliche Prominenz[47] einerseits und ein literaturhistorisches Schattendasein andrerseits erfahren. Der Widerspruch, der sich in ihrer Einschätzung kundtut, liegt nicht im Wesen der Unterhaltungsliteratur, sondern im Charakter einer sie ausklammernden Literaturwissenschaft.

Anmerkungen

1 Von den nicht in die Literaturhinweise aufgenommenen Studien sei noch erwähnt: Christa Bürger: Textanalyse als Ideologiekritik. Zur Rezeption zeitgenössischer Unterhaltungsliteratur. Frankfurt a. M. 1973; Hans Friedrich Foltin: Die minderwertige Prosaliteratur. Einteilung und Bezeichnungen. In: Deutsche Vierteljahrsschrift 39 (1965) S. 288–323; Günter Waldmann: Theorie und Didaktik der Trivialliteratur. Modellanalysen – Didaktikdiskussion – Literarische Wertung. München 1973.

2 Obwohl es einige Seminare und Forschungsgemeinschaften gegeben hat, die sich mit der »Trivialliteratur« befaßt haben, kann von einem systemintegrierten Studium der Materie nicht die Rede sein.

3 Literaturwissenschaft. Eine Einführung für Germanisten. Hrsg. von Dieter Breuer, Paul Hocks [u. a.]. Frankfurt a. M. / Berlin [u. a.] 1973. Hauke Stroszeck weicht dem Thema in seinem Beitrag *Zur kunstwissenschaftlichen und kommunikationswissenschaftlichen Grundlegung der Literaturwissenschaft* (S. 127–168) immer wieder aus.

4 Braunecks programmatische Berücksichtigung der Unterhaltungsliteratur auf den verschiedensten Ebenen (Teil VII des Sammelbandes) macht die von ihm herausgegebene Sammlung zum umfassendsten und nützlichsten Textbuch.

5 Der deutsche Roman im 20. Jahrhundert II. Analysen und Materialien zur Theorie und Soziologie des Romans. Hrsg. von Manfred Brauneck. Bamberg 1976. S. 385.

6 Für genauere bibliographische Angaben vgl. Literaturhinweise.

7 Literarischer Kitsch. Texte zu seiner Theorie, Geschichte und Einzelinterpretation. Hrsg. von Jochen Schulte-Sasse. München/Tübingen 1979. S. v. und S. 1–26.

8 Heinz Puknus: Heinz G. Konsalik. Der Autor und sein Werk. Information, Zeugnis, Kritik. München 1979. S. 90. Es handelt sich bei dieser vom Bertelsmann Verlag herausgegebenen Sammlung um völlig unkritisch ausgewählte »Stimmen zum Werk« (einschließlich des Autors), die als Werbematerial verwendet werden. Der Autor sandte sie mir als Pauschalbeantwortung meiner spezifischen Fragen.

9 Rudolf Riedler: Gespräch mit dem Autor: Heinz G. Konsalik. In: Puknus (Anm. 8) S. 21.

10 Ebd.

11 Peter Uwe Hohendahl: Promoter, Konsumenten und Kritiker. Zur Rezeption des Bestsellers (Hans Habe »Das Netz«). In: Der deutsche Roman im 20. Jahrhundert II (Anm. 5) S. 415.
12 Riedler (Anm. 9) S. 15.
13 Die Seitenangaben hinter den Zitaten beziehen sich auf die in den Literaturhinweisen angegebenen Ausgaben.
14 In memoriam Johannes Mario Simmel. In: J. M. Simmel: Zweiundzwanzig Zentimeter Zärtlichkeit. Locarno 1979. S. 286.
15 Ebd.
16 Ebd.
17 Ebd. S. 281.
18 Ebd. S. 286.
19 Ebd.
20 Sandra Paretti: Der Winter, der ein Sommer war. München 1975. (Heyne-Buch. Nr. 5179.) S. 39.
21 Simmel (Anm. 14) S. 282.
22 Vgl. Goethes »Volk«-Erlebnis in Italien. Zum Thema eines ästhetisierten Volksbegriffs in der deutschen Klassik vgl. Klaus L. Berghahn: Volkstümlichkeit ohne Volk? Kritische Überlegungen zu einem Kulturkonzept Schillers. In: Popularität und Trivialität. Hrsg. von Reinhold Grimm und Jost Hermand. Frankfurt a. M. 1974. S. 51–77.
23 Karla Fohrbeck / Andreas J. Wiesand: Heftromane. In: Der deutsche Roman im 20. Jahrhundert II (Anm. 5) S. 350.
24 Karl Markus Michel: Zur Naturgeschichte der Bildung (Über Romanlektüre). In: Der deutsche Roman im 20. Jahrhundert II (Anm. 5) S. 342.
25 Ebd.
26 Ebd. S. 345.
27 Ebd.
28 Das Zitat wird erstmals in der novellenhaften Erzählung *Begegnung im Nebel* verwendet, vgl. J. M. Simmel: Begegnung im Nebel. S. 45.
29 Simmel (Anm. 14) S. 284.
30 Puknus (Anm. 8) S. 90.
31 Riedler (Anm. 9) S. 21.
32 Simmel (Anm. 14) S. 286.
33 Ebd. S. 285.
34 Michel (Anm. 24) S. 346.
35 Gunar Ortlepp: Urwaldgöttin darf nicht weinen. In: Puknus (Anm. 8) S. 40.
36 Max L. Baeumer: Gesellschaftliche Aspekte der ›Volks‹-Literatur im 15. und 16. Jahrhundert. In: Popularität und Trivialität (Anm. 22) S. 50.
37 Vgl. Jacob und Wilhelm Grimm: Deutsches Wörterbuch. Bd. 12. Abt. 2. Leipzig 1951. Sp. 463.
38 Berghahn (Anm. 22).
39 Horst Denkler: Volkstümlichkeit, Popularität und Trivialität in den Revolutionslustspielen der Berliner Achtundvierziger. In: Popularität und Trivialität (Anm. 22) S. 100.
40 Peter Fischbach / Maria Mayer-Puschner: Für eine Literatur der Arbeitswelt. In: Der deutsche Roman im 20. Jahrhundert II (Anm. 5) S. 323. Anm. 23.
41 Vgl. Fohrbeck / Wiesand (Anm. 23) S. 349.
42 Ebd.
43 Vgl. Theodor W. Adorno: Résumé über Kulturindustrie. In: Der deutsche Roman im 20. Jahrhundert II (Anm. 5) S. 328–333.
44 Insbesondere die Beziehung zwischen Trivialliteratur und Kitsch bedarf einer genaueren Bestimmung (trotz Schulte-Sasses Studien zur Geschichte des modernen Kitschbegriffs [Anm. 7]). Max L. Baeumers historisch-soziologisch konkreter Ansatz (Anm. 36) scheint dagegen vielversprechend.
45 Wir haben hier den wohl anschaulichsten Beleg für die Bedeutsamkeit des bürgerlichen Bildungsideals im Selbstverständnis des deutschen Unterhaltungsschriftstellers.
46 Vgl. dazu auch Ingeborg Hillmann: Johannes Mario Simmel »Und Jimmy ging zum Regenbogen«. In: Der deutsche Roman im 20. Jahrhundert II (Anm. 5) S. 420–437.
47 Vgl. dazu Wolfgang Langenbucher: Der aktuelle Unterhaltungsroman. Bonn ^{2}1974. S. 12.

Literaturhinweise

Primärliteratur

Heinrich, Willi: Alte Häuser sterben nicht. München [5]1978. (Heyne-Buch. Nr. 5173.)
– Jahre wie Tau. München [4]1978. (Heyne-Buch. Nr. 5233.)
– So long, Archie. München [4]1979. (Heyne-Buch. Nr. 5302.)
Konsalik, Heinz G.: Der Fluch der Sterne. Gütersloh 1979. (Goldmann Taschenbuch. Nr. 3721.)
– Ein Komet fällt vom Himmel. München [10]1978. (Heyne-Buch. Nr. 5119.)
– Der letzte Karpatenwolf. [17]München 1978. (Heyne-Buch. Nr. 807.)
– Liebe in St. Petersburg. Bergisch Gladbach [6]1978. (Bastei-Lübbe Exklusiv Taschenbuch. Nr. 12057.)
– Natascha. München [18]1978. (Heyne-Buch. Nr. 615.)
– Niemand lebt von seinen Träumen. München 1979. (Heyne-Buch. Nr. 5561.)
Paretti, Sandra: Das Zauberschiff. München/Zürich 1979. (Droemer Knaur Taschenbuch. Nr. 621.)
– Der Winter, der ein Sommer war. München 1975. (Heyne-Buch. Nr. 5179.)
Simmel, Johannes Mario: Begegnung im Nebel. Reinbek b. Hamburg [13]1978. (Rowohlt Taschenbuch. Nr. 1248.)
– Niemand ist eine Insel. München/Zürich [3]1978. (Droemer Knaur Taschenbuch. Nr. 553.)
– Zweiundzwanzig Zentimeter Zärtlichkeit und andere Geschichten aus dreiunddreißig Jahren. Locarno 1979.

Sekundärliteratur

Adorno, Theodor W.: Ästhetische Theorie. Frankfurt a. M. 1973.
Bauer, Winfried: Der Roman als Zeitungsroman im 20. Jahrhundert, seine kulturelle wie soziologische Bedeutung. Diss. München 1953.
Bayer, Dorothea: Der triviale Familien- und Liebesroman im 20. Jahrhundert. Tübingen 1964.
Bucerius, Gerd: Die Illustrierten und die Massengesellschaft. In: Troost-Schriftenreihe. H. 9. Düsseldorf 1962. Auch in: Süddeutsche Zeitung. Nr. 42 (1962).
Der deutsche Roman im 20. Jahrhundert II. Analysen und Materialien zur Theorie und Soziologie des Romans. Hrsg. von Manfred Brauneck. Bamberg 1976.
Escarpit, Robert: Das Buch und der Leser. Entwurf einer Literatursoziologie. Köln/Opladen 1961.
Giesz, Ludwig: Phänomenologie des Kitsches. Ein Beitrag zur anthropologischen Ästhetik. Heidelberg 1960.
Grözinger, Wolfgang: Aspekte der Unterhaltungsliteratur. In: Neue deutsche Hefte. Nr. 15.
Killy, Walther: Deutscher Kitsch. Ein Versuch mit Beispielen. Göttingen 1961.
Kracauer, Siegfried: Das Ornament der Masse. Essays. Frankfurt a. M. 1963.
Kreuzer, Helmut: Trivialliteratur als Forschungsproblem. Zur Kritik des deutschen Trivialromans seit der Aufklärung. In: Deutsche Vierteljahrsschrift 41 (1967) S. 173–191.
Künnemann, Horst: Literarisches Leben aus zweiter Hand? In: Jugend und Literatur (1962) H. 10. (Darin: Geschichte der Buchgemeinschaften.)
Langenbucher, Wolfgang: Unterhaltungsliteratur als Märchen und als Politik. In: Tendenzen der deutschen Literatur seit 1945. Hrsg. von Thomas Koebner. Stuttgart 1971.
– Der aktuelle Unterhaltungsroman. Beiträge zu Geschichte und Theorie der massenhaft verbreiteten Literatur. Bonn [2]1974.
Literarischer Kitsch. Texte zu seiner Theorie, Geschichte und Einzelinterpretationen. Hrsg. von Jochen Schulte-Sasse. München/Tübingen 1979.
Literaturwissenschaft. Eine Einführung für Germanisten. Hrsg. von Dieter Breuer, Paul Hocks [u. a.]. Frankfurt a. M. / Berlin / Wien 1973.
Neuburg, Victor E.: Popular Literature. A History and Guide. Harmondsworth 1977.
Neumann, Erich Peter: Der Konsumroman. Allensbach/Bodensee o. J.
Nutz, Walter: Der Trivialroman, seine Formen und seine Hersteller. Ein Beitrag zur Literatursoziologie. Köln/Opladen 1961.
Oeltze, Otto: Der Bertelsmann Lesering – seine Entwicklung und Aufgabe. Gütersloh 1960.
Popularität und Trivialität. Fourth Wisconsin Workshop. Hrsg. von Reinhold Grimm und Jost Hermand. Frankfurt a. M. 1974.
Prager, Gerhard: »Unterhaltung« – Unterhalt des Menschen. In: Rundfunk und Fernsehen. H. 3/4 (1959).

Prutz, Robert: Menschen und Bücher. Biographische Beiträge zur deutschen Literatur- und Sittengeschichte des 18. Jahrhunderts. Leipzig 1862.
Puknus, Heinz: Heinz G. Konsalik. Der Autor und sein Werk. Information, Zeugnis, Kritik. München 1979.
Reisner, Jacob: Über den Begriff Kitsch. Diss. Göttingen 1955.
Schmidt, Richard: Theorie der Leihbücherei. Dortmund/Marten 1954.
Schücking, Levin L.: Soziologie der literarischen Geschmacksbildung. München/Bern 1961.
Schulte-Sasse, Jochen: Die Kritik an der Trivialliteratur seit der Aufklärung. Studien zur Geschichte des modernen Kitschbegriffs. München 1971.
Strauß, Wolfgang: Die deutschen Buchgemeinschaften. Gütersloh 1960.
Studien zur Trivialliteratur. Hrsg. von Heinz Otto Burger. Frankfurt a. M. 1968.
Taubert, Siegfried: Struktur und Leseranalyse einer Buchgemeinschaft. In: Börsenblatt für den Deutschen Buchhandel 13 (1957) Nr. 42.
Thalmann, Marianne: Der Trivialroman des 18. Jahrhunderts und der romantische Roman. Berlin 1923; Nachdr. Nendeln 1967.
Wallraff, Karl Heinz: Der literarische Massenerfolg. In: Kölner Zeitschrift für Soziologie und Sozialpsychologie 1 (1948/49).
Wellershoff, Dieter: Literatur und Veränderung. Köln 1969.

REINHARD DÖHL

Konkrete Literatur

Als »Sprachknochensplitter, die sich für Poesie halten«, als »Schnickschnack« wertete Max Rychner 1960 in *DIE ZEIT* Eugen Gomringers *33 konstellationen*:[1] »Sie entstammen einer Kiste, die Lallbrocken enthält, aber auch Wörter, die von den Tischen reicherer Männer in diese Armseligkeit fielen«.[2] Und während Hugo Friedrich noch 1966 glaubte, daß eine »sogenannte ›konkrete Poesie‹ mit ihrem maschinell ausgeworfenen Wörter- und Silbenschutt [...] dank ihrer Sterilität [...] völlig außer Betracht bleiben«[3] könne, wußte *Der Spiegel* 1970 bereits von »frühen Inflations- und Alterserscheinungen« einer »neuesten (auch ›konkret‹ genannten) Lyrik« zu berichten, deren »Wortmalereien [...] nunmehr auch vom Establishment immer höher eingeschätzt«[4] würden, kritisierte die *Stuttgarter Zeitung*: »Ohne nun an die visuelle Poesie [...] die heutzutage beliebte Sonde der Ideologiekritik anzulegen und zu untersuchen, ob es sich dabei um eine hinter ästhetischer Progression versteckte politische Regression handelt (die Tatsache, daß visuelle Poesie in Diktaturen besonders gut gedeiht, kann man so oder so auslegen!), erscheint mir die hier vorgeführte Manipulation der Sprache schon aus dem Grunde suspekt, als – virtuell – sinnentleerte, auf ihre Zeichenexistenz verwiesene Schriftsymbole jeder Interpretation gegenüber offen sind: allen Beteuerungen zum Trotz ist visuelle Poesie über weite Strecken nichts anderes als geschmäcklerisch-unverbindliche, informationstheoretisch aufgeblähte Wand- oder Bodendekoration, die ästhetische Beschwichtigungsformeln propagiert«.[5] Zwischen dieser Kritik und Rychners abschätzigem »Schnickschnack« liegen genau zehn Jahre, in denen sich eine Literatur in den Vordergrund und in die Diskussion spielte, deren Wurzeln in eine sogenannte Literaturrevolution zurückreichen, deren spezielle Ausprägung in den frühen fünfziger Jahren begann und deren Ende sich mit einigen umfangreichen Anthologien[6] und umfassenden Ausstellungen[7] anzudeuten scheint. »Zijn de dagen van de konkrete poezie geteld?« fragt denn auch Paul de Vree[8], während Christian Wagenknecht in einem Großteil konkreter Literatur »eine letzte Phase der Formgeschichte der Poesie« sieht, »unfruchtbar oder fruchtbar doch nur im eigenen Gebiet: der poetischen Erkundung sprachlicher Sachverhalte«[9].

Jeder Versuch, eine sogenannte konkrete Literatur in den Griff zu bekommen, ist vor allem durch drei Umstände erschwert: durch ihre Internationalität, ihre Vielsprachigkeit und eine daraus resultierende Variationsbreite des Selbstverständnisses, durch die Verstreutheit des oft nur schwer zugänglichen Materials und durch eine Vielzahl nicht nur terminologischer Unschärfen und Differenzen. So begegnen vor und neben der erst relativ spät allgemein gebräuchlichen Bezeichnung ›konkrete Literatur‹ synonym oder nur geringfügig variierend gebraucht Bezeichnungen wie experimentelle, elementare, materiale, abstrakte, absolute, künstliche, spatialistische, evidente Literatur bzw. Poesie. Immer wieder werden konkrete und visuelle Literatur fast synonym gebraucht, visuelle und akustische Poesie aber alternativ unterschieden.[10] Angesichts dieses Dilemmas schrieb Hansjörg Schmidthenner schon 1965 resignierend, »daß zwar alle Autoren der konkreten Poesie das, was an der Sprache materiell konkret ist, nachdrücklich in die

Produktion mit einbezogen wissen wollen, daß sie aber im übrigen sehr oft verschiedene Meinungen vertreten, was – noch oder schon – zur konkreten Poesie zu zählen sei«.[11]

Geht man von dem in den letztjährigen Anthologien und Ausstellungen überschaubar gemachten Material aus, wäre eine konkrete Literatur seit spätestens 1953 datierbar. Die ersten Jahre erweisen sich dabei wesentlich als Zeit der Theorienbildung mit Öyvind Fahlströms *Hätila ragulpr pä fätskliaben. Manifest für konkrete Poesie* (1953), mit Eugen Gomringers *vom vers zur konstellation. zweck und form einer neuen dichtung* (1955) und schließlich mit Augusto de Campos', Décio Pignataris, Haroldo de Campos' *Plano-Pilôto para Poesia Concreta* (1958).[12] Ihnen folgen bis Mitte der sechziger Jahre zahlreiche weitere Manifeste und theoretische Äußerungen unterschiedlichster Art,[13] was fragen läßt, ob eine konkrete Literatur gleichsam nur auf der Folie ihrer Theorien gelesen werden kann. Dabei differieren von Anfang an die Auffassungen derart, daß bereits die Beantwortung der Frage nach der Bildung des Begriffs ›konkrete Literatur‹ Ermessenssache scheint. Denn entweder hält man sich – wie zumeist geschieht – an die Tatsache, daß Gomringer 1954–58 Sekretär Max Bills an der Hochschule für Gestaltung in Ulm war,[14] und schließt sich der Auffassung Helmut Heißenbüttels an: »Der Begriff einer konkreten Poesie wurde gebildet in Analogie zur bildenden Kunst, vor allem zur Malerei. Dort löste er sich ab aus den theoretischen Vorstellungen Mondrians, der Stijl-Gruppe und Kandinskys.«[15] Oder man folgt – wie etwa Bob Cobbing in seinem Versuch über *Concrete sound poetry 1950–1970*[16] – Fahlström, der »das Wort konkret [...] mehr im Anschluß an konkrete Musik als an Bildkonkretismus im engeren Sinne« verwendet und seine Auffassung des »fundamentalen konkreten Prinzips« an Pierre Schaeffers *Etude aux chemin de fer*, dem ersten Stück konkreter Musik, veranschaulicht: Schaeffer »hatte auf einem Band einige Sekunden Lokomotivengeräusch aufgenommen, war aber nicht damit zufrieden, dieses Geräusch nur an ein anderes zu fügen, obwohl die Zusammenstellung an sich ungewöhnlich wurde. Statt dessen *schnitt er ein kleines Fragment* des Lokomotivengeräusches heraus und wiederholte dieses Fragment in einer veränderten Tonhöhe: dann zurück zum ersten, dann das zweite usw., damit ein Wechsel entstand. Da erst hatte er geschaffen, er hatte durch die Zerstückelung *einen Eingriff gemacht in den Stoff selbst*: die Elemente waren nicht neu: aber der neue Zusammenhang, *der gebildet war, hatte eine neue Materie gegeben.*

Daraus geht hervor, daß, was ich literarische Konkretion nenne, ebensowenig wie die musikalische Konkretion und die Nonfiguration der bildenden Kunst einen Stil hat – teils ist es für den Leser eine Möglichkeit, Wortkunst zu erleben, in erster Linie Poesie – teils für den Poeten eine Befreiung, eine Erlaubniserklärung allen sprachlichen Materials und aller Mittel, es zu bearbeiten. Eine Literatur, die mit diesem Ausgangspunkt geschaffen wurde, steht also weder in Opposition noch in Ähnlichkeitsverhältnis zu Lettrismus, Dadaismus oder Surrealismus.«[17]

Wenn auch nicht in einem »Ähnlichkeitsverhältnis«, in Tradition von Dadaismus, Surrealismus und Lettrismus steht eine konkrete Literatur doch, was Fahlström indirekt auch zugesteht, wenn er von der Verwandtschaft des »konkret arbeitenden Dichters« »mit den Formalisten und Sprachknetern aller Zeiten, mit den Griechen, mit Rabelais, Gertrude Stein, Schwitters, Artaud und vielen anderen«,[18] spricht. So geht

z. B. Kurt Schwitters' i-Theorie »Schaeffers Schlüsselerlebnis während seinem Suchen nach einer konkreten Musik« voraus. Er habe, schreibt Schwitters 1923 in der sogenannten Nummer i, dem zweiten Heft seiner Zeitschrift *Merz*, den Buchstaben i »zur Bezeichnung einer spezialen Gattung von Kunstwerken gewählt, deren Gestaltung so einfach zu sein scheint, wie der einfältigste Buchstabe *i.* Diese Kunstwerke sind insofern konsequent, als sie im Künstler im Augenblick der künstlerischen Intuition entstehen. Intuition und Schöpfung des Kunstwerkes sind hier dasselbe. – Der Künstler erkennt, daß in der ihn umgebenden Welt von Erscheinungsformen irgendeine Einzelheit nur begrenzt und aus ihrem Zusammenhang gerissen zu werden braucht, damit ein Kunstwerk entsteht, d. h. ein Rhythmus, der auch von anderen künstlerisch denkenden Menschen als Kunstwerk empfunden werden kann. [...] – Die einzige Tat des Künstlers bei *i* ist Entformelung durch Begrenzung eines Rhythmus. [...] – Wer n*u*n denkt, daß es leicht wäre, ein *i* zu schaffen, der *i*rrt sich. Es ist *v*iel schwerer, als ein *w*erk durch *w*ertung der Teile zu gestalten, denn die Welt der Erscheinungen wehrt sich dagegen, Kunst zu sein, und selten findet man, wo man nur zuzugreifen braucht, um ein Kunstwerk zu erhalten.«[19]

Noch deutlicher sind die Beziehungen im Falle des Bildkonkretismus faßbar. Die Manifeste zu einer konkreten Literatur Mitte bis Ende der fünfziger Jahre stimmen weitgehend überein in der Betonung des literarischen Produkts als eines primär sprachlichen Ereignisses, in der angestrebten Ausschließung alles subjektiv Zufälligen, in der Opposition gegen traditionelle Schreib- und Lesegewohnheiten, in der Forderung neuer Schreib- und Leseweisen und schließlich in der Auffassung des literarischen Produkts als eines Gegenstandes zum geistigen Gebrauch. Vor allem letztere, auf Bill zurückgehende Auffassung gilt allgemein für eine Kunst und ihr Selbstverständnis, die – will man sich an das Epitheton ›konkret‹ halten – seit spätestens 1930, seit Erscheinen der ersten und einzigen Nummer einer von Theo van Doesburg herausgegebenen Zeitschrift *Art Concret* datieren. Ähnlich wie zahlreiche andere Manifeste der damaligen Zeit formuliert auch das dort programmatisch veröffentlichte *Manifest der Konkreten Kunst* eigentlich keinen Neuansatz, faßt es vielmehr Teilergebnisse der sogenannten Kunstrevolution zum Programm einer Gruppe zusammen und formuliert als »Die Grundlagen der konkreten Malerei«:

»1. Die Kunst ist universell.
2. Bevor das Werk in Materie umgesetzt wird, soll es vollständig im Bewußtsein konzipiert und vorgeformt sein. Es darf keine Anlehnung an die Natur enthalten, weder Sinnlichkeit noch Sentimentalität. Wir wollen den Lyrismus, die Dramatik, den Symbolismus usw. ausschließen.
3. Das Bild soll mit rein plastischen Mitteln gestaltet werden, das heißt mit Flächen und Farben. Ein bildnerisches Element bedeutet nur sich selbst; folglich bedeutet das Bild ebenfalls nur sich selbst.
4. Die Bildkonstruktion muß ebenso wie die Elemente, die sie bestimmen, einfach und visuell kontrollierbar sein.
5. Die Technik muß mechanisch sein, das heißt exakt, anti-impressionistisch.
6. Wir wollen die absolute Klarheit.«[20]

Es ist relativ leicht, diese »Grundlagen« auf eine konkrete Literatur umzumünzen. Dabei könnte es z. B. heißen, daß das Gedicht mit rein sprachmaterialen Mitteln gestaltet werden solle, d. h. mit Worten; daß ein Wort nur sich selbst bedeute; folglich

bedeute das Gedicht ebenfalls nur sich selbst. So gelesen findet sich in den theoretischen Äußerungen konkreter Autoren eine Fülle von Entsprechungen, wenn Gomringer z. B. davon spricht, daß »mit der konstellation [...] etwas in die welt gesetzt« werde, daß sie »eine realität an sich und kein gedicht über ...«[21] sei, oder wenn Max Bense konstatiert: »Konkrete Poesie ist also bewußte Poesie«, oder: »Alles Konkrete ist hingegen nur *es* selbst. Ein Wort, das konkret verstanden werden soll, muß ganz und gar beim Wort genommen werden. Konkret geht jede Kunst vor, die ihr Material so gebraucht, wie es den materiellen Funktionen entspricht, nicht aber, wie es im Sinne von Übertragungsvorstellungen unter Umständen möglich wäre. In gewisser Hinsicht könnte also die ›konkrete‹ Kunst auch als ›materiale‹ Kunst aufgefaßt werden.«[22]
Ob das Epitheton ›konkret‹, bezogen auf die bildende Kunst, schon vor 1930 verwendet wurde, ist nicht mit Sicherheit auszumachen, aber durchaus denkbar. Unwahrscheinlich ist dagegen ein so früher Gebrauch der Bezeichnung ›konkrete Literatur‹ bzw. ›Poesie‹, die Gomringer bezeichnenderweise in seinen ersten Manifesten – möglicherweise in Unkenntnis des Fahlströmschen Manifests – noch nicht verwendet, wenn er von »der neuen dichtung«, von der »konstellation« als neuer Form literarischer Redeweise spricht. Dennoch gibt hier ein schon vor den ersten Manifesten Fahlströms und Gomringers veröffentlichter retrospektiver Essay Hans Arps, *Kandinsky, le poète* (1951), einige aufschlußreiche Hinweise:
»1912 besuchte ich Kandinsky in München. [...] Es war die Zeit, da die abstrakte Kunst sich in die konkrete Kunst zu verwandeln begann[23] [...]. Kandinsky ist einer der ersten, sicher der erste, der es bewußt unternahm, solche Bilder zu malen und entsprechende Gedichte zu schreiben. [...]
Anno Dada wurden im Cabaret Voltaire in Zürich zum ersten Mal Gedichte Kandinskys vorgelesen und mit urweltlichem Gebrüll von den Zuhörern verdankt. Die Dadaisten waren begeisterte Vorkämpfer der konkreten Dichtung. Hugo Ball und Tristan Tzara haben 1916 onomatopoetische Gedichte geschrieben, die wesentlich zur Klärung des konkreten Gedichtes beigetragen haben. Mein Gedichtband ›Die Wolkenpumpe‹ enthält zum größten Teil konkrete Gedichte.
Der Gedichtband Kandinskys, ›Klänge‹, ist eines der außerordentlichen, großen Bücher. [...] Kandinsky hat in diesen Gedichten die seltensten geistigen Versuche unternommen. Er hat aus dem ›reinen Sein‹ nie gehörte Schönheiten in diese Welt beschworen. In diesen Gedichten tauchen Wortfolgen und Satzfolgen auf, wie dies bisher in der Dichtung nie geschehen war. [...] Durch die Wortfolgen und Satzfolgen dieser Gedichte wird dem Leser das stete Fließen und Werden der Dinge in Erinnerung gebracht, öfters mit dunklem Humor, und, was das Besondere an dem konkreten Gedicht ist, nicht lehrhaft, nicht didaktisch. In einem Gedicht von Goethe wird der Leser poetisch belehrt, daß der Mensch sterben und werden müsse. Kandinsky hingegen stellt den Leser vor ein sterbendes und werdendes Wortbild, vor eine sterbende und werdende Wortfolge, vor einen sterbenden und werdenden Traum.«[24]
Vieles an diesen nur fragmentarisch zitierten Ausführungen Arps ist interessant und bedürfte einer genaueren Analyse. Für unsere Fragestellung geht es vor allem um die Konfrontation von Goethe- und Kandinsky-Gedicht, von – wie Arp es sieht – poetisch belehrendem Gedicht und sprachlicher Demonstration. Denn als »Demonstration« möchte auch Heißenbüttel 1961 seine literarischen Arbeiten verstanden wissen: »Ich neige in gewisser Weise immer mehr dazu, diese Dinge weder als Gedichte noch als

Text zu bezeichnen, sondern als Demonstrationen. Demonstration im Doppelsinn dieses Wortes scheint mir das zu sein, was notwendig ist.«[25]
Man könnte die von Arp vorgenommene Gegenüberstellung als eine erste (historische) Annäherung an das konkrete Gedicht nehmen und ein wenig vereinfacht sagen, daß in dem gleichen Maße, wie Goethe bei Formulierung seines Symbolbegriffs[26] die symbolische als die eigentlich poetische Redeweise von der allegorischen Redeweise des 17./18. Jahrhunderts abhebt, Arp jetzt das primär sprachliche Ereignis, die sprachliche Demonstration als die eigentlich poetische von der symbolischen Redeweise Goethes und – wie man hinzufügen kann – des 19. Jahrhunderts unterscheidet. Die Gedichte Kandinskys und Arps, der den *Klängen* wesentliche Anregungen verdankt, ständen danach ebenso wie die »onomatopoetischen Gedichte« Balls und Tzaras am Anfang einer Entwicklung, innerhalb derer nach 1953 dann die Rede von einer konkreten Literatur ist. Auf was Arp mit seiner Gegenüberstellung zielt, läßt sich mit einer weiteren Gegenüberstellung verdeutlichen, in der Konfrontation von Goethes »Über allen Gipfeln / Ist Ruh, / In allen Wipfeln / Spürest du / Kaum einen Hauch; / Die Vögelein schweigen im Walde. / Warte nur, balde / Ruhest du auch.« mit der sprachlichen Demonstration des Schweigens bei Gomringer

schweigen schweigen schweigen
schweigen schweigen schweigen
schweigen schweigen
schweigen schweigen schweigen
schweigen schweigen schweigen

bzw. mit ihrem Gegenteil, mit Friedrich Achleitners sprachlicher Demonstration von Unruhe

ruh
und
ruh
und
ruh
und
ruh
und ruh und ruh und ruh und
ruh
und
ruh
und
ruh
und
ruh

Mit Recht weist Wagenknecht darauf hin, daß Gomringers *schweigen* »nicht als eine moderne Version von *Wanderers Nachtlied* verstanden sein« will. Kein Rollengedicht, keine »Selbstaussprache des lyrischen Ich« (Fritz Martini), zeigen die beiden Konstellationen vielmehr, was sie sagen, und sagen, was sie zeigen. »In ›ruh und‹ there is a contrast between the meaning of ›ruh‹ [...] and the movement of the rhythm, which speeds up in the horizontal part of the constellation«[27] kommentiert Achleitner seinen Text, während Wagenknecht für die Konstellation Gomringers festhält, daß sie »sich allein auf der Fläche des bedruckten Papiers« ordne. »Das Schweigen, von dem hier vierzehnmal die Rede und einmal, emphatisch, nicht die Rede ist, soll weniger als Pause ins Ohr denn als Leerstelle ins Auge fallen.«[28]

Ein Vergleich der beiden Konstellationen schränkt überdies die Behauptung einer konkreten als einer primär »visuellen Poesie«[29] stark ein. Denn während Gomringer seinen Text mit Recht der Gruppe der »visuellen konstellationen« zuordnet, verweist im Falle Achleitners die Differenz zwischen Geschriebenem (»ruh und«) und akustischem Effekt (Unruhe), das Erzeugen von Unruhe durch vertikale und horizontale Addition des Wortes ›ruh‹, den Text in die Nähe der »audiovisuellen Gedichte«, wie sie Carlo Belloli 1959 theoretisch begründete: »what we seek is visual evaluation in semantic structure, a development entirely of spiritual quality in that it represents the unified relationship of word, sound and visuality.«[30]

Den Schritt weiter in Richtung eines primär akustischen Textes gehen z. B. Cobbing mit einem Zählgedicht der Art »wan / do / tree / fear / fife / seeks / siphon / eat / neighing / den / elephan' / twirl«[31] oder Ernst Jandl mit seinem inzwischen recht populären

schtzngrmm
schtzngrmm
t-t-t-t
t-t-t-t
grrrmmmmm
t-t-t-t
s-------c-------h
tzngrmm
tzngrmm
tzngrmm
grrrmmmmm
schtzn
schtzn
t-t-t-t
t-t-t-t
schtzngrmm
schtzngrmm
tsssssssssssssssssss
grrt
grrrrrt
grrrrrrrrrt
scht
scht
t-t-t-t-t-t-t-t-t
scht
tzngrmm

tzngrmm
t-t-t-t-t-t-t-t-t-t
scht
scht
scht
scht
scht
grrrrrrrrrrrrrrrrrrrrrrrrrr
t-tt

Was in diesem Text geschieht, ist dem Schriftbild leicht abzulesen. Das Wort ›Schützengraben‹ wird auf sein Konsonantenskelett reduziert mit Ausnahme der beiden letzten Konsonanten b und n, die durch ein doppeltes m ersetzt sind. Dieses Konsonantenskelett wird wiederum in sich zerlegt, in seinen Bestandteilen rhythmisch neu geordnet durch Wiederholungen, Dehnungen, Verstellungen, bis schließlich ein t-tt herausgefiltert wird, was akustisch ja tot assoziiert. Die Wahl des Konsonantenskeletts, seine Anordnung erfolgt eindeutig im Hinblick darauf, was als Schall nachgeahmt werden soll, und zwar abhängig von dem Wort, von dem der Autor ausgeht. Der ästhetische Reiz dieses »Sprechgedichts« (Jandl) ließe sich demnach begründen mit der Ambiguität von vorgegebener Semantik und der Materialität der durchgespielten Konsonanten. Daß die einleitend zitierte Kritik der *Stuttgarter Zeitung* für diesen Fall nicht sticht, bedarf keiner Erörterung. Als »politische Gedichte« will Heißenbüttel diesen und ähnliche Texte verstanden wissen. Und er versucht zugleich zu beantworten, ob sich hier noch von Gedicht sprechen läßt: »Es sind Gedichte sogar in einem ganz bestimmt auf Tradition bezogenen Sinn. [...] Jandl bezieht sich auf die Tradition und zieht sich zugleich zurück auf die bloßen Kennmarken des traditionellen Redens. Er zieht sich zurück auf ein sprachliches Rudiment [...], das er am Grunde dessen findet, was in der Überlieferung Gedicht hieß. Dies Rudiment (mit allem, was sich aus ihm, aus seiner Wortwörtlichkeit erschließen läßt) verarbeitet er zu einem Modell, an dem sich zeigt, wie der Redende (und sein Leser, sein Nachsprecher) sich in der Sprache befindet.«[32]

Jandls Schützengraben-Gedicht – eine vergleichende Analyse mit August Stramms *Patrouille* dürfte aufschlußreich sein – ist konsequenterweise nicht nur gedruckt, sondern auch auf einer Schallplatte produziert[33] und damit in einer Form veröffentlicht, die sich für eine primär akustisch strukturierte konkrete Literatur immer mehr durchzusetzen scheint.[34]

Zur Vorgeschichte dieser Texte zählen fraglos die ›parole in libertà‹ der italienischen Futuristen, die ›Verse ohne Worte‹ Hugo Balls, die Lautgedichte der Dadaisten und ihre Entwicklung bis zum lettristischen Gedicht eines Isidor Isou, wovon noch zu sprechen sein wird. Selbst die Gedichte Arps aus *die wolkenpumpe* (1920) lassen sich in dieser Vorgeschichte verstehen, soweit bei ihnen die akustische Dimension vor die semantische tritt. Und nicht von ungefähr nennt Kandinsky seinen Gedichtband ja *Klänge*. Damit wären wir zum Ausgangspunkt unseres Exkurses zurückgekehrt.

Die Ansätze einer konkreten Literatur, ihre Wurzeln liegen augenscheinlich in einer sogenannten Literaturrevolution, genauer: in der literarischen Auseinandersetzung mit einer traditionellen symbolischen Redeweise. Diese Auseinandersetzung führt – wie sich am literarischen Werk Arps sehr schön ablesen läßt[35] – zu Ergebnissen, an die eine konkrete Literatur fast nahtlos anschließen, auf die eine konkrete Literatur folgenreich aufbauen konnte. Für Arp z. B. erfolgte diese Auseinandersetzung im Sprach- und Wortspiel mit literarischen Requisiten, mit der Umgangssprache, im Verstellen des Sinns in Unsinn, während Franz Mon später für seinen Fall von »Querstellen« spricht, wenn er nach dem Grund fragt, »aus dem heraus der Versuch, nur noch lautlich, nicht mehr bedeutungsvoll zu reden, sinnvoll, ja vielleicht notwendig erscheint. Er erkennt diesen Grund im sprachlosen Zurückgeworfensein ins Schweigen. Er spricht vom ›Querstellen‹ gegen das allzu geläufig gewordene und im Grunde fast nur noch Anonymes und Unbedeutendes sagende Vokabular der sogenannten Umgangssprachen.«[36]

Für Arp führte die literarische Auseinandersetzung schließlich zur Erprobung neuer sprachlicher Mittel, zum Einsatz neuer syntaktischer Sonderformen, z. B. der Permutation, die Daniel Spoerri, Mon und vor allem Ludwig Harig Ende der fünfziger Jahre jeder auf seine Weise wieder aufgreifen, zum Ansatz neuer Möglichkeiten, im Gedicht zu reden, z. B. in der Konfiguration oder Konstellation. Etwa gleichzeitig mit Entstehen des ersten Gomringerschen Manifests hielt Arp über seine Gedichte um 1930 rückblickend fest: »In diesen Gedichten verwende ich öfters die gleichen Wörter. [...] Ich schrieb Gedichte mit einer beschränkten Anzahl Wörter, die in verschiedenen Konstellationen auftreten. [...] Die Beschränkung in der Zahl der Wörter bedeutet keine Verarmung des Gedichtes, vielmehr wird durch die vereinfachte Darstellung der unendliche Reichtum in der Verteilung, Stellung, Anordnung sichtbar. Auch die typographische Anordnung des Gedichtes war in jener Zeit für mich von großer Wichtigkeit.«[37] Genau davon spricht aber auch Gomringer, wenn er die Konstellation als die »einfachste gestaltungsmöglichkeit der auf dem wort beruhenden dichtung« auffaßt; »in ihr sind zwei, drei oder mehr, neben- oder untereinandergesetzten worten – es werden nicht zu viele sein – eine gedanklich-stoffliche beziehung gegeben. [...] die konstellation ist eine ordnung und zugleich ein spielraum mit festen größen.«[38] In *gedichttechnik* schließlich beschreibt er die ihm idealtypische Ein-Wort-Konstellation: »ein aufbauprinzip der konstellation [...] ist die unmittelbare wiederholung eines wortes. sie bewirkt die beharrung und momentane konzentration und ein plötzliches bewußtwerden der besonderheit einer bestimmten wortmaterie. [...] um beispielsweise dem deutschen wort ›schnee‹ zum bedeutenden ausdruck zu verhelfen, ist es nötig, dieses wort – dieses zeichen – in einer ausgewogenen anzahl und in einer bestimmten typographischen anordnung zu verwenden.«[39] Welche Möglichkeiten sich über die relativ geringe Spielbreite der Gomringerschen Ein-Wort-Konstellation hinaus ergeben, wenn man die für ein Wort aufgewendete Buchstabenmenge als Ensemble akustischer oder visueller Partikel auffaßt, soll wenigstens mit Hinweis auf einige Textbeispiele angedeutet werden. So versucht Jandl das mechanische Ablaufen der Zeit als sprachlichen Prozeß darzustellen, indem er das Wort ›stunden‹ in »st / und / en« zerlegt und, mit einem weiteren »und« verbunden, viermal untereinanderschreibt. Dieser Text hätte seinen Stellenwert ungefähr zwischen Gomringers *schweigen* und Jandls *schtzngrmm*, einem nur noch akustisch strukturierten Gedicht. Auf der anderen Seite führt Timm Ulrichs in der Wiederholung aller durch Buchstabenauslassungen möglichen fragmentarischen Schreibweisen des Wortes ›fragment‹ gleichsam tautologisch das Wort ›fragment‹ als Fragment vor, läßt Dom Sylvester Houédard die vier

Buchstaben des Wortes ›news‹ in Wiederholung und verschiedener Schriftgröße über eine Seite gleichsam explodieren, sicherlich auch, um so den Wert und die Bedeutung, die eine auf ständig neue Informationen drängende Zeit den Neuigkeiten beimißt, durch die materiale Auflösung von ›news‹, die rein mechanische Vervielfältigung der Buchstaben in Frage zu stellen. Den Weg zum Figurentext, zum in einem wörtlichen Sinne Schrift-Bild geht schließlich Jiři Kolař, wenn er in *Gersaints / Aushängeschild* die Buchstaben z. B. der Namen Albers und Brancusi in der Vervielfältigung zu Albersschen Quadraten bzw. dem Aufriß einer Brancusischen Plastik ordnet, wobei er im letzten Fall sogar noch die Schere zur Konturierung zu Hilfe genommen hat.
Diese Beschränkung auf nur noch wenige Worte und schließlich auf das nur noch aus einem Wort bestehende Gedicht läßt sich als ein Reduktionsprozeß beschreiben, dessen Ansätze sich wiederum in der Literaturrevolution, in der Auseinandersetzung mit einer traditionellen Literatur finden, für die »die Kategorie des Inhaltlichen eine wesentliche Bedeutung« besaß. Was Heißenbüttel in diesem Zusammenhang an einem Text Gertrude Steins exemplifiziert – »Die Opposition ist aggressiv. Sie reduziert den Inhalt und löst die Form in ihren traditionellen Erscheinungsweisen auf. Sie ist getragen von der Intention einer neuen Sprechmöglichkeit. Diese neue Sprechmöglichkeit wird gesehen in der Rückführung und Rückbesinnung der Sprache auf sich selbst. In dieser Rückbesinnung wird die Frage nach Form und Inhalt gegenstandslos«[40] –, ist denn auch ein weiteres wesentliches Indiz konkreter Texte. Von »Reduktion auf die Variation eines Modells« redet Heißenbüttel in eigener Sache im Zusammenhang der *Kombinationen*, und er fordert in der *Achterbahn*: »Reduktion muß Witz entwickeln.« Bense macht zunächst in seiner *Theorie der Texte* bei Aufzählung der ihm wichtigsten »Textsorten« einen Unterschied zwischen »5. abstrakte und konkrete Texte« und »8. reduzierte und komplette Texte«, faßt dabei als konkreten Text allerdings nur die ›Konstellation‹ im Sinne Gomringers bzw. das ihr ähnliche ›Ideogramm‹ der Noigandres-Gruppe, während er für die »reduzierten und kompletten Texte« notiert: »Die Verwendung der Ausdrücke ›reduziert‹ und ›komplett‹ zur Kennzeichnung von Texten kann sich sowohl auf die semantische wie auf die nichtsemantische Funktion eines Textes beziehen. Man kann in einem Text grammatische und logische Ausdrücke reduzieren, oder man kann mehr oder weniger auf die konkreten Bedeutungsträger (die die Außenwelt eines Textes im Gegensatz zu seiner sprachlichen Eigenwelt geben) verzichten.«[41] Allerdings sind die von Bense genannten insgesamt zwölf »Paare von Textformen« keinesfalls ausschließlich gemeint, sie gehen vielmehr z. T. auseinander hervor, können sich bei dem Versuch, Texte zu klassifizieren, z. T. sinnvoll ergänzen. Auf dem Hintergrund einer allgemeinen sprachlichen Entwicklung möchte Gomringer schließlich seine Konstellationen verstanden wissen: »unsere sprachen befinden sich auf dem weg der formalen vereinfachung. es bilden sich reduzierte, knappe formen. oft geht der inhalt eines satzes in einen einwort-begriff über, oft werden längere ausführungen in form kleiner buchstabengruppen dargestellt. es zeigt sich auch die tendenz, viele sprachen durch einige wenige, allgemeingültige zu ersetzen.«[42]
Man könnte eine Ausstellung[43] oder Anthologie konkreter Texte so anordnen, daß die Zahl der für einen Text aufgewendeten Wörter immer mehr abnimmt, bis der Text schließlich nur noch aus einem Wort besteht; ja man könnte diesen Reduktionsvorgang noch jenseits des Wortes an möglichen sinnfälligen Silben- oder gar nur noch Buchstabenkonstellationen zeigen. Man würde auf diese Weise rein mechanisch eine Tendenz

konkreter Literatur sichtbar machen, deren Ansätze zu sehen wären im Ausbrechen aus der Strophen- und Versstruktur des traditionellen Gedichts und schließlich sogar aus der traditionellen Vonlinksnachrechts-Abfolge des Textes. Auf Arno Holz' Achsenkomposition der *Phantasus*-Gedichte, seine Definition der »Zeile« als der letzten »Einheit« seiner »Rhythmik« (im Gegensatz zu Versfuß/Metrik), auf Stéphane Mallarmés *Un Coup de Dés* beruft sich denn auch Gomringer bei Aufzählung der Vorgänger in seinem Manifest *vom vers zur konstellation*, dessen Motto »rien n'aura lieu / excepté / peut-être / une constellation« dem Gedicht Mallarmés entlehnt ist (»RIEN / N'AURA EU LIEU / QUE LE LIEU / EXCEPTÉ / PEUT-ÊTRE / UNE CONSTELLATION«). Gomringer bezieht sich des weiteren auf den italienischen Futurismus und (Züricher) Dadaismus, und damit auf eine Entwicklung, die mit Gustave Kahns ›vers libre‹, Marinettis ›parole in libertà‹ und Balls Konsequenzen in wesentlichen Punkten skizziert wäre:
»Mit der Preisgabe des Satzes dem Wort zuliebe begann resolut der Kreis um Marinetti mit den ›parole in libertà‹. Sie nahmen das Wort aus dem gedankenlos und automatisch ihm zuerteilten Satzrahmen (dem Weltbilde) heraus, nährten die ausgezehrte Großstadtvokabel mit Licht und Luft, gaben ihr Wärme, Bewegung und ihre ursprünglich unbekümmerte Freiheit wieder. Wir andern gingen noch einen Schritt weiter. Wir suchten der isolierten Vokabel die Fülle einer Beschwörung, die Glut eines Gestirns zu verleihen. Und seltsam: die magisch erfüllte Vokabel beschwor und gebar einen *neuen* Satz, der von keinerlei konventionellem Sinn bedingt und gebunden war. An hundert Gedanken zugleich anstreifend, ohne sie namhaft zu machen, ließ dieser Satz das urtümlich spielende, aber versunkene, irrationale Wesen des Hörers erklingen; weckte und bestärkte er die untersten Schichten der Erinnerung.«
Auf den Versuch, der »isolierten Vokabel die Fülle einer Beschwörung [...] zu verleihen«, auf die Überzeugung, »das Wort mit Kräften und Energien geladen« zu haben, »die uns den evangelischen Begriff des ›Wortes‹ (logos) als eines magischen Komplexbildes wieder entdecken ließen«,[44] zielt Gomringer unter anderem, wenn er die Überzeugung äußert, daß »die weltanschauliche begründung und der ausdruckswille, der hinter dieser dichtung steht, [...] uns nicht mehr zugehörig«[45] seien.
Aber wie weit ist Gomringer von Mallarmé – für den Carl Einstein festgehalten hat, es sei ihm um den »schwierigen Punkt« gegangen, »wo die Sprache sich durch Fixiertsein allein rechtfertigen kann, durch den Gegensatz des geschriebenen Schwarz und des unerschlossenen Weiß des Papiers«[46] – entfernt? Er entlehnt ihm das Motto seines Manifests. Er nennt die Konstellation »das letztmögliche absolute gedicht«. Seiner Auffassung, die Konstellation umfasse »eine gruppe von worten, wie sie eine gruppe von sternen umfaßt und zum sternbild wird«, läßt sich eine Passage aus *Un Coup de Dés* vergleichen: »vers / ce doit être / le Septentrion aussi Nord / UNE CONSTELLATION / froide d'oubli et de désuétude / pas tant / qu'elle n'énumère / sur quelque surface vacante et supérieure / le heurt successif / sidéralement / d'un compte total en formation.«[47] Und die Analyse einer der neben *schweigen* bekanntesten frühen Konstellationen Gomringers

das schwarze geheimnis
ist   hier
hier   ist
das schwarze geheimnis

wird Formulierungen Mallarmés berücksichtigen müssen wie »l'alphabet des astres, seul, ainsi s'indique, ébauché ou interrompu; l'homme poursuit noir sur blanc«; »avec le rien de mystère, indispensable, qui demeure, exprimé, quelque peu«; »comme un vol recueilli mais prêt à s'élargir ... feuille fermée, contienne un secret, le silence y demeure«; »l'ombre éparse en noirs caractères«[48] u. a. m. Es muß einer umfangreicheren Analyse vorbehalten bleiben, diese Tradition genauer zu beschreiben. Dabei wird man auch an Bilder der geometrisch-konkreten Kunst denken müssen, etwa an die »Meditationstafeln, Mandalas, Wegweiser« Sophie Taeubers und Arps, die »in die Weite, in die Tiefe, in die Unendlichkeit zeigen«[49] sollten, speziell an Malewitschs schwarze und weiße Quadrate der suprematistischen Phase. »Looking at this poem«, merkt Haroldo de Campos dem ersten japanischen konkreten Text Kitasono Katues, *tanchona kukan* (1957), an, »I remember Malevich's ›White on White‹ painting and Albers' ›Homage to the Square‹ series.«[50] Versteht man Weiß als Anwesenheit und Schwarz als Abwesenheit aller Farben, könnte man, ausgehend von Katues *tanchona kukan*, den zitierten Text Gomringers, manche *zeichen* Heinz Gappmayrs, einzelne *ideogramme* Claus Bremers, die *textlabyrinthe* Franz Mons als Gruppe subsumieren, die durch ein Interesse der Autoren an Ab- bzw. Anwesenheit der Sprache wesentlich charakterisiert wäre, wobei eine gewisse Neigung zu Sprachmystik, eine gelegentlich naiv-mystische Scheu vor Druckerschwärze sicherlich mit hineinspielt. »Angefangen beim z«, kommentiert Bremer eines seiner *ideogramme*, »wird Zeile für Zeile, die jeweils das ganze Alphabet enthält, ein Buchstabe mehr übereinandergeschrieben. So enthält schließlich ein Fleck Dunkel alle unsere Ausdrucksmöglichkeiten.«[51] Noch in diesem Zusammenhang zu lesen ist auch Mons Begründung der »labyrinthischen Darstellung« des Textes: »je konsequenter ein text aufgebaut ist, desto dringlicher wird das bedürfnis nach seiner labyrinthischen darstellung, nicht um seine struktur zu durchlöchern, sondern um ihre intensität erfahrbar zu machen und zu manifestieren, daß die klarste textentwicklung auf einem grund von unabsehbaren möglichkeiten entspringt.«[52]

Und in noch einem Punkte ist Mallarmé, der seinen Zeitgenossen vorwarf, sie könnten nicht lesen, »es sei denn die Zeitung«, für Gomringer ›entwicklungsgeschichtlich‹ bedeutend, in dem Versuch, »durch komplizierte typografische anordnungen das einzelne wort aus der einebnenden syntax zu lösen und ihm [...] eigengewicht und [...] individualität zu geben«.[53] Marie-Louise Erlenmeyer hat die syntaktischen Voraussetzungen dieses für *Ein Würfelwurf* notwendigen »nichtlinearen mehrschichtigen Lesens« beschrieben: »Wichtig für die verschiedenen Lesemöglichkeiten des Würfelwurfs ist, was Diderots Enzyclopädie, bezugnehmend auf die uneinheitliche Anwendung des Dativs, sagt: ›Die Tatwörter regieren nichts. Es gibt nur die Sicht des Geistes, die Grund ist für die verschiedenen Inflexionen, die man den Dingwörtern gibt, die im Rapport stehen zum Tatwort.‹ Daß Subjekt und Objekt im Französischen unter sich austauschbar, also nicht unterschieden sind, außer durch eine festgelegte Folge im Satzgefüge, ist für die Möglichkeiten in Mallarmés dichterischem Denken und Gestalten von größter Tragweite und gibt in der abendländischen Sprach- und Denkstruktur von Handelnden und Duldenden die Freiheit einer hin- und herschwingenden Vertauschbarkeit der Kräfte. In diesem Sinne hebt Mallarmé durch die Technik seiner Inversionen auch die festgelegte Folge innerhalb des Satzes auf.«[54]

Dennoch löst Mallarmé das Gefüge der vorgegebenen Syntax nicht auf. Er macht vielmehr durch die typovisuelle Erweiterung dieses Gefüge noch einmal handhabbar und funktionabel. Darauf bezogen erscheint die inhaltlich reduzierte Konstellation Gomringers, in der »neben- oder untereinandergesetzten worten [...] eine gedanklich-stoffliche beziehung gegeben« ist, die »eine ordnung und zugleich einen spielraum mit festen größen« darstellt, in der erst »die inversion [...] zu einer bewegenden größe, zu einem problem«[55] wird, sogar relativ traditionell, gemessen an anderen Beispielen konkreter Literatur. Dennoch geht beidem die aus Mißtrauen in das grammatische Schema der »Unterscheidung von Subjekt, Objekt und Prädikat« (Heißenbüttel) resultierende aggressive Zerstörung der Syntax durch die italienischen Futuristen voraus.

»Ich saß im Flugzeug auf dem Benzintank und wärmte meinen Bauch am Kopf des Fliegers, da fühlte ich die lächerliche Leere des alten, von HOMER ererbten Syntax. Stürmisches Bedürfnis, die Worte zu befreien, sie aus dem Gefängnis des lateinischen Satzbaus zu ziehen.«[56] So leitet Marinetti recht anekdotisch sein *Manifesto tecnico della letteratura futurista* ein. Konnte Mallarmé im Vorwort zu *Ein Würfelwurf* noch von Teilnahme seines »Versuchs« »an den unserer Zeit eigenen und ihr wertvoll erscheinenden Vorstößen zum freien Vers und der Prosadichtung« sprechen, fordert Marinetti jetzt: »Nach dem freien Vers, nun endlich DIE BEFREITEN WORTE!« Wenn Gomringer in seinem Manifest die Konstellation gegen eine Dichtung des »individualistischen ausdrucks«, gegen »stimmungsdichtung« abhebt, so findet sich dies bereits als Ablehnung einer »poésie personelle« bei Lautréamont (»Reprenons le fil indestructible de la poésie impersonelle«), als Forderung im *Technischen Manifest*: »MAN MUSS DAS ›ICH‹ IN DER LITERATUR ZERSTÖREN, das heißt die ganze Psychologie.«[57]

Die für die Folgezeit und die Entwicklung einer konkreten Literatur wichtigsten Forderungen des *Technischen Manifests* werden gleich zu Anfang gestellt:

»1. MAN MUSS DIE SYNTAX DADURCH ZERSTÖREN, DASS MAN DIE SUBSTANTIVE AUFS GERATEWOHL ANORDNET, SO WIE SIE ENTSTEHEN.
2. MAN MUSS DAS VERB IM INFINITIV GEBRAUCHEN [...].
3. MAN MUSS DAS ADJEKTIV ABSCHAFFEN [...].
4. MAN MUSS DAS ADVERB ABSCHAFFEN [...].
5. JEDES SUBSTANTIV MUSS SEIN DOPPEL HABEN [...].
6. AUCH DIE ZEICHENSETZUNG MUSS ABGESCHAFFT WERDEN. [...].«[58]

Diesen Forderungen folgt bald die Praxis, zunächst durchaus noch in der traditionellen zeiligen Vonlinksnachrechts-Abfolge im Versuch, durch Wechsel der Typen und unterschiedliche Spatien so etwas wie eine neue ›syntaktische Ordnung‹ herzustellen (»Battaglia / peso + odore«). Doch brechen Ardengo Soffici (*Bif§zf + 18. Chimismi lirici*, 1915) und Marinetti (*Les mots en liberté futuriste*, 1919) den Text bald endgültig aus seiner traditionellen Erscheinungsform. »In den ›Wörtern in Freiheit‹«, beschreibt Heißenbüttel die auf diesem Wege entstehenden Leseflächen, »wird zum erstenmal radikal das geordnete Schriftbild aufgegeben. Die visuelle Form der Sprache wird aus den Schemata der Druck- und Lesepraxis herausgenommen und in einem gleichsam bildhaften Aufbau neu zusammengesetzt. Dabei verfährt diese neue Konstellation der vokabulären Sprachelemente durchaus selbstherrlich. Eine dem visuellen Kompositionsbild entsprechende akustische Form (die versucht und durchgeführt wurde) geht nicht zwingend aus diesem Bild hervor.«[59] Eine strikte Trennung zwischen »Seh-« und »Hörtexten« (Ferdinand Kriwet), zwischen »akustischer« und »optischer Erscheinungsweise« der Worte (Gerhard Rühm), zwischen dem visuellen und akustischen Text der konkreten Literatur erfolgt erst durch die von Ball, Raoul Hausmann und Schwitters gezogenen Konsequenzen. Die Futuristen, der ihnen in manchem nahestehende Guillaume Apollinaire vollziehen sie noch nicht. Im Gegenteil betont Marinetti »unsere natürliche Tendenz zur Klangmalerei. Es tut nichts, wenn das entstellte Wort zweideutig wird. Es wird sich den klangmalerischen Akkorden oder Geräuschbündeln vermählen und uns gestatten, bald zum klangmalerischen psychischen Akkord zu gelangen, dem sonoren, aber abstrakten Ausdruck einer Emotion oder eines reinen Gedankens.«[60] Anders als Heißenbüttel sieht so auch Dietrich Mahlow die Leseflächen der Futuristen: »Die meisten Zeilen sind Geräusche wie Stellen aus einem Lautgedicht der Dadaisten. [...] Die Bewegung des Sprechens, dazu die Lautstärken, vom Schrei bis zum Murmeln, werden sichtbar.«[61] Und für Apollinaires bekanntes *il pleut* läßt sich schließlich ein ausgesprochen auditives Vokabular beobachten.

Wie immer dem sei, sowohl der visuelle wie der akustische Text lassen sich von den ›parole in libertà‹ herleiten. Für den visuellen Text ist dabei zum einen von Bedeutung, daß die Forderung der Zerstörung der Syntax dazu geführt hat, der Typographie jetzt gleichsam Rolle und Funktion der traditionellen Syntax, wenigstens zum Teil, zuzuweisen, sozusagen eine typographische Syntax einzuführen. Zum anderen steht die von Gomringer, der Noigandres-Gruppe u. a. wiederholt bekundete Absicht, alles metaphorische Ungefähr zu vermeiden bzw. auszuschließen, am Ende eines von den Futuristen, von Apollinaire eingeleiteten Prozesses, zu dessen Beginn Marinetti z. B. die Unterdrückung der »Redewendungen *wie, gleich, so wie, ähnlich*« verlangt und fordert, »in der Sprache« abzuschaffen, »was sie an Bild-Klischees und farblosen Metaphern enthält«.[62] Apollinaires von der konkreten Literatur häufig als Beleg zitiertes *il pleut* liest sich dabei durchaus noch in der Tradition einer symbolischen Bildersprache, was allerdings ein wenig dadurch verdeckt wird, daß er das traditionelle lyrische Requisit »Regen« typographisch wörtlich nimmt, gleichsam ins Typogramm veräußerlicht. Im gezielten Einsatz umgangssprachlicher Versatzstücke zeigen andere *Calligrammes* Apollinaires eine immer weitergehende Abkehr von einer symbolischen Bildersprache und deuten damit eine Entwicklung an, innerhalb derer es schließlich zu einer für die konkrete Literatur kennzeichnenden Ersetzung des traditionellen literarischen Bildes durch das typographische Bild kommt. Die Vielfalt der Möglichkeiten ist heute sichtbar in einer Fächerung von fast tautologischer Deckung von Text und Figur, etwa bei den zitierten Albers- und Brancusi-Portraits Kolařs, bis zum gewollten Widerspruch zwischen Bild und Text, wenn Bremer z. B. Christusworte in die Figur eines mit aufgepflanztem Bajonett angreifenden Soldaten einschreibt und kommentiert: »Kein eigener, kein Hippie-Text. Sondern Christusworte in einer katholischen Übersetzung, vorgefunden wie die Form. Kunst zeigt sich, finde ich, im Umgang mit Gegebenem. Die sichtliche Montage von Gewohntem macht Gewohntes zu Ungewohntem. Im Schriftbild, das hier getrennt ist, macht die Schrift das Bild fragwürdig und das Bild die Schrift. Die Tatsache, daß der Inhalt hinter die Form ein Fragezeichen setzt und die Form hinter den Inhalt, lädt den Leser zur Stellungnahme ein.«[63]

Apollinaire hat seine ersten vier Figurengedichte als *Idéogrammes lyriques* veröffentlicht und dabei möglicherweise an die Figurata des Barock gedacht. Er hat damit aber auch einem folgenreichen Irrtum Vorschub geleistet, aus dem heraus z. B. Houédard in seiner *Between Poetry and Painting Chronology*[64] eine kontinuierliche Geschichte des visuellen Textes bis zu den Figurgedichten der Bukoliker und Alexandriner zu rekonstruieren versucht. Gewiß begegnet eine Tendenz zur figuralen Textdarstellung innerhalb der Literaturgeschichte in Abständen immer wieder. Doch ist ihre Begründung jeweils so verschieden, daß eine Chronologie, die einen historischen Prozeß vorgibt, wo es sich höchstens um vergleichbare Tendenzen handelt, verfehlt erscheinen muß. Gerade das, was etwa die barocken Figurata auszeichnete, »wohlgeordnete Waagrechte und vollständige Verszeilen« (Alfred Liede), Vonlinksnachrechts-Abfolge des Textes, Einhalten von Strophen-, Vers- und Satzstruktur, mußte ja vor den Leseflächen der Futuristen, den *Calligrammes* Apollinaires, den visuellen Texten einer konkreten Literatur erst in Frage gestellt und aufgelöst werden. Da die konkrete Literatur keine Verse kenne »und gerade hier auch noch auf Sätze verzichtet«, beschreibt Wagenknecht diesen Tatbestand, »können sich ihre Figuren nicht aus dieser oder jener metrischen oder syntaktischen Ordnung des sprachlichen Materials ergeben. Die einzig wirksame Ordnung ist der figurale Zusammenhang selbst.« Während also das barocke Figurgedicht »auch im gewöhnlichen Druck ein Gedicht« bilde, ja in gewissen Fällen »selbst beim bloßen Hören noch als Bildgedicht erkennbar« bleibe, »fiele jedes ähnliche Werk konkreter Dichtung in sich zusammen, wenn ihm der Halt seiner typographischen Organisation genommen würde«. Der konkrete Dichter gebe »die konventionellen Ordnungsschemata der Sprache und Dichtung auf – um zu erproben, ob sich nicht schon die Elemente beider, die Wörter, auf der frei verfügbaren Fläche des Papiers dergestalt wiederholen, versetzen und verbinden lassen, daß die von ihnen bezeichneten Gegenstände unmittelbar zur Anschauung kommen. Der Autor konkreter Texte dichtet also gewissermaßen nicht *in* der Fläche, sondern *aus ihr heraus*.«[65]

Ebenfalls von den ›parole in libertà‹ läßt sich der allerdings von Wagenknecht und vielen anderen im Zusammenhang einer konkreten Literatur nicht oder kaum behandelte akustische Text herleiten, jedoch insofern nur indirekt, als sich Balls »Verse ohne Worte« als eine Konsequenz der »Wörter in Freiheit« zeigen lassen. Man kann den Weg zu den »Versen ohne Worte«, der sicherlich durch die Situation des ›Cabaret Voltaire‹, dessen Mitarbeiter »einer den andern stets durch Verschärfung der Forderungen und der Akzente zu überbieten suchte«, mit bestimmt wurde, an Hand der Tagebücher Balls leicht verfolgen und mit drei kurzen Zitaten beschreiben: »Mit der Preisgabe des Satzes dem Wort zuliebe begann resolut der Kreis um Marinetti mit den ›parole in libertà‹.« »Wir anderen gingen noch einen Schritt weiter. Wir suchten der isolierten Vokabel die Fülle einer Beschwörung, die Glut eines Gestirns zu verleihen.« »Man ziehe sich in die innerste Alchemie des Wortes zurück, man gebe auch das Wort noch preis und bewahre so der Dichtung ihren letzten heiligsten Bezirk.«[66]

Das ist etwas anderes als die zeitlich davorliegenden Versuche einer künstlichen Sprachfindung, sprachlicher Weltflucht bei Stefan George oder Else Lasker-Schüler, als das unsinnige Sprachspiel bei Paul Scheerbarth oder Christian Morgenstern. Zwar lassen sich Balls ›Klanggedichte‹ – die übrigens auch in der Tradition des onomatopoetischen Gedichts als dessen reduzierteste Form gelesen werden können – ähnlich wie die entsprechenden Versuche Georges oder Else Lasker-Schülers auch als »Schutzwehr gegen das gewöhnliche Leben« (Novalis) interpretieren, aber Ball wehrt sich – anders als George oder Lasker-Schüler – zugleich gegen eine »durch den Journalismus verdorbene und unmöglich gewordene Sprache«, er ist mißtrauisch gegen die Sprache der Literatur, gegen Sprache überhaupt. Das führt bei ihm zu einer Art Sprachmystik, die der zwei Jahre später mit seinen »poèmes phonétiques« beginnende Raoul Hausmann nicht will, wenn er resümiert: »Durch die Dada-Bewegung hat die Dichtung völlig ihren Charakter geändert: statt Folgen von sinnvollen Worten, angenehmem Klingen von Vokalen, ist sie gewollte Auflösung geworden, sie bedient sich der Buchstaben des Alphabets, dem ersten und letzten Phänomen rein menschlicher Klangform.«[67]

In der Tat spielt in der Vorgeschichte einer konkreten Literatur die Entdeckung des Buchstabens als des »ursprünglichen Materials der Dichtung« eine wichtige Rolle. »Die konsequente Dichtung«, pointiert Schwitters, »ist aus Buchstaben gebaut. Buchstaben haben keinen Begriff. Buchstaben haben an sich keinen Klang, sie geben nur Möglichkeiten zum Klanglichen gewertet [zu] werden durch den Vortragenden. Das konsequente Gedicht wertet Buchstaben und Buchstabengruppen gegeneinander.«[68] Konsequente Gedichte dieser Art sind eine Handvoll Alphabet-Texte seit 1920, dem Erscheinungsjahr von Louis Aragons

SUICIDE

A b c d e f
g h i j k l
m n o p q r
s t u v w
x y z

dem Schwitters mit Z *A/(elementar)* und einem *Alphabet von hinten* antwortet, in dem die Buchstaben p und o eindeutig als Wort zusammengezogen sind. Ebenfalls in *Register/(elementar)*, in dem Schwitters die Reihenfolge des Aphabets verstellt und die z. T. wiederholten Buchstaben um eine Achse ordnet, verzichtet er – ähnlich wie später in seiner *Ursonate* – nicht ganz auf wörtliche Anspielung (»ARP«). Man kann mit Heißenbüttel »elementar«-Gedichte dieser Art als Versuche verstehen, dem von den Futuristen und Apollinaire entwickelten visuellen Text neue, materialbezogenere Möglichkeiten abzugewinnen, »das Sehbild des poetischen Gebildes ganz rein zu erfassen und von allen anderen, störenden Elementen abzulösen. Die Konsequenz, die Schwitters bei diesem Vorhaben zog, bestand darin, daß er dem Gedicht allen rezipierbaren Inhalt nahm.«[69] Das scheint nicht ganz schlüssig, wenn man die wörtlichen Anspielungen berücksichtigen will. Darüber hinaus läßt sich für die zitierten Alphabet-Texte die Absicht des reinen »Sehbildes« – die allerdings für das fraglos auch in diesen Zusammenhang gehörende *Gesetzte Bildgedicht* geltend gemacht werden muß – bezweifeln. Schwitters hat an keiner Stelle die Möglichkeit der klanglichen »Wertung« ausgeschlossen. Im Gegenteil betont er zwei Jahre später: »Dem Vortrag ist es sogar gleichgültig, ob sein Material Dichtung ist oder nicht. Man kann z. B. das Alphabet, das ursprünglich bloß Zweckform ist, so vortragen, daß das Resultat Kunstwerk wird«[70] – eine Feststellung, die für eine ausführliche Analyse des Zusammenhangs von Hausmanns *fmsbwtözäu*, das ursprünglich »eine Druckprobe für die Auswahl von Typen war« (Schwitters), und der Schwittersschen *Ursonate* nicht unwichtig ist.[71]

Diese Breite zwischen klanglicher und/oder typovisueller Auswertungsmöglichkeit des auf das Alphabet, den Buchstaben reduzierten Textes läßt sich auch für eine Vielzahl vergleichsweise ähnlicher Gebilde der konkreten Literatur geltend machen. Dabei läßt sich rein äußerlich gelegentlich durchaus eine Nähe zur traditionellen Gedichtform beobachten, etwa bei Houédards *rhyming alphabet*, während Haroldo de Campos für die Serien *alphabet*, *alphabetenquadrate* und *typoaktionen* Hansjörg Mayers mit Recht die Bezeichnung »typoems« vorgeschlagen hat. In diesem Zusammenhang zu sehende Collagen Mons, Kolařs *Abeceda I–III* lassen sich darüber hinaus einer wichtigen weiteren Tradition einordnen, der auch das visuelle Pendant des genannten Hausmannschen Lautgedichts, das Poèmeaffiche *fms* (1918) zuzurechnen ist: einem seit Aufnahme von Schriftelementen ins Bild bzw. in die Collage der Kubisten zu beobachtenden Prozeß gegenseitiger Annäherung der Kunstarten.[72] Carlo Carràs politisch gemeinte *Manifestazione interventista* (1914) erweist dabei noch einmal den Stellenwert des Futurismus in der Vorgeschichte einer konkreten Kunst, in der wenige Jahre später Schwitters in Sachen »Merzgesamtkunstwerk« ausführt: »Ich habe Gedichte aus Worten und Sätzen so zusammengeklebt, daß die Anordnung rhythmisch eine Zeichnung ergibt. Ich habe umgekehrt Bilder und Zeichnungen geklebt, auf denen Sätze gelesen werden sollen. [...] Dieses geschah, um die Grenzen der Kunstarten zu verwischen.«[73] Karel Teige hat wohl als erster in seinem wichtigen, aber kaum bekannten *Manifest des Poetismus* (*Manifest poetismu*, 1928) – dem, ähnlich dem etwa zeitgleichen *Manifest der Konkreten Kunst*, weniger programmatische als vielmehr zusammenfassende Bedeutung zukommt – auf diese Tendenz zu Mischformen nachdrücklich hingewiesen, indem er z. B. Apollinaires *Calligrammes* als einen »wichtigen Schritt zur *Identifizierung der Poesie und der Malerei*« apostrophiert oder an anderer Stelle verallgemeinert: »Die Epoche unserer Zivilisation ist ein Stadium, wo sich die einzelnen Kunstarten und -gattungen von den Aufgaben befreit haben, denen sie in der Vergangenheit gedient hatten, wo sich die ästhetische Aktivität von der Utilitarität der einstigen Gewerbe loslöst, um ein selbständiges Leben zu leben, und wo sich die emanzipierten Kunstbereiche einander annähern und miteinander vermählen, so daß man sie künftig nach den Kategorien der einstigen ästhetischen Systeme nicht mehr wird einteilen und unterscheiden können; in einer Zeit, wo neue wissenschaftliche und technische Errungenschaften zu ganz neuen ästhetischen Sparten und Gebilden führen, entzündet sich die *Idee der Korrespondenz und Einheitlichkeit der künstlerischen Emotion*.«[74] Rund dreißig Jahre später weist Heißenbüttel in seiner *Geschichte des visuellen Gedichts im 20. Jahrhundert* erneut auf dieses Problem der Mischformen hin, ohne damit eine längst überfällige Diskussion auszulösen, und merkt schließlich speziell zur konkreten Literatur an: »Konkrete Poesie [...] kann, so meine ich, vor allem unter zwei Aspekten gesehen werden: dem der Reduktion und dem der Überschreitung von medialen Begrenzungen.«[75]

Wie sehr das Problem der Grenzverwischungen schon in der Vorgeschichte einer konkreten Literatur – deren akustische Texte der ›musique concret‹ Schaeffers ebenso wie der späteren Entwicklung einer elektronischen Musik wertvolle Impulse verdanken – auch für die Bereiche der Literatur und Musik Gültigkeit hat, zeigt als ein exemplarisches Beispiel die *Ursonate* Schwitters', dem Hausmann anlastet, er habe »die Form der Sonate übernommen und [...] seine Klangfolgen nach dem Prinzip der klassischen Musik komponiert«, wodurch ein »Zwitter zwischen Form und Klang« entstanden sei.[76] Dies könnte ein Grund sein, weshalb die Schwittersche ›Komposition‹ kaum Nachfolge gefunden hat. Die Lautdichter der konkreten Literatur[77] verwenden jedenfalls keine vorgegebenen musikalischen Großformen mehr,[78] versuchen vielmehr,

lettristische Traditionen, Errungenschaften der konkreten und elektronischen Musik für sich fruchtbar zu machen und auf ihre Weise fortzusetzen.
Von »einer spezifischen Entwicklungslinie in der konkreten Lautpoesie, nämlich der elektronisch-musikalischen«, spricht in diesem Zusammenhang Cobbing, bezogen auf das Fahlströmsche Manifest, in seinem Bericht über die *Konkrete Lautdichtung 1950 bis 1970* und weist am Beispiel François Dufrênes auf die Rolle hin, die das Tonbandgerät in dieser Entwicklung spielt.
»However, in 1950, François Dufrêne and Gils Wolman (France) began to make their cri-rhythmes and mégapneumes without any aid from the tape-recorder. [...] Both performed at first live, and later recorded their creations on tape, the tape-recorder being used simply as a recording instrument.
However, Dufrêne gradually warmed towards the more creative aspects of the tape-recorder and other electronic devices, which he had at first regarded as contaminations. He began to superimpose one recorded performance over another, and to use certain varieties of echo effect and reverberation. This was mainly from about 1963 onwards, although there are earlier examples.«[79]
Den ebenfalls der akustischen Literatur zugehörenden »Artikulationen« Mons gehen – um hier noch einmal auf die Vorgeschichte zurückzulenken – die gelegentlich als »lettristisch« apostrophierten »Lautgedichte« Hausmanns voran, der rückblickend ihre »Bedeutung und Technik« wesentlich artikulatorisch begründet:
»Im Gewirr der Töne und Geräusche hat der Mensch einige dieser Töne und Geräusche gewählt und andere abgelehnt. Er hat seine Wahl Harmonie und Akkorde genannt.
Wenn wir die vielfachen Möglichkeiten, die uns unsere Stimme bietet, aufzeichnen, die Unterschiede der Klänge, die wir unter zahlreichen Techniken der Atmung hervorbringen, der Stellung der Zunge im Gaumen, der Öffnung des Kehlkopfes oder der Spannung der Stimmbänder, kommen wir zu neuen Anschauungen dessen, was man Wille zur schöpferischen Klangform nennen kann.«[80]
Noch vor Hausmanns ersten »Lautgedichten« bereiten aber schon die Züricher Dadaisten mit ihrer Auffassung und Praxis des von Henri Barzun und Fernand Divoire übernommenen »poème simultan« die »écriture automatique« der Surrealisten und die artikulatorische Erweiterung des Alphabets im Lettrismus grundlegend vor. Ball in seinem Tagebuch (30. 3. 1916) und Arp in seinen Erinnerungen an *Dadaland* haben Herstellung und Aufführung dieser Gedichte so instruktiv beschrieben, daß man sich eine ziemlich genaue Vorstellung bilden kann. Drei Sätze Arps sind dabei für unseren Zusammenhang von besonderem Interesse: »La poésie automatique sort en droite ligne des entrailles du poète ou de tout autre de ses organes qui a emmagasiné des réserves. [...] Il cocorique, jure, gémit, bredouille, yodle comme ça lui chante. Ses poèmes sont comme la nature: ils puent, rient, riment comme la nature.«[81] Die Charakterisierung des akustischen Simultangedichts im letzten Satz entspricht nämlich weitgehend einem Definitionsversuch, den Arp 1944 der ›art concret‹ allgemein widmet: »nous ne voulons pas copier la nature. nous ne voulons pas reproduire, nous voulons produire. nous voulons produire comme une plante qui produit un fruit et ne pas reproduire. nous voulons produire directement et non par truchement.«[82] Und der erste Teil des Zitats nimmt praktisch in verkürzter Form eine artikulatorische Konsequenz des Lettrismus vorweg, die Dufrêne dann nach 1950 wieder aufgreift und fortführt, wenn seine »cri-rhythmes employ the utmost variety of utterances, extended cries, shrieks ululations,

purrs, yarrs, yaups and cluckings« (Cobbing). »Wir haben«, formuliert Isou diese Konsequenz, »das Alphabet aufgeschlitzt, das seit Jahrhunderten in seinen verkalkten vierundzwanzig Buchstaben hockte, haben in seinen Bauch neunzehn neue Buchstaben hineingesteckt (Einatmen, Ausatmen, Lispeln, Röcheln, Grunzen, Seufzen, Schnarchen, Rülpsen, Husten, Niesen, Küssen, Pfeifen usw...).«[83]

Wählt Rudolf Blümner, ein weiterer, allerdings weitgehend in Vergessenheit geratener Ahnherr der akustischen Literatur, dem Schwitters nicht nur als Sprechkünstler des *Sturm*-Kreises sicherlich manche Anregung verdankt, 1921 noch den Vergleich mit Malerei und Musik, um seine »Absolute Dichtung« zu begründen – »[...] wie der Maler Farbformen nach Belieben, also unabhängig von einer Bedeutung, zur Gestaltung zusammensetzt, der Komponist Töne rhythmisch nach vollkommener Freiheit aneinanderreiht, so stelle ich Konsonanten und Vokale nach *künstlerischen* Gesetzen zusammen«[84] –, so ist für Isou rund zwanzig Jahre später das lettristische Lautgedicht »une poésie devenue musique« bzw. eine »nouvelle poésie et nouvelle musique«. Dabei versteht sich Isou augenscheinlich am Ende einer »évolution du matériel poétique«, die er als einen mit Baudelaire einsetzenden Reduktionsprozeß sieht, wenn er seinen Vorgängern folgende literarischen Leistungen bescheinigt: Baudelaire: »la destruction de l'anecdote pour la forme du POÈME«; Verlaine: »annihilation du poème pour la forme du VERS«; Rimbaud: »la destruction du vers pour le MOT«; Mallarmé: »l'arrangement du MOT et son perfectionnement«; Tzara: »destruction du mot pour le RIEN«; Isou: »l'arrangement du RIEN – LA LETTRE – pour la création de l'anecdote«.[85]

Mit Arbeiten von Isou und Belloli müßte eigentlich jede Ausstellung oder Anthologie konkreter Literatur beginnen. Von einer »proto-konkrete konceptie« Bellolis spricht de Vree und könnte sie gleichfalls für Isou geltend machen. Wie Isou läßt sich auch der Spätfuturist Belloli am Ende eines literarischen Entwicklungsprozesses sehen, der über die ›parole in libertà‹ zu »semantico visual poster poems« (Williams) führt, zu »testi-poemi murali« (1944) der Art

treni
                i treni
i
i i i i i i i i i i i i
umbria   1943

denen Marinetti »creazione originale di zone-rumori construiti otticamente sulla pagina-spazio totale«[86] bescheinigt, in deren Folge Belloli 15 Jahre später im zeitlichen Kontext einer konkreten Literatur seine *notes for an aesthetic of audiovisualism* folgen läßt. So gesehen erweist sich die konkrete Literatur im Sinne Wystan Hugh Audens als Akt einer »colonization«. Das »Heraustreten aus dem dichterischen Gefüge von rund einhundert Jahren«, das Friedrich ihr indirekt zugesteht, hat also schon in ihrer Vorgeschichte stattgefunden.

Wenn wir eingangs die ersten Jahre der konkreten Literatur eine Zeit der Theorienbildung nannten, können wir jetzt differenzieren, daß diese Theorienbildung auch als eine Vergewisserung der Vorgeschichte und zugleich als ein Versuch, den eigenen Standpunkt innerhalb eines langwierigen literarischen Prozesses zu bestimmen, verstanden werden muß. Versuche derartiger Standortbestimmungen lassen sich in immer dichterer Folge bis Mitte der sechziger Jahre verfolgen und zeigen in Pierre Garniers *Position I du Mouvement International*, in der *Réponse d'Henri Chopin à Position I du Mouvement International*[87] und einer Erklärung der sogenannten Stuttgarter Gruppe *Zur Lage*[88], wie uneinheitlich bei allen Gemeinsamkeiten diese Bestimmungsversuche ausfallen, wobei Garnier infolge der Einengung, den der Begriff ›konkrete Dichtung‹ durch Gomringer und die Noigandres-Gruppe erfuhr, unter dem »nom général de Spatiale« summiert: »poésie concrète, poésie phonétique, poésie objective, poésie visuelle, poésie phonique, poésies cybernétiques, sérielles, permutationnelles, verbophonie, etc.«, während die Stuttgarter Gruppe die Bezeichnung ›konkrete Poesie‹ gänzlich meidet und von »Tendenzen« spricht, »innerhalb derer Poesie heute realisiert wird«, nachdem Heißenbüttel schon 1961 anzudeuten versucht hatte, »in welcher Weise man über den relativ engen Rahmen hinaus, den Gomringer und die Brasilianer sich zunächst gesteckt haben, von konkreter Poesie sprechen könnte«.[89] Dennoch hat sich bis heute ein Vorurteil über die konkrete Literatur halten können, das sich an Gomringers Konstellationen und den Ideogrammen der Noigandres-Gruppe und ihren Nachfolgern orientiert, dabei aber nur – und nicht einmal zur Gänze – die Tendenz zum visuellen Text, den typovisuellen Aspekt betrifft, während es die Tendenz zum akustischen Text infolge der Isouschen »nouvelle poésie et nouvelle musique« völlig außer acht läßt. Die Arbeiten Siegfried J. Schmidts und in seiner Folge Peter Weiermairs[90] seien hier stellvertretend genannt, zumal nicht zuletzt ihre rein ästhetische und sprachphilosophische Argumentation mit beigetragen haben dürfte zu vorschnellen Urteilen, wie sie z. B. die einleitend zitierte Kritik der *Stuttgarter Zeitung* formuliert.

Ähnlich wie bei den Manifesten und theoretischen Äußerungen ist der Befund bei den Textveröffentlichungen. Zunächst erscheinen die Texte vereinzelt in Zeitschriften, in der inzwischen schon legendären *spirale* Gomringers, Marcel Wyss' und Diter Rots seit 1953, seit 1958 in eigens dafür gegründeten Publikationsfolgen wie Spoerris *material* (1958–61), das durchaus andere Intentionen verfolgt als Gomringers *konkrete poesie/poesia concreta* (1960–65). Seither datieren auch die ersten selbständigen Publikationen oft in kleinsten Verlagen, bis dann Ende der sechziger Jahre etwa gleichzeitig Autoren wie Friedrich Achleitner, Bremer, Gomringer, Heißenbüttel, Jandl, Mon, Gerhard Rühm u. a. ihr bis dahin oft an entlegenem Ort Veröffentlichtes noch einmal – und jetzt in großen Verlagen – überschaubar zusammenfassen.

Im Wintersemester 1959/60 stellt Bense – dessen Zeitschrift *augenblick* (1955–61) und Publikationsfolge *rot* (seit 1960) in diesem Zusammenhang ebenfalls genannt werden müssen – in der von ihm geleiteten Studiengalerie der Technischen Hochschule Stuttgart zum erstenmal *konkrete texte* aus und leitet damit eine immer regere Ausstellungstätigkeit ein.

Man geht sicher nicht fehl, wenn man das Jahr 1960 als eine Art ersten Höhepunkt innerhalb der Geschichte einer konkreten Literatur annimmt, die in einem zweiten Anlauf mit jetzt zunehmender Breitenwirkung ihren zweiten Höhe- und in gewisser Hinsicht auch Endpunkt Ende der sechziger Jahre erreicht. Schon 1965 widmet ihr Walter Höllerer in seiner Zeitschrift *Sprache im technischen Zeitalter* ein Sonderheft *Texttheorie und Konkrete Dichtung*, das allerdings wesentliche Aspekte ebenso unberücksichtigt läßt wie ein 1968 in Karlsruhe veranstaltetes Kolloquium *Konkrete Dich-*

tung/Konkrete Kunst, das »Autoren und Theoretiker in unmittelbaren Kontakt« bringen wollte, um »beiden Seiten Einblick in die gemeinsame Sache – die konkrete Kunst – von den jeweils verschiedenen Aspekten her zu ermöglichen«.[91] Ein die Ergebnisse dieses Kolloquiums zusammenfassender Berichtband läßt sich ebenso wie eine Anzahl seit 1967 erschienener Anthologien, Langspielplatten, umfangreicher Ausstellungen als Versuch verstehen, die konkrete Literatur überschaubar zu machen, was ja voraussetzt, daß sie den Beteiligten als literarische Phase weitgehend abgeschlossen scheint. Die von Nicolas Zurbrugg Anfang 1970 in *Stereo Headphones*[92] zusammengestellten, z. T. recht kritischen Äußerungen beteiligter Autoren zum Tode der konkreten Literatur sind hier ebenso bezeichnend wie auf der anderen Seite schon 1968 die Veröffentlichung der Ergebnisse eines ›Vaughan College Concrete Poetry Course‹[93], die man entweder als die vom *Spiegel* attestierten »frühen Inflations- und Alterserscheinungen« werten kann oder als Beleg dafür nehmen, daß die konkrete Literatur unter anderem literarische Redemuster ausgebildet und bereitgestellt hat, die gleichsam literarische Gesellschaftsspiele ermöglichen, nicht unähnlich, wenn auch mit anderem gesellschaftlichen Hintergrund, den literarischen Gesellschaftsspielen des Barock, der japanischen Haiku-Tradition.

Man wird bei der Analyse konkreter Literatur die gelegentlich recht unterschiedliche gesellschaftspolitische Situation mit einkalkulieren müssen und keinesfalls über einen Leisten schlagen dürfen, »daß visuelle Poesie in Diktaturen besonders gut gedeiht«. Mary Ellen Solt unterscheidet mit Recht: »It is not difficult to see that Gomringer's ›constellations‹ do not look like *Noigandres* ideograms. And on the whole, Brazilian concrete poetry is more directly concerned with sociological-political content«, und weist für ein Ideogramm Pignataris nach: »Decorative typography is used here to satirical effect. In

beba coca cola
babe   cola
beba coca
babe cola caco
caco
cola
        c l o a c a

Décio Pignatari makes an anti-advertisement from an American advertising slogan, condemning both the culture that makes and exports coca cola and the culture that drinks it.«[94]

Anders wird man fragen müssen, ob das intellektuelle Spiel der konkreten Literatur nicht so etwas wie eine letzte Zone geistiger Freiheit bietet in Ländern, in denen Literatur nicht frei ist. Die dem tschechischen Beitrag zur konkreten Literatur zugehörenden *Variationen auf einen Satz von Josef Stalin* (»Der Frieden wird erhalten und befestigt werden, wenn das Volk die Sache des Friedens in seine Hände nehmen und sie bis zu Ende verteidigen wird«) stellen auf dem Wege der Variation in Frage, lassen sich als Musterbeispiel einer sprachlichen Demonstration des klassischen Widerspruchs von Theorie und Praxis apostrophieren. Umgekehrt und wirkungsästhetisch nicht uninteressant ist die »große Überraschung«, die Heißenbüttels *Politische Grammatik* (1959) bei einigen tschechischen Autoren ausgelöst hat: »Aus drei Wörtern wurde da eine Kreation aufgebaut, die typisch war auch für unsere menschliche Situation. Das war für uns ein wirklich politisches Gedicht, ob es konkret war oder nicht, spielte dabei keine Rolle. Es war aus reduzierter Sprache aufgebaut. Und es stellte einen neuen Zutritt zu poetischen Ausdrucksformen dar.«[95] Ähnlich interessant ist der kommentierte Abdruck eines visuellen Textes, der die Worte şah (Schah), taç (Krone), halk (Volk), aç (hungrig) typographisch in ihrer Wiederholung zu einem Orden ordnet, des einzigen allerdings in Deutschland lebenden türkischen Beiträgers zur konkreten Literatur, Yüksel Pazarkayas, in einer in Schweden erscheinenden Gastarbeiterzeitschrift.[96]

»Alle Texte«, kommentiert Bremer seine den bereits genannten Figurengedichten vorausgehenden *engagierenden texte* (1966), »die ich hier zeige, sind so geschrieben, daß die Haltung, zu der sie einladen, auch in unseren gesellschaftlichen, politischen Verhältnissen ein Wirkungsfeld finden kann. Es sind keine engagierten Texte, es sind engagierende Texte.«[97] Wagenknecht – der für einen Großteil der konkreten Literatur kritisch einschränkt, daß er, »wie lehrreich auch im einzelnen, im ganzen kaum mehr als ein anregendes Spiel geworden« sei, »zwar oft imstande, den Betrachter zu unterhalten, nicht aber dazu, ihn auch nützlich zu beschäftigen« – sieht in diesen Texten Bremers »Beispiele eines Typs von nicht mehr nur kontemplativen Gedichten«, weil sie »statt der Sprache die Rede, statt Satzplänen Sätze« studieren. Sie »arbeiten mit Parolen. Sie machen und zitieren Vorschriften. Und sie bringen diese Vorschriften mit den von der konkreten Poesie entwickelten oder erneuerten Mitteln in der Weise zur Sprache, daß sich der Betrachter, wenn er die Darstellungsmethode nicht schon von vornherein verwirft, zur Folgsamkeit oder zum Widerspruch veranlaßt findet. [...] Erst in solchen Gedichten scheint sich die konkrete Poesie ihren Namen wirklich zu verdienen.«[98]

Diese Tendenz zum engagierenden, ja sogar zum engagierten Text nimmt Mitte der sechziger Jahre unübersehbar zu, »sau / aus / usa« lautet z. B. eine 3-Buchstaben-Permutation Mayers von 1965, der sich Jandls *alphabet einer macht, mit 3 unbekannten* (1969) vergleichen ließe. Chopins *Aux Hommes* (1969) schließlich scheint ziemlich direkt an die Wandparolen und Plakatentwürfe der Pariser Mairevolte anzuschließen, die umgekehrt ihrerseits durchaus auch mit Mitteln konkreter Literatur arbeiten: »je participe / tu participes / il participe / nous participons / vous participez / ils profitent.« Dieser Plakattext aus dem Mai 1968 will allerdings weniger konkretes Gedicht als politischer Gebrauchstext sein. Das ist zunächst kein Widerspruch, denn vom Gedicht als einem Gebrauchsgegenstand haben so unterschiedliche Autoren wie Bertolt Brecht und Hans Magnus Enzensberger auf der einen und auf der anderen Seite die Noigandres-Gruppe und innerhalb der konkreten Literatur als erster Gomringer gesprochen: »der zweck der neuen dichtung ist viel direkter als der der individualistischen dichtung. der unterschied zwischen der sogenannten gebrauchsliteratur und der designierten dichtung fällt nicht mehr ins gewicht. zwischen beiden besteht nahe verwandtschaft, ja es ist nicht abwegig zu denken, daß der unterschied einmal verschwindet, daß es in zukunft überhaupt nur noch eine art wirklicher gebrauchsliteratur geben wird.«[99] Allerdings hat Gomringer dabei sicher am wenigsten an die politische Wandparole gedacht. Er sieht die Aufgabe des Dichters anders: »indem der dichter ein schweigen bricht, bejaht er, er bejaht mit worten. [...] daß wir lernen, auf worte zu achten, worte zu sehen, worte zu hören, daß wir freude haben an worten, daß wir heiter werden mit worten, dies ist des dichters anteil an den tätigkeiten des menschen.«[100] Der Gebrauchstext, den er im Auge hat, dürfte wohl eher der Werbetext sein einer Art, wie ihn z. B. das Stuttgarter »schwabenbräu« oder der Kaufhof (»KAUFHOF kommt«) vorgestellt haben. Und als Beispiele einer künftigen »wirklichen gebrauchsliteratur« lassen sich vielleicht die Textvasen Gomringers ansprechen. Könnte man Gomringers Feststellung, »das neue gedicht ist [...] einfach und überschaubar, es wird zum seh- und gebrauchsgegenstand: denkgegenstand, denkspiel«, mit Einschränkung für den konkreten politischen Wandtext der Mairevolte geltend machen, als Gebrauchsgegenstand stellt er nicht nur intentionell etwas grundsätzlich anderes dar als eine Vase mit der Aufschrift der Konstellation *ping pong*, für die sich ankreiden ließe, der ursprünglich von Bill (und Bense) so definierte Gegenstand zum geistigen Gebrauch sei nun endgültig in die Sackgasse des Konsums geraten – ein Problem, das bei den in der konkreten Kunst fließenden Grenzen zwischen Kunst- und Designobjekt einmal grundlegend und nicht nur von einem neomarxistischen Standpunkt aus durchdacht werden müßte.

Inzwischen wurde in Enzensbergers *Kursbuch* das Ende der Literatur gefordert, da sie nichts zur Lösung der gesellschaftlich-politischen Mißverhältnisse beitrage, affirmativ sei und letztlich sowieso nur von der Clique verstanden werde, für die sie geschrieben sei. Daß sich »die Beziehungen zwischen Literatur und Gesellschaft im 20. Jahrhundert« so einfach »nicht auflösen« lassen, hat bereits Heißenbüttel kritisiert und dagegengehalten, daß »in der Reduktion auf das Wort und in der Kombinatorik von Wörtern [...] die der Sprache eingeschriebene Stufenordnung von Rängen (Über-, Unter- und Beiordnungen) durchbrochen« werde, »in der bestimmte gesellschaftliche Entwicklungen der Sprache ihren Stempel aufgedrückt haben und ohne die wir bis heute nicht in der Lage sind, uns differenziert zu verständigen. [...] Die Brechung des Ausdrucks gesellschaftlicher Herrschaft aber, wenn man es so ausdrücken will, bedeutet so etwas wie eine Einebnung der Sprache. In dieser Einebnung wird sie nicht zur exklusiven Schlüsselsprache für Eingeweihte [...], sie wird zugänglich für jedermann; genauer, der Zustand, aus dem heraus Literatur produziert wird, ist in dieser Einebnung ein für jedermann gedachter.«[101] So gesehen betreibe Gomringer, der sich bereits in seinem ersten Manifest für den »zweck« interessiert, »welcher der dichtung in der heutigen gesellschaft zugeschrieben werden kann«,[102] sogar »so etwas wie eine Sozialisierung der Sprache« und gehe »darin weiter als die politisch engagierten Poeten der anderen Seite, die bei aller verbalen und physisch tätigen Kritik an den herrschenden Zuständen doch der metaphorischen Redeweise der bürgerlichen Rechtfertigungspoetik verhaftet«[103] blieben. Allerdings schlösse er dabei »Problematik, Kritik, Verzweiflung, Konflikt usw.« weithin aus. Anders als die *engagierenden texte* Bremers, die zu einer Haltung einladen wollen, die »auch in unseren gesellschaftlichen, politischen Verhältnissen ein Wirkungsfeld finden kann«, soll Gomringers Konstellation »dem heutigen menschen durch seinen objektiven spiel-charakter« dienen, »und der dichter dient ihm durch seine besondere begabung zu dieser spieltätigkeit. er ist der kenner der spiel- und sprachregeln, der erfinder neuer formeln, durch die vorbildlichkeit seiner spielregeln kann das neue gedicht die alltagssprache beeinflussen.«[104] (An anderer Stelle spricht Gomringer gar vom »gedicht einer auch in kommunikativer hinsicht sich neubildenden universellen gesellschaft«.)

Gomringer, dessen Beitrag zur konkreten Literatur sich wesentlich auf die Konstella-

tion beschränkt, will also – ein wenig verkürzt – den Leser als Partner in einem Spiel mit Worten, mit denen der Dichter bejaht. Bremer, dessen Werk deutlich eine Entwicklung von den *tabellen und variationen* (1960) über die *engagierenden texte* zu den (engagierten) *Figurentexten* (1968) erkennen läßt, will ganz anders den Leser »zum Ungehorsam und zum Widerstand« (Wagenknecht) erziehen.
Historisch könnte man hier eine Entwicklung der konkreten Literatur sehen, eine erste relativ strenge Phase (der Konstellation) von einer Phase der Erweiterung (mit zunehmender Tendenz zum engagierenden und engagierten Text) in den sechziger Jahren unterscheiden. Das entspräche in ungefähr einer Unterscheidung Wagenknechts zwischen den konkreten Dichtern, die »mit den lexikalischen und grammatischen Mustern der parole, nicht mit der hier und jetzt, in dieser oder jener geschichtlichen und gesellschaftlichen Situation verlautbarten Rede selbst«, arbeiten, deren »Gegenstand [...] nicht Worte, sondern Vokabeln, nicht Sätze, sondern Pläne von Sätzen« bilden, und einer konkreten Literatur, die »statt der Sprache die Rede, statt Satzplänen Sätze studiert«.[105] Von zwei Aspekten konkreter Literatur und zwei Generationen konkreter Dichter spricht unter anderem Blickwinkel auch Cobbing bei seinem Versuch, die Bedeutung des Fahlströmschen Manifests zu bestimmen. »He opened the way not only for the structural aspects of concrete poetry which play such a prominent part in the theory and practice of Eugen Gomringer [...], the Brazilians and the Germans, but for expressionist aspects which a second generation of concrete poets has found so potent.«[106]
Aber das Gesicht der konkreten Literatur ist von Anfang an nicht einheitlich. Auf den Unterschied zwischen Gomringers Konstellation und dem Ideogramm der Noigandres-Gruppe hat Mary Ellen Solt hingewiesen. Ist Gomringer davon überzeugt, »das neue gedicht« könne »durch die vorbildlichkeit seiner spielregeln [...] die alltagssprache beeinflussen«, spricht Mon »vom ›Querstellen‹ gegen das allzu geläufig gewordene und im Grunde fast nur noch Anonymes und Unbedeutendes sagende Vokabular der sogenannten Umgangssprachen«, benutzen in den sechziger Jahren zunehmend Autoren als Material die vorgefundene Sprache, lassen sie mit den Mitteln der konkreten Literatur leerlaufen, zerstören das sprachliche Fundstück und versuchen so, umgangssprachliche Verhaltensmuster in ihren Widersprüchen zu entlarven.
Ist Gomringer davon überzeugt, daß »das neue gedicht [...] als ganzes und in den teilen einfach und überschaubar« sei, leitet Mon die Begründung seiner *textlabyrinthe* ein: »solange geschrieben wird, konkurrieren zwei tendenzen, das geschriebene darzubieten, die zur leichtesten lesbarkeit mit der, dem lesen widerstand zu bieten«.[107] Ähnlich unterschiedlich ist die Bedeutung, die beide Autoren dem Schweigen zumessen. »Die Verfassung des Querstellens«, sieht es Mon, »ist das Schweigen. ›Ich‹ ist da, aber es behauptet nichts, es redet nicht, es läßt alles, was es von der Rede hat, und alles, was Rede ist, fahren. Es fällt auf sich zurück, von wo die entfallene Realität ja ausgegangen war. Es fällt auf sich zurück, ohne sich um sich zu kümmern. Etwas wird in seinen leeren Hof eintreten, an dem es wieder beginnen kann«[108], während für Gomringer der Dichter »einer« ist, »der ein schweigen bricht, um ein neues schweigen zu beschwören. [...] die worte des dichters kommen aus dem schweigen, das sie brechen. dieses schweigen begleitet sie. es ist der zwischenraum, der die worte enger miteinander verbindet als mancher redefluß«[109].
Man könnte leicht einen ganzen Katalog derartiger Aspekte und Tendenzen zusam-

men- und gegenüberstellen und damit verdeutlichen, wie komplex eine konkret genannte Literatur bei genauerem Zusehen ist. »Was mich interessiert«, sagt es Heißenbüttel in eigener Sache, »ist die Ausnutzung der Tendenzen, als die man die konkrete Poesie ansehen kann, miteinander, in Bezug zueinander.«[110] In ihren Mitteln, Methoden und Tendenzen in einer sogenannten Literaturrevolution vorbereitet, erweist sie sich als Phase eines seither andauernden literarischen Prozesses, die wesentlich charakterisiert ist durch eine konsequente Aufnahme dieser Mittel, Methoden und Konsequenzen. Wo sie sich dabei »zu speziellen Einzelmethoden, Einzeltechniken, Einzelrichtungen verengt« (Heißenbüttel) hat, erscheint sie heute historisch abgeschlossen, überschaubar, gleichsam museal. Im »größtmöglichen Miteinander von Methoden« jedoch, durchlässig an den Rändern, könnte sie, wie Heißenbüttel es zu fassen versucht, »nicht nur [...] neue« literarische »Sprechweise«, »sondern ebenso [...] eine neue Weise« sein, »sich sprachlich in dieser Welt zu orientieren«.[111]

Anmerkungen

Zitiert wird jeweils die am leichtesten zugängliche Quelle.

1 St. Gallen 1960. (die quadratbücher 11.)

2 Vgl. dazu auch Peter Rühmkorf: An den Quellen des Versiegens. In der poetischen Avantgarde Deutschlands ist das Schweigen der letzte Schrei. In: DIE ZEIT v. 13. 4. 1962.

3 Hugo Friedrich: Die Struktur der modernen Lyrik. Von der Mitte des neunzehnten bis zur Mitte des zwanzigsten Jahrhunderts. Erw. Neuausg. Hamburg 1970. S. 13. – Möglicherweise verwechselt Friedrich hier jedoch konkrete Literatur und Computer-Dichtung.

4 Der Spiegel 24 (1970) Nr. 32. S. 101 und 99 (Visuelle Poesie. Bild vom Dichter).

5 Stuttgarter Zeitung v. 7. 12. 1970. S. 14 (Helmut Schneider: Sprachlose Lesebilder).

6 An Anthology of concrete poetry. Hrsg. von Emmett Williams. New York [u. a.]: Something Else Press; Stuttgart: Edition Hansjörg Mayer, 1967; Concrete Poetry. An International Anthology. Hrsg. von Stephen Bann. London: Magazine Editions, 1967; Experimentální Poezie. Hrsg. von Josef Hiršal und Bohumila Grögerova. Prag: Odeon, 1967; u. a. Außerdem haben mehrere literarische Zeitschriften ganze Nummern der konkreten Literatur gewidmet, u. a.: Poëzie in fusie, visueel konkreet fonetisch. Hrsg. von Paul de Vree. In: De Bladen voor de Poëzie (1968) Nr. 6/8; Anthology of concretism. In: Chicago Review 19 (1967) Nr. 4 (zusammengest. von Alain Arias-Mission); In: Artes hispanicas, Hispanic Arts 1 (1968) Nr. 3 und 4 (Vorwort und Zusammenstellung: Mary Ellen Solt).

7 Poesie zum Ansehen. Beispiele konkreter und visueller Dichtungen aus 3 Kontinenten. Hofer Tage für neue Literatur 1968; Visuelle Poesie. Münster: Westfälischer Kunstverein, 1969; Poesia concreta. Indrizzi concreti, visuali e fonetici. Venedig: Biennale 1969; Text Buchstabe Bild. Zürich: Zürcher Kunstgesellschaft, 1970; klankteksten / ? konkrete poëzi / visuele teksten. Amsterdam: Stedelijk Museum, 1970; ferner Antwerpen, Stuttgart, Nürnberg, Oxford, Liverpool 1971 ff.

8 In: De Tafelronde. Neonlicht. (Extra-editie.) o. J. [1970]. S. 5 f. – Antwort auf die Toterklärung der konkreten Literatur in: Stereo-Headphones, s. Anm. 92.

9 Wagenknecht: Konkrete Poesie. In: Der Berliner Germanistentag 1968. Vorträge und Berichte. Hrsg. von Karl Heinz Borck und Rudolf Henß. Heidelberg: Winter, 1970. S. 117.

10 »In nahezu allen Definitionen konkreter Dichtung [...] wird das visuelle Moment so stark betont, daß es oft zu einer Synonymie der Begriffe konkret und visuell kommt«, faßt z. B. Peter Weiermair (Zur visuellen Poesie. In: Wort und Wahrheit 23, 1968, H. 6, S. 524) zusammen, während Gero von Wilpert den »Konkretismus« als »internationale Strömung der modernen Lyrik« definiert, »die von den sprachlichen Elementen als konkretem Material ausgeht, sie von ihrer Funktionalität zu erlösen sucht und sie gemäß ihrem Klangcharakter nach rein klanglichen Gesetzen unter Verzicht auf jede Aussage oder Mitteilung neu kombiniert« (Sachwörterbuch der Literatur. Stuttgart ^{5}1969. S. 405).

11 Schmidthenner: Konkrete Poesie. In: Konkrete Poesie deutschsprachiger Autoren. München: Goethe-Institut, 1969 (Ausstellungskatalog). S. 7.
12 Diese ersten Manifeste sind seit ihrem Erstdruck wiederholt, auch in Übersetzung, veröffentlicht worden und leicht zugänglich in: konkrete poesie. deutschsprachige autoren. anthologie von eugen gomringer. Stuttgart 1972 [u. ö.]. (Reclams Universal-Bibliothek. Nr. 9350 [2].) S. 153 ff. (Gomringer: vom vers zur konstellation);
Artes hispanicas, Hispanic Arts (Anm. 6) S. 70 f. (Plano-pilôto para poesia concreta); S. 74 ff. (Hätila ragulpr pä fätskliaben);
Katalog *Text Buchstabe Bild* (Anm. 7) S. XVII ff. (Hätila [. . .]); S. XXVII f. (Plan der konkreten Poesie).
13 Eine zur ersten Orientierung ausreichende Auswahl der Manifeste bieten Artes hispanicas, Hispanic Arts (Anm. 6) S. 67 ff. (Manifestos and Statements on Concrete Poetry) und der Katalog *Text Buchstabe Bild* (Anm. 7) S. I ff., der zusätzlich einige wichtige Manifeste aus der Vorgeschichte einer konkreten Literatur enthält.
14 Überhaupt laufen für eine Anzahl Autoren konkreter Literatur Fäden in der Hochschule für Gestaltung in Ulm zusammen, vor allem für die Brasilianer, Bense und Bremer.
15 Konkrete Poesie. In: Helmut Heißenbüttel: Über Literatur. Olten / Freiburg i. Br. 1966. S. 71. (Texte und Dokumente zur Literatur.)
16 In: Katalog *klankteksten / ? konkrete poëzie / visuele teksten* (Anm. 7) o. P. [S. 25 ff.].
17 Katalog *Text Buchstabe Bild* (Anm. 7) S. XXI f.
18 Ebd. S. XXII.
19 Zitiert nach Reinhard Döhl: Kurt Merz Schwitters. In: Expressionismus als Literatur. Gesammelte Studien. Hrsg. von Wolfgang Rothe. Bern/München 1969. S. 771.
20 Das Manifest der Konkreten Kunst. In: Konkrete Kunst. Hrsg. von Margit Staber. St. Gallen: Galerie Press, 1966. S. 5. (Schriften für Literatur, bildende Kunst und Musik. Hrsg. von der Edition Galerie Press. Serielle Manifeste 66, Manifest XI.)
21 Gomringer (Anm. 12) S. 158.
22 Bense: Konkrete Poesie. In: Sprache im Technischen Zeitalter (1965) H. 15 (Sonderheft: Texttheorie und Konkrete Dichtung). S. 1240.
23 Für Arp bedeutet hier »abstrakt« die geometrische Auflösung des Gegenstandes, allgemein die Deformation des Gegenstandes in der Art des kubistischen Bildes, während er unter »konkret« die gegenstandslose Kunst (so auch die ersten sogenannten abstrakten Bilder Kandinskys) faßt. Vgl. auch das Zitat aus »art concret«, s. o. S. 272.
24 Zitiert nach: Der Dichter Kandinsky. In: Wie sie einander sahen. Moderne Maler im Urteil ihrer Gefährten. Hrsg. von H. M. Wingler. München 1961. S. 89 f.
25 Über den Einfall. In: Heißenbüttel (Anm. 15) S. 227.
26 Z. B. in Maximen und Reflexionen 749, 750, 751.
27 An Anthology of concrete poetry (Anm. 6) o. P. [S. 4].
28 Wagenknecht (Anm. 9) S. 103. – Vgl. dazu auch Wagenknechts aufschlußreiche *Variationen über ein Thema von Gomringer* (Text + Kritik, 1970, H. 25, S. 14 ff.), die zugleich ein instruktives Beispiel für einen Aspekt der konkreten Literatur sind, den die Züricher Ausstellung in der Gruppe »Fortführungen« zu zeigen versucht hat.
29 Vgl. Anm. 10.
30 Zitiert nach Mary Ellen Solt: A World Look at Concrete Poetry. In: Artes hispanicas, Hispanic Arts (Anm. 6) S. 39.
31 An Anthology of concrete poetry (Anm. 6) o. P. [S. 80].
32 Nachwort zu: Ernst Jandl: Laut und Luise. Stuttgart 1976. (Reclams Universal-Bibliothek. Nr. 9823 [2].) S. 156 f. – Ebd. S. 38 f. ist auch das zitierte »Sprechgedicht« in der Gruppe »Krieg und so« abgedruckt. Vgl. dazu auch: Jandl: Voraussetzungen, Beispiele und Ziele einer poetischen Arbeitsweise. In: Protokolle. Wiener Jahresschrift für Literatur, bildende Kunst und Musik. 1970. S. 9 f.
33 Laut und Luise. Ernst Jandl liest Sprechgedichte. Berlin o. J. (Wagenbachs Quartplatte, 2.)
34 Vgl. das Schallplattenverzeichnis in der »Bibliographie« des Katalogs *klankteksten / ? konkrete poëzie / visuele teksten* S. 230. – Nicht in dies Verzeichnis aufgenommen wurde eine anläßlich der Ausstellung vom Stedelijk Museum herausgegebene Langspielplatte. – Eine nahezu vollständige Zusammenfassung bis 1969 vorliegender Tonbänder und Schallplatten (mit genauen technischen Daten) enthält der »Fylkingen Catalogue of Text-Sound Compositions«, hrsg. von der Fylkingen Group of Linguistic Arts. Hrsg. von Sten Hanson. Stockholm 1969.

35 Vgl. Döhl: Das literarische Werk Hans Arps 1903–1930. Zur poetischen Vorstellungswelt des Dadaismus. Stuttgart 1967.
36 Otmar Engel/Georg Heike [u. a.]: Sprechspiele und Lautgedichte. Über phonetische Experimente in Wissenschaft und Literatur. Radio-Essay. Süddeutscher Rundfunk, 12. 11. 1962. Zitiert nach dem Funkmanuskript, S. 20.
37 Hans Arp: Wegweiser. In: wortträume und schwarze sterne. auswahl aus den gedichten der jahre 1911–1952. Wiesbaden 1953. S. 9 f.
38 Gomringer (Anm. 12) S. 157.
39 Gomringer: gedichttechnik. In: E. G.: worte sind schatten. die konstellationen 1951–1968. Reinbek 1969. S. 284.
40 Reduzierte Sprache. Über einen Text von Gertrude Stein. In: Heißenbüttel (Anm. 15) S. 11.
41 Max Bense: Theorie der Texte. Eine Einführung in neuere Auffassungen und Methoden. Köln/Berlin 1962. S. 136.
42 Gomringer (Anm. 12) S. 153.
43 Vgl. den Aufbau der Züricher Ausstellung und seine Begründung im Katalog, S. 5.
44 Hugo Ball: Die Flucht aus der Zeit. München/Leipzig 1927. S. 101 f.
45 Gomringer (Anm. 12) S. 155.
46 Carl Einstein: Zu Paul Claudel. In: C. E.: Gesammelte Werke. Hrsg. von Ernst Nef. Wiesbaden 1962. S. 64.
47 Stéphane Mallarmé: Ein Würfelwurf. Übers. und erl. von Marie-Louise Erlenmeyer. Olten/Freiburg i. Br. 1966. (Walter-Druck. 10.) o. P. [S. 33].
48 Ebd. S. 107 bzw. 109 (Verwandte Texte zum *Coup de Dés* aus Mallarmés Werken).
49 Hans Arp: Sophie Taeuber. In: Unsern täglichen Traum ... Zürich 1955. S. 19.
50 An Anthology of concrete poetry (Anm. 6) o. P. [S. 178].
51 Texte und Kommentare. Zwei Vorträge. Steinbach: Anabas, 1968. o. P. [S. 15].
52 Franz Mon: textlabyrinthe. In: ainmal nur das alphabet gebrauchen. Stuttgart: Edition Hansjörg Mayer, 1967. S. 15.
53 Gomringer (Anm. 12) S. 155.
54 Mallarmé (Anm. 47) S. 80.
55 Gomringer (Anm. 12) S. 157.
56 Christa Baumgarth: Geschichte des Futurismus (Anhang: Dokumente und Texte). Reinbek 1966. S. 166.
57 Bei einem Vergleich der beiden Manifeste Gomringers und Fahlströms scheint es mir schon rein äußerlich interessant, daß Fahlström sein zweites Motto dem – bezogen auf Mallarmés *Würfelwurf* – ›fortschrittlicheren‹ Technischen Manifest Marinettis entlehnt: »Replacer la psychologie de l'homme ... par L'OBSESSION LYRIQUE DE LA MATIERE«.
58 Baumgarth (Anm. 56) S. 166.
59 Zur Geschichte des visuellen Gedichts im 20. Jahrhundert. In: Heißenbüttel (Anm. 15) S. 76.
60 Baumgarth (Anm. 56) S. 178.
61 Dietrich Mahlow: Einleitung zu: Ausstellungskatalog Schrift und Bild. Amsterdam: Stedelijk Museum; Baden-Baden: Staatliche Kunsthalle, 1963. S. 54.
62 Baumgarth (Anm. 56) S. 166 und 167.
63 Texte und Kommentare (Anm. 51) o. P. [S. 35].
64 Als Manuskript vervielfältigte Beilage zum Ausstellungskatalog: Between Poetry and Painting. London: Institute of Contemporary Arts, 1965.
65 Wagenknecht: Konkrete Poesie (Anm. 9) S. 105, 107.
66 Ball (Anm. 44) S. 107.
67 Raoul Hausmann: Bedeutung und Technik des Lautgedichts. In: nota. Nr. 3 (1959) S. 30.
68 Konsequente Dichtung. In: G. Nr. 3 (1924) S. 46.
69 Zur Geschichte des visuellen Gedichts im 20. Jahrhundert (Anm. 59) S. 78.
70 Konsequente Dichtung (Anm. 68) S. 46.
71 Vgl. dazu Hausmann: Das war Dada; Schwitters: Meine Sonate in Urlauten.
72 Vgl. Reinhard Döhl: Poesie zum Ansehen, Bilder zum Lesen? Notwendiger Vorbericht und Hinweise zum Problem der Mischformen im 20. Jahrhundert. In: Gestaltungsgeschichte und Gesellschaftsgeschichte. Literatur-, Kunst- und Musikwissenschaftliche Studien. In Zusammenarb. mit Käte Hamburger hrsg. von Helmut Kreuzer. Stuttgart 1969. S. 554 ff.

73 Zitiert nach Schwitters: Anna Blume und ich. Die gesammelten »Anna Blume«-Texte. Hrsg. von Ernst Schwitters. Zürich 1965. S. 16.
74 Karel Teige: Manifest des Poetismus. In: Liquidierung der ›Kunst‹. Analysen, Manifeste. Frankfurt a. M.: Suhrkamp, 1968. (edition suhrkamp. Nr. 278) S. 83 und 93.
75 Anmerkungen zur konkreten Poesie. In: Text + Kritik (1970) H. 25. S. 19.
76 Hausmann (Anm. 67) S. 31.
77 Es muß einer weitergehenden Untersuchung vorbehalten bleiben, zu fragen, ob das Wiederaufnehmen einer traditionellen musikalischen Form (Sonate) und ihre Verwendung in der akustischen Literatur dieser Form neue Möglichkeiten gewinnt oder ob es sich auch hier im Bereich der Mischformen, in der »Überschreitung von medialen Begrenzungen« (Heißenbüttel), um einen speziellen Fall von neuem Wein in alten Schläuchen handelt.
78 Zu den Beziehungen zwischen Musik und Literatur vgl. Horst Petri: Literatur und Musik. Form und Strukturparallelen. Göttingen 1964. (Schriften zur Literatur 5.) Allerdings berühren die Untersuchungen Petris die Fragestellung dieses Aufsatzes nur am Rande.
79 Cobbing: Concrete sound poetry 1950–1970 (Anm. 16) o. P. [S. 26f.].
80 Hausmann (Anm. 67) S. 30.
81 Hans Arp: Dadaland. In: On My Way. Poetry and Essays 1912–1947. New York: Wittenborn, 1948. S. 88.
82 Hans Arp: Art concret. Ebd. S. 98.
83 Zitiert nach Alain Bosquet: Surrealismus 1924–1949. Texte und Kritik. Berlin 1950. S. 42.
84 Der Sturm (1921) S. 122.
85 Zitiert nach Alfred Liede: Dichtung als Spiel. Studien zur Unsinnspoesie an den Grenzen der Sprache. Berlin 1963. Bd. 2. S. 244.
86 Zitiert nach: An Anthology of concrete poetry (Anm. 6) o. P. [S. 19].
87 *Position und Réponse* sind abgedruckt in: Les Lettres. 8me Série. No. 32 (1964) S. 1ff., bzw. 4f.
88 In: Manuskripte 5 (1965) H. 1. S. 2.
89 Konkrete Poesie. In: Heißenbüttel (Anm. 15) S. 74.
90 Vgl. zusätzlich zu den oben genannten Titeln Schmidts und Weiermairs auch noch Schmidt: Konkrete Dichtung: Theorie und Konstitution. In: Poetica. Bd. 4 (1971) H. 1. S. 13–31.
91 Konkrete Dichtung, konkrete Kunst '68. Hrsg. von Siegfried W. Schmidt. Karlsruhe: Selbstverlag hors commerce, 1968, o. P. [S. III.]
92 Bd. 1. Nr. 2. 3 (1970).
93 Vaughan Concrete. Hrsg. von Ronald Draper. University of Leicester. Vaughan Papers in Adult Education, 13. 1968.
94 Solt (Anm. 30) S. 14.
95 Konkrete Dichtung, konkrete Kunst '68 (Anm. 91) S. 110.
96 belleten 2 (1968) H. 11. S. 14.
97 Texte und Kommentare (Anm. 51) S. 29.
98 Wagenknecht (Anm. 9) S. 117.
99 Gomringer (Anm. 12) S. 156.
100 Gomringer: der dichter und das schweigen. In: worte sind schatten (Anm. 39) S. 293.
101 Heißenbüttel: einleitung zu Gomringer: worte sind schatten (Anm. 39) S. 19.
102 Gomringer (Anm. 12) S. 156. – Vgl. auch Gomringer: 23 punkte zum problem »dichtung und gesellschaft«. In: worte sind schatten (Anm. 39) S. 287ff.
103 Heißenbüttel (Anm. 101) S. 19.
104 Gomringer (Anm. 12) S. 156.
105 Wagenknecht (Anm. 9) S. 117.
106 Cobbing: Concrete sound poetry 1950–1970 (Anm. 16) o. P. [S. 25.]
107 Mon: textlabyrinthe (Anm. 52) S. 15.
108 Zitiert nach Engel/Heike (Anm. 36) S. 20.
109 Gomringer (Anm. 100) S. 293.
110 Anmerkungen zur konkreten Poesie (Anm. 75) S. 20. – Was Heißenbüttel hier für sich beschreibt – »von da her bin ich vorerst immer stärker zu Collage und Montage gekommen, der Verwendung von vorgefertigten Sprachteilen, der großräumigen Rhythmik und vor allem dem Versuch, in den linearen Textablauf multiple Stimmführungen einzubauen« –, ließe sich auf einen bestimmten, in den letzten Jahren ausgeprägten Typ der Hörcollage ausweiten, der als spezielle Ausprägung des Hörspiels dann so etwas wie eine Großform des konkreten Textes darstellen würde. Eine Vorge-

schichte dieser Hörcollagen läßt sich bis in die Anfänge des Hörspiels zurückverfolgen. Lange bevor Schmidthenner vorschlug, Texte der akustischen Literatur und Hörspiele dieses Typs als »Radio-Kunst« zu subsumieren, sprach bereits Teige (1928) von »radiogener Poesie« bzw. »Radiopoesie«. Die Fylkingen-Gruppe rechnet auf den von ihr produzierten Platten sogar die engagierten und tendenziösen Textcollagen Åke Hodells zu den ›Text-Sound-Compositions‹. Nachdem Klaus Schöning 1969 Hörspiele dieses Typs in seine Anthologie *Neues Hörspiel. Texte und Partituren* (Suhrkamp) mit aufgenommen hat, brachte der WDR im ersten Halbjahr 1971 gezielt eine Sendefolge *Autoren der konkreten Poesien* mit Beispielen von Bense, Heißenbüttel, Jandl, Mon, Rühm u. a.

111 Ebd. S. 21.

Bibliographischer Nachtrag 1980

Von Helmut G. Hermann

Ergänzungen zu Anm. 6 und 7 (Anthologien und Ausstellungskataloge) stehen gesondert am Anfang.

Anthologie visuele poëzie = Visual poetry anthology, samengesteld door G. J. de Rook. Den Haag 1975.

La escritura en libertad. Antologia de poesía experimental. Selección, prólogo y notas bibliográficas de Fernando Millán y Jesus Garcia Sánchez. Madrid 1975.

Konkrete dichtung. texte und theorien. Hrsg. von Siegfried J. Schmidt. München 1972.

konkrete poesie. deutschsprachige autoren. anthologie von Eugen Gomringer. Stuttgart 1972 [u. ö.]. (Reclams Universal-Bibliothek. Nr. 9350 [2].)

Hans Imhoff: Pyrrho/Fünfjahrbuch für konkrete Poesie 1972–1977. Hrsg.: Rolf Brück. Frankfurt a. M. 1977.

schreibweisen. konkrete poesie und konstruktive prosa. Hrsg. von Hartmut Geerken. Frankfurt a. M. 1973.

Signal. Internacionalna revija za signalistička istraživanja (Beograd) no. 1 ff. (1970 ff.).

Visuele poëzie: een bloemlezing konkrete en visuele gedichten, samengesteld in hun ontwikkeling en ingeleid door Erik Slagter. Brussel 1977.

Visuelle Poesie. Ideogramme, Konstellationen, Dialektgedichte, Palindrome, Typogramme, Pictogramme. 3. Ausstellung im Haus Deutscher Ring, Hamburg, 18. Januar bis 20. Februar 1972. Red. des Kataloges: Eugen Gomringer. Hamburg 1972.

Visuelle Poesie der 70er Jahre. [Ausstellung d. Kunstvereins Gelsenkirchen, 17. 3.–16. 4. 1978.] Katalog: Uwe Obier. Gelsenkirchen 1978.

Worte werden Bilder. Eine Ausstellung der Kunst- und Museumsbibliothek im Wallraf-Richartz-Museum Köln, vom 7. 10.–22. 11. 1972. [Katalog.] Köln 1972.

Arnheim, Rudolf: Visual aspects of concrete poetry. In: Literary criticism and psychology. Ed. by Joseph P. Strelka. University Park (Pennsylvania) 1976. S. 91–109.

Brüggemann, Diethelm: Die Aporien der konkreten Poesie. In: Merkur 28 (1974) S. 148–165.

Butler, Michael: Concrete poetry and the crisis of language. In: New German Studies 1 (1973) S. 99–115.

Das Experiment in Literatur und Kunst. Hrsg. von Siegfried J. Schmidt. München 1978.

Faust, Wolfgang M.: Bilder werden Worte. Zum Verhältnis von bildender Kunst und Literatur im 20. Jahrhundert oder Vom Anfang der Kunst im Ende der Künste. München 1978.

Funk, Doris: Visuelle Poesie für Kinder? In: Literatur für Kinder. Studien über ihr Verhältnis zur Gesamtliteratur. Hrsg. von Maria Lypp. Göttingen 1977. S. 46–93.

Gumpel, Liselotte: »Concrete« poetry from East and West Germany. The language of exemplarism and experimentalism. New Haven (Connecticut) / London 1976.

Hartung, Harald: Experimentelle Literatur und konkrete Poesie. Göttingen 1975.

Heinrichs, Hans-Jürgen: In der Folge der konkreten Poesie. In: Akzente 18 (1971) S. 520–534.

Heißenbüttel, Helmut: »herzzero« oder die Fortbewegung von Textmengen. In: Text + Kritik. H. 60 (1978) S. 34–39.

– Konkrete Poesie heute? Eine Abschweifung. In: Protokolle (Wien, 1978) I S. 244–255.

Henniger, Gerd: Reduktion. Zur Dialektik der konkreten Poesie. In: Sprache im technischen Zeitalter. H. 53 (1975) S. 50–58.
Hoffmann-Herreros, Johann: Ein paar Bemerkungen zu Beispielen ›konkreter Poesie‹. In: Sprachnot und Wirklichkeitszerfall. [...] Hrsg. von Elisabeth Meier. Düsseldorf 1972. S. 130–138.
Jandl, Ernst: Die schöne Kunst des Schreibens. Darmstadt 1976.
Kessler, Dieter: Untersuchungen zur Konkreten Dichtung. Vorformen – Theorien – Texte. Meisenheim am Glan 1976.
Kindl, Ulrike: Das Experiment mit der Sprache. Einige Ansätze zu einer Auseinandersetzung mit der Konkreten Poesie. In: Acta Germanica 11 (1979) S. 215–226.
Konkrete Kunst, konkrete Poesie. Programmatik, Theorie, Didaktik, Kritik. Kunstwissenschaftliche, literaturdidaktische und theologische Beiträge aus einem interdisziplinären Seminar. Mitarb.: Hans Brög [u. a.]. Kastellaun 1977.
Konkrete Poesie, Linguistik und Sprachunterricht. Hrsg. von Burckhard Garbe. Tübingen 1980.
Kosler, Hans Christian: »Neoavantgarde«? Anmerkungen zur experimentellen Literatur. In: Theorie der Avantgarde. [...] Hrsg. von W. Martin Lüdke. Frankfurt a. M. 1976. S. 252–267.
– Sprachkritik und Spracherotik in der experimentellen Literatur. Die Poetik Franz Mons im Umfeld einer möglichen Wahrnehmung. In: Text + Kritik. H. 60 (1978) S. 4–19.
Miccini, Eugenio: Poesia visiva, poesia politica, poesia pubblica. Firenze 1972.
Neumann, Peter Horst: ›Text‹ und ›Gedicht‹. Versuch einer terminologischen Unterscheidung. In: Germanisch-Romanische Monatsschrift N. F. 23 (1973) S. 1–11.
Rieser, Hannes: Die Semantik der Fläche. Zur Ortsbestimmung der konkreten Dichtung aus der Perspektive der Literaturkritik. In: Literatur und Kritik 6 (1971) S. 159–166.
Schmidt, Siegfried J.: Ästhetische Prozesse. Beiträge zu einer Theorie der nicht-mimetischen Kunst und Literatur. Köln 1971.
Solt, Mary Ellen: Concrete poetry and the arts. In: Yearbook of Comparative and General Literature 27 (1978) S. 54–56.
Spatola, Adriano: Verso la poesia totale. Salerno 1969; Torino 1978.
Stroszeck, Hauke: Avantgardistische Programmschriften und Spätrezeption. Eine Demonstration am Beispiel von »konkreter Poesie« auf der Schule. In: Wirkendes Wort 25 (1975) S. 215–230.
Text + Kritik. H. 30 (1971, ²1975): Konkrete Poesie. II: kritische Ansätze zur Konkreten Poesie.
Theoretische Positionen zur Konkreten Poesie. Texte und Bibliographie. Mit einer Einf. von Thomas Kopfermann. Tübingen 1974.
Vormweg, Heinrich: Neue Literatur und Gesellschaft. Eine Theorie der gesellschaftlichen Funktion experimenteller Literatur. Mainz/Wiesbaden 1971.
Waldrop, Rosmarie: Signs and wonderings. In: Comparative Literature 27 (1975) S. 344–354.
Wiecker, Rolf: Konkrete Poesie. Die Zukunft des Ästhetischen. In: Text & Kontext 2 (1974) S. 50–98.
Wirpsza, Witold: Konkrete Dichtung und Mehrwertlogik. In: Sprache im technischen Zeitalter. H. 45 (1973) S. 9–17.
Wulff, Michael: Konkrete Poesie und sprachimmanente Lüge. Von Ernst Jandl zu Ansätzen einer Sprachästhetik. Stuttgart 1978.
Zarate, Armando: Antes de la vanguardia. Historia y morfologia de la experimentación visual, de Teócrito a la poesia concreta. Buenos Aires 1976.

JOST HERMAND

Fortschritt im Rückschritt. Zur politischen Polarisierung der westdeutschen Literatur seit 1961

I. Es gibt wohl kaum jemanden, der leugnen würde, daß die westdeutsche Literatur in den sechziger Jahren eine merkliche ›Politisierung‹ durchgemacht hat. Was jedoch diesen Prozeß ausgelöst und wann er begonnen hat, darüber gehen die Meinungen weit auseinander. Manche greifen in diesem Punkt bis auf die gesellschaftskritischen Romane der späten fünfziger Jahre (Martin Walser, Günter Grass) zurück, andere sehen in den Jahren 1961 (Eichmann-Prozeß, Aufstellung Willy Brandts als Kanzlerkandidaten, Walsers Sammelband *Die Alternative*) oder 1967 (Tod Adenauers, Proteste gegen die Notstandsgesetze, große Koalition, Ohnesorg-Mord, außerparlamentarische Opposition) die entscheidenden Stichjahre. Doch sei dem, wie es wolle. Worin sich fast alle Beurteiler einig sind, ist die Tatsache, daß mit diesen Ereignissen die Periode der sogenannten unpolitischen fünfziger Jahre zu Ende geht. Und so findet sich in journalistischen wie auch wissenschaftlichen Standortbestimmungen dieser Epoche oft die Gegenüberstellung: hie ruhige, ›unpolitische‹ fünfziger Jahre – hie tumultuarische, ›politische‹ sechziger Jahre.

Eine solche Schematisierung, die auf einem seltsam verengten Verständnis von Politik beruht, das selbst noch Produkt der sogenannten unpolitischen fünfziger Jahre ist, ist in vieler Hinsicht irreführend. Unter ›unpolitisch‹ werden im Rahmen dieses Denkens vor allem die Zeiten des Status quo verstanden, in denen der Druck von oben jede politische Polarisierung verhindert. Als ›politisch‹ gilt entsprechend hier nur das, was gegen Ruhe und Ordnung verstößt. Politisch wäre demnach immer das Schlechte, unpolitisch immer das Gute. Oder noch schärfer: politisch wären dann nur jene, die gegen den Status quo der jeweils Herrschenden opponieren und nach größerer Mitbestimmung oder gar Teilhabe an dieser Macht verlangen; unpolitisch wären dagegen jene, die das historisch Vorgefundene als gott- oder naturgegeben und damit als unveränderbar hinnehmen.

Solange man solchen Vorstellungen anhängt, werden die Jahre zwischen 1949 und 1961 allerdings die ›unpolitischen‹ fünfziger Jahre bleiben. Aber das ist eben die falsche Sehweise. Denn in diesem Zeitraum gibt es zwar kaum *Kritik*, kaum Aufbegehren gegen jene Schichten, die zur Befestigung ihrer Macht zu allen nur verfügbaren Mitteln griffen, aber doch *Politik*, nur daß diese rein von den Herrschenden, der Großindustrie und der CDU/CSU, gesteuert wurde. Die Ergebnisse dieser Politik waren u. a.: die massive Ankurbelung der westdeutschen Wirtschaft, die Eingliederung der Bundesrepublik in die Nato, die Remilitarisierung, die aktive Unterstützung des Kalten Krieges durch eine ›Politik der Stärke‹, die Tabuisierung der Nazivergangenheit, das Verbot der KPD und der sogenannte Alleinvertretungsanspruch (Hallstein-Doktrin), durch den die DDR zum Un-Staat erklärt wurde. All dies sind politische Schachzüge, durch die jener Prozeß in Gang gesetzt wurde, den man heute als die ›Adenauersche Restaura-

tion‹ bezeichnet. Dieses Jahrzehnt ist daher ebenso ›unpolitisch‹, wie die goldenen zwanziger Jahre ›golden‹ waren.
Gut, das war die politische Situation, werden manche einwenden. Aber wie sah denn die Literatur dieser Periode aus? Ging sie nicht ganz andere Wege? Geistige Prozesse brauchen doch nicht unbedingt die politischen und ökonomischen Voraussetzungen widerzuspiegeln? An solchen Fragen mag einiges berechtigt sein. Aber genau besehen, trifft der Begriff ›unpolitisch‹ auch auf die Literatur dieses Jahrzehnts nicht zu. Sie ist keineswegs unpolitisch, sondern huldigt weitgehend einem direkten oder indirekten Antikommunismus, der teilweise sogar eindeutig neofaschistische Züge annimmt.[1] Schließlich war durch die Adenauersche ›Politik der Stärke‹ und des ›Kalten Krieges‹ die Sowjetunion, der Hauptgegner des Dritten Reiches, auch der Hauptgegner der Bundesrepublik und West-Berlins geblieben. Die pazifistischen, sozialistischen, radikaldemokratischen oder bürgerlich-humanistischen Tendenzen in der Literatur nach 1945 traten daher schon 1947 und dann verstärkt nach der Gründung der Bundesrepublik im Herbst 1949 wieder merklich in den Hintergrund.
Wer also zwischen 1949 und 1961 in der Bundesrepublik das literarische Klima bestimmte, waren vor allem folgende Gruppen:
1. Jene Autoren, die sich aus religiösen oder politischen Gründen mit der Adenauerschen Restaurationsstrategie identifizierten. Ihre Vertreter stammten entweder aus der sogenannten inneren Emigration, die sich im Dritten Reich der faschistischen Gleichschaltung durch die Flucht ins rein Subjektive oder Religiöse entzogen hatten, oder aus den unzähligen Gruppen und Grüppchen alter Nationalsozialisten, linker Renegaten, völkischer oder religiöser Antikommunisten, die sich nach 1949 entweder aus Überzeugung oder auch nur aus Opportunismus auf die Seite der Reaktion stellten.
2. Jene Autoren, die ins ›Unpolitische‹ auszuweichen versuchten, indem sie sich auf den bloßen Unterhaltungscharakter oder die ästhetische Autonomie der Literatur beriefen. Dazu gehörten entweder die Autoren all jener »harmlosen« Heimat-, Arzt- und Lore-Romane, deren Fülle gar nicht zu überschauen ist, oder jene anspruchsvollen Vertreter eines Nonkonformismus, die zum Naturlyrischen (Wilhelm Lehmann, Karl Krolow), Existentialistischen (Hermann Kasack, Hans Erich Nossack), Absurden (Wolfgang Hildesheimer, Friedrich Dürrenmatt) oder Formalistischen (Walter Höllerer, Helmut Heißenbüttel) tendierten, weil sie nach dem Dritten Reich und dem Zweiten Weltkrieg von Politik nichts mehr hören wollten und daher eine prononcierte Ohne-mich-Gesinnung vertraten.
Im Hinblick auf diese Gruppen haben all jene, die von der ›unpolitischen‹ Literatur der fünfziger Jahre sprechen, sicher unrecht. Recht haben dagegen jene, die behaupten, daß es in dieser Literatur zwar politische Elemente, aber keine wirkliche Polarisierung und damit keine Alternative zum Status quo gegeben habe. Schließlich stellen auch die Vertreter des Nonkonformismus, der Ohne-mich-Bewegung keine gesellschaftskonträren Ideale auf. Sie ziehen sich lediglich ins Abseits, in den Subjektivismus, in die Form zurück. Doch woher hätte eine solche ›Alternative‹ auch kommen sollen? Die linken Exilautoren (Johannes R. Becher, Bertolt Brecht, Anna Seghers, Friedrich Wolf, Arnold Zweig) waren nach 1945 durchweg in die DDR gegangen. Und was sich in jener Zeit in der Bundesrepublik als links zu etablieren versuchte, wurde im Laufe der fünfziger Jahre systematisch unterdrückt. Wie sollte sich da – bei rapider ökonomischer

Aufwärtsentwicklung – in der Bundesrepublik eine gegenläufige Tendenz entfalten? Selbst jene Autoren, die dem CDU-Staat kritisch gegenüberstanden, besaßen selten ein »positiv-konkretes politisches Konzept«.[2] Das gilt sowohl für Schriftsteller wie Wolfgang Koeppen, Heinrich Böll und Alfred Andersch, den Grünwalder Kreis um Hans Werner Richter oder einen Roman wie *Ehen in Philippsburg* (1957) von Martin Walser, dessen Antiheld sich aus Verzweiflung über das allgemeine Parvenü-Unwesen das Leben nimmt.[3] Trotz ihrer oppositionellen Gesinnung blieben selbst solche Autoren bei einer relativ autonomen Literaturauffassung, die sich von rechts und links gleichermaßen zu distanzieren versucht. Die ideologische Grundlage dazu bot nicht nur die gängige Totalitarismustheorie, sondern auch jenes Autonomiekonzept, das Theodor W. Adorno in diesen Jahren als den höchsten Ausdruck des Engagements gegen jede Form der staatlichen und gesellschaftlichen Bevormundung setzte. Und so kam es zwar bei manchen Autoren zur Haltung der Weigerung, der Absage, des Ideologieverdachts, in der sich ein letzter Nachklang spätbürgerlicher Avantgarde-Konzepte manifestiert, aber nicht zu einer Gesinnung, die sich um konkrete politische und gesellschaftliche Alternativen zu den herrschenden Zuständen bemüht.

II. Wenn man daher von ›politischer Polarisierung‹ spricht, kann man die fünfziger Jahre getrost überspringen. Ein wirkliches Alternativdenken zur Adenauerschen Restauration – ob nun auf politischem oder literarischem Sektor – entwickelte sich erst zu Beginn der sechziger Jahre. 1961 standen die Wahlen zum 4. Bundestag ins Haus – wobei sich unter den Intellektuellen zum erstenmal Symptome einer gewissen CDU-Müdigkeit zeigten. Als Politiker der einsamen Entschlüsse und der festen Hand hatte Adenauer zwar unter der Landbevölkerung, dem Kleinbürgertum, den Katholiken und den führenden Wirtschaftskreisen eine eindrucksvolle Gefolgschaft hinter sich versammeln können, aber den bürgerlichen Intellektuellen selten die gebührende Aufmerksamkeit gewidmet. Diese Schichten, die am sogenannten Wirtschaftswunder kaum teilgehabt hatten, waren daher die ersten, die 1961 – wenn nicht aus politischen, so doch aus modischen Gründen – nach neuen Gesichtern und Konzepten Ausschau hielten. Schließlich fand im gleichen Jahr auch der Eichmann-Prozeß statt, der in Intellektuellenkreisen eine recht scharfe Kritik an der CDU auslöste, die in den fünfziger Jahren oft Zweckbündnisse mit ehemaligen Nationalsozialisten eingegangen war. Als ein völlig integrer Mann erschien ihnen dagegen Willy Brandt, der während des Dritten Reiches im skandinavischen Exil gelebt hatte. Nachdem sich also die »Besseren« unter den westdeutschen Autoren fast zehn Jahre weitgehend ›unpolitisch‹ verhalten hatten, machten sie plötzlich aus ihrer kritischen Gesinnung kein Hehl mehr.[4] So gab etwa Martin Walser im August 1961 – kurz vor der Wahl – das Büchlein *Die Alternative oder Brauchen wir eine neue Regierung?* heraus, in dem sich folgende Autoren gegen die CDU und für die SPD aussprachen: Carl Amery, Axel Eggebrecht, Peter Rühmkorf, Paul Schallück, Hans Magnus Enzensberger, Wolfdietrich Schnurre, Günter Grass, Heinz von Cramer, Hans Werner Richter, Martin Walser, Siegfried Lenz und Erich Kuby. Was jedoch den in diesem Bande zusammengetragenen Statements zugrunde liegt, ist alles andere als ein klar durchdachtes Programm, sondern an sich nur ein vager Ausdruck des Unbehagens an der versteinerten CDU-Herrschaft. Immer wieder vermeidet man das Eindeutige, Parteiliche, Bekenntnishafte (so stark wirkte bei den meisten noch das Konzept der Ideologielosigkeit der fünfziger Jahre weiter) und dringt daher selten zu einer positiven Füllung des eigenen Änderungsverlangens vor.

Als daher die SPD die Wahl von 1961 verlor, setzte bei vielen Autoren im Winter 1961 auf 1962 erst einmal ein Rückschlag ein, der in der Folgezeit immer wieder zu lamentierenden Äußerungen über die Wohlstandsmisere, die politische Lethargie, das Fehlen einer wirklichen Opposition führte. Und doch findet sich auch in den nächsten Jahren eine Reihe mutiger und hoffnungsvoller Statements, die zum Teil durch unkluge Maßnahmen der CDU/CSU geradezu herausgefordert wurden. Dazu gehören die im Oktober 1962 durch die *Spiegel*-Affäre ausgelösten Proteste, die schließlich zum Sturz von Franz Josef Strauß als Verteidigungsminister führten. Und dazu gehört auch die Klage der Gruppe 47 bei der 16. Zivilkammer in West-Berlin gegen Josef Hermann Dufhues, den damaligen geschäftsführenden Vorsitzenden der CDU, der im Januar 1963 vor Journalisten erklärt hatte, daß die Gruppe 47 eine Art »geheimer Reichsschrifttumskammer« sei.[5] Ja, im gleichen Jahr beteiligten sich Autoren wie Heinrich Böll, Reinhard Baumgart, Gerhard Zwerenz und Hans Werner Richter an dem Band *Was ist heute links?*, der von Horst Krüger herausgegeben wurde und dem die Bemühung zugrunde lag, dem Wort ›Linksintellektueller‹ nach langer Verfemung wieder einen positiven Klang zu geben und damit die »längst fällige Diskussion einer neuen deutschen Linken zu befördern«.[6]

Diesem Gesinnungswandel entsprach auf dem Gebiet der literarischen Texte ein allmählich immer stärker werdender Gegenwartsbezug, der sich nicht mehr mit dem Ausdruck allgemeiner Unmutsgefühle begnügte, sondern höchst konkrete Formen annahm. Während die Dortmunder Gruppe 61 vor allem Themen aus der ›Welt der Arbeit‹ aufgriff, wandten sich andere linksengagierte Autoren vornehmlich der sogenannten Vergangenheitsbewältigung zu. Und zwar überwog dabei anfangs ein eher moralisch intendierter Protest, wie er in massivster Form in Rolf Hochhuths *Der Stellvertreter* (1963) zum Durchbruch kam, dessen Wirkung auf die Folgezeit kaum überschätzt werden kann. Allerdings blieb es schon in den Werken von Peter Weiss, die kurz darauf in westdeutschen Theatern Furore machten, nicht nur bei der moralischen Entrüstung. So schreckte etwa Weiss in seiner *Ermittlung* (1965) nicht davor zurück, auf die ausbeuterischen Praktiken jener Konzerne hinzuweisen, die in Hitlers Auschwitz und Adenauers Bundesrepublik die gleiche Profitgier an den Tag gelegt hätten. Ja, Weiss deutete in diesem Punkt bereits erste sozialistische Gegenpositionen an. Und damit stand er 1965 nicht allein da. Denn zu diesem Zeitpunkt war durch die Tätigkeit des SDS (Sozialistischer Deutscher Studentenbund) an den Universitäten bereits jene Debatte um eine marxistisch orientierte Literatur in Gang gekommen, die sich einerseits auf Theodor W. Adorno und Herbert Marcuse, andererseits auf Bertolt Brecht und Walter Benjanim berief. Eine lebhafte Förderung erhielt diese Diskussion um eine ›linke Literatur‹ durch Zeitschriften wie *Kursbuch* und *Kürbiskern*, die beide 1965 gegründet wurden, wie auch durch die später bei Wagenbach erscheinenden *Rotbücher* und *Quarthefte*.

Doch eine wirkliche Breitenwirkung entfalteten diese Tendenzen erst in den Jahren 1967 und 1968, als sie von der Studentenbewegung und der mit ihr verbundenen außerparlamentarischen Opposition aufgegriffen wurden. Zu den auslösenden Faktoren dieser Wendung ins Breite gehören vor allem folgende Ereignisse: die ökonomische Rezession und die verstärkten Aktivitäten der NPD, die im Dezember 1966 zur

Bildung der großen Koalition führten, der von dieser Koalition im März 1967 verabschiedete Entwurf zur Notstandsgesetzgebung, die Anti-Springer-Demonstrationen in West-Berlin, die ersten Sit-ins an der Freien Universität gegen den Vietnam-Krieg, die Protestdemonstrationen gegen den Schah-Besuch in West-Berlin (2. Juni), bei denen der Student Benno Ohnesorg erschossen wurde, die studentischen Proteste gegen die politische Inaktivität der Gruppe 47 (8. Oktober), das Attentat auf Rudi Dutschke (11. April 1968) und die große Antinotstandskundgebung in Frankfurt (27. Mai).

Die Hauptträger dieses Protestgeistes waren nicht mehr vereinzelte Intellektuelle oder Schriftsteller, sondern eine schnell anwachsende Schicht linksengagierter Studenten, durch die ein ganz neuer Faktor ins politische und ideologische Kräftespiel der Bundesrepublik kam. Auch diese Gruppe verhielt sich anfangs eher antifaschistisch als prosozialistisch, indem sie die ideologische Kehrtwendung gegen die Welt ihrer Väter und Professoren mit einer Wendung gegen die Restelemente des Faschismus gleichsetzte. Während die ältere Generation auch in diesen Jahren noch weitgehend dazu neigte, ihre Mitschuld am Faschismus einfach zu verdrängen, um es sich nach langen Jahren der Kriegs- und Nachkriegsentbehrungen endlich einmal ›wohl‹ sein zu lassen, trat um 1967/68 eine studentische Generation auf den Plan, der dieser Wohlstand bereits eine Selbstverständlichkeit war und die daher menschlich und ideologisch wesentlich höhere Ansprüche stellte. Im Gegensatz zu ihren Vätern nahm diese Gruppe Autorität nicht mehr als etwas Selbstverständliches hin, sondern war verwöhnt *und* kritisch genug, sich selbst zum obersten Maßstab zu erheben.

Die Hauptzielscheibe ihrer politischen Kritik bildete das vielbeschworene ›Establishment‹. Was die damalige Studentenbewegung darunter verstand, war ein seltsames Gemisch aus patriarchalisch-kapitalistischen, aber auch moralisch-religiösen und gesellschaftlichen Normvorstellungen, denen sie – in alter anarchistischer Tradition – das utopistische Leitbild des ›herrschaftsfreien Raumes‹ entgegenstellte. Aufgewachsen in einer Welt des Kalten Krieges und ihrer Totalitarismustheorien, die jedes Parteikonzept von vornherein als etwas Negatives erscheinen ließen, wollten sich die Vertreter dieser Bewegung vornehmlich als einzelne erleben, wobei sie sich ideologisch weitgehend auf Adornos Mündigkeitskonzepte und Marcuses Randgruppenstrategie beriefen. Die meisten Alternativen, die sie entwarfen, waren daher ausgesprochen ›antiautoritärer‹ Art, was in der Praxis zur Gründung ›herrschaftsfreier‹ Enklaven in Form roter Zellen, Wohnkommunen und anderer subkultureller Formen menschlichen Zusammenlebens führte, in denen – statt neuer Konzepte – erst einmal eine allgemeine »Motzhaltung« herrschte. Kein Wunder daher, daß in den Jahren 1967/68 von diesen Gruppen nahezu alles als »bürgerliche Scheiße« abgelehnt wurde: ob nun die bürgerliche Literatur, das bürgerliche Theater, die Gruppe 47, die bürgerliche Ehe, die bürgerlichen Professoren, der Leistungsdruck an den Universitäten, die Berufsansprüche, die Parteien, die Gewerkschaften oder der reale Sozialismus. Statt nach einer inhaltlichen Füllung ihrer Affekte zu suchen, überwog bei vielen erst einmal das kritische Nein, das Anti, das grundsätzliche Dagegensein. Eine solche Haltung mußte notwendig zu ältesten Formen eines romantischen, bohemienhaften, anarchistischen Sichauslebens und damit zu einem allgemeinen Solipsismus führen.[7] Da jedoch innerhalb dieser Protestbewegung auch einige marxistische oder neomarxistische Impulse steckten, blieb es nicht aus, daß es in dieser Bewegung – ebenso notwendig und ebenso schnell – zu bestimmten Polarisierungserscheinungen kam, die schließlich zur Auflösung des SDS und der außerparlamentarischen Opposition führten. Dabei schälten sich schon 1968/69 drei Richtungen heraus, die auch der linksgerichteten Literatur der Folgezeit ihr Gepräge geben sollten: eine anarchistisch-subkulturelle, eine radikaldemokratische und eine eher sozialistisch orientierte, die zwar auch manche Gemeinsamkeiten haben, aber dennoch nicht einfach in einen Topf geworfen werden sollten.

III. Die Richtung, welche zu Anfang das meiste Aufsehen erregte, war die anarchistisch-subkulturelle oder auch antiautoritäre, wie man damals sagte, die sich vor allem der sogenannten Popformen bediente. Ihr Hauptgegner war das bisherige Establishment der bürgerlichen High Society, dem sie politisch, ideologisch und auch kulturell eine prononcierte Vorliebe für alles Unbürgerliche, d. h. in ihrem Sinne Unvornehme, Laute, Grelle, Geringgeschätzte, Obszöne, Fäkalische, kurz: Poppige entgegensetzte.[8] Damit wollte diese Richtung einerseits schockieren, andererseits politisch und kulturell einen Reproletarisierungsprozeß in Gang setzen, dessen oberstes Ziel die unmittelbare Gratifikation *aller* Menschen ist. Im Gegensatz zur bürgerlichen E-Kultur, die nach Meinung dieser Kreise fast ausschließlich auf den Sublimationen frustrierter Sexualität beruht und daher keinen unmittelbaren Lustgewinn bietet, propagierten diese Schichten eine Subkultur, die in erster Linie aufputschend, lustbetont und damit ›volksnah‹ ist.[9] Auf dem Gebiet der Musik äußerte sich das in einer spontanen Begeisterung für Pop und Rock, auf dem Gebiet der bildenden Künste in einer ebenso enthusiastischen Vorliebe für grelle, obszöne Plakate, Anstecknadeln oder Comic Strips, wie überhaupt all jener Formen, über welche die High Society bisher verächtlich die Nase gerümpft hatte. All das sollte plötzlich die Basis einer neuen A- oder Allgemein-Kultur sein und wurde dementsprechend als ›Postmodernismus‹, ›Hippie-Kultur‹ oder ›Underground‹ hochgejubelt.

Und der Erfolg dieser musikalischen und visuellen Popform blieb auch nicht aus. Literarisch konnte dagegen diese Richtung kaum Erfolge verbuchen. Neben den optischen und akustischen Eindrücken, die man auf der Stelle rezipiert (oder konsumiert), empfanden die linken ›Popster‹ die Lektüre eines Buchs bereits als ›bürgerlich‹, d. h. als unzumutbaren Leistungsdruck. Manche Vertreter dieser Richtung plädierten daher einfach für eine Abschaffung der Literatur, wobei sie selbst von anspruchsvollen Organen wie dem *Kursbuch* unterstützt wurden.[10] Andere schlugen dagegen vor, sogar auf diesem Gebiet knallige Popformen zu entwickeln und damit eine jugendlich-antiautoritäre Gegenliteratur zur Literatur der High Society zu kreieren. Und dieser Appell zeitigte auch Ergebnisse. Man denke an die *Vorgefundenen Gedichte* (1969) eines Horst Bienek oder das Lyrikbändchen *Die Piloten* (1969) von Rolf Dieter Brinkmann, in denen es von Popelementen nur so wimmelt. Das gleiche gilt für Prosatexte wie *Der Paralleldenker* (1968) von Heinz von Cramer, *Cola-Hinterland* (1969) von Jürgen Ploog, die von Vagelis Tsakirides herausgegebene Anthologie *Super Garde* (1969) sowie einige Dramen von Bazon Brook, Peter Handke und Wolfgang Bauer aus diesen Jahren. Wie ihre nordamerikanischen Vorbilder empfanden sich auch diese Gruppen als ›Commonists‹, ›Factualists‹ oder ›New Vulgarians‹, um so ihre grundsätzliche Anti-Haltung zum Establishment zum Ausdruck zu bringen.

Was in dieser Richtung ideologisch vorherrscht, ist ein ungehemmter Subjektivismus und unmittelbarer Gratifikationsdrang, der selbst die politische Polarisierung, die Rebellion als »Spaß« erleben möchte. Die linken Popster vertraten daher einen extremen Nonkonformismus, wobei sie zwar zu einem romantisch-utopischen Antikapitalismus neigten, jedoch aufgrund der eigenen Lustbetontheit nicht zu irgendwelchen Opfern für eine übersubjektive Idee oder gar ›dritte Sache‹ bereit waren. Selbst manche der politischen Ausdrucksformen dieser Richtung, die immer wieder in wilde, weil unorganisierte Happenings ausarteten, waren nicht ganz frei davon. Was diese Leute wollten, war zwar das Neue, aber eben das Brandneue, das Neue um jeden Preis, wodurch sie allzu schnell in die Fänge des kapitalistischen Modewechsels gerieten. So verstanden sie sich erst als die ›Neue Linke‹, dann – als der politische Anfangsimpuls nachließ – als Vertreter der ›Neuen Subjektivität‹ oder des ›Neuen Irrationalismus‹.

Die zweite Richtung, die radikaldemokratische, ging von ganz anderen Positionen aus. Sie entwickelte ihr Gegenkonzept zur Adenauerschen Restauration in bewußter Anknüpfung an die liberal-fortschrittlichen Traditionen der deutschen Geschichte und Literatur, die während des Dritten Reichs und der Adenauerschen Restaurationsepoche bewußt verdrängt worden waren, und versuchte, diese Traditionen in Richtung auf eine sozialliberale Umstrukturierung der Bundesrepublik zu aktualisieren. Statt sich lediglich auf ein ahistorisches oder betont jetztzeitliches ›Jugend‹-Konzept zu stützen, griff sie bei diesem Versuch bis auf die Aufklärung, den Jakobinismus, die Jungdeutschen, Heine, die Vormärzler, die Naturalisten und die linksengagierten Autoren der Weimarer Republik und des Exils zurück, um so die Westdeutschen an ihre linken und damit besseren Traditionen zu erinnern. Man denke an eine Buchreihe wie die *sammlung insel*, die ab 1965 zu erscheinen begann und deren progressive Texte vor allem von früheren Antifaschisten, Exilgermanisten, Ausländern oder auch DDR-Germanisten herausgegeben wurde, die damit einen politischen Traditionswechsel in der Bundesrepublik unterstützen wollten.[11]

Was von den Schriftstellern dieser Richtung am stärksten aufgegriffen wurde, war die linksengagierte Literatur der Weimarer Republik, die in den fünfziger und frühen sechziger Jahren völlig hinter dem Image der ›Golden Twenties‹ verschwunden war. Und dazu gehörten vor allem die Brechtschen Lehrstücke, das ›Politische Theater‹ eines Piscator, der linksliberale Zeitroman, das Zeitstück und die dokumentarische Literatur, die schon damals als Ausdruck einer zunehmenden ›Polarisierung‹ gegolten hatten. Im Rahmen dieser Richtung entstanden deshalb nicht nur revoluzzerhafte ›Anti-Texte‹, sondern Werke, welche die Gegenbewegung zum Establishment mit bewußt linksliberalen oder radikaldemokratischen Inhalten zu füllen versuchten. Ein Großteil ihrer Autoren verstand dabei sein Engagement, wie schon viele Schriftsteller der Weimarer Zeit, als im besten Sinne reformistisch, d. h. als Änderungsabsicht im Rahmen der bestehenden Verhältnisse. Dies waren die Schichten, die sich weder ins gesellschaftliche Abseits begaben (wie so viele Vertreter der revoluzzerhaften Randgruppen), noch einen totalen Umsturz propagierten (wie die späteren ML-Gruppen), sondern die entweder mit einer gezielten Einzelkritik auf verbesserungsbedürftige Mißstände innerhalb der bestehenden 2. deutschen Republik hinwiesen oder den bekannten ›Langen Marsch durch die Institutionen‹ antraten.

Das führte literarisch, wie gesagt, zu einer massiven Hinwendung zu den sogenannten Gebrauchs- oder Zweckformen. So schrieb etwa Hans Magnus Enzensberger 1968: »Wenn die intelligentesten Köpfe zwischen zwanzig und dreißig mehr auf ein Agitationsmodell geben als auf einen ›experimentellen Text‹; wenn sie lieber Faktographien benutzen als Schelmenromane; wenn sie darauf pfeifen, Belletristik zu machen und zu kaufen: Das sind freilich gute Zeichen.«[12] Und diese »Zeichen« wurden auch verstanden. Eine besonders starke Beachtung fand dabei die Flut an Zeitstücken, Dokumentarstücken und kritischen Volksstücken, die in diesen Jahren aufgeführt wurden und zu deren Autoren vor allem Peter Weiss (*Viet Nam Diskurs*), Heinar Kipphardt (*In der Sache J. Robert Oppenheimer*), Tankred Dorst (*Toller*), Martin Sperr (*Jagdszenen in Niederbayern*), Gerlind Reinshagen (*Doppelkopf*) und Hans Magnus Enzensberger (*Das Verhör von Habana*) gehörten. Doch auch der linksliberale Zeitroman (Böll, Walser, Grass) sowie die breitgestreute Dokumentarliteratur (Erika Runge, Günter Wallraff), die sich mit Problemen bisher Unterprivilegierter (Arbeiter, Frauen, Ausländer, Kinder) auseinandersetzte und sich dabei der Mittel der verfremdenden Montage, des Interviews, des Tonbandprotokolls und ähnlicher unmittelbar ansprechender Methoden bediente, blieben nicht unbeachtet.[13] Hier hatte man es nicht mehr mit ›Poesie‹, sondern mit Texten zu tun, die eingreifen und verpflichten wollten. All dies führte in letzter Konsequenz zu einer wesentlich stärkeren Solidarisierung unter den linksliberalen Autoren, die schließlich ihren organisatorischen Ausdruck in Schriftstellerverbänden und gewerkschaftlichen Zusammenschlüssen fand.

Ihren Höhepunkt erlebte diese Welle, die zeitweilig von einer großen Euphorie getragen wurde, in den Jahren zwischen 1969 und 1971, als die sozialliberale Koalition – nach zwanzigjähriger CDU-Herrschaft – zwei entscheidende Wahlsiege für sich verbuchen konnte und unter Willy Brandt und Walter Scheel endlich die Regierung übernahm. Doch als diese Euphorie wieder abklang, die zeitweilig zu einer massiven Wahlhilfe vieler Schriftsteller für die SPD führte (Günter Grass, Heinrich Böll, Martin Walser, Siegfried Lenz, Peter Härtling, Luise Rinser, Wolfdietrich Schnurre, Thaddäus Troll, Hans Werner Richter, Rolf Hochhuth u. a.), d. h. als von den Reformversprechen der SPD/FDP das meiste Stückwerk blieb oder gar nicht auf die Tagesordnung gesetzt wurde, ließ auch der reformistische Eifer unter den westdeutschen Schriftstellern wieder nach, ja verebbte in den Jahren nach 1972/73 fast völlig und machte einer merklichen SPD-Müdigkeit Platz.

Und so konnte sich – neben den anarchistischen und sozialliberalen Strömungen unter den westdeutschen Autoren – in den gleichen Jahren noch eine dritte Richtung herausbilden, die in ihren Alternativvorschlägen wesentlich entschiedener auftrat und auch spezifisch sozialistische Konzepte in ihre Geschichtsperspektive und ihre Literatur einzubeziehen begann. Diese Richtung ging zum Teil von den Roten Zellen aus, griff jedoch schon 1968 neben anarchistisch-maoistischen Konzepten auch Kampfstrategien der KPD der Weimarer Republik, Anregungen von seiten der DDR-Wissenschaft und -Literatur, ja selbst manche der kulturpolitischen Zielvorstellungen der 1968 gegründeten DKP auf. Während also die beiden anderen Gruppen weiterhin anarchistische oder reformistische Ziele propagierten, setzte man hier auf eine Linie, die eine unleugbar antikapitalistische Tendenz enthält, d. h. nicht nur kulturrevolutionäre, sondern auch konkrete politische und gesellschaftliche Ziele ins Auge faßte. Was dabei als Hauptaufgabe hingestellt wurde, war ein wesentlich stärkerer Bezug zur Arbeiterklasse, den die beiden anderen Gruppen fast völlig ignoriert hatten. Und so schrieb Peter Schneider 1969 von den wahrhaft ›Radikalen‹ innerhalb der außerparlamentarischen Opposition: »Von der Fähigkeit der Studenten, aus ihrer Klasse herauszuspringen und den Kampf an der Basis zu organisieren, wird es abhängen, ob die exemplarischen Aktionen in den Klassenkampf umschlagen.«[14]

Im Sinne solcher Absichten geht es der Literatur dieser Richtung um eine eindeutige Konfrontation mit dem bestehenden System. Sie griff dabei in ihren Anfängen weitgehend auf die Zielvorstellungen des Bundes proletarisch-revolutionärer Schriftsteller (1929–32) zurück, indem sie neben dem Brechtschen Lehrstück vor allem die Agitprop-Literatur, den Politsong, den Roten 1-Mark-Roman und ähnliche Gebrauchsformen der damaligen roten Kampfkunst propagierte. Während die Welle des agitatorischen Straßentheaters schnell wieder abebbte, hatte der Politsong eines Dieter Süverkrüp und Franz Josef Degenhardt, die 1971 als Linksabweichler aus der SPD hinausgeworfen wurden und daraufhin zur DKP übertraten, eine wesentlich stärkere Breitenwirkung und konnte zeitweilig sogar mit dem eher halluzinatorischen Rock der linken ›Popster‹ konkurrieren. Eine ähnliche Wirkung hatten Fasia, Dietrich Kittner oder Ensembles wie der Floh de Cologne, die Münchener Songgruppe und die Lokomotive Kreuzberg, die in ihren Liedern vor allem Themen wie Arbeitskämpfe, Zustände im Betrieb, Gewerkschaften, Jugendprobleme, Wohnverhältnisse, Bürgerinitiativen, Berufsverbote, internationale Solidarität u. ä. aufgriffen.[15]

Das zweite Genre, mit dem sich diese Richtung eine Art linker Gegenöffentlichkeit zu schaffen suchte, war eine neue Arbeiterliteratur, die sich in ihrer Schreibweise und ihren Organisationsformen vornehmlich an den Arbeiterkorrespondenzen der späteren Weimarer Republik und den Zirkeln schreibender Arbeiter in der DDR orientierte. Diese Tendenz führte 1971 zur Gründung des Werkkreises Literatur der Arbeitswelt, der sich in fast allen großen Städten der Bundesrepublik etablieren konnte. Während die Dortmunder Gruppe 61 eine lockere Vereinigung einzelner Schriftsteller blieb, versuchte man hier in enger Zusammenarbeit linker Intellektueller und schriftstellernder Arbeiter eine wirkliche Basisorganisation zu schaffen, die sich der ideellen Einheit von »Kooperation, Kollektivität und Solidarität« unterstellte.[16] Die Werkkreis-Autoren blieben daher nicht bei der bloßen Beschreibung der Arbeitswelt stehen, sondern ergriffen innerhalb der dargestellten betrieblichen Auseinandersetzungen stets offen Partei. Und zwar wollten sie dadurch dreierlei erreichen: Ideologien durchleuchten, Interessen artikulieren, zum Handeln auffordern. Die Formen, die ihnen hierfür am geeignetsten erschienen, waren neben Tagebuch und Betriebsreportage (Helmut Creutz, Heiner Dorroch) auch eher traditionelle, aber immer noch effektive Formen wie Gedicht und Roman (Josef Ippers, Margot Schroeder, Hermann Spix),[17] da man – in enger Fühlungnahme mit den Theoretikern des *Kürbiskern* und ähnlicher Organe – schon nach kurzer Zeit nicht in der bloßen Konfrontation steckenbleiben, sondern auch Formen eines neuen literarischen Realismus entwickeln wollte.

So gesehen, trieb diese Richtung den Prozeß der politischen Polarisierung wohl am weitesten, da sie – über die anarchistische Randgruppenstrategie und den reformistischen ›Marsch durch die Institutionen‹ hinaus – bis an den Grundwiderspruch des in Frage stehenden Systems, nämlich den Widerspruch von gesellschaftlicher Produktion und privatkapitalistischer Aneignung, vorzudringen suchte und damit eine viel schärfer marxistisch-systemkritische Perspektive entwickelte. Im Gegensatz zu anderen linksradikalen Gruppen, die eher zum sektiererischen Alleingang neigten und sich dadurch ständig zersplitterten, umgruppierten oder auflösten, betonte diese Richtung – im Sinne alter Volksfrontideale – stets ihre Bündnisbereitschaft mit allen ›demokratischen‹ Kräften, was sich wohl am deutlichsten in den sogenannten ›Bürgerinitiativen‹ zeigte.

IV. All dies schien für einige Jahre auf eine durchgreifende ›Tendenzwende‹ innerhalb der westdeutschen Politik, Kultur und damit auch Literatur hinzuweisen. Doch dieser Schein war leider trügerisch. Während in den Jahren zwischen 1967 und 1971, als durch den Sturz der CDU-Regierung, die wirtschaftliche Rezession, die internationale Studentenbewegung und den weltweiten Protest gegen den Vietnam-Krieg ein relativ günstiges Klima für solche Aktivitäten bestand, diesen Gruppen im kulturellen und universitären Bereich beachtliche Vorstöße gelangen, setzte nach 1971 eine eher rückläufige Tendenz ein, die bis heute anhält, ja sich im Laufe der Jahre wesentlich verstärkt hat. Die Faktoren, die zu dieser erneuten Tendenzwende beigetragen haben, sind so vielfältig, daß man hier nur einige davon aufzählen kann: das Ende des Vietnam-Krieges und damit das Abflauen der weltweiten Studentenbewegung; die Konsolidierung der sozialliberalen Koalition in der Bundesrepublik, durch die aus der bisherigen Opposition das neue ›Establishment‹ wurde, was zu der bereits erwähnten SPD-Müdigkeit innerhalb der Intellektuellenkreise führte; der – durch die Aktivitäten der Baader-Meinhof-Gruppe ausgelöste – »Erlaß der Ministerpräsidenten der Länder gegen ›Radikale im öffentlichen Dienst‹« vom 28. Januar 1972, der einen staatlichen Überwachungsdienst größten Ausmaßes nach sich zog. All dies bewegte viele Studenten und Universitätsabgänger – angesichts der verschlechterten Berufsaussichten – zu einer wesentlich vorsichtigeren Haltung, zu Selbstzensur und schließlich zum Rückzug ins Subjektiv-Private.

Das Ergebnis dieser Entwicklung war ein geistiges Klima, das engagiertes Verhalten oder Zivilcourage nicht besonders begünstigte. Am stärksten trug dazu die konstante ›Sympathisanten‹-Hetze bei, durch die man auf seiten der CDU/CSU, aber auch des rechten Flügels der SPD all jene, die systemkritische Tendenzen befürworten, um so die bisherige Demo*kratie* endlich in eine echte *Demo*kratie zu überführen, von vornherein als Sympathisanten der Baader-Meinhof-Gruppe und anderer Terrororganisationen anzuprangern versuchte. Wie in den fünfziger Jahren, als man gewisse Bürger der Bundesrepublik wegen ihrer linken Vergangenheit als Staatsfeinde verdächtigt hatte, wurden jetzt wiederum viele Schriftsteller, Professoren oder Studenten wegen leisester systemkritischer Äußerungen sofort als ›Verfassungsfeinde‹ hingestellt. Ihren Höhepunkt erlebte diese Sympathisantenhetze anläßlich der Schleyer-Ermordung durch die RAF (Rote-Armee-Fraktion) und die Entführung einer Lufthansamaschine durch Terroristen nach Mogadischu im Oktober 1977, die von seiten der Reaktion zu einer allgemeinen Anti-Links-Kampagne ausgenutzt wurden. Kein Wunder, daß im Zuge dieser Entwicklung auch die alten Völkischen und Nationalsozialisten wieder aus ihren Schlupflöchern hervorkrochen und ihre Dienste anboten. Ja, Franz Josef Strauß sagte schon 1970 ganz offen: »Man muß sich der nationalen Kräfte bedienen, auch wenn sie noch so reaktionär sind – mit Hilfstruppen darf man nicht zimperlich sein!«[18]

Daß all dies viele Linke zum Einlenken oder zumindest zu einem wesentlich vorsichtigeren Taktieren zwang, ist bekannt und soll hier nicht in Zweifel gezogen werden. Und doch ist die auf seiten der Rechten so lauthals verkündete Rückumwälzung zum Geist der fünfziger Jahre ebenfalls auf halbem Wege steckengeblieben. Denn ganz so schnell gab sich diese außerparlamentarische Opposition nicht geschlagen. Es gibt daher bis heute weiterhin einen harten Kern dieser Bewegung, wie es auch weiterhin eine breite, diffuse Schicht von Linkssympathisanten gibt, die sich zwar nicht mehr politisch engagieren würde, die sich jedoch in ihrem Denken, ihrem Lebensstil, ihrer Literatur, ihren zwischenmenschlichen Beziehungen viele jener Ideen zu eigen gemacht hat, die durch die Studentenbewegung von 1967/68 zum erstenmal in die Öffentlichkeit getreten waren. Das trifft sogar auf die Vertreter der anarchistisch-popbetonten und demokratisch-reformistischen Gruppen zu, von denen sich zwar manche auf einen total subjektivistischen ›Trip‹ begeben haben, wie ihn etwa Bernward Vesper in seinem Roman *Die Reise* (1977) beschreibt, von denen sich aber die Mehrheit noch heute aktiv für Konzepte wie Umweltschutz, Kindererziehung, Feminismus, Homosexuellenrechte, freie Liebe oder Legalisierung der Abtreibung einsetzt. Allerdings werden dabei die politischen, gesellschaftlichen und ökonomischen Großprobleme mehr und mehr als zu abstrakt empfunden und deshalb ausgeklammert. Für manche dieser Linken hat sich die Basis weitgehend ins Schlafzimmer, ins Kinderzimmer oder auf die Spielwiese verlagert, also zu Stätten, wo es in erster Linie um die rein persönlichen Belange geht. Viele Vertreter dieser Richtung proklamieren daher heute einen ›Neuen Subjektivismus‹, der das Politische vor allem am »unmittelbar« Erfahrenen: am eigenen Leibe oder an der eigenen Seele festzumachen versucht. Konzepte wie Solidarität, Partei, Organisation sind hier eindeutig »out«. »In« ist dagegen alles, worin man sich selbst »einbringen« kann – was nicht nur zu einem ›Neuen Subjektivismus‹, sondern auch zu einer ›Neuen Philosophie‹, einer ›Neuen Sensibilität‹, einem ›Neuen Irrationalismus‹, einer ›Neuen Innerlichkeit‹ und einer ›Neuen Einsamkeit‹ geführt hat.[19]

Und dieser Rückzug ins Private, der von vielen als »eine historisch notwendige Konzentration auf die Alltagsprobleme« gerechtfertigt wird,[20] hat sich selbstverständlich auch literarisch ausgewirkt. Was in diesen Bereichen dominiert, ist ein deutlicher Hang zu einfachen, unmittelbaren Gefühlen und Instinkten – und damit eine auffällige Poetisierung des »Naheliegenden«. In der Lyrik äußert sich das als Vorliebe für jene zwar immer noch politisch gemeinte, aber stark subjektivierte Alltagslyrik (Nicolas Born, F. C. Delius, Klaus Konjetzky), wie sie Jürgen Theobaldy 1977 zu fördern versuchte.[21] Im Roman macht sich dieser Trend in einem ebenfalls politisch gemeinten, aber zugleich autobiographisch orientierten Erzähltyp bemerkbar, wie er 1973 mit Karin Strucks *Klassenliebe* und Peter Schneiders *Lenz* einsetzt und inzwischen eine vielfältige Nachfolge gefunden hat. Im Bereich des Dramas setzt sich innerhalb dieser Richtung ein Autor wie Botho Strauß durch, dessen *Trilogie des Wiedersehens* (1977) die Westberliner Schaubühne ebenso politisch zu spielen versuchte wie manche der letzten Stücke Peter Handkes.

Die Rechte hat diesen nostalgischen, wertherisierenden und zugleich subjektiv-politischen Trend mit dem Schlagwort »Jetzt singen sie wieder!« zu ironisieren versucht. Doch das ist nur die halbe Wahrheit. Denn neben aller Poetisierung, nostalgischen Art-Nouveau-Begeisterung, aller ›Neuen Sensibilität‹, die sich in dieser Richtung äußern,[22] manifestiert sich hierin zugleich ein ganz neues Verhältnis zu anderen Menschen und zur unmittelbaren Nachbarschaft. Diese Tendenzen sind daher nicht nur der ›Neuen Subjektivität‹, sondern auch manchen Bürgerinitiativen zugute gekommen, die sich für Umweltschutz, die Erhaltung historischer Gebäude, die Aufhebung bestimmter Paragraphen (§ 218) u. ä. eingesetzt und damit auf ihre Weise zu einer positiven Polarisierung der Gesellschaft beigetragen haben, welche innerhalb einer parlamentarischen Demokratie die einzige Gegenkraft zu einem Rückfall in »finstere Zeiten« darstellt.

Daß diese Richtung, die sich auf das Subjektive beschränkt und das Überindividuelle weitgehend ausläßt, heute innerhalb der linksliberalen Literatur die führende ist, steht wohl außer Zweifel. Und dies ist auch nicht verwunderlich. Schließlich wird diese Literatur von einer Gesellschaftsschicht getragen, die im Vergleich zu ähnlichen Schichten in anderen europäischen Ländern ökonomisch relativ gut dran ist. Sie fühlt sich also nicht als unterdrückte Klasse und wird nur dann aktiv, wenn es um den Schutz oder Ausbau bereits errungener Rechte oder Privilegien geht. Von einer solchen Gesellschaftsschicht sind also – bei gleichbleibender wirtschaftlicher Situation – keine grundsätzlichen Alternativvorschläge zu erwarten. Ihre studentischen Vertreter werden zwar im »Freiraum« der Universität weiterhin rebellisch oder zumindest skeptisch auftreten, sich aber später wieder in ihre Klasse zurückgliedern.

Anders steht es dagegen mit den Vertretern der dritten Richtung, die sich zwar zum Teil (nach mancherlei desillusionierenden Erfahrungen mit der Arbeiterklasse) ebenfalls wieder auf ihre private Basis zurückgezogen haben, von der jedoch ein wesentlich größerer Prozentsatz – schon wegen der institutionellen Bindung an bestimmte Organisationen oder Parteien – ihren bisherigen Vorstellungen treu geblieben ist. Auch hier hat zwar die Radikalität etwas nachgelassen, dafür ist jedoch – vor allem durch die ›Sympathisantenhetze‹ – die Bündnisbereitschaft mit anderen linksorientierten Intellektuellen wie auch gewissen Teilen der Arbeiterklasse im Laufe der Jahre größer geworden. Dafür sprechen nicht nur die Dramen eines Franz Xaver Kroetz, die Lieder eines Franz Josef Degenhardt oder die Romane der Werkkreise und der AutorenEdition, sondern auch ein so bedeutsames Werk wie *Die Ästhetik des Widerstands* (1975 ff.) von Peter Weiss. Jürgen Alberts, der langjährige Sprecher der Werkkreise, erklärte daher 1977 verzweifelt optimistisch: »Aufgrund der verschärften Situation [...] ist das Bedürfnis nach fortschrittlicher Kunst eher gewachsen.«[23] Hoffen wir, daß dem so ist und bleiben wird.

Und so ist die vielbeschworene politische Polarisierung der westdeutschen Literatur zwar momentan im Rückgang, aber doch nicht völlig verschwunden. Rein vordergründig wird zwar im Feuilleton der großen Tageszeitungen wieder so getan, als sei man endlich wieder beim schönen Status quo der mittleren fünfziger Jahre angelangt, als sei das Kalligraphische, Subjektive, Elitäre wieder das am meisten Gefragte. Aber das Elitäre wird nie das am meisten Gefragte sein, sondern immer das Elitäre bleiben. Ja, mit dem Rückzug vieler bürgerlicher Autoren in die Welt des schönen Scheins ist die Lage der sogenannten E-Literatur nicht besser, sondern eher noch prekärer geworden. Denn dadurch wird die tatsächliche Polarisierung der westdeutschen Literatur in eine massenhaft verbreitete Trivialliteratur einerseits und eine spät- oder bestbürgerliche E-Literatur andererseits nur um so offensichtlicher. Wer also glaubt, daß durch den Rückzug auf die E-Literatur wieder stabilere Verhältnisse eintreten, täuscht sich, ja trägt – bewußt oder unbewußt – zum Abbau jener Literatur bei, die uns am meisten am Herzen liegt, indem er sie zu einer elitären und somit höchst marginalen Rolle verurteilt. Dieser Rückzug ist daher keine Rückkehr zu Liberalität oder Demokratie, sondern eher eine Rückkehr zu jener Besitz-und-Bildung-Ideologie, die der bürgerlichen Literatur schon seit mindestens 150 Jahren zugrunde liegt. Wer also die besagte ›Polarisierung‹ der Literatur wieder rückgängig machen will, ist nicht ihr Retter, sondern ihr Totengräber.

Damit verglichen, wirken all jene, die sich in den letzten 10 bis 15 Jahren – ob nun von anarchistisch-popbetonten, radikaldemokratischen oder sozialistischen Positionen aus – für eine neue A-Literatur (Allgemeinliteratur) jenseits der Kluft in E- und U-Literatur eingesetzt haben, wie die wahren Vertreter jener ›demokratischen Grundrechte‹, die es auch auf dem Gebiet der Literatur zu verteidigen gilt. Wenn sie keine Unterstützung finden, wird der Gegensatz zwischen den Lesern der E-Literatur (5%) und den Lesern der U-Literatur (95%) und damit die undemokratische Struktur des westdeutschen Kulturbetriebs nicht kleiner, sondern immer größer werden. Und damit würde sich die Literatur ihrer einzigen progressiven Zukunftschance berauben.

Anmerkungen

1 Vgl. hierzu grundlegend Heinz Brüdigam: Der Schoß ist fruchtbar noch ... Neonazistische, militaristische, nationalistische Literatur und Publizistik in der Bundesrepublik. Frankfurt a. M. [2]1965.
2 Helmut Heißenbüttel: Neue Linke und die bundesdeutsche Literatur nach 1945. In: H. H.: Zur Tradition der Moderne. Neuwied 1972. S. 154.
3 Vgl. Renate Möhrmann: Der neue Parvenü. Aufsteigermentalität in Martin Walsers »Ehen in Philippsburg«. In: Basis 6 (1976) S. 140–159.
4 Vgl. Alfred Estermann / Jost Hermand / Merle Krueger: Unsere Republik. Politische Statements westdeutscher Autoren. Wiesbaden 1980.
5 Vgl. die Meldung in der *Frankfurter Allgemeinen* vom 21. 1. 1963 und Jürgen Habermas: Parteirügen an Schriftsteller – hüben und drüben. In: Merkur (1963) S. 211 f.
6 Was ist heute links? Hrsg. von Horst Krüger. München 1963. S. 11.
7 Vgl. Lawrence Baron [u. a.]: Der ›anarchistische‹ Utopismus der westdeutschen Studentenbewegung. In: Deutsches utopisches Denken im 20. Jahrhundert. Hrsg. von Reinhold Grimm und Jost Hermand. Stuttgart 1974. S. 120–135.
8 Vgl. Jost Hermand: Pop oder die These vom Ende der Kunst. In: Die deutsche Literatur der Gegenwart. Hrsg. von Manfred Durzak. Stuttgart 1971. S. 285–299; ders.: Stänker und Weismacher. Zur Dialektik eines Affekts. Stuttgart 1971.
9 Vgl. Dieter Baacke: Beat – die sprachlose Opposition. München 1968; Rolf Schwendtner: Theorie der Subkultur. Köln 1971.
10 Vgl. Yaak Karsunke: Anachronistische Polemik; Karl Markus Michel: Ein Kranz für die Literatur; Hans Magnus Enzensberger: Gemeinplätze, die Neueste Literatur betreffend. In: Kursbuch 15 (1968) S. 165–197.
11 Vgl. Jost Hermand: Die Literatur wird durchforscht werden. Einstellungen zum ›progressiven‹ Erbe. In: Basis 8 (1968) S. 34 ff.
12 Enzensberger: Gemeinplätze (Anm. 10) S. 189.
13 Vgl. Klaus L. Berghahn: Dokumentarische Literatur. In: Neues Handbuch der Literaturwissenschaft. Bd. 21. Hrsg. von Jost Hermand. Wiesbaden 1979. S. 153 ff.
14 Peter Schneider: Die Phantasie im Spätkapitalismus und die Kulturrevolution. In: Kursbuch 16 (1969) S. 36.
15 Vgl. Jost Hermand: Lieder aus dem Schlaraffenland. In: Basis 7 (1977) S. 206–210.
16 Jürgen Alberts: Arbeitsöffentlichkeit und Literatur. Zur Theorie des Werkkreises Literatur der Arbeitswelt. Hamburg 1977. S. 9.
17 Ulla Hahn / Uwe Naumann: Romane mit Gebrauchswert. Zur Romanproduktion des Werkkreises Literatur der Arbeitswelt. In: Basis 8 (1978) S. 155–173.
18 Zitiert in: Der Spiegel (1970) Nr. 12. S. 106.
19 Vgl. hierzu die Aufsätze in: Der neue Irrationalismus. Literaturmagazin 9. Reinbek b. Hamburg 1978.
20 Johann August Schülein: Von der Studentenrevolte zur Tendenzwende oder der Rückzug ins Private. In: Kursbuch 48 (1977) S. 116.
21 Jürgen Theobaldy / Gustav Zürcher: Veränderung der Lyrik. Über westdeutsche Gedichte seit 1965. München 1976. S. 131 ff.

22 Vgl. Jost Hermand: Heimweh nach dem Jugendstil. Formen der ästhetischen Revolte in den sechziger Jahren. In: J. H.: Stile, Ismen, Etiketten. Wiesbaden 1978. S. 125–139.
23 Alberts (Anm. 16) S. 81.

Literaturhinweise

agitprop. Lyrik, Thesen, Berichte. Hrsg. von Joachim Fuhrmann [u. a.]. Hamburg o. J.

Alberts, Jürgen: Arbeiteröffentlichkeit und Literatur. Zur Theorie des Werkkreises Literatur der Arbeitswelt. Hamburg 1977.

Batt, Kurt: Revolte intern. Betrachtungen zur Literatur in der Bundesrepublik. München 1975.

Bernhard, Hans Joachim: Polarisierung und Differenzierung in der Literatur der BRD. In: Weimarer Beiträge 20 (1974) H. 12. S. 5–34.

– Positionen und Tendenzen in der Literatur der BRD Mitte der siebziger Jahre. In: Weimarer Beiträge 23 (1977) H. 12. S. 54–84.

Blumer, Arnold: Das dokumentarische Theater der sechziger Jahre in der Bundesrepublik Deutschland. Meisenheim 1977.

Bormann, Alexander von: Politische Lyrik in den sechziger Jahren. In: Die deutsche Literatur der Gegenwart. Hrsg. von Manfred Durzak. Stuttgart ^{3}1976. S. 175–196.

Briefe zur Verteidigung der Republik. Hrsg. von Freimut Duve [u. a.]. Reinbek 1977.

Dede, Hans Ewald: Die Politisierung der Literatur in der Bundesrepublik seit 1968. In: Kontext 1 (1976) S. 48–67.

Denkler, Horst: Langer Marsch und kurzer Prozeß. Oppositionelle Studentenbewegung und streitbarer Staat im westdeutschen Roman der siebziger Jahre. In: Der deutsche Roman. Hrsg. von Wolfgang Paulsen. Bern 1978. S. 124–144.

Denkzettel. Politische Lyrik aus der BRD und Westberlin. Hrsg. von Anni Voigtländer und Hubert Witt. Frankfurt a. M. 1974.

Durzak, Manfred: Dürrenmatt, Frisch, Weiss. Deutsches Drama der Gegenwart zwischen Kritik und Utopie. Stuttgart ^{2}1973.

Entwicklungstendenzen in der Literatur der BRD am Beginn der siebziger Jahre. Rostock 1975.

Für eine neue Literatur – gegen den spätbürgerlichen Literaturbetrieb. Literaturmagazin 1. Hrsg. von Hans Christoph Buch. Reinbek 1973.

Geschichte und Gegenwartsdrama. Hrsg. von Reinhold Grimm und Jost Hermand. Stuttgart 1976.

Glaser, Hermann: Radikalität und Scheinradikalität. München 1970.

Grenzverschiebung. Neue Tendenzen in der deutschen Literatur der 60er Jahre. Hrsg. von Renate Matthaei. Köln 1970.

Groschopp, Horst: Zur Kritik der Subkultur-Theorien in der BRD. In: Weimarer Beiträge 23 (1977) H. 12. S. 20–51.

Hahn, Ulla: Literatur in der Aktion. Zur Entwicklung operativer Literaturformen in der Bundesrepublik. Wiesbaden 1978.

Hahn, Ulla / Naumann, Uwe: Romane mit Gebrauchswert. Zur Romanproduktion des Werkkreises Literatur der Arbeitswelt. In: Basis 8 (1978) S. 155–173.

Heißenbüttel, Helmut: Neue Linke und die bundesdeutsche Literatur nach 1945. In: H. H.: Zur Tradition der Moderne. Neuwied 1972. S. 152–160.

Helms, Hans G.: Fetisch Revolution. Marxismus und Bundesrepublik. Darmstadt 1973.

Hermand, Jost: Pop International. Eine kritische Analyse. Frankfurt a. M. 1971.

– Wirklichkeit als Kunst. Pop, Dokumentation und Reportage. In: Basis 2 (1971) S. 33–52.

– Bundesrepublik Deutschland. In: Geschichte der politischen Lyrik in Deutschland. Hrsg. von Walter Hinderer. Stuttgart 1978. S. 315–337.

– Literatur seit 1945. Neues Handbuch der Literaturwissenschaft. Bd. 21 und 22. Wiesbaden 1979.

Hinck, Walter: Von der Parabel zum Straßentheater. In: Gestaltungsgeschichte und Gesellschaftsgeschichte. Hrsg. von Helmut Kreuzer. Stuttgart 1969. S. 583–603.

Hinderer, Walter: Sprache und Methode. Bemerkungen zur politischen Lyrik der sechziger Jahre. In: Revolte und Experiment. Hrsg. von Wolfgang Paulsen. Heidelberg 1973. S. 98–143.

Hosfeld, Rolf / Peitsch, Helmut: »Weil uns diese Aktionen innerlich verändern, sind sie politisch.« Bemerkungen zu vier Romanen über die Studentenbewegung. In: Basis 8 (1978) S. 92–126.

Kässens, Wend / Töteberg, Michael: Fortschritt im Realismus? Zur Erneuerung des kritischen Volksstücks seit 1966. In: Basis 6 (1976) S. 30–47.
Kühne, Peter: Arbeiterklasse und Literatur. Dortmunder Gruppe 61 – Werkkreis Literatur der Arbeitswelt. Frankfurt a. M. 1972.
Kukuck, Margareth: Student und Klassenkampf. Studentenbewegung in der BRD seit 1967. Hamburg 1974.
Kulturrevolution. Kursbuch 16 (1969). Hrsg. von Hans Magnus Enzensberger.
Lermen, Birgit H.: Moderne politische Lyrik. In: Stimmen der Zeit 194 (1976) S. 457–472.
Lieder aus dem Schlaraffenland. Politische Lieder der 50er–70er Jahre. Hrsg. von Annemarie Stern. Oberhausen 1976.
Lüdke, W. Martin: Literatur und Studentenbewegung. Eine Zwischenbilanz. Opladen 1977.
Michel, Karl Markus: Ein Kranz für die Literatur. In: Kursbuch 15 (1968) S. 169–186.
Mittenzwei, Werner: Revolution und Reform im westdeutschen Drama. In: Revolution und Literatur. Hrsg. von Werner Mittenzwei und Reinhard Weisbach. Leipzig 1971. S. 459–521.
Möbius, Hanno: Arbeiterliteratur in der BRD. Köln 1970.
Piwitt, Hermann Peter: Rückblick auf heiße Tage. Die Studentenrevolte in der Literatur. In: Literaturmagazin 4 (1975) S. 35–46.
Poesie und Politik. Zur Situation der Literatur in Deutschland. Hrsg. von Wolfgang Kuttenkeuler. Bonn 1973.
Politisierung, Kritik und Selbstkritik. Kursbuch 25 (1971). Hrsg. von Hans Magnus Enzensberger und Karl Markus Michel.
Positionen und Tendenzen in der Literatur der BRD Mitte der siebziger Jahre. Rostock 1977.
Protestfibel. Formen einer neuen Kultur. Hrsg. von Rolf-Ulrich Kaiser. Bern 1968.
Reinhold, Ursula: Von der Gruppe 61 zu den Werkkreisen. In: Weimarer Beiträge 20 (1974) H. 2. S. 55–80.
– Herausforderung Literatur. Entwicklungsprobleme der demokratischen und sozialistischen Literatur in der BRD 1965–1974. München 1976.
Schneider, Michael: Die lange Wut zum langen Marsch. Aufsätze zur sozialistischen Politik und Literatur. Reinbek 1975.
Tendenzen der deutschen Literatur seit 1945. Hrsg. von Thomas Koebner. Stuttgart 1971.
Tendenzwende. Zur geistigen Situation in der Bundesrepublik. Stuttgart 1975.
Theobaldy, Jürgen / Zürcher, Gustav: Veränderung der Lyrik. Über westdeutsche Gedichte seit 1965. München 1975.
Thomas, R. Hinton / Bullivant, Keith: Westdeutsche Literatur der sechziger Jahre. München 1975.
Unsere Republik. Politische Statements westdeutscher Autoren. Hrsg. von Alfred Estermann, Jost Hermand und Merle Krueger. Wiesbaden 1980.
Unsere Unterwelt. Kursbuch 44 (1976). Hrsg. von Karl Markus Michel.
Vaterland, Muttersprache. Deutsche Schriftsteller und ihr Staat. Hrsg. von Klaus Wagenbach, Winfried Stephan und Michael Krüger. Berlin 1979.
Weigt, Peter: Revolutions-Lexikon. Taschenbuch der außerparlamentarischen Aktion. Frankfurt a. M. 1968.
Zehn Jahre danach. Kursbuch 48 (1977). Hrsg. von Karl Markus Michel.

MANFRED DURZAK

Literatur der Arbeitswelt in der Bundesrepublik Deutschland

Arbeiterliteratur, Arbeiterdichtung, Industrieliteratur, proletarische Literatur sind Begriffe, die sich in der literarischen Tradition überlappen und nicht synonym zu setzen sind, sich allerdings auch nicht scharf voneinander abgrenzen lassen. Was die aus sozialer Verantwortung dichtenden Autoren des Jungen Deutschland, Georg Herwegh und Ferdinand Freiligrath, als Anklage gegen die Unterdrückung der gesellschaftlich Unterprivilegierten zu ihrer poetischen Sache machten, was der Naturalismus als Erschließung einer neuen Wirklichkeitszone, von Max Kretzer bis hin zu Arno Holz, in die Literatur einbrachte, was der Futurismus eines Marinetti und seiner deutschen Gefolgschaft[1] als Preis der Errungenschaften moderner technologischer Zivilisation rühmte und was schließlich im Bund proletarisch-revolutionärer Schriftsteller[2] der Weimarer Republik als klassenkämpferisches Instrument einer auch von Arbeitern geschriebenen proletarischen Literatur zum Wunschziel deklariert wurde, beleuchtet jeweils nur Teilaspekte eines literarischen Wollens, das sich mit dem Begriff Arbeiterliteratur bezeichnen läßt, wenn man die vielfältige historische Entwicklung zusammenzufassen versucht.

Dennoch macht dieses vielschichtige historische Erfahrungsfeld verschiedene Konstanten sichtbar: Arbeiterliteratur ist Teil der bürgerlichen Literaturentwicklung und bedeutet stofflich die Erschließung eines neuen Gestaltungsbereiches, von einer Sympathiehaltung gegenüber den gesellschaftlich Unterdrückten getragen; Arbeiterliteratur bedeutet zum andern – gleichfalls noch im Rahmen einer bürgerlichen Literaturentwicklung – literarische Laienproduktion von Arbeitern, die im Falle eines literarischen Erfolgs im bürgerlichen Literaturbetrieb aufgehen; Arbeiterliteratur wird drittens als Instrument der politischen Auseinandersetzung erfahren und dient durch Aufzeigung kapitalistischer Unterdrückungsmethoden im Arbeitsprozeß der Vorbereitung eines revolutionären Gesellschaftsumschwungs und als proletarische Kunst später der Festigung dieser neuen sozialistisch akzentuierten Gesellschaft.

Die Literatur der Arbeitswelt, wie sich die eingangs genannten Begriffsbestimmungen zusammenfassen lassen, ist also gleichsam ein Modell für alle programmatischen und ideologischen Auseinandersetzungen, die sich aus einer Entgegensetzung einer bürgerlichen mit einer proletarischen bzw. sozialistischen Literatur ergeben, und läßt sich ohne Rekurs auf einen solchen politischen Kontext nicht adäquat beschreiben. Dieser politische Kontext tritt auch hervor, wenn man den Blick auf das neuerwachte Interesse an dieser Literatur in der Bundesrepublik richtet. Drei politische Momente haben dabei eine Rolle gespielt: die Studentenbewegung, die wirtschaftliche Rezession der Jahre 1966/67 und die politisch-pragmatische ›Annäherung‹ an die DDR in den siebziger Jahren.

Dem kulturell lange tabuisierten Bereich der Arbeiterliteratur wurde in der Bundesrepublik Deutschland neue Aufmerksamkeit zuteil, als die Studentenbewegung Ende der sechziger Jahre Verkrustungen im politischen Bewußtsein der Bundesrepublik aufbrach und in einer Wunschallianz mit der Arbeiterschaft, die sich freilich skeptisch verhielt, gesellschaftliche Veränderungen in die Wege leiten wollte. Arbeiterliteratur wurde als ein Instrument gesehen, das Bewußtsein dieser kulturell unterrepräsentierten Bevölkerungsschicht kennenzulernen und möglicherweise zu beeinflussen. Arbeiterliteratur wurde zumindest im Ansatz als politische Propädeutik bestimmt.

Eine wirkliche Allianz zwischen Intelligenz und Arbeiterschaft blieb freilich illusionär, obwohl die wirtschaftliche Rezession der Jahre 1966/67 mit den Problemen von gedrosselter Produktivität und steigender Arbeitslosigkeit besonders im Ruhrgebiet die These von der ›Verbürgerlichung‹ der Arbeiter bei konstant steigendem Wohlstand untergrub. Dieses neuerwachte Problembewußtsein hat mit dazu beigetragen, daß die ersten organisatorischen Formen von neuer westdeutscher Arbeiterliteratur, die Dortmunder Gruppe 61 und der Werkkreis Literatur der Arbeitswelt, vom Ruhrgebiet ihren Ausgang nahmen.

Die Normalisierung der politischen Beziehungen zwischen den beiden deutschen Staaten hat mit Beginn der siebziger Jahre diesen eingeleiteten Prozeß noch verstärkt. Denn was es als verschüttete und wieder neu zu begründende Tradition im literarischen Bewußtsein westdeutscher Öffentlichkeit zu entdecken galt, war als wichtiger Bestandteil des kulturellen Erbes – in diesem Fall die proletarisch-revolutionäre Literatur der Weimarer Republik – längst in die Literaturentwicklung der DDR integriert. Unter programmatischen Perspektiven wie sozialistischer Realismus und Bitterfelder Weg war dieses Erbe so weiterentwickelt worden, daß die Neuansätze in der Bundesrepublik Deutschland nicht nur mit großer zeitlicher Verspätung auftraten, sondern auch in ihrem Problembewußtsein überholt schienen.

Der Grund liegt offenkundig in der unterschiedlichen gesellschaftlichen Entwicklung beider Staaten. Die Phase der klassenantagonistischen Auseinandersetzung, die auch die literarische Darstellung der Arbeitswelt zu einem Experimentierfeld proletarischen Aufbegehrens gegen die Kaste der Herrschenden und die Produktionsmittel und die Arbeiter Beherrschenden machte, war – zumindest dem Dekret nach – spätestens mit der Gründung des neuen sozialistischen Staates in Mitteldeutschland beendet und wurde in den fünfziger Jahren von einer Aufbauphase abgelöst, die ganz andere Probleme der Arbeitswelt (Produktionssteigerung, Verbesserung der Produktionsvoraussetzungen, Koordinierung der verschiedenen industriellen Prozesse, Plansollerfüllung und -überschreitung) auch in den Mittelpunkt der literarischen Gestaltung in den fünfziger Jahren stellte.[3]

In einer Äußerung des erfolgreichen DDR-Autors Karl-Heinz Jakobs kommt dieses Bewußtsein klar zum Ausdruck: »Im sozialistischen Arbeiter- und Bauernstaat ist eines der Themen, das sozialistischen Schriftstellern gemäß ist, Arbeit unter unseren Produktionsverhältnissen zu beschreiben, Arbeiter darzustellen, die Eigentümer ihrer Produktionsmittel sind, die das Land, in dem sie leben, selbst geschaffen haben und es selbst regieren.«[4] Daß die Arbeit damit aus einem Mechanismus der Selbstentfremdung und Verdinglichung zur Domäne der Selbstverwirklichung des einzelnen geworden ist, entspricht zwar der programmatischen Überzeugung in der DDR, aber keineswegs immer der literarischen Darstellung wie auch wohl nicht der Realität.[5]

Dennoch gilt es im Überblick festzuhalten, daß die westdeutsche Literatur der Arbeitswelt unter gesellschaftlichen Voraussetzungen zustande gekommen ist, die im Kern der Situation in der Weimarer Republik entsprechen, wenn man westliche freie Marktwirtschaft und bürgerlichen Kulturbetrieb als diesen Kern gelten lassen will. Und so, wie

sich in der Situation der Weimarer Republik zwei konträre Richtungen der Arbeiterliteratur abzeichneten, läßt sich auch ein analoges Spektrum in der gegenwärtigen westdeutschen Literatur der Arbeitswelt erkennen. Während die sogenannte Arbeiterdichtung[6] mit Vertretern wie Gerrit Engelke, Heinrich Lersch oder Paul Zech am abstrakten O-Mensch-Pathos der expressionistischen Bewegung teilhatte und allgemeine menschliche Sympathie weit über politische Klassensolidarität stellte, haben marxistisch orientierte und parteipolitisch aktive Autoren wie Johannes R. Becher, Hans Marchwitza, Ludwig Renn oder Erich Weinert, die sich im Bund proletarisch-revolutionärer Schriftsteller zusammenschlossen, die Literatur vor allem als Instrument der Klassenauseinandersetzung definiert und darin ihre vordringlichste Aufgabe gesehen.
Charakteristisch für die Gegensätzlichkeit beider Richtungen ist der programmatische Aufsatz *Einen Schritt weiter!*, mit dem Johannes R. Becher 1930 den zweiten Jahrgang der *Linkskurve* eröffnete. Neben die Rekapitulation der Erfolge seit 1927 tritt in aller Schärfe die Abgrenzung von der traditionellen Arbeiterdichtung: »Wir werden weiterkämpfen gegen die sogenannten ›Arbeiterdichter‹, wie sie die Bourgeoisie und die Sozialdemokratie hätscheln und hochpäppeln, gegen alle religiösen und pazifistischen Klassenversöhnungspoeten, die ihre Sendung darin erblicken, das Proletariat lyrisch zu erweichen und ihm durch ›ästhetische Stimmungen‹ sein Fließband- und Maschinendasein schicksalsgerecht zu machen.«[7]
Und in einer Glosse, die im Februar 1930 in der *Linkskurve* erschien, wird über den Redner auf einer vom Bildungsausschuß der SPD veranstalteten Darbietung über die Frage »Was ist proletarische Dichtung?« ausgeführt: »Er ist [...] einer der wenigen im sozialfaschistischen Lager, die klar erkennen, daß man mit der unverbindlich in die ›bessere Zukunft‹ träumenden Seelenlyrik eines Barthels, Brögers oder Lerschs heute keine Berge mehr versetzen kann.«[8]
Solche polemischen Abgrenzungen sind gegenwärtig in dieser Schärfe zwar nicht mehr an der Tagesordnung, aber intentional lassen sie sich nach wie vor erkennen. Das gilt sowohl für den Unterschied zwischen der Literatur der Arbeitswelt in der DDR und Bundesrepublik Deutschland wie auch für die Zielsetzungen innerhalb der Dortmunder Gruppe 61 im Vergleich zu den programmatischen Absichten des aus der Kritik an der Dortmunder Gruppe hervorgegangenen Werkkreises Literatur der Arbeitswelt.
Um den Beitrag dieser beiden literarischen Gruppierungen zur bundesdeutschen Gegenwartsliteratur geht es im folgenden. Dabei soll nicht nur versucht werden, Entstehungsgeschichte und literarische Programmatik dieser beiden Gruppierungen zu skizzieren, sondern vor allem auch die Frage nach dem literarisch Erreichten auf dem Hintergrund des postulierten Programms gestellt werden.

Unter den Hauptpunkten des ersten Programms[9] der Dortmunder Gruppe 61 wird ausdrücklich als Zielvorstellung der Gruppenarbeit genannt: »Kritische Beschäftigung mit der früheren Arbeiterdichtung und ihrer Geschichte« (S. 158). Dieser Anknüpfungspunkt läßt sich auch konkret in der Entstehungsgeschichte der Gruppe erkennen. Der 1912 von den bürgerlichen Autoren Jakob Kneip, Wilhelm Vershofen und Josef Winckler in Hopsten im Münsterland gegründete Bund der Werkleute auf Haus Nyland, »der sich zur Aufgabe setzte, die technisch-soziale Gegenwart darzustellen«[10], ist als Traditionshintergrund zumindest dem geistigen Mentor der Gruppe, dem Dortmunder Bibliotheksdirektor Fritz Hüser, bewußt.

Das von Hüser initiierte und geleitete Archiv für Arbeiterdichtung und Soziale Literatur war bereits die konkrete Verkörperung und Sammelstelle dieser Tradition, bevor sich in den frühen sechziger Jahren Ansätze zu einer zumindest thematischen Weiterführung dieser Tradition ergaben. An dieser Entwicklung waren mehrere Gründe beteiligt.

In den industriellen Arbeitsprozessen begann sich damals ein einschneidender struktureller Wandel anzuzeigen. Im Zuge der Rationalisierung der industriellen Herstellungsverfahren wurden Arbeitsvorgänge immer stärker mechanisiert und automatisiert. Für die Arbeiter wurde das zum Moment der psychologischen Verunsicherung und darüber hinaus zur konkreten Bedrohung des Arbeitsplatzes. Der Bereich der industriellen Produktion gewann damit nach der Wirtschaftswundereuphorie für die Arbeiter neue Irritation, die, gesteigert durch die 1966 einsetzende Rezession, zu einem verstärkten Problembewußtsein führte.

Zudem begann sich in der damaligen literarischen Öffentlichkeit, wie Hüser[11] am Beispiel von Äußerungen Alfred Anderschs, Walter Jens' und Wolfgang Rothes ausdrücklich hervorhebt, immer stärker die Erkenntnis durchzusetzen, daß mit der literarischen Ausklammerung der industriellen Arbeitswelt in der jungen deutschen Literatur ein wesentlicher Bereich des gesellschaftlichen Lebens ignoriert wurde.

Die vergebliche Suche des damaligen Bergarbeiters Max von der Grün nach einem Verleger für sein erstes Romanmanuskript *Männer in zweifacher Nacht* führte dann zum Kontakt mit dem Dortmunder Archiv und seinem Leiter. Fritz Hüser vermittelte das Manuskript an den Paulus-Verlag, wo es 1962 als Buch erschien. Aus diesem Kontakt ergaben sich weitere. Von der Grün berichtet: »Später bin ich noch einmal zu Hüser gefahren, habe ihn gefragt, ob er noch Leute kenne, die sich auch, wie ich, mit eben dem Thema Arbeit und Arbeitswelt beschäftigen. Er wußte einige. So kam es zu dem Treffen am Karfreitag des Jahres 1961. Walter von Cube hat letztlich den Namen Gruppe 61 erfunden; eine Anspielung auf die Gruppe 47? Vielleicht, ich weiß es nicht. Das ist auch gar nicht so wichtig.«[12]

Allerdings ist dieser Entstehungsbericht durch den Hüsers zu ergänzen, der eine andere, von der Industriegewerkschaft Bergbau ausgehende Initiative als wichtig für die Entstehung der Gruppe 61 erwähnt. Ein junger Bildungsfunktionär der Gewerkschaft, Walter Köpping, suchte ihn im Oktober 1959 auf, mit der Bitte um Beratung bei seiner Suche nach Gedichten, »die er im Rahmen seiner Bildungsarbeit jungen Bergleuten nahebringen wollte«[13]. Daraus entwickelte sich die im Juli 1960 erscheinende Anthologie *Wir tragen ein Licht durch die Nacht – Gedichte aus der Welt des Bergmanns*, in der auch von der Grün vertreten ist und die nach einem für die Herausgeber überraschenden Echo und Erfolg bereits im darauffolgenden Jahr in einer erweiterten Neuauflage erscheinen konnte: »Am 8. Oktober 1960 fand dann mit Max von der Grün und Heinz Kosters ein erstes Gespräch über die Bildung eines Arbeitskreises zur Förderung zeitgenössischer literarischer Kräfte, die sich mit der modernen Arbeitswelt beschäftigen, statt. Am 31. März 1961 trafen sich zehn Autoren, die in der Bergbauanthologie vertreten waren, mit einigen Kritikern und Journalisten in Dortmund, um über Möglichkeiten und Formen moderner Industriedichtung zu diskutieren. Sie beschlossen, den vorstehend schon erwähnten Arbeitskreis zu bilden, der im Laufe des Jahres auf Vorschlag einiger Kritiker zusätzlich die Bezeichnung ›Dortmunder Gruppe 61‹ erhielt. Als dann zum 17. Juni 1961 zu einer Diskussion über ›Mensch und Industrie in der Literatur der Gegenwart‹ eingeladen wurde, konnte der Raum die Autoren und Kritiker, Wissenschaftler und Lektoren nicht fassen.«[14]

Rundschreiben Fritz Hüsers aus den Jahren 1966/67 zufolge belief sich die Zahl der Gruppenmitglieder auf 18 bzw. 20 Personen. Peter Kühne[15] erschließt für die Zeit von 1961 bis 1969 rund 37 Personen, die zumindest zeitweise Mitglieder der Gruppe waren, wobei sechs davon nicht als Autoren, sondern als Mentoren und Förderer anzusprechen sind: Bibliothekare wie Fritz Hüser und Alfred Michaelis, der Gewerkschaftsfunktionär Walter Köpping, Zeitungsredakteure wie Gottfried Bold und Bernhard Boie, ein Lektor bzw. Kritiker, Friedhelm Baukloh.[16]

Unter den von Kühne namentlich aufgeführten Autoren sind bisher wohl nur vier einer größeren literarischen Öffentlichkeit bekannt geworden: Max von der Grün, Wolfgang Hermann Körner, Angelika Mechtel, Günter Wallraff. Auch der literarische Ertrag der Gruppe bleibt zumindest im äußeren Umfang für die Zeit zwischen 1961 und 1969 bescheiden.[17]

Der bei weitem profilierteste Autor, der seit 1964 als freischaffender Schriftsteller arbeitet, ist Max von der Grün. Er darf von seiner Rolle in der Entstehungsphase der Gruppe her, von seiner Funktion als Repräsentant der Gruppe für die Öffentlichkeit, aber auch von der in ihm personalisierten Kritik an der ideologischen Indifferenz und literarischen Verbürgerlichungstendenz der Gruppe her als beispielhaft für diese Gemeinschaft angesehen werden.

Im ursprünglichen Programm der Gruppe 61 fallen, sieht man einmal von allen organisatorischen Bestimmungen (Aufnahme in die Gruppe, Mitgliedschaft, Verpflichtungen der Mitglieder, angestrebte Aktivität der Gruppe) ab, die folgenden Schwerpunkte auf. Die industrielle Arbeitswelt wird vor allem unter stofflich-thematischem Aspekt in den Mittelpunkt der literarischen Arbeit gerückt. So wird als zentrale Aufgabe bestimmt: »Literarisch-künstlerische Auseinandersetzung mit der industriellen Arbeitswelt der Gegenwart und ihrer sozialen Probleme. Geistige Auseinandersetzung mit dem technischen Zeitalter« (S. 158).

Das läßt sich in dieser Allgemeinheit durchaus auf traditionelle Postulate der Arbeiterdichtung zurückführen, wie auch die soziologische Zusammensetzung der Gruppe den Ansprüchen einer proletarischen Literaturbewegung widerspricht. Nicht eine Literatur der Arbeiter für Arbeiter wird primär angestrebt, es heißt vielmehr im Programm: »Die Dortmunder Gruppe 61 setzt sich zusammen aus Schriftstellern, Journalisten, Lektoren, Kritikern, Wissenschaftlern und anderen Persönlichkeiten, die sich durch Interesse oder Beruf mit den Aufgaben und der Arbeit der Gruppe 61 verbunden fühlen und mitarbeiten wollen« (S. 158).

Bürgerliche Literaten, soweit sie mit der thematischen Zielsetzung der Gruppe sympathisieren, werden also zur Mitarbeit eingeladen, was sich offenbar auch in der soziologischen Herkunft vieler Gruppenmitglieder niederschlägt, da zeitweise nur sechs als Arbeiter anzusprechen sind.[18] Der gesellschaftliche Standort der Gruppe wird im Programm jenseits jeder konkreten politischen Machtgruppierung bestimmt, als unabhängig deklariert und läßt sich natürlich kritisch als Aufrechterhaltung eines »literarisch-gesellschaftlichen Status quo«[19] bezeichnen: »Die Dortmunder Gruppe 61 ist in jeder Beziehung unabhängig und nur den selbstgestellten künstlerischen Aufgaben verpflichtet – ohne Rücksicht auf Interessengruppen« (S. 158).

Daß diese postulierte Unabhängigkeit sich auch als Anpassung deuten läßt, ist nicht von der Hand zu weisen: Anpassung nicht nur an die gegebenen gesellschaftlichen Verhältnisse in der Bundesrepublik, sondern auch an einen tradierten bürgerlichen Literaturbegriff. Denn ein solcher Literaturbegriff scheint durchaus im Mittelpunkt des Programms zu stehen, wenn es heißt: »Unter Berücksichtigung der Thematik bleibt jedem Mitglied der Dortmunder Gruppe 61 grundsätzlich die Wahl der Themen, der Gestaltungsmittel und Ausdrucksformen überlassen. Die künstlerischen Arbeiten müssen individuelle Sprache und Gestaltungskraft aufweisen oder entwicklungsfähige Ansätze zu eigener Form erkennen lassen« (S. 158).

Eine solche Bestimmung schließt nicht nur Probleme der literarischen Situierung mit ein, da sich in Formulierungen wie »individuelle Sprache und Gestaltungskraft« das Originalitätspostulat der klassischen Ästhetik wiedererkennen läßt, aber als unhistorisch verabsolutierte Originalität zugleich der gesellschaftlichen Rolle des einzelnen im Arbeitsprozeß zu widersprechen scheint. Mit dieser Bestimmung sind darüber hinaus offenbar auch konkrete organisatorische Probleme verbunden, da die Aufnahme in die Gruppe von der Vorlage bestimmter literarischer Proben abhängig gemacht wurde und damit von vornherein die Möglichkeiten noch literarisch unerfahrener, aber entwicklungsfähiger Arbeiterautoren reduziert wurden. Es hat unter diesem Aspekt nicht an Kritik von Arbeitern an den Auswahlpraktiken der »arrivierten« Gruppen-Autoren gefehlt.[20]

Als zudem im Zuge der Auseinandersetzungen um Max von der Grüns Roman *Irrlicht und Feuer* (der ihm eine Klage des Unternehmensverbandes Ruhrbergbau eintrug) schließlich auch die Gewerkschaft, die von der Grün anfänglich juristisch unterstützte, nach Bekanntwerden größerer gegen Gewerkschaftsvertreter gerichteter Passagen im Roman die Solidarität aufkündigte, wurde ein Prozeß eingeleitet, der die ›Verbürgerlichung‹ der Gruppe und ihre ›Eingemeindung‹ in den herkömmlichen Literaturbetrieb weiter vorantrieb.

Einer der wichtigen Mentoren der Gruppe, der Gewerkschaftsfunktionär Walter Köpping, trat aus, und die gewerkschaftliche Unterstützung ging der Gruppe verloren. Die Folgen waren: »zunehmende Orientierung an den Erwartungen dieser Öffentlichkeit und damit Aufgabe jenes proletarischen Spezifikums, das die Dortmunder Gruppe zunächst von anderen literarischen Gruppierungen unterscheidet«[21]. Ob in der Folgezeit sogar von »gewerkschaftlicher Obstruktion«[22] gegen die Gruppe gesprochen werden kann, bleibe dahingestellt. Zumindest ist damit eine Möglichkeit der sinnvollen Koordination der kulturellen Aufbauarbeit der Gruppe in ihrem spezifischen Bereich mit anderen kulturellen Initiativen der Gewerkschaft (etwa Ruhrfestspiele, Büchergilde Gutenberg) verlorengegangen und die Entwicklung der Gruppe in Richtung auf eine literarische Agentur für im Literaturbetrieb bisher unterrepräsentierte Autoren vorangetrieben worden.

Vor allem die damit verbundene politische Indifferenz hat, verstärkt durch Impulse der Studentenbewegung, dann dazu beigetragen, daß man die ›Ideologiefeindlichkeit‹ der Gruppe ständig einer schärferen Kritik unterzog. Das führte zu internen Auseinandersetzungen und schließlich 1970 zur Abspaltung und Gründung einer neuen Gruppierung: des Werkkreises Literatur der Arbeitswelt.

Das 1971 neuformulierte Programm der Gruppe 61 läßt die Richtung der Umorientierung klar erkennen. Unter den zehn Grundsätzen ist der wichtigste an den Anfang gestellt: »Die Gruppe 61 will unter Benutzung aller Kommunikationsmöglichkeiten

Sachverhalte der Ausbeutung ins öffentliche Bewußtsein bringen« (S. 160f.). Ebenso wichtig ist der zweite Punkt: »Die Angehörigen der Gruppe verfolgen dieses Ziel unter Ausnutzung aller geeigneten literarischen und journalistischen Formen sowie in politischen Aktionen« (S. 161).

Wo das ursprüngliche Programm noch an literarischen Kategorien einer bürgerlichen Ästhetik festhält und politische Wirkungslosigkeit in ideologische Unabhängigkeit ummünzt, die literarische Gestaltung als primäres Ziel gelten läßt und ihr nur ein neues Stoffgebiet, eben die industrielle Arbeitswelt, zuordnet, werden nun herkömmliche literarische Verarbeitungen journalistischen und selbst konkreten politischen Aktionen gleichgestellt. Letztlich ist das Ziel dieses Programms nicht eine gewandelte und nur unter diesem Aspekt neue Literatur, sondern eine politische Bewußtseinsveränderung, die die ökonomischen Gesetzmäßigkeiten der bundesdeutschen Gesellschaft auf eine plakative Formel bringt: Es geht primär um das Phänomen der ›Ausbeutung‹ im Arbeitsprozeß.

Allerdings ist zu bezweifeln, ob dieses von F. C. Delius, Josef Reding, Erwin Sylvanus und Günter Wallraff ausgearbeitete und auf der Gruppentagung am 29. Mai 1971 in Dortmund verabschiedete Programm noch Integrationskraft für alle Mitglieder besitzt. Zu einschneidend ist die Umorientierung. Zudem haben gerade mit dieser politischen Stoßrichtung die inzwischen in zahlreichen Städten entstandenen Werkstätten des Werkkreises Literatur der Arbeitswelt die Initiative übernommen und auch durch eine Reihe von Publikationen, anfänglich im Piper Verlag und dann im Fischer Taschenbuch Verlag, die literarische Repräsentationsrolle der Gruppe 61 überholt.

Der Werkkreis, der in Erasmus Schöfer, Peter Schütt und Günter Wallraff seine regsten Initiatoren hat, spaltete sich nach heftigen Kontroversen innerhalb der Gruppe 61 ab, gerade weil die Mehrheit der Gruppe dem neuen politisch-emanzipatorischen Kurs, der Intentionen der proletarischen Literatur der Weimarer Republik wieder aufnimmt, skeptisch gegenüberstand.[23]

In dem im März 1970 beschlossenen Programm des Werkkreises ist über diesen Kurs zu lesen: »Seine Aufgabe ist die Darstellung der Situation abhängig Arbeitender, vornehmlich mit sprachlichen Mitteln. Auf diese Weise versucht der Werkkreis, die menschlichen und materiell-technischen Probleme der Arbeitswelt als gesellschaftliche bewußt zu machen. Er will dazu beitragen, die gesellschaftlichen Verhältnisse im Interesse der Arbeitenden zu verändern. In dieser Zielsetzung verbindet der Werkkreis seine Arbeit mit dem Bestreben aller Gruppen und Kräfte, die für eine demokratische Veränderung der gesellschaftlichen Verhältnisse tätig sind. Der Werkkreis hält eine entsprechende Zusammenarbeit mit den Gewerkschaften, als den größten Organisationen der Arbeitenden, für notwendig. Die im Werkkreis Literatur der Arbeitswelt hergestellten Arbeiten wenden sich vor allem an die Werktätigen, aus deren Bewußtwerden über ihre Klassenlage sie entstehen« (S. 159f.).

Die Literatur wird zum Instrument der politisch-emanzipatorischen Arbeit. Literatur der Arbeitswelt bedeutet nicht mehr Erweiterung des literarischen Bewußtseins auf dem Hintergrund eines bürgerlichen Literaturbegriffs, sondern Erkenntnisinstrument politischer Bewußtseinsbildung mit dem eigentlichen Ziel konkreter gesellschaftlicher Aktion. Die »Entgegensetzung von Kampfwert und Kunstwert«,[24] die sich bereits in den Diskussionen der Arbeiterliteratur der späten zwanziger Jahre erkennen läßt, schlägt hier erneut durch, wie auch eine progressiv eingestimmte Literaturtheorie im

»agitatorischen Überschuß«[25] der literarischen Werke ihre eigentliche Bedeutung sieht.

Freilich hat der erste Sprecher des Werkkreises, Erasmus Schöfer, der auch Mitinitiator des Text-Wettbewerbes war, der, 1969 von der Gruppe 61 ausgeschrieben, dann als erste Werkkreis-Veröffentlichung unter dem Titel *Ein Baukran stürzt um* von ihm mitherausgegeben wurde, solche politischen Erwartungen wieder eingeschränkt. Er läßt es bewußt offen, welches konkrete politische Ziel der angestrebte emanzipatorische Prozeß der Bewußtseinsveränderung erreichen soll: »Die Frage wird nicht gestellt, ob es sich hierbei um die Vorbereitung einer proletarisch-sozialistischen Kultur handeln kann. Wir halten eine solche Frage für sinnlos. Man kann nicht definitorisch vorweg entscheiden wollen, wie eine zukünftige Literatur und Kultur aussehen soll, außer in der einen Hinsicht, daß sie emanzipatorisch für die ganze Gesellschaft zu wirken hat«.[26] An einer andern Stelle wird dieser Emanzipationsprozeß mit der Formel »Humanisierung der gesellschaftlichen Realität« umschrieben.

Das sind abstrakte und allgemeine Bestimmungen, die nur durch den Hinweis auf die jeweilige konkrete aktuelle Situation und spezifische Arbeits- und Aktionsbeispiele des Werkkreises aufgefangen werden. Taucht hier das Dilemma der Gruppe 61 auf einer neuen Ebene auch im Werkkreis auf? Statt unfreiwilliger Anpassung (wie in der Gruppe 61) mit ihrem Postulat der literarischen Originalität nun die taktische Anpassung aufgrund der bestehenden gesellschaftlichen Verhältnisse? Oder ist diese definitorische Abstraktheit des angestrebten politischen Ziels bei gleichzeitigem Verweis auf die konkreten Beispiele Ausdruck einer Situation, die der Arbeiterschriftsteller August Kühn, der nur in lockerer Verbindung zum Werkkreis steht, in seiner *Westend-Geschichte* (1972) an einer Stelle wie in einer Parabel beschreibt?

Kühn läßt seinen Arbeitererzähler, der in einer Münchener Kneipe einem linken Studenten die Lebensläufe zweier Klassenkameraden, Georgs und Alfreds, erzählt, von denen der eine, Georg, den gesellschaftlichen Aufstieg durch Opportunismus und Anpassung schafft, während der andere, Alfred, seine gesellschaftliche Situation zwar erkennt, aber beruflich zwischen alle Stühle gerät, diesem Studenten, der immer den Eindruck erweckt, alles besser zu wissen, entgegenhalten: »Das ist recht spaßig, du fuhrwerkst mit deinen Theorien durch die Landschaft, und wenn einer dann nicht in dein Schema hineinpaßt, erklärst du ihn kurzerhand zum Einzelfall. Wenn du die Sache so ansiehst, sind wir alle Einzelfälle, und dann gibst du jenen recht, die da zum Kampf jeder gegen jeden auffordern und laut schreien, jeder hat seine Chance. Wenn ich dich recht verstanden habe, meinst du aber gerade das Gegenteil.«[27]

Möglicherweise ist dieses Plädoyer für die jeweilige konkrete Situation eine überzeugendere Antwort als die theoretische Besserwisserei, der alles zum agitatorischen Paradigma gerinnt, das vorgibt, der Wirklichkeit ständig um einige Längen voraus zu sein, anstatt die Wirklichkeit einzuholen. Kühn hat inzwischen mit seinem großangelegten Arbeiter-Generationenroman *Zeit zum Aufstehn* (1975), der die Geschichte der Weimarer Jahre als proletarische Familiengeschichte im damals politisch bewegten Bayern minuziös nachzeichnet, selbst einen beeindruckenden Beleg für diesen Standpunkt geliefert.

Man täte der aktuellen westdeutschen Literatur der Arbeitswelt unrecht, sie nur als ein verhältnismäßig exotisches Kapitel des zeitgenössischen Literaturbetriebs aufzublättern, mit ihrer Entstehungsgeschichte, ihren internen Querelen und ideologischen Sackgassen. Und auch wenn die Literatur des Werkkreises sich nur instrumental versteht und als Wunschadressaten in erster Linie den Arbeiter vor Augen hat (was ja für die Gruppe 61 in dem Sinne nicht gilt), kann man sich sicherlich nicht damit begnügen, die hier entstandenen Arbeiten nur auf die in ihnen gespeicherten sozialen Erfahrungen zu befragen und damit gleichsam die Literatur der Arbeitswelt als ein soziologisches Testlabor anzusehen, das über Bewußtseinszustände einer breiten, literarisch nur wenig dokumentierten Bevölkerungsschicht informiert.

Insofern diese Literatur mit künstlerischen Mitteln Erkenntnisse freisetzt, sind auch diese Erkenntnisse in ihrer Überzeugungskraft nicht völlig von ihrer künstlerischen Verwirklichung zu lösen. Ihr gleichsam von vornherein mildernde Umstände einzuräumen, daß sie künstlerisch nicht auf der Höhe der Zeit sei (wie immer das im einzelnen konkret zu differenzieren wäre), erwiese sich nur als ein Akt indirekter Diskriminierung. Die Gegenüberstellung von Kunst- und Kampfwert erweist sich unter diesem Aspekt als eine falsche Alternative, die Formales und Inhaltliches isoliert, während die künstlerische Überzeugungskraft doch in einer anderen Dimension liegen müßte als der theoretisch verkündeter Dekrete.

Es versteht sich, daß sich hier nur an einigen Beispielen Entwicklungstendenzen belegen lassen. Mit dem Blick auf die beiden skizzierten wichtigen Gruppierungen der zeitgenössischen westdeutschen Literatur der Arbeitswelt soll ein Roman Max von der Grüns, *Stellenweise Glatteis*[28], als des wichtigsten Vertreters der Gruppe 61 mit dem Roman eines relativ unbekannten Werkkreis-Autors konfrontiert werden, Herbert Somplatzkis *Muskelschrott* (1974)[29].

Am Beispiel der Industriereportagen Günter Wallraffs wird schließlich eine dritte Möglichkeit aktueller Arbeiterliteratur beleuchtet, die den literarischen Anspruch bewußt hinter sich gelassen hat und vielleicht gerade dadurch politische Wirkung um so konsequenter erreicht.

Von der Grün hat in rascher Folge mehrere Romane vorgelegt, die zumeist Themen der Arbeit im Ruhrkohlenbergbau aufgreifen, wo er selbst von 1951 bis 1964 als Bergmann arbeitete: *Männer in zweifacher Nacht* (1962), *Irrlicht und Feuer* (1963) – vom DDR-Fernsehen in einer zweiteiligen Folge verfilmt und auch im Fernsehen der Bundesrepublik gezeigt –, *Zwei Briefe an Pospischiel* (1968) und schließlich als letzte große Prosaarbeit *Stellenweise Glatteis* (1973), inzwischen ebenfalls im bundesdeutschen Fernsehen verfilmt. Von der Grün ist nicht nur einer der produktivsten Autoren der Gruppe 61, sondern zugleich derjenige, der seine literarischen Möglichkeiten am eingehendsten erprobt hat. Unter diesem Aspekt kommt seinem letzten Roman ein besonderer Stellenwert zu.

Seine Geschichte vom Arbeitskampf der Unterdrückten gegen Bespitzelungs- und Manipulationstaktiken der Unternehmer wird nicht als dürres Parabelbeispiel didaktisch präsentiert. Das Buch beginnt eher wie ein Kriminalroman. Man findet die zehnjährige Tochter eines Dortmunder Bauunternehmers ermordet auf. Es handelt sich offenbar um ein Sexualverbrechen, das alle Vorurteile in der Bevölkerung mobilisiert, die in einem Gastarbeiter, einem Italiener, den mutmaßlichen Mörder annimmt. Aber die sich später eher zufällig ereignende Aufklärung des Verbrechens (das einen ganz anderen Täter hat) tritt schon bald an den Rand.

Der mit dem verdächtigten Italiener befreundete und zu ihm haltende sechsundvierzigjährige Lastwagenfahrer Maiwald, der in einem großen Dortmunder Transportunternehmen arbeitet, ist die eigentliche Mittelpunktsfigur, die ein anderes Verbrechen entdeckt, das die Arbeit in seinem Betrieb betrifft. Maiwald, durch die Arbeit gesundheitlich schwer geschädigt und durch einen Verkehrsunfall, dem ein Kind zum Opfer fiel, in seinem Gewissen belastet, macht sich durch Verbesserungsvorschläge im Betrieb nützlich und steht kurz vor seiner Beförderung zum Fahrdienstleiter in einer Stuttgarter Filiale des Unternehmens. Während er auf eine Büroaudienz mit seinem Vorgesetzten wartet, entdeckt er zufällig, daß eine kurz vorher im Betrieb eingebaute Gegensprechanlage in Wirklichkeit dazu dient, die Arbeiter an ihrem Arbeitsplatz (im Lager und während der Fahrt in ihren Wagen) zu bespitzeln, schriftliche Protokolle darüber anzufertigen und die Informationen gegen die Belegschaft an geeigneter Stelle zu benutzen (etwa in Fällen von geringfügig frisiertem Kilometerstand der Lastwagen).

In einer kriminalistisch eingefädelten Aktion gelingt es Maiwald, die Akten über die Gespräche mit Hilfe einiger Freunde aus dem Werk zu schaffen. Eine von salbungsvollen Phrasen umrahmte Weihnachtsfeier für die Belegschaft wird ihm zum Anlaß, die Arbeiterschaft zu informieren und gegen die Betriebsleitung zu mobilisieren.

Als Maiwald widerrechtlich entlassen wird, kommt es zum Streik der Belegschaft und zur gerichtlichen Auseinandersetzung mit der Betriebsleitung, die ihm den Diebstahl der Akten anlastet. Es kommt – durch ein mutiges Geständnis der Sekretärin, die die mitgeschnittenen Gespräche abzuschreiben hatte – zu einem Vergleich. Maiwald wird wieder eingestellt. Der Arbeitsfrieden ist wiederhergestellt. Maiwald gibt sich jedoch nicht zufrieden. Er verlangt, daß sich die Betriebsleitung bei den Arbeitern wegen der Bespitzelung entschuldigt. Als auch die Gewerkschaft, deren Bank für Gemeinwirtschaft inzwischen den Betrieb übernommen hat, passiv bleibt, da sie ja inzwischen quasi zum Miteigner des Betriebs geworden ist, initiiert Maiwald, mit kommunistischer Hilfe, eine Flugblattaktion, die auch die Belegschaften anderer Betriebe über die Praktiken seines Betriebs informiert.

Er hat die Genugtuung, eine Demonstration in Dortmund zu bewerkstelligen, wird erneut fristlos entlassen, in einer Notsituation jedoch vom Betrieb zu einer Fahrt eingesetzt, die aufgrund von Maiwalds Gesundheitszustand mit einem schweren Unfall endet. Als der Betrieb sich in dieser Situation Maiwalds Schweigen gegenüber der Versicherung mit einem großzügigen Neuüberdenken seines Falles erkaufen will, entscheidet er sich für die Wahrheit und setzt damit seine weitere berufliche Existenz aufs Spiel. Allerdings bietet ihm ein Freund seiner Tochter, der ebenfalls Unternehmer ist, die Fahrdienstleitung in seinem eigenen kleinen Betrieb an.

Eine Parabel vom Klassenkampf im Arbeitsprozeß? Gewiß, vieles deutet in diese Richtung und wird noch zusätzlich verschärft durch das angedeutete soziologische Hinterland, das zu den Romanpersonen gehört. Das Musterbeispiel ist die Straße, in der Maiwald in Dortmund wohnt: »Auf der Waldseite stehen die Bungalows und Villen von Direktoren, Ärzten, Rechtsanwälten, Kaufleuten, Handwerksmeistern und Fuhrunternehmern« (S. 9). Auf der Autobahnseite »wohnen Arbeiter und kleine Angestellte« (S. 9) in kleinen Einfamilienhäusern oder in Mietshäusern.

Doch solche Schematik, die die Klassentrennung auf alles überträgt, ist für das Buch weit weniger charakteristisch als die Tendenz, jede sich andeutende Schwarzweißzeichnung nach Möglichkeit zu vermeiden und da, wo sich Ansätze zur Solidarisierung von Gruppen und Personen andeuten, zugleich auch die gegensätzliche Tendenz aufzuzeigen. Das gilt etwa für die Haltung der Arbeiterschaft, die Maiwald ursprünglich unterstützte, dann Desinteresse verrät, für die Einstellung der Gewerkschaft, die ihn später als Querulanten abtut, für den jungen Unternehmer Martin, der Maiwald beim Diebstahl der Akten half und ihm am Ende auch eine neue Anstellung anbietet, aber Maiwalds Tochter Karin, die »in diesen Jusokreisen verkehrt« (S. 26), betrügt, obwohl beide verlobt sind.

Ähnlich werden auch die Gastarbeiter charakterisiert, die Maiwald stets gegen deutsche Vorurteile verteidigt, die aber in sinnloser Wut, nachdem ihre Baracken heimlich angezündet worden waren, über ihn, der vermitteln will, und seine Tochter herfallen und Karin ein Auge ausschlagen. Man fühlt sich hier fast an das Ende von Hauptmanns *Webern* erinnert, wo ausgerechnet den Gerechten, den alten Hilse, eine Kugel der Soldaten tödlich trifft.

Ähnlich offen und unentschieden wird auch – ein besonders aufschlußreiches Beispiel – eine mögliche Solidarisierung Maiwalds mit der kommunistischen Partei dargestellt, deren Hilfe er zwar bei seiner Flugblattaktion in Anspruch nimmt, mit deren Vertreter Roggensack er aber nichts zu tun haben möchte, obwohl der Direktor des Unternehmens Bosch Maiwald als »Kommunisten« und »extremes Subjekt« (S. 295) bezeichnet. Als Roggensack während der Schlußdemonstration neben ihm herläuft, »als sei er der Anführer der Zehntausend« (S. 320), heißt es über Maiwalds Reaktion: »Der Mann wird mir unheimlich [. . .] Am liebsten hätte ich ihm einen Stoß gegeben, aber ich würgte nur heraus: Hau ab! Laß mich in Ruhe« (S. 323).

Ebenso wie sich Maiwald hier bei Roggensack zum Kalkül der Parteistrategie geworden sieht, erkennt er auch, daß er für den Rechtsanwalt Pollmüller, der ansonsten nur große Industriefirmen verteidigt und dennoch ihn, den gekündigten Arbeiter, ohne Honorar gegen seine Firma verteidigen will, nur Mittel zum Zweck ist, da Pollmüller mit Maiwalds Firma vor allem die Gewerkschaft treffen will, die »Eigentümerin der Firma Maßmann« (S. 319) ist. Möglich, daß das als gesellschaftliche Wahrheit der Lage Maiwalds realistisch ist, aber ebensowenig läßt sich übersehen, daß Maiwald zum heroischen Einzelkämpfer stilisiert wird, der sich am Ende resignierend eingestehen muß: »Ich hatte etwas in Bewegung gesetzt, dem ich nicht gewachsen war« (S. 319). Die politische Quintessenz des Buches trägt so auch Züge der Unentschlossenheit, ja Ratlosigkeit. Zumindest läßt sich das Fazit des Buches nicht in eine Programmformel ummünzen, die als »agitatorischer Überschuß« an den Leser weiterzureichen wäre.

Sosehr sich von der Grün unter diesem Aspekt um realistische Ausgewogenheit bemüht, die jede vorgegebene Programmatik außer Kraft setzt, sosehr läßt die Sprache andererseits realistische Details vermissen. Das gilt einmal für die Sprachhöhe der im Roman Auftretenden. Sie ist weitgehend gleich und wird dominiert von der Perspektive Maiwalds, aus der fast ständig erzählt wird. Die spezifische Umgangssprache des Ruhrgebietes, die beispielsweise Somplatzki in den Dialogen seines Romans festhält und die zur Anschaulichkeit seiner Prosa und individuellen Charakteristik seiner Figuren wesentlich beiträgt, läßt sich bei von der Grün nicht entdecken. Seine Dialoge werden von einem gleichmäßigen Parlando bestimmt, einer Kunstsprache, die von der Wirklichkeit abstrahiert. Das sei nur an einem exemplarischen Darstellungsaspekt erläutert.

Als Maiwald kurz nach der Entdeckung der Abhöranlage mit seinen Freunden darüber spricht, wundert er sich: »Was wollen die eigentlich, wenn sie uns abhören. Mensch,

Franz, in unserem Betrieb wird doch sowieso nur über Fickerei gesprochen« (S. 45). Tatsächlich erweist sich die Darstellung unter diesem Aspekt – und das betrifft die Phantasien, die psychische Aura seiner Romanfiguren – von einer geradezu puritanischen Enthaltsamkeit.
Als Maiwald der wiederholten Einladung der alleinstehenden Sekretärin Schindler, die ihn über die Akten informierte, nach anfänglichem Widerstand schließlich nachkommt, heißt es lapidar: »Ich nahm sie, meine Erregung und mein Verlangen nach ihr überraschten mich« (S. 233). Der gesamte vital-private Bereich wird so weitgehend zurückgedrängt, obwohl er als Motivation für Maiwalds Tun eine im Erzählvorgang selbst nicht geklärte Rolle spielt. Das gilt auch in bezug auf Maiwalds Ehe.
So äußert er einmal im Rückblick: »[...] ich weiß heute, daß Angelika mich mit anderen Männern aus ihrem Betrieb betrogen hat« (S. 16). Und zur Ausgangssituation des Romans gehört auch, daß seine Ehe zur äußerlichen Konvention geworden ist, die er nur mit schlechtem Gewissen vor seiner Frau verteidigen kann: »Angelika, wir haben uns doch nicht auseinandergelebt, wir haben in der letzten Zeit nur zu viel gearbeitet, in den letzten Jahren, meine ich« (S. 60).
In diesem Bereich bleibt der Roman die eigentliche Beweisführung schuldig und behilft sich mit stenogrammartigen Abkürzungen. Gerade indem die private Dimension so prononciert abgedrängt wird, ergibt sich hier eine Unschlüssigkeit, die zu der politischen am Ende des Buches in Beziehung zu setzen ist. Denn was ist, so könnte man fragen, als Ziel der Selbstverwirklichung an die Stelle des Klischees getreten, das Maiwald ursprünglich bestimmte: »Vor zwanzig Jahren hatte ich nur einen Wunsch: Heiraten, gut verdienen, mich um nichts kümmern, nach oben kommen und sonst in Ruhe gelassen werden« (S. 16).
Gewiß, Maiwald ist aus seiner Ruhe aufgeschreckt worden, aber was hat sich über diese Irritation hinaus für ihn persönlich verändert? Maiwald, der so sehr um Gerechtigkeit bemüht ist und nur um der humanen Geste einer öffentlichen Entschuldigung willen seinen Kampf gegen seine Betriebsleitung weiterführt, scheint in seinem eigenen Leben davon charakterisiert, daß das Politische und das Menschliche auseinanderfallen. Ist das eine Diagnose der gesellschaftlichen Lage des Romanprotagonisten oder eine Lücke in der epischen Beweisführung des Romans? Das letztere scheint der Fall.

Als der autobiographische Züge tragende Protagonist Horst in Herbert Somplatzkis Roman *Muskelschrott* (ein Mann, der es vom schikanierten Berglehrling bis zum Angestellten einer Stadtverwaltung gebracht hat, nach der Zwischenphase eines malträtierten und durch einen Unfall außer Gefecht gesetzten Fußballspielers) seine Freundin Erika bei der Lektüre einer Lidschattenreklame antrifft, gibt er ihr einen anderen Text zu lesen: *Ein Tag bei Findus* von Regina Korn.[30] Und er fügt nach der Lektüre erläuternd hinzu: »Schau mal, diese Geschichte, die du vorhin gelesen hast, ist von einer Frau geschrieben, die einen ihrer Arbeitstage am Fließband beschreibt. Da ist nicht von ›Jungen Augen‹ die Rede, sondern von zerschnittenen blutigen Fingern, nicht von ›Elfenbeingold‹ in der Lidfalte, sondern von Schmerztränen, nicht von Petras ›heiterer verspielter Welt der schönen Dinge‹, sondern davon, daß vierzig Frauen vor Weihnachten entlassen werden« (S. 130).
Dieser explizite Bezug auf einen Werkkreis-Text ist zugleich eine Absichtserklärung des Autors Somplatzki, der die gleiche Authentizität für seinen Text in Anspruch

nimmt. Das biographische Material der eigenen Erfahrungen bis hin zur Kollision mit der Stadtverwaltung, die ihm aus undurchsichtigen Gründen kündigt, wird hier in einem epischen Modell konzentriert vorgeführt, das auf das Handlungsschema einer durchgehenden Fabel (was sich in von der Grüns Roman noch erkennen läßt) verzichtet.

Es werden vielmehr einzelne exemplarische Situationen herausgehoben, die durch pointierte Überschriften, die an Döblins Technik in *Berlin Alexanderplatz* erinnern, Reflexionsakzente setzen, die die Darstellungsabsicht hervortreten lassen. Die geschilderten Situationen werden nicht didaktisch präpariert, sondern mit aller sinnlichen Konkretheit vorgeführt und erhalten dennoch indirekt im Kontext Gleichnischarakter.

Das gilt bereits für das Eingangskapitel: »Horst steht zum erstenmal im Boxring und macht dabei eine wichtige Erfahrung.« Dieses Kapitel, aus der Perspektive des Unterlegenen und Verprügelten dargestellt, ist nicht nur ein präzises episches Beobachtungsmosaik, sondern zugleich eine Deutung der gesellschaftlichen Lage des von allen gedrängten und geschundenen Arbeiterjungen. Das Muster dieser Situation wiederholt sich kontinuierlich in Horsts Lebensweg: etwa in der Rivalität mit dem bärenstarken Altersgenossen »Bulle«, der als Hilfsarbeiter auf derselben Zeche beschäftigt ist und ihn zu einer Prügelei provoziert, in der der Kleinere schließlich doch nicht unterliegt; in der monotonen und zermürbenden Arbeit am Leseband im Bergwerk, wo inmitten von Schmutz und Höllenlärm die Gesteinsbrocken von der Kohle auszusortieren sind; in der (als Bestrafung nach der Prügelei) Arbeit Horsts im Staubkeller in der Nähe des Schachtes. Der Sisyphuskampf mit dem Staub, der sich in der Nähe des Schachtes anhäuft und trotz aller Arbeit endlos scheint, verdichtet sich zu einer absurden Parabel, die jeder Phantasieerfindung überlegen ist.

Daß Menschen hier systematisch in »Schrotthaufen« verwandelt werden, wird von Somplatzki nicht behauptet, sondern gezeigt. Gerade indem er Horsts Kollegen ihr eigenes Leben in ihrer Sprache erzählen läßt, vertieft er dieses Spektrum über die individuellen Erfahrungen seines Protagonisten hinaus. Das zeigt sich etwa bei dem Kumpel Lügen-Jupp, für den der Suff und die Erfindung hanebüchener, aber witziger Histörchen – seine eigenwillige Umerzählung der Entdeckung Amerikas wird als Beispiel gebracht[31] – die einzige Kompensation darstellen und der kurze Zeit später bei einem Bergunfall unter Tage getötet wird. Wie Somplatzki die offiziellen Phrasen bei der Beerdigung mit den einzelnen Phasen des Unfalls in der Montage verbindet, erweist sich nicht nur als erzählerisches Kalkül der Spannungserzeugung, sondern vor allem als eine durch die Form erreichte Entlarvung des offiziellen Geschwätzes, das mit der Wirklichkeit der Arbeitswelt nichts zu tun hat, nur dessen ideologische Tarnung ist. Es trägt zur Überzeugungskraft des Buches bei, daß ähnliche Mechanismen auch in anderen gesellschaftlichen Bereichen – der Fußballsport und der öffentliche Dienst sind weitere Beispiele – mehr oder weniger kraß auftreten und aufgedeckt werden.

Als Horst nach seiner Entlassung seinen gegen die Stadtverwaltung angestrengten Prozeß verliert, weil man ihn nichtsahnend in eine Falle gelockt hat, steht er am Ende zwar vorübergehend isoliert da – auch seine Freundin hat ihn inzwischen verlassen –, aber er bleibt dennoch nicht unschlüssig und resigniert. Der Schlußsatz lautet: »Ging entschlossen auf die Tür des Gewerkschaftshauses zu und dachte: das ist wohl auch noch keine endgültige Lösung – aber mein erster Schritt« (S. 152).

Gewiß, hier deutet sich das Schema eines proletarischen Entwicklungsromanes an, das bereits zu einem neuen Klischee zu gerinnen droht. Hinzuweisen wäre etwa auf Wolfgang Hermann Körners Roman *Katt im Glück* (1973), wo der Westberliner Arbeiter Katt plötzlich gegen den Arbeitsdrill und seinen Vorgesetzten rebelliert, ausbricht und nach einigen Tagen Pseudofreiheit, an denen er sich besäuft und herumtreiben läßt, in der Solidarität mit den Arbeitskollegen plötzlich den richtigen Weg erkennt.

Einen analogen Erleuchtungsweg legt auch der Arbeiterprotagonist Beringer in Gerd Fuchs' Roman *Beringer und die lange Wut* (1973) zurück (auch er findet schließlich in der DKP eine neue Heimat) oder Michael Scharangs Romanprotagonist *Charly Traktor* (1973), dessen Weg, in allzu kunstvoll-einfachen Sätzen erzählt, an die Seite eines älteren KPÖ-Mitgliedes führt, wo ihm politische Aufklärung zuteil wird, die fortan sein Leben ändert.

Diese zumeist sehr knappen proletarischen Erweckungsparabeln scheinen im Grundmuster dem Roman Somplatzkis verwandt, auch wenn in diesem Kontext ebenfalls auf differenzierte und nicht zufällig auch wesentlich umfangreichere Romanversuche hinzuweisen ist wie etwa Christian Geißlers Roman *Das Brot mit der Feile* (1973) oder den schon genannten Roman August Kühns *Zeit zum Aufstehn* (1975).

Die Gefahr, daß den Romanautoren die Arbeiterprotagonisten zu »Parsifalen der Arbeitswelt«[32] werden, ist nicht nur von der konservativen Literaturkritik hervorgehoben worden, sondern auch ein diesen Romanversuchen so sympathisierend gegenüberstehender Kritiker wie der Romanautor Hermann Peter Piwitt hat bei ähnlicher Gelegenheit über solche Romane und ihre Autoren bemerkt: »Ihre Helden entwickeln sich vom Zerrissenen zum DKP-Mann – aber sie selbst bleiben so ziemlich die alten: mit ihrer Einfühlungstechnik, mit ihrem Mittelpunktsindividuum, das mehr bei der – gemeinsamen – ›Sache‹ als bei den Sachen ist«.[33]

Nicht nur unter dem Aspekt der biographischen Authentizität erweist sich hier Somplatzkis Roman der bürgerlichen Anempfindung von Autoren wie etwa Scharang oder Körner überlegen, sondern, zumindest streckenweise, auch im Einsatz der künstlerischen Mittel. Wieland Herzfelde hat, wie Piwitt bemerkt, zu einem kleinen in der deskriptiven Formel »alles reizte ihn« gipfelnden Abschnitt in einem Roman von Panferow, 1934 in Herzfeldes Malik-Verlag erschienen, einmal gesagt: »Ein Schriftsteller, der Joyce gelesen hat und seine Romanfigur aus dem Fenster sehen läßt, wird sich nicht mehr damit begnügen, so zu schreiben. Er wird entdecken, daß ein Mensch gleichzeitig in die Felder und in die Zeit und in die Erinnerung blickt. Er wird versuchen zu zeigen, wie sich das eigentlich abspielt: ›alles reizte ihn...‹«.[34]

Das scheint ein schwerwiegender Einwand, der beispielsweise die holzschnittartigen Fibelsätze in Scharangs Roman als kostümierte Simplizität und damit als falsches künstlerisches Mittel zurückweist. Interessanterweise erweist sich auf diesem Hintergrund der Laienautor Somplatzki in seinem künstlerischen Instrumentarium als sehr viel anspruchsvoller. Aber damit wird zugleich ein Problem berührt, das die Literatur der Arbeitswelt, zumindest soweit sie noch an literarischen Intentionen festhält, generell charakterisiert.

Anders ist die Situation dort, wo mit der Reportage (dem Report, dem Tonbandprotokoll, dem Dokumentenbericht) ein sprachliches Mittel aufgegriffen wird, das sich nicht

einer künstlerischen Zielsetzung unterordnet, sondern als Instrument politischer Aufklärung im Idealfall mit der politischen Aktion Hand in Hand geht. Günter Wallraff ist zu Recht der wichtigste Autor mit seinen Industriereportagen, aber auch die *Bottroper Protokolle* (1968) Erika Runges, die in der Werkkreis-Reihe des Fischer Taschenbuch Verlages erschienenen Reportage-Bände von Heiner Dorroch *Wer die Gewalt sät* (1974), die Arbeitszustände in zahlreichen westdeutschen Industriebetrieben dokumentieren, die Streikberichte *Dieser Betrieb wird bestreikt* (1974), der *Schicht- und Nachtarbeiter-Report* (1973) bezeugen das Vordringen dieser Form ebenso wie der von Horst Kammrad im Piper Verlag herausgegebene *»Gast«-Arbeiter-Report* (1971).
Interessanterweise nähern sich auch Autoren wie Michael Scharang mit seinem Band *Einer muß immer parieren. Dokumentationen von Arbeitern über Arbeiter* (1973) und selbst Max von der Grün mit seinen dokumentarischen Porträtskizzen *Menschen in Deutschland (BRD)* (1973) und *Leben im gelobten Land. Gastarbeiterportraits* (1975) dieser Form an.
Was freilich Günter Wallraff mit seinen *Industriereportagen* (1966/70), *13 unerwünschten Reportagen* (1969) und *Neuen Reportagen* (1972) vor allen andern Autoren auszeichnet, ist einmal die Tatsache, daß er auf alle primär literarischen Ansprüche verzichtet: »Die genau beobachtete und registrierte Wirklichkeit ist immer phantastischer und spannender als die kühnste Phantasie eines Schriftstellers«,[35] und zum andern die erfolgreiche Koppelung seines Schreibens mit konkreter politischer Aktivität: »Durch Nennung von Name, Ort, Zeit, also Heraustreten aus dem Fiktiven, steigt erst mal die Glaubwürdigkeit, das Dargestellte wird nachprüfbar, zum andern, die aus ihrem Schonbereich hervorgeholten Repräsentanten geraten unter öffentliche Kontrolle.«
Die Reaktionen der Firmen Ford oder Benteler auf die Veröffentlichung von Wallraff-Reportagen,[36] das Aufsehen, das seine Veröffentlichung der Reportagen über die Melitta-Werke und den Gerling-Konzern bei den Betroffenen und in der Öffentlichkeit erregt hat, unterstreichen zwar die Durchschlagskraft von Wallraffs literarischer und politischer Aktivität, aber machen zugleich deutlich, daß er seine Wirkung dadurch paradoxerweise begrenzt. Denn, zur öffentlichen Figur geworden, gelingt es ihm immer schwerer, sich in der erprobten Rollenverkleidung in neue Betriebe einzuschleusen, um Erfahrungen am Arbeitsplatz zu sammeln.
Unter diesem Aspekt leuchtet es ein, daß Wallraff selbst das Vordringen der Reportage als spezifische Anfangsphase der Arbeiterliteratur begrenzt, wo es zuerst auf die Artikulierung von Inhalten ankam und sich einfachere sprachliche Formen anboten: »Von daher kamen die Formen wie Reportage, Protokoll, Bericht zustande, auch die kurzen agitatorischen Verse, die fast Flugblattcharakter hatten. Inzwischen wachsen Talente heran, die viel weiter ausholen, die aus einem riesigen Erfahrungsschatz heraus formulieren und durchaus auch größere Formen – etwa den Roman – schaffen. Es ist sehr wichtig, daß das so kommt.«[37] Eine Feststellung, die angesichts des Standes der aktuellen westdeutschen Literatur der Arbeitswelt großenteils noch eine Zukunftsperspektive darstellt und die zudem mit einer schwer abzuschüttelnden Hypothek belastet ist: nämlich den Zusammenhang mit der politischen Aktion wieder zu verlieren, ins Getto des bürgerlichen Literaturbetriebs zurückzugelangen und damit vor allem den eigentlichen Wunschadressaten, die der Literatur auch heute noch vielfach fremd gegenüberstehende Arbeiterschaft, aus dem Blick zu verlieren.

Das veränderte Bewußtsein der Arbeiterschaft, das die Arbeiterliteratur ja erreichen will, müßte damit als Bedingung für die Wirkung einer solchen Literatur bereits vorausgesetzt werden. Aber würde das nicht bedeuten, daß die tatsächliche Wandlung mit ganz anderen als literarischen Mitteln zu bewerkstelligen wäre? Auch dafür hat Wallraff in einem anderen Gespräch plädiert: »Ich glaube aber, daß jetzt ein Punkt erreicht ist, wo es nicht mehr genügt, auf literarischem Gebiet diese Sachen zu betreiben, sondern nun versucht werden sollte, sich aus den Gesetzmäßigkeiten der Literatur zu befreien, um – zumindest in Ansätzen – dieses Bemühen mit politischer Arbeit zu verbinden.«[38] Dies soll hier keineswegs als Selbstwiderspruch eines Autors angesehen werden, sondern als Hinweis auf eine paradoxe, unlösbar scheinende Lage.

In der DDR, die hier bereits auf eine wesentlich reichere und differenziertere Tradition und auf den dazugehörigen Erfahrungsschatz zurückblicken kann, wird interessanterweise – auch hier spielen natürlich die ganz anderen gesellschaftlichen Voraussetzungen eine entscheidende Rolle – inzwischen bereits die Frage erörtert: »Welche Relevanz hat eigentlich heute noch die Gestaltung einer Arbeiterfigur in unserer Literatur, und zwar hinsichtlich der Ausbildung der spezifischen Eigenart sozialistischer Kunst, des sozialistischen Kunstfortschrittts, wenn ich das einmal so nennen darf. Ist überhaupt das Dasein von Arbeitergestalten noch in der gleichen Weise relevant wie es meinetwegen in unserer Literatur der fünfziger Jahre war oder in der Durchbruchszeit der zwanziger Jahre?«[39]

Entsprechend hat sich im Roman die Verlagerung auf die »Königsebene« der Planer, der Wirtschaftsingenieure und intellektuellen Verantwortungsträger, längst vollzogen, wie Romane von Karl-Heinz Jakobs, *Eine Pyramide für mich* (1971) und *Die Interviewer* (1973), von Günter de Bruyn, *Preisverleihung* (1972), von Brigitte Reimann, *Franziska Linkerhand* (1977), oder von Hermann Kant, *Das Impressum* (1972), bezeugen. Im Erfahrungsfeld dieser Protagonisten bilden sich die differenzierten Probleme eines nach außen hin zwar relativ stabilisierten politischen Systems ab, das aber intern von bürokratischer Verknöcherung und ökonomischen Planungsdefiziten gekennzeichnet ist und mit dem erwachten Konsumverlangen einer breiten Bevölkerungsschicht und den Wunschprojektionen einer unzufriedenen Jugend, die sich der westlichen Subkultur zunehmend öffnet, seine Schwierigkeiten hat.

Die Situation, in der sich die Literatur der Arbeitswelt und ihre Autoren Anfang der achtziger Jahre in der Bundesrepublik befinden, wird grundsätzlich von anderen Momenten bestimmt, auch wenn sich hier in Analogie zur DDR davon sprechen läßt, daß die Resonanz abgenommen hat und die Literatur der Arbeitswelt fast zur Binnenliteratur eines bestimmten Zirkels, der sich auch organisatorisch und bürokratisch verfestigt hat,[40] geschrumpft ist. Der deutlichste Beleg dafür sind die Auflagenhöhen[41] der rund 30 Taschenbücher, die als Programm des Werkkreises Literatur der Arbeitswelt im Laufe von zehn Jahren im Rahmen der Fischer Taschenbücher erschienen sind. Zwar konnte man im Juni 1977 stolz verkünden, mit den bis damals erschienenen Taschenbüchern eine Verbreitung von einer halben Million Exemplaren insgesamt überschritten zu haben, aber die letzten Bände, so die Anthologie *Geschichten aus der Kindheit* (1978) und der »Bauernroman« von Jochen Zillig, *Gelegenheit macht Liebe* (1979), sind nur noch in einer Auflage von 12 500 bzw. 10 000 Exemplaren gedruckt worden. Das ist offenbar ein Indikator für die zurückgegangene Öffentlichkeitswirkung wie ebenso die Tatsache, daß das Verlagsprogramm des Jahres 1980 nur noch zwei neue Titel, *Sportgeschichten* und *Augen rechts*, aufweist. Wenn daher die Werkkreis-Autoren in einer selbst zusammengestellten Dokumentation zum zehnjährigen Bestehen ihrer literarisch-politischen Gruppierung verkünden: »Der Werkkreis hat sich in den zehn Jahren seines Bestehens einen festen Platz in der kulturpolitischen Landschaft der Bundesrepublik erworben [...] In Schulen und Hochschulen werden Werkkreis-Texte behandelt, aus der gewerkschaftlichen Schulungs- und Bildungsarbeit sind Schriften und Lesungen des Werkkreises nicht mehr wegzudenken. Nicht zuletzt gehören Werkkreis-Bücher zur Ferien- und Feierabendlektüre manches sozial engagierten Lesers unseres Jahrhunderts.«[42], so ist dabei ein gerüttelt Maß an Wunschdenken mit im Spiel. Das Faktum der gegenwärtigen Stagnation wird damit nicht aus der Welt geschafft.

So wie sich die Buchkultur generell angesichts der Medienexpansion auf dem Rückzug befindet, ist das Buch am ehesten gerade bei dem Adressatenkreis, auf den sich die Werkkreis-Autoren ausdrücklich beziehen, der lohnabhängigen Arbeiterschaft, zum Verlierer gegenüber dem Fernsehen geworden. Und wenn zum Beispiel von einem Vordringen der Werkkreis-Literatur im Lesekanon der Schulen gesprochen wird, so wird das an anderer Stelle der Dokumentation in einem Informationsstenogramm von Heinrich Peuckmann zum Komplex »Werkkreis und Schule« wieder großenteils zurückgenommen. Obwohl Peuckmann – er ist selbst als Lehrer tätig – bestimmte Ansätze zu einer Annäherung aufzeigt, gelangt er dennoch zu folgendem abschließenden Resümee: »Noch immer fehlen didaktische Analysen, methodische Handreichungen zum Einsatz der Arbeiterliteratur im Unterricht.«[43]

Zudem darf nicht vergessen werden, daß trotz der erstaunlichen geographischen Streuung der einzelnen Werkkreis-Gruppen die Mitgliederzahl selbst Mitte der siebziger Jahre, zu der Zeit, als die Voraussetzungen für eine Verbreitung noch relativ günstig waren, nie 120 bis 150 Beteiligte überstieg,[44] daß es sich also um die Literaturaktivität einer relativ schmalen Gruppe handelte und handelt. Während die Gruppe 61 immerhin durch einige Identifikationsfiguren, vor allem Max von der Grün, in die Öffentlichkeit getragen wurde und dadurch ihre Wirkung nach außen hin stabilisierte, obwohl sie als literarische Bewegung immer mehr – und offenbar noch stärker als der Werkkreis – an konkreter Bedeutung verlor, hat sich Günter Wallraff, der für den Werkkreis eine ähnliche Funktion hätte übernehmen können, schon bald von den Aktivitäten des Werkkreises fortentwickelt. Die intensive Öffentlichkeitswirkung, die Wallraff Ende der siebziger Jahre erzielte, ging nicht mehr von neuen Industriereportagen aus, sondern von seinen Recherchen, mit denen er Praktiken der Bewußtseinsindustrie, konkret die Manipulationsstrategien der *Bild*-Zeitung, analysierte und in zwei Büchern, *Der Aufmacher. Der Mann, der bei BILD Hans Esser war.* und *Zeugen der Anklage. Die BILD-Beschreibung wird fortgesetzt.* vorlegte.

Der Wirkungsschwund der Arbeiterliteratur Ende der siebziger Jahre ist am sichtbarsten mit der Veränderung der innenpolitischen Wetterlage verbunden. Die Auflockerung festgefahrener gesellschaftlicher Positionen durch die Reformbestrebungen, die in der Studentenbewegung ihren Ausgang nahmen, war in der zweiten Hälfte der siebziger Jahre aufgrund der allgemeinen wirtschaftlichen Krisensymptome, vor allem der alle bedrängenden Energiekrise, zwar nicht völlig erloschen – zahlreiche Bürgerinitiativen, die sich formierende politische Partei der »Grünen« bezeugen das –, aber die sozialistisch inspirierten Utopiehoffnungen, die von einer Aufbrechung der verkrusteten Gesellschaftsformen durch eine Allianz von Arbeitern und Intellektuellen (Studenten) träumten, waren im Zeichen der sogenannten Tendenzwende schon bald in sich zusammengefallen. Von daher leuchtet es nur ein, daß der Werkkreis immer stärker für eine Zusammenarbeit mit den bestehenden Gewerkschaften optierte und seine Lesungsaktivitäten beispielsweise fast ausschließlich auf ein gewerkschaftlich organisiertes Publikum konzentrierte.

Die Operationalisierung der literarischen Arbeit zu einem Instrument der Bewußtseinserweckung, deren Ergebnis letztlich die konkrete Aktion einer Umwandlung der bestehenden Gesellschaft sein sollte, ist durch die Angleichung an die Kulturarbeit der Gewerkschaften weitgehend neutralisiert worden, auch wenn sich nicht verkennen läßt, daß diese Orientierung für die Werkkreis-Autoren zur Zeit vermutlich die einzige Chance zum Überleben darstellt. Dennoch zeugt es von einer gewissen Paradoxie, wenn es 1979 in einer aus der Werkkreis-Perspektive geschriebenen Analyse der Kooperation zwischen Werkkreis und Gewerkschaften abschließend heißt: »Das Bemühen um literarische Vielfalt setzt aber gleichzeitig eine größere literarische Qualifikation voraus, was die Umsetzung bestimmter Inhalte in adäquate Formen betrifft. Eine Reportage erfüllt nicht die gleichen Zwecke wie eine Erzählung oder ein Entwicklungsroman. Zur Verbesserung der Qualität der Lebenspraxis der Arbeitenden gehören nicht nur gestaltete Informationen und Beispiele erfolgreichen Kämpfens, sondern auch die Darstellung der mühevollen und widersprüchlichen Entwicklungswege der beteiligten Individuen selbst, die bis in die persönlichen Sphären reichen [...] Im Werkkreis werden in der kommenden Zeit literarische Qualifizierung und die Diskussion von Formfragen sicher weiterhin ein Hauptschwerpunkt der Arbeit sein.«[45] Ist damit nicht wieder tendenziell eine Position erreicht, die zehn Jahre vorher zur Abspaltung von der Dortmunder Gruppe 61 geführt hatte? Das läßt sich nicht ganz von der Hand weisen. Oder handelt es sich hier lediglich um den Preis, den die Gewerkschaften für ihre Kooperationsbereitschaft von seiten der Werkkreis-Autoren forderten? Denn Oswald Todtenberg, der Leiter der Abteilung Kulturpolitik beim DGB-Bundesvorstand, hat verschiedentlich dezidiert dieses formbezogene »ästhetische« Kriterium als Essential auch einer Arbeiterliteratur verlangt: »Für mich gibt es einen Zusammenhang von Inhalt und Form. Man kann nicht sagen, Arbeitnehmer haben sowieso keine Ahnung von Kunstformen, also schludern wir da irgend etwas hin. Sowohl inhaltlich als auch formal haben wir hohe Ansprüche – jedenfalls wachsen diese Ansprüche. Das ästhetische Empfinden der Arbeitnehmer ist durchaus vielschichtig. Sicher ist es oft auch verschüttet, das kann aber aktiviert werden«.[46]

Dokumentiert sich darin lediglich eine Angleichungsstrategie an die Maßstäbe eines bürgerlichen Literaturbegriffs? Oder gibt sich hier die eigentliche Chance zu erkennen, die Literatur der Arbeitswelt aus einer Minoritätenliteratur, die nur instrumentale Bedeutung hat, in jene Literatur einzugemeinden, die als ästhetisches Erkenntnissystem einer widersprüchlichen und schwer zu durchschauenden gesellschaftlichen Wirklichkeit mit allen ihren Unschärfen und Schattenseiten fungiert? Die Alternative ist durchaus offen. Daß das letztere der Fall sein könnte, dokumentieren bestimmte literarische Ansätze, die, außerhalb der Gruppe 61 und der Werkkreis-Literatur zustande gekommen, dennoch ohne die Anstöße, die von beiden Bewegungen ausgingen, nicht denkbar wären.

Ein Beispiel dafür ist ein Autor wie Hans Dieter Baroth, der, selbst ursprünglich Bergmann, in seinen beiden Romanen *Aber es waren schöne Zeiten* (1978) und *Streuselkuchen in Ickern* (1980) die in sich geschlossene, geschichtsblinde, von den Härten der täglichen Knochenarbeit und des alltäglichen Einerleis bestimmte Welt der Ruhrgebiet-Arbeiter in Familienromanen ausgelotet hat, die aufzeigen, wie die gesellschaftliche Konditionierung die Individuen bereits in frühester Kindheit und Jugend wie eine soziale Zwangsjacke einschließt. Das geschieht mit einem aus der Darstellung der Sache selbst sprechenden Engagement, in einer unterkühlten parataktischen Diktion, die ebenso frei ist von Bekenntnispathos wie von didaktischer Vergröberung. Daß sich Familiengeschichte hier solcherart zur »Klassengeschichte« erweitert, ist primär ein Ergebnis der Differenziertheit im Einsatz der erzählerischen Mittel.

Der junge Arbeiter Baroth, der mit seinen Arbeitskollegen auf dem Fahrrad zur Autobahnbrücke fuhr, um den toten Kurt Schumacher bei der Überführung von Bonn nach Hannover zu ehren, hat an einer Stelle seines ersten Romans über seine Schreibdisposition stellvertretend ausgeführt: »Wir standen in Recklinghausen-Suderwich an der Autobahn und grüßten den toten Kurt Schumacher. Ich habe über einen außergewöhnlichen Mann wie Kurt Schumacher nichts zu schreiben. Ich wollte über jene schreiben, die am Straßenrand standen, von denen nichts in der Zeitung stand.«[47]

Die Lebensläufe seiner Familie und Familienangehörigen, die Baroth, angefangen bei dem aus Polen ins Ruhrgebiet eingewanderten Großvater (in *Streuselkuchen in Ickern*) aufzeichnet, sind nicht zu soziologischen Schemata skelettiert, aber auch nicht mit einer von außen darübergestülpten emanzipatorischen Aura vergoldet. Unter diesem Aspekt unterscheidet sich Baroth am schärfsten von der pseudoproletarischen politischen Erweckungsvita, die Peter Weiss in den beiden ersten Teilen seines Romanunternehmens *Die Ästhetik des Widerstands* (1975/78) als retrospektive Wunschbiographie seiner selbst entworfen hat.[48] Die in den Annalen der offiziellen Geschichtsschreibung namenlosen Arbeiter werden sich viel eher in Baroths Büchern wiedererkennen als in den (auf säkularisierte Weise) heilsgeschichtlichen Panoramen von Weiss. Das liegt nicht an einem reportagehaften Wiedererkennungseffekt, sondern an der Konkretheit seines künstlerischen Darstellungsinstrumentariums, das auch in der sozial verhängten Reduktion einer Selbstverwirklichung seiner Protagonisten, in ihrer Beschränktheit und ihrem gleichsam kreatürlichen Konservatismus, der auch die Misere der Vergangenheit in der Selbstbetrugsformel »Aber es waren schöne Zeiten« vergoldet, immer noch den einzelnen als potentielles Individuum, als mitmenschlichen Partner beschreibt.

Autoren wie Hans Dieter Baroth oder August Kühn scheinen denn auch am ehesten geeignet, in ihren Arbeiten die erneute Gettoisierung der Arbeiterliteratur als einer Minoritätenliteratur zu überwinden. Man würde wohl einem Analogieschluß verfallen, wenn man das literarische Korrelat der sogenannten Tendenzwende in der Literatur, die Rückkehr zu neuer Ichseligkeit und subjektiver Gefühlserkundung, nun auch in der Arbeiterliteratur am Beispiel einer Rückkehr zu Positionen einer unpolitisch angelegten Familienchronik ohne jegliche veränderungstimulierenden Absichten erkennen würde – nach einem Muster, das Krystyna Nowak[49] in ihrer Untersuchung über die westdeutsche Arbeiterliteratur des Zeitraums von 1945 bis 1961 analysiert hat: als kleinbürgerliche Arbeiterliteratur, die die sozialen Errungenschaften des Sozialstaats akklamiert, sich unter ideologiegeschichtlichem Aspekt systemstabilisierend verhält und sich im übrigen mit jeglicher Kritik zurückhält. Die Differenziertheit in der Darstellung der sozialgeschichtlichen Wirklichkeitsräume, die sowohl Kühn als auch Baroth in ihren Romanen als Lebensumkreis ihrer Protagonisten aufzeigen, spricht ebenso dagegen wie der aus der Darstellung erwachsende kritische Impetus, der den Leser über die Genauigkeit der geschilderten Lebenssituationen zugleich auch mit der Frage nach den historischen Modalitäten dieser Lebenssituationen konfrontiert.

Anmerkungen

1 Vgl. dazu die Ausführungen von Günter Heintz in der Einleitung des von ihm herausgegebenen Bandes: Deutsche Arbeiterdichtung 1910–1933. Stuttgart 1974. Bes. S. 31–33.
2 Vgl. dazu die Darstellung von Helga Gallas: Marxistische Literaturtheorie. Kontroversen im Bund proletarisch-revolutionärer Schriftsteller. Neuwied ^{2}1971.
3 Vgl. dazu Marc D. Silberman: Literature of the Working World. A Study of the Industrial Novel in East Germany. Diss. Bloomington 1975; desgl. Bernhard Greiner: Die Literatur der Arbeitswelt in der DDR. Heidelberg 1974.
4 Das Wort des Schriftstellers: über den Arbeiter in unserer Literatur. In: Neue Deutsche Literatur 20 (1972) Nr. 10. S. 18.
5 Vgl. dazu Ernst Fischer: Kunst und Koexistenz. Hamburg 1966. S. 129.
6 Vgl. dazu die Anthologie: Deutsche Arbeiterdichtung 1910–1933. Stuttgart 1974; desgl. die Studie von Christoph Rülcker: Proletarische Dichtung ohne Klassenbewußtsein. In: Die deutsche Literatur in der Weimarer Republik. Hrsg. von Wolfgang Rothe. Stuttgart 1974. S. 411 – 433.
7 Die Linkskurve 2 (1930) Nr. 1. S. 2.
8 Peter Kast: Ein Renegat über proletarische Dichtung. In: Die Linkskurve 2 (1930) Nr. 2. S. 25 f.
9 Die beiden Programme der Gruppe 61 werden wie auch das Programm des Werkkreises im folgenden mit Seitenangabe im Text zitiert nach dem Band: Texte aus der Arbeitswelt seit 1961. Hrsg. von Theodor Karst. Stuttgart 1974. S. 158–161.
10 Wolfgang Promies: Nachwort. S. 371. In: Aus der Welt der Arbeit. Hrsg. von Fritz Hüser und Max von der Grün in Zusammenarb. mit Wolfgang Promies. Neuwied/Berlin 1966. S. 371 – 395.
11 Vgl. Hüsers Vorwort zu der Anthologie: Aus der Welt der Arbeit (Anm. 10) S. 7–29, bes. S. 22–24.
12 Zitiert nach Heinz Ludwig Arnold: Die Gruppe 61 – Versuch einer Präsentation. S. 13 f. In: Gruppe 61. Arbeiterliteratur – Literatur der Arbeitswelt? Hrsg. von H. L. A. München 1971. S. 11–36. (Zitiert als: Gruppe 61.)
13 Hüser (Anm. 11) S. 27.
14 Ebd. S. 28.
15 Arbeiterklasse und Literatur. Dortmunder Gruppe 61. Werkkreis Literatur der Arbeitswelt. Frankfurt a. M. 1972.
16 Vgl. ebd. S. 57.
17 Vgl. dazu die Aufschlüsselung nach Gattungen und Titeln bei Kühne: Arbeiterklasse und Literatur... (Anm. 15) S. 56.
18 Vgl. ebd. S. 90.
19 Ebd. S. 70.
20 Vgl. dazu die Ausführungen von Wolfgang Röhrer, Horst Kammrad und Harald Schmidt: Es gibt sie halt, die schreibende »Fiktion«. Zur Entstehung des »Werkkreises Literatur der Arbeitswelt« aus der Kritik an Theorie und Praxis der Gruppe 61 (in: Gruppe 61. S. 177–205), wo der Vorwurf erhoben wird, daß man »durch eine arrogante, unsachliche Kritik die Stimme der Arbeiter immer wieder zum Verstummen brachte, eine Kritik, die sich nicht einmal die Mühe gemacht hatte, die besonderen Schwierigkeiten schreibender Arbeiter zu begreifen« (S. 189).
21 Kühne: Arbeiterklasse und Literatur... (Anm. 15) S. 141.
22 Ebd.
23 Vgl. Max von der Grün: Soll sich die Gruppe 61 auflösen? (in: Gruppe 61. 142 f.): »Aber das allein ist es nicht, was mich vom Werkkreis fernhält, es ist dieses pseudorevolutionäre, dieses pseudolinke Gehabe« (S. 142).

24 Günter Heintz: Einleitung. S. 17. In: Texte der proletarisch-revolutionären Literatur Deutschlands 1919–1933. Stuttgart 1974. S. 5–37.
25 So die anfechtbare These von Helmut Lethen: Neue Sachlichkeit 1924–1932. Stuttgart 1970. S. 174.
26 Schöfer [u. a.]: Einleitung. S. 18. In: Ein Baukran stürzt um. Hrsg. von Karl D. Bredthauer [u. a.]. München 1970. S. 7–21. Das folgende Zitat ebd. S. 16.
27 Westend-Geschichte. München 1972. S. 79.
28 Zitiert hier nach der Ausgabe in der »Sammlung Luchterhand«, Neuwied 1975.
29 Zitiert nach der Originalausgabe im Fischer Taschenbuch Verlag, Frankfurt a. M. 1974.
30 Vgl. ebd., S. 128 f.
31 Vgl. ebd. S. 85–87.
32 Unter diesem Titel hat Günter Blöcker Körners Roman in der *Frankfurter Allgemeinen Zeitung* (Nr. 286 v. 8. 12. 1973) besprochen.
33 Rückblick auf heiße Tage. Die Studentenrevolte in der Literatur. In: Die Literatur nach dem Tod der Literatur. Bilanz der Politisierung. Literaturmagazin 4. Reinbek 1975. S. 41.
34 Zitiert nach Piwitt, S. 38.
35 Wirkungen in der Praxis. S. 316. In: Akzente 17 (1970) Nr. 4. S. 316. Das folgende Zitat ebd. S. 318.
36 Vgl. Kühne: Arbeiterklasse und Literatur... (Anm. 15). S. 145 ff.
37 Heinz Ludwig Arnold: Gespräch mit Günter Wallraff. S. 51. In: Die Literatur nach dem Tod der Literatur (Anm. 33) S. 47–63. Vgl. hier auch Wallraffs Ausführungen zu seiner Aktion in Griechenland, S. 60 ff.
38 Hanno Beth: Interview mit Max von der Grün und Günter Wallraff. S. 158. In: Gruppe 61. S. 157–167.
39 Jürgen Engler/Karin Hirdina/Dietrich Sommer: Zur Gestaltung des Arbeiters in unserer gegenwärtigen epischen Literatur. Ein Streitgespräch. S. 52. In: Weimarer Beiträge 20 (1974) Nr. 10. S. 33–61.
40 Sehr aufschlußreich ist dafür die *Chronik des Werkkreises 1968–1978* von Horst Hensel in: Zehn Jahre Werkkreis Literatur der Arbeitswelt. Dokumente, Analysen, Hintergründe. Hrsg. von Peter Fischbach [u. a.]. Frankfurt a. M. 1979 (zitiert als: Dokumente). S. 143–180.
41 Vgl. dazu die Statistik in: Dokumente. S. 181.
42 So die Herausgeber Peter Fischbach, Horst Hensel und Uwe Naumann im Vorwort zu *Dokumente*: »Wozu dieses Buch?«. S. 8.
43 In: Dokumente. S. 83.
44 Vgl. dazu die Ausführungen in: Hensel (Anm. 40) S. 162.
45 Silvia Moster: Werkkreis und Gewerkschaften. Formen und Beispiele der Zusammenarbeit. In: Dokumente. S. 116–129, hier S. 128 f.
46 Interview Dietmar Heeses mit Oswald Todtenberg. In: die tat v. 1. 12. 1978. S. 10.
47 Aber es waren schöne Zeiten. Köln 1978. S. 299.
48 Vgl. dazu Helmut Müssener: Tua res agitur. Zur »Ästhetik des Widerstands« von Peter Weiss. In: Basis 6 (1976) S. 126–139.
49 Arbeiter und Arbeit in der westdeutschen Literatur. 1945–1961. Beiträge zur Arbeiterliteratur 1. Köln 1977.

Literaturhinweise

1. Textausgaben

a) Anthologien

Akzente 17/4. Hrsg. von Hans Bender. München 1970.
Aus der Welt der Arbeit. Almanach der Gruppe 61 und ihrer Gäste. Hrsg. von Fritz Hüser und Max von der Grün in Zusammenarb. mit Wolfgang Promies. Neuwied/Berlin 1966. (Mit Auswahlbibliographie im Anhang: S. 363–370.)
Ein Baukran stürzt um. Berichte aus der Arbeitswelt. Hrsg. von Karl D. Bredthauer [u. a.]. München 1970. (Werkkreis 70 für Literatur der Arbeitswelt.)
Geht dir da nicht ein Auge auf. Gedichte. Hrsg. von Godehard Schramm [u. a.]. Frankfurt a. M. 1974.
Geschichten aus der Kindheit. Hrsg. von Tove von Arb [u. a.]. Frankfurt a. M. 1978.
Kriminalgeschichten. Hrsg. von den Werkstätten Mannheim und Stuttgart. Frankfurt a. M. 1978.

Lauter Arbeitgeber. Hrsg. von der Werkstatt Tübingen, Jürgen Albers [u. a.]. München 1971. (Werkkreis Literatur der Arbeitswelt.)
Liebesgeschichten. Hrsg. von Rainer W. Campmann [u. a.]. Frankfurt a. M. 1976.
Neue Stories. Hrsg. von Rainer W. Campmann und Josef Ippers. Frankfurt a. M. 1977.
Schulgeschichten. Hrsg. von Rainer W. Campmann [u. a.]. Frankfurt a. M. 1977.
Stories für uns. Hrsg. von Jürgen Albers [u. a.]. Frankfurt a. M. 1973.
Texte aus der Arbeitswelt seit 1961. Hrsg. von Theodor Karst. Stuttgart 1974.

b) Romane (soweit nicht bereits im Text erwähnt)

Ippers, Josef: Am Kanthaken. Frankfurt a. M. 1974.
Neumeier, Peter: Akkord ist Mord. Köln 1972.
Schroeder, Margot: Ich stehe meine Frau. Frankfurt a. M. 1975.
Spix, Hermann: Elephteria oder Die Reise ins Paradies. Frankfurt a. M. 1975.

c) Reportagen (soweit nicht bereits im Text erwähnt)

Creutz, Helmut: Gehen oder kaputtgehen. Betriebstagebuch. Frankfurt a. M. 1973.
Dorroch, Heiner: Wer die Gewalt sät. Reportagen und Protokolle. Frankfurt a. M. 1974.
Fischer, Peter: Ihr aber tragt das Risiko. Reportagen aus der Arbeitswelt. Reinbek 1971.
Liebe Kollegin. Texte zur Emanzipation der Frau in der Bundesrepublik. Hrsg. von Britta Noeske [u. a.]. Frankfurt a. M. 1973.
Mit 15 hat man noch Träume. Arbeiterjugend in der Bundesrepublik. Hrsg. von Harry Böseke [u. a.]. Frankfurt a. M. 1975.
Der rote Großvater erzählt. Hrsg. von Werkstatt Düsseldorf [u. a.]. Frankfurt a. M. 1974.
Schöfer, Erasmus: Die Kinder des roten Großvaters erzählen. Frankfurt a. M. 1976.

2. *Sekundärliteratur*

Arbeiterdichtung. Analysen, Bekenntnisse, Dokumentationen. Hrsg. von der Österreichischen Gesellschaft für Kulturpolitik. Wuppertal 1973.
Arbeiterliteratur in der Bundesrepublik Deutschland – Gruppe 61 und Werkkreis Literatur der Arbeitswelt. Hrsg. von Ilsabe D. Arnold-Dielewics und Heinz Ludwig Arnold. Stuttgart 1975.
Deuber, Walter: Realismus der Arbeiterliteratur: Praxis und Theorie im Werkkreis Literatur der Arbeitswelt. Zürich 1978.
Dithmar, Reinhard: Industrieliteratur. München ²1977.
Gruppe 61. Arbeiterliteratur – Literatur der Arbeitswelt? Hrsg. von Heinz Ludwig Arnold. München 1971. (Edition Text + Kritik.) (Mit ausführlicher Bibliographie der Sekundärliteratur im Anhang: S. 209–221.)
Hahn, Ulla: Literatur in der Aktion. Zur Entwicklung operativer Literaturformen in der Bundesrepublik. Wiesbaden 1978.
Kühne, Peter: Arbeiterklasse und Literatur. Dortmunder Gruppe 61. Werkkreis Literatur der Arbeitswelt. Frankfurt a. M. 1972.
Ludwig, Martin: Arbeiterliteratur in Deutschland. Stuttgart 1976.
Nowak, Krystyna: Arbeiter und Arbeit in der westdeutschen Literatur. 1945–1961. Beiträge zur Arbeiterliteratur 1. Köln 1977.
Stieg, Gerald / Witte, Bernd: Abriß einer Geschichte der deutschen Arbeiterliteratur. Stuttgart 1973.
Wölke, Gabriele: Arbeiterliteratur. Über den Versuch, die Arbeitswelt literarisch zu erfassen. Köln 1977.
Zehn Jahre Werkkreis Literatur der Arbeitswelt. Dokumente, Analysen, Hintergründe. Hrsg. von Peter Fischbach [u. a.]. Frankfurt a. M. 1979.

RENATE MÖHRMANN

Feministische Trends in der deutschen Gegenwartsliteratur

»Der Feminismus ist eine Revolte gegen den verfallenden Kapitalismus, gegen die historische Überfälligkeit der kapitalistischen Produktionsweise.«
Herbert Marcuse, 1974[1]

»Der Feminismus ist keine Partei und keine Organisation, sondern Ausdruck eines Bewußtseins.« Alice Schwarzer, 1974[2]

»Feministisch ist (abwertend) weibisch.« Der Große Duden, 1974[3]

Eins wird deutlich bei einer so auffällig divergierenden Begriffspalette: Eine Auseinandersetzung mit den feministischen Trends in der deutschen Gegenwartsliteratur kann nicht auf definitorische Abgrenzung verzichten. Die sich einstellenden Assoziationen von »Schwanz-ab-Schwarzer«, »Untergang des Mannes« und »Sisterhood is blooming« sind zu emotionsgeladen, als daß Klarheit vorausgesetzt werden dürfte. Eine Bemerkung zur Begriffsgeschichte: Das Wort ›Feminismus‹ ist keine Neuschöpfung unserer Gegenwart. Schon die bürgerlichen Frauen des 19. Jahrhunderts, die für die Durchsetzung des Frauenwahlrechts gekämpft hatten, wurden – meist abfällig – als Feministinnen bezeichnet; schon die bürgerlichen Männer des 19. Jahrhunderts hatten darin einen Affront gegen die nativistische Rechtfertigung der geistigen Unterlegenheit des sexus sequior gewittert.
In der Bundesrepublik Deutschland gewinnt der Begriff im Zusammenhang mit dem Aufkommen der autonomen Frauengruppen im Rahmen der außerparlamentarischen Opposition Ende der sechziger Jahre eine neue Bedeutung. Mit dem Unmutsausbruch »Genossen, eure Veranstaltungen sind unerträglich«,[4] mit dem die Frauen im SDS (Sozialistischen Deutschen Studentenbund) auf das patriarchalische Gehabe der Männer reagierten, geschah so etwas wie ein erster feministischer Protest. Studentinnen fingen an, sich von ihren politischen Genossen zu distanzieren, weil sie erfahren mußten, daß die männliche Linke in ihren Organisationen die gleichen Unterdrükkungsmechanismen und Rollenzwänge aufrechterhielt, die auch gesamtgesellschaftlich die Regel waren. Die spezifische Frauenproblematik war offensichtlich kein Thema für den SDS. Schnitten die Genossinnen es an, wurde das als ›Feminismus‹ diffamiert. Die Folge davon war, daß sich viele Frauen zu autonomen Frauengruppen zusammenschlossen. »Sie waren im SDS so offensichtlich unterdrückt, daß die Idee dazu schon längere Zeit in der Luft lag, spätestens jedoch seit der Gründung des Berliner ›Aktionsrates zur Befreiung der Frauen‹ im Frühjahr 1968.«[5]
Wichtiger Markstein auf dem Weg zu einem neuen Feminismus war der Kampf um die Abschaffung des Paragraphen 218 im Jahre 1971, als sich überall in der Bundesrepublik neue Frauengruppen konstituierten. Bei diesem Kampf – kurz Aktion-218 genannt – manifestierte sich zum erstenmal feministisches Bewußtsein. Das muß festgehalten werden. Denn diese Aktion gegen die Expropriation des weiblichen Bauches lieferte die ersten Stoffe für eine feministische Literaturproduktion sowie die ersten Kriterien zu

ihrer Beurteilung. Die Frage nach der Abtreibung wurde zur Gretchenfrage für Feministinnen.
Unmittelbaren Niederschlag fanden solche Themen allerdings nicht in der herkömmlichen Gutenbergliteratur, sondern im Film. Es waren Berliner Filmemacherinnen, die für diese Problematik überhaupt einmal eine Öffentlichkeit herstellten. Bereits 1973, als bei Buchautorinnen ein weibliches Solidaritätsverständnis noch nicht erkennbar war, führten sie in West-Berlin ein erstes internationales Frauenfilm-Seminar durch, bei dem die Auseinandersetzung mit dem Paragraphen 218 einen der vier Themenbereiche abgab. So zeigen Gardi Deppe und Ingrid Oppermann in ihrem Film *Kinder für dieses System* (1972/73) anhand von drei Beispielen – dem Fall einer Arbeiterin, einer Angestellten und eines Lehrlings – die ökonomischen Schwierigkeiten auf, denen Frauen ausgeliefert sind, die ungewollte Kinder zur Welt bringen müssen. Um legale und illegale Verhütungsmaßnahmen geht es in dem Film *Macht die Pille frei* (1973) von Helke Sander und Sarah Schumann. Eine kritische Auseinandersetzung mit der Position der Ärzte findet sich beispielsweise in dem Videoband *Ärzte und der §* (1974), hergestellt von der Filmfrauengruppe von Brot und Rosen. Helma Sanders-Brahms berichtet in ihrem Film *Unter dem Pflaster ist der Strand* (1974/75) über die Arbeit in den Abtreibungsberatungszentren, die von Frauen aus der Frauenbewegung durchgeführt werden. Der Film *§ 218 und was wir dagegen haben* (1976/77) von Sabine Eckhard handelt von Frauen, die abgetrieben haben.
Damit gerieten die Frauen ins Kreuzfeuer linker Kritik, die diese Kampagne gegen das Abtreibungsverbot als »reformistisch«, »falsch«, eben »feministisch« verwarf. Auf diese Weise fand der Feminismus-Begriff – als Fehdehandschuh an den Kopf der Genossinnen geworfen, die ihren Bauch nicht mehr länger unter die Nebenwiderspruchstheorie legen mochten – Eingang in den Wortschatz der linken Bewegung. Wie so oft bei ursprünglich diffamatorisch gemeinten Schlagworten fand auch in diesem Fall eine Umwertung statt. Die Frauen nahmen die Bezeichnung an und machten sie zum Programmbegriff ihrer Bestrebungen.
Der neue Feminismus bricht radikal mit dem herrschenden Objekt-Status der Frau und verweigert ihre Identitätsbestimmung durch den Mann. Einzig die authentische Erfahrung von *Frauen* wird zur verbindlichen Instanz autonomisiert, um Normatives über ihre Empfindungen und Wünsche, ihr Denken und Wollen zu entwickeln. Die empirische Frau wehrt sich gegen die maskulinen Weiblichkeitsprojektionen, gegen die Ontologisierung der Geschlechtergegensätze, gegen das abgestandene und fade gewordene männliche: »so bist du«. Der Feminismus nimmt die Frau als Frau ernst, will ihre Befreiung um ihrer selbst willen und nicht – wie die alte Frauenbewegung –, damit sie »dem Mann eine bessere Gefährtin« und »dem Sohn eine verantwortlichere Mutter« werde. Er geht davon aus, daß den weiblichen Bedürfnissen und Interessen in der bestehenden Gesellschaft nicht oder doch nur sehr partiell Rechnung getragen wird, und legt bloß, daß die rollenspezifische Konditionierung für Mädchen einen Zusatz an Beschränkung und Deformation beinhaltet. Er erkennt – neben der unbestrittenen generellen Unterdrückung, die beide Geschlechter gemeinsam betrifft – eine weitere, frauenspezifische Unterdrückung, die klassen- und schichtenübergreifend alle Frauen reduziert, da ihre Wurzeln nicht im Kapitalismus, sondern im patriarchalischen System liegen.
Feminismus ist demzufolge keine »Version des bürgerlichen Individualismus«,[6] nicht

»die Überbetonung des Weiblichen und der weiblichen Interessen«,[7] keineswegs gleichzusetzen mit Männerhaß. Auch gießt er nicht die Gleichheitsideen der Frauenbewegung des 19. Jahrhunderts als neuen Wein in alte Schläuche. Er versucht – anders als die früheren Emanzipationsbewegungen, die vornehmlich die bildungsmäßige, berufliche und politische Gleichstellung mit dem Mann anstrebten –, dem herrschenden maskulinen Normensystem der ›eindimensionalen Gesellschaft‹ einen nicht-hierarchischen und nicht auf Ausbeutung hinzielenden, *femininen* Gesellschaftsentwurf entgegenzusetzen. Gerade in solchen utopischen Dimensionen des Feminismus sieht Herbert Marcuse sein »radikalstes« und »subversivstes Potential«[8] und prägt in diesem Zusammenhang den Begriff des »feministischen Sozialismus«[9].

Soviel zum Feminismus als gesamtgesellschaftlichem Phänomen. Lexikalische Antworten darauf, was feministische Literatur speziell nun sei, lassen sich bisher nur über Analogieschlüsse ermitteln. Die gängigen germanistischen Nachschlagewerke weisen diesbezüglich noch Leerstellen auf. Nicht so die filmologischen Handbücher. Hier findet man die folgende konkrete Bestimmung: »Im Unterschied zum Frauenfilm, der über und für, aber nur selten von Frauen gemacht ist und einer affirmativen, melodramatischen Konzeption folgt, ist der feministische Film immer von Frauen gedreht und von frauenpolitischem, emanzipatorischem Engagement getragen. Gemäß dem Selbstverständnis der in den sechziger Jahren entstandenen Frauenbewegung will der feministische Film die Selbstanalyse und Bewußtseinsbildung fördern und zu Aktionen aufrufen, die Diskriminierung und Unterdrückung abbauen. Bevorzugte Themen sind daher die Wirkungsweise der weiblichen Sozialisation, das Rollenverhalten, Identitätsprobleme, die Fähigkeiten und Zwänge in der Persönlichkeitsstruktur; verhängnisvolle psychische Folgen aufgezwungenen Rollenverhaltens; Analyse männlicher Unterdrükkungsstrategien«.[10] Wichtig ist die Abgrenzung vom Frauenfilm. Schon deshalb, um feministische Produkte nicht etwa als neue Varianten der Sonderkategorie ›Frauenkunst‹ mißzuverstehen. Analog dazu läßt sich zwischen Frauenliteratur und feministischer Literatur differenzieren, wenn auch nicht so sehr in bezug auf ihre Autorschaft (hier sieht es auf dem literarischen Sektor anders aus, da spätestens seit dem 19. Jahrhundert Frauenliteratur ebenfalls von Frauen verfaßt wird) als vielmehr hinsichtlich ihrer thematischen Akzentuierungen. Feministische Literatur ist provokative Literatur und steht quer zum Status quo. Sie gehört zu dem großen Komplex der ›littérature engagée‹. Doch ihr Engagement konzentriert sich vornehmlich auf die Frau. Darin liegt ihre Geschlechtsspezifität, nicht notgedrungen in ihrer Verfasserschaft.

Ihr Interesse richtet sich zwangsläufig auf die Rekonstruktion weiblicher Geschichte. Sie ist damit beschäftigt, eine Art »Spurensicherung zu betreiben, um die historischen Verdrängungen rückgängig zu machen«.[11] Sie geht der unsichtbaren Gewalt nach, »die der Jahrtausende währende Prozeß der Subordination des einen Geschlechts unter das andere auch über das Denken gewann«,[12] und versucht, die gewohnten poetischen Konfliktsituationen von Frauen durch neue Verhaltens- und Handlungsweisen zu ersetzen und andere weibliche »Vor«-bilder zu imaginieren. Diese inhaltliche Besonderheit ist zu betonen, damit einsichtig wird, daß die Aussonderung der feministischen Literatur aus dem Gesamtbereich der Gegenwartsliteratur keine geschlechtsspezifische Exilierung bedeutet, keine Neuauflage des alten Vorgehens, die Frau als ›Sparte‹ zu vereinnahmen. Hier soll nicht an die Tradition solcher ehrwürdiger Literaturhistoriker wie Robert Prutz, Rudolf Gottschall oder Carl Barthel angeknüpft werden, welche die ästhetischen Produkte von Frauen in Sondernischen für Damen verstauten und je nach den eigenen Vorstellungen von Weiblichkeit als gelungen oder mißlungen bewerteten.

Feministische Trends signalisieren ein Novum in der deutschen Gegenwartsliteratur, dessen Impulse sich vornehmlich aus der neuen Frauenbewegung herleiten lassen. Darin liegt die Legitimierung einer Partialbehandlung. Doch welche konkreten Besonderheiten weisen feministische Literaturprodukte innerhalb der Literatur der siebziger Jahre eigentlich auf? Welche Spezifika sind dabei trendsetzend?

Um dies zu erörtern, muß man sich die generellen Merkmale, die neue deutsche Gegenwartsliteratur betreffend, kurz vor Augen halten. Hier hatte sich mit dem Signalwort ›Tendenzwende‹ ein politischer Klimawechsel angekündigt, der seinen Niederschlag in einer Art neuen Gefühlskultur fand. Die ›Vernunftwerte‹ begannen an Kurs zu verlieren zugunsten einer allseits florierenden Emotionalität. Eine ›neue Subjektivität‹ und ›Innerlichkeit‹, eine ›neue Sinnlichkeit‹ und ›Natürlichkeit‹ kennzeichnen gegenwärtig das literarische Stimmungsbild und bestimmen »die Lage«.[13] Es herrscht »die Stunde der wahren Empfindung«,[14] der Abschied von den Protokollen und den Dokumenten, der Verzicht auf Hinterfragungsliteratur und Sozialreportagen. Existentielle Themen wie »das Gebären, das Kindsein, das Lieben, die Krankheit und der Tod«, so liest man bei Helmut Kreuzer, »dringen gegenüber den politisch-sozialen vor«,[15] und Marcel Reich-Ranicki bestätigt: »Das in der Tat, ist die Entdeckung und die Dominante der neuesten deutschen Literatur: das Individuum, der leidende Mensch.«[16] Offenkundig ist die Vorliebe für das Autobiographische. An literarischen Gattungen dominieren Tagebücher, Memoiren und Ich-Romane.

Selbstverwirklichung und authentische Erfahrungen werden zu kategorialen Appellen für den Schriftsteller der siebziger Jahre. »Hören wir auf, stellvertretend für andere deren Erfahrungen zu beschreiben, die wir nur aus Büchern oder aus ein paar Wochen Fabrikarbeit kennen, schreiben wir über unsere eigenen Erfahrungen! Und werfen wir endlich den theoretischen Ballast über Bord, den wir in unseren Köpfen aufgehäuft haben und der uns daran hindert zu denken und zu fühlen, so daß wir anstatt Literatur nur noch Literaturtheorie produzieren«,[17] heißt es emphatisch bei Hans Christoph Buch. Der Rückzug ins Private, die Wiederentdeckung des Ich, beflügelt die literarische Produktion, »und dreißigjährige Akademiker [...] frönen ihrem neuen ›kategorischen Imperativ‹: ›Sei sinnlich!‹«[18] Doch der Ruf nach der neuen Sinnlichkeit bleibt weitgehend Postulat. Zwar steigt man viel ins literarische Bett, doch teilt man kaum gemeinsame Lust. »Geschlechtsverkehr findet statt als umständliche Variante der Onanie«,[19] eher an Zirkus- und Turnstundenstil gemahnend, d. h. an mühsam Geübtes, als an freudig Genossenes. »Erotik und Sexualität in der modernen deutschen Literatur«, behauptet Fritz J. Raddatz, »das ist immer: allein sein. Die Menschen [...] ziehen sich vorsichtig und verletzbar von einander zurück.«[20] Der Rekurs auf Privates, die Wiederbeschwörung der Innenwelt, ist voll nostalgischer Schwermut und sentimentalischer Kapitulation. Die zwischenmenschlichen Beziehungen stehen unter dem Prädikat der Erwartungslosigkeit. Symptomatisch ist der Verweigerungsgestus.

Dabei fällt auf, daß – abgesehen von Helmut Kreuzer – keiner der Berichterstatter auf feministische Zielsetzungen zu sprechen kommt, nirgendwo von dem neuen frauenemanzipatorischen Potential die Rede ist. Fallen bei den Chronisten der Literatur der siebziger Jahre überhaupt einmal weibliche Namen, dann solche wie Marie Luise Kaschnitz, Gabriele Wohmann oder Ingeborg Bachmann, die bereits als poetische Markenartikel der sechziger Jahre fungierten und keine feministischen Trends signalisieren. Um so aufschlußreicher ist es, einmal den zu hören, nämlich Kreuzer, der die neue frauenemanzipatorische Literatur registriert und wie folgt dazu Stellung nimmt: »Zugleich aber haben auch ›Emanzen‹ selbst, wie man sie spöttisch nennt, das literarische Wort ergriffen. Seit dem Durchbruch der *Klassenliebe* Karin Strucks (1973) haben nicht nur die ›persönlichen Depressionen‹ der Männer das literarische Erbe der Politliteratur angetreten, sondern auch die Aggressionen und ›Häutungen‹ der Frauen«,[21] konstatiert Kreuzer. Und an anderer Stelle heißt es: »Ein resonanzstarker Teil der Frauenliteratur zielt in die gleiche Richtung – von Karin Struck (*Lieben*, 1977) bis zu Verena Stefan (die darin Peter Handkes *Linkshändiger Frau* von 1976 näher steht, als ihr lieb sein dürfte). [...] Verena Stefan schreibt nur von sich, über ihre Freundschafts- und Liebesbeziehungen als Irrwege und Wege zum Selbst [...]. Im Grunde handelt es sich um eine Variante der individualbiographischen Entfremdungs- und Verstörungsliteratur der siebziger Jahre«.[22]

Zwei Dinge fallen hier auf: einmal die pejorativ gefärbte Diktion wie »inzwischen aber haben die ›Emanzen‹ [...] selbst das literarische Wort ergriffen«, mit welcher der Verfasser zur Frauenliteratur überleitet. Zumindest stilistisch gerät man dadurch in die Nähe zu solchen Literaturhistorikern – wie etwa Friedrich Sengle –, denen die ›Damenliteratur‹ seit eh und je eine kuriose Marginalie war. Das zweite, was auffällt, ist die fast nahtlose Zuordnung der feministischen Literatur zu den bestimmenden Tendenzen der Männerliteratur. Nicht zu Unrecht konstatiert Kreuzer bei den von ihm genannten Autorinnen wie Karin Struck, Verena Stefan, Christa Reinig (die ich in diesem Zusammenhang ausnehmen würde), Karin Kiwus und Maria Erlenberger die gleiche, eingangs genannte »neue Subjektivität«, Ichbesessenheit und Sucht nach Selbstverwirklichung, die gleiche Dominanz des Individuellen, Autobiographischen und Tagebuchartigen. Allerdings gilt dies nicht nur für einen »Teil der Frauenliteratur«[23], wie Kreuzer meint, sondern für die überwiegende Mehrzahl. Unverkennbar ist auch der autobiographische Hintergrund in Caroline Muhrs Roman *Freundinnen* (1974), in Margot Schröders Buch *Ich stehe meine Frau* (1975), in Birgit Pauschs Erzählung *Die Verweigerungen der Johanna Glauflügel* (1977), in Elisabeth Albertsens Geschichte *Das Dritte* (1977) oder in Elisabeth Alexanders Roman *Die törichte Jungfrau* (1978). Reine Selbsterfahrungsberichte sind ebenfalls die Erzählungen von Kathrin Mosler. Nur von sich und ihrer Loslösung aus einer sechsjährigen Beziehung schreibt Karin Petersen in ihrem Roman *Das fette Jahr* (1978), und auch Angelika Mechtel geht es in ihrem autobiographischen Roman *Wir sind reich, wir sind arm* (1977) vornehmlich um die Rekonstruktion ihres weiblichen Ich.

In all diesen Werken fungieren die Zentralfiguren meist als nur kaum kaschiertes Sprachrohr für die assoziativen Gedanken und Empfindungsabläufe der jeweiligen Autorin. Insofern ist Kreuzer durchaus zuzustimmen, wenn er von der Ichhaftigkeit der feministischen Literatur spricht. Nur, daß es sich dabei keineswegs »um eine Variante der individualbiographischen Entfremdungs- und Verstörungsliteratur der siebziger Jahre« handelt, sondern um etwas gänzlich anderes und Neues. Die plötzliche Herauskehrung des weiblichen Ich hat nicht denselben Stellenwert wie die Ich-Zentriertheit in den Werken der Männer, denn niemals in der Literaturgeschichte waren weibliches und männliches Ich wertadäquat. »Literatur ist hartes Männergeschäft von dreitausend Jahren her. Das muß jede Autorin erfahren« – so Christa Reinig –, »wenn sie das Wort ›Ich‹ gebraucht. Von da aus geht es plötzlich nicht recht weiter. Die Formen und Formeln der Dichtersprache sind nicht geschaffen, daß ein weibliches Ich sich darin artikulieren kann. Es gibt die Möglichkeit der Resignation. Das ›Ich‹ der Erzählerin ist männlich. Sie spiegelt vor, daß die Geschichte, die sie unter ihrem Verfassernamen erzählt, von einem Mann erlebt wurde. Es gibt den Kampf. Die Droste-Hülshoff hat ihn gekämpft. In einem autobiographischen Gedicht läßt sie sich mit ›Herr!‹ anreden. Sie hat ihr Leben aufgebraucht, ehe es ihr gelang, ihr weibliches Ich im Gedicht zu verwirklichen.«[24] Diese Nicht-Verwirklichung des weiblichen Ich liegt in dem Objekt-Status der Frau begründet. Sie hat ihre Wahrnehmungen und Wünsche an den Mann delegiert und sich niemals selbst als Subjekt gesetzt. Sie hat keinen »Mythos geschaffen, in dem sich ihre Entwürfe spiegeln«. Frauen »haben keine Religion und keine Poesie, die ihnen eigen ist: selbst wenn sie träumen, tun sie es durch die Träume der Männer«,[25] und wenn sie ›Ich‹ sagen, ist das ein gereinigtes, durch Wohlanständigkeit gefiltertes Ich. Die Gesellschaft gestattete es ihnen nicht, schreibend ihre eigene Subjektivität preiszugeben, Intimes und Schockierendes in Literatur zu transponieren.

Selbst in der Blütezeit der Autobiographie, in den Jahren zwischen 1770 und 1830, fehlt der autobiographische Beitrag von Frauen,[26] und noch im 19. Jahrhundert erschienen ihre Lebensberichte meist in fiktionaler Verpackung (man denke etwa an Ida Hahn-Hahns *Gräfin Faustine*, 1843, und an Louise Astons *Aus dem Leben einer Frau*, 1847) oder als reichlich entschlackte Bildungsautobiographie (wie Fanny Lewalds Lebensgeschichte, 1863). »Ein wesentliches Problem aller Frauen ist, sich nicht oder kaum als ›Ich‹ begreifen zu können [...], und der Kampf der Frauenbewegung um die Konstituierung des weiblichen Selbst hat die Auswirkungen einer langen Geschichte zu überwinden [...], die psychische Zurichtung der Frauen als einer Person ohne Ich.«[27] Nicht zu Unrecht kommt Gisela Brinker-Gabler zu dem Schluß, daß sich sinnvoll »von einem weiblichen Ich in der Literatur erst reden« lasse, »wenn dieses Ich auch sprach-, form- und bildbestimmend ist«.[28] Dieser Zeitpunkt ist mit dem Erscheinen der feministischen Literatur gekommen. »Ich glaube, daß die Durststrecke der weiblichen Ichlosigkeit hinter uns liegt«,[29] kommentiert auch Reinig die Lage.

Das Infragestellen der oktroyierten Rollenbilder, die Entwicklung eines weiblichen Selbstwertgefühls und die Identitätsbestimmung der Frau mittels ihrer eigenen Erfahrungen waren die Leitthemen der neuen Frauenbewegung, das Bekenntnis zum weiblichen Ich ihr vordringlichstes Postulat. All das hat seinen Niederschlag in der feministischen Literatur gefunden und macht deutlich, daß die autobiographischen Protokolle der Autorinnen in einem anderen Kontext zu sehen sind als die der Autoren. Hat man hinsichtlich der Gestaltung des männlichen Ich von einem *Rück-Zug* gesprochen, so ließe sich bei der Literarisierung des weiblichen Ich im wortwörtlichen Sinn von einem *Vor-Zug* reden. Denn hier ist keine nostalgische Reprivatisierung am Werk, sondern – im Gegenteil – ein Öffentlichmachen von jahrhundertealten Beschädigungen, eine Zurücknahme der zur Gewohnheit gewordenen Verstummung. Besinnung auf die eigene ›Eigentlichkeit‹ ist infolgedessen kein solipsistischer Abkapselungsprozeß, sondern die Möglichkeit zu einer Art neuen Sozialität, in der das Verhältnis der Geschlechter nicht mehr durch eine hierarchische Relation bestimmt wird, sondern durch eine dialektisch ebenbürtige. Selbst das schwächste, larmoyanteste und konfuseste weibliche Erzähler-Ich sollte zunächst in diesem Bezugsrahmen gesehen werden. Schließlich können sich die Autorinnen auf keine Tradition der Ich-Genauigkeit berufen, haben keine literarischen Vorbilder wie den *Werther* und müssen das Ich-Sagen erst mühsam erlernen. Denn selbst wenn ein Mann wie Lessing sich in vorgeblicher Bescheidenheit dem mächtigen Gottsched gegenüber mit den Worten präsentiert, »Ich bin dieser Niemand«, so enthält eine solche formale Negation noch einmal die ganze Wucht seines ergo sum. »Keine Frau kann sagen, ICH DENKE, DAHER BIN ICH«, konstatiert auch Ingeborg Drewitz bei ihren Überlegungen über die Möglichkeiten der Frau, »sie selbst zu sein«. Frauen haben wenig Zeit im Leben, die ihnen gehört, »weil das zu Hause nicht üblich war und in der Ehe nicht üblich ist. Weil es immer nur selbstverständlich gewesen ist, sich nicht wichtig zu nehmen«.[30]

Die Geschichte der neuen Frauenbewegung ist die Geschichte der weiblichen Ich-Findung. »Wenn Zwerenz von Geschichte spricht, spricht er von *Männern*, wenn er von Studium spricht, von *Männern*, wenn er von Literatur spricht, von *Männern*. Von *Frauen*, von sogenannten *Frauen*, spricht er nur, wenn er von Mösen und diesen Dingern spricht. Er ist nicht einmal traurig, daß er *Frauen* so degradieren muß. Fußabtreter für seine wilden revolutionären Anwandlungen. Mittel zum Aufstand. Wann machen *wir* den Aufstand *selber*?«[31] heißt es programmatisch in Karin Strucks Roman *Klassenliebe* (1973), der völlig zu Recht als der erste entscheidende Durchbruch einer feministischen Literatur angesehen wird und zugleich eine Art Signalwert besitzt. Frauen machen plötzlich literarisch von sich reden, und zwar in eigener Sache, schleudern ihr Ich mit nie zuvor gekannter Unverblümtheit dem Publikum entgegen, und »sind dabei, sich als Autorinnen oder Figuren vor klassenbewußte oder ichbewußte Männer zu drängen. Ihre Wut ist zuweilen größer, ihre Stimme lauter, ihre Kritik radikaler.«[32] Das erste Buch der 1947 in Schlagtow bei Greifswald geborenen und 1953 in die Bundesrepublik gekommenen Karin Struck hatte sofort einen durchschlagenden Erfolg. 1973 im Frühjahr erschienen, erlebte es zur Buchmesse im Herbst bereits seine 7. Auflage (38.–45. Tausend). »Es wurde nicht als ein Kunstwerk gelesen [...], sondern als etwas angstlösend, Ungestelltes, als an einen persönlich gerichteten Brandbrief.«[33] Und Reinhard Baumgart meint: »Hier jedenfalls schreibt jemand ums Leben, wie man ›ums Leben rennt‹, und das meiste, was sonst heute literarisch auf den Markt, auf den Leser geworfen wird, sieht daneben aus wie beflissene Fingerübung.«[34]

Der autobiographische Appell kam an. – Gehör fand allerdings in erster Linie die Stimme des aufsteigenden Arbeiterkindes und weniger das feministische Ich. Das kennzeichnet die Rezeptionslage von 1973. Während für Arbeiterliteratur bereits seit Ende der sechziger Jahre ein Markt vorhanden war, hatten die autonomen Frauengruppen sich gerade erst gebildet und noch kaum in die Öffentlichkeit gewirkt. Selbst für die Mehrzahl der Literaturwissenschaftler war der Feminismus-Begriff zu der Zeit eine Terra incognita. So sah man in den Enthüllungen der Karin Struck lediglich die Nöte des ihrer Klasse entfremdeten Arbeiterkindes. »In diesem Buch«, so meint Reinhard Baumgart, »wird sich eine ganze Generation Arbeiter-, Kleinbürger-, Bürgerkinder wiedererkennen, die alle, ob von oben oder unten, zwischen die Klassen geraten sind.«[35] Das möchte ich, offen gesagt, bezweifeln. Die Desorientierung der Autorin liegt weniger im Klassengegensatz begründet als vielmehr in der Unvereinbarkeit ihrer eigenen Bedürfnisse und Wünsche mit dem gesellschaftlich eng gezogenen Aktionsrahmen der Frau.

Liest man den Roman genauer – und quer zu der reißerisch aufgemachten Bauchbinde (Wer redet heute nicht von Arbeiterkindern, aber wer kann schon unsere Angst beschreiben?) und dem simplifizistischen Klappentexthinweis, daß hier die Erfahrungen und Leiden einer ganzen Klasse nacherzählt werden –, kommt man zu ganz anderen Erkenntnissen. In immer wiederkehrenden Variationen geht es hier um die weibliche Identitätsfrage, um die Verkümmerungen und Reduzierungen, welche die Frau – über die Klassenbarrieren hinweg – in der heutigen Gesellschaft noch immer erfährt. »Ich fühle mich als geschrumpfter Mensch«, registriert die Autorin gleich zu Beginn des Romans. »Ich fühle mich als Anhängsel: jemand schleift mich durch die Straßen Frankfurts«.[36] Sehr genau trifft sie die eingangs beschriebene geschlechtsunterschiedliche Ich-Situation, wenn sie feststellt: »Das Wort ›Solipsismus‹ muß ich erst im Duden nachschlagen. Die das sagen, quälen sich mit ihrem sie überwachenden Ich. *Ich* hatte nie ein Ich [...] Frau sein können. Was ist das?«[37] Diese Frage ist ernst zu nehmen. Sie zielt auf die sozial bedingte Skotomisierung des weiblichen Blicks, auf die traditionelle Wahrnehmungseinengung der Frau, die Einschränkung ihres Gesichtsfeldes auf die Binnenräume der Familie. Indem sie ihre außerhäusliche Wahrnehmung an den Mann delegiert hat, ist sie von Fremdbestimmung abhängig. »Auf Identifizierung angewiesen, wird sie zu einem Wesen, das immer fragt ›wer bin ich?‹ und das ständig einen Spiegel sucht. [...] die Frau hat sich buchstäblich aus den Augen verloren«.[38] Genau in diesem Dilemma befindet sich die Ich-Erzählerin der *Klassenliebe*. Denn wenn sie in zunehmender Weise darüber erschrocken ist, daß sie »ohne das Lob von anderen gar nichts« ist und von »›Gnaden‹ anderer lebt«,[39] ist damit weniger ihre Situation als Arbeiterkind beschrieben als vielmehr ihre Situation als Frau, die frühzeitig darauf abgerichtet wird, sich stets durch die Augen des Mannes zu sehen und ihm die Realitätskontrolle zu überlassen. Das ist auch das Thema in Ursula Krechels Drama *Erika* (1974). »Ich weiß gar nicht mehr, was *mein* Geschmack ist, und was ich dem Ede [ihr Ehemann] zu lieb gemacht hab. Ich hab vergessen, wie ich früher war, eh ich den Ede gekannt hab«,[40] kommentiert die Protagonistin die Wahrnehmungs- und Identitätsproblematik der Frau. Die Ich-Erzählerin in Karin Petersens Roman *Das fette Jahr* (1978) hat ihre Willensfähigkeit bereits ganz an den Freund delegiert. »Wichtig ist ja nicht, was ich will, sondern was du willst«,[41] heißt es da in unmißverständlicher Eigenauslöschung.

Die Misere der Karin Struck liegt nicht nur darin, daß ihre Eltern – die alte Klasse – ihr bei der Identitätsfindung keine Orientierungshilfe zu geben vermögen (»an Büchern besitzt unsere Familie zwei, sie liegen im Kleiderschrank zuunterst«[42]), sondern resultiert vornehmlich daher, daß ihre bücherbesitzenden Gesinnungsgenossen vom SDS und ihre literarischen Vorbilder sie diesbezüglich ebenfalls im Stich lassen. So überführt sie – und zwar interessanterweise früher als die etablierte Literatur- und Theaterkritik – die literarische Galionsfigur des neulinken Lagers, nämlich Brecht, recht kraß des männlichen Imperialismus. Ihr kann ein Autor, der die Frau »in seine Schaukelstühle« setzt und »wie eine Herde Kühe betrachtet«,[43] keine Hilfe zur weiblichen Selbstfindung liefern.

Doch da die *Klassenliebe* den Auftakt der feministischen Literatur bildet und überdies zu einem ›Fall‹ geworden ist, muß noch auf das folgende, zunächst erstaunliche

Phänomen hingewiesen werden. Karin Struck, die um »ein neues weibliches Selbstverständnis« ringt, »wurde von der Frauenbewegung nicht zur Kenntnis genommen«.[44] Wie läßt sich dieser Widerspruch erklären? Es sind die von Struck angebotenen Utopien und Glücksalternativen, das offenkundige Zurück-zur-Natur, ihre makrobiotischen Vorlieben, die Reformhausideologie sozusagen, die das Mißtrauen der Frauenbewegung hervorriefen. Vor allem aber das Insistieren auf dem unbedingten Kinderaustragen besaß für die damaligen Feministinnen, deren Selbstbewußtsein sich gerade im Kampf um den Paragraphen 218 herausgebildet hatte, einen falschen Beigeschmack. Nicht zu Unrecht witterten sie hier die üblichen Fallen, den sattsam bekannten Mutterkäfig. Denn gerade mit Naturargumenten hatte man seit eh und je die subordinierte Stellung der Frau legitimiert.

Überblickt man heute die Entwicklung der feministischen Literaturproduktion, fällt auf, daß Karin Struck mit ihrer Hinwendung zum Natürlichen eine Richtung antizipiert hat, die für einen Teil der Autorinnen der zweiten Hälfte der siebziger Jahre – wie etwa Katrin Mosler, Karin Petersen, Christa Reinig, Verena Stefan – durchaus bestimmend geworden ist: nämlich die Bemühungen um eine Art nachindustriellen Verhaltens und die feste Überzeugung, daß zwischen der Technik der Naturbeherrschung und der patriarchalischen Gesellschaft ein enger struktureller Zusammenhang besteht. »Die Frau spricht gar nicht mehr ausschließlich in eigener Sache«, schreibt Christa Reinig 1976. »Sie steht als Teil des Kosmos gegen den kosmoszerstörenden Mann.«[45]

Ebenfalls antizipiert von Struck wird das Unbehagen an der ›herr‹schenden Sprache, das – bis zur Verweigerung reichend – konstitutiv für die feministische Literatur geworden ist. Das weibliche Erzähler-Ich befindet sich in einer Art Kolonialverhältnis zur Sprache, sieht sich von Metaphern umstellt, die nicht seine eigenen sind. »Ehebruch? Seiten-Sprung?« heißt es bei Struck, »Wörter aus einer anderen Welt. Gangsterwelt. Nicht meiner.«[46] In zunehmendem Maße findet eine Sensibilisierung für die in den Sprachbildern enthaltenen Machtverhältnisse statt. »Z. wirft mir vor, ich sei ›prüde‹, weil ich die üblichen Ausdrücke nicht aussprechen will«,[47] gesteht die Ich-Erzählerin der *Klassenliebe*. Sie registriert die autoritäre Substanz der Sexualvokabeln und die Transitivität der gängigen Kopulationsverben, die schon durch ihren grammatikalischen Modus den Mann als den – oft brutal – Ausübenden und die Frau als das Opfer ausweisen.[48]

Was Struck hier ausspricht, wird in Verena Stefans autobiographischen Aufzeichnungen *Häutungen*, dem zweiten Markstein feministischer Literatur, bereits zum Programm. »Beim schreiben dieses buches [...] bin ich wort um wort und begriff um begriff an der vorhandenen sprache angeeckt«,[49] notiert die Verfasserin, und bei dem Versuch, sich über ihre Sexualität eigene, nicht männlich projizierte Vorstellungen zu machen, muß sie feststellen, daß die Sprache versagt. »*Alle* gängigen ausdrücke – gesprochene wie geschriebene – die den koitus betreffen, sind brutal und frauenverachtend (bohren, reinjagen, stechen, verreissen, einen schlag hacken, mit dem dorn pieken usw.).«[50] So muß sie zunächst die »vertrauten zusammenhänge zerstören«, die geläufigen Bedeutungen »in frage stellen«, Begriffe, »mit denen nichts mehr geklärt werden kann«, aussortieren und die Worte so »drehen und wenden«, daß sie wieder tauglich werden für die authentische Erfahrung von Frauen.

Anders als Karin Strucks *Klassenliebe* ist Verena Stefans schmales Bändchen *Häutun-*

gen von den Frauen selbst aufmerksam zur Kenntnis genommen und zur Bibel der westdeutschen Frauenbewegung geworden. Obgleich bei einem unbekannten Münchner Frauenverlag, der Frauenoffensive, veröffentlicht und ohne besondere Werbung auf den Markt gebracht, wurde das Buch ein Sensationserfolg. 1975 erschienen, erlebte es bereits 1977 die 10. Auflage. Sicherlich hat die veränderte Bewußtseinslage eines Großteils von Frauen einen solchen Erfolg begünstigt. Immerhin gab es inzwischen in fast allen größeren Städten der Bundesrepublik Frauenzentren, Frauenberatungsstellen und Frauenbuchläden. Außerdem waren erste ernstzunehmende feministische Zeitschriften erschienen wie *EFA* (Emanzipation Frauen Argument, 1973), das *Frauenoffensive Journal* (1974) und die von Helke Sander herausgegebene Zeitschrift *Frauen und Film* (1974), letztere von internationalem Renommee (»its continuing concern with feminist aesthetics, complemented by Sarah Schumann's collages, make it the best German feminist journal I have seen yet«[51]).

Doch all das sind nur Teilerklärungen. Ausschlaggebend für diesen plötzlichen Erfolg ist die Tatsache, daß hier eine Frau in rückhaltloser Offenheit den Versuch unternimmt, über ihre ursprünglichen Bedürfnisse nachzudenken und sie zur Richtschnur ihres Verhaltens zu machen. Mit aller Unverblümtheit zieht Stefan gegen die sexuelle Domestizierung der Frau, gegen das gesellschaftlich organisierte Verschweigen der femininen Sexualität zu Felde, um »die Fälschung« der weiblichen Geschichte »zu korrigieren«. Wo Struck – noch zaghaft und ihrer eigenen Sexualität unsicher – die verbale Verpackung des Koitus als »unterdrückerisch« denunziert, meint Stefan die Sache selbst (wobei es von nur sekundärer Bedeutung ist, daß die Ich-Erzählerin der *Häutungen* nach drei gescheiterten Versuchen, sich über die übliche Beziehung zu einem Mann einen Platz in der Gesellschaft zu sichern, am Ende in einer homoerotischen Bindung Erfüllung findet). Hier wird ein Thema angeschnitten, das für feministische Literatur prädominierende Bedeutung gewinnt: das Infragestellen der herrschenden kulturellen Vorgaben und Muster von weiblicher Sexualität. Nicht der Weg in die Homoerotik als solche wird von Legionen von Leserinnen als Identifikationsmodell begriffen, sondern die Absage an ein von Männern definiertes und gefordertes weibliches Sexualverhalten. Ähnlich argumentiert auch Marielouise Janssen-Jurreit in ihrer Untersuchung über den *Sexismus*, wenn sie meint, daß die Frau »in unserer Zivilisation [...] trotz all der Gesetze, die eine formale Gleichstellung bedeuten, keinen wesentlich anderen Status als unter dem strengsten mohammedanischen Regime« hat. »Sie kann kein Zeugnis ablegen für sich: berichtet sie über ihre sexuellen Empfindungen, über das Erleben ihres Körpers, dann wird ihr nicht geglaubt.«[52] Geglaubt hingegen wird immer noch der Psychoanalyse. Sie »hält über die weibliche Sexualität den Diskurs der Wahrheit. Einen Diskurs, der das Wahre über die Logik der Wahrheit zeigt [...]. Immer wird das ›Weibliche‹ beschrieben als Fehlen, als Verkümmerung, als Kehrseite des einzigen Geschlechtes, das den Wert monopolisiert: des männlichen Geschlechtes. [...] Was ganz allgemein dazu führt, die Frauen wieder dem herrschenden Diskurs des ›Vaters‹ und seinem Gesetz zu unterwerfen, indem ihre Ansprüche zum Schweigen gebracht werden.«[53]

Insofern haben die minuziösen und zum Teil auch ermüdenden Beschreibungen weiblicher Sexualerfahrung einen grundsätzlich anderen Bedeutungswert als der Sexualrealismus in der Männerliteratur. Denn schließlich haben männliche Autoren – wenn auch unterschiedlich verschlüsselt – seit eh und je ihre sexuellen Empfindungen zum poetologischen Betrachtungsgegenstand gemacht. Verena Stefans Aufzeichnungen zeigen die für die Frau bestehende enge Verquickung von gesellschaftlicher Anerkennung und nicht hinterfragter Sexualnorm, da sie – anders als der Mann – ihre Identifikation primär über ihre Funktion als biologisches Wesen erfährt. Verweigert sie die ihr zugewiesene Geschlechtsnorm, so verdeutlicht der Werdegang der Ich-Erzählerin, muß sie mit schwerwiegenden Sanktionen wie dem Ausschluß aus der (Männer-) Gesellschaft rechnen. Insofern unternimmt die Protagonistin zunächst alles, »um sich prägen zu lassen. offen bis zur selbstaufgabe, anpassungsfähig bis zur vernichtung«,[54] um in dieser Gesellschaft »als vollwertig behandelt« zu werden,[55] denn »eine frau allein [ist] immer noch gast, immer noch allgemeinbesitz«.[56]

Das erste von der Frau zu entrichtende Eintrittsbillett – so Stefan – heißt Defloration. »Es war längst nicht mehr eine frage von liebe [...], aber mann würde mich als vollwertig behandeln«,[57] resümiert die Verfasserin lakonisch. Koitus als Effizienzkriterium für die vollwertige Frau. Daß hier offensichtlich nicht nur eine Einzelgängerin ihre persönlichen Frustrationen aufdeckt, beweisen auch die fast gleichzeitig mit den *Häutungen* erschienenen Protokolle über *Den ›kleinen Unterschied‹ und seine großen Folgen* von Alice Schwarzer. Deflorationsmotive junger Mädchen sind – so zeigt ihr Zahlenmaterial – bis zu 71% Pflichtmotive.[58] Der Tribut im Ritual des Frauwerdens muß abgeleistet, der Freund soll auf diese Weise gehalten werden. 76% der befragten Männer hingegen benennen die Lust der Frau als erstes Beischlafmotiv. Sie sind sich offensichtlich wenig im klaren über den geschlechtlichen Anpassungsdruck, dem die Frau ausgesetzt ist, und das geringe Lustselbstbewußtsein, das sie infolgedessen entwickelt hat. »Eine Frau [...] erlaubt ihrem Körper nur Empfindungen, wenn ein anderer Lust darauf hat«,[59] berichtet Jutta Heinrich von ihrer Protagonistin, und bei Karin Petersen liest man: »Es gelang mir, meine Lust mühsam herbeizuzwingen, eine Lust, mit der ich Karl eher zufriedenstellen wollte als mich, wie eine lästige Aufgabe, die ich schnell erfüllte«.[60] Für alle diese Frauen ist »die anerkennung durch einen mann ausschlaggebend«, um ihr »vorhandensein als bestimmte, von andern unterscheidbare person zu bestätigen«.[61] Aus Angst vor der Vereinsamung unterwerfen sie sich Bedürfnissen und Lüsten, die nicht ihre eigenen sind. Denn weibliche Abweichung vom herkömmlichen Sexualprogramm – so zeigen die Verfasserinnen – wird schwer mit dem Verdikt der Isolation geahndet. Von daher ist es nicht verwunderlich, wenn auch Autorinnen die sexuelle Frage internalisiert haben, und zwar zuungunsten der Frau. Schließlich sind sie abhängig von männlichen Verlegern, Redakteuren und Kritikern und haben es leichter, wenn sie die maskulinen Weiblichkeitsprojektionen noch potenzieren.

So ist es bezeichnend, daß Renate Just, die Stefans *Häutungen* im ZEITmagazin rezensiert, der Autorin zwar Wohlwollen entgegenbringt, ihre Kritik an der herrschenden Sexualsprache jedoch entschieden ablehnt. Fast wirkt es so, als ob die Rezensentin ihre Kühnheit, die »feministische Bibel« zu besprechen, wieder abschwächen möchte, indem sie den gängigen Vorstellungen ihre Schuldigkeit tut und ausdrücklich betont, daß sie selbst »die unumwundene Sexualsprache« als »lustvoll« und ein Buch wie Erica Jongs *Angst vorm Fliegen* als wichtiger für die Befreiung der Frau empfände.[62] Ein Zusatz, der ihr die Sympathien ihrer männlichen Auftraggeber wieder garantieren dürfte. Insofern ist das Aufkommen der Frauenverlage für die Entwicklung einer feministischen Literatur von nicht zu gering zu veranschlagender Bedeutung. Denn hier entscheidet ein Frauenkollektiv über die Implikationen der Verlagspolitik und die Aufnahme von neuen Autorinnen.

Doch was wollen solche Schriftstellerinnen wie Verena Stefan, Alice Schwarzer, Marielouise Janssen-Jurreit oder Jutta Heinrich, wenn sie sich der herrschenden Sexualnorm entziehen und die gängige Form des Koitus als »kolonialistisch« denunzieren? Handelt es sich hier nicht doch um ein etwas sektiererisches Sonderanliegen einiger ›unhappy few‹? Ja und nein. Der Auszug aus der Männergesellschaft, das zelebrierte »Adieu-Mann, denn auf dich ist nicht zu hoffen noch zu bauen« und der Rückzug in von Frauen makrobiotisch betriebene Landkommunen geben noch keine Wegweiser weiblicher Emanzipation ab. Im Gegenteil. Es sind Alternativen, die im Grunde keine sind. Allerdings muß dazu gesagt werden, daß sich die Literatur seit eh und je mit akzeptablen Alternativen schwergetan hat. Vor der Frage nach den im Kunstwerk enthaltenen praktikablen Gegenentwürfen zur »schlechten« Wirklichkeit, die zeitweilig zum einzig gültigen Wertmaßstab erhoben wurde, erwies sich die Mehrzahl der ästhetischen Produkte als wenig ergiebig. Von daher gesehen sollte auch die Unzulänglichkeit der erwähnten feministischen Alternativen nicht überbewertet werden.

Wichtig ist vielmehr, daß die genannten Autorinnen in erster Linie gegen die Vermarktung und d. h. gegen die Verstümmelung der weiblichen Sexualität zu Felde ziehen, gegen die Reduzierung des Geschlechtlichen auf bloß genitale Handlungen, gegen eine Zärtlichkeit, die nur »als beiwerk zum koitus erhältlich war«.[63] Mit solchen Anliegen konnten sich zahlreiche Leserinnen identifizieren. Hier manifestierte sich so etwas wie eine neue sexuelle Ehrlichkeit, die ein konstitutives Merkmal für feministische Literatur ist. Aufschlußreich und ebenfalls viele Frauen betreffend ist auch Verena Stefans Auseinandersetzung mit der männlichen Linken. Ganz bewußt hatte die Ich-Erzählerin bei ihrem dritten Versuch, eine Paarbeziehung einzugehen, einen Mann gewählt, den sie aus gemeinsamer politischer Arbeit kannte und dessen marxistischen Standpunkt sie teilte. Sie ging davon aus, daß von einem Individuum, das sich für die Angelegenheiten des Proletariats einsetzte, auch Verständnis zu erwarten sei für die subordinierte Stellung der Frau. Doch darin ging sie fehl. Nur allzu bald machte sie die Beobachtung, daß es »leichter« war, »umstürze, die weit außerhalb der eigenen lebenssituation stattfinden, zu unterstützen, von kämpfen weit außerhalb von einem selber betroffen zu sein, als die eigene behausung zu verlassen, als vom eigenen betroffen sein auszugehen«.[64] Als sie Verhütungsprobleme hat, muß sie die groteske Feststellung machen, daß sich ihr Freund mehr »für die profite der pharmazeutischen Industrie« interessiert zeigt als für die, welche »die pille schluckte«.[65] So kommt es zu ihrem Abgesang auf ›die neue Partnerschaft‹. »Die neue menschlichkeit? ich blieb zuhörerin [...] Einen genossen zu lieben – ungeachtet seiner fraktionszugehörigkeit – änderte nichts an meiner situation. er weigerte sich unter umständen, mit mir zu sprechen. er äusserte unter umständen keine zuneigung. doch wie klumpten sich seine gehirnwindungen zusammen, wenn ich von der ›unterdrückung der frau‹ sprach – in seinem kopf ein verschwommener begriff.«[66]

Und doch bleibt vieles an Stefans Buch problematisch. Damit ist weniger der gelegentliche handwerkliche Dilettantismus gemeint als vielmehr die von ihr als tauglich befundene Sprache, um Körperliches angemessen zu beschreiben. Nach der Vorankündigung, die vertrauten syntaktischen Zusammenhänge zu durchbrechen und durch neue Beschreibungen zu ersetzen, jedes Wort auf seine genuine Brauchbarkeit hin zu überprüfen, sieht sich die Leserin in ihren berechtigten Erwartungen enttäuscht. Anstatt Unverblümtes bekommt sie nun Blumiges über den menschlichen Körper zu lesen, was alles andere als neu ist. »Die jähe Erkenntnis, daß eine Frau Brüste hat, läßt Verena feststellen, daß es sich bei ihrem Körper um einen reichen Acker handelt. ›Warme, sonnengefüllte Kürbisse‹ bietet sie an, sattsam bekannt als triviales Repertoire billiger Pornoautoren, Blumen, Obst und Gemüse, die ganzen Malergenerationen schon dazu verholfen haben, Frauen ›natürlich‹ darzustellen.«[67]

Diese Kritik der Herausgeberinnen der feministischen Zeitschrift *Die Schwarze Botin* setzt ein Signal. Sie macht deutlich, daß sich – ausgelöst durch die *Häutungen* – in der feministischen Literatur offensichtlich zwei unterschiedliche Konzeptionen herausbilden. Programmatisch heißt es in der Nr. 1 derselben Zeitschrift: »Leserinnen, denen es am Herzen liegt, in der Art des kleinen Unterschiedes oder der *Häutungen* weiterzuempfinden, werden uns bald die Frage nach unserer Beziehung zur Frauenbewegung und unserem Standpunkt stellen. Diesen sei gleich eingangs gesagt, um jeden Zweifel über unsere Absicht von vornherein auszuräumen, beides beginnt für uns da, wo der klebrige Schleim weiblicher Zusammengehörigkeit sein Ende hat.«[68] Eine solche Kritik, die die entwicklungsgeschichtlichen Voraussetzungen für die neuentstandene Frauenliteratur gänzlich aus ihrer Optik ausklammert und munter an den Zielsetzungen der Autorinnen vorbeiargumentiert, verfehlt ihren Gegenstand. In einem Punkt allerdings verweist sie auf eine latente Gefahr: nämlich die unhistorische Verabsolutierung des ›Ewig-Weiblichen‹ und seiner ebenso ewigen naturhaften Sinnlichkeit. Feministische Literatur muß sich – um weiterhin zukunftsträchtig zu bleiben – von der bloß lamentierenden Bestandsaufnahme der patriarchalisch strukturierten Gesellschaft lösen, den Platz an der Klagemauer aufgeben. So wichtig – und das sei noch einmal betont – die weibliche Ich-Beforschung in ihrer ersten literarischen Phase zweifellos war, die zu häufig wiederholte Proklamation verfehlt ihre Wirkung. Das zeigt das Beispiel von Karin Struck. Ihre Romane *Die Mutter* (1975) und *Lieben* (1977) sind nur noch schwache, repetitive Neuaufgüsse der *Klassenliebe*. Zu reden hatte sie zwar noch viel, aber zu sagen wenig.

Ein Großteil der Autorinnen der zweiten Hälfte der siebziger Jahre bemüht sich jedoch darum, das Weibliche in zunehmendem Maße in seinen historischen und gesellschaftlichen Manifestationen zu fassen. Die Frau bleibt weiterhin Protagonistin, aber der ihr vormals unterstellte ontologische Status, Statthalterin naturhafter Lebensformen zu sein, wird größtenteils aufgegeben. Das geht nicht ohne Schwierigkeiten ab. Denn es mangelt den Frauen in der Tat am rekonstruierbaren, historisch kontinuierlichen Begriff von sich selbst. Als Ausweg aus dem Dilemma werden zwei Lösungen gefunden: einmal die Auseinandersetzung mit der eigenen, noch unmittelbar erinnerten Vergangenheit, oft über die Rekonstruktion der Mutter-Tochter-Beziehung, und zum anderen die Auseinandersetzung mit männlich imaginierten Emanzipationsfiguren wie etwa mit Nora.

Den Auftakt bildet – trotz aller Geschwätzigkeit – noch einmal Karin Struck, und zwar in bezug auf die beiden Lösungen. Ihr zweiter Roman, *Die Mutter*, wird mit dem monomanischen Anspruch geschrieben, *das* Buch über *die* Frau und *die* weibliche Identität zu werden. Das soll über vier unterschiedliche Modelle vermittelt werden: einmal über Strucks eigenes Erfahrungspotential als Mutter, dann über die allgemeine Funktionsbestimmung des Mütterlichen in der heutigen Gesellschaft, weiter durch die

Rückbesinnung auf die Herkunft und den Werdegang ihrer Mutter sowie ihrer beiderseitigen Beziehung und schließlich durch die Auseinandersetzung mit den literarischen Mutterentwürfen von Brecht und Gorki. Damit ist, früher noch als in der ausländischen Literatur,[69] ein großes feministisches Thema angeschlagen, der Weg zu den Müttern gewiesen und – gänzlich verfehlt. Treffend charakterisiert Ingeborg Drewitz diesen großangelegten Fehlschlag Strucks: »Sie sammelt Mütterschicksale mit dem Ergebnis, daß sie letztlich nicht mehr einsammelt als Hebammengeschichten«.[70] Mütterliches Selbstbewußtsein läßt sich nicht aus dem Uterus herleiten. Die gesellschaftlichen und geschichtlichen Verletzungen, denen weibliche Sinnlichkeit unterliegt, können nicht mit homöopathischen Mitteln kuriert werden. Die Vorstellung eines irreduziblen mütterlichen Kerns – wie Struck sie suggeriert – ist kritisierbar, weil sie letztlich die erneute Ausklammerung der Frau aus der Geschichte bedeutet.

Eine sehr viel konkretere und historisch abgeleitete Erinnerungsarbeit leistet Angelika Mechtel mit ihrem autobiographischen Roman *Wir sind arm, wir sind reich* (1977). Anders als Struck, Stefan, Krechel oder Heinrich ist Mechtel eine Autorin, die schon in den sechziger Jahren mit Erzählungen und Romanen an die Öffentlichkeit getreten ist und nicht von Anfang an auf feministische Literatur festgelegt war. »Während ich an meinem *Gläsernen Paradies* [1973] schrieb, überlegte ich mir plötzlich: Wieso sitzt du eigentlich immer da und hast immer Männer im Mittelpunkt deiner Geschichten und machst dies alles so mit, treibst diesen ganzen Prozeß weiter, daß eben der Mann der Mittelpunkt aller Dinge ist?«[71] äußert sie in einem Interview mit Patricia Russian. Im nachhinein kommt sie zu der Erkenntnis, sich unbewußt dem herrschenden Literaturbetrieb angepaßt zu haben und daß literarische Tradition und Mythen offenbar schwieriger als gesellschaftliche Tatbestände zu überwinden sind. Damit spricht sie etwas aus, was schon immer in der Literatur zu beobachten war: ihr atavistischer Nachtrab bei der Imaginierung von Weiblichkeit. Zu Recht hat Silvia Bovenschen darauf hingewiesen, daß, als der Typus der gelehrten Frau schon längst einen gesellschaftlichen Status hatte, ihre literarische Spiegelung noch lange Zeit auf sich warten ließ.

Mechtels Roman *Wir sind arm, wir sind reich* ist ein weibliches Orientierungsbuch. Schauplatz ist das zerstörte, aber bereits im Wiederaufbau begriffene Nachkriegsdeutschland, die Protagonistin ein frühreifes, dreizehnjähriges Mädchen auf der Schwelle zwischen Kindheit und Frausein. Im Gegensatz zu Struck beleuchtet Mechtel einen engbemessenen Zeitausschnitt mit einer sehr eingegrenzten Problematik, nämlich der erwachenden weiblichen Sinnlichkeit in ihrer dualistisch organisierten Struktur, d. h. in ihrer gesellschaftlich zugelassenen und in ihrer nicht zugelassenen, in ihrer sozialen und ihrer ›asozialen‹ Ausprägung. Auch hier geht es um eine Art von ›Häutungen‹, allerdings mit umgekehrtem Ausgang. »Kein anderer Sommer war so aufregend gewesen wie dieser«,[72] kommentiert die Erzählerin die Geschehnisse des Jahres 1956. Der zeitgeschichtliche Hintergrund und die beschriebene noch offene Phase zwischen Mädchen und Frau stehen in einem direkten Zusammenhang. Der ungebändigte Lebenshunger der Protagonistin, ihre Begierde nach eigener sinnlicher Erfahrung, kann in einem Deutschland, wo die Spuren der Zertrümmerung noch sichtbar sind, wo Ruinen noch Unterschlupf bieten für unzugestandene Wünsche und die Wunderkindermentalität noch nicht alle Lebensräume beschlagnahmt hat, zumindest partielle Erfüllung erfahren. Noch ist das Vorbild der Trümmerfrauen, derjenigen, die dem alten Weiblichkeitsideal den Rücken kehrten, Männerarbeit verrichteten und wieder berufstätig wurden – wie die Mutter des Mädchens während der Kriegsgefangenschaft des Vaters –, nicht völlig verblaßt. Aber »es war immer schwieriger geworden, eine schöne Ruine zu finden«,[73] was in der Bildersprache der Mechtel bedeutet, einen Freiraum zu bewahren für nicht angepaßte weibliche Sinnlichkeit. Am Ende des Romans ist die Trümmerlandschaft fortgeräumt, der Spanienkämpfer Freund – Adressat für die ›asozialen‹ Wünsche – aus dem Blickfeld geraten und die Nachkriegszeit, mit all ihren Defiziten, aber auch mit ihrer Utopie auf gesellschaftliche Erneuerung, endgültig vorbei. Der Domestizierung des Mädchens steht nichts mehr im Wege.

Die Auseinandersetzung mit der unmittelbaren Vergangenheit wird für viele feministische Autorinnen zum Medium, um Auskunft über die Möglichkeiten weiblicher Selbsterfahrung zu erhalten. Großmütter und Mütter werden befragt, das Verhältnis zum Vater beleuchtet und die eigene Kindheit rekonstruiert, um vergessenes Erfahrungspotential und verschüttete Vorbilder ins Licht zu rücken. Denn die übliche deduktive Methode der Wissensaneignung versagt hier ihren Dienst. Aus den erkenntnistheoretischen Überlegungen der Philosophen ausgeklammert und aus »der menschheitsgeschichtlichen Genealogie« herausgefallen, ist das Weibliche stets »nur indirekt« über »die männlichen Gebote« erkennbar gewesen[74] und selbst bloß geschichtsloses Anschauungsmaterial geblieben, d. h. untauglich als Identifikationsmodell. Feministische Autorinnen wollen Geschichte nicht mehr aus der Perspektive eines Oskar Matzerath, eines Anselm Kristlein oder Siggi Jepsen erfahren, sondern aus der Sicht ihrer Geschlechtsgenossinnen. Um eine solche Ablehnung eines männlich vermittelten Geschichtsbildes geht es in Elisabeth Plessens Roman *Mitteilung an den Adel* (1976). Der Vater, ein holsteinischer Großgrundbesitzer, der stets darüber befindet, was in der Familie gedacht und worüber in Gesellschaft gesprochen werden darf, gibt der Tochter sein Kriegstagebuch zu lesen mit den Worten: »damit du siehst, worum es geht.«[75] Das Ergebnis ist allerdings nicht das gewünschte. Die Tochter erkennt mit fortschreitender Lektüre, worum es nicht geht, lehnt das Große-Männer-Pathos ab und findet allmählich ihre eigene politische Einstellung. Am Ende wird der Bruch mit der väterlichen Autorität vollzogen.

Auf dem dramatischen Sektor gibt es ähnliche Versuche. So präsentiert die Dramatikerin Gerlind Reinshagen mit ihrem vierten Bühnenstück, *Sonntagskinder* (1975), die Geschehnisse des Dritten Reiches aus der Sehweise des halbwüchsigen Mädchens Elsie, das das Verhalten der Erwachsenen ängstigt und demütigt und das trotz der permanenten Erniedrigungen zu einer fast »wahnsinnigen« Hellsichtigkeit gelangt. »Gibt es andere Stückeschreiber«, so fragt die amerikanische Germanistin Betty Nance Weber, »die die fortwährende Selbsterniedrigung von Frauen vor dem Hintergrund eines nur langsam sich bildenden Wertbewußtseins der eigenen Person darstellen?«[76] Ginka Steinwachs evoziert in ihrem ersten Drama, dem sentimentalen Frauen(doppel)stück *Tränende Herzen* (1978), das Deutschland der Adenauer-Ära anhand von zwei Großmütterschicksalen. Bei aller Unterschiedlichkeit des Milieus (Minna Klages ist Arbeiterfrau und Dorothea Hörauf Professorengattin) weisen ihrer beider Leben unübersehbare Gemeinsamkeiten auf: als unproduktive Anhängsel ihrer Ehemänner – gewohnt, nur vermittelt Erfahrungen zu machen – geraten sie nach deren Ableben in den Zustand einer totalen Orientierungslosigkeit, den sie nun mit dem Tod bezahlen müssen. Elfriede Jelinek begibt sich mit ihrem Drama *Was geschah, nachdem Nora ihren Mann verlassen hatte* (1978) in eine Auseinandersetzung mit von Männern geschaffenen Emanzipationsfiguren. Daß bei diesen dramatischen Versuchen, männliche Frauengestalten aus weiblicher Sicht weiter zu entwickeln und Zeitgeschichte aus der Perspektive von Frauen zu inszenieren, manches im Dilettantischen steckenbleibt und formalästhetische Mängel aufweist, kann im Grunde nicht verwundern, wenn man sich vergegenwärtigt, daß die Dramatikerinnen diesbezüglich auf keinerlei Tradition zurückgreifen können.

Völlig überzeugend dagegen ist das großangelegte Zeitdokument von Ingeborg Drewitz, der Roman *Gestern war Heute. Hundert Jahre Gegenwart* (1978), wo Geschichte durch das Spektrum von fünf Frauengenerationen veranschaulicht wird. Nicht zufällig findet zu Beginn und am Ende des Romans eine Geburt statt. Geburten als Zäsuren und traditionelle Höhepunkte weiblichen Lebens, die im allgemeinen für die Frau gleichbedeutend sind mit ihrem Ausschluß aus der öffentlichen Wirklichkeit und ihrer endgültigen Rollenfixierung. Drewitz zeigt, wie sich das in jeder Generation wiederholt. Etwas geht zu Ende bei der Niederkunft einer Frau: nämlich das cogito ergo sum. »Ich lerne, daß ich nicht BIN, um zu sein, sondern um zu sorgen«,[77] beschreibt Gabriele M., die Mittelpunktsfigur des Romans, ihre neue Situation als Mutter. »Jetzt sind wir glücklich, sagt Jörg [...]. Bin ich jetzt glücklich? Ich lerne eine Rolle. Ich lerne, lerne. [...] Und mit einemmal spürt sie, daß sie die Rolle nicht durchhalten wird, nicht durchhalten kann: Sorgen statt ICH sagen, Ordnung halten, den Müll wegbringen, von der Erschöpfung geduckt, emsig.«[78] Drewitz spürt das Widerstandspotential gegen diese biologischen Weiblichkeitsmuster auf, das von Generation zu Generation entschiedenere und politischere Formen annimmt. Es sind die Mütter, die – aus der Erfahrung ihrer eigenen Reduzierung – den Töchtern ein stabileres Ich-Bewußtsein zu vermitteln versuchen und gleichzeitig ihre Machtlosigkeit erfahren müssen gegenüber der immer wiederkehrenden Idylle von Mann und Frau. »Angst vor dieser Idylle« empfindet Gabriele, »Angst vor dem Leben, das Mutter gelebt hat und Großmutter und Urgroßmutter. Draußen die Welt und hinter den vier Wänden – nein, keine Geborgenheit.«[79] Und doch erliegt sie der gleichen Idylle, die später der eigenen Tochter Angst einflößen wird. »Du hättest eine Starjournalistin werden können«, hält Renate der Mutter vor, »Du siehst Zusammenhänge, weißt viel und hast Mut; du hast verzichtet. Unsertwegen? Vaters wegen? Verzeih mir, Mama, ich versteh das nicht! Daß du lebst, als wärst du nicht so wichtig, das verstehe ich nicht. Davor habe ich Angst.«[80] Der Roman endet damit, daß sich die Tochter entschieden von der Lebensweise der Mutter distanziert, nicht der Mann-Frau-Kind-Idylle anheimfällt, in eine Kommune zieht und sich der Studentenbewegung anschließt. Das könnte bedeuten: Überwindung des ›Weiblichkeitswahns‹, Emanzipation als geradliniger Befreiungsprozeß, die Frau der fünften Generation hat endlich die Aufkündigung des traditionellen Weiblichkeitsmusters geschafft. Eine Utopie ist Wirklichkeit geworden. Doch mit einem so einfachen Bewältigungsrezept wartet Drewitz nicht auf. Es gibt eine zweite Tochter in der fünften Generation und damit einen zweiten Schluß: Gabriele erlebt die Geburt ihres Enkels. »Sie muß sich wegwenden, weil Claudia und der junge Vater sich so unbefangen umarmen, als gäbe es nur das: Anfangen, sich lieben, ein Kind haben, keine Fragen, keine Zweifel, keine Erinnerung an das alte, immer neue Elend der Vielen.«[81] Mit solchen kontradiktorischen Bildern zeigt die Autorin die spezifische Problematik weiblicher Lebenszusammenhänge und ihre besondere Defizitsituation: noch bedeutet jeder der in dieser Gesellschaft möglichen Lebensentwürfe Verzicht für die Frau. Noch befindet sie sich – wie Helke Sander das in ihrem Film formuliert hat – in einer »Reduper-Situation«.

Mit Christa Reinigs Roman *Entmannung. Die Geschichte Ottos und seiner vier Frauen* (1976) tritt die feministische Literatur in eine neue Phase. Das signalisiert schon der Titel. Denn keines der bisherigen Werke kündigt ein männliches Wesen auf dem Buchdeckel an, noch dazu umrankt von einer Girlande aus namenlosen Frauen. Reinigs *Entmannung* »ist kein moralisierender ›Emanzipationsroman‹«.[82] Er führt aus der Literatur der Defizite hinaus und präsentiert etwas gänzlich Neues, offenbar Unerwartetes. Jedenfalls reagierte die Kritik mit großer Verwirrung. Sie hatte seit der *Klassenliebe* ein ganz bestimmtes, am Authentizitätsbegriff orientiertes Beurteilungsraster für feministische Literatur entwickelt, das vor Reinigs Buch versagte. Der Titel *Entmannung* wurde als Programm verstanden, die Autorin allen Ernstes gefragt, ob sie tatsächlich die Axt empfehlen würde, um die Männer auszurotten. »Nachdem sich eine Vielzahl von Autorinnen inzwischen die Zeit mit literarischen Phallusstudien vertrieben hat«, schreibt Ulrich Bumann, »ist es einigermaßen beruhigend, mit Christa Reinigs zweitem Roman *Entmannung* eine Fallstudie in die Hand zu bekommen.«[83] Und Geno Hartlaub fragt: »Will Christa Reinig mit ihrem Roman das Jahrhundert der Frauenherrschaft einläuten? [...] Hat sie Rachedurst, strebt sie gottähnliche Alleinherrschaft an«?[84] Wogegen Hedwig Rohde nur noch lakonisch notiert: »Was zu viel ist, ist zu viel! Auch der wohlwollendste Kritiker muß hier streiken. [...] Die Männer als Folterknechte, und die Frauen als ›das Letztunterste der Menschheit‹ entstammen einem Feministinnen-Vokabular, das als Literatur gar nicht trifft.«[85]

Was ist hier geschehen? Worum geht es in dieser mutmaßlichen Horrorgeschichte? Verstößt Reinig damit tatsächlich gegen den guten literarischen Anstand? »Die neuesten wissenschaftlichen Forschungen haben ergeben: Diese Welt ist eine Männerwelt«, heißt es gleich zu Beginn des Romans. »Es gibt zwei Möglichkeiten für eine Frau, in dieser Welt vorhanden zu sein, als weibliche Frau oder männliche Frau. Nach dem Befund der Soziologie ist die weibliche Frau als Trabant-Frau zu bezeichnen, Frau Luna gewissermaßen. Sie ist nicht Planet der männlichen Zentralsonne, sondern Trabant eines Planeten, nämlich des männlichen Interesses.«[86] Die auftretenden Personen allerdings agieren keineswegs in dieser dichotomisierten Geschlechtlichkeit. Professor Doktor Otto Kyra z. B., Playboy und Starchirurg, arbeitet intensiv daran, ein Weib zu werden, da er von der Notwendigkeit eines ganz neuen Geschlechtsbewußtseins inzwischen überzeugt war. Seine Chefassistentin Fräulein Doktor Dankwart, die ursprünglich »mit Leidenschaft eine männliche Frau« war, »schwenkt auf die Front der Männer« ein, als sie in der Gesellschaft des »göttergleichen«, neunjährigen Knaben Edgar erfahren muß, daß sie wider Erwarten doch eine weibliche Frau ist. Klytemnestra, die rothaarige Mutter des »erlesenen« Edgar hingegen, beginnt, sich den männlichen Frauen zu nähern. Die weiteren im Bunde, Thea, die »Anschaffende« und spätere Ehefrau des Exchirurgen, die am Tage arbeitet und sich bei Nacht vergnügt, und Xenia, die ehemalige Arbeiterin, schwanken gleichermaßen zwischen Trabanten- und Nicht-Trabantendasein hin und her. Doch bilden die vier Frauen eine solidarische Gruppe, die gemeinsam »die Befreiung der Frau aus dem Parasitär-System dieser Männerwelt«[87] voranzutreiben gedenkt. Zu diesem Zweck entwickeln sie ein Manifest, dessen erste Frage, »Muß es Männer geben?«[88] mit »nein« beantwortet wird. Doch die folgende

Frage, »Darf es Männer geben?«, wird konzilianter beantwortet. »Männer sind biologisch gesehen Luxusgeschöpfe. Aber sie stellen in ihrer Existenz einen ästhetischen Wert dar. Nur müßten wir Frauen uns einig sein, wie der Mann beschaffen sein soll, mit dem wir gewillt sind, diesen Erdball zu teilen.« Dabei erweisen sich die Frauen durchaus als kooperativ und diskussionswillig. »Wenn ein Mann tatsächlich auf die Idee kommt, uns zu fragen: was sollen wir Männer denn tun?« heißt es nämlich weiter, »dann hat er ein Recht zu dieser Frage, und wir haben die Pflicht, ihm zu antworten.«[89]

Doch trotz aller Pläneschmiederei bleiben die Frauen stets hinter ihren Zielsetzungen zurück. Die szientifistischen Redeschwälle der Männer (toter wie lebendiger, »wobei die marxistischen Männer an der äußersten rechten Wand bei den Erzvätern und Patriarchen«[90] stehen) drängen sie immer wieder an die Peripherie. Sie alle scheitern im Alltagsschutt. Mennie (Klytemnestra), die ihrer hausfrauenhaften Identitätslosigkeit ein gewaltsames Ende macht, indem sie ihren Gatten mit dem Gemüsehobel »beschädigt«, landet im Zuchthaus. Doris verliert ihren Verstand, als ihr klar wird, warum *sie* die *Assistentin* und *Kyra der Professor* ist und nicht etwa umgekehrt. Sie endet im Irrenhaus. Thea, die »Anschaffende«, stirbt an Krebs, und Xenia bringt sich nach einer Vergewaltigung im Backofen um. Aber damit ist die Geschichte noch nicht zu Ende. Es findet ein Nach-Spiel statt, eine Art Auferstehung auf dem Theater, eine »letzte Vorstellung«. Otto und seine vier Frauen begegnen sich noch einmal als theatralische Akteure auf der Bühne von Gustaf Gründgens. Doris als Pallas Athene, Klytemnestra als Hera, Thea als Aphrodite, Xenia als Pythia und Otto Kyra zunächst als Tamino und später als Valerie Solanas. Erst hiernach kommt es zum »Schlußfürheute«. Schon diese wenigen Hinweise spiegeln die ironische Erzähllage des Romans und machen deutlich, daß Reinig keine »Entmannungsgeschichte« vorlegt, nicht »mit der Streitaxt« gegen die Kollegen aufmarschiert und den Untergang des Mannes inszeniert. Ihre Personen sind Kunstfiguren, ihre Geschichte ein phantastisches Konstrukt, das niemals zur Identifikation, wohl aber zum Nachdenken anregt. Hier mischen sich Reales und Irreales, Ernstes und Ironisches, Scherz und Groteske. Kritik zeigt sich niemals direkt, sondern immer verschlüsselt, und zwar meist in der Form der Parabel. Das hat in vielen Lagern, nicht zuletzt im feministischen, mancherlei Mißbehagen ausgelöst. Man nimmt es der Autorin übel, daß sie offensichtlich keine glückversprechende feministische Perspektive parat hält – wie etwa Verena Stefan –, nicht in die allerorts herrschende Unterdrükkungslitanei miteinstimmt und stets die Widersprüche ins Blickfeld rückt.

So behauptet sie in dem Kapitel »Was hat Klytemnestra falsch gemacht« zwar denunziatorisch, »daß Weiber was zum Draufrumtrampeln sind«,[91] erzählt aber im gleichen Atemzug die Geschichte von Edgar und Herzel, in der Herzel, obwohl sie »die Kleinere« und »ein Mädchen ist«, ihren Bruder von morgens bis abends verprügelt. Solche Positionswechselspiele und Rollenverkehrungen haben gelegentlich zu der Frage geführt, ob Christa Reinigs *Entmannung* überhaupt ein feministischer Roman sei. Die Autorin selbst nimmt dazu folgendermaßen Stellung: »Das Buch *Entmannung* ist mein Weg in die Frauenbewegung. [...] Im gewissen Sinne ist Ottos ideologische ›Entmannung‹ mein eigener Weg, und Kyra [...] ist Christa. Ich selbst prüfe an mir, was an ›Männlichkeitswahn‹ ich von mir abtun kann. Ich entmanne mich mit Nähmaschine und güldenem Kaffeeservice. Ottos Frage: Was ist das eigentlich, eine Frau, das ist die Frage des Autors (der Autorin). Am Ende des Buches bin ich im vielverlachten

Feminismus angekommen.«[92] Das ist ein deutlicher Hinweis. Reinig erzählt ihre Geschichte nicht im mimetischen Direktzugriff, sondern in poetologischer Verschlüsselung. Der Geschlechterantagonismus wird niemals bloß nach-erzählt oder auf die dichotomische Formel von Verfolger und Verfolgtem, d. h. auf die billige Chiffre von dem böswilligen Mann und der gutwilligen Frau reduziert, sondern in kontradiktorische Bilder umgesetzt, welche die Schwierigkeiten weiblicher Identifikationsprozesse eher zu fassen vermögen als bloße Unterdrückungsillustrationen. Das sagt nichts aus gegen den Realismus ihres Motivs, wohl aber etwas gegen die einseitige Festlegung der littérature engagée auf einen allzu eng gefaßten stilistischen Abbildnaturalismus und eine allzu voreilig verabreichte Alternative. Mit ihrer Abkehr von einem – in der ersten Phase der feministischen Literaturbildung sicherlich notwendigen – Defizitrealismus steht Reinig in direkter Nachbarschaft zu Autorinnen wie Jutta Heinrich (*Das Geschlecht der Gedanken*, 1977) und Barbara Frischmuth (*Amy oder die Metamorphose*, 1978), aber auch zu Frauen außerhalb der Gutenbergliteratur wie der Choreographin Pina Bausch und der Filmemacherin Ulrike Ottinger. Bei ihnen allen geht es nicht nur um die Darstellung der zärtlichen ›sisterhood‹, sondern ebenfalls um die Evozierung von Ansammlung und Ausübung von Gewalt als Folge von Affektbeschädigungen, denen der einzelne durch ein verfeinertes Kontrollsystem in zunehmendem Maße ausgesetzt ist. Die Frauenfiguren spielen nicht mehr den zärtlichen, mütterlich sorgenden Gegenpart zu der Welt der Gewalttätigkeit wie bei Karin Struck, Verena Stefan oder Karin Petersen, sondern üben selbst Gewalt aus.

Solche Strukturen von Gewalt und Unterdrückung, von Macht und Ohnmacht zeigt die Autorin Jutta Heinrich in ihrem Roman *Das Geschlecht der Gedanken* auf. Sie beschreibt die in kleinbürgerlicher Enge sich abspielende Kindheit und Jugend des Mädchens Conni (ein Name, der von den Eltern gewählt wurde, weil er für beide Geschlechter anwendbar war, und den »Vater nicht fortwährend daran erinnerte«, daß aus der Tochter »nichts wurde als ein Mädchen«[93]). Heinrich zeigt die »psychischen Schreck-Narben« dieser Tochter auf, die sich »während der Jahre des Dressur-Aktes zur Enteignung ihrer Psyche«[94] gebildet haben, und die Folgen, die sie hinterließen. Abgestoßen von den elterlichen Rollenvorbildern – der Vater (das Pferd), unmenschlich in seiner Machtausübung, die Mutter (das Ameislein), nicht weniger unmenschlich in ihrer sklavenhaften Unterwürfigkeit –, verweigert Conni jede Rollenidentifizierung. Sie flüchtet in eine Art geschlechtsloses Niemandsland und gibt sich einer fast apokalyptischen Rachevision hin. Sie will die Geschlechtlichkeit ausmerzen. Im Bündnis mit der Macht lauert sie sexuellen Signalen auf, um sie sofort zu denunzieren und gleichsam unschädlich zu machen. Lustvoll verrichtet sie ihr weitgespanntes Destruktionswerk.

Es ist aufschlußreich und spiegelt den Stand der feministischen Literatur wider, daß Heinrich diesen Roman bereits 1971 fertiggestellt hatte, aber keinen Verlag dafür fand. »Bedauerlicherweise gäbe es für das Buch keine Käuferschicht«, hieß es damals. Und gleichzeitig kam der Vorbehalt: »eine solche Phantasie bei einer Frau! Wenn sie wenigstens bereit wäre, für eine Veröffentlichung ihren Namen zu vermännlichen.«[95] Offensichtlich gab es 1971 noch so etwas wie Tabuthemen für Frauen. Man empfahl ihnen zwar nicht mehr die Beschreibung der Innenräume des Hauses und des Herzens – wie die ehrwürdigen Literaturhistoriker des 19. Jahrhunderts –, aber die Ausmalung einer so destruktiven Vision, wie Heinrich sie vorlegte, wurde doch als eine Art Grenzüberschreitung empfunden, die man lieber den männlichen Schriftstellern zuge-

stand. Und so blieb eines der aufregendsten, poetischsten und genauesten Bücher über die Wechselwirkung von Unterdrückung und Gewalt sechs Jahre lang in der Schublade liegen, bis 1977 ein Frauenverlag seine Veröffentlichung betrieb. Doch auch hier ist man vorsichtig und hält es für angebracht, dem Roman ein didaktisches Vorwort mit auf den Weg zu geben. Schließlich trägt auch Heinrichs Protagonistin – ähnlich wie die der Reinig – den allegorischen Dolch im Gewande und entspricht keineswegs der propagierten, feministischen Weiblichkeit.
Auch Ulrike Ottinger entwirft ein herrisches, gewaltsames Frauenporträt. »Madame X [ist] die ungekrönte und grausame Herrscherin des chinesischen Meeres«, heißt es in dem Drehbuch zu *Mme X* (1977), und unmittelbar an diese Passage montiert findet sich das pompöse Bildnis des absolutistischen Königs Ludwigs XIV. Durch diese Montage wird das Weibliche unwillkürlich in Verbindung mit Gewalt und Herrschaft gedacht. Die Filmemacherin sieht gerade in der Fixierung der Frauen auf den nicht-aggressiven Bereich eine Reduzierung ihrer immanenten Möglichkeiten und eine Verharmlosung eines ursprünglich dynamischen Potentials ins Freundlich-Beliebige, d. h. ins Wirkungslose. So will Ottinger auch das augenblicklich in der feministischen Szene so oft beschworene Bild der Hexe nicht um seine unheimliche und gewalttätige Komponente beschnitten sehen, es nicht aufgehen und unschädlich werden lassen in der Gestalt des bloß verschrobenen Hutzelweibchens und der eigenbrötlerischen Kräuterfrau. Sie versteht Gewalttätigkeit auch als ungezähmtes Widerstandspotential gegen sterile, gesellschaftlich oktroyierte Normen, gegen emotionale Verschnitte und körperliche Verstümmelungen. Gewalt – nicht als kalkulierte, eindeutige Inhumanität, sondern im Dienste der Zärtlichkeit sozusagen. Das gilt gleichermaßen für die *Szenen* der Pina Bausch, in denen immer wieder die Ausbeutung des Menschen durch den Menschen dargestellt wird, wobei unmißverständlich bleibt, daß die besonderen Spuren einer solchen Gewalttätigkeit sich vornehmlich an den Körpern der Frauen abzeichnen.
Die Kehrseite dieser gewaltsamen Aktionen – und das mag zunächst erstaunen – ist das Divertimento, die witzige Situation. Reinig, Ottinger und Bausch führen die lange Zeit in der feministischen Produktion ausgesparte und verpönte Dimension des Komischen wieder in ihre Werke ein. Eine solche Nutzbarmachung weiterer ästhetischer Mittel für ein frauenemanzipatorisches Engagement, das in den genannten Werken ja keinesfalls geringer geworden ist, signalisiert eine entschiedene Kehrtwende von der anfänglichen deklamatorischen Bestandsaufnahme der Defizite und einen deutlichen Zuwachs an Souveränität. Die feministischen Lehrjahre scheinen abgegolten zu sein.

Nachbemerkung: Nicht zufällig bleibt in dieser Aufzeichnung der gesamte Bereich der Lyrik ausgespart. Das soll nicht bedeuten, daß in den Gedichten von Karin Kiwus (*Von beiden Seiten der Gegenwart*, 1976; *Angenommen später*, 1979), Monika Walther (*ein paar dinge von denen ich weiß*, 1977), Ursula Krechel (*Nach Mainz*, 1977; *Verwundbar wie in den besten Zeiten*, 1979), Renate Rasp (*Junges Deutschland*, 1978) oder Frederike Frei – um nur die bekanntesten zu nennen – keine feministischen Trends zu erkennen wären. Sie sind allerdings weniger deutlich, was zum Teil gattungsimmanente Gründe hat. Insofern hätte der Einbezug solcher Lyrik ein ganz anderes poetologisches Instrumentarium erfordert, das wiederum für das Erkennen von inhaltlichen Kategorien wie Trends und Tendenzen untauglich gewesen wäre.

Darum sei das letzte Wort der wohl eigenwilligsten Lyrikerin, nämlich Frederike Frei, gegeben:

Dein Mann ist dein Ausweis
lebenslänglich
gültig

Du sollst ihn immer mit dir führen
auf der Zunge und
an der Hand

Bei Verlust gleich ersetzen
sonst wissen wir nicht
wer du bist

Ein Fall für die Nachbarn
eine Chance der Kirche
ein Fehler im Leben

Mit mehreren Ausweisen
natürlich eine
Verbrecherin

Leidmotiv (gesetzl. geschätzt)[96]

Anmerkungen

1 Herbert Marcuse: Marxismus und Leninismus. In: Jahrbuch Politik 6. Hrsg. von Wolfgang Dreßen. Berlin 1974. S. 93.
2 Alice Schwarzer: Der ›kleine Unterschied‹ und seine großen Folgen. Frankfurt a. M. 1975. S. 235.
3 Der Große Duden. Fremdwörterbuch. Mannheim 1974. S. 237.
4 Frauen der SDS-Frauengruppen: Rede des ›Aktionsrates zur Befreiung der Frauen‹. In: Frauenjahrbuch 1. Hrsg. von Frankfurter Frauen. Frankfurt a. M. 1975. S. 13.
5 Ebd. S. 15.
6 Kommunistische Volkszeitung v. 20. 2. 1975. Zitiert nach dem Frauenjahrbuch 1 (Anm. 4) S. 31.
7 Vgl. A. M. Textor [Pseudonym für Annemarie Weber]: Auf Deutsch. Fremdwörterlexikon. Reinbek 1969. S. 97.
8 Marcuse (Anm. 1) S. 88.
9 Ebd.
10 rororo Filmlexikon. Reinbek 1978. S. 200.
11 Marlis Gerhardt: Spuren früherer Verdrängungen. In: Vorwärts-Beilage. Buch 78 (19. 10. 1978) Nr. 42.
12 Silvia Bovenschen: Die imaginierte Weiblichkeit. Exemplarische Untersuchungen zu kulturgeschichtlichen und literarischen Präsentationsformen des Weiblichen. Frankfurt a. M. 1979. S. 25.
13 Vgl. das Gedicht von Gabriele Wohmann: So ist die Lage. In: Tintenfisch 8. Jahrbuch für Literatur. Hrsg. von Michael Krüger und Klaus Wagenbach. Berlin 1975. S. 35 f.
14 Vgl. den Roman von Peter Handke: Die Stunde der wahren Empfindung. Frankfurt a. M. 1975.
15 Siehe Helmut Kreuzers Beitrag in diesem Band S. 80.
16 Marcel Reich-Ranicki: Anmerkungen zur deutschen Literatur der siebziger Jahre. In: Merkur 33 (1979) H 2. S. 173.

17 Hans Christoph Buch: Das Hervortreten des Ichs aus den Wörtern. In: Tintenfisch 8 (Anm. 13) S. 79.
18 Michael Schneider: Von der alten Radikalität zur neuen Sensibilität. In: Kursbuch 49 (1977) S. 183.
19 Fritz J. Raddatz: Überlegungen die neueste deutsche Literatur betreffend. In: DIE ZEIT Nr. 43 v. 20. 10. 1978.
20 Ebd.
21 Kreuzer (Anm. 15) S. 88.
22 Ebd. S. 91 f.
23 Ebd.
24 Christa Reinig: Das weibliche Ich. In: Frauenoffensive. Journal 5 (1976) S. 50.
25 Simone de Beauvoir: Das andere Geschlecht. Reinbek [6]1974. S. 155.
26 Vgl. Kay Goodman: Die große Kunst, nach innen zu weinen. Autobiographien deutscher Frauen im späten 19. und frühen 20. Jahrhundert. In: Die Frau als Heldin und Autorin. Hrsg. von Wolfgang Paulsen. Bern 1979. S. 126.
27 Barbara Duden: Das schöne Eigentum. In: Kursbuch 47 (1977) S. 125.
28 Gisela Brinker-Gabler: Das weibliche Ich. Überlegungen zur Analyse von Werken weiblicher Autoren mit einem Beispiel aus dem 18. Jahrhundert: Sidonia Hedwig Zäunemann. In: Die Frau als Heldin und Autorin (Anm. 26) S. 56.
29 Reinig (Anm. 24) S. 50.
30 Ingeborg Drewitz: Gestern war Heute. Hundert Jahre Gegenwart. Düsseldorf 1978. S. 297 f.
31 Karin Struck: Klassenliebe. Frankfurt a. M. 1973. S. 94.
32 Kreuzer (Anm. 15) S. 25.
33 Peter Handke: Denunziation ohne Wahrnehmung. In: Der Spiegel. Nr. 12 v. 17. 3. 1975.
34 Reinhard Baumgart: Ein Buch wie eine Person. In: Der Spiegel. Nr. 18 v. 30. 4. 1973.
35 Ebd.
36 Struck (Anm. 31) S. 8.
37 Ebd. S. 180.
38 Gisela Schneider/Klaus Laermann: Augen-Blicke. In: Kursbuch 49 (1977) S. 44.
39 Struck (Anm. 31) S. 171.
40 Ursula Krechel: Erika. In: Theater heute 15 (1974) Nr. 8. S. 40.
41 Karin Petersen: Das fette Jahr. Köln 1978. S. 204.
42 Struck (Anm. 31) S. 80.
43 Ebd. S. 137.
44 Hans Wolfschütz: Karin Struck. In: Kritisches Lexikon zur deutschsprachigen Gegenwartsliteratur. Hrsg. von Heinz Ludwig Arnold. München 1978. S. 2.
45 Reinig (Anm. 24) S. 50.
46 Struck (Anm. 31) S. 14.
47 Ebd. S. 198.
48 Vgl. ebd. S. 85.
49 Verena Stefan: Häutungen. München 1975. S. 3.
50 Ebd.
51 Miriam Frank: Feminist Publications in West Germany Today. In: new german critique 13 (1978) S. 188.
52 Marielouise Janssen-Jurreit: Sexismus. Über die Abtreibung der Frauenfrage. München 1976. S. 533 f.
53 Luce Irigaray: Waren, Körper, Sprache. Der ver-rückte Diskurs der Frauen. Berlin 1976. S. 19.
54 Stefan (Anm. 49) S. 20.
55 Ebd. S. 12.
56 Ebd. S. 37.
57 Ebd. S. 12.
58 Vgl. Schwarzer (Anm. 2) S. 182.
59 Jutta Heinrich: Ausschnitt aus dem Roman ›Ein Huhn ist kein Vogel, eine Frau ist kein Mensch‹. In: Frauen, die pfeifen. Hrsg. von Ruth Geiger und Hilke Holinka [u. a.]. Frankfurt a. M. 1978. S. 164.
60 Petersen (Anm. 41) S. 127.
61 Stefan (Anm. 49) S. 62.
62 Vgl. Erica Jong: Angst vorm Fliegen. Frankfurt a. M. 1976.
63 Stefan (Anm. 49) S. 79.

64 Ebd. S. 63 f.
65 Ebd. S. 16.
66 Ebd. S. 49.
67 Brigitte Classen/Gabriele Goettle: ›Häutungen‹ eine Verwechslung von Anemone und Amazone. In: Courage 1 (1976) S. 45.
68 Brigitte Classen: Schleim oder Nichtschleim, das ist hier die Frage. In: Die Schwarze Botin 1 (1976) S. 4.
69 Ann Dallys *Die Macht unserer Mütter* und Nancy Fridays *Wie meine Mutter. Das Verhältnis von Müttern und Töchtern* waren noch nicht geschrieben.
70 Ingeborg Drewitz: Auf der Suche nach der Mutter. In: Merkur 29 (1975) H. 321. S. 472.
71 Patricia Russian: Protokoll eines Interviews mit Angelika Mechtel. In: Basis 5 (1975) S. 140 f.
72 Angelika Mechtel: Wir sind arm, wir sind reich. Stuttgart 1977. S. 233.
73 Ebd. S. 26.
74 Bovenschen (Anm. 12) S. 176 f.
75 Elisabeth Plessen: Mitteilung an den Adel. Zürich 1976. S. 103.
76 Betty Nance Weber: Gerlind Reinshagen. Versuch eines Portraits. In: Die Frau als Heldin und Autorin (Anm. 26) S. 243.
77 Drewitz (Anm. 30) S. 210.
78 Ebd. S. 210 f.
79 Ebd. S. 196.
80 Ebd. S. 315.
81 Ebd. S. 381.
82 Silvia Bovenschen: Das sezierte weibliche Schicksal. In: Die Schwarze Botin 4 (1977) S. 25.
83 Ulrich Bumann: Böses vom ›Gänseliesel‹. In: Westfälische Allgemeine Zeitung v. 19. 2. 1977.
84 Geno Hartlaub: Süßer Rachedurst der Ilsebill. In: Deutsches Allgemeines Sonntagsblatt v. 19. 9. 1976.
85 Hedwig Rohde: Christa mit der Streitaxt. In: Rhein-Neckar-Zeitung v. 4. 3. 1977.
86 Christa Reinig: Entmannung. Die Geschichte Ottos und seiner vier Frauen. Düsseldorf 1976. S. 6.
87 Ebd. S. 60.
88 Ebd. S. 54.
89 Ebd. S. 55.
90 Ebd.
91 Ebd. S. 9.
92 Christa Reinig: Mein Herz ist eine gelbe Blume. Düsseldorf 1978. S. 20.
93 Jutta Heinrich: Das Geschlecht der Gedanken. München 1977. S. 8.
94 Ebd. S. 4.
95 Lottemie Doormann: Die unwirkliche Wirklichkeit unwirklich werden lassen. In: literatur Frühjahr 1978. S. 52.
96 Frederike Frei: Losgelebt. Köln 1978. S. 35.

HELMUT MÖRCHEN

Nebensachen. Zu den Essays westdeutscher Autoren

Vorbemerkung

Die folgende Betrachtung beschränkt sich auf essayistische Prosa der letzten drei Jahrzehnte – geschrieben von belletristischen Autoren. Essays von Wissenschaftlern oder Kritikern, etwa von Theodor W. Adorno, Ernst Robert Curtius oder Hans Egon Holthusen, werden nicht berücksichtigt. Es geht um den Essay als Nebenwerk von Autoren wie Böll, Grass, Hans Magnus Enzensberger, Härtling, Heißenbüttel, Hochhuth, Dieter Kühn, Siegfried Lenz, Arno Schmidt, Martin Walser und Wellershoff. Diese Namenreihe bezeugt eine weitere Aussparung: Essays aus der DDR, Österreich und der Schweiz bleiben unberücksichtigt, weil die zu beschreibenden Tendenzen in einem engen Zusammenhang mit der Geschichte der Bundesrepublik Deutschland zu sehen sind. Ausgegrenzt bleiben schließlich auch Essayisten, die schon im ersten Drittel dieses Jahrhunderts zu schreiben begannen. Für die Spätwerke etwa von Rudolf Kassner, Gottfried Benn und Ernst Jünger kann auf das Kapitel »Essayistische Prosa« im Teil »Seit 1945« von Klaus Günther Justs Literaturgeschichte *Von der Gründerzeit bis zur Gegenwart*[1] verwiesen werden.

Tradition

Viele westdeutsche Essays der fünfziger und sechziger Jahre bemühten sich um ein Anknüpfen an abgerissene oder verschüttete Traditionen. Es galt den verlorengegangenen Kontakt zur Weltliteratur wiederherzustellen. Die moderne Literatur des Auslandes und die Exilliteratur mußten dem deutschen Publikum, das zwischen 1933 und 1945 von beiden weitgehend abgeschnitten war, vorgestellt werden. Solche der Literatur gewidmeten Aufsätze standen unterschiedlich stark in der Tradition des sich primär Fragen der Kunst zuwendenden kulturkonservativen Essays, dessen Form seit seiner typischen Ausprägung um die Jahrhundertwende über alle geschichtlichen und literaturhistorischen Zäsuren hinweg sich im Rahmen einer relativ schmalen Variationsmarge als erstaunlich konstant erwiesen hatte.[2]
Peter Härtling stellte in seinem Essay *Palmström grüßt Anna Blume*[3] phantastische Figuren in Texten der deutschen und französischen Moderne seit der Jahrhundertwende vor: etwa den Maldoror Lautréamonts, Jarrys Roi Ubu, Scheerbarts skurriles Weltraumwesen Lesabéndio, den Prinz von Theben (Lasker-Schüler), Valérys Monsieur Teste, Palmström, Anna Blume und Keuner, Yvan Golls Jean Sans Terre bis zu Figuren von Christoph Meckel und Josef Guggenmos. Härtlings über hundert Seiten starker Essay bietet mit der Vorstellung von zwanzig Autoren und der sorgfältigen Beschreibung der von ihnen geschaffenen Wesen einen hervorragenden Einblick in die im Dritten Reich als entartet verfemte expressionistische, dadaistische und surrealistische Literatur. Daß dem Essay als Anhang Kurzbiographien und Texte der behandelten

Autoren beigefügt sind, zeigt, daß Härtlings der Form nach konventioneller Literaturessay sich in einem wesentlichen Punkt vom Muster des kulturkonservativen Essays deutlich abhebt: Härtling richtet seinen Essay nicht an Kenner, die über eine eigene Bibliothek moderner Literatur verfügen, sondern bietet mit der Kombination von Essay und Anthologie eine Einführung für einen breiteren Leserkreis.

Noch deutlicher wird Härtlings pädagogische Absicht in seinem Buch *Vergessene Bücher*. Es ist eine Sammlung von 30 für die »Welt der Literatur« geschriebenen Kolumnen über »geliebte Bücher«, für die Härtling »werben, neue Verehrer finden« wollte.[4] Auch in diesem Band, der Artikel zu sehr unterschiedlichen Büchern vereint, folgt jedem der knappen, von Härtling bescheiden als »Hinweise« bezeichneten Aufsätze ein Textauszug aus dem besprochenen Buch.

Helmut Heißenbüttel sieht das gemeinsame Thema seiner in den beiden Essaybänden *Über Literatur* und *Zur Tradition der Moderne* zusammengetragenen Aufsätze und Vorträge in der »Frage, ob die Literatur im 20. Jahrhundert etwas ist wie eh und je [...] oder ob sie etwas darstellt, das ganz neu zu beurteilen ist«.[5] Heißenbüttel setzt das Neue dem Erfolgreichen entgegen, das kalkulierte Spiel mit Sprache dem naiven Erzählen. Die von ihm porträtierten, zum Teil fast vergessenen Schriftsteller Arno Holz, Gertrude Stein, Carl Einstein, Henri Michaux und Arno Schmidt sind Vertreter des Neuen in der Literatur des 20. Jahrhunderts. Ezra Pound und Ernest Hemingway, dessen Weltruhm Heißenbüttel skeptisch einschätzt, sind Gegenfiguren. Im Gegensatz zu einer gewissen Beliebigkeit der Härtlingschen Essays sind Heißenbüttels Schriftstellerporträts, seine Aufsätze und Vorlesungen zu literarischen Gattungen (konkrete Poesie, visuelles Gedicht, Lexikon, Kriminalroman) und zur Poetik allgemein deutlich auf sein eigenes Werk bezogen.

Die literarischen Aufsätze Bölls und Lenz' stehen im Gegensatz zu Härtlings Aufsätzen weder unter einem Thema, noch bieten sie wie Heißenbüttels Studien Ansätze zu einer umfassenderen Theorie. Auch im Sammelband verlieren sie nicht den Charakter des gelegentlich Aufträgen (etwa Vor- oder Nachworte zu Büchern) und Anlässen (etwa Reden zu Feierstunden und Preisverleihungen) Produzierten.

Die Namen der von Böll Porträtierten – Thomas Wolfe, Joseph Roth, Balzac, Brendan Behan, Mauriac, Büchner, Solschenizyn, Eich, Dostojewski, Sean O'Casey, Tolstoi, Stefan Heym[6] – offenbaren gleichwohl Neigungen Bölls; etwa zu einer bestimmten Stillage (kritisch-realistisches Erzählen) oder zur Literatur bestimmter Länder (Irland, Rußland). Daß auch Bölls meist kurze literarische Aufsätze Traditionen akzentuieren, in die er sein eigenes Werk eingefügt sehen möchte, dokumentiert besonders überraschend sein früher Aufsatz *Bekenntnis zur Trümmerliteratur*, die er mit Hinweisen auf Dickens und Homer, der mit seinen Epen »vom Trojanischen Krieg, von der Zerstörung Trojas und von der Heimkehr des Odysseus« selbst »Kriegs-, Trümmer- und Heimkehrerliteratur« geschrieben habe, gegen Vorwürfe des ›Kahlschlags‹ und eines traditionslosen Neuanfangs zu verteidigen versuchte.[7]

Deutlicher als Böll haben Siegfried Lenz und Günter Grass Vorbilder, Lehrer genannt. Lenz bekannte sich 1966 rückblickend zu seinem »Vorbild Hemingway«. Die ›Entlarvung‹ der eigenen frühen Erzählung *Das Wrack* als Hemingway-›Plagiat‹ enthält Elemente zuweilen peinlicher Koketterie.[8] Günter Grass wollte mit seiner Rede *Über meinen Lehrer Döblin*, gehalten zum 10. Todestag des Autors, einen Dichter ehren, dem er selbst viel verdankt. Grass' Rede ist eine Kombination von biographischem

Essay und sich auf einen Roman, den *Wallenstein*, beschränkender ausführlicher Werkbetrachtung. Beide Stränge der Rede verbindet der epische Stil. Die Analyse des Romans geschieht in einem längere Zitate nicht scheuenden Nacherzählen, und auch die biographischen Abschnitte geraten zu kleinen Erzählungen: »Da sitzt er, klein, unruhig, kurzsichtig unter den Bäumen des Kurparks [...].«[9] Eingeschoben in und zwischen die erzählenden und nacherzählenden Teile der Rede sind kommentierende Passagen, in denen sich Grass als ein Kenner der Literatur und der Literaturgeschichte ausweist, der in dieser Rede über seinen »Lehrer« Hörern und Lesern gegenüber selbst zuweilen in die Rolle eines Präzeptors fällt. Wenn Grass zum Schluß seiner Rede dem Auditorium die Lektüre Döblins empfiehlt, prognostiziert er in der Pose des überlegen Wissenden Folgen der Rezeption: »Er wird Sie beunruhigen; er wird Ihre Träume beschweren; Sie werden zu schlucken haben; er wird Ihnen nicht schmecken; unverdaulich ist er, auch unbekömmlich. Den Leser wird er ändern. Wer sich selbst genügt, sei vor Döblin gewarnt.«[10]

Auch Arno Schmidts für den Rundfunk geschriebene Dialogessays – veröffentlicht in den Sammelbänden *Dya Na Sore*, *Belphegor* und *Die Ritter vom Geist* – sind in erster Linie vergessenen Autoren oder vergessenen Büchern gewidmet. Im Gutzkow-Essay *Der Ritter vom Geist* hält der »Berichterstatter« dem »Zuhörer«, der das den Essay einleitende Gutzkow-Zitat nicht zu identifizieren vermag, entgegen: »die rund=tausend guten Bücher des eigenen Volkes, *die* dürfte man getrost kennen.«[11] Brockes, Schnabel, Wezel, Moritz, Tieck, Gutzkow und deren zum Teil gänzlich in Vergessenheit geratene Opera werden den Hörern in nach folgendem Grobmuster strukturierten Gesprächen vorgestellt: Die Dialoge zwischen einem belesenen Kenner und einem bildungsbeflissenen Ignoranten werden durch von einer dritten Stimme vorgetragene Zitate aus den Büchern des besprochenen Autors ergänzt. Komplementär zum Ausgraben des Vergessenen stehen Verrisse bekannter und erfolgreicher Bücher wie z. B. des *Messias* von Klopstock oder von Stifters *Nachsommer*.[12] Auch die viele kulturkonservative Literaturessays prägende Bewunderung der Klassiker wird von Arno Schmidt verspottet. *Goethe, und Einer seiner Bewunderer* ist kein Dialog, sondern ein Bericht in der Art der Ben Witterschen *Spaziergänge mit Prominenten*, wobei Schmidt selbst sich in die Rolle des Begleiters für den für fünfzehn Stunden wieder lebendig gewordenen Goethe gesetzt hat. Die Begegnung Schmidt–Goethe, während der die beiden Dichter durch Straßen, Bahnhöfe, Geschäfte und Kaufhäuser streifen, widerlegt Klischees einer konventionellen Goethe-Einschätzung. »Goethes aristokratischer Individualismus« (E. R. Curtius)[13] erscheint bei Schmidt als Eigenbrötelei eines ängstlich auf die Erhaltung des eigenen Ruhms bedachten Sonderlings. Man kann das Treffen Goethe–Schmidt, bei dem die beiden Dichter Frauen nachgucken, sich über Kollegen und Bücher austauschen, durch Geschäfte bummeln und in der Kaufhalle essen (»Fischfilet mit Bratkartoffeln in Remouladensauce«[14]), wobei Schmidt den Meister, jede verbale und nonverbale Äußerung sorgsam registrierend, nie aus dem Auge läßt (selbst auf dem WC nicht), als travestierende Einlösung folgender Behauptung über Goethe und seine kongenialen Kollegen lesen: »Über weite Fernen von Raum und Zeit hinweg weiß sich der deutsche Dichter zugehörig zu diesem Reich der Meister. In jeder Zeit, in jeder Weltepoche wirken sie im stillen, abgesondert von der Menge, aber gesellig verbunden untereinander.«[15] Schmidts Versuch über Goethe steht im schärfsten Widerspruch zu der Haltung, die Ernst Robert Curtius zum Abschluß des bereits zitierten Goethe-Aufsatzes aus dem Jahr 1949 empfahl: »Goethe hat sich gelegentlich als ›Nachpoeten‹ bezeichnet. ›Wir andern Nachpoeten müssen unserer Altvordern Homers, Hesiods u. a. m. Verlassenschaft als urkanonische Bücher verehren; als vom Heiligen Geist Eingegebenen beugen wir uns vor ihnen und unterstehen uns nicht, zu fragen, woher, noch wohin?‹ (an Creuzer 1817). Diese Haltung darf heute diejenige sein, die eine ›kleine Schar‹ Goethe entgegenbringt.«[16]

Trotz aller Gegensätzlichkeit der Schmidtschen Dialogessays zur herkömmlichen Essayistik spürt man in ihnen ähnlich wie in vielen traditionellen Essays eine Haltung herablassender Kennerschaft. Sie steigert sich in Schmidts Werk oft sogar zu einer unerträglichen Attitüde der Verachtung, die der ›universal‹ belesene Autor gegenüber einem von ihm als ignorant eingeschätzten Publikum einnimmt.

So unterschiedlich im einzelnen die Texte Härtlings, Heißenbüttels, Bölls, Lenz', Grass' und Schmidts sein mögen, so verbindet sie doch die Intention, Literatur der Vergessenheit zu entreißen, wobei die Überprüfung der erinnerten Traditionen einer Klärung der eigenen Standpunkte dienen kann.

Politik

Vom Zeitpunkt ihrer Gründung an äußerten sich Schriftsteller kritisch zur Entwicklung der Bundesrepublik. Paul Schallück beklagte schon 1954 »das Maßlose der Tüchtigkeit« der Westdeutschen beim Wiederaufbau, das im Ausland Besorgnis auslöse.[17] Zwei Jahre später konstatierte er, daß mit dem Wachsen des Wohlstandes ein zunehmendes Verdrängen der jüngsten Vergangenheit einhergehe.[18] Die Westdeutschen reagierten, schrieb Schallück 1957, auf die Restauration in der Bundesrepublik mit Resignation: »Sie bleiben im sicheren Tal, beackern ihr Gärtlein, schauen zu den Felsen hinauf, um das Wetter zu prüfen, und unterhalten sich mit den Nachbarn über die Ernte.«[19]

Berühmt geworden ist Bölls 1958 erschienener *Brief an einen jungen Katholiken*, in dem über das Thema des Verhältnisses der Kirche zur Wiederbewaffnung hinaus das geistige Klima in der Bundesrepublik beschrieben wird. Zum Schluß des Briefes versah Böll die Vorherrschaft und Allgegenwart der Politik mit negativem Akzent: »Wir werden gezwungen, von Politik zu leben – und das ist eine fragwürdige Kost, da gibt es, je nach den Erfordernissen der Taktik, an einem Tag Pralinen, am anderen eine Suppe aus Dörrgemüse: unser Brot müssen wir selber backen und das Wort uns selbst bereiten.«[20]

Weniger bekannt als dieser Briefaufsatz ist Bölls 1960 für einen Sammelband zur deutsch-jüdischen Geistesgeschichte geschriebener Essay über *Karl Marx*. Böll hat in diesem von ihm selbst mehrfach als »Versuch« charakterisierten Aufsatz für die Abgrenzung von Essay und wissenschaftlicher Schrift ein einleuchtendes Bild gefunden. Er verglich Marx' Leben und Wirkung mit dem unüberschaubaren »Stromgebiet des Amazonas«.[21] Während der Wissenschaftler das ganze Flußgebiet überfliegen und bereisen müsse, um es topographisch beschreiben zu können, habe der Essayist die Freiheit, von seinem zufälligen Standort aus argumentieren zu dürfen: »Vergleichsweise wäre meine Position zu Marx dann nicht die eines Forschers, eher die eines Indianers, der den großen Strom nur da kennt, wo er an ihm vorüberfließt, seine Größe ahnt und versucht, sich ein Bild von ihm zu machen; ein gewagtes Unternehmen, und doch die einzige Möglichkeit.«[22]

Die politische Bedeutung des im Jahr nach der Verabschiedung des Godesberger Grundsatzprogramms der SPD erschienenen *Marx*-Essays liegt in der Intention Bölls, die Bedeutung der Persönlichkeit und des Werkes von Karl Marx in einer Zeit hervorzuheben, da »Sozialdemokraten aller Länder und aller Schattierungen [...] sich öffentlich von Karl Marx« distanzierten: »So nahm man Abschied von ihm, wie von einem Denkmal, das man nicht gerade stürzt, aber nicht mehr zu pflegen beschließt. Das Parteibüro kündigte das Abonnement bei der Gärtnerei, die mit der Pflege der Denkmalsanlage beauftragt war, der Zahlungsauftrag für die Gärtnerei bei der Bank wurde zurückgezogen.«[23] Daß durch kapitalistische Strategien der Arbeiter nicht verelendet, sondern »zum bürgerlichen Verbraucher« geworden sei, ist für Böll kein Argument gegen Marx, sondern im Gegenteil eine Bestätigung seiner Auffassung: »Marx würde heute nicht mehr sagen: Religion ist Opium fürs Volk, wahrscheinlich würde er sagen, Verbrauch ist Opium fürs Volk und deshalb Religion.«[24] Ohne Marx würden nach Bölls Überzeugung »mehr als fünf Sechstel der heute Lebenden noch in einem dumpfen Zustand halber Sklaverei« leben und wären wohl »die Kapitalisten nicht einen halben Schritt zurückgewichen«.[25] Dies will Böll den Lesern seines Aufsatzes bewußtmachen, wobei er die Chancen für einen Erfolg seiner Überlegungen zu Recht skeptisch einschätzt: »Daß die westliche Welt Karl Marx Dankbarkeit schuldet, obwohl die östliche sich zu diesem bekennt, scheint ein zu komplizierter Gedanke zu sein, als daß er Aussicht hätte, Karl Marx davor zu bewahren, unseren Kindern als Schreckgespenst geschildert zu werden.«[26]

Symptomatisch für ein verstärktes Interesse vieler Schriftsteller an der Politik sind einige zu Beginn der sechziger Jahre erschienene Sammelbände. In dem 1960 von Wolfgang Weyrauch herausgegebenen Taschenbuch *Ich lebe in der Bundesrepublik* äußerten sich »Fünfzehn Deutsche über Deutschland« (Untertitel). 1963 stellte Horst Krüger zwölf Kollegen die Frage *Was ist heute links?* In den Wahljahren 1961 und 1965 erschienen rororo-Bände, in denen Schriftsteller für die SPD warben.[27]

Das Eintreten der Mehrheit der westdeutschen Schriftsteller für die SPD in diesen Jahren hatte seinen Grund kaum in einer Zustimmung zu Programm und Politik dieser Partei, sondern war in erster Linie durch eine entschiedene Ablehnung der CDU bestimmt. Eine Ablösung der Regierung Adenauer, die den Westdeutschen Restauration statt Erneuerung und die Wiederbewaffnung statt einer Abrüstung in Mitteleuropa gebracht hatte, erschien den meisten Schriftstellern als dringend notwendig, obwohl die SPD nach Godesberg und dem außenpolitischen Kurswechsel im Jahr 1960 nicht mehr als wirkliche Alternative empfunden wurde. Axel Eggebrecht stellte 1961 in dem rororo-Band *Die Alternative oder Brauchen wir eine neue Regierung?* fest: »Die deutsche Sozialdemokratie ist jahrelang Schritt für Schritt zurückgewichen, weil sie – bis zu einem schon bedenklichen Grade – von der allgemeinen Heuchelei angesteckt ist.«[28] Peter Rühmkorf plädierte damals bei »allen Skrupeln, diversen Vorbehalten, Einwänden, Abstrichen, Gewissensbissen, Ängsten, bösen Vorausahnungen« für die SPD.[29] Hans Magnus Enzensberger warf der SPD Anbiederung vor: »sie ist zahm, sie apportiert und macht Männchen«.[30] Schon 1961 erschien einigen die SPD derart geringschätzig beurteilenden Schriftstellern die Negativfigur eines Franz Josef Strauß als ein Hauptgrund, für einen Regierungswechsel zu werben.[31] Der Einsatz für die SPD im Jahr 1961 stand für die meisten Intellektuellen im Zeichen des Stichworts vom kleineren Übel.

In dem vor der Bundestagswahl 1965 erschienenen rororo-Band *Plädoyer für eine neue Regierung oder Keine Alternative* fand der Herausgeber Hans Werner Richter für die Beiträge einen Rahmen, der bei gleichbleibend kritischer Einstellung zur SPD das Votum für einen Regierungswechsel überzeugender klingen ließ. Richter setzte mit seinem Vorwort »Die Alternative im Wechsel der Personen« die von den Schwächen des SPD-Programms ablenkende Markierung und bestellte bei den Beiträgern Essays über SPD-Politiker, die er unter der Überschrift »Plädoyer für eine Regierung der Persönlichkeiten« in die Mitte seines Buches stellte. So porträtierte Peter Rühmkorf Gustav Heinemann, Walter Jens brillierte über Carlo Schmid, Axel Eggebrecht warb für Alex Möller, Siegfried Lenz lieferte ein »Szenarium zu einem dramatischen Porträt« Helmut Schmidts, Günter Grass gar einen Einakter über Willy Brandt ab. Rudolf Augstein erhob Herbert Wehner als »geschundene[n] Siegfried« in den Bereich des Mythos. Fritz Erler (Paul Schallück), Karl Schiller (Hans Werner Richter) und Carl Friedrich von Weizsäcker (Hubert Fichte) gehörten schließlich noch zu dieser literarisch inaugurierten Kabinettsrunde. Rolf Hochhuths Artikel über Otto Brenner ist eine kürzere Fassung des Aufsatzes *Der Klassenkampf ist nicht zu Ende*, über den noch ausführlicher zu berichten sein wird.[32]

Für die Schriftsteller, die sich im Wahlkampf 1965 für die SPD eingesetzt hatten, war die Bildung der großen Koalition im Dezember 1966 eine herbe Enttäuschung. Die damals zwischen Günter Grass und Willy Brandt gewechselten offenen Briefe[33] markieren nicht nur einen Tiefpunkt im persönlichen Verhältnis zwischen dem Wahlhelfer Grass und dem Parteivorsitzenden Brandt, sondern sind zugleich Ausdruck einer allgemeinen Entfremdung zwischen Schriftstellern und der SPD während der Jahre der großen Koalition. Erst die Bildung einer sozialliberalen Regierung im Jahr 1969, die neue Ostpolitik und die im gescheiterten Mißtrauensvotum 1972 gipfelnden Angriffe der CDU sicherten der Partei neue Zustimmung, die während des Wahlkampfes im Herbst 1972 ein Höchstmaß erreichte. Wie sehr das Engagement vieler Schriftsteller für die SPD vor allem auch ein Votum für die Person Willy Brandts war, zeigt die Verschlechterung des Klimas zwischen Partei und Intellektuellen nach der Übernahme des Kanzleramts durch Helmut Schmidt. In ihrer Antwort auf eine 1978 in der sozialdemokratischen Zeitschrift *Die Neue Gesellschaft* veranstaltete Umfrage zum Verhältnis *Schriftsteller und SPD* charakterisiert Luise Rinser die SPD als »eine Art liberaler CDU«, bezeichnet Helmut Schmidt als besten »CDU-Kanzler, den wir seit Adenauer hatten«, und resümiert: »Bei einem so profunden Un-Verhältnis zu den Kulturschaffenden braucht sich die SPD nicht zu wundern, wenn wir keine Lust mehr haben, für diese Partei zu arbeiten«.[34] Bernt Engelmann reagierte auf die Umfrage weniger emotional und versucht mit den Stichworten »Berufsverbotsfälle«, »Rechtsruck, auch in der SPD«, »Zensur und Selbstzensur« in den Medien unter Auslegung konservativer Maßstäbe stichhaltige Gründe für eine zunehmende Distanz zu nennen.[35] Hans Werner Richter konstatiert, daß 1972 das Ziel vieler Schriftsteller, der Wechsel, erreicht gewesen sei. Danach hätten sie sich, die zur Kritik und nicht zur Erhaltung der Macht berufen seien, »wieder auf ihre eigentliche Arbeit – die Literatur« besonnen: »Sie wurden wieder das, was sie ihrer Veranlagung und, wenn man so will, von Berufswegen sind: interessierte Zuschauer.«[36]

Genau diese Rolle genügte vielen Schriftstellern zu Beginn der sechziger Jahre nicht. Die Schwierigkeiten, die man bei einer genaueren Bestimmung der Aufgaben des Schriftstellers in der Gesellschaft der Bundesrepublik aber noch hatte, belegt ein Stoßseufzer Martin Walsers aus dem Jahr 1960: »In welche Verlegenheit brächten uns ein Staat, eine Gesellschaft, die uns zur Mitarbeit einlüden!«[37] Ein Jahr später kündigte Walser im Vorwort zu *Die Alternative oder Brauchen wir eine neue Regierung?* die Beiträge als »Einmischung« an, als »Umgang mit Tagesfragen«, bei dem sich die Autoren als »Leitartikler« übten.[38] Der »Einlullung« durch Presse, Rundfunk und Fernsehen[39] eine aufklärerische Publizistik entgegenzusetzen hielten damals viele Schriftsteller für ihre wichtigste politische Aufgabe. Die Wahlaufrufe für die SPD im Jahr 1961 waren in ihrer Mehrheit deshalb um der Klarheit der Aussage willen kurze und schmucklose Artikel, die eher Kommentare als Essays waren.

Medienkritik und alternative für die Veröffentlichung in den Medien bestimmte Texte bildeten während der sechziger Jahre in der Bundesrepublik einen Schwerpunkt innerhalb der politischen Essayistik. Hans Magnus Enzensberger, der schon 1957 »Die Sprache des *Spiegel*« und Kino-Wochenschauen analysiert hatte, veröffentlichte 1962 eine umfangreiche Studie über die *Frankfurter Allgemeine Zeitung*: *Journalismus als Eiertanz*. Wenn auch die Basis von nur neun *FAZ*-Ausgaben vom 7. bis 16. Dezember 1961 etwas schmal ist, so gelang Enzensberger doch eine schlüssige Kritik der journalistischen Methode der *FAZ*. Enzensberger sah diese Zeitung als wichtigen Indikator für »das politische, moralische und geistige Klima in der Bundesrepublik«, empfahl aber dem, der »wissen will, was wirklich in der deutschen und internationalen Politik geschieht«, und »keine Lust hat, sich Tag für Tag durch einen grauen Berg von Zweideutigkeit und Suggestion zu lückenhaften Informationen durchzubeißen«, das Abonnement einer der großen ausländischen Tageszeitungen.[40] Die Position, von der aus Enzensberger Detailkritik übte, hat er ebenfalls 1962 in seinem Aufsatz *Bewußtseins-Industrie* zu umreißen versucht.[41] Diese den Adorno/Horkheimerschen Begriff der ›Kulturindustrie‹ variierende Überschrift wurde zum Stichwort für die Medienkritik der studentischen Linken von 1968.

Vor der Bundestagswahl 1965 gelang es Rolf Hochhuth, einen bemerkenswerten Versuch alternativer Publizistik im *SPIEGEL* zu plazieren. Seine umfangreiche Studie *Der Klassenkampf ist nicht zu Ende*[42] stellte dermaßen deutlich die zunehmend tabuisierte Vorstellung von Sozial*partnerschaft* in Frage, daß sich die *SPIEGEL*-Redaktion – von den heftigen Reaktionen verschreckt – unverzüglich von Hochhuths Aufsatz distanzierte. Wäre seine Studie damals nicht im *SPIEGEL*, sondern etwa in *konkret* erschienen, so wäre die Resonanz vermutlich ungleich geringer gewesen. Die auf Hochhuth gemünzte Beschimpfung der Schriftsteller als Pinscher durch den damaligen Bundeskanzler Ludwig Erhard, die zahlreichen, größtenteils empörten Kommentare von Politikern und Publizisten, schließlich die an die führenden Politiker der Bundesrepublik gerichtete Umfrage der *BILD*-Zeitung: »Gibt es bei uns noch Klassenkampf, wie es ein Schriftsteller behauptet hat?« bestätigen Hochhuths Einschätzung, daß nicht was ein Schriftsteller schreibt, »sondern wo er es unterbringt«, darüber entscheidet, »ob er gehört wird«.[43]

Hochhuths in der Buchfassung 28 Seiten starke Studie ist eine Reihung polemischer Assoziationen zum Stichwort Klassenkampf. Von dem Bonner Elendsquartier Dransdorfer Weg kommt er über die Kapitalkonzentration, die betrügerisch Gleichheit vorgaukelnde Währungsreform von 1948, die Pressekonzentration und die Pläne zur Vermögensbildung in Arbeitnehmerhand zu Otto Brenner, der positiven Zentralfigur des Aufsatzes, die Hochhuth Ludwig Erhard entgegensetzt. Es folgen Gegenüberstellungen von Pensionen alter Nationalsozialisten mit den Renten von Kriegerwitwen und -waisen, von der Arbeiterrente mit der Ministerpension, von den ungleichen Rechten der Beamten und Angestellten. Hochhuths Rundumschlag enthält schließlich noch bittere Anmerkungen zur einseitig die Unternehmer begünstigenden Steuerpolitik, zum Bildungsnotstand und zur hohen Müttersterblichkeit in der Bundesrepublik. Nietzsche, Tolstoi, Jaspers und Abendroth sind die ungleichen »Zeugen«, die Hochhuth zur Bekräftigung seiner Thesen zitiert.

In der Dokumentation zur Wirkungsgeschichte seines Aufsatzes, die Hochhuth für die Buchveröffentlichung der Studie zusammengestellt hat, wird – ähnlich wie in den zum Teil ebenfalls zu langen Essays geratenen Nachworten zu seinen Theaterstücken – seine Methode des Assoziierens manchmal zur unfreiwilligen Parodie ihrer selbst. Das Bedürfnis, seine Geschichts- und Literaturkenntnisse in Anekdoten und Zitaten dem Leser vorzuführen, treibt zuweilen kuriose Blüten. So gerät er innerhalb der Dokumentation in einer Passage über die gesellschaftliche Rolle des Schriftstellers in eine an dieser Stelle völlig überflüssige und unpassende, breit zitierende Polemik gegen den Kritiker Alfred Kerr.[44] Hochhuths periodisch auftretende Neigungen, seine eigene Bildung demonstrieren zu müssen, haben wohl etwas mit seinem Anspruch zu tun, in der Weitergabe wichtiger Erkenntnisse an ein breites Publikum als Nichtfachmann geeigneter als die meisten Fachgelehrten zu sein. Dem von ihm geringgeschätzten Wissenschaftler setzt Hochhuth den Essayisten entgegen.[45]

Im Gegensatz zur Unförmigkeit des Hochhuthschen *Klassenkampf*-Aufsatzes sind die Wahlreden von Günter Grass aus dem Jahr 1965 sorgfältig komponierte kleine Essays. Die Reden *Es steht zur Wahl*, *Loblied auf Willy*, *Was ist des Deutschen Vaterland?*, *Des Kaisers neue Kleider* und *Ich klage an* wurden im Wahlkampf als Einzelbroschüren verkauft, deren Ausstattung – edles Papier und künstlerische Gestaltung der Titelseite mit der Graphik des »Es-Pe-De« krähenden Hahns von Grass – den für die Reden beanspruchten Rang unterstreicht.[46]

In *Es steht zur Wahl* wandte sich Grass an seine Hörer als »Geschichtenerzähler. Jemand, der immerzu sagt: Es war einmal.«[47] Drei erzählende Abschnitte über einen Nicht-mehr-, einen Noch-nicht- und einen Wechselwähler beschloß Grass mit der Formel »Soweit meine Geschichte«.[48] Es folgten jeweils mit dem Rede-Titel »Es steht zur Wahl« eingeleitete Passagen, in denen Grass die Politiker der CDU/FDP-Regierung mit den Repräsentanten der SPD verglich. In den anderen Reden ist der Grad der Literarisierung zum Teil noch höher. *Was ist des Deutschen Vaterland?* beginnt mit Ernst Moritz Arndts Gedicht gleichen Titels und endet mit einer eigenen »Transatlantischen Elegie«, mit der Grass »die Frage des Ernst Moritz Arndt zu beantworten« versucht.[49] *Des Kaisers neue Kleider* transponiert das bekannte Märchen von Hans Christian Andersen in die Gegenwart der Bundesrepublik Deutschland. Der Titel *Ich klage an* ist eine Zitierung des Zolaschen »J'accuse«.

Bemerkenswert in den ersten vier Reden ist die Berufung auf den amerikanischen Schriftsteller, der sich wie kein zweiter im 19. Jahrhundert für die Demokratie engagierte: »Walt Whitman soll unser Podest sein. Auf ihn gestützt, als Bürger zwischen Bürgern, gilt es, den Mund aufzumachen: ›Dich singe ich, Demokratie!‹«[50]

Daß sich auch Thomas Mann in seiner sich für die Demokratie der Weimarer Republik einsetzenden Rede *Von deutscher Republik* im Jahr 1922 auf Whitman berufen hatte,[51] ist bei aller Verschiedenheit beider Autoren Indiz für manche Übereinstimmung. Bei beiden fällt das Lob Whitmans so kräftig aus, daß etwas davon auf sie selbst zurückfällt. In beider Reden spürt man entsprechend an manchen Stellen die selbstgefällige Einschätzung der eigenen Bedeutung. Alle rhetorische Perfektion der Reden Thomas Manns und Günter Grass' kann nicht verdecken, daß manche Passagen ihrer Reden den eigenen Intentionen zum Trotz Herablassung ausdrücken.
Während Hochhuths gesamtes Werk – Essays und Theaterstücke – zur Publizistik tendiert, stehen Grass' nichtfiktionale Texte, wie die Linie von den Wahlreden über *Aus dem Tagebuch einer Schnecke* bis zu den *Kopfgeburten* zeigt, in engem Bezug zur poetischen Fiktion. Das zuletzt genannte, bewußt ohne Gattungskennzeichnung veröffentlichte Buch ist Essay und Erzählung in einem.
Martin Walser hat sich im Gegensatz zu Grass und Hochhuth aus dem Bundestagswahlkampf 1965 herausgehalten.[52] Ihm war die Selbstverständlichkeit unheimlich geworden, mit der SPD und Schriftsteller in einem Atem genannt wurden. War 1961 »Aufklärung im Dienst dieser Partei noch nötig und möglich«, weil damals »die SPD noch ein roter Schreck war für viele«,[53] so schien Walser 1965 »der Lautsprechereinsatz für eine längst wählbar gewordene, in allen Oberförstereien durchgesetzte SPD zum politischen summum bonum einer ganzen Schreibergeneration« geworden zu sein.[54] Walser engagierte sich dagegen in der zweiten Hälfte der sechziger Jahre in einer Frage, die damals viele seiner auf die bundesdeutsche Innenpolitik (große Koalition, Notstandsgesetze) fixierten Kollegen übergingen: er setzte sich ein für eine Aufklärung über den Krieg in Vietnam. Als einer der ersten prangerte er in Reden und Aufsätzen die durch Regierung und Presse geförderte Verharmlosung des Vietnam-Krieges und vor allem der Rolle der USA in der westdeutschen Öffentlichkeit an.[55]
Peter Weiss' Aufsatz *Vietnam!* aus dem Jahr 1966 wurde für eine schwedische Tageszeitung geschrieben und erreichte erst 1971 durch den Wiederabdruck in *Rapporte 2* deutschsprachige Leser.[56] Der im selben Band abgedruckte Aufsatz *Die Luftangriffe der USA am 21. 11. 1970 auf die Demokratische Republik Viet Nam* war dagegen in gekürzter Form schon ein Jahr zuvor in *konkret* zu lesen gewesen.
Über die Wirkung oder Wirkungslosigkeit politischer Essayistik hier zu spekulieren ist wenig sinnvoll. Festzuhalten bleibt, daß viele Schriftsteller am Ende der sechziger Jahre ihre Wirkungsmöglichkeiten zunehmend skeptisch einschätzten. Hans Magnus Enzensberger erinnerte seine Kollegen an die »Harmlosigkeit« schriftstellerischer Arbeit und plädierte für »eine angemessene Einschätzung unserer eigenen Bedeutung«. Gleichwohl hielt auch er an der Rolle des Schriftstellers als ›Präzeptor‹ fest, dem die »politische Alphabetisierung Deutschlands« aufgegeben sei. Börne und Rosa Luxemburg sind die großen Vorbilder, »Günter Wallraffs Reportagen aus deutschen Fabriken, Bahman Nirumands Persien-Buch, Ulrike Meinhofs Kolumnen, Georg Alsheimers Bericht aus Vietnam« sind zeitgenössische, die großen Vorbilder nicht erreichende Ansätze einer operativen Publizistik, die Enzensberger der Belletristik vorzog, weil Romanliteratur die erwünschte »kritische Wechselwirkung« zwischen Leser und Autor letztlich nicht auszulösen vermöge.[57]

Fiktion und Utopie

Gegen Ende der sechziger Jahre setzten in der Entwicklung der Literatur in der Bundesrepublik Tendenzen ein, die der zu beobachtenden Reduktion der Essayistik auf Formen publizistischer Prosa entgegenliefen. Den Stellungnahmen zur Tagespolitik folgten Essays, die Spielraum und Wirkungsmöglichkeiten von Literatur überhaupt zu ergründen versuchten.

Die im folgenden betrachteten Essays reflektieren das Verhältnis zwischen Fiktion und Aktion. An erster Stelle zu nennen ist hier Dieter Wellershoffs Essayband *Literatur und Veränderung*, dessen erster Aufsatz *Fiktion und Praxis* viel zitiert und intensiv diskutiert wurde. Wellershoff sieht anstelle einer Identität die Komplementarität von Literatur und Handeln, derart, daß Lesen Handeln unterbricht und Literatur dem Leser ein »Spielfeld für ein fiktives Handeln« eröffnet, »in dem man als Autor und als Leser die Grenzen seiner praktischen Erfahrungen und Routinen überschreitet, ohne ein wirkliches Risiko dabei einzugehen«.[58] Wellershoff meint, daß die durch diese »Simulationstechnik der Literatur«[59] beim Leser geweckte Phantasie und Imagination reales Handeln beeinflussen kann: »Der Traum, könnte man sagen, macht der Praxis Vorschläge, hält für und gegen sie den Spielraum möglicher Veränderung offen.«[60]

»Le rêve est réalité«. Diese Wandinschrift in der Sorbonne aus dem Mai 1968 setzte der in der Bundesrepublik vielgelesene schwedische Schriftsteller Lars Gustafsson 1969 über seinen Essay *Utopien*,[61] der 1970 in deutscher Übersetzung erschien. Der existierende Gesellschaftszustand ist für Gustafsson dermaßen unwirklich und von Wahnvorstellungen geprägt, daß die Utopien in »einer Art Gegengrammatik [...] als *Gegenfiktionen* [...] das Fiktive in der bestehenden Gesellschaft« enthüllen.[62] »Zwiesichtigkeit« und eine bereits als »Gegensprache« fungierende Sprache[63] erlaubten die Einsicht, daß in Underground und Subkultur bereits »eine Art Modell oder Schattenbild einer denkbaren kommenden Welt« entstanden sei.[64] Ohne revolutionäre Aktion werde aus dieser Gegenwelt eine neue Gesellschaft geboren werden. Allein das beharrliche Ignorieren bestehender Zustände offenbare deren Fiktivität und bewirke so letztlich deren Überwindung.

Dieter Kühns »Nachdenken über Utopie«[65] kommt zu anderen Schlußfolgerungen. Er empfiehlt in seinem Essay *Unternehmen Rammbock* aktives Handeln und steckt in dieser »Planspielstudie zur Wirkung gesellschaftskritischer Literatur« (so der Untertitel) Felder möglichen Handelns für Schriftsteller ab: »Wichtig ist für mich dabei das Entwerfen der Textinstrumente, der verschiedenen ›Rammböcke‹, dann das Entwikkeln erdachter oder das Beschreiben erfahrener Auswirkungen: das Faktische und das Mögliche und das Wahrscheinliche und das Utopische.«[66] Es ist eine Eigentümlichkeit der Kühnschen Essays, daß in ihnen die Grenze zwischen Fiktion und Nonfiktion oft nicht auszumachen ist. In seinen historischen Essays über Marschall Ney und Carl von Ossietzky entwickelte Kühn deren Positionen in erfundenen Dialogen, die sich aber so genau wie möglich an die historischen Quellen halten. Die im Anhang des Essaybandes *Grenzen des Widerstands* beigefügten historischen Hinweise sollen zeigen, »daß sich diese Versuche trotz ihrer freien Form von historischen Fakten nicht ablösen in Fiktion«.[67]

In *Unternehmen Rammbock* erreicht Kühn eine ›Fiktionalisierung‹ des Essays durch »die Abspaltung des Planspiel-Ich vom Autoren-Ich«.[68] Der fiktive Planspieler verfügt

über einen größeren Spielraum als der Autor Kühn. Die gestellte Aufgabe, »mögliche gesellschaftliche Auswirkungen gesellschaftskritischer Literatur- und Medienprodukte zu reflektieren«,[69] wird auf verschiedenen Stufen zu lösen versucht.
In einer ersten Ebene verfaßt der fiktive Autor Texte als auf zu stürmende Bastionen gerichtete Rammböcke. Er schreibt ein Hörspiel, das die Hörer gegen die Sprache der Werbung resistent machen soll, und träumt von den weitreichenden Wirkungen seines Textes. In weiteren Situationen betätigt sich der fiktive Autor »als Berater, als Ratgeber«, der »Gebrauchsanweisungen« und »Aktionsvorschläge« entwickelt.[70] Im Kapitel »Ansatz zu einer Umwandlung« geht es um die Beantragung der Umwandlung einer Konfessions- in eine Gemeinschaftsschule; beim »Anlauf zur Schreibaktion« startet der fiktive Autor Briefangriffe gegen die gedankenlose Beseitigung von Altöl. Mit einem alternativen Lesebuch und einem »Handbuch für Zeitungsleser« möchte der Planspieler veraltete Rezeptionsmechanismen zerstören.
Auf einer zweiten Ebene werden historische ›Kontrollmodelle‹ vorgestellt: Benjamin Constant, Publizist *und* Politiker, George Orwell und Willi Münzenberg.
Den Autor Kühn selbst schließlich vernehmen wir am deutlichsten in den reflektierenden Kapiteln des Essay-Bändchens, in denen er die Methode des Planspiels erläutert, über Utopie nachdenkt, »Formeln des Engagements« kritisch vorstellt. In diesen Kapiteln bremst Kühn die Höhenflüge seines fiktiven Planspielers. So sehr Kühn an die politische Funktion von Literatur glaubt, so deutlich warnt er vor der Annahme einer unmittelbaren Wirkung. Er erteilt kurzatmiger agitatorischer Literatur, die Hörer und Leser »durch eine Schule der Vereinfachung« leitet, eine Absage und hofft auf indirekte, langfristige Wirkung formal und inhaltlich differenzierter, komplexer Texte.[71] Ähnlich wie Walter Benjamin, den Kühn nicht nennt, geht es ihm um eine Aufhebung der starren Rollentrennung zwischen Produzent und Rezipient. Das Kapitel »Nachdenken über Utopie« schließt mit der Feststellung, daß im Idealfall der Autor »nicht mehr Spielmacher, sondern einer von zahlreichen Mitspielern« sein solle.[72]
Von Utopie und Fiktion handelt auch ein umfangreicher Essay von Günter Grass aus dem Jahr 1978. Grass konfrontiert in seinem Aufsatz *Im Wettlauf mit den Utopien*[73] seine während einer Asienreise gewonnenen Eindrücke mit der Lektüre von Döblins utopischem Roman *Berge, Meere und Giganten*. Ausgangspunkt der Überlegungen ist Grass' Sorge über den Drang des Menschen, alles Vorstellbare und Vorgestellte in Wirklichkeit umzusetzen: »So übersteigt uns der kopfgezeugte Fortschritt.« In Asien registriert Grass Zustände der Einzwängung der Menschen in unüberschaubar gewordene, naturferne Stadtregionen, die ähnlich schon Döblin 1924 in die Zukunft projiziert habe. So wirkt die Lektüre von Döblins utopischem Roman erhellend bei der Beobachtung gesellschaftlicher Entwicklungen heute. Das Lesen fiktionaler Texte schärft und verändert Wahrnehmung.
Schriftsteller, die der Realität eine fiktive Wirklichkeit entgegensetzen, stören die die Realität bestimmenden und verteidigenden Politiker, die in ihrer Mehrzahl »neben sich keine andere Wirklichkeit gelten lassen« wollen, »auch keine fiktive«. Deshalb werden »überall dort in der Welt, wo nur eine einzige Wirklichkeit gilt, Schriftsteller zum Schweigen gebracht [...], indem man ihre Bücher zensiert, verbietet, beschlagnahmt, sie außer Landes treibt oder verhaftet oder endgültig aus allen Wirklichkeiten nimmt«. Dabei werde die Macht der Schriftsteller überschätzt. In Wirklichkeit seien sie »rührende Anachronisten«, deren Stimme in durch immer komplexer werdende Datensy-

steme zentral informier- und steuerbaren Gesellschaften zunehmend an Kraft verliere. In der Utopie von *Berge, Meere und Giganten* gebe es deshalb, konstatiert Grass, konsequenterweise keine Schriftsteller mehr.
Grass' Essay vereint in sich die in der vorliegenden Darstellung separierten Tendenzen westdeutscher Essayistik. Der Aufsatz ist ein Literaturessay, der an ein wenig gelesenes Buch und an den 100. Geburtstag von dessen Autor erinnert. Außerdem ist er politische Reportage, in der die Schilderung asiatischer Slums wirkungsvoll Berichten über Fehlinvestitionen westlichen Kapitals in der dritten Welt gegenübergestellt wird. Schließlich handelt der Essay über Möglichkeiten und Grenzen der Wirkung von Literatur.

Schlußbemerkung

Die besprochenen Essays stammen aus der Feder erfolgreicher Autoren, die mehrheitlich ihre Aufsätze in Relation zu ihren Romanen (und Theaterstücken) als Nebenwerke betrachten. Es bleibt zum Schluß nun noch zu vermerken, daß ein kritischer Beobachter der Entwicklung des Romans in der Bundesrepublik den Essay als überlegene Alternative zur erzählenden Literatur sieht. Karl Heinz Bohrer bemängelte im Jahr 1976, daß die letzten Bücher von Böll, Frisch, Grass, Lenz u. a. im Vergleich zu den Romanen etwa von Kafka, Joyce oder Proust bei den Lesern kaum noch Erkenntnisprozesse auslösten. Bohrer polemisiert gegen den Trend zur »realistisch-psychologisch-politischen Wahrheits- und Bekenntnisliteratur« und beklagt, daß selbst »theoretisch so bewußte Schriftsteller wie Heissenbüttel und Wellershoff« sich in ihren kritischen Schriften in diese Richtung bewegten.[74] Weil die neueren Romane »hinter das vom intellektualen Roman einst Erreichte« zurückfielen, hält Bohrer »Ausschau nach weniger Opulentem: Abgesehen von einer neueren Gedanken-Lyrik kommt der Essay dem intellektualen Roman am nächsten.«[75]
Obwohl dem Essay allgemein qua Gattungsdefinition »eine spezifische Affinität zur Erkenntnis« zugeschrieben werde, scheidet Bohrer den Essay, wie ihn Lukács, Bense und Adorno beschrieben haben, als Alternative zur Erzählliteratur aus, weil in Texten »über spezifische, kulturell bereits vorgeformte Gegenstände« (Lukács) »der ästhetische Wahrnehmungsmodus des ›Plötzlichen‹« vergessen sei.[76] Bohrer geht hinter die Entwicklung des deutschen Essays seit Herman Grimm zurück; er sieht in Friedrich Schlegels *Über die Unverständlichkeit* und Heinrich von Kleists *Über die allmähliche Verfertigung der Gedanken beim Reden* Texte, an deren »Plötzlichkeitsstruktur« sich eine neuere Essayistik orientieren könne, »in der jähe Imagination und Akte der Erkenntnis sich gegenseitig anfeuern«.[77]
Als Beispiel einer neuen »Erkenntnis-Prosa«[78] nennt Bohrer Christian Enzensbergers Buch *Größerer Versuch über den Schmutz*[79]. In diesem Essay stelle Enzensberger »jene Lauge subjektiver Denk-Prosa her, in der feste, gewohnte Muster geistigen Verhaltens, abstrakte Begriffsbildung überhaupt, sich auflösen«.[80] Christian Enzensbergers ungewöhnlicher Versuch ist eine kühne Montage sehr unterschiedlicher Prosapartikel. Definitionen, aphoristische Sätze, multiperspektivisch erzählende Abschnitte und Sätze (ich, er, sie) werden mit Zitaten aus philosophischen, politischen, belletristischen und wissenschaftlichen Büchern kombiniert. Bohrer sieht vor allem in Christian Enzensber-

gers Zitiertechnik, die keinen glättenden, der Bestätigung der eigenen Argumentation dienenden Einbau des Zitats in den eigenen Text kennt, ein Indiz für die »Plötzlichkeitsstruktur«: »Das Zitat ist Argument. Aber im Unterschied zu wissenschaftlichen Behauptungen ergibt es sich nicht auf der planen Fahrbahn, auf der jeder vorbeikommen muß, sondern liegt wie zufällig noch zu entdecken im Geröll. Man findet es ›plötzlich‹.«[81]

Die Beispiele einer Bohrers Vorstellungen entsprechenden Essayistik sind rar. Er selbst nennt neben Christian Enzensberger noch den Schweden Lars Gustafsson. Mir scheint, daß einer solchen Gattungsgrenzen sprengenden Prosa auch Jürgen Beckers *Felder*, *Ränder* und *Umgebungen* zugerechnet werden können.[82] Beckers Stadt und Landschaften beschreibende Texte bewirken, daß die Leser nach der Lektüre ihre eigene Umgebung anders wahrnehmen als bisher. Wer als Leser die »Felder« bis zum Ende durchschritten hat, befindet sich in der zu Beginn des Abschnitts 98 beschriebenen Lage: »Ein Weg zurück ist oft kein Weg zurück. [...] Man kann auch sagen, ein Weg zurück ist nicht gegeben, wenn man sich verändert hat«.[83]

Der Literaturkritiker kann Normen setzen mit dem Ziel, die Entwicklung der Literatur und die Ausformung einzelner Gattungen zu beeinflussen. Der sich der Geschichte des Essays bis zur Gegenwart zuwendende Literaturhistoriker dagegen kann nicht mehr tun, als zeitgenössische Versuche der Neubestimmung der Gattung zu referieren. Zu entscheiden, ob Christian Enzensbergers *Größerer Versuch über den Schmutz* am Anfang der Entwicklung einer neuen Essayistik steht, ist nicht zuletzt deshalb heute nicht möglich, weil die wenigen vergleichbaren Texte sich noch stärker als Christian Enzensbergers Buch jeder eindeutigen Gattungsbestimmung entziehen.

Anmerkungen

1 Klaus Günther Just: Von der Gründerzeit bis zur Gegenwart. Geschichte der deutschen Literatur seit 1871. Bern/München 1973. S. 660–675.

2 Siehe Hannelore Schlaffer: Der kulturkonservative Essay im 20. Jahrhundert. In: Hannelore und Heinz Schlaffer: Studien zum ästhetischen Historismus. Frankfurt a. M. 1975. S. 140–173.

3 Peter Härtling: Palmström grüßt Anna Blume. Essay und Anthologie der Geister aus Poetia. Stuttgart 1961.

4 Peter Härtling: Vergessene Bücher. Hinweise und Beispiele. Stuttgart 1966. S. 7.

5 Helmut Heißenbüttel: Über Literatur. Olten/Freiburg i. Br. 1966. S. 237. Siehe auch Helmut Heißenbüttel: Zur Tradition der Moderne. Aufsätze und Anmerkungen 1964–1971. Neuwied/Berlin 1972. S. 383 f.

6 Heinrich Böll: Erzählungen, Hörspiele, Aufsätze. Köln/Berlin 1961. – Aufsätze, Kritiken, Reden. Köln/Berlin 1967. – Neue politische und literarische Schriften. Köln 1973.

7 Böll: Erzählungen, Hörspiele, Aufsätze (Anm. 6) S. 340 ff.

8 Siegfried Lenz: Mein Vorbild Hemingway. Modell oder Provokation. In: S. L.: Beziehungen. Ansichten und Bekenntnisse zur Literatur. München 1972. S. 37–47.

9 Günter Grass: Über meinen Lehrer Döblin. In: Akzente 14 (1967) H. 4. S. 295.

10 Ebd. S. 309.

11 Arno Schmidt: Der Ritter vom Geist. In: A. S.: Nachrichten von Büchern und Menschen 2. Zur Literatur des 19. Jahrhunderts. Frankfurt a. M. 1971. S. 84.

12 Arno Schmidt: Klopstock, oder Verkenne Dich selbst! In: A. S.: Nachrichten von Büchern und Menschen 1. Zur Literatur des 18. Jahrhunderts. Frankfurt a. M. 1971. S. 58–85. – Der sanfte Unmensch. Einhundert Jahre Nachsommer. In: A. S.: Nachrichten von Büchern und Menschen 2 (Anm. 11) S. 114–136.

13 Ernst Robert Curtius: Goethe – Grundzüge seiner Welt. In: E. R. C.: Kritische Essays zur europäischen Literatur. Bern/München ^{3}1963. S. 72.
14 Arno Schmidt: Nachrichten über Bücher und Menschen 2 (Anm. 11) S. 194.
15 Curtius (Anm. 13) S. 74.
16 Ebd. S. 85.
17 Paul Schallück: Von deutscher Tüchtigkeit. In: P. S.: Zum Beispiel. Essays. Frankfurt a. M. 1962. S. 9.
18 Paul Schallück: Von deutscher Vergeßlichkeit. In: Schallück (Anm. 17) S. 12 ff.
19 Paul Schallück: Von deutscher Resignation. In: Schallück (Anm. 17) S. 17 f.
20 Böll (Anm. 7) S. 395.
21 Böll: Aufsätze, Kritiken, Reden (Anm. 6) S. 101.
22 Ebd.
23 Ebd. S. 84 f.
24 Ebd. S. 85.
25 Ebd. S. 84.
26 Ebd.
27 Ich lebe in der Bundesrepublik. Fünfzehn Deutsche über Deutschland. Hrsg. von Wolfgang Weyrauch. München o. J. – Was ist heute links? Thesen und Theorien zu einer politischen Position. Hrsg. von Horst Krüger. München 1963. – Die Alternative oder Brauchen wir eine neue Regierung? Hrsg. von Martin Walser. Reinbek 1961. – Plädoyer für eine neue Regierung oder Keine Alternative. Hrsg. von Hans Werner Richter. Reinbek 1965. Da diese Titel vergriffen und nur in wenigen öffentlichen Bibliotheken zu finden sind, sei zum Thema Literatur und Politik in der Bundesrepublik Deutschland auf zwei jüngst erschienene retrospektive Anthologien verwiesen: Vaterland, Muttersprache. Deutsche Schriftsteller und ihr Staat von 1945 bis heute. Berlin 1979. (Quartheft 100). – Bundesrepublikanisches Lesebuch. Drei Jahrzehnte geistiger Auseinandersetzung. Hrsg. von Hermann Glaser. Frankfurt a. M. 1980.
28 Axel Eggebrecht: Soll die Ära der Heuchelei andauern? In: Walser (Anm. 27) S. 33.
29 Peter Rühmkorf: Passionseinheit. In: Walser (Anm. 27) S. 49.
30 Hans Magnus Enzensberger: Ich wünsche nicht gefährlich zu leben. In: Walser (Anm. 27) S. 66.
31 Günter Grass: Wer wird dieses Bändchen kaufen? In: Walser (Anm. 27) S. 79. – Fritz J. Raddatz: Analyse, kaum Therapie. Ebd. S. 81. – Heinz von Cramer: Es ist so spät wie es schon einmal war. Ebd. S. 87 ff.
32 Alle Beiträge in Hans Werner Richter (Anm. 27).
33 Günter Grass: Offener Briefwechsel mit Willy Brandt. In: G. G.: Über das Selbstverständliche. Reden, Aufsätze, Offene Briefe, Kommentare. Neuwied/Berlin 1968. S. 120–124.
34 Schriftsteller und SPD. Fragen – Antworten. In: Die Neue Gesellschaft 25 (1978) H. 11. S. 868 f.
35 Ebd. S. 865.
36 Ebd. S. 867.
37 Martin Walser: Skizze zu einem Vorwurf. In: Weyrauch (Anm. 27) S. 114.
38 Walser (Anm. 27) S. 5.
39 Siehe Martin Walser: Das Fremdwort der Saison. In: Walser (Anm. 27) S. 124.
40 Hans Magnus Enzensberger: Einzelheiten. Frankfurt a. M. 1962. S. 60 f.
41 Ebd. S. 7–15.
42 In: Rolf Hochhuth: Krieg und Klassenkrieg. Studien. Reinbek 1971. S. 21–48.
43 Ebd. S. 72 und 69.
44 Ebd. S. 67 f.
45 Ebd. S. 60–64.
46 Im folgenden werden die Reden zitiert nach ihrem Wiederabdruck in Günter Grass: Über das Selbstverständliche (Anm. 33).
47 Ebd. S. 13.
48 Ebd. S. 15, 16 und 18.
49 Ebd. S. 48 f.
50 Ebd. S. 10.
51 Thomas Mann: Politische Schriften und Reden. Bd. 2. Frankfurt a. M. 1960. S. 114 ff.
52 Siehe Martin Walser: Engagement als Pflichtfach für Schriftsteller. In: M. W.: Heimatkunde. Aufsätze und Reden. Frankfurt a. M. 1968. S. 108.
53 Ebd. S. 112.

54 Martin Walser: Praktiker, Weltfremde und Vietnam. In: M. W.: Heimatkunde (Anm. 52) S. 31.
55 Siehe Martin Walser: Heimatkunde (Anm. 52) S. 24–39 und 86–102.
56 Peter Weiss: Rapporte 2. Frankfurt a. M. 1971. S. 51–62.
57 Hans Magnus Enzensberger: Gemeinplätze, die Neueste Literatur betreffend. In: Kursbuch 15 (1968) S. 196 f.
58 Dieter Wellershoff: Literatur und Veränderung. Versuche zu einer Metakritik der Literatur. Köln/Berlin 1969. S. 22.
59 Ebd. S. 23.
60 Ebd. S. 32.
61 In: Lars Gustafsson: Utopien. Essays. München 1970. S. 82–118.
62 Ebd. S. 109.
63 Ebd. S. 110.
64 Ebd. S. 115.
65 Dieter Kühn: Unternehmen Rammbock. Planspielstudie zur Wirkung gesellschaftskritischer Literatur. Frankfurt a. M. 1974. S. 96.
66 Ebd. S. 31.
67 Dieter Kühn: Grenzen des Widerstands. Essays. Frankfurt a. M. 1972. S. 155.
68 Kühn (Anm. 65) S. 7.
69 Ebd.
70 Ebd. S. 37.
71 Ebd. S. 41.
72 Ebd. S. 100.
73 Günter Grass: Im Wettlauf mit den Utopien. In: DIE ZEIT. Nr. 25 v. 16. 6. 1978. Der Essay ist inzwischen erschienen in G. G.: Aufsätze zur Literatur. Darmstadt / Neuwied 1980.
74 Karl Heinz Bohrer: Ausfälle gegen die kulturelle Norm. Erkenntnis und Subjektivität – Formen des Essays. In: Literaturmagazin 6. Die Literatur und die Wissenschaften. Hrsg. von Nicolas Born und Heinz Schlaffer. Reinbek 1976. S. 16.
75 Ebd. S. 19.
76 Ebd. S. 19 ff.
77 Ebd. S. 23.
78 Ebd.
79 München 1968.
80 Bohrer (Anm. 74) S. 26.
81 Ebd. S. 27.
82 Jürgen Becker: Felder. Frankfurt a. M. 1964. – Ränder. Frankfurt a. M. 1969. – Umgebungen. Frankfurt a. M. 1970.
83 Becker: Felder (Anm. 82) S. 127.

Literaturhinweise

Bohrer, Karl Heinz: Ausfälle gegen die kulturelle Norm. Erkenntnis und Subjektivität – Formen des Essays. In: Literaturmagazin 6. Die Literatur und die Wissenschaften. Hrsg. von Nicolas Born und Heinz Schlaffer. Reinbek 1976. S. 15–29.

Haas, Gerhard: Essay. Stuttgart 1969.

Rohner, Ludwig: Der deutsche Essay. Materialien zur Geschichte und Ästhetik einer literarischen Gattung. Neuwied/Berlin 1966.

Schlaffer, Hannelore: Der kulturkonservative Essay im 20. Jahrhundert. In: Hannelore und Heinz Schlaffer: Studien zum ästhetischen Historismus. Frankfurt a. M. 1975. S. 140–173.

MANFRED DURZAK

Die Wiederentdeckung der Einzelgänger. Zu einigen »Vaterfiguren« der deutschen Gegenwartsliteratur

I. Als Anfang der siebziger Jahre die autobiographische Bestandsaufnahme des einstmals berühmten und 1963 in Stuttgart in völliger Vergessenheit gestorbenen Autors Franz Jung, der im politischen Aktionismus der expressionistischen Bewegung zeitweilig eine führende, ja paradigmatische Rolle gespielt hatte,[1] unter dem Titel *Der Torpedokäfer* wiedererschien – der erstmals 1961 unter dem Titel *Der Weg nach unten, Aufzeichnungen aus einer großen Zeit* erschienene Lebensbericht war seinerzeit fast echolos geblieben –, leitete der damals vierzigjährige Schriftsteller Günter Herburger seine Besprechung im *Spiegel* mit dem bemerkenswerten Passus ein: »Gleich vorweg gesagt: Ich dachte, es gibt sie eben nicht mehr, wir müssen sie importieren oder erfinden, die imponierenden Väter, in deren Fußstapfen wir traditionell sicherer stehen könnten in unserem Land – der Zukunft entgegen, die Freiheit und Gerechtigkeit für alle bringen, also Sozialismus heißen wird. Entweder wurden diese Väter totgeschlagen oder kamen in der Emigration um, oder sie haben sich angepaßt nach so viel Schuld und Niederlagen deutscher Geschichte, inzwischen ununterscheidbar von dichtbehängten Kleiderständern.«[2]

Gewiß, Herburgers literaturhistorische Bilanzierung ist vom politischen Pathos der damals bereits ausklingenden Studentenbewegung eingefärbt. Sie ist obendrein kurzsichtig. Es gab ja nicht nur die Alternative zwischen den literarischen Vätern, die im Krieg und Exil umgekommen waren und nur aus einer rückblickenden Sehnsucht heraus zu Vorbildfiguren erhöht werden konnten, und den rückgratlosen Mitläufern, die sich wieder einmal anpaßten, diesmal an den klerikalen Humanismus, der als synthetischer Heiligenschein das wirtschaftswunderliche Comeback Deutschlands, zumindest seines westlichen Teils, unter dem politischen und ökonomischen Patronat der Amerikaner verbrämte. Nicht alle von den Nationalsozialisten verfolgten und ausgebürgerten Autoren, die ihre moralische und politische Integrität nicht aufgegeben hatten, waren im Exil zugrunde gegangen. Viel schlimmer: Einige von ihnen waren zurückgekehrt und von der Illusion, die 1933 unterbrochene Tradition wiederaufnehmen zu können, schon bald geheilt worden. Sie sahen sich zwar als Rufer in der Wüste, aber waren buchstäblich in eine Wüste verschlagen worden. Kulturelle Oasen, in denen sich eine neue bescheidene literarische Öffentlichkeit zu regen begann, gab es kaum. Die junge Generation von Autoren wiederum, die damals zu schreiben und zu veröffentlichen begann, war mit der Aufarbeitung von anderen Erfahrungen beschäftigt und kaum geneigt, sich den zurückgekehrten Exilautoren – Alfred Döblin, Fritz von Unruh, Franz Jung sind nur einige Beispiele unter vielen – zuzuwenden.

Es gab ja zudem auch eine in der politischen Quarantänesituation des Dritten Reiches weiterexistierende Literatur, die nicht von vornherein die innere Emigration als schicksalhaft bestimmte Lebensform für sich adaptierte, die in einem von allegorischen Abstraktionen und parabelhaft verschlüsselten Signalen durchwirkten ästhetischen Kode Erfahrungsmuster literarisch weiterzugeben versuchte und dabei mit der realen

Erfahrung der Leser in den Atemnöten und Ängsten dieser Zeitsituation nur sehr schwer und wenn, nur über Umwege in Verbindung zu bringen war. Es gab auch Autoren wie Jochen Klepper, Reinhold Schneider oder Elisabeth Langgässer, die ohne moralischen Gesichtsverlust diese Zerreißprobe überstanden und sogar künstlerisch zu arbeiten versucht hatten, freilich mit einem Trostmittel versehen, das für die Generation der Kriegsheimkehrer vielfach ohne Wirkung war: ein Christentum, das ihnen half, die Elendsperspektive der Gegenwart zu relativieren.

Was Herburger für seine Generation – die zur Zeit der Machtergreifung Hitlers gerade Geborenen – als nicht vorhandene Anknüpfungsmöglichkeit an eine deutsche Literatur der »Väter«, an eine literarische Tradition, beschreibt, hat dennoch stellvertretendes Gewicht. Seine Einstellung bestätigt damit nochmals eine Konstellation, die der herausragendste Vertreter der wenig älteren Autorengeneration, Heinrich Böll, wenige Jahre nach 1945 bekannt hatte. In seinem *Bekenntnis zur Trümmerliteratur* von 1952 hat sich Böll ausdrücklich zu dieser »Kriegs-, Heimkehrer- und Trümmerliteratur«[3] bekannt als einer künstlerischen Ausdrucksform, die allein in der Desillusionserfahrung der vom zeitgeschichtlichen Schicksal Betroffenen wurzelte. Traditionsväter besaß diese Literatur in der deutschen Binnenüberlieferung kaum, wenn schon, dann höchstens Adoptivväter, aber bezeichnenderweise vor allem im Bereich der realistisch intendierten amerikanischen Literatur. Und noch 1961 hat Böll an der Beschreibung dieser Ausgangssituation festgehalten: »In Deutschland nach 1945 war es [...] besonders schwierig, weil keine rechte Tradition da war, das heißt eigentlich drei Traditionen: die Literatur der Emigration, dann die der sogenannten inneren Emigration und als dritte die Literatur, die den Zensoren genehm gewesen war, hauptsächlich also die sogenannte Blut-und-Boden- und die, ich möchte sagen, ›ungebrochene Kriegsliteratur‹. Mit keiner von diesen dreien, am wenigsten natürlich mit der letztgenannten, war so recht was anzufangen, und keine war gegenwärtig genug, daß man gegen sie hätte revoltieren müssen. Dann stürmte gleichzeitig eine fast unübersehbare Fülle ausländischer Literatur herein, und das war nun wie der Louvre für den jungen Maler.«[4]

So wie sich bereits Herburger entgegenhalten ließe, daß er das Bild vereinfacht, wäre auch Bölls Situationsbeschreibung im einzelnen zu differenzieren und zu berichtigen. Aber der psychologische Wahrheitsgehalt dieser Aussagen ist in beiden Fällen kaum in Zweifel zu ziehen. Die Erfahrungsdiskontinuität, das Zerreißen eines gemeinsamen kulturellen Kontextes, ergab eine psychologische Zäsur, die das Signalwort vom Nullpunkt oder Kahlschlag zur Beschreibung der literarischen Ausgangssituation nach 1945 auch dann noch trägt, wenn neuere literaturhistorische Inventur zu Recht beweist, daß diese Zäsur objektiv nicht galt und sich sehr wohl, im Positiven wie im Negativen, von literarischen Entwicklungsfolgen sprechen läßt, deren Ausgangspunkt in die Jahre der NS-Diktatur zurückreicht[5].

Wenn also dieses Tabula-rasa-Syndrom zur subjektiven Wahrheit der (west-)deutschen Nachkriegsliteratur gehört, dann zählt, freilich aus der Perspektive der anderen Seite betrachtet, auch das zur psychologischen Wahrheit, was ein Autor wie Elias Canetti, dessen literarische Wirkung von der Zeitgeschichte auf Jahrzehnte verschüttet wurde, im Gespräch[6] einmal so beschrieben hat: »Das wird sehr schnöde klingen, was ich Ihnen jetzt sage, aber ich glaube, daß eine Zeitlang z. B. *Die Blendung* bewußt ferngehalten wurde von der deutschen literarischen Öffentlichkeit, und zwar von den Leuten, die als Gruppe 47 ihre Karrieren begründet haben und einfach eine neue deutsche Literatur schaffen wollten. Ich weiß positiv, daß viele von denen *Die Blendung* kannten, jetzt erfahre ich es, jetzt sagen sie es mir, wieviel ihnen das bedeutet hat. Damals, fünfzehn Jahre lang, hat man alles verschwiegen. Das ist kein schönes Motiv. Vielleicht hat man überhaupt Dichter von früher beiseite gelassen, da es sehr wesentlich war, daß eine neue Literatur entsteht [...] Ich habe Ihnen schon einmal erzählt, daß Grass z. B. *Die Blendung* vor der *Blechtrommel* kannte. Das hat mir Celan berichtet. Damals kam Grass immer zu ihm und hat ihm Kapitel gezeigt und war begeistert von der *Blendung*. Er hat aber nie öffentlich ein Wort darüber gesagt, nie. Er ist furchtbar nett zu mir und anerkennt mich vollkommen. Ich seh ihn z. B. in der Akademie in Berlin, und ich hab ihn in Paris vor kurzem gesehen. Er könnte gar nicht herzlicher und anerkennender sein, aber er hat sich bis heute nicht entschlossen, mir zu sagen, was er der *Blendung* verdankt.«

Die Zerschlagung einer kontinuierlich pulsierenden literarischen Öffentlichkeit, der Verlust eines kulturellen Kommunikationszusammenhanges hatten offensichtlich auch bei den jungen Autoren dazu geführt, daß ihnen die literarische Vätergeneration, selbst dort, wo sie integer geblieben war, ferngerückt war. Aus einer übergroßen Abwehrhaltung gegenüber allem, was rein chronologisch mit der NS-Ära verbunden war, verdrängte man mit den zahlreichen literarischen Gesinnungsschwindlern, die damals Karriere gemacht hatten, auch jene Autoren, die im erzwungenen Exil ihrer Gesinnung treu geblieben waren und in ihren Arbeiten einen Traditionszusammenhang bewahrten, in den sich die Generation der Kriegsheimkehrer aus Ignoranz, aus Trotz, aus partieller Blindheit nicht mehr einordnen wollte.

Zwischen Herburgers euphorischer Entdeckung einer vorbildhaften, verehrungswürdigen literarischen Vaterfigur und Canettis Beschreibung der öffentlichen Schweigezone, die die Generation der literarischen Söhne um ihn und seinesgleichen bald nach 1945 errichtete, zeigt sich der Widerspruch einer literarischen Situation, die sich solcherart mit Entwicklungshypotheken für ihre Zukunft belastete. Hier liegen auch die Voraussetzungen für einige der verhängnisvollen Dichotomien, die sich in der Entwicklung der deutschen Nachkriegsliteratur abzeichneten. Einerseits eine von der Berührungsangst gegenüber jeder Ideologie umfassend bestimmte, realistisch eingeschworene Literatur, die programmatisch die Nullpunktsituation und einen absoluten Neuanfang postulierte, auch wenn sie tatsächlich im sprachlichen Instrumentarium und im thematischen Spektrum deutlich an verdrängte literarische Traditionen gebunden blieb, andererseits ein religiös eingefärbter Traditionalismus, der die vertrauten Formen einer klassischen Ästhetik mit der Botschaft eines abstrakten Humanums verband und bis weit in die fünfziger Jahre hinein die beherrschende »neue« Lesart blieb. Einerseits die Fortführung von literarischen Karrieren, die im Dritten Reich nicht ohne kompromißlerische Zugeständnisse begonnen worden waren und ihre ästhetizistische Verpuppung nun rückblickend als literarischen Widerstandskode verstehen ließen und auch dafür honoriert wurden, andererseits keinerlei Versuch, weder die konservativ-metaphysisch orientierte noch die dezidiert politische Positionen vertretende Exilliteratur aus der kulturellen Diaspora zurückzuholen und ihre Erfahrungen und literarischen Leistungen in den Neubeginn des literarischen Lebens einzubringen.

Daß das sich politisch abspaltende Mitteldeutschland gleichzeitig eine intensive literarische Heimholaktion betrieb und mit Johannes R. Becher, Bertolt Brecht, Willi Bredel, Louis Fürnberg, Ludwig Renn, Anna Seghers, Franz Carl Weiskopf und Arnold Zweig die Generation der Exilautoren bewußt in den kulturellen Wiederaufbau einbezog, unterstreicht nur die disparate Situation im westlichen Deutschland, dessen literarische Traditionsanknüpfung sich im Zeichen Gottfried Benns vollzog, des vielleicht berühmtesten Autors (und zwar nicht nur bei den Lesern, sondern auch bei den andern Autoren) der fünfziger Jahre. Benn, dessen ästhetisches Programm die Positionen eines Poe, eines Valéry, eines T. S. Eliot ebenso einzubegreifen schien wie die Verbindung zum Expressionismus wiederherstellte als der entscheidenden literarischen Strömung vor der Erosion des kulturellen Lebens durch die Nationalsozialisten, wurde, freilich auch im durchaus problematischen Sinne, zu einer Schlüsselfigur für die deutsche Nachkriegsliteratur: Seine zeitweilige politische Verblendung und Gesinnungsbrüderschaft mit den neuen Herren der »neuen Zeit«, sein Kult des verabsolutierten ästhetischen Wortes, seine dezidierte Absage an alle Geschichtlichkeit als bestimmende Kategorie moralischen und ästhetischen Handelns ergaben eine Amalgam von widersprüchlichen Haltungen, dem unbewußt zeitgenossenschaftliche Repräsentanz zukam.

Auf diesem Hintergrund will es scheinen, daß die Wiederentdeckung bzw. die literarische Entdeckung von einigen Autoren der älteren Generation mehr als eine Serie von wirkungsgeschichtlichen Zufällen darstellt. Daß Hermann Lenz, Manès Sperber und Elias Canetti in den siebziger Jahren den Büchner-Preis erhielten oder Jean Améry und Stephan Hermlin als wichtige personale Instanzen des literarischen Lebens anerkannt wurden, wirkt signifikant schon auf dem Hintergrund, daß es sich bei all diesen Autoren – mit Ausnahme von Lenz – um ehemalige Exulanten handelt, um Vertreter einer bestimmten Generation, für die der Nationalsozialismus eine entscheidende Konfliktlage ihres erwachsenen Lebens darstellte und nicht nur frühkindliche Erinnerung war.

Als Kontrastfigur gehört freilich auch Ernst Jünger mit zu diesem Bild einer literarischen Vätergeneration, und zwar als der älteste in dieser Gruppe von Autoren, die in den siebziger Jahren verstärkte Aufmerksamkeit fand. Jünger nimmt zwar nicht eigentlich am literarischen Leben der Gegenwart teil, ist aber Teil dieses literarischen Lebens: durch seine in den letzten Jahren veröffentlichten Romane *Die Zwille* und *Eumeswil*, durch eine monumentale im Erscheinen begriffene zweite Gesamtausgabe, durch die Ausstrahlung eines exzeptionellen Ruhms von Frankreich aus auf Deutschland.

Mit dem Blick auf die bundesdeutsche Literatur der späten siebziger Jahre läßt sich an der Repräsentanz dieser Autoren nicht zweifeln. Zu fragen ist allerdings nach den Gründen für diese Repräsentanz. Handelt es sich lediglich um gezielte Akte der literarischen Wiedergutmachung, um Jahrzehnte verzögert – Ernst Jünger wäre da auszunehmen – und an einige einzelne gerichtet, mit deren stellvertretender Würdigung man sein schlechtes Gewissen erleichtert, das mit der wirkungsgeschichtlichen Anonymität der Exilliteratur beispielsweise bis in die siebziger Jahre hinein belastet schien? Die Unsicherheitsfaktoren, die mit dieser Frage gekoppelt sind, lassen sich auch dann nicht verläßlich ausräumen, wenn man den ästhetischen Ertrag im Lebenswerk der einzelnen Autoren bilanziert und ihre Repräsentanz gewissermaßen dichtungsgeschichtlich einkreist. Die Unsicherheit würde nur größer.

Sinnvoller scheint es zu sein, die Perspektive Herburgers anläßlich von Franz Jungs Lebensbericht aufzunehmen und die über rein literarische Bereiche hinausgehende

Frage zu stellen, inwieweit diese Autoren in der literarischen Existenz ihres Werks und der moralischen Integrität ihres Lebens mögliche Vorbildfiguren sind, mit anderen Worten: geheime Vaterfiguren einer deutschen Literatur, die in ihrem zukunfsträchtigsten Segment, das sich in der Gruppe 47 unter Leitung von Hans Werner Richter auf zwei Jahrzehnte zusammenfand, mit der Abkehr von allen literarischen Traditionen und damit auch mit der Abwendung von einer in einigen Älteren verkörperten literarischen Überlieferung so dezidiert ihren eigenen Weg zu gehen versucht hatte. Nicht also ein mit ästhetischen Kategorien zu bemessender Rang ihres Lebenswerks entscheidet über ihre Repräsentanz, sondern das moralische Initial ihres Beispiels, das ihre konkrete Existenz als Schriftsteller wie ihre literarischen Arbeiten umfaßt.
Auf diesem Hintergrund ist es sicherlich kein Zufall, daß die verstärkte Aufmerksamkeit, die diese Autoren in den siebziger Jahren fanden, von autobiographischen Bestandsaufnahmen ausgelöst wurde. Das reicht von dem das Muster der konventionellen Autobiographie am sichtbarsten übernehmenden dreibändigen Lebensbericht Manès Sperbers *All das Vergangene...*, wo die chronologische Reihung der Lebenssituationen und -ereignisse, das Schema »Begegnung mit berühmten Zeitgenossen« die Erzählstruktur bestimmen, über die Essenz der jeweiligen Lebenserfahrungen filternde Kondensate wie Amérys *Unmeisterliche Wanderjahre* und *Örtlichkeiten* oder Stephan Hermlins *Abendlicht*, über die nur geringfügig fiktional verschlüsselte autobiographische Romanreihe Hermann Lenz' von *Verlassene Zimmer*, *Andere Tage* bis zu *Neue Zeit* und *Tagebuch vom Überleben und Leben* und die mit einer erzählerischen Intensität ohnegleichen wiederverlebendigten Lebensberichte Elias Canettis *Die gerettete Zunge* und *Die Fackel im Ohr* bis hin zu den umständlichen Verschlüsselungsmanövern in Ernst Jüngers autobiographisch grundiertem Roman *Die Zwille*. Alle diese Autoren – am wenigsten noch Jünger – betreiben autobiographische Archäologie, sie sind engagiert im Prozeß einer Sinnfindung, die nach Fragmenten eines möglichen Zusammenhangs sucht, der in den Zerreißproben der Zeitgeschichte viele Male zerbarst. Die literarische Vorbildhaftigkeit, die diesen Autoren zukommen könnte, wäre also nirgendwo das Ergebnis einer abstrakten ästhetischen Brillanz, sondern der von ihnen in der autobiographischen Recherche angetretene Beweis von der Widerstandskraft ihres Ichs gegen die zerstörenden Zentrifugalkräfte der Zeit, von einer moralischen Integrität, die gerade dadurch Glaubwürdigkeit gewinnt, daß sie ihre Anfechtungen und Wunden, ihre Narben und bleibenden Beschädigungen bekennt.

II. Ernst Jünger scheint von vornherein aus einem solchen Betrachtungsspektrum ausgegliedert zu sein. Worin käme seine moralische Integrität zum Vorschein, was wäre seine ethische Repräsentanz? Wenn ihm eine Repräsentanz zugesprochen werden kann, dann am ehesten die, die ihm Wilhelm Grenzmann Anfang der fünfziger Jahre konzidiert hat, als er, den Rang Jüngers anerkennend, gleichzeitig davon spricht: »[...] Jünger war ein Verkünder auch unserer Irrtümer, ja, unserer Verhängnisse, und es gibt immer noch manche, für die das Bild dieses Mannes sich nur verbindet mit dem Verfasser der Kriegsschriften und des *Arbeiters*.«[7] Und ist das nicht zugleich unterschwellig auch der Aspekt, der, wie Joseph Breitbach einmal erwähnt hat,[8] die »erotische Faszination« Jüngers für das französische Publikum erklärt? Gewiß, er entspricht auch der Vorstellung einer aktionistischen Literatur und wird so in Analogie zu französischen Autoren wie Montherlant oder Malraux rezipiert.[9] Zugleich ist er aber in seiner elitäre Züge tragenden selbstgewählten Außenseiterrolle, in seiner Hinneigung zum Dämmerlicht mythischer Bilder und gleichzeitig zur luziden Klarheit begrifflichen Schauens, das seine vielgerühmte Diktion[10] prägt, Inbegriff des teils abgelehnten und teils bewunderten Teutonischen und entspricht damit einem Vorstellungsmuster, wie es sich beispielsweise in Michel Tourniers Roman *Le Roi des Aulnes* (1970) erkennen läßt.

Diese widersprüchliche Mischung von rationaler Askese und naturhafter Ursprünglichkeit wird von einem der dezidiertesten Jünger-Anhänger, dem konservativen Publizisten Armin Mohler, bis hin zur unfreiwilligen Parodie in die Formel – so der Titel eines Gedenkartikels zu Jüngers 85. Geburtstag im Frühjahr 1980[11] – gekleidet: »Der Elch im Waffenrock«. Freilich, hätten Mohler und seinesgleichen recht, die Jünger mit Überzeugungspathos für sich reklamieren, wäre das Phänomen Jünger nur eine anachronistische Marginalie zum heutigen Literaturbetrieb. So hebt Mohler allen Ernstes als Qualität Jüngers hervor, »daß uns Ernst Jünger, obwohl großer Tagebuchschreiber, nie mit seinen individuellen Wehwehs und Problemchen belästigt (was ihn von der Mehrheit der heutigen Literatur unterscheidet). So etwas tut man nicht als Offizier.«

Wäre das die Perspektive, unter der sich das Phänomen Jünger erschließt, so wäre vermutlich jenen Kritikern recht zu geben, die in den Wellenbewegungen der Jüngerschen Rezeption den jeweiligen Pegelstand regressiver Ideologien abgebildet finden und die These vertreten: Jünger »wurde realiter in den wichtigsten Phasen seiner Rezeption von mächtigen und weitverbreiteten Ideologien getragen. Der antiwestliche Nationalismus der zwanziger Jahre, die Innerlichkeit als konservative Rettungsstrategie unter der Naziherrschaft und die pseudodemokratische Abendlandphilosophie der Nachkriegszeit haben ihm zu seinen Erfolgen verholfen. Die vielberedeten ›Wetterstürze‹ der Gegenwart verändern nun offenbar das intellektuelle Klima zu seinen Gunsten, nachdem es in den sechziger Jahren sehr ruhig um ihn geworden war. Die Tendenzwende verleiht Jüngers Positionen und seinem Selbstverständnis neue Attraktivität.«[12]

Doch man wird gut daran tun, die Akklamationen der jeweiligen konservativen Gruppen, die Jünger für sich vereinnahmen wollen, zu unterscheiden von der literarischen Substanz seines Werks und bei diesem Wust von ideologiegeschichtlichen Auseinandersetzungen, die für und gegen Jünger geführt werden und dieses Werk und die Person seines Autors verschwinden lassen, nicht von vornherein die Möglichkeit auszuklammern, »daß die künstlerische Begabung eines Schriftstellers gegen seine Ideologie durchschlägt«.[13] Auf diesem Hintergrund ist es keine Marotte, wenn ein politisch von keinerlei Zugeständnissen kompromittierter Zeitgenosse und großer Schriftsteller zugleich, Alfred Andersch nämlich, in zwei Reden[14], die aus seiner letzten Lebensphase stammen, sich für den zur öffentlichen Unperson erklärten Jünger engagiert hat, das Schlagwort von einer faschistischen Ästhetik als Signatur des Jüngerschen Werks ebenso als leichtfertige Ehrabschneidung zurückgewiesen hat, wie er die Inkonsequenz der literarischen Öffentlichkeit darin dokumentiert findet: »Von der Konversion Manns (gemeint ist der Thomas Mann der *Betrachtungen eines Unpolitischen*) hat man Kenntnis genommen, von derjenigen Jüngers nicht« (S. 92).

Gewiß besitzt der Appell Plausibilität, den Rang eines Schriftstellers nicht nach den Schwächemomenten seines Werks, sondern nach dessen Höhepunkten zu bemessen.

Solange das nur eine Frage ästhetischer Bewertungsmaßstäbe ist, läßt sich dieses Prinzip ohne Schwierigkeiten begründen. Komplizierter wird es, wenn wie im Falle Jüngers Fragen politischer Moral oder ideologiegeschichtlicher Wirkungszusammenhänge sich mit dem literarischen Werk auf weiten Strecken ununterscheidbar verquicken. Aus der Perspektive Anderschs betrachtet, sollte aber auch dann noch dieses Prinzip Geltung haben, selbst wenn seine Begründbarkeit mitunter unmöglich wird. Auf die Waage der ideologiekritischen Eichmeister, die »stereotyp, monoton, mit blecherner Stimme, unter den eisernen Stirnen des juste milieu« (S. 102) ihre Verdikte als literarische Inquisition an Jünger exerzieren, wirft Andersch sein Urteil über die ästhetische Vollkommenheit, die Jüngers Prosa immer wieder erreiche: »Ohne sie wird deutsche Prosa niemals mehr denkbar sein« (S. 106). Und über *Die Zwille*, jenen Roman, in dem Jünger, wenn auch vielfältig gebrochen und verfremdet, den autobiographischen Erzählfaden der *Afrikanischen Spiele* nach einem halben Jahrhundert nochmals aufnimmt, hat Andersch gemeint: »In seinem achten Jahrzehnt schreibt er plötzlich einen raffinierten psychologischen Roman aus dem Kaiserreich, in einer leichten, schwebenden Diktion, fern von allem Nostalgie-Schwindel, und so, als habe er dergleichen schon immer gemacht« (S. 106).

Wäre dieses Buch, das sich auch werkgeschichtlich von den anderen Arbeiten Jüngers stärker unterscheidet als beispielsweise das danach erschienene *Eumeswil*, das mittels einer sozusagen philosophischen Science Fiction Jüngers Partisanenposition in den politisch-gesellschaftlichen Bewegungen einer in die Zukunft projizierten Gegenwart mit dem Signalbegriff des »Anarchen« deutet und in den eingesetzten Formmitteln und der allegorisch-abstrahierten Stillage an *Auf den Marmorklippen* und *Heliopolis* erinnert, dann in der Tat das literarische Testbeispiel, das erweisen könnte, daß Jünger nicht nur chronologisch durch seine beiden letzten Romane zu dieser deutschen Gegenwartsliteratur zu rechnen ist, sondern daß auch sein Name literarisch zählt? Das wäre dann eine andere Aktualität als die, die man ihm unterstellt, wenn man ihn in der gegenwärtigen Situation zum Champion neuer konservativer Strömungen geworden sieht.

Freilich hat bereits die Erwägung einer solchen Möglichkeit etwas von einer Provokation. Unter den genannten Autoren gehören vier, Améry, Canetti, Hermlin, Sperber, zur Exilliteratur, haben sich zum Teil aktiv am Widerstand gegen Hitler beteiligt. Und auch Hermann Lenz, der in der Tarnung der Unscheinbarkeit und der entschlossenen Auflösung seiner Privatexistenz in seiner Existenz als Schreibender im Dritten Reich überwinterte, hat in seiner Absage an jede Karrieremöglichkeit (als Soldat in den untersten Rängen) aus seiner Ablehnung Hitlers nie ein Hehl gemacht. Gewiß, auch Jünger, dessen das Militär und die soldatische Existenz idolisierenden frühen Schriften[15] sich der nationalsozialistischen Ideologie ohne allzu große Widerstände einfügen ließen, hat aus seiner Verachtung für den braunen Pöbel aller Rangschattierungen keinen Zweifel gelassen, war sich jedoch andererseits der stillschweigenden Protektion von höchster Stelle bewußt, weil er dem »obersten Kriegsherrn« Widmungsexemplare seiner Schriften hatte einmal zukommen lassen.

Es scheint ein schwieriges Unterfangen, Jünger aus all diesen Rezeptionsvorgaben negativer Art, die sich wie der Alptraum einer ideologiegeschichtlichen Hypothek auf sein literarisches Werk legen, ausblenden zu wollen, um ihm als Autor die Chance einzuräumen, sich durch ein spezifisches Werk gleichsam im Zustand der Unschuld in seinem künstlerischen Rang zu beweisen. Denn auch in der *Zwille* gibt es immer wieder Formulierungen, die sentenzenhaft über den Kontext des Romans hinausweisen und verdeckte Selbstaussagen Jüngers sind. So heißt es etwa: »Es wird immer Große und Kleine geben, auch Mächtige und Unterdrückte; das sind Stellenwerte, in die stets neue Inhalte einrücken. Erkenne die Gesetze, ohne sie anzuerkennen, wie einer, der auf schmaler Klippe die Wogen kommen und gehen sieht. Das ist der Einzige. Wichtiger als zu steigen und zu fallen ist ihm, daß er den Standort wahrt. Der ist sein Eigentum. Er läßt sich nicht einordnen, auch nicht in die Eliten; er bleibt allein.«[16] Das ist das affirmative Bekenntnispathos dessen, den wohlmeinende Kritiker schon früh mit dem Signalwort »Solitär« nobilitiert haben, einem Wort, das einerseits mit der naturgeschichtlichen Bedeutung des sich einzelgängerisch Entfaltenden, isoliert Existierenden (bei Pflanzen und Tieren) spielt und andererseits die Bedeutung des einzeln gefaßten kostbaren Edelsteins hat. Darin spricht sich die zur ungeschichtlichen Hypostasierung des Ichs tendierende Idolisierung des auserwählten einzelnen aus, der über sein eigenes Schwerkraftzentrum verfügt und glaubt, sich den Zentrifugalkräften der Geschichte widersetzen zu können.

So schwierig es also für den Betrachter zu sein scheint, über den Schatten der Rezeption zu springen, so unmöglich scheint es Jünger selbst zu sein, sich von seinem eigenen verworrenen Wurzelgrund zu befreien. Allerdings wäre auch die Möglichkeit denkbar, daß er das Entelechieprinzip seiner Entwicklung in der autobiographischen Aufarbeitung einer frühen Jugendphase sichtbar macht, sein elitär verkrustetes Ich aus den Schlackenschichten der darüber gelagerten Wirkung befreit, seine Individualität in ihren Antrieben, traumatischen Verknotungen und Kompensationsschüben einsichtig macht. Denn ohne Frage bezieht sich Jünger in der *Zwille* auf jenen Lebensbereich, in dem die prägenden Einflüsse stattfinden, sich die Initiation des Individuums aus der kindlichen Unbefangenheit einer Harmonievorstellung in die von Kämpfen, Anpassungsschwierigkeiten und Niederlagen gezeichnete soziale Existenz vollzieht.

Der mutterlose Müllersknechtsohn Clamor, der, durch den plötzlichen Tod seines Vaters zum Waisen geworden, durch die Großmut des Müllers in das Gymnasium einer Stadt geschickt wird und der Weihen einer höheren Bildung teilhaftig werden soll, erlebt Schule und Stadt, die Gegenwart der andern Menschen in einer Schülerpension als permanenten, ihm selbst unerklärlichen Angstzustand. Das instinktive Gefühl, in die Welt hineinzugehören, seinen Platz darin zu haben, war Clamor nur in der dörflichen Umgebung der Mühle zuteil geworden: »Gern weilte er in den Ställen, wo die Kühe und Kälber im Stroh lagen und mit ihren runden Augen vor sich hindämmerten. Hier war es friedlich [...] Clamor war lieber bei den Tieren, die, wie er meinte, ihn nicht sahen und sich nicht um ihn kümmerten« (S. 17f.).

In der neuen Umgebung, der Pension und der Schule, sieht er sich einem Fremdheitssog ausgesetzt, der ihn von allen andern absondert, ihn unfähig macht, jenen Katalog von Kulturtechniken zu erlernen, der ihn in den Augen der Institution Schule zu einem nützlichen Mitglied der Gesellschaft macht: »Ursache und Wirkung vermochte Clamor schwer zu trennen – und auch darin war er den anderen unterlegen, deren Gewandtheit er mit Staunen betrachtete. Er sah mehr das Nebeneinander der Bilder im Raum als ihre Folge in der Zeit. Durch ihre unbewegte Tiefe wurde er gebannt, und so ein Fremdling in einer Welt, in der die Räder immer schneller kreisten – ein Hindernis« (S. 19).
Während Clamor noch die Welt in einer Art mythischer Unschuld erfährt, sie bildhaft

und analogisch auffaßt und sie dadurch instinktiv begreift, führt der Prozeß der logischen Zergliederung der Erscheinungen durch die Schule, die Abstraktionstechniken, mit denen das sinnlich Erfahrene zerdünnt und verflüchtigt wird, zu einer Orientierungslosigkeit, die sich in einem stetigen Angstgefühl äußert.
Gewiß hat Jünger hier psychologische Initiationserfahrungen gestaltet, deren autobiographisches Gewicht sich erahnen[17] läßt, so wenn es etwa im Bericht über seine eigene Schulzeit einmal heißt: »Schon am Kopf meines ersten Zeugnisses stand die Bemerkung ›Aufmerksamkeit mangelhaft!‹, die mich dann als eiserner Bestand die ganzen Jahre hindurch begleitete. Ich hatte eine Art des Unbeteiligtseins erfunden, die mich wie eine Spinne nur durch einen unsichtbaren Faden mit der Wirklichkeit verband. [...] So gehörte ich der großen Klasse der Träumer an, die überall, wo es Pulte gab, reich vertreten ist.«[18] Diese Erfahrung klingt auch zu Anfang der *Afrikanischen Spiele* an, nur wird sie hier bereits zur geheimen Revolte des Sechzehnjährigen umstilisiert, der sich im Namen der Phantasie im Aufstand gegen die Wirklichkeit der Schule befindet und schließlich in seinem Ausbruchsversuch zur französischen Fremdenlegion diesen Aufstand auch real werden läßt: »Ich lebte seit Monaten in einem geheimen Aufstand, der in solchen Räumen schlecht verborgen bleiben kann. So war ich bereits dazu übergegangen, mich am Unterricht nicht mehr zu beteiligen«.[19]
Auf Jüngers geradezu sprichwörtliche wilhelminische Schulkarriere, deren seelische Narben die Stilisierung in den *Afrikanischen Spielen* retuschiert, machen bereits faktische Hinweise aufmerksam: die Trennung von der Familie, der Besuch des Gymnasiums in Schneeberg als »Pensionär«, der erneute kurze Besuch des Lyceums II in Hannover mit dem Ergebnis ungenügender Zensuren und dem offiziellen Verdikt: »Versetzung vollkommen ausgeschlossen«.[20] Hier deutet sich autobiographischer Konfliktstoff an, der nicht nur im Sinne einer entwicklungspsychologischen Klärung die Person Jüngers vom Sockel der Selbststilisierung herunterholen könnte, sondern der zugleich auch die typischen sozialen Konditionierungszwänge der Familie und Gesellschaft mit reflektieren könnte. Aber daß Jünger hier daran scheitert, den Wirklichkeitsstoff zum künstlerischen Paradigma zu transponieren – wie es beispielsweise Musil gelungen ist, an dessen *Verwirrungen des Zöglings Törleß Die Zwille* von fern erinnert –, hat primär damit zu tun, daß Jünger von vornherein die historische Gegenständlichkeit zum parabelhaften Gleichnis umarrangiert und gleichsam nur mit schlechtem Gewissen Wirklichkeitsbruchstücke einsprengt.
Die allegorisch instrumentierte Aufsplitterung der Individuationsthematik in die Personen-Trias Clamor, Teo und Buz, wobei der letztere, »der geborene Kommißknochen« (S. 130), nur von Pferden und vom Militär träumt und in seiner dumpfen Kreatürlichkeit das Gegenstück zu der Sensibilität Clamors darstellt, überspitzt die einzelnen Personenkomponenten so sehr, daß sie abstrakt werden. Das gilt erst recht für den vaterhassenden und -verachtenden Rebellen Teo, der mit dem Liebhaber seiner Mutter, dem jungen Vikar Simmerlin, nach Ägypten ausbricht und nach dem Tod der Mutter im Orient dann doch zurückkehrt und in seiner intellektuellen Gewissenlosigkeit und seinem Machtdrang die beiden Stubengefährten Clamor und Buz zu Untergebenen abrichtet. Wenn bei Teo an einer Stelle »halb anarchische, halb neronische Anlagen« (S. 98) – bis hin zur Konsequenz des offensichtlich Verbrecherischen[21] – hervorgehoben werden, so erhält er die Züge einer jener Täterfiguren, die indirekt zu Spiegelbildern Jüngers werden und in diesem Fall zugleich unfreiwillig eine Bedeutung

annehmen, die man so charakterisiert hat: »Teo, der Amoralist, ist der zukünftige SS-Führer«.[22]

Daß Clamor für Jünger die eigentliche Mittelpunktsfigur darstellt, akzentuiert vor allem das Ende des Romans mit Deutlichkeit. Nach der von Teo inszenierten Aggressionsspielerei mit der Zwille, den Schleudern, mit denen er sich und seine beiden Untertanen ausstattet, stolpert Clamor zwar in einen Konflikt hinein – er bezeichnet den Zeichenlehrer, den einzigen, der ihn versteht, aus sprachlicher Unwissenheit heraus als »Proleten« –, wird aber dann doch nach der Auflösung des Mißverständnisses von jenem Zeichenlehrer als Wahlsohn aufgenommen und aus seiner Isolation und seinen Angstgefühlen erlöst. Aber daß Clamor dennoch im Erzählverlauf immer wieder an die Peripherie gerät, hat mit der grundsätzlichen Erzählhaltung Jüngers zu tun. Er wechselt nicht nur zwischen verschiedenen Figurenperspektiven, der Clamors, Teos, der des Superus (Teos Vater), und relativiert damit Clamors Initiationsproblematik zu einer Facette im Erzählspektrum, er bringt sich zudem als Erzähler selbst ins Spiel. Er distanziert sich solcherart von dem erzählerisch Dargestellten und beansprucht an solchen Punkten indirekt eine Endgültigkeit der Reflexion, die von einem geradezu anachronistisch wirkenden Überlegenheitspathos eines traditionellen Erzählers zeugt. So wird an einer Stelle der Erzählung von Sibylles (Teos Mutter) Ausbruchsversuch aus ihrer Ehe eine Reflexion über Fontanes *Effi Briest* eingeschoben, »einen guten Roman, in dem Fontane dieses Clair-Obscur erfaßt hatte – ganz ähnlich wie der Impressionismus in der Malerei« (S. 86). Oder es wird eine Handlungsverknotung an einer Stelle so kommentiert: »Die Wendung war nach dem klassischen Muster eingetreten, wie es die Kunst oft geschildert hat und wie es sich in der Gesellschaft tausendfach abwandelt« (S. 75). Die Überzeugungskraft, die sich aus der Intensität der Darstellung ergeben müßte, wird hier auf dem Wege von Hilfskonstruktionen durch Analogien zu anderen Kunstbeispielen suggeriert. Damit bringt der Erzähler Jünger jedoch zugleich unfreiwillig zum Ausdruck, daß er in der Darstellung gerade das nicht erreicht hat, was er durch Analogien verdeutlicht.

Zwar wird auch von Jünger die Initiationsproblematik mit der Entdeckung der Sexualität und den Verwirrungen, die daraus entstehen, verbunden. Aber wo Musil beispielsweise im *Törleß* aus den Unterdrückung und gleichgeschlechtliche Sexualität verknotenden Beziehungen zwischen Beineberg bzw. Reiting und Basini – Törleß selbst gerät da hinein – eine der tragenden Handlungsschichten seines Romans entwikkelt, kündet Jüngers Erzähler dieses Thema so an: »Ein Schuß von Päderastie gehörte zum Gymnasium, zum Eros des Lehrens und Lernens überhaupt. Seit hundert Jahren schwoll der Lehrstoff auf Kosten der Bildung, insbesondere der Humaniora an. Alles verflachte – die Gesichter, die Ideen, die Tugend auch« (S. 121). Das sind Sentenzen, die wie Spruchbänder die Erzählung durchwirken und die angeschlagenen Themen mit Gemeinplätzen zudecken.

Das gilt auf der andern Seite auch für jene Wirklichkeitssplitter, die Jünger als krude naturalistische Schlackenelemente immer wieder in den Erzähltext einsprengt, als wollte er geradezu beweisen, daß er auch so erzählen könne. So heißt es etwa über Fiekchen, die Arbeitertochter, die die Schüler in der Pension zu bedienen hat: »Heinrich Göring war ein strammer Arbeiter; das hatte die Tochter von ihm geerbt. Sie war ganz Muskel – ›alles schieres Fleisch‹. Der Vater sah sie mit Stolz in Haus und Garten – – – wer die mal kriegte, der hatte was Banniges bei der Arbeit und was Gutes im Bett. Aber auf den Kranz, da mußte man aufpassen« (S. 123). Da wird an einer Stelle aus der Perspektive des Superus über das Schicksal der Kellnerinnen schwadroniert: »›Die Kellnerinnen haben ein schweres Leben – aber sie sterben früh!‹ Das war ihr Trost« (S. 91).

Was Jünger an solchen Stellen großenteils als Alibizitate präsentiert, wirkt auch im übertragenen Sinn wie zitiert: wie hergeholt aus Bereichen der Wirklichkeitsdarstellung, über die sich der Erzähler dann ebenso schnell wieder hinwegsetzt, als sei es ihm gleichsam selbst peinlich, sich auf solche Niederungen der Wirklichkeit eingelassen zu haben. Die Arroganz, mit der hier soziale Schicksale auf die Ebene von Platitüden und – wie im zweiten Beispiel – von Stammtischwitzen reduziert werden, fällt dennoch auf den Erzähler Jünger zurück, dem die entschlossene Hingabe fehlt, sich seinem Erzählstoff anzuvertrauen und aus der Konkretheit und Genauigkeit des Erzählten jene ihm wichtige Allgemeinheit an Bedeutung hervorgehen zu lassen, die er immer vorschnell auf den Begriff bringt. So ist es denn letztlich auch nicht überraschend, daß nicht Clamor, die vorgezeigte Mittelpunktsfigur, im Zentrum des Romans steht, sondern sich von seinem erzählstrukturellen Gewicht im Kontext des Romans her Teo als eigentliche Identifikationsfigur Jüngers erweist: er gehört in die Galerie jener rebellierenden Partisanenexistenzen, die in Jüngers Werk – bis hin zum Anarchen Venator in *Eumeswil* – auftreten. Seine technische Brillanz, seine Manipulationsbegabung anderen Menschen gegenüber, sein Hang zur ästhetischen Selbstinszenierung, seine von Verdrängungsängsten zeugende Verachtung des anderen Geschlechts, seine Amoralität lassen ihn zu einer Ich-Maske Jüngers werden, die den Autor zugleich desavouiert.

Diese im Roman sichtbar werdenden Brüche und Lücken haben möglicherweise mit einem grundsätzlichen Mißverständnis des Autors Jünger über die Funktion des Erzählers zu tun. Im September 1942 notiert er im ersten *Pariser Tagebuch* einmal im Anschluß an die Lektüre von Fontanes *Quitt*: »Bei der Lektüre kam mir wieder der Gedanke, daß eine starke Erzählerkraft den Autor leicht beschädigt, da in ihrem schnellen Strome das feine Geistesplankton nicht gedeiht. Der Grund liegt darin, daß das erzählende Talent ursprünglich zur rhetorischen Begabung zählt und damit der Feder nicht konform ist – es zieht zu schnell dahin. Freilich verrät es meist Gesundheit, doch paart es sich eben deshalb leicht mit einem Optimismus, der Menschen und Dinge oberflächlich schürft. Wenn aber auf der höchsten Stufe sich Dichter- und Erzählerkraft die Waage halten, wird Unvergleichliches geschaffen wie bei Homer.«[23]

Nicht als literaturgeschichtliche Reflexion, sondern als produktionsästhetische Selbstaussage, ja als psychologische Einsicht ist diese Formulierung aufschlußreich. Vermittelt sie doch einen Eindruck davon, daß der Autor Jünger sich weigert, sich seinem Erzählstoff anzuvertrauen, daß er glaubt, sich selbst immer vorzeigen zu müssen, als Erzähler selbst über dem Erzählten zu stehen. Daher seine Neigung zu allegorischen Erzählkonstrukten, daher seine Unfähigkeit, erzählerische Kontexte von Dichtigkeit und Faszination über längere Strecken zu entwerfen, daher letztlich sein künstlerisches Versagen in der Menschendarstellung.

Die erzählerische Rehabilitierung des Autors Jünger scheint ebensowenig in der *Zwille* geglückt zu sein, wie der Roman den Autor selbst in einem Akt künstlerischer Seelenarbeit näher auf den Leser zurücken würde. Die von den bengalischen Feuern einer verfehdeten Rezeption angestrahlte schemenhafte Gestalt des Autors bleibt auch angesichts der *Zwille* maskenhaft und gespenstisch. Der im biblischen Alter stehende Jünger läßt sich nicht als einer der geheimen Traditionsväter der Gegenwartsliteratur reklamieren, er ist gleichsam nur wie der Geist von Hamlets Vater und erinnert an eine Möglichkeit der deutschen Literatur, die mit einigen Momenten der Größe, aber vor allem mit Vereinsamung und trotziger Absonderung untrennbar verbunden ist.

III. Der Autor Hermann Lenz stellt in vieler Hinsicht mit seinem Werk den literarischen Gegenpol zu Jünger dar: keinerlei stilisierte Zeugenschaft der Zeit auf herausgehobenem Plateau, wie sie vom Interesse der Zeitgenossen bis weit in die fünfziger Jahre hinein begleitet und von der Aura eines exzeptionellen Individuums seit der Pour-le-mérite-Nobilitierung des Kriegsfreiwilligen Jünger im Ersten Weltkrieg getragen wurde. Lenz, der seine eigene Individuation und die Geschichte seiner Familie von den Großeltern bis in die frühe Nachkriegszeit in vier Romanen[24] festgehalten hat, stellt die autobiographische Spiegelungsfigur Eugen Rapp als einen eher ängstlichen, zögernden Menschen dar, der sich weigert, konformistisch in den Erfolgstrott der Zeit einzufallen. Die kleinbürgerliche schwäbische Herkunft, die ohne Beschönigung und ohne falsche Idyllisierung dargestellt wird, scheint der Humus eines durchaus durchschnittlichen Schicksals zu sein, wäre da nicht die grundsätzliche Diskrepanz zwischen dem, was die Zeit diesem Eugen Rapp als Verwirklichungsmöglichkeiten seines Ichs anbietet, und den Vorstellungen, die er selbst von der Verwirklichung seines Ichs hat. Gerade weil die Zeit dem einzelnen ihre anonymen Forderungen gleichsam überstülpte, sei es als Erwartungen der Eltern von einem profitablen akademischen Beruf, der ihm Honoratiorenansehen bescheren würde, sei es als die ihm geradezu mit Unausweichlichkeit suggerierten Mitläufersteigbügel im Dritten Reich (Partei-Eintritt, Karriere als Offizier nach der Einziehung als Soldat), wird das passive Sichverweigern des Eugen Rapp zur heimlichen Rebellion, so wie auch die Stilisierung zum Dandy während seiner Studentenzeit eine Protest-Tarnung war, die vom Widerspruch zur Uniformierung der Partei-Anhänger und -Sympathisanten bestimmt war. Dargestellt wird die ins Innere verlegte soziale Leidensgeschichte eines Ichs, das sich nur in der Abkapselung von den Erosionskräften der Zeit zu bewahren vermag, aber zugleich in der sozialhistorischen Realität kaum mehr die Nischen findet, die ihm ein Weiterexistieren in dieser Verweigerungshaltung ermöglichen.

Die vom Vorbild Mörikes getragene Existenz als Landpfarrer wird zerschlagen, als der Student Rapp beim Griechisch- und Hebräisch-Examen durchfällt, die Existenz als Museumsbeamter bleibt eine andere Ersatzhoffnung, die sich nicht realisiert, da die kunsthistorische Dissertation nie zustande kommt. So bleibt nur die Sehnsuchtskonstellation des in eine harmonische k. u. k. Vergangenheit eingebetteten Wien,[25] das ironischerweise ungefähr gleichzeitig von Autoren wie Améry oder Canetti in seinen Verfallssymptomen erfahren und analysiert wird. Zum wirklichen Ausweg wird für Lenz das Schreiben, das genaue und geduldige Festhalten einer Existenz, die aller Aktion abgeschworen hat und sich leidend erfährt, leidend an sich selbst und an der Zeit, und die diese Leiderfahrung in völlig unprätentiösen, eindrucksvollen Erzählbildern verdichtet hat.

Diese Passivität, ja Lähmung, die Eugen Rapp befallen hatte und seinen Bewegungsraum einengte, ließe sich gewiß sozialhistorisch begründen, aus der Geducktheit und Enge einer kleinbürgerlichen Lebensform ableiten, die ihre nur noch unter Mühen zustande gebrachte Intaktheit einer verstörenden Außenwelt als Beschwörungsmittel entgegenhält und damit – das wäre die politische Hypothek dieser Haltung – diese Außenwelt als nicht mehr beeinflußbares Verhängnis begreift und damit auch akzeptiert. Doch angesichts der Alternative, die eine Täterfigur wie Jünger paradigmatisch vorführt, wird man die duldende Redlichkeit von Lenz, seine kompromißlose, stillschweigende Partisanenexistenz höher einschätzen als den von Kompromissen und Irrtümern durchlöcherten Aktionismus eines Jünger. Und während jener sich auch noch in seiner selbstgewählten Isolation als außerordentliches Individuum fühlt, als Solitär, der der ihn einfassenden Zeit qualitativ überlegen ist, läßt Lenz jegliche theatralische Selbstinszenierung vermissen, erfährt seine Vereinzelung nicht als heroischen Selbstbehauptungsakt, sondern als Mangelzustand, an dem er leidet.

Dabei sind die Voraussetzungen in der Kindheitssituation, so wie sie Jünger am Beispiel Clamors in der *Zwille* dargestellt hat, nicht einmal so weit von Lenz entfernt. Der Schüler Eugen Rapp wird, wie Lenz in *Verlassene Zimmer* aufzeigt, von ähnlichen Ängsten gepeinigt: er ist »einer, der sich fürchte[t]« (S. 168). Er lebt in der permanenten Furcht »vor den Prügeln des Lehrers Wurster« (S. 229), eines Schulmonstrums aus einer Menagerie, die auch Jünger darstellt. Später hat Lenz einmal erzählt: »Als Kind nahm er einmal die Pistole seines Vaters in die Schule mit, um einen Lehrer zu erschießen. Der Lehrer prügelte sonst immer die Schüler mit einem langen, dünnen Rohrstock«.[26]

Lenz gehörte nie zu denen, die sich mit Rohrstöcken oder Pistolen ihren Platz in der Wirklichkeit ertrotzen. Selbst als er auf fünf Jahre – er berichtet in *Neue Zeit* davon – in die Soldatenuniform gesteckt wurde und den Krieg als ein nicht zuletzt von bürokratischen Handlangern angerichtetes Leichenfeld erlebt, aus dem dem einzelnen kein Entrinnen mehr möglich schien, verhält er sich wie ein in einen Alptraum Verirrter, der gerade dadurch die Wirklichkeit begreifbar macht, daß er sie wie einen Alptraum beschreibt und dem Leser mit seinen eigenen Gefühlen der Verlorenheit, der Trostlosigkeit die Hoffnungslosigkeit wahrnehmbar macht. Der in »dieses nach Leichen riechende Europa« (S. 392) aus der amerikanischen Kriegsgefangenschaft zurückkehrende Eugen Rapp hat eine Schwundstufe seines Ichs erreicht, in der selbst die Abwehrgesten seiner Innerlichkeit, seine Fluchtwege und Träume, brüchig geworden sind und ein reflexhaftes Weiterexistieren, ein Schwebezustand der Existenz, der ständig vom endgültigen Absturz bedroht ist, die Wahrheit seiner Situation zum Ausdruck bringt.

Die ersten Jahre der Nachkriegszeit, die Lenz in seinem *Tagebuch vom Überleben und Leben* (1978) festgehalten hat, drücken denn auch kaum jene Hektik des Überlebens aus, die für die meisten damals im Kreislauf zwischen Hamsterfahrt und Schwarzmarkt galt. Lenz erfährt auch keine Wiedergeburt als Demokrat, der sich für die politischen Wiederbelebungsversuche des Trümmer-Deutschlands mittels der amerikanischen Re-Education-Therapie sonderlich interessierte. Gesprächsweise hat er bekannt: »Aber wie wir nun die neue Gesellschaft aufbauen sollten, ja, du liebe Zeit, an das hab ich alles gar nicht gedacht. Ich bin sowieso einer gewesen, der nur froh war, daß jedenfalls eines vorbei war – und das waren der Krieg und die Nazis!«[27]

Das in Stuttgart von den Bomben verschont gebliebene elterliche Siedlungshaus, in das sich die erweiterte Familie nun zusammendrängte – die Schwester hatte geheiratet wie auch Rapp selbst (die Studienfreundin Hanne aus München) –, stellt die intakt gebliebene Hohlform dar, in der sich das kleinbürgerliche Leben wieder auf sich selbst besinnt und erste tastende Schritte in die neue Wirklichkeit tut: bei Rapp selbst sind es die schriftstellerischen Versuche, die freilich als brotlose Kunst von den Eltern eher mißtrauisch beobachtet werden.

Lenz' Überzeugung, »ohne Privates käme keine Literatur zustande« (S. 250), wird im *Tagebuch vom Überleben und Leben* konsequent bis hin zum parodistisch Scheinenden umgesetzt. In der Trümmerlandschaft, die der Krieg hinterlassen hat, sind auch die bürgerlichen und kleinbürgerlichen Rituale abhanden gekommen. Die Reduktionsformen des menschlichen Verhaltens, die Lenz notiert, zeigen sich so auch darin, daß er den menschlichen Stoffwechsel ohne falsche Tabus registriert. Als die Familie das nachbarliche Hochzeitsfest verläßt, heißt es: »Vater schlug im Vorgarten sein Wasser ab, während auf der Straße das Auto des glücklichen Ehemanns, der die Gäste nach Hause brachte, von dannen brauste« (S. 168). Als der kranke Rapp in der Nacht wach wird, heißt es über seine Frau, die mit ihm in der Kammer, in der er schon als Junge gelebt hatte, wohnt: »Hanne schlief am Boden auf einer Matratze, wo Eugen sonst zu liegen pflegte, und machte bei Mondschein ihr Geschäft ins Potschamberle. – ›Pfeif' doch ein bisserl...‹, sagte sie zu Eugen, denn sie war irritiert, weil er zuschaute« (S. 162). Der unfreiwilligen Komik solcher Szenen kann man sich nicht entziehen, aber sie hat nichts Denunzierendes, sie ist Teil eines Zusammenlebens, das die bürgerlichen und kleinbürgerlichen Regeln des Wohlanstands als Nachrichten aus fernen vergangenen Zeiten ausweist. Die Prätentionen und Posen, die einmal zu diesen Ritualen gehörten, sind in den Theaterfundus abgewandert. Das nackte Überleben mit allen unerfreulichen, aber notwendigen Aspekten steht im Mittelpunkt.

An einer Stelle des *Tagebuchs* reflektiert Eugen Rapp: »Ob es ihm gelingen würde, abseits zu bleiben und etwas fertigzubringen nur mit Papier und einem alten Federhalter, in dem wie vor zwanzig Jahren eine Stahlfeder steckte, das war nahezu unwahrscheinlich oder zumindest ungewiß« (S. 44). Daß Lenz diese Hoffnung dennoch wahr gemacht hat, ist auch eine Folge der Wahrhaftigkeit in der Darstellung seiner autobiographischen Romane. Es ist eine Wahrhaftigkeit, die ebenso auf die moralische Redlichkeit des Autors Lenz verweist wie auf die Wahrheitsverdichtung in den erzählerischen Details seiner Bücher. Daß die Darstellung einer so von Stilisierung freien, alltäglichen Wirklichkeit weder monoton noch trivial wird, hat mit der besonderen Transparenz seiner erzählerischen Bilddetails zu tun. Diese Bilder verdichten sich nicht zu semantischen Bedeutungsstrukturen, seien sie nun symbolisch überhöht oder allegorisch instrumentiert. Die Bilder sind nicht eigentlich Bedeutungsträger, sondern ihre Verdichtung kommt in den Gefühlszuständen zum Ausdruck, die sie für den Leser nachvollziehbar machen. Das Existenzgefühl, das Rapp bestimmt, wird nicht artikuliert, sondern in diesen Bildern ereignishaft gestaltet.

So heißt es – um nur ein Beispiel zu geben – in *Andere Tage* an einer Stelle: »Am Neuen Schloß ging sie vorbei, wo die Kastanienallee noch von birnengelben Blättern dicht war und Glänzendes sich mit Rostfarbenem vermischte, eine moderige Höhlung, die räß roch, als ob sich ein Faß öffne, während über den Rabatten nicht weit vom gußeisernen Musikpavillon die Luft leicht flog und das Schloß mit Fensterspiegelungen unterm saubern Himmel näherrückte« (S. 20). Eine mit allen Sinnen zu tastende, zu schmekkende, zu riechende, zu sehende Wirklichkeit, die zugleich im Bild des sich ins Imaginäre des Himmels spiegelnden Schlosses jene andere Wirklichkeitsdimension mit einbezieht, die der Erfahrung Rapps entspricht. So stellt denn auch die zeitgeschichtliche Kulisse, die als Erfahrungsgerüst den Weg des autobiographischen Protagonisten umgibt, nur die Haut der Dinge dar, während der Blick des Erzählers ständig unter diese Haut dringt. In einigen seiner gelungensten Bücher, vor allem dem Roman *Spiegelhütte*[28], hat Lenz diese innere Erfahrung der Welt entschlossen nach außen gewendet und Traum und Wirklichkeit verschmelzende Bildfolgen geschaffen, die deutlich machen, daß der Boden, auf dem wir uns bewegen, vielfach unterkellert ist, wie auch der Horizont, den wir sehen, nur einen unter unzähligen darstellt: »Es will mir nämlich so scheinen, als sei ich zeitlebens auf einer Grenze spazierengegangen, auf der zwischen Erfolg und Mißerfolg wie jeder Autor, aber auch auf jener unsichtbaren zwischen Wirklichkeit, Phantasie und Traum.«[29]

IV. Manès Sperber hat in seiner dreibändigen Autobiographie *All das Vergangene...*[30] ein Leben dargestellt, das sich von der Anonymität eines kleinbürgerlichen Schicksals, wie Hermann Lenz es als Leidensgeschichte seines von der Wirklichkeit ausgesperrten Ichs begreifbar macht, wesentlich unterscheidet. Seitdem Sperber in jungen Jahren die heimische heile Welt des jiddischen Städtels Zablotow in Ostgalizien verlassen und sich in Wien als Sechzehnjähriger dem Kreis um den Psychoanalytiker Alfred Adler angeschlossen hatte, wurde sein Leben entscheidend von der Dynamik der äußeren Ereignisse bestimmt: zuerst als Schüler, Jünger, später als Mitarbeiter im Gefolge Adlers, als aktives Mitglied der kommunistischen Partei, der er sich auf vielfache Weise im Widerstand gegen Hitler zur Verfügung stellte, bis die von den Moskauer Schauprozessen ausgelöste Erkenntniskrise seinen Glauben an diese Partei ins Gegenteil verkehrte.

Sperber desertierte von der Partei und nicht nur das, er hat, erst Mitte dreißig zum Schriftsteller geworden, die Konsequenzen aus seiner Desillusionierung gezogen und in dem dreibändigen Romanwerk *Wie eine Träne im Ozean*[31] den Weg seiner Enttäuschung und die Gründe dafür, die Abkehr von dem Gott, der keiner war, erzählerisch gestaltet. Gewiß, an dem dokumentarischen Rang dieses Werks ist nicht zu zweifeln. Als Diskurs, der die ideologischen Sündenfälle der kommunistischen Partei argumentativ ausbreitet, besitzen diese Erzählungen auf vielen Strecken Überzeugungskraft. Aber ebensowenig läßt sich daran zweifeln, daß die argumentative Transparenz auf Kosten der erzählerischen Komplexität geht, daß die Romanfiguren, auch wenn sie häufig von historischen Folien abgezogen sind, als Rollenträger auf einem ausgezirkelten politischen Spielfeld agieren und die ästhetische Dimension des Erzählens nur illustrative, abstützende Funktion hat. Die Romanform ist ein Transportmittel für eine ideologiegeschichtliche Abrechnung, an deren Ausgang für den Autor nicht die geringsten Zweifel bestehen. Man hat daher mit guten Gründen das erzählerische Defizit dieses politischen Romans gesehen in »sein[em] Ungleichgewicht zwischen Form und Inhalt [...] zwischen der traditionellen und epigonalen Form eines Romans des Neunzehnten Jahrhunderts, der auf die Darstellung der Wirklichkeit und auf die Totalität der Welt baut und so den aproblematischen Glauben an die Sprache ermöglicht, und andererseits einem Inhalt, der hingegen Zersetzung der Totalität, Absence des Wertes und Nichtdarstellbarkeit des Lebens bedeutet«.[32]

Diese Diskrepanz im konzeptionellen Entwurf des Romanwerks gilt auf anderer Ebene auch für die drei autobiographischen Bücher, die von dem Drang bestimmt sind,

Objektivität der Darstellung dadurch zu erreichen, daß das Ich nur jeweils als Reflexinstanz geschichtlicher Ereignisse, als personaler Knotenpunkt bestimmter Verwicklungen, als historisches Gegenüber von sozialen Kräften oder Persönlichkeiten erscheint. Wo Jünger die Konvergenz von Ich und Wirklichkeit nur noch scheinhaft in seinen allegorischen Erzählkonstrukten zu erreichen bemüht ist, wo bei Hermann Lenz die historische Wahrheit seiner Darstellung darin zum Ausdruck kommt, daß er das Ich nahezu vollständig aus dem Kontext der Wirklichkeit herauslöst und jegliche Korrespondenz mit der aktuellen Wirklichkeit zurückweist, läßt sich bei Sperber die restaurative Position erkennen, als gäbe es das noch: die wechselseitige Vermittlung des Ichs durch die historischen Ereignisse und umgekehrt.

Wenn er sich daher in seiner autobiographischen Erzählfolge – abgesehen von jenen Partien, die seine Kindheit und frühe Jugend behandeln – auf den Ereignisfaden der äußeren Begebenheiten konzentriert und sein Ich nur innerhalb dieser Zusammenhänge funktional beschreibt, bleibt er für den Leser nur an der Oberfläche, spart er jene inneren Prozesse, subjektiven Reaktionsweisen und Erfahrungen aus, die für den Leser die Wahrheit seiner Darstellung nachvollziehbar machen würden. Sperber ist sich durchaus dieses Problems bewußt. Im zweiten Band seiner Autobiographie, *Die vergebliche Warnung*, reflektiert er an einer Stelle, von seiner Erinnerung bedrängt, über die Schwierigkeiten, die ihm das Abfassen seiner Lebenserinnerungen bereitet: »Die Zudringlichkeit der Banalitäten ließ mich [...] immer wieder stocken; ich fühlte mich belästigt wie durch fette Winterfliegen in einem überheizten Zimmer und zugleich beunruhigt wie durch eine Frage, mit der man nicht fertig wird, weil es einem nicht gelingen will, sie richtig zu formulieren. Warum sollte ich in diesem Buch das Mädchen mit der Korallenkette erwähnen, sie, ihren geizigen Vater, ihr kümmerliches Haus? Hatte es einen unbekannten Grund, daß sie gerade jetzt aufgetaucht war? Wie, wenn es sich um abortierte oder aus Gleichgültigkeit verkannte Erlebnismöglichkeiten von potentiell großer Bedeutung handelte?« (Bd. 2, S. 65).

Die Unsicherheit, ja der Selbstzweifel an seinem erzählerischen Verfahren, die aus dieser Stelle sprechen, werden allerdings schon bald wieder zugeschüttet von der Mechanik der äußeren Ereignisse, die Sperber am chronologischen Faden herunterspult. Als diese Selbstzweifel sich nochmals gegen Ende desselben Bandes bemerkbar machen, hat Sperber inzwischen eine Antwort parat, die zugleich die Antwort darauf enthält, warum seine Autobiographie letztlich so künstlich arrangiert ist, so wenig an künstlerischer Verlebendigung enthält, ästhetisch so spannungslos bleibt: »Diese Autobiographie, in der so viele Seiten über Begegnungen mit anderen berichten, über deren Eigenheiten und Schicksale, gibt kaum Auskunft über mich selbst, über Liebe und Ehe. Ist das nicht merkwürdig, nicht verdächtig? [...] Was zwei Menschen miteinander aufs engste verbunden und sie dann nach Monaten oder Jahren für immer getrennt hat, gehört beiden *gemeinsam*, nicht dem einen oder andern allein. Daher ist jede Indiskretion in diesem Erlebnisbereich eine Entwendung« (Bd. 2, S. 222).

Daß hier ein psychoanalytisch einschlägig Vorgebildeter seine Verdrängungsstrategie rationalisiert, sei nur am Rande bemerkt. So bleiben denn auch nur die Passagen des ersten Bandes (*Die Wasserträger Gottes*), die über das Leben im Städtel handeln, eine eingefrorene jüdisch-kakanische Utopie, die schon bald unter dem Einbruch der Zeithistorie zerbricht, die eindrucksvollsten. Das liegt hier nicht von ungefähr daran, daß Sperber in die Tiefe der kindlichen Psyche hinabsteigt, über die frühkindliche narzißtische Störung, das Bewußtsein von der eigenen Häßlichkeit, unverstellt berichtet, die sich zur neurotischen Projektionsangst vor der Häßlichkeit bei andern[33] verfestigte.

Von einer an die analogen Passagen bei Jünger oder Lenz erinnernden Eindringlichkeit ist die Schilderung jener Szene, als der Klassenneuling von dem Lateinlehrer zum Trottel abgestempelt wird, da er seinen Taufnamen Manès – er kennt vom Sprachgebrauch seiner Eltern her nur die Koseform Munju – nicht kennt und sich daher beim Aufrufen seines Namens nicht meldet. Diese Symptome der Verstörung, von denen er hier berichtet, rücken sein Ich auf den Leser zu, lassen ihn verständlich werden, wie sie auch begründen, warum er den Kontakt zu Adlers Lehre gesucht hat, »weil sie dem Minderwertigkeitsgefühl im allgemeinen eine unübertreffliche Rolle einräumt« (Bd. 1, S. 83).

Die Dichte der Darstellung geht jedoch schon bald verloren. Je mehr Ereignisse den Aktionsradius Sperbers berühren, mit je mehr – wichtigen oder gar berühmten – Zeitgenossen er zusammentrifft, deren Bild er häufig in flachen Porträtstenogrammen festhält,[34] ohne daß es von entscheidendem Erkenntniswert für den Leser wäre, desto gelenkiger wird auch das Transportmittel Sprache für ihn. Das drückt sich mitunter in Abschnitten aus, die wie sprachliche Abziehbilder wirken und dem unfreiwillig eingesetzten Klischee nicht mehr fernstehen. Beschreibungen wie die folgende sind keine Seltenheit: »Es war eine wunderbare Nacht in jenem Mai 1932, ein Fest der Freundschaft, das nicht enden wollte, ehe der neue Tag leuchtend begann« (Bd. 2, S. 32). Das streift mitunter die Parodie wie im folgenden Beispiel: »[...] die Eltern machten Heimarbeit und erzeugten unter anderem Ledergürtel« (Bd. 3, S. 267). Das zeigt sich in Details, die offenbar noch im Rückblick die Eitelkeit des Autors kitzeln, so wenn er berichtet, er sei, zu Malraux zusammen mit Gide, der ihn kennenlernen wollte, eingeladen, »bei der ersten persönlichen Begegnung mit André Gide ein[ge]schlafen« (Bd. 3, S. 196).

Im letzten Teil seiner Autobiographie rechtfertigt Sperber sein Erzählverfahren nochmals vor sich selbst: »Ich habe das Geschehene nicht subjektiviert, sondern mein eigenes Geschichtserlebnis objektiviert, so gut es mir gelingen wollte« (Bd. 3, S. 264). Das Resultat, das sich jedoch dabei für den Leser herstellt, hat Sperber unfreiwillig an anderer Stelle des dritten Bandes so bezeichnet: »[...] mein scheinbar wohlgeordnetes Geschichtsbild [geriet] in Gefahr, zerschlagen, ein Puzzle zu werden, das, selbst zusammengesetzt, keinen Sinn mehr, sondern gleichsam Sinnfetzen ergab« (Bd. 3, S. 205). Gerade weil er die subjektiven Erfahrungsdimensionen seines Ichs so dezidiert ausspart und nur auf die objektiven Ereignisse rekurriert, verwandelt sich die Geschichte in seiner Darstellung in eine schemenhafte Revue von zusammenaddierten Begebenheiten, zu einem Puzzle, dessen Anordnungsmuster vom Autor nur postuliert, aber nicht erzählerisch sinnfällig gemacht wird.

Ein solches Resümee bezieht sich, wohlgemerkt, auf die künstlerische Verdichtungskraft seiner Bücher, nicht auf die moralische Ernsthaftigkeit seines politischen Lebensbeispiels, seiner betrogenen Hoffnungen, seiner Emigrationserfahrungen, seines jüdischen Leidensschicksals im Schatten jüngster deutscher Zeitgeschichte. Man hat Sperber in den letzten Jahren als Schriftsteller hochdekoriert. Das reicht vom Hansischen Goethe-Preis (1971) über den Großen österreichischen Staatspreis für Literatur (1977) bis hin zum Georg-Büchner-Preis der deutschen Akademie für Sprache und Dichtung

(1975). Darin spricht sich eine Anerkennung aus, die die Einheit von schriftstellerischem und existentiellem Geschick meint. Das ist begründet und als kulturpolitische Geste von einem Symbolwert, dem sich niemand verweigern wird. Als politisch-moralischer Rhetor, der von Frankreich aus, wo er seit der Emigration lebt, auf die deutschsprachige Literaturszene einwirkt, kommt ihm, dem mahnenden Zeugen der Vergangenheit, eine wichtige Funktion zu. Als literarisches Beispiel ist er jedoch vergangenheitsorientiert und – als Antipode – eher auf Ernst Jünger zu beziehen als auf den im Zentrum der Sprache wohnenden Hermann Lenz.

V. Als Stephan Hermlins *Abendlicht* erschien, die poetische Summe seiner Lebenserinnerungen in einer Prosa, »der kaum etwas zu vergleichen ist von dem, was heute in deutscher Sprache geschrieben wird«,[35] hatte der über fünfundsechzigjährige Autor bereits seit Jahren dichterisch geschwiegen. Sein sowieso schon schmales Werk – ein halbes Hundert Gedichte, ein Dutzend Erzähltexte, Essaybände, ein Hörspiel, zahlreiche Übersetzungen – schien erneut unmittelbar von den Konsequenzen der gesellschaftlichen Lage, in der er sich in der DDR befand, betroffen. Seitdem der Sechzehnjährige 1931 spontan auf der Straße dem Kommunistischen Jugendverband beigetreten war und damit einen Entscheidungsschritt vollzogen hatte, der im Widerspruch zu seiner Herkunft aus großbürgerlich reichem Hause stand, haben die politischen Umstände sein Leben so nachhaltig beeinflußt, daß es berechtigt ist, mit Günter Kunert über Hermlin zu sagen: »dem anstelle von Lebenslauf eine Vergangenheit gehört«.[36] Gemeint ist, daß dieses Leben sich nicht in eine Kette von Kausalitäten aufschlüsseln läßt, deren oberstes Prinzip in der zweckbestimmten Entfaltung des einzelnen zum Vorschein käme. So hat Hermlin, der in dem kunstsinnigen Hause eines deutschjüdischen Vaters und einer englischen Mutter mit Musik, Bildern und Dichtung, im Kontakt mit berühmten Malern und Komponisten, die im Hause seiner Eltern verkehrten, aufwuchs, die eigene künstlerische Individuation dem moralisch-politischen Appell seiner Zeitsituation – und das meint den entschlossenen Widerstand gegen den Nationalsozialismus – untergeordnet. Die Zerstörungsdynamik dieser Zeitumstände hat ihn unmittelbar berührt.

Hermlin weigerte sich, den ihm vom Vater gewiesenen Ausweg eines Studiums in Cambridge zu ergreifen, er blieb, nach Hitlers Machtergreifung Widerstand leistend, noch drei Jahre in Berlin und hat später auf verschiedenen Exilstationen in europäischen und afrikanischen Ländern seinen politischen Kampf fortzusetzen versucht. Er hat zugleich immer dichterisch gearbeitet, aber die Priorität in der politischen Aktion gesehen: »Ich habe fast immer geschrieben, aber geschrieben als rein private Äußerung, nicht eigentlich für eine Veröffentlichung bestimmt.«[37]

Daß sein Werk so schmal ist und im wesentlichen auf den Zeitraum zwischen 1940 und 1952 zurückweist, ist freilich gleichfalls eine Auswirkung der elenden Zeit: »Die Dinge, die ich in der Emigration geschrieben habe, sind auch sämtlich verloren gegangen, mit Ausnahme der Sachen, die z. B. in meinen Gedichtausgaben stehen. Da steht jeweils die Jahreszahl darunter, und die früheste Jahreszahl, die man finden wird, ist 1940 [...] Aber 90% von dem, was ich vor 1940 geschrieben habe, ist einfach verloren. Ich bin auch keineswegs betrübt darüber, ich finde das nicht welterschütternd.«

Diese Auslöschung seiner dichterischen Produktion durch die Umstände der Zeit könnte man im übertragenen Sinne auch in jenen Jahrzehnten seines Lebens entdecken, die einem andern Entscheidungsschritt folgten: der Entscheidung 1947, die Arbeit am (von den Alliierten neubegründeten) Frankfurter Rundfunk niederzulegen und in den östlichen Teil, den sozialistischen Teil Deutschlands überzuwechseln. Hermlin hielt an der politischen Hoffnung, die ihn 1931 zum »Abschied von den Eltern« motiviert hatte, fest, auch im Angesicht einer DDR-Wirklichkeit, die die Lebensfähigkeit dieser Hoffnung streckenweise zu widerlegen schien und widerlegte. Die Konflikte, die daraus für ihn persönlich entsprangen, sind bekannt: die Auseinandersetzung um seine Kurzgeschichte *Die Kommandeuse* 1954, die Parteischelte, die ihn 1963 traf, als er sich auf Lyrikveranstaltungen der Akademie der Künste für Sarah Kirsch, Volker Braun und Wolf Biermann einsetzte, und ihn sein Amt in der Akademie kostete, die Auswirkungen der gegen die Ausweisung Biermanns gerichteten Schriftsteller-Resolution, die vor wenigen Jahren auf Initiative Hermlins und in seinem Hause zustande kam. Der solcherart in die Isolation getriebene Autor, der vom offiziellen Literaturbetrieb einerseits hochdekoriert[38], andererseits als Unbequemer eher gemieden wurde, den Mut besaß, auf einer Schriftstellerkonferenz in Ost-Berlin Ende der siebziger Jahre öffentlich zu bekennen: »Ich bin ein spätbürgerlicher Schriftsteller. Was denn anders sollte ich sein?«[39], ist jedoch keineswegs in die Anonymität abgedrängt worden. Im Gegenteil: in dem Maße, in dem er sich selbst treu blieb und seine moralische Integrität sichtbar bewies, selbst im Angesicht einer Wirklichkeit, die die Substanz dieser Utopie hatte unkenntlich werden lassen, wurde er zu einer Identifikationsfigur, zu einem Vorbild für die von bürokratischen Reglementierungen geknebelte DDR-Literatur, ja zur Integrationsfigur einer in der Literaturgeschichtsschreibung bereits weitgehend zweigeteilten deutschen Literatur der Nachkriegszeit.

Gewiß, der Widerspruch zu einem Autor wie Sperber liegt hier auf der Hand. Nichts wäre einfacher, als hier mit den oberflächlichen Begriffen einer politischen Tagesarithmetik das Beispiel der beiden Autoren gegeneinander auszuspielen: hier der Renegat und dort der unbelehrbare Stalinist. Der Widerspruch läßt sich nicht auflösen, wenn man in beiden Fällen der moralischen Dimension des eigenen Lebensbeispiels Gewicht beimißt.

Und dennoch zeigt sich ein Rangunterschied, der letztlich nicht von der moralischen Überzeugungskraft des eigenen Beispiels abzulösen ist: die Wahrhaftigkeit des künstlerischen Ausdrucks, die den Leser unmittelbar trifft, poetische Sinnerschließung, mit den ästhetischen Mitteln der Sprache ereignishaft verwirklicht und nicht erst auf dem Wege des diskursiven Nachvollziehens ermöglicht. Das bezeichnet den Unterschied zwischen Hermlin und Sperber, zwischen *Abendlicht* und *All das Vergangene...*, zwischen künstlerischer Ausdruckskraft und gutgemeintem Lebensbericht.

Wenn man sich daher bei der Reintegration Sperbers in das Literaturleben der Gegenwart nicht ganz des Eindrucks erwehren kann, hier sei ein kompensatorischer Aspekt der geheimen Schuldabtragung mit im Spiel, ist die gegen alle Erwartung eingetretene außerordentliche Resonanz von Hermlins *Abendlicht*, die von Reinhard Lettau bis hin zu Hermann Kant, von Karl Krolow bis hin zu Hans Mayer reicht[40] und bereits im Februar 1980 zu »neun vertraglich festgelegte[n] Übersetzungen (davon fünf im Westen)«[41] führte, das Ergebnis eines Vorgangs, der von der künstlerischen Form dieser Antimemoiren nicht abzulösen ist.

Hermlin hatte 1947 in seinen *Bemerkungen zur zeitgenössischen Lyrik* die politische Assimilation des einstigen Expressionisten Johannes R. Becher an den im Entstehen

begriffenen neuen sozialistischen deutschen Teilstaat als Grund dafür angesehen, daß in den neuen Versen Bechers »die Substanz und Eigengesetzlichkeit des Lyrischen zerstört«[42] worden war. Es läge nahe, diesen Erklärungsversuch zu übernehmen und auf Hermlin selbst anzuwenden:[43] Seine trotz aller Anfeindungen und Gefährdungen unerschütterte politische Loyalität habe als Preis sein Verstummen als Dichter gefordert, da eine Weiterführung seiner Produktion zur gleichen Konsequenz wie bei Becher geführt hätte. *Abendlicht* widerlegt diese These aufs überzeugendste.
Denn es ist nichts weniger als ein Rechtfertigungsdiskurs des Autors, der die Chronologie der Ereignisse in seinem Leben nun rückblickend ordnet. Es ist vielmehr in poetische Anschauung umgesetzte Lebenserfahrung und gibt im Moment der Verdichtung und Konzentration auf wenige herausragende Augenblicke, Zustände und Erkenntnissituationen gewissermaßen nur die Essenz dieses Lebens wieder: aber dies nicht in verdünnter Abstraktion, sondern in höchster Konkretheit. Das poetische Verfahren, das Hermlin hier einsetzt, tendiert denn auch in der Aussparungstechnik, in dem Gewicht, das einzelnen Situationsbildern und Erfahrungen zukommt, auf ganz selbstverständliche Weise zum Gedicht. Die Geborgenheit der Kindheit, die er in den ersten Abschnitten von *Abendlicht* in ruhigen und kräftigen Naturbildern ausdrückt, hat denn auch die Eindruckskraft einer poetischen Evokation.
Noch naheliegender wäre es freilich, den Einleitungsabschnitt, der die Entwicklung einer musikalischen Ausdrucksstruktur als Einstimmung des Erinnerungsvorgangs begreifbar macht, unmittelbar auf die Form dieses Prosatextes zu beziehen: als einer sprachlichen »Chorfuge«[44], einer kontrapunktisch entfalteten Erinnerung, die, um ein zentrales Thema angeordnet, in verschiedenen Stimm- und Erinnerungslagen dieses Thema aufnimmt, variiert und am Ende wieder zusammenbindet. Obwohl Hermlin durchaus bestimmte Lebenssituationen im chronologischen Kontext seiner Autobiographie vergegenwärtigt, werden diese Erinnerungsbilder in der Plausibilität, mit der sie im Text stehen, nicht von der biographischen Kausalität bestimmt, sondern von der ästhetischen Struktur der Themenentfaltung in diesem Text.
Dabei ist es entscheidend hervorzuheben, daß Hermlin auch in politischer Hinsicht nicht beschönigt. Jene politischen Ereignisse, die im bis dahin überzeugten Kommunisten Sperber den Glauben an die Partei erschütterten, nämlich die Moskauer Schauprozesse, werden auch von Hermlin an einer Stelle unmittelbar angesprochen. Während seine spontane Reaktion auf die Information vom Attentat gegen Sergej Kirow ihn an die geheime Mittäterschaft der Nationalsozialisten glauben läßt, reagiert er auf die Nachricht von den ersten Verhaftungen so: »Es handelt sich um alte Revolutionäre wie Sinowjew, Kamenjew und andere. Die Nennung dieser Namen rief äußerste Bestürzung hervor. Aber war nicht bekannt, daß jede Revolution Verräter hervorgebracht hatte, waren nicht oft genug einstige Führer von Revolutionen in Verrat verstrickt worden, dergestalt, daß eigentlich erst der Auftritt der Abtrünnigen die Revolution als solche bestätigte? [...] Ein Arbeiterführer war gefallen, aber Stalins Blick war unbestechlich, er würde jeden entlarven, der unseren Weg bedrohte« (S. 94).
Die damalige ideologische Blindheit wird nicht beschönigt, sondern als Irrtum dargestellt, dessen Bitterkeit sich unausgesprochen im Kontrast zwischen dem damaligen Glauben an Stalin und dem inzwischen bekannt gewordenen Wirken des Kreml-Herrschers zum Ausdruck kommt. Die gleiche Redlichkeit, mit der Hermlin sich hier ideologischen Angriffen schutzlos stellt, gilt auch für die Darstellung von jenen

Schulkameraden oder Bekannten, die zum Nationalsozialismus überliefen. Der Offizierssohn B. etwa, der »Marxisten, Juden und Ausländer« (S. 87) haßte, gleichzeitig, als Schüler des Pianisten Wilhelm Kempff, »glänzend Klavier« (S. 87) spielte und mit dem sich Hermlin bei Konzerten noch angeregt über Musikalisches zu unterhalten vermag, während der politische Graben sich bereits zwischen beiden unüberbrückbar aufgetan hat. Ein anderes Beispiel ist der ehemalige Freund im Kommunistischen Jugendverband Erich M., den Hermlin eines Tages zufällig auf der Straße in einem Rudel von Hitlerjungen wiedersieht. Oder der Bekannte G., der sich den Nationalsozialisten angeschlossen hatte und später Hermlin bei einem zufälligen Zusammentreffen gestand: »Adolf Hitler hat uns verraten. Eine soziale Revolution hat nicht stattgefunden« (S. 90). Der Autor kommentiert ohne Genugtuung: »Er war einer von denen, die aufrichtig an den revolutionären Charakter dieser Gegenrevolution geglaubt hatten, und gehörte nun zu den wenigen, die aus ihrer Enttäuschung Folgerungen ziehen wollten« (S. 90).

Die Toleranz, die hier als ein Prinzip der poetischen Gerechtigkeit hervortritt, ist freilich weit mehr als ein schriftstellerisches Darstellungskriterium, sie ist eine Summe, die Hermlin aus seiner Lebenserfahrung zieht. Er hat das beispielhaft an jenem Erkenntnisschock dargestellt, den das Wiederlesen jenes Satzes im *Kommunistischen Manifest*, das er mit dreizehn Jahren erstmals las, Jahre später in ihm auslöste. Es handelt sich um den Satz: »An die Stelle der alten bürgerlichen Gesellschaft mit ihren Klassen und Klassengegensätzen tritt eine Assoziation, worin die freie Entwicklung aller die Bedingung für die freie Entwicklung eines jeden ist« (S. 21). Daß zur Wahrheit dieses Satzes auch seine Umkehrbarkeit gehört, wird ihm erst später bewußt: »Wie groß war mein Erstaunen, ja mein Entsetzen, als ich nach vielen Jahren fand, daß der Satz in Wirklichkeit gerade das Gegenteil besagte: ›. . .worin die freie Entwicklung eines jeden die Bedingung für die freie Entwicklung aller ist‹« (S. 21).

Ohne daß es im einzelnen ausgeführt würde, wird dennoch sichtbar, daß diese beiden Interpretationen das Konfliktpotential seines Lebens in der DDR bezeichnen – und nicht nur seines Lebens. Wenn er an anderer Stelle davon spricht, »daß das vergebliche Ringen um eine gar nicht wünschenswerte Übereinstimmung in einer falsch gestellten Frage mich in dreißig Jahren viel Kraft gekostet, vielleicht auch daran gehindert, mehr und Besseres zu geben« (S. 43), so ist seine Antwort noch immer ein Festhalten an der einstigen Hoffnung, die er trotz allem nicht aufgegeben hat: »Ich sah diese Möglichkeit ohne einen Anflug von Selbstmitleid. Ich war nicht besser und nicht schlechter als die Bewegung, der ich angehörte, ich teilte ihre Reife und Unreife, ihre Größe und ihr Elend. Was mich noch einsam machte, würde Spätere zusammenschließen« (S. 43).

In zwei der bewegendsten Partien – es handelt sich um Traumsequenzen, aber zugleich auch um Träume im übertragenen Sinne – hat Hermlin diese Hoffnung in Bilder übersetzt. Es ist einmal die Hoffnung als Sehnsucht nach der Vergangenheit, im Bild des geliebten Bruders ausgedrückt, der als Jagdflieger der englischen Luftwaffe 1943 fiel: »Wenn ich nachts erwache, nicht wieder einschlafen kann, und in der lautlosen Finsternis von irgendwoher das Geräusch eines einsamen Flugzeugs hörbar wird, spüre ich, wie er sich nähert. Wieder blicke ich über die leichtgewellten Äcker und Wiesen, während hinter den Wäldern von St. Pierre-de-Fursac der Donner einer tieffliegenden Spitfire erdröhnt. Gleich wird es soweit sein, er wird mich bei dem Namen rufen, den er als kleiner Junge für mich erdacht hatte, er wird mich in ein anderes Land holen ohne

Haß und Furcht, in ein Land, das es nicht gibt, ein Land in der Nähe der Sonne, mein hochgemuter, mein einziger Freund« (S. 70).
Der andere Traum, der *Abendlicht* beschließt, nimmt verwandelt die Eingangssequenz über die Kindheit in den österreichischen Bergen wieder auf und enthält die poetische Vision dieses anderen Landes. Der Wanderer, der in die Berge steigt, verläßt die belebte Welt, wie er sie kennt, und tritt in eine unbekannte paradiesische Wirklichkeit ein: »[...] am Boden blitzte es golden zwischen den Schatten auf, die mächtige Wipfel auf die Lichtung warfen. Männer und Frauen saßen in zwei oder drei Gruppen halbnackt oder in rote, weiße, gelbe Gewänder gekleidet, in erstarrter, sinnender Ruhe auf der Lichtung, hinter der sich links ein kleines Kastell erhob. Ich spürte den lauen Wind, ich hörte ein Flüstern, eine Stimme wiederholte: Immer, immer, immer [...], vielleicht war es meine eigene, die Stille trat in mich ein, ich war ein Teil von ihr geworden« (S. 121).
Hermlin reflektiert an einer Stelle in *Abendlicht* einmal »über den wirklichen oder scheinbaren Waffenstillstand [...], den große Kunstwerke zwischen unerbittlichen, aber gleichermaßen kunsterfahrenen Gegnern oder Feinden herzustellen vermögen« (S. 88). Das ist auch eine Reflexion über die Weisheit des Kunstwerkes, die sich über ideologische Frontenbildungen hinwegsetzt. Die damit ausgesprochene Integrationskraft von großer Kunst trifft unmittelbar auf *Abendlicht* zu.

VI. »Es ist, alles in allem, dieses Deutschland für unsereins ein doch recht fremdes Land. Man ist daheim im deutschen Wort, man ist unter seinesgleichen mit ganz bestimmten deutschen Menschen. Es ist gleichwohl nicht der Boden, auf dem ich mir ein Haus würde bauen wollen.« Von diesen Worten Jean Amérys, die am Ende seiner letzten, postum erschienenen Arbeit *Örtlichkeiten*[45] stehen, gibt es sicher einen Bezug zu seinem Freitod 1978 in Salzburg, in einer Stadt jenes Landes, das ihm einmal für einige Jugendjahre Heimat bedeutet hatte, aber das ihm durch die Zeitgeschichte ebenso entfremdet worden war wie Deutschland, mit dem er bitterste, nie eigentlich überwundene und überwindbare Vergangenheitserinnerungen verband: die Jahre der Verfolgung als jüdischer Intellektueller, der Wettlauf mit dem drohenden Tod durch verschiedene Exilländer, die Verhaftung 1943, das Trauma der zweijährigen KZ-Haft. Daß er überhaupt aus der Anonymität seines Schicksals heraustrat und von Mitte der sechziger Jahre an noch so etwas wie eine Individuation als Schriftsteller erlebte und in einem auf knapp anderthalb Jahrzehnte zusammengedrängten, in rascher Folge entstehenden (überwiegend essayistischen) Werk unter Beweis stellte, daß er als deutschsprachiger Schriftsteller aus dem Geschlecht der Egon Friedells oder Alfred Polgars und Franz Bleis stammte, daß er die Sprache als ein funkelndes Sezierinstrument zu handhaben verstand und mit ihr den ideologischen Geschwulsten der Zeitgeschichte, den Krebswucherungen der jüngsten Vergangenheit therapeutisch zu Leibe ging, ist fast einem Zufall zu verdanken. Améry hat in *Örtlichkeiten* darüber berichtet, wie er 1964 in Brüssel, seinem Wohnort für viele Nachkriegsjahre, schließlich doch den bis dahin hartnäckig ignorierten Einladungen des Goethe-Instituts aus Anlaß einer Heißenbüttel-Lesung nachkam und wie das anschließende Gespräch mit Heißenbüttel – es war die Zeit des großen Auschwitz-Prozesses – ihn zu einer Auftragsarbeit für den *Süddeutschen Rundfunk* inspirierte. Sein Buch *Jenseits von Schuld und Sühne*, das 1966 erschien, ist aus diesem Antrieb entstanden.

Der sich bis dahin durch journalistische Gelegenheitsarbeiten – vor allem für Schweizer Blätter – recht und schlecht durchschlagende Améry überwand mit diesem Buch erstmals seine sprachlose Zeugenschaft der Zeitgeschichte und begann nun in einer Reihe von großen Essays, in denen die begriffliche Sprache nicht nur ständig durch erzählerische Einschübe – am deutlichsten in seinem »Roman-Essay« *Lefeu oder der Abbruch* (1974) – aufgebrochen wird, sondern auch durch synkopische Syntax, assoziative Zitatmontagen, durch Idiomeinblendungen eine vielfacettierte Struktur und Geschmeidigkeit erhält, jenes Bekenntnis wahrzumachen: »Das, was ich schreibe, kann nicht Geschichtsschreibung sein, sondern ein Stück geschichtlicher Zeugenschaft, mehr will es auch nicht sein.«[46]

Die autobiographische Einbettung dieser Zeugenschaft läßt sich am deutlichsten in den *Unmeisterlichen Wanderjahren* und in dem Nachlaßband *Örtlichkeiten* erkennen. Hier legt jemand Rechenschaft ab, der das Verhängnis seines Lebens nicht allein als von der Zeitgeschichte verhängtes Unglück begreifbar zu machen versucht und seine innerste Beteiligung nicht auf die Waagschale legt (wie tendenziell Sperber). Améry ist auch niemand, der wie Hermlin die Leuchtkraft der Utopie angesichts der Trümmerfelder der Zeitgeschichte, angesichts der Opfer und Irrtümer noch poetisch wahr zu machen verstünde, da er, wie er in den *Unmeisterlichen Wanderjahren* einmal schreibt, an »das schöne Begriffs-Poem der Selbstschöpfung des Menschen«[47] nicht zu glauben vermag. Und auch ein Ausweg, den ein Autor und Zeitgenosse wie Hermann Lenz unter Mühen verwirklichen konnte, die Auflösung der Privatexistenz in ein Medium des Schreibens, das nur noch von inneren Antrieben bestimmt wird, war dem Juden Améry von vornherein versagt.

Es wäre sicherlich verständlich, wenn eine aus dem Leiden genährte Leidenschaft das blutgetränkte Kapitel der jüngsten deutschen Zeitgeschichte im Zorn verdammen würde. Améry hat denn auch noch in *Örtlichkeiten* im Rückblick auf seine Haltung Deutschland gegenüber gemeint: »dessen Sprache er nach dem Kriege eine geraume Weile lang nicht zu sprechen wünschte, dessen Geschick ihm im günstigsten Fall gleichgültig war, das er nicht ungerne als einen europäischen Kartoffelacker gesehen hätte, zu Zeiten, da längst schon die Bundesrepublik europäische Reputation erreicht hatte« (S. 114). Doch der Zorn der Betroffenheit verdunkelt sein Blickfeld nicht.

Der exemplarische Rang von Amérys autobiographischer Erkundung in den *Unmeisterlichen Wanderjahren* und in *Örtlichkeiten* kommt gerade darin zum Vorschein, daß er immer wieder auf Entwicklungssituationen seiner selbst aufmerksam macht, die rückblickend in geheimer negativer Korrespondenz zur zeitgeschichtlichen Entwicklung zu stehen scheinen: Der Blindheit, die den geschichtlichen Progreß in der jeweiligen Zeitsituation kennzeichnete, entspricht die partielle Blindheit des Betroffenen. Die unterschwellige Verdrängungstendenz, die sich bei Jünger und – auf anderer Ebene – auch bei Sperber erkennen läßt, ist nirgendwo auch nur dem Ansatz nach bei Améry zu erkennen. So stellt er sich nicht von vornherein als von der Zeitgeschichte präpariertes Opfer dar, das seine Ohnmacht mit seiner Leidenslast büßen muß, sondern als einen von den Zeichen der Zeit geblendeten einzelnen, der zum Teil sogar indirekt mit an den Kausalitäten teilhatte, die die Fahrt in den Abgrund beschleunigten. Er war, wie es in *Örtlichkeiten* heißt, »Teil jenes vertrackten falschen Bewußtseins« (S. 25), aber er gibt andererseits zu Recht zu bedenken, daß damals in Österreich öffentlich akklamierte Geistesgrößen, Franz Werfel, Karl Kraus, Sigmund Freud und viele andere, nicht eigentlich klüger waren: »Wie sollte da ein junger Mensch, herstammend aus der österreichischen Provinz Vorarlberg, aufgewachsen in Ischl und Gmunden, genährt von läppischem Brauchtum und verschworen einer mittelmäßigen heimatlichen Literatur, die heute längst vergessen ist, klüger sein?« (S. 25).

Es ist kein Zufall, daß Améry die irrationalistische Versponnenheit seiner Jugend, seine Fasziniertheit von Autoren wie Stehr, Carossa, Emil Strauß oder Hamsun statt Döblin, Kafka oder Proust, seine Verlorenheit »in den Irrgängen meiner irrationalistischen Philosophie« (S. 24), deren Leitsterne Spengler, Klages oder Heidegger seinen Blick eher trübten, mit dem Jüngerschen Kernbegriff des Waldgängers charakterisiert: »ich befand mich auf dem Waldgang« (S. 16). Mit einer rücksichtslosen Offenheit analysiert Améry die Potemkinschen Dörfer der »ästhetisierenden Kleinbürger« (S. 11), mit denen sie sich den Blick auf die Wirklichkeit verstellten, den Blick auch auf »die Anfänge des Genozids« (S. 28), wie er im Rückblick erkennen muß.

Er beschreibt ein Versagen, von dem er sich selbst nicht ausnimmt, ein Versagen der geistigen Erkenntniskraft der Zeit, das gerade deshalb nicht mehr als bloßes Verhängnis zu erscheinen vermag, weil Améry am Beispiel seiner eigenen Erkenntnisblendung und der Voraussetzungen dazu sichtbar macht, welche geistigen Kausalitäten hinter dieser Bewußtseinsverdunkelung wirkten. Man hat daher zu Recht gesagt: »Die Rezeption dieses Buches [gemeint sind die *Unmeisterlichen Wanderjahre*] ist unerläßlich für jeden, der sich für die geistige Situation unserer Epoche interessiert und für den erregenden Prozeß der Auseinandersetzung eines einzelnen mit dieser Epoche.«[48] Und das gilt ja nicht nur für das Österreich der zwanziger und dreißiger Jahre, das zwar rein chronologisch, vor allem mit dem Blick auf Wien, von der Präsenz der großen Geister bestimmt schien, aber von keiner »synchronen Präsenz« (S. 13), sondern gleichsam nur von einer zufälligen Zusammenballung von Einzelgängern, deren Wirken sich allein in der Rückschau zur Vorstellung eines bestimmten geistigen Klimas rundet.

Améry nimmt bei dieser Bestandsaufnahme auch die philosophischen Exerzitien der Wiener Neopositivisten nicht aus, deren philosophiegeschichtliche Ausstrahlung, die damals auch ihn berührte, er zwar nicht in Abrede stellt, aber deren völlige Abriegelung von der Zeitgeschichte und Selbstzufriedenheit mit der rein formalen Wahrheit einer letztlich tautologischen Logik ihm die Sterilität und letztlich die Wirkungslosigkeit dieses Denkens umfassend demaskiert.

Auf diesem Hintergrund wird es verständlich, wenn Améry im letzten Teil der *Unmeisterlichen Wanderjahre*, nun im zeitgeschichtlichen Kontext der sechziger Jahre, den in eine ahistorische Monumentalität abdriftenden Strukturalismus von einer analogen Gefährdung bedroht sieht und leidenschaftlich Sartre, den er im Mai 1947, nachdem er aus dem KZ Bergen-Belsen von den Alliierten gerettet worden war, für sich entdeckt und dessen Denken, das er ein Vierteljahrhundert lang verfolgt, »stumm und wachsam und kritisch und liebend und verehrend« (S. 80), aus folgendem Grund allein als Denker für sich gelten läßt: »Nicht auf die Lehre kam es an, während man der Deterioration der Welt beiwohnte, sondern auf den Lehrer« (S. 90). Nicht die Abgerundetheit des philosophischen Systems, hinter dem die Person des Denkenden verschwindet, sondern die moralische Wahrhaftigkeit des Denkens, das Entgegensetzungen oder Widersprüche nebensächlich werden läßt, ist entscheidend und das bedeutet: Es zählt nur die existentielle Verifikation dieses Denkens und nicht die

logische; der permanente Austausch zwischen der Lebenspraxis des Denkenden und den theoretischen Verlautbarungen seines Denkens ist allein entscheidend.
Es ist daher mehr als eine Vermutung, daß Sartres radikale Entmythologisierung der eigenen Kindheit und seiner Individuation als Schriftsteller in *Les Mots* (1964) dem Wahrheitsethos in Amérys *Unmeisterlichen Wanderjahren* die Richtung gewiesen hat. Auch Améry geht es um Bewußtseinserforschung, um eine rücksichtslose Selbstanalyse, aber im Unterschied zu Sartre, der seine Identität literarisch für sich wiedergewinnt im rücksichtslosen Angriff auf die literarische Institutionalisierung seiner Person – auch die Ablehnung des Literatur-Nobelpreises ist davon motiviert –, generiert Améry gewissermaßen seine Identität, indem er sie Schicht für Schicht aus dem Schutt der Zeitgeschichte befreit, ein Leben, dessen äußere Stationen in den dreißiger und vierziger Jahren jeder Selbstverwirklichung hohnsprechen und das in der Entscheidung zur moralischen Wahrhaftigkeit der eigenen Existenz am Ende der *Unmeisterlichen Wanderjahre* aus der Zufallsverkettung der Zeitgeschichte heraustritt.
Während Améry in diesem Buch nur den Erfahrungsextrakt seiner äußeren Lebensstationen einbezieht, hat er in *Örtlichkeiten* am Beispiel jener Städte, die die geographische Bewegung seines Lebens markieren (Bad Ischl, Wien, Köln, Antwerpen, Gurs, Brüssel, Zürich, London, Paris), den erzählerischen Kontur dazu nachgetragen. Obwohl das Buch ursprünglich auf eine Radio-Essay-Sendung zurückgeht,[49] ist dennoch ein Komplementärwerk entstanden, dessen Rang nicht zuletzt durch seine erzählerische Versinnlichungskraft geprägt ist. Beide Bücher zusammen ergänzen sich zu einer autobiographischen Gewissenserkundung, die ohne Selbstgerechtigkeit der Gewissenlosigkeit der Zeithistorie den Erkenntnisspiegel vorhält.[50]

VII. Im zweiten Band seiner Lebensgeschichte *Die Fackel im Ohr* (gemeint ist *Die Fackel* von Karl Kraus) berichtet Elias Canetti an einer Stelle, wie er der Frau, die er gegen den leidenschaftlichen Widerstand der Mutter liebte (und die er später heiratete), die Aufzeichnungen Gorkis über den alten Tolstoi[51] schenkte: »Es war das Beste, was er je geschrieben hat, lockere Aufzeichnungen, die er lange liegen ließ, bevor er sie herausbrachte, ohne sie durch eine falsche äußerliche Vereinheitlichung zu zerstören. Dieses Bild des alten Tolstoi hatte Veza sehr bewegt. Sie nannte es das schönste Geschenk, das ich ihr gemacht hatte. [...] Sie konnte dann etwas sagen, das mir das Herz zerriß: ›Das ist es, was ich mir am meisten auf der Welt wünsche: daß du einmal so schreibst.‹«[52]
Canetti begründet seine damalige Betroffenheit mit der Überlegung: »Vieles ist unerreichbar und man kann versuchen, in seiner Richtung zu segeln. Aber die Größe dieser Aufzeichnungen war durch ihren Gegenstand noch mehr bestimmt als durch ihren Schreiber. Gab es heute auf der Welt einen Tolstoi?« (S. 246). Jean Améry, der noch den ersten Band von Canettis Lebensbericht, *Die gerettete Zunge*, lesen konnte, hat, so könnte man sagen, die in dem Wunsch Vezas enthaltene Frage an die Zukunft beantwortet: »Karl Kraus [...] hätte am makellosen Deutsch dieses Buches seine innige Freude gehabt [...] Diese Sprache ist *wahrhaft*, weil der Verfasser inhaltlich Wahrhaftigkeit angestrebt hat, sonst nichts.«[53] Ja, man könnte sogar fortfahren und angesichts der von Canetti aufgearbeiteten eigenen Lebensgeschichte auch seine Frage beantwortet finden. Gewiß, historische Lagen und in sie eingebettete exemplarische Individuen bleiben singulär und letztlich inkommensurabel. Aber wenn Tolstois exemplarisches

Ich durch die Universalität seiner Erkenntnisbestrebungen, durch seine mitmenschliche Leidensfähigkeit, durch seine moralische Ernsthaftigkeit beschreibbar ist, so deuten sich hier Kriterien einer begrifflichen Annäherung an, die tendenziell auch die Persönlichkeit Elias Canettis bezeichnen könnten, ja bewahrheitet werden durch die in der Sprache vollzogene entwicklungsgeschichtliche Verdeutlichung seiner Individualität.

So ist auch die Meisterschaft Canettis in seinem Lebensbericht durch den Gegenstand selbst vorgegeben: durch sein Ich, das nicht nur durch die äußeren Umstände seiner historischen Existenz (spaniolische Herkunft, Geburt in der bulgarischen Stadt Rustschuk, die biographische Verflochtenheit in die zu Ende gehende Geschichte Kakaniens, die Erziehung zur Weltoffenheit in verschiedenen europäischen Städten, Wien, Zürich, Frankfurt, London) einzigartig ist, sondern auch durch die lebendigste sprachliche Einlösung und Ausschöpfung der Potentialität, die dem Ich zu seiner Verwirklichung noch offensteht. Canetti, wie die andern Autoren in eine Epoche hineingeboren, die den einzelnen funktionalisiert, handle es sich nun um den Entfremdungssog, auf den der einzelne in den Institutionen der Gesellschaft trifft, handle es sich um die verinnerlichten Verfremdungsmechanismen innerhalb des Familienclans (der den reichen Onkel Salomon[54] in Manchester als nachahmenswertes Vorbild herausstreicht, dem auch der kleine Elias, der ihn verachtet, nachzueifern habe), läßt seine Lebensgeschichte zum utopischen Paradigma einer Selbstverwirklichung des einzelnen werden, die, auf den Leser und seine Wirklichkeit bezogen, die Sehnsucht nach einer Erfüllung und Vollkommenheit erweckt: dem an den Mastbaum gefesselten Odysseus vergleichbar – es ist die mythische Lieblingsgestalt des jungen Canetti[55] –, der den Gesang der Sirenen vernimmt und zu ihnen aufbrechen möchte.

So gesehen, hat Canetti in seinem Lebensroman das eigentliche Gegenstück zu dem Roman *Die Blendung* geschrieben, jenem Buch über die Hypertrophie, Isolation und Wirklichkeitserblindung des Intellektuellen, der das geschriebene Wort, die Welt im Kopf, über alles andere stellt und damit folgerichtig an der Wirklichkeit zerschellt, mit seiner Bibliothek, die den Welt-Ersatz für ihn darstellt, in Flammen aufgeht.[56] *Die gerettete Zunge* und *Die Fackel im Ohr* stellen in der Gegenbewegung dazu dar, wie ein Ich sich in der Auseinandersetzung mit der Welt und ihren Kräften allmählich entfaltet, Kontur gewinnt und eine Welthaltigkeit und Universalität erreicht, die keinerlei belletristische Konstruktion sind, sondern deren Wahrhaftigkeit in dem Menschen Elias Canetti gründet.

Gewiß, das ist schon in der Darstellung der Kindheits- und Jugendphase keine Hofmannsthalsche Präexistenz, die sich einer Ganzheitserfahrung teilhaftig weiß, für die allein die Evidenz des eigenen Existenzgefühls spricht. Canetti stellt das durchaus mit allen Erschütterungen und Konfliktlagen dar: die Tötungslust, die den Knaben ergreift, weil die wenig ältere Kusine ihm die begehrten Schulhefte vorenthält; der fast tödlich ausgehende Verbrühungsunfall, den er nur überlebt, weil die »verzweifelte Sehnsucht«[57] nach dem Vater, der in England weilt, plötzlich erfüllt wird; der plötzliche Tod des Vaters mit einunddreißig Jahren, wodurch das Leben und Denken Canettis jene entscheidende Prägung erhalten, die sich in seinem fortwährenden Anrennen gegen die Macht des Todes zeigt; die intensive Gefühlsbeziehung zu der noch jungen Mutter, die, von andern Männer begehrt, mit einer leidenschaftlichen Eifersucht von Canetti abgeschirmt wird; die tiefgreifenden Lektüre-Erfahrungen, zuerst unter Anleitung der Mutter und später allein, die zu Kristallisationsmomenten seiner Ich-Struktur werden;

die kardinalen Erkenntnissituationen, die sich auf das Phänomen der Masse, der Meute, der Verfolgung beziehen.

Im zweiten Band wird der Radius der Darstellung nicht nur dadurch ausgeweitet, daß neue Menschen aus dem persönlichen Umkreis, etwa aus der Studienzeit, ins Blickfeld treten, sondern auch durch Persönlichkeiten, die die Entwicklungsrichtung von Canettis Ich entscheidend bestimmen: Veza und Karl Kraus in Wien, George Grosz und Isaak Babel, auf die Canetti in Berlin trifft. Das künstlerische Geheimnis der überaus intensiven Erzähltextur, die Canetti gelingt, liegt nicht nur in der Reinheit der Sprache begründet, sondern auch in dem, was man mit dem alles umfassenden kindlichen Unschuldsblick des Erzählers Canetti umschreiben könnte, der die Bestandteile seines Lebens und seines Ichs aus der Erinnerungstiefe seines Bewußtseins hervorholt (und aus seinem über all die Jahre in Geheimschrift abgefaßten Tagebuch), ohne sie in leicht durchschaubare begriffliche Muster einzuordnen. Die Erinnerungsfähigkeit nimmt bei ihm eine fast mythische Qualität an, mit der sie jeder arrangierten Begrifflichkeit überlegen ist.

Es sei dabei nur nebenbei bemerkt, daß Canetti in *Die Fackel im Ohr* am Rande auch jenes Standardargument gegen seinen großen theoretischen Essay *Masse und Macht* widerlegt, er habe seine Untersuchung des Masse-Phänomens, die implizit auch eine Untersuchung des Faschismus ist, gleichsam unter Aussparung der Forschungsautoritäten, vor allem Freuds, geschrieben.[58] Er berichtet nun, daß am Beginn seiner Arbeit die Auseinandersetzung mit Freuds Darlegungen in *Massenpsychologie und Ich-Analyse* stand, deren derivatorische Behandlung des Themas – der Grund, warum er ihn in *Masse und Macht* aussparte – hier gleichsam en passant erledigt wird.[59]

Dieses von geistigen Energien erfüllte Ich, dessen Vertreibung aus dem Kindheitsparadies – »Die einzig vollkommen glücklichen Jahre, das Paradies in Zürich, waren zu Ende« (S. 375) – am Ende des ersten Bandes dargestellt wird, reichert den bis dahin vorwiegend von der Literatur genährten Bewußtseinsraum nicht nur durch neue Erfahrungen an, sondern wird zugleich auch in seinen sich entfaltenden künstlerischen Sensorien von Canetti begreifbar gemacht. Ohne daß er in einem platten entstehungsgeschichtlichen Sinne biographische Materialien zu *Masse und Macht*, zu der *Blendung* oder zu den Dramen nachliefern würde, macht er jedoch zugleich die individuelle Dimension sichtbar, die seine künstlerischen Arbeiten als Bausteine seiner Persönlichkeitsstruktur ausweist. Doch um welche die Welt in sich aufsaugende und sie dem Ich einverwandelnde Persönlichkeit handelt es sich hier!

Wo Hermann Lenz, von einer Berührungsangst vor der Wirklichkeit erfüllt, sich in seinem schreibenden Ich verkapselt, wo Ernst Jünger seinen individuellen Aktionismus zur Ideologie des heroischen Einzelgängers steigert, der glaubt, sich über die Wirklichkeit hinwegsetzen zu können, wo Manès Sperber die historische Abnutzung seines Ichs im Dienste einer Ideologie aus einer historischen Erfahrungsmoral heraus rückblickend aufzuheben versucht, wo Stephan Hermlin in einem verzweifelten Balanceakt an der Utopie einer besseren Gesellschaft auch angesichts der ständigen Widerlegung durch die Realität festzuhalten versucht, wo Jean Améry die Rotation der Ideologien im Geschichtsprozeß desillusioniert registriert und selbst dabei von einem existentiellen Schwindelgefühl erfaßt wird, stellt Canetti gewissermaßen die moralische Würde des intelligiblen Ichs wieder her, indem er die primären Verblendungszusammenhänge aufkündigt, die das Ich bereits jeweils im Ausgangszustand im Dienst oder in der

Abwehr von Ideologien, begrifflichen Systemen, Strategien der Wirklichkeitsbewältigung zeigen. Canetti erlebt alles gleichsam von vorn und fühlt sich von der Welt in allen seinen Erkenntnisenergien gefordert.

Jenes Bekenntnis in den Aufzeichnungen aus der *Provinz des Menschen* wird von der Darstellung seiner Lebensgeschichte eingeholt: »Mein ganzes Leben ist nichts als ein verzweifelter Versuch, die Arbeitsteilung aufzuheben und alles selbst zu bedenken, damit es sich in einem Kopf zusammenfindet und darüber hinaus wieder Eines wird. Nicht alles wissen will ich, sondern das Zersplitterte vereinigen. Es ist beinahe sicher, daß ein solches Unternehmen nicht gelingen kann. Aber die sehr geringe Aussicht, daß es gelingen könnte, ist an sich schon jede Mühe wert.«[60]

Daß das Bild seiner geistigen Entwicklung, das Canetti vor den Leser stellt, diesem Ziel so nahe zu kommen scheint, daß es für den Lesenden die Leuchtkraft einer Utopie annimmt, liegt wohl auch daran, daß die Achse seiner geistigen Welterschließung die fortwährende Auseinandersetzung mit dem Tod darstellt. Der Tod ist, wie Hermann Broch es einmal formuliert hat, das irdisch Absolute,[61] die fundamentale Gegenkraft des Menschen, mit der sich auseinanderzusetzen, den ganzen Einsatz fordert. Canetti hat ständig mit ganzem Einsatz geschrieben, mit ganzem Einsatz gedacht. Seine Einzigartigkeit liegt denn auch in dieser erstrebten Identität von Schriftsteller, Denker und Mensch.

Daß er nach einem Vierteljahrhundert wirkungsgeschichtlicher Anonymität, an der vielfältige Gründe beteiligt sein mögen,[62] schließlich doch erkannt und hoch anerkannt worden ist, das ist mehr als ein literarischer Wiedergutmachungsakt, das ist ein Hoffnungssignal dafür, daß sein Beispiel nicht einen Anachronismus darstellt, sondern eine vorweggenommene zu erhoffende Zukunft. In diesem Sinne hat auch ein jüngerer deutscher Autor, einer aus der Söhnegeneration, gemeint: »Er gehört zur jungen deutschen Literatur, höchstens, daß manche von diesen Jungen älter wirken als er.«[63]

Anmerkungen

1 Vgl. dazu das Nachwort von Walter Fähnders, Helga Karrenbrock und Martin Rector zu der Ausgabe des *Torpedokäfers* in der Sammlung Luchterhand, Neuwied 1972, S. 483–499.

2 Sehnsucht nach Solidarität. In: Der Spiegel. Nr. 53 v. 25. 12. 1972. S. 85.

3 In: H. B.: Erzählungen, Hörspiele, Aufsätze. Köln 1961. S. 339.

4 In: Horst Bienek: Werkstattgespräche mit Schriftstellern. München 1965. S. 178.

5 Vgl. u. a. Hans Dieter Schäfer: Die nichtfaschistische Literatur der »jungen Generation« im nationalsozialistischen Deutschland. In: Die deutsche Literatur im Dritten Reich. Themen, Traditionen, Wirkungen. Hrsg. von Horst Denkler und Karl Prümm. Stuttgart 1976. S. 459–503.

6 Es handelt sich um ein bisher unveröffentlichtes Gespräch mit dem Verf.

7 Wilhelm Grenzmann: Ernst Jünger. Das Ich und die Welt. In: W. G.: Dichtung und Glaube. Bonn 1952. S. 165.

8 Vgl. den Hinweis bei Armin Mohler: Der Elch im Waffenrock. In: Die Welt. Nr. 76 v. 29. 3. 1980. S. III.

9 Vgl. dazu die Ausführungen von François Bondy: Die Rezeption der deutschen Literatur nach 1945 in Frankreich. In: Die deutsche Literatur der Gegenwart. Aspekte und Tendenzen. Hrsg. von Manfred Durzak. Stuttgart [3]1976. S. 440–449, bes. S. 445 f.

10 Vgl. dazu allerdings die Untersuchung von Peter Wapnewski: Ernst Jünger. Die Sprachdenker, der Stilist und das Maß. In: P. W.: Zumutungen. Essays zur Literatur des 20. Jahrhunderts. Düsseldorf 1979. S. 200–218.

11 In: Die Welt. Nr. 76 v. 29. 3. 1980. S. III.
12 Karl Prümm: Vom Nationalisten zum Abendländer. Zur politischen Entwicklung Ernst Jüngers. In: Basis 6 (1976) S. 28.
13 Karl Heinz Bohrer: Die Ästhetik des Schreckens. Die pessimistische Romantik und Ernst Jüngers Frühwerk. München 1978. S. 18.
14 Jünger Studien. 1. Amriswiler Rede. 2. Achtzig und Jünger. In: A. A.: Öffentlicher Brief an einen sowjetischen Schriftsteller, das Überholte betreffend. Reportagen und Aufsätze. Zürich 1977. S. 71–86, S. 87–107. Weitere Zitate aus diesem Band werden im Text nachgewiesen.
15 Vgl. dazu die Untersuchung von Gerda Liebchen: *Ernst Jünger – Seine literarischen Arbeiten in den zwanziger Jahren* (Bonn 1977), die den Beweis führt, daß Jünger aufgrund dieser – zudem zumeist in militärischen Fachverlagen veröffentlichten – frühen Arbeiten gewissermaßen als Fachschriftsteller zu Militärfragen galt und nicht als belletristischer Autor.
16 Stuttgart 1973. S. 165. Die Zitatnachweise im Text beziehen sich auf diese Ausgabe.
17 Vgl. dazu die Ausführungen von Werner Helwig: Ein Buch der Selbstversöhnung. In: Merkur 27 (1973) H. 6. S. 573–575.
18 Zitiert nach Kurt Lothar Tank: Was wird aus dem Menschen? Aspekte des utopischen Romans. In: Wandlung und Wiederkehr. Ernst Jünger zum 70. Geburtstag. Aachen o. J. S. 213.
19 Zitiert hier nach Bd. 9 der zehnbändigen Gesamtausgabe: Erzählende Schriften 1. Stuttgart o. J. S. 11.
20 Vgl. dazu im einzelnen den Abschnitt »Die Jugend« (S. 78 f.) in der »Zeittafel« des von Hans Peter Des Coudres herausgegebenen Bandes: Bibliographie der Werke Ernst Jüngers. Stuttgart 1970.
21 Vgl. S. 99.
22 Helmut Heißenbüttel: Übermensch als Gymnasiast. Traumbild einer intakten Gesellschaft. In: Deutsche Zeitung, Christ und Welt v. 29. 6. 1973.
23 Zitiert nach der zehnbändigen Gesamtausgabe: Tagebücher II. Stuttgart o. J. S. 394.
24 Es handelt sich um: Verlassene Zimmer. Köln 1966; Andere Tage, Köln 1968; Neue Zeit, Frankfurt a. M. 1975; Tagebuch vom Überleben und Leben, Frankfurt a. M. 1978. Zitate aus diesen Bänden werden im folgenden im Text nachgewiesen. – Peter Handke hat diese Bücher so charakterisiert: »die ein poetischer Geschichtsunterricht sind, voller Anmut, voller Würde« (Der Krieg ist nicht vorbei. In: DIE ZEIT. Nr. 23 v. 30. 5. 1975. S. 22 f.).
25 »Es ist ein versunkenes Wien, ein nie gesehenes, eine Art Vineta der Imagination, eine Art Utopia der sanften Vergänglichkeit, melancholisch schimmerndes Nirgendwo einer menschlichen Ordnung, der es wesentlich ist, verfallen und abgetan zu sein« (Dolf Sternberger: Laudatio auf Hermann Lenz. In: Deutsche Akademie für Sprache und Dichtung. Jahrbuch. Heidelberg 1978. S. 71).
26 Zitiert nach Peter Handke: Jemand anderer: Hermann Lenz. In: P. H.: Als das Wünschen noch geholfen hat. Frankfurt a. M. 1974. S. 98.
27 Ich habe nichts über den Krieg aufgeschrieben. Ein Gespräch mit Heinrich Böll und Hermann Lenz. In: Literaturmagazin 7. Reinbek 1977. S. 57.
28 Vgl. dazu Manfred Durzak: Epische Refugien des Ichs: Das Erzählwerk von Hermann Lenz. In: M. D.: Gespräche über den Roman. Formbestimmungen und Analysen. Frankfurt a. M. 1976. S. 247–270.
29 Hermann Lenz: Den Verfall hinauszögern. In: Deutsche Akademie für Sprache und Dichtung. Jahrbuch. Heidelberg 1978. S. 79.
30 Die Wasserträger Gottes. Wien 1974; Die vergebliche Warnung. Wien 1975; Bis man mir Scherben auf die Augen legt. Wien 1977. Zitate aus diesen Bänden werden im folgenden im Text nachgewiesen.
31 Die drei Romane, die 1961 zu der Trilogie zusammengefaßt wurden, erschienen ursprünglich separat: Der verbrannte Dornbusch (1949); Tiefer als der Abgrund (1950) und Die verlorene Bucht (1953). Vgl. zu der Trilogie u. a. die Ausführungen von Marcel Reich-Ranicki in: Deutsche Literatur in West und Ost. München 1963. S. 257–262.
32 Claudio Magris: Ein Versuch aus dem Nirgends. Zu Manès Sperber und seinem Werk. In: Modern Austrian Literature 12 (1979) H. 2. S. 65 f.
33 Vgl. Die Wasserträger Gottes, S. 35.
34 Beispielhaft dafür ist das Porträt von Anna Seghers, die »Ulbrichts Dichterin wurde« (S. 103) in: Bis man mir Scherben auf die Augen legt. S. 101–103.
35 Hans Mayer: Lyrik der Hoffnung. Stephan Hermlin: »Gesammelte Gedichte« und »Abendlicht«. In: DIE ZEIT. Nr. 39 v. 21. 9. 1979. S. 53.
36 Ein sozialistischer Grandseigneur. In: G. K.: Warum schreiben? Notizen zur Literatur. München 1976. S. 134.

37 Zitiert hier und im folgenden nach einem unveröffentlichten Gespräch des Verf.s mit Hermlin vom 21. 6. 1974.
38 So ist Hermlin, der zahlreiche Auszeichnungen erhielt, auch Nationalpreisträger erster Klasse der DDR.
39 Zitiert nach Mayer (Anm. 35).
40 An Lettaus Besprechung im *Spiegel* (3. 12. 1979), Mayers Besprechung in *DIE ZEIT* (21. 9. 1979), an die Rezensionen Krolows im *Berliner Tagesspiegel* (3. 2. 1980) und Kants im Ostberliner *Sonntag* bzw. in der *Neuen Deutschen Literatur* (H. 12, 1979) ist gedacht.
41 So Hermlin in einem Brief an den Verf. vom 19. 2. 1980.
42 In: St. H. / Hans Mayer: Ansichten über einige Bücher und Schriftsteller. Berlin 1947. S. 191.
43 Das ist die These von Hans Mayer in seiner Rezension: Lyrik der Hoffnung (Anm. 35).
44 S. 7. Zitiert wird hier und im folgenden nach der westdeutschen Ausgabe: Berlin 1979.
45 Stuttgart 1980. S. 123. Weitere Zitate aus diesem Band werden im Text nachgewiesen.
46 Zitiert nach dem Nachwort von Manfred Franke: Vorarlberg und etwas mehr. In: Örtlichkeiten, S. 137.
47 Stuttgart 1971. S. 29. Weitere Zitate aus diesem Band werden im Text nachgewiesen.
48 Rudolf Hartung: Mit Vergangenheit und Schicksal. In: DIE ZEIT. Nr. 25 v. 18. 6. 1971. S. 19.
49 Vgl. dazu den bereits erwähnten Entstehungsbericht von Manfred Franke.
50 Vgl. zu Améry auch das *Sonderheft Jean Améry* der Zeitschrift *Hermannstraße 14*, Stuttgart 1978.
51 Vgl. auch seine Reflexionen über den alten Tolstoi, *Tolstoi, der letzte Ahne*, in seinem Essayband *Das Gewissen der Worte*, München 1975, S. 196–202.
52 München 1980. S. 245. Weitere Zitate aus diesem Band werden im Text nachgewiesen.
53 Sprache, Tod und Eifersucht. In: Der Spiegel. Nr. 12 v. 14. 3. 1977. S. 200.
54 Vgl. Canettis Bekenntnis in der *Geretteten Zunge* (München 1977, S. 73): »Ich kann diesen Onkel nicht freundlich oder gerecht sehen, er wurde der verhaßte Feind meiner Jugend, der Mann, der für alles stand, was ich verabscheute.«
55 Vgl. ebd. S. 135.
56 Vgl. dazu im einzelnen das Canetti-Gespräch und das Canetti-Kapitel in Manfred Durzak: Gespräche über den Roman. Frankfurt a. M. 1976. S. 86–102, bzw. S. 103–127.
57 Die gerettete Zunge. München 1977. S. 48. Weitere Zitate aus diesem Band werden im Text nachgewiesen.
58 Vgl. dazu etwa die Äußerung Joachim Schickels in seinem Gespräch mit Canetti in E. C.: Die gespaltene Zukunft. München 1972. S. 117. Seine Kritik an Freud hatte Canetti übrigens schon früher ausführlich in seinem Gespräch mit Adorno dargelegt. Vgl. Die gespaltene Zukunft, S. 66–92.
59 Vgl. S. 168 ff.
60 München 1973. S. 49.
61 Vgl. dazu Brochs Ausführungen in seinem Essay *Politik*, in: H. B.: Erkennen und Handeln. Zürich 1955. S. 215 ff.
62 Walter Hinck hat gemeint: »Mir scheint dies mit der westlichen Kafka-Rezeption zu tun zu haben. In den sechziger Jahren trieb die Kafka-Welle der Nachkriegszeit noch einmal einem Höhepunkt zu, überschlug sich aber auch. Bei nicht wenigen hinterließ die Mode Überdruß. In das entstandene Vakuum nun stieß Canettis Roman« (Späte Begeisterung für Canetti. In: Frankfurter Allgemeine Zeitung. Nr. 230 v. 4. 10. 1975). Damit wird sicherlich nur ein Teilaspekt berührt.
63 Urs Widmer: Über Elias Canetti, zu seinem 70. Geburtstag. In: Canetti lesen. Erfahrungen mit seinen Büchern. Hrsg. von Herbert G. Göpfert. München 1975. S. 108.

FRANZ SCHONAUER

Literaturkritik in der Bundesrepublik Deutschland

In Merker-Stammlers *Reallexikon der deutschen Literaturgeschichte* schreiben Werner Kohlschmidt und Wolfgang Mohr zum Thema literarische Kritik:
»§ 1. Literarische Kritik entspringt einem unmittelbaren Reagieren auf literarische Reize. Mit der besonderen Empfindlichkeit des Kritikers gegenüber dem Literaturwerk verbindet sich die Tendenz zu Urteil und Wertung und damit auch zur Einflußnahme auf das Publikum. Literarische Kritik grenzt ohne scharfe Übergänge an Literaturästhetik, Poetik und Literaturgeschichte. Sie unterscheidet sich von diesen Disziplinen darin, daß sie ihren Gegenstand nicht so sehr mit der wissenschaftlichen Distanz des Systematikers oder Historikers betrachtet, sondern sich seiner Wirkung unmittelbar hingibt und diese Wirkung auf die Gegenwart prüft, bewertet und lenkt. Sie ist demnach weniger Wissenschaft als vielmehr eine Form der Publizistik. Nicht nur in der literarischen Satire und Parodie nimmt sie oft ausgesprochen polemische Züge an. Die Abgrenzung gegen die systematischen und historischen Disziplinen der Literaturbetrachtung wird von der Mitte des 19. Jahrhunderts an schärfer, indem sich die literarische Kritik mehr und mehr der Tagespublizistik zuwendet und ihre Funktion im Feuilleton ausübt. Das Wort ›Kritik‹ als Bezeichnung einer literarischen Darbietungsform macht dabei einen Bedeutungswandel durch: es meint jetzt vornehmlich die aktuelle Rezension literarischer Neuerscheinungen und die Beurteilung literarischer oder musikalischer Aufführungen in der Tagespresse (Theaterkritik).«[1]
Diese Begriffsbestimmung kann man akzeptieren. Sie trifft, obwohl der Artikel vor knapp zwanzig Jahren geschrieben wurde, auch für die Gegenwart zu.

Wenn Literaturkritik »einem unmittelbaren Reagieren auf literarische Reize« entspringt, dann setzt dieses Reagieren ein Vorhandensein von literarischen Reizen, also von Literatur, von Büchern voraus. Daran mangelte es aber in den ersten Nachkriegsjahren. 1944 war infolge des ›totalen Krieges‹ der Druck von Zeitungen, Zeitschriften und Büchern rigoros gedrosselt worden. Nahezu alle Blätter, die nicht zur Parteipresse gehörten, mußten ihr Erscheinen einstellen; der größte Teil der in den Barsortimenten und Grossohäusern lagernden Buchbestände ging bei den schweren Luftangriffen auf Leipzig verloren. Was den Krieg überdauerte, unterlag den Zensurbestimmungen der vier Besatzungsmächte, die von ihren »Rechten« einen höchst unterschiedlichen Gebrauch machten. Alles in allem aber waren die Militärregierungen zunächst am Aufbau einer Presse interessiert. Die ersten Zeitungen und Zeitschriften, die nach der Kapitulation in deutscher Sprache erschienen, waren Organe der Alliierten. Erst Monate später erhielten politisch unbelastete Deutsche den Auftrag oder die Erlaubnis, Zeitungen herauszugeben (Lizenzpresse). Auch die Kulturzeitschriften, die damals gegründet wurden und eine Art Buchersatz waren (*Der Aufbau*, *Die Wandlung*, *Die Sammlung*, *Das Goldene Tor*, *Athena*, *Ost und West*, *Merkur* usw.), trugen den Lizenzvermerk der jeweiligen Militärregierung.
Literatur sollte im Dritten Reich identisch sein mit Gesinnungs- und Weltanschauungs-

literatur. Dazu schreibt Hellmuth Langenbucher 1935 im Vorwort zu seinem Standardwerk *Volkhafte Dichtung*: »[...] *kunstlose Gesinnung ist mir doch lieber als gesinnungslose Kunst!* [...] und ich bin der festen Überzeugung, daß die deutsche Kunst nicht sterben wird, weil vielleicht einmal ein paar Jahre lang die Gesinnung und Haltung dem Künstlerischen gegenüber überbetont werden, aber das *Volk* zugrunde gerichtet werden kann durch eine Kunst und im weiteren Sinne durch eine Kultur, die keine, gar keine Bindungen kennt (und das verstehe ich unter *Gesinnung*: nicht das möglichst oft und laut ›Heil-Hitler‹-Rufen, sondern das Gebundensein an die heiligen Lebens- und Wachstumswerte unseres Volkes, ganz einfach: *die Treue des Dichters zu seinem Volk und zu seinem Schicksal mit all seinen Höhen und Tiefen*) [...].«[2]

Daß die nationalsozialistische Gesinnungs- und Weltanschauungsliteratur nicht nur der Alliierten wegen inopportun war, versteht sich nach der totalen Kapitulation von selbst. So zeigten auch die ersten literarischen Programme der deutschen Verlage ein eher traditionelles, der unpolitischen ›Innerlichkeit‹ verpflichtetes Gesicht. Man hielt an den bewährten Autoren und Titeln fest oder griff auf sie zurück, sofern sie unbelastet waren. Peter Suhrkamp, der unter den Verlegern der ersten Nachkriegszeit am entschiedensten für eine erzieherisch wirksame Literatur eintrat, hielt unter dem Aspekt das Werk Rudolf Alexander Schröders und Hermann Hesses für besonders editionswürdig. In dem von ihm 1946 herausgegebenen *Taschenbuch für junge Menschen* finden sich Texte folgender Autoren: Hugo von Hofmannsthal, Rudolf Alexander Schröder, Wolfgang Schadewaldt, Editha Klipstein, Albrecht Goes, Josef Pieper, Reinhold Schneider und Heinrich Schirmbeck. Suhrkamp selbst veröffentlichte in diesem Taschenbuch seinen *Brief an einen Heimkehrer* und den Aufsatz *Über das Lesen*.

Der Insel Verlag, dessen Signet jahrzehntelang ein Gütezeichen für anspruchsvolle »bürgerliche« Literatur war, für Dichtung in der Tradition der Klassik und Romantik, bestritt sein Programm 1946, 1947 und 1948 – in Leipzig wie in Wiesbaden – fast ausschließlich mit Neuauflagen: *Luthers Glaube* und *Michael Unger* von Ricarda Huch, Rilkes *Duineser Elegien* und *Stundenbuch*, Reinhold Schneiders *Las Casas vor Karl V.* und *Macht und Gnade*, *Das Vermächtnis der deutschen Klassiker* von Reinhard Buchwald und *Goethes Weltanschauung* von Eduard Spranger, Hans Carossas *Gedichte* und 1947, als Neuerscheinung, *Aufzeichnungen aus Italien*, die der Verfasser als einen »Gruß an die Glücklichen« verstanden wissen wollte, »die einst wieder frei in dem schönen Lande werden reisen«.

Auch die zahlreichen, meist unzureichenden Nachdrucke von Klassikertexten – Goethe, Schiller, Mörike, Eichendorff, Lessing, Heine –, mit denen vorzugsweise die neugegründeten Verlage an die Öffentlichkeit traten, weil diese Autoren nicht mehr urheberrechtlich geschützt waren, seien hier erwähnt. Bis auf wenige Ausnahmen war die moderne ausländische Literatur, waren die Romane John Dos Passos', William Faulkners, André Gides, Ernest Hemingways, John Steinbecks, Thomas Wolfes usw. für die deutschen Leser während der ersten Nachkriegsjahre nicht zugänglich. Das hatte wirtschaftliche Ursachen – es gab keine Devisen, um die Honorare und Lizenzgebühren bezahlen zu können –, aber auch politische. In dem Zusammenhang ist aufschlußreich, was Volker Wehdeking über die Praxis der amerikanischen Re-education-Politik schreibt: »Alles wurde damals lizenziert, die inländische Presse und das Verlagswesen, alle ausländischen Druckerzeugnisse, die Theater- und Filmaufführungen, selbst die

Schauspieler. Über die Papierbewirtschaftung steuerten die Amerikaner (bis zur Währungsreform) die Verlagsprogramme auch für deutsche Druckerzeugnisse. Papier bekam, wer *re-education*-konforme Literatur herausbrachte. Die Literaturauswahl enthielt zwar 25% amerikanische Belletristik (und 18% Religion), aber alles, was nur entfernt selbstkritisch auf die Information Control Division wirkte oder keine genügend demokratisch-optimistische Richtung aufwies, kam nicht zu Druck und Aufführung.«[3]

Vorenthalten wurden den Deutschen zunächst auch die Bücher ihrer eigenen literarischen Moderne. Weder Thomas Manns *Lotte in Weimar* noch *Doktor Faustus*, weder Heinrich Manns *Henri Quatre*, Robert Musils *Mann ohne Eigenschaften*, Franz Werfels *Lied von Bernadette* noch Hermann Brochs *Tod des Vergil*, weder Franz Kafkas *Erzählungen* noch Brechts *Stücke* und *Versuche* waren in den ersten Jahren nach dem Krieg auf dem deutschen Büchermarkt vorhanden.

Da es keinen freien literarischen Markt gab, gab es ebensowenig eine literarische Kritik. Die Rezension eines Buches, das dem Leser nicht oder nur sehr schwer zugänglich ist, verfehlt ihren Zweck. Auch mangelte es an Kritikern, denn Literatur- und Kunstkritik waren von Goebbels im Dritten Reich verboten worden; an ihre Stelle trat die »Kunstbetrachtung«. Die Juden, die der literarischen Kritik vor 1933 Weltläufigkeit und journalistischen Glanz gaben, lebten im Exil oder waren tot. Die in Deutschland gebliebenen Kritiker, Herbert Jhering z. B., hatten sich diskreditiert. Einen Nachwuchs gab es vorerst nicht. Die entlassenen Soldaten kehrten zu den Schulbänken und Hörsälen zurück. Einige von ihnen machten ihre ersten publizistischen Versuche in den vielerorts gegründeten Universitätszeitungen. Es gibt meines Wissens noch keine Untersuchung darüber, welche Bücher in den Jahren zwischen Kriegsende und Währungsreform rezensiert und welche kritischen Maßstäbe dabei angelegt wurden.

Beim Durchblättern einiger Zeitschriftennummern aus dieser Zeit kommt man zu folgendem Resultat. Im 1. Jahrgang der *Frankfurter Hefte* (April–Dezember 1946) z. B. werden 19 Bücher besprochen, die überwiegend philosophische, religiöse, historische und politische Themen behandeln. Zur Literatur lassen sich allenfalls die Schriften von Friedrich Georg Jünger (*Die Perfektion der Technik*) und Alfred Döblin (*Der unsterbliche Mensch*) zählen. Unter den 19 Titeln befindet sich kein Roman, keine Erzählung, kein Gedichtband. *Die Wandlung* veröffentlichte 1945/46 einige literarische Essays und Hinweise auf wichtige, in Deutschland nahezu unbekannte Schriftsteller (T. S. Eliot, Franz Kafka u. a.). Einen Rezensionsteil gab es in der Zeitschrift ebensowenig wie in den Heften des *Merkur* aus dem Jahre 1947. Kritiken wurden dort in dem zweispaltig gesetzten Teil »Chronik« publiziert. Es waren nur wenige: über Bühnenstücke von Thornton Wilder (*Wir sind noch einmal davongekommen*) und Jean Anouilh, über Bücher von Richard Benz (*Stufen und Wandlungen*, *Lösung und Bindung*), eine Auswahl aus den Schriften Senecas, über Max Picards Essay *Hitler in uns selbst* und die Lyrik von Friedrich Georg Jünger. Im Hauptteil des *Merkur* erschienen literarische Aufsätze von Max Bense (*Über den Essay und seine Prosa*), Ernst Robert Curtius (*Hermann Hesse*, *Europäische Literatur und lateinisches Mittelalter*), Hans Egon Holthusen (*Eugen Gottlob Winkler*) und Hans Paeschke (*Paul Valéry*). Eine ähnlich marginale Rolle spielte die Kritik auch in den anderen damals erscheinenden Zeitschriften: *Das Goldene Tor*, *Ost und West*, *Aufbau*, *Der Ruf* usw.

Ebenfalls bescheiden war der Rezensionsteil der Zeitungen; inhaltlich spiegelte er die Zufälligkeiten der Buchproduktion wider. Literaturwissenschaft und Kritik als journalistische Tätigkeit blieben sich traditionsgemäß auch weiterhin fremd. Von wenigen Ausnahmen abgesehen, schreiben deutsche Professoren nicht für die Presse. Sie haben es nicht gelernt, ihre Gedanken gut lesbar und allgemeinverständlich zu formulieren; außerdem müßten sie um ihren wissenschaftlichen Ruf fürchten. Wie praxisfremd der akademische Standpunkt sich in Sachen Literaturkritik ausnimmt, zeigt ein Aufsatz des Göttinger Germanisten Wolfgang Kayser von 1959. In ihm heißt es u. a.:

»Der Zustand der literarischen Kritik, wie er in Zeitungen und Zeitschriften erkennbar wird, ist bis auf wenige Ausnahmen unbefriedigend. (Das Amt des Kritikers fällt nicht selten dem Verleger zu: sein Klappentext – und nicht das Buch selber – bildet viel zu oft die Grundlage der Besprechung.)

Wir brauchen nicht auf die Zeit um 1800 zu schauen, als Goethe, Schiller, August Wilhelm Schlegel bei ihrer umfangreichen Rezensententätigkeit die Maßstäbe setzten und begründeten. Noch in den ersten Jahrzehnten unseres Jahrhunderts gab es eine gute, kräftige und wirklich sichtende Kritik, d. h. Kritiker, die bei weltweiter Belesenheit, literaturhistorischer Bildung und sicherem Instinkt für literarische Werte Maßstäbe besaßen. Unsere heutige Kritik besitzt sie nicht oder vermag nicht, ihnen Gehör zu verschaffen. Sie erfüllt ihre Aufgabe der Sichtung nicht ausreichend. Wir stellen das fest, ohne die Gründe für den Rückgang zu erörtern. (Das Fehlen des jüdischen Elements mit seiner kritischen Begabung spielt dabei wohl eine Rolle.) Ein Sortimenter hat arbeitstäglich zu siebzig Publikationen Stellung zu nehmen, auch er gehört ja zugleich zu den Sichtenden. Nicht die Zahl an sich ist das Erschreckende – sie war 1913 beträchtlich höher –, sondern der Mangel an Ordnung. Die Bedeutungslosigkeit der literarischen Kritik steigert jedenfalls die Verwirrung in unserem literarischen Leben, zu der die Profilschwäche der Verleger und jene Paradoxien in der Produktion das Ihre beitragen. Wie mitunter literarische Erfolge mittels rein werbetechnischer Maßnahmen erzielt werden, das hätte weniger Erschreckendes, wenn es eine sichere, Maßstäbe verwaltende Kritik gäbe. Bedeutende Köpfe der 20er Jahre hatten ein Studium der Germanistik hinter sich, eine ganze Reihe kam aus der Schule Erich Schmidts. Nicht als ob sie dort ›die Kritik‹ gelernt hätten, obwohl Erich Schmidt und andere Literarhistoriker in der *Deutschen Literaturzeitung* regelmäßig Neuerscheinungen der schönen Literatur besprachen. Aber man lernte bei ihnen die Voraussetzungen für die Kritik; historische Bildung, weite Belesenheit und Strenge und Sauberkeit des Denkens. Es folgten Jahrzehnte, in denen sich der Blick einseitig auf die geistigen Problemgehalte der Dichtung richtete und in denen die Lust zur Spekulation gefördert wurde, während der Sinn für sprachliche, literarische Qualität und für die Fragen des Machens unausgebildet blieb.«[4]

Gerade von seiten der deutschen Literaturwissenschaft, die sich nach ihrem »Sündenfall« auf die Methode der werkimmanenten Interpretation zurückgezogen hatte, Unterstützung zu erwarten war naiv. Denn von ihr konnten keine Impulse ausgehen, die der Literaturkritik des ersten Nachkriegsjahrzehnts hätten Auftrieb geben können. Dessenungeachtet weist Walter Boehlich 1954 in einem Aufsatz auf die Arbeiten von Helmut de Boor, Richard Newald, Friedrich Sengle, Josef Nadler, Karl Viëtor, Kurt Wais, Werner Milch, Walter Rehm, Erich Auerbach, Ernst Robert Curtius u. a. hin und nennt im Zusammenhang mit seinen Ausführungen zur Situation der Literaturkritik

Namen wie Max Rychner, Rudolf Alexander Schröder, Ernst Robert Curtius, Carl Jakob Burckhardt, Hans Egon Holthusen, Hans Hennecke, Karl August Horst, Max Bense und Erich Kahler. Boehlich, der in einigen Punkten die Feststellungen Kaysers vorwegnahm, führte gewisse Mängel in der Literaturwissenschaft wie in der Kritik auf die »fehlende Generation« zurück und konstatierte: »Kritik ist in Deutschland Kritik Einzelner«.[5] Und: »Dem breiten Umfang der Literaturkritik in Frankreich und den angelsächsischen Ländern kann in Deutschland nichts Vergleichbares entgegengestellt werden; es fehlt dazu sowohl an Interesse als auch an Organen und wohl auch an Begabung. Eine Form der Schulebildung, wie sie letzten Endes der New Criticism darstellt, findet sich auch nicht.«[6]
Das war zweifellos richtig, überforderte aber 10 Jahre nach Kriegsende die deutschen Verhältnisse, die zwangsläufig im Zeichen der Restauration standen. Die Parole »Keine Experimente«, mit der CDU/CSU bei der Bundestagswahl 1957 die absolute Mehrheit errang, entsprach, wie kaum ein anderes Wort, dem »Geist der Zeit«.

Heinrich Vormweg veröffentlichte 1973 im Rahmen einer Darstellung, die der Geschichte der Prosaliteratur der Bundesrepublik galt (in *Kindlers Literaturgeschichte der Gegenwart. Die Literatur der Bundesrepublik*, hrsg. von Dieter Lattmann), einen kurzen *Zwischenbericht in Sachen Literaturkritik*. Die dort erwähnten Namen sind z. T. identisch mit denen, die auch Boehlich nannte. Das Gros aber gehört, von Friedrich Sieburg, Hans Mayer und Günter Blöcker abgesehen, jener Kritikergeneration an, die erst in den fünfziger Jahren und später an die Öffentlichkeit trat: Walter Boehlich, Rudolf Hartung, Walter Jens, Joachim Kaiser, Fritz J. Raddatz, Marcel Reich-Ranicki, Franz Schonauer, Hans Schwab-Felisch, Werner Weber, Roland H. Wiegenstein. Diese Liste bedarf der Ergänzung, denn die Literaturkritik ist nicht von den hier Genannten allein »gemacht« worden. So vermißt man z. B. die Namen einflußreicher Zeitungs-, Zeitschriften- und Rundfunkredakteure, die sich auch als Kritiker betätigten: Alfred Andersch, Hans Bender, Wilfried Berghahn, Hans Georg Brenner, Walter Dirks, Paul Fechter, Hans Eberhard Friedrich, Joachim Günther, Walter Maria Guggenheimer, Walter Höllerer, Paul Hühnerfeld, Karl Korn, Rudolf Walter Leonhardt, Friedrich Luft, Siegfried Melchinger, Jost Nolte, Harry Pross, Georg Ramseger, Benno Reifenberg, Karl Schwedhelm, Dolf Sternberger, Gerhard Szczesny usw. Ungenannt blieben auch die Schriftsteller und Literaten, die, teils haupt-, teils nebenberuflich, regelmäßig Buchkritiken schrieben und deren Einfluß auf den »Literaturbetrieb« dieser Jahre nachweisbar ist: Heinrich Böll, Erich Franzen, Gustav Hillard, Kurt Heinrich Hansen, Curt Hohoff, Fritz Arnold, Karl Krolow, Walter Mannzen, Erich Kuby, Walter Heist, Oskar Jancke, Gert Kalow, Hermann Uhde-Bernays, Erich Pfeiffer-Belli, Fritz Usinger, Egon Vietta, Hermann Stresau, Wolfgang Rothe. Ebenso unumgänglich erscheint mir ein Hinweis auf die Medien. Das heißt: Es läßt sich weder von Literaturkritik noch von ihrer Rolle während der fünfziger und sechziger Jahre auf angemessene Weise reden, wenn die Zeitungen, Zeitschriften, wenn die Literaturkritik im Rundfunk und dessen literarische Sonderprogramme nicht erwähnt werden. Mit der wachsenden literarischen Produktion wurden »Literaturseiten« und Beilagen nicht nur eine ständige Einrichtung überregionaler Zeitungen, sondern auch der größeren Regionalblätter (*Stuttgarter Zeitung*, *Schwäbische Zeitung* z. B.). Das Zeitschriftensterben nach 1948, dem selbst das ruhmlose Ende des Organs der Darmstädter Akademie (*Literarisches Deutschland* bzw. *Neue literarische Welt*) noch zugerechnet werden muß – obwohl in dem Fall eher Dilettantismus und interne Querelen als Geldmangel das Ende herbeiführten –, hatte zwar große Lücken gerissen. Doch wurden diese, wenigstens teilweise, durch Neugründungen wieder geschlossen. 1954 erschienen, herausgegeben von Walter Höllerer und Hans Bender, *Akzente. Zeitschrift für Dichtung* und die von Paul Fechter und Joachim Günther edierten *Neuen deutschen Hefte*. 1955 begann Alfred Andersch mit *Texte und Zeichen*. Es folgten: *Der Augenblick* (Max Bense) und Horst Bieneks *blätter + bilder*. *Merkur*, *Frankfurter Hefte* und *Deutsche Rundschau* hatten die Währungsreform überlebt. Der 1948 von den Amerikanern gegründete *Monat* kannte in den fünfziger Jahren keine finanziellen Sorgen. Für Literatur und Literaturkritik waren das günstige Voraussetzungen, zumal bei den jüngeren Schriftstellern unter dem Eindruck des gesellschaftlichen Immobilismus Ansätze eines politischen Bewußtseins sich abzuzeichnen begannen.

»Die Literatur«, so heißt es in der von Andersch verfaßten Vorankündigung der Zeitschrift *Texte und Zeichen*, »ist das geistige Vorfeld, auf dem die Entscheidungen fallen, noch ehe sie im Leben des Einzelnen und der Gemeinschaft verwirklicht werden, aber Literatur ist *heute* zu einem Medium unverbindlichen Genießens, falscher Verinnerlichung oder gläserner Intellektualität geworden. Dieser Entwicklung will *Texte und Zeichen* entgegenwirken, nicht als eine der im üblichen Sinne schöngeistigen Publikationen, sondern als Material härterer Art, das dem Bewußtsein der Menschen unserer Zeit entspricht. *Texte und Zeichen* ist keine Zeitschrift *über* Literatur, sondern ist *selbst* Literatur. Sie bringt Texte, denen nicht ausgewichen werden kann, für Leser, die wissen, daß Literatur nicht etwas ist, auf das man sich in der Freizeit zum Zwecke innerer Schönheitspflege zurückzieht. *Texte und Zeichen* stützt sich dabei auf einen internationalen Kreis von Schriftstellern, die noch etwas zu sagen haben und es in unverwechselbarer Weise sagen – die aber, mit einem Worte Kleists, ›der Witz der Wortspiele auf dem Schlachtfeld von Agincourt‹ nur sehr bedingt kümmert.«

Literaturkritik und literarischer Essay nahmen in den eben genannten Zeitschriften einen wichtigen Platz ein, waren ein wesentlicher Bestandteil ihres Programms. Das ist, von heute aus betrachtet, nicht selbstverständlich und verdient Beachtung selbst in den Fällen, wo nur mehr die alten Vorstellungen von einer autonomen Kultur tradiert werden. – Vor allem aber waren es die Nachtstudios und Sonderprogramme der einzelnen Rundfunkanstalten, in denen während der Adenauer-Ära Literatur-, Kultur- und Gesellschaftskritik ihren Platz fand und großzügig gefördert wurde. Von der Literaturkritik jener Jahre sprechen heißt u. a. auch von den redaktionellen Verdiensten eines Ernst Schnabel, Jürgen Schüddekopf (Nachtprogramm des NDR), Gert H. Theunissen (WDR), Alfred Andersch (Studio Frankfurt und Radio-Essay Stuttgart), Helmut Heißenbüttel (Radio-Essay Stuttgart), Adolf Frisé (Hessischer Rundfunk), Gerhard Szczesny (Bayerischer Rundfunk), Heinz Friedrich (u. a. Radio Bremen) und Horst Krüger (SWF Baden-Baden) sprechen. Einmal der Fairneß wegen! Denn diese Redakteure waren – mehr oder weniger toleriert von den Anstalten, denen ihrerseits die »politisch relevanten Gruppen« noch einen relativ großen Spielraum ließen – keine »Rundfunkbeamten«, sondern vertraten die Interessen ihrer Autoren. Die meisten von ihnen kannten den Beruf des freien Schriftstellers und Kritikers aus eigener Erfahrung. Und zum anderen: Weil sie mit ihren Programmen den Autoren eine wirtschaftliche Basis gaben, auf der freie schriftstellerische Arbeit erst möglich wird. Ohne diese Basis hätten Literatur und Literaturkritik, hätte die literarische Produktion der Verlage in den fünfziger und sechziger Jahren, wie ich meine, ein dürftigeres Aussehen gehabt. Daß im übrigen die Literatur als Teil der »Kulturwirtschaft« an den Erfolgen der Politik des freien Marktes partizipierte, unterliegt keinem Zweifel. Es ist in dem Zusammenhang erwähnenswert, daß Alfred Andersch, von 1955 bis 1958 Leiter der Redaktion »Radio-Essay« im Süddeutschen Rundfunk Stuttgart, ungefähr zur gleichen Zeit *Texte und Zeichen* herausgab und in der Zeitschrift einen großen Teil der Beiträge abdruckte und honorierte, die er zuvor »über den Sender hatte gehen lassen«.

Die fünfziger Jahre standen im Zeichen des Ost-West-Konflikts, des Antikommunismus und des Kalten Krieges. Die Folgen dieser Konfrontation für Deutschland – Spaltung und die einseitige Bindung der beiden Teilstaaten an den westlichen bzw. östlichen Block – sind nur allzu bekannt. Ob sie vermeidbar gewesen wären, etwa durch Neutralisierung, darüber lassen sich nur Vermutungen anstellen. Verbürgt ist jedoch, daß der Schritt zur Integration in das westliche Bündnis um so bereitwilliger getan wurde, als die Nachrichten vom »Aufbau einer neuen gesellschaftlichen Ordnung« in der Sowjetzone – wahrheitsgemäße und verfälschende Nachrichten – Sozialismus und Kommunismus auf das gründlichste diskreditierten. Dadurch bekam jener Antikommunismus Oberwasser, der bis in die sechziger Jahre sowohl auf die kritische Rezeption von Literatur als auch auf das politische Bewußtsein der »heimatlosen Linken« in der Bundesrepublik Einfluß nahm. Der Abdruck einer Erzählung des Ostberliner Schriftstellers Karl Mundstock und der Hinweis auf die zweite deutsche Literatur, beides 1956 in *Texte und Zeichen* erschienen, blieben als publizistische Versuche, die deutsche Trennung wenigstens auf dem Gebiet der Literatur zu revidieren, folgenlose Einzelerscheinungen. Das trifft ebenfalls für die Abdrucke westlicher Literatur in der Zeitschrift *Sinn und Form* zu, die in diesen Jahren von Peter Huchel redigiert wurde.

Unter diesem Aspekt sind Auftreten und Einfluß von Kritikern wie Max Rychner, Ernst Robert Curtius und Friedrich Sieburg, den Sachwaltern einer Klassik der Moderne, wie Vormweg literaturgeschichtlich zutreffend, aber politisch indifferent klassifiziert, während des ersten Nachkriegsjahrzehnts zu beurteilen. Oder genauer gesagt: Unter dem Aspekt des Politischen sind ihr relativ frühes Wiederauftreten in der literarischen Öffentlichkeit und ihr erheblicher Einfluß kein Zufall.

›Klassik der Moderne‹ als Literaturprogramm rekurrierte einerseits zu Rilke, Hofmannsthal, George, Schröder, Rudolf Borchardt, zu Proust, Valéry, Joyce und Eliot, andererseits nahm es ausdrücklich auf die römische Antike Bezug, auf Vergil z. B. *Europäische Literatur und lateinisches Mittelalter*, bereits der Titel des Hauptwerkes von Ernst Robert Curtius, das 1949 in der Schweiz (!) erschien, deutet darauf hin. »Den geistfeindlichen Mächten der Zeit wollte Curtius die Ideale eines an der abendländischen Tradition orientierten Humanismus entgegensetzen. Dabei gebrach es dem Verfasser [der Schrift *Deutscher Geist in Gefahr*, 1932] selbst nicht ganz an gewissen autokratischen Vorurteilen in politischen Dingen. Die Jahre der nationalsozialistischen Herrschaft verbrachte er zurückgezogen als akademischer Lehrer und Gelehrter. Von der enttäuschenden europäischen Gegenwart wandte er sich einer noch intakten europäischen Vergangenheit des Mittelalters zu [...] Dem geistigen europäischen Konservatismus eines Hofmannsthals oder Eliots steht das Lebenswerk von Curtius nahe.« So beurteilt Karl Mueller-Vollmer im *Handbuch der deutschen Gegenwartsliteratur* (2. Aufl. 1969) eher milde zurückhaltend als dezidiert kritisch den Mann, der ein großer Gelehrter, ein fulminanter Kenner der Literatur war, dessen politischer Standpunkt aber antidemokratisch genannt werden muß. So schrieb Thomas Mann am 25. November 1947 an Hermann Hesse über dessen Roman *Das Glasperlenspiel*: »Am besten hat wohl E. R. Curtius in der deutschen Zeitschrift *Merkur* darüber geschrieben – Sie kennen den Aufsatz natürlich, ich habe den Verfasser in Zürich sehr dafür belobt, aber er war im Übrigen wenig genießbar, politisch garnicht anzuhören, – es ist da eine wenigstens partielle intellektuelle Schrumpfung und selbst Verelendung, die man bei fast allen findet, die all die Zeit drinnen gesessen haben, und die zugleich dégoûtiert und traurig stimmt.«[7] Aus seinem Antidemokratismus hat Curtius hinsichtlich der Gegenwart und ihrer Literatur nie einen Hehl gemacht. Auch seine Polemik gegen Karl Jaspers' kritisches Goethe-Bild (1949) ließ daran keinen Zweifel aufkommen. Im Vorwort zur 2. Auflage von *Europäische Literatur und lateinisches Mittelalter* heißt es: »Mein Buch ist nicht aus rein wissenschaftlichen Zwecken erwachsen, sondern aus Sorge für die Bewahrung der westlichen Kultur.«[8] Und in seinem *Büchertagebuch* schreibt Curtius: »Der unbefriedigende Zustand der deutschen Literatur von 1950 läßt sich auf mancherlei Weise erklären. Einer der Gründe ist doch wohl der, daß man dem Schwierigen ausweicht – der Aneignung der großen Meister und damit der Einformung einer geistigen Substanz in das liebe Ich. Wenn man das verabsäumt, wird die Suppe immer dünner.«[9] Curtius' Wirkungen als akademischer Lehrer und Essayist waren bedeutend, sein Ansehen unbestritten. Daran änderte die konservativ-reaktionäre Haltung nichts. Sie war im Gegenteil seiner Autorität eher förderlich. So übten Curtius' *Kritische Essays zur europäischen Literatur* (1950, 2., erw. Aufl. 1954), die von Vergil, Goethe, Emerson, Eliot, Friedrich Schlegel, Hofmannsthal, Calderón, Ortega y Gasset, Guillén und Du Bos handelten, einen nachhaltigen Einfluß aus; zumal auf jüngere, ihrer Maßstäbe noch unsichere Kritiker. Einen Einfluß, der bis zur Nachahmung führte. Zum Beispiel: Helmuth de Haas: *Das geteilte Atelier*, 1955; aber auch Walter Boehlichs Literaturkritiken aus den fünfziger Jahren sind, gerade was ihre hochfahrende Diktion betrifft, Kopien des großen Vorbilds. Er avancierte zur kritischen Autorität schlechthin, die zunächst widerspruchslos akzeptiert wurde. In den Briefen, die Gottfried Benn nach dem Krieg an F. W. Oelze schrieb, ist mehrfach vom »großen Curtius« die Rede. Und Hans Egon Holthusen, 1914 geboren und schon früh, d. h. in der zweiten Hälfte der vierziger Jahre, die Rolle des neukonservativen Literatur- und Kulturkritikers erfolgreich spielend, meinte sogar in dem Aufsatz *Die Überwindung des Nullpunkts* feststellen zu müssen: »Wenn die ›grand old men‹ der deutschen Gelehrtenrepublik wie Schröder und Curtius einander über die Köpfe des profanum vulgus der literarischen Tagesproduktion hinweg zublinzeln und kleine kritische Blumensträuße überreichen, dann fällt gleichsam die ganze mittlere und jüngere Generation der heutigen deutschen Literatur als unerheblich unter den Tisch. Denn wo noch der strenge erzerne Kontur eines Vergil-Verses als unbedingt maßgebend angesehen wird, da ist ein moderner Romanschreiber nicht diskutabel.«[10]

Einige Jahre zuvor hatte derselbe Autor, auf den Poeta doctus T. S. Eliot hinweisend, die Erwartung ausgesprochen: »Die Zeit scheint reif zu sein, die aus allen Fugen geratene Welt wieder in Ordnung zu denken, die Parodien auf das alte Wahre und die Sinnverkehrungen des geoffenbarten und überlieferten Wissens zurückzunehmen. Einige der kühnsten und fortgeschrittensten Geister unserer Epoche sind am Werk, das alte Wahre in neuer Sprache wiederherzustellen.«[11]

Daß Curtius solche Schaumschlägereien, die z. T. auf ihn und seine literarischen Vorstellungen sich beriefen, billigte – sofern er sie überhaupt zur Kenntnis nahm –, ist kaum wahrscheinlich. Daß er sie widerspruchslos passieren ließ – aus politischer Verdrossenheit an der Gegenwart –, scheint mir sicher. Von der neutralen Schweiz aus, wo Literaturbetrieb und Buchproduktion schon wieder das Niveau der Vorkriegszeit erreicht hatten und einige Verlage sich den Werken deutscher Autoren der ›inneren Emigration‹ widmeten (u. a. Ernst Jünger, Gottfried Benn und Werner Bergengruen), assistierten die *Neue Zürcher Zeitung* und die *Neue Schweizer Rundschau* diesem Neukonservatismus auf das nachdrücklichste. Max Rychner, bis 1933 Feuilletonredakteur der *Kölnischen Zeitung* und dann Korrespondent der *NZZ* in Deutschland, schritt feinsinnig-kultiviert die »Sphären der Bücherwelt« aus. Als Essayist wandte er sich nahezu ausschließlich der für ihn musterhaften Literatur eines Vergil, Horaz, Ovid, Lessing, Lichtenberg, Proust, Gide, Valéry, Hofmannsthal, George, Borchardt und Benn zu, von den Vertretern einer problematischen Moderne (Kafka, Brecht) sich deutlich distanzierend. Rychners eindrucksvolle literarische Bildung, seine Sensibilität für künstlerische Dinge waren bewußt auf die Vergangenheit hin orientiert. Keiner der Jüngeren und Jungen, die nach 1945 in der Schweiz oder in der Bundesrepublik Deutschland zu schreiben begannen, ist meines Wissens von diesem Kritiker ermuntert oder gar gefördert worden. Die Rezension für den Tag war seine Sache nicht, und die Tatsache, daß er den bedeutenden Roman von Malcolm Lowry *Unter dem Vulkan* in dem von ihm redigierten Literaturblatt der Zeitung *Die Tat* mit knapp fünfzehn Zeilen »erledigen« ließ, deutet an, wie problematisch dieser Konservatismus sich auswirken konnte.

Aus der Sicht der Literatur- und Geisteswissenschaft betrachtet, kommt dem Journalisten Friedrich Sieburg nicht die Bedeutung zu, die man Kritikern wie Curtius und Rychner einräumen muß. Als Publizist aber auf überragende Weise an der Herstellung literarischer Öffentlichkeit beteiligt, gehörte dieser anpassungsfähige und politisch schillernde Mann, der so gerne ein Höfling des Ancien régime gewesen wäre, nicht nur zu den literarischen Weichenstellern, sondern zu den mächtigsten Kritikern der Adenauer-Ära. Vermutlich war er sogar der mächtigste. Unbestritten ist, daß Sieburg, der während des Dritten Reiches zum Mitarbeiterstab der *Frankfurter Zeitung* gehörte und während des Krieges an der deutschen Botschaft in Paris tätig war, mit den Nationalsozialisten sich arrangiert hat. Der Karriere wegen trieb er im besetzten Frankreich Kulturpolitik, was selbstverständlich nur im Geiste der nationalsozialistischen »Kultur« geschehen konnte. In dem Buch von Joseph Wulf *Literatur und Dichtung im Dritten Reich* sind einige Dokumente genannt, die auf Sieburgs Aktivitäten in Frankreich verweisen; und der Verfasser dieses Beitrags hat in seinem Buch *Deutsche Literatur im Dritten Reich* jene Rede komplett abgedruckt, die Sieburg 1941 in Paris anläßlich einer Conférence de la Groupe collaboration gehalten hat. Der Publikation dieses belastenden Dokuments ist von seiten Sieburgs nie widersprochen worden – von einer »einstweiligen Verfügung« gegen die Publikation ganz zu schweigen.[12]

Sieburg hatte auf Betreiben der Franzosen bis 1948 Berufsverbot, erhielt danach aber wieder die Erlaubnis zu schreiben und zu veröffentlichen. Als Mitherausgeber und Literaturkritiker der *Gegenwart* (1948–55) und von 1956 an verantwortlich für das Literaturblatt der *Frankfurter Allgemeinen Zeitung*, gab er im Literaturbetrieb der Bundesrepublik bis in die sechziger Jahre – Sieburg starb 1964 – den Ton an.

Wie Sieburg Literaturkritik betrieb und unter welchen Voraussetzungen, das ist u. a. den Artikeln zu entnehmen, die 1955, gesammelt in dem Band *Nur für Leser. Jahre und Bücher*, erschienen. Exklusiv für eine bestimmte Bildungs- und Gesellschaftsschicht schreibend, die es eigentlich nur in seiner Imagination gab – oder in der der Herren vom Kulturkreis im Bundesverband der deutschen Industrie –, vertrat er die Ansicht, das »literaturkritische Amt« (sic!) beweise Kompetenz und Autorität vor allem darin, daß es »durch [die] Anwendung kritischer Maßstäbe an der Schaffung eines literarischen Raumes« mitwirke, »in dem die schlechten Bücher zwar nicht besser, aber die guten sinnvoller werden. [...] Ich kann die Hoffnung nicht preisgeben, daß die Literatur uns helfen werde, anständig und gesittet zusammenzuleben, und an dem Zustandekommen einer Gemeinschaft mitwirken werde, die der Politik nicht gelingen will.«[13]

Dieses aufschlußreiche Bekenntnis eines Mannes, der sein Publikum glauben machen wollte, es komme darauf an, eine Art literarischen Salon für »feine und kultivierte Leute« einzurichten, wird dann an einer anderen Stelle im Hinblick auf die gesellschaftliche und moralstabilisierende Funktion von Literatur und literarischer Kritik folgendermaßen ergänzt:

»Georg Brandes, der große dänische Kritiker der Jahrhundertwende, hat gesagt: ›Gut ist das Buch, das mich entwickelt.‹ Einverstanden, aber noch besser ist das Buch, das uns als Ganzes entwickelt, das dem Leser das Gefühl der Zugehörigkeit zu einer gemeinsamen Lebensform verleiht, ihn gleichsam bei der Hand nimmt und ihn behutsam, unter Zureden und Ermunterungen, aus der Enge des genormten Daseins, in der es immer finsterer geworden ist, hinausführt auf einen Plan voll Licht. Man wird mir das Bekenntnis Goethes entgegenhalten, daß er sich als Schriftsteller nie gefragt habe, ob er dem Ganzen nütze, sondern daß er immer darauf aus gewesen sei, den Gehalt seiner eigenen Persönlichkeit zu steigern. Ja, wenn man ein Goethe ist, dann tut man der Welt durch Gestaltung des eigenen Ich wahrlich genug zuliebe, denn er ist eine Welt für sich. Aber wir, die wir im Zuge der Menschheit mitmarschieren, können es nicht lassen, gegen die Einsamkeit und Kälte anzugehen, in der heute der Mensch lebt und die durch keine ›Betreuung‹ und Massenveranstaltung zu vertreiben ist. Was mir vorschwebt, mag nutzlos sein, aber sinnlos ist es nicht. Der edelste Dienst ist der ›service inutile‹, der jeden Tag von neuem geleistet wird und stets bei Null beginnt.«[14]

Der Dienst, den er den jungen westdeutschen Autoren, die nach 1945 zu schreiben begannen, tatsächlich leistete, war weniger selbstlos. Mag sein, daß ihn die Unfertigkeit dieser Bücher indignierte und der unverhohlen geäußerte Mangel an literarischer Bildung ihn schmerzte. Dennoch, scheint mir, ist der ironische, mokante Ton, mit dem sich Sieburg der Jungen und ihrer Bücher annahm, ein Beweis dafür, daß es ihm vor allem darauf ankam, seine Autorität und Überlegenheit zu demonstrieren. Er schrieb, wie sich an Hand des Bandes *Nur für Leser* nachprüfen läßt, über Bücher von Heinrich Böll, Christine Brückner, Curt Hohoff, Hans Egon Holthusen, Jürgen Rausch, Hans

Werner Richter, Luise Rinser, Paul Schallück, Arno Schmidt und Werner Warsinsky. Fehlurteile unterliefen ihm dabei nicht. Er vermied sie, indem er sich auf die Erzählungen und Romane erst gar nicht ernsthaft einließ. Da heißt es z. B.: »Es ist unmöglich, von Christine Brückners Roman *Ehe die Spuren verwehen*, der ersten Veröffentlichung einer jungen Autorin, nicht mit Achtung zu sprechen. Der Gegenstand ist ernst, und die Lebensstimmung, in die er eingehüllt ist, ist es nicht minder. Der Leser ertappt sich bisweilen dabei, daß er vorwärts blättert, ob nicht ein wenig Aufhellung und Schelmerei in Aussicht stehen.«[15] Oder: »Der Autor dieses Romans eines Süchtigen, *Die unsichtbare Pforte*, heißt Paul Schallück. Er hat mit seinem vorigen Roman *Ankunft null Uhr zwölf* einen beträchtlichen Achtungserfolg errungen und sitzt seitdem literarisch fest im Sattel. Weder seine Figur noch seine Arbeiten fordern Belehrungen oder Ratschläge heraus, denn in seiner Schreibweise ist nichts Tastendes und keine Spur von Experimentierlust. Sein neuer Roman weist eine lückenlose Technik auf, die nirgendwo eine brüchige Stelle oder Zeichen der Hilflosigkeit verrät. Wir erleben bei ihm, der ja noch in den Anfängen seiner Produktion steckt, das Phänomen einer Routine, die auf erstaunliche Unbefangenheit gegenüber der einschüchternden Gebrechlichkeit der uralten epischen Kunstmittel schließen läßt. Ob diese Feststellungen ein Lob bedeuten oder eine Gefahr anzeigen, ist eine andere Frage. Tatsache ist, daß die sogenannte jüngere Generation sich unter handwerklichen Skrupeln nicht gerade windet, wobei offen bleibt, ob sie solchen technischen Nöten aus dem Wege geht oder sie überhaupt nicht verspürt. Die Geläufigkeit, die sich im allgemeinen spät einstellt, geht hier gern der Erfahrung voraus. Es ist offenbar nicht einfach, jung zu werden.«[16] Oder über Bölls *Haus ohne Hüter*: »Die erbarmungslose Schule der Mißerfolge ist diesem Autor erspart geblieben. Wir sind auch nicht sicher, ob es für ihn eine gute Schule gewesen wäre, denn die dichte Atmosphäre von Verletzbarkeit und Befangenheit, die seine Figuren umgibt, lehrt uns, daß Heimsuchungen den Menschen nicht unter allen Umständen frei machen.«[17]

Keine Frage: diese und andere Feststellungen entbehren nicht des Witzes, vor allem aber sind sie impertinent. Dieser »Service« bedient ein Publikum, das sich auf amüsant-unterhaltliche Weise in seinen Vorurteilen bestärkt fühlen möchte; der Literatur dient er nicht. Es geht hier nicht in erster Linie darum, Sieburgs kritisches Selbstverständnis als fragwürdig zu denunzieren. Das ist bereits von anderer Seite und in einem anderen Zusammenhang geschehen.[18] Hier soll vielmehr das Symptomatische an dem prominenten Fall – das »Zeitgemäße« an ihm – vorgeführt werden. Den Diensten, die Sieburg im Interesse eines humaneren gesellschaftlichen Zusammenlebens nicht müde wurde anzubieten, lag eine Voreingenommenheit zugrunde, die ideologische Ursachen hatte: die nämlich, daß angesichts einer irreparabel gestörten Politik der gebildeten Sozietät keine Wahl bleibt als die des Rückzugs auf die intakte Innenwelt der Gesittung und Kultur – zu der selbstverständlich auch zählt, was Walter Muschg treffend »Literatur für feine Leute« genannt hat. Dabei interessierte es diesen »Schöngeist« in keiner Weise, ob denn eine solche ›Innenwelt‹ das Dritte Reich überhaupt überstehen konnte, ohne schwere Schäden davongetragen zu haben. Daß Sieburg damit ein weitverbreitetes Unbehagen an der Politik formulierte – ein Unbehagen, das nach dem nationalsozialistischen Desaster besonders die bildungsbürgerlichen Schichten plagte, steht außer Frage. Pionierarbeit freilich leistete er nicht, auch nach 1945 blieb er seiner Rolle als intellektueller Mitläufer treu. Pionierarbeit leistete hingegen Gottfried Benn, der bereits 1948 in seinem *Berliner Brief*, den die Zeitschrift *Merkur* veröffentlichte, schrieb:

»Ein Volk regeneriert sich durch Emanation von spontanen Elementen, nicht durch Pflege und Hochbinden von historisierenden und deskriptiven. Diese letzteren aber füllen bei uns den öffentlichen Raum. Und als Hintergrund dieses Vorgangs sehe ich etwas, das, wenn ich es ausspreche, Sie als katastrophal empfinden werden. Das Abendland geht nämlich meiner Meinung nach gar nicht zugrunde an den totalitären Systemen oder den SS-Verbrechen, auch nicht an seiner materiellen Verarmung oder an den Gottwalds und Molotows, sondern an dem hündischen Kriechen seiner Intelligenz vor den politischen Begriffen.«[19]

Unmittelbar nach Erscheinen der *Statischen Gedichte* (1948) von Gottfried Benn schrieb Sieburg in der Zeitschrift *Die Gegenwart*: »Mit einem einzigen Flügelschlage reißt uns der neue Gedichtband von Gottfried Benn, *Statische Gedichte*, über das Stimmengewirr der um lyrischen Ausdruck bemühten Gegenwart hinaus. Es ist die Stunde des zerstreuten Gewölks. In eisigem Licht wird das menschliche Herz in seiner Einsamkeit plötzlich sichtbar. Was bisher nur dialektisch zu umschreiben war, nimmt hier für einen kurzen Augenblick Gestalt an. Der Entwicklungsbegriff verläßt unser Denken, an seine Stelle tritt der zum Kunstwerk erstarrte Traum vom beziehungslosen Ich.«[20]

Dieses Plädoyer kam den Strömungen des »Zeitgeistes« entgegen. Denn Benns Rolle während der Jahre 1948–56 war die eines Entlastungszeugen. An ihm und seinem herausfordernd zur Schau gestellten geschichtsfeindlichen Eskapismus orientierte sich die durch den Krieg und seine Folgen verwirrte deutsche Intelligenz. Den Boden für die Benn-Renaissance mit vorbereitet zu haben gehört unbestritten zu den »Verdiensten« Sieburgs, der dabei, nicht zufällig, Curtius und Rychner zu Verbündeten hatte. Seine schriftstellerisch-kritische Begabung, seine Fähigkeit, subjektive Geschmacksurteile zu formulieren, wurde nie in Zweifel gezogen. Selbst Alfred Andersch, der aus einem völlig entgegengesetzten Politik- und Literaturverständnis heraus wahrscheinlich am schärfsten gegen ihn polemisierte (*Die Spaliere der Banalität*, 1952) und der gegen die Auswüchse der Benn-Rezeption die politisch-gesellschaftlichen Implikationen der Literatur betonte (*Die Blindheit des Kunstwerks*, 1956), räumte ein: »Er [Sieburg] gehört zu denen, die noch eine lebendige Vorstellung von Literaturkritik haben.« Vielleicht fehlte es ihm in jenen Jahren tatsächlich an Gegnern, die es mit seiner Brillanz und Eloquenz hätten aufnehmen können. Im übrigen profitiert der Beruf des Kritikers von der Erfahrung und davon, daß er ständig ausgeübt wird.

Jede Öffentlichkeit hat die Kritik, die sie verdient. Sieburg war zwar der einflußreichste, aber er war bei weitem nicht der einzige Kritiker, der den Neokonservatismus in Schwung brachte und der seiner Tätigkeit im Namen eines Literatur- und Bildungsbegriffs nachging, der, betont restaurativ, den tatsächlichen Verhältnissen kaum noch entsprach. Infolge der ›Demokratisierung des Buches‹ begannen sich die Lesegewohnheiten zu ändern. Die Literatur verlor mehr und mehr die Aura des Besonderen, des Elitären; und die neuen Methoden der Herstellung und des Vertriebs glichen das Buch den »profanen« Industrieprodukten an bis zur sogenannten Wegwerfware. Erst Ende der fünfziger Jahre nahm Hans Magnus Enzensberger, beeinflußt von Theodor W. Adornos *Arbeiten zur Kultur- und Gesellschaftskritik*, zu diesem Sachverhalt Stellung.

So in einer Analyse der Taschenbuchproduktion, *Bildung als Konsumgut*, und in einer Reihe von Aufsätzen zur *Bewußtseinsindustrie*. Der Einfluß Adornos und der ›Frankfurter Schule‹ auf jüngere Kritiker wie Enzensberger, Joachim Kaiser, Roland H. Wiegenstein, Reinhard Baumgart u. a. ist mühelos nachweisbar. Doch ebenso berief sich der schon erwähnte Essay von Alfred Andersch, *Die Blindheit des Kunstwerks*, auf den Lehrer der »kritischen Theorie«.

Ins Bild der neokonservativen, undialektisch verfahrenden Literaturkritik, die weder geschmäht noch, wo sie Urteilskraft beweist, mißachtet werden soll – lediglich ihre selbsternannte Autorität wird in Frage gestellt, sonst nichts –, gehören die Artikel und Aufsätze Hans Egon Holthusens, die fast alle im Merkur zum Abdruck kamen und dann in den Sammelbänden *Der unbehauste Mensch* (1951); *Ja und Nein* (1954) und *Das Schöne und das Wahre* (1958) erschienen, die Kritiken Günter Blöckers, Curt Hohoffs und Karl August Horsts. Holthusen verdanken wir einige überzeugende Deutungen moderner Gedichte, und im Gegensatz zu einigen seiner Kritiker-Kollegen fiel er auf den George-Forestier-Schwindel nicht herein.[21]

Der Essayist Holthusen aber verfaßte zugleich, mit großem Erfolg, eine Reihe modisch-oberflächlicher Aufsätze zur *Bewußtseinslage der modernen Literatur*, auf die Walter Muschgs polemisches Wort von der »zerschwatzten Dichtung« eigens gemünzt sein könnte.

Meines Wissens hat sich nirgendwo sonst die Methode des geistesgeschichtlichen Perspektivismus derart ambitiös diskreditiert wie in diesen Beiträgen – sieht man von de Haas' *Geteiltem Atelier* ab. Denn Holthusens Rekurs auf die ›Klassik der Moderne‹ erweist sich vielfach als modisch aufgeputzter »Bildungs«-Schnickschnack. Beispiel:

»Ich nenne schließlich Thomas Wolfe, einen germanischen Berserker mit deutsch-amerikanischer Seele, einen ›hungrigen Gulliver‹, wie man ihn genannt hat, riesenhaft an Leib und Seele, von rasendem Lebenshunger und vulkanischer Schaffenskraft besessen. Als er 1938 im Alter von 38 Jahren starb, hatte er mehrere tausend Seiten erzählender Prosa geschrieben und für viele Amerikaner und Europäer das dionysische Selbsterlebnis des zu ungeahnter Weltgeltung erwachten Kontinents repräsentativ ausgesprochen, ein Walt Whitman des 20. Jahrhunderts, dessen lyrisches Espressivo ebenso wie die Langzeilen Whitmans an den romantischen und urgermanischen ›Streckvers‹ Jean Pauls erinnert.«[22] Zweites Beispiel: Holthusen äußert sich zu James Joyce und Henry Miller, von denen man damals in Deutschland noch sehr wenig wußte: »Dieser *Ulysses*, neben dem Werke Marcel Prousts wohl das kühnste und großartigste Experiment der Bewußtseinserweiterung und Bewußtseinsvertiefung, das die Literatur des 20. Jahrhunderts aufzuweisen hat, ist bisher nicht überboten worden, auch nicht, ja am allerwenigsten von dem neueren Deutschamerikaner Henry Miller, den man mit ihm hat vergleichen wollen; denn wenn bei Joyce ein echter Durchbruch aus leidenschaftlichem Interesse an der Totalität des ganzen Menschen stattgefunden hatte, so findet man in den pansexualistischen-neognostischen Exzessen Millers nichts eigentlich Neues, es sei denn einige Beute für literarische Lüstlinge. Joyce' Enthüllungsdrang gräbt so tief, daß er durch das Medium der neu entdeckten Bewußtseinsschichten hindurch wieder auf das Grundwasser der Seele trifft: dorthin, wo die Seele mit den ältesten und weitesten Überlieferungen von Volk und Menschheit verbunden ist.«[23]

An solcher Literatur-Revue, wie sie Holthusens Artikel veranstaltete, ist eigentlich nur noch die Ungeniertheit des damals 35jährigen Autors bemerkenswert, die Gestikulationen einer Kennerschaft, die zum größten Teil aus zweiter Hand stammen *mußte*. Die wesentlich redlicheren, solideren Arbeiten Hans Henneckes zur angloamerikanischen Literatur fanden, nicht zuletzt mitverschuldet von der autodidaktischen Bildungsbeflissenheit ihres Verfassers, sehr viel weniger Beachtung.

Im übrigen könnte man die Sache auf sich beruhen lassen oder als Kuriosum zur Kenntnis nehmen, wäre der Aufsatz ein einmaliger Fauxpas gewesen und nicht Ouvertüre. Auftakt zu jener rasch um sich greifenden Unart, literarische Weltläufigkeit zu beweisen, indem man die deutsche Nachkriegsliteratur, an dem ungeprüften Kanon ›Klassik der Moderne‹ messend, des Provinzialismus zieh. Das war unverfänglicher, als den Ursachen dieses »Provinzialismus« nachzugehen – was zwangsläufig auch außerliterarische, z. B. politische und gesellschaftliche Fragen berührt hätte. Das heißt: An einem Popanz unbefragter literarischer Größe, die man entweder aus der abendländischen Tradition abzuleiten oder mittels Toynbees Kulturmorphologie zu erklären versuchte, sollte alles, was auf Innovation schließen ließ, seine Zurechtweisung finden.

Zugleich aber diente dieser Popanz der neokonservativ gestimmten Kritik als ideologischer Vorwand. Denn diese bestand darauf, ihre Maßstäbe ausschließlich an Meisterwerken gewonnen zu haben, obwohl hinsichtlich der deutschen Verhältnisse des ersten Nachkriegsjahrzehnts nicht die Herstellung eines makellosen ästhetischen Bezugssystems die dringendste Aufgabe gewesen wäre, sondern die Berücksichtigung politischer und gesellschaftlicher Aspekte gerade im Rahmen der literarischen Kritik. Es ist daher nicht verwunderlich, daß die Ausgabe der Schriften von Walter Benjamin, die in zwei Bänden 1955 erschien, jahrelang ein Geheimtip unter »Kennern« blieb und nur wenige Käufer und Leser fand. Der Absatz dieser Ausgabe soll in den fünfziger Jahren nicht mehr als 300 Exemplare betragen haben.

Was die Kriterien betrifft, so hätte gerade die Vorbildlichkeit der von Holthusen und anderen ihm weltanschaulich nahestehenden Kritikern zitierten Großen – Rilke, George, Hofmannsthal, Benn, Eliot, Valéry usw. – anläßlich der jüngsten Erfahrungen überprüft und in Zweifel gezogen werden müssen. Konstituiert Literatur, Kunst überhaupt, jene von den konkreten Verhältnissen abgehobene »Oberwelt«, von der in den theoretischen Schriften Benns immer wieder die Rede war? Überprüft und in Frage gestellt wurde aber nicht. Ganz im Gegenteil! »Wo die großen dichterischen und kritischen Autoritäten der Vergangenheit«, schreibt Holthusen in der Einleitung zu *Ja und Nein. Neue Kritische Versuche* (1954), »mit Verstand gelesen werden, wo das Verhältnis des Kritikers zum Klassischen und Musterhaften noch nicht gleichgültig geworden ist, da sind Maßstäbe immer schon gegeben. Wo man sich von der Sensation des Modischen und Aktuellen blenden oder von unwahrhaftigen Motiven verführen läßt, da müssen sie verloren gehen.«[24]

Und bei Günther Blöcker heißt es (*Die neuen Wirklichkeiten*, 1957): »In einer so von Entwirklichung bedrohten Welt ist nun der Künstler der Mensch, der noch voll in der Realität steht. [...] Je weiter sich die Epoche von den Ursprüngen entfernt, desto entschiedener streben Kunst und Poesie zu ihnen zurück. In dem Verlangen nach den Grundmustern, den Urbildern, dem Unveränderlichen, das in der Tiefe ruht, wird ein Bedürfnis sichtbar, das nur der Künstler befriedigen kann.«[25] Die in dem Band *Die neuen Wirklichkeiten* gesammelten Aufsätze Blöckers handeln ausschließlich von allseits für bedeutend gehaltenen Schriftstellern. So z. B. von Melville, Flaubert, Henry James, Joyce, Proust, Virginia Woolf, Faulkner, Poe, Valéry, Benn, Ezra Pound, Henry Miller, Thomas Wolfe, Gertrude Stein, Hemingway, Conrad, Ernst Jünger, Kafka, Broch, Musil, Gide, Thomas Mann u. a. Auch Curt Hohoffs Aufsätze aus *Geist und Ursprung*, deren Erstdrucke in den Zeitschriften *Hochland*, *Wort und Wahrheit* und *Merkur* erschienen, handeln vornehmlich von Schriftstellern, die berühmt, zumindest aber bekannt sind: Franz Kafka, Léon Bloy, Rudolf Alexander Schröder, James Joyce, Gertrud von LeFort, Gottfried Benn, Joseph Roth, Konrad Weiß, Ernst Jünger und Marcel Proust. Auf die zeitgenössische jüngere deutsche Literatur entfallen bei Hohoff nur fünf Beiträge: über Gerd Gaisers Kriegsbuch *Sterbende Jagd*, von der Vrings Übertragungen angelsächsischer Lyrik, Günter Eichs Gedichte und Hörspiele und Gedichte von Krolow, Celan, Höllerer, Piontek und Forestier. Die Autonomie des literarischen Kunstwerks steht bei Kritikern wie Blöcker, Hohoff oder Horst, sieht man von individuellen Besonderheiten wie Hohoffs Katholizismus einmal ab, außer jedem Zweifel, so daß Blöckers Meinung vermutlich auch die der beiden anderen sein dürfte: »Der Blick des Kritikers ist geradeaus gerichtet, auf das Kunstwerk. Er schielt weder nach dem Künstler noch nach dem Leser, weder nach dem Auftraggeber noch nach den Stallgefährten. Er folgt seinem kritischen Bedürfnis, seinem Talent – sonst nichts; und dieses Bedürfnis, dieses Talent drängt ihn, das Gesetz des Kunstwerks zu ergründen, den Grad seiner Vollendung, seine Stellung in der Zeit. Welchen Gebrauch die Welt von seiner kritischen Erkenntnis macht, steht auf einem anderen Blatt, es liegt außerhalb seiner Absichten und seines Vermögens. Mit der Kritik ist es genau wie mit der Kunst: man kann moralische oder soziale Wirkungen von ihr erwarten, nicht aber moralische Absichten von ihr verlangen. Tut man es doch oder tut es gar der Kritiker selbst, so büßt die Kritik ihre Unschuld ein und damit ihre tiefere, eigentliche Wirkung, die nicht Trommeln ist, sondern Keime legen.«[26]

Im Gegensatz dazu standen die kritischen Aktivitäten Peter Rühmkorfs, der als Leslie Meier »junge Lyrik« und ihre Verfasser schockweise über die Klinge springen ließ, im Zeichen radikaler Parteilichkeit. Was er in der Hamburger Studentenzeitung *konkret* unter der Rubrik »Leslie Meiers Lyrikschlachthof« zu Papier brachte, war ebenso unfeierlich wie frech und vertrat die eigene Sache ganz ungeniert. Obendrein geben ihm die Berge makulierter Gedichtbände aus dieser Zeit noch recht.

Auch die literarische Kritik in den Tageszeitungen, sofern sich diese als »erste Gesprächseröffnung« (Karl Korn) versteht, bestätigte Blöckers Purismus nicht; nicht einmal seine eigenen Rezensionen taten das. Man messe seinen Anspruch z. B. an den Artikeln, die Blöcker zur Gegenwartsliteratur schrieb. Sie erschienen 1966 in dem Buch *Literatur als Teilhabe. Kritische Orientierungen zur literarischen Gegenwart.*

Die Zahl der literarischen Neuerscheinungen nahm gegen Ende der fünfziger Jahre eindeutig zu; damit verbunden waren Innovationen qualitativer Art, die sich teilweise positiv auswirkten. Bücher wie *Die Blechtrommel* von Günter Grass, *Mutmassungen über Jakob* von Uwe Johnson, *Halbzeit* von Martin Walser, die Gedichte von Ingeborg Bachmann und Paul Celan fanden im Ausland Beachtung. Höllerer, u. a. Herausgeber der Anthologie *Transit. Das Lyrikbuch der Jahrhundertmitte*, gehörte einige Zeit dem Editorial Board der amerikanischen Zeitschrift *Evergreen-Revue* (Grove Press) als Berater an, Hans Magnus Enzensberger edierte das *Museum der modernen Poesie*,

Romane, Bühnenstücke und Gedichte aus Polen wurden entdeckt und übersetzt. Lizenzausgaben machten Autoren aus der DDR zugänglich. Literatur und Literaturbetrieb in der Bundesrepublik gaben sich weltläufig und frei von provinziellem Mief. An dieser Belebung hatte auch die literarische Kritik ihren Anteil. Ihre Bedeutung in der Öffentlichkeit war merklich gestiegen. So richtete das Nachrichtenmagazin *Der Spiegel* anfangs der sechziger Jahre eine Buch-Kolumne ein; die Wochenzeitung *DIE ZEIT* ließ Bücher, die die Redaktion für wichtig hielt, von zwei Kritikern rezensieren, und 1964 bereitete *Die Welt* eine Art deutsches *Literary Supplement* vor – *Die Welt der Literatur* –, deren erste Nummer am 7. Januar 1965 erschien. Ein paar Jahre später publizierte Rowohlt den Sammelband *Literatur im Spiegel*, zu dem Rolf Becker in der Vorbemerkung schrieb: »Buchkritik, die Auswahl sollte es zeigen, wird hier nicht nur als ästhetisches Räsonnement, als Fachreferat, Novitätenchronik oder Geschenkkäuferberatung verstanden, sondern auch und vornehmlich als Anlaß zu weiter ausgreifendem, zeitanalytischem und politischem Kommentar.«[27] Für wachsende öffentliche Bedeutung spricht auch, daß die überregionalen Blätter und Wochenzeitungen mehr und mehr dazu übergingen, einzelne Kritiker zu Starrezensenten zu bestellen (Hans Mayer, Walter Jens, Marcel Reich-Ranicki, Joachim Kaiser, Reinhard Baumgart usw.); der Personenkreis war, nicht zufällig, mit demjenigen identisch, der in der Gruppe 47 den Ton der Kritik bestimmte. Zur gleichen Zeit aber meldete sich die »Kritik der Kritik« zu Wort, und der Streit um die »Maßstäbe« wurde keineswegs intern ausgetragen.

1961 warf Walter Höllerer z. B. der literarischen Kritik in Deutschland vor, sie habe sich in fünf Sackgassen verrannt:

»in die Sackgasse der ›Schade, daß‹-Kritik, die von einem nie realisierten Wunschbild aus, das durch den erdenschweren Prozeß von Tinte, Druckerschwärze und Gegenwartseinflüssen Hindurchgegangene beklagt,

in die Sackgasse der ›Darüber-hinaus‹-Kritik, die sehr schnell auf etwas ›Dahinterstehendes‹ abzielt, auf etwas Transzendentes, auf das das Kritisierte ›transparent‹ sein muß,

in die Sackgasse der ›Wie wir gezeigt haben‹-Kritik, die ihr eigenes Schema zur Voraussetzung der Bewertung macht, gleichgültig, ob es dem Gegenstand angemessen ist, z. B. ein angeblich soziologisches Schema,

in die Sackgasse der ›Echten Anliegen‹-Kritik, die, wenn auch versteckt, den moralischen Zeigefinger zu früh hebt und Direktschlüsse zwischen ästhetischen Merkmalen und privater oder Gesellschaftsmoral herstellt, bevor ein Text kritisch durchleuchtet ist,

schließlich in die Sackgassen der ›sublimen‹ und ›spektakulären‹ Kritik, in der sich der Kritiker, als stilisierte Person, als Kunstfigur, vor das zu Zeigende aufbaut und es dadurch verdeckt.«[28]

Trotz der genannten und beschriebenen »Sackgassen« zeichneten sich Höllerers Vorwürfe weder durch Präzision noch durch Neuheit aus. Denn was er der Kritik zum Vorwurf machte, hängt damit zusammen, daß es *die* Kritik gar nicht gibt, sondern stets nur den einzelnen Kritiker. Die von ihm aufgeführten Mängel sind, da eine normative Ästhetik nicht mehr existiert, unvermeidbar. Daß es der Kritik an den Maßstäben fehlt, kann man schwerlich der Kritik anlasten, auch der zeitgenössischen Literatur, der Musik und der bildenden Kunst fehlen sie. Ob dafür der ominöse ›Verlust der

Mitte› verantwortlich zu machen ist oder andere Ursachen daran schuld haben, möge jeder nach seinem eigenen Gusto entscheiden.
Auch das von Höllerer angeregte Kritiker-Colloquium im Herbst 1963, veranstaltet von der Westberliner Akademie der Künste, brachte keine Klärung hinsichtlich der »Maßstäbe und Möglichkeiten der Kritik zur Beurteilung der zeitgenössischen Literatur«. Schon die Anzahl der auf dem Podium versammelten Kritiker und Schriftsteller – es waren mehr als fünfzig – ließ es erst gar nicht dazu kommen. In den Referaten und Diskussionsbeiträgen wurden Standpunkte, Meinungen und Feindschaften geäußert, vom Ende des »plots«, des Romans war die Rede und vom »subjektiven Ausdrucksverlangen, das in jedem literarischen Kunstwerk verborgen liegt«. Über die literarische Kritik und ihre Praxis war indessen wenig zu erfahren. »Die Probleme unserer Zeit«, so schloß ein Bericht, der sich mit diesem Colloquium abschließend befaßt, nicht zu Unrecht, »zersetzen die Gestalt der Kunst, lösen sie zu Ungewißheiten auf. Das denken, das erfahren, das erleiden wir jeden Tag. Das Konzil der Kritiker wendete seine Leidenschaft daran, es zu diagnostizieren – sie sind keine Heilpraktiker.«[29] Leider verspürte man aber von dieser Einsicht und Selbstbescheidung in den Statements der Hans Mayer, Reich-Ranicki, Holthusen, Jürgen Becker u. a. kaum einen Hauch.
Mehr Aufschluß über die westdeutsche Literatur bzw. über einige Kritiker vermittelte dagegen eine Umfrage, die die Zeitschrift *Magnum* in ihrem Jahresheft 1964 abdruckte. Aufgrund der Selbstdarstellungen war dort beispielsweise zu erfahren: Der Kritiker solle sichten und ordnen, klären und werten, polemisieren und postulieren, er strebe bessere Bücher und bessere Leser an und sei daher zwangsläufig Moralist und Erzieher (Reich-Ranicki). Blöcker sieht seine Aufgabe darin, auf Werke der Literatur zu reagieren, zwischen Werk und Leser zu vermitteln; im übrigen aber sei die Kritik für ihn nichts anderes als eine Möglichkeit, sich auszudrücken, er verstehe sie nicht als Instanz ober- oder außerhalb der Literatur, sondern als ein Teil von ihr. Willy Haas, der Älteste unter den Befragten und ein Mann der zwanziger Jahre, meinte: Der Kritiker müsse unbedingt an seine Kritik glauben und notfalls sein einziger gläubiger Leser sein. Er dürfe nicht Gläubige züchten, vielmehr sei es seine Pflicht, den Leser und Zuschauer selbst zum fähigen Kritiker heranzubilden. Ein anderer vertritt den Standpunkt: Der Kritiker möge sich vor der Überzeugung hüten, daß er recht habe und nur seine Ansicht von der Sache die richtige sei. Ansonsten stelle Kritik, wie jede andere literarische Tätigkeit, den Versuch dar, sich über sich selbst Klarheit zu verschaffen (Gody Suter). Heinrich Vormweg nennt den Kritiker einen »Anwalt, der seiltanzt«, und hält in der Kritik Stil für wichtiger als die sogenannte Aussage. Denn was an dieser Hand und Fuß habe, realisiere sich in Worten. Damit korrespondiert in etwa die Meinung Werner Webers, nur diejenige Form der Kritik sei schön, in der das Stichworte-Geben, die Konversation an die Stelle der Behauptung trete. Recht oder unrecht zu haben, darauf komme es nicht an; entscheidend sei das Wie. »Der Glücksfall jedes Menschen, der Sprache braucht, heißt vollkommene Deutlichkeit« (Werner Weber). Sein streitbarer Landsmann Walter Widmer fand, der Kritiker habe die gute Leistung zu würdigen und die bare Scharlatanerie zu geißeln. Hohoff spricht vom »Fadenkreuz der Kritik« und will die Sprache »ins Verhör« nehmen, während Karl August Horst in der Kritik »das Differential zwischen Literatur und Nichtliteratur« vermutet und der Schreiber dieses Aufsatzes das Fehlen eines marxistischen, den gesellschaftlichen Bezug von Literatur berücksichtigenden Ansatzes in der literarischen

Kritik moniert. Bei der Vielfalt der Standpunkte ist es im Prinzip bis heute geblieben, auch wenn formale Veränderungen in Lyrik und Prosa zeitweilig strukturalistische und linguistische Methoden in den Vordergrund rückten oder Autoren wie Helmut Heißenbüttel, Franz Mon, Jürgen Becker die Kritik pro domo aufforderten, sich intensiver auf die Schreibweise der »Texte« einzulassen, sie mit eigenen Worten nachzuschreiben und zu kommentieren. Wurde hier im Namen der »Grenzverschiebungen« innerhalb der Literatur eine andere und neue Kritik gefordert, so ging es den politisierten Gruppen während der späten sechziger Jahre um die Abschaffung der bisherigen Literatur und Kritik überhaupt. Hans Magnus Enzensberger hatte schon 1965 die von ihm konzipierte Zeitschrift *Kursbuch* als ein »Aperiodikum« angekündigt, das »erscheint, wenn Schriften vorliegen, deren Publikation sinnvoll erscheint«. »Die Zeitschrift steht«, heißt es in der Vorankündigung weiter, »neuer Poesie und neuer Prosa offen, ohne Rücksicht darauf, wie bekannt oder unbekannt ihre Autoren sind [...] Insofern ist das Kursbuch eine literarische Zeitschrift. Sie ist es nicht, sofern sie sich auch dem öffnet, wodurch eine Literatur sich herausgefordert sieht, wessen sie aber nicht Herr wird. Unser literarisches Bewußtsein ist begrenzt; es ignoriert weite Zonen der zivilisatorischen Realität. Wo die literarische Vermittlung versagt, wird das Kursbuch den unvermittelten Niederschlag der Realien zu fassen suchen: in Protokollen, Gutachten, Reportagen, Aktenstücken, polemischen und unpolemischen Gesprächen.«

Diesem Hinweis auf die ›Faktographie‹ im Sinne Tretjakows entsprach auch der grundsätzliche Vorbehalt Enzensbergers gegen die Literaturkritik: »Die Zeitschrift versteht sich [...] nicht als Vehikel für Rezensionen, die Noten verteilen wollen. Die üblichen literarischen Zwistigkeiten, denen kein anderes als ein rein lokales Interesse zukommt, können anderswo ausgetragen werden.«[30] – Es war nur logisch, daß, drei Jahre später, in der 15. Folge der Zeitschrift der große Rundumschlag gegen Literatur und Literaturkritik geführt wurde und Literaten wie Walter Boehlich und Karl Markus Michel sich am aktivsten daran beteiligten. Boehlich, der einmal die Proust-Übersetzung der Eva Rechel-Mertens einer akribischen Kritik unterzogen hatte, schrieb dort: »Die Kritik ist tot, welche? die bürgerliche, die herrschende. Sie ist gestorben an sich selbst, gestorben mit der bürgerlichen Welt, zu der sie gehört, gestorben [...] mit der bürgerlichen Ästhetik, auf die sie ihre Regeln gegründet hat, gestorben mit dem bürgerlichen Gott, der ihr seinen Segen gegeben hat. [...] Die bürgerliche Kritik wirkt nicht mehr über den ersten Tag hinaus. Sie bewirkt ihr eigenes Vergessen. Sie produziert Eintagsfliegen. Jeder Kritiker produziert seine eigenen. Alle widersprechen einander, sie sind unglaubwürdig.« Es gebe keinen »großen« Kritiker mehr, es gebe höchstens Großkritiker. In diese Kerbe schlug auch Peter Hamm, der im gleichen Jahr einen Band zu dem Thema *Kritik / von wem, für wen / wie* herausgab. »Beide, der bürgerliche Großkritiker und der bürgerliche Großschriftsteller«, so steht es in Hamms eigenem Beitrag zu lesen, »sind zu Bauchrednern geworden, die längst nicht mehr wissen, von was und für wen sie sprechen [...] der Großkritiker stirbt aus mit jener Großliteratur, der er sich stets so gerne anhängte«.[31]

Diese Prophezeiung wartet bislang auf ihre Erfüllung. Aber vielleicht meinten es Boehlich und Hamm gar nicht so ernst. Die Literaturkritik jedenfalls hat sich in der zweiten Hälfte der siebziger Jahre von den politischen Anfechtungen und Anschlägen erholt. Und auch die Stellung der Großkritiker hat, soweit wir sehen, keine Einbußen erlitten. Im Gegenteil! Wenn im Frühjahr oder Herbst ein neuer »Böll«, »Grass«, »Lenz« oder »Walser« erscheint, dann greifen Kaiser, Reich-Ranicki, Raddatz oder Michaelis, Karasek oder Becker, d. h. die verantwortlichen Redakteure für Literatur und Literaturkritik, sofort zur Feder, und ihre Meinung erscheint fast immer zur gleichen Zeit, zumindest innerhalb einer Woche. Bei solchen Auftritten rangiert die Kritik für gewöhnlich hinter dem Bedürfnis nach Selbstdarstellung und Wettstreit. Ebensowenig dient es der Sache, daß bei der Gelegenheit »Redaktionspolitik« getrieben wird.

Die Literaturkritik heute ist, trotz der turnusmäßig auftretenden Klagen und Beschwerden, weder verkommen noch schlecht. Vielleicht ist sie sogar gut! Jedenfalls reagiert sie, wenn auch von sehr unterschiedlichen Positionen aus, wie mir scheint, angemessen und sachverständig. Ausnahmen bestätigen die Regel. Sie ist freilich noch auf einen Begriff von Literatur fixiert, der, gemessen an der Überproduktion von Büchern, der Taschenbuchreihen, der Buchgemeinschaften, der Sachbuchlawine, der modernen Werbe- und Verkaufstechniken usw., rührend altmodisch wirkt.

Die Lesegesellschaft des 19. Jahrhunderts, die sich rudimentär bis in den Zweiten Weltkrieg hielt, existiert nicht mehr, und der Handel mit schöner Literatur findet auf dem Markt der Freizeitangebote statt. Um ein Beispiel zu nennen: der Bertelsmann-Lesering offeriert seinen Mitgliedern im zweiten Quartal 1980 den Roman *Ulysses* von James Joyce in der neuen Übersetzung von Hans Wollschläger. Dazu heißt es in dem werbenden Begleittext der Lesering-Illustrierten: »Joyce war ein Bahnbrecher allergrößten Formats und sein 1922 erschienener *Ulysses* hat die epische Form im 20. Jahrhundert revolutioniert wie kein zweites Werk. Wer heute über Literatur und speziell über die moderne Romankunst mitreden will, kann das kaum, ohne den *Ulysses* zu kennen.« Die Literaturkritik wird dem Sachverhalt der Massenhaftigkeit Rechnung tragen müssen, will sie nicht im esoterischen Geistergespräch enden. Sofern sie das tut, stellt sich die Frage nach ihren Maßstäben neu. Die bisher darüber geführten Diskussionen haben dazu keinen Beitrag liefern können, weil sie sich von der Vorstellung literarischer »Meisterwerke« und eines literaturverständigen Publikums nicht zu lösen vermochten.

Anmerkungen

1 Reallexikon der deutschen Literaturgeschichte. Hrsg. von Werner Kohlschmidt und Wolfgang Mohr. Berlin ²1958 ff. Bd. 2. S. 63.
2 Volkhafte Dichtung. Berlin 1935. S. 15.
3 Eine deutsche »Lost-Generation«? Die 47er zwischen Kriegsende und Währungsreform. In: Literaturmagazin 7. Reinbek 1977. S. 147.
4 Das literarische Leben der Gegenwart. In: Merkur 13 (1959) H. 4. S. 373 f.
5 Die fehlende Generation. In: Deutscher Geist zwischen Gestern und Morgen. Hrsg. von Joachim Moras und Hans Paeschke u. Mitw. von Wolfgang von Einsiedel. Stuttgart 1954. S. 389.
6 Ebd. S. 389.
7 In: Thomas Mann: Briefe 1937–1947. Hrsg. von Erika Mann. Frankfurt a. M. 1963. S. 569.
8 Europäische Literatur und lateinisches Mittelalter. Bern ²1954. S. 9.
9 Bern/München 1960. S. 112.
10 Hans Egon Holthusen: Der unbehauste Mensch. München 1951. S. 155.
11 Die Bewußtseinslage der modernen Literatur. In: Holthusen (Anm. 10) S. 33.

12 Siehe auch Franz Schonauer: Der Schöngeist als Collaborateur oder wer war Friedrich Sieburg. Erscheint demnächst in einem Sammelband bei Hoffmann und Campe.
13 Nur für Leser. Jahre und Bücher. Stuttgart 1955. S. 22.
14 Ebd. S. 22.
15 Ebd. S. 333.
16 Ebd. S. 335.
17 Ebd. S. 318.
18 Siehe Walter Hinderer: Zur Situation der westdeutschen Literaturkritik. In: Die deutsche Literatur der Gegenwart. Aspekte und Tendenzen. Hrsg. von Manfred Durzak. 3., erw. Aufl. Stuttgart 1976. S. 325–346.
19 Zitiert nach Gottfried Benn: Autbiographische und vermischte Schriften. Gesammelte Werke in vier Bänden. Hrsg. von Dieter Wellershoff. Bd. 4. Wiesbaden 1961. S. 281 f.
20 Zitiert nach: Nur für Leser (Anm. 13) S. 67 f.
21 1952 war im Eugen Diederichs Verlag unter dem Titel *Ich schreibe mein Herz in den Staub der Straße* ein Gedichtband erschienen, der aus dem Nachlaß des in Indochina gefallenen Fremdenlegionärs deutsch-französischer Herkunft, Georg Forestier, stammen sollte, in Wahrheit aber, wie sich später herausstellte, einen Angestellten des Verlages zum Verfasser hatte. Diese Gedichte wurden von zahlreichen Kritikern, wohl beeindruckt von der Biographie des Autors, enthusiastisch besprochen.
22 Die Bewußtseinslage der modernen Literatur. In: Holthusen (Anm. 10) S. 25 f.
23 Ebd. S. 26 f.
24 Ja und Nein. Neue kritische Versuche. München 1954. S. 8 f.
25 Die neuen Wirklichkeiten. Berlin 1957. S. 10 f.
26 In: Kritik in unserer Zeit. Göttingen 1960. S. 26.
27 Reinbek 1969. S. 12.
28 Zitiert nach: Sprache im technischen Zeitalter (1964) H. 9–10. S. 809.
29 Ebd. S. 833. Dort sind auch alle Referate und Diskussionsbeiträge abgedruckt.
30 Leider ergab sich keine Gelegenheit, auf die Aufsätze und Rezensionen des hochbegabten Gottfried Just einzugehen, der 1971 im Alter von 33 Jahren Selbstmord beging. Justs Arbeiten erschienen u. d. T. *Reflexionen. Zur Literatur der sechziger Jahre* (Pfullingen 1972).
31 Kritik/von wem, für wen/wie. München 1968. S. 37 f.

BODO HEIMANN / ANGELA KANDT

Film und deutsche Gegenwartsliteratur

»Der Kontext im Film ist averbal. Wenn ich es in Worten ausdrücke, wäre es eine Interpretation, also nicht dasselbe.« Alexander Kluge

»Widerspruchsfreiheit / ist eine Mangelerscheinung / oder ein Widerspruch.« Hans Magnus Enzensberger

Nicht die Ästhetik, Geschichte und gegenwärtige Situation des Films und nicht die Poetik, Entwicklung und gegenwärtige Situation der Literatur sind hier allgemein und für sich zu behandeln, wohl aber das besondere Verhältnis, in das Film und Gegenwartsliteratur zueinander geraten sind, ohne daß dabei Vollständigkeit hinsichtlich der Autoren und Richtungen angestrebt wird. Interessanterweise ist dieses Verhältnis nicht nur gekennzeichnet durch eine parallele Entwicklung in verschiedenen Künsten, sondern mehr noch durch Grenzüberschreitungen der Medien Film und Literatur in Richtung zueinander. Dies um so mehr, je mehr sich die progressiven Richtungen in Literatur und Film[1] bewußt gegen traditionelle Schreibweisen und Kunstkonzepte absetzen, je konsequenter sie die ›Tradition der Moderne‹ weiterführen.

Gegenwärtige Tendenzen

1. Nicht nur vom Film her, der in seiner Verbindung von Wort-, Musik-, Bild- und Schauspielkunst gleichsam von ›Natur‹ aus Verschmelzung verschiedener Künste ist, sondern auch von der Literatur her richtet sich die Erprobung experimenteller Formen längst nicht mehr nur gegen die Grenzen überlieferter Gattungen; Lyrik, Epik und Dramatik sind für experimentierende Autoren wie Becker, Heißenbüttel, Rühm u. a. schon lange keine getrennten Gattungen mehr. Auch die Trennung zu anderen Künsten hin wird von Autoren wie Achternbusch, Becker, Rühm u. a. überwunden. Literatur geht über in Grafik, Textbilder, Fotografie, Musik, theatralische Formen, Happenings, Pantomime, Film.
2. Sowohl Literatur als auch Film wenden sich, soweit sie progressiv sind, gegen die Konsumentenrolle des Lesers und Zuschauers. Bisherige Rezeptionshaltungen sollen durch aktivere Beteiligungen des Publikums überwunden werden. Autoren wie Faecke, Mon, Vostell und Filmemacher wie Kluge und Straub legen Wert darauf, daß sie nur Teile, Bruchstücke, mögliche Bausteine liefern, aus denen sich der Rezipient ›seinen‹ ›Roman‹ oder ›Film‹ selbst herstellt. Tendenziell zielt das auf eine Aufhebung der Arbeitsteilung zwischen Künstler und Publikum, auf Einübung in kollektive ›ästhetische Prozesse‹.
3. Die gegen entfremdete Lebenspraxis und falsches Bewußtsein gerichteten künstlerischen Hervorbringungen, soweit sie das Bewußtmachen verfehlter Kommunikation intendieren, schließen die Demonstration (und Reflexion) degradierten Sprachgebrauchs (Phrasen), falschen Bewußtseins (Ideologie) und falschen Verhaltens (ver-

dinglichte Lebenspraxis) ein. Solcherart sprachkritische Literatur und Filme tendieren zur Collage, zum distanziert kritischen Sammeln und Aufspießen von Zitaten, die dadurch, daß sie aus dem gewohnten Zusammenhang gerissen werden, ungewohnt wirken, eine Verfremdung, die Nichtidentität signalisiert und den Widerstand gegen Sprach-, Denk- und Verhaltensmuster stärkt und dem Konformitätsdruck entgegenwirkt.

4. Es liegt in der ideologiekritischen Konsequenz dieser Kunstrichtungen, daß sie auch die eigenen Kunstmittel nicht unreflektiert und unkritisch handhaben, sondern selbst zum Thema machen. Tendenziell geht das bis zur Reduktion auf die ›Mittel‹, z. B. die ›Materialität der Sprache‹, die ›Töne‹, ›Geräusche‹, ›visuellen Vorgänge‹, die Bild- und Schnittechnik des Films, das ›Zelluloidmaterial‹, durch das ›Licht‹ – ›Bilder‹ entstehen. Diesen ›Mitteln‹ selbst gilt dann die höchste Aufmerksamkeit, nicht irgendeiner damit transportierten ›Bedeutung‹. In diese Richtung gehen vor allem konkrete Poesie, visuelle Texte und Lautgedichte (Gomringer, Jandl, Rühm) und experimentelle Filme (Nekes).
5. Der hohe Grad an Bewußtheit und Reflexion weist auf eine Verbindung von Kunst-Theorie und Kunst-Praxis, die bis zur Theorieabhängigkeit und zum Übergewicht der Theorie über die Praxis führen kann, was im Falle von Happening, Fluxus und Pop-art nicht zu Unrecht kritisiert worden ist.[2] Daß Literaten auch Literaturtheoretiker sind und ein literaturwissenschaftliches Studium hinter sich haben, läßt sich immer häufiger feststellen, läßt aber so wenig wie bei den Filmemachern auf ein Primat von Theorie schließen und sollte nicht zur Überschätzung von Literaturtheorie und Medientheorie führen. Am überzeugendsten ist Theorie dort, wo sie nicht doktrinär wird und nicht mit dem Anspruch von Konsistenz auftritt, sondern als bruchstückhafte Reflexion wie bei Kluge, unabgeschlossen und für alle Widersprüche offen, und wo sie die künstlerische Praxis nicht beherrscht, sondern begleitet.

Grundsätzliches

Fortschreitende Technisierung und Industrialisierung, besonders seit dem Ende des 19. Jahrhunderts, sind auch an den Künsten nicht spurlos vorübergegangen. So ist dem Gemälde die Fotografie zur Seite getreten, dem Konzert die Schallplatte und das Radio, dem Roman und Theater das Medium Film. Das Kunstwerk geriet im ›Zeitalter seiner technischen Reproduzierbarkeit‹[3] in den Sog der Massenproduktion und des Massenkonsums. Die Literatur sah sich zunächst in Konkurrenz zum Film, beargwöhnte ihn als ›Unkultur‹ und Zeichen von Trivialität. Die einsetzende kritische Auseinandersetzung von Literaten und Wissenschaftlern mit dem neuen Medium war zugleich poetologische Diskussion, die den Begriff ›Literatur‹, die literarischen Formen und Gattungen selbst problematisierte. Mittlerweile ist der Film als künstlerisches Ausdrucksmittel anerkannt, das Kino ist wie Literatur zum Teil unserer Kultur geworden. Befürchtungen, der Film könnte die Literatur verdrängen, erwiesen sich als falsch, statt dessen sind Literatur und Film zahlreiche Verbindungen eingegangen. Literatur wird verfilmt, Textlisten und Drehbücher werden in Buchform auf den Markt gebracht.

Die Überschreitung medialer Grenzen dokumentiert sich am deutlichsten in multimedialen Veranstaltungen, in denen visuelle Medien wie Bild und Film mit akustischen wie Literatur und Musik zur Einheit verschmelzen. Sowohl zwischen den verschiedenen Künsten wie auch innerhalb der einzelnen Künste werden die Grenzen zunehmend aufgelöst und in Frage gestellt. Der Film und die Diskussion um das Drehbuch als neuer literarischer Gattung sind eingeflossen in die Auseinandersetzung um Definitionen des Literaturbegriffs. Literatur ist heute kaum mehr mit traditionellen Ordnungsprinzipien zu fassen. Die klassische Einteilung in Dramatik, Epik und Lyrik trifft auf Gegenwartsliteratur nicht mehr zu, hingegen dominieren Mischformen und neue experimentelle Formen, die auch von der Literaturwissenschaft fordern, ein neues Selbstverständnis zu finden.

Wie die Erfindung der Fotografie die Malerei beeinflußt hat, so bewirkte auch der Film eine Veränderung der Literatur und ihrer Ausdrucksformen. Die Einflüsse zwischen Film und Literatur liegen nicht nur in der Verfilmung von Literatur und der Etablierung des Drehbuchs als neuer literarischer Gattung, sondern wesentlich subtiler in der Einbeziehung filmischer Elemente in die Literatur und literarischer Elemente in den Film. Die Definition dessen, was filmspezifisch oder was eher literarischen Charakters ist, hängt weitgehend mit den Eigenschaften und Möglichkeiten des jeweiligen Mediums zusammen. Während im Drama das Wort im Mittelpunkt steht, wenngleich auch bei modernen Inszenierungen die Bühnenshow bedeutungstragend für das Geschehen wird, während im Roman und im Gedicht Sprache allein die Erlebnisse, Geschichten, Gedanken, Gefühle usw. vermittelt, ist für den Film die visuelle Wahrnehmung das entscheidende Prinzip. Die gegenwärtige Situation des Kinos, nicht nur im deutschsprachigen Raum, ist dadurch gekennzeichnet, daß vor allem fiktionale Filme, Filme mit einer Spielhandlung, Filme, die eine Geschichte erzählen, produziert werden. Dieser epische Charakter des Films rückt ihn eher in die Nähe des Romans als des Dramas. Doch die Vermittlung eines Romans geschieht durch Begriffe, während der Film in erster Linie – und das vor allem in den Stummfilmen – mit bewegten Bildern arbeitet. Im Tonfilm tritt neben die visuelle die begriffliche Vermittlung.

Literarische Ausdrucksweisen wie der direkte und indirekte Stil des Romans, der innere Monolog, der Dialog und der Kommentar werden zu Elementen filmischer Vermittlung. So drücken Personen im Film sich einerseits durch dem Zuschauer sichtbare Verhaltensweisen und Handlungen aus, andererseits werden sie durch Aussagen und Reaktionen anderer beschrieben. Sichtbare und wörtliche, gesagte und gesehene Ereignisse stoßen aufeinander und beeinflussen sich. Der gesamte narrative Film beruht in seiner Struktur technisch auf literarischen Mustern. Die Fabel, die Metaphorik, die Darstellung der Vergangenheit in einer Rückblende, die figurale Typisierung, z. B. das Gut-Böse-Schema, die Verklammerungstechnik von Rahmen- und Binnenhandlung, die Selbstrepräsentation des Mediums im Medium sowie die Leitmotivik sind literarische Elemente des Films.[5] Umgekehrt wird der moderne Roman beeinflußt von der Dramaturgie des Films. Thomas Butz stellt bereits in den Romanen Heinrich Manns eine ›Prädominanz des Szenischen‹ fest, und: »die Realität wird kinohaft, das Kino wird Realität«.[6] In einer Untersuchung zum zeitgenössischen Roman führt Michels den »Verlust der figuralen Geschlossenheit des impliziten Erzählers«[7] und darin »die Identitätskrise des ästhetisch konstitutiven Subjekts«[8] darauf zurück, daß die der Erzählweise zugrundeliegende Sehweise sich zum Kamerablick verfestigt. Der filmisch mögliche Panoramablick kehrt in der Literatur als Selbstentfernung des Autors aus der Szene wieder. Werden im Roman Zeitebenen vermischt, so eröffnen sich hier Parallelen zum ›Erinnerungsfilm‹.[9]

Filmische Elemente in der Literatur wie eine bildhafte Sprache oder eine als ›realistisch‹ angesehene lineare Handlungsführung sind gemeinhin Kriterien für eine ›Literaturverfilmung‹. Das visuelle Medium Film und das sprachliche Medium Literatur werden allerdings unterschiedlich wahrgenommen. Literarische Texte bestehen aus Buchstaben und Sätzen, die erst vom Rezipienten mittels seiner Phantasie zu Vorstellungen, Bildern, Handlungen, Geschichten, Erlebnissen aktualisiert werden. Der Film hingegen, als ›ikonografisches Zeichensystem‹, besteht aus einzelnen fotografierten Bildern und Szenen, die vom Zuschauer nacheinander wahrgenommen und in einen Zusammenhang gebracht werden. Der Leser eines Romans muß sich beim Lesen kraft seiner Phantasie eine Wirklichkeit entwerfen, die durch Worte abstrahierte Wirklichkeit in konkrete Bilder zurückübersetzen. Dem Zuschauer eines Films wird bereits eine visualisierte Wirklichkeit geboten. Seine Phantasie wird dadurch entlastet, er braucht sich diese Wirklichkeit nicht vorzustellen, dadurch wird der Spielraum seiner Einbildungskraft aber auch eingeengt. Während der Film bessere Möglichkeiten der Illusionsvermittlung schafft, erschwert er dem Zuschauer eine strukturierte und distanzierte Wahrnehmung. Siegfried Lenz: »der eine versucht etwas mit geschriebener Sinnlichkeit anschaulich zu machen und der andere mit vorgezeigter Sinnlichkeit, mit der Sinnlichkeit der Bilder, wobei natürlich der Leser immer die größere Freiheit hat als der Zuschauer. Ich möchte beinahe sagen, das Prosaangebot, das Textangebot ist demokratischer als das Bild.«[10]

Literaturverfilmung und Autorenfilm

Hier ist nicht die Frage zu diskutieren, ob Literatur werkgetreu verfilmbar ist, ob sie als Stofflieferant dienen oder im freien Umgang durch ein neues Medium vermittelt werden soll. Es ist jedoch festzustellen, daß im gegenwärtigen deutschen Spielfilm die Verfilmung literarischer Vorlagen einen immer größeren Raum einnimmt.

Die erste Phase der Literaturverfilmungen während der zwanziger Jahre kann dadurch erklärt werden, daß die expandierende Filmindustrie hoffte, auch das Bürgertum als Publikum zu gewinnen und den ›plebejischen‹ Charakter des Films zu überwinden. Unterstützt wurde diese Tendenz durch namhafte Schriftsteller, die Drehbücher und Vorlagen für Filme lieferten. Der Begriff ›Autorenfilm‹[11] wurde in dieser Zeit geprägt. Das wachsende Interesse an Literaturverfilmungen seitens der Produzenten und Redakteure während der letzten Jahre hat hingegen andere Ursachen. Die Kosten für die Herstellung eines Langfilms steigen ständig, so daß die Filmemacher auf staatliche Zuschüsse oder auf Beteiligung des Fernsehens angewiesen sind. Erfahrungen lassen vermuten, daß die Gremien gegenüber zu verfilmender Literatur eher geneigt sind, ihre finanzielle Unterstützung zu sichern. Außerdem können die Produzenten und Filmemacher damit rechnen, daß Literaturverfilmungen auf ein größeres Publikumsinteresse stoßen, da mit Literatur bereits eine bestimmte ›Güte‹ verbunden wird, besonders wenn bekannte Literatur als Vorlage dient.

Bei näherer Betrachtung zeigen sich Parallelen zwischen der Entwicklung des Autoren-

films und der Tendenz zu Literaturverfilmungen. Bezog sich der Begriff des ›Autorenfilms‹ in den zwanziger Jahren darauf, daß ein Schriftsteller die literarische Vorlage geliefert hatte, so wird im deutschsprachigen Raum seit dem Oberhausener Manifest von 1962 darunter ein Regisseur verstanden, der Schöpfer seines künstlerischen Produktes Film ist. Das bedeutet im Idealfall, daß er sowohl Regie führt als auch das Drehbuch verfaßt, darüber hinaus möglichst auch selbst den Film produziert. Auf diese Weise sollte die nach amerikanischem Muster arbeitsteilige Methode der Filmherstellung abgelöst werden. Mit dem ›Schöpfungsgedanken‹ war die Forderung nach einem Verantwortungsbewußtsein des Autorenfilmers verbunden. Alexander Kluge als wichtigster Theoretiker des ›jungen deutschen Films‹ verlangte daher für den Regisseur eine umfangreiche Filmbildung, denn Filme haben Massenwirkung, »Filme sind auf reproduzierte Wirklichkeit angewiesen, sie stellen Eingriffe in die Wirklichkeit dar«.[12] Dies wiederum verlangt vom Filmemacher kritische Haltung, also keinen ›freien‹ ›Künstlerstandpunkt‹, sondern Verantwortungsgefühl für die Massenbasis, Parteinahme.
Wie der Schriftsteller ist der Autorenfilmer Schöpfer seines Werkes. Ist es dem Schriftsteller jedoch möglich, ohne großen Produktionsaufwand Literatur zu schaffen, so ist der Filmautor von vornherein auf finanzielle Unterstützung angewiesen. Das Filmförderungsmodell sollte diese Schwierigkeiten beheben und es den Autoren erleichtern, frei von finanziellem Druck Filme zu produzieren. Doch die »Illusion eines autonomen und freien Gestalters seiner Filmidee« mußte der Realität eines »Angestellten« weichen.[13] Die Förderungsprämien erwiesen sich als zu gering; aus dem Autorenfilmer, der seine Filme selbst produziert, ist mittlerweile ein Produzentenfilmer geworden, der seine Filme selbst inszeniert. Angesichts dieser Situation liegt die Vermutung nahe, daß Literatur aufgrund des geringeren finanziellen Risikos verfilmt wird und weil es dem Filmemacher so erspart bleibt, eigene Stoffe aus der politischen und gesellschaftlichen Wirklichkeit zu wählen. So verschwindet dann die Idee des Autorenfilms hinter talentierter Kunstfertigkeit.

Rainer Werner Fassbinders *Effi Briest* gilt als ›werktreue‹ Verfilmung von Fontanes Text. Die historische Distanz und das Literarische der Vorlage werden betont, z. B. durch Inserts, wie sie sonst aus Stummfilmen bekannt sind, hier markieren sie besonders wichtige Aussagen des Textes, gleichsam die vom Leser Fassbinder unterstrichenen Stellen. Insofern vermittelt der Film Fassbinders Interpretation des Textes, die sich kaum mit dem Leseerlebnis anderer Leser des Romans vollständig decken dürfte. Bei aller Werktreue bleibt der Film nur eine mögliche Interpretation des Romans neben vielen anderen. Die Verfilmung erhält den literarischen Charakter, der Autor Fassbinder bringt als Romanleser und Literat mit dem Film die Essenz seiner Romanlektüre hervor. Seine Romaninterpretation bekommt im Prozeß des Medienwechsels einen lehrhaften Charakter, sie demonstriert am distanziert inszenierten befremdlichen Fall ein Modell der Entfremdung.[14]
Ganz anders, aber ebenso interessant ist Volker Schlöndorffs filmische Realisierung von Grass' *Blechtrommel.* Hier wird die Distanz nicht betont, sondern gemindert, der Film wirkt unmittelbarer als das Buch, nicht zuletzt dadurch, daß die fiktive unwirkliche, unmenschliche Kunstfigur Oskar im Film als sichtbarer, leibhaftiger Mensch erscheint und an die Stelle der Rhetorik des Erzählers die Sinnlichkeit der Bilder tritt. Das Phantastische tritt ein in die Welt der Wirklichkeit. Insgesamt fällt auf, daß vor

allem ›wertvolle‹ Literatur verfilmt wird, jedoch kaum Literatur der Gegenwart, sondern mit Vorliebe Literatur des 19. Jahrhunderts. Ausnahmen sind Werke von Böll und Handke. Handke und auch Achternbusch versuchen sich zugleich als Literaten und Filmer.[15]

Beruhte die Diskussion um das Verhältnis zwischen Film und Literatur zunächst auf dem Zweifel, ob denn Film überhaupt Kunst sei, so wird heute eher der Literatur- und Gattungsbegriff in Frage gestellt. In dieser bereits erwähnten Auseinandersetzung sind Probleme der Adaption literarischer Texte in das filmische Medium, des Drehbuchs als neuer literarischer Gattung und eines neuen Literaturbegriffs miteinander verknüpft. Rückblickend ist das Drehbuch eine Randerscheinung in der Entwicklungsgeschichte des Films. Die industrielle Fertigung filmischer Großproduktionen verlangt nach einem exakten Drehbuch mit Regieanweisungen und Textlisten, um einen möglichst rationellen Ablauf der Filmherstellung zu sichern.[16] Filmemacher in der Bundesrepublik sind gezwungen, ein Drehbuch anzufertigen, um Förderungsgelder zu erhalten, während für den Produktionsprozeß des Films ein vage beschriebener Handlungsablauf ausreichen würde. Im Falle einer Literaturverfilmung wird das Drehbuch als Text zum Mittler zwischen einem anderen Text und dem Film. Dem Drehbuch fällt dann die Aufgabe zu, die literarische Vorlage ›filmgemäß‹ in Bilder umzusetzen. Gilt für eine Adaption, daß die Erzählung erhalten bleibt, allerdings nicht sprachlich, sondern visuell vermittelt wird, so kommt dem Drehbuch die Aufgabe zu, »mit Worten unausdrückbare Erlebnisse dennoch mit Worten auszudrücken«.[17]

Das Drehbuch als besondere Textform hat ursprünglich eine ganz bestimmte, begrenzte kommunikative Funktion. Obwohl es, im Unterschied zur Dramenvorlage, in der Regel nur einmal benutzt wird und nach Beendigung der Filmproduktion seine Funktion erfüllt ist, werden – und das gerade während der letzten Jahre – zunehmend Filmdrehbücher, Textlisten oder Filmszenarios von Taschenbuchverlagen gedruckt publiziert. Sie geben in schriftlicher Form den im Kino visualisierten Film wieder, selten jedoch die bei der Filmherstellung vorliegende schriftliche Drehanleitung. Daß Drehbücher entweder gemeinsam mit dem Film oder im Anschluß daran veröffentlicht werden, erregt den Verdacht, daß am Sog der Publicity und des finanziellen Erfolgs eines Spielfilms auch Buchautoren und Verlage teilnehmen möchten. Peter Handke schrieb zunächst Drehbücher für Filme von Wim Wenders und verfaßte Romane im Hinblick auf eine später mögliche Adaption. Im Falle der *Linkshändigen Frau* schrieb er zunächst einen Entwurf für ein Drehbuch, dann veröffentlichte er die Erzählung und produzierte nach dem gleichnamigen Buch schließlich den Film.

Anders verfuhr Gerhard Zwerenz. Noch während Fassbinder den Film *Die Ehe der Maria Braun* drehte, begann Zwerenz einen Roman nach dem Film zu schreiben. Sowohl das Drehbuch als auch die fertigen Filmteile, später der endgültige Film, dienten ihm als Vorlage. Zwerenz meint, daß es zwei ›Grenzwert-Möglichkeiten‹[18] gibt, einen Filmroman herzustellen, als epische Nacherzählung, angereichert mit eigener Phantasie, und als nacherzählende Romanreportage, die durch Detailtreue gekennzeichnet ist, und bezeichnet seinen Roman nach dem Film als Romanreportage. Er reportiert den Film in Romanform und weicht nur von der filmischen Vorlage ab, wenn es die Ausdruckseigentümlichkeiten des anderen Mediums erzwingen. So müssen Musik, gesprochene Worte und Bilder durch die Sprache des Erzählers, durch direkte und indirekte Beschreibungen, ersetzt werden.

Zwerenz und Handke geben nur zwei Beispiele, welcher Art die Beziehungen zwischen Schriftsteller und Film sein können. Ist Handke zugleich Schriftsteller, Drehbuchautor und Regisseur, so wird Herbert Achternbusch in seinen Filmen zum ›Universalgenie‹: Schauspieler, Autor und Regisseur zugleich. Während Hollywoods Filmproduktion mit ihrer streng arbeitsteiligen Produktionsweise nach wie vor die Teilnahme vieler Spezialisten im Herstellungsprozeß des Films verlangt, betrachten die Autorenfilmer, zu denen neben Kluge und Fassbinder auch Handke und Achternbusch gehören, ihre Produkte als »individuelle künstlerische Schöpfungen«. Als interessanteste neue Produktionsform dürfte das Autorenkollektiv anzusehen sein und als symptomatisch für diese Entwicklung der Film *Deutschland im Herbst*. Auch hier leistete allerdings noch jeder Regisseur unter einem vage formulierten gemeinsamen Thema einen eigenständigen Beitrag.

Die Einheit der Künste

Die Programmatik des Autorenfilms ist gerade unter dem Gesichtspunkt der Einheit von Literatur und Film besonders aufschlußreich. Dabei kommt wieder ihrem Protagonisten Alexander Kluge eine sowohl in künstlerischer wie theoretischer und politischer Hinsicht bahnbrechende Bedeutung zu: Kluge, der nach seinem mit Staatsprüfungen und Promotion abgeschlossenen Studium der Rechtswissenschaften, Geschichte und Kirchenmusik beim Filmregisseur Fritz Lang volontierte, ist nicht nur als erfolgreicher Filmproduzent und -regisseur, sondern als bedeutender Theoretiker und wegen der in seiner Person verkörperten Einheitskonzeption der Künste und der besonders ausgeprägten Verbindung von Film und Literatur, Film- bzw. Medienästhetik und Filmpolitik, theoretischer Reflexion und Praxis eine Schlüsselfigur. Er gehörte 1962 zu den Initiatoren des Oberhausener Manifests, hat als Sprecher der Arbeitsgemeinschaft neuer deutscher Spielfilmproduzenten und als Förderer des Kuratoriums Junger Deutscher Film sich maßgeblich für eine qualitativ orientierte Filmförderung engagiert, hat parallel dazu kontinuierlich als Schriftsteller gearbeitet und als Dozent und Leiter des Instituts für Filmgestaltung in Ulm und seit 1973 als Professor an der Universität Frankfurt den neuen deutschen Film auch theoretisch vertreten. Kluge ist zunächst, seit 1960, mit Kurzfilmen hervorgetreten, 1962 erschien sein Buch *Lebensläufe*, aus dem dann wiederum sein erster Spielfilm hervorging: *Abschied von gestern* mit dem Motiv der Erzählung *Anita G.* Kluges medientheoretische Produktion und filmpolitisches Engagement beginnen ebenfalls in dieser Zeit.

Kluge vertritt grundsätzlich ein Einheitskonzept von Kunst, dem gegenüber literarische und audiovisuelle Produktion zwar gleichwertig, aber durchaus abgeleitet und unvollständig erscheinen, nämlich als Funktion eines umfassenderen, elementaren ›Massenmediums‹: der lebendigen Arbeit, die das ›ununterdrückbare Produktionsverhältnis‹ ist. Von einer ›Eigengesetzlichkeit‹ eines Mediums oder einer Kunstgattung kann, wenn überhaupt, nur in einem sehr nachgeordneten, eingeschränkten Sinne geredet werden, im Sinne nämlich einer Verselbständigung sekundärer Aspekte. Da es sich um einen fundamentalen Zusammenhang menschlicher Arbeit, Erkenntnis und Verständigung handelt, sind künstliche Trennungsbarrieren zwischen den Künsten kaum aufrechtzuerhalten: was für eine Kunstform gilt, gilt, mutatis mutandis, auch für alle anderen.

Diese in unserem nach Literaturproduktion, Literaturtheorie, Literaturkritik, Literaturwissenschaft, Ästhetik, Medienwissenschaft, Filmtheorie, Filmkritik, Filmproduktion usw. aufgefächerten und durch und durch entfremdeten arbeitsteiligen, spezialisierten Kulturbetrieb in der Regel vergessene oder geleugnete Einheit verdient um so mehr Beachtung, als Kluge keineswegs der einzige ist, der die medialen Grenzen überschreitet.

Rolf Dieter Brinkmann, der zunächst, 1959, mit Lyrik und, 1962, mit Prosa in der Nachfolge des ›nouveau roman‹ hervortrat, drehte Experimentalfilme und organisierte multimediale Veranstaltungen. Seine Literatur selbst erscheint mit ihrem Fluß der Bilder und der Komposition innerer und äußerer Sinneswahrnehmungen geradezu filmisch konzipiert, so z. B. die Prosatexte *Die Umarmung* (1965) und *Raupenbahn* (1966) mit ihrem Aneinanderfügen von Detailbeobachtungen und bruchstückhaften Erinnerungen. Auch die Übersetzung und Herausgabe amerikanischer Pop- und Undergroundliteratur (1969 Frank O'Haras *Lunch Poems*, die Anthologie *ACID* und die Sammlung *Silver Screen*) wirkten dem tradierten Literaturbegriff entgegen. Brinkmann wollte damit nicht nur eine neue Kunstrichtung in Westdeutschland vorstellen, sondern mit der europäischen Kulturtradition überhaupt Tabula rasa machen. Er sensibilisierte für die Banalitäten des Alltags, der Werbung, des Films, wie er es schon 1964 mit seiner Lyriksammlung *Le chant du monde* getan hatte, auch da: visuelle Momente, Literatur als ›Film in Worten‹.

Die Sammlungen *Godzilla* (1968) und *Standfotos* (1969) verbinden Text und Bild, Farbdrucke von Bikinimädchen, großformatige Farbätzungen verschwimmen mit dem Text auf transparentem Papier. Die postum erschienene Collage *Rom, Blicke* (1979) erweist sich als eine Sammlung von Text- und Bildmaterialien: Briefe, Skizzen, Zeitungsausschnitte, Auszüge aus Büchern, eigne Fotos, Postkarten, Stadtpläne, Lagezeichnungen, objets trouvés.

Konrad Bayer, der als Literat bekannt geworden ist, trat doch auch als Musiker hervor, darin Rühm ähnlich, der in seinen Experimenten Sprachmusik und Musiksprache kompositorisch verbindet. Bayer war Jazzmusiker, hatte, als Leiter der Galerie seines Freundes Ernst Fuchs, Verbindung zur Bildenden Kunst und, was hier vor allem betont werden muß, betätigte sich auch als Darsteller und Autor von Experimentalfilmen, darin und in seiner anarchischen Revolte auch Achternbusch vergleichbar. Mit Artmann u. a. gründete er 1954 den Club Exil, Vereinigung für progressive Kunst und Literatur, aus dem die sogenannte Wiener Gruppe hervorging, und machte literarisches Kabarett mit Oswald Wiener, Gerhard Rühm und Friedrich Achleitner: ein ganz singuläres Kollektiv von Individualanarchisten. Die kollektive Arbeitsweise der Gruppe ging so weit, daß der jeweilige Anteil der Mitglieder kaum auszumachen ist. Indem man Wörter und Silben als Klangmaterial behandelte und rhythmisch arrangierte, wirkte man der Reduktion der sinnlichen Wahrnehmung entgegen.

Herbert Achternbusch, als Filmemacher ebenso wie als Literat bekannt geworden, studierte Malerei an der Kunstakademie in Nürnberg. Seine künstlerischen Produktionen sind Bruchstücke individual-anarchischer Selbstverwirklichung gegen alle Institutionen, fern jeder literarischen oder politischen Gruppierung. Seine Verachtung des Geldes und Literaturbetriebs demonstrierte er – durchaus publikumswirksam –, als er 1977 den Petrarca-Preis zugesprochen erhielt und in Tusculum nach der Entgegennahme den 20000-DM-Scheck öffentlich verbrannte. Aus solcher pointiert radikaler

Protesthaltung kommt seine disparate Erzähltechnik gegen eine von oben herab geordnete Wirklichkeit, offenes Erzählen wird bewußt eingesetzt gegen eine institutionell geschlossene Welt. Themen und Handlungen bleiben unabgeschlossen und zerfasert, auch die Intention bleibt uneinheitlich, zumal Veränderungen weder angestrebt noch für möglich gehalten werden: »Du hast keine Chance, aber nütze sie« lautet das Motto seines Films *Die Atlantikschwimmer* (1975): subjektive Verweigerung ohne Perspektive, Zerstörung ist Selbstzweck, ähnlich wie bei Oswald Wiener notwendig, um wenigstens einen Augenblick frei atmen zu können, aber die Flucht in die Freiheit ist so aussichtslos wie zu zweit durch den Atlantik zu schwimmen.
Achternbusch kam von Erzählungen über Hörspiele und Filmessays zu Drehbüchern, die er nicht als Lesestücke, sondern als Vorlagen für Filme konzipiert. Erzählen löst sich auf und geht über in andere Gattungen: Lyrik, Essay, Hörspiel, Drehbuch. So ist z. B. sein Roman *Land in Sicht* (1977) keine Geschichte, sondern handelt überwiegend vom Film in sehr unterschiedlichen fiktiven und nichtfiktiven essayistischen und autobiographischen Passagen. Die Drehbücher *Die Atlantikschwimmer* und *Bierkampf* werden mit Essays über die japanischen Regisseure Ozu und Kurosawa, über Karl Valentin und Werner Herzog und mit einer ›autobiographischen‹ Skizze verbunden. Wie bei Achternbusch Roman in Drehbuch übergeht, so bilden auch seine literarischen und filmischen Motive und Gegenstände – immer wieder letztlich er selbst – eine vielfach zersplitterte Einheit.
Seine Bilder in Prosa und Film sind Visionen von Freiheit, gegen alle Regeln und Institutionen, gegen Familie, Schule, Ehe und Staat. Experimentell in der Situation und der Verbindung von Fiktion und Dokumentarismus, nicht als collagierte Partikel, sondern verschmolzen, ist der Film *Bierkampf* (1976/77). Achternbusch als sein eigener Hauptdarsteller erscheint in Polizeiuniform auf dem Münchner Oktoberfest: »Fiktion inmitten dokumentarischer Szenen«.[19] Dieses experimentelle Verhältnis zur Realität, der verfremdende Umgang mit der Sprache und den Gegenständen, teils aggressiv, teils komisch, entzieht sich einer passiven bequemen Rezeption.
Vlado Kristl, Maler, Filmemacher, Videokünstler und Dichter, dreht heute keine Filme mehr. Wie Achternbusch lebt er in Bayern, wohin er 1963 aus Jugoslawien floh, um einer Verhaftung wegen seines obrigkeitsfeindlichen Films *Der General* zu entgehen.
Als unerschrockener anarchistischer Einzelkämpfer wandte er sich mit seinen Filmen *Der Damm* (1964), *Der Brief* (1966), *Film oder Macht* (1970) und *Obrigkeitsfilm* (1971) gegen den Film selbst, gegen seine hierarchischen Strukturen und gegen kommerzialisierte filmische Formen, die Illusionen verbreiten und dadurch das Publikum verdummen. So werden seine filmischen Inhalte ebenso Zeichen seiner Verweigerung. Zugleich Filmer, Autor und Hauptdarsteller, lehnt er es ab, seine Kreativität ausbeuten zu lassen, er weigert sich, schöne Geschichten zu erzählen, benutzt nur Laien und keine Stars als Schauspieler, verstößt bewußt gegen das Gesetz der Synchronität von Film und Ton, indem er den Stimmen andere Sprechende zuordnet.
Vlado Kristl wendet sich gegen Gesetzmäßigkeiten und ist auf der Suche nach neuen Gesetzen. So ordnet er in seinem Kurzfilm *Italienisches Capriccio* einer Szene der wunderschönen blauen Bucht von Capri das Gekreische eines Schweines zu. Geht es darum, Filmszenen nach den Drehbuchanweisungen zu schneiden, so nimmt er stets nur die nichtgelungenen Einstellungen. Dazu meint er in seinem Buch *Sekundenfilme*: »Diese schwachen Einstellungen, man sollte es nicht glauben, geben einem etwas

in die Hand, was wirkt und von sich aus so ist, wie man es sich selber nicht erdacht hätte.«[20]
Mehr durch seine Filme als durch seine Literatur bekannt geworden ist Rainer Werner Fassbinder, der als Schauspieler begann und sich in München das ›Action-Theater‹ als ›antiteater‹ neu bildete (1968). Das Stück *Katzelmacher* ist zunächst (1968) als Theaterstück aufgeführt worden, dann (1969) als Film, ein Werk in der literarischen Tradition des Volksstückes, die Verfilmung ist Marieluise Fleißer gewidmet. Am Beispiel eines griechischen Gastarbeiters als Außenseiter mit der Sündenbockfunktion wird provinzielles ›faschistoides Bewußtsein‹ entlarvt. Ordnungsdenken, Konformismus, ganz gewöhnliche Selbsttäuschung, Verlogenheit und Borniertheit, ›normale‹ Spießigkeit steigern sich in der Hetzjagd zu Hysterie und brutaler Gewalttätigkeit, dabei fungiert die degradierte Sprache – Redensarten und Floskeln – als Träger der Vorurteile. Das Stück enthält bereits viel, was auch Fassbinders spätere Filme kennzeichnet: die Parteinahme für den Außenseiter, dessen Menschlichkeit vom Konformitätsdruck der Gesellschaft bedroht wird, und die Demonstration degradierten Sprachgebrauchs. Fassbinder ist freier Schriftsteller, Regisseur und Filmemacher, schreibt selbst das Drehbuch, führt Regie und Kamera und tritt selbst als Schauspieler auf, in diesem Sinne ein typischer Vertreter des Films der Autoren, dem es gelingt, seinen persönlichen Stil im Filmgeschäft durchzusetzen, freilich auch – im Gegensatz etwa zu Kluge – durchaus autoritär. Insofern ist es sicher kein Zufall, daß sein Beitrag aus der Gemeinschaftsarbeit *Deutschland im Herbst* am meisten herausfällt.
Werner Herzog, der erst Literatur- und Theaterwissenschaft und Geschichte studierte und seit 1963 seine eigene Produktionsfirma unterhält, hat in seinen Filmen nicht nur Außenseiter als Hauptfiguren dargestellt, sondern auf filmische Weise auch insofern ihre Partei ergriffen, als er sie aus ihrer Perspektive, gleichsam mit ihrem Auge, aufnahm. So ist in *Jeder für sich und Gott gegen alle* die Hauptfigur Kaspar Hauser, das 1829 entdeckte Findelkind, das, bis dahin völlig isoliert aufgewachsen, keine Sprache und Verhaltensmuster erlernt hat und zu keiner Kommunikation fähig ist. Aus seiner absoluten Außenseitersituation heraus können die gewohnten ›normalen‹ Verhaltensweisen ungewohnt und merkwürdig werden. Die gewohnte bürgerliche Welt verliert auf diese Weise den Anschein des Selbstverständlichen und Natürlichen. Dadurch daß die Kamera seinen Weg in die Gesellschaft begleitet, erhält alles, was ihm begegnet, den Charakter des Neuen, Auffälligen, Fremdartigen. Seine Abhängigkeit und Unerfahrenheit machen ihn zum exemplarischen Opfer der anderen, die ihm ihre Religion und ihre Normen aufzwingen wollen und ihn noch nach seiner Ermordung als interessanten Fall – Objekt der Wissenschaft – studieren, ohne ihn als Menschen zu akzeptieren und ernst zu nehmen. An ihm entlarvt sich die Provinzgesellschaft in ihrer Borniertheit und Besserwisserei.
Genau dies ist auch die Perspektive von *Woyzeck* (einer Literaturverfilmung nach Büchners Drama), auch hier ein menschliches Versuchskaninchen, ein armes Opfer, das man als Objekt benutzt, belehrt, verhöhnt, ausbeutet und quält: auch hier kann die Menschlichkeit dessen, dem man die Menschenwürde verweigert, gegen die Inhumanität der ›normalen‹ Gesellschaft und das Selbstverständnis der Bürgertypen satirisch wirkungsvoll kontrastiert werden.
»Herzogs Kritik an unserem Alltag, unserem geistigen Überbau orientiert sich an dem, was nicht darunter zu subsumieren ist. Sein Programm: das Unmögliche wagen, das

Undenkbare tun, an die Grenzen gehen, seinem Traum folgen. Das fasziniert ihn sowohl an dem Skiflieger Walter Steiner als auch an der Prosa und Existenz Herbert Achternbuschs: die Unbedingtheit, mit der da Existenz und Kunst als Einheit gewagt werden.«[21]

Kommunikative und strukturelle Aspekte

Kluges Prosa steht, zu Unrecht, im Schatten seiner Filme. Bereits der Band *Lebensläufe* zeichnet sich durch ein dynamisches Prinzip des Erzählens aus, bei dem scheinbar zusammenhanglose scharf umrissene, teils dokumentarische Fakten den ›Hunger nach Sinn‹ ihrer Figuren beschäftigen, den sie in ihrer disparaten Äußerlichkeit des entfremdeten gesellschaftlichen Zustands doch nicht befriedigen können, eine Diskrepanz, die auch den Leser und dessen ›Hunger nach Sinn‹ beschäftigt, der durch den Material- und Beziehungsreichtum und gerade durch die eindrucksstarken zur Sinngebung provozierenden Metaphern unablässig neue Nahrung erhält, ohne je zur Ruhe zu kommen, denn das Ganze erscheint unabgeschlossen als bruchstückhaft repräsentierte Lebenswirklichkeit.

Auch die Erzählbände *Lernprozesse mit tödlichem Ausgang* und *Neue Geschichten* sind so offen, bruchstückhaft elliptisch erzählt, ein Konglomerat von Geschichten jeweils, aber ›Geschichten ohne Oberbegriffe‹, ohne fertige Sinngebung, ohne geschlossene Thematik. Die Fülle einzelner kurzer Erzählungen prägen sich dem Leser ein, senken sich als Kristallisationskerne in den Lebenszusammenhang der Leser ein, um dort weitere Realitätssplitter und Reflexionspartikel anzusetzen und im Kontext anderer und ähnlicher Lebenserfahrungen größere Ketten an Zusammenhang hervorzubringen. Fiktionen und dokumentarisches Material werden verbunden, Kurzgeschichten, Protokolltexte, wissenschaftliche Abhandlungen mit Fußnoten, unterschiedliche Stilebenen und Textsorten werden miteinander kombiniert, was dem Montageprinzip von Kluges Filmen genau entspricht. Auch die Erzähltexte fordern den aktiven Leser, der das Verschiedenartige verbindet, die Leerstellen, Brüche und Sprünge fordern ihn zu eigenen Anstrengungen heraus. Dabei sollte allerdings nicht übersehen werden, daß der einzelne Teilnehmer an der literarischen Kommunikation sich in einer grundsätzlich anderen Situation sieht als das Filmpublikum. Er bestimmt selbst das Tempo des Lesens, er kann anhalten und zurückblättern, mehrfach lesen, wann immer er will, kann seine eigenen Gedanken spielen lassen, ohne daß ihm dabei andere Informationen verlorengehen.

Kluge selbst hat das Verhältnis seiner literarischen Werke zum Leser ganz ähnlich beschrieben wie den Publikumsbezug seiner Filme. So schreibt er in der Nachbemerkung zu seinem Stalingrad-Buch *Schlachtbeschreibung*: »Das Buch, wie jede Fiktion (auch die aus dokumentarischem Material bestehende), enthält ein Gitter, an das sich die Phantasie des Lesers anklammern kann, wenn sie sich in Richtung Stalingrad bewegt.«[22]

Mit der gleichen Gitter-Metapher wird das Prinzip beschrieben, nach dem Kluge seine Filme dreht: »Ich bin der Meinung, daß die wirkliche Qualität eines Autors in der Aufmerksamkeit liegt, durch die er aus der Vielfalt gesellschaftlicher Phänomene *ein* Bild herauswählt, das dann wie ein Kristallgitter funktioniert. Um dieses Kristallgitter, die ursprüngliche idée fixe, kristallisiert sich jetzt ein ganzer Zusammenhang; und je mehr der sich nach seinen eigenen Gesetzen kristallisiert, umso mehr Aufmerksamkeit muß ich bei der Arbeit aufwenden.«[23]

Der Rezipient ergreift diese ›Kristallgitter‹ und reichert sie an mit Erfahrungen seines eigenen Lebenszusammenhangs.

Ist so der Publikums- und Realitätsbezug von Film und Buch durchaus vergleichbar, so bleiben doch andererseits die grundsätzlichen Verschiedenheiten der Mittel und Ausdrucksweisen bestehen, Buch und Film sind Kunstprodukte, die sich weder gegeneinander unterordnen noch ineinander einfach übersetzen lassen. Am Beispiel *Die Patriotin* wird deutlich: »Das Buch gibt den Film nicht wieder, das ist die Schwäche. Um ein Buch dieser Art zu verfilmen, müßte man 600 Stunden Film herstellen, das ist die Stärke.«[24]

Bei der bereits bezeichneten unterschiedlichen Rezeptionssituation von Leser und Kinobesucher mag es allerdings überraschen, daß Kluge nicht nur das Buch, sondern gerade auch den Film als Dialog zwischen Zuschauer und Autor auffaßt. »Film ist nicht eine Sache der Autoren, sondern ein Dialog zwischen den Zuschauern und dem Autor.«[25]

Hans-Georg Gadamer hat mit Recht gegen objektivistische Hermeneutik geltend gemacht, daß erst der Leser durch seine aktive Deutung einen Text zum Leben erweckt, daß der Textsinn niemals nur vom Autor, sondern ebenso vom Leser geschaffen wird, also Ergebnis einer Verständigung zwischen Autor und Leser ist,[26] ein Grundgedanke, der zur Basis moderner Literaturtheorie überhaupt geworden ist,[27] von Kluge aber auch auf den Film übertragen wird. Wie der Textsinn sich nicht auf dem Papier, sondern im Kopf des Lesers realisiert, so realisiert sich für Kluge der Film »im Kopf des Zuschauers, nicht auf der Leinwand. Er darf auf der Leinwand zum Beispiel porös, schwach, brüchig sein; dann wird der Zuschauer aktiv, dann kann seine Phantasie eindringen.«[28]

Freilich scheint gerade die Phantasie beim literarischen Text mehr gefordert zu werden, während sie doch gerade durch die Visualisierung des filmischen Mediums in ihrem Spielraum eingeschränkt erscheint. So scheint zumindest ein Prinzip des Filmemachers Kluge eher literarischer Natur. Geradezu im Widerspruch zur immanenten Tendenz des Mediums pocht Kluge auf die eigenen Vorstellungen des Zuschauers: »der Film ist nicht wichtiger als das, was sich der Zuschauer dazu vorstellt. In jedem meiner Filme gibt es genügend Stellen, wo auf der Leinwand gar nichts passiert; die sind sehr genau rhythmisiert; da passe ich mehr auf als auf die ganze ›Aussage‹ des Films.«[29]

Diese Schnittechnik und ihre Funktion erinnert nicht zufällig an die Rolle, die die ›Leerstellen‹[30] für die Erzähltechnik haben: »Die Schnitte ermöglichen es, daß der Zuschauer [...] alle Filme von mir mehrfach sehen kann; er sieht nämlich jedesmal einen anderen Film, weil er mit seiner Phantasie in die porösen Stellen des Films, in die Leerstellen eindringt. Das ist es übrigens, was Jean-Marie Straub auch tut, wenn er von der ›Entleerung des Bildes‹ spricht.«[31] Diese ›Leerstellen‹ werden von Kluge bewußt geplant, er schafft »Phantasiestellen, bei denen ich dem Zuschauer ein Zeichen gebe, daß er frei assoziieren darf; er darf also mit seinen Gedanken ruhig mal fliegen, er muß nicht logisch sein.«[32]

Bereits Kluges erster Spielfilm *Abschied von Gestern* stellt hohe Anforderungen an die aktive Mitarbeit der Zuschauer, er erzählt keine kontinuierlich verlaufende Handlung, sondern reiht Episoden aneinander, aus denen sich der Zuschauer selbst die Entwicklung der Heldin Anita G., die aus der DDR in die Bundesrepublik gekommen ist und sich in diese Gesellschaft nicht integrieren kann, zusammensetzen muß. Dabei wird auch bewußt der Zusammenhang der Fiktion durch dokumentarische Aufnahmen unterbrochen, die Schranke zwischen Fiktionalität und Realität eingerissen, so etwa wenn Kluge den hessischen Generalstaatsanwalt persönlich auftreten und in eigenen Worten, nicht im Drehbuchtext, über die Behandlung der Angeklagten referieren läßt. Und auch die Darsteller und Orte spielen und fungieren auf beiden Ebenen: »Die Personen des Films spielen nicht nur Rollen, sondern gleichzeitig sich selbst. Was Kluge an den Drehorten entdeckte, was die Darsteller mit in den Film einbrachten, was sich an Unvorhergesehenem einstellte, wurde ebenfalls übernommen und macht am Ende seine interessanteste Substanz aus«.[33]

Vor allem aber lassen die vielen eindrucksvollen Metaphern, z. B. Hasen auf dem jüdischen Friedhof, Anita beim Gang über eine Brücke, Anita, die ihren Schuh im Flußwasser wäscht, vielfältige Verknüpfungen und Assoziationen zu, die den Zuschauer nicht festlegen. Man kann daran zweifeln, daß der ganze mögliche Sinn solcher Bilder vom Publikum, selbst bei mehrmaligem Ansehen des Films, voll ausgeschöpft wird. Darin liegt eine große Stärke von Kluges Filmen, die übrigens auch später immer wieder porös, fragmentarisch, unzusammenhängend und collageartig offen sind.

Wie offen gute Metaphern sein können, wie wenig sie sich auf eine einzige Bedeutung festlegen lassen, zeigt das Beispiel der Metapher ›Zirkus‹, in Kluges Film *Die Artisten in der Zirkuskuppel: ratlos*, die einmal auf der Ebene der Selbstverständigung kunstproduzierender Individuen die Lage derer ausdrückt, die sich »auf dem hohen Seil, den Trapezakten der fine arts bewegen«,[34] sie fungiert auf der Ebene der allgemeinen Erfahrung und Beobachtung, daß im Zirkus Menschen und Tiere »das Gegenteil von dem« machen, »was ihre Natur ist«, als Bild für die »Verkehrung der Natur«, »das, was man Entfremdung nennt«, und berührt sich hier übrigens mit verwandten, aber, im Unterschied zum Zirkus, eindeutig negativ besetzten Metaphern wie ›Paraden‹ und ›militärische Aufmärsche‹.[35] Auf der Ebene der nicht selbst erfahrenen, aber zu studierenden Universalgeschichte der Menschen fungiert der Zirkus als »ein Produkt der französischen Revolution« zugleich als »das Idealbild der französischen Revolution« und will zeigen: »der Mensch ist omnipotent, der Mensch kann alles.«[36] Die Ambivalenz dieser Metapher kommt auf der Bedeutungsebene dadurch zustande, daß eben die Entfremdung auch als die Kehrseite des revolutionären menschlichen Willens zur Freiheit und über die eigene Natur hinausgehenden – und darum diese vergewaltigenden – Omnipotenz verstanden werden kann. Auf der Bildebene ergibt sich die Ambivalenz durch die Interferenz der Zirkusmetapher mit einerseits negativ besetzten Bildern wie ›Militär‹ ›Werkschutz‹ oder gar ›KZ‹ und andererseits so positiv besetzten Bildern wie eben die ›Artisten in der Zirkuskuppel‹ und die sympathische ›Leni Peickert‹ selbst und den vielen Bildern des Fliegens, zu denen es wiederum mehrere Verbindungen gibt: »Erstens ist das Fliegen im Zirkuszelt permanente Metapher auf den Zirkus überhaupt. Zweitens der offene Himmel: daß der Mensch fliegen *will*, ist der stärkste Ausdruck seines Omnipotenzwillens [...]. Drittens sind das Phantasiestellen, bei denen ich dem Zuschauer ein Zeichen gebe, daß er frei assoziieren darf: er darf also mit seinen Gedanken ruhig mal fliegen [...]«.[37]

Kollektive Möglichkeiten

Während in der literarischen Produktion individuelles Schöpfertum immer noch die Regel ist, hat der Film schon von der Art seiner Entstehung her, gleichsam von Hause aus, den Charakter einer kollektiven Leistung. Die Leitvorstellung individuellen künstlerischen Schaffens der Autorenfilmer scheint eher von der Literatur übernommen und den Produktionsbedingungen des Films zu widersprechen. Kluge selbst betont die Offenheit seiner Planung und die Kollektivität der Ausführung: »Das Verhältnis von Planung und Ausführung ist ganz sicher frei, immer. Es kann das gar nicht geben, daß man vorher am Schreibtisch festlegt, was man drehen will.«[38] Auch die Texte werden am Drehort entwickelt, die Dialoge kommen wirklich aus den Mündern, es wird nicht nachsynchronisiert, sondern, der ursprünglich angestrebten authentischen Methode des Autorenfilms entsprechend, Originalton verwendet. Die Darsteller bringen viel von sich selbst ein, sie sind »Mitautoren, auch die Nebendarsteller«.[39] Während also Literatur noch immer sich individuell produzieren und rezipieren läßt, muß die kollektive Produktion (und Rezeption) des Films das allzu überspannte Ideologem von der schöpferischen Individualität des Autorenfilmers relativieren. Das Problem des Autorenfilms ist, daß er zum Subjektivismus neigt: »Er braucht ein Gegenüber, an dem er sich korrigiert. Er muß seinem bloßen Individualismus abschwören.«[40] Zwei Möglichkeiten bieten sich dafür an: 1. die Möglichkeit der Montage von Filmbeiträgen verschiedener Autoren der gleichen Thematik wie in dem Film *Deutschland im Herbst*; 2. der Autorenfilmer läßt die Darsteller und andere Mitwirkende frei mitgestalten, er unterdrückt nicht gegensätzliche Konzeptionen in seinem Film, sondern dokumentiert sie, wie Kluge dies mit seiner Schwester in der *Gelegenheitsarbeit einer Sklavin* gelungen ist.[41]

Deutschland im Herbst entstand nach der Schleyer-Entführung und den rätselhaften Toden in Stammheim im Herbst 1977 durch den spontanen Entschluß einer Gruppe von Regisseuren, mit einer Kollektivarbeit auf die politischen Ereignisse des Oktobers zu antworten. Die Thematik war durch die Ereignisse vorgegeben, die Einschätzung der Situation zumindest insofern allen gemeinsam, als man die wirkliche Gefahr für die Freiheit in der bis zur Terrorismushysterie aufgepeitschten Volksverhetzung, in damit verbundenen obrigkeits- und polizeistaatlichen Entwicklungen und in der Diffamierung und Kriminalisierung Andersdenkender sah. Hier schien Anlaß genug, Partei zu ergreifen gegen gewisse deutsche Traditionen wie übersteigertes Law-and-Order-Denken, Untertanengesinnung und Unduldsamkeit.

Dieses Engagement für die Freiheit führte selbst zu einer völlig freien Form. Unterschiedlichste Teile und Episoden von extremer Selbstdarstellung wie im Fassbinder-Teil bis zur pointierten Satire wie im Böll/Schlöndorff-Teil, von Edgar Reitz' arrangierter, spannungsgeladener Begegnung mit einem Grenzbeamten bis zur fiktiven unfreiwilligen Bekanntschaft einer Frau mit einem gesuchten Terroristen von Katja Rupé und Hans Peter Cloos und hin zu dokumentarischen Aufnahmen reicht das Spektrum der Beiträge, die, wie mit Recht vermerkt wurde, so unterschiedlich sind wie die Temperamente der Autoren.

Daß sich daraus trotzdem ein sinnvoll strukturiertes Ganzes ergibt, liegt zum einen an der integrierenden Funktion des Böll/Schlöndorff-Teils über die ›Abnahme‹ einer Fernsehinszenierung von Sophokles' *Antigone*. Im Paradigma dieser Tragödie werden die von Kluge und Schlöndorff gefilmten Begräbnisse von Schleyer einerseits und den Toten von Stammheim andererseits zum gefallenen Bruderpaar Eteokles und Polyneikes verbunden. Antigone, die auch dem geächteten Bruder die Ehre erweist, wird plötzlich aktuell. Ihr Beispiel von Liebe entlarvt nicht nur das ideologische Schimpfwort ›Sympathisant‹, sondern die ganze Situation. Nicht die, die Gewalt ausüben, sondern die, die mit dem Drama sich zu Liebe und Menschlichkeit bekennen, sollen sich von der Gewalt distanzieren. Diese Farce um die Distanzierungsformel wird zur schneidendsten Entlarvung, während die Auseinandersetzung zwischen den Schwestern Ismene und Antigone die Zuschauer auch zu Verknüpfungen mit den anderen Teilen und mit sich selbst provoziert.

Zum andern wird die Einheit des ganzen Films durch Kluges Schnittechnik, durch Eindringlichkeit und Beziehungsreichtum der wie Metaphern gesetzten Bilder hergestellt, eine Fülle von Verweisungen und Bedeutungen auch des dokumentarischen Materials, die durch Montage heraustreten, z. B. wie entlarvend und ideologiekritisch Bilder mit Sprache kontrastiert werden: die offiziellen Reden, auch des Bundespräsidenten, auf der Trauerfeier werden mit den Schweigeminuten der Arbeiter am angehaltenen Fließband konfrontiert und wirken so erst recht abgehoben geschwätzig, werden als Phrase und leere Hülse ausgestellt, die lebhaften Gesichter der Arbeiter in ihrer farbigen Arbeitskluft wirken unmittelbar menschlich gegen die zu Masken erstarrten feierlich ernsten Mienen der Trauergäste und Repräsentanten in ihrer durch steife Konvention geregelten zeremoniösen Kleidung. Dies wiederum kontrastiert mit der Spontaneität und Emotionalität der Studenten, die trotz Hindernissen zur Beisetzung der Stammheimer Toten angereist sind. Am Ende verweilt die Kamera, lange wie nie zuvor, bei einer Studentin, die mit ihrer kleinen Tochter nach der Beisetzung durch die Polizeiabsperrungen zurück die Straße hinuntergeht, allein und zu Fuß, Kontrast zu den Luxuswagen beim Schleyer-Begräbnis, zugleich Metapher für unverdinglichte Menschlichkeit, Schwäche, aber auch Tapferkeit und sogar Hoffnung, und ein Rückverweis auf Antigone: dieses lange Bild bleibt sprachlos, mehr als jeder Kommentator es könnte, wird durch den musikalischen Verweis, durch das Lied auf Sacco und Vanzetti, der ganze Vorgang gedeutet, in einen geschichtlichen Zusammenhang gestellt und mit einer Zukunftsperspektive versehen. Daß das Mädchen mit seiner Tochter schließlich von einer ›Ente‹ mitgenommen wird, mag ebenfalls Metapher der Solidarität sein und Kontrast zu jenen überdimensionierten, unangenehm reich wirkenden Limousinen. Solche Collagetechnik stellt Verbindungen her, läßt aber auch Verknüpfungen zu, ohne sie selbst auszusprechen oder dem Zuschauer die Freiheit zu nehmen, die Szenen auch anders zu verknüpfen. Erreicht wird dadurch ein hohes Maß an Sinnverdichtung und filmischer und erzählerischer Kohärenz, ohne daß die Freiheit der Form und der Rezeptionsweisen verlorengeht.

Experimente

Im bewußten Gegensatz zum narrativen Spielfilm versucht der experimentelle oder avantgardistische Film[42] sich von literarischen, vor allem von epischen und dramatischen Traditionen, besonders explizit von linearen Handlungsabläufen, zu befreien. Maya Deren spricht von Filmen, die »sich zu anderen Filmen [verhalten] wie die Poesie zur Gesamtheit der Literatur«.[43] Filme ohne Handlung erscheinen ihr ebenso möglich wie Musik ohne Handlung.

Poetischen Charakter erhalten in diesem Sinne die Filme der Hamburger Filmemacherin Dore O. durch Verbildlichung von Gefühlen, Zuständen, Beziehungen, unter völligem Verzicht auf Handlung.[44]

Neben dieser ›poetischen‹ hat sich eine ›strukturelle‹ Richtung des Experimentalfilms entwickelt, die sich vorwiegend mit dem Prozeß der Realitätsproduktion durch das Medium auseinandersetzt, mit Problemen der Wahrnehmung, Raum-Zeit-Erfahrungen und der Vermittlung sinnlich-visueller Wahrnehmung.

Klaus Wyborny, der vorwiegend in den USA produziert, unternimmt z. B. in *The Birth of a Nation*, ausgehend vom Originalfilm von David Wark Griffith, eine Untersuchung der ›Filmsprache‹ und stellt eine filmische Syntax als eigne Struktur, unabhängig von ›Bedeutung‹ dar. Die Bilder geraten im zweiten Teil des Films vollends durcheinander, heben jeden ›Inhalt‹ auf und reduzieren den Film auf die Tatsache seines Zelluloids und seiner Emulsion.

Werner Nekes, Filmemacher und Filmtheoretiker, basiert mit seiner Theorie auf der Erfindung des ›Kine‹ als kleinster Einheit, die das Auge dem Film entnimmt: der Differenz zwischen zwei Bildfeldern. Filmische Bewegung soll zur Verdichtung von Information führen. In seinem Langfilm *Lagado* thematisiert er die Sprachforschungen jener ›Akademie der Erfinder‹ aus Swifts *Gulliver's Reisen*. Intendiert ist dieser Film, wie der Vortext sagt, als »experimenteller Spielfilm in der Behandlung des Verhältnisses der Funktion von Bild zu Ton (O-Ton) über das Durchdringen der unterschiedlichen Kommunikationsschichten«. An Bild- und Tonmanipulationen demonstriert Nekes das Spannungsverhältnis zwischen optischen und akustischen Elementen und schafft damit eine Tongrammatik mit Bildern, stellt Zusammenhänge zwischen Gesehenem und Gehörtem her, erfindet neue Sprachen durch Umstellen, Hinzufügen, Weglassen von vertrauten Sprachmaterialien und Sichtweisen, um »Gedanken zu ermöglichen, die bisher nicht denkbar waren«.

Wenn so, nur scheinbar, der Experimentalfilm sich von Literatur entfernt, weil er traditionell Literarisches wie Erzählinhalte und Symbolik verläßt, so ergeben sich doch gerade in dieser reflexiven Wendung zu den eigenen Mitteln deutliche Entsprechungen zu experimenteller Literatur und konkreter Poesie, die ihrerseits die natürliche Sprache zum ›Rohstoff‹ und ›Ausgangsmaterial‹ des Experimentierens machen. Auch da soll Sprache in ihrer ›Materialität‹, als Bestand von Worten, Silben, Buchstaben, Klängen, Geräuschen ›sinnlich‹ erfahren werden und selbst ›konkret‹ diese sein, nicht mehr als ›Medium‹ der Mitteilung außersprachlicher Inhalte, Gedanken, Fantasien und Erfahrungen ›dienen‹. Ähnlich wie entsprechende Richtungen in der Malerei mit Leinwand und Farben nicht etwas anderes ›ausdrücken‹ wollen als das, was diese selbst sind, soll auch Sprache als ›Material‹ eigener Art etwas ›sein‹, nicht ›bedeuten‹. Es verdient, auch unter dem Gesichtspunkt der Einheitskonzeption der Künste, besondere Beachtung, daß auch für das Theater bereits Ionesco den Avantgardismus ähnlich bestimmte. Freilich ergibt sich auch bei diesen Versuchen der Reduktion auf das Material und der scheinbaren Abwendung von Stoffen empirischer Realität als interessanter Widerspruch doch wiederum eine ideologiekritische Funktion, ein entschiedener Rückbezug auf und Widerspruch zur Realität.[45]

Widersprüche

Film und Literatur haben sich in ihrem Verhältnis zueinander, gegenüber Realität und Publikum und nicht zuletzt gegenüber sich selbst widersprüchlich entwickelt.

Film hat als die große Vermittlungsindustrie Literatur nicht, wie früher Zivilisationspessimisten fürchteten, verdrängt oder ersetzt, sondern als Rohstoff, nährendes Substrat, für sich entdeckt und neu definiert: Literatur als das Verfilmbare, dem erst durch die filmische Interpretation der große Durchbruch beschert wird, der Text, der nicht vor allem vom Leser und seinen Visionen zum Leben erweckt, sondern durch das Temperament des Filmemachers, die Aktualisierung der Spieler und die Perspektive der Kamera verbildlicht, vorinterpretiert und festgelegt wird. Spielräume möglicher Vorstellungen werden durch eine einzige vertreten, Offenheiten – die moderne Erzähltheorie spricht von ›Leerstellen‹ – eigener Erlebnisbezüge und Anwendungen werden durch *eine* Realisation gefüllt, die Filmbrücke zwischen Buch und Leser präzisiert und kanalisiert die Rezeption. Gewiß hat *Der blaue Engel* dem *Professor Unrat* die Bahn gebrochen, ebenso gewiß ist dabei aus der »Barfußtänzerin« Rosa Fröhlich Marlene Dietrich geworden, und der Professor provoziert nicht mehr Charaktere selbsterlebter Wirklichkeiten, sondern trägt die Züge Emil Jannings', eindeutig und ausschließlich. Das ist die Reduktion, die Literaturverfilmung an Literatur, gewollt oder nicht, vornimmt. Andererseits ist Film nicht nur Umsetzung, Aktualisierung, Interpretation von Text, sondern künstlerisch strukturiertes Zeichenkonglomerat eigener Art, nicht Illustration von Erzählung, sondern Erzählung sui generis, nicht Medium literarischer Kommunikation, sondern Medium neben ihr und parallel zu ihr in Intention und Problematik.

Die Doppelrolle kehrt wieder im zwiespältigen Verwendungszusammenhang des Drehbuches, das neuerdings Tendenz zeigt, literarische Gattung zu werden, analog zum Drama, dessen Text zwar auf theatralische Realisation hin angelegt ist, sich aber von ihr unabhängig als Literatur der Leser behauptet und – hier fehlt die Analogie – zu immer neuen theatralischen Realisierungen auffordert. So wenig jedoch gerade dies das Drehbuch leistet, so wenig etabliert es sich als literarisches Werk mit eigener Wirkungsgeschichte und bleibt gefangen im Entstehungszusammenhang des einen Films, hinter dessen Aussage als ganzer es als Teil – und zwar in allen Phasen der Produktion, von der Idee bis zum fertigen Film – zurückbleibt.

Drehbuchlektüre kann am deutlichsten vermitteln, was Film über die sprachliche Fixierung hinaus leistet, indem sie vermissen macht, was als Widerspruch authentische Filme erst irritierend bewegt und als beunruhigende Diskrepanz ihren künstlerischen Rang ausmacht: die Spannung zwischen Text und Bild, die Konfrontation verschiedener – sprachlicher und nichtsprachlicher/fotografischer – Annäherung an Wirklichkeit, die beider Nichtidentität bezeugt und damit dem Zuschauer die Frage nach der Realität ungelöst vorhält, die Zwischenräume zwischen beiden Annäherungsversuchen offenläßt und damit den Zuschauer über passive Rezeption hinausführt, indem sie ihm aufgibt, Realität als das von seinen eigenen Sinneswahrnehmungen Konstruierte und nicht fraglos Vorgegebene zu begreifen. Darin liegen die ›Leerstellen‹ neuer Art, darin die spezifische ›Appellstruktur‹ des Mediums Film, in der Intention dem ›Unbestimmtheitsfaktor‹ literarischer Texte zwar vergleichbar, in der Methode grundsätzlich anders.

In diesem Sinne legitimieren sich Filmkunstwerke und sprachliches Kunstwerk auf ihre je verschiedene Weise gerade durch ein widersprüchliches Verhältnis gegenüber den Realien der gesellschaftlichen Lebenspraxis und dem Publikum. Realität wird einerseits tendenziell abgebildet, andererseits nicht erreicht, sie wird einerseits als das schlechte Vorhandene angegriffen, andererseits zur Konstruktion erst aufgegeben, sie wird einerseits in ihren hierarchischen Strukturen und Zwangsmechanismen bloßgestellt und der Kritik geöffnet, andererseits in ihren Zusammenhängen aufgelöst, in bewußter Dissoziationstechnik verfremdet bis chaotisiert und der freien Kreativität zum Spiel übergeben. So sind Filmkunstwerk und Sprachkunstwerk zugleich abhängig und autonom, abhängig nämlich von den technischen und ökonomischen Bedingungen ihrer Produktion als Bestandteil des ideologischen Überbaus und doch zugleich so etwas wie eine relativ autonome ideologiekritische Instanz. Ähnlich widersprüchlich ist das Verhältnis gegenüber dem Publikum. Einerseits wird der Zuschauer als Teil der angegriffenen Wirklichkeit und von dieser abhängig und deformiert selbst in Frage gestellt, andererseits wird in ihm der Rest Außenseitertum und unterdrückte Menschlichkeit, der in den Schablonen der normierten Gesellschaft nicht funktioniert, zum Komplizen im Aufstand gegen die aus bewußter Außenseiterperspektive dargestellte und verfremdete Wirklichkeit engagiert (Fassbinder/Herzog).[46] Einerseits wird sein in faktischen Sozialisationszwängen entstandenes falsches Bewußtsein erschüttert, andererseits wird ihm durch die zu übernehmende Rolle als Ko-Autor Mündigkeit, zumindest antizipatorisch, kontrafaktisch unterstellt (Kluge, Straub).

In Widerspruch zu sich selbst haben sich Literatur und Film wie moderne Kunst insgesamt schon seit den historischen Avantgarde-Bewegungen gesetzt.[47] Der avantgardistische Protest gegen die als Kehrseite der Autonomie verstandene gesellschaftliche Folgenlosigkeit von Kunst wendet sich gegen den gegen Lebenspraxis abgegrenzten Kunstcharakter des Werkes selbst und läßt die Ganzheit und Einheit der vollkommenen Struktur nicht unangetastet. Das Werk löst sich auf (Collageprinzip). Ziel ist nicht länger das in sich vollendete sprachliche oder filmische Kunstwerk, sondern die Selbstanalyse des Mediums (Sprache, Bild), Voraussetzungen, Bedingungen, Möglichkeiten der dadurch ablaufenden kommunikativen Prozesse (Experimente). Diese Selbstanalyse schließt das Mißtrauen gegen die ideologischen manipulativen Funktionen von Sprache und Bild ein und wendet sich gegen gesellschaftlich akzeptierte Bedeutungen, Vorstellungen, Sinnzusammenhänge. Je ehrlicher und kritischer die Selbstreflexion des Mediums ausfällt, um so destruktiver verhält es sich, nicht nur gegenüber der künstlerisch geformten sinnvollen Struktur, sondern gerade gegenüber dem, was sie erst ermöglichte: ihr eigenes Material, das sie zugleich thematisiert und beargwöhnt und auf das sie doch als Medium auch noch des Argwohns und der Selbstkritik angewiesen bleibt (Wiener, Achternbusch).

Diese Widersprüche sind nicht nach der einen oder der anderen Seite hin aufzulösen. Sie können zum Verstummen führen wie bei Wiener oder bis zur Manier aufbereitet und zerredet werden wie bei Handke; wo man sie zu lösen sucht, indem man konsequent die Reduzierung auf die Bestandteile des Materials betreibt und den Symbolcharakter von Sprache und Bild zugunsten ihres Materialcharakters tilgt, da geht mit dem menschlichen Inhalt auch der menschliche Bezug zur Form verloren. Gerade solche Enthumanisierung könnte der Verdinglichung nicht entgegenwirken, sondern würde ihr nur strukturell entgegenkommen, während sie die ästhetischen

Prozesse folgenlos machte, indem sie Kommunikation abbricht. Umgekehrt würde grenzenlose Bereitschaft zum Einverständnis mit den Rezipienten zwar die Kommunikation erleichtern, aber in zynisch-affirmativer Marktorientierung der Massenkultur verharren und selbst der Verdinglichung nicht entgehen, weil sie nur daran teilhätte. Demnach gewinnt gerade durch die Spannung, mit der es die Widersprüche in sich aufnimmt, das einzelne Werk Authentizität und künstlerischen Rang.

Anmerkungen

1 »progressiv« ist hier nicht primär politisch zu verstehen, sondern im Sinne künstlerischer Innovation, die allerdings bei den meisten Autoren mit den ästhetischen Reizen zugleich starke politische Impulse vermittelt.
2 Vgl. Peter Schneider: Zerhackte Klaviere und andere Sachen. In: P. S.: Atempause. Versuch, meine Gedanken über Literatur und Kunst zu ordnen. Reinbek 1977.
3 Walter Benjamin: Das Kunstwerk im Zeitalter seiner technischen Reproduzierbarkeit. Frankfurt a. M. 1963.
4 Franz Pfemfert: Kino als Erzieher. In: Aktion 1 (1911) H. 18. Sp. 561. Zitiert nach: Kino-Debatte. Hrsg. von Anton Kaes. Tübingen 1978. S. 12.
5 Horst Meixner: Filmische Literatur und literarisierter Film. In: Literaturwissenschaft – Medienwissenschaft. Hrsg. von Helmut Kreuzer. Heidelberg 1977. S. 36.
6 Ebd. S. 39.
7 Ebd.
8 Ebd.
9 Ebd. S. 40.
10 Siegfried Lenz: Über Literaturverfilmungen. In: Poetik des Films. Hrsg. von Rudolf Denk. Stuttgart 1978. S. 167.
11 Kino-Debatte (Anm. 4) S. 12.
12 Alexander Kluge: Die Utopie Film. In: Poetik des Films (Anm. 10) S. 143.
13 Klaus Kreimeier: Kino und Filmindustrie in der Bundesrepublik Deutschland. Kronberg 1973. S. 246.
14 Helmut Schanze: Fontane Effi Briest. In: Literatur in den Medien. Demontage von Dichtung? München 1976. S. 131 ff.
15 Hubert Haslberger: Trotz allem keine Polemik. In: Jahrbuch Film 79/80. Hrsg. von Hans Günther Pflaum. München 1977. S. 90.
16 Schreiben in Hollywood. In: Filmkritik. Nr. 232 (April 1976).
17 Béla Balàzc: Der Film – Wesen und Werden einer neuen Kunst. Erw. und überarb. Neuaufl. Wien 1961. S. 238.
18 Gerhard Zwerenz: Die Ehe der Maria Braun. Roman nach dem Film. München 1979. Nachw. S. 191.
19 Hans Günther Pflaum / Hans Helmut Prinzler: Film in der Bundesrepublik Deutschland. München 1979. S. 65.
20 Vgl. Vlado Kristl: Sekundenfilme. Hrsg. von Wolf Wondratschek. Frankfurt a. M. 1971.
21 Wolfram Schütte: Akte des Widerstands. In: Herzog/Kluge/Straub. Beiträge von Ulrich Gregor [u. a.]. München 1976. S. 33.
22 Vgl. Alexander Kluge: Schlachtbeschreibung. Olten / Freiburg i. Br. 1964.
23 Ulrich Gregor: Interview. In: Herzog/Kluge/Straub (Anm. 21) S. 157 f.
24 Alexander Kluge: Die Patriotin. Frankfurt a. M. 1979. S. 7.
25 Herzog/Kluge/Straub (Anm. 21) S. 158.
26 Hans-Georg Gadamer: Wahrheit und Methode. Grundzüge einer philosophischen Hermeneutik. Tübingen ^{2}1965.
27 Vgl. z. B. Wolfgang Iser: Die Appellstruktur der Texte. Unbestimmtheit als Wirkungsbedingung literarischer Prosa. Konstanz 1970.
28 Herzog/Kluge/Straub (Anm. 21) S. 158.
29 Ebd. S. 166.

30 Vgl. Iser (Anm. 27).
31 Herzog/Kluge/Straub (Anm. 21) S. 167.
32 Ebd.
33 Ebd. S. 136.
34 Ebd. S. 154 f.
35 Ebd. S. 164 f.
36 Ebd. S. 164.
37 Ebd. S. 167.
38 Ebd. S. 156.
39 Ebd.
40 Ebd. S. 163.
41 Es gibt in diesem Film ›zwei Entwürfe, die sich überlagern‹. Kluge erläutert die gegensätzlichen Auffassungen im Interview von Ulrich Gregor und stellt fest: »Ich mußte eigentlich zwei Filme machen, weil ich nicht sagen kann: das, was ich ausdrücken will, ist wichtiger als das, was meine Schwester ausdrücken will.« Er hält es aber für besser, nicht zwei konsistente, sondern lieber einen in sich widersprüchlichen Film zu machen, weil es ›brisanter‹ sei, den ›Irrtum‹ seiner Schwester zu ›dokumentieren‹. – Vgl. Herzog/Kluge/Straub (Anm. 21) S. 158–161.
42 Zur Geschichte des Experimentalfilms vgl. bes.: Avantgardistischer Film 1951–1971, Theorie. Hrsg. von Gottfried Schlemmer. München 1973.
43 Maya Deren: Planning by Eye Notes on ›Individual‹ and ›Industrial‹ Film. In: Film Culture. Nr. 39. New York 1965. Zitiert nach: Avantgardistischer Film (Anm. 42) S. 11.
44 Vgl. dazu Martin Langbein: ... über Dore O. In: Filmkritik. Nr. 231 (1976).
45 Vgl. dazu ausführlicher Bodo Heimann: Experimentelle Prosa der Gegenwart. München 1978; ders.: Das Theater des Absurden als experimentelles Theater. In: Neues Handbuch der Literaturwissenschaft. Bd. 22. Hrsg. von Jost Hermand. Wiesbaden 1979.
46 Daß Herzog selbst sich bei seiner Filmarbeit gegenüber den realen ›Randfiguren‹ durchaus widersprüchlich verhält, hat Nina Gladitz detailliert dokumentiert und kommentiert (Nina Gladitz: Der Fall Herzog. Vierte Welt Aktuell. Nr. 12. Freiburg o. J.).
47 Vgl. Peter Bürger: Theorie der Avantgarde. Frankfurt a. M. 1974.

KLAUS SAUER

Rundfunk und deutsche Gegenwartsliteratur

»Wir wissen alle, daß die Gänseleber von kranken Gänsen am besten schmeckt, daß sie aber nicht für alle bekömmlich ist.«

Peter Faecke

Hartnäckig hält sich das Urteil, die westdeutsche Literatur verdanke ihre Vielfalt, ihre Lebenskraft und Originalität zu einem nicht unbeträchtlichen Teil ihrer engen Bindung an den Rundfunk, die sich gleich nach Kriegsende hergestellt und seither immer kräftiger entwickelt habe. Ein eher beliebig herausgegriffenes Beispiel für diese Auffassung lieferte Werner Höfer seinerzeit in der letzten Nummer des (alten) *Monat*, die mit reichlich viel Galgenhumor im März 1971 dem Thema Fernsehen gewidmet war und schon wegen der Doppelfunktion fast aller öffentlich-rechtlichen Anstalten, in denen mit Ausnahme von Deutschlandfunk, Deutscher Welle und RIAS Fernsehen ebenso wie Hörfunk produziert werden, am damals schon *guten, alten* Radio nicht vorbeikam. Höfer, einer der erfahrensten Rundfunk- und Fernsehmacher in der Bundesrepublik Deutschland, umriß seine Hörfunk-Wunsch-Programmstruktur der Zukunft in vier Sparten, deren erste und letzte in unserem Zusammenhang von Interesse sind.

Den ersten Kanal wollte Höfer »großer Kunst in Wort und Musik nebst anspruchsvollem Bildungsangebot« vorbehalten wissen, den vierten, wie er zunächst lakonisch formulierte, »Experimenten (im Medienverbund)«, wobei er erläuternd hinzufügte: »In der Kategorie IV versähe das Radio seine Pionier- und Mäzenatenfunktion, die es in der frühen Nachkriegszeit so grandios ausgeübt hat, daß die Kulturgeschichte des 20. Jahrhunderts einmal feststellen wird, ohne Rundfunk wäre die deutsche Literatur am Ende und für die Musik in Deutschland kein neuer Anfang möglich gewesen.«[1]

Richtig ist daran zweifellos, daß die Rundfunkanstalten mit dem Wiederbeginn ihrer Sendetätigkeit nach dem Ende des Zweiten Weltkriegs, zuerst unter alliierter Oberhoheit und Kontrolle, dann im Rahmen eines auf größtmögliche Staatsferne abzielenden öffentlich-rechtlichen Systems, auch den Schriftstellern Arbeitsmöglichkeiten in durchaus erheblichem Umfang eingeräumt haben und dies nach wie vor tun. Aufschlußreich an Höfers Vorstellungen ist aber auch die darin zum Ausdruck kommende Unterscheidung zwischen dem Experimentellen auf der einen und dem bereits Etablierten, dem auf andere Weise Durchgesetzten (»große Kunst«).

Zur Stützung der Feststellungen über die mäzenatische Rolle des Rundfunks für die Literatur wird konkret auf Autoren wie Ernst Schnabel, Axel Eggebrecht, Peter Huchel, Stephan Hermlin, Hans Mayer und andere, weniger prominente hingewiesen, die im Nachkriegsrundfunk des besetzten, aber noch nicht staatlich geteilten Deutschland wichtige Positionen einnahmen. Aber schon der aufs Biographische beschränkten Nachprüfung hält die skizzierte Legendenbildung nicht ganz stand. Für Hans Mayer und Stephan Hermlin bedeutete die Tätigkeit bei Radio Frankfurt, die sich in der Publikation ihrer *Ansichten über einige neue Schriftsteller und Bücher* (Wiesbaden

1947) manifestierte, einer Sammlung von Rundfunkvorträgen über antifaschistische deutsche oder im Dritten Reich nicht bekanntgewordene internationale Literatur, nur eine Zwischenstation auf dem Weg aus der Emigration. Peter Huchels Tätigkeit für den vom sowjetischen Alliierten kontrollierten Berliner Rundfunk, die eher technisch-organisatorischer Art war, endete bereits 1948 und stimulierte ihn jedenfalls nicht dazu, sich erneut als Hörspielautor zu versuchen, wie er es zwischen 1933 und 1938 gewesen war. Ernst Schnabel und Axel Eggebrecht wiederum blieben zwar dem NDR, zu dessen Mitarbeitern der ersten Stunde sie gehörten, bis zuletzt verbunden, aber diese Verbindung ist, vor allem was Ernst Schnabel angeht, nicht frei von surrealistisch anmutenden Zügen. Als 1948 der damalige NWDR in die Unabhängigkeit aus englischer Oberhoheit entlassen wird, kommt es relativ schnell zu starken Spannungen zwischen den neuen politischen Kontrolleuren und den Programmachern, in deren Verlauf 1949 Eggebrecht und Schnabel den Sender neben anderen Mitarbeitern verlassen. Eggebrecht leitet später, zwischen 1963 und 1971, das renommierte Nachwuchsstudio des NDR, Schnabel amtiert sogar zwischen 1951 und 1955 als Intendant der Funkhäuser Hamburg und Hannover des NDR und verantwortet schließlich auch noch zeitweise das gemeinsam mit dem SFB ausgestrahlte 3. Programm. Noch aufschlußreicher aber ist, daß Schnabel im Dezember 1968 in den Demonstrationswirrwarr gerät, der die Aufführung von Hans Werner Henzes dem Andenken Che Guevaras gewidmeten Oratorium *Das Floß der Medusa* begleitet. Schnabel wird des Widerstands gegen die Staatsgewalt und der versuchten Gefangenenbefreiung angeklagt, während er seinem eigenen Bekunden nach nur zu vermitteln versuchte, nachdem der damalige NDR-Intendant die Polizei hatte rufen lassen. *Das Floß der Medusa* war eine Auftragsarbeit des NDR; Ernst Schnabel hatte für Henze das Textbuch geschrieben.

Am Beispiel des demonstrativen politischen Konflikts konturiert sich das Spannungsfeld zwischen Literatur und Rundfunk freilich nur zum Teil. Daß es dieses Spannungsfeld gibt, weil nicht alle Literatur davon absehen kann oder will, sich unpolitisch zu geben, weiß jeder, der im oder für den Rundfunk arbeitet. Latent ist es zumindest immer vorhanden; manifest, noch dazu öffentlich manifest wird es jedoch nur im Ausnahmefall, weil die Rundfunkanstalten wie andere Arbeitgeber auch darauf achten, daß die Vertraulichkeit ihrer Arbeitszusammenhänge gewahrt bleibt. Allenfalls durch den öffentlichen Protest freier Mitarbeiter, die Kündigung von Redakteuren oder die Erörterung durch Gremienmitglieder wird im Einzelfall Transparenz hergestellt. Einschlägige Fälle aufzulisten, zu dokumentieren und zu analysieren fiele leicht und wäre eine lohnende und ergiebige Aufgabe für den Rundfunkhistoriker, ebenso für den Literaturwissenschaftler. Hier sei nur, aus jüngster Zeit, an die Versuche des ehemaligen Intendanten des Saarländischen Rundfunks, Franz Mai, erinnert, den Literaturredakteur Arnfried Astel zu entlassen, an die Maßregelung Hanns Grössels, der eine Erzählung von Charles Bukowski gesendet und damit die »sittlichen Empfindungen der Rundfunkteilnehmer« nach Überzeugung der zuständigen Aufsichtsgremien des WDR verletzt hatte, und an die Kündigung dreier Kulturredakteure gegenüber dem Saarländischen Rundfunk 1977. Peter Faecke, einer der einfallsreichsten Hörfunkredakteure im Literaturbereich, hat zu den mit solchen Themen zusammenhängenden Fragen lakonisch notiert: »[...] das ist ein Hinweis auf Schwierigkeiten, die von der politischen Konstruktion einer Rundfunkanstalt ausgehen. Um deren besondere, auch personelle Auswirkungen öffentlich zu machen, müßte ich gemäß Dienstanweisung Erlaubnis einholen. Dazu bin ich nicht bereit. Deswegen mache ich hier einen Punkt«.[2] Diesem Punkt ist nichts hinzuzufügen.

Es gibt aber noch einen anderen Gesichtspunkt, auf den die Aufmerksamkeit zu lenken wichtiger ist. Gerade am Beispiel Ernst Schnabels läßt sich der Sachverhalt skizzieren. Wiewohl nämlich nach wie vor produktiv (1979 erschienen unter dem Titel *Auf der Höhe der Messingstadt* zwei Erzählungen, die verschämt ihre Herkunft aus Rundfunkarbeiten verschweigen), ist Schnabel einer unserer unbekanntesten Autoren geblieben. Alfred Andersch hat ihn rundheraus zu den »Geheimschreibern« gerechnet: »Aber er schreibt für Hörer, nicht für Leser. Und das *gilt* nicht. Es ist absurd, eine zum Himmel schreiende Ungerechtigkeit, aber aufgrund irgendeiner geheimen Abmachung *gilt* in unserem Literaturbetrieb der zum Hören geschriebene Text nicht. Das aufs Radio-Werk gelöste Ticket verschafft keinen Eintritt ins Literatur-Theater. Die Gazetten, die noch das peripherste Ereignis erwähnen, wenn es nur zwischen zwei Buchdeckeln erscheint, würdigen den zentralen Texten des Mediums, das doch als Medium schlechthin gilt, kaum eine Zeile.«[3]

Will sagen, der Rundfunk hat, wenngleich seine potentielle Öffentlichkeit sich als ungleich größer erweist als z. B. die des Fernsehens, was schon der Blick auf die Permanenz und Quantität seines Programmangebots lehrt, die wohl geringste Öffentlichkeit; er ist, wiewohl unaufhörlich redend, stumm. Was Andersch beklagt und wofür es viele Indizien gibt, war nicht immer so. Vor allem mit dem Aufkommen des Fernsehens hat sich dieser Verlust an Öffentlichkeit ergeben, und Berichte aus dem ersten Nachkriegsjahrzehnt belegen, daß damals Rundfunksendungen auch literarischer Natur durchaus spektakuläre Reaktionen auslösten. Aber nach und nach hat sich eingespielt, daß Rundfunksendungen erst dann größere Beachtung finden, wenn sie andernorts Öffentlichkeit finden – in Zeitungen und Zeitschriften.

Alfred Andersch, einst selbst Rundfunkredakteur und im Bann von Schnabels Arbeiten Autor von radiophonen Stücken, die sich als Hörspiel und Feature zugleich definieren lassen, muß wissen, wovon er spricht: »Das Ausbleiben jeglichen Echos war nicht zu ertragen. In der ersten Hälfte der fünfziger Jahre im Hamburger Sender um Schnabel geschart, haben wir eine Weile geglaubt, eine neue literarische Kunstform kreieren zu können, die begriffen werden würde. Aber nur die Hörer haben sie gehört. Das war uns, eitel wie wir sind, zu wenig. Nur Schnabel ist dabei geblieben; wir betrachten ihn heute fast mit so etwas wie Nostalgie.«[4]

Diese Nostalgie gilt einem Konzept der literarischen Rundfunkarbeit, das seine eigene, bis in die Weimarer Republik zurückreichende Tradition hat. Nicht ohne Grund stellt Andersch mit Blick auf Schnabel einen Zusammenhang her zwischen dessen Paraphrasen griechischer Themen *Der sechste Gesang* und *Ich und die Könige* einerseits, die, wiewohl ursprünglich für den Funk erzählt, später auch als Romane erschienen, und den Feature-Arbeiten wie *Zwei Männer in Betrachtung des Mondes, Gullivers Reise zu den Gleichgroßen* und *Transsib oder die vernünftige Erde* andererseits, also jenen radiophonen Hervorbringungen, die »gedruckt, nur noch eine ferne Ahnung von dem vermitteln, was sie, ›ausgestrahlt‹, ausstrahlen«. Für Andersch verkörpert sich in diesen Stücken eine auf neue Weise *orale* Literatur: »Hier ist nämlich einer, der einerseits Avantgardistisches macht, andererseits sich so verhält, als lebten wir noch im Zeitalter des Epos, der mündlichen Überlieferung, wobei er uns, unmerklich ironisch lächelnd, darauf aufmerksam macht, daß wir, qua Radio, tatsächlich zu den Strukturen mündlicher Überlieferung zurückgekehrt sind. Das Volk lauscht den Epen, zwar nicht irgend homerischen, aber doch immerhin dem unaufhörlichen Nachrichtenfluß oral vermittelter Historie. Warum, so mag Schnabel sich gefragt haben, sollte er, der geborene Epiker, sich nicht gelegentlich in die graue Materie gesprochener Kommunikation einmischen, um dem Kollektiv aus Einzelnen ein rhapsodisches Fest zu bereiten? Störung des Rasters durch Literatur, die nicht *eine* Bedeutung hat, sondern viele.«[5]

Um kein Mißverständnis aufkommen zu lassen: Natürlich bedeutet Rückgriff auf *orale* Sprechweisen nicht den Verzicht auf das ausformulierte, durchkomponierte Manuskript. Doch dessen Elemente entstehen mit dem Blick auf den Hörer, sie suchen seine Phantasietätigkeit als Mitwirkenden, fordern Nachdenklichkeit und ästhetische Wahrnehmung in eins heraus. Ihre Absicht ist nicht darauf gerichtet, Konsumentenbedürfnisse des Hörens als Nebenbeschäftigung zu befriedigen, sie suchen nicht zu zerstreuen, sondern den Hörer in ihren Bann zu ziehen.

Daß das seinerzeit in den Nachkriegsjahren leichter war, läßt sich rückschließen aus den Zahlen, in denen Hörer ihre Bereitschaft zur Mitarbeit dokumentierten, als Schnabel für seine Hörwerke *29. Januar 1947* und *1. Februar 1950*[6] zur Einsendung von Materialien aufforderte, also von Tagebuchaufzeichnungen, Briefen, Notizen, Mitteilungen usw., die den Arbeiten zugrunde gelegt werden sollten: 35 000 und 80 000 Hörer beteiligten sich. Voraussetzung dafür war aber auch das Interesse des Autors, den tatsächlichen Erfahrungen der Menschen auf die Spur zu kommen und sich, in einem übertragenen Sinne, zu ihrem Anwalt zu machen, also die konkrete politische Wirklichkeit einzubeziehen und sie nicht etwa aus einer ästhetizistischen Perspektive auszublenden. Bezeichnend, daß das, was Schnabel machte, ebenso wie Eggebrechts Hörcollagen unter Einbeziehung von Originalaufnahmen wie *Was wäre, wenn ...* und *Das Jahr 1948 findet nicht statt*, ausdrücklich als Hörspiele im Programm figurierten. Heute ließen sie sich allenfalls als Features, also als direkt politisch-zeitgeschichtliche Artikulationen, ins Programm heben, während paradoxerweise der unter der Federführung Peter Leonhard Brauns beim SFB entwickelte Feature-Typ ein ausgeprägt ästhetisches Profil hervorbrachte und die Grenze zum Hörspiel längst hinter sich gelassen hat. Schnabel hat übrigens in Zusammenhang mit dem WDR 1977 sein Experiment aus der Nachkriegszeit zu wiederholen versucht: etwas mehr als 2500 Hörer reagierten auf die Einladung zur Mitarbeit.

Schnabels unübersehbare Position innerhalb des Spannungsfelds Literatur und Rundfunk markiert, wie bereits angedeutet, den historischen Zusammenhang zu radiotheoretischen Überlegungen in der Weimarer Republik. Für Alfred Döblin, der die Erfindung des Buchdrucks nicht uneingeschränkt als emanzipatorischen Akt gelten lassen wollte, bedeutete sie auch die Zerstörung des lebendigen, direkten Kontakts des Epikers mit seinen Zuhörern. Döblin war freilich nicht so nostalgisch, daß er sich vom Rundfunk eine wesentliche Änderung der literarischen Artikulation erhofft hätte. Eine Rückkehr zu archaischen Verkehrsformen erhielt ja durch den Rundfunk keinerlei Voraussetzung: auch durch ihn ließ sich, wie die Situation im Aufnahmestudio belegt, jener Zustand nicht wiederherstellen, in dem man wußte, »man war da: man sah, hörte, fühlte die, für die man da war«.[7] Worauf Döblin aber setzte, als er auf der Tagung »Dichtung und Rundfunk« 1929 in Kassel sprach, die auf gemeinsames Betreiben der Reichs-Rundfunk-Gesellschaft und der Sektion für Dichtkunst der Preußischen Akademie zustande gekommen war, läßt sich unter seinem Stichwort »Sanierungseingriffe«

resümieren: »[...] es besteht eine Riesenkluft zwischen der eigentlichen, schon überartistischen Literatur und der großen Volksmasse. Die große Literatur ist bald für 1000, bald für 10000, höchstens für kaum 100000 Menschen da. Gelegentliche Massenauflagen können darüber nicht wegtäuschen. Diese überaristokratische Haltung sterilisiert uns, sie ist ungesund und unzeitgemäß.
Wieder tritt da der Rundfunk vor uns, die er eben aufgefordert hat, die Drucktype zu verlassen, und fordert uns auf, unseren kleinen gebildeten Klüngel zu verlassen. Wenn ich so sagen kann: das ganze Deutschland soll es sein. Ich kann das nicht als einen Nachteil bezeichnen. Beides, mündlich zu sprechen oder sprechen zu lassen, und sich auf den lebenden einfachen Menschen der Straße und des Landes einzustellen: diese beiden literaturfremden, funkformalen Ansprüche sind auch literarisch gute Ansprüche.«[8]

Döblins Hoffnung auf eine Demokratisierung der Literatur durch das Radio hat sich für die Praxis des westdeutschen Nachkriegsrundfunks ebensowenig als richtungweisend ausgewirkt wie Brechts vielzitierte Radiotheorie, die auf der Einsicht basiert, im Ernst könne von Kommunikation beim Radio nicht die Rede sein, weil es Programme nur verteile, statt den Empfänger selbst zum Sender zu machen. Das Dilemma, das sich mit Blick auf Schnabel einerseits, der immerhin in einer Reihe von Arbeiten versucht hat, Hörerbeteiligung zu organisieren, und Döblin und Brecht andererseits herauskristallisiert, markiert sich am unübersehbarsten in dem von Hans Magnus Enzensberger 1970 inszenierten Fragment *Baukasten zu einer Theorie der Medien*. Die *Kursbuch*-Fassung gibt nur die Umrisse globaler Überlegungen wieder; eine ausgearbeitete Fassung war für die edition suhrkamp angekündigt, ist aber nie erschienen.

Das Dementi seiner polemischen Anstrengung, die Medienwelt vom Kopf auf die Füße zu stellen, lieferte Enzensberger dagegen schon ein Jahr später nach. Man kann auch von den Paradoxien einer Autorenexistenz sprechen, wenn man sich vergegenwärtigt, daß 1971 beim WDR das Hörspiel *Taube Ohren* produziert wurde, das zwar mit nahezu schlafwandlerischer Sicherheit von den Möglichkeiten der Stereophonie Gebrauch machte, insgesamt aber eher traditionell wirkt. *Taube Ohren* legt Beethovens Taubheit zugrunde; in der Vergegenwärtigung eines zwar stockend, aber immerhin sprechenden Beethoven, dem Enzensberger Notizen und Briefzitate in den Mund legt, und eines »völlig unartikuliert« sprechenden Beethoven, hinter dessen Rücken sich Hausgenossen und Besucher flüsternd zu verständigen suchen, entsteht im Verein mit einem neutralen Zitatsprecher, Geräuschen und dem unvermeidlichen »Albumblatt für Elise« eine radiophon reizvolle Collage, aber ohne für das neue Hörspiel überraschenden Innovationsgrad.

Damit ist das Stichwort für ein Phänomen gefallen, das aus ästhetischer Sicht wohl das nachhaltigste Interesse für sich beanspruchen kann, wenn von Literatur und Rundfunk die Rede ist. Den Terminus ›Neues Hörspiel‹ hat der WDR-Hörspielredakteur Klaus Schöning, zugleich einer der einflußreichsten Promotoren der Gattung, in bewußt polemischer Absicht gegen das traditionelle Hörspiel vor allem der fünfziger Jahre geprägt.[9] Aus der Sicht von heute, also über ein Jahrzehnt später, wo sich auch das Neue Hörspiel in seinem Innovationsgrad längst als erschöpft darstellt, nimmt sich die damalige Polemik überzogen und ungerechtfertigt aus; seinerzeit war sie wohl unvermeidlich, um die Veränderung literarischer Rundfunkarbeit zu stimulieren. Wenn Schöning dem traditionellen Hörspiel u. a. eine Tendenz zur Verinnerlichung »gesellschaftlicher Vorgänge« und »mangelndes Medienverständnis« vorwarf, das sich nicht zuletzt in dem Desinteresse der Autoren manifestiere, die Realisierung ihrer Arbeiten zu kontrollieren, so war das sicher kein ganz unberechtigter Vorwurf.

Aber schon am Beispiel Günter Eichs, *des* Hörspielautors der fünfziger Jahre schlechthin, läßt sich auch das Gegenteil demonstrieren. Auch Eich setzte vor allem auf die Sprache, mit deren Hilfe sich die »innere Bühne« für das Bewußtsein des Hörers errichten ließ. Aber nimmt man die ersten und die letzten Arbeiten Eichs für den Hörfunk in den Blick, so ergibt sich ein eigenartiges und eher befremdendes Bild, in dem auch die Aspekte aufscheinen, die für das Neue Hörspiel konstitutiv werden. Eichs Rundfunkarbeit in der unmittelbaren Nachkriegszeit war zunächst Brotarbeit in konventionellen Gebrauchsformen, aber schon das 1949 konzipierte Hörspiel *Die gekaufte Prüfung* sollte nach dem Willen des Autors ohne Schluß gesendet werden. Statt dessen ging an die Hörer die Frage, wie sie sich anstelle der Hauptfigur entscheiden würden. Die Dramaturgie des NDR akzeptierte diese Lösung nur halbherzig und hielt es für erforderlich, drei alternative Schlußvarianten als Entscheidungshilfe anzubieten. Eichs letzte Rundfunkarbeiten wiederum, *Man bittet zu läuten* (1964) und *Zeit und Kartoffeln* (1972), zeigen ihn auf eigentümliche Weise auf dem Rückzug vor dem Medium und dessen kommunikativem Charakter begriffen. Beide Textbücher geraten ihm zu bitteren hermetischen Absagen an die Zeit, sperren sich gegen die lange so virtuos gehandhabte radiophone Suggestion. Daß Eich eben nicht zu den Protagonisten einer Literatur, auch nicht einer Rundfunkliteratur zählte, die der Tendenz zur Verinnerlichung folgte, ließ seine Rede aus Anlaß der Vergabe des Büchner-Preises 1959 unüberhörbar werden, einer Rede, die weithin als skandalös empfunden wurde. Eich sprach darin indirekt auch von seiner Hörspielarbeit, wenn er Sätze formulierte wie: »Figuren können Fragen stellen oder Fragen darstellen. Sind das aber die richtigen Fragen, die geradewegs zu den Antworten führen, die die Macht bereithält? [...] Das Verzwickte unserer Situation ist es, daß die Antworten da sind, bevor die Fragen gestellt werden.«[10] Und noch deutlicher: »Da ich von der Macht und der gelenkten Sprache sprechen will und weniger davon als dagegen, kommt es mir vor allem darauf an, daß das Ärgernis hörbar wird.«[11]

Damit sind Sachverhalte benannt, die einen nicht kleinen Teil des Neuen Hörspiels stimuliert haben. Peter Handkes, die Gattung selber als Titelbezeichnung wählendes *Hörspiel* (1968) ist beispielsweise auf Textkonstellationen von Frage und Antwort aufgebaut, die den Doppelcharakter der Sprache, Verständigungs- und Manipulationsmittel zugleich, demonstrieren. Handke griff damit Tendenzen der konkreten Poesie ebenso auf wie vor ihm Ludwig Harig in *Ein Blumenstück* und, in Zusammenarbeit mit Max Bense, in *Der Monolog der Terry Jo*, Franz Mon in *das gras wies wächst* u. a.

Doch war es mit dem Rückgriff auf die längst durchgesetzten Möglichkeiten der konkreten Poesie, sei es in sprachspielerisch-erkenntnisfördernder Absicht, sei es im Geist einer neuen Wissenschaftsgläubigkeit, die sich dem Computer anvertraute, nicht getan. Andere Entwicklungen wurden schließlich ausschlaggebend: die Hinwendung zum Geräusch, zur Musik und zum Originalton. Was neu am Neuen Hörspiel war, läßt sich schon von diesen Elementen her erklären, und wenn sie auch, jedes für sich genommen, keine Innovation bedeuten – Geräusch, Musik und Originalton waren natürlich beinahe in allen Phasen der Hörspielgeschichte nicht aus dem Gedächtnis der Rundfunkmacher verschwunden –, so zeigte ihr vereintes und massives Hervortreten in der Hörspielarbeit seit 1968 doch das Ende der traditionellen literarischen Sprache an, in deren Bann sich das Hörspiel hatte schlagen lassen. Was lange als Inbegriff der Poesie im Radio gegolten hatte, erwies sich nun als Fessel, und daraus ließ sich dann auch der nicht gerade ungereizte Ton erklären, in dem die Debatte geführt wurde. Während Heinz Schwitzke, der langjährige Leiter der Hörspielabteilung des NWDR, dann des NDR, noch 1961 meinte, daß »Hörspiel im wesentlichen Wort ist, im Grunde *nur* Wort«,[12] plädierte Friedrich Knilli in seiner im selben Jahr veröffentlichten Untersuchung *Das Hörspiel – Mittel und Möglichkeiten eines totalen Schallspiels* schon im Titel für eine ganz anders geartete radiophone Kunst, die formal viel weiter ging und die »Eigenwelt des Hörspiels« als »Schallvorgänge« definierte. Folgerichtig plazierte Knilli in seiner Hierarchie der Elemente des Hörspiels das Geräusch in die Spitzenstellung, gefolgt vom Ton und, an dritter Stelle erst, dem Wort. Knilli befand: »Das herkömmliche Hörspiel – als ein bloßer Sprachvorgang – verschließt sich der Fülle möglicher Schallvorgänge.«[13] Andere, wie Hans Paeschke, hielten das traditionelle Hörspiel aus eher inhaltlichen Gründen für obsolet: »Wie blind bewegen sich die Regungen, Empfindungen, Gedanken auf dieser ›unsichtbaren Bühne‹ im Kreise, sich selbst besprechend, weil es an einem Gegenüber fehlt! [...] Ist es erstaunlich, daß die Sprache in einem solchen Medium so selten aus dem Monolog herausfindet [...], daß sie, ständig am Rande des Unsagbaren, so leicht als bloßes Gerede erscheint – und die Metapher als beliebig auswechselbare Verkleidung einer Realität, die fast nur noch aus Flüchtigkeit besteht?« Fragen wie diese führten Paeschke zu der Vermutung: »Kann es doch leicht geschehen, daß man dabei unversehens aus der dritten in die vierte Dimension gerät, wo die Tiefe in Untiefe, das Geheimnis in den Spuk – und Chiffrendichtung in die Banalität umschlägt. Für solche Szenerie ist das Hörspiel anfälliger als jede andere Kunstform.«[14]

In welchem Maße das sogenannte Neue Hörspiel sich solchen Tendenzen entzogen hat, ob es gar in seinen jüngsten Ausläufern zurückgekehrt ist zu ihnen, gleichsam seine eigene Vorgeschichte eingeholt hat, läßt sich mangels einschlägiger Untersuchungen nicht ermitteln. Aus den von Klaus Schöning herausgegebenen Sammlungen *Neues Hörspiel – Texte, Partituren* (1969), *Neues Hörspiel – Essays, Analysen, Gespräche* (1970) und *Neues Hörspiel O-Ton – Der Konsument als Produzent – Versuche. Arbeitsberichte* (1974) läßt sich ablesen, daß in der ersten Entwicklungsphase des Neuen Hörspiels der Aspekt der Auslotung der technischen Möglichkeiten im Mittelpunkt stand, während das stärker sozial ausgeprägte Interesse, das den Hörer aus der Konsumenten- in die Mitproduzentenrolle zu ziehen versuchte, erst später hinzukam. Schon die Namenliste der Beiträger zu dem ersten Sammelband *Neues Hörspiel* kennt auch damals bereits ausgewiesene Namen, neben Handke, Harig, Bense, Mon, die bereits zitiert wurden, Jürgen Becker, Paul Pörtner, Gerhard Rühm und Wolf Wondratschek, während in dem dem O-Ton-Hörspiel gewidmeten Band fünf Jahre später die etablierte literarische Prominenz sich schon rarer macht: Michael Scharang und Günter Wallraff sind fast die einzigen aus dem Literaturbetrieb geläufigen Namen.

Paradox mutet an, daß ein damals noch sprachexperimenteller Autor wie Jürgen Becker zum Neuen Hörspiel gerechnet wurde, dessen Textbücher für *Bilder, Häuser, Hausfreunde* durchaus auch als Prosabände in Fortschreibung von Verfahren, wie sie für *Felder* und *Ränder* konstitutiv waren, gelesen werden können. Becker hat denn auch in einem Gespräch mit Klaus Schöning darauf aufmerksam gemacht, daß das plötzlich allenthalben aufgekommene Interesse an einer neuen Art, Hörspiele zu machen, sich mit seinen eigenen Intentionen einer offenen Schreibweise zeitgleich getroffen habe. Befragt, wie er sich gegenüber Eich abgrenze, definierte er sein Selbstverständnis als Hörspielmacher so: »Wenn ich von Günter Eich gelernt habe, welche Kraft der Imagination dem Hörspiel eigen sein kann, dann habe ich zugleich gelernt, daß es nicht unbedingt nötig ist, dem Hörspiel eine Szene, eine unsichtbare Bühne einzurichten, sondern es allein im sprachlichen Vorgang entstehen zu lassen.«[15] Damit wird deutlich, daß die Interessen, die sich im Neuen Hörspiel trafen, durchaus disparat waren: Von Jürgen Becker stammt freilich auch der Satz, der gleichsam die Summe aus den Innovationsanstrengungen des Neuen Hörspiels zieht: »Erzählungen finden in den Geräuschen statt«[16] (er steht aber nicht in einem der Hörspiele, sondern in dem Prosaband *Umgebungen*).

Es ist bezeichnend, daß Handkes programmatisches *Hörspiel* in der Textvorlage ausdrücklich von *Hörspielgeräuschen* spricht und in den Realisierungsanweisungen mit Penetranz formuliert: »Hörspielgeräusch des Wassers, das in ein Glas geschüttet wird, Hörspielgeräusch des Gläserklingens« oder »Es pfeift immer lauter der Hörspielteekessel« usw., damit gleichsam die Eigen- und Gleichwertigkeit der Geräuschdimension neben der Sprachebene betonend.

Eine ähnlich eigenständige Funktion nehmen in Max Benses und Ludwig Harigs *Monolog der Terry Jo* die Partien ein, die einer synthetisch hergestellten Computerstimme zufallen. Ein nicht geringer Teil der ersten Neuen Hörspiele setzte im übrigen Sprache nicht nur in ihrer Ausdrucks- oder Informationsqualität ein, sondern gleichfalls als Geräusch unter Geräuschen; wiewohl ohne die präzise Sprache nicht denkbar, die den jeweiligen szenischen Raum mitstrukturiert, ist das vor allem an der Inkunabel des Neuen Hörspiels, Ernst Jandls und Friederike Mayröckers *Fünf Mann Menschen*, abhörbar. Die Auszeichnung dieses Werks mit dem renommierten Hörspielpreis der Kriegsblinden für das Jahr 1968 brachte nicht nur dem Neuen Hörspiel den ideologisch-propagandistischen Durchbruch, sondern legitimierte zugleich die Stereophonie als radiokünstlerisches Ausdrucksmittel.

So ließe sich am Beispiel des Hörspielpreises der Kriegsblinden eine aufschlußreiche Geschichte der Hörspielentwicklung schreiben; doch dafür ist hier nicht der Ort. Es sei nur noch darauf hingewiesen, daß beinahe zeitgleich mit der Durchsetzung des Neuen Hörspiels, das immer in Koexistenz mit eher traditionellen Möglichkeiten des Mediums gestanden hat, auch ein Versuch unternommen wurde, seine Aporien zu demonstrieren. Mauricio Kagel, der Komponist, trat mit *(Hörspiel) Ein Aufnahmezustand* hervor, dem Versuch, das Verfahren der Hörfunkproduktion selbst zum Hörspielinhalt zu machen. Die Singularität dieses Unternehmens liegt auf der Hand: wer »48 Bänder mit einer Gesamtzeit von zirka 1800 Minuten (30 Stunden) bespielt«, der kann dafür auf einen Programmplatz nicht hoffen. »Es ist selbstverständlich, daß eine Darbietung des schier endlosen Geschehens von dreißig Stunden mit solch labiler Dramaturgie vorläufig keinen Platz im Sendeschema der Rundfunkprogramme finden kann.«[17] Im Grunde zeigte dieser Versuch auch schon eine Art Resignation des radiophonen Einfallsreichtums.

Man kann freilich in Kagels *Aufnahmezustand* auch eine Vorform des späteren O-Ton-Hörspiels sehen, das sich mit geringer Verspätung zu etablieren begann und den anderen Pol der literarischen Rundfunkarbeit markiert. Während die eine Seite der Hörspielmacher eher von ästhetischen Fragestellungen aus ans Hörspiel herangingen und die medienspezifischen Möglichkeiten betonten, orientierten sich andere wiederum stärker an Brechts Radiotheorie. Brechts Forderung, »aus dem Lieferantentum« herauszugehen und »den Hörer als Lieferanten« zu organisieren, ging freilich weit über die literarische Thematik hinaus und konnte unter den bestehenden politischen und gesellschaftlichen Verhältnissen gar nicht zum Zuge kommen. »Er [der Rundfunk] muß den Austausch ermöglichen. Er allein kann die großen Gespräche der Branchen und Konsumenten über die Normung der Gebrauchsgegenstände veranstalten, die Debatten über Erhöhung der Brotpreise, die Dispute der Kommunen. Sollten Sie dies für utopisch halten, so bitte ich Sie, darüber nachzudenken, warum es utopisch ist.«[18] Dieses Nachdenken kam seinerzeit im Zuge der Euphorien eines von der Studentenbewegung angeführten Aufbruchs zu neuen Ufern zweifellos zu kurz. Daß ein öffentlich-rechtlicher Rundfunk, der über das System seiner Aufsichtsgremien eng mit der repräsentativen Demokratie verbunden ist, basisdemokratischen Konzepten nicht zur Verfügung steht, ist evident. So kam es nur in marginalen Bereichen der Rundfunkarbeit, eben beim experimentellen Hörspiel, zu entsprechenden Versuchen. Überdies konnten einschlägige Programme nur aus dem Kompromiß zwischen Selbstäußerung Betroffener und Artikulationshilfe durch die Programmacher zustande kommen. Was freilich im Rahmen dieses Kompromisses zustande kam und nach wie vor möglich ist, kann sich hören lassen, wenngleich die Differenz von O-Ton-Sendungen zu traditionellen Wortprogrammen auf der Grundlage des geschriebenen Wortes vor allem den akustischen Mehrwert ausmacht.

Mit dem O-Ton-Hörspiel hielt der literarische Realismus Einzug in die akustische Literatur, sozusagen parallel zur Entwicklung des Werkkreises Literatur der Arbeitswelt, aber ohne mit ihm engere organisatorische Berührung einzugehen. Als verbindendes Moment zwischen einer sich im Dienst politischer Emanzipation sehenden Literatur einerseits und einer stärker ästhetisch und von daher medienspezifisch interessierten Literatur andererseits läßt sich der kritische Impuls ausmachen, die Autorität des Mediums Rundfunk, die sich in der Reibungslosigkeit seines Programmablaufs manifestiert, in Frage zu stellen. Man erinnere sich an Anderschs Sätze über die »Störung des Rasters« durch Literatur, die oben zitiert wurden. Manche Hörspielarbeiten, etwa von Peter Faecke und Wilhelm Genazino, sind ausdrücklich medienkritisch akzentuiert, eine Tendenz, die sich freilich leicht zu erschöpfen droht. Daß aber das Medium selbst den potentiellen Manipulationscharakter von Programmen offen eingesteht, gehört zu den Paradoxien der Rundfunkarbeit, die man nicht als Schwäche mißverstehen darf. Paul Wühr hat mit seinem *Preislied* (1971) die Prämissen seiner Arbeit offengelegt, die der Authentizität von Dokumenten mißtraute und statt dessen auf dem Umweg über die am Material orientierte »Manipulation« Wirklichkeit in ihrer Komplexität zu vermitteln sucht: »Gerade das Original-Ton-Hörspiel gibt die Möglichkeit, durch offenes Eingeständnis der Manipulation diese aufzuheben und damit auch den Glauben an die Authentizität von Dokumenten abzubauen.«[19]

Preislied beruht auf einer akustischen Recherche zur Seelenlage der Nation, deren auf Band gespeicherte Materialien der Autor neu montiert hat, zwar in eigener Verantwortung, aber mit der sich selbst auferlegten Verpflichtung, die Absichten der Befragten nicht zu verfälschen, ein Verfahren, das wegen seiner Unüberprüfbarkeit problematisch ist. Schule hat diese Art der O-Ton-Arbeit nicht gemacht; dagegen sind Versuche, die Betroffenen von Anfang bis Ende in den Arbeitsprozeß einzubeziehen, häufiger unternommen worden. So hat etwa Michael Scharang für *Einer muß immer parieren* (1973) mit drei Arbeitern zusammengearbeitet, Hans Gerd Krogmann für das *Bergmannshörspiel* (1972) denen weitgehende Mitwirkung eingeräumt, die darin vorkamen. Freilich blieben auch diese Produkte letztlich bei der Urheberschaft des Autors stehen, was beispielsweise die von Krogmann beteiligten Bergleute selbst erkannten, als er ihnen das fertige Band vorspielte: »Formale Fragen wurden nur am Rande diskutiert. Mit anderen Worten: die Diskussion lief darauf hinaus, daß nicht das Hörspiel als fertiges Produkt im Mittelpunkt stand, sondern die im Stück behandelten Themen diskutiert wurden. Die Bergleute sahen in dem Hörspiel nicht ihr *Produkt*, vielmehr die Arbeit eines Außenstehenden, zu der sie allerdings einen entscheidenden Anteil beigesteuert hatten.«[20]

Man muß sich aber im Zusammenhang mit diesen Versuchen auch klarmachen, daß der Rundfunk nicht der auslösende Faktor für diese Art der dokumentarisch-literarischen Arbeit war. Der Impuls dazu ging vielmehr von der dokumentarischen Literatur aus. Listet man, wie Klaus Schöning am Ende der sechziger Jahre, die neuen Tendenzen auf, die im und durch das Hörspiel der sechziger Jahre gefördert wurden, so erkennt man allenthalben die Parallelen zur zeitgenössischen Literatur schlechthin:

»1. Experimentelle Literatur/Experimentelles Hörspiel
Sprachspiel, sprachkritische Analyse, medienkritisches Spiel, Verfahren akustischer Montage und Collage
2. Dokumentarisch-realistische Literatur/Dokumentarisch-realistisches Hörspiel
künstlerische Verarbeitung dokumentarischer Techniken, Innovation spezifischer Originaltonverfahren, Modelle kreativen Mitspiels: Konsumentenspiel, Rollenspiel, Planspiel. Entwicklung neuer Formen des Features
3. Kinderliteratur/Kinderhörspiel
Inhaltliche und formale Neuorientierung
4. Kriminalhörspiel
Inhaltliche und formale Neuorientierung
5. Familienserie
Inhaltliche und formale Neuorientierung. Einbindung in soziales Bezugsfeld
6. Kurzhörspiel
Entwicklung zum eigenständigen akustischen Genre
7. Neue Musik/Neues Hörspiel
Komponisten als Autoren
8. Der Schriftsteller als akustischer Ingenieur
Stereophonie und Kunstkopfstereophonie
9. Mundartliteratur/Mundarthörspiel
Inhaltliche und formale Neuorientierung u. a.«[21]

Allenfalls die Rollenwechsel von Komponisten zu Hörspielmachern und von Schriftstellern zu akustischen Ingenieuren gehen auf das Konto des Rundfunks, soweit sie nicht, aus einer übergreifenden Perspektive betrachtet, ohnehin im Zusammenhang mit der allgemeinen Grenzverwischung unter den Künsten stehen.

Immerhin hat sich durch die vom Hörspiel ausgehenden Anregungen das Bewußtsein dafür ausgebreitet, daß der Rundfunk gut beraten ist, die Nähe des Hörers zu suchen.

Partizipation hieß das Stichwort, unter dem eine Fülle von Hörfunksendungen gestartet wurden, die ganz anderen als literarischen Themenfeldern galten und versuchten, durch Feedback eine intensivere Hörerbindung zu erzielen. Hier hat zweifellos die Literatur auf den Rundfunk stimulierend gewirkt, wenn auch das meiste von dem, was beispielsweise der Hörfunkdirektor des WDR, Manfred Jenke, für das *ARD-Jahrbuch 1978* als Erfolgsbilanz eines seine Hörer beteiligenden Rundfunks anführte, mit Brechts Radiotheorie und ihrer Fortschreibung durch Enzensberger nicht viel zu tun hatte.[22] Wunschkonzerte und Quizsendungen, Auskunfts- und Meinungsvermittlung durch den Rundfunk stellen zwar Rückkopplung zwischen Sender und Empfänger her, liefern aber keine Beispiele dafür, daß es dem Rundfunk tatsächlich gelingt, den Hörer »nicht zu isolieren, sondern ihn in Beziehung zu setzen«.[23] Fragt sich, ob Brechts Utopie sich überhaupt in einer auf Arbeitsteilung und Spezialisierung angelegten Gesellschaft verwirklichen läßt.

Rückblickend fällt es jedenfalls leicht, die Hoffnungen zu belächeln, die sich seinerzeit an der Wende von den sechziger zu den siebziger Jahren ans Hörspiel knüpften. Helmut Heißenbüttel etwa, Rundfunkredakteur und Autor, setzte darauf, daß das Hörspiel zum Knotenpunkt des Rundfunkprogramms werden könnte, und Jürgen Becker dachte diesen Anspruch so weiter:

»[...] dann sehe ich vom Neuen Hörspiel eine Wirkung aufs Programm ausgehen, die das Programm aus seinen alten Strukturen erlöst und statt dessen Sendeweisen entwikkelt, die allesamt Varianten von Hör-Spiel sind. Bestimmte Magazin-Sendungen praktizieren diesen Trend bereits, und gewonnen ist damit bereits eine neue Attraktivität des akustischen Mediums, eine unorthodoxe Auffassung des Informierens, des Unterhaltens, des Zuhörens. Das Hörspiel selber wird im Zuge dieses Trends möglicherweise aufhören, eine Sache der Literaten zu bleiben; indem es seine Impulse aber weitergibt, kann es die Phantasie der Sendenden ebenso wie der Empfangenden auf eine Weise aktivieren, daß wirklich zustande kommt, was wir Kommunikation nennen, im Sinne vor allem der Chance, die das Radio und das Fernsehen hat: unsere Wirklichkeit im Maße ihrer Erfahrbarkeit hörbar und sichtbar zu machen.«[24]

Mit dem Hörspiel, dessen Geschichte hier zu schreiben nicht der Ort ist, wird freilich nur die Spitze eines Eisbergs sichtbar. In ihm verkörpert sich der Teil der Literatur, der dem Rundfunk seine Existenz direkt verdankt und ohne den sie nicht zu denken ist. Zwar ließe sich leicht eine Hörspielarbeit außerhalb des Rundfunks vorstellen, und einschlägige Volkshochschulkurse existieren hier und dort. Aber es ist bei verstreuten und gelegentlichen Initiativen geblieben. Während sich nahezu für alle anderen Medien die Speicherung zum Zweck öffentlicher Benutzung etabliert hat, Bücher, Schallplatten, Filme, selbst Kunstwerke (in Artotheken) entliehen werden können, besteht für die in der Verantwortung öffentlich-rechtlicher Anstalten hergestellten Produkte ein im Grunde unhaltbarer Zustand der Nichtzugänglichkeit. Gelegentlich kommt es sogar zu Behinderungen der öffentlichen Vorführung von Hörspielen aus Gründen der Rechtsunsicherheit, wie kürzlich in Berlin. Möglicherweise hängt auch dies mit dem eigentümlichen Verständnis von Öffentlichkeit zusammen, das in den Rundfunkanstalten an der Tagesordnung ist, sofern die eigenen Angelegenheiten davon betroffen sind.

Was aber fürs Hörspiel gilt, das Lieblingskind des öffentlich-rechtlichen Rundfunks, der ihm den höchsten Sendeminutendurchschnittspreis überhaupt zubilligt (1977: 276,– DM), gilt erst recht für die noch weniger beachteten Literatursendungen anderer

Art. Sicher, sie werden gehört und haben deshalb auch ihre spezifische Öffentlichkeit: »Noch immer erreicht ein ›Buchtip‹ im II. Programm einer Landesrundfunkanstalt 800 000 Hörer, eine Buchlesung im 1. Programm 180 000, im III. Programm 50 000 Hörer, ein Hörspiel im 1. Programm 150 000, im III. Programm 18 000 Hörer – Zahlen aus dem NDR.«[25]

Entgegen landläufigen Meinungen sind beispielsweise auch die Anstrengungen im Hörspielbereich nicht verringert worden. Die insgesamt aufgewendete Sendezeit hat sich seit 1968 sogar vermehrt (1968 73 450 Sendeminuten, 1977 106 080 Sendeminuten). Die Kosten stiegen von 13,6 Millionen 1968 auf 29,26 Millionen 1977.[26] Einschränkungen, wie sie vor allem mit der Kooperation zwischen Süddeutschem und Saarländischem Rundfunk und dem Südwestfunk einhergingen, sind im Gesamtdurchschnitt der ARD-Programme längst wieder wettgemacht. Das sagt freilich nichts darüber aus, ob und in welchem Maße gerade im Hörspielbereich Niveauabsenkungen stattgefunden haben, wie sie die Verlagerung eines Teils der Hörspielarbeit in Unterhaltungsabteilungen signalisiert.

Der ökonomische Aspekt der Rolle des Rundfunks für die Literatur ist trotz der verdienstvollen Bemühungen, vor allem der Soziologen Karla Fohrbeck und Andreas J. Wiesand im Zusammenhang mit ihren vielfachen kultursoziologischen Erhebungen, nach wie vor nicht präzise zu beschreiben. Die für den *Autorenreport* (1972) erhobenen Daten sind nicht nach Rundfunk und Fernsehen spezifiziert. Aus der später vorgelegten Berufsfeldstudie zur Autorenausbildung ergibt sich aber immerhin, daß rund 23 % der freien Autoren ihre Haupteinnahmequelle beim Rundfunk hatten; seither dürfte dieser Prozentsatz, vergegenwärtigt man sich den Schrumpfungsprozeß der Tages- und Wochenpresse, die mit 24 % an der Spitze der Verdienstmöglichkeiten lag, zumindest konstant geblieben, wenn nicht sogar gestiegen sein.[27] Die Rundfunkanstalten haben, nach einer Periode der Dürre, zum Teil kräftige Honorarerhöhungen vorgenommen und damit insbesondere bei den größeren Formen auch der überregionalen Presse den Rang abgelaufen. Längst hat sich eingebürgert, daß renommierte Autoren, aber auch ihre kleineren Konkurrenten, Arbeiten, bevor sie sie zum Druck geben, dem Rundfunk überlassen, auch dann, wenn sie ursprünglich gar nicht fürs Radio gedacht waren. Es gibt Virtuosen der Mehrfachverwertung, zu deren Kapital nicht nur das Manuskript, sondern auch ihre Stimme zählt – der *Autorenreport* gibt dafür in seiner Aufstellung von Mehrfachtätigkeiten bei den Rundfunksendern ein mittlerweile vielleicht überholtes, aber dennoch aufschlußreiches Beispiel. Der an der Spitze der Statistik mit 9 Sendern als Abnehmer stehende Horst Krüger dürfte in diese Position kaum mit neun verschiedenen Beiträgen geraten sein. Überraschend auch, daß sich im Bereich der freien Autoren ein Themenfeld besonderer Beliebtheit erfreut: es ist das unsere. 48 % aller freien Autoren waren zum Zeitpunkt der Befragung für den *Autorenreport* in den Themenfeldern Literatur/Kunst/Kultur tätig. Dies gilt freilich nicht für den Rundfunk allein. Doch es ist Brauch, daß dort freie Mitarbeiter in besonderem Umfang herangezogen werden, zur aktuellen Kulturberichterstattung ebenso wie für essayistische und literaturkritische Tätigkeiten. Man geht wohl nicht fehl in der Annahme, daß es vor allem der Rundfunk ist, der die literaturkritische und essayistische Publizistik finanzierend ermöglicht, sofern sie nicht Nebenbeschäftigung hauptberuflicher Wissenschaftler ist, und das ist sie zum kleineren Teil, eine Publizistik, wie wir sie aus Zeitungen, Zeitschriften, aber auch aus Buchpublikationen (Sammelbände u. dgl.) kennen.

Spät, aber nicht zu spät, haben die Rundfunkanstalten durch die Einrichtung einer Pensionskasse für freie Mitarbeiter, die nach dem Prinzip der Sozialversicherung funktioniert, ihre soziale Verantwortung für jenen Teil ihrer Mitarbeiter wahrgenommen, dem sie nach wie vor das größte Maß an Kreativität in ihren Programmen verdanken. Im Zusammenhang mit der wachsenden Neigung der Arbeitsgerichte, die von den Rundfunkanstalten für *freie* Mitarbeiter gehaltenen zu festangestellten zu erklären, hat ein Teil der Rundfunkanstalten freilich zu restriktiven Regelungen wie dem Prognoseverfahren gegriffen, mit dem Verwaltungsinstanzen darüber entscheiden, welcher Mitarbeiter in welchem Umfang beschäftigt werden kann.

Auf der anderen Seite darf man nicht übersehen, daß die Rundfunkanstalten durch den Abschluß von Tarifverträgen für arbeitnehmerähnliche Personen einem beträchtlichen Teil ihrer freien Autoren mittlerweile soziale Sicherheit einräumen, dergestalt, daß bei Vorliegen bestimmter Voraussetzungen, wie wirtschaftlicher Abhängigkeit vom Rundfunk, eine Art Kündigungsschutz wirksam wird und Honorarzahlungen auch für Krankheits- und Urlaubszeiten gewährt werden.

Neben dieser Entwicklung geht aber auch eine andere einher, deren Konsequenzen noch nicht zu übersehen sind. Anders als das Hörspiel haben nämlich die kulturellen Wortprogramme, deren Löwenanteil literarische Sendungen ausmachen, durchaus gravierende Einbußen erlitten. Das Gesamtaufkommen in diesem Programmbereich verringerte sich seit 1971 von 748 045 Sendeminuten auf 631 412 Sendeminuten 1977.[28] Das ist eine Reduktion von mehr als 15 %. Darin manifestiert sich eine Tendenz, auch beim Hörfunk Einschaltquoten zur Grundlage von Programmplanungen zu machen. Die Auswertung sogenannter Hörerpräferenzen ergibt nämlich, daß die Hörerschaft sogenannter anspruchsvoller Programme für wechselnde Minderheiten zwischen 1974 und 1976 um 2 % zurückgegangen ist, während andererseits der Hörfunk generell wieder etwas an Attraktivität gewonnen hat. Unter den Rundfunkgewaltigen wird dieser Rückgang um 2 % für signifikant gehalten und verführt sie zu der Frage, ob der Rundfunk »angesichts der Mediendifferenzierung noch Transportmittel für jeden, noch den komplexesten Inhalt sein kann«.[29]

Wo die Priorität dem Massenprogramm für große Mehrheiten eingeräumt wird, ist das Klima für die der Literatur gewidmete Rundfunkarbeit nicht günstig. Daß Literatur ihre eigenen Gesetzlichkeiten hat, individuelle jeweils, mitunter sehr extreme, die naturgemäß zum Massenprogramm querstehen, die sich ihm vor allem auch nicht widerspruchslos und zwanglos einordnen, versteht sich von selbst.

Wichtige Bereiche der Literatur, und ihnen gilt das Interesse der betroffenen Programmmacher primär, repräsentieren ein anderes Bewußtsein als das des Konsumenten, wie der Hörer neuerdings verächtlich heißt. Es wäre mißverständlich, wollte man sich auf Döblin und dessen Forderung nach »Sanierungseingriffen« berufen, um die Nivellierung der Literaturprogramme durchzusetzen. Es kann nämlich nicht darum gehen, komplexe Inhalte aus den Rundfunkprogrammen zu verbannen, sosehr sie diesen oder jenen Hörer auch stören müssen. Der Mangel, dem es abzuhelfen gilt, ist ein viel zu niedriges radiophones Anspruchsniveau. Noch immer steht der Rundfunk nämlich in viel zu enger Abhängigkeit vom geschriebenen Kulturjournalismus, statt sich souverän in die Richtung einer ihm gemäßen Variante des akustischen Journalismus zu entwickeln. Gerade dabei können Partizipationsversuche, wie sie Peter Faecke beim WDR mit der *Fred-Kowalski-Show*, mit den Reihen *Autoren als Gerichtsreporter* und *Leser über Bücher*, schließlich mit dem *Landprojekt* initiiert hat, außerordentlich hilfreich sein.[30]

Zwar sind die literarischen Programme des Rundfunks auf einem Niveau angesiedelt, das sich sehen, aber nicht immer auch *hören* lassen kann. Die Emanzipation vom Literaturjournalismus wie von der geschriebenen Sprache hat in manchen Sendern erst begonnen. Der Typus des Rundfunkautors, der, der freien Rede mächtig, in der Lage wäre, mit anschaulichen und treffenden Worten zu sagen, was er sonst für den Druck ausformuliert, der im Umgang mit Mikrofon und Tonband ebenso versiert ist wie der schreibende Autor im Umgang mit der Sprache, ist weithin immer noch eine Wunschvorstellung, keine Realität. Mündlichkeit in literarischen Rundfunkprogrammen gilt wenig, wie wenig, zeigen die Honorarbedingungen, die den Manuskriptautor begünstigen. Solange aber nicht die mündliche Improvisation, die dem Medium eher adäquat ist, ihren Einzug in die Programme hält, wird Orwells ironischer Satz seine Spitze behalten; er hat von der Literatur im Rundfunk gesagt, »sie nehme sich aus wie die Muse in gestreiften Hosen«.[31]

Eingangs ist Werner Höfer zitiert worden mit seiner nostalgischen Reminiszenz an den Nachkriegsrundfunk und dessen stimulierende Kraft für den Wiederbeginn der Literatur. Daß sich die Zeiten geändert haben, läßt sich schon ahnen, wenn man den Kollegen einer anderen, nachgewachsenen Generation, den Hörfunkprogrammdirektor des WDR, Manfred Jenke, zu Wort kommen läßt, der 1974 das Modell einer Programmstruktur der Zukunft entwarf:

»– Schnelle aktuelle Information
– aktuelle und weiterblickende Kommentierung
– Denkanstöße durch Auseinandersetzung mit neuen Ideen und künstlerischen Hervorbringungen
– Informationsservice für Zielgruppen und zur Weiterbildung
– Entspannung (Musik, Spiel)«.[32]

Das erinnert nur noch von fern an Höfers Vorstellungen vom Werkstatt- und Experimentierkanal, verzichtet ganz und gar auf die »große Kunst in Wort und Musik« und räumt der schnellen Information und Kommentierung die Priorität ein. Aber auch diese Überlegungen stammen noch aus einer Zeit, in der der öffentlich-rechtliche Rundfunk zwar schon politisch umkämpft, aber noch nicht prinzipiell in Frage gestellt worden war, wie das gegenwärtig der Fall ist. Vielleicht sind die Sachverhalte, die hier beschrieben worden sind, in einem Jahrzehnt nicht mehr lebendige Gegenwart, sondern Historie.

Anmerkungen

1 Werner Höfer: Mein Radio. In: Monat 3 (1971) S. 56.
2 Peter Faecke: Zwei vor, eins zurück = eins vor! Über einige Programm-Versuche im Hörfunk. In: medium. Zeitschrift für Hörfunk, Fernsehen, Film, Bild, Ton 8 (1977) S. 21.
3 Alfred Andersch: Die Geheimschreiber. In: A. A.: Öffentlicher Brief an einen sowjetischen Schriftsteller, das Überholte betreffend. Zürich 1977. S. 174.
4 Ebd. S. 175.
5 Ebd.
6 Beide mit einem Vorwort des Autors gedruckt u. d. T.: Ein Tag wie morgen. Stuttgart o. J.

7 Zitiert nach Matthias Prangel: Die rundfunktheoretischen Ansichten Alfred Döblins. In: Literatur und Rundfunk 1923–1933. Hrsg. von Gerhard Hay. Hildesheim 1975. S. 222.

8 Alfred Döblin: Literatur und Rundfunk. In: Literatur und Rundfunk 1923–1933 (Anm. 7) S. 232 f.

9 Klaus Schöning: Hörspiel als verwaltete Kunst. In: Neues Hörspiel. Essays, Analysen, Gespräche. Hrsg. von Klaus Schöning. Frankfurt a. M. 1970. S. 261.

10 Günter Eich: Büchner-Preis-Rede 1959. In: Büchner-Preis-Reden 1951–1971. Stuttgart 1972. S. 78 f.

11 Ebd. S. 73.

12 Heinz Schwitzke: Das Hörspiel – Form und Bedeutung. In: Theorie des Hörspiels. Hrsg. von Horst Scheffner. Stuttgart 1978. S. 36.

13 Friedrich Knilli: Das Hörspiel. Mittel und Möglichkeiten des totalen Schallspiels. Stuttgart 1961. S. 108.

14 Hans Paeschke: Hörspiel-Gedanken. In: Theorie des Hörspiels (Anm. 12) S. 51 f., 54.

15 Jürgen Becker im Gespräch mit Klaus Schöning. In: Neues Hörspiel (Anm. 9) S. 194.

16 Jürgen Becker: Umgebungen. Frankfurt a. M. 1970. S. 97.

17 Mauricio Kagel: (Hörspiel) Ein Aufnahmezustand. In: Neues Hörspiel. Texte – Partituren. Hrsg. von Klaus Schöning. Frankfurt a. M. 1970. S. 438.

18 Bertolt Brecht: Der Rundfunk als Kommunikationsapparat. In: Neues Hörspiel (Anm. 9) S. 11.

19 Paul Wühr: Preislied. Hörspiel aus gesammelten Stimmen. Mit einer Rede des Autors: Die Entstehung des »Preislieds«. Stuttgart 1974. S. 52.

20 Hans Gerd Krogmann: Anmerkungen zum Bergmannshörspiel. In: Neues Hörspiel O-Ton. Der Konsument als Produzent. Versuche. Arbeitsberichte. Hrsg. von Klaus Schöning. Frankfurt a. M. 1974. S. 104.

21 Klaus Schöning: Akustische Literatur: Gegenstand der Literaturwissenschaft. In: Rundfunk und Fernsehen 4 (1979).

22 Manfred Jenke: Teilnahmslose Teilnehmer? Zur Programmbeteiligung von Hörern und Zuschauern. In: ARD Jahrbuch 78. Hamburg 1978. S. 90 ff.

23 Vgl. Brecht (Anm. 18) S. 11.

24 Jürgen Becker im Gespräch mit Klaus Schöning (Anm. 15) S. 201.

25 Peter Kliemann: Was tut der Hörfunk für die Literatur? Beispiele und Belege, ausgew. und zusammengest. aus Auskünften aller ARD-Anstalten. o. O. 1979. T. 1. S. 3. (Erhältlich über die Pressestelle des WDR.)

26 Ebd. S. 4.

27 Zitiert nach Hannes Schwenger: Literaturproduktion. Stuttgart 1979. S. 84.

28 Kliemann (Anm. 25) S. 4.

29 Ebd. S. 8.

30 Faecke (Anm. 2).

31 George Orwell: Poetry and the Microphone. In: The Collected Essays, Journalism and Letters of G. O. Bd. 2: 1940–1943. Harmondsworth 1970. S. 380.

32 Zitiert nach Schwenger (Anm. 27) S. 104.

Literaturhinweise

Fohrbeck, Karla / Wiesand, Andreas J.: Der Autorenreport. Reinbek 1972.

Kliemann, Peter: Literatur im Rundfunk. o. O. [Köln] 1967. (Schriftenreihe des Deutschlandfunks. 2.)

– Was tut der Hörfunk für die Literatur? Anmerkungen und Beobachtungen zu Beispielen und Belegen. Maschinenschriftl. Vervielfältigung in zwei Teilen, erhältlich über die Pressestelle des WDR.

Klippert, Werner: Elemente des Hörspiels. Stuttgart 1977.

Knilli, Friedrich: Das Hörspiel. Mittel und Möglichkeiten eines totalen Schallspiels. Stuttgart 1961.

Neues Hörspiel. Essays, Analysen, Gespräche. Hrsg. von Klaus Schöning. Frankfurt a. M. 1970.

Neues Hörspiel. Texte – Partituren. Hrsg. von Klaus Schöning. Frankfurt a. M. 1970.

Neues Hörspiel O-Ton. Der Konsument als Produzent. Versuche. Arbeitsberichte. Hrsg. von Klaus Schöning. Frankfurt a. M. 1974.

Orwell, George: Poetry and the Microphone. In: The Collected Essays, Journalism and Letters of G. O. Bd. 2: My Country Right or Left 1940–1943. Harmondsworth 1970. S. 374–382.

Rosenbaum, Uwe: Das Hörspiel. Eine Bibliographie. Hamburg 1974.
Schwenger, Hannes: Literaturproduktion. Stuttgart 1979.
Schwitzke, Heinz: Das Hörspiel. Dramaturgie und Geschichte. Köln 1963.
Würffel, Stefan Bodo: Das deutsche Hörspiel. Stuttgart 1978.

PETER VON RÜDEN

Fernsehen und deutsche Gegenwartsliteratur

I. Der Stoffbedarf

Sieht man einmal von diversen Literatur- bzw. Kulturmagazinen des Fernsehens ab, die alle mehr oder weniger ausführlich über Buchliteratur berichten, Autoren »promoten« oder verreißen, ohne die Zuschauer mit Gegenwartsliteratur selbst zu beliefern, so bleibt für die Erörterung des Themas der Beziehungen zwischen der Gegenwartsliteratur und dem Fernsehen als zentraler Gegenstand die Programmveranstaltung ›Fernsehspiel‹. Da das Fernsehspiel zwar als Programmbezeichnung selbstverständlich, aber als literaturwissenschaftlicher Begriff umstritten ist, sei hier zunächst festgehalten, daß für die weitere Erörterung des Themas unter dieser Bezeichnung alle szenisch-fiktionalen Programme des Fernsehens gefaßt werden, die von den Rundfunk- und Fernsehanstalten selbst produziert, in Auftrag gegeben oder koproduziert worden sind, unabhängig davon, mit welchem technischen Verfahren (Film oder Magnetaufzeichnung) sie hergestellt wurden.

Zur Herstellung solcher szenisch-fiktionalen Programme braucht das Fernsehen Autoren. Diese triviale Feststellung ist gleichwohl der zentrale Berührungspunkt von Literatur und Fernsehen. Zunächst einmal sind die großen Produktionsapparate des Fernsehens unter dem Zwang, die Programmleisten für Fernsehspiele und Spielserien füllen zu müssen, auf literarische Vorlagen angewiesen. Allein das I. Fernsehprogramm strahlte 1976 14 896 Minuten »Spiele« aus, 1977 waren es 17 945 Minuten.[1] Die ›Stoffnot‹ des Fernsehens wird deutlich, wenn man die in der Statistik enthaltenen Minuten wiederholter Fernsehspiele abzieht. Nach einer inoffiziellen Berechnung für das Jahr 1976 von Helmut G. Asper hat das I. Fernsehprogramm 10 465 Minuten Fernsehspiele erstgesendet.[2] Allein das I. Programm hatte bei einer angenommenen Durchschnittslänge von 90 Minuten Bedarf für etwa 127 Fernsehspielvorlagen pro Jahr.

Die Werbetöchter der Rundfunkanstalten der ARD produzierten 1978 262 Spielserienfolgen neu für den Bedarf aller Gesellschaften (sogenannter Pool).[3] Der tatsächliche Bedarf einzelner Werbetöchter liegt noch höher, er wird durch ausländische Produktionen, aber auch durch Serien deutscher Autoren gedeckt, die dann allerdings nicht in allen Werberahmenprogrammen ausgestrahlt werden. Auch ohne weitere Spezifizierung des Stoffbedarfs des Zweiten Deutschen Fernsehens und der III. Programme wird deutlich: Das Fernsehen hat einen sehr hohen Bedarf an Fernsehspielvorlagen. Die Deckung des Bedarfs geschieht durch die Adaption literarischer Vorlagen, die zunächst nicht für das Fernsehen geschrieben wurden, und durch Originalfernsehspiele, die von Autoren für das Fernsehen geliefert werden.

II. Literaturadaption im Fernsehspiel

Als probates Mittel zur Sättigung des Stoffbedarfs bot sich bereits mit der Einrichtung eines regelmäßigen Fernsehprogrammdienstes 1935 die Adaption von literarischen Vorlagen, von Romanen, Theaterstücken und Novellen an.[4] Der Film hatte in der Stummfilmzeit bereits die Verwertung der Literatur exzessiv betrieben, Goethes *Faust* wurde allein über 20mal verfilmt.[5] Nach Berechnungen, die Knut Hickethier angestellt hat, lag der Anteil der Literaturadaptionen in den fünfziger Jahren »bei über 80 % aller produzierten Fernsehspiele«. »Der Höhepunkt der Adaptionsentwicklung liegt 1956/57 [...] mit über 90 % Adaptionen am Fernsehspiel. Die Klassiker Goethe und Schiller, aber auch das moderne Welttheater mit Anouilh, Wilder, Giraudoux, Sartre, bestimmen die Auswahl der Stücke, die im Fernsehen zu sehen waren.«[6]
Bereits in den fünfziger Jahren wurden Vorbehalte gegen die massenhafte Adaption literarischer Vorlagen durch das Fernsehen angemeldet. Der Fernsehdramaturg Hans Gottschalk – damals Mitarbeiter des Süddeutschen Rundfunks – artikulierte 1955 die Befürchtungen und brachte sie auf die Formel vom »Kahlschlag im Zauberwald der Literatur«.[7] Gottschalk meinte, daß bald alle adaptierbaren Stoffe der Weltliteratur verbraucht seien, und beschwor eine Krise des Fernsehens, »die dann eintritt, wenn dieser Raubbau zu einem latenten Stoffmangel geführt hat, wenn man plötzlich nicht mehr weiß, was man senden soll«.[8] Der von Gottschalk beklagte »Kahlschlag« traf in erster Linie nicht die Autoren der Gegenwart, bei den Adaptionen dominierten über Jahre die Klassiker der Weltliteratur.[9] Die Produktion solcher Fernsehspiele nach klassischen literarischen Vorlagen ließ sich einfacher realisieren, das Fernsehen ersparte sich die Auseinandersetzung mit den lebenden Autoren über die ›werktreue‹ Umsetzung. Der Regisseur Rolf Hädrich meinte ebenso sarkastisch wie treffend (allerdings bezieht er sich auf den Kinofilm): »Nur ein toter Schriftsteller ist ein guter Schriftsteller – und möglichst so tot, daß er bereits tantiemenfrei ist.«[10]
Die Produktion von Fernsehspielen nach Erzählvorlagen lief und läuft nach »bewährtem« Rezept: »Dialog wird weitgehend übernommen, Beschreibungen werden als Bilder wiedergegeben, Zusammenfassungen u. ä. spricht ein Erzähler.«[11] Irmela Schneider nennt solche Verfahren »bequeme Lösungen für offene Fernsehspiel-Termine«.[12]

Alternativen der Literaturadaption

Abseits solcher Adaptionsstereotypen gibt es für eine ernsthafte Umsetzung von Buchliteratur zwei grundsätzliche Ausgangspunkte: Die Bearbeitung versucht, möglichst viele Elemente der Vorlage im Fernsehen zu erhalten, oder aber die Vorlage wird als Rohmaterial für ein eigenständiges ästhetisches Objekt ›Fernsehspiel‹ benutzt. Die möglichst ›buchgerechte‹ Adaption produziert beim Medienwechsel Schwundstufen der Vorlage, da »für bestimmte Bedeutungsbereiche der Sprache, z. B. der Reflexion, der Darstellung von Ideen, Begrifflichkeiten«, und auch für die »Verknüpfung von konkreten Handlungsgeschehen mit Reflexionen« kaum adäquate Codes dem Fernsehen zur Verfügung stehen. »Die Möglichkeit visueller Allegorien und metaphorischer Umsetzung muß weit hinter präzisen sprachlichen Begriffen zurückbleiben.«[13] Deshalb ist das Ergebnis solcher werkgetreuen Adaptionen oft bestenfalls eine gelungene

Information über Buchliteratur. Daß man aus der Erkenntnis solcher Zusammenhänge ein tragfähiges Fernsehspielkonzept machen kann, soll nicht bestritten werden. Als die Fernsehspielabteilung des Norddeutschen Rundfunks 1973 die Reihe »Verfilmte Literatur – Große Erzähler reflektieren die Gesellschaft ihrer Zeit« begann, wollte man nicht Literatur verfilmen, sondern mit den Mitteln des Fernsehens »auf Bücher hinweisen«.[14] Das nach meiner Erinnerung – und andere Quellen stehen leider nur in Ausnahmefällen zur Verfügung – signifikanteste Beispiel für die NDR-Konzeption war die zweiteilige Produktion *Das Fischkonzert* nach dem Roman des isländischen Nobelpreisträgers Halldór Laxness (1973). Dieser »Bericht über den Roman« hat – jedenfalls bei mir – die Absicht des Regisseurs Hädrich erfüllt, aus dem Zuschauer wurde ein Leser, die Schwundstufe des *Fischkonzerts* berichtete über den Autor Laxness und seine Qualitäten. Eine andere Produktion der Reihe, Egon Monks fünfteilige Adaption von Falladas *Bauern, Bomben, Bonzen* (1973) gehört zu den bislang unbestritten herausragendsten Ereignissen in der Geschichte des deutschen Fernsehspiels, aber wahrscheinlich deshalb, weil sie Werktreue mit fernseh- bzw. filmspezifischen Mitteln realisiert hat. Monk hat nicht sklavisch so viel des Textes der Vorlage zu retten versucht wie eben möglich. Der Regisseur Monk hat deshalb Fallada werktreu ins Fernsehen gebracht, weil er die differenzierten Botschaften des Romans visuell in Bildkompositionen umgesetzt hat, die sinnlich-konkret das erfahrbar gemacht haben, was Fallada mit der Sprache realisiert: Eine historische Entwicklungslinie des deutschen Faschismus wird in seinen Vorformen verdeutlicht. Werktreu ist Monk also nicht, weil er die Romanvorlage möglichst unversehrt ließ, sondern weil er sich ein Bild von Geschichte gemacht hat und so eine Interpretation des Romans und damit der Zeit vor 1933 mit Bildern vorlegte. Die »Wahrheit« der Adaption beruht auf der Richtigkeit der Interpretation des Textes und der ihm zugrunde liegenden historischen Vorgänge und korrespondiert so mit der ästhetischen Qualität der Vorlage, die mit der Geschichte so verfährt wie Monk mit dem Roman, beide decken die Hintergründe und Entwicklungslinien auf. Monks Bearbeitung ist schließlich auch deswegen werktreu, weil sie die historische Distanz, die zwischen der Entstehung des Romans und der Fernsehadaption liegt, nicht ignoriert.

Solche Literaturadaptionen sind dann ›fernseheigene‹ ästhetische Produkte und vermeiden es, Schwundstufen von Buchliteratur zu präsentieren. Fazit: Buchliteratur als Fernsehbearbeitung ist entweder Bericht über das Buch oder etwas ästhetisch eigenes. Hädrich meint dies, wenn er schreibt: »Um den Hund auf die Straße zu lassen: es gibt auch keine verfilmte Literatur«.[15] Eine Adaption von Buchliteratur kann jedenfalls in ihrer Qualität nicht am Prozentsatz unverändert ins Fernsehspiel übernommener Sprache gemessen werden.

III. Das Originalfernsehspiel und die Autoren

An der Einschätzung des Fernsehens durch die Autoren hat sich seit der Einführung des Fernsehens kaum etwas verändert, kritische Distanz bestimmte über viele Jahre das Verhältnis. Gerhard Eckert hatte 1952 – also etwa ein Jahr, nachdem das Nachkriegsfernsehspiel mit dem *Vorspiel auf dem Theater* aus Goethes *Faust* 1951 begonnen hatte – die Gegenwartsautoren aufgefordert, sich dem Fernsehen zuzuwenden und

Stoffe für das Fernsehspiel zu entwickeln.[16] Sein Aufruf blieb folgenlos, wie Eckert selbst 1954 schrieb: »Will man die Fernsehspiele aufzählen, die vom 25. Dezember 1952 bis zum Frühjahr 1954 geschrieben wurden, ausdrücklich fürs Fernsehen geschrieben wurden, so braucht man – außerhalb der Unterhaltung – dafür nicht einmal alle Finger einer Hand.«[17] 1956 warben Hans Gottschalk und Hans Joachim Lange um die Autoren, indem sie ihnen das Fernsehen als gleichwertiges ästhetisches Medium versuchten schmackhaft zu machen,[18] wie sich bereits aus den Titeln der Aufsätze ablesen läßt: Lange schrieb über das Thema *Bühne von höchster Intensität*, Gottschalk über *Die neue Poesie des Fernsehens.*[19]

Die Schriftsteller verharrten in »absoluter Distanz«.[20] »Die politisch moralische Aufbruchstimmung der Nachkriegszeit war vorüber, die Literatur suchte damals Anschluß an die literarische Moderne, favorisierte avantgardistische Formexperimente, war aus auf Verschlüsselung und radikale Subjektivität. Für die literarische Intelligenz war das noch undifferenzierte Medium Fernsehen ohne jede Attraktivität.«[21] Fernsehen, das bedeutete Einführung des kapitalintensivsten, universellsten und am arbeitsteiligsten organisierten Massenmediums. Ein solches Medium kann sich auch gelegentlich an Minderheiten wenden, in der ganzen Breite seiner szenisch-fiktionalen Programme wird es aber immer auf ein Millionenpublikum zielen. Fernsehen hat kaum Bedarf nach »radikaler Subjektivität«[22] und »avantgardistischen Formexperimenten«[23]. Bereits mit seiner Etablierung in den Jahren 1951–53 war das neue Medium dabei, sich auf ein Millionenpublikum einzurichten, ihm haftete das Odium des Trivialen an. Für die kulturpessimistische Verdammung des Fernsehens durch die Intellektuellen ließen sich seitenweise Belege anführen. Prototypisch war Theodor W. Adornos Verdikt *Prolog zum Fernsehen.*[24] Fernsehen war für Adorno der etablierte Zwang, sich dem Geschmack von »Publikumsmassen«[25] anzupassen, was nur zur »Einübung eines konformierenden Verhaltens«[26] führen könne. Der Gegensatz zwischen der modernen Literatur und dem kunstfremden Fernsehen war proklamiert. Adorno setzt die Romane Prousts, ihre Subjektivität und »ästhetische Differenzierung« gegen das Fernsehen, das zum »Kollektivismus« zwinge.[27] Alfred Döblin hatte sich bereits 1929 in einem Colloquium von Reichsrundfunkgesellschaft und Preußischer Akademie der Künste mit dem auch von Adorno benutzten Argumentationsmuster auseinandergesetzt: »Da ist die Auffassung: Der Rundfunk verfügt über eine ungeheure Hörermasse; aber das hat gar keinen Wert, denn die Hörermasse ist absolut unreif für Literatur, und die Leitung der Rundfunkanstalten arbeitet privatkapitalistisch und stellt sich demnach, Angebot und Nachfrage, auf die Wünsche dieser Hörermassen ein. Man muß durchaus gegen diese nonchalante und gar zu großartige Geste etwas tun; denn es besteht bei einer Gleichgültigkeit der Schriftsteller gegen den Rundfunk die Gefahr, daß es mit dem Rundfunk so geht wie mit dem Film, der ja eigentlich völlig abgerutscht ist zur Industrie und zu deren Angestellten.«[28]

Adornos Argumentation greift aber auch deshalb zu kurz, weil auch der Autor von Buchliteratur seit der Etablierung einer Kulturindustrie im 18. und Anfang des 19. Jahrhunderts sein Produkt auf dem Markt anbieten mußte. Die Marktabhängigkeit des Buchautors und des Fernsehautors ist prinzipiell die gleiche, sie arbeiten nur in einem unterschiedlich kapitalintensiven Gewerbe. Nur: Weil die Buchproduktion weniger kapitalintensiv ist als die Produktion von Fernsehprogrammen, kann sich der Buchautor in aller Regel mehr Subjektivität leisten als der Fernsehautor, der Kapitaleinsatz des

Verlegers rentiert sich vielleicht bei 10 000 Buchexemplaren, die Produktion eines Fernsehspiels für 10 000 Zuschauer kann sich auch eine nur mittelbar in die Kapitalverwertung eingebundene öffentlich-rechtliche Rundfunkanstalt nur in Ausnahmefällen an den Programmrändern leisten. Adorno fetischisiert den Heimarbeiter der Kulturindustrie, den Buchautor, und verdammt den Facharbeiter der Fernsehfabrik, den Fernsehautor.

IV. Bemerkungen zur Fernsehästhetik

Gegen die Indolenz der Autoren und die Verdammung durch die Intellektuellen setzten die Dramaturgen und Programmgestalter des Fernsehens die Behauptung von den eigenen ästhetischen Gesetzmäßigkeiten des Fernsehens. Sie erfanden die neue Gattung der Literatur »das Fernsehspiel«, die zwar dem Film bzw. dem Theater verwandt, aber eben irgendwie doch etwas ästhetisch Eigenständiges sei.[29]
Die Komplexität dieses Problemfeldes hat ihre Ursache im relativ breiten Fundus von Gestaltungsmöglichkeiten des Fernsehens. Was heißt konkret ›fernsehspezifisch‹? Fernsehen hat die Möglichkeit, den Film oder die elektronische Aufzeichnung als Aufnahmeverfahren zu wählen oder aber für eine Produktion beide Formen zu mischen. *Eine* fernsehspezifische ästhetische Totalität im Sinne einer gattungstypologischen Definition (wie etwa des Romans) scheitert an der Bandbreite, an der ›Offenheit‹ des Mediums. Eine Fernsehästhetik, die, abgeleitet von den Grundpositionen idealistischer oder materialistischer Ästhetik, zu präzisen Abgrenzungen gegenüber literarischen Produkten, die mit den Printmedien verbreitet werden, gekommen wäre, gibt es nicht. Der Totalitätsanspruch des Kunstwerks, wie er in den klassischen ästhetischen Positionen behauptet wird, kann von Kunstprodukten innerhalb des Massenmediums Fernsehen prinzipiell nicht erfüllt werden: »Die bisher geschriebenen ›großen‹ Ästhetiken von Kant und Hegel sind auf das Medium Fernsehen nur bedingt anwendbar, aber auch die modernen Ästhetiken Hartmanns oder Adornos bieten weder ein übertragbares methodisches Instrumentarium noch ein angemessenes begriffliches Vokabular, da sie, historisch bedingt, im wesentlichen vom Kunstwerk und seinem Totalitätsanspruch ausgehen, der bei den elektronischen Medien prinzipiell unerfüllt bleibt. Dem Fernsehen eignet zwar potentieller Kunstcharakter – es ist aber als gesellschaftliches Medium ›offen‹ und entzieht sich einer ›totalen‹ abgeschlossenen Betrachtungsweise. Eine Fernsehästhetik muß also davon ausgehen, daß es ein sinnloses Unterfangen bleibt, die Ästhetik des Fernsehens ›als solche‹ analysieren zu wollen.«[30]
Dies liegt auch daran, daß das Fernsehen kein spezifisch künstlerisches Medium ist, sondern ein Transportinstrument für unterschiedlichste Formen und Inhalte. Die Überlegenheit des Fernsehens gegenüber anderen Medien folgt aus der technischen Möglichkeit, in Wort und Bild praktisch zeitgleich aufnehmen und senden zu können. Dadurch ist das Fernsehen zunächst einmal als journalistisches Medium qualifiziert. Mit dieser Möglichkeit und anderen technischen Aufnahmeverfahren können auch szenisch-fiktionale Programme produziert werden. Produktionsweisen und die vielfältigen, sich zudem verändernden technischen Mittel, die gleichermaßen für Berichterstattung wie für ästhetische Produkte genutzt werden, beeinflussen viel stärker die szenisch-fiktionalen Programme des Fernsehens als vergleichsweise die Printmedien die

mit ihnen vermittelte Literatur. Anders auch als Bücher, die den Leser zunächst in aller Regel als Einzelstück erreichen, das vom Käufer gezielt ausgewählt wurde, erreicht das Fernsehen – dies ist durch viele Untersuchungen über das Fernsehverhalten bestätigt – die Mehrzahl aller Zuschauer im Durchschnitt etwa 2½ Stunden täglich, wobei der Fernsehkonsum weitgehend unterhaltungsorientiert ist. Die Unterhaltungserwartung der Zuschauer ist dabei nicht auf einzelne Programmteile der Programmsparten beschränkt, sie richtet sich tendenziell an das Programm in seiner Gesamtheit. Fernsehen, das bedeutet zunächst ein Programmkontinuum, Mischung von Fiktion und Faktischem, wobei Wahrheit und Dichtung, erfundene Wahrheit und manipulierte Abbilder der Realität bunt gemischt in allen Programmen vertreten sein können.

Auch das Fernsehspiel kann diese Tatbestände nutzen. Der Westdeutsche Rundfunk produzierte 1970 und 1973 zwei Fernsehspiele, die zwar als Spiel angekündigt, in der Form aber weitgehend an die Programmsparten ›aktuelle Berichterstattung‹ und ›Live-Show‹ angeglichen waren. Im *Millionenspiel* von den Autoren Wolfgang Menge und Hermann Toelle konnte ein Kandidat, wie er dem Fernsehpublikum aus Showsendungen bekannt ist, entweder von einer Killertruppe getötet werden oder eine Million DM gewinnen.[31] Der Showmaster war ›echt‹. Dieter Thomas Heck, bekannt von der ZDF-Hitparade, spielte ihn. An der äußeren Form waren Wirklichkeit und Fiktion nicht mehr klar zu unterscheiden, auch wenn der Spielcharakter dadurch angedeutet wurde, daß Heck als Uhlenhorst auftrat. *Smog*, ebenfalls von Menge, simulierte Berichterstattung über einen Smog-Alarm im Ruhrgebiet.[32] Reporter berichteten von den Schauplätzen des Geschehens, Moderatoren und Kommentatoren interpretierten die Lage. War es Fernsehspiel oder aktuelle Fernsehsondersendung? Anrufe beim Sender bestätigten, daß *Millionenspiel* und *Smog* als Live-Show bzw. als aktuelle Berichterstattung aufgefaßt wurden. Das Fernsehspiel nutzte sein Programmumfeld und verwischte die Grenzen von Realität und Spiel. Läßt sich aber aus solchen Möglichkeiten, die das Fernsehspiel auch und nur hat, eine eigene ästhetische Gattung ›Fernsehspiel‹ herleiten?

V. Fernsehspiel als Gattung?

Solche Zusammenhänge, in die die szenisch-fiktionalen Programme des Fernsehens eingebunden sind, werden zunächst bei den Versuchen zur Bestimmung der ästhetischen Formen des Fernsehspiels nicht berücksichtigt. In den ersten Jahren nach 1951 beschäftigen sich die Beiträge der Fernsehspieldramaturgen und Publizisten im wesentlichen mit dem Versuch, das Fernsehspiel als eine eigene Form innerhalb des Mediums abzugrenzen. Dabei lassen sich die angeführten spezifischen Möglichkeiten des Fernsehspiels im wesentlichen auf die ästhetische Nutzung der technischen Gegebenheiten des Mediums Fernsehen, auf besondere Organisationsformen innerhalb der Produktion und auf die unterschiedliche Rezipientensituation zurückführen. Diese allgemeinen Rahmenbedingungen werden als ästhetisch formgebend postuliert: Die fernseheigenen Möglichkeiten der elektronischen Aufnahme und Aufzeichnung im Bereich der Produktion, das kleine Bildformat, die daraus gefolgerten Zwänge bei der optischen Gestaltung des Fernsehspiels und die Tatsache, daß Fernsehspiele in der häuslichen Umgebung rezipiert werden können. Die ästhetischen Formen des Fernsehspiels sind dabei zwangsläufig im Vergleich mit den Möglichkeiten der Medien Theater und Film diskutiert worden: Besonders aus der im Vergleich zum Kinofilm geringen Bildgröße wurden für das Fernsehspiel Regeln der Bildgestaltung abgeleitet: Weil die Großaufnahme eines Gesichts auf dem Bildschirm etwa in natürlicher Größe erscheint, bei Szenenüberblicken mit einer Vielzahl von menschlichen Figuren die handelnden Personen nur noch einige Zentimeter groß sind, müsse das Fernsehspiel die Nah- und Großaufnahme bevorzugen. Diese Auffassung ist in den einschlägigen Aufsätzen der ersten Jahre nach der Wiedereinführung des Fernsehens in der Bundesrepublik fast immer vorhanden, so etwa bei Knudsen[33], Burkert[34], Semmelroth[35] und Krapp[36]. Die Bildschirmgröße verlange die Konzentration auf das Wesentliche, den Menschen und sein Gesicht.[37] Krapp sieht ein großes Handicap des Fernsehbildes darin, daß auf dem kleinen zweidimensionalen Bildschirm Raumdimensionen nur sehr schwer nachvollziehbar seien.[38]

Die Totale (Gesamteinstellung) diene deshalb im Fernsehspiel nur »zur räumlichen Orientierung«:

»Man zeigt einen Hof, ein Zimmer oder einen Saal in seiner Gesamtansicht, damit der Zuschauer einen Eindruck vom Ort der Handlung bekommt und sich später bei den Detailaufnahmen im Schauplatz zurechtfindet. Da bei dem begrenzten Format des Bildschirms in der Totale alle Gegenstände unnatürlich klein erscheinen und charakteristische Einzelheiten kaum zu erkennen sind, besitzt eine solche Einstellung keinen Ausdruckswert. Sie unterrichtet, gibt Tatsachen, nicht aber eine Stimmung wieder. Sie unterscheidet sich deshalb grundsätzlich von der Totaleinstellung des Films, in der symbolische Aussagen zur vollen Wirkung kommen.«[39] René Drommert folgerte aus der Bildgröße des Fernsehens: »In der Illusionsfähigkeit ist das Fernsehen dem Film, trotz sonstiger Verwandtschaft, entscheidend unterlegen.«[40]

Weitere ›Regeln‹ wurden in den ersten Jahren des Fernsehens auch aus dem elektronischen Aufnahmeverfahren hergeleitet. Zunächst wurde für fernseheigene Produktionen szenisch-fiktionaler Programme das elektronische Aufnahmeverfahren gewählt, das bis zur Einführung des magnetischen Aufzeichnungsverfahrens (MAZ) die Live-Sendung, die Gleichzeitigkeit von Aufnahme und Sendung erforderlich machte. Fernsehspiele entstanden im Studio in einer kontinuierlichen Abfolge auf engem Studioraum. Bereits 1935 begann durch Arnolt Bronnen, den ersten Fernsehspieldramaturgen im nationalsozialistischen Deutschland, die teilweise irrationale und mystische Verklärung der Gleichzeitigkeit von Aufnahme und Sendung: »Im Fernsehen sah ich die Möglichkeit, die Vorteile des Films mit einer Entkonservierung der optischen Künste zu verbinden. Im Fernsehspiel, ebenso wie in der aktuell aufgenommenen Fernsehreportage, gab es noch die *Magie des Augenblicks, das große Einssein, die heilige Gleichzeitigkeit*, auf welcher für mich seit je die größte Kraft und der Sinn des Lebens beruht hatten«[41] (Hervorhebung von P. v. R.).

Nach der Wiedereinführung des Fernsehens in der Bundesrepublik wurden fernseheigene szenisch-fiktionale Programme über mehrere Jahre fast ausschließlich elektronisch produziert und unmittelbar bei der Aufnahme gesendet. Dankwart G. Burkert verwechselte in seinem 1958 erschienenen Aufsatz *Fernsehen – Film – Fernsehfilm* das Medium mit der Aufnahmetechnik und definierte, daß Fernsehen »immer die Live-Übertragung mit elektronischen Kameras« sei.[42] Entsprechend wurden mit dem Begriff ›Fernsehspiel‹ diejenigen szenisch-fiktionalen Sendungen bezeichnet, die elektronisch produziert und zumindest bis zur Einführung der magnetischen Aufzeichnung elektronischer Bilder ab Dezember 1958 unmittelbar bei der Produktion gesendet werden mußten. Für die Zeit bis zum Beginn der sechziger Jahre wurde die ästhetische Form und die Dramaturgie der Fernsehspiele deshalb oft mit der von Theaterinszenierungen, besonders mit der Form des Kammerspiels, verglichen: Wie die Aufführung im Theater sei das Fernsehspiel jeweils einmalig und nicht reproduzierbar. Burkert 1958: »Das Bewußtsein der Unwiderruflichkeit der gezeigten Leistung führt die Schauspieler im Fernsehen ähnlich wie auf der Bühne zu Höchstleistungen, während bei den Einzelaufnahmen des Films immer die Gefahr des Abgleitens in die Routine besteht.«[43] Auch sei im Fernsehen wie im Theater die Kontinuität der objektiven Zeit gegeben, weil »die Zeit, in der das Geschehen auf dem Bildschirm abläuft, immer gleich der Zeit [ist], in der es sich vor den Kameras abspielt«.[44] »Der Schnitt bedeutet« bei der elektronischen Live-Produktion »nur einen Wechsel der Kameraeinstellung; die Abschnitte, in die das Geschehen dadurch zerlegt wird, schließen zeitlich kontinuierlich aneinander an.« Der Film könne dagegen »unmittelbar nach einer Einstellung, in der sich jemand von seinem Sitzplatz in der Zimmerecke erhebt, um zu seinem Schreibtisch zu gehen, weil das Telefon läutet, eine Einstellung [zeigen], in der er bereits, zum Schreibtisch tretend, den Telefonhörer abhebt. Der Gang vom Sessel zum Schreibtisch wird übersprungen. Diese Möglichkeit hat das Fernsehen nicht. Hier befindet es sich in der gleichen Lage wie das Theater.«[45]

Technische Probleme wie die Beschränkung auf Innenräume, Zwang zur Gleichzeitigkeit von Aufnahme und Sendung in den Gründerjahren, die sogenannte Raumlosigkeit des Fernsehbildes durch das kleine Bildformat (Nahaufnahmen) wurden als ästhetisch formgebend angesehen und das Fernsehspiel in die Nähe des Theaters gerückt: »Kein Zweifel besteht aber darin, daß das Fernsehspiel dem Theater viel näher verwandt ist als dem Film.«[46] Meyers Neues Lexikon meinte 1962: »Am ehesten ist das Fernsehspiel dem Kammerspiel der Bühne vergleichbar, denn es strebt eine dramatische Handlung zwischen wenigen Personen und auf möglichst engem Raum an.«[47] Erich Feldmann sah das Fernsehspiel im gleichen Jahr ähnlich; es habe »eine enge Szenerie und vermag darin nur eine geringe Anzahl von Personen auftreten zu lassen«.[48]

Mit der Einführung der magnetischen Aufzeichnung, der Vergrößerung des Bildschirms und besonders mit der zunehmenden Nutzung des Films als Aufnahmetechnik wurden diese gattungstypologischen Beschreibungsversuche über das Fernsehspiel unbrauchbar.

Als Günther Rohrbach am 4. Januar 1967 die neue Fernsehspielkonzeption des Westdeutschen Rundfunks vor der Presse erläuterte, meinte er: »Ein Fernsehspiel als spezifisch eigene Form ist in der Bundesrepublik bis heute nicht entstanden«, und weiter: »Die bewegliche, für Innen- wie Außenaufnahmen gleichermaßen geeignete Filmkamera verwies die vergleichsweise schwerfällige elektronische Technik auf das zurück, was sie bisher reproduziert hatte, die Theaterstücke. Autoren, die sich vorher scheuten, ein Fernseh*spiel* zu schreiben, hatten nun keine Lust mehr, da ihnen der Fernseh*film* die besseren und interessanteren Möglichkeiten bot«[49] (Hervorhebungen im Original). Die Unterschiede zwischen Kinofilm, Fernsehspiel und Theaterinszenierung lassen sich nicht als Regeln am ästhetischen Objekt definieren. Ein Fernsehspiel kann ebensogut ganz im Stil einer Theateraufführung im Studio produziert werden wie auch mit der Aufnahmetechnik Film sämtliche Stilelemente des Kinofilms nutzen.

VI. Vom Selbstverständnis der Autoren

Zwar ist aus urheberrechtlichen Gründen bei den meisten szenisch-fiktionalen Programmen des Fernsehens ein Autor angegeben, der aber als alleiniger ›Schöpfer‹ selbst des Drehbuchs nicht mehr existiert. Die Produktionsstäbe wirken auf vielfältige Weise auf den Text ein. Regisseure und Produzenten betrachten die Vorlage des Autors als Material, das entsprechend den Vorstellungen für die Umsetzung in Bild und Ton auch textlich verändert wird. Der Autor, der sich mit dem Fernsehen einläßt, muß seinen Begriff von sich selbst verändern oder anders gesagt, der Fernsehautor ist Zulieferer eines industriellen Großbetriebs mit permanentem Produktionszwang und Lieferterminen und nicht mehr das allein schöpferische Individuum. Begriffe der idealistischen Hermeneutik, das reflektierende Subjekt als alleiniger Motor geistiger Kultur, die Vorstellung vom Autor, der Teil dieser Kultur ist durch sein individuelles Schaffen, sind auf der medialen Produktionsstufe Fernsehen prinzipiell nicht zu verwirklichen; oder wie Grimminger schreibt: »[...] die mögliche Autonomie des Schönen ist gebunden an die mögliche Autonomie des Individuums, beide aber stehen im praktischen Widerspruch zur konkreten Allgemeinheit der Gesellschaft, und das heißt hier vor allem: zur Allgemeinheit der technischen und wirtschaftlichen Rationalität ihrer Produktion sowie zur Allgemeinheit ihres Freizeitkonsums.«[50]
Der damalige Programmdirektor des ZDF, Gerhard Prager, bezeichnete in diesem Zusammenhang folgende Bemerkung der Zeitschrift *Hörfunk – Fernsehen – Film* als zutreffend: »Was sich ein einzelner im stillen Kämmerlein ausdenkt, ist in der Regel nicht an eine Rundfunkanstalt abzusetzen, es sei denn, es tritt der glückliche Zufall ein, daß sich das hergestellte Manuskript zufällig mit dem Bedarf der Anstalt deckt. Für Rundfunk/Fernsehen schreiben heißt nicht, individuelle Produkte unters Volk zu bringen, sondern Dienstleistungen für den Hörer/Zuschauer zu betreiben.«[51]
Die Mehrheit der Gegenwartsautoren, die für das Fernsehen arbeiten, hat nach wie vor ein Selbstverständnis, das im Produktionsapparat Fernsehen nicht eingelöst werden kann. Karla Fohrbeck und Andreas J. Wiesand kommen nach einer Umfrage bei Fernsehautoren zu dem Ergebnis: Die Autoren betrachten sich immer noch als »die zentrale, einzelgängerische Schöpferfigur«.[52] Der Medienautor – so Fohrbeck und Wiesand – beziehe heute seine historische Vorbildung »vom Künstler und Schriftsteller des Frühliberalismus, der eine individualistische Freiheit gegen ›die‹ Gesellschaft und letzten Endes auch den bürgerlichen Wert einer persönlichen Autonomie gegenüber allem Gewöhnlichen, von der Masse Goutierten, zu verteidigen hatte«.[53] Selbst bei den Autoren, deren Haupteinnahmequelle nicht mehr der Buchverkauf, sondern die Einnahmen aus ihrer Tätigkeit für das Fernsehen sind, ist das Selbstverständnis in der Regel nicht anders.[54] Nach übereinstimmender Aussage der Fernsehspieldramaturgen sind renommierte Autoren zwar bereit, für das Fernsehen zu arbeiten, sie würden aber lieber Bücher schreiben, wenn sie nicht zur materiellen Absicherung gezwungen wären, Fernsehaufträge anzunehmen. Wie viele der Gegenwartsautoren exakt auf die Arbeit für das Fernsehen angewiesen sind, darüber liegen neue Daten nicht vor. Es darf aber vermutet werden, daß Fernsehen und auch der Hörfunk für die Mehrzahl der Autoren die wichtigsten Einnahmequellen sind.[55]

VII. Die Fernsehspiel-Autoren: Nur wenige kommen aus dem Literaturbetrieb

Alle Versuche, das Fernsehspiel als Kunstgattung zu proklamieren und damit das Medium Fernsehen künstlerisch und kulturell salonfähig zu machen, fanden bei den Autoren keine Resonanz, die Ursachen dafür kann man aber nicht einseitig nur ihnen anlasten. Eine gezielte Förderung, eine Heranführung an das neue Medium mit seinen Techniken, Regeln und Abläufen, hat es nicht gegeben. Als 1962 das Zweite Deutsche Fernsehen in Mainz seine Arbeit aufnahm, schrieb *Kirche und Fernsehen*: »Das Zweite Deutsche Fernsehen sollte und könnte zu einer geistigen Heimstatt für alle jene Gegenwartsautoren werden, die sich für das Fernsehspiel gewinnen lassen. Die Einrichtung eines zentralen Experimentierstudios für Autoren, Dramaturgen und Regisseure sollte in Angriff genommen werden – ein Gedanke, dem die bisherigen Fernsehanstalten unentschlossen gegenüberstanden, wenn auch einzelne schwache Initiativen in dieser Richtung gelegentlich zu erkennen waren.«[56] Nun, so argumentiert die Korrespondenz, werde es wohl nötig sein, sich den Gegenwartsautoren zuzuwenden, da das ZDF etwa 130 Fernsehspiele im Jahr benötige, die man nicht allein aus dem »Rückgriff auf Vorhandenes und Bewährtes« bekommen könne. Warum aber blieb das Originalfernsehspiel »peripher und zufällig«? Wenn man die Wahl habe zwischen einem »totsicheren Klassiker« und einem Gegenwartsautor, »mit dem es zu ringen und zu arbeiten gilt«, entscheide man sich für den Klassiker.[57] Günter Rohrbach bestätigt diesen Mechanismus 1967: »[...] sie [gemeint sind die Gegenwartsautoren] wurden entmutigt durch die Konkurrenz, in der sie standen: neben Shakespeare und Shaw, neben Schiller und Hauptmann war es für sie nahezu aussichtslos zu reüssieren. So gewann das Fernsehen im wesentlichen nur die Autoren für sich, die ohnehin schon für das originale Theater schrieben, im allgemeinen auch mit denselben Stücken.«[58]
Feststellbar ist allerdings, daß in den sechziger Jahren die Literaturadaptionen im Fernsehen abnehmen.[59] Die Fernsehdramaturgen bemühen sich verstärkt um das sogenannte Originalfernsehspiel. 1961 veranstaltete die Gruppe 47 zusammen mit dem Südwestfunk eine Fernsehspieltagung. »Viele Mitglieder der Gruppe 47 waren aus Protest gegen die Themenstellung zu Hause geblieben. Es war vor allem die literarische Prominenz jener Jahre, die für sich den ›Horror‹ vor dem werbenden ›Massenmedium‹ konservierte.«[60]

Das Werben einiger Fernsehanstalten um die Autoren der Gegenwart hatte aber neben der ›Stoffnot‹ auch politisch-inhaltliche Gründe. Für die größte ARD-Anstalt, den Westdeutschen Rundfunk, erklärte 1967 Rohrbach, daß »die primäre Aufgabe auch eines Fernsehspielprogramms [...] die Information des Zuschauers über die Welt, in der er lebt«, sei. »Dazu brauchen wir Autoren, die sich mit dieser unserer Wirklichkeit unverschlüsselt auseinandersetzen wollen.«[61] Die Hinwendung des Fernsehens zu den Problemen der Gegenwart war ein Reflex der allgemeinen politischen Stimmung unter den Intellektuellen. Bis zu dieser programmatischen Erklärung Rohrbachs konnte man die deutschen Gegenwartsautoren, die von 1960 bis 1966 Fernsehspiele für den WDR geschrieben hatten, fast noch an den Fingern abzählen. Es waren: Leopold Ahlsen, Rainer Erler, Konrad Hansen, Heinar Kipphardt, Wolfgang Menge, Gerd Oelschlegel, Herbert Reinecker, Theodor Schübel, Oliver Storz und Karl Wittlinger.[62] Zwar habe man – so der WDR – allein im Jahre 1962 monatlich etwa 100 Manuskripte von Autoren, Verlagen und Agenturen zugeschickt bekommen, von denen aber bestenfalls eines »als Grundlage einer Zusammenarbeit mit dem jeweiligen Verfasser dienen konnte«.[63] »[...] systematische Arbeitskontakte mit bekannten deutschen Autoren« begann der WDR aber auch erst 1962.[64]

Als Konsequenz einer eindeutig gegenwartsbezogenen und politisch ambitionierten Fernsehspielkonzeption war es unter den ARD-Anstalten besonders der NDR, der sich der Gegenwartsliteratur und dem Originalfernsehspiel zuwandte. Beim NDR waren dafür die Voraussetzungen besonders günstig. Egon Monk, ab 1960 Leiter der Hauptabteilung Fernsehspiel, reklamierte für das Fernsehspiel politisches Engagement. Monk wollte »an die Stelle des Glaubens an die Unfehlbarkeit der staatlichen Ordnung die Kenntnis von ihrer Fehlbarkeit« setzen, »die Urteilsfähigkeit in gesellschaftlichen Fragen« erhöhen »und die Bereitschaft zum politischen Engagement« anregen.[65] Monk stand damit in seiner Programmkonzeption den Auffassungen des ersten deutschen NWDR-Intendanten Adolf Grimme sehr nahe. Für sein Programm brauchte Monk die Autoren der Gegenwart. Er adaptierte in den Jahren von 1961 bis 1966 fast ausschließlich die Literatur des 20. Jahrhunderts, Originalstücke waren etwa 40 % der Produktionen, 1965 waren es mehr als 50 %. Die Arbeiten folgender Autoren waren die Basis der Hamburger Fernsehspielproduktion: Günter Eich, Christian Geißler, Franz Hiesel, Wolfgang Hildesheimer, Fred von Hoerschelmann, Tadeusz Konwicki, Horst Lommer, Gunther R. Lys, Hermann Moers, Egon Monk, Willy Purucker und Dieter Waldmann.[66]

Die Autoren, die bei anderen Anstalten in der ARD in den Jahren 1961–66 Spiele für das Fernsehen schreiben, sind schnell aufgezählt: Dieter Meichsner (Süddeutscher Rundfunk und Hessischer Rundfunk), Wolfgang Menge (Süddeutscher Rundfunk/Hessischer Rundfunk), Günter Herburger (Süddeutscher Rundfunk/Sender Freies Berlin), Dieter Waldmann, Dieter Gasper, Benno Meyer-Wehlack und Lida Winiewicz (Südwestfunk), Jürgen Gütt (Bayerischer Rundfunk), Gabriele Wohmann und Johannes Hendrich (Sender Freies Berlin), Will Tremper (Hessischer Rundfunk).[67] Das Zweite Deutsche Fernsehen brachte von 1963 bis 1966 kaum neue Autoren dazu, Originalstoffe für das Fernsehspiel zu schreiben. Hoerschelmann, Meyer-Wehlack, Oelschlegel, Pillau, Reinecker, Schübel und Wuttig arbeiteten u. a. für die Mainzer Anstalt, die etwa 25 % ihrer Fernsehspieltermine mit Originalstoffen füllte.[68]

In der zweiten Hälfte der sechziger Jahre schreiben auch Eberhard Fechner, Max von der Grün, Claus Hubalek, Erika Runge, Wolfdietrich Schnurre und Jochen Ziem Fernsehspiele. Autoren, die in den siebziger Jahren hinzukommen, sind u. a. Manfred Bieler, Daniel Christoff, Tankred Dorst, Rainer Erler, Otto Jägersberg, Franz Xaver Kroetz, Wolfgang Mühlbauer, Bernd Schröder und Günter Seuren. Es fällt auf, daß die Autoren überwiegend nicht aus dem Literaturbetrieb kommen. Ahlsen, Eich, Hoerschelmann, Meichsner, Meyer-Wehlack, Oelschlegel, Reinecker und Wuttig waren zunächst Hörspielautoren, Wolfgang Menge Journalist, Dorst, Fechner, Hildesheimer, Hubalek, Kroetz, Lommer, Monk, Mühlbauer, Pillau, Purucker, Waldmann und Ziem kamen vom Theater, Rainer Erler vom Film. Bernd Schröder hatte für den Funk gearbeitet, schrieb ein Theaterstück, das dann nach einer Überarbeitung ins Fernsehen kam. Nur Bieler, Geißler, von der Grün, Herburger, Jägersberg, Runge, Schnurre, Seuren und Wohmann hatten epische Texte geschrieben, bevor sie Fernsehspiele produzierten. In den siebziger Jahren, als viele Produktionen von Filmemachern und Fernsehspielabteilungen für Kino und Fernsehen in Koproduktion hergestellt, gemeinsam geplant, finanziert und ausgewertet werden, kommen über diesen Weg – meist vom Kinofilm – die szenisch-fiktionalen Programme der ›Autorenregisseure‹ ins Programm, die ihre Drehbücher schreiben und selbst realisieren: Rainer Werner Fassbinder, Reinhard Hauff, Peter Lilienthal, Thomas Mauch, Edgar Reitz, Volker Schlöndorf und Werner Schroedter.

Das Fernsehspiel hat fast alle wichtigen Themenfelder und Problemstellungen der bundesdeutschen Gesellschaft aufgegriffen. Es hat über die Probleme der kleinen Angestellten und ihre Träume berichtet, die Karrieremacher angeprangert, zerrüttete Familien vorgestellt und hat auch Randgruppen berücksichtigt. In den ersten Jahren nach 1968 greift es auch die Studentenrevolte auf, klagt Entfremdung und Ausbeutung in der Arbeitswelt an. Auch die verdrängte Vergangenheit der nationalsozialistischen Jahre wurde kontinuierlich behandelt. Im einzelnen kann hier auf diese Themen- und Motivgeschichte des Fernsehspiels nicht ausführlich eingegangen werden. Mehr als Thomas Koebner in seinem Aufsatz *Das Fernsehspiel – Themen und Motive* 1975 zusammengetragen und analysiert hat, kann in diesem Zusammenhang nicht gesagt werden, da auch die Literaturwissenschaft – von Ausnahmen abgesehen – das Fernsehspiel noch nicht als einen seriösen Forschungsgegenstand akzeptiert hat.[69]

VIII. Fernsehen und Gegenwartsliteratur: Die Ursachen der Probleme liegen auf beiden Seiten

Ein wesentlicher Grund für die Zurückhaltung der Buchautoren ist auch noch in den sechziger und siebziger Jahren die Ablehnung des Fernsehens als eines angeblich kunstlosen Mediums. »Die frühen Verdikte der 50er Jahre überdauern auch die literarische Öffnung des Fernsehspiels.«[70] Alfred Andersch und Martin Walser wiederholen die Argumente Adornos, wenn sie vom Fernsehen als dem »atmosphärenlosesten Medium« sprechen, »das seit Erschaffung der Welt jemals zur Darbietung von Kunst ersonnen worden ist« (Andersch), und dem Fernsehen vorwerfen, seine Dramaturgie sei direkt den Gesetzen der »Kapitalverwertung« (Walser) unterworfen.[71] Auch Autoren, die sich mit dem Fernsehen ›eingelassen‹ haben, beklagen die Zwänge des Apparats, wie z. B. Leopold Ahlsen,[72] Günter Herburger[73] und Gabriele Wohmann.[74] Horst Krüger, Vizepräsident des deutschen PEN-Zentrums, nennt den Studiobetrieb mit den Zwängen der Technik »eine perfekte Zwangsneurose«.[75]

Die Ursachen für die auch heute noch feststellbare Abneigung der Buchautoren gegenüber dem Fernsehen sind gleichermaßen in beiden Bereichen zu suchen. Die Autoren müssen, wenn sie für das Fernsehen arbeiten wollen, ihr Selbstverständnis revidieren. Ein Selbstverständnis, das eben auch von der Umwelt, in der der Autor lebt, gestützt wird, denn »in der Gesellschaft der Spezialisten gilt der Autor als der Spezialist des Universellen. Seine Kreativität verkörpert, was es in dieser Gesellschaft nicht mehr oder nur noch als Utopie gibt: Den schöpferischen Beruf des Individuums.«[76] Solche Utopien haben in der arbeitsteiligen Produktion des Fernsehens kaum eine Chance. Fernsehdrehbücher müssen realisiert werden, das Endprodukt wird in seiner ästhetischen Qualität entscheidend von nicht-verbalen, visuellen Zeichen und ihrer Verknüpfung mit dem gesprochenen Wort geprägt. Dekoration, Einstellungsgrößen, Einstellungsperspektiven, Belichtung, Kamerabewegung, Kamerabewegungsrichtungen, Einstellungslängen, Objektbewegungen, Objektbewegungsrichtungen und die Achsenverhältnisse sind Faktoren, die die Bildebene der Fernsehspiele bestimmen. Der Autor ist im Fernsehen noch abhängiger vom Regisseur als im Theater. Wenn der Autor nicht selbst Regie führen will oder kann, muß er akzeptieren, daß er nur einen Teil für das Endprodukt beisteuert. Der Autor wird Teil einer Gruppe von Realisatoren. Die »Entfremdung« des Autors von »seinem« Produkt wird geringer, wenn sich eine feste Kooperation mit einem Regisseur entwickelt, der Autor »seinen« Regisseur gefunden hat: etwa Daniel Christoff den Regisseur Peter Beauvais. Bernd Schröder versucht, seine Fernsehspiele bereits in der Entstehung des Textes mit einem Regisseur (z. B. Wolfgang Petersen) gemeinsam zu erarbeiten. Tankred Dorst inszeniert mittlerweile seine Drehbücher selbst.[77]

Die Arbeitsteiligkeit der Fernsehproduktion zu akzeptieren kann aber nicht heißen, die konkrete Praxis der Fernsehspielproduktion kritiklos hinzunehmen. Die Qualität des Endprodukts Fernsehspiel leidet, wenn die Entfremdung der Beteiligten nicht durch einen komplexen Kommunikationsprozeß vermindert oder völlig aufgehoben wird. Der Fernsehredakteur hat (hoffentlich) eine Konzeption, die über die konkrete Produktion hinausreicht, der Autor muß seine Stoffe in diese Konzeption einbringen. Er hat aber auch (vielleicht) seine Konzeption, seine Vorstellungen über Geschichten, die im Fernsehen erzählt werden sollten. Der Regisseur sollte die Hintergründe der Programmplanung der Anstalt, die Absichten des Autors, seine Recherchen und Erfahrungen usw. kennen. Der erforderliche Kommunikationsprozeß ist zeitlich aufwendig. Kann ein ›freier‹ Autor und ein ›freier‹ Regisseur sich den Luxus eines solchen Verfahrens leisten, wenn er nicht dafür honoriert wird? Die Abläufe der Produktion, diktiert von Sendeplänen, Darstellerterminen, Produktionskosten usw. behindern nur zu oft kollektive künstlerisch-kreative Prozesse. Der Fernsehspielautor Bernd Schröder berichtet, daß bei einigen Anstalten der Produktionsleiter massiv in den Text eingreift und »sagt, was geht und was nicht geht«.[78]

Das Fernsehen als Medium ist nicht kunstfeindlich, der Freiraum für die Kreativität muß allerdings erstritten werden, auch von den Autoren.

IX. Buchliteratur adaptiert das Fernsehspiel

Im Verhältnis von Fernsehen und Gegenwartsliteratur zeichnet sich eine neue Entwicklung ab. Vereinzelt ist bereits die Entstehung literarischer Buchtexte aus dem Fernsehspiel nachzuweisen.[79] Ein Vergleich des Romans *März* von Heinar Kipphardt, der Anfang 1976 erschien, mit dem Fernsehspiel *Das Leben des schizophrenen Dichters Alexander März* (ZDF 1975) zeigt, daß im Roman Alexander März so beschrieben ist, wie der Darsteller der Figur, Ernst Jacobi, im Fernsehspiel aussah: »Die verschmierte Farbe auf dem weißen Leib, die sommersprossige Haut auf dem kurzgeschorenen Kopf mit dem Kranz aus getrockneten Maisblättern, der hasenschartendeckende, verblaßte rote Vollbart um das Kindergesicht erinnerten Kofler an eine Patientenzeichnung, Christus, psychiatriert.«[80] Die Verarbeitung des Kipphardtschen Drehbuches zum Fernsehspiel durch den Regisseur und Schauspieler liefert die Personenbeschreibung des Romans. Für den Leser des Romans, der auch das Fernsehspiel gesehen hat, ergibt sich eine neue Rezeptionssituation, dem Leser wird »die gedankliche Umsetzung der

epischen Visualisierung in lebendige Bilder« ermöglicht. »Die Erinnerung liefert den passenden Schlüssel«.[81]
Ein ähnliches Beispiel der Beeinflussung gedruckter literarischer Texte durch Fernsehspielbearbeitungen ist die Erzählung *Der Kulterer* von Thomas Bernhard aus dem Jahre 1962. Der Autor bearbeitet die Erzählung für ein Fernsehspiel (ZDF 1974). Im gleichen Jahr erscheint die Erzählung in einer Neufassung als Buch. »Eine Analyse der zweiten Version zeigt, wie stark Bernhard durch die filmische Sequenzanordnung des Fernsehspiels beeinflußt worden ist. Ganz im Stil einer aufmerksamen Nacherzählung des Drehbuches gehalten, verändert die zweite Fassung die meisten der erzählerischen Elemente.«[82] Rainer Erlers Science-fiction-Fernsehspiele erscheinen als Taschenbücher, das Fernsehspiel wird für den Leser nacherzählt, das Buch adaptiert das Fernsehspiel. Durch die Beeinflussung der Lesegewohnheiten, Transformationen szenischer und visueller Elemente aus Fernsehspielen in literarische Buchtexte wird die Gegenwartsliteratur in ihrem traditionellen Kern angesprochen. Literaturadaptionen und Fernsehspiele beeinflussen den Geschmack des Publikums und den Buchmarkt. Kein Gegenwartsautor sollte deshalb behaupten, daß ihn das Fernsehen nicht beträfe.

Anmerkungen

1 ARD-Jahrbuch 1977. S. 252; ARD-Jahrbuch 1978. S. 242. In diesen Zahlen sind die Minuten der ausgestrahlten Spielserien im Werberahmenprogramm nicht enthalten.
2 Vgl. Helmut G. Asper: Für eine realistische Fernsehunterhaltung. In: Unterhaltungsmedium Fernsehen. Hrsg. von Peter von Rüden. München 1979. S. 94.
3 Auskunft des Westdeutschen Werbefernsehens am 15. 8. 1979.
4 Vgl. Peter von Rüden: Ablenkung als Programmauftrag. Das Fernsehen – ein Unterhaltungsmedium. In: Unterhaltungsmedium Fernsehen (Anm. 2) S. 143 ff.
5 Knut Hickethier: Möglichkeiten und Grenzen der Literaturverfilmung. Unveröff. Manuskr. S. 3.
6 Ebd. S. 7.
7 Hans Gottschalk: Kahlschlag im Zauberwald der Literatur – Zur Situation des Fernsehspiels. In: Fernsehen (1955) H. 9. S. 459 f. Vgl. auch: epd Kirche und Fernsehen (25. 6. 1962) H. 25. Ungezeichneter Aufsatz u. d. T.: Das Fernsehspiel in Stoffnot?
8 Gottschalk (Anm. 7) S. 459 f.
9 Vgl. Rolf Hädrich: Verfilmte Literatur. In: ARD-Fernsehspiel-Broschüre für die Monate Oktober, November, Dezember 1977. Köln 1977. S. 29.
10 Hädrich (Anm. 9) S. 44.
11 Irmela Schneider: Warum Literaturverfilmungen keine bequemen Programmlösungen sind. In: ARD-Fernsehspiel-Broschüre (Anm. 9) S. 61.
12 Ebd.
13 Hickethier (Anm. 5) S. 17.
14 Hädrich (Anm. 9) S. 19.
15 Ebd. S. 18. Hädrich meint mit Literatur Buchliteratur.
16 Gerhard Eckert: Was ist das Fernsehspiel? Gedanken zur Dramaturgie einer werdenden Kunstform. In: Rufer und Hörer (1952/53) H. 7. S. 95 ff.
17 Gerhard Eckert: Soll und Haben des Fernsehspiels. In: Fernsehen (1954) H. 4/5. S. 226 ff.
18 Vgl. Karl Prümm: Vom Buch zum Fernsehfilm (und umgekehrt). Varianten der Literaturverfilmung. In: Fernsehsendungen und ihre Formen. Hrsg. von Helmut Kreuzer und Karl Prümm. Stuttgart 1979. S. 95.
19 Hans Joachim Lange / Hans Gottschalk. In: Akzente (1956) H. 3.
20 Prümm (Anm. 18) S. 94.
21 Ebd.
22 Ebd.

23 Ebd.
24 Theodor W. Adorno: Prolog zum Fernsehen. In: Rundfunk und Fernsehen (1953) H. 1. Nachdr. in: T. W. A.: Eingriffe. Frankfurt a. M. 1963.
25 Ebd.
26 Ebd.
27 Ebd.
28 Alfred Döblin, zitiert nach Hannes Schwenger: Vermarktung der Kreativität? In: Literatur in den Massenmedien. Hrsg. von Friedrich Knilli, Knut Hickethier und Wolf Dieter Lützen. München 1976. S. 18.
29 Vgl. z. B. Clemens Münster: Die Auswahl von Fernsehspielen. In: Rundfunk und Fernsehen (1958) S. 127 ff.
30 Günter Behrens: Versäumnisse. Kritische Bemerkungen zum Fernsehen. In: Diskurs (1972) H. 3. S. 119.
31 Vgl. Werner Wagner / Friedrich Wolfram Heubach / Franz Bäumchen [u. a.]: Psychologische Untersuchung des »Millionenspiels«. In: Diskurs (1972) H. 3.
32 Vgl. Peter von Rüden: Fernsehspiel oder Spiel im Fernsehen. In: Das Fernsehspiel. Hrsg. von P. v. R. München 1975. S. 16.
33 Vgl. Hans Knudsen: Fernsehen und Theater. In: Rundfunk und Fernsehen (1956) H. 3. S. 232.
34 Dankward G. Burkert: Fernsehen – Film – Fernsehfilm. In: Rundfunk und Fernsehen [6](1958) H. 4. S. 345.
35 Wilhelm Semmelroth: Darstellungsform Funk- und Fernsehspiel. In: Jahrbuch des WDR 1959/60. Als Sonderdruck Köln 1960. S. 11.
36 Helmut Krapp: Auf der Suche nach einem neuen Stil. In: Fernsehen (1957) H. 11. S. 576.
37 Semmelroth (Anm. 35) S. 11.
38 Krapp (Anm. 36) S. 576.
39 Bernt Rhotert: Das Fernsehspiel – Regie, Dramaturgie und Sendung als Ausgangspunkte für den Versuch einer wesensmäßigen Einordnung in die Möglichkeiten schöpferischer Mitteilung. Phil. Diss. München 1961. S. 19.
40 René Drommert: Bildformat. Perspektive und illusionsbildende Kraft in Film und Fernsehen. In: Rundfunk und Fernsehen (1957) H. 2/3. S. 140.
41 Zitiert nach Gerhard Eckert: Knaurs Fernsehbuch. München/Zürich 1961. S. 67.
42 Burkert (Anm. 34) S. 343.
43 Ebd. S. 347.
44 Ebd. S. 348.
45 Ebd. S. 349.
46 Münster (Anm. 29) S. 135. Eine ähnliche Position bei Saad Elghazali: »Das Theater half dem Fernsehen nicht nur, sein eigenes Wesen zu entdecken, sondern half ihm auch, sich von anderen Gattungen, wie z. B. dem Film, zu unterscheiden« (S. E.: Literatur als Fernsehspiel. Hamburg o. J. S. 39).
47 Meyers Neues Lexikon. Bd. 3. Leipzig 1962.
48 Erich Feldmann: Theorie der Massenmedien. München 1962. S. 195 f.
49 Funk-Korrespondenz (19. 1. 1967) H. 3. S. 2.
50 Rolf Grimminger: Das intellektuelle Subjekt der Literaturwissenschaft – Entwurf einer dialektischen Hermeneutik. In: Neue Ansichten einer künftigen Germanistik. Hrsg. von Jürgen Kolbe. München 1973. S. 16.
51 Gerhard Prager: Das mühsame Verhältnis des Autors zum Fernsehen. In: Christian Longolius: Fernsehen in Deutschland. Macht und Ohnmacht der Autoren. Mainz 1973. S. 105. Zitiert wird die Ausgabe März/April 1972 der Zeitschrift: Hörfunk – Film – Fernsehen.
52 Karla Fohrbeck / Andreas J. Wiesand: Der TV-Schreiber: Ein Stück Rundfunkfreiheit? Zur Soziologie der Fernsehautoren in der BRD. In: Longolius (Anm. 51) S. 228.
53 Ebd.
54 Vgl. Karla Fohrbeck / Andreas J. Wiesand: Der Autorenreport. Reinbek b. Hamburg 1972. S. 78.
55 Viele Autoren nutzen die Medien Hörfunk und Fernsehen auch, indem sie zwischen größeren literarischen Arbeiten Kommentare, Rezensionen usw. schreiben, um ihren Lebensunterhalt sicherzustellen (vgl. auch Helmut Schanze: Einführung in die Medienkunde für Literaturwissenschaftler. München 1974. S. 16).
56 epd Kirche und Fernsehen (23. 6. 1962) H. 25. S. 2.

57 Ebd. S. 1.
58 Funk-Korrespondenz (19. 1. 1967) H. 3. S. 8.
59 Knut Hickethier schreibt: »In den 60er Jahren betrug der Anteil der Literaturadaptionen nur noch knapp 60 %, in den 70er Jahren nur noch knapp 43 % der Fernsehproduktionen« (Hickethier, Anm. 5, S. 8).
60 Prümm (Anm. 18) S. 104.
61 Funk-Korrespondenz (19. 1. 1967) H. 3. S. 7.
62 Vgl. Egon Netenjakob: Das Leben der Menschen miteinander – Genügt das als Konzeption? In: Funk-Korrespondenz (20. 10. 1966) H. 43. S. 2.
63 Ebd. S. 3.
64 Ebd.
65 Funk-Korrespondenz (17. 11. 1966) H. 47.
66 Vgl. Egon Netenjakob: Eine politische Mission. In: Funk-Korrespondenz (17. 11. 1966) H. 47. S. 3.
67 Vgl. Funk-Korrespondenz. Ausgaben vom 2. 2. 1967/16. 2. 1967/15. 12. 1966/23. 3. 1967/4. 5. 1967.
68 Funk-Korrespondenz (26. 5. 1966) H. 22.
69 Koebners Aufsatz erschien in: Das Fernsehspiel (Anm. 32) S. 20–65. Nach Abschluß der Arbeiten an diesem Aufsatz erschien ein wichtiger Aufsatz über die Geschichte und die gattungstypologische Diskussion der Sendeform ›Fernsehspiel‹: Irmela Schneider: Das Fernsehspiel. Wie es war, ist und sein könnte. In: Fernsehsendungen und ihre Formen (Anm. 18) S. 25–52.
70 Prümm (Anm. 18) S. 104.
71 Alfred Andersch: Die Blindheit des Kunstwerks und andere Aufsätze. Frankfurt a. M. 1965. S. 122 f.; Martin Walser in: Theater heute (1973) H. 9. S. 27 ff. Vgl. auch Prümm (Anm. 18) S. 104.
72 Ahlsen schreibt: »Die Ohnmacht des Autors ist enorm [. . .] und die Ohnmacht, dieses Ausgeliefertsein an die Realisationsmaschine ist eine völlig natürliche, immanente, unaufhebbare Bedingung seines Schaffens selbst [. . .]« (in: Longolius, Anm. 51, S. 109).
73 Vgl. Rede Günter Herburgers zur Verleihung des DAG-Fernsehpreises 1967. In: Funk-Korrespondenz (4. 5. 1967) H. 18. S. 9.
74 Gabriele Wohmann: Was ein Autor alles erlebt. In: Theater heute (1966) H. 8.
75 Horst Krüger: Die Angst des Schriftstellers vor dem Medium. In: Publikum und Publizisten. Hrsg. von Anna Luise Heygster und Walther Schmieding. Mainz 1978. S. 85 f.
76 Schwenger (Anm. 28) S. 20.
77 Vgl. Prümm (Anm. 18) S. 106.
78 Gespräch mit Bernd Schröder am 10. 9. 1979.
79 Vgl. Klaus Beling: Fernsehspiel und Literatur. Neue Perspektiven gegenseitiger Beeinflussung. In: Medium (1977) H. 6. S. 6.
80 Heinar Kipphardt: März. München/Gütersloh/Wien 1976. S. 9.
81 Beling (Anm. 79) S. 7.
82 Ebd. Das Buch von Thomas Bernhard erschien 1974 in Salzburg u. d. T.: Der Kulterer – Eine Filmgeschichte.

FRIEDRICH VOIT

Verlage und deutsche Gegenwartsliteratur

Im Jahre 1975 veröffentlichte Peter André Bloch eine Dokumentation, in der er zusammen mit einer studentischen Arbeitsgruppe an der Universität Basel versucht, »die Bedingungen, unter denen Literatur heute entsteht und publiziert wird«,[1] zu erfassen. Man hatte Verlagen zwölf Fragen gestellt nach ihrer Programmatik, ihrer Zusammenarbeit mit den Autoren und den Massenmedien und inwiefern ihre »Produktion im ›kapitalistischen‹ Wirtschaftssystem dem Nachfrage/Angebot-Gesetz unterworfen« sei und welche Konsequenzen dies für sie habe.[2] Das Bemühen einzelner Verlage, mehr als nur Werbeinformationen zu geben, reichte jedoch für ein repräsentatives Bild der differenzierten Problematik gegenwärtiger Literaturproduktion und ihrer Distribution oder der Rolle der literarischen Verlage in diesem Prozeß nicht aus. Das lag aber nicht nur daran, daß von den 250 angeschriebenen Verlagen nur ein Bruchteil, nämlich 19, geantwortet hatte, darunter nicht einmal alle maßgeblichen Verlagshäuser, sondern vor allem an den Fragen selbst und der darin implizierten Erwartung, von den Verlagen zuverlässig über das eigene Tun und Handeln, über die eigene Politik informiert zu werden. Viele der Antworten blieben nichtssagend und vage – man versteht sich als offen und liberal, man möchte selbstverständlich gute Literatur vorlegen, und natürlich unterliege die Verlagsproduktion den ökonomischen Gesetzen des Literaturmarktes. Detaillierte und informative Auskünfte wurden nur in Ausnahmefällen erteilt.

Auch die folgenden Ausführungen können nicht viel mehr sein als ein skizzenhafter Versuch, Aspekte der Verlagspolitik und der Relevanz einiger Verlage für die deutschsprachige Literatur (und das meint hier für die in der Bundesrepublik verlegte und rezipierte Gegenwartsliteratur) aufzuzeigen; denn die in der Öffentlichkeit sichtbare Verlagspolitik, wie man sie etwa aus den Verlagsprogrammen und den sich dort widerspiegelnden Tendenzen ablesen kann, verrät über die Prozesse im Verlag selbst oder über den spezifischen Umgang mit den Autoren, die interne Verlagspolitik, wenig; nur spektakuläre Ereignisse dringen gelegentlich bis in die Spalten des Feuilletons. Welch großen Einfluß Verleger und Lektoren auf die unmittelbare Produktion mancher Autoren bisweilen haben, zeigt sich dann eher schon in den – meist freilich nur in Auswahl – publizierten Autor-Verleger-Briefwechseln.[3]

Eine der Gretchenfragen, die Verlegern immer wieder gestellt wird und die selbstverständlich auch in dem Fragenkatalog der Basler Arbeitsgruppe auftaucht, ist die Frage nach den Kriterien oder Qualitäten, die ein Text, besonders der eines jungen, noch unbekannten Autors, erfüllen muß, um in einem bestimmten Verlag veröffentlicht zu werden. Die Antworten der Verlage fallen fast immer sehr allgemein aus; mal salopp: »Wir publizieren, was uns Spaß macht, was uns gefällt«, mal literarisch dezidierter: »Inhalt und Form müssen übereinstimmen. Der Autor muß etwas zu sagen haben und dafür die genaueste Ausdrucksform finden«, oder gesellschaftskritisch: »Wir wünschen uns eine Literatur, die sinnlich-emotionale Qualitäten mit historisch-kritischem Bewußtsein und gesellschaftsverändernden Intentionen verbindet«, oder auch weniger politisch und mehr auf eine Veränderung des Bewußtseins gerichtet: »Der Verleger möchte Literatur bringen, die in unser Bewußtsein dringt und dies zu verändern sucht, Literatur, die stärkt, gerade wenn sie beunruhigt«[4] – um nur ein paar repräsentative Beispiele zu zitieren. Über die Praktizierung dieser Maximen im Umgang mit den Autoren oder bei der Selektion der Manuskripte geben sie aber so gut wie keinen Aufschluß. Was hier geschieht – das tägliche Selektieren (meist unaufgefordert) eingesandter Arbeiten, das Lektorieren von Manuskripten, an deren Publikation man interessiert ist, das Ab- und Zuraten von und zu neuen Projekten, das Aushandeln von Verträgen usw. – diese Prozesse entziehen sich fast ganz einer Untersuchung und können nur in relativ wenigen Fällen, in denen etwa Briefwechsel, Dokumente und Erinnerungen publiziert vorliegen oder in einem Archiv zugänglich sind (und dann auch nur sehr viel später), eingehend dargestellt werden. Wenn bisher literarische Verlage und ihre jeweilige Bedeutung im literarischen Leben so selten Gegenstand literaturwissenschaftlicher Forschung wurden, so dürfte dies wesentlich durch diesen Sachverhalt bedingt sein. Sobald man freilich Einblicke erhält, sobald die ökonomischen und literarischen Kriterien und Entscheidungsfaktoren erkennbar werden und man diese auch über einen längeren Zeitraum verfolgen kann, da zeigt sich, daß sich ex negativo, also aus dem, was beispielsweise auf Anraten oder gar Druck von Verlag/Verleger/Lektoren bearbeitet, gestrichen oder sogar völlig verworfen und abgelehnt wurde, bisweilen mehr von der Verlagspolitik und ihrer Relevanz für das Schaffen einzelner Autoren (und über diese für die gesamte literarische Szene) erkennen läßt als aus dem realisierten Verlagsprogramm selbst. Gleichwohl bleibt man zunächst auf die Verlagsprogramme angewiesen, will man die Bedeutung der literarischen Verlage für die deutsche Gegenwartsliteratur – und das meint hier vor allem die seit der Mitte der sechziger Jahre – wenigstens in Umrissen skizzieren.

Welches sind die einflußreichsten literarischen Verlage und wie wurden sie es? In einem summarischen Überblick im Herbst 1978 nannte Ulrich Greiner, damals Kulturredakteur bei der *Frankfurter Allgemeinen Zeitung*, nicht nur einige Namen, er deutete auch aktuelle Bewegungen in der Verlagsszene an, die im Gegensatz zur generell schwierigen Situation vieler anderer Industriezweige zu florieren schien und allenthalben neue Aktivitäten zeigte: »Verlage, die bislang nichts mit Literatur im Sinn hatten, wagen sich ins Belletristische. Nicht nur Dietrich Pinkerneil, der die defizitäre AutorenEdition übernommen hat. Beltz & Gelberg stellt sich erstmals mit einem literarischen Programm vor, Außenseiter wie Benziger, Sauerländer und Klett-Cotta verstärken ihre Bemühungen, Residenz läuft Suhrkamp schon fast den Rang ab, der Literarische Verlag Helmut Braun produziert hektisch Titel auf Titel, Traditionsverlage wie Hanser, Luchterhand, Kiepenheuer und S. Fischer gewinnen verlorenes Terrain zurück.«[5] Eine ganze Reihe von Verlagen kam hier freilich erst gar nicht in den Blick, der primär auf aktuelle Bewegungen gerichtet war. Das Feld der wichtigeren Literaturverlage erweitert sich aber rasch, sieht man beispielsweise die Bibliographien der 58 bisher erschienenen Artikel des *Kritischen Lexikons zur deutschsprachigen Gegenwartsliteratur (KLG)*[6] auf die Verlage hin durch: An der Spitze der Liste steht der Suhrkamp Verlag (mit dem nun fast völlig integrierten Insel Verlag), in dem etwa ein Drittel der behandelten Autoren z. T. ausschließlich seine Bücher veröffentlicht; gefolgt wird der Suhrkamp Verlag vom Luchterhand Verlag, der in fast einem Viertel der Bibliographien genannt wird, diesen beiden folgen – allerdings schon mit deutlichem Abstand – die Verlage Kiepenheuer & Witsch, Rowohlt, S. Fischer, Hanser, der Residenz Verlag und kleinere Verlage wie die

AutorenEdition, Rotbuch und Wagenbach. Zwar erscheint in den Bibliographien noch eine ganze Reihe anderer Namen (z. B. Arche, Bertelsmann, Claassen, Diogenes, Eremiten-Presse, Fietkau, Hoffmann & Campe, Klett, Limes, Neske oder Piper), aber keiner dieser Verlage wird mehr als dreimal genannt; einige von ihnen sind große Verlagshäuser, jedoch mit nur kleiner literarischer Abteilung (wie Bertelsmann, Klett oder Hoffmann & Campe), andere sind kleinere oder Kleinstverlage (wie Neske, die Eremiten-Presse und der Fietkau Verlag und Limes, der freilich Teil der Fleissner-Herbig-Verlagsgruppe ist). Wollte man vollständig sein, so würde die Liste der Verlage, die Gegenwartsliteratur publizieren, weitaus länger werden. In der seit 1968 jährlich im *Tintenfisch*, dem Jahrbuch für Literatur des Wagenbach-Verlags, veröffentlichten Bibliographie der Neuerscheinungen deutschsprachiger Autoren werden z. B. im 11. Jahrgang (1977) für 1976 über 700 Titel erfaßt, die sich auf weit über 200 Verlage – darunter sehr viele Klein- und Kleinstverlage – verteilen.[7] Schlüsselt man jedoch diese Zahlen etwas differenzierter auf, dann bestätigt sich auch hier im wesentlichen der Befund, der sich schon aus den Bibliographien des *KLG* ergab. Hier wie dort sind es dieselben Verlage, die die literarische Szene bestimmen und in denen sowohl die arrivierten als auch die erst in den letzten Jahren hervorgetretenen Autoren ihre Bücher publizieren. Anhand der *Tintenfisch*-Bibliographien lassen sich darüber hinaus aber auch Verschiebungen und Entwicklungen innerhalb der letzten Jahre im Feld der Literaturverlage ablesen: am auffälligsten die eher noch zunehmende Dominanz des Suhrkamp Verlags, dessen Position mit der des S. Fischer Verlags im ersten Drittel dieses Jahrhunderts verglichen werden kann,[8] während der S. Fischer Verlag selbst für jüngste Literatur seit längerem nur noch eine nachrangige Bedeutung hat;[9] die Verlage Hanser und Residenz expandierten ihre Produktion, während Kiepenheuer & Witsch und Wagenbach an Terrain verloren haben; neue Verlage konnten sich etablieren wie der Rotbuch Verlag, der 1973 von ehemaligen Mitarbeitern des Wagenbach-Verlags gegründet wurde, die AutorenEdition, die zunächst mit Bertelsmann assoziiert war, 1978 sich aber dem bis dahin nur als Wissenschaftsverlag hervorgetretenen Athenäum Verlag anschloß, oder der Literarische Verlag Helmut Braun, der seit 1975 ein vielfältiges, wenn auch literarisch wenig profiliertes Programm produzierte, aber bereits wieder Schiffbruch erlitten hat.

Sieht man auf die Jahresproduktion dieser Verlage, so kann man Jürgen Kolbe, dem früheren Lektor des Hanser Verlags, recht geben, wenn er schreibt, daß es »auf Anhieb kaum auszumachen scheint, welches literarische Buchprogramm nun unverwechselbar Suhrkampscher, Kiepenheuerscher, Luchterhandscher oder [...] Hanserscher Prägung sei – um nur die engsten geistigen Branchenverwandten zu nennen«.[10] Eine etwas nähere Betrachtung der Buchprogramme, ihre Zusammensetzung und vor allem ein Blick auf ihre Genese im Laufe der Jahre, läßt dann aber doch einige verlagsspezifische Charakteristika und Grundzüge der dahinterstehenden Verlags- (bzw. Verleger-)politik erkennen – und dies soll im folgenden am Beispiel der einflußreichsten und einiger kleinerer Literaturverlage aufzuzeigen versucht werden.

Der *Suhrkamp Verlag* wurde 1950 gegründet, doch entstand er eigentlich aus einer Absplitterung vom S. Fischer Verlag, nachdem sich die beiden Verleger Peter Suhrkamp und Gottfried Bermann-Fischer nicht mehr auf eine gemeinsame Verlagspolitik einigen konnten. Von den Autoren, die damals optieren konnten, mit welchem der beiden Verleger sie weiter zusammenarbeiten wollten, votierten u. a. Theodor W.

Adorno, Bertolt Brecht, Max Frisch, Hermann Hesse, Hermann Kasack, Ernst Penzoldt für Suhrkamp, so daß der neue Verlag von Beginn an einen Stamm von renommierten Autoren hatte. Durch die Trennung entstandene Verluste wurden durch einen gezielten und konsequenten Ausbau des Verlagsprogramms ausgeglichen.[11] Als Siegfried Unseld, seit 1952 Suhrkamps engster Mitarbeiter, 1959 den Verlag übernahm, gehörten mittlerweile schon u. a. Ernst Bloch, Günter Eich, Hans Magnus Enzensberger, Walter Höllerer, Uwe Johnson, Wilhelm Lehmann, Hans Erich Nossack, Franz Tumler, Martin Walser zu den Verlagsautoren. Noch imposanter wird diese Liste, wenn man die Chronik durchblättert, mit der der Verlag sein 25jähriges Jubiläum 1975 feierte: zwischen 1960 und 1975 erschienen im Suhrkamp Verlag (unter vielen anderen Titeln, auch fremdsprachiger Autoren) Bücher von Herbert Achternbusch, Hans Carl Artmann, Ingeborg Bachmann, Jürgen Becker, Thomas Bernhard, Volker Braun, Hermann Broch, Paul Celan, Tankred Dorst, Marieluise Fleißer, Barbara Frischmuth, Peter Handke, Wolfgang Hildesheimer, Ödön von Horváth, Peter Huchel, Marie Luise Kaschnitz, Heinar Kipphardt, Alexander Kluge, Wolfgang Koeppen, Franz Xaver Kroetz, Karl Krolow, Dieter Kühn, Jürg Laederach, Gertrud Leutenegger, Friederike Mayröcker, E. Y. Meyer, Adolf Muschg, Gerhard Roth, Nelly Sachs, Karin Struck, Peter Weiss, Ror Wolf.

Kein Verlag deutschsprachiger Gegenwartsliteratur kann ein an literarischer Potenz vergleichbares Programm aufweisen, keiner erwies sich für junge und ältere Autoren gleichermaßen attraktiv. Die Grundstruktur und das Prinzip der Programmgestaltung läßt sich von diesem Namenskatalog unschwer ablesen: es ist, wie es Siegfried Unseld selbst beschreibt, »das uralte Verlegergeheimnis«, das »in der Mischung, der Verbindung, der Amalgamierung von jungen und alten Autoren« besteht.[12] Neue Verlagsautoren kommen aus beiden Gruppen, wobei der Anteil der älteren Autoren, deren Werk bisher in anderen Verlagen erschien, vergleichsweise hoch ist. Den jungen Autoren nützt das Prestige der schon prominenten, und umgekehrt findet auch das Werk älterer, etwas aus der Diskussion geratener Autoren in der Umgebung jüngerer Literatur selbst wieder erneute Resonanz (vgl. etwa die Renaissancen der Werke von Marieluise Fleißer, Ödön von Horváth oder Robert Walser). Ein anderes Prinzip, das bei Suhrkamp durch die Konsequenz, mit der man es betont und befolgt, durchaus zu einem Charakteristikum wurde, ist das Bestreben, möglichst »auf das Werk, auf den Autor in seiner Gesamtphysiognomie«[13] zu bauen; das versuchen zwar auch die meisten anderen Literaturverlage, doch nirgendwo sonst besteht eine solche Vielzahl kontinuierlicher und schon lange andauernder Autor-Verlags-Beziehungen. Ist man einmal Suhrkamp-Autor geworden, so bleibt man es – zumindest für eine längere Zeit. Problematisch kann es freilich werden, wenn ein solches auf Kontinuität angelegtes Autor-Verlags-Verhältnis, das hier kaum mehr der Absicherung durch eine einseitig den Autor verpflichtende Optionsklausel bedarf, vom Verleger über den das Geschäftliche regelnden Verlagsvertrag hinaus auch als ein von quasi patriarchalischem Denken bestimmtes Loyalitätsverhältnis angesehen wird, bei dem der Verleger dem Autor Treue in Aussicht stellt und vom Autor dafür Loyalität gegenüber dem Verlag und den übrigen Verlagsautoren verlangt.[14] Doch es ist eben dieses Prinzip der Kontinuität, das wesentlich das Profil des Verlags entstehen ließ, ein Profil, das nicht auf einem inhaltlich genauer definierbaren Programm basiert, sondern eher durch einen dezidierten und betont gehobenen literarischen Anspruch bestimmt wird, in dem aber formale

und inhaltliche Experimente nur gelegentlich und am Rande auftauchen. Dieses Programm gruppiert sich nicht nur um ein oder zwei Starautoren, wie in anderen Verlagen, sondern es weist eine ganze Reihe von auch international erfolgreichen Autoren auf (wie u. a. Brecht, Frisch, Handke, Hesse, Walser). Obgleich es seit 1950 deutliche Verschiebungen im Programm gab – Autoren, die einst im Vordergrund standen wie etwa Hermann Kasack, Ernst Penzoldt oder Rudolf Alexander Schröder, treten nun weit weniger in Erscheinung, ohne freilich (und hierin wird tatsächlich so etwas wie verlegerische ›Treue‹ sichtbar) gänzlich zu verschwinden –, entwickelte sich aufgrund des gleichbleibend hohen literarischen Anspruchs eine nach außen und innen wirkende Erwartungsstruktur: ein Züge des Elitären tragendes spezifisches Suhrkamp-Image.[15]
Die enge und kontinuierliche Verbindung von Autor und Verlag tritt nach außen vor allem dadurch in Erscheinung, daß der Suhrkamp Verlag meist alle auf dem Markt erhältlichen Editionen seiner Autoren – d. h. von der Erstausgabe über die Reihen- und Taschenbuchausgaben bis hin zur Gesamtausgabe – selbst produziert. Kein anderer Verlag verfolgt dieses Prinzip in einem dem Suhrkamp Verlag vergleichbaren Maße, selbst wenn man ebenfalls über Taschenbuchreihen verfügt.[16] Auch andere Verlage versuchten selbstverständlich, sich ein auf Kontinuität basierendes Autorenensemble zu schaffen, aber nirgendwo sonst hatte man damit bislang solchen Erfolg oder konnte man ein ähnlich potentes Autorenensemble vereinen – auch nicht im *Luchterhand Verlag*.
Der Luchterhand Verlag, schon 1924 gegründet, trat als literarischer Verlag erst seit der Mitte der fünfziger Jahre in Erscheinung, als Alfred Andersch dort seine Zeitschrift *Texte und Zeichen* herausgab; bis dahin war Luchterhand fast ausschließlich ein juristischer Fachverlag.[16a] 1960 kam Elisabeth Borchers ins Lektorat (seit 1971 lektoriert sie bei Insel/Suhrkamp), und innerhalb weniger Jahre entstand hier dann ein zunächst ziemlich weitgefächertes literarisches Programm, das neben zeitgenössischen jungen Autoren wie Günter Grass (mittlerweile der literarische Starautor des Verlags), Elisabeth Borchers, Rolf Haufs und Robert Wolfgang Schnell Gesamtausgaben von Arno Holz, Carl Sternheim und Georg Lukács und Werke renommierter fremdsprachiger Autoren wie Paul Eluard, Eugène Ionesco, Pablo Neruda umfaßte. Eine deutliche Akzentuierung und Erweiterung erfuhr das Programm, als 1966 Otto F. Walter Geschäftsführer der literarischen Abteilung des Verlags wurde und diese mit relativ großer Autonomie gegenüber den Verlagseignern ausbauen konnte. Walter hatte zuvor als Cheflektor im Walter-Verlag (Freiburg/Olten) ein literarisches Programm aufgebaut, in dem er u. a. Bücher von Alfred Andersch, Peter Bichsel, Hans Henny Jahnn, Alexander Kluge, Gabriele Wohmann verlegte und das Werk von Alfred Döblin neu edieren ließ. Auch publizierte er besonders formal-experimentelle Literatur, Texte ›konkreter Dichtung‹ (u. a. von Hans Carl Artmann, Konrad Bayer, Helmut Heißenbüttel, Ernst Jandl, Kurt Marti), worüber es dann auch zum Bruch mit dem Walter-Verlag gekommen war, so daß einige dieser Autoren den Verlag mit Otto F. Walter verließen und zu Luchterhand wechselten.[17] Walter brachte auf diese Weise einen bisher noch nicht vertretenen Programmschwerpunkt neu ein, der in den darauffolgenden Jahren noch erweitert wurde – zeitweilig war Luchterhand geradezu der Verlag der ›konkreten Dichtung‹. Walter akzentuierte aber auch das schon vorhandene Verlagsprogramm um: das Übersetzungsprogramm – es bestand zuvor vorwiegend aus französischer Literatur – wurde einerseits stark reduziert, zum andern öffnete man es der sowjetischen

Literatur (Isaak Babel, Michail Bulgakow, Wenjawin Kawerin, Alexander Solschenizyn), und man verlegte auch zunehmend Literatur aus der DDR (Franz Fühmann, Hermann Kant, Anna Seghers, Christa Wolf), die bis dahin in der Bundesrepublik nur wenig beachtet worden war. 1970 legte man sich eine eigene Reihe zu, die ›Sammlung Luchterhand‹, die nach einem expansiven Start freilich in den letzten Jahren wieder stark eingeschränkt wurde – wie manche andere Reihe auch.[18] Ohne diese Akzentuierung bei gleichzeitiger Expansion des Programms durch Otto F. Walter wäre der Luchterhand Verlag wohl kaum so rasch innerhalb von nur wenigen Jahren zu einem der wichtigsten Literaturverlage der Bundesrepublik geworden. Trotz der erst kurzen Geschichte der literarischen Abteilung lassen sich aber auch hier schon wieder Verschiebungen im Programm und Autorenensemble erkennen: der Schwerpunkt ›konkrete Dichtung‹ etwa trat – wie diese ganze literarische Richtung – wieder in den Hintergrund, während eine Reihe jüngerer Autoren wie Günter Herburger, Franz Hohler, Ingomar von Kieseritzky oder Michael Scharang sich mittlerweile durchsetzten. Noch einschneidendere Veränderungen im Programm zeichneten sich jedoch ab, seitdem sich Otto F. Walter aus der Verlagsleitung zurückgezogen hat und zwei profilierte Lektoren, Klaus Ramm und Stephan Reinhardt, den Verlag verlassen haben,[19] Mitarbeiter, die das Programm der vergangenen Jahre wesentlich mitprägten und deren Anteil am Erfolg des Programms kaum unterschätzt werden kann. Klaus Ramm hat inzwischen einen eigenen kleinen Verlag gegründet und druckt neue Bücher ›schwieriger‹ Luchterhand-Autoren (Jochen Gerz, Franz Mon), an deren Werk der Verlag offenbar nicht mehr interessiert ist.

Im Unterschied zum Suhrkamp Verlag wird das Programm des Luchterhand Verlags von einem Starautor, Günter Grass, dominiert, dessen neue Arbeiten jeweils an exponierte Stelle rücken und dann auch den Löwenanteil des jeweiligen Werbeetats beanspruchen. Die ›ältere‹ Gegenwartsliteratur ist vergleichsweise unterrepräsentiert; das Prinzip der Kontinuität und die Konzentration aller Werke eines Autors im Verlag werden weniger verfolgt als bei Suhrkamp, denn Stammautoren veröffentlichen häufiger und nicht nur Nebenwerke auch in anderen Verlagen oder wechseln auch ganz den Verlag (wie etwa Jochen Gerz, Max von der Grün, Ingomar von Kieseritzky oder Klaus Stiller).[20] Allerdings wird bei Luchterhand seit einigen Jahren und offenbar mit Erfolg ein Verlagsstatut praktiziert, das die definitive Entscheidungskompetenz des Verlegers und des literarischen Verlagsleiters über die Annahme oder Ablehnung eines Manuskripts im Konfliktfalle zwar nicht gänzlich aufhebt, aber doch wesentlich einschränkend modifiziert, indem es den Verlagsautoren, vertreten durch einen Autorenbeirat, sowie den Lektoren und übrigen Mitarbeitern ein Mitspracherecht einräumt; ein Verfahren, das die Einseitigkeit der traditionellen Optionsformel wenigstens partiell beseitigt und verlegerische ›Treue‹ tendenziell vertraglich fixiert. Es gab zwar auch in anderen Verlagen (z. B. im Suhrkamp Verlag) ähnliche Bestrebungen, die Entscheidungskompetenz des Verlegers zu ›demokratisieren‹ und auch an Lektoren und Autoren zu delegieren, doch werden vergleichbare Verfahren bisher lediglich in einzelnen kleinen und meist kollektiv organisierten Verlagen (wie etwa im Rotbuch Verlag) praktiziert.[21]

Neben diesen beiden Verlagen gibt es freilich noch ein ziemlich breites Feld von Literaturverlagen und Verlagen mit literarischen Abteilungen, doch fällt es hier schon schwerer, programmspezifische Charakteristika festzustellen, die zugleich von prägender und bestimmender Relevanz für die westdeutsche Literaturszene geworden sind. Die literarische Abteilung des *Hanser Verlags*, die wie die des Luchterhand Verlags durch das solide ökonomische Standbein eines Fachverlags abgesichert ist, entwickelte sich wie dort aus den ›auch‹ literarischen Ambitionen des Verlegers Carl Hanser, der der literarischen Abteilung seines Verlags jedoch keinen vergleichbaren Freiraum einräumte, sondern mit gewisser Eigentümerattitüde darauf bestand, »*seinen* Geschmack öffentlich zu machen«[22], bis vor wenigen Jahren drei Geschäftsführer (für den fachwissenschaftlichen Verlag, den schöngeistigen Verlag und für die Finanzen) das »Sagen« übernahmen, was aber am Spielraum der literarischen Abteilung wenig änderte, ihn eher einengte[23]. Geprägt ist das Programm der literarischen Abteilung zum einen durch die renommierten, von Herbert G. Göpfert begründeten Klassikereditionen, zum andern durch Gegenwartsliteratur fremd- und deutschsprachiger Autoren. Am Beginn des sich stetig, aber nur sehr allmählich vollziehenden Ausbaus besonders des deutschsprachigen Programms nach zunächst unbedeutenden Anfängen steht – auch hier ähnlich wie bei Luchterhand – eine Zeitschrift, die *Akzente* (damals herausgegeben von Walter Höllerer und Hans Bender), das zeitweilig wichtigste Periodikum für Gegenwartsliteratur in der Bundesrepublik. Carl Hanser entschloß sich 1954 zu dieser Zeitschrift in der Hoffnung, so »vor allem neue, junge Autoren für den Verlag abzweigen zu können – was dann auch geschah«.[24]

Um die literarische Traditionsfigur Elias Canetti, dessen Bücher seit 1963 bei Hanser erscheinen, formierte sich allmählich ein beachtlicher Autorenstamm, zu dem u. a. Horst Bienek, Günter Bruno Fuchs, Gerd Gaiser, Ludwig Harig, Barbara König, Michael Krüger (er ist zugleich langjähriger Lektor im Verlag), Günter Kunert, Reinhard Lettau, Klaus Stiller, Botho Strauß gehören; Wolf Wondratschek und Walter Kempowski haben sich von Hanser nach längerer Zusammenarbeit wieder getrennt. Dem zögernden Anwachsen dieses Autorenstamms, worin sich wohl nicht allein die »liberal-konservative Haltung«[25] des über das Programm lange letztlich allein bestimmenden Verlegers, sondern mehr noch der enger gehaltene ökonomische Rahmen widerspiegelt, entspricht es, daß pro Jahr nur vergleichsweise wenige neue Namen im Programm auftauchen. Mehr noch als in den »großen« Literaturverlagen beansprucht die laufende Produktion der Stammautoren in mittleren Verlagen einen großen Teil der ohnehin begrenzten Verlagskapazität und läßt entsprechend wenig freie Plätze für neue Autoren.[26]

Eher geringer noch als bei Hanser ist der Anteil deutschsprachiger Gegenwartsliteratur am Gesamtprogramm des *Kiepenheuer & Witsch*-Verlags. In den ersten Jahren des Verlags, als das Programm stark von politisch-zeitkritischen Titeln geprägt wurde, spielte Literatur ohnehin nicht die erste Rolle. Außer Neuausgaben der Werke von Joseph Roth, einzelner Titel von Hermann Kesten und Manès Sperber erschienen aus der jüngeren Literatur im wesentlichen nur die Arbeiten von Heinrich Böll, der im folgenden dann immer mehr zum Starautor des Verlags und sein einziger auch international erfolgreicher deutschsprachiger Autor wurde, sowie Bücher von Rolf Schroers, der von 1955 bis 1957 zugleich Lektor im Verlag war, und von Gerhard Zwerenz. Programmschwerpunkt wurde Gegenwartsliteratur erst, als zu Beginn der sechziger Jahre Dieter Wellershoff und Renate Matthaei das Lektorat für deutschsprachige Literatur übernahmen und man dieses nach einem Konzept auszubauen und zu profilieren begann, das damals unter dem Namen »Kölner Schule« und »Neuer

Realismus« ins Gespräch kam. Mit diesem ›Realismuskonzept‹ wandte man sich, wie Dieter Wellershoff in einem Rückblick schrieb, »gegen preziöse und rhetorische Literatur«, gemeint war besonders die absurde Literatur, und wollte man einen Realismus initiieren, der sich in Anlehnung an Gedanken der russischen Formalisten und Autoren des Nouveau Roman verstand: »als eine Tendenz gegen das Bescheidwissen, als eine unabschließbare Entdeckungsreise, die der Welt zunächst einmal den Schein des Bekannten nimmt.«[27] So vage dieses Konzept auch gehalten war, es stellte doch einen bis dahin ziemlich einzigartigen Versuch dar, eine literarische Gruppierung nicht etwa in einem Verlag zu vereinigen, sondern neu hervorzubringen, durch eine systematische Durchsicht besonders der Manuskripteingänge. Innerhalb einer relativ kurzen Zeit fand man auf diese Weise gleich eine ganze Anzahl von talentierten Autoren, mit denen das Lektorat zu arbeiten begann und die man dann in der Anthologie *Ein Tag in der Stadt. Sechs Autoren variieren ein Thema* 1962 erstmals vorstellte: Rolf Dieter Brinkmann, U. Chr. Fischer, Ludwig Harig, Günter Herburger, Robert Wolfgang Schnell und Günter Seuren – fast ausnahmslos Autoren, die sich mit ihren späteren Werken durchsetzten. Weitere Autoren, die dann dieser Schule des ›Neuen Realismus‹ zugerechnet wurden, kamen wenig später hinzu, wie Nicolas Born, Sigrid Brunk (1972 zuerst im Verlag Werner Gebühr), Paul Pörtner, Renate Rasp und Günter Steffen. Während sich das vom Lektorat entwickelte Konzept als Sichtungsinstrument durchaus als erfolgreich erwies, bewährte es sich offenbar nicht in der unmittelbaren Zusammenarbeit mit den Autoren und wirkte auf deren literarische Produktion eher hemmend. Hinzu kam, daß der Lektor Wellershoff in seiner Eigenschaft als Autor gelegentlich als Konkurrent empfunden wurde, es entstanden Spannungen.[28] Einige Autoren wechselten, noch ehe ein Buch von ihnen bei Kiepenheuer & Witsch erschienen war, den Verlag (Harig und Schnell gingen beide zu Luchterhand), andere verließen den Verlag nach ihren ersten Büchern (Herburger, Born, Rasp). Diese Phase, in der der Verlag ein wichtiger Publikationsort für neue, noch unbekannte Autoren wurde, endete aber fürs erste bereits wieder im Jahre 1967, als der Verleger Witsch starb. »Der Verlag geriet dadurch in eine schwierige krisenhafte Situation. Witsch hatte ihn ganz auf sich zugeschnitten, nun mußte er sich strukturell verändern. Aber vielleicht war der Tod des Verlegers nur ein besonders markantes Signal für Umstellungen im Arbeitsstil, Organisation und Programm, die ohnehin fällig wurden, weil sich die kulturelle, die literarische Szene ökonomisch und ideologisch gründlich veränderte.«[29] Seitdem jedenfalls will oder kann man sich das »materiell meist aussichtslose Unternehmen ›Der junge Autor‹«[30] kaum mehr leisten. Was die Gegenwartsliteratur angeht, so wird das Programm bei Kiepenheuer & Witsch noch immer weitestgehend von Autoren mitgeprägt, die unter Witsch Verlagsautoren geworden waren, wie Böll, Wellershoff, Steffens, Brunk. Einige bekanntere Autoren kamen inzwischen hinzu (u. a. Wolfgang Bauer, Wolf Biermann, Franz Xaver Kroetz, Günter Wallraff), doch keiner von diesen war mehr vom Verlag »gemacht« worden, sondern sie sind von anderen Verlagen zu Kiepenheuer & Witsch gewechselt.

In den beiden Traditionsverlagen *S. Fischer* und *Rowohlt* – beide gehören ganz bzw. zu einem Viertel zum Holtzbrink-Konzern – spielt neuere deutschsprachige Literatur eine relativ begrenzte Rolle im Gesamtprogramm der Buchverlage und der jeweils angeschlossenen Taschenbuchverlage. Die Taschenbuchreihen bringen zwar neben Zweitausgaben eigener Autoren oder Lizenzausgaben von Werken, die zuvor in anderen

Verlagen veröffentlicht worden waren, auch zunehmend Originalausgaben, doch die notwendigerweise hohe Taschenbuchauflage schränkt hier die Möglichkeiten für Erstausgaben neuer oder noch nicht renommierter Autoren zwangsläufig ein. In beiden Taschenbuchverlagen gibt es Reihen, in denen nur oder auch neue Literatur in Originalausgaben erscheint, bei S. Fischer z. B. in den Reihen »Werkkreis Literatur der Arbeitswelt« (seit 1973) und »Collection S. Fischer« (seit 1978), bei Rowohlt vor allem in der seit 1972 laufenden Reihe »das neue buch«; doch machen deren Titel nur einen schmalen Sektor innerhalb der bunten Reihenvielfalt der Taschenbuchprogramme aus und werden in der allmonatlichen Flut der Taschenbuchnovitäten von der Kritik nur sehr unzulänglich berücksichtigt. Den beiden Stammverlagen sind einige renommierte Autoren z. T. seit Jahren verbunden (S. Fischer: Ilse Aichinger, Wolfgang Bächler, Nicolas Born, Hubert Fichte, August Kühn, Reiner Kunze, Gerhard Roth, Arno Schmidt, Gerold Späth, Gerhard Zwerenz; Rowohlt: Nicolas Born, Gisela Elsner, Rolf Hochhuth, Hermann Peter Piwitt, Peter Rühmkorf, Hans Joachim Schädlich, Günter Seuren, Otto F. Walter). Damit ist die weiterhin gewichtige Rolle beider Verlage für die gegenwärtige Literaturszene markiert, aber es fehlt das wirklich innovative Moment, ein signifikanter kontinuierlicher Zuwachs an neuen, noch nicht anerkannten Autoren, was für diese Verlagshäuser einst ebenso charakteristisch war wie heute etwa für Suhrkamp. Nachdem man hier einmal Abstriche gemacht hatte, war es nur noch eine Frage der Zeit, bis man die einst führende Position als Verlag neuer Literatur und bis zu einem gewissen Grad auch den Anschluß an die aktuelle literarische Entwicklung zu verlieren begann. Es setzte dann der Prozeß ein, den man immer wieder in der Geschichte literarischer Verlage registrieren kann, daß nämlich »Verlage oder Verleger mit ihren Autoren und mit ihrer Vorstellung von Autor, Literatur und Qualität älter und älter« wurden und – wie etwa im Falle des S. Fischer Verlags – »immer wieder neu den Thomas Mann der nächsten Generation suchten«.[31]

Zu dieser Entwicklung dürfte aber auch die enge Verflechtung der beiden Verlage mit dem Medienkonzern Holtzbrink beigetragen haben. Die eher konservativen Medienkonzerne zeigten bisher nur ein beiläufiges Interesse für die wirtschaftlich kaum profitable neue oder gar avantgardistische Literatur. Wie rasch ein Medienkonzern sein gelegentlich mäzenatisch verbrämtes Interesse an Gegenwartsliteratur verliert, illustriert das Scheitern der Verbindung des Bertelsmann Verlags mit der *AutorenEdition*, dem Konstrukt einer unabhängigen, von kritisch engagierten Autoren geleiteten literarischen Abteilung innerhalb eines multimedialen Konzerns. Diese von Anfang an skeptisch betrachtete Verbindung wurde 1978 nach sechsjährigem Bestehen kurzfristig aufgekündigt, als man sich über die Publikation eines Romans von Peter O. Chotjewitz, der dem Konzern politisch untragbar erschien, nicht verständigen konnte.[32] Da diese literarische Rose im Knopfloch des Konzerns zudem auch noch defizitär arbeitete, half ihr auch wenig die längst gefundene Anerkennung als literarischer Verlag, in dem Bücher von Franz Josef Degenhardt, Bernt Engelmann, Max von der Grün, Richard Hey, Stefan Heym, Heinar Kipphardt und von jüngeren Autoren wie Gerd Fuchs, Hannelies Taschau, Uwe Timm erschienen waren. Andererseits war es dann aber eben dieses Renommee, das das Verlegerehepaar Beate und Dietrich Pinkerneil, das bis dahin fast ausschließlich wissenschaftliche Literatur vertrieben hatte, veranlaßte, der AutorenEdition innerhalb seiner Verlage einen Platz anzubieten – ob von längerer Dauer, bleibt abzuwarten. »Denn im Augenblick, wo die Verlagsindustrie ihre nichtopportunistische Schöne-Literatur-Produktion tatsächlich einmal kalt durchrechnet, wird sie als ›Ware‹ im kapitalistischen Sinne uninteressant, ja zum gefährlichen Ballast.«[33]

Das für die multimedialen Großverlage viel zu unprofitable Geschäft mit zeitgenössischer Literatur erweist sich aber als durchaus lebendig, sieht man auf neugegründete Verlage, bei denen es sich freilich oft um – zudem kurzlebige – Klein- und Kleinstverlage handelt. Nur wenigen gelang es, sich einen Namen zu machen oder sich gar einen wichtigeren Platz innerhalb der Literaturszene zu erobern. Zwei erfolgreiche Beispiele nur seien hier angeführt, da sie Möglichkeiten aufzeigen, wie neue Verlage in den letzten Jahren sich neben den etablierten behaupten und profilieren konnten: zum einen der Berliner *Wagenbach-Verlag*, aus dem sich der *Rotbuch Verlag* abspaltete, und zum andern der österreichische *Residenz Verlag*. Klaus Wagenbach gründete, als Lektor bei S. Fischer ausscheidend, 1964 seinen Verlag, in dem er – nach seinem verlegerischen Vorbild Kurt Wolff – vor allem zeitgenössische Literatur verlegen wollte. Er begann mit einer Broschur-Reihe, den »Quartheften«, in der er nur Erstausgaben veröffentlichte, und zwar von bekannten Autoren (Ingeborg Bachmann, Johannes Bobrowski, Erich Fried, Günter Grass, Stephan Hermlin), die schon ›Stammautoren‹ anderer Verlage waren, aber auch von jungen, noch unbekannten Autoren, die hier erstmals gedruckt wurden (wie Wolf Biermann, Friedrich Christian Delius, Yaak Karsunke, Johannes Schenk, Volker von Törne). Das anfangs linksliberale Profil des Verlags änderte sich unter dem Einfluß der APO-Bewegung im Ausgang der sechziger und zu Beginn der siebziger Jahre; 1968 richtete man die politisch-theoretische Reihe der »Rotbücher« ein, die bald sehr viel rascher wuchs als die Reihe der »Quarthefte« (diese Reihe stagnierte für eine Weile fast) und die – radikaler als die sich damals ebenfalls verstärkt politisierende »edition suhrkamp« – wie diese für den theoretischen Hintergrund der Studentenbewegung einflußreich wurde. Verlagsinterne Querelen führten 1973 zur Spaltung des Verlags[34] in den Wagenbach-Verlag und den kollektiv organisierten Rotbuch Verlag; dieser übernahm nicht nur wichtige Rechte literarischer Autoren (u. a. die Titel von Friedrich Christian Delius, Yaak Karsunke, Peter Schneider), sondern auch die Reihe der »Rotbücher«, die nun auch für literarische Texte geöffnet wurde. Während der Rotbuch Verlag zügig expandierte, verringerte sich zunächst das Programm des Wagenbach-Verlags. Beide Verlage aber überstanden die Krise und konnten ihre Position als Verlage mit einem theoretisch und literarisch linksengagierten Programm bewahren. In ihrer inhaltlichen Konzeption stehen sich beide Verlage nach wie vor so nahe, daß für jeden in gleicher Weise gilt, womit der Rotbuch Verlag seine »Arbeitspunkte« eröffnete: daß man nämlich den »Verlag als Instrument zur Verbreitung antikapitalistischer und nichtdogmatischer sozialistischer Literatur«[35] verstehe. Beide Verlage publizierten und publizieren, sieht man auf das realisierte Programm, eine beachtliche Reihe wesentlicher Werke der jüngeren engagierten Literatur,[36] die in anderen Verlagen – als Folge der sogenannten Tendenzwende und des neueren Konservativismus der siebziger Jahre – immer weniger Raum findet.[37] Innerhalb dieses Programmrahmens unterliegen die dort publizierten Titel aber auch einer formalen Bedingung, die sich aus dem Charakter der Reihenpublikation zu niedrigem Preis ergibt: die »Quarthefte« wie die »Rotbücher« haben einen durchschnittlichen Umfang von weniger als 100 Seiten, d. h. längere Prosatexte, besonders Romane, werden nur ausnahmsweise verlegt; Erzählungs- und Gedichtbände überwiegen.

Auch die – im Vergleich zu Wagenbach oder dem Rotbuch Verlag wohl gewichtige – Bedeutung des *Residenz Verlags* für die gegenwärtige Literaturszene beruht auf dem spezifischen Profil seines literarischen Programms, das – bisher wenigstens – ausschließlich von österreichischen Autoren geprägt ist. Der Verlag, erst 1956 von Wolfgang Schaffler gegründet, veröffentlichte zunächst ein eher lokal auf Salzburg und die Festspiele ausgerichtetes Programm mit Bildbänden über die Stadt und Komponistenmonographien, jedoch kaum literarische Bücher; erst allmählich öffnete man sich der österreichischen Gegenwartsliteratur und hier besonders der Gruppe, die seit dem Beginn der sechziger Jahre im Umkreis von Graz hervortrat und sich um die Zeitschrift *manuskripte* formierte, deren Produktion aber anfänglich fast ausschließlich in westdeutschen Verlagen publiziert wurde (vor allem bei Suhrkamp: Peter Handke und Thomas Bernhard – beide veröffentlichen seit einigen Jahren auch im Residenz Verlag, Gerhard Roth – er wechselte inzwischen zu S. Fischer – oder Gert Friedrich Jonke – der 1979 aber mit allen Rechten ganz zum Residenz Verlag ging). Inzwischen jedoch vereinigt der Residenz Verlag die weitaus meisten der Autoren, »die den erstaunlichen Reichtum der jungen, oft avantgardistischen, in jedem Fall sehr eigenständigen Literatur des Landes repräsentieren«:[38] wie Gerhard Amanshauser, Hans Carl Artmann, Rudolf Bayr, Alois Brandstetter, Helmut Eisendle, Barbara Frischmuth, Gertrud Fussenegger, Reinhard P. Gruber, Bernhard Hüttenegger, Franz Innerhofer, Alfred Kolleritsch (der Herausgeber der *manuskripte*), Andreas Okopenko, Peter Rosei oder Gernot Wolfgruber. Ähnlich konsequent wie bei Suhrkamp legt man im Residenz Verlag Wert darauf, ›Hausautoren‹ zu gewinnen, d. h. möglichst alle Werke eines Autors im Verlag erscheinen zu lassen (dies gilt hier jedoch nur für die Erstausgaben, da der Verlag keine eigene Taschenbuchreihe hat). Neben der Beschränkung auf zeitgenössische österreichische Literatur – genauer Prosa, denn Lyrik oder dramatische Arbeiten wurden bisher kaum verlegt – erhält das Programm seine Homogenität ebenso auch durch den forciert literarischen Anspruch der verlegten Bücher; man »favorisiert das Besondere, das Authentische, die poetische Eigenständigkeit, den genau gearbeiteten Text«[39] – und hat damit auch wirtschaftlichen Erfolg. Mit seinem betont österreichischen und literarischen, dabei aber eher kleinen Programm (jährlich etwa fünfzehn Titel, wobei man für jeden gleichmäßig wirbt und keine Favoriten hochputscht) hat sich der Verlag beim Lesepublikum mittlerweile ein festgeprägtes Image erworben, das den Erfolg nun wesentlich mitträgt und dem Verlag inzwischen auch den Ruf eines »österreichischen Suhrkamp« eingetragen hat.[40]

Das Renommee eines literarischen Verlags und das seiner Autoren resultiert und speist sich aus einem wechselseitigen Prozeß, verallgemeinert gesprochen: ein Verlag braucht renommierte Autoren und umgekehrt Autoren einen renommierten Verlag, um auf dem literarischen Markt auf Dauer erfolgreich zu sein. Einerseits – und hierin hat Siegfried Unseld sicherlich recht – wird das »Ansehen eines literarischen Verlages [...] bestimmt vom Rang seiner Autoren, von deren Wirkungen und Auszeichnungen, vom Grad der Diskussion, die diese Bücher auslösen, von der Folge, die sie haben«,[41] andererseits können einzelne, vor allem noch unbekanntere und neue Autoren von der Prominenz des Verlagsnamens profitieren und durch sie eine erhöhte Aufmerksamkeit bei der Kritik, im Buchhandel und beim Leser finden. Dies läßt sich beispielsweise sehr deutlich daran ablesen, daß von den Autoren, deren erste Bücher nach 1970 erschienen, fast ausschließlich solche in den wichtigsten neueren Lexika für Gegenwartsliteratur aufgeführt sind, also schon als Repräsentanten anerkannt wurden, die ihre Arbeiten sofort oder doch sehr rasch (nach 1–2 Jahren) in einem der renommierten Verlage publizieren konnten.[42] Der Selektionsmechanismus der Verlage und der Lektorate erweist sich demnach offenbar als sehr effektiv – trotz des immer wieder erhobenen und gelegentlich sogar bestätigten Verdachts, daß unter der Masse des von den Lektoraten Abgelehnten sich doch literarisch Bedeutsames befinde. In einem Gespräch auf diese unbekannte Menge des Abgelehnten und Nichtpublizierten angesprochen, bestand Martin Walser darauf, daß er sich nach seiner eigenen Lektoratserfahrung nicht vorstellen könne, »daß ein Manuskript übersehen wird«, nennt dann freilich selbst eines der eklatantesten literaturhistorischen Beispiele eines »Steins, der nicht gefördert worden ist«, Robert Walser.[43]

Wie kommen nun die Verlage zu ihren Autoren? Die wenigsten Autoren werden – dies die mehr oder minder einhellige Meinung – in dem Berg der unverlangt eingesandten Manuskripte entdeckt, über den sich fast jeder Lektor beklagt; man sieht diese Manuskripte zwar durch, aber das Ergebnis steht kaum in einem rechten Verhältnis zum Aufwand. Herbert G. Göpfert, lange Zeit Lektor bei Hanser, schätzte, »daß von den insgesamt bei den belletristischen Verlagen eingehenden Manuskripten etwa 99 % nie gedruckt werden«.[44] Weit wichtiger für die Entdeckung neuer Autoren sind dagegen die literarischen Zeitschriften und mehr noch die direkten Kontakte, die die Verlage zur literarischen Szene unterhalten – vor allem über ihre eigenen Autoren. »Insgesamt – das läßt sich eindeutig sagen«, so Otto F. Walter, »ist der Prozentsatz der Autoren, die dadurch zum Verlag kommen, daß sie sich an bereits im Verlag befindliche Autoren wenden, vergleichsweise hoch. Daß ein Manuskript mit der Tagespost einfach so ankommt, man den Umschlag aufmacht und ein Meisterwerk entdeckt, ist vergleichsweise selten«[45] – und er belegt dies dann selbst mit Beispielen aus seiner verlegerischen Praxis. Für ihn war es zunächst besonders Alfred Andersch, der als Vermittler neuer Autoren bedeutsam wurde; durch ihn kam er etwa in Kontakt mit Helmut Heißenbüttel, der dann selbst wiederum zu einem ähnlichen Kristallisationspunkt für neue Autorenverbindungen wurde. Auch Siegfried Unseld betont diese wichtige »Antennen«-Funktion der Verlagsautoren, die oft als erste aus einem weitgefächerten Kommunikationsnetz Hinweise auf neue Autoren, Autorengruppierungen, auf kommende literarische Strömungen geben können.[46] Bekannt ist, daß die Tagungen der Gruppe 47 eine Zeitlang, vor allem zuletzt, als sie sich zu so etwas wie einer literarischen Börse entwickelt hatte, einer der wichtigsten Orte war, um neue Autoren zu entdecken; und die Einladungen Hans Werner Richters schienen schon so sehr für literarische Qualität zu bürgen, daß es sogar vorkam, daß ein Verleger einfach auf Vermutung und ohne daß er etwas von dem Autor kannte, Verträge anbot; so kam der Verleger Ledig-Rowohlt zu dem bis dahin noch weithin unbekannten Konrad Bayer[47] und wurde über diesen dann auch zum Verleger anderer Autoren der Wiener Gruppe (wie Friedrich Achleitner, Gerhard Rühm und Oswald Wiener, die damit erst – verspätet – von der Kritik und einem breiteren Lesepublikum rezipiert wurden). Doch mehr, als es die Gruppe 47 wohl jemals sein konnte, wurden Publikationen in Zeitschriften der Ausgangspunkt für Autor-Verlags-Beziehungen. Auf die Frage »Wie sind Sie zu Ihrem ersten Verleger gekommen?« antwortete in der eingangs erwähnten Dokumentation zur Gegenwartsliteratur eine ganze Reihe von Autoren (z. B. Hilde Domin, Jürg Federspiel, Günter Herburger, Werner Koch, Kurt Marti, Gabriele Wohmann) – zum Teil nicht ohne

Stolz, daß nicht sie sich an Verleger, sondern sich diese an sie gewandt und um Manuskripte gebeten haben. Zu nennen sind hier vor allem zwei Zeitschriften – Hans Benders *Akzente* und Alfred Kolleritschs *manuskripte*, die seit 1954 bzw. 1960 erscheinen, zu Institutionen geworden sind und deren Entdecker- und Vermittlerfunktion für die Literatur der sechziger und siebziger Jahre kaum überschätzt werden kann. Zwischen einem literarischen Debüt in diesen Zeitschriften und der ersten Buchpublikation – meist schon in einem der bekannteren Literaturverlage – liegt häufig nur eine kurze Zeitspanne. In den *Akzenten* debütierten etwa Herbert Achternbusch (1964; 1969 Suhrkamp), Hans Magnus Enzensberger (1955; 1957 Suhrkamp), Hubert Fichte (1963; 1963 Hoffmann & Campe), Günter Grass (1955; 1956 Luchterhand), Reinhard Lettau (1960; 1962 Hanser), Jakov Lind (1962; 1962 Luchterhand), Franz Mon (1957; 1959 Neske), Ruth Rehmann (1956; 1959 Suhrkamp), Klaus Stiller (1961; 1966 Walter).[48] Als ein Sprungbrett speziell für die junge österreichische Literatur erwiesen sich die *manuskripte*, wo fast jeder der in den letzten Jahren bekannt gewordenen österreichischen Autoren zunächst als noch unbekannter gedruckt wurde (Wolfgang Bauer, Helmut Eisendle, Gunter Falk, Barbara Frischmuth, Peter Handke, Franz Innerhofer, Gert Friedrich Jonke, Jürg Laederach, Andreas Okopenko, Gerhard Roth, Michael Scharang oder Oswald Wiener). Die überdurchschnittlich hohe Anzahl der Autoren, die nach ersten Veröffentlichungen in den *manuskripten* ihre ersten Bücher gleich bei Suhrkamp oder im Residenz Verlag publizierten, spiegelt nun nicht nur den spezifischen Rang der Zeitschrift, sondern weist auch auf mittlerweile auffällige Wechselbeziehungen hin, die Paul Kruntorad – zwar mechanistisch überspitzt, aber nicht ganz unzutreffend – geradezu als ein Feedback-System beschreibt, das sich zwischen den *manuskripten* und diesen beiden Verlagen im Verbund mit den wichtigsten westdeutschen Feuilletonredaktionen entwickelt habe und das den raschen Erfolg der jungen österreichischen Literatur in den vergangenen Jahren wesentlich fundierte.[49]
Den kleineren und Kleinstverlagen kommt damit trotz ihrer großen Anzahl als Ausgangspunkt für eine literarische Karriere insgesamt nur eine sekundäre Bedeutung zu; so breit und vielgestaltig ihre Produktion auch ist, sie findet meist doch nur eine sehr geringe Resonanz bei der Kritik und innerhalb der literarischen Szene; in den Buchhandlungen ist sie so gut wie nicht vertreten. Doch gibt es auch hier Ausnahmen, auf die wenigstens hingewiesen werden sollte: zum einen solche Kleinverlage, die sich dadurch einen Namen machten, daß sie Erstausgaben einzelner und weniger umfangreicher Arbeiten schon bekannter Autoren, von ›Nebenwerken‹, oft in bibliophiler Ausstattung verlegen, wie z. B. die Eremiten-Presse, die Berliner Handpresse oder die Pfaffenweiler Presse, zum andern aber die wenigen – in unserem Zusammenhang eigentlich interessanten – Kleinverlage, die sich gezielt der Publikation neuer Autoren widmen und auch immer wieder Arbeiten solcher Autoren verlegten, die sich dann auch – meist in anderen Verlagen – durchsetzten; zu nennen wären hier etwa die Lenos-Presse (Basel), der Zytglogge Verlag (Gümlingen) oder – einer der bemerkenswertesten – der Wolfgang Fietkau Verlag (Berlin). Fietkau publizierte in seiner seit 1961 erscheinenden Reihe »Schritte« kürzere Texte, u. a. von Wolfgang Bauer, Konrad Bayer, Reinhard Döhl, Ludwig Harig, Kurt Marti, Franz Mon und Christa Reinig, als diese Autoren noch unbekannt und wirkliche Entdeckungen waren. Freilich nur wenige Kleinverlage existieren so lange, daß sie sich durch ihre Produktion profilieren und als Literaturverlage auch wirksam werden können; nur in den seltensten Fällen

werden sie tatsächlich Promotoren neuer literarischer Strömungen. Die These gar, daß in den Kleinstverlagen »der Geschmack von morgen [entstehe], das heißt, was in Massen produziert werden kann«,[50] überschätzt völlig die Möglichkeiten und die Funktion dieser Verlage und der Pressen innerhalb des literarischen Marktes und übersieht die Tatsache, daß sich deren Produktion insgesamt kaum von den literarischen Trends und den Präferenzen der etablierten größeren Verlage unterscheidet.

So rasch junge Talente in der literarischen Szene reüssieren können, so hartnäckig kann der Literaturbetrieb aber auf der anderen Seite ein literarisches Werk ignorieren, sei es, daß neue Moden es verdrängten – auf diese ›Opfer‹ des Literaturbetriebes, meist ältere, mehr oder minder vergessene, aber oft immer noch (und nicht schlechter) schreibende Autoren haben Angelika Mechtel und andere immer wieder hingewiesen[51] – oder daß solche Autoren am Rande des Interesses der literarischen Öffentlichkeit, der Leser und der Kritik, blieben, obgleich einzelne Kritiker immer wieder auf ihren Rang und ihre Bedeutung aufmerksam zu machen versuchten. So unterschiedlich und individuell gelagert die Gründe für dieses Ignorieren im Einzelfall auch immer sein können, so läßt sich doch an drei wichtigen ›Wieder-Entdeckungen‹ der letzten Jahre – Wolfgang Koeppen, Ludwig Hohl und Hermann Lenz – andeutungsweise aufzeigen, wie sehr das literarische Schicksal von Verlagen beeinflußt, wenn nicht bestimmt werden kann. – Wolfgang Koeppens Bücher erschienen von 1951 bis 1970 im Goverts Verlag, einem kleineren literarischen Verlag, der dann aber nach Besitzerwechseln und schließlich durch die Übernahme und den langwierigen Prozeß der Eingliederung in den Holtzbrink-Konzern sein Profil und seine Bedeutung mehr und mehr einbüßte. Als Koeppen über zehn Jahre lang (zwischen 1961 und 1972) nichts Neues mehr veröffentlichte und sein Verlag sich nur noch mit abnehmendem Interesse für sein vorhandenes Werk einsetzte (was sich in den Verzeichnissen der lieferbaren Bücher und den Barsortimentskatalogen zwischen 1960 und 1970 ablesen läßt), drohten der Autor Koeppen und sein Werk in Vergessenheit zu geraten.[52] Das änderte sich jedoch, als Koeppen 1971 mit allen seinen Verlagsrechten zum Suhrkamp Verlag wechselte. Ohne daß er inzwischen viel Neues publiziert hätte, und allein dadurch, daß fast alle seine früheren Romane und Reiseberichte wieder in neuen und vor allem in Taschenbuchausgaben aufgelegt wurden, setzte eine erneute und breitere Rezeption des Werkes von Koeppen ein; das 1976 erschienene Fragment *Jugend*, die einzige wesentliche neue Arbeit Koeppens seit 1961, wurde nicht nur von der Kritik gerühmt, sondern sogar ein buchhändlerischer Erfolg, was Koeppen bisher nur selten mit seinen Büchern erlebt hatte.[53] – Etwas anders verhält es sich mit dem Werk von Ludwig Hohl. Obwohl sich für seine Arbeiten immer wieder bekannte Kollegen wie Dürrenmatt, Frisch oder Heißenbüttel eingesetzt und auf ihn als einen der bedeutendsten zeitgenössischen Schweizer Schriftsteller hingewiesen hatten, blieb sein Werk ohne weiterreichende Resonanz, galt er eher als Geheimtip in Literatenkreisen, und seine Bücher waren entweder vergriffen oder nur schwer erhältlich. Dies lag sicherlich zu einem wesentlichen Teil am eher philosophisch-literarischen Charakter des Werkes, aber ebenso auch an der Publikationsgeschichte. Seine Arbeiten erschienen seit 1939 in verschiedenen Verlagen, teilweise sogar im Selbstverlag, buchhändlerisch gesehen also unter denkbar ungünstigen Bedingungen. Als der Suhrkamp Verlag 1970 den Prosaband *Nächtlicher Weg* neu auflegte, sprach ein Kritiker von der »endgültigen Entdeckung« Hohls; seitdem der Suhrkamp Verlag einige weitere Neuausgaben und noch nicht Publiziertes veröffentlicht hat, setzt sich nun auch dieses Werk bei einem breiteren Lesepublikum durch, und Hohl wurde mit wichtigen Preisen ausgezeichnet.[54] Den längst fälligen Artikel in Lennartz' Standardwerk *Deutsche Schriftsteller der Gegenwart* erhielt er erst in der neuesten Ausgabe von 1978. Ein erster Band der bei Suhrkamp schon seit Jahren angekündigten Gesamtausgabe steht aber noch immer aus. – Ähnlich lange war auch das Werk von Hermann Lenz übersehen worden; seine Romane erschienen über längere Zeit im literarisch kaum mehr einflußreichen Hegner-Verlag und blieben vor allem wohl deshalb von der Kritik fast unbeachtet, bis Peter Handke 1973 in einem Essay auf das ihm in manchem nahestehende Werk aufmerksam machte.[55] Über Handke kam Lenz dann auch zu seinem derzeitigen Verlag, dem Suhrkamp/Insel Verlag. Innerhalb von nur drei Jahren änderte sich auch hier nun die Rezeptionsgeschichte völlig, denn die neuen und auch die wiederaufgelegten Bücher von Lenz fanden bei Lesern und bei der Kritik eine Resonanz, wie sie der inzwischen über 60jährige Autor vorher nie kannte und auch nicht mehr für möglich gehalten hätte;[56] 1978 bekam er dann sogar den angesehensten westdeutschen Literaturpreis, den Georg-Büchner-Preis. An den literarisch eher konventionell geschriebenen Büchern von Lenz kann es kaum gelegen haben, daß er so lange übersehen wurde, sondern eben vor allem daran, daß sie zuvor nie in einem Verlag erschienen waren, der sie auf dem literarischen Markt optimal durchsetzen konnte. Daß diese ›Wieder-Entdeckungen‹ noch lebender und schreibender Autoren im und durch den Suhrkamp Verlag stattgefunden haben, ist kein Zufall und ist wohl im Moment nur dort mit solchem Erfolg möglich. Aufgrund der dominierenden Position dieses Verlags im zeitgenössischen Literaturbetrieb erhält jede Neuerscheinung – eines jungen neuen wie eines älteren, bisher übersehenen Autors – dort einen zusätzlichen gewichtigen, gelegentlich eben für einen Durchbruch entscheidenden Publizitätsbonus. Sein Programm repräsentiert als einziges die ganze Breite der zeitgenössischen Literatur seit 1945 (bezieht man das des Insel Verlags mit ein, geht es noch weit darüber hinaus); aber was vielleicht entscheidender ist, man hält bei Suhrkamp die Verlagsautoren und ihre Bücher durch neue Ausgaben aktuell und gegenwärtig, solange sich noch oder sofern sich wieder Leser finden; Autoren der fünfziger Jahre wie Hermann Kasack, Ernst Penzoldt oder Rudolf Alexander Schröder sind nach wie vor durch Neuausgaben im Programm präsent, obgleich sie nie und auch heute nicht, wie etwa Hesse oder Brecht, zu den auch ökonomisch wichtigsten Verlagsautoren zählten und zählen. Bei Hans Carossa, Reinhold Schneider oder Wolf von Niebelschütz wurden jüngst »Renaissancen« versucht. Selbstverständlich unterliegt auch der Suhrkamp/Insel Verlag dem, was den Literaturbetrieb als Markt vor allem kennzeichnet: der Schnellebigkeit der Ware Buch und der literarischen Trends.[57] In seinem Programm lassen sich die jeweiligen literarischen Strömungen genauso und nicht weniger deutlich als in den anderen Verlagen ablesen, aber sie erscheinen eben innerhalb eines Programms, das konsequent als eine Mischung und Verbindung von älteren und jüngeren Autoren konzipiert ist. Die für jeden Verlag zeitgenössischer Literatur notwendige Aktualität ist hier verbunden mit der Intention, zugleich auch die Kontinuität und Traditionen in der Entwicklung der neueren Gegenwartsliteratur mit zu präsentieren. Und es ist dieses Konzept, das den Suhrkamp/Insel Verlag wenigstens graduell zu einer Ausnahme macht, denn der westdeutsche Literaturbetrieb insgesamt ist kaum daran interessiert, das noch junge Erbe der literarischen Moderne, vom Erbe der Klassik ganz zu schweigen, systematisch zu tradieren und innovativ zu bewahren; er bietet allenfalls einige museale Nischen. Als Ganzes ist er wie die Marktwirtschaft, von der er wesentlich ein Teil ist, primär auf Umsatz und Verbrauch neuer Produktion angelegt – und lebt davon trotz immer wiederkehrender Krisenstimmungen auch in der Gegenwart nicht schlecht, was bei den Autoren freilich nicht immer der Fall ist (aber dies wäre ein anderes Kapitel in einer detaillierten Untersuchung der Autor-Verleger-Beziehung[58]).

Anmerkungen

1 Gegenwartsliteratur. Mittel und Bedingungen ihrer Produktion. Eine Dokumentation. Hrsg. von Peter André Bloch. Bern/München 1975. S. 9.

2 Ebd. S. 354 ff.

3 Vgl. etwa Peter Suhrkamp: Briefe an die Autoren. Frankfurt a. M. 1963; Kurt Wolff: Briefwechsel eines Verlegers 1911–1963. Hrsg. von Bernhard Zeller und Ellen Otten. Frankfurt a. M. 1966; Eugen Claassen: In Büchern denken. Briefwechsel mit Autoren und Übersetzern. Ausgew. und hrsg. von Hilde Claassen. Hamburg/Düsseldorf 1970; Thomas Mann. Briefwechsel mit seinem Verleger Gottfried Bermann-Fischer, 1932–1955. Hrsg. von Peter de Mendelssohn. Frankfurt a. M. 1973; Joseph Caspar Witsch: Briefe 1948–1967. Hrsg. von Kristian Witsch. Köln 1977.

4 Bloch (Anm. 1) S. 360 (Diogenes Verlag), S. 372 (Residenz Verlag), S. 374 (Rotbuch Verlag); das vierte Beispiel ist dem Aufsatz *Die Aufgaben des literarischen Verlegers* von Siegfried Unseld entnommen in: Siegfried Unseld: Der Autor und sein Verleger. Frankfurt a.M. 1978. S. 54.

5 Ulrich Greiner: Was es heißt, nach den Tendenzen der Literatur zu fragen. In: Akzente 26 (1979) H. 1/2. S. 307.

6 Kritisches Lexikon zur deutschsprachigen Gegenwartsliteratur. Hrsg. von Heinz Ludwig Arnold. München 1978. Obgleich auch nach der ersten Nachlieferung (1979) in diesem Loseblatt-Lexikon noch eine Reihe wichtiger Autoren fehlt, ergeben die bisher erfaßten Autoren doch schon eine repräsentative Auswahl.

7 Tintenfisch 11. Jahrbuch für Literatur. Hrsg. von Klaus Wagenbach. Berlin 1977. S. 112–126. Erfaßt werden von dieser Bibliographie die literarischen Neuerscheinungen des Jahres 1976 in Verlagen der Bundesrepublik, der DDR, Österreichs und der Schweiz.

8 Vgl. Peter de Mendelssohn: S. Fischer und sein Verlag. Frankfurt a. M. 1970.

9 Mit der Reihe »Collection S. Fischer« startete man jedoch 1978 eine Serie innerhalb des Taschenbuchverlags, in der ausschließlich Originalausgaben jüngerer Autoren publiziert werden. Herausgegeben wird diese Reihe von dem langjährigen ehemaligen Lektor im Suhrkamp Verlag Thomas Beckermann.

10 Jürgen Kolbe: Von Milchkühen, Reitpferden und kleinen exzentrischen Salons. In: Frankfurter Allgemeine Zeitung v. 30. 9. 1978.

11 Vgl. Friedrich Voit: Der Verleger Peter Suhrkamp und seine Autoren. Kronberg (Ts.) 1975. S. 18–113.

12 Unseld (Anm. 4) S. 41 f.

13 Ebd. S. 36.

14 Als beispielsweise Hans C. Buch, dessen erstes Buch 1966 bei Suhrkamp erschien, 1970 Bücher von Peter Handke und Jürgen Becker negativ rezensierte, erhielt er von Siegfried Unseld eine heftige briefliche Schelte, in der dieser im vorwarf, die »Loyalität gegenüber dem Verlagsganzen« verletzt zu haben, und mit der künftigen Ablehnung seiner Arbeiten drohte; es erschien dann auch keine weitere Publikation von Buch bei Suhrkamp (vgl. H. C. Buch: Kritische Wälder. Reinbek 1972. S. 110). – Im Kontrast hierzu vgl. auch Uwe Johnson: Begleitumstände. Frankfurter Vorlesungen. Frankfurt a. M. 1980. Bes. S. 162–167.

15 Vgl. hierzu George Steiners Bemerkung über »die Suhrkamp Kultur [...], welche in unseren Tagen die literarisch und intellektuell führende Schicht Deutschlands bestimmt« (in: The Times Literary Supplement vom 9. 3. 1973; hier zitiert nach: Suhrkamp Verlag 1950–1975. Frankfurt a. M. 1975. S. 51).

16 Durchweg ausgeklammert bleibt in diesem Aufsatz die Bedeutung des Taschenbuchs und der

verschiedenen Taschenbuch- und Broschurreihen als Medium der Gegenwartsliteratur (vgl. hierzu: Heinz Gollardt: Taschenbücher. In: Literaturbetrieb in Deutschland. Hrsg. von Heinz Ludwig Arnold. Stuttgart/München/Hannover 1971. S. 117–134; die Entwicklung seit 1971, die Reduktion oder Umgestaltung wichtiger Reihen wie der »Reihe Hanser« oder der »Sammlung Luchterhand«, die Gründung der Reihe der »suhrkamp taschenbücher« und einer »Neuen Folge« der »edition suhrkamp« usw. erfordern aber längst eine neue eingehendere Darstellung des Taschenbuchmarktes).

16a Vgl. Eduard Reifferscheid: Erinnerungen an »Texte und Zeichen«; Peter R. Frank: Ein tastender Anfang. Die ersten Jahre des literarischen Luchterhand Verlags. In: Marbacher Magazin 17/1980. Für Alfred Anderschs »Texte und Zeichen«. Bearb. von Thomas Scheuffelen. S. 29–36.

17 Vgl. Peter O. Chotjewitz in seiner Rezension von Ernst Jandls *Laut und Luise* (in: Literatur und Kritik 2, 1967, S. 493–497) sowie Otto F. Walters Replik darauf (ebd. S. 631). Mit zum Luchterhand Verlag wechselten z. B. Helmut Heißenbüttel, Ernst Jandl, Kurt Marti, Jörg Steiner und K. Stiller.

18 Vgl. Hans-Jürgen Schmitt: Literaturkulis und Buchspekulanten. In: Tintenfisch 11. Hrsg. von Klaus Wagenbach. Berlin 1977. S. 108f.: »Aus der Reihe Hanser, die sich heute fast ohne Literatur präsentiert [...], wurde eine Materialienreihe beziehungsweise eine medien- und literaturdidaktische Reihe; aus der Sammlung Luchterhand wurde ein reduzierter Taschenbuchzwitter; Fischer Doppelpunkt, Reihe Fischer, Fischer Format verschwanden wieder; es waren Reihen, die eigentlich durch Entdeckungen literarisches Neuland aufbauen wollten; an ihrer Stelle gibt es nun eine Fischer Bibliothek in Bibliothek-Suhrkamp-Nähe, die ihre Entstehung unter anderem wahrscheinlich einer falsch verstandenen Vorstellung von Tradition verdankt.«

19 Vgl. Schmitt (Anm. 18) S. 107. 1980 schied mit Thomas Scheuffelen ein weiterer Lektor aus.

20 Diese Angaben basieren auf den Bibliographien des *Kritischen Lexikons zur deutschsprachigen Gegenwartsliteratur (KLG)*. Selbstverständlich lassen sich auch Beispiele von Autoren des Suhrkamp Verlags nennen, die in anderen Verlagen publizieren (z. B. Peter Handke und Thomas Bernhard) oder den Verlag wechselten (z. B. Gerd Jonke und Gerhard Roth); dennoch scheint mir hier nach den Angaben des *KLG* ein bezeichnender Unterschied zwischen beiden Verlagen vorzuliegen.

21 Vgl. Bloch (Anm. 1) S. 50f. Im Suhrkamp Verlag führten 1968 ähnliche Bestrebungen, die Entscheidungskompetenz des Verlegers zu beschränken, zu einer heftigen Lektoratskrise und dem Ausscheiden des langjährigen Cheflektors Walter Boehlich, während Siegfried Unseld »unumschränkter Herrscher im Suhrkamp-Imperium« blieb (vgl. Wolfgang Körner: Die Lektoren angesichts des Kapitals: ratlos. In: Buchmarkt 1968. H. 6. S. 28f.).

22 Kolbe (Anm. 10).

23 Ebd.; vgl. auch Claus-Michael Trapp [u. a.]: Der Carl-Hanser-Verlag: 1928–1978. München/Wien 1978.

24 Hans Bender: Zeitverwandtschaft – 25 Jahre Akzente. In: Akzente 26 (1979) H. 1/2. S. 162.

25 Kolbe (Anm. 10).

26 Zur Relation von Stammautoren zu neuen Autoren vgl. auch die entsprechenden Antworten der Verleger auf die Frage 5 des Fragebogens der Basler Arbeitsgruppe (in: Bloch, Anm. 1, S. 355ff.) und Otto F. Walters Bemerkung (ebd. S. 390).

27 Dieter Wellershoff: Residuum der Freiheit oder befreites Gebiet. In: Kiepenheuer & Witsch 1949–1974. Köln 1974. S. 74f. – Um für seine eigenen literarischen Arbeiten mehr Zeit zu finden, reduzierte Wellershoff schon in der Mitte der sechziger Jahre seine Lektorentätigkeit, blieb aber als literarischer Berater weiterhin für den Verlag tätig.

28 Vgl. ebd. S. 80ff. und die Bemerkung Günter Herburgers in: Bloch (Anm. 1) S. 227f.: »Mit Lektoren hatte ich nur einmal Streit aufgrund meines Romans *Die Messe*, der großflächig auf drei Zeitebenen angelegt war, was, wie mein damaliger Lektor *Wellershoff* behauptete, nicht mehr tragbar sei. (Er schrieb damals selbst ein Buch anderer Art.) Daraufhin wechselte ich den Verlag. *Wellershoff* hat mein Verfahren zum Teil in seinem letzten Buch nun selbst angewandt.«

29 Wellershoff (Anm. 27) S. 82.

30 Unseld (Anm. 4) S. 42.

31 Otto F. Walter in: Bloch (Anm. 1) S. 390.

32 Vgl. Fritz J. Raddatz: Warum platzte die AutorenEdition. In: DIE ZEIT Nr. 33 v. 18. 8. 1978.

33 Jürgen Kolbe: Baisse auf dem Literaturmarkt? Ein Lektor über Schwierigkeiten beim Büchermachen. In: Süddeutsche Zeitung Nr. 32 v. 6./7. 2. 1971.

34 Vgl. hierzu die Darstellungen der Vorgänge, die zur Spaltung führten, in: Zwiebel. Almanach 1973. Berlin (Wagenbach) 1973. S. 48–56; Das kleine Rotbuch. Almanach 1973. Berlin 1973. S. 52–57.

35 Das kleine Rotbuch (Anm. 34) S. 40.

36 Wagenbach: Hans C. Buch, Erich Fried, Werner Kofler, Peter Rühmkorf, Johannes Schenk und Volker von Törne; Rotbuch: Friedrich Christian Delius, Yaak Karsunke, Karl Mickel, Heiner Müller, Helga M. Novak, Peter Schneider, Jürgen Theobaldy oder Peter Paul Zahl.

37 Vgl. Günther Rühle: Restauration und neue Einheit. Zur literarischen Situation. In: Frankfurter Allgemeine Zeitung v. 23. 9. 1978; Raddatz (Anm. 32).

38 Ulrich Greiner: Pferdenarren, keine Pferdehändler. Kleine literarische Verlage: der Residenz Verlag in Salzburg. In: Frankfurter Allgemeine Zeitung v. 30. 8. 1978.

39 Ebd.

40 Vgl. Jürgen Busche: Am liebsten lesen sie Tolkien. Die Studenten und ihre Bücher – Lust und Last. In: Frankfurter Allgemeine Zeitung v. 2. 2. 1979: Ausleihende Studenten »stürzen sich [...] auf den ›österreichischen Suhrkamp‹, das heißt auf die Bücher des Residenz Verlages. Die österreichischen Autoren (Bernhard, Handke, Rosei) ›muß man sofort anschaffen, da kann man nicht erst Kritiken abwarten‹«.

41 Unseld (Anm. 4) S. 41.

42 Im *KLG* (einschließlich der 1. Nachlieferung 1979) sind folgende Autoren mit einem eigenen Artikel vertreten, die erst nach 1970 mit einer ersten Buchpublikation hervortraten: Thomas Brasch (Rotbuch/Suhrkamp), Hugo Dittberner (Luchterhand), Ludwig Fels (Luchterhand), Franz Innerhofer (Residenz), E. Y. Meyer (Suhrkamp), Erica Pedretti (Suhrkamp), Hans Joachim Schädlich (Rowohlt), Peter Schneider (Wagenbach/Rotbuch), Karin Struck (Suhrkamp), Gernot Wolfgruber (Residenz). Die meisten dieser Autoren haben auch ihren eigenen Artikel in der 11. erweiterten Auflage von Franz Lennartz' Lexikon: Deutsche Schriftsteller der Gegenwart, Stuttgart 1978; zusätzliche Beispiele von dort wären etwa auch: Alois Brandstetter (Residenz), Karin Kiwus (Suhrkamp), Gertrud Leutenegger (Suhrkamp), Rainer Malkowski (Suhrkamp), Peter Rosei (Residenz), Gerhard Roth (Suhrkamp), Botho Strauß (Hanser), Jürgen Theobaldy (Rotbuch).

43 Martin Walser in: Bloch (Anm. 1) S. 268; zur – traurigen – Geschichte der Verlagsbeziehungen Robert Walsers vgl. neben seinen Briefen auch Siegfried Unseld: Robert Walser und seine Verleger. In: Der Autor und sein Verleger. Frankfurt a. M. 1978. S. 241–341.

44 Herbert G. Göpfert: Das deutsche Verlagswesen der Gegenwart. In: Der deutsche Buchhandel in unserer Zeit. Göttingen 1961. S. 31: »Die Lektorate der Verlage sind die großen Selektionsstätten unserer Literatur. Man kann schätzen, daß von den insgesamt bei den belletristischen Verlagen eingehenden Manuskripten etwa 99 % nie gedruckt werden – manche setzen diesen Prozentsatz sogar noch höher an –, aber geprüft, soweit wie nötig natürlich, werden sie alle; es handelt sich hier also großenteils um eine recht unrationelle Arbeit. Die Wahrscheinlichkeit, daß bei dieser Selektion trotz einzelner Fehlentscheidungen, die jedem Verlag unterlaufen, ein wertvolles oder auch nur ein Talent zeigendes Werk auf die Dauer unbeachtet bleiben könnten, ist minimal. Das Wort vom unentdeckten, verkannten Genie gehört in den Bereich der Legende.« – Eine ähnliche Ziffer gibt Wolfgang Fietkau an, wenn er sagt, daß von den eingesandten Manuskripten nur »etwa 0,5 bis 1% publiziert werden können« (in: Bloch, Anm. 1, S. 362).

45 Otto F. Walter in: Bloch (Anm. 1) S. 383; vgl. ebd. S. 51.

46 Unseld (Anm. 4) S. 52f.: »Je enger die Kontakte des Verlegers mit den Autoren sind, um so mehr wirken diese Autoren auf den Verlag ein. Sie können Antennen für den Verlag sein, sie können senden und empfangen, sie senden das Eigene und empfangen oft Nachrichten oder Zeichen neuer, kommender literarischer Strömungen.«

47 Vgl. Oswald Wiener: ledig hat den sechsten sinn. In: Heinrich Maria Ledig-Rowohlt zuliebe. Hrsg. von Siegfried Unseld. o. O. 1968. S. 122–125.

48 Vgl. Bender (Anm. 24) S. 165.

49 Paul Kruntorad: Prosa in Österreich seit 1945. In: Kindlers Literaturgeschichte der Gegenwart – Die zeitgenössische Literatur Österreichs. Hrsg. von Hilde Spiel. Zürich/München 1976. S. 264: »Es wäre interessant, das ›feedback‹-System zu untersuchen, das hier in relativ überschaubarer Weise sich entwickelt hat: Was aus den *manuskripten* ist von deutschen Verlagen publiziert worden; mit welchem nachfolgenden Echo; wie sind die Autoren weiterhin in den *manuskripten* publiziert worden und wie entwickelte sich ihre weitere Publikationsgeschichte in ihrem ursprünglichen Verlag? In Diagrammform könnte man das ›feedback‹-System etwa folgendermaßen darstellen: *manuskripte* → Suhrkamp Verlag → bundesdeutsche Publizistik (*Die Zeit, Der Spiegel, FAZ, SZ* usw.) +/– → Suhrkamp Verlag und/oder Residenz Verlag [...].«

50 Ursula Lücking: Jeder sein eigener Macher. Zur Situation der Kleinstverlage in der Bundesrepublik. In: Arnold (Anm. 16) S. 163.

51 Vgl. Angelika Mechtel: Was, der lebt noch? Literaturbetriebsgeschädigte Autoren. In: Arnold (Anm. 16) S. 58–66; Angelika Mechtel: Alte Schriftsteller in der Bundesrepublik. München 1972.

52 Vgl. Christian Linder: Im Übergang zum Untergang. Über das Schweigen Wolfgang Koeppens. In: Akzente 19 (1972) H. 1. S. 42: »Es ist das Schweigen eines Mannes, den nicht wenige für den wichtigsten deutschsprachigen Schriftsteller der Gegenwart halten, dem aber das Schicksal eines Heinrich Mann zu drohen scheint: daß man ihn vergißt, verkennt, nicht ernst nimmt, nicht auf ihn hört, kurz: daß man ihn abbucht – auch weil er schweigt.« Vgl. auch Mechtel (Anm. 51) S. 59: »Wer, außer den Fachkollegen, erinnert sich heute mehr als vage zum Beispiel an den Namen Koeppen?«

53 Vgl. Ulrich Greiner: Wolfgang Koeppen oder Die Geschichte eines Mißerfolgs. In: Über Wolfgang Koeppen. Hrsg. von U. G. Frankfurt a. M. 1976. S. 11 f.

54 1976 Preis der Schweizer Schiller Stiftung, 1978 Robert-Walser-Centenar-Preis, 1980 Petrarca-Preis.

55 Peter Handke: Jemand anderer: Hermann Lenz. In: Peter Handke: Als das Wünschen noch geholfen hat. Frankfurt a. M. 1974. S. 81–100.

56 Hermann Lenz in einem Brief an Hans Bender vom 18. 7. 1975: »[W]enn mir jemand prophezeit hätte, daß ein Literaturhistoriker 28 Schreibmaschinenseiten über meine Bücher schriebe, hätte ich gelacht« (abgedruckt in: Akzente 26, 1979, H. 1/2, S. 210.); Lenz bezieht sich hier auf Manfred Durzaks Aufsatz *Versuch über Hermann Lenz* (in: Akzente 22, 1975, H. 5).

57 Vgl. Heinz Ludwig Arnold: Skizzen aus dem Literaturbetrieb der Bundesrepublik. In: Arnold (Anm. 16) S. 7–20; Robert Escarpits Bemerkung über das Veralten von Büchern, nach der »innerhalb eines Jahres bereits 80 % und innerhalb von zwanzig Jahren 99 % der Buchproduktion dem Vergessen anheimfallen« (in: Robert Escarpit: Die Revolution des Buches. Gütersloh 1967. S. 29).

58 Vgl. hierzu: Karla Fohrbeck / Andreas J. Wiesand: Der Autorenreport. Reinbek 1972.

MARC SILBERMAN

Soll und Haben.
Überlegungen zum Roman der DDR

Die Entstehung einer eigenständigen Literatur in der DDR läßt sich an verschiedenen Werken der letzten Jahre deutlich ablesen.[1] Daher ist es nicht länger notwendig, diese Geschichte in großen, allgemeinen Zügen vorzustellen. Statt dessen werden Texte untersucht, die im Zuge einer eigenen Literaturentwicklung Besonderes leisten. Jede Gesellschaft produziert eine bestimmte Menge Trivial- und Ausschußliteratur; hier geht es aber um Beispiele typischer Stärken und Schwächen. Folglich werden kulturpolitische Maßnahmen erläutert, freilich nicht als Reduzierung des Literarischen auf einen Reflex des wirtschaftlichen Pragmatismus gesehen, sondern als Vermittlungsinstanz zwischen literarischer Produktion und Rezeption. Das heißt einerseits, daß der jeweilige Roman als Änderungsmodell innerhalb des gesellschaftlichen Entwicklungsprozesses befragt wird. Andererseits ist zwischen dem Erfolg und der Wirkung eines Romans zu unterscheiden. In der DDR-Öffentlichkeit funktioniert die Literatur als Dialogmechanismus: der Schriftsteller führt ein ständiges Gespräch mit der Partei und mit seinem Publikum. Ein solches Zwiegespräch kann manchmal kritisch und manchmal als Legitimationsversuch ablaufen. In beiden Fällen ist zu fragen, ob die dargestellte Wirklichkeit als Bestätigung oder als Behauptung vorgelegt wird. Die erste Perspektive negiert das utopische Moment der Literatur, indem sie dem Leser die Möglichkeit der Stellungnahme verweigert. In der zweiten Perspektive verbirgt das »ist« der Behauptung eine Erkenntnis des »soll« und impliziert damit nicht nur eine Belehrung, sondern auch einen Prozeß von gelebter zu dargestellter Wirklichkeit. Diese zwei Pole der Bestätigung und der Behauptung markieren die Möglichkeiten und das Versagen des Romans der DDR.

Ideologisch und kulturpolitisch behauptet die DDR, nach der Niederlage des Faschismus die Entwicklung einer deutschen antifaschistischen Literatur genährt zu haben.[2] In der Tat begaben sich viele der exilierten Sozialisten und Kommunisten bei ihrer Rückkehr in die sowjetisch besetzte Zone, um beim Aufbau eines sozialistischen Staates mitzuhelfen. Die Kulturpolitik der sowjetischen Militäradministration unterstützte vor allem die in der Illegalität oder im Exil geschriebenen Werke, was zu der offiziell gebilligten Koalition zwischen linksparteilichen und bürgerlich-humanistischen Schriftstellern in dem unter der Führung von Johannes R. Becher 1945 gegründeten Kulturbund zur demokratischen Erneuerung Deutschlands führte. Oktober 1947 fand in Berlin der erste Kongreß des Kulturbunds statt, im Sinne einer selbstbewußten Weiterführung der Bündnispolitik, wie sie sich 1935 und 1937 in Paris auf den Kongressen zur Verteidigung der Kultur als erfolgreich erwiesen hatte. Das Hauptanliegen im Programm des Kulturbunds war zu dieser Zeit die literarische Abrechnung mit dem Faschismus. Besonders diejenigen Schriftsteller, die den Krieg in den größeren Rahmen des historischen und politischen Klassenkampfes einzubringen vermochten, wurden als die echten Erben der antifaschistischen Tradition gefeiert – Schriftsteller also wie Willi Bredel (vgl. seine Trilogie *Verwandte und Bekannte*) und Anna Seghers.

1949 erschien Seghers' Roman *Die Toten bleiben jung*, eine Arbeit, die sie schon 1944 im Exil begonnen hatte. Seghers erkannte, daß der Kampf mit der faschistischen Ideologie noch längst nicht beendet war und daß dieser Kampf auf zwei Fronten ausgetragen werden mußte – gegen die tief eingewurzelte Ideologie des Nationalsozialismus, mit der viele Deutsche sich identifiziert hatten, und gegen die konsequenten Verzerrungen der Geschichte, denen man nur durch Bildung und Aufklärung entgegenarbeiten konnte. Um den Faschismus zu entmystifizieren, um zu zeigen, warum »in dem Bewußtsein und den Gehirnen noch recht viel Trümmer enthalten sind«,[3] entwarf Seghers eine Ereignis- und Figurenkonstellation in der Zeitspanne zwischen 1918 und 1945. Der ›rote Faden‹ ist die mehr oder weniger zufällige Erschießung des Spartakisten Erwin während der Januarkämpfe 1919 in den Straßen von Berlin. Die fünf Männer, die für die Tötung des Revolutionärs verantwortlich sind, verkörpern die verschiedenen Gesellschaftsgruppen, die zum Aufkommen des Faschismus aktiv beitragen. Diesen Kräften wird das »andere Deutschland« gegenübergestellt: Erwins Freunde und Familie, die die Tradition des Widerstandes fortführen. Diese Trennung zwischen zwei Lagern auf der Basis von Klassenzugehörigkeit schließt freilich jeden Vertreter des liberalen Bürgertums und der Intellektuellen aus, vielleicht mit dem Ziel, die begriffliche Reinheit einer politischen Frontstellung zu bewahren. Tatsächlich verkörpert diese Struktur die herrschende stalinistische Tendenz, eine rigorose Analyse des Faschismus und seines Eindringens in alle gesellschaftlichen Schichten zugunsten administrativer Säuberungen und rhetorischer Polemik zu vermeiden. Die literarische Methode ist die Verbindung möglichst detaillierter Beschreibung mit einer minuziösen Typisierung, in der jede Figur in der Auseinandersetzung mit dem Faschismus als Modell der ›Entmenschlichung‹ oder der ›Menschwerdung‹ selbst als Modell fungiert, ein Vorgehen, das Seghers schon in den frühen dreißiger Jahren verteidigt hatte.[4]

Die zentrale Metapher dieser Auseinandersetzung ist die Familie, ein strukturelles Vehikel zur Organisierung der Stoffülle und zugleich eine thematische Verbindung im Bewußtwerden der verschiedenen Figuren, indem den Schicksalen der Gefährten, Geliebten, Kinder und Freunde der sechs an dem episodischen Morde Beteiligten gefolgt wird. Ein störender Bezug der vielen Familienkonstellationen entsteht in der Andeutung einer biologischen Beschränkung der Emanzipation. Der Kern des Widerstands und der Menschwerdung sowie die Praxis der Unterdrückung und des nationalen Fanatismus erscheinen nämlich durch den gesamten Roman hindurch als ererbtes Geburtsrecht. Die Familie markiert noch eine weitere Beschränkung der Emanzipation: in der Rolle der Frauen. Alle starken Frauen des Romans definieren sich durch ihre Beziehung zur traditionellen Kleinfamilie; ihr politisches Bewußtwerden geschieht, wenn überhaupt, durch die Aktivitäten der Kinder, durch Mutterschaft, und ist ausschließlich an ihre Integration in den politischen Kampf an der Seite ihrer Männer gebunden. Seghers läßt ihre Frauenfiguren nie ihre Rolle im Produktions- und Reproduktionsprozeß befragen, da sie von der Voraussetzung ausgeht, daß die Interessen der Arbeiterklasse als Ganzes dem persönlichen Glück der Frauen entsprechen. Die Solidarität der Arbeiterklasse bedeutet für Seghers eine Macht, die die Geschichte, auch in den Niederlagen der Arbeiterbewegung, unaufhaltsam vorantreibt. Erwins Sohn Hans z. B. erhält seine Identität im Krieg aufrecht durch das Bewußtsein »des Fadens, der nicht bricht«, durch den Gedanken an die Genossen, die seine Rückkehr erwarten.[5] Und genau wie der biologische Tropus innerhalb der Familie eine politische

Kontinuität zu schaffen scheint, so kündigt starke gefühlsmäßige Anziehung zwischen gewissen Figuren oft fortschrittliche politische Neigungen an.
Die Kehrseite der Solidarität entpuppt sich als die Angst: »Mit Angst hat es vor zehn Jahren angefangen: mit Angst hört es auf. Aus Angst wird befohlen, aus Angst wird gehorcht« (S. 604). Seghers bezeichnet mit Angst die Ursache dessen, was der Erzähler einmal nennt »die Krankheit, die in den letzten Jahren jede Faser, jede Zelle vergiftet hat« (S. 457). Die Reaktion der einzelnen Figuren auf diese Angst unterscheidet jene, die Widerstand leisten, von denen, die mitmachen. Die Kollaborateure benutzen Angst als ein Werkzeug der Unterdrückung und erliegen ihr schließlich selbst, während die Widerständler der Angst als einem Feind mit Namen und Gesicht zu begegnen lernen. Damit ist ein grundlegendes Thema des Romans und von Seghers' Prosa im allgemeinen angesprochen: die optimistische Perspektive, die durch das Tragische vermittelt wird, die utopische Hoffnung, die sogar in den schlimmsten Momenten der Geschichte und des persönlichen Leidens den menschlichen Kern bestimmt, der nicht zerstört werden kann. Die Aufgabe des Romans *Die Toten bleiben jung*, wie schon der Titel nahelegt, ist die Darstellung des Widerspruchs zwischen der Zerstörung jener Hoffnung und ihrer wiederholten Erneuerung im Bewußtsein der Menschheit.
Der III. Parteikongreß der SED leitete 1950 eine Entwicklung ein, welche die Aufmerksamkeit der DDR-Autoren auf Errungenschaften des sozialistischen Aufbaus richten sollte. Für diejenigen, die die neue Gesellschaft errichten sollten, war eine Auseinandersetzung mit der Frage der persönlichen Verantwortung des einzelnen für den Faschismus weder aktuell noch erwünscht. Die in dieser Auseinandersetzung drohende Entmutigung und ideologische Apathie hätte die ›primäre‹ Aufgabe des Aufbaus komplizieren können. Auf dem IV. Schriftstellerkongreß (1956) stellten mehrere ältere respektierte Autoren – unter anderen Anna Seghers – den auffälligen Mangel einer Literatur fest, die sich mit der Kriegsproblematik befaßte: »Es ist aber nicht nur und immer die Darstellung des Aufbaus, des inneren und des äußeren, durch die wir dem Aufbau am besten helfen. Die Schriftsteller haben sich oft thematisch auf die Schwerpunkte in der Gegenwart konzentriert und manches wichtige Thema zurückgestellt [...] Das Fehlen des Themas, über das wir jetzt sprechen, ist nicht nur eine Lücke in unserer Literatur, sondern auch im Bewußtsein der Menschen.«[6] Das Resultat dieser Kritik war ein wachsendes Interesse am Krieg als Vehikel der Wandlung in der Figur eines einzelnen, der nach einem Weg sucht.[7] Eine jüngere Schriftstellergeneration – die selbst an der Front gekämpft hatte – fing an, ihre autobiographischen Erlebnisse in fiktiver Form zu gestalten: Dieter Noll (*Die Abenteuer des Werner Holt*, 1960), Max Walter Schulz (*Wir sind nicht Staub im Wind*, 1963) und Günter de Bruyn (*Der Hohlweg*, 1963). Charakteristisch für diese Prosa ist die Verpflichtung zu einer unmittelbaren Darstellung des Kriegserlebnisses, eine »harte Schreibweise«, die direkt oder indirekt von Ernest Hemingway und Norman Mailer abgeleitet wurde. Und obwohl der Ausgangspunkt immer die Desillusionierung einer ›verlorenen Generation‹ ist, gibt es eine explizite Ablehnung oder Überwindung dieser Position: die Krise im Lebensweg des einzelnen Helden entspricht dem Umbruch einer ganzen Gesellschaft.
Dieter Nolls *Holt*-Roman – Teil eines Plans für eine Trilogie, den er nach dem zweiten Band fallenließ – erzählt die Geschichte eines jungen bürgerlichen Protagonisten auf einer Entwicklungsreise durch den Krieg, die mit einer inneren, kathartischen Entwick-

lung übereinstimmt, »damit wir endlich wir selbst werden«.[8] Der gedankliche Inhalt des Romans ist organisiert und motiviert durch den Konflikt zwischen Holts Idealen und seiner erlebten, diesen Idealen nicht gewachsenen Wirklichkeit. Holts Fähigkeit, widersprüchliche Vorbilder aus der Literatur, Geschichte und dem Mythos unkritisch zu verinnerlichen, führt zu Verwirrung und Passivität. Was ihn vor einer vollständig kontemplativen Haltung rettet, ist sein ehrlicher Wunsch nach Gerechtigkeit und Liebe, ein Fragment jenes noch intakten Humanismus, der ihn spontan dazu bringt, einen russischen Gefangenen zu verteidigen oder sein eigenes Leben zu riskieren, um einem Mädchen zu helfen, dessen Eltern von der SS liquidiert worden sind. Holts Menschlichkeit wird immer abstrakter und entstellter, je weiter der Roman (und der Krieg) geht. Seine zentrale Beziehung zu Wolzow, dem Sohn einer preußischen Offiziersfamilie, macht das klar. Sentimentale Nostalgie und Sehnsucht nach Treue finden ein Echo; Holt und Wolzow schwören gegenseitige Freundschaft. Aber wie der Roman demonstriert, ist Kameradschaft hohl, wenn sie unreflektiert bleibt, und das Heldentum und die Überlegenheit, die Holt in seinem Mentor/Verführer Wolzow so bewundert, verraten sich als Symbole jenes Faschismus, in den sich Holt selbst verstrickt sehen muß: »Es läuft mir nach, es drängt sich mir auf, ich bin mittendrin, ich komme nicht mehr frei« (S. 395). Da diese Erkenntnis aber nicht in die Tat umgesetzt wird – eine strukturelle Schwäche des Romans –, fallen Handlungs- und Reflexionsebene auseinander. Psychologisch verstärkt Noll die Erfahrungen des ›gewöhnlichen Faschismus‹ gemäß Holts leitmotivisch wiederholter Überzeugung, daß »wir selber durch den Dreck [müssen] ... Durch die sieben Höllen« (S. 330). Dieses Vorgehen mag dem Leser anfangs ein starkes Identifizierungspotential liefern, resultiert aber zunehmend in Frustration mit Holts Dumpfsinnigkeit; er wird ein Sammelbecken aller möglichen unbarmherzigen Kriegserlebnisse, wie sie einer einzelnen Person in der Realität nicht widerfahren könnten.

In einem Gespräch über seinen Roman erklärte Noll, daß er den Bürgersohn Werner Holt als Helden wählte, um ihn »auf überzeugende und glaubhafte Weise in einen dem kämpfenden Proletariat treu verbundenen, bewußten Bürger unserer Republik zu verwandeln«.[9] Dieses Ziel kann stellvertretend für alle in den frühen sechziger Jahren veröffentlichten Romane verstanden werden; sie stellen sich nämlich fast ausschließlich die Aufgabe, durch die Wandlungsproblematik eine abgeschlossene Etappe in der Entwicklung des einzelnen Bürgers und der kollektiven Gesellschaft zu zeigen. In Nolls Roman freilich, der die jüngste Vergangenheit als *Vorgeschichte* der Gegenwart aufzuarbeiten versucht,[10] führt die Strategie des Historisierens zu einer unbefriedigenden literarischen Auseinandersetzung mit dem Problem der Überwindung eines schon zerstörten National- und Heimatgefühls; ohne Zweifel erklärt diese Schwierigkeit auch den allzu didaktischen Ausgang des Romans.

Die siebziger Jahre begannen der Kriegszeit anders zu begegnen: in Klaus Schlesingers Roman *Michael* (1971) oder Herbert Nachbars *Ein dunkler Stern* (1973) z. B. zielt die Darstellung auf das Zustandekommen bestimmter Verhaltensweisen unter dem faschistischen Regime bei gleichzeitiger Konfrontation dieser Kriegszeit mit der eigenen Vergangenheit. Vor allem Christa Wolfs lang erwartetes Buch *Kindheitsmuster* (1976) macht einen deutlichen Schnitt in der Beschäftigung mit dem deutschen Faschismus. Im Vergleich zu Seghers und Noll wird nicht mehr gefragt: ›Wie konnte das passieren?‹, sondern: ›Wie sind wir geworden, wie wir sind‹? »Es ist ein großes Thema, den Reifeprozeß meiner Generation zu verfolgen, auch die Gründe zu suchen, wenn er ins Stocken kam. Für diejenigen, die in der Zeit des Faschismus aufwuchsen, kann es kein Datum geben, von dem ab sie ihn als ›bewältigt‹ erklären können.«[11] Den Krieg und seine Auswirkungen als erledigt zu behandeln bedeute eine freiwillige Aufgabe der Geschichte, diene aber der jungen Generation kaum zur Erkenntnis: »Im Zeitalter universalen Erinnerungsverlustes (ein Satz, der vorgestern mit der Post kam) haben wir zu realisieren, daß volle Geistesgegenwart nur auf dem Boden einer lebendigen Vergangenheit möglich ist.«[12] Und Wolf sieht diese einseitige Einstellung zur Geschichte als die herrschende in der literarischen Aufarbeitung des Faschismus: der klassische Held des antifaschistischen Romans ist entweder von vornherein auf der richtigen Seite (vgl. Seghers' Hans) oder hatte immer wieder von anderen erfahren, was die verantwortliche Haltung sei (vgl. Nolls Holt). Wolfs Erfahrung war das aber nicht.

Weil die »phantastische Genauigkeit« des Idealfalls, bei dem die Strukturen des Erzählens den Strukturen des Erlebens entsprechen, nicht erreichbar ist, wird der Roman auf verschiedenen Erzählebenen konstruiert (vgl. S. 354) – auf drei sich einander überlagernde Zeit- und Handlungsschichten: die individuelle Erlebniswelt von Nelly in den Jahren 1929 bis 1947 in Landsberg und auf der Flucht, erzählt in der dritten Person; eine als Dialog und Gedächtnisüberprüfung fungierende 46stündige Rück- und Heimreise der Erzählerin vom 11. bis 12. Juli 1971 nach L. (Landsberg/Warthe), heute G. (Gorzow Wielkopolski), mit dem Mann, dem Bruder und der Tochter; und die Selbstreflexion der Erzählerin über den Entstehungsprozeß des Romans, die hauptsächlich in der Form eines Monologs der Frage nachgeht, wie Erlebnis in Gestaltung umgewandelt wird.

Anhand der fiktiven Figur Nelly Jordans wird geschildert, wie Menschen durch faschistische Ideologie erzogen werden. Ihre psychische Struktur ist das Produkt jener kleinbürgerlichen Umgebung, die dafür verantwortlich war, daß der Faschismus seine Basis unter der Masse so schnell ausbreiten konnte. Diese Masse, die Schläfer, die »ihre Nicht-Handlungen sofort vergaßen« (S. 204), waren Meister des Sich-Dran-Gewöhnens, des Faschismus als Alltag. Dieser traumartige Zustand eines ganzen Volkes wird im 12. Kapitel ironisch thematisiert, wenn Kusine Astrid durch Herrn Andracks Zauber hypnotisiert wird: »Die Trägerin der mehr als ungehörigen Handlung – Astrid – war ja offensichtlich in einem höheren Sinne abwesend und nicht verantwortlich zu machen« (S. 352). Die zweite Erzählebene umfaßt die Reise der Familie nach dem Geburtsort der Erzählerin, unternommen in der Hoffnung, der eigenen Kindheit näherzukommen. Insofern steht die kurze Reise metaphorisch für das Hauptunterfangen des Romans – die Suche nach dem Selbst. Das Bewußtmachen der Geschichte durch die Wiedergewinnung der Vergangenheit dieses Mädchens Nelly bezieht sich auf eine ganze Generation, auf die jungen Leute, denen die Erzählerin das Vergessen erschweren will;[13] auf diese Weise hofft sie sich gegen den »fatalen Hang der Geschichte zu Wiederholungen« zur Wehr setzen zu können (S. 223). Die dritte und wohl wichtigste der Erzählebenen – die anderen sind in sie eingebettet – ist der Monolog der Erzählerin über die Entstehungsschwierigkeiten des Romans. Sie tritt hier als Hauptfigur hervor, die sich als eine Verbindung der fiktiven Nelly und der Schriftstellerin Christa Wolf entpuppt. Sie begreift Schreiben als Gedächtnisarbeit oder »als die Arbeit des Gedächtnisses zu beschreiben« (S. 11). Schreiben wird erstens als Akt der Selbstverständigung erklärt, indem die Erzählerin danach strebt, das »du« des Dialogs mit sich selbst und das »sie« des Berichts über Nelly als Objekt in ein »ich« zu verwandeln. Auf die Schwierigkeit dieses Unternehmens deutet das (übrigens einzige) Motto des 8. Kapitels hin, ein Zitat von Ingeborg Bachmann: »Mit meiner verbrannten Hand schreibe ich von der Natur des Feuers«. Der Widerspruch zwischen Erleben und Erzählen durchdringt das Buch und bringt das permanent schlechte Gewissen einer Schriftstellerin zur Sprache, die sich mit der Beobachterrolle eines Zuschauers im Leben nicht ohne weiteres abfinden kann. Strukturen finden heißt, wie der Titel lautet, Muster herausarbeiten, Probestücke untersuchen, Gerüste der Wahrnehmung aufstellen. Es heißt aber weiter, schreibend zwischen der Gegenwart und der Vergangenheit vermitteln. Die »Wortunmächtigkeit« eines Bruno Jordan (Nellys Vater) führt nur zu der Amnesie, »die einen Menschen in sich selbst einsperrt, ohne daß er über dieses Selbst etwas Näheres wissen kann« (S. 247). Hierin entdeckt die Autorin den Sinn des Erzählens: das Recht und die Pflicht, bestimmte Lebensbereiche zu untersuchen, die dem Menschen nur durch die Literatur zugänglich sind. Wäre das Zu-sich-Kommen durch den Prozeß des Schreibens nicht möglich, wäre der Erzähler überflüssig. Ob dieser Prozeß für den Leser aufgeht, steht zur Frage, denn die Spaltung der Erzählebenen und die entsprechende Splitterwirkung des Ichs in drei einander kaum begreifbare Menschen hypostasiert eine Wandlung vom Grunde auf, die schwer nachvollziehbar ist.

Im Gegensatz zur Pflege des Antifaschismusthemas gab es unmittelbar nach dem Krieg in der sowjetisch besetzten Zone kaum Interesse an einer Wiederbelebung der Traditionen der proletarischen Literatur, da man die Einheitsfront der Antifaschisten aus den dreißiger Jahren aufrechterhalten wollte. Diese Situation änderte sich schon nach drei Jahren. Im Zuge des Kalten Krieges und des Versuchs, einen Sozialismus mit deutschem Antlitz zu entwickeln, wurden auf kultureller Ebene das sowjetische Muster des sozialistischen Realismus und die Orientierung an der Aufbauliteratur der dreißiger Jahre propagiert. Der erste Zweijahrplan (1949/50) schloß daher einen Aufruf an die Künstler ein: »Die fortschrittlichen Schriftsteller können durch ihre Werke dazu beitragen, Arbeitsfreude und Optimismus bei den Arbeitern in den Betrieben und bei der werktätigen Landbevölkerung zu entwickeln. Ihre Werke können Sinn und Bedeutung des Zweijahrplans und aller mit ihm zusammenhängenden gesellschaftlichen Fragen dem ganzen Volke vermitteln.«[14] Diese mechanistische Konzeption reproduziert im kulturpolitischen Bereich den Einfluß der stalinistischen Politik, nach der die Arbeiter die Grundlagen des materiellen Fortschritts durch steigernde Produktion vorbereiten, während die Künstler den entsprechenden Überbau schaffen.[15] Es war kein eigenständiger proletarischer Instinkt bei den in Deutschland gebliebenen Schriftstellern vorhanden, der die Arbeitswelt als bewußtseins- und gesellschaftsbildendes Erlebnis gestalten konnte. In der Tat sind gerade Künstler aus der Gruppe der in ihrer Mehrzahl in den Osten Deutschlands zurückgekehrten Arbeiterschriftsteller dafür verantwortlich, daß überhaupt ein Schimmer der emanzipatorischen Strömungen, wie sie in der proletarisch-revolutionären Literatur geschildert werden, in die Literatur der DDR überging – Schriftsteller wie Otto Gotsche (*Tiefe Furchen*, 1949), Karl Mundstock (*Helle Nächte*, 1952) und Hans Marchwitza (*Roheisen*, 1955). Als erster Roman über die industrielle Arbeitswelt nimmt *Menschen an unserer Seite* (1951) von Eduard Claudius hier eine besondere Stelle ein. Im Gegensatz zu vielen darauf folgenden ›Betriebsromanen‹ (Maria Langner: *Stahl*, 1952; August Hild: *Die aus dem Schatten treten*, 1952; Hans Lorbeer: *Die Sieben ist eine gute Zahl*, 1953) ließ Claudius durch seinen Helden die konkreten subjektiven Bedürfnisse der Arbeiter und das daraus resultierende Bewußtsein zum Ausdruck kommen. Gestützt auf seine Reportage »Vom schweren Anfang«, legte Claudius einen Roman vor, in dem eine Elektrodenfabrik infolge Kriegsschäden jetzt vor dem Produktionsstopp steht. Nur aufgrund eines gewagten Entwurfs von Aehre, nach dem der Ofen bei gleichzeitiger Feuerung neu aufgebaut wird, kann die Situation gerettet werden. Claudius' Roman thematisiert also nicht nur die Ziele des Zweijahrplans, sondern stellt auch den positiven Arbeiterhelden als literarische Analogie der Aktivistenbewegung in der Wirtschaft vor.

In den fünfziger Jahren erhielt die Gestalt des positiven Helden die fragwürdige Aufgabe, den Prototyp des »Neuen Menschen« darzustellen. Der positive Held agiert als didaktisches Modell, das andere durch seinen Enthusiasmus zu neuen Leistungen vorantreibt. Aehre z. B. vermag seine Mitarbeiter zu organisieren, weil er handelt und durch zielgerichtetes Handeln seine konkreten Arbeitsbedingungen verbessert. Eine solche Figur ist aber der ständigen Gefahr ausgeliefert, die spezifisch gesellschaftliche Wirklichkeit in dem Moment zu überhöhen, wenn die potentielle Zukunft als Maßstab der gegenwärtigen Realität gesetzt wird. Das ist auch bei Aehre der Fall, dessen Entwicklung einer Selbstenthüllung und Selbstbejahung gleicht: »Meine Partei räumt ihn weg, den ganzen Schutt [...] und ich sehe, daß etwas in mir steckt, von dem ich nichts gewußt habe.«[16] Der neue Parteisekretär, der als einzige der Figuren des Romans über die Vorgänge reflektiert, verstärkt diesen Eindruck, indem er den Klassenkampf auf die Metapher eines inneren, einfachen Motors reduziert (S. 83). Damit verneint er den schöpferischen Einsatz des einzelnen und fetischisiert Aehres Heldentum in dem Begriff des einfachen Arbeiters. Claudius gestaltet also die Partei nicht als Instanz der Auseinandersetzung mit den Arbeitern, sondern in streng stalinistischer Form als ausgleichende väterliche Instanz, die den ideologischen Hintergrund artikuliert und das Besondere verallgemeinert. Obwohl Aehre sogar den ausschlaggebenden Anstoß zur Absetzung des korrupten Parteisekretärs gibt, kontrollieren schließlich nicht die Arbeiter die Partei, sondern umgekehrt.

Claudius gelingt eher als anderen Autoren von Industrieromanen eine realistische Darstellung gesellschaftlicher Prozesse, weil er Widersprüche nicht von vornherein ausschließt. Solche Widersprüche erscheinen oft freilich nur in der Nebeneinanderstellung positiver und negativer Qualitäten, z. B. im erwähnten Bild des »einfachen Arbeiters«, oder wenn Klassenkampf durch eine kriminalistische Sabotagegeschichte auf der Grenze zwischen Ost und West angesiedelt und dadurch zur Agententheorie verharmlost wird. Dieser Hang zur revolutionären Romantik, zur stilisierten Wirklichkeit, ist kennzeichnend für das damals herrschende literarische Modell der vorweggenommenen Harmonie. Die oben erwähnte im Jahre 1956 einsetzende Kritik markierte das vorläufige Ende dieser Romangattung, die unter möglichst konsequenter Aussparung aller Konflikte auf eine Integration des Arbeiters in den Staat durch Begeisterung für die Produktion zielte. Diese undialektische Konfliktgestaltung führte zur ersten Bitterfelder Konferenz 1959, auf der eine neue literarische Konzeption ins Leben gerufen werden sollte, durch die die Entfremdung zwischen Kunst und Leben überwunden werden konnte. Die Lösung versprach man sich von einer gegenseitigen Annäherung des Künstlers und Arbeiters aus der Sicht der Arbeiterklasse, wobei die

Künstler in der Produktionssphäre empirische Erlebnisse sammeln (»Schriftsteller an die Basis!«), während die Arbeiter bei der künstlerischen Gestaltung ihrer Umwelt eine aktive Rolle übernehmen sollten.[17] Da auf diese Weise die Subjektivität des Künstlers eher zum Ausdruck kam, ging die Gestaltung sozialistischer Ideale als Apologie für die ungelösten Widersprüche der Gegenwart zurück. Das Erlebnis eines Autors, stellte sich weiter heraus, konnte nicht nur als Bejahung, sondern auch als Herausforderung der gesellschaftlichen Wirklichkeit verstanden werden.

Die Bitterfelder Ernte war reich und vielfältig. Vor allem trat eine neue Generation junger Schriftsteller mit Werken hervor, die ihre Begegnung mit dem industriellen Aufbau und ihre Entscheidung für die DDR gestalteten (Karl-Heinz Jakobs: *Beschreibung eines Sommers*, 1961; Brigitte Reimann: *Ankunft im Alltag*, 1961; Christa Wolf: *Der geteilte Himmel*, 1963). Erik Neutsch ging mit seinem zur zweiten Bitterfelder Konferenz (1964) vorgelegten Roman *Spur der Steine* noch einen Schritt weiter, indem er aus den dargestellten Konflikten auch eine innere Wandlung der Figuren entwickelt. Die Handlung seines Romans spielt um die Baustelle eines Chemiewerkes, die die Grundlage zweier zentraler Verhältnisse bildet: Ballas Freundschaft mit dem Parteisekretär Horrath und der Beziehung zwischen dem verheirateten Horrath und Katrin Klee, einer Architektin auf der Baustelle. Alle drei Figuren erleben eine Krise, in der die entfremdete Arbeit überwunden werden muß – ein Novum in der Literatur der DDR, das erst nach der Entstalinisierung theoretisch aufgearbeitet wurde. 1963 hatte schon die Diskussion des Kafka-Erbes auf einer Konferenz in Liblice (Tschechoslowakei) das Thema der Entfremdung im Sozialismus angeregt – eine fruchtbare Basis für die literarische Formulierung der Widersprüche in der DDR-Gesellschaft. In diesem Kontext bereitet Ballas Entwicklung sowohl eine Auseinandersetzung mit der Arbeit im Kapitalismus als auch eine Konfrontation mit Leistungsunfähigkeit und Engpässen im Sozialismus vor. In dem Maße, wie Neutsch Erfahrungen in der Arbeitswelt als Quelle sozialer Widersprüche begreift, wird Ballas Selbstentwicklung zu einer Probe und einem Beweis der Errungenschaften des sozialistischen Gesellschaftssystems. Der dialektische Gang dieses Lernprozesses wird im letzten Teil des Romans in Frage gestellt, wenn Balla zu der Einsicht gelangt, daß Technologie und Wissenschaft die Schlüssel zur höheren Produktivität seien. Die Gleichsetzung erhöhter Produktivität mit gesellschaftlichem Fortschritt beachtet nicht mehr seine eigene Erfahrung der Widersprüche auf dem Bau. Während Balla also zur Verwischung der politischen Dimension der Entfremdung tendiert, bleibt die Entfremdung Horraths und Katrin Klees ungelöst und daher, als Zeichen der Grenzen dieser politischen ›Lösung‹, eine Herausforderung an den Leser. Horrath und Klee erfahren nämlich, daß weder die Partei noch die Arbeit auf der Baustelle der menschlichen Seite ihrer Liebesbeziehung eine Basis geben. Horrath wird aus seinem Amt entlassen, weil er gegen die enge Moral der Partei verstoßen hat; Klee endet, im Gegensatz zu Ballas Zuversicht auf die kommunistische Zukunft, in Resignation und Gleichgültigkeit.

Im Unterschied zum Roman der fünfziger Jahre versteht Neutsch die Entwicklung des Bewußtseins als Produkt des Konflikts zwischen persönlicher Erfahrung und gesamtgesellschaftlichen Prozessen. Horrath äußert einen Grundsatz dieser parteilichen Perspektive, die die Negation eines gesellschaftlichen Modells als notwendigen Teil gesellschaftlicher Dialektik begreift: »Ich liebe die Siege und die Niederlagen und die Siege über die Niederlagen.«[18] Doch schon auf der zweiten Bitterfelder Konferenz wurde diese Haltung stark eingeschränkt. Mit der Schließung der Grenzen 1961 und der Einführung des Neuen Ökonomischen Plans 1963 begann ein neuer Abschnitt der DDR-Geschichte, den Walter Ulbricht »das entwickelte gesellschaftliche System des Sozialismus« nannte.[19] Literarisch äußerte sich diese ideologische Umstellung in Erzählperspektive und Figurenkonstellation. Die Perspektive des einzelnen Arbeiters und die Unmittelbarkeit der subjektiven Erfahrung wurde nicht mehr als Maßstab gefordert: »Es handelt sich für den Schriftsteller nicht einfach darum, mit dem Leben im Betrieb, im Dorf verbunden zu sein, um realistisch gestalten zu können [...] Es gilt das Wesen der gesellschaftlichen Entwicklung zu erkennen.«[20] Diese neue Haltung nannte man »die Perspektive des Planers und Leiters«. Die Folge für die Literatur war eine Abkehr von der Arbeitswelt als Thema, von den Arbeitern als Helden (weil diese nur Werkzeug der Manager wären) und die Konzentration auf die interessanteren, wichtigeren Mitglieder der Gesellschaft – auf »die Königsebene«.[21] Entsprechend wurden Konflikte nicht mehr in ihrer Widersprüchlichkeit gestaltet, sondern »vom Standpunkt ihrer Überwindung aus«.[22] Änderung versteht sich hier als ein sich selbst regelndes System; die Zukunft verliert an Bedeutung, da sie ideologisch in einer relativ selbständigen Übergangsphase verfangen ist. Romane wie *Alchimisten* (1967) von Eduard Klein oder *Sankt Urban* (1968) von Martin Viertel waren auf Ausgleich, Einklang und Harmonie aus, und wenn der Arbeiter überhaupt noch als widersprüchliche Figur erschien, dann zum Beweis seiner Aufstiegschancen im Sozialismus, wie Hermann Kant in *Die Aula* (1965) und *Das Impressum* (1970) nicht ohne Ironie vorführte.

Der VIII. Parteitag (1971) unternahm eine grundlegende Kritik und Revision der politischen Führung der vorangegangenen Jahre. Mit dem Aufgeben der Idee der »sozialistischen Menschengemeinschaft« öffnete sich wieder – auch im Zusammenhang mit der Rückbesinnung auf die Rolle des Klassenkonflikts und der Arbeiterklasse – die Möglichkeit einer produktiven ideologischen Widerspruchsbewältigung. Außerdem rief die neue Parteiführung dazu auf, »einen offenen, schlichten, schöpferischen Meinungsstreit« zu beginnen, damit jeder die eigenen, täglich erfahrbaren Widersprüche zur Sprache bringen konnte.[23] Obwohl man kaum von einer Renaissance des Industrieromans sprechen kann, erschien doch seit 1971 eine ganze Reihe von Romanen, die die Auseinandersetzung mit der Arbeitswelt wieder ernst nehmen. Joachim Knappes *Die Birke da oben* (1970), Werner Steinbergs *Pferdewechsel* (1974) und Erik Neutschs *Auf der Suche nach Gatt* (1973) behandeln in verschiedenen Variationen die Selbstreproduktion der Planer und Leiter, die optimale Lösungen für technisch-wissenschaftliche Probleme suchen. Volker Brauns *Das ungezwungene Leben Kasts* (1972) und Karl-Heinz Jakobs' *Die Interviewer* (1973) dagegen stellen Helden vor, die auf der Basis ihrer Erfahrungen mit Arbeitern bereit sind, statt Bewährung vorzuspielen, die Realität zu befragen.

Jakobs versucht, nicht nur die Widersprüche zwischen Individuum und Gesellschaft zu gestalten, sondern auch ihre objektive Entstehung. Der Titel kennzeichnet schon die Struktur des Romans, denn die Interviewer sind nicht nur die »Operationsforscher« (Kybernetiker), die auf der Grundlage der Erforschung des Gegenwärtigen die Zukunft entwerfen sollen, sondern auch die Interviewten, die den Forschern als Objekte sowie herausfordernde Subjekte begegnen. Über diese oberflächlichste, wenn auch offenste Art Befragung hinaus gibt es die Befragung in der Form von Selbstreflexionen der einzelnen Figuren, so daß die Grundhaltung des Romans sich als Erkundigung herausstellt. Jede Einzelheit, ja die Realität selbst, ist problematisch und wird Objekt der Befragung. Radek als Wissenschaftler und in seiner Subjektivität fühlt sich durch diesen Prozeß verunsichert, denn seine Fragen führen nie zu einem Abschluß, der die Einheit zwischen wirtschaftlichen Forderungen und menschlichem Potential sicherstellen kann. Zwei Produktionsarbeiter spielen eine besonders wichtige Rolle in diesem Erkenntnisgang. Alfred Baumann, früher Aktivist und Leiter einer Brigade, die permanent hinter den Normen herhinkt, wird auf Radeks Empfehlung abgelöst, weil die Schwäche auf Baumanns mangelndes technisches Wissen und seine autoritäre Haltung zurückzuführen sei. Diese Entscheidung ist jedoch keine rein empirische Schlußfolgerung, wie Radek sich selbst gesteht, als er sich durch weitere, nicht statistisch erfahrbare Meinungen anderer seiner eigenen Vorurteile bewußt wird. Vor allem macht ihn Gisela Branner, eine Mitarbeiterin der Brigade, darauf aufmerksam, daß Baumann doch als Mensch hoch zu schätzen sei: »Am Ende aber sehe ich, geht es um Menschen.«[24] Durch die dokumentarartigen Protokolle der Gespräche Radeks mit dieser Frau werden die aus der Perspektive einer Produktionsarbeiterin gesehenen Probleme der Arbeitswelt in den Roman eingefügt, ein Verfahren, das es ermöglicht, die Rolle von Radeks eigenen subjektiven Interessen in den empirischen Schlußfolgerungen bloßzulegen.

Radek, der immer wieder auf die üblen Begleitumstände seiner statistisch unterbauten Taten stößt, kommt endlich in eine persönliche Krise – im Gegensatz zu dem Künstler Kritzki, der ein anderes Extrem darstellt, das des unreflektierenden Individuums: »Warum könnt ihr nicht so sein, wie ich euch haben will? Aber nein: Immer diese Widersprüche« (S. 265). Jakobs' Gestaltung Radeks ist ja programmatischer Natur: mit ihm beweist er, wie das Handeln der Menschen wirklichkeitsändernde Widersprüche hervorruft. Dieser Versuch, die vielfältige Totalität gesellschaftlicher und persönlicher Widersprüche als Konflikte auszutragen, fordert eine entsprechende Schreibweise, die Jakobs Montage- und Assoziativtechnik nennt.[25] Die Intention läuft darauf hinaus, die Stellung des allwissenden Autors abzubauen, um dadurch den Leser seiner passiven Haltung zu berauben und ihn zu einem ordnenden, aktiven Lesen zu bringen.[26] Der Ausgang der Geschichte vergegenwärtigt diese Haltung des Autors, wenn Radek und seine Frau zur Lösung ihrer durch gesellschaftliche Spannungen und arbeitsbedingte Zwänge entstandenen Ehekrise ins Bett springen, um ein zweites Kind zu zeugen. Die Unzulänglichkeit ihres Verhaltens zieht ihre Entscheidung ins Lächerliche und stellt dem Leser die Aufgabe, ein vernünftigeres Handeln zu entwerfen.

Die Integrationsproblematik befaßt sich nicht nur mit Arbeitergestalten. Eine weitere Dimension schildert vor allem die Aufbruchsversuche von Intellektuellen, die sich in den neuen Staat einzufügen hoffen. Im Unterschied zu den Romanen der fünfziger und sechziger Jahre, die die Entwicklung der DDR chronologisch nachzeichneten, wird hier auf die pauschale Sicht verzichtet, damit die Schwierigkeiten der Persönlichkeitsbildung unter neuen Umständen untersucht werden können. Franz Fühmann legte in seinem Bericht *Kabelkran und Blauer Peter* (1961) eine Literarisierung dieser Problematik vor. Statt eine vorbildliche Überwindung und Integration der Unterschiede zwischen Arbeitern und Intellektuellen zu schildern wie Neutsch in seinen *Bitterfelder Geschichten* (1961) oder Brigitte Reimann in *Ankunft im Alltag* (1961), bleibt der Ich-Erzähler in Fühmanns Reportage ein Nur-Besucher in der Arbeitswelt. Der Erzähler –

Funktionär und Schriftsteller – begegnet der Warnow-Werft in Warnemünde als Außenseiter. Seine Wahrnehmung der Arbeitsgänge sowie der Umgebung wird hauptsächlich durch Analogie, Metapher und Märchen vermittelt, da er auf andere Weise keine Ordnung in diese ihm fremde Welt bringen könnte. So betrachtet er das Werftgelände bei der Annäherung am ersten Tag als »ein phantastisches Gesicht«,[27] und später kommen ihm die Maschinen wie sonderbare Tiere mit drohenden Visagen vor (S. 37). Von Anfang an aber betreibt der Erzähler eine Entfetischisierung des Betriebsbildes, indem er bewußt seine eigene Rolle ironisiert und sich einer Idealisierung der bedrückenden und langwierigen Arbeit verweigert.

Der erste Teil der Reportage berichtet von der Einführung dieses Außenseiters, von seinem Lernprozeß, der eher einem Zur-Kenntnis-Nehmen als einem Erkenntnisprozeß entspricht; der zweite Teil verallgemeinert die Erfahrung des Erzählers durch die Lebensläufe einiger Arbeiter und durch die Beschreibung der Leitungstätigkeit in dem Betrieb. Hierin bleibt der Erzähler sozusagen der Schriftsteller Fühmann; er kann sich dieser Welt nicht anpassen, spiegelt nichts vor, ermöglicht durch seine Darstellungen der gesellschaftlichen Wirklichkeit Aufschlüsse über die Beziehungen zwischen Arbeitern untereinander und zwischen sich und Arbeitern. Im Grunde nimmt Fühmann die Problematik der Trennung zwischen Künstler und Leben wieder auf, aber statt die Widersprüche dieser Dichotomie zu verinnerlichen, wie es seit je in der deutschen Romantradition üblich war, zeichnet er sie auf, ohne sie zu entschuldigen. Die dialektische Einheit zwischen sozialistischer Gesellschaftsentwicklung und persönlicher Entfaltung bricht an dieser Stelle auseinander als einleuchtendes und ehrliches Beispiel der noch zu überwindenden Trennung zwischen Kopf- und Handarbeit in der DDR. Die Wahl der Reportageform ist bemerkenswert, zum einen als Rückgriff auf eine operative Erzählstruktur aus der proletarisch-revolutionären Literaturtradition der zwanziger Jahre und zum anderen als Verzicht auf eine in der DDR (trotz der Kritik an Lukács) klassisch gewordene Romankonzeption. Der persönliche Widerspruch in der Konfrontation des Autors mit der Arbeitswelt konnte nicht in eine Romanform gezwängt werden, die die Totalität gesellschaftlicher Beziehungen als Produkt einzelner Personen und Konflikte begreift.

Im Zuge der Vorbereitung auf die zweite Bitterfelder Konferenz wurde Fühmann vom Minister für Kultur um eine Erklärung gebeten, warum er nicht den erwarteten Roman, sondern bloß eine Reportage vorgelegt habe. In seiner Antwort kritisierte Fühmann die Tendenz zur politischen Verkündigung statt zur Auseinandersetzung mit der Realität im Nachzug von Bitterfeld. Er legte Wert vor allem darauf, daß er sich selbst treu geblieben war, »denn zwei Gebiete jenseits der erwähnten Grenze werde ich beim besten Willen nicht mehr erobern können: Das weite Land der Erinnerung, [...] die jedes Stück Literatur braucht, um nicht flach zu bleiben. Zum zweiten liegt ›jenseits‹ der weite Bezirk der allgemeinmenschlichen Gefühle, die im literarischen Werk nur dann glaubhaft werden können, wenn man sie in ihrer, durch die gesellschaftliche Spezifik geprägten Individualität zeigt. Die aber kenne ich nicht, und ich komme ›von außen‹ zu wenig in sie hinein.«[28] Fühmann fährt fort, diese Unterschiede als klassen- und generationsspezifisch zu definieren, eine beliebte Rechtfertigung auch der Literaturkritik.[29] Mag es auch stimmen, daß Fühmann besser das autobiographische Thema der Wandlung vom Faschismus zum Sozialismus behandelt, so spiegelt seine Haltung ein grundlegenderes Problem der DDR-Kultur wider: Wie kann eine Literatur das

Interesse der Arbeiter aus einer dialektischen Perspektive zum Ausdruck bringen, wenn die Künstler selbst Außenseiter bleiben?

Fühmanns Frage nach den Grenzen der Integration des einzelnen mit seiner persönlichen Vergangenheit in die Gegenwart wurde ein beliebtes Thema der sechziger Jahre, allerdings in einer leicht, doch auf bedeutsame Weise abgewandelten Form des Rechenschaftsmotivs. In der Selbstdeutung der DDR-Literatur versteht sich das Motiv als Vermittlungsmoment für die Geschichte des Erreichten, dessen Wert und Berechtigung nachzuweisen sind.[30] Hier geht es nicht mehr darum, die Wirklichkeit am Versprechen der Gegenwart zu prüfen wie in der Bitterfelder Literatur; nunmehr wird die Gegenwart als Beginn der Zukunft geehrt. Der Bau der Mauer spielte keine kleine Rolle in diesem Prozeß des Selbstverständnisses, denn jetzt lag die Tendenz sehr nahe, die DDR als die bessere Hälfte Deutschlands, als den Bereich der größeren Möglichkeiten zu rechtfertigen. Kennzeichnend für diese Literatur ist die Preisgabe der großen historischen Perspektive und des Anspruchs auf Repräsentanz, da Bewältigung nicht mehr primär als geschichtlicher Prozeß verstanden wird, sondern als Selbstverständigung unter Menschen, die Risse in ihrem Verhalten aufweisen. Alfred Wellm in *Pause für Wanzka* (1968), Werner Heiduczek in *Abschied von den Engeln* (1968) und Günter de Bruyn in *Buridans Esel* (1968) richten ihr Hauptaugenmerk auf innere Vorgänge und Reflexionen der Helden über Alltagserlebnisse, um die Verständigung über sich selbst als Grundlage des literarischen Konfliktes einzuführen. In seinem ironisch angelegten Roman schildert Günter de Bruyn den Aufbruch und die Ehekrise eines vierzigjährigen Bibliothekars als symptomatischen Konflikt seiner Gesellschaft, wo die Widerstände der persönlichen Entwicklung nicht in der Gesellschaft oder zwischen der Gesellschaft und dem Individuum zu suchen sind, sondern im Individuum selbst. Karl Erp verliebt sich in Fräulein Broder, eine junge Praktikantin in seiner Bibliothek, und entschließt sich, langjährige Ehe, Frau, zwei Kinder und seine Lethargie hinter sich zu lassen. Seine Liebe weckt in ihm die Nostalgie nach vergangenem Jugendelan wieder auf; er dünkt sich bereit, »spießige Selbstgefälligkeit, Inaktivität und Resignation« zu überwinden.[31] Erp scheitert jedoch in seinem Versuch, wie auch der Titel nahelegt: Buridans Esel bleibt zwischen zwei Heuhaufen stehen und verhungert aus Mangel an Entschlußfähigkeit. Wo sind dann die Widerstände, die die Grenzen des persönlichen Glücks nachzeichnen?

Wie Fühmann in seiner Reportage greift Erp auf den Generationsunterschied zurück. Er erklärt, daß die Liebe für die junge Generation »vorwiegend ein praktisches Problem sei« (S. 50), während seine Erfahrung der Aufbaujahre der Erkenntnis der Mittelmäßigkeit und Passivität gewichen sei. Es scheint also, als ob die Liebe an Erp selbst zugrunde ginge, daß er – »ein saturierter Wohlstandskommunist, dem zu Haus und Auto noch die Geliebte fehlte« (S. 100) – persönlich den Mut zur Änderung nicht aufbrächte. Im Gegensatz zu Fühmanns Reportage ist der Prozeß der Verinnerlichung gesellschaftlicher Zwänge in diesem Roman fast total. Für Karl Erp, wie für den Leser, bleibt die Gesellschaft gefälliges Vehikel zum Aufstieg, wenn der Held nur wollte. Rechenschaftsablegung wird in diesem Zusammenhang ein Alibi für ein Phänomen, das in der Wirklichkeit nicht stattfindet. Der literarische Beweis moralischer und politischer Integrität der Führungsschicht kompensiert die Tatsache, daß die Erps nie öffentlich zur Rechenschaft gezogen werden. Als negativer Held, dessen Auf- und Ausbruchsversuch nicht gelingt, agiert Erp als Karikatur des Typs, der nicht stark genug ist, sich zu stellen und zu behaupten. Die beiden Frauengestalten des Romans nehmen dagegen alle Möglichkeiten des Aufstiegs in Anspruch. Elisabeth, die verlassene Frau Erp, nimmt den Bruch in ihrer Ehe als Anlaß zur Selbsterforschung und zur Überwindung der Angst vor Veränderungen. Sie schlägt eine neue Karriere ein und lernt, ihren eigenen Wünschen im persönlichen Bereich nachzugehen. Fräulein Broder, deren emotionaler wie rationaler Unbedingtheit Erp nicht standhalten kann, läßt den Liebhaber sitzen und geht als Bibliothekarin in die Provinz, um kulturelles Neuland zu gewinnen. Beide Frauen sind noch fähig, auf eine bessere Zukunft zu hoffen und sich aktiv für sie einzusetzen. Sie bewahren noch die Einheit von Denken, Fühlen und Handeln gegenüber Desillusionierung und Anpassung – wobei freilich zu fragen bleibt, inwiefern diese Einheit nur eine Fiktion ist, die die tatsächlichen Widersprüche zwischen Wirklichkeit und Ideal verwischt.

Trotz der durch solche Innerlichkeitsproblematik angeregten heftigen Kritik am Individualismus[32] wurde diese neue Subjektivität der Kern der Selbstverwirklichungsversuche im Roman der siebziger Jahre. Interessanterweise zeigten sich besonders Schriftstellerinnen der Herausforderung gewachsen, die Wechselbeziehungen zwischen privatem Glück und gesellschaftlichem Anspruch zu gestalten, vielleicht weil ihre weiblichen Helden eher dazu disponiert waren, deren Widersprüche am eigenen Leib zu spüren (entgegen offiziellen Behauptungen über die Emanzipation der Frauen in der DDR[33]). Die Hauptfiguren in Brigitte Reimanns *Franziska Linkerhand* (1973), Sarah Kirschs Erzählungsband *Die Pantherfrau* (1974) und Gerti Tetzners *Karen W.* (1974) fordern das Recht, anders sein zu dürfen, indem sie vorgegebene Rollen zugunsten einer schöpferischen Unabhängigkeit aufgeben. Diese Frauen fragen im Gegensatz zu ihren Schwestern in früheren Romanen, die persönlichen Wert am bloßen Aufstieg zu messen pflegten, nach dem Wert des Bestehenden, um die wirklichen Verhältnisse ihrer Gesellschaft zu beleuchten. Gerti Tetzner führt eine dreißigjährige Heldin vor, die den Aus- und Aufbruch als radikale Absage an »das verwartete Leben« versteht. Ihr Drang, »auf andere Art zu leben«, richtet sich gegen die Gefälligkeit, die die Autorin in den Menschen ihrer Umgebung sieht, die »durch das Leben trotten«.[34] Karen W. lehnt sich nämlich gegen den Rollenzwang ihrer Identität als Ehefrau eines Akademikers und als Mutter auf und verzichtet, im Gegensatz zu de Bruyns Helden, auf ihren gesellschaftlichen Sonderstatus, damit sie sich im sozialistischen Alltag verwirklichen kann. Sie kehrt mit ihrer Tochter in ihr Heimatdorf zurück und nimmt Arbeit in einer Erntebrigade auf. Sie betrachtet manuelle Arbeit nicht als Entwürdigung, sondern als Weg zur Selbsterkenntnis, denn in dem Maße, wie Karen von den Bauernfrauen akzeptiert wird, schärft sie den Blick für ihr Leben. Der Gestus des Fragens, das »wie und warum wir so geworden sind«,[35] entwickelt sich im Laufe des Romans zu einer Unbedingtheit in der Suche nach Wahrheit, die Karen immer wieder in die Schranken zurückweist, die der ›gesellschaftliche Fortschritt‹ dem einzelnen setzt. Indem sie dieser Frage nachgeht, muß sie nämlich feststellen, daß die totale Neuschöpfung des Menschen hinter seinem Entwurf zurückgeblieben ist, ja durch seinen Entwurf gar verhindert wird.

Karens Nachdenken beginnt bei ihr selbst: z. B. in bezug auf ihre unüberlegte Wahl des Rechtsanwaltsberufs, dessen »tagtägliches Einordnen, Werten, Beurteilen alles Lebendigen durch Normen« sie überzeugt, daß das wirkliche Leben sich außerhalb des Gerichtssaals entscheidet (S. 286), oder in bezug auf ihre Einsicht in die Blindheit und Gedankenlosigkeit ihrer Verheißungen als Notarpraktikantin während der Kollektivierung auf dem Lande 1960, die noch zehn Jahre später nicht völlig eingelöst sind. Ihr begegnet eine ganze Reihe von Menschen, deren einseitige Entwicklungsgänge sie allmählich dazu zwingen, das Selbstverständliche des eigenen Werdegangs als ein historisch Gewordenes zu vertiefen. Diese Neuentdeckung des Lebens durch die praktische Erfahrung der Grenzen ihrer Möglichkeiten aktiviert Karen zum Kampf gegen die Reduzierung auf Rationalität und Zweckdenken. Das Erlebnis des Unterschieds zwischen Stadt und Land, zwischen intellektueller Überheblichkeit und der Praxis der Arbeiter, führt weder zur Abgrenzung noch zur Verinnerlichung, sondern ermutigt zu konstruktiver Wirklichkeitsbewältigung. Karen entschließt sich am Ende des Romans, zwar in die Stadt ihres Mannes, aber nicht nach Hause und in den früheren Beruf zurückzukehren. Im vollen Bewußtsein der Vorzüge und Nachteile des technisch-wissenschaftlichen Zeitalters wählt sie eine Stelle in einer hochmechanisierten Eierproduktionsanlage, um sich als Mensch in der Welt der Automaten zu behaupten (S. 329). Ihre Zuversicht ist keine Zurücknahme der geschilderten Widersprüche durch eine utopisch gefärbte Hoffnung auf berufliche Erfüllung, sondern vielmehr die Überzeugung, daß es sich lohnt, gerade unter diesen Umständen Empfindungsreichtum und Gefühle zu entwickeln.

Es gibt zwei Bereiche im Romanschaffen der DDR, die besonders auf die schöpferischen Möglichkeiten der Gattung hinweisen: den phantastischen Roman und den tragischen Roman. Beispiele humoristischer Literatur traten schon in den fünfziger Jahren vereinzelt auf, aber erst in den sechziger Jahren wurden Satire, Karikatur und Ironie von Schriftstellern wie Erwin Strittmatter oder Hermann Kant konsequent als Mittel eingesetzt, um Distanzierung von gesellschaftlich schädlichem Benehmen, etwa von der Überschreitung fixierter Normen anzudeuten. Auch Science fiction oder wissenschaftlich-phantastische Literatur spielte bis in die späten sechziger Jahre als Trivialform eine untergeordnete Rolle und wurde erst vor kurzem von Autoren wie Klaus Beuchler und Günter und Johanna Braun als ernster Versuch gebraucht, fiktive Modelle menschlichen Verhaltens zu entwerfen. Mitte der sechziger Jahre erschien jedoch ein ganz neues Element, das beschränkt und wegen seiner befürchteten negativen Folgen für den sozialistischen Realismus von Funktionären der Kulturpolitik sogar unterdrückt worden war, nämlich das Phantastische. Im Anschluß an die weitentwickelte Kinderliteratur und an das Interesse am deutschen Märchen- und Legendenschatz haben Schriftsteller wie Manfred Bieler – 1968 nach Westdeutschland übersiedelt (*Bonifaz oder der Matrose in der Flasche*, 1963) –, Fritz Rudolph Fries (*Der Weg nach Oobliadooh*, 1966) und Günter Kunert (*Im Namen der Hüte*, 1967) das Spielerische aufgegriffen. Das kann man einmal als Reaktion auf den Mythos der Wissenschaft und zum anderen als Ablehnung des Realismus im Sinne der platten Konkretheit auslegen. Diese Schriftsteller bestreiten also nicht die Wirklichkeit, sondern sie versuchen, sich produktiv mit ihr auseinanderzusetzen, indem sie über gewohnte Vorstellungen und Denkweisen hinausgehen.

Günter Kunert, der seit 1979 in Westdeutschland lebt, ist schon seit 1950 als Lyriker bekannt. In seiner ersten längeren Prosaarbeit legte er ein Beispiel solcher Wirklichkeitsbewältigung vor. Kunert, der das realistisch nennt, was »auf die Widersprüchlichkeit in der Realität« deutet,[36] setzt in seinem Roman phantastische Elemente ein, um das Gewöhnliche ins Ungewöhnliche zu verwandeln, so daß der Leser Alternativen erdenken muß. *Im Namen der Hüte* thematisiert die deutsche Schuldfrage durch die

Schelmenfigur Henry, der mit der Fähigkeit ausgestattet bzw. geschlagen ist, die Gedanken anderer durch ihre Hüte zu lesen. Auf diese Weise lernt Henry viele Hintergründe menschlichen Verhaltens kennen, aber es wird ihm gleichzeitig der Weg versperrt, die Vergangenheit durch Verdrängung zu bewältigen, weil ihre Widersprüche sich immer wieder durch verschiedene Hüte ins Gedächtnis der Gegenwart drängen. Henry erlebt damit den Erinnerungsprozeß als Paradox. Einmal sieht er die Gefahr, in der Vergangenheit zu erstarren: »Sich umwenden und zurückschauen bewirkt, daß man zu einer Statue seiner selbst erstarrt, geformt aus dem bitteren Salz verdunsteter Tränen«.[37] Da sind zum Beispiel die unzulänglichen Vorstellungen menschlicher Beziehungen, wie Henrys frühere Geliebte sie sich aus den alten klischeehaften Worten zurechtzimmert: »Aus jedem Weltkrieg gehen sie [diese Worte] unbeschädigt hervor, rosig und schleimig wie am ersten Tag« (S. 144). Andererseits gewinnt Henry durch seine Nachforschungen Einsicht in die eigene Deformation; die Erkenntnis der eigenen Verstümmelung führt ihn zu deren Ursache zurück.

Henrys Begabung bringt ihn dazu, sich als Hellseher zu betätigen, zuerst mit der Hilfe eines Mannes, der dem Vergessen verfallen ist (er leidet unter »Schädelschrumpfung«) und später im Dienste der Hoministenbewegung, die in der Parodie einer Beschwörung auf eine Art faschistische Ideologie zielt. Dieses Voraussehen ist natürlich rückwärts gewandt, denn Henry kann nur die Vergangenheit erkennen, aber seine Perspektive deutet auf das Noch-Nicht-Erreichte, das Noch-Bedroht-Sein. In dem Augenblick, in dem seine schwindende Fähigkeit völlig versagt, sieht er nur eine Zukunft der unaufhörlichen Arbeit (S. 164). Am Schluß des Romans wendet sich Henry endlich der Gegenwart zu, um sich selbst zu finden, damit er später vor seinem Sohn die Vergangenheit nicht bereuen muß. Daß Kunerts Roman 1967 nur in der Bundesrepublik veröffentlicht wurde (die DDR-Ausgabe erschien erst 1976) ist aus der allgemeinen Kritik zu erklären, die Kunert sich Mitte der sechziger Jahre wegen sogenannter abstrakter und resignativer Haltungen zuzog.[38] Der in diesem Roman evidente Geschichtsagnostizismus Kunerts paßte kaum in die Kulturpolitik: der Zweifel, daß der Mensch die Geschichte überhaupt verstehen kann, verträgt sich nicht mit einem der Befragung und Negation entleerten Wirklichkeitskonzept.

In den siebziger Jahren ist die phantastische Literatur kulturpolitisch und in der öffentlichen Diskussion akzeptiert. Das zeigt sich einerseits in der Kritik spezifischer gesellschaftlicher Deformationen, wie sie Erich Köhler wohl am konsequentesten in *Der Krott* (1976) oder Jurek Becker in *Irreführung der Behörden* (1973) und Klaus Schlesinger in *Berliner Traum* (1977) darstellen, und andererseits vor allem in den der Frauenfrage gewidmeten Erzählungen wie in der Anthologie *Blitz aus heiterem Himmel* (1974), einer Sammlung von Geschichten, in denen die Autoren sich plötzlich mit einem Geschlechtertausch konfrontiert finden. Irmtraud Morgners *Leben und Abenteuer der Trobadora Beatriz nach Zeugnissen ihrer Spielfrau Laura* (1974) bezeichnet einen vorläufigen Höhepunkt dieser Romanart, sowohl im Umfang als auch in der herausfordernden Verbindung des Realistischen mit dem Phantastischen. Die Hauptfigur Beatriz de Dia, 1130 in der Provence geboren, hatte – der Literaturgeschichte und ihrem adligen Status entgegen – den Beruf des weiblichen Troubadours aufgenommen. Da ihr Herr, Raimbaut d'Aurenga, es vorzog, sie anzubeten statt zu lieben, beschloß sie, die Männerwelt zu verlassen, und ließ sich in einen acht Jahrhunderte währenden Schlaf versetzen, aus dem sie 1968 ein französischer Ingenieur durch seine Flüche beim

Bau einer Autobahn erweckt. Mit der Hilfe ihrer Schwägerin, einer überzeitlichen Berufsrevolutionärin namens »die schöne Melusine«, und ihrer Spielfrau Laura Salman, einer Betriebswagenführerin in Berlin, versucht sie, im Gelobten Land – der DDR – herauszufinden, ob man heutzutage Dichterin sein und als weiblicher Mensch mit Achtung leben kann. Dieser Handlungsstrang ist aber nur eine Komponente des von der Autorin selbst Montageroman genannten Werks. In Anlehnung an die Tradition Jean Pauls, Diderots und Sternes entwickelt Morgner eine Form, die sich in der Abschweifung entfaltet, die aber nichtsdestoweniger eine Konzeption verrät, »die offen ist, meine Bücher sind facettenhaft, der Mittelpunkt ist das epische Ich«.[39] Sie setzt Spontaneität als erzählerisches Mittel im Dienste der Aufklärung ein. Es ist nämlich die Arbeit und die Produktivität des Lesers, auf die gezielt wird. Morgner lehnt die geschlossene Totalität der autarken Geschichte, die sich selbst erzählt, ab, damit der Leser, der zu Ende denkt, seine eigene Unterhaltung bereiten muß. Daher zum Beispiel die Dokumente (von Kollontai, Krupskaja und verschiedenen Wissenschaftlern) und Teile des Romans *Rumba auf einen Herbst* (von Morgner 1964 geschrieben, aber vom Verlag nicht veröffentlicht). Diese eigenartige Architektur weist, wie das Spielerische der Schreibweise, nicht auf Flucht aus der Wirklichkeit (das eingebettete Romanfragment behandelt eben den sozialistischen Alltag und die Schwierigkeiten nach der Entstalinisierung 1956), sondern belegt die Sorge um Wahrhaftigkeit.

Schreiben als offene Form zum Entwurf eines offenen Bildes der Wirklichkeit entspricht Morgners Verständnis des gesellschaftlichen Experiments der DDR. Beatriz de Dia ist die Kunstfigur, die als Vehikel für Polemik, Analyse und Kritik dieses Experiments gebraucht wird. Das Phantastische stellt ein weiteres Mittel dar, um die Schranken der Wirklichkeit zu überspringen. Das heißt aber nicht, daß das Vorhaben unernst ist; das Phantastische übernimmt im Gegenteil, wie auch das Naive, eine vorgreifende und ankündende Funktion: »diejenigen Modelle sind geschichtlich viel wichtiger, denen in Gegenwart und Zukunft nichts Wirkliches entspricht und denen in der Zukunft nur deshalb etwas Wirkliches entsprechen wird, weil die Gesellschaft ihre Kraft einsetzt, um dieses Modell zu verwirklichen.«[40] Wunschbilder und Träume, wie die der menschlichen Liebe oder des Geschlechtertausches, können danach die Möglichkeit haben, die arme Realität zu ändern: »extreme Zustände bringen extreme Utopien vor« (S. 41).

Beatriz trat im zwölften Jahrhundert aus der Geschichte aus, um den Eintritt in sie mitzumachen. Geschichte war nämlich bis jetzt »ein männliches Meer von Egoismus«, das die Frauen von der Zukunft trennt (S. 39). Beatriz entschließt sich also, nicht mehr Kunst zu machen, sondern sich Natur anzueignen und Geschichte wiederzuerobern: Selbstbewußtsein erlangt sie durch Geschichtsbewußtsein. Folgerichtig löst sie sich als Kunstfigur allmählich auf, wird in der Tat Laura Salman, indem sie durch Konfrontation mit dem Alltag immer reeller wird. Dadurch führt Morgner das Motiv des Bilanz-Ziehens ein, da dieser Entwicklungsprozeß die Frage aufwirft, wie weit die »Entsklavung« der Frauen in der DDR fortgeschritten ist. Sie nimmt das Marx-Wort ernst, das die Menschlichkeit einer Gesellschaft am Selbstwerden der Frauen mißt und das die Annäherung an die Emanzipation der ganzen Menschheit darin erblickt. Bei der Gegenüberstellung des Geleisteten und des Noch-zu-Leistenden spielt die Literatur eine besonders wichtige Rolle, weil sie den Menschen sich selbst näherbringt: »Sie soll leben helfen. Intensiver leben! [...] Sich selber erkennen und sich selber entdecken.«[41]

Morgner rechnet diese Fähigkeit des Freisetzens schöpferischer Kräfte der Wissenschaft und der Kunst gleichermaßen zu, denn beide Erkenntnisformen gewinnen ihre wichtigsten und glücklichsten Anstöße aus den Momenten, wenn Theorie und Tatsachen, Phantasie und Wirklichkeit nicht vereinbart werden können. »Neue Ideen entspringen nicht dem rechnenden Verstand, sondern der künstlerisch schaffenden Phantasie«, läßt Morgner einen Physiker behaupten (S. 640). Literaturtheoretisch deutet das auf eine Abkehr von der Abbildfunktion der Kunst hin, die dem sozialistischen Realismus in der DDR schon immer zugrunde lag. Morgner begreift das Subjekt nicht mehr als Widerspiegelung der Erkenntnisbeziehung zu einer vorausgesetzten Wirklichkeit, sondern als Resultat der dialektischen Verhältnisse, die sich aus gestalteten und anhaltenden Widersprüchen ableiten, und als Schöpfer der Wirklichkeit.

Der tragische Roman ist ein höchst seltener Fall in der Geschichte der DDR-Literatur, nimmt aber gerade deshalb eine wichtige Stelle in der Entwicklung des Selbstverwirklichungsthemas und der Heldenproblematik ein. Erwin Strittmatter schrieb den ersten und einen der erfolgreichsten Gegenwartsromane dieser Gattung.[42] *Ole Bienkopp* (1964) behandelt das Wandlungsmotiv im Rahmen der Kollektivierung auf dem Lande. Im ersten Teil werden die Schwierigkeiten der Jahre 1950/51 geschildert, als Ole Bienkopp versucht, ein entlegenes Dorf gegen den Wunsch des Großgrundbesitzers zu kollektivieren. Parallel dazu löst sich Bienkopps Verhältnis zu seiner Frau, die später Selbstmord begehen wird (ein sehr seltenes Motiv in der DDR-Literatur), so daß er seine Aufmerksamkeit verstärkt anderen menschlichen Beziehungen (dem Kollektiv) widmet. Der zweite Teil verlegt die Handlung in die Jahre 1956/58 nach der erfolgreichen Etablierung des Kollektivs ›Blühendes Feld‹. Jetzt findet sich Bienkopp in einer Lage, wo er gegen die bürokratische Enge und den Opportunismus der Partei kämpfen muß, um das Kollektiv weiterzuentwickeln, bis er beim Experimentieren zum Wohle des Ganzen mit dem Tod endet. Der Roman übernimmt also ziemlich intakt eine herrschende Fabel aus den fünfziger Jahren und bekräftigt ihre Klischeehaftigkeit durch Stereotypisierung und Schwarzweißmalerei. Auffällig an Strittmatters Roman ist vor allem das Heldenbild. Er postuliert weder eine historische Änderung in dem Helden Bienkopp als zwangsläufige Errungenschaft, noch gestaltet er einen dualistischen Konflikt zwischen Gesellschaft und Held, in dem dieser ein hilfloser Beobachter einer harmonischen Apotheose bleibt. Statt dessen verfängt sich Bienkopp in einem Konflikt, in dem durch subjektive Erfahrung gesellschaftliche Ideale auf die Probe gestellt werden. Bienkopp entspricht daher nicht dem positiven Helden der früheren Romane, sondern agiert als antizipatorischer Held. Ihm geht es darum, den subjektiven Willen des einzelnen gegen die objektiven Forderungen seiner Gesellschaft durchzusetzen, wobei bezeichnenderweise die wichtigsten Konflikte auf der Ebene der sozialistischen Entwicklungen und nicht der kapitalistischen oder bürgerlichen Überreste ausgetragen werden. Obwohl Bienkopp Außenseiter bleibt – »der Sonderling«,[43] »der dickschädlige Bauer« (S. 84) wird er genannt –, nimmt er dennoch in seiner Aktivität die Entschlüsse der Partei vorweg. Er leitet einen Prozeß der Befragung gesellschaftlicher Normen ein, wobei sich freilich sein antizipatorisches Bewußtsein als das bevorstehende Parteiprogramm entpuppt.

Bienkopp verkörpert das Bewußtsein des einzelnen in seinem Anspruch auf Selbstverwirklichung. Als Tatmensch ist er eine lebende Anklage gegen die Theoretiker und Administratoren, die große Pläne für gesellschaftliche Änderungen schmieden, denn seine empirischen Experimente organisieren die Produktivkräfte des Kollektivs und führen dadurch den gesellschaftlichen Entwicklungsprozeß weiter: »Ole war ein Träumer, aber keiner von jenen, die an den Ecken des Lebens sitzen und auf Wunder warten. Er versuchte, seine Träume mit Taten in das Leben zu zwingen« (S. 31). Als Medium der Leseridentifikation folgt Bienkopp der Tradition des modellhaften Helden. Da seine Erfolge jedoch nur auf Kosten der Parteibürokraten durchgesetzt werden können, formuliert er eine implizite Kritik des Dogmatismus und reizt den Leser zu bewußter statt blinder Nachahmung. Ein zentrales Problem des Romans wird hiermit angedeutet: Bienkopps Zusammenstoß mit und zeitweilige Entfremdung von der Partei stellen durch seine letzten Endes immer wieder bewiesene sozialistische Parteilichkeit die Autorität der Partei in Frage. Politische Änderung von unten oder von oben: diese Fragestellung setzt die Kritik dort an, wo die zentralistische Organisation ein Zerrbild der Demokratie wird. Aber Strittmatter verallgemeinert dieses höchst brisante Problem nicht; das Unten und das Oben laufen auf einen Dualismus hinaus, in dem hierarchische Muster doch triumphieren. Bienkopp selbst wird zum Schluß Opfer seines »Eigensinn[s] ohne Eigennutz« (S. 427). Weil sein Tod die Folge eines gesellschaftlichen Widerspruchs darstellt, läßt Strittmatter durchblicken, daß Änderungen auch durch die Negation sozialistischer Wirklichkeit entstehen können. Die dialektische Struktur des Romans schließt aber auch den Entwurf einer Gesellschaft ein, die Bienkopps Schöpfertum produktiv aufzunehmen vermag. Durch diese Negation des positiven Bildes des sozialistischen Anspruchs auf Befreiung wird der Leser aufgefordert, die Negation zu widerrufen. Die Nähe zu Wsewolod Wischnewskis Begriff der optimistischen Tragödie wird evident: der Vertreter und Aktivist einer Idee stirbt, aber die Idee und die Organisation wirken weiter. Bienkopps schöpferische Tätigkeit stellt als Vorausschau und Antizipation künftiger Menschen ein Moment der konkreten Utopie dar.

Andere Beispiele einer Konfrontation mit dem Tode gab es auch Mitte der sechziger Jahre, z. B. Rita Seidels Selbstmordversuch in Christa Wolfs *Der geteilte Himmel* (1963) oder Robert Iswalls schweren Autounfall am Schluß von Hermann Kants *Die Aula* (1965). In diesen Fällen dient der Schock des Sterbens lediglich als Schnittpunkt oder Erinnerungsanlaß, nach dem man genesen wird. Insofern deuten diese Romane, wie *Ole Bienkopp*, auf die Möglichkeit der Aufnahme in die sozialistische Gesellschaft. Christa Wolf legte in ihrem Roman *Nachdenken über Christa T.* (1968) eine ganz neue Situation vor. Hier stirbt die fünfunddreißigjährige Heldin (es ist nicht ganz klar, ob an Leukämie oder an einem selbstmordähnlichen Aufgeben des Lebensinteresses), ohne beim Leser die Zuversicht auf eine künftige Lösung vorzubereiten, sondern vielmehr als Frage und Provokation. Im Nach-denken über Christa T.s Tod und Leben erkennt die Erzählerin die unaufgehobene Entfremdung ihres Lebens: Das Tragische erfolgt aus der Unentwickeltheit, der Zurückgebliebenheit des gesellschaftlichen Seins hinter den Forderungen der Mitglieder der Gesellschaft. Die Ausleuchtung des Inneren, die Darstellung der Feinfühligkeit der Heldin und die Ablehnung eines linearen Erzählstils (»die Newtonsche Dramaturgie«[44]) zugunsten einer Vieldeutigkeit der Interpretationsmöglichkeiten markieren diesen Roman als Wendepunkt in der DDR-Literatur. Die Erzählerin versucht durch Dokumente, Tagebucheintragungen, Träume, Gespräche und erfundene Episoden das Leben ihrer gestorbenen Freundin für sich und für ihre Gesellschaft nützlich zu machen. Die achtzehn Jahre, die, bis zum Todesjahr 1963, betrachtet werden, entsprechen den Anfangsjahren der DDR und damit auch dem Weg einer ganzen Generation (Krieg, Ausbildung, Aufbaubegeisterung, Enttäuschung nach 1956, Auseinandersetzung mit Bürokratisierung und Opportunismus). Christa T. ist aber »als Beispiel nicht beispielhaft, als Gestalt kein Vor-Bild«,[45] denn ihr Nutzen ist nicht eine Verwendbarkeit im Sinne der »schrecklich schreienden Helden« (S. 72) der Anfangsjahre, sondern die Thematisierung ihres Bezuges zur Wirklichkeit. Diese Figur stellt nämlich die grundlegenden Ansprüche ihrer Gesellschaft in Frage, ohne einfache, weil unehrliche Antworten zu geben. Sie ist die Figur, die in ihrem Leben, in ihrer Ehe, in ihren fragmentarisch gebliebenen dichterischen Schriften und in ihrer Examensarbeit über Theodor Storm am bewußtesten fragt, ob überhaupt und unter welchen Umständen es dem einzelnen möglich ist, sich in ihrer Gesellschaft als Individuum und als Mitglied einer Gemeinschaft zu verwirklichen.

Auf der Suche nach ihrer Freundin entdeckt die Erzählerin ein Bekenntnis zum Leben in dem Anspruch, »nichts weiter als ein Mensch zu sein« (S. 46). Christa T. muß aber immer wieder erfahren, wie sie in ihrer Selbstverwirklichung auf sich selbst verwiesen wird. Die Gesellschaft versagt; sie verkennt in ihrem Drang nach reibungsloser Entwicklung die menschlichen Qualitäten. Das ist keine Resignation und Flucht vor dem gesellschaftlichen Leben (wie Christa Wolf verschiedentlich vorgeworfen wurde[46]), sondern eine Anerkennung der Möglichkeit des Scheiterns und der Verletzlichkeit des Individuums, die letztlich bejaht wird. Demgegenüber trifft Christa T. eine Reihe von »Phantasielosen«, »Tatsachenmenschen« und »Hopp-Hopp-Menschen«, die eine Haltung der Anpassung als Allheilmittel preisen. Christa T., und durch sie die Erzählerin, begegnet dieser Verantwortungslosigkeit und Selbstzufriedenheit, die den Aufstieg um jeden Preis erkauft, mit der Forderung nach bewußtem Leben, nach Zweifeln und Mißtrauen auch gegenüber scheinbar unumstößlichen Tatsachen. Christa T.s Versuch der Selbstverwirklichung scheitert, versinnbildlicht durch den Tod, aber ihre Erfahrung der Kluft zwischen privaten Sehnsüchten und gesellschaftlicher Realität wird von der Erzählerin sowie der Autorin geteilt. Aus ihrem Tod läßt sich ein Sinn des Lebens erkennen, denn für sie wird der Prozeß des Schreibens durch die Herausforderung dieses Verlusts zu einem Prozeß der Erkenntnis über die Schwierigkeit, »Ich« zu sagen. Zwar bleibt Christa T.s Selbstverwirklichung auf ihr Bewußtsein beschränkt (für sie ist das Schreiben nur ein Ventil und ein Schutz gegen Unverständnis), aber durch das Erzählen Christa Wolfs wird die Vollendung dieser Selbstverwirklichung, die in die Praxis umzusetzen sei, auf den Leser übertragen, der das Positive der Herausforderung erarbeiten muß. So steht die wiederholte Aufforderung »Wann, wenn nicht jetzt?« als Schlüsselfrage, als Äußerung der Hoffnung, die Entfremdung hier und jetzt aufzuheben. Viel konsequenter also, als das in Strittmatters Roman geschieht, gestaltet Wolf das Potential des Ich als konkrete Utopie. Der Erinnerungsroman wird utopischer Roman, indem die Autorin einen Rest des Utopischen aus Christa T.s gescheitertem Leben rettet und so auf die mit der Zukunft zu gewinnenden Möglichkeiten weist.

Die Frage nach der Fähigkeit der Gesellschaft, den Wünschen einzelner Mitglieder gerecht zu werden, wird in der Literatur der siebziger Jahre vielfältig gestellt. Dennoch bleibt das Tragische, außer in episodischen Erscheinungsformen, im Romanschaffen trotz der relativen Auflockerung der Kulturpolitik nach dem VIII. Parteitag fast völlig ausgespart. Ganz kurz sei noch auf das Beispiel eines sowohl in epischer als auch in dramatischer Form vorgelegten Textes eingegangen, *Die neuen Leiden des jungen W.* (1973) von Ulrich Plenzdorf, dessen Hauptfigur wohl die bekannteste dieses Jahrzehnts wird. Edgar Wibeau zieht sich in eine Gartenlaube zurück, um über die Auseinandersetzung mit den Forderungen seiner Gesellschaft und seiner Familie nachzudenken – mit der unerkannten Hilfe von Goethes tragischem Helden Werther. Seine antiautoritäre Haltung enthüllt die erstarrten Erwartungen seiner Mitmenschen, die seinen Schöpfergeist nicht adäquat aufnehmen können. Edgar befindet sich auf dem Wege zurück in seine Gesellschaft, als er plötzlich beim Bau einer hydraulischen Farbspritze durch einen Kurzschluß getötet wird. Im Gegensatz zu Ole Bienkopp (der hier wohl Pate stand) gibt es keine Zuversicht antizipierter Lösungen, denn Edgars Tod wird durch seine Zufälligkeit fast völlig zurückgenommen, vor allem wenn er seinen eigenen Todesunfall postum kommentiert. Die Selbstverwirklichung des Helden (oder: ihre Unmöglichkeit) kritisiert die fehlende Toleranz gegenüber individueller und außerkollektiver Freiheit und fordert den Abbau gesellschaftlicher Schranken.

Die verblüffende Popularität Edgar Wibeaus, besonders unter Jugendlichen,[47] bestätigt eine Tatsache, die für alle hier besprochenen Romane gilt: Die Literatur und die literarische Öffentlichkeit spielen in der DDR eine im Vergleich mit Westdeutschland große Rolle bei der Bewußtseinsbildung breiter Teile der Bevölkerung. Die hier besprochenen literarischen Werke lösten Diskussionen aus, die oft auf tagespolitischer Ebene abgehandelt und mit entsprechenden Maßnahmen aus der Welt geschafft wurden; aber ebendiese Unmittelbarkeit beweist doch, wie hoch auch offizielle Stellen die Macht der Literatur einschätzen. Ob eine Gesellschaft ein antizipierendes, ein kritisch-utopisches Moment in sich aufheben kann, hängt in erster Linie weder von den literarischen Texten noch von den Schriftstellern direkt ab, aber die dreißigjährige Entwicklung des Romans in der DDR, samt vielfältigen Mißverständnissen, ist ein wichtiges Zeugnis für die Fortführung dieses Prozesses.

Anmerkungen

1 Die zwei zuverlässigsten Übersichten der literaturgeschichtlichen Entwicklungen in der DDR sind (vom westlichen Standpunkt) Konrad Franke: Die Literatur der Deutschen Demokratischen Republik (München/Zürich ³1974) und (vom östlichen Standpunkt) Geschichte der Literatur der Deutschen Demokratischen Republik. Von einem Autorenkollektiv unter Leitung von Horst Haase (Berlin 1976). Darüber hinaus gibt es folgende Aufsätze und Untersuchungen, auf die in den weiteren Anmerkungen nicht im einzelnen hingewiesen wird: Ingeborg Gerlach: Bitterfeld. Arbeiterliteratur und Literatur der Arbeitswelt in der DDR. Kronberg (Ts.) 1974; Patricia Herminghouse: Wunschbild, Vorbild oder Porträt? Zur Darstellung der Frau im Roman der DDR. In: Literatur und Literaturtheorie in der DDR. Hrsg. von Peter Uwe Hohendahl und Patricia Herminghouse. Frankfurt a. M. 1976. S. 281–334; Klaus Jarmatz: Zu einigen Problemen der Prosaliteratur der DDR. In: Ansichten. Aufsätze zur Literatur der DDR. Hrsg. von Klaus Walther. Halle (Saale) 1976. S. 54–108; Paul Michael Lützeler: Von der Arbeiterschaft zur Intelligenz: Zur Darstellung sozialer Mobilität im Roman der DDR. In: Literatur und Literaturtheorie in der DDR. S. 241–280; Pariser Gespräch über die Prosa der DDR. In: Sinn und Form (1976) H. 6. S. 1164–92; Marc D. Silberman: Literature of the Working World. A Study of the Industrial Novel in East Germany. Bern/Frankfurt a. M. 1976); Jochen Staadt: Konfliktbewußtsein und sozialistischer Anspruch in der DDR-Literatur. Berlin 1977; Stimmen über DDR-Prosa. In: Sinn und Form (1976) H. 1. S. 145–197; Frank Trommler: Prosaentwicklung und Bitterfelder Weg. In: Einführung in Theorie, Geschichte und Funktion der DDR-Literatur. Hrsg. von Hans-Jürgen Schmitt. Stuttgart 1975. S. 293–327; ders: Soziali-

stische Literatur in Deutschland nach 1945. In: Frank Trommler: Sozialistische Literatur in Deutschland. Stuttgart 1976. S. 679–730. Für eine umfassende Bibliographie zur Romanentwicklung in der DDR vgl. den vom Verf. herausgegebenen Band: Interpretationen zum Roman in der DDR. Stuttgart 1980. S. 168–173.

2 Geschichte der Literatur der Deutschen Demokratischen Republik (Anm. 1) S. 24.

3 [Rede auf dem II. Deutschen Schriftstellerkongreß 1950.] In: Anna Seghers: Über Kunstwerk und Wirklichkeit. Berlin 1970. Bd. 1. S. 81.

4 Vgl. Klaus Sauer: Anna Seghers. München 1978. S. 27–51.

5 Anna Seghers: Die Toten bleiben jung. Berlin/Frankfurt a. M. 1949. S. 604. Im folgenden zitiert nach dieser Ausgabe.

6 Der Anteil der Literatur an der Bewußtseinsbildung des Volkes. [Rede auf dem IV. Deutschen Schriftstellerkongreß 1956.] In: Seghers (Anm. 3) Bd. 1. S. 110.

7 Vgl. Sigrid Töpelmann: Autoren – Figuren – Entwicklungen. Zur erzählenden Literatur in der DDR. Berlin/Weimar 1975. S. 232–257.

8 Dieter Noll: Die Abenteuer des Werner Holt. Roman einer Jugend. Berlin/Weimar 1973. S. 396. Im folgenden zitiert nach dieser Ausgabe.

9 Klaus Bellin: Ein Gespräch mit Dieter Noll über *Die Abenteuer des Werner Holt*. In: Junge Kunst (1961) H. 3. S. 30.

10 Geschichte der Literatur der Deutschen Demokratischen Republik (Anm. 1) S. 328: »Es war ein gesetzmäßiger Vorgang, wenn im Zusammenhang mit dem Übergang der DDR in ihre nächste Entwicklungsetappe und mit zunehmenden nationalistischen Erscheinungen in der Bundesrepublik das sozialistische Heimatbewußtsein stärker als bisher mit seinen subjektiven und objektiven Beweggründen dargestellt wurde.«

11 Hans Kaufmann: Gespräch mit Christa Wolf. In: Weimarer Beiträge (1974) H. 6. S. 98.

12 Christa Wolf: Kindheitsmuster. Berlin/Weimar 1976. S. 202. Im folgenden zitiert nach dieser Ausgabe.

13 Diskussion mit Christa Wolf. In: Sinn und Form (1976) H. 4. S. 869.

14 Dokumente der Sozialistischen Einheitspartei Deutschlands, Beschlüsse und Erklärungen des Zentralsekretariats und des Parteivorstands. Berlin 1950. Bd. 2. S. 191.

15 Lutz-W. Wolff: »Auftraggeber: Arbeiterklasse«. Proletarische Betriebsromane 1948–1956. In: Einführung in Theorie, Geschichte und Funktion der DDR-Literatur (Anm. 1) S. 252.

16 Eduard Claudius: Menschen an unserer Seite. Leipzig 1970. S. 261. Im folgenden zitiert nach dieser Ausgabe.

17 Greif zur Feder, Kumpel. Protokoll der Autorenkonferenz des Mitteldeutschen Verlages Halle (Saale) am 24. April 1959 im Kulturpalast des Elektrochemischen Kombinats Bitterfeld. Halle (Saale) 1959. S. 92.

18 Erik Neutsch: Spur der Steine. Halle (Saale) 1964. S. 444.

19 Vgl. Protokoll der Verhandlungen des VII. Parteitages der SED. Berlin 1967.

20 Protokoll der von der Ideologischen Kommission beim Politbüro des ZK der SED und dem Ministerium für Kultur am 24. und 25. April im Kulturpalast des Elektrochemischen Kombinats Bitterfeld abgehaltenen Konferenz. Berlin 1964. S. 125.

21 Hans Koch: Probleme unserer sozialistischen Gegenwartsliteratur. In: Neues Deutschland v. 3. 11. 1966.

22 Erik Neutsch: An meine Freunde von der technischen Intelligenz. In: Forum (1963) H. 5. S. 21.

23 Protokoll der Verhandlungen des VIII. Parteitages. Berlin 1971. Bd. 1. S. 95.

24 Karl-Heinz Jakobs: Die Interviewer. Berlin 1973. S. 102. Im folgenden zitiert nach dieser Ausgabe.

25 Karl-Heinz Jakobs. In: Joachim Walther: Meinetwegen Schmetterlinge. Gespräche mit Schriftstellern. Berlin 1973. S. 27.

26 Eva Kaufmann: Interview mit Karl-Heinz Jakobs. In: Weimarer Beiträge (1975) H. 5. S. 59.

27 Franz Fühmann: Kabelkran und blauer Peter. Rostock 1961. S. 5. Im folgenden zitiert nach dieser Ausgabe.

28 In eigener Sache. Briefe von Künstlern und Schriftstellern. Hrsg. von Erwin Kohn. Halle (Saale) 1964. S. 38 f.

29 Günter Albus: Arbeiterklasse und Arbeiter in der Epik der DDR – über einige Gesichtspunkte und Probleme der literarischen Gestaltung dieses Themas. In: Literatur und Geschichtsbewußtsein. Entwicklungstendenzen der DDR-Literatur in den sechziger und siebziger Jahren. Hrsg. von Manfred Diersch und Walfried Hartinger. Berlin/Weimar 1976. S. 139.

30 Erwin Pracht: Einführung in den sozialistischen Realismus. Berlin 1975. S. 225.
31 Günter de Bruyn: Buridans Esel. München 1971. S. 172. Im folgenden zitiert nach dieser Ausgabe.
32 Vgl. Max Walter Schulz: Grundsatzreferat. In: Protokoll des VI. Deutschen Schriftstellerkongresses. Berlin 1969.
33 Z. B. Sigrid Damm / Jürgen Endler: Notate des Zwiespalts und Allegorie der Vollendung. In: Weimarer Beiträge (1975) H. 7. S. 37–69; Eva und Hans Kaufmann: Erwartung und Angebot. Studien zum gegenwärtigen Verhältnis von Literatur und Gesellschaft in der DDR. Berlin 1976. S. 186–192.
34 Briefwechsel Gertrud Tetzner / Christa Wolf. In: Neue deutsche Literatur (1975) H. 8. S. 122.
35 Gerti Tetzner: Karen W. Halle (Saale) 1974. S. 5. Im folgenden zitiert nach dieser Ausgabe.
36 Günter Kunert. In: Walther (Anm. 25) S. 84.
37 Im Namen der Hüte. München 1970. S. 49. Im folgenden zitiert nach dieser Ausgabe.
38 Klaus Werner: Günter Kunert. In: Literatur der DDR in Einzeldarstellungen. Hrsg. von Hans-Jürgen Geerdts. Stuttgart 1972. S. 523–547.
39 Irmtraud Morgner. In: Walther (Anm. 25) S. 45.
40 Leben und Abenteuer der Trobadora Beatriz nach Zeugnissen ihrer Spielfrau Laura. Roman in dreizehn Büchern und sieben Intermezzos. Berlin/Weimar 1974. S. 278. Im folgenden zitiert nach dieser Ausgabe.
41 Irmtraud Morgner (Anm. 39) S. 53.
42 Der Roman wurde sogar »das Volksbuch *Ole Bienkopp*« getauft, vgl. Sonntag. Nr. 7 v. 16. 2. 1964. S. 10 f.
43 Ole Bienkopp. Berlin/Weimar 1964. S. 36. Im folgenden zitiert nach dieser Ausgabe.
44 Christa Wolf: Lesen und Schreiben. In: Lesen und Schreiben. Darmstadt/Neuwied 1972. S. 201.
45 Nachdenken über Christa T. Neuwied/Berlin 1969. S. 57. Im folgenden zitiert nach dieser Ausgabe.
46 Vgl. dazu Manfred Durzak: Der deutsche Roman der Gegenwart. Stuttgart/Berlin ^{2}1973. S. 283; Alexander Stephan: Christa Wolf. München 1976. S. 59.
47 Vgl. die Diskussionen um Plenzdorf in: Sinn und Form (1973) H. 1; Neue deutsche Literatur (1973) H. 3.

JAY ROSELLINI

Subjektivität contra Politik? Anmerkungen zur Lyrik der DDR

I. Die Literatur der DDR wird im Westen erst seit einigen Jahren von einem größeren Kreis rezipiert und untersucht, doch ein Blick auf viele bisher erschienene wissenschaftliche Beiträge zur ›anderen‹ deutschen Literatur erweckt eher den Eindruck, als ginge es nur noch darum, allgemein anerkannte Einsichten zusammenzufassen bzw. auf die neuesten Werke anzuwenden. Mit anderen Worten: In der Forschungsliteratur besteht eine gewisse Tendenz, komplizierte Prozesse vorschnell durch mehr oder weniger grobes Kategorisieren unter einen Hut zu bringen,[1] wobei einzelne Werke, die nicht ohne weiteres ins Schema passen, nicht selten mit Gewalt zurechtgestutzt oder einfach ignoriert werden. Es wäre aber höchste Zeit, von Überblicken, Einführungen oder Grundsatzerklärungen abzusehen, damit eine intensivere Auseinandersetzung mit Teilbereichen, Einzelphänomenen, Ausnahmefällen und speziellen Fragen vorgenommen werden könnte. Ausgehend von dieser Sichtweise scheint die vorliegende Arbeit – die die Entwicklung der DDR-Lyrik von den Anfängen bis zur Gegenwart skizzieren soll – problematisch zu sein. Deshalb wird – um der Gefahr der Vereinfachung vorzubeugen – zweierlei unternommen. Zum einen wird nur eine begrenzte Zahl von Lyrikern ausführlicher betrachtet, da Vollständigkeit in diesem Rahmen auf ein Dichter- und Werkverzeichnis hinausliefe. Zum anderen – und dies ist hier das Wesentliche – werden die verschiedenen Gedichte nach zwei Hauptkriterien beurteilt, die im folgenden dargelegt werden sollen. Die Lyrikentwicklung muß natürlich auf dem Hintergrund der DDR-Geschichte und der sich wandelnden Kulturpolitik der SED betrachtet werden, doch es scheint nicht sehr sinnvoll zu sein, diese oder jene noch einmal auf knappstem Raum zusammenzufassen; als Orientierungshilfe liegen bereits zahlreiche Veröffentlichungen vor.[2] Der größere Kontext muß also vom Leser stets mitgedacht werden.

Obwohl der Lyriker mit anderen Mitteln arbeitet als der Dramatiker oder der Romancier, teilt er mit seinen Schriftstellerkollegen das Hauptanliegen der Literatur, und zwar den Drang zur Kommunikation, zum Sich-Mitteilen. Diese Feststellung mag einem überflüssig vorkommen, doch es wird im Laufe dieser Untersuchung klarwerden, daß manche Produkte, die sich als Gedichte ausgeben, entweder mit Kommunikation wenig zu tun haben oder höchstens dann einen Aussagewert besitzen, wenn sie gegen den Strich – also gegen die Absichten des Produzenten – gelesen werden. Der Hinweis auf den ›Aussagewert‹ von Gedichten führt zu den zwei Kriterien, die im folgenden angewendet werden sollen. Es wird nämlich davon ausgegangen, daß jedes sprachliche Gebilde, das man als ›Gedicht‹ bezeichnet, etwas über ein einmaliges Individuum (d. h. den Lyriker selbst), über die Gesellschaft, in der es entstanden ist, oder im günstigsten Fall über beides auszudrücken vermag. Die letztgenannte Möglichkeit berührt das dialektische Verhältnis zwischen Subjektivität und Objektivität: Obschon jeder Lyriker eigentlich ›einmalig‹ ist, heißt das noch lange nicht, daß er über die Kunst der Selbstkritik bzw. -analyse verfügt; die Unzahl banaler, epigonaler Gedichte zeugt von diesem Umstand. Darüber hinaus ist es kaum möglich, daß ein Lyriker, der sich selbst ziemlich unreflektiert gegenübersteht, zu kritischen Einsichten in bezug auf seine Umwelt gelangen kann – oder will. (Es hat natürlich immer introspektive Dichter gegeben, die nicht daran interessiert waren, die Waffe der Kritik nach außen zu richten.) Bei der Durchsicht der lyrischen Produktion aus der DDR wird also stets danach gefragt, inwiefern eine subjektive Perspektive zum Vorschein kommt und ob es dem betreffenden Lyriker mittels dieser Perspektive gelingt, zur Erhellung der Struktur und Entwicklung der DDR-Gesellschaft beizutragen.

Bei dieser Fragestellung werden die Gedichte also nicht an herkömmlichen gattungsspezifischen Maßstäben gemessen; das heißt aber nicht, daß man das spezifisch Poetische in der DDR als etwas Unwesentliches betrachtet. Die verschiedenen ›Lyrik-Debatten‹ (1956, 1966 und 1972) stellen im Grunde nur die intensivsten Phasen einer andauernden Diskussion dar, die um das Verhältnis zwischen Inhalt und Form kreist. Die in den frühen Jahren herrschende Dogmatisierung eines auf das Operative eingeengten ›Sozialistischen Realismus‹ ist im Laufe der sechziger und siebziger Jahre einer differenzierten Sicht gewichen, die u. a. eine Rezeption der sogenannten spätbürgerlichen Schreibweise durchaus einschließt. Die ›abstrakt-normative Betrachtungsweise‹ mancher Literaturwissenschaftler, die der Kritiker Adolf Endler 1971 in einer – inzwischen berühmt gewordenen – Rezension geißelte,[3] ist – von Ausnahmen abgesehen[4] – kaum noch präsent, und die Lyrik-Debatten werden jetzt als produktive Anregung positiv beurteilt.[5] Auf dem Gebiet der poetischen Technik scheint es nunmehr keine Schranken zu geben: »Es gilt, die ganze, ungeteilte Literatur der Gegenwart und Vergangenheit für die humanistische, demokratische, sozialistische Bewegung nutzbar zu machen.«[6] Der Kampf orthodoxer Kulturpolitiker und Lyriker gegen das ›schwierige‹ Gedicht (vgl. den Streit um die 1966 von Adolf Endler und Karl Mickel herausgegebene Anthologie *In diesem besseren Land*[7] kann als erledigt gelten; sogar Konservative treten jetzt u. a. für diese Gedichtart ein.[8] Eine Würdigung dieser Entwicklung darf aber nicht darüber hinwegtäuschen, daß die DDR-Lyrik insgesamt schwerlich als avantgardistisch bezeichnet werden kann (ob man das beklagen sollte, ist eine Frage für sich). Charakteristisch sind eher »der durchweg traditionelle Formenkanon« und »die altvertraute Lyriksprache«.[9] Die sich anbahnende Aufarbeitung der bürgerlichen Moderne wird wohl erst in einigen Jahren Früchte tragen; momentan sind für die poetische Produktion andere Vorbilder noch wirksam, nämlich vor allem die proletarisch-revolutionäre Lyrik (u. a. Majakowski), Brecht und – seit etwa den späten fünfziger Jahren[10] – die Rezeption von Klopstock und Hölderlin (z. T. durch ältere Lyriker wie Erich Arendt, Johannes R. Becher, Stephan Hermlin oder Georg Maurer vermittelt). Dabei läßt man Brechts pauschale Unterscheidung zwischen einer »profanen« und einer »pontifikalen« Linie in der Lyrik nach Goethe[11] nicht mehr gelten; diese Unterscheidung wurde nämlich allzuoft als Druckmittel benutzt, um die ›sozialistischen‹ Lyriker auf die profane, d. h. angeblich volkstümliche Linie zu verpflichten.[12] Allmählich setzt sich Endlers Auffassung durch, daß die moderne Poesie von Anfang an »in einem Widerstreit demokratischer (Whitman) und ästhetisierender (Poe) Tendenzen« gelebt habe.[13]

Die Tatsache, daß die DDR-Lyrik in formaler Hinsicht sogar in den sozialistischen Ländern als konservativ gilt,[14] ist – wie oben erwähnt wurde – bei dieser Untersuchung allerdings nicht von zentraler Bedeutung. Im Hinblick auf den ›Fall Biermann‹ hat ein Kritiker darauf hingewiesen, daß gerade die so oft geforderte volkstümlich-populäre

Lyrik von den Kulturpolitikern nicht akzeptiert werden könne, wenn sie eine sozialistische Kritik an den Verhältnissen in der DDR enthalte; paradoxerweise werde derartige Kritik eher geduldet, wenn sie in einer esoterischen, d. h. für die Massen nur schwer zugänglichen Sprache abgefaßt sei.[15] Der Schluß liegt nahe, daß es am sinnvollsten – und ergiebigsten – wäre, die Gedichte der DDR-Lyriker in erster Linie nach ihrem ideellen Gehalt zu beurteilen, denn auch die raffiniertesten Stilmittel sind – in der DDR-Lyrik wie in jeder anderen – zur Wirkungslosigkeit verdammt, wenn derjenige, der sie verwendet, nichts Wesentliches mitzuteilen hat. Bei Volker Braun findet man eine Formulierung, die ohne Vorbehalte für diese Arbeit gelten kann:
»Die deutsche Dichtung bezog ihre Kraft nicht vorrangig aus oberflächlichem Glanz wie Reimen und einförmigem Versmaß (das sind zu delikate Mittel, um sie massenweise einzusetzen); dabei wird es bleiben. Es war immer eine Kunst des Inhalts, der Betroffenheit, des Engagements. Ihr spezifisches Geheimnis war nichts anderes, als daß die Dialektik des Gegenstands in schönem Maße zur *Struktur* des Gedichts wurde.«[16]
In diesem Sinne kann man dem DDR-Germanisten Walfried Hartinger nur zustimmen, wenn er davor warnt, Gedichte ausschließlich »innerliterarisch« zu betrachten:
»Gespräche über das Gedicht sind erst einmal als Dialog über das Leben zu führen: als Debatten um den Sozialismus, um die weltweite Auseinandersetzung, um die Verantwortung des einzelnen in diesem Prozeß, um die Widersprüche und Konflikte des Lebens (und zwar als solche, die im Subjekt selbst auszutragen sind).«[17]
Ohne die Spezifik der poetischen Welt-Wahrnehmung und -Aneignung leugnen zu wollen, wird in diesen Bemerkungen der Tatsache Rechnung getragen, daß die DDR-Lyrik in einem Land entsteht, welches sich selbst und seine Literatur sozialistisch nennt. Es geht vor allem darum, diesen Anspruch an der Wirklichkeit zu messen.

II. In den drei Jahrzehnten seit der Gründung der DDR sind Dutzende von Lyrikern bekannt geworden, und Tausende von Gedichten – die Gesamtproduktion kann von einem einzelnen Kritiker kaum überblickt werden – sind in Druck erschienen, doch es gibt zwei Gestalten, deren Wirken und Werke heute noch im Mittelpunkt der Diskussion stehen. Es handelt sich um den Dichter-Funktionär Johannes R. Becher und den Regisseur des Berliner Ensembles Bertolt Brecht. Dieses symbiotische Zweigespann ist gleichsam ein Sinnbild für die tiefgreifenden Widersprüche in der DDR-Lyrik überhaupt. Als ein »äußerst kompliziertes Phänomen« bezeichnet Adolf Endler die Tatsache, »daß sich die jüngere Poesie zwar weithin am ›Menschenbild‹ Bechers orientierte, in sprachlicher und formaler Hinsicht aber eher den Mustern Bertolt Brechts verpflichtet war«.[18] Dies ist in der Tat kompliziert, denn es gibt wohl kaum zwei andere DDR-Dichter, deren Werke so grundsätzlich verschieden wären. Um die spätere Entwicklung richtig einschätzen zu können, muß man sich vor allem mit den Gedichten auseinandersetzen, die Becher und Brecht in der sowjetischen Besatzungszone bzw. Deutschen Demokratischen Republik verfaßten.
Die Nachkriegsgedichte Johannes R. Bechers, des wohl repräsentativsten Dichters der jungen Republik (1945 Mitbegründer und Präsident des Kulturbundes, von 1954 bis zu seinem Tod 1958 Minister für Kultur), sind keineswegs reiner Agitprop, doch gerade in ihrer Widersprüchlichkeit sind sie bezeichnend für den Weg eines großen Teils der älteren Generation. Die Entwicklung des idealistischen Kriegsgegners aus bürgerlichem Hause zum überzeugten Parteidichter, des ekstatischen Expressionisten zum formbe-

wußten »Klassiker« forderte viel Selbstüberwindung – sogar mehr, als der Dichter leisten konnte. Sein öffentliches Image als Funktionär entsprach durchaus nicht seinem inneren Zustand, und diesen Bruch kann man an seinen Gedichten ablesen. Da gibt es einerseits Lobverse, die heute mehr als peinlich wirken. Zum ersten Fünfjahrplan heißt es z. B.: »Ein Siegesruf: Erfüllt den Plan! / Stimmt jubelnd unsere Hymne an: // ›Daß die Sonne schön wie nie / Über Deutschland scheint!‹«[19] Im Stalin-Gedicht *Ein Mann, der Deutschland liebt* wird sogar der Personenkult verherrlicht: »Ein Mann, in dessen Tausenden Bildnissen / Ein Volk in seinem besten sich erkennt« (S. 278). Der »unerreichbare« Lenin verkörpere den »Schritt der Geschichte«, den Becher unmarxistisch den »Verlauf der Naturgesetze« nennt (*Lenins Schritt*, S. 503). Die Entfremdung der SED von den arbeitenden Massen wird als normal empfunden: »Alles, was wir sind / Verdanken wir dir! [der Partei] [...] Werdet zur Macht! Gebt dem Volk die Macht!« (*Partei, du bist Friede auf Erden*, S. 464). Andererseits findet man neben strahlendem Optimismus (»War der Mensch je so stark« – *Reich des Menschen*, S. 447) differenzierte Aussagen: »Ein Wesen, das in sich vereint und trennt / Das menschlich Gute und das menschlich Böse« (*Größe und Elend*, S. 330). Es ist manchmal von »Schwermut« die Rede und vom Verzicht auf das persönliche Glück (*'s war nicht die Zeit*, S. 347). In dieser Schaffensperiode entstanden auch viele epigonale Naturgedichte, die jeder beliebige »bürgerliche« Lyriker hätte schreiben können.[20] Diesen merkwürdigen Zwiespalt kann man darauf zurückführen, daß Becher zwar die *politischen* Vorstellungen seiner Klasse hinter sich lassen konnte, die *ästhetischen* aber nicht. Er betrachtete es anscheinend als eine zeitbedingte Notwendigkeit, die Dichtung (die er seine »Heimat« nannte – *Ein wenig müde*, S. 177) in den Dienst der Politik zu stellen, und dabei glaubte er offensichtlich, daß er – um die Massen zu erreichen – seine Sprache und seine Gedanken vereinfachen mußte. Unter anderen Umständen hätte er es nicht so gemacht, wie man in einem 1956 gedruckten Gedicht nachlesen kann: »Ein Geheimnis bergen wir Gedichte / Wenn auch darum nicht ein jeder weiß. / Denn wir machten selber uns zunichte, / Gäb zu leicht sich das Geheimnis preis.« Einige Strophen weiter begegnet man sogar der alten Vorstellung vom Dichter als Seher: »Laßt uns der Gedichte Sinn ergründen. / Das Gedicht herrscht über Zeit und Raum. / Das Gedicht wird sich mit dir verbünden / Und verkünden deinen tiefsten Traum« (*Ein Geheimnis bergen wir Gedichte*, S. 301).[21] Das Bechersche Spätwerk, das mit Gewalt versifizierte Ideologie mit bürgerlichem Kunstverständnis versöhnen möchte, führt in eine dichterische Sackgasse, in die sich mancher DDR-Nachgeborene heute noch verirrt. Der einzige Ausweg aus diesem Dilemma führt über rücksichtslose Selbstkritik und eine materialistische Betrachtung der DDR-Zustände. Daß dies jedoch auch den Ehrlichen und Begabten nicht ohne weiteres gelingt, zeigen die lyrischen Werke des aus dem amerikanischen Exil heimgekehrten Bertolt Brecht.

An dieser Stelle können weder die umfangreiche Brecht-Literatur noch die Selbstzeugnisse des Dichters (*Tagebuch*, *Arbeitsjournal* usw.) diskutiert werden, doch gerade die Lyrik ist bezeichnend für die Entwicklung des späten Brecht. Eine sorgfältige Lektüre der Nachkriegsgedichte führt die Unhaltbarkeit der Pauschalvorwürfe von rechts und links (»Kreml-Barde«, »bürgerlicher Opportunist«) deutlich vor Augen. Der DDR-Lyriker Brecht drückt nämlich nicht nur einen von der materialistischen Geschichtsbetrachtung getragenen Optimismus aus, sondern auch Zweifel, Bedenken und sogar Gewissensbisse (wieviel davon zu seinen Lebzeiten in der DDR gedruckt wurde, steht auf einem anderen Blatt). Das konnte auch nicht anders sein, denn einerseits stand er seiner neuen Umgebung nicht unkritisch gegenüber, andererseits war er aber eindeutig ein Privilegierter.[22] Das Bekenntnis zum Sozialismus, ja sogar zum Stalinismus (z. B. im langen didaktischen Gedicht *Die Erziehung der Hirse*, wo der Georgier als »des Sowjetvolkes großer Ernteleiter« auftritt – S. 984), steht neben eindeutiger Skepsis (»Immer noch / Liegt auf dem Schrank mit den Manuskripten / Mein Koffer« – S. 962). Es ist schwer zu begreifen, wieso ein Autor, der betont, daß das Brot der Gerechtigkeit vom *Volk* (S. 1006) gebacken werden muß (die berühmte Leninsche Köchin fällt einem ein), eine Revolution von *oben* begrüßen kann: »Ihr Staatenlenker, wenn ihr Pläne schmiedet / Stellt euch nicht furchtsam an: / Der darf nicht Kampf scheu'n, der befriedet!« (S. 1027). Derselbe Brecht, der sich verpflichtet fühlt, ein borniertes »Amt für Literatur« (S. 1007) aufs Korn zu nehmen, ist imstande, die Kulturpolitiker gegen Angriffe aus dem Westen zu verteidigen, wobei er dem liberalen Modell kräftige Hiebe versetzt (S. 1008).[23] Im propagandistischen *Aufbaulied* heißt es glatt: »Weg der alte, her der neue Staat« (S. 956); in der Praxis erweist sich dieser neue Staat jedoch zumindest in einer Hinsicht als ein alter Bekannter: »Der preußische Adler / Den Jungen hackt er / Das Futter in die Mäulchen« (S. 1011).[24] Die Diskrepanzen zwischen Anspruch und Wirklichkeit, zwischen sozialistischer Theorie und DDR-Zuständen drücken der Brechtschen Spätlyrik jedoch nicht immer ihren Stempel auf; zwei Arten von Gedichten weichen nämlich vom eben skizzierten Muster ab. Gemeint sind auf der einen Seite die Verse, die die Menschheit vor neuen Kriegen warnen: hier verbündet sich formale Schlichtheit mit einem Friedensappell, der – auf Parteipropaganda verzichtend – alle Mitmenschen erreichen soll. Dem Dichter gelingt ein naiver, fast kindlicher Ton (»Ihr, die ihr überlebtet in gestorbenen Städten / Habt doch mit euch selbst Erbarmen!« – S. 965), weil er seine Gefühle und Überzeugungen ohne Rücksicht auf Selbstzensur vermitteln kann (»Friede der Frau und dem Manne! / Friede dem Greis und dem Kind! / Friede der See und dem Lande / Daß sie uns günstig sind!« – S. 997). Ähnliches gilt für die Gedichte, die sich der Privatsphäre zuwenden; der Mensch tritt hinter dem lyrischen Ich hervor und gibt sich manche unerwartete Blöße. Die fast aphoristische Kürze dient der Subjektivität als eine Art Seziermesser, z. B. im Gedicht *Schwächen*: »Du hattest keine / Ich hatte eine: / Ich liebte« (S. 986). Themen wie das Verhältnis zwischen Mensch und Natur (*Der Rauch, Laute*), die manchmal unerklärliche Ungeduld des Vorwärtstreibenden (*Der Radwechsel*), die Schweiksche (Brechtsche?) Kunst des Überlebens (*Eisen*) oder die Schuldgefühle des zur Tat unfähigen Intellektuellen (*Böser Morgen, Die Kelle*) werden zwar aus persönlicher Sicht behandelt, aber auf eine Weise, die das Mitdenken des Lesers fördert. Eine derartig dialektische Analyse der »Mühen der Ebenen« (S. 960) war in den fünfziger Jahren – auch bei Brecht selbst – eher die Ausnahme; erst beim Auftritt der »Erben« Brechts in den sechziger Jahren konnte diese Methode auf breiter Basis weitergeführt werden. Die Generationsgenossen des Augsburgers gingen aber andere Wege; ein Blick auf die Werke Arendts und Huchels soll dieses Phänomen veranschaulichen.

III. Anders als der parteiliche (wenn auch parteilose) Lyriker Brecht, der versuchte, Kompliziertes verständlich zu sagen, schreibt der Altkommunist (seit 1926) und Spanienkämpfer Erich Arendt Gedichte, die sich der Entzifferung eher widersetzen. Zweifellos geht Arendt von einem Glauben an den geschichtlichen Fortschritt, an die

Selbstbefreiung des Menschen aus (»Aurora / kündete den gesetzlichen Tag, / eine Möglichkeit dem Menschen«[25]), doch spätestens seit den schwierigen Jahren des Exils (in Kolumbien) erschwert eine Neigung zu abstrakten bzw. preziösen Sprachgebilden und zur Mythologisierung den Zugang zu seinem Werk. Der Aufgabe des Mahnens, die er dem Dichter zuschreibt (»Rasch wächst / das Dürrgras Vergessen: / wir mähen es / ab mit den Zähnen des Worts« – S. 143), wird er kaum gerecht, wenn er seine warnende Stimme nur an den gebildeten Leser richtet: »Blut- / kehliges / Gestern, / hinab- / spülen / den klebrigen Schluck [...] Steinhaar / der Stunden. / Bald / vorm Gesicht / das Leersegel, breit / gespannt« (S. 203). Das leidenschaftliche Anprangern des Unrechts, das früher nicht nur in Erscheinung trat (vgl. die *Ballade von der Guardia Civil*), sondern auch kräftige Bilder heraufbeschwor (»Noch schweigt der Haß, groß hinter Stirn und Wänden, / und trinkt an einem Traum von Blut und Brot sich satt« – S. 167), weicht immer mehr einem elegischen Grundgefühl, das sich mittels dunkler Chiffren mitteilt. Der alternde Dichter zitiert Hölderlin (»Ein Zeichen sind wir, deutungslos« – S. 153) und verfaßt Verse, die aus der Feder Goethes stammen könnten: »Zerstörend ist / und segnend, Erde, / Erderschütternder: dein Mensch« (S. 190). Eine solche Ambivalenz haftet auch dem Werk des gleichaltrigen Peter Huchel an, der bis 1962 Chefredakteur von Sinn und Form war. Obwohl er während seiner dreizehn Jahre währenden redaktionellen Arbeit diese Zeitschrift zum wohl interessantesten Kulturforum der DDR gestaltete, verraten seine Gedichte aus dieser Zeitspanne nur sehr vermittelt etwas von der DDR-Wirklichkeit. Huchel ist ein Naturlyriker, wenn sich seine dichterische Welt von der ›magischen‹ (etwa eines Wilhelm Lehmann) auch dadurch unterscheidet, daß sie fast nie menschenleer ist. In den frühen Gedichten wird die mühsame Arbeit der Hirten, Knechte und Mägde freilich eher zeitlos-traumhaft geschildert, als daß die Ausbeutung auf dem Lande analysiert würde. Die zahlreichen späteren Versuche, die Schrecken des Zweiten Weltkrieges ins Bild zu bannen, gelingt nicht zuletzt deshalb, weil der Dichter die Verwüstung der von ihm geliebten Natur als Ausgangspunkt benutzen kann: »Erwürgte Abendröte / Stürzender Zeit! / Chausseen. Chausseen. / Kreuzwege der Flucht. / Wagenspuren über den Acker, / Der mit den Augen / Erschlagener Pferde / Den brennenden Himmel sah.«[26] Während der fünfziger Jahre war der Aufbau der DDR kein Gegenstand seiner Lyrik; erst Huchels erzwungenes Verschwinden aus dem öffentlichen Kulturleben brachte ihn in den sechziger Jahren dazu, die gesellschaftlichen Zustände in seiner Heimat zu thematisieren, was dann unter dem Vorzeichen der Verbitterung geschah: »Die verbissene Ordnung des Landes. / Das Aufbegehren und die Macht. / Die Ohnmacht und die Kälte der Blitze. / Nicht reinigt der Regen die Atmosphäre« (*Die Ordnung der Gewitter*, S. 113). Die Beschattung durch die Stasi-Männer (»Nebel / auf sächsisch-preußischer Montur« – *Hubertusweg*, S. 118) tilgt jede Sympathie mit der DDR, doch kein Wille zum Widerstand ist zu verzeichnen: »Ich bin nicht gekommen / das Dunkel aufzuwühlen. / Nicht streuen will ich vor die Schwelle / die Asche meiner Verse, / den Eintritt böser Geister zu bannen« (ebd.). Das Traurige am Fall Huchel liegt u. a. darin, daß die DDR es fertigbrachte, einen im Grunde unpolitischen Dichter dem Sozialismus zu entfremden (»nicht fähig, / den blutigen Dunst / noch Morgenröte zu nennen, / hörte ich den Richter / das Urteil sprechen« – *Das Gericht*, S. 122); schlechte Erfahrungen mit dem »realen« Sozialismus verbauten hier jede Möglichkeit der objektiven Auseinandersetzung mit nichtkapitalistischen Gesellschaftsformationen und lieferten dazu der rechten

Presse in der Bundesrepublik (Huchel konnte 1971 ausreisen) noch einen willkommenen Anlaß, den Sozialismus als unmenschlich zu verdammen.

Manche Gedichte, die Johannes Bobrowski zwischen 1952 und 1965 schrieb (schon während des Krieges hatte er versucht, in der Form der griechischen Ode die russische Landschaft »in den Griff zu bekommen«[27]), bezeugen eine innere Verwandtschaft mit dem Werk Peter Huchels. Dieser Dichter setzt sich – wie Huchel – mit einer historisierten Landschaft auseinander: sein »Generalthema« ist die »deutsche Verschuldung gegenüber den Ostvölkern«,[28] die bis in die Zeit der ersten Kolonisierung durch den Deutschritterorden zurückreicht. Dabei handelt es sich nicht um ein strenges Belehren: Bobrowski schreibt, um seinen »deutschen Landsleuten etwas zu erzählen, was sie nicht wissen«.[29] Er mußte sich gegen »wohlwollende« Kritiker wehren, die sich nur für die künstlerische Qualität seiner Lyrik interessierten, ohne sich mit der eigentlichen Botschaft zu befassen.[30] Diese Botschaft ist nicht zuletzt deshalb wichtig, weil sie an alle Deutschen in West *und* Ost gerichtet ist: »[...] man kann sich, gerade als Deutscher, von seiner Nationalgeschichte nicht freisprechen«.[31] Die zögernde Anerkennung Bobrowskis in der DDR hängt wohl u. a. damit zusammen, daß die SED die ganze Schuld an den Greueln der Nazizeit der Bundesrepublik zuschiebt. Wer Bobrowskis Lyrik kennt, der kann sich jedoch kaum vorstellen, daß sie als »gefährlich« empfunden werden konnte. So wird z. B. das Leiden der Ostjuden nicht im Anklage-, sondern im Klageton heraufbeschworen: »Der blasse Alte / im verschossenen Kaftan. / Die Schläfenlocke wie voreinst. Aaron, / da kannte ich dein Haus. / Du trägst die Asche / im Schuh davon«.[32] Obwohl Empörung durchaus zu verzeichnen ist (in dem Gedicht *Gedenkblatt* sind die Wehrmachtsoldaten »Würger mit bleiernen Augen« – *Das Land Sarmatien*, S. 77), wird die Brutalität des Krieges meist indirekt geschildert, und zwar im Spiegel der Natur: »An die Birke hat einer / geschrieben, auf blätternde Rinde: / Ich kam in Feuerspuren / und trat auf den Fluchtweg des Schnees.«[33] Obschon Bobrowski den Zorn der Opfer versteht,[34] kreist sein Werk um Sühne, nicht um Rache: einerseits, weil er seine eigene Mitschuld (er war selbst Soldat) nicht verdrängen kann, andererseits, weil sein Denken vor allem von christlich-humanistischen Vorstellungen geprägt ist. Entsprechend vage geraten seine Appelle an die Menschheit: »Ich bin ein Mann, / mit seinem Weibe ein Leib, / der seine Kinder aufzieht / für eine Zeit ohne Angst« (*Wetterzeichen*, S. 59). »Das Wort Mensch« (so der Titel seines letzten Gedichts) werde mißbraucht: »Wo Liebe nicht ist, / sprich das Wort nicht aus« (*Wetterzeichen*, S. 78). Der Auftrag des Mahnens, den sich Bobrowski selbst auferlegte, verträgt sich nicht mit dem Hang zur Resignation, die seinem Werk eigen ist. Er schätzte seine Wirkung auf die Leser eher gering ein (»›Ändern‹, das ist so ein großes Wort«[35]); wie der von ihm bewunderte Dichter J. M. R. Lenz sagte er einfach das, was er sagen mußte. Im Gedicht *Alter Hof in Wilna* wird die Problematik prägnant formuliert: »[...] er hat / gesungen gegen das Schweigen. / Wer hat ihn gehört?« (*Das Land Sarmatien*, S. 74). Fest steht auf jeden Fall, daß sein poetisches Anliegen, das man zur Zeit des Wirtschaftswunders bzw. des sozialistischen Aufbaus allzugern ignorierte, an Aktualität – leider – nichts eingebüßt hat.

Das im Laufe des Kalten Krieges oft wiederholte Klischee, in der DDR gäbe es keine Lyrik, wohl aber SED-Propaganda in Versen, wird nicht nur durch die Werke Arendts, Huchels und Bobrowskis widerlegt; auch der »Lehrer der jungen Generation« Georg Maurer[36] machte eine Entwicklung durch, die abseits vorgeschriebener (bzw.

erwünschter) Bahnen verlief. In den fünfziger Jahren hielt man seine Gedichte für »esoterisch«, und er bekannte später selbst, politische »Gebrauchslyrik« habe er selten geschrieben.[37] Wer sich allerdings mit der Produktion dieses ehemals ›bürgerlichen‹ Humanisten (dem der Marxismus bis 1945 völlig fremd war) beschäftigt, der muß sich fragen, aus welcher Ecke der Vorwurf der Unverständlichkeit – den man längst nicht mehr hört – hätte kommen können. Maurers Gedichte sind nämlich nicht nur verständlich, sondern allzuoft einfach banal. Der *Dreistrophenkalender* (1950/51) erschöpft sich in gekünstelter Naivität (»Die Vögel haben nachts gelauscht: / Denn in dem großen Wäldersaal / gab ein Konzert die Nachtigall, / vom Mondenlicht umrauscht.«[38]) bzw. patriarchalischer Erotik (»Ja, die Liebste will ich hübsch gekleidet, / auch gebildet soll sie sein, / daß man mich um sie beneidet: / teils um ihren Kopf, teils um ihr Bein.« – *Kreise*, S. 36). In späteren Sammlungen geht es um gewichtigere Fragen, die aber nicht einfach formuliert, sondern vereinfacht werden. Beispiele wären das Verhältnis von Subjektivität und Objektivität (»Noch bin ich der Nistplatz, / Wo sich paart, was von innen, / was von außen kommt.« – *Kreise*, S. 114), die Rolle der Produktivität (»im letzten aufzuckenden Staub noch preis ich / alles, was baut.« – *Kreise*, S. 85) und die Dialektik aller Lernprozesse (»Niemandem, der sagte: / Vollendung ist! traut ich.« – *Kreise*, S. 110). Maurers theoretisierende Essayistik (in deren Mittelpunkt die Themen Liebe und Arbeit stehen) hinterließ in den epigonalen Gedichten dieses Literaturdozenten kaum Spuren. Er hat zwar betont, daß es die Funktion der heutigen Lyrik wäre, »am Muster zu einem Weltfrieden zu arbeiten«,[39] doch er hat selbst wenig dazu beigetragen, da er einer Auseinandersetzung mit dem Entwicklungsweg der DDR (behutsam?) aus dem Wege ging.

Anders steht es um das schmale lyrische Werk Stephan Hermlins, der für seine Förderung junger Talente (z. B. Biermann) eher Vorwürfe als Anerkennung erntete. Dieser Mann, der aus offensichtlich tiefer Überzeugung heraus den DDR-Sozialismus als Fortschritt besingen wollte (seit Jahren gibt es keine neuen Gedichte von ihm), verfehlte sein Ziel, vor allem deshalb, weil er sich nur zeitweilig von einem preziös-symbolistischen Sprachstil loslösen konnte. Er ist sich dessen auch bewußt: auf dem Schriftstellerkongreß im Sommer 1978 bezeichnete er sich als einen, der Kommunist und gleichzeitig ein »spätbürgerlicher Dichter« sei.[40] Die Suche nach einer ›neuen‹ Sprache (»Daß an meinen Worten ich leide! / Und die Worte waren schön«[41]) wird noch in der ›alten‹ formuliert: »Sage, Sprache des Dichters, herber du als Holunder, / Tagstimme, Nachtflöte, unendlicher Flug / Unenträtselter Vögel, verwundendes Wunder, / Sag den Schrei und die Stille, den Durst und den Krug.«[42] Im *Mansfelder Oratorium* (1950) versuchte Hermlin, traditionelle Formen und eine volkstümliche Sprache zu verwenden, was einigermaßen gelang, wenn es um wesentliche Aussagen ging: »Es gab damals so manchen, / Der vor den Braunen kroch – / Das Herz der Klasse schlug leise / aber es schlug immer noch.«[43] Die Wirkung war aber eher peinlich, sobald das Ideologische in den Vordergrund trat, z. B. beim Lob der SED (»Sprach die Partei: Die alte Zeit ist tot« – S. 20) oder bei der Aufforderung zur Leistungssteigerung in der Produktion (»Wir setzen freiwillig die Norm herauf, / Sagten Zottmann und Schläzer, Sturm, steh auf!« – S. 21). Hermlin fand also nie zu einem einheitlichen Stil: er schwankte ständig zwischen einer unecht wirkenden Einfachheit, die ihm nicht lag (z. B. im Pieck-Gedicht: »Er lehrte die Klasse das Wissen, / Das sie ihn gelehrt. / Er erklärte ihr ihre Fehler / Und hat auf sie gehört.«[44]) und einer klassizistischen Hölderlin-Nachahmung (vgl. den Nachruf auf J. R. Becher: »Wolken! Wolken! Zu euch! Furchtbare Gleichnisse! / Aufglanz oben im Licht! Treibend in Lüften ihr! / Angstlos Schöne, zu euch will / Blick und Hauch, daß die Unruh schweigt.«[45]). Da er sich nie – zumindest in seiner Lyrik – als kritischer Beobachter der DDR betätigte, befand er sich nach einiger Zeit ästhetisch und thematisch in einer Sackgasse. Statt neue Wege zu suchen, entschied sich der Lyriker Hermlin für das Verstummen.[46]

IV. Es wäre natürlich falsch, den Fall Hermlin als exemplarisch zu bezeichnen, denn es gab während der Aufbaujahre durchaus Lyriker, die sich ohne Bedenken der Agitationspoesie widmen konnten. Das große Vorbild war Erich Weinert, der »Volkstribun« der Weimarer Republik, der bis zu seinem Tod im Jahre 1953 die proletarisch-revolutionäre Lyrik pflegte. Weinert, der wohl wirkungsvollste Vertreter des deutschen Agitprop überhaupt, schrieb nach 1945 Gedichte, deren Schwächen fast ohne Ausnahme zum schwierigen Erbe seiner Nachfolger wurden. Als Ankläger des (Neo)-Faschismus gelangen ihm kraftvolle Bilder (»Sieg-Heil! Der erste Schock ist überwunden. / Die Amnestie begießt man auf Banketts. / Und man entschädigt sich für Schrecksekunden / Und sucht und findet Löcher im Gesetz.«[47]), doch der alles verzerrende Dogmatismus seiner Sozialismusauffassung konnte kaum überzeugen, z. B. im Lobgedicht auf Thälmann: »Er paktierte nicht mit den Weisheitspächtern, / Die Lenins Lehre verfälscht und verdreht, / Auch nicht mit den linken Spiegelfechtern, / Mit denen der Feind sich so gut versteht« (*In seinem Geist*, S. 538). Solche Verse wirken besonders peinlich, wenn man an anderer Stelle liest, der sozialistische Schriftsteller solle »das Wahre, Gute, Schöne« preisen (*Zur Begrüßung*, S. 544) und könne »selbst dem dumpfsten Geist Erhellung« bringen (*Auftrag des Schriftstellers*, S. 545). Dies im Gegensatz zum bürgerlichen Schreibkollegen, der »in dumpfem Selbstbetrug« hinlebe (*Bekenntnis eines Künstlers zur neuen Welt*, S. 559). Der ›öffentliche‹ Dichter Weinert, der weder Zweifel noch Subjektives zum Ausdruck brachte, hatte eigentlich nur einen ›echten‹ Nachfolger, und zwar Kuba (d. i. Kurt Barthel). Bei ihm paart sich ein ähnlicher – rein rhetorischer – Drang zur Wahrheit[48] mit geradezu kindischen Formulierungen: »Bei Marx lernt man die Thesen, / bei Lenin wird studiert, wie man nach Bücherlesen / die Praxis exerziert: / Der alte Eisenfresser, die Preußen kaltgestellt: / Ohne Kapitalisten geht es besser, / viel besser in der Welt« (*Ohne Kapitalisten geht es besser*, S. 132). Kuba vermittelt nur dann Einsichten in den Entwicklungsprozeß der DDR, wenn er es aus Versehen bzw. unbewußt tut: »Das rote Wirtschaftswunder / macht uns kein Thyssen nach!« (ebd., S. 133). Interessanterweise stammten mit die übelsten Propagandaerzeugnisse nicht nur von felsenfest Überzeugten wie Weinert und Kuba: auch diejenigen trugen zu diesem Genre bei, die einen inneren Zwiespalt nicht nur nicht leugneten, sondern sogar thematisierten. Von Louis Fürnberg stammen sowohl Verse wie »Die Partei / die Partei / die hat immer recht«[49] oder »Mein Parteibuch, das ist das Schönste, was ich habe« (*Mein Parteibuch*, S. 241) als auch folgende: »Die Angst, die die Menschen jetzt haben / vor der Stille; alle müssen sie schrein. / Und sind doch in sich begraben / und in ihrem Einsamsein [. . .] Sie lassen künstliche Fahnen knattern im künstlichen Wind, / weil sie dann seltener ahnen, / wie tragisch sie sind« (*Die Angst*, S. 300). Max Zimmering verstand sich als Parteidichter (»Das Wort Partei, Par-tei! Zwei Silben nur, / doch welche Kraft liegt in dem Wort verborgen [. . .] bist deiner Menschen Lehrer, Mutter, Vater, / bist der Motor zur Tat und bist Berater«[50]), doch er spürte – wie J. R. Becher – auch ganz andere Neigungen in sich: »Nicht daß ich die zärtlichen Verse nicht mag, / geflüstert der Liebsten, gehaucht an der Wiege, / das Säuseln des Winds, wenn im Grase ich liege« (*Ich trommle Reveille!*, S. 118). Es ist schlimm genug, wenn sich Lyriker, die in formaler Hinsicht im Grunde den bürgerlichen Realismus des vorigen Jahrhunderts vertreten, mit einem derartigen Bruch in ihrem Werk abfinden; noch überraschender ist es jedoch, Ähnliches bei einem Autor festzustellen, der sich als Brecht-Schüler versteht. Helmut Preißler beherrscht durchaus die Kunst des gestischen Verses, wie folgendes Beispiel zeigt: »Erschüttert bedenke ich: / Die Gewalt abschafften, / mußten Gewalt üben; / die gegen Verschlagenheit waren, / mußten verschlagen sein; / die den Tod haßten, / mußten töten.«[51] Dies hält ihn aber nicht davon ab, zwecks Agitation ganz andere Töne anzuschlagen: »Strebt in Brigaden der sozialistischen Arbeit empor / und vereinigt euch steigend / zu sozialistischen Arbeitsbereichen!« (*Aufruf des BPO-Sekretärs Klaus A. zum Start in den Siebenjahrplan*, S. 106). Die Art, wie Preißler die Stilmittel der Brechtschen Spätlyrik verwendet, ohne die dialektische Denkweise seines Vorbildes zu übernehmen, stellte eine Möglichkeit dar, den Unbequemen allmählich zu neutralisieren. Auf eine andere Weise leistet Paul Wiens dasselbe, indem er einerseits Brechts »Offenheit« preist,[52] andererseits dessen Absichten verzerrt: »Der Becher Hans, der Bertolt Brecht / haben allbeid besungen, / wie ein vernünftiges geschlecht / sich hier emporgeschwungen« (*Allbeid*, S. 94). Man soll aber nicht den Eindruck bekommen, als hätte die Ausschlachtung der Brechtschen Schreibweise seitens mancher Parteidichter die eigentliche Rezeption seines Werkes in den Aufbaujahren unmöglich gemacht: bereits 1950 erschien nämlich der erste Gedichtband eines jungen Lyrikers, der es verstand, Gestik mit Dialektik zu verbinden.

V. Der 1929 geborene Günter Kunert, der schon als Siebzehnjähriger wußte, daß er Schriftsteller werden wollte (»Ich konnte nichts anderes, und – was zukunftsprägender war – ich wollte auch gar nichts anderes können.«[53]), verdankt dem Lyriker Brecht sehr viel. Dessen lakonische Sprechweise paßt zu seinem kühlen, zuweilen ganz emotionslosen Ton: »Den Fischen das Fliegen / Beigebracht. Unzufrieden dann / Sie getreten wegen des / Fehlenden Gesanges.«[54] Hinzu kommt die Kunst, Gedichten unerwartete dialektische Schlußwendungen zu geben, um den Leser wachzurütteln. So beteuern z. B. die Überlebenden des letzten Krieges: »Nie wieder. // Jedenfalls nicht gleich.«[55] Trotz der vielen Ähnlichkeiten auf thematischem und stilistischem Gebiet gibt es jedoch zwei grundlegende Unterschiede zwischen den beiden Lyrikern: 1. Kunert möchte seine Werke auf keinen Fall als ›Gebrauchslyrik‹ bezeichnen (»Ein Gedicht verwenden wie einen Gegenstand? Warum dann nicht gleich den Gegenstand benutzen?«[56]). 2. Anders als Brecht hat er – bis 1979 – alle seine Werke in der sowjetischen Besatzungszone bzw. DDR geschrieben: als »Nachgeborener« ist er von vornherein mit den »Mühen der Ebenen«[57] konfrontiert worden. Das bedeutet, daß seine Art, sich mit gewissen Phänomenen auseinanderzusetzen, weder von den Erfahrungen im Umgang mit der KPD-Kulturpolitik der Weimarer Jahre noch von den bitteren Jahren des Exils geprägt ist. Im folgenden geht es darum, den konsequenten, wenn auch nicht exemplarischen Entwicklungsweg dieses Lyrikers anhand von einigen immer wieder behandelten Themenkreisen zu beleuchten.

Seit dem Beginn seiner schriftstellerischen Laufbahn vor fast dreißig Jahren nimmt

Kunert die sogenannte Vergangenheitsbewältigung seiner Landsleute unter die Lupe. Dies geschieht auch nicht einseitig, d. h. dahingehend, daß die DDR keine, die Bundesrepublik dagegen die ganze Schuld am Nationalsozialismus auf sich nehmen müsse. Es wird zwar von den Gefahren des Neo-Faschismus im Westen gewarnt (»Zu lebendig die fleißigen Töter / Noch und wieder noch« – *Verkündigung*, S. 8), doch der »ungebetene Gast« aus Polen, eine gespenstische Erinnerung an die Konzentrationslager (»An der Kehle klaffende Wunden / Haben stumm seine Geschichte erzählt« – *Erinnerung*, S. 39), müßte alle Deutschen zum – offenbar unbequemen – Nachdenken zwingen. Diese Deutschen jedoch, laut Kunert »Ein Volk von einigen Herrschaften, vielen / Knechtschaften«,[58] pflegen eher die »liebsame Beschäftigung« des Vergessens (*Erinnerung*, S. 38). War Kunert zumindest am Anfang noch sicher, daß die Greuel der NS-Ära nicht so leicht zu verdrängen wären (»die Vergangenheit. Immer wieder / verflossen, kehrt unaufhaltsam / Aufs neue sie zurück.« – *Erinnerung*, S. 50), so glaubt er anscheinend nicht mehr an die Wirkung des aufklärerischen Gestus: während die Deutschen »mehr Räume / für mehr und tiefre / Vergeßlichkeiten«[59] brauchen, taucht der »unterworfene Germane« wieder auf (»ich lebe // immer noch in jedem / der mich für vergangen hält.« – *Utopia*, S. 68). Immer wieder hat Kunert in seinen Gedichten klargemacht, welche Lehre man aus der Vergangenheit ziehen müsse. Eine lapidare Formulierung lautet: »Empfehlung / Sich nicht zu ducken: // Das Schiff liefe nicht vorwärts. / Stünde nicht aufrecht im Wind / Das Segel« (*Verkündigung*, S. 19). Für den aufrechten Gang, für das bewußte Leben kämpfte Kunert zuletzt in der DDR aber kaum noch: »Von der Insel der Knechtseligen / gibts kein Entfliehen« (*Utopia*, S. 91). Dieser Dichter, der in früheren Jahren seinen Lesern geradezu die Notwendigkeit einer teleologischen Geschichtsauffassung einprägen wollte (»Ohne Ziel heißt, / Ohne Leben sein und hinderlich« – *Erinnerung*, S. 32), kann sich unter Engagement nur noch Negatives vorstellen: »Nacht heißt die letzte Zuflucht / Finsternis und freiwillige Abwesenheit / Starr auf dem Rücken liegen bleiben / Die Flügel gefaltet / im Gebet um Vergessensein« (*Utopia*, S. 95). Was hat diese radikale Verwandlung eines Aufklärers in einen trauernden Fatalisten bewirkt? Um diese Frage beantworten zu können, muß man eine zweite stellen: Wie werden der Marxismus und die DDR-Wirklichkeit in Kunerts Gedichten dargestellt?

Zunächst begegnet man Marx als dem Geist des produktiven Widerspruchs, beheimatet »im furchtbaren fruchtbaren Chaos irdischer / Ordnung« (*Verkündigung*, S. 86). Später tritt er als eine Art geistiger Ziehvater aller Aufstände auf: »Es weht wild / die Fahne dieses bedeutenden Bartes / über den immer wieder aufplatzenden Schalen der Erde« (*Warnung*, S. 49). In dem Gedichtband, der den bitter-ironischen Titel *Unterwegs nach Utopia* trägt, erscheinen der Einsatz für den Sozialismus und die Hoffnung auf eine menschlichere Welt wie ein leerer Wahn. Im Gedicht *Klassiker II* heißt es: »Aus dem Steinbruch der Geschichte / stammen stets die Quadern / für neue Kerker / mein lieber Mohr. [. . .] wir stolpern / von deinem Wort geleitet / von einer in die andre Finsternis / rasiert und angestellt / und rettungslos« (S. 55). Kunert ist offensichtlich zu dem Schluß gekommen, daß die neue Orthodoxie, die Verknöcherung des Marxismus in der DDR, schon so fest verankert ist, daß Optimismus nunmehr Selbsttäuschung gleichkäme: »Das Fortschreiten von etwas Unaufhaltbarem / wird zum unaufhaltbaren Fortschritt // ein weltliches Wunder«.[60] Dabei ist es nicht so, als wollte er nur den Dogmatismus geißeln, was er schon immer getan hatte:[61] jetzt scheint er politisches Handeln über-

haupt abzulehnen: »Wer / einen Traum wahrmachen will / zerstört jeden Traum« (*Utopia*, S. 72). Dieser neue Fatalismus ist gefährlich, denn er bringt mit sich die Gefahr der totalen Isolation: wer von der »allgemeinen Oberflächlichkeit« redet (*Utopia*, S. 81), hat keine Gesprächspartner mehr. Kunerts Verbitterung hält ihn zwar nicht ganz davon ab, Kritik zu üben, doch die Verquickung von moralisierendem Tonfall einerseits und Hoffnungslosigkeit andererseits beraubt seine neuesten Warnbotschaften ihrer Überzeugungskraft: »[...] die Läden sind übervoll / von Produkten / die keiner braucht indes alles / Benötigte / durch Abwesenheit glänzt« (*Utopia*, S. 39). Hier zeigen sich die Grenzen der Kunertschen Methode: Wie sein Vorbild Catull, dessen »wilden Spott« er zu loben weiß, verwendet er den erhobenen Zeigefinger gern, ohne eine gründliche Analyse[62] vorzunehmen. Der Sarkasmus, ja auch Zynismus, der immer mehr in den Vordergrund tritt, zeugt von Kunerts Unfähigkeit (Weigerung?), gewisse DDR-Phänomene wie die Verkleinbürgerlichung der Massen oder den Konsumrausch historisch-materialistisch zu betrachten. Liest man freilich seine Äußerungen zur Rolle der Kunst – in den Gedichten selbst wie in manchen Essays –, so erfährt man, daß weder Analyse noch Vorschläge für die Praxis etwas mit Kunst zu tun hätten.
Kunert wehrt sich verbissen gegen jede Funktionalisierung, jede Inanspruchnahme des Gedichts; mancher Satz könnte dabei fast von Theodor W. Adorno stammen: »Jeder Versuch, ausgehend von irgendeiner Theorie oder irgendeiner Praxis [...], Literatur, diesenfalls Lyrik, auf eine Funktion zu verpflichten, bringt sie zum Absterben.«[63] Gleichzeitig versichert er aber, er sei »Realist«,[64] und in bezug auf die Literatur bedeute »realistisch« nichts anderes als »analytisch«.[65] Kunert befürchtet also nicht so sehr, daß seine Leser beeinflußt werden könnten, vielmehr möchte er auf keinen Fall von seiten der Herrschenden kooptiert werden, was natürlich dem DDR-Sozialismus kaum zum Lobe gereicht: »Wahr ist die Welt nur in allem was ihr nichts nützt / und: Den Ausgestoßenen allein / gehört der Mut zum nötigen Verrat« (*Utopia*, S. 50). Wenn das Gedicht also »zur Unterdrückung nicht brauchbar / von Unterdrückung nicht widerlegbar« (*Utopia*, S. 30) sein soll, wie kann es überleben? Im Hinblick auf das Militärregime in Griechenland hat Kunert einmal betont, »daß die Kunst / rasch verfliegt, wo die Freiheit erstickt« (*Warnung*, S. 43), doch er hat selbst nicht zu schreiben aufgehört. Sein Entschluß, weiterzuschreiben, hat mit idealistischer Kunstpflege nichts zu tun: er schreibe, »um die Welt [...] zu ertragen«.[66] Mittels einer neuen ›Taktik‹ bei der Wahl der stilistischen Mittel wird die Ausführung dieses Entschlusses ermöglicht: Kunert wird nämlich allmählich – aber zwanghaft – zum Esoteriker. Er bezeichnet nun den »elitären Charakter« der Lyrik als »das, was sie erst zur Lyrik erhebt«.[67] Er hat recht, daß gerade die lyrische Gattung wenig zur Förderung passiven Verhaltens beiträgt, doch man muß sich schließlich fragen, was für einen Sinn eine »Humanisierung« des Lesers[68] angesichts der angeblich nahenden Apokalypse haben soll: »Das Gedicht bloß gewahrt / was hinter den Horizonten verschwindet / etwas wie wahres Lieben und Sterben« (*Utopia*, S. 75). Wenn sich der Lyriker Kunert mit einem derart troglodytischen Dasein tatsächlich abfinden sollte, so hätten die Bürger der DDR – und nicht nur sie – einen großen Verlust zu melden. Bei der Beseitigung vieler Tabus der DDR-Literatur hat Kunert Pionierarbeit geleistet: Dazu gehören u. a. die Verteidigung der Sinnlichkeit gegen neo-preußische Prüderie, die Kritik des Technologiefetischismus bzw. der atomaren Aufrüstung und der Hinweis auf den wachsenden Konflikt zwischen den Industriestaaten (in West *und* Ost) und den Entwicklungslän-

dern. Seit seiner Übersiedlung in die Bundesrepublik ist noch zu wenig Zeit verstrichen, als daß man voraussehen könnte, inwiefern er im Westen seine z. T. selbstgewählte Isolation wird überwinden können. Parallelen mit dem Fall Huchel (mit dem er sich nicht zufällig in einem Gedicht befaßt hat[69]) drängen sich auf. Kunert hätte – wie seinerzeit Huchel – eine »Ermutigung« nötig gehabt.[70]

VI. Der Weg Reiner Kunzes veranschaulicht das Dilemma, in dem sich Kunert befindet. Zunächst wurde er durch ein Druck- und Auftrittsverbot aus dem öffentlichen Kulturleben der DDR ausgeklammert, später empfand er seine Isolation fast als eine Art Zuflucht vor den Übergriffen der Staatsmacht, und schließlich sah er sich de facto – aus verschiedenen, z. T. persönlichen Gründen – gezwungen, seine Heimat zu verlassen. Anders als der frühreife Dichter Kunert schrieb Kunze am Anfang seiner poetischen Laufbahn Gedichte, zu denen er heute nicht mehr stehen kann.[71] Für das Arbeiterkind Kunze war der Eintritt in die SED (mit 16 Jahren) etwas Selbstverständliches; erst während des Journalistikstudiums in Leipzig begann »die große politische Desillusionierung«.[72] Die frühen lyrischen Versuche gelten ihm jetzt als »Produkte eines poetologisch, philosophisch und ideologisch Irregeführten«.[73] Es scheint allerdings, als hätte ihn eher jugendlicher Idealismus als Engagement für den Sozialismus zum Parteibeitritt bewogen, obwohl er noch 1974 die Frage, ob er Marxist sei, nicht zu beantworten vermochte (es »würde [. . .] einer sehr ins Detail gehenden definitorischen Vorarbeit bedürfen, um sagen zu können, inwiefern sich einer als Marxist begreift«[74]). Zweifellos hat der Marxismus – wenn auch nur vermittelt – Kunzes Werk mitgeprägt (Brechts »Denken in paradoxen gedanklichen Verknüpfungen« hat ihn beeinflußt[75]), doch seine Weltsicht entstammt eigentlich der Gedankenwelt des Existentialismus. Er behauptet zwar: »Ich empfinde die Welt tatsächlich als absurd«,[76] diese Einstellung führt jedoch nicht zur Resignation, sondern zum individualisierten Widerstand. Dabei beruft er sich auf sein großes Vorbild aus Frankreich: »Camus leitet drei Schlußfolgerungen vom Absurden ab: Die Auflehnung des Individuums gegen das Absurde, seine Freiheit und seine Leidenschaft. Damit kann ich mich absolut identifizieren.«[77] Was für Gedichte schreibt also ein Lyriker, der nicht nur von Brecht und Camus, sondern auch von Apollinaire, Lorca, Heine und der tschechischen Poesie[78] gelernt hat?

In einem Gespräch über seinen 1973 – unerwarteterweise – in der DDR erschienenen Auswahlband *Brief mit blauem Siegel* nannte Kunze die drei Hauptthemen seiner Lyrik bzw. seines literarischen Schaffens überhaupt: »[. . .] die Daseinsbejahung, [. . .] die meinem Naturell entspricht, der Internationalismus, für den ich mich engagiere, und mein Bedürfnis, mich an der Suche nach Glücksmöglichkeiten für die Menschen zu beteiligen«.[79] An diesen allgemeinen Formulierungen dürfte auch der doktrinärste Kulturpolitiker heute noch kaum etwas auszusetzen haben, doch die Umsetzung dieser Kategorien in die poetische Praxis führte zu scharfen Auseinandersetzungen. Wenn Kunze z. B. das Dasein bejaht, so meint er mehr als das bloß vegetative Existieren: dem Anpassungszwang der Gesellschaft (»Ihm den / kern nehmen, / aushöhlen ihn // Das macht brauchbar«[80]) stellt er den aufrechten Gang entgegen: »Angenehm knackt das rückgrat / und streckt sich«.[81] Dabei ist es nicht so, als würde diese Lehre im Predigerton eingehämmert; dem stets auf die Eigenart der poetischen Aussage bedachten Kunze gelingt es, sein Anliegen auf vielfältige Weise zur Sprache zu bringen. Mal ist es der Hochwald, der seine Bäume »erzieht« (»Keiner sieht mehr als der andere, / dem wind sagen alle das gleiche«[82]), mal ist es ein Zirkuslöwe, der des Peitschenknalls harrt (»Tochter, nie / gelang mir dieses kunststück«[83]). Dies ist auch nicht rein existentialistisch gemeint – Kunze bezieht sich auf den ›realen‹ Sozialismus: »Im Mittelpunkt steht / der Mensch // Nicht / der einzelne«.[84] Es mutet einen sehr naiv an, wenn man erfährt, daß sich der Verfasser solcher Verse nicht als oppositioneller Schriftsteller auffaßt: Im September 1976, also weniger als ein Jahr vor seiner Übersiedlung in die Bundesrepublik, konnte er noch behaupten, er schreibe nicht gegen einen Staat, er schreibe Erlebnisse ab, ohne sich »vordergründig« auf eine politische Ebene zu begeben.[85] Diese Aussage kann spätestens dann nicht mehr ernst genommen werden, nachdem man sich mit Kunzes obenerwähntem Internationalismus befaßt hat.

Dieser Internationalismus erschöpft sich nämlich nicht in den für DDR-Lyriker fast obligatorischen Vietnam- bzw. Chile-Versen (die als Serienabfertigung selten überzeugen); von zentraler Bedeutung sind vielmehr die dichterischen Versuche, den ›Prager Frühling‹ und den sowjetischen Überfall auf die ČSSR im August 1968 kritisch darzustellen. Einerseits findet man ein Lob auf die neue Offenheit: »Die pantomime gebar / sprechende kinder die sagen // alles«.[86] Andererseits begegnet man angesichts des Erwachens des totgesagten Stalinismus grenzenloser Verbitterung, die in einem der schönsten – und einprägsamsten – Gedichte des Brecht-Schülers Kunze zum Ausdruck kommt: »Fünf wahrheiten / rehabilitiert // Das ansehen von / fünfhundert Lügen katastrophal // Also / panzer.«[87] In diesem Fall wäre die »Auflehnung gegen das Absurde« (s. oben) jedoch nicht mit gewaltsamem Widerstand gleichzusetzen, denn Kunze bejaht offensichtlich das Verhalten der ČSSR-Bürger: »Wir wollten sein wie die dinge aus ton // Inmitten / soviel / rollenden / stahls.«[88] Den Freunden im sozialistischen ›Bruder‹land hat er nur schwachen Trost anzubieten: »Nichts / währt / ewig.«[89] Letzten Endes wird also trotz aller moralischen Entrüstung die Ohnmacht des Dichters der Macht gegenüber offenbart. Kunze ist sich dieser Ohnmacht sehr wohl bewußt; er hat selbst betont, daß man die Dichtung (man möchte sagen: das kritische Denken überhaupt) nicht ›dichterisch‹ verteidigen kann,[90] doch über eine Beschreibung dieses Dilemmas geht er nie hinaus. Im Hinblick auf diese scheinbare Ratlosigkeit muß man die Frage stellen, auf welche Weise Kunze nach »Glücksmöglichkeiten für die Menschen« suchen will.

Kunzes dichterischer, geistiger und moralischer Standort läßt sich durch einen Vergleich mit Alexander Solschenizyn und Wolf Biermann bestimmen. Beiden hat er Gedichte gewidmet, um seine Solidarität zu bekunden, doch von beiden unterscheidet er sich grundsätzlich. Als dem Russen 1970 der Nobelpreis verliehen wurde, schrieb Kunze: »Ein tag der die finsternis / lichtet // Der ans mögliche erinnert: // Immer wieder einen morgen / auf sein gewissen nehmen.«[91] Er bewundert die Verweigerung Solschenizyns, seine persönliche Integrität preiszugeben, doch er würde sich selbst nie als Prophet einer (rückwärtsgewandten) Umwälzung vorstellen können. Im Jahre 1976 meinte er: »Deutschland ist nicht Rußland, und die DDR nicht die Sowjetunion. Auch liegt mir direkt politisches Agieren und alles Missionarische fern, ich habe keine Glaubenslösungen anzubieten.«[92] Kunze weiß Wolf Biermann vor der Unterstellung zu verteidigen, er arbeite für den Westen (»Biermann sei ihrmann? / Achwas!«[93]), doch er setzt sich für den »großen Künstler«[94] Biermann ein, nicht für den politischen Schriftsteller, dessen Zukunftsvisionen er für »politische Fata Morganen« hält.[95] Es ist also kein Zufall, wenn Kunze im Gedicht *Wolf Biermann singt* gerade auf dessen frühes

Barlach-Lied[96] (welches eine apokalyptische Stimmung heraufbeschwört) anspielt: »Er singt von Barlachs großer not, / die faßt uns alle an«.[97] Kunze ist ein äußerst sensibler, verwundbarer Mensch, der das Leiden nur mit heroischem Pessimismus zu bekämpfen weiß. Er schreibt, um die Erde »bewohnbar« zu machen, doch er scheint eher zu bezweifeln, daß eine bessere Welt möglich wäre. Alle seine Krisen, seine Verzweiflung und seine Leiden sind in seine Lyrik eingegangen; es gibt wenige DDR-Lyriker, die sich so rücksichtslos entblößt hätten. Seine Gedichte dokumentieren, wie schwer es ist, unter einem System zu leben, das eine Kritik der herrschenden Orthodoxie nicht zuläßt, aber gleichzeitig zeigen sie, daß isolierter Widerstand – ohne Alternativvorstellungen – eine Sackgasse ist. Im Westen wird Kunze mit einer ganz anderen Problematik konfrontiert: Nach den vielen Jahren in einem Land, wo die Literatur ›im Brennpunkt‹ steht (»Ich habe in der DDR erfahren können, was Literatur, was ein Schriftsteller für Menschen bedeuten kann«[98]), wird er jetzt in Ruhe gelassen, doch gerade diese Ruhe wird unumgänglich zu einem poetischen Umdenken führen. Kunze ist nicht mehr »eingesperrt in dieses Land«, das er »wieder und wieder wählen würde«;[99] abgetrennt von seinem Lesepublikum (das ihn dank mancher gemeinsamen Erfahrung gut verstehen konnte), wird er gründlich überlegen müssen, für wen er schreibt. Einer Erkenntnis aus den DDR-Jahren braucht er sich allerdings nicht zu entledigen: »Gedichte sind mißbrauchbar. Wie die Macht.«[100]

VII. Über Reiner Kunzes Freund Wolf Biermann ist in den letzten Jahren so viel gesagt, geschrieben und geschimpft worden, daß es einem wie ein Wagnis vorkommen muß, noch etwas hinzuzufügen. Die langjährige SED-Hetzkampagne gegen Biermann, die Totschweigen, Berufsverbot und schließlich – im November 1976 – Ausbürgerung als Mittel einsetzte, hat dazu geführt, daß sich die meisten Kritiker bzw. Polemiker eher mit dem ›Fall Biermann‹ als mit dem Werk des Politsängers befaßt haben.[101] Die merkwürdige, allerdings leicht durchschaubare ›Solidarität‹ von seiten konservativer Kreise ist freilich sehr schnell von der Bildfläche verschwunden, seitdem der Unbequeme seinen Wohnsitz in der Bundesrepublik hat. In diesem begrenzten Rahmen kann es nur darum gehen, die Kernpunkte in Biermanns poetischer Auseinandersetzung mit der DDR herauszuarbeiten, doch dies soll nicht darüber hinwegtäuschen, daß die Gedichte des Hamburger Arbeitersohnes im ureigensten Sinne ein *gesamt*deutsches Phänomen sind (»Wir bleiben was wir waren: / Das deutsche Volk, ein einig Volk / Von Denkern und Barbaren!«[102]). Für die vorliegende Arbeit ist Biermann nicht zuletzt deshalb eine Schlüsselfigur, weil er das Politische nie vom Persönlichen künstlich getrennt hat: seine großangelegte Kritik des DDR-Weges zum Sozialismus artikuliert sich nämlich mittels einer (zuweilen extrem) subjektiven Perspektive, die wiederum von den Verhältnissen selbst entscheidend geprägt ist. Seine Lyrik weist aus diesem Grunde Stärken und Schwächen auf, die einmalig und gleichzeitig exemplarisch sind.

Hat ein Lyriker vier Bände veröffentlicht, so nimmt der Kritiker normalerweise an, daß er seiner Analyse der betreffenden Werke den Begriff der Entwicklung zugrunde legen kann. In bezug auf Biermann trifft diese Annahme jedoch nicht zu: es müßte eher von Kontinuität oder sogar Monomanie geredet werden. Seit den frühen sechziger Jahren bemüht er sich nämlich, den Widerspruch zwischen den tatsächlichen Zuständen in der DDR und der SED-Darstellung dieser Zustände zu erhellen. Dieses Anliegen wird immer wieder proklamiert. »Ausgerüstet mit den Messern der Vernunft«, wehrt er sich gegen Bestechungsversuche: »Käuflich bin ich für die Währung barer Wahrheit«.[103] Denjenigen, die ihn als Klassenfeind bzw. -kollaborateur einstufen, hält er entgegen: »Du sagst: Das Eingeständnis unserer Fehler / nütze dem Feind / Gut. Aber wem nützt unsere Lüge?«[104] Er gesteht zwar ein, daß er manchmal zu Übertreibungen neigt, doch auch das weiß er zu erklären: »Mein Lieber, das kommt von der Arbeitsteilung: / Der eine schweigt, der andere schreit / Wenn solche wie du entschieden zu kurz gehn / Dann gehn eben andre ein bißchen zu weit!«[105] Biermann legt Wert auf die Feststellung, daß seine Kritik am Stalinismus bzw. an stalinistischen Überresten in der DDR eine sozialistische ist, doch anders als etwa Rudi Dutschke, der die DDR nicht für einen sozialistischen Staat hielt,[106] spricht er von einem »nicht-kapitalistischen Staat«,[107] dessen Widersprüche »auf der Basis der sozialistischen Produktionsverhältnisse«[108] entstehen. Auch nach seiner Ausbürgerung bezeichnete er die DDR als »kostbar und wichtig für ganz Deutschland und für die Arbeiterbewegung in Deutschland«.[109] Die (erstaunliche) Tatsache, daß Biermann seit etwa 20 Jahren im Grunde ein Thema behandelt, ohne daß sein Publikum gelangweilt worden wäre, kann man auf zweierlei zurückführen: 1. Der Sozialismus ist im geteilten Deutschland aktuell wie eh und je; jeder fühlt sich zur Stellungnahme aufgefordert. 2. Dem Künstler Biermann ist es bisher gelungen, seine Botschaft auf vielfältige Weise mitzuteilen: seine ›garstigen‹ Balladen im Stile François Villons, seine beißend-ironischen Volksliedstrophen in der Nachfolge Heinrich Heines und seine lapidar-gestischen Sprüche (dem Lehrer Brecht nachempfunden) sind – besonders durch die Musik – ständig variiert worden. Darüber hinaus hat er als Sänger stets ein Publikum *gesucht*: das Schreiben ist für ihn nie in erster Linie Selbsttherapie zwecks Lebensbewältigung gewesen (wie etwa bei Kunert oder Kunze).

Hauptzielscheibe der Biermannschen Angriffe sind die Parteibürokraten, deren Hegemonie nicht nur jede Initiative von unten im Keim erstickt, sondern noch dazu durch Belohnung kleinbürgerlicher Verhaltensweisen die Ruhe – d. h. den Gehorsam – zur ersten Bürgerpflicht erheben. Immer wieder wird gegen »Büroelephanten« (*Die Drahtharfe*, S. 53), die »deutsche Bürokratensau« (*Mit Marx*, S. 57) oder die »Bürokratenbrut« (*Genossen*, S. 37) gewettert. Derartige Polemik ist zweifellos zunächst einmal sehr wirkungsvoll, doch auf die Dauer kann eine lautstarke Dämonisierung einzelner – oder aller – Amtsträger die Schwächen der theoretischen Grundlage dieser Polemik nicht verdecken. Die DDR ist nun einmal eine Industriegesellschaft, die das Prinzip der Arbeitsteilung nicht sofort aus der Welt schaffen könnte (auch wenn sie das wollte). Sozialistische Demokratie wird gefordert, doch Hinweise auf Rosa Luxemburg (»Die DDR braucht endlich – und wie! / Rosas rote Demokratie«[110]) genügen nicht; auch das Lob des Prager Frühlings (»In Prag ist Pariser Kommune, sie lebt noch! / Die Revolution macht sich wieder frei« – *Mit Marx*, S. 70) hat mehr mit einem Eintreten für den ›eigenen Weg zum Sozialismus‹ als mit der Ausarbeitung dieses Weges zu tun. Biermann ist freilich Lyriker, nicht Theoretiker, doch die Vagheit seiner Alternativvorschläge hat gewichtigere Ursachen: Das Fehlen einer kritischen Öffentlichkeit, die mangelnden Gelegenheiten zur freimütigen Diskussion über Jahre hinweg führten zu einer Art dogmatischer Versteifung, die letzten Endes lähmend wirken mußte. In der DDR gab – und gibt – es sicher manche, die Biermann mißverstanden bzw. ihm aus antisozialistischer Schadenfreude heraus Beifall geklatscht haben. Schuld daran war allerdings nicht so sehr der Lyriker selbst als die mißliche Lage, in der er sich befand. Es ist eigentlich ein Wunder, daß der vom Berufsverbot Getroffene an seiner sozialistischen Perspektive überhaupt festhalten konnte (vgl. Kunze!).

Die stark ausgeprägte Subjektivität, die diesen Gedichten innewohnt (»Das Kollektiv liegt schief // Ich bin der Einzelne / das Kollektiv hat sich von mir isoliert« – *Die Drahtharfe*, S. 69), ist offensichtlich charakteristisch für den Menschen Biermann, doch sie wurde während der langjährigen Isolation manchmal ins Extreme gesteigert. Der in Wirklichkeit machtlose Sänger hat – um die Mächtigen herauszufordern – sich selbst als eine Art Prometheus dargestellt: »Die einst vor Maschinengewehren mutig bestanden / fürchten sich vor meiner Gitarre« – *Die Drahtharfe*, S. 53). Es entsteht hie und da der Eindruck, als würde Biermann den Kampf um die gerechte Sache alleine führen (»Und überhaupt is ja zum Schrein / Der ganze deutsche Skatverein« – *Genossen*, S. 38), als ließen sich die meisten ohne weiteres vom Konsum korrumpieren (»Sie stopfen der Wahrheit das Maul mit Brot« – *Genossen*, S. 20). Herrschte die Gestalt des einsamen Freiheitskämpfers überall vor, so könnte der Vorwurf des Narzißmus das gesamte Werk in ein schiefes Licht rücken, doch dies ist nicht der Fall; Biermann deutet nämlich nicht selten an, daß er die ›Heldenpose‹ braucht, um sich selbst zu ermutigen. Er thematisiert sein Leiden an der DDR-Gesellschaft zwar nicht so oft wie Kunze, doch »in den leisen Würgejahren« (*Mit Marx*, S. 50) war »der ganze deutsche Mief« (*Mit Marx*, S. 54) kaum noch zu ertragen: »Müde bin ich all die Tage / Die mich hart und härter machten / Ach, mein Herz ist krank von all der / Politik und all dem Schlachten« (*Mit Marx*, S. 63). Biermann ist sich des Dilemmas aller Radikalen bewußt: die ›Sache‹ erfordert große Opfer, doch man darf sich nicht so sehr verausgaben, daß vom Menschen nichts mehr übrigbleibt. Als »Sache unter Sachen« (*Genossen*, S. 17) erreicht man oft das genaue Gegenteil von dem, was man ursprünglich beabsichtigt hat.[111] Als Warnung für die Mitstreiter wird diese Problematik im *Portrait eines alten Mannes* veranschaulicht: »Seht, Genossen, diesen Weltveränderer: Die Welt / Er hat sie verändert, nicht aber sich selbst / Seine Werke, sie sind am Ziel, er aber ist am Ende« (*Mit Marx*, S. 15). Dies kann ohne Abstriche auch für manche Genossen im Westen gelten, doch man kann noch nicht voraussehen, inwiefern es Biermann gelingen wird, als Linker in der Bundesrepublik seine Einsichten zu vermitteln. Bereits beim Kölner Konzert im November 1976 gab es Kritik an seiner Einschätzung der DDR, und inzwischen haben ihm westdeutsche Feministen klargemacht, daß die Art von vitalistischer Sinnlichkeit, die in der DDR befreiend wirkte, nicht unbedingt in die linke Landschaft der Bundesrepublik paßt. Einerseits hat er jetzt die Öffentlichkeit, die ihm so lange fehlte, doch andererseits muß er die Gefahr vermeiden, als ›Polit-Star‹ vermarktet zu werden. Ein Gedicht aus den sechziger Jahren wirft zwei Fragen auf, die er sich selbst ständig wird stellen müssen: »Geht uns der voran? / Oder verläßt er uns? [...] Macht er Fortschritte? / Oder macht er Karriere?« (*Mit Marx*, S. 22).

VIII. Ist Wolf Biermann seit Jahren der umstrittenste DDR-Lyriker, so darf man Volker Braun den repräsentativsten der sechziger und siebziger Jahre nennen. Sein ganzes Werk – vom Ende der fünfziger Jahre bis heute – ist nämlich unlöslich mit der Entwicklung des Landes verknüpft (»was ich will / Wollte ichs anderswo, was ich bin / Wäre ichs ohne dies Land«[112]). Braun ist ein poetischer Aktivist, der auf den Großbaustellen der Republik wertvolle Erfahrungen gesammelt hat. Er versteht sein Engagement als kritischen Beitrag zum Aufbau des Sozialismus, denn mit affirmativer Kunst möchte er nichts zu tun haben (»Die Freunde loben nicht tollkühn wie wir: / Sie preisen den Plan, indem sie ihn ändern – / Das nenn ich: positiv sein! Das Positive verbessern!« – *Provokation für mich*, S. 70). Braun hat die Kunst allerdings lange als etwas Untergeordnetes bzw. rein Derivatives betrachtet (»Poesie kann nicht nach einer folgenlosen Autonomie jagen«[113]); man merkte es seinen Gedichten an, daß er viel lieber gehandelt als geschrieben hätte. Erst spät gesellte er sich zu Kollegen wie Kunert oder Kunze, die schon immer auf dem Eigenwert künstlerischer Betätigung bestanden hatten: »Kultur kann nicht als Beiwerk behandelt werden zu irgendeinem besonderen Werk.«[114] Um diese neue Haltung zu unterstreichen, betont er neuerdings, daß er nicht nur vom ›Gebrauchskünstler‹ Brecht, sondern auch von Hölderlin gelernt habe: »Hölderlin, den Brecht überholte, ohne ihn einzuholen: darum bedeutet uns Brecht soviel, aber nicht alles.«[115] Brauns Hang dazu, den Schriftstellerberuf zum Gegenstand der Reflexion zu erheben, hat sich natürlich in seinen Gedichten dokumentiert, und zwar hauptsächlich in bezug auf die Wechselbeziehung zwischen Subjektivität und Objektivität. Im folgenden soll aufgezeigt werden, wie der politische Lyriker allmählich persönliche Aspekte in sein Werk integriert hat.

Im 1965 erschienenen Gedichtband *Provokation für mich* findet man die Sorgen des jugendlich-ungeduldigen Idealisten, der sich mit dem Fortleben überholter Denkstrukturen und Verhaltensweisen nicht abfinden möchte. Dieses Buch ist eine einzige Hymne auf die Dialektik als unersetzbare Triebkraft des Fortschritts: »Kommt uns nicht mit Fertigem! Wir brauchen Halbfabrikate! / [...] Hier herrscht das Experiment und keine steife Routine« (*Kommt uns nicht mit Fertigem*, S. 10). Diese frühen Verse umreißen bereits das grundlegende Dilemma des DDR-Lyrikers Braun: Wie kann man sich mit den (führenden) Genossen solidarisieren, ohne sich auf das Lob des schon Erreichten zu beschränken bzw. ohne Gefahr zu laufen, als ›Träumer‹ in die Ecke gestellt zu werden? Da Braun diese Alternative nicht akzeptieren kann, gerät er manchmal in Schwierigkeiten,[116] doch er ist – anders als Biermann – zu gewissen Kompromissen bereit. Ein Beispiel dafür wäre sein Gedicht über Reiner Kunze, welches nicht in zornigem, sondern in ironisch-resignativem Tonfall dessen Isolation kritisiert: »Darf auch nur *ein* Mensch / Verlorengehen? // Hier?« (*R.*, S. 50). Manchen geht freilich auch diese Haltung zu weit, wie man in einem anderen Gedicht nachlesen kann: »Ich bin der Braun, den ihr kritisiert / Wegen häufigen Erwähnens von Worten wie / MÜDIGKEIT, TRÄGHEIT, welche / Überholt sind« (*Gebrauchsanweisung zu einem Protokoll*, S. 71). Braun plädiert wiederholt für einen Sozialismus, der die Schöpferkraft eines jeden Individuums zur Geltung kommen läßt. Da die Zustände jedoch ganz anders aussehen, kann das Ziel nur radikal-utopisch formuliert werden: »Du hast das Recht, du zu sein, und ich bin ich: / Und mit keinem verbünden wir uns, der nicht er selber ist, / Unverwechselbar er im Haß, im Lieben, im Kampf« (*Jazz*, S. 18). Interessanterweise kommt der ›neue Mensch‹ nicht als Arbeiteraktivist, sondern als junge Mutter zur Gestaltung: in den *Stralauer Oden* (S. 34 f.) werden nämlich ihre Selbstlosigkeit und Fürsorge dem Kind gegenüber als ein Stück verwirklichter Utopie geschildert. Hinweise auf Brauns Suche nach dem sozialistischen Individuum sollten allerdings nicht den Eindruck erwecken, als hätte er in *Provokation für mich* eine introspektive Selbstanalyse unternommen; seine frühe Lyrik setzt sich zwar mit der Bedeutung von gewissen Erlebnissen, nicht aber mit dem Erlebenden selbst auseinander. Subjektivität ist hier nicht mit Innerlichkeit gleichzusetzen: es geht um »das

Exemplarische der sinnlichen Erfahrung«,[117] nicht um das Einmalige. In der zweiten Hälfte der sechziger Jahre tritt das Subjektive dann sogar ganz in den Hintergrund. Dieses Phänomen könnte z. T. mit einem Blick auf die Zeitgeschichte erklärt werden: Die Eskalierung des Vietnam-Krieges ließ persönliche Probleme unwichtig erscheinen. Brauns Fotogramme *Kriegs-Erklärung* (1967) setzen die Mittel des Agitprop ein, um amerikanische Kriegsverbrechen zu geißeln (wobei seine mangelnden USA-Kenntnisse manches zu abstrakt bzw. verzerrt geraten lassen), und in *Wir und nicht sie* (1970) kommt vor allem der DDR-›Staatsbürger‹ Braun zu Wort.[118] In diesem Band wird versucht, die DDR und die BRD ›objektiv‹ zu betrachten. Was die westdeutsche Gesellschaft betrifft, interessiert sich Braun im Grunde nur für diejenigen, die sie von links bekämpfen, und für die reaktionären Kräfte. Mal wird die Zersplitterung der progressiven Gruppen beklagt (»verkracht / Daß sich die Glieder noch sondern vom blutenden / Rumpf, in linkische Parteien« – *Verfahrensfrage*, S. 40), mal wird die Westberliner Herstellung von Entlaubungsspritzen für den Vietnam-Krieg angeprangert (»Sechs Kilometer von meinem Zimmer / [. . .] die stille Fabrik in Britz / Deutlich der Rauch« – *Der ferne Krieg*, S. 29). Ungewollte (?) Parallelen zu gewissen Ereignissen im Ostblock tauchen allerdings bei der Beschreibung des bundesrepublikanischen Polizeistaates auf: »Tief greifen / Schlagartig die Büttel in die Menge ein. / Die Panzer unter gefleckten Planen / Umkreisen träg die Städte« (*Ansichtskarte*, S. 32). In einigen Gedichten (z. B. *Lokaltermin, Doppelter Befund*) wird das gemeinsame Erbe der beiden deutschen Staaten angesprochen, doch das qualitativ neue Verhältnis des Schriftstellers zum Staat im Osten dominiert: »Wir schreiben nicht mehr gegen die bestehende Gesellschaft, sondern *für* sie, für ihre immanente Veränderung.«[119] Dabei wird billige Propaganda nicht nur vermieden, sondern frontal angegriffen: »Zufriedne Helden schanzen sich in den Ebenen ein / Auf die Schminktöpfe trommeln die Heilskünstler, Lob / Trieft aus den Blättern, jeder Furz klingt als Fanfare / Revolutionäre bitten, den Status bald zu bestätigen« (*Lagebericht*, S. 7). Alle einzelnen Widersprüche im DDR-Sozialismus, wie z. B. die entfremdete Arbeit im Betrieb (*Fragen eines Arbeiters während der Revolution*), die Republikflucht (*Landgang*) oder der Aufbau der Schwerindustrie »im Clinch der Pläne« (*Messe*, S. 15), werden im Hinblick auf die notwendige Demokratisierung des Systems von unten dargestellt. Braun fordert die Massen unentwegt dazu auf, im Sinne Brechts ›die Führung zu übernehmen‹: »Schweige du, betäubt / Vom Schichtsoll: und die Schwäche bläht sich / Auf den Sesseln. Schließe die Lider im Schweiß / Und die Macht ist einsam, sich selbst / Verloren« (*Regierungserlaß*, S. 16). Die alten Genossen hätten zwar viel geleistet (»mein Land, nicht mehr gefürchtet / Von seinen Bewohnern« – *Wir und nicht sie*, S. 25), doch ihre Führung müsse überflüssig werden: »bis sich / Die Gewalt, dann, selbst / Aufhebt, und Freiheit sich / Selbst versteht: wenn das Volk / So weit geht« (*Die Genossen*, S. 54). Der revolutionäre Optimismus, der trotz aller Kritik in diesen Versen vorherrscht (»Wir arbeiten uns hinüber in die freie Gesellschaft« – *Bleibendes*, S. 21), zeigt aber einen Bruch, der Brauns Lyrik bis heute prägt. Es handelt sich um die Schwierigkeit, angesichts des relativ hohen Lebensstandards im Industrieland DDR die Solidarität mit der so ganz anders gearteten dritten Welt aufrechtzuerhalten: »An den blanken Bänken / Stehn wir sicher, in der eignen Welt / Fern von Schüssen. Drehen schönen Stahl / Schwitzend vor Glück zupaß, sichere Arbeit / Sicher sicher sicher. Und die andern / Sterben, sicher« (*Schöneweide*, S. 64). Diese Erkenntnis und andere lassen im vorerst letzten Lyrikband *Gegen die symmetrische Welt*[120] Gedichte entstehen, die von einer bisher ungeahnten Selbstbesinnung zeugen.

In diesem Band sind die großen Themenkreise die Aufwertung des persönlichen Bereichs, die Hinwendung zum Internationalismus (»Das Gedicht hat jetzt für mich zu liefern die viel intimere persönliche Aussage und das Aussprechen eines Weltgefühls, das sich nicht an ein Land klammert«[121]) und die Weiterführung der – als konstruktiv empfundenen – Kritik der DDR-Verhältnisse. Als Motto für die Integrierung des Persönlichen könnte das kurze Gedicht *Die Morgendämmerung* herangezogen werden: »Jeder Schritt, den ich noch tu, / reißt mich auf« (S. 22). Ein derartiges Geständnis der eigenen Verwundbarkeit führt vor Augen, wie sehr sich der einst vor Kraft strotzende Sprecher der Jugend gewandelt hat. Es genügt Braun nicht mehr, von der Menschheit zu reden; vielmehr soll die Darstellung der Freuden und Sorgen einzelner Menschen (auch des Lyrikers selbst) eines der Fundamente der theoretischen Zukunftsentwürfe bilden. Die gelungenste Formulierung dieser neugewonnenen Erkenntnis lautet: »Zu den Seiten meines Tisches / Hängen zwei Bilder. Den Besucher / Setze ich so, daß er das Massaker von Guernica / Betrachten kann, und während er spricht / Sehe ich den Garten der Lüste. / Über den breiten Tisch / Schwankt das Gespräch« (*Beratung*, S. 10). In diesem Zusammenhang ist es bemerkenswert, daß Karl Marx nicht nur als »der schwammige Herkules«, sondern auch als der »Diktator seiner Redaktionen und Töchter« auftritt (*Karl Marx*, S. 46). Es gelte nunmehr, »diese / eiserne / Scheu voreinander« (*An Friedrich Hölderlin*, S. 18) zu überwinden. Braun fragt sich jedoch nicht, ob die von ihm geforderten zwischenmenschlichen Beziehungen (die – mit einem Seitenblick auf den Feminismus – auf eine Kulturrevolution hinausliefen) wirklich auf der Grundlage der in der DDR herrschenden Produktionsverhältnisse entstehen könnten. Obwohl er z. B. die Risse im – offiziell – makellosen Selbstbild der SED aufzeigt (»Während wir beinahe gekonnt / Um die Ecke biegen, erklären wir ruhig / Daß wir die Richtung beibehalten« – *Eigene Kontinuität*, S. 39) oder gegen geisttötenden Konformismus angeht (»Während wir uns an die Linie halten / Wissen wir kaum, was wir eigentlich machen« – *Das Eigentliche*, S. 38), vertraut er immer noch darauf, daß die Massen die Initiative ergreifen werden, die große Umwälzung herbeiführend: »Land und Stadt, wir werden eine Klasse / In den Fabriken und im Staat« (*Revolutionslied*, S. 49). Dieses Vertrauen wird freilich in anderen Gedichten, die sich mit dem sozialistischen Internationalismus befassen, eher relativiert; die Kämpfe in der dritten Welt lassen die Probleme in der Wohlstandsgesellschaft östlich der Elbe weniger schwerwiegend erscheinen: »An ein Land nur verschwend ich mich länger nicht« (*Der Lebenswandel Volker Brauns*, S. 86). Braun leidet an dem Widerspruch zwischen dem bequemen Leben in seiner Heimat und den wortreichen Solidaritätserklärungen, die in Richtung Chile oder Vietnam gesendet werden. Diese ganze Problematik kommt in einem neuen Gedicht über Che Guevara zum Ausdruck: Ist die Verteidigung des bereits Erreichten so wichtig wie die Ausbreitung der Revolution in andere Länder? Guevaras Antwort ist bekannt (»Er war am Ziel, da wars keins«[122]), doch die Alternative, mit der er einmal konfrontiert war (»Soll ich aufbrechen, soll ich bleiben / Bei meinen Worten«[123]), beschäftigt Braun immer noch. Die Tatsache, daß ein engagierter Sozialist wie Volker Braun überlegt, ob er seinem Land den Rücken kehren sollte, weil ihm Veränderung mehr bedeutet als Verwaltung, verheißt allerdings nichts Gutes für die DDR.

IX. Die bislang besprochenen Lyriker Kunert, Kunze, Biermann und Braun, die die Entwicklung der DDR-Lyrik wesentlich mitgeprägt haben, sind alle mehr oder weniger Brechtianer, wenn sie auch zu einer eigenen Dichteridentität gefunden haben. Anders steht es um das Werk ihres Kollegen Karl Mickel, der Klopstock zu loben weiß (seit ihm datiere die deutsche politische Dichtung[124]). Mickel geht davon aus, daß jeder Dichter seine Vorgänger kennen müsse (auch sie hätten »Augen im Kopf gehabt« – *Gelehrtenrepublik*, S. 5). Daß er sich mit den ›schwierigen‹ Versen Klopstocks auseinandergesetzt hat, ist kein Zufall, denn er schreibt selbst Gedichte, die beim Leser viel Wissen und Kunstverständnis voraussetzen. Anhand von Schillers *Bürgschaft* hat er einmal dargelegt, daß jedes Gedicht nicht nur naiv, sondern auch soziologisch, historisch und aktuell verstanden werden müsse (*Gelehrtenrepublik*, S. 44–46). Die Rigorosität, die er vom Dichter verlangt, ist in den sechziger Jahren auf Befremden gestoßen,[125] doch Mickel rechnet damit, daß die Entwicklung der DDR zur »gebildeten Nation« seinen Lesern »das nötige Rüstzeug zur Gedichtlektüre« liefern wird.[126] Manchmal hat man freilich eher den Eindruck, als würde er bewußt zur Elite sprechen, weil gerade diese Gruppe genug Macht hätte, um gesellschaftliche Umwälzungen (wenn auch von oben her) herbeizuführen. Mickels Bemerkungen zu Goethe kann man u. a. ›aktuell‹ (vgl. oben) verstehen: »Goethe probierte zehn Jahre in Weimar, was von innen gewirkt werden könne; Fürstenerziehung, einschließlich Manipulation regierender Personen, war offenbares Geheimnis intellektueller Konspirationen« (*Gelehrtenrepublik*, S. 18). Der Außenseiter Mickel (»ich, Käuzesammler Kauz«[127]) hat für Kriecher allerdings wenig übrig: »Was tun mit Idioten, Verzweiflung vollen / Die amtlichen Lehrmeinungen nachrollen! [. . .] Schule macht kühn kriechend Heldentum / Heuchler und Schmierer virtuos im Ruhm« (*Fragment nach Blake*, S. 137).

Mickels lyrisches Werk, welches sowohl Agitprop (von sehr unterschiedlicher Qualität) wie auch intim-aggressive Selbstdarstellungen aufzuweisen hat, entsteht unter doppeltem Vorzeichen: Wahrheitssuche paart sich mit einer in der Gegenwartslyrik selten anzutreffenden humoristischen Begabung. Die Lust an der Erkenntnis (»Begreifen ist schön« – *Reisen*, S. 8) weiß sich ohne übertriebenen Ernst zu behaupten, eine Kunst, die in einem Essay über Georg Maurer gelobt wird: »[. . .] das Lachen bezeichnet in seinen Gedichten Erlösung, Freiheit, Selbstbewußtsein« (*Gelehrtenrepublik*, S. 102). Bei Mickel hat das Lachen jedoch wenig mit der naiven Lebensfreude Maurerscher Prägung zu tun: es handelt sich eher um den sarkastischen bzw. schwarzen Humor eines »skeptischen Biertrinkers« (»Eh ich für die mein Hemd vom Leibe ziehe / Trink ich ein Bier und denke mir: Ach was!« – *Der Fisch der schreit*, S. 51). Die Skala reicht vom Beschimpfen des Erbauers eines wackligen WCs (»Der dich bezahlte, der wußte, daß ich / Schallend furze: aufs Heiligste, bei dem Beruf!« – *Ode nach Horaz II/13*, S. 68) bis zu zynischen Bemerkungen über die Folgen eines Atomkrieges (»Schnell! grab dir ein Haus / Mach's lang genug, mach's breit genug / Und hoch für Mann und Maus« – *Sintflut 62*, S. 37).[128] Nach der Lektüre der Verse aus anderthalb Jahrzehnten muß man jedoch zu dem Schluß kommen, daß dieser Humor auch eine Art Tarn- bzw. Entlastungsfunktion hat: man begegnet nämlich – vor allem in den Gedichten, die antike Motive bearbeiten – nicht selten einer Stimmung, die ans Nihilistische grenzt. Der heimkehrende Odysseus kann einer zerstörten Welt nicht entfliehen (»Die Welt ein Schiff! voraus ein Meer des Lichts / Uns hebt der Bug, so blicken wir ins Nichts« – *Odysseus in Ithaka*, S. 84), der Krieg scheint ein Schicksal der

Menschheit zu sein (vgl. *Das Eisen. Nach Polybios*, S. 107), und der Anblick der Arena in Budapest bringt Gefühle der Ohnmacht ans Licht: »Die Lust an meiner Größe und der Ärger / An dieser Zwergwelt kämpften ihren Kampf / In meinem Bauch, der zweiten Arena / Nein die erste nein die wirklich wahre. [...] Eine Aera oder einen Lidschlag / Leer die Welt. Niemand empfindet Nichts / Und mißt nicht seine Dauer« (*Die Arena*, S. 147). Gegen diese schicksalhafte Ohnmacht wird allerdings ständig angekämpft, denn Mickel weiß den alten Götterfluch zumindest zeitweise mittels produktiver Arbeit abzuschütteln: »unverkürzt / An Arm, Bein, Kopf und Hoden bau ich / Kartoffeln an und Lorbeer hier in Preußen« (*Demselben*, S. 67). Ganz so idyllisch wie in dieser Formulierung gestaltet sich seine Arbeit freilich nicht, denn sein Beitrag zum Aufbau des Sozialismus ist in erster Linie ein kritischer. Mickels Kritik äußert sich in vielerlei Gestalt, doch gerade seine angehende Beschäftigung mit der Sexualität bzw. mit dem Leben der Frau in der DDR ist besonders interessant.

Mickel hat einmal beklagt, daß die jüngeren Lyriker seines Landes ihr Liebesleben anscheinend nur als »halb-erotische Spielereien« darstellen könnten; im »Zeitalter der Frauenemanzipation« müsse man aber »neue Konflikte und Widersprüche« darstellen.[129] In seinen eigenen Liebesgedichten findet man auf jeden Fall einen sehr großen Widerspruch vor. Einerseits erweist er sich als ein sensibler Liebhaber, der die eigene Schwäche nicht zu verbergen sucht (*Maischnee*, S. 33) und der mit Staunen verfolgt, wie er allmählich verwundbar wird: »Ich spüre Tag für Tag, wie meine Haut / Mehr einläßt, als ich ihr je zugetraut // Zehn Risse sind im, leider, dicken Fell / Die wachsen zu. Ich fürchte sehr: nicht schnell« (*Das Zeichen*, S. 49). Er zeigt auch, daß der Geschlechtsverkehr kein Ersatz für Kommunikation sein kann (*Absage*, S. 53). Andererseits weist seine Sprache manchmal Überreste patriarchalischer Denkweisen auf, die nicht zu seinem Anliegen passen, weil sie auf eine Verdinglichung der Frau hinauslaufen: »Ich bin, der sie bewohnt« (*Nächtliches Gespräch über Gott und die Welt*, S. 52); »›Ich liebe dich‹, sagte sie laut, als ich zum siebten / Mal anfing / Sie zu verspunden« (*Elegie nach Catull*, S. 51). Hinzu kommt, daß die Frau bei Mickel fast immer (Valentina Tereschkowa ist eine Ausnahme) als Opfer erscheint. Diese Rolle scheint zeitlos zu sein, da sie nicht nur in bezug auf deutsche Arbeiterfrauen (*Deutsche Frau 46*, S. 56), sondern auch im Rahmen der Antike zur Darstellung kommt: »Mir wird übel, denke ich an die: / Gesetzlich frei, und leben wie die Sklaven [...] Die Kinder brüllen und der Alte tobt / Bleibt was liegen, ist der Stock ihr Gatte« (*Praxagora*, S. 124 f.). Was die DDR betrifft, so wäre das bloße Aufzeigen dieses fortdauernden Zustandes eine grundlegende Kritik des Systems. Mickel geht aber einen Schritt weiter, indem er die Lage der Frauen als Symptom gesamtgesellschaftlicher Mißstände hinstellt. Das Gedicht *Neubauviertel* führt vor, wie sich die Verdrängung der Spontaneität auf das Sexualleben auswirkt (»Weil die Umwelt den Menschen formt / Ist alles genormt / In den üblichen Größen / Viereckige Mösen / Die Männer ziehn auch ihre Konsequenzen / Mustergatten mit eckigen Schwänzen« – S. 145), und die Folgen der absoluten Vorrangstellung der Produktion werden nicht zufällig am Beispiel einer Frau veranschaulicht: »dreißig, neun Jahre am Fließband / Der zucken, wo sie geht und liegt, die Arme« (*Bier. Für Leising*, S. 152). Aus einem *Kindermund* (S. 133) erfährt man, wie das Familienleben unter Streß und Leistungsdruck leidet (»Die Eltern sind entzweit und wollen sich zerstören / Und mich mit ihnen mit!«). Mickels Gedichte warten nicht mit einfachen Lösungen auf; alternative Vorstellungen werden kaum herausgearbeitet. Da gibt es höchstens Andeutungen, wie die Zustände geändert werden könnten, und dabei wendet sich der dichtende »Kauz« nicht an die Massen, sondern immer öfter an die Außenseiter der Gesellschaft. Im fröhlich-frechen Gedicht *Der Brocken* (S. 114) loben Hexen (d. h. Ur-Feministen) ihre Enkelin, die »Recht auf ihren Bauch fordert« und mit »langgehaarten Knaben« wilde Tänze übt. Wenn die Einstellung dieser Hexen in der DDR Schule machen würde (»Waren wir auch unbeständig / Warn wir ungebärdig auch«), bekäme der Sozialismus ein neues Gesicht, eine Entwicklung, die Karl Mickel durch seine poetische Arbeit offenbar fördern möchte. In diesem Sinne dürfte man die Widersprüche in seinem Werk als vorläufige betrachten.

X. In dieser Arbeit ist bisher nur von dichtenden Männern die Rede gewesen; wenn die Verse Sarah Kirschs jetzt betrachtet werden, hat das aber nicht in erster Linie damit zu tun, daß es sich um eine Frau handelt: wie ihre oben diskutierten Generationsgenossen hat sie am Muster einer kritischen DDR-Lyrik mitgearbeitet und Schöpferisches geleistet. Sarah Kirsch ist ein politischer Lyriker, doch nicht im althergebrachten Sinne: für sie ist nämlich nicht nur die ›große Welt‹ politisch, sondern – und das vor allem – der Alltag. Aus diesem Grunde fühlte sie sich in der DDR nicht selten mißverstanden, wie das Gedicht *Besinnung* belegt: »Ich sage was ich gesehen habe merkwürdig genug / Die Leute verkennen es geht um ernsthafte Dinge«[130] Da sie nie als (politisch) unbequem aufgefallen war,[131] kam ihre Übersiedlung nach West-Berlin im August 1977 für die meisten Beobachter auch unerwartet. In einem Gespräch mit Westberliner Gymnasiasten[132] hat sie auch betont, daß sie nicht nur »kein Politiker«, sondern auch »kein Dissident« sei. In diesem Zusammenhang ist ihre Beziehung zur SED von besonderem Interesse: »Für mich hat die Mitgliedschaft in der SED viel bedeutet in einer Zeit, als man mitarbeiten konnte, auch für die Literatur arbeiten konnte. [...] Es war für mich aber keine Religion oder irgend so etwas«.[133] Wie hat Kirsch also versucht, die kritische Solidarität, die hier geäußert wird, in ihre poetische Praxis umzusetzen? Wer ihre Gedichtbände liest, dem wird es klar, daß sie hauptsächlich – bisweilen rücksichtslose – Selbstdarstellung zum Gestaltungsprinzip erhebt. Demnach wäre zu fragen, inwiefern man etwas über das Leben in der DDR erfährt, wenn man sich der Sichtweise des in diesen Versen porträtierten Individuums anvertraut.
Im 1965 veröffentlichten *Gespräch mit dem Saurier*[134] findet man nicht bloß eine erste Talentprobe Sarah Kirschs; vielmehr werden in stofflicher und stilistischer Hinsicht die Grundlagen für ihr späteres Schaffen gelegt. Charakteristisch für diese Sammlung – und auch für die späteren – ist eine kindlich-naiv anmutende Weltsicht, die durch Ironie reflektiert und dadurch relativiert wird. Diese Haltung läßt sich z. B. an der Behandlung des Liebesthemas veranschaulichen. Der liebesbedürftigen Frau scheinen nur zwei Verhaltensweisen gestattet zu sein: sie muß sich entweder ›anbieten‹ (»Guten Tag, Lieber! / Willst du / nicht bei mir bleiben? / Ich bin schön / und kann lachen.« – *Bekanntschaft*, S. 6) oder verhärten (»Du mußt jetzt fort? / Gut, ich sag es keinem. / Ich werde ohne Tränen / und Träume schlafen; / nichts hindert dich.« – *Dreistufige Drohung*, S. 7). Die vielen Bilder der vom Geliebten verlassenen Frau und der Hinweis auf die manchmal bittere Konkurrenz unter den Frauen (vgl. *Am Mittag liegt das Meer am Strand*, S. 9) lassen das Aufkommen von Frauensolidarität oder gar neuartigen zwischenmenschlichen Beziehungen eher zweifelhaft bzw. utopisch erscheinen. In diesem ersten Band gibt es überhaupt wenig, was die Autorin als Bürgerin eines

sozialistischen Landes kennzeichnete. Die Welt der Arbeit bleibt am Rande, und sie wird nicht konkret, sondern märchenhaft-stilisiert dargestellt (vgl. *Gleisarbeiterschutzengel*, S. 36). Die Entwicklung der Technik wird nicht gelobt, sondern als Gefahr für die Umwelt kritisiert: »Fluß, müdes geschändetes Lasttier des Fortschritts, / schwarz schimmert dir die verätzte Haut / zwischen den flachen staubgrünen Ufern« (*Bootsfahrt*, S. 17). Die ständig fortschreitende Natur›beherrschung‹ nötigt diesem poetischen Beobachter eher Nostalgie als Bewunderung ab: »Liebes Pferd / es ist verkehrt zu sagen, / es sänke dein Wert / durch elektrifizierte Lieferwagen« (*Liebes Pferd*, S. 31). Im Grunde gibt es nur zwei Gedichte, die man als DDR-spezifisch bezeichnen könnte.[135] In *Känguruh und Laus* begegnet man einem Dogmatiker (»sah auf seine Uhr / und las ›Die Dialektik der Natur‹ / auf dem Kopf und eine Stunde« – S. 28), der von einer »Laus im Fell« belästigt wird, und das letzte Gedicht *Kleine Adresse* handelt von den Reiseträumen eines DDR-Schriftstellers: »fortgehn möcht ich, sehn und / wiederkommen« (S. 38). Gerade diese Verse sind sehr wichtig, denn sie weisen darauf hin, daß sich Sarah Kirsch mit ihrem Land solidarisiert, ohne daß sie sich dazu verpflichtet fühlte, ›erwünschte‹ Themen in ihrem eigenen Werk zu behandeln. Diese ihre Haltung hat sie nie preisgegeben, wie ein Blick auf ihre weitere Produktion zeigt.

Das poetische Blickfeld Sarah Kirschs wird in ihrem ersten selbständigen Lyrikband *Landaufenthalt*[136] erweitert, doch das Thema Liebe/Frauenleben behält seine Wichtigkeit bei. Die Frau schwankt noch zwischen zwei Polen, nämlich dem Drang nach Freiheit (»Leute / müßt ihr fortwährend heiraten aber ich wünsch euch / Geduld« – *Aus einer kleinen Stadt*, S. 49) und der Sehnsucht nach Geborgenheit (»die Fische sind zwei / die Vögel baun Nester wir / stehn auf demselben Blatt« – *Ich bin sehr sanft*, S. 74). Die Männer werden kritisiert (vgl. *Zwischenlandung*, S. 66), doch die Angst vor dem Alleinsein ist groß (»Tau ihn auf. Er magert mich ab« – *Der Himmel schuppt sich*, S. 14). Anders als in den frühen Gedichten wird das persönliche Glück in den Rahmen der Geschichte und der gegenwärtigen Weltlage gestellt: »er sah mich an, diesen Tag / war ich glücklich obwohl / ich von fernher Nachrichten hörte und in der Nacht / mörderische Träume« (*Ich lag auf dem Badesteg als Wind kam*, S. 40). Die einst naive Lebensfreude stellt sich angesichts der Greuel des Vietnam-Krieges nicht mehr ein. Dieser Krieg motiviert Kirsch allerdings nicht zu pathetisch-zornigen Gedichten; vielmehr kommt er in unauffälligen Alltagsschilderungen zur Darstellung. Am ergiebigsten ist diese Methode in *Eines Tages* (S. 28), einem Gedicht, das verschiedene Reaktionen auf das Ende des Krieges beschreibt. Am Anfang heißt es lapidar: »Eines Tages werde ich gewissenlos glücklich sein, da / wird mich die Nachricht erreichen, ich weiß nicht / ob Sommer oder wässriger Schnee ist, kann sein / ich schäle Kartoffeln (versuch ohne / das Messer zu lösen ein Band) [...]« In diesen paar Versen wird mehr über die DDR-Wirklichkeit ausgesagt als in allen spontan-organisierten Kundgebungen, denn man erfährt, wie groß die Kluft zwischen dem relativ bequemen Alltag in einem europäischen Industrieland und den Kämpfen in der dritten Welt geworden ist. Die Auseinandersetzung mit Vietnam führt die Lyrikerin auch dazu, sich mit ihrer eigenen Vergangenheit zu beschäftigen. In starken Bildern bringt sie die Heldentaten einer Frau im KZ zur Gestaltung (*Legende über Lilja*, S. 29 ff.), und in *Der Milchmann Schäuffele* klingen Celansche Motive an: »das Zaumzeug ist rot das Zaumzeug ist schwarz / Schäuffele / wird man den Wagen zerschlagen das Zugtier blenden, bald / wird viel Milch verlaufen durch die / denen er reichlich im Regen gab« (S. 45). Die neue historische Dimension in diesen Gedichten verleitet Kirsch aber nicht dazu, die Zustände in ihrer eigenen Gesellschaft zu ignorieren. In z. T. exotischen Gedichten über ferne Länder werden Reiseeinschränkungen – wenn auch nur mittelbar – beklagt, die Bodenreform wird mit den »vornehmen Appartements« der neuen Elite kontrastiert (*Petzow Kreis Werder*, S. 39), und auch die mangelnden Kontakte zwischen Kulturschaffenden und Arbeitern kommen zur Sprache (*Aus einer kleinen Stadt*, S. 49 ff.). Das im Gedicht *Winter* skizzierte Selbstbildnis Kirschs ließ aber ahnen, daß direkte Gesellschaftskritik in ihrem Werk nicht dominieren würde: »[...] und manchmal / bewegt sich mein Herz in den Aufhängebändern / das ist, wenn ich eine fremde Gegend seh / von mutigen Menschen höre oder / einer was fragt; / Ich liebe meinen Bauernpelz meine Stiefel / und mein trauriges Gesicht« (S. 73).

Obwohl der Band *Zaubersprüche* keine ›Reprivatisierung‹ darstellt, verzichtet diese »Fachliteratur für Hexen« (Einbandtext) doch weitgehend auf den oben erwähnten (zeit-)geschichtlichen Rahmen. Diese Sammlung setzt sich so sehr mit der Problematik des Frauenlebens auseinander, daß verstreute Gedichte über die Juden (S. 35), die Kulturlandschaft Georgiens (S. 23 ff.) oder die Ideologie der USA (S. 38 f.) dem Leser wie Fremdkörper vorkommen. Es wirkt sogar peinlich, wenn im Gedicht *Im Kreml noch Licht* (S. 27) ein ›naiver‹ Beitrag zur Legendenbildung um Lenin geleistet wird (dessen Katze fresse »ungeratnes Schreibwerk«). Wie der Titel des Bandes vermuten ließe, handelt es sich bei der Behandlung des Frauenthemas um keine feministische Kampfschrift, sondern eher um einen Rückgriff auf ›Künste‹, die heute als überholt gelten. Bei der Suche nach einem Mann kommt »das Handwerk Fischen« (S. 42) zur Geltung bzw. werden Hexenbeschwörungen eingesetzt, um ihn festzuhalten (»Binden ihn daß er nicht weiß / Ob Montag oder Freitag ist« – *Rufformel*, S. 47) oder gar zu bestrafen: »Frost Regen und Schlamm über die Füße dir / Zarthäutiger, Eis dir zwischen die Zehen mit denen ich / Einstmals die Finger verflocht, du schiebst sie / Nicht mir untern Tisch« (*Fluchformel*, S. 50). Mit wenigen Ausnahmen ist die Frau eine passive Gestalt, die den Launen der Männer ausgeliefert ist: »ich halt mich / An seinen Händen, er wirft / Mich ausm Haus« (*Widerrede*, S. 11). Auch von den DDR-Frauen, die dem Gesetz nach gleichberechtigt wären, entwirft Kirsch ein eher trauriges Bild. Das Gedicht *Das Grundstück* (S. 54 f.) führt Frauen vor, die von einem schönen Leben träumen (»Frei? wie im Märchen würden sie leben mit Kindern / Und Geliebten in Datschen im Sommer und sorglos«), die aber in der Praxis von nicht gerade progressiven Männern abhängig sind. Am Ende des Gedichts können die Frauen zwar lachen, aber es bleibt unklar, ob dieses Lachen als Befreiung von den mißlichen Zuständen oder als ironisch-traurige Einsicht in das Dilemma aufzufassen wäre. Der alles andere in den Schatten stellende Drang nach dem privaten Glück in den *Zaubersprüchen* hängt wohl nicht zuletzt mit Kirschs offensichtlich wachsendem Pessimismus in bezug auf die gesellschaftliche Entwicklung der DDR zusammen (»Am Anfang war meine Natur sorglos und fröhlich / Aber was ich gesehen habe zog mir den Mund / In Richtung der Füße« – *Besinnung*, S. 43). Die Fixierung auf einen Lebensgefährten läßt sich u. a. darauf zurückführen, daß die Welt als bedrohlich empfunden wird: »An Trennung ist nicht mehr zu denken / Dies Leben schafft keiner allein zu viel Niederschlag [...] Ich hoffe nur wir liegen nicht aufm See« (*Schneehütte*, S. 64). Angesichts der versteinerten Welt bzw. der Welt der versteinerten Hoffnungen, die vor allem im Gedicht *Schwarze Bohnen* (S. 9) zur Darstellung kommt, erhob sich die Frage, ob Sarah Kirsch ihre Rolle

im DDR-Kulturleben neu definieren würde. Ein Blick auf ihren Gedichtband *Rückenwind*[137] zeigt, daß sie das nicht wollte (oder einfach nicht konnte).
In diesen Gedichten begegnet man einem Menschen, der nicht in die Gesellschaft paßt, der aber auch eingesehen hat, daß eine Flucht vor der Realität keine Alternative wäre: »Minutenlang / War ich überzeugt [. . .] setzte / Die Schreibmaschine auf den Marmorsockel, in Zukunft / Idyllen!« (*Der Ausflug 3*, S. 17). Diese Einsicht führt allerdings nicht zu einer großangelegten Systemkritik (wie etwa bei Biermann): auch in *Rückenwind* bleiben konkrete Hinweise auf DDR-Zustände spärlich. Kirsch thematisiert nur das, was sie als DDR-Bürger selbst erlebt hat. Der Leser erfährt z. B., daß sie in einer »steinreichen Gegend« wohnt (*Tucholsky-Straße*, S. 65) oder daß Panzermanöver der NVA gefährlich sein können: »Wo ich nach Seifenlappen frage im Konsum erfahr ich / Ein Haus und zwei Mann überfahren, es war / Eine mondlose Nacht« (*Wiepersdorf 6*, S. 24). Nur in bezug auf den Umweltschutz ist sie dazu bereit, ihre Einzelbeobachtungen zu verallgemeinern: »Noch fliegt die Graugans, spaziert der Storch / Durch unvergiftete Wiesen [. . .] Wenn man hier keine Zeitung hält / Ist die Welt in Ordnung« (*Im Sommer*, S. 51). Ist Sozialkritik deshalb bei Kirsch ein Randgebiet geworden, weil sie sich primär für ihre eigene »nicht berechenbare Seele« (*Ende Mai*, S. 41) interessiert[138] oder weil sie Zensurschwierigkeiten vermeiden will? Auf jeden Fall enthält das Gedicht *Wiepersdorf* einige Verse, die das Bild einer früher unvorstellbaren Gefahr gestalten: »Immer / Sind wir allein, wenn wir den Königen schreiben / Denen des Herzens und jenen / Des Staats. Und noch / Erschrickt unser Herz / Wenn auf der anderen Seite des Hauses / Ein Wagen zu hören ist« (S. 27). Dieses Gefühl der Bedrohung wirkt sich – wie schon bei den *Zaubersprüchen* – vor allem so aus, daß zahlreiche Gedichte um die Beziehung zu einem Geliebten kreisen, der für Schutz und Geborgenheit bürgen könnte. Zweierbeziehungen werden zwar nicht ganz ins Utopische erhoben (vgl. die Kritik am narzißtischen Mann – S. 26 und 63), doch Kirschs Romantikbedürfnis läßt sich nicht sättigen: immer wieder verwendet sie »die abgedroschenen süßen Sätze« der Liebe (*Alte Wörter*, S. 64). Was hat es aber mit diesem immer intensiver werdenden Hang zur Romantik auf sich? Nähert sich Sarah Kirsch allmählich dem Kitsch? Eine – wenn auch nur angedeutete – Antwort auf diese Frage liefern einige kurze Gedichte aus *Rückenwind*. In einem sehr negativen Porträt der emanzipierten Frau heißt es am Ende: »die schleppen / Nur das Nötige mit die Kinder, die Arbeit / O wie mir graut!« (*Wiepersdorf 11*, S. 29). Was fehlt diesen Frauen? Wenn es nur eine vage Romantik wäre, würde das nicht viel besagen. Das erste Gedicht des Bandes präzisiert jedoch die Aussage: »Von jetzt an teil ich mit dir / Von jetzt an teilst du mit mir / Jedwede Freude, jedweden Zorn. / Wir lassen uns nicht ins Bockshorn jagen / Von süßen Karaffen / Und Geldbeutelein« (S. 7). Eine andere Formulierung lautet: »Lieber zu zweit verhungern als Einzeln / In goldenen Wagen spazieren fahren« (*Zu Zweit*, S. 13). Im Grunde werden also Solidarität und Gemeinschaft als Ideale verkündet, und zwar, wie es scheint, gegen die in der DDR herrschenden Prinzipien der Leistung, der Konkurrenz und des Konsums. Kirsch ist ein idealistisch eingestellter Mensch (»wir wollen / Unsere Blicke anzünden an etwas glauben« – S. 33), in dessen Gedichten die Liebe bzw. die Liebesfähigkeit des Menschen zum Sinnbild für das Ideal-Menschliche überhaupt wird. Die darin implizierte Gesellschaftskritik erklärt zumindest zum Teil die zentrale Stellung der Frau in diesen Versen: Da die Frau nicht die Repräsentationsfigur des patriarchalischen Leistungssystems ist, kann sie als utopische

Instanz, als eine Art Gegenvorbild fungieren. Sarah Kirsch drückt diese Botschaft allerdings meist resignativ-traurig aus. Im Rahmen der DDR-Literatur fiel ein derartiger Tonfall natürlich auf, doch es bleibt abzuwarten, inwiefern die Adressaten dieser Lyrik im Westen erreicht werden können. Radikal-subjektive Literatur bzw. Kritik hat in der DDR ganz andere Quellen und einen anderen Stellenwert als in der Bundesrepublik, und darüber hinaus hat Kirschs Frauenbild mit den Vorstellungen der westlichen Feministen wenig gemeinsam. Im Hinblick auf ihre bisher erschienenen Werke wäre es aber überraschend, wenn sie im Westen ›anders‹ schreiben würde; da sie in den letzten Bänden DDR-spezifische Elemente fast nur indirekt verarbeitet hat, wäre das auch nicht notwendig.

XI. Die sogenannte mittlere Generation der DDR-Lyriker, die für diese Untersuchung von zentraler Bedeutung ist, nimmt überhaupt eine Sonderstellung ein. Den oben behandelten Gestalten war es möglich, die Suche nach ihrer dichterischen Identität in einer Epoche vorzunehmen, die unter dem Vorzeichen einer relativ ›liberalisierten‹ Kulturpolitik stand (der Fall Biermann zeigt natürlich die Grenzen dieser Liberalität). Braun, Mickel oder Kunert haben einen Bekanntheitsgrad (in Ost und West) erreicht, der es ihnen gewissermaßen erlaubt, den seit einigen Jahren vorherrschenden konservativen Trend – zumindest in bezug auf ihre eigenen Veröffentlichungen – zu neutralisieren. Die Jüngeren – die heute Zwanzig- bis Dreißigjährigen – müssen einen unvergleichlich schwierigeren Entwicklungsweg beschreiten. Seit der (in manchen Fällen freiwilligen) Exilierung bzw. Ausbürgerung von Biermann, Kunze, Sarah Kirsch, Jentzsch und Kunert – hinzu kommen auch Vertreter der jungen Generation wie z. B. Jürgen Fuchs, Thomas Brasch oder Frank Schöne – ist es offensichtlich, daß kritisch denkende Lyriker jeglicher politischen Schattierung mehr als bisher eine Art Selbstzensur praktizieren müssen, wenn sie ihre Gedichte zum Druck bringen möchten. Wer also hauptberuflich als Lyriker arbeiten will, sieht sich von vornherein mit grundsätzlichen Entscheidungen konfrontiert, die in den letzten zehn Jahren zwar nicht vermieden, doch mindestens verschoben werden konnten. Angesichts dieser qualitativ neuen Situation scheint es nicht unberechtigt zu sein, zum Schluß einige Bemerkungen zur jüngsten Lyrikentwicklung zu machen. Dabei kann von endgültigem Urteilen natürlich keine Rede sein.[139]

Spätestens seit den frühen siebziger Jahren läßt sich eine Tendenz verfolgen, die darauf hinausläuft, persönliche Belange in den Mittelpunkt zu stellen, wobei das Gesellschaftspolitische allmählich zum Randthema wird. Bereits 1973 hat Michael Franz versucht, dieses Phänomen als etwas ›Normales‹ hinzustellen: »Die Akzentverschiebung vom Menschenbild [. . .] zum Persönlichkeitsideal [. . .] bezeichnet die wachsende Rolle des einzelnen in den Gemeinschaftsbeziehungen der entwickelten sozialistischen Gesellschaft [. . .]«.[140] Im selben Jahr betonten Teilnehmer eines wissenschaftlichen Kolloquiums, ein Lyriker könne nicht für alle sprechen,[141] u. a. deshalb, weil er nicht »eine einheitliche Gattung Mensch«[142] vor sich habe. Ein paar Jahre später stellten Christel und Walfried Hartinger (die man zur ›Avantgarde‹ der DDR-Kritik rechnen kann) die These auf, »daß jeder Lyriker nur seinen spezifischen Beitrag einbringen kann, der letztlich seiner Individualität verhaftet ist und in der davon erfüllten Subjektivität wurzelt«.[143] Solche Zitate erwecken den Eindruck, als würde man die subjektive Lyrik der ›Jungen‹ vorbehaltlos bejahen, doch der Schein trügt. Obwohl die

Subjektivität nunmehr als unentbehrlich gilt, ist damit keinesfalls eine »individualistische, von der Gesellschaft abgewandte Schau in das eigene Innere« gemeint,[144] und gerade einer derartigen ›Nabelschau‹ begegnet man nicht selten. Um diesen unerwünschten Trend auf (vermeintlich) subtile Weise abzuwehren, haben manche Kritiker vor allem den »Niedergang des Formbewußtseins«[145] gegeißelt; es handele sich um »das Unvermögen eines großen Teils unserer jungen Lyriker, der neuen Gesellschaft ästhetisch Herr zu werden«.[146] Einige der Angesprochenen meinen aber, der »Verschleiß der Lyrik« liege eher »am mangelnden Mut, das auszusprechen, was ist«;[147] linientreue »Talentlose« würden gefördert,[148] und »nicht die besten, sondern die politisch am brauchbarsten erscheinenden Gedichte«[149] würden gedruckt.

Ein Blick in die verschiedenen Lyrik-Anthologien der siebziger Jahre zeigt zwar, daß »schöngefärbte Banalitäten«[150] und billige Lobeshymnen keine Ausnahmen sind, doch viele Gedichte sind alles andere als oberflächlich. So ist z. B. die bisher selbstverständliche Identifikation mit den antifaschistischen Widerstandskämpfern (»Wie er für Kommunismus schwieg, / will ich sprechen für unseren Staat.«[151]) problematisch geworden: »Wir stehn starr / Und singen vom Frieden / Wir schreiben Gedichte / Gegen den Krieg / Den wir nicht kennen«.[152] Die ungeduldige Jugend, für die Volker Braun in den frühen sechziger Jahren sprach, hat neue Vertreter gefunden: »Wir pauken nicht mehr nach dem alten Marsch, / sondern denken beim Lernen der neuen Lieder [...] Es ist Zeit, / daß wir alle dazulernen / und die Verbotsschilder der Vorurteile / zerbrechen.«[153] Auch Biermanns utopische Hoffnungen kommen zur Sprache, nach den Ereignissen und Erfahrungen der letzten Jahre allerdings leicht abgewandelt: »es genügt mir kein warten auf kommende zeiten / nur was bleibt mir also bis auf weiteres?«[154] Opportunisten ohne Rückgrat (»Er stand sogar in der Zeitung / weil er blendend blenden kann.«[155]) ernten genausowenig Lob wie in den Versen Kunerts oder Kunzes: »Seit wann bist du so sanft? / Seit wann bist du lautlos? // So ohne Kanten und Knochen. [...] Wo ist dein Wolfsblick? / Wo ist der Hundeblick her? [...] Wer hat dir die Keule in den Hals gestopft?«[156] Der Zug zur Anpassung, zum Sich-Fügen ins System ist den Jungen nicht entgangen, doch gleichzeitig scheinen ›garstige‹ Lieder nicht sehr erwünscht zu sein: »wer bin ich / was denke ich / anzumaßen mir / andere zu berühren / zu reißen sie aus der ruh«.[157] Obwohl es nicht zu bestreiten wäre, daß nicht wenige junge Lyriker Einsichten in die gegenwärtigen Entwicklungstendenzen der DDR gewonnen haben, ginge es zu weit, wollte man die *ganze* junge Generation auf dieses oder jenes Charakteristikum festlegen. Manche melden selbstbewußt ihre eigenen Glücksansprüche (»Ich bin wie ich bin, beharrend und wandlungsbegierig zugleich, / ich lebe in großer Epoche [das weiß ich selber genau], [...] ich brauche nicht der anderen Ehre, Geld, polierte Grundsätze – / ich brauche mein unvermindertes, unebenes Leben hier und jetzt«[158]), während andere eher zur Resignation neigen: »Alles ist ja einmal schon gewesen: / Daß man ungelebt zerbrechen kann, / Aber von den Leiden zu genesen, / Fängt man wieder mit sich selber an«.[159] Erst in einigen Jahren wird man sagen können, welche dieser beiden Haltungen ›realitätsnäher‹ gewesen ist, doch man kann heute schon behaupten, daß der Streit um das »Machbare«[160] weitergehen wird. Wer aber verlangt, daß die Lyriker »den Idealen des Kommunismus« verpflichtet sein und gleichzeitig »den realen Sozialismus« stärken sollen,[161] wird dafür sorgen, daß viele Gedichte in der Schublade bleiben. Das Urteil über Biermann aus dem Jahre 1966, daß nämlich der »dritte Weg« immer nur der zweite sei,[162] scheint die Kulturpolitik noch im Jahre 1979 zu prägen, und die Lyriker selbst werden wenig daran ändern können, ob sie verstummen oder nicht. Wie Rainer Nägele treffend bemerkt hat, muß das Positive »von der Wirklichkeit geleistet werden«,[163] und deshalb sollte der Literaturwissenschaftler keine Prognosen wagen. Als Teil der DDR-Literatur wird die – publizierte – Lyrik auch künftig in nicht geringem Maße von politischen und ökonomischen Zuständen bzw. Entscheidungen abhängig sein, die heute noch nicht abzusehen sind.

Anmerkungen

1 Die Forschung in der DDR ist da keine Ausnahme. Vgl. Adolf Endler: Im Zeichen der Inkonsequenz. In: Sinn und Form (1971) H. 6. S. 1363.

2 Vgl. Literaturhinweise: Autorenkollektiv Frankfurt, Brettschneider, Flores, Dokumente zur Kunst-, Literatur- und Kulturpolitik der SED, Einführung in Theorie, Geschichte und Funktion der DDR-Literatur, Franke, Haase (Autorenkollektiv), Koch, Laschen, Literatur und Literaturtheorie in der DDR, Raddatz, Sander.

3 Endler (Anm. 1) S. 1363.

4 Vgl. Reinhard Weisbach: Menschenbild, Dichter und Gedicht. Berlin/Weimar 1972: »[...] unsere (sozialistische) Lyrik entwickelt sich nach eigenen, sozialistischen Gesetzen, sie geht also aus oder hat doch auszugehen von den komplizierten sozialpoetischen Bedingungen der entwickelten sozialistischen Gesellschaft« (S. 264).

5 Vgl. Welt im sozialistischen Gedicht. Hrsg. von Sylvia Schlenstedt. Berlin/Weimar. 1974. S. 15 und 335. Horst Haase und Autorenkollektiv: Geschichte der Literatur der Deutschen Demokratischen Republik. Berlin 1977. S. 749.

6 Manfred Starke: Zu den Literaturdebatten der letzten Jahre. In: Sinn und Form (1975) H. 1. S. 192.

7 In diesem besseren Land. Hrsg. von Adolf Endler und Karl Mickel. Halle (Saale) 1966. Vgl. dazu: Forum (1966) H. 10–13.

8 Vgl. Günther Deicke: Notizen zur Volkstümlichkeit. In: Welt im sozialistischen Gedicht (Anm. 5) S. 355.

9 Harald Hartung: Die dialektische Struktur der Lyrik. In: Einführung in Theorie, Geschichte und Funktion der DDR-Literatur. Hrsg. von Hans-Jürgen Schmitt. Stuttgart 1975. S. 182. Vgl. dazu auch Liselotte Gumpel: »Concrete« Poetry from East and West Germany. New Haven / London 1976.

10 Nach Weisbach fing die eigentliche Hölderlin-Klopstock-Rezeption nach der Erscheinung von Stephan Hermlins Becher-Ode *Der Tod des Dichters* an. Vgl. Weisbach (Anm. 4) S. 202. Neuerdings spricht man von einer »Ablösung von Brecht in der Lyrik«. Vgl. Ursula Heukenkamp: Wandel einer Mitteilung. In: Sinn und Form (1978) H. 5. S. 1080.

11 Bertolt Brecht: Arbeitsjournal. Peking/Moskau/Havanna/Berlin. o. J. S. 89. (Eintragung vom 22. 8. 1940.)

12 Vgl. vor allem Weisbach (Anm. 4) und Michael Franz: Zur Geschichte der DDR-Lyrik. In: Weimarer Beiträge (1969) H. 3, 4, 6.

13 Endler (Anm. 1) S. 1366.

14 Adolf Endler: Einige Randbemerkungen, einige Binsenweisheiten! In: Welt im sozialistischen Gedicht (Anm. 5) S. 325 f.

15 Rainer Nägele: Deutsche Demokratische Republik. In: Geschichte der politischen Lyrik in Deutschland. Hrsg. von Walter Hinderer. Stuttgart 1978. S. 349.

16 Volker Braun: Es genügt nicht die einfache Wahrheit. Frankfurt a. M. 1976. S. 73.

17 Walfried Hartinger: Dialog über das Leben. In: Neue Deutsche Literatur (1978) H. 5. S. 107 f.

18 Endler (Anm. 1) S. 1360.

19 Johannes R. Becher: Die Weise vom Fünfjahrplan. In: J. R. B.: Gesammelte Werke. Bd. 6: Gedichte 1949–1958. Berlin/Weimar 1973. S. 156. Alle Zitate aus Becher-Gedichten folgen dieser Ausgabe und werden im Text nachgewiesen.

20 Stellvertretend dafür sei eine Strophe aus dem Gedicht *Schmetterlinge überm See* (S. 411) zitiert: »Herbstgeflüster, Kühle in den Winden. / Blätter raunen: Zeit, vergeh, verweh! / Sommers Trost:

daß er uns im Entschwinden / Schmetterlinge sendet übern See.« Vgl. als Kontrast dazu Brechts ›Gespräche über Bäume‹ nach 1945.

21 Angesichts der oben zitierten Propagandaverse muß man diese Strophe als Selbstkritik auffassen. Vgl. dazu Bechers Tagebücher und theoretische Schriften zur Literatur.

22 Vgl. Bertolt Brecht: Ein neues Haus. In: B. B.: Gesammelte Gedichte III. Frankfurt a. M. 1976. S. 962. Alle Zitate aus Brecht-Gedichten folgen dieser Ausgabe und werden im Text nachgewiesen.

23 Diese Verteidigung klingt freilich unerwartet ironisch: »Selbst die schmalsten Stirnen / In denen der Friede wohnt / Sind den Künsten willkommener als jener Kunstfreund / Der auch Freund der Kriegskunst ist« (S. 1008).

24 Im Hinblick auf eine solche Ambivalenz muß es einen befremden, mit welcher Unbekümmertheit Brecht in manchen Agitpropgedichten die erste Person Plural verwendet, die Zustimmung der Bevölkerung in bezug auf die Entwicklung der DDR implizierend.

25 Erich Arendt: Gedichte. Leipzig 1976. S. 189. Weitere Zitate aus diesem Band werden im Text nachgewiesen.

26 Peter Huchel: Chausseen. Chausseen. In: P. H.: Ausgewählte Gedichte. Frankfurt a. M. 1973. S. 70. Weitere Zitate aus diesem Band werden im Text nachgewiesen.

27 Johannes Bobrowski: Interview mit Irma Reblitz. In: J. B.: Nachbarschaft. Berlin [West] 1967. S. 31.

28 Ebd. S. 33.

29 Ebd. S. 32.

30 Johannes Bobrowski: Interview mit Helmut Baldauf. Ebd. S. 42.

31 Interview mit I. Reblitz (Anm. 27) S. 34.

32 Johannes Bobrowski: Die Spur im Sand. In: J. B.: Das Land Sarmatien. München 1966. S. 24. Dieser Band enthält *Sarmatische Zeit* und *Schattenland Ströme*. Zitate daraus werden im folgenden im Text nachgewiesen.

33 Johannes Bobrowski: Uferweg. In: J. B.: Wetterzeichen. Berlin [West] 1967. S. 27. Weitere Zitate aus diesem Band werden im Text nachgewiesen.

34 »Damals / in den Mooren / draußen, ging auf / der Zorn. / Zorn, eine schwere Saat« (Kathedrale 1941). In: Das Land Sarmatien, S. 105.

35 Interview mit I. Reblitz (Anm. 27) S. 33.

36 Maurer war lange am Institut für Literatur »Johannes R. Becher« tätig. Vgl. die Kommentare seiner Schüler in: Dichtung ist deine Welt. Selbstaussagen und Versuche zum Werk Georg Maurers. Halle (Saale) 1973.

37 Interview mit Georg Maurer. In: Auskünfte. Werkstattgespräche mit DDR-Autoren. Berlin/ Weimar 1974. S. 17 und 23.

38 Georg Maurer: Konzert. In: Kreise. Halle (Saale) 1970. S. 28. Weitere Zitate aus diesem Band (der Gedichte aus dem *Dreistrophenkalender, Stromkreis* (1962/63) und *Widerspiel* [1966/67] umfaßt) werden im Text nachgewiesen.

39 Interview mit Georg Maurer (Anm. 37) S. 16.

40 Vgl. die Materialien zum Schriftstellerkongreß in: Sonntag (1978) Nr. 24 und Neue Deutsche Literatur (1978) H. 8. Bei den immer noch auf den Bitterfelder Weg eingeschworenen Schriftstellern löste dieses Bekenntnis natürlich einen Sturm der Entrüstung aus.

41 Stephan Hermlin: Ballade von den alten und den neuen Worten. In: S. H.: Dichtungen. Berlin 1956. S. 53.

42 Stephan Hermlin: Forderung des Tages. In: S. H.: Gedichte und Prosa. Berlin [West] 1969. S. 24.

43 Stephan Hermlin: Mansfelder Oratorium. Leipzig 1950. S. 19.

44 Stephan Hermlin: Wilhelm Pieck. In: S. H.: Dichtungen (Anm. 41) S. 112.

45 Stephan Hermlin: Der Tod des Dichters. In: S. H.: Gedichte und Prosa (Anm. 42) S. 38.

46 Auch Franz Fühmann, der schon als Soldat Gedichte schrieb, widmet sich (von seinen Nachdichtungen abgesehen) seit der Mitte der fünfziger Jahre ausschließlich der Prosa.

47 Erich Weinert: Genauso hat es damals angefangen! In: E. W.: Gesammelte Gedichte. Bd. 6. Berlin/ Weimar 1976. S. 522. Weitere Zitate aus diesem Band werden im Text nachgewiesen.

48 Vgl. Kuba: Im Spiegel unsrer Kunst. In: K.: Brot und Wein. Leipzig 1975. S. 113. Weitere Zitate aus diesem Band werden im Text nachgewiesen.

49 Louis Fürnberg: Die Partei. In: L. F.: Gesammelte Werke. Bd. 2. Berlin/Weimar 1964. S. 218. Weitere Zitate aus diesem Band werden im Text nachgewiesen.

50 Max Zimmering: An die Genossen. In: Das Maß der Zeit. Leipzig 1974. S. 98. Im selben Gedicht

wird die Waffe der Kritik gelobt: »du bist Feind dem, der mit Phrasen protzt, / dem, der in Selbstgefälligkeit entartet« (S. 99). Diese Botschaft haben nicht wenige Genossen übersehen. Weitere Zitate aus diesem Band werden im Text nachgewiesen.

51 Helmut Preißler: Im Museum für Geschichte. In: H. P.: Stimmen. Berlin 1962. S. 186. Im Gedicht *Mensch geworden* (S. 198) heißt es: »Mensch / blieb der Mensch / durch die Liebe«. Weitere Zitate aus diesem Band werden im Text nachgewiesen. – Preißler konnte es sich sogar leisten, etwas Kritik zu üben, denn er gestaltete Konflikte, um sie verharmlosen zu können. Ein Beispiel wäre das vom System eher geförderte ›bürgerliche‹ Konsumverhalten vieler DDR-Bürger: »Mich verwandelten Fernsehempfänger / und Wohnung und Wagen / zum bunten, gefälligen Schmetterling, / ohne daß ich's gewahr wurde. // Aber es gibt / – dem Fortschritt sei Dank! – / Brigaden der sozialistischen Arbeit. // Durch sie gelang mir / die Wandlung zurück in die alte Gestalt.« (Die Verwandlungen – ebd. S. 149).

52 Paul Wiens: Reiters rede auf der rast. In: P. W.: Vier Linien aus meiner Hand. Leipzig 1976. S. 94. Weitere Zitate aus diesem Band werden im Text nachgewiesen.

53 Günter Kunert: Warum schreiben. In: G. K.: Tagträume in Berlin und andernorts. München 1972. S. 324.

54 Günter Kunert: Verkündigung des Wetters. München 1966. S. 51. Im Text als *Verkündigung* zitiert.

55 Günter Kunert: Über einige Davongekommene. In: Erinnerung an einen Planeten. München 1963. S. 7. Im Text als *Erinnerung* zitiert.

56 Interview mit Günter Kunert. In: Auskünfte (Anm. 37) S. 467.

57 Vgl. Kunerts Gedicht *Lehrpfad* in: G. K.: Offener Ausgang. Berlin/Weimar 1972.

58 Schillers Bett. In: G. K.: Warnung vor Spiegeln. München 1970. S. 38. Im Text als *Warnung* zitiert.

59 Günter Kunert: Schlupf und Winkel. In: Unterwegs nach Utopia. München 1977. S. 44. Im Text als *Utopia* zitiert.

60 Günter Kunert: Wunder erleiden. In: Im weiteren Fortgang. München 1974. S. 21.

61 Vgl. z. B. *Von der Geduld* (Erinnerung, S. 55–58).

62 Vgl. *Shakehands, Catull* (Erinnerung, S. 28).

63 Interview mit Günter Kunert (Anm. 37) S. 464.

64 Paradoxie als Prinzip. In: Kunert: Tagträume (Anm. 53) S. 310.

65 Manche, einige, gewisse und sogenannte. In: Sinn und Form (1972) H. 9. S. 1101.

66 Warum schreiben (Anm. 53) S. 326.

67 Paradoxie als Prinzip (Anm. 64) S. 313 f.

68 Ebd. S. 316.

69 Konjunktiver Doppelgänger. In: Kunert (Anm. 60) S. 90.

70 Vgl. Wolf Biermann: Mit Marx- und Engelszungen. Berlin [West] 1968. S. 61.

71 Vgl. die Bände *Vögel über dem Tau* (1959) und *Aber die Nachtigall jubelt* (1962).

72 Ekkehart Rudolph: Gespräch mit Reiner Kunze. In: Reiner Kunze. Materialien und Dokumente. Hrsg. von Jürgen P. Wallmann. Frankfurt a. M. 1977. S. 14.

73 Ebd. S. 15.

74 Ebd. S. 19.

75 Antworten auf Fragen des Deutschen Seminars der Universität Basel (1974). Ebd. S. 132.

76 Jürgen P. Wallmann: Gespräch mit Reiner Kunze [1976]. In: Materialien und Dokumente (Anm. 72) S. 192.

77 Rudolph (Anm. 72) S. 20.

78 Vgl. Materialien und Dokumente (Anm. 72) S. 21 und 132.

79 Hubert Witt: Gespräch mit Reiner Kunze. In: Materialien und Dokumente (Anm. 72) S. 89.

80 drei bildhaueretüden. In: R. K.: sensible wege. achtundvierzig gedichte und ein zyklus. Reinbek b. Hamburg 1969. S. 27.

81 in der thaya. In: R. K.: Widmungen. Bad Godesberg 1963. S. 28.

82 der hochwald erzieht seine bäume. In: sensible wege (Anm. 80) S. 9.

83 das plakat. Ebd. S. 26.

84 kurzer lehrgang – ethik. Ebd. S. 35.

85 Hans-Jürgen Wiessner: Gespräch mit Reiner Kunze. In: Materialien und Dokumente (Anm. 72) S. 181.

86 prag frühjahr 1968. In: sensible wege (Anm. 80) S. 68.

87 historische notwendigkeit. In: R. K.: zimmerlautstärke. Frankfurt a. M. 1972. S. 26.

88 wie die dinge aus ton. Ebd. S. 27.
89 fast ein frühlingsgedicht. Ebd. S. 37.
90 Reiner Kunze: Brief nach Butzbach. In: Materialien und Dokumente (Anm. 72) S. 135.
91 8. oktober 1970. In: zimmerlautstärke (Anm. 87) S. 33.
92 Wallmann (Anm. 76) S. 192.
93 lied vom biermann. In: sensible wege (Anm. 80) S. 15.
94 Karl Corino: Gespräch mit Reiner Kunze. In: Materialien und Dokumente (Anm. 72) S. 224.
95 Ebd. S. 145.
96 Wolf Biermann: Das Barlach-Lied. In: Die Drahtharfe. Berlin [West] 1965. S. 36.
97 Wolf Biermann singt. In: zimmerlautstärke (Anm. 87) S. 39.
98 Reiner Kunze: Ich bin kein Emigrant. In: DIE ZEIT v. 28. 10. 1977.
99 Reiner Kunze: dreiblick. In: sensible wege (Anm. 80) S. 19.
100 Reiner Kunze: »Nachbemerkung« zu *zimmerlautstärke* (Anm. 87) S. 67.
101 Vgl. z. B. den sehr lehrreichen Sammelband: Exil. Die Ausbürgerung Wolf Biermanns aus der DDR. Hrsg. von Peter Roos. Köln 1977.
102 Wolf Biermann: Deutschland, ein Wintermärchen. Berlin [West] 1972. S. 25.
103 Wolf Biermann: Selbstportrait. In: Die Drahtharfe (Anm. 96) S. 75. Weitere Zitate aus diesem Band werden im Text nachgewiesen.
104 Wolf Biermann: Frage und Antwort und Frage. In: Mit Marx- und Engelszungen. Berlin [West] 1968. S. 18. Im Text als *Mit Marx* zitiert.
105 Wolf Biermann: Ballade für einen wirklich tief besorgten Freund. In: Für meine Genossen. Berlin 1972. S. 59. Im Text als *Genossen* zitiert.
106 Vgl. Rudi Dutschke: Offener Brief für Wolf: Kritik und Selbstkritik. In: Wolf Biermann. Liedermacher und Sozialist. Hrsg. von Thomas Rothschild. Reinbek 1976. S. 67–80.
107 Interview. In: New Left Review (Febr.–April 1977) S. 64.
108 Interview. In: Der Spiegel (1973) Nr. 43. Die Gefahren des »Computer-Stalinismus« (ebd.) sind ihm freilich nicht entgangen.
109 Interview. In: Der Spiegel (1976) Nr. 48.
110 Neue Verse zum Lied *So soll es sein* (aus: Für meine Genossen), gesungen beim Kölner Konzert im November 1976. Die letzten Gedichte, die Biermann in der DDR geschrieben hat, findet man in dem Band: Preußischer Ikarus. Köln 1978.
111 Die alten Genossen sind für Biermann nicht zuletzt deshalb so dogmatisch-versteift, weil sie »ohne Zeit für Bildung, Liebe und Genuß« aufwuchsen (Genossen, S. 64).
112 Volker Braun: Epitaph auf eine alte Kunst. In: Provokation für mich. Halle (Saale) 1965. S. 29. Zitatnachweise zu weiteren Gedichten aus diesem Band im Text.
113 Volker Braun: Politik und Poesie. In: Braun (Anm. 16) S. 98.
114 Volker Braun: Unnachsichtige Nebensätze zum Hauptreferat. Ebd. S. 113.
115 Volker Braun: Rose Paal und der Aufstieg der Lyrik. In: Neue Deutsche Literatur (1978) H. 5. S. 104.
116 Vgl. z. B. die Kontroversen um das Stück *Die Kipper* und um die *Unvollendete Geschichte.*
117 Volker Braun: Wie Poesie? In: Braun (Anm. 16) S. 75. Eine Ausnahme bildet die *Annachronik* aus dem Suhrkamp-Band *Vorläufiges* (1966).
118 Wir und nicht sie. Frankfurt a. M. 1970. »In den folgenden Gedichten, den im zweiten Band versammelten, sprach ich sozusagen als Staatsbürger [. . .]« (aus: Interview mit Sylvia Schlenstedt. In: Braun, Anm. 16, S. 114).
119 Umfrage der Zeitschrift *Woprossy Literatury*. In: Braun (Anm. 16) S. 72.
120 Gegen die symmetrische Welt. Frankfurt a. M. 1973. Der Titel bezieht sich auf einen Hölderlin-Brief, in dem der Dichter die Ordnungsliebe seiner Landsleute kritisiert (vgl. Brauns Anmerkung dazu, S. 89). Vor Abschluß dieser Arbeit konnte der Verfasser Brauns neuen Gedichtband *Training des aufrechten Gangs* (Halle a. d. Saale 1979) leider nicht einsehen.
121 Interview mit Sylvia Schlenstedt (Anm. 118) S. 115.
122 Abdruck in: Text + Kritik 55 – Volker Braun. München 1977. S. 9–11.
123 Ebd.
124 Karl Mickel: Gelehrtenrepublik. Halle (Saale) 1976. S. 16. Weitere Zitate aus diesem Band werden im Text nachgewiesen.
125 Vgl. die Kontroverse um Mickels Gedicht *Der See* in: Forum (1966) H. 15/16.
126 Vorwort zu: In diesem besseren Land (Anm. 7) S. 8.

127 Herr Schwarz. In: K. M.: Odysseus in Ithaka. Gedichte 1957–1974. Leipzig 1976. S. 157. Alle Gedichte werden im Text nach dieser Ausgabe zitiert, die alles enthält, was Mickel »bis 1974 geschrieben hat und nun gelten läßt« (Einbandtext).
128 Mickels Verwendung von provokativen Kraftausdrücken wie »Scheißkerl«, »Arschficker« (S. 68) oder »den Mund ficken« (S. 161) ist wohl einmalig in der DDR-Lyrik.
129 Vorwort zu: In diesem besseren Land (Anm. 7) S. 6.
130 Sarah Kirsch: Zaubersprüche. München ^{2}1976. S. 43. Weitere Zitate aus diesem Band werden im Text nachgewiesen.
131 Während der *Forum*-Debatte von 1966 stufte man sie eher als dekadent bzw. überflüssig ein. Vgl. die Auszüge bei Fritz Raddatz: Traditionen und Tendenzen Frankfurt a. M. 1972. S. 168 f.
132 Sendung von RIAS I v. 17. 6. 1978. In Sarah Kirsch, *Erklärung einiger Dinge* (Ebenhausen bei München 1978), findet man einen Abdruck dieses Gesprächs.
133 Ebd.
134 Sarah und Rainer Kirsch: Gespräch mit dem Saurier. Berlin 1965.
135 Das Bild des machtgierigen ›Sauriers‹ (S. 30), der eine neue Eiszeit herbeiführt, hätte ohne weiteres im Westen entstehen können.
136 Sarah Kirsch: Landaufenthalt. München 1977. Weitere Zitate aus diesem Band werden im Text nachgewiesen.
137 Sarah Kirsch: Rückenwind. München 1977. Weitere Zitate aus diesem Band werden im Text nachgewiesen.
138 Im Gedicht *Ich wollte meinen König töten* (Zaubersprüche, S. 9) heißt es: »Das Ding Seele dies bourgeoise Stück«.
139 Vgl. John Flores: Poetry in East Germany. New Haven / London 1971: »Interaction and resistance will prevail, rather than authority and helpless submission« (Schlußsatz, S. 316).
140 Michael Franz: Selbsterfahrung der jungen Generation. In: Neue Deutsche Literatur (1973) H. 11. S. 145.
141 Helmut Richter: Zwischenrufe. In: Welt im sozialistischen Gedicht (Anm. 5) S. 349.
142 Dieter Schlenstedt: Wirkungsstrategien. Ebd. S. 369.
143 Christel und Walfried Hartinger: Unterwegs in die Erfahrung. Zeitgenossenschaft und lyrische Subjektivität. In: Ansichten. Aufsätze zur Literatur der DDR. Halle (Saale) 1976. S. 469.
144 Margot Gerisch: Zur künstlerischen Subjektivität im literarischen Schaffen. In: Weimarer Beiträge (1975) H. 7.
145 Andreas Reimann: Die neuen Leiden der jungen Lyrik. In: Sinn und Form (1974) H. 2. S. 439.
146 Arno Pilenz: Zu *Die neuen Leiden der jungen Lyrik*. Bemerkungen zur Form. In: Sinn und Form (1974) H. 3. S. 661.
147 Diskussion. Die neuen Leiden der jungen Lyrik. In: Sinn und Form (1974) H. 5. S. 1093 (Jürgen Fuchs).
148 Ebd. S. 1094 (Knut Hörnig).
149 Ebd. S. 1099 (Lutz Rathenow).
150 Ebd. Fritz Raddatz' Behauptung, die DDR-Literatur (mithin die Lyrik) befände sich auf einem »Rückzug vor der Realität«, kann man also nicht ohne weiteres akzeptieren. Vgl. Raddatz: Traditionen und Tendenzen. Frankfurt a. M. ^{2}1976. Bd. 2. S. 703.
151 Gerd Eggers: Aus einem Poem (1). In: Ich nenn euch mein Problem. Hrsg. von Bernd Jentzsch. Berlin 1971. S. 113.
152 Steffen Mensching: Lied für meine Freunde. In: Offene Fenster 6. Berlin 1977. S. 112.
153 Frank Horeni: Es ist Zeit. In: Ich nenn euch mein Problem (Anm. 151) S. 52 f.
154 Hannelore Pech: Lehrzeit. In: auswahl 76. Berlin 1976. S. 90.
155 Dieter Schnappauf: Blender. In: Ich nenn euch mein Problem (Anm. 151) S. 63.
156 Bernd Wagner: Was ist los? In: auswahl 76 (Anm. 154) S. 131.
157 Albrecht Günther: nachbetrachtungen zur person. In: Offene Fenster 6 (Anm. 152) S. 30. Vgl. auch Frieder Baumanns *Inventur* im selben Band: »1 / Wir haben uns eingerichtet, / die Wohnung im Erkergeschoß, mit Aussicht ins Grüne, / mit Serienmöbeln, hell, aus Eiche, / und allerlei Souvenirkram, / sauber poliert in Regalen. / Alles ist abgestimmt, selbst die Blumen haben / die Farbe des Läufers, und Bücher, / nach Größe und Einband geordnet, / die meisten ungelesen. // 2 / Beim Kramen in Fächern / fand ich ein Foto, leicht vergilbt: / du und ich auf der Schaukel im Garten / in zerschlissenen Jeans, lachend« (S. 50).
158 Rotraud Wieland: Über Tage und Jahre. In: auswahl 76 (Anm. 154) S. 142.

159 Friedemann Schreiter: Lied von der Wiederkehr der Dinge. Ebd. S. 103.
160 Stephan Hermlin: Rede vor dem VIII. Schriftstellerkongreß. (Teilabdr.) In: Neue Deutsche Literatur (1978) H. 8. S. 70.
161 Erklärung der Delegierten des VIII. Schriftstellerkongresses der DDR. In: Neue Deutsche Literatur (1978) H. 8. S. 200.
162 Norbert Krenzlin / Günter Mayer: Der dritte Weg ist immer nur der zweite. Wolf Biermanns Spiel mit dem Feuer. In: Humboldt-Universität. Organ der Universitätsparteileitung der SED. Nr. 6. v. 23. 2. 1966.
163 Nägele (Anm. 15) S. 358.

Literaturhinweise

Ansichten. Aufsätze zur Literatur der DDR. Hrsg. von Klaus Walther. Halle (Saale) 1976.
Autorenkollektiv Frankfurt: Probleme sozialistischer Kulturpolitik am Beispiel DDR. Frankfurt a. M. 1974.
Brettschneider, Werner: Zwischen literarischer Autonomie und Staatsdienst. Die Literatur in der DDR. 2., verb. Aufl. Berlin [West] 1974.
Czechowski, Heinz: Spruch und Widerspruch. Aufsätze und Besprechungen. Halle (Saale) 1974.
Dokumente zur Kunst-, Literatur- und Kulturpolitik der SED. Hrsg. von Elimar Schubbe. Stuttgart 1972.
Einführung in Theorie, Geschichte und Funktion der DDR-Literatur. Hrsg. von Hans-Jürgen Schmitt. Stuttgart 1975.
Entwicklungsprobleme der Lyrik seit dem V. Deutschen Schriftstellerkongreß. In: Neue Deutsche Literatur (1963) H. 9. S. 55–71.
Flores, John: Poetry in East Germany. Adjustments, Visions and Provocations. New Haven / London 1971.
Franke, Konrad: Die Literatur der DDR. München/Zürich 1971.
Franz, Michael: Zur Geschichte der DDR-Lyrik. In: Weimarer Beiträge (1969) H. 3, 4, 6.
Fühmann, Franz. Erfahrungen und Widersprüche. Versuche über Literatur. Rostock 1975.
Gumpel, Liselotte: »Concrete« Poetry from East and West Germany. New Haven / London 1976.
Haase, Horst: Zehn Thesen zur Lyrik. In: Neue Deutsche Literatur (1969) H. 9. S. 175–190.
Haase, Horst / Autorenkollektiv: Geschichte der deutschen Literatur. Bd. 11: Literatur der Deutschen Demokratischen Republik. Berlin [2]1977.
Hartung, Harald: Die dialektische Struktur der Lyrik. In: Einführung in Theorie, Geschichte und Funktion der DDR-Literatur. Hrsg. von Hans-Jürgen Schmitt. Stuttgart 1975. S. 181–211.
Heukenkamp, Ursula: Gedanken zur jungen Lyrik. In: Neue Deutsche Literatur (1978) H. 2. S. 110–118.
– Poesie und Poetik. Unmittelbarkeit in der Gegenwartslyrik. In: Weimarer Beiträge (1977) H. 10. S. 113–138.
Jendryschik, Manfred: Lokaltermine. Notate zur zeitgenössischen Lyrik. Halle (Saale) 1974.
Knörrich, Otto: Die deutsche Lyrik der Gegenwart 1945–1970. Stuttgart 1971.
Koch, Hans: Kulturpolitik in der Deutschen Demokratischen Republik. Berlin 1976.
Laschen, Gregor: Lyrik in der DDR. Anmerkungen zur Sprachverfassung des modernen Gedichts. Frankfurt a. M. 1971.
Literatur der DDR in Einzeldarstellungen. Hrsg. von Hans-Jürgen Geerdts. Stuttgart 1972.
Literatur und Geschichtsbewußtsein. Entwicklungstendenzen der DDR-Literatur in den sechziger und siebziger Jahren. Hrsg. von Manfred Diersch und Walfried Hartinger. Berlin/Weimar 1976.
Literatur und Literaturtheorie in der DDR. Hrsg. von Peter U. Hohendahl und Patricia Herminghouse. Frankfurt a. M. 1976.
Nägele, Rainer: Deutsche Demokratische Republik. In: Geschichte der politischen Lyrik in Deutschland. Hrsg. von Walter Hinderer. Stuttgart 1978. S. 338–360.
Preißler, Helmut: Für eine Lyrik des neuen Lebensgefühls. In: Neue Deutsche Literatur (1969) H. 9. S. 68–72.
Raddatz, Fritz: Traditionen und Tendenzen. 2 Bde. Frankfurt a. M. [2]1976.
Richter, Hans: Verse, Dichter, Wirklichkeiten. Aufsätze zur Lyrik. Berlin/Weimar 1970.

Rosellini, Jay: Poetry and Criticism in the German Democratic Republic. The 1972 Discussion in the Context of Cultural Policy. In: New German Critique (1976) H. 9. S. 153–174.
Sander, Hans-Dietrich: Geschichte der Schönen Literatur in der DDR. Freiburg i. Br. 1972.
Schlenstedt, Sylvia: Subjektivität in der Lyrik – Subjektivität der Literaturwissenschaft. In: Weimarer Beiträge (1977) H. 10. S. 105–112.
Weisbach, Reinhard: Menschenbild, Dichter und Gedicht. Aufsätze zur deutschen sozialistischen Lyrik. Berlin/Weimar 1972.
Welt im sozialistischen Gedicht. Poeten, Methoden und internationale Tendenzen im Gespräch. Hrsg. von Sylvia Schlenstedt [u. a.]. Berlin/Weimar 1974.
Zeitgenossenschaft und lyrische Subjektivität. Lyrikdiskussion in Leipzig mit Heinz Czechowski u. a. In: Weimarer Beiträge (1977) H. 10. S. 80–104.

GUNNER HÜTTICH

Zur Entwicklung des Dramas in der DDR

»Die Haupthelden der literarischen Werke sind in unserem Land die aktiven Erbauer des neuen Lebens: Arbeiter und Arbeiterinnen, Kollektivbauern und Kollektivbäuerinnen, Parteifunktionäre, Wirtschaftler, Ingenieure, Kosmolzen und Pioniere.«

(Andrej Schdanow auf dem Allunionskongreß der Sowjetschriftsteller, 1934)

Die DDR versteht sich als eine planmäßige Gesellschaft (demokratischer Zentralismus), deren Aufgabe es ist, im Sinne der Theorie des Marxismus-Leninismus, die Potenz des individuellen Gesellschaftsmitglieds als wirkendes Subjekt des geschichtlichen Entwicklungsprozesses vom Kapitalismus zum Sozialismus im ökonomischen, politischen und kulturellen Bereich realisierbar zu machen. Jedoch setzt dieser ›gesetzmäßige‹ Prozeß eine revolutionäre Arbeiterklasse und eine auf Massenbasis verankerte kommunistische Partei voraus, die in den Anfangsstadien der DDR konkret nicht vorhanden waren. Konkret war nur die Übernahme des sowjetischen Aufbaumodells sowie die Einführung einer stalinistischen Kulturpolitik, die den Gegenstand der sozialistisch-realistischen Literatur vorwiegend an die gegenwärtigen ökonomischen und politischen Planziele knüpfte. So wurde sozialistischer Realismus in der DDR von Anfang an hauptsächlich als Gegenwartsliteratur konzipiert, deren planmäßig geleitete und gezielte Aufgabe es war, das gesellschaftliche »Neue« als Resultat der durch die sozialistische Umwälzung freigesetzten individuellen und kollektiven Energien der arbeitenden Menschen darzustellen. Praktisch bedeutete dieser Prozeß eine provisorische gesamtgesellschaftliche Arbeitsteilung: Die SED konzipierte die politischen Ziele des sozialistischen Aufbaus, die Arbeiter und Bauern schafften die ökonomische Basis, und der Überbau produzierte das notwendige sozialistische Bewußtsein für die Arbeit an der Basis.

Die kulturpolitisch bedingte Wechselwirkung von Plan und Literatur ist am Beispiel des Dramas, vor allem der Zeitstücke, besonders nachweisbar. Intensiver Kontakt zwischen kulturpolitischen Konzeptionen und schriftstellerischer Praxis ist für die Gegenwartsdramatiker der DDR Voraussetzung, weit mehr als für Erzähler oder Lyriker, bedingt durch die Öffentlichkeitsorientierung des Theaterbetriebs. Da in der DDR Öffentlichkeitsarbeit a priori das Metier der Partei ist, wird die konkrete Integration der zeitweiligen literarischen Planperspektiven in die Praxis des Gegenwartsdramas erwartet, am direktesten gefördert und am kritischsten beurteilt. Im Drama als dem »öffentlichsten« Genre der Literatur glaubten die Ideologen der SED einen der effektivsten Hebel der gesellschaftlichen Umwälzung erkannt zu haben. Somit ermöglicht ein darstellender Abriß der Entwicklungstendenzen des DDR-Dramas in Betracht der literarischen Praxis weniger einen Einblick in den eigentlichen sozialistischen Realismus als in den sozialistischen Realismus, wie er in der DDR wirklich existiert, also einen klaren Umriß der angewandten Literaturtheorie der DDR aus der Betrachtung ihres konkretesten Modells.

Mit der Ablösung der liberalen Kulturpolitik der anti-kapitalistisch-demokratischen Erneuerung der sowjetischen Besatzungszone 1945–1948 durch die sozialistische Kulturrevolution des neuen Staates (1. Zweijahrplan 1949–51) kristallisierte sich die Gestaltung eines neuen, den sozialistischen Aufbauzielen entsprechenden, der gesellschaftlichen Umwälzung als Leitbild dienenden Menschen als eines der Hauptziele künstlerischer Tätigkeit heraus. Für die theoretische Konzeption einer realistischen, sozialistisches Bewußtsein produzierenden Literatur war die Orientierung auf Parteilichkeit und sozialistische Tendenz entscheidend, wie sie 1934 auf dem Allunionskongreß der Sowjetschriftsteller konzipiert worden war. Dieser Kongreß hatte die Ansätze einer Realismus-Theorie, wie sie lange zuvor von Engels umrissen worden waren, auf direkte gesellschaftsverändernde Wirkungsmöglichkeiten reduziert und konsolidierte diese literaturtheoretischen Engführungen unter dem Begriff sozialistischer Realismus. Man betonte, unter dem Schatten des heraufziehenden Faschismus, die Notwendigkeit für den Schriftsteller, im internationalen Klassenkampf künstlerisch eindeutig für den sozialistischen Aufbau Stellung zu nehmen. Hatte Engels – natürlich unter völlig anderen Auspizien – platte Tendenzliteratur immer wieder durch die Hervorhebung der Notwendigkeit literarischer Qualität abgelehnt, so ließ man jetzt Fragen der künstlerischen Gestaltung vorerst zurücktreten. Die plakativ-didaktische Aufgabe blieb vorrangig, die Andrej Schdanow auf einige äußerst einfache, standardisierbare Konzepte reduzierte, im wesentlichen festgelegt auf inhaltliche Kriterien. Dieser Ausrichtung auf Parteilichkeit und sozialistische Tendenz folgte man auch in den Anfangsstadien der DDR. Die konkrete Überstülpung des Sowjetmodells wurde in allen kulturpolitischen Formulierungen des ersten Zweijahrplans und des folgenden Fünfjahrplans sowie des I. Parteikongresses der SED 1950 deutlich hervorgehoben. So nannte Achim Walter 1950 die Sowjetliteratur den »Motor« für die deutsche Literatur und referierte aus den Gründungsstatuten des sowjetischen Schriftstellerverbandes 1932: »Hierbei muß die lebenswahre und historisch konkrete, künstlerische Darstellung der Wirklichkeit der Aufgabe angepaßt sein, die Werktätigen im Geiste des Sozialismus zu wandeln und zu erziehen.«[1]

Anstatt eine Grundlagendiskussion zu fördern, fühlte sich die SED vorerst gezwungen, die theoretischen Positionen des »herkömmlichen« sozialistischen Realismus auf klare Grundmuster festzulegen. Im Bereich der Dramatik wurde theoretisch mit Konzepten der geschlossenen Form, der Volksverbundenheit und des positiven Helden gegen die bürgerlich-westlichen Einflüsse des Existentialismus, des Absurdismus und der ›volksfremden‹ Dekadenz angegangen. Gegenstand dieser Offensive im Theater waren in erster Linie die auf deutschen Bühnen (auch in der liberalen SBZ-Periode der DDR) oft gespielten Werke Wilders, Anouilhs, Sartres und Giraudoux', aber auch das Werk Brechts wurde in diesem Zusammenhang angeprangert.

Es war *Theater der Zeit*-Redakteur Fritz Erpenbeck, der Brecht zuerst in diesen Zusammenhang brachte. Wie Werner Mittenzwei in seiner ausführlichen Aufarbeitung der Debatte um Brecht beweist, drehte sich der »Mutter-Courage-Streit« 1949 nicht nur um Brecht, sondern, im schon angekündigten Vorfeld der Formalismus-Diskussion, um Entwicklungsprobleme der sozialistischen Kunst überhaupt.[2] Es war der konkrete Ansatz einer notwendigen Realismus-Debatte, die sich bis heute noch nicht in der DDR-Literaturtheorie vollzogen hat. Eigentlich, so räsonierte Mittenzwei, wollte Erpenbecks Polemik gegen die Brechtsche Dramaturgie *Einige Bemerkungen zu*

Brechts Mutter Courage eine offene Diskussion auslösen, gerade um Brechts Rezeption beim Neuaufbau einer den geschichtlichen Voraussetzungen der DDR entsprechenden sozialistischen Ästhetik zu fördern. Der Effekt jedoch war das Gegenteil der Erpenbeckschen Ausgangsposition, und die Entwicklung einer solchen Ästhetik und einer ihr entsprechenden Dramatik wurde durch die schon durch objektive Planziele bedingte Literaturpraxis verdrängt, wo Alternativpositionen fast zehn Jahre lang nicht in Frage kommen konnten. Der Versuch von Literaturkritikern wie Paul Rilla, Herbert Jhering, Hans Mayer und Wolfgang Harich, Brecht als die für die DDR notwendige Alternative zur starren Spielart des sozialistischen Realismus zu retten, scheiterte, indem ihre Ausführungen über die Schwächen der Erpenbeckschen offiziellen Kritik nicht nur die Vorteile Brechts definierten, sondern auch Sprengladungen unter die Basis der herkömmlichen sozialistischen Ästhetik (spezifisch der von Lukács) zu schieben drohten. Da gerade diese Positionen von seiten der SED – unter dem Zwang der realgeschichtlichen Lage – als nicht aufgebbar galten, war die ›offene‹ Diskussion schon am Anfang zu Ende. Offensichtlich spielte hier, aus der Parteiperspektive gesehen, die Realpolitik des verschärften internationalen Klassenkampfes, also die reellen Sorgen um die Macht, eine weitaus wichtigere Rolle als die Sorge um die Herausarbeitung ästhetisch-konsequenter Kriterien der sozialistischen Literatur. Insofern ist die weitverbreitete Stereotypisierung von Charakter und Handlungen auf den kulturpolitischen Rigorismus der Aufbauphase zurückzuführen. Den Dramatikern blieb als Orientierungspunkt nur das sowjetische Modell einer aufbauspezifischen Zeit- und Tendenzdramatik übrig.

So stand die kulturelle Aufbaupolitik von Anfang an in enger Verbindung mit den ökonomischen Planzielen des Zweijahrplans und dessen Kernpunkten, der Bodenreform und der Entwicklung einer volkseigenen Schwerindustrie. Diese Verbindung in ihrer gesellschaftlichen Dynamik künstlerisch darzustellen wurde am 2. und 3. September 1948 auf der Arbeitstagung der Kunstschaffenden der SED als schriftstellerischer Beitrag zur Aufbaupolitik definiert. Unter den ersten Autoren, die dieses Mandat der Partei akzeptierten, waren vor allem verdiente Parteigenossen wie Friedrich Wolf, Karl Grünberg und Gustav von Wangenheim, die bereits in den zwanziger Jahren ihre Arbeit kämpferisch mit der Arbeiterbewegung abgestimmt und Erfahrungen mit tendenziöser Literatur sowie mit Formen des Agitprop gesammelt hatten. So ging es in den ersten 1950 aufgeführten DDR-Stücken, Wolfs *Bürgermeister Anna*, Grünbergs *Golden fließt der Stahl* und Wangenheims *Du bist der Richtige*, in erster Linie darum, die historische Berechtigung und die politische Notwendigkeit der neuen sozialistischen Gesellschaft zu demonstrieren.

Diese ersten DDR-Stücke sind sich strukturell sehr ähnlich. Gut und Böse stehen sich geradezu melodramatisch gegenüber und bilden die Grundlage des dramatischen Konflikts. Wolf umrahmt in *Bürgermeister Anna* die volksstückartige Liebesgeschichte der fortschrittlichen Bürgermeisterin und eines desorientierten Spätheimkehrers mit Problemen der Bodenreform. Ein Großbauer opponiert gegen landwirtschaftliche Planziele sowie den unplanmäßigen Schulbau der Bürgermeisterin. Der von der Partei eingesetzte Landrat, erst auch gegen die Schule eingestellt, drückt am Ende ein Auge zu, denn der Bau beweist ihm die Dynamik eines notwendigen Ansatzes zur eigenständigen sozialistischen Perspektive unter den Frauen, Kleinbauern und Landarbeitern des Dorfes. Gerade als der Schulbau gegenüber der Behörde gesichert zu sein scheint (der Landrat nimmt ihn auf sein Konto), wird er vom Großbauern und seinen Provokateuren angezündet. Da entscheidet sich endlich der Spätheimkehrer nicht nur für die Bürgermeisterin, die er liebt, sondern auch für ihre Sache und rettet den Bau, der sich damit als symbolträchtiges Leitmotiv entpuppt.

In Grünbergs *Golden fließt der Stahl* geht es um Mord und Sabotageakte in einem nun volkseigenen Stahlwerk, die von den Agenten der ehemaligen Besitzer begangen werden. Drei junge Aktivisten kommen der Tat auf die Spur, werden aber geschickt von den Saboteuren selbst beschuldigt und mit konstruierten Beweisen überführt. Da kommt der Kriminalrat als Repräsentant der neuen Staatsgewalt und deckt den Fall mit sozialistischer Sherlock-Holmes-Technik auf. Am Ende wird in eine spontane Betriebsfeier auch die Aufbauhymne der FDJ integriert.

Die revolutionäre Rolle der FDJ als Bewegung und Kraft, die entscheidend zur Herausbildung des sozialistischen Kollektivbewußtseins beiträgt, wird in Wangenheims *Du bist der Richtige* betont. Ein junger Einzelgänger gelangt im Ablauf der Fabel zu einer verantwortlichen sozialistischen Position. Hier ist der Ausgangspunkt auch ein Sabotageakt, diesmal von »West-Berliner Rowdies« an einer S-Bahn-Strecke verübt. Der Einzelgänger Waldi drückt sich vor der Konfrontation mit den Saboteuren und läßt seine kollektiv denkenden Kollegen im Stich, die aber trotzdem noch imstande sind, die Rowdies der Volkspolizei zu überführen. Durch einen Irrtum kommt es dazu, daß gerade der unentwickelte, aber im Kern gute Waldi und nicht einer seiner beiden vorbildlichen Jugendfreunde zum Jugendbeirat eines Ministers ernannt wird. Über den Irrtum aufgeklärt, hält der Minister an der Entscheidung fest. Seine Meinung ist, daß der sich im Entwicklungsstadium befindende Waldi erst recht »der Richtige ist«. In diesem Stück grenzt dieser didaktische, auf die Entwicklung des sozialistischen Bewußtseins orientierte Zug fast ans Utopische: Der festgenommene westdeutsche Saboteur wird nicht als hoffnungsloser Asozialer in den Bau gesteckt, sondern soll statt dessen gesellschaftspolitisch umerzogen werden.

Die Analyse der Konfliktsituationen in diesen Stücken beweist, daß die didaktische Absicht zu einer Stereotypisierung der Figuren führt. Immer stehen sich, die kulturpolitische Zielsetzung reflektierend, die eigene positiv gezeichnete Gruppe (Autostereotyp) und die feindlichen Gruppen der Agenten, Saboteure und Provokateure (Heterostereotyp) gegenüber. Diese Schematik reduziert den im Stofflichen enthaltenen internationalen und nationalen Klassenantagonismus auf einen allzu einfachen Nenner und kann so dem eigentlichen Ziel – die Zuschauer bewußtseinsmäßig weiterzuentwickeln – nicht voll entsprechen. Durch die pauschale Darstellung der Polarisierung werden einerseits die differenzierten Entwicklungsprobleme nicht angegangen, zum anderen können auch die Zuschauer nicht angesprochen werden. Die Gegner sind durchweg als dem Kapitalismus verpflichtete Reaktionäre konzipiert, die oft durch Sabotageakte gegen die neue Ordnung als westliche Agenten auftreten. Folglich ist das zentrale Handlungselement in jedem Stück ein Kriminalfall. Die Gegner sind recht schattigböse Typen, während die Aufgeklärten, meist Repräsentanten des sozialistischen Staats, positive Helden abgeben. Auch Gestalten wie Wolfs Jupp (der Heimkehrer) oder Wangenheims Waldi, die sich durchaus zu entwickeln scheinen, verändern sich nicht durch ihre eigenen Aktionen, sondern werden von den schon arrivierten »neuen« Menschen eigentlich nur von oben herab entwickelt.

Da diese Charaktere von vornherein definiert sind und damit ähnlich wie etwa Figuren der Comedia dell'arte oder des Volksstücks ganz bestimmten Erwartungen entsprechen müssen, ist eine Entwicklung solcher Figuren weitgehend ausgeschlossen. Auch wenn (wie bei Wolf) durchaus individuell-psychologische, realistische Züge vorhanden sind, so verbauen schon die geschlossenen Figurenkonzeptionen den Erkenntnisprozeß des Publikums, die notwendige Beziehung zwischen Handlung, Figur und gesellschaftlicher Wirklichkeit herzustellen. Diese Form einer normativen Didaktik, nach der dramatische Gestalten nicht in erster Linie als handelnde Personen, sondern als eindeutige, leicht erkennbare Symbolträger und Leitbilder konzipiert werden, galt einige Jahre als kulturpolitisches Ziel. Fundament derartiger Gegenwartsliteratur war das Stichwort der »demokratischen Erneuerung der deutschen Kultur« im Entschluß des III. Parteitages der SED 1950. Weiterhin glaubte man damit die angeblich ›westlichen‹ Konzepte des Objektivismus und Formalismus erfolgreich in Schach zu halten. 1951 zitierte man unter der Parole »Kampf gegen Formalismus in Kunst und Literatur, für eine fortschrittliche deutsche Kultur« nicht nur wieder die Schdanow-These über die Funktion der neuen Literatur, die also die werktätigen Menschen im Geiste des Sozialismus ideologisch umzuformen und zu erziehen habe, sondern lobte ausdrücklich die Stücke von Grünberg und Wangenheim als Beispiele einer solchen Literatur: »Von den erfolgreichen Bemühungen, Gegenwartsprobleme auf die Bühne zu bringen, sind besonders die Stücke *Du bist der Richtige* und *Golden fließt der Stahl* zu nennen.«[3]

So enthält diese erste Phase des DDR-Dramas, in die auch Hermann Werner Kubschs *Die Ersten Schritte* (U. 1950) vorzüglich hineinpaßt, bereits drei typische Elemente, auf denen die weitere Entwicklung der Gegenwartsdramatik über die Aufbaujahre hinaus beruht. Erstens etablieren diese Werke die Verwendung von politisch-wirtschaftlichen Krisen als Dramenmotive; zweitens übertragen sie das Erbe des sowjetischen sozialistischen Realismus im Theater auf das Drama der DDR; und drittens schaffen sie die Basis des Engagements der DDR-Autoren für die nationalen Ziele und kulturellen Richtlinien der Partei.

Das Jahr 1953 bringt die erste bedeutende Revision in der Aufbau- und Kulturpolitik der DDR, die das Arbeitsklima für neuere, bisher noch nicht gehörte Stimmen im Gegenwartsdrama wesentlich differenzierter erscheinen läßt. Bedeutend ist, daß auch hier der kulturpolitische Anlaß aus der Sowjetunion stammt, wo Georgi Malenkow im Oktober 1952 in einer vernichtenden Polemik vom starren sozialistischen Realismus der Nachkriegsepoche Abstand nimmt. Besonders das sowjetische Gegenwartsdrama wird von ihm wegen der angeblich langweiligen, leblosen und einfallsarmen Nachkriegsstücke scharf attackiert. Dagegen fordert Malenkow eine neue Sicht des sozialistischen Lebens, im besonderen die Anwendung von Satire im Bereich einer produktiv-gesellschaftskritischen Komik.[4] Dieser Einfluß muß wiederum auf dem realgeschichtlichen Hintergrund 1953 gesehen werden. Nach dem Tod Stalins, dem 17. Juni und der folgenden wirtschaftlich notwendigen Planrevisionen zum ›Neuen Kurs‹ ist eine vorübergehende gesellschaftspolitische Flexibilität zu erkennen, die auch neueren geschichtlich konsequenteren Konzeptionen des Realismus im DDR-Drama Raum gibt.

Besonders drei Stücke durchbrechen 1953 unmittelbar die bis dahin üblichen Kompositionsprinzipien. So zeigen Erwin Strittmatters *Katzgraben*, Heinar Kipphardts *Shakespeare dringend gesucht* und Paul Herbert Freyers *Der Dämpfer* eine grundlegende

Anerkennung der DDR als nationale Einheit, die nicht präskriptiv vorausgesetzt wird, sondern aus einer objektiv-kritischen Aufarbeitung der nun schon DDR-spezifischen gesellschaftlichen Widersprüche gewonnen wird.

Als Versuch, die vorgeschriebenen inhaltlichen Kriterien im Bereich des epischen Theaters fruchtbar zu machen, wurde Strittmatters *Katzgraben* in enger Zusammenarbeit mit Brecht vom Berliner Ensemble fertiggestellt. Hier wurde eine für das Gegenwartsdrama wesentlich neue ästhetische Dynamik angestrebt, die darauf abzielte, das gesellschaftliche Neue nicht von oben zu postulieren, sondern als Ergebnis der Aktivität sich emanzipierender Menschen zu zeigen. Charakter und Handlungsgestaltungen reduzieren bewußt den bisher üblichen, quasi-naturalistischen Wirklichkeitsanspruch durch den Einsatz abstrakt-lakonischer Verssprache. Obwohl *Katzgraben* im Grunde als landwirtschaftliches Aufbaustück zu erkennen ist, werden keine heroisierten, figurenspezifischen Identifikationsmodelle angeboten. Spielerische Haltung sowie Sprach- und Situationskomik, die das pompöse Pathos der älteren Aufbauliteratur ironisiert, führen dazu, daß alles erst einmal in Frage gestellt wird. Tendenziöse Didaktik ist damit keineswegs ausgeschlossen, sondern entwickelt sich stufenweise durch den Einsatz dialektisch-lehrstückhaftiger Kurzszenen, die durch die Diskussion gegenwärtiger Entwicklungswidersprüche auch die Geschichte – und daher auch die Notwendigkeit – des Klassenkampfes auf dem Lande reflektieren. Aber auch mit den vordergründig Brechtschen Ansätzen des Stücks kommt Strittmatter nicht umhin, eine nach allen Arten der Kunst verkitschte demonstrative Agitpropszene (Fahnen, Traktoren, Jugendgruppen u. a. m.) ans Ende zu setzen. Insofern zeigt sich in diesem Stück wohl auch Brechts Anliegen, sein dialektisches Theater in den Rahmen der kulturpolitischen Voraussetzungen einzuordnen und damit zu legitimieren.

Eine andere Variante liegt in Kipphardts *Shakespeare dringend gesucht* vor. In der anspruchslosen Form einer Boulevardkomödie werden hier die Gestalten zu leicht identifizierbaren Stereotypen aufgebaut, aber immer um das Ziel der satirischen gesellschaftskritischen Entlarvung zu erreichen. Der satirische Humor kommt konkret zustande, indem das Publikum hinter den unverhohlen übertriebenen Figuren von Stückeschreibern, Intendanten, FDJlern und Funktionären die ›tiefere Bedeutung‹ selbst erkennt. So entwickelt Kipphardt die These, daß diese fast grotesk erscheinenden Figuren seines auf den Theaterbetrieb reduzierten DDR-Mikrokosmos (Kipphardt war Dramaturg bei Langhoff am Deutschen Theater) durchaus als symptomatische Erscheinungen einer realen gesellschaftlichen Pathologie zu verstehen sind. Phrasendrescher, Opportunisten, Karrieristen, unzufriedene Arbeiter und verkannte Talente enthüllen sich als von der gesellschaftlichen Entwicklung mehr oder weniger entfremdete Menschen. Damit operiert Kipphardt nicht nur an und auf der Oberfläche des Kulturbetriebs, sondern zerlegt die gesamte zeitliche Malaise der noch in Geburtswehen steckenden DDR-Gesellschaft. Obwohl genrespezifische Situationskomik und Typensatire den Wirklichkeitsanspruch des Stücks zur Seite schieben, wird dadurch die gesamtgesellschaftliche Entwicklungsproblematik weder komisch aufgehoben noch bagatellisiert. Ganz im Gegenteil gelingt es Kipphardt, schon 1953 die Merkmale und Gefahren einer bürokratisch-deformierten Übergangsgesellschaft zum Sozialismus zu erörtern und an Alternativen im Bereich eines marxistischeren sowie »humaneren« Humanismus zu erinnern.

Im Rahmen eines konventionellen Betriebsstücks zielt auch Freyers *Der Dämpfer* durch Typensatire auf gesellschaftskritische Reflexionen. Konflikte werden durch »objektive Schwierigkeiten« fallender Arbeitsmoral, technischer Rückstände, fehlender Investitionen und verkalkter Leitungskader ausgelöst. Nach einer Runde Selbstkritik kommen diese Konflikte zur komischen Aufhebung, in dem die Mißstände vorwiegend auf individuelle Fehler der satirisierten Typen geschoben werden können. Die Heiterkeit dieses Stücks beruht aber darauf, daß Freyer das Publikum anleitet, die Figuren und Konflikte – aber nicht die idealisierte Lösung – konkret mit Erscheinungen in der DDR-Wirklichkeit zu vergleichen.

Die Stücke Freyers, Kipphardts und Strittmatters beweisen einen Schritt zu pluralistischen Darstellungsmöglichkeiten mit Themen der Gegenwart. Die Umkehrung der Typisierungstechnik, die jetzt absichtlich ohne Wirklichkeitsanspruch die alten Stereotypen ironisiert, führt vor allem zum Abbau des Positiv-Demonstrativen. Auch erlaubt sie den Autoren, flexibel gegen ihre Gestalten zu sein, indem die ›Realistik‹ der Figuren unterschiedlich angesetzt und variiert werden kann. So ergeben sich differenziertere, anspruchsvollere Kommunikationsvorgänge zwischen Stück und Publikum als in den ersten Aufbaustücken. Da die 1953er Stücke die ersten waren, die weder positive Helden noch Saboteure zur Darstellung der inneren DDR-spezifischen Konflikte benötigen, bedeuten sie einen Versuch zum eigenständigen DDR-Realismus in der Gegenwartsdramatik. Gerade für die als kulturpolitisch wichtig eingestufte sozialistische Sanierung der Boulevardkomödie sowie für die literaturästhetisch wichtige Brecht-Aneignung werden hier Wege bereitet. Es fanden sich jedoch keine Nachfolger.

Andere Autoren schreiben in den fünfziger Jahren weiter nach dem alten schematischen Kompositionsprinzip oder vermeiden Gegenwartsthemen überhaupt. Karl Grünbergs *Elektroden* (U. 1954) tarnt nur einen anti-westdeutschen, anti-U. S., Spionage-, Sabotage-, positiven Heldenkrimi als Gegenwartsstück. Auch Harald Hausers *Am Ende der Nacht* (U. 1955) geht noch eindeutig polarisierend vor. Hier steht Jenssen, ein stereotyp gezeichneter, sozialdemokratisch-anfälliger, bürgerlicher Intellektueller zwischen einem geradezu teuflischen Sabotageagenten und einem sehr engel(s)haften Sowjetingenieur. Natürlich entscheidet sich Jenssen, genau wie der bürgerliche Intellektuelle in Grünbergs *Elektroden*, und bleibt, überzeugt in die Zukunft blickend, in der DDR, um sie weiter aufzubauen. Es waren aber die letzten Erscheinungen dieser schematischen Form, die sich nun doch als literatur- sowie realgeschichtlich überholt erwies. Überhaupt verringerte sich die Anzahl der Gegenwartsstücke mit zeittypischen Themen drastisch. Ein literaturwissenschaftliches Autorenkollektiv sah dies als nachträgliche Auswirkung des 17. Juni: »Die Hemmnisse, die nach 1953 zu einem allgemeinen Rückgang in der literarischen Gestaltung von Themen aus dem Leben der DDR führen, wirkten sich in der Dramatik besonders stark aus.«[5]

Das Jahrzehnt nach 1956 steht im Zeichen des gesamtgesellschaftlichen Aufbruchs. Es war die Zeit der Experimente auf ökonomischer, politischer und kultureller Ebene. Den umfassenden industriellen Investitionseinsätzen (Kombinatbau), der landwirtschaftlichen Kollektivisierung 1960 und dem Mauerbau 1961 folgen gesellschaftliche Offensiven auch ›kultureller Massenarbeit‹. Sozialistische Brigaden, Lehrgänge, Ausbildung, Qualifizierung, Fernstudium und Nachbarschaftskollektive werden auf allen Ebenen angekurbelt, so daß sie fast zur arbeitsalltäglichen Kulisse werden. Intellektuelle und Schriftsteller engagieren sich oder werden engagiert. Sie gehen in Betriebe zur

Basiserfahrung, um auf ›Bitterfelder Wegen‹ (1959/64) diese Erfahrungen positiv zu reflektieren. Aus diesen Prozessen, die nicht selten hart aneinanderrieben, konstituierte sich letztlich das heutige Bild der DDR.

Während das Gegenwartsdrama im Klima der Aufbaujahre vor 1956 nur stockend zur eigenständigen Entwicklung avancierte – die Spielzeit 1956/57 registriert einen Tiefpunkt des sozialistischen Realismus im DDR-Theater; DDR-Stücke machten nur 17 %, und Sowjetstücke nur 6 % der gesamten Inszenierungen aus[6] –, folgte nunmehr ein mehrfacher Aufschwung. Die offizielle Abkehr von der einengenden Anti-Formalismus-Position als indirekte Folge des anti-stalinistischen XX. Parteitages der KPdSU stimuliert einerseits die Auseinandersetzung mit der Brechtschen Dramaturgie von seiten einer neuen Generation junger marxistischer Autoren, die ein intellektuell, äußerst anspruchsvolles ›dialektisches‹ Gegenwartsdrama vor Augen haben. Neben dieser grundsätzlichen Neuerung entwickelt sich auch die weit breitere Praxis einer ›Dramaturgie des Positiven‹, welche die planziel-spezifischen Aufbauperspektiven mit den differenzierteren Entwicklungsbewußtseinsmodellen des Bitterfelder Weges ersetzt.

Beide Tendenzen werden 1957 auch zum erstenmal theoretisch von verschiedenen DDR-Dramatikern umrissen. Im April bringt *Neue Deutsche Literatur*, Organ des deutschen Schriftstellerverbandes, *Das Theater der Gegenwart: eine Rundfrage*, in der Peter Hacks, Joachim Knauth und Hans Pfeiffer – obwohl sie noch keine Gegenwartsthemen aufgegriffen hatten – den sozialistischen Realismus in einen dialektischen Realismus umfunktionieren. Ihre Argumente beweisen, daß sie Brechts Aufzeichnungen *Die Dialektik auf dem Theater* (1956) und seine Rede auf dem IV. Schriftstellerkongreß 1955, in der er den DDR-Schriftstellern als Sozialisten und Realisten »das Studium der materialistischen Dialektik und das Studium der Weisheit des Volkes«[7] empfiehlt, hinreichend verstanden hatten. So kommt der aus der Bundesrepublik übergesiedelte Hacks zu einer konsequenten literaturgeschichtlichen Kritik der DDR-Theaterpraxis: »Schreib- und Spielweise knüpften an die idealistischen Traditionen des deutschen Klassizismus und seiner Epigonen an, und an die mechanistischen Traditionen des Naturalismus [. . .]. Man gab proletarisch umfunktioniertes Hoftheater.«[8] In die gleiche Kerbe hauend, setzt Hans Pfeiffer anschließend voraus, daß die Bühne ständig neue Wege suchen muß, das gesellschaftliche Experiment konkret zu reflektieren, jedoch »weniger im Inhalt, als vor allem in der Form«.[9]

Gegen diese geschichtlich, DDR-spezifisch aufgearbeiteten Brecht-Positionen wenden sich Harald Hauser und Hedda Zinner. Obwohl sie den Tiefstand der Gegenwartsdramatik genauso historisch erfassen wie ihre jüngeren Kollegen, betten sie Diagnose und Prognose der dramatischen Schwindsucht in die traditionelle sozialistisch-realistische Rhetorik der Kulturpolitik. Hauser stellt die Auflockerungen und Entdogmatisierungen nach dem XX. Parteitag der KPdSU in Frage: »Die Folge: seichte Operetten, Schwänke und Lustspiele wuchern auf dem Theater auch in Berlin.« Weiter befürwortet er eine planziel-spezifische Intensivierung der Spielpläne durch echtes Neuerertum: »[. . .] – das ist ein solches, das in Erfüllung realer gesellschaftlicher Bedürfnisse Kunstwerke schafft – [. . .]«.[10] Hedda Zinner geht noch weiter, indem sie die Reste der jetzt gefährdeten kaltkriegerischen Erpenbeck-Position (Zinner war mit Erpenbeck verheiratet) noch einmal aufwärmt. Obwohl sie auch die negativen Einflüsse der zähen Tradition des Naturalismus als gängiges dramaturgisches Problem erkennt, sollte ihrer

Ansicht nach gerade die von Hacks und anderen propagierte »Anfälligkeit (besonders der jüngeren Autoren) für schein-fortschrittliche ›moderne‹, meist aus dem Westen eingeschleppte Formexperimente«[11] zurückgeschraubt werden.
Im Grunde aber waren die Unterschiede beider Positionen eher weltanschaulich als literaturtheoretisch bedingt. Die Stücke von Helmut Baierl, Volker Braun, Peter Hacks, Hartmut Lange und Heiner Müller, die dem vorübergehend erlaubten Dialog folgten, weisen auf einen fast literaturgeschichtlich-prozeßhaften Generationswechsel der deutschen sozialistischen Literatur. Ältere Dramatiker wie Grünberg, Wangenheim, Wolf und selbst Brecht hatten ihre ideologischen sowie ästhetischen Grundsätze in der Auseinandersetzung mit der vom Klassenantagonismus behafteten Weimarer Republik entwickelt. Somit wurde der dramatisch verwendbare Konflikt zwischen ihrer eigenen weltanschaulichen Position und der herrschenden kapitalistischen Gesellschaftsordnung zum Ausgangspunkt ihrer Arbeit. Das gilt vorwiegend auch für Hedda Zinner sowie Résistancekämpfer Harald Hauser. Ende der fünfziger Jahre wäre die Voraussetzung einer solchen Arbeitsbasis für die neuen DDR-Schriftsteller jedoch fast widersinnig. Die nun auf allen kulturellen und politischen Ebenen aktiv werdende Generation, die das Nazi-Regime nur als Jugendliche oder Kinder erlebt hatte, fand – nach dem totalen Zusammenbruch 1945 – ihre politische Identität als Erwachsene weitgehend von einer Gesellschaft geprägt, in der die massiven Ideologiekonflikte kapitalistisch-bürgerlicher Herkunft systematisch abgebaut werden sollten. So fordert die sich wandelnde Gesellschaft auch eine andere Auffassung des dramatischen Konflikts, wenn dieser Abbauprozeß realistisch auf die Bühne gebracht werden soll. Obwohl Walter Ulbricht 1958 das Ende der Übergangsperiode mit dem »Sieg« der sozialistischen Produktionsmethoden angekündigt hatte, war doch die tägliche Wirklichkeit noch immer mit konkreten, für das Gegenwartsdrama prägnanten, Widersprüchen behaftet. Überbleibsel des alten Klassenantagonismus und das Hervortreten einer neuen Funktionärsschicht ließen sich im Bereich von Erziehung, Politik und Wirtschaft, besonders im Verbrauchersektor, bemerken.
Parteiideologisch wurden diese Erscheinungen als vorübergehende, »nicht-antagonistische« Widersprüche kategorisiert, deren Aufarbeitung in den Konfliktstrukturen des Gegenwartsdramas durchaus tragbar und erforderlich sei. Nur differierten die Ansichten darüber, wie man diese »nicht-antagonistischen« Widersprüche am konsequentesten aufarbeitet. Die Schriftsteller, bei denen Brechts Wort vom Studium der materialistischen Dialektik Schule gemacht hatte, fanden es nicht schwer, Brechts wissenschaftlich-dramaturgischen Prozeß der kausalitätserörternden Darstellung aller Sozialprozesse (aber hauptsächlich des ökonomischen) auf die widersprüchlichen Erscheinungen zu richten, dahinter strukturelle, fast schon permanente Deformierungen der Übergangsgesellschaft zu entdecken und damit das objektive gesellschaftliche Sein im Widerspiel mit dem Bewußtsein erscheinen zu lassen. Ideologiekritisch läuft diese Dialektik darauf hin, auch den Sozialismus in der DDR marxistisch in Frage zu stellen. Andererseits kommt die jetzt schon traditionsgebundene positivere, dramaturgische Ausrichtung nicht unter die Oberfläche dieser Erscheinungen und gibt vor, keine strukturellen Risse im DDR-Sozialismus zu sehen. In dieser nicht-dialektischen Dramatik werden die gesellschaftlichen Widersprüche vor allem durch individuelle Bewußtseinswandlungen weitgehend mit dem objektiven gesellschaftlichen Sein harmonisiert.

Die Werke, die aus der Hinwendung zur Dramaturgie Brechts zwischen 1956 und 1965 entstanden, sind auch die ersten, die von der bürgerlich-westlichen sowie der DDR-Literaturwissenschaft vorwiegend wegen ihres literaturtheoretischen Anspruchs intensiv untersucht werden. Hermann Kähler spricht vom »Präludium des didaktischen Theaters«; ein Autorenkollektiv der *Weimarer Beiträge* von »didaktisch-agitatorischem Neuanfang«.[12] Wolfgang Schivelbusch verbindet die bis jetzt konkreteste Aufarbeitung dieser Dramatik historisch und theoriebildend mit der Geschichte der materialistischen Dialektik; ich selbst neige anderenorts eher zur theoretischen Unterbewertung dieser Literatur als »dialektische Abweichung«, deren Potential unter dem Gewicht anders orientierter kulturpolitischer Praxis nicht zur Auswirkung kommt. Die meisten Kritiker stimmen jedoch darin überein, daß der Hauptnenner dieser Dramaturgie ihre Ausrichtung auf die dialektischen Bezüge zwischen den Bedürfnissen des einzelnen und den gesellschaftlichen Zielen des sozialistischen Übergangssystems ist. Ein weiterer literaturwissenschaftlicher Konsensus (am eindeutigsten in Helen Fehervarys Brigadenstück-Aufsatz umrissen) ist die Tatsache, daß diese Werke qualitativ die bedeutendsten des DDR-Dramas überhaupt sein mögen. Diese Ansicht wird auch in der DDR von Werner Mittenzwei vertreten.[13]

Im Mittelpunkt dieser Stücke stehen die sozialistischen Produktionssysteme in Industrie und Landwirtschaft während der Übergangsphase. Helmut Baierls ›Lehrstück‹ *Die Feststellung* (U. 1957) exerziert unmittelbar gegenwärtige Bewußtseinsvarianten im landwirtschaftlichen Kollektivierungsbereich. Darauf folgte Heiner Müllers *Der Lohndrücker* (1956, U. 1958). Dieses Stück erfaßt als erstes einen geschichtlich-kritischen Rückblick auf die Aktivistenproblematik der Aufbauperiode, untersucht konkret die Dialektik vom Abbau der antagonistischen zu nicht-antagonistischen Widersprüchen (somit wird die Dialektik selbst zum Thema) und zweifelt vorübergehend an der ›Gesetzmäßigkeit‹ des Prozesses unter DDR-spezifischen Bedingungen.[14]

Gleichsam eine Braunkohlendramatik ergab sich mit Müllers *Korrektur* (U. 1958) über Konflikte im Kombinatbau ›Schwarze Pumpe‹. Peter Hacks' erstes Gegenwartsstück, *Die Sorgen und die Macht* (U. 1960), über Produktions- und Interessenskonflikte im etablierten Kombinat, und Hartmut Langes *Senftenberger Erzählungen* (1960 – durch Parteikritik während der Proben abgesetzt und nie in der DDR aufgeführt), über die Verstaatlichung und Nachkriegssanierung des Braunkohlenreviers, beschließen die erste Phase der dialektischen Gegenwartsdramatik.

Strukturspezifisch stimmen diese Werke überein in der Verwendung episodischer Szenenfolgen, typologischer statt naturalistischer Charakterisierung und gestisch-abstrakter Sprachverdichtung – des ganzen Brecht-Apparats in nuce. Die verfremdend poetisierte Sprache wird von diesem Ausgangspunkt für Hacks, Müller und später auch für Volker Braun immer wichtiger, und sie tendiert dazu, den dramatischen Apparat der Sprachform ästhetisch unterzuordnen. Ebenfalls sind konkrete Ausgangspunkte der Konfliktsituationen, die eher als Prozesse denn als Situationen gehandhabt werden, zu vergleichen. So konfrontieren die Autoren durchweg die neugeschaffenen kollektiven Produktionsprozesse der Industrie oder Landwirtschaft mit den traditionsverbundenen, auf sich bezogenen Einstellungen der Personen, die mit ihren eigenen Widersprüchen, also realistisch, konzipiert sind. Die Konfliktlösungen aber weisen verschiedene Grade der Dialektik auf.

Baierls konstruierte Konfliktlösung der *Feststellung* täuscht nur Dialektik vor. Es gibt

am Ende keine Konflikte mehr, weil der Ansatzpunkt, die Republikflucht eines Bauernpaares und dessen Rückkehr, im Laufe der ›Lehrstück‹-Variationen auf ein einfaches Mißverständnis zurückgeführt wird. Alle Figuren haben nur einzusehen, daß ihr eigenes und das gesellschaftliche Interesse identisch sind – was sich dann auch als schon lange getan erweist. Ob die Sache mit der Interessenidentität stimmt, wird vom Stück gerade deswegen nicht dialektisch angesprochen, dafür aber nicht-dialektisch ausgesprochen. Hacks, Müller und Lange gelangen zu konsequenteren, realistischeren Vorgängen, die die negativen Elemente der individuellen Einstellungen als Funktion der systemimmanenten Widersprüche sehen, z. B. organisatorische Starrheit, hierarchischer Kaderaufbau, Mangel an Berücksichtigung individueller Initiative und Schöpferkraft. Bei Hacks wird die Dialektik, wenn nicht ganz aufgehoben, so doch sehr unscharf: überraschender Bewußtseinswandel und schematisch-positives Happy-End stellen sich allzu prompt ein. Das Resultat ist Gesellschaftsaffirmation anhand der Beseitigung von figurenspezifischen Widersprüchen durch individuelle Einsicht und einer eher formalistischen Handhabung der Dialektik. Darüber hinaus argumentiert Schivelbusch, daß dieser Prozeß (bei Hacks und Baierl) gar keine Dialektik sei, weil aus der konstruierten Synthesensituation, bei klassischen Dialektikern eigentlich der dynamische Ansatz zur neuen Negation, keine Negation erfolge, sondern nur rückständige Verhaltensweisen »mechanisch« zur sozialistischen Perspektive »umgekippt« werden.[15]
Dagegen erscheine bei Müller und Lange eine konsequentere Methode: »Müllers *Lohndrücker* und Langes *Senftenberger Erzählungen* begnügen sich – und darin besteht ihr Realismus, ihre realistische ›Perspektive‹ – mit einem dialektisch-offenen Schluß, entsprechend der dialektischen Gestaltung der Figuren. Die Perspektive dieser Stücke ist, politisch gesehen, nicht weniger ›affirmativ‹ hinsichtlich der Haltung zum Sozialismus; doch es ist nicht platte ideologische Affirmation, sondern realistische, materialistisch-fundierte.«[16]
Insofern diesen Stücken überhaupt ein dialektischer Wirklichkeitsanspruch einzuräumen ist, zeigen sie, daß auch Mitglieder einer sich entwickelnden sozialistischen Gesellschaft gerade im zielgerichteten Sozialisierungsprozeß einen gewissen Grad der Entfremdung erreichen können – verblüffend ähnlich der ›klassischen‹, von Marx als notwendiges Produkt der kapitalistisch-bürgerlichen Gesellschaft gezeichneten Entfremdung –, wenn das Erreichen starrer Produktionsquoten im sozialistischen Wettbewerb statt der Entwicklung der kollektiven, menschlichen Möglichkeiten zum gesellschaftlichen, bürokratisch durchgesetzten Ziel wird. Diese Sicht, die in Müllers *Korrektur* und Hacks *Die Sorgen und die Macht* am deutlichsten zum Ausdruck kommt, wurde von der SED scharf angegriffen. Hacks und Müller wurden öffentlich streng »korrigiert«, weil sie sich angeblich zu intensiv mit den negativen Elementen des sozialistischen Lebens befaßt hatten und damit die erwünschte sozialistische Perspektive zu kurz kommen ließen.[17]
Dem kulturpolitischen Schwerpunkt, das »neue« Leben auf dem Lande (Kollektivisierung) in der Literatur als geschichtlich und menschlich notwendig erscheinen zu lassen, entsprechen eher Erwin Strittmatters *Holländerbraut* (U. 1960) und Helmut Baierls *Frau Flinz* (U. 1961). Beide Stücke versuchen den geschichtlichen Umbruch vom Faschismus zum Sozialismus der frühen Jahre – *Flinz* 1946–52, *Holländerbraut* 1944–46 – an den widersprüchlich angelegten, ideologischen Entwicklungsstationen der Hauptpersonen zu reflektieren. Vordergründig geben beide Stücke Zeugnis von dem

Bemühen, strukturelle Grundsätze der Brechtschen Dramaturgie (reduziert auf die Positionen der *»Katzgraben«-Notate*) mit der offiziellen, positiv-unkritischen Perspektive der eigenen Geschichte, der Entwicklung der sozialistischen Lebensweise in der DDR, zu vereinen. In diesen episch angelegten Chroniken überwinden die vorher entfremdeten und ausgebeuteten Heldinnen (Ostgebiet-Flüchtling und KZ-Häftling) ihre »alten«, untergeordneten Rollen und verwandeln sich in zeitgeschichtlich bezogenen Handlungskomplexen zu kritisch-verantwortungsbewußten sozialistischen Frauen, deren individuelle und gesellschaftliche Funktionen sich gegenseitig potenzieren. Trotz der Brecht-Fassade überwiegt jedoch Einfühlungsdramatik. Naturalistisch-typische Charakterisierung, langwierige psychologisch-sachliche Motivierung einer »mechanischen« Handhabe der Dialektik beweisen, daß hier Brechts *Katzgraben*-Wort »Wir müssen uns bemühen, nicht nur Abbilder zu schaffen, sondern auch Vorbilder,«[18] aufs letztere reduziert wird. Nicht zuletzt wegen der am Ende erreichten positiven Heldenpositionen – Frau Flinz gründet schnell noch aus intuitivem Bewußtsein die erste LPG in der DDR; Strittmatters Hanna Tainz rettet die neue Ordnung (das Getreidesoll ihres Dorfes), indem sie, nun zur Nachkriegsbürgermeisterin Hanna avanciert, ihren Denunzianten-Liebhaber Erdmann, die niederträchtigste Menschenfigur der DDR-Dramatik, der Staatsmacht überliefert – wurden diese Stücke offiziell als kulturpolitische »Erfolge« gewürdigt.[19] Anders erging es Müllers Landwirtschaftsstück *Die Umsiedlerin oder Das Leben auf dem Lande*, welches nach zweijähriger Einstudierung 1961 lediglich eine Hochschulaufführung erreichte (Hochschule für Ökonomie, Berlin-Karlshorst) und dann kurzerhand abgesetzt wurde. Durch solche Absetzungspolitik wird in den folgenden Jahren das Potential der dialektischen Gegenwartsdramatik immer mehr reduziert. Die nächsten Stücke, Müllers *Der Bau* (entstanden 1963–66), Hacks' *Moritz Tasso* (U. 1965) sowie Volker Brauns *Kipper Paul Bauch* (entstanden 1964–67), werden ausgiebiger, parteioffizieller Kritik unterworfen. Beim *Bau* und *Kipper Paul Bauch* wurden geplante Aufführungen vom Spielplan verdrängt. *Moritz Tasso* wurde nach kurzer Spielzeit abgesetzt.

Unter den Figuren dieser Stücke finden sich große Einzelmenschen, vielfach utopische Kommunisten, deren ichbezogene, dynamische Vision des Kommunismus der bürokratisch gesteuerten, stufenweisen Kollektivierung der Gesellschaft widerspricht. Ihre Kraft, wenn auch in sich selbst positiv, weil sie den ganzen gesellschaftlichen Apparat durch ihre ›ungeschichtliche‹ Perspektive erst mobilisieren, wirkt zerstörerisch auf das kollektive Ideal. In einem System, das die utopisch-kommunistische Vision durch einen starren sozialistischen Status quo ersetzt hat – ein wichtiger Teil des konkreten Wirklichkeitsanspruchs dieser Stücke –, werden diese Figuren zu quasi-tragischen Erscheinungen der sozialistischen Übergangsgesellschaft. Die dialektischen Beziehungen von Individuum und Kollektiv, das Hauptmotiv der Werke von Müller, Hacks und Braun, wurden von der SED, die eine harmonische, nicht dialektische Darstellung des sozialistischen Bürgers und seiner Gesellschaft forderte, im 11. Plenum des Zentralkomitees der SED (15.–18. Dezember 1965) als Affront gegen die ›Wirklichkeit‹ in der DDR entschieden abgelehnt. Da man hinter den dialektischen Denkstrukturen bürgerlichen Revisionismus zu erkennen glaubte, wurde Müller und Braun nahegelegt, ihre Stücke mit einer positiveren Einstellung umzuarbeiten – was sie mit beschränktem Erfolg versuchten.

Erich Honeckers Kritik an Müllers *Bau* markierte den Anfang vom Ende derartiger

Dialektik auf dem DDR-Theater: »Im Manuskript des Bühnenwerkes *Der Bau*, veröffentlicht in *Sinn und Form*, [...] zeigen sich dem Sozialismus fremde, schädliche Tendenzen und Auffassungen. [...] Dem Einzelnen stehen Kollektive und Leiter von Partei und Staat oftmals als kalte und fremde Macht gegenüber. Unsere Wirklichkeit wird nur als schweres, opferreiches Durchgangsstadium zu einer illusionären schönen Zukunft – als ›die Fähre zwischen Eiszeit und Kommune‹ – angesehen.«[20]
Tatsächlich kollidieren im *Bau* nicht nur Individuum und Kollektiv, sondern noch direkter Arbeiter mit ihrer Arbeit am Bau, der realistisch als Leuna, metaphorisch als DDR erscheint. Das realistisch und metaphorisch (Donat–Hasselbein Beziehung; Zyklogramm-Szene) referierte ›Neue Ökonomische System der Planung und Leitung‹, der 1963er-Ansatz zur ›wissenschaftlich-technischen Revolution‹, produziert proletarisch-antistaatliche Verhaltensweisen in den Brigaden, die Müller eindeutig als arbeitsteilungsbedingte Entfremdung markiert. Auf der Leitungsebene verselbständigt sich der Plan, Planer und Ziele hinter sich lassend. Der Staat selbst kommt nur noch als Summe abstrakter Planziffern zur Geltung. Übertragen auf die arbeitenden Figuren vermittelt dieser Prozeß die Erkenntnis auf der abstraktesten Ebene, daß hier primär nicht am Bau (Kommunismus) gebaut, sondern, sisyphushaft, nur am Plan (permanente Übergangsgesellschaft) herumgemurkst wird. Zum Plan gibt Müller den Arbeitern nur eindeutig negative Bezüge. Die Planung zerstört bei den Arbeitern jegliche Identifikationsmöglichkeiten mit dem gerade erarbeiteten Produkt. Durch willkürlich erscheinende Schwerpunktverschiebungen wird gestern noch notwendige Arbeit heute belanglos. Dieser Widerspruch muß letzten Endes noch von den Arbeitern selbst negiert werden, z. B. wenn verlangt wird, daß die Brigade Dreier ihr eigenes Fundament zertrümmern soll:

> Papier sprengt den Beton, wellt den Boden
> kracht auf Dein Trommelfell, leert meine Taschen,
> Ersetzt mir Junker und Kapitalist
> und schlägt mir Beulen in die Ideologie.[21]

So vermischt Müller Realistik und Metaphorik zur Dokumentation gesamtgesellschaftlicher Verschleißaktionen im ›gesetzmäßigen‹ Prozeß der sozialistischen Entwicklung: Verschleiß des Materials, Verschleiß der Arbeitskräfte, und am wichtigsten, den durch ›Beulen in der Ideologie‹ entstehenden Verschleiß des proletarischen Revolutionselans.
Die anfänglich ablehnende Reaktion der SED auf beide Phasen dieser ›dialektischen Abweichung‹ zeigte nur zu deutlich, daß die Parteiführung nach wie vor nicht daran interessiert war, einen dialektischen Realismus im Drama zu fördern, der das Fundament der Gesellschaft auf strukturelle Mängel und Widersprüche untersuchte. Statt dessen bevorzugte die Partei ein Drama, das den Sozialismus ausschließlich in positiver Form, als vollendete historische Entwicklung im Einklang mit den Forderungen des II. Parteikongresses von 1958 sah. So können die meisten Dramen, die zwischen 1956 und 1966 geschrieben wurden, als Beispiele einer nicht-dialektischen Dramaturgie des Positiven gesehen werden, die hauptsächlich dazu bestimmt waren, eine unumstrittene, positive Selbsterkenntnis des modernen Lebens in der DDR zu spiegeln, und auch so gebraucht wurden.

Die Merkmale dieser Hauptströmung des Dramas sind: 1. Überwiegend positive sozialistische Helden; 2. unkritische Anerkennung des sozio-politischen Status quo, wie sie von der offiziellen Kulturpolitik vorgeschrieben wurde; 3. Verleugnung echter und antagonistischer Konfliktsituationen zwischen dem Individuum und den restlichen Klassenelementen und der sich entwickelnden sozialen und wirtschaftlichen Schichtung; 4. ein vereinfachter Moralkodex von gut (sozialistisch) und böse (Überreste des bürgerlichen Individualismus), der es ermöglicht, wichtige gesellschaftliche Probleme, ohne genaue Untersuchung dieser Probleme, deren Ursache – gewöhnlich ein individualistischer Vorbehalt gegenüber der sozialistischen Verpflichtung – schon von vornherein feststeht, positiv zu lösen; 5. die deutliche Tendenz, die materiellen Ursachen, die dem möglichen dramatischen Konflikt dieser Art des Dramas zugrunde liegen, zu beschönigen oder zu verdecken, was schließlich zu optimistischen Nachahmungen des sozialistischen Lebens führt.

Eine solche Entwicklung zeigt sich in einer Welle von äußerst langweiligen Situationskomödien, die mit Wangenheims *Studentenkomödie* (1958), Berta Waterstradts *Ehesache Lorenz* (1958), Hedda Zinners *Was wäre wenn ...?* (1959) und Hans Dieter Schmidts *3x klingeln* (1960) beginnt. Im Grunde einfache Liebesgeschichten mit einem Unterton von harmloser politischer Intrige, sind diese Werke hauptsächlich deshalb erwähnenswert, weil sie von den Parteikritikern – im Gegensatz zu den ernsthaften, experimentellen Versuchen von Hacks, Müller und Braun – uneingeschränkt als ideale sozialistische Dramen gepriesen wurden.[22]

Ein geschichtlich bedeutenderes und auch ästhetisch interessantes Drama, das landwirtschaftliche Propagandastück, verstärkte diese Tendenz. Die SED, in ihren Bemühungen im Frühjahr 1961, die Landwirtschaft der DDR vollständig zu kollektivisieren, sah im ›sozialistischen Volksstück‹ das geeignete Werkzeug, die Notwendigkeit ihrer Ansicht zu vermitteln. Obwohl auch Baierls *Frau Flinz* und Strittmatters *Holländerbraut* sicher in den Randbereich der landwirtschaftlichen Propagandastücke gehören, sind es vor allem die Werke von Helmut Sakowski, die die Regeln für zielgerichtete, geplante Dramen von innenpolitischem Nutzen aufstellen. Sakowskis *Die Entscheidung der Lene Mattke* (U. 1959) und *Steine im Weg* (U. 1961) sind die positivsten, aber auch dramatisch wirksamsten Beispiele landwirtschaftlicher Propaganda. Unter den Voraussetzungen dieses Genres vergleicht Sakowski fast genial den Konflikt zwischen privater Landwirtschaft und dem sozialistischen Kollektivsystem mit dem archetypischen Konflikt zwischen dominierenden männlichen Figuren und Frauen, deren Kampf um Befreiung, Selbsterkenntnis und ein positives Selbstbewußtsein von den sozialistischen Bestrebungen unterstützt wird. Im allgemeinen sind die meisten Beispiele des ›Agriprop‹-Dramas entweder zweckgebundene Situationskomödien mit einer handfesten pro-kollektiven Aussage oder simplifizierte Melodramen, die auf die Konfrontation des positiven sozialistischen Helden mit dem reaktionären Provokateur zurückgreifen. Ein klassisches Beispiel des letztgenannten Genres ist Fred Reichwalds *Das Wagnis der Maria Diehl* (U. 1959), dessen Krimi-Struktur weitgehend mit Grünbergs Aufbaustücken zu vergleichen ist.

Diese sozialen ›Sitcoms‹ und ›Agriprop‹-Stücke waren nur Anfangsstadien der Entwicklung einer Dramaturgie des Positiven. Im Rückblick kann man sie als offiziell gebilligte Alternative zum intellektuellen, gesellschaftskritischen und dialektischen Theater dieser Jahre betrachten. Die weitere Entwicklung der positiven Strömung der dramatischen DDR-Literatur zum ästhetisch und politisch bedeutenden, nicht-dialektischen Drama wurde durch die offene, ernsthafte und weitreichende Diskussion der Werke von Hacks und besonders Müller, die die Seiten von *Sinn und Form*, *Neue deutsche Literatur* und der Kulturwochenzeitung *Sonntag* füllte, wirksam unterstützt.

Die Wirkung dieser eifrigen theoretischen Diskussionen spiegelt sich 1963 und 1964 in einem neuen Aufschwung des Gegenwartsdramas sowohl durch etablierte wie auch neue Autoren. Obwohl die angeführten fünf Merkmale der positiven Dramaturgie noch immer Form, Thema und Aussage bestimmen, zeigen diese Werke Ansätze von Formexperimenten und größeres Interesse am konkreten Sozialprozeß – anhand einer kritischeren Einstellung und einer weit realistischeren Annäherung an die von der Partei geforderten Ziele –, die alle zur Schaffung besserer Dramen beitragen. Obwohl auch diese Autoren sich der vorherrschenden Parteilinie fest verpflichtet zeigen, kommen einige neue, provokative Elemente zum Vorschein. Joachim Knauths Produktionsfarce *Die Kampagne* (U. 1963) führt mit erhöhtem literarisch-qualitativem Anspruch die lustig-ernste Satire über zeitgenössische Probleme, die seit Kipphardts *Shakespeare dringend gesucht* gänzlich gefehlt hatte, wieder als gültige Kategorie des DDR-Dramas ein. Rainer Kerndls epische Darstellung der deutschen und der DDR-Geschichte, *Seine Kinder* (U. 1963), erkennt die ideologische Generationskluft zwischen jungen und alten Sozialisten in der Wirklichkeit und setzt diesen Widerspruch als konflikttragendes Hauptmotiv ein. Harald Hauser übertrifft seine bisherigen Gegenwartsstücke mit *Barbara* (U. 1964). Hier wird zum erstenmal in einem DDR-Drama die heikle Frage aufgeworfen (die Quasi-Rieck-Frage aus Hermann Kants gleichzeitiger *Aula*), warum sogar ein »guter« Sozialist zur Republikflucht veranlaßt werden kann. In diesem Stück wird der 13. August 1961 Ausgangspunkt der Handlung und gleichzeitig das umfassende Konfliktmotiv, mit dem sich alle Personen unterschiedlich auseinandersetzen müssen.

Die Tendenz zur Verssprache, die in den Stücken der dialektischen Dramatik zu beobachten ist, wird damals besonders in Horst Salomons *Katzengold* (U. 1964) und Kubas (Kurt Barthels) *terra incognita* (U. 1964) greifbar. Salomon, schreibender Arbeiter der Bitterfelder Bewegung, trachtet möglicherweise nach Blankversen in längeren Reden, variiert aber die Hebungen der Verse von 3 bis 7 so, daß allenfalls jambischer Sprachrhythmus, doch keine ›echte‹ Versform entsteht. Hier werden widersprüchliche Spannungen zwischen neuen Technikern (Karrierismus) und alten kernig-menschlichen Arbeiterbewegungshelden (subjektiv-proletarisches Bewußtsein) bis zu einer Bergbaukatastrophe – die auf Kosten der Karrieristen eintritt – gesteigert. Durch Erkenntnisse, die man beim Kampf um Leben und Tod im Schacht gewinnt, werden die Kontrahenten ›verwandelt‹. Eine zukunftsweisende Synthese erfolgt: durch allseitige Selbstkritik und Parteibeschluß werden die einen menschlicher, die anderen technisch qualifizierter werden.

Den ›heroischen‹ Kampf, auch die Naturgewalten (Erdöl) dem Sozialismus unterzuordnen, gestaltet Kuba als ›dramatisches Poem‹. Sprachformen werden von realistischen Ansätzen bewußt heroisierend ins Abstrakt-Metaphorische gesteigert. Auf der höchsten Ebene wird ein kosmischer Sozialismus in der Form sozialistischer Universalpoesie umrissen:

Zarge. Wir wurden fündig, Kinder
aber die Partei ward doppelt fündig!
Der Sänger. Unglaube lähmte, Gewalttat vergrämte,
Angst hat dem Erdherz die Adern verstockt.
Liebe und Mutigsein – ward der gezähmte
goldene Strom aus den Klüften gelockt.
Alle. Stürmt ein silberner Pfeil durch das Regenbogentor
in den Himmel, der wolkenlos blaut,
Stößt der Rollmeißel »K« durch drei Eiszeiten vor,
sucht den Treibstoff für dich, Aeronaut.
Viel versunkene Sonnen, sie schliefen
Jahrmillionen, sie tragen dich mit!
Wir erwecken die steinernen Tiefen,
und du trägst unser Lied zum Zenit.[23]

Hier wird offensichtlich eine parteioffiziellere, kollektivere Variante zur Eiszeit-Kommune in Heiner Müllers dialektischem Drama *Der Bau* angestrebt, obwohl Kuba den Hauptwiderspruch noch zum Teil auf außergesellschaftliche Opponenten im internationalen Klassenkampf schiebt: »Während des Kampfes gegen die Naturgewalten [Bohraktion in Reinkenhagen 1961] kam es zwischen Menschen [...] zu scharfen Auseinandersetzungen. In diesen Auseinandersetzungen wurden einige wenige Diversanten entlarvt, durch welche die blutige Pranke der internationalen Erdölkonzerne sichtbar wurde.«[24]
Diese Experimente zum erhöhten literarischen Anspruch im Bereich einer Dramaturgie des Positiven beweisen, daß die Kritik von Hacks und Müller an dem ›proletarisch umfunktionierten Hoftheater‹ keine Außenseiterposition war. Das Interesse an der Herausbildung einer eigenständigen, praktischen Ästhetik des DDR-Gegenwartsdramas wird auch von tendenziösen Schriftstellern als Arbeitsvoraussetzung erkannt. Die in der westlichen sowie in der DDR-Literaturwissenschaft vollzogene Zweiteilung dieser Epoche in dialektische und nicht-dialektische Dramatik hat größtenteils das allgemein erscheinende Interesse an Formexperimenten verdeckt. Eine objektivere Betrachtung der Experimente Baierls, Strittmatters, Knauths, Salomons und Kubas könnte unter Umständen beweisen, daß die positive Dramaturgie nicht a priori als negative ästhetische Kategorie einzustufen ist.

Der VII. Parteikongreß 1967 verkündete die DDR als ›fertigen‹ sozialistischen Staat und stellte den Kulturschaffenden die Aufgabe, die von Walter Ulbricht konzipierte konfliktlose »Sozialistische Menschengemeinschaft« überzeugend zu gestalten.[25] Aufarbeitungen dieser sozialistischen Variante der ›affluent society‹, die sich im Gegenwartsdrama niederschlugen, sind vorwiegend als sozialistische Ankunftsliteratur zu erkennen, die den gegenwärtigen ökonomischen Sachverhalt der DDR durchaus reflektiert. Prämien für einzelne und Kollektive, sogenannte ökonomische Hebel, gekoppelt mit der Anwendung moderner Technologie im gesamten Produktionsbereich, hatten das Nationalprodukt wesentlich erhöht und damit auch die wirtschaftliche Lage der DDR-Bürger drastisch gehoben. Aus diesen konkreten wirtschaftlichen Erfolgen des 1963 durchgesetzten ›neuen ökonomischen Systems der Planung und Leitung‹ ergaben

sich in der DDR neuartige gesellschaftliche Tendenzen, in denen die parteiverbundenen Dramatiker, vor allem unter Gesichtspunkten einer sozialistischen Alltagsethik, ihre Konfliktsituationen fanden. Als Ansatzpunkt diente die in der Gesellschaft zu beobachtende Tendenz zur ›sozialistischen Biedermeierei‹, bei der es um Stellung, Wohnung, ›Datsche‹ und Trabant geht. Im Rahmen dieses angekurbelten ›Aufholkonsums‹ glaubte man Rückfälle auf traditionell-bürgerliche Bewußtseinsvarianten zu erkennen. In einer Reihe von thematisch vergleichbaren Stücken werden diese Widersprüche der sozialistischen Menschengemeinschaft zum Ausgleich gebracht.
In Claus Hammels *Morgen kommt der Schornsteinfeger* (U. 1967) wird ein ›arriviertes‹ modernes junges Paar mit kleinbürgerlichen Manifestationen seines eigenen Unterbewußtseins konfrontiert: »Der Traum unserer Ahnen. Eigener Herd ist Goldes wert. Klein – aber mein. Nicht schlecht.«[26] Hammel führt die junge Frau zur Erkenntnis der gesamtgesellschaftlichen Malaise, die sie in ihrer eigenen Person reflektiert sieht:

»Aber ist das alles? Ist Arbeit alles? Gut, sie hat mir sogar Freude gemacht: weil ich wußte, daß wir das Geld brauchen, um noch einen echten Teppich kaufen zu können, um ein Auto zu haben und ein Wochenendgrundstück. Ledersessel, Meißner Porzellan, Unabhängigkeit und Freiheit. Aber was wird sein, wenn wir alles haben? Was fangen wir mit dem Rest an vom Leben? Was für eine Freude? Dann werden wir alles auf ein paar Quadratmeter zusammenstellen können und sagen: Was für ein Glück, was sind wir für Kerle, was haben wir alles geschafft! Und dann stauben wir unser Lebenswerk ab, waschen es, polieren es, streichen es, klopfen es aus und sind stolz und sagen: Es hat sich gelohnt. Das kann, *kann* es nicht sein.«[27]

Horst Salomons Lustspiel *Ein Lorbaß* (U. 1967), Arne Leonhardts *Der Abiturmann* (1969) sowie Paul Gratziks *Umwege* (1970) reflektieren die wachsende Jugendproblematik der neuen Wohlstandsgesellschaft. In diesen Stücken werden Handlungen durch ›Eigensinnigkeit‹ der jungen Generation der ersten DDR-Jahrgänge ausgelöst, die der im Trab laufenden, gesellschaftsrepräsentativen Generation ihrer Eltern entfremdet sind und durchweg keinen menschlich-produktiven Kontakt zur wissenschaftlich-technischen Umwälzung, die als gesellschaftlich definitiv erscheint, finden können – obwohl sie es wollen. Durch kleinbürgerlich-stereotype Vorurteile der älteren Generation werden die jungen ›Anti-Helden‹ als »Langhaarige, Halbstarke und Gammler« von vornherein vom produktiven Beitrag zur Gesellschaft isoliert. Bei allen Protagonisten kommt es zu asozialen und anarchistischen Verhaltensweisen, die von den Autoren als Resultate dieser Entfremdung identifiziert werden. Der Lorbaß macht aus einem Bagger einen Haufen Schrott, der Abiturmann verkappt sich vorübergehend als Opportunist – seine frühere, ehrliche Haltung wurde als asozial kritisiert –, und der auf ›Umwegen‹ (Jugendwerkhof) sich bewegende Held Gratziks hat ›Waffenbesitz, Zusammenrottung und Bandenbildung‹ abzuarbeiten. Aber die wirklichen Motive dieser Handlungen werden konkret auf die Privatsphäre der Familie zurückgeführt, wo die Eltern – interessanterweise alles leitende Kapazitäten – den menschlichen Erziehungsprozeß ihrer Kinder, dem sozialistischen Status quo nachlaufend, vernachlässigen.
Die Konfliktlösungen reduzieren sich in jedem Fall auf den Einsatz besserer Erziehungsmethoden, die von menschlich-flexibleren Staatsrepräsentanten (Staatsanwalt,

Werkhoferzieherin, Hochschulprofessor) eingesetzt werden. Kurzum, aus potenziellen Gesellschaftstragödien wird wieder sozialistische Harmonie. So erscheinen die vorgegebenen gesellschaftlichen Widersprüche doch nur als zeitweilige Rückstände des Individuums, die durchaus im Rahmen des gesamtgesellschaftlichen Kollektivs aufgeholt werden können. Die jugendlichen Energien werden produktiv umfunktioniert: der Lorbaß qualifiziert sich und freut sich auf die Armee, der Waffenbesitzer und Bandenführer wird Motorenschlosser und Panzerführer (läßt sich schnell noch die Haare schneiden), und der Abiturmann, durch die fortschrittliche, ›dialektische‹ Methode des Professors wieder zur Ehrlichkeit provoziert, kommt zu seinem Arbeitspsychologiestudium. Eindeutig identifizieren sich Salomon und Gratzik subjektiv mit den von ihnen referierten Jugendperspektiven und bereiten realistisch-typische Umrisse einer jugendlichen Gegenkultur, in der sie eine allgemein verkannte, positive gesellschaftliche Tendenz sehen. Vor allem erscheint hier als dramaturgische Neuerung ein lockerer Sprachgebrauch. Der Einsatz von Straßenslang und jugendlichem DDR-Pop-Talk, bläst so, obwohl er auch manchmal im Klischee steckenbleibt, den Leitartikulationen der Bürokraten – Karrieristen – Kleinbürger – Eltern wie ein frischer Wind entgegen.

Weitere Stücke dieser Periode befassen sich, unter Gesichtspunkten der Frauenemanzipation (Siegfried Pfaff: *Regina B. ein Tag in ihrem Leben*, U. 1968) oder der Generationskonflikte unter Leitungskadern (Horst Kleineidam: *Von Riesen und Menschen*, U. 1967), mit der von den Autoren erkannten Notwendigkeit, die menschlichen Potenzen allseitig im umfassenden Ausbau der Technologisierung zu berücksichtigen. In *Johanna von Dübeln* (U. 1969) verbindet Helmut Baierl mit der ihm eigenartigen ›Dialektik‹ Frauen-, Jugend- und Technikproblematik zum ethisch-moralischen Erbauungsstück für sozialistische Zeitgenossen.

Fritz J. Raddatz erklärt derartige Dramatik nicht zu Unrecht lakonisch als »Gebrauchsdramatik« und ironisch als »sozialistische Frohsinnsspiele«.[28] Während Lakonie die Intentionen der Stücke adäquat reflektiert, darf Ironie als Anlaß fraglich gemacht werden. Bleiben auch die harmonischen Konfliktlösungen der Gegenwartsdramatik dieser Periode definierend dahingestellt, so produzieren diese Stücke doch reichlich wenig Frohsinn. Im Gegenteil: sie reflektieren eher einen bedrückenden Gesellschaftszustand der DDR zu dieser Zeit, eine allseitige Erkenntnis dieser Situation und stellen damit die parteiideologische Variante des ›fertigen Sozialismus‹ und der korrespondierenden sozialistischen Menschengemeinschaft in Frage. Unter den Arbeitsvoraussetzungen nach dem 11. Plenum 1965 sind diese Positionen für das Gegenwartsdrama, dem die materialistische Dialektik vorenthalten blieb, nicht zu mißachten.

Mit der Einführung der ›Honecker-Ära‹ durch den VIII. Parteikongreß 1971 wurde mit Walter Ulbricht auch dessen sozialistische Menschengemeinschaft in den Ruhestand versetzt. Eine parteioffizielle Kritik wendete sich gegen die Konzeptionen von 1967, weil diese die Wirklichkeit des individuellen, gesellschaftlichen und politischen Lebens in der DDR ungenügend berücksichtigten. Chefideologe Kurt Hager argumentierte, daß dadurch ein gesamtgesellschaftlicher Rückschritt gedroht hätte, in dem die ungeschichtliche, harmonisierende Perspektive die in der Wirklichkeit noch vorhandenen Klassenunterschiede verdeckt und damit die konkreten Erfolge beim Abbau dieser Unterschiede zwischen ›Klassen und Schichten‹ überbewertet hätte.[29] Erich Honecker, der selbst das Machtwort des 11. Plenums 1965 ausgesprochen hatte, schien seine Position grundsätzlich zu revidieren, indem er wirklichkeitsnähere Konflikte sowie anspruchsvollere Formexperimente zur Gestaltung dieser Themen in der Literatur forderte. In der Praxis gäbe es für Künstler, die von soliden Prämissen des Sozialismus ausgehen, keine Tabus im Bereich der Kunst und Literatur.[30] Diese Position reduzierte sich jedoch nur auf eine taktische Korrektur der kulturpolitischen Einschränkungen, die nach 1965 zu beobachten waren. Die grundsätzliche kulturpolitische Strategie der SED, daß die Prämissen des Sozialismus weiterhin dem Führungsanspruch der in der Partei verkörperten Arbeiterklasse unterlägen, blieb auch für die siebziger Jahre intakt.

Trotzdem folgte dieser offiziellen Wiederentdeckung legitimer und diverser Interessen eine umfassende theoretische Diskussion über den widersprüchlichen Charakter der gesellschaftlichen Entwicklung in den führenden gesellschafts- und literaturwissenschaftlichen Zeitschriften *Wirtschaftswissenschaft*, *Weimarer Beiträge*, *Deutsche Zeitschrift für Philosophie* sowie den Parteiorganen *Einheit* und *Forum* (FDJ).[31] Praktisch kündete sich die ›Honecker-Ära‹ zuerst mit Neuveröffentlichungen oder mit Neuausgaben von Prosawerken wie Ulrich Plenzdorfs *Die neuen Leiden des jungen W.*, Hermann Kants *Das Impressum* und Christa Wolfs *Nachdenken über Christa T.* an, deren Fertigstellung und Verbreitung unter den bisherigen Menschengemeinschaftsperspektiven – wegen zu ›subjektivistischer‹ Erzählerpositionen sowie ›unsachgemäßer‹ Bearbeitung der gesellschaftlichen Widersprüche – verhindert worden war.

Auch das dramatische Schaffen nach dem VIII. Parteitag ist vorwiegend im Zeichen der offiziellen Korrektur früherer kulturpolitischer Kurzschlüsse zu betrachten. Als Zeichen neuer Entwicklungstendenzen geht Plenzdorfs dramatisierte Erzählung *Die neuen Leiden des jungen W.* (U. 1972) spektakelhaft über die Bühnen der DDR. Plenzdorf radikalisiert die Konflikte der Jugend, die schon von Salomon, Gratzik und Leonhardt unter anderen Voraussetzungen angerissen worden waren, und durchbricht dabei die durchkomponierten Fabel- und Formkonventionen der positiven Dramaturgie. Von vornherein negiert Plenzdorf deren naturalistischen Abbildcharakter objektiver gesellschaftlicher Vorgänge, indem diese episch von der verselbständigten Subjektivität des verunglückten Helden Edgar Wibeau vorgetragen und nur in Ansätzen durch den pseudo-dokumentarischen Rahmen (Zeitungsannoncen und Tonbänder) objektiv relativiert werden. So erscheint in der subjektiven Gefühlswelt Wibeaus die individuelle Absage an die vorgegebene gesellschaftliche Wirklichkeit, die durch den Tod des Helden nicht realistisch aufgehoben werden kann. Wibeau isoliert sich selbstbewußt von dem Jugenderziehungsprozeß, der danach trachtet, ihn zum vorbildlichen Modellfall sozialistischer Pädagogik abzurichten, ehe er zur Erkenntnis der eigenen Identität kommt. In seinem subjektivistischen Drang zur Selbsterkenntnis werden ihm Werthers empfindsame Gefühlsausbrüche zum Orientierungsbeispiel, so daß durch diese von Plenzdorf konstruierte poetische Mauer verhindert wird, daß er über seinen eigenen Schatten in die gesellschaftsaffirmative Wandlung springt. Obwohl die der episch-dramatischen Struktur zugrundeliegende Subjekt-Objekt-Dialektik durch den sinnlos erscheinenden tödlichen Unglücksfall auf der realistischen Handlungsebene nicht vollzogen und damit das Vorbild der harmonischen sozialistischen Integration nicht funktionsfähig wird, vollzieht sich diese Synthese doch im subjektiven Bewußtsein des

Helden, dem eigentlich nur im ›Objektivierungsprozeß‹, der Arbeit an der recht aktivistischen Neuerung einer hydraulischen Farbspritze, ein Fehler im Umgang mit Starkstrom unterläuft.

Damit macht Plenzdorf einen bemerkenswerten Schritt zur Poetisierung des gegenwärtigen sozialistischen Realismus im Drama: Der Held Wibeau gelangt zu seiner im Tod resultierenden Einstellung eindeutig nur durch den Rückzug in eine Subjektiv-Sphäre, die sich im Überbaulich-Kulturellen als einzig möglichem Anhaltspunkt verankert, in eine Sphäre, in der er die vorwiegend ästhetischen Anschauungen des modernen Humanismus unmittelbar ›erfährt‹ und, von denen ausgehend, er erkennt, daß das subjektive Geniespiel für ihn weiterhin menschlich unmöglich ist. Je tiefer er sich empfindsam in sich selbst hineinspielt, je mehr fehlt ihm der Kontakt zur Objektiv-Sphäre. Dieser psychologisch realistische Vorgang versetzt die Zündung des individuellen Entscheidungsinitials von der Außenwelt (wie üblich in der sozialistisch realistischen Literaturpraxis) in die Innenwelt. Solche psychologisch realistischen und detaillierten Aufarbeitungen des modernen Menschenbewußtseins, für die das Gegenwartsdrama kein Modell hatte, geben sich eindeutig als Übertragungen aus der neuen DDR-Prosa, vor allem aus den Versuchen Christa Wolfs, zu erkennen. Diese subjektivistische Gestaltung des gesellschaftlichen Seins kollidierte jedoch, auch im Zeichen der neuen Tabuaufhebung, mit traditionellen ›Prämissen des Sozialismus‹ in Literaturfragen. Hans Koch nahm parteioffiziellen Abstand von dieser Entwicklung, weil er zu erkennen glaubte, daß hier die individuelle Selbstverwirklichung außerhalb der gesellschaftlichen Situation stattfand und somit Persönlichkeitsideale vorausgesetzt wurden, die sich von den gesellschaftlichen Voraussetzungen so weit entfernten, daß sie im Grunde nichts mehr mit ihnen zu tun hatten.[32] Die SED ließ es jedoch bei der literaturkritischen Stellungnahme bewenden, ohne weitere Maßnahmen einzuführen. Honeckers Wort vom Tabu traf zu, denn was Koch in seiner Kritik beschrieb, war zuvor immer als ›bürgerlicher Revisionismus‹ in der Gegenwartsliteratur mit praktischen Maßnahmen der Kulturpolitik bekämpft worden.

Gleichzeitig erfolgte 1972/73 eine ›Sanierung‹ der dialektischen Dramatik mit Veröffentlichungen und Uraufführungen umgeschriebener Stücke wie Volker Brauns *Die Kipper* (vorher *Kipper Paul Bauch*) und *Hinze und Kunze* (vorher *Hans Faust*) sowie neuer Stücke, Heiner Müllers *Zement* (nach Gladkow) und Rainer Kirschs *Heinrich Schlaghands Höllenfahrt*. Jedoch bleibt wenig vom streng polarisierten Widerspruch zwischen Individuum und Kollektiv der dialektischen Dramatik der sechziger Jahre in Brauns ›Korrekturen‹ übrig. Zum Beispiel emanzipiert sich die Brigade der Kipper sehr früh von Paul Bauch und verringert damit die Wirkung seiner Persönlichkeit im Fabelablauf zugunsten einer integrierten Perspektive, die Bauch höchstens als phantasierenden Querulanten erscheinen läßt und seine Rolle als konkreter Vermittler und Symbol permanenter Revolutionsphilosophie eindeutig aufhebt. In *Hinze und Kunze*, wo Hinze vorher als Hans Faust quasi tragisch unterging und als dramatische Figur mit Müllers *Bau*-Barka eng verbunden war, erkennt sich Hinze selbst in seinem Parteisekretär-Mephisto Kunze, als Braun am Ende den Widerspruch aus Müllers abstraktem Barka-Wort von der ›Sphäre zwischen Eiszeit und Kommune‹ zur realistischen »rauhen Strecke zwischen Schutt und Zukunft« relativiert:

»Kunze. Was bist Du anders als ich! – Nur daß ich nicht nur mich seh. Deine Sache! Dachtest Du, es sei ein Spaziergang, die raue Strecke zwischen Schutt und Zukunft!«
Hinze. Ich muß von vorn beginnen.
Kunze *(gibt ihm die Hand)*. Ja.«[33]

In beiden Umarbeitungen kommt es zu einer Perspektive, die die realgesellschaftlichen Antagonismen der fiktiven Konfliktsituationen der Stücke als weitgehend überwunden historisiert. Mit anderen Worten: So war es einmal, heute sind wir schon weiter. Damit wird die Zeitstück-Prägnanz zurückgenommen, mit der die offengehaltenen Problemstellungen der dialektischen Dramatik der fünfziger und sechziger Jahre versuchte, den aktuellen Kampf zwischen Altem und Neuem »in das neue Publikum zu tragen, das ihn entscheidet«.[34]
Diese zeitgeschichtliche Relevanz wird auch in Müllers *Zement* abgeschirmt. Obwohl die nachrevolutionäre Sowjetfabel Gladkows ›widersprüchlich‹ destilliert wird und diese Strukturen zur direkten Übertragung auf die DDR-Wirklichkeit tendieren, werden die Entscheidungsprozesse doch historisch distanziert vorgetragen. Das Stück wurde 1974 mit dem Nationalpreis 2. Klasse ausgezeichnet. In der DDR-Kritik lobte man z. B., daß Müller in der »Synthese von Geschichte der Revolution und historischer Biographie« eine Methode gefunden habe, »die es erlaubt, die reale Dialektik von objektiver Determiniertheit gesellschaftlicher Prozesse subjektiver Entscheidungs- und Handlungsfreiheit als geschichtliche Aufgabe der sozialistischen Revolution, die in der Praxis des Kampfes gelöst wird, vorzuführen.«[35]
Freilich projiziert die Faust-Persiflage *Heinrich Schlaghands Höllenfahrt* des Lyrikers Rainer Kirsch wieder direkten Bezug zur zeitgeschichtlichen Fragestellung, zur ›umfassenden sozialistischen Integration‹ der siebziger Jahre. Bauleiter Schlaghand, aus demselben genialisch-draufgängerischen Selbsthelferholz wie Barka und Paul Bauch geschnitzt, soll zum modellhaften ›neuen Menschen‹ umfunktioniert werden und will es vorgeblich auch selbst. Doch die zwei Seelen in seiner Brust lassen sich nicht verbinden. Zur grotesk-surrealistischen Höllenfahrt in eine sehr wissenschaftlich-technische Unterwelt schließt er den Pakt mit Hilfsteufel Müller aus der ›Rangklasse Alpha 2‹ der teuflischen Verführungskader. Schlaghand ist auch in der Hölle, wie vorher auf dem Bau, nicht kleinzukriegen und schlägt sich, beide Seelen intakt, wieder zur realistischen Ebene empor, auf der die Widersprüchlichkeit weiter vorausgesetzt wird. Die erfolgende Harmonisierung (auch z. B. der Vorgang in Brauns *Hinze und Kunze*) wird vom Epilog immer noch als wirklichkeitsfremdes Wunschgebilde ironisiert:

> Wir hoffen sehr, wir haben sie gerührt,
> besonders, daß die Baukunst von uns profitiert,
> sehen Sie die Szene! und genießen Sie
> ein Bild der allgemeinen Harmonie:
> ein jeder wünscht sie, zwar sie ist noch fern
> doch einmal sehen will sie jeder gern.[36]

Durch die Anhäufung von theatralischem Spektakel zur Persiflage des immer erkennbaren Goethe-Modells – Slapstick, Groteske, Surrealismus, Absurdismus – bleibt das

Stück im Phantastisch-Spielerischen stecken und setzt sich höchstens mit erstarrten Realismus-Konzeptionen der Literatur und der positiv-dramaturgischen Praxis auseinander. Kein realistisches Zeitstück kommt hier zustande.

Die Tendenz zur subjektivistischen Poetisierung des gesellschaftlichen Erlebnisses (Plenzdorf), zur Historisierung der gesellschaftlichen Entwicklungsproblematik (Braun, Müller) und zum Einsatz surrealistischer Elemente (Kirsch) schlägt sich auch in Werken von Autoren nieder, denen die herkömmlichen Tabus des häuslichen sozialistischen Realismus vor dem VIII. Parteikongreß nie Schwierigkeiten bereiteten. So integriert das DDR-Drama bis in die Spielzeit 1977 ein noch nie zuvor gesehenes Arrangement pluralistischer Gestaltungstechniken, was erstens zur qualitativen Potenzierung der positiven Dramaturgie führt und zweitens die gesellschaftsaffirmative Aufarbeitung der dialektischen Variante ermöglicht.

In Helmut Baierls *Die Lachtaube* (U. 1974), Klaus Hammels *Rom oder die zweite Erschaffung der Welt* (U. 1975) sowie Rainer Kerndls *Nacht mit Kompromissen* (U. 1976) erreicht die gesellschaftsaffirmative, positive Dramaturgie eine Verringerung der plakativen Didaktik durch die Methode der historischen Biographie, in der auch die subjektive Privatsphäre der Figuren gegenüber dem referierten geschichtlichen Prozeß zur Gleichberechtigung drängt. Baierl relativiert geschichtliche Konflikte zwischen Interessen von Kadern und Brigaden in der Stahlindustrie. Eine von oben verlangte Entscheidung über die Zukunft der Arbeitsstellen wird zum Modell sozialistischer Demokratie inszeniert, die den ›demokratischen Zentralismus‹ feiert. Aber aus der Privatsphäre der Arbeiter und Leiter ergeben sich immerhin subjektive Gesichtspunkte, die verschiedene Grade der objektiv-gesellschaftlichen Bewußtseinsentwicklung (vom Anarchistisch-Kriminellen zum Karrierismus) identifizieren und die als reeller Befund der konkreten Situation im Entscheidungsprozeß öffentlich diskutiert und berücksichtigt werden müssen, bevor die kollektive Entscheidung getroffen wird. Klaus Hammel versetzt seine Heldin in ein gesellschaftlich progressives Experiment – sie will aus ihrem LPG-Dorf Rom eine moderne Stadt machen und ist schon bald am Ziel –, aber er gibt ihr zugleich die private Motivation, ihren in die Stadt abgerückten Mann damit zurückzuerobern. Obwohl ihre private Hoffnung zerbricht und sie vorübergehend einen subjektiv-moralischen Tiefpunkt erreicht, bringt sie Hammel am Ende in einer Synthese von privaten Glücksidealen und kollektiver Zielstrebigkeit zur weiterhin wirkungsvollen Balance.

Im Laufe einer Nacht der psychologischen Selbstanalyse mit Hilfe eines ›poetischen‹ Doppelgängers und einer neuen Liebschaft, die beide für die objektiven gesellschaftlichen Interessen sowie für gründliche subjektive Ehrlichkeit plädieren, führt Kerndl seinen Radio-DDR-Kommentator zur Erkenntnis der eigenen Schwächen, des eigenen Opportunismus, des eigenen Versagens in der von ihm beanspruchten Rolle eines sozialistischen Humanisten. Durch eine Reihe von flashback-›Traumszenen‹ überprüft der Held seine subjektive Haltung an objektiven Entwicklungskrisen der DDR-Geschichte (17. Juni 1953, LPG-Offensive 1960, Mauerbau 1961) und bei Solidaritätsübungen im modernen internationalen Klassenkampf, bei einem Feuergefecht, das er auf seiten der PLO als Reporter erlebt. Aus allen Krisen kommt er heil heraus, macht sogar Karriere, merkt aber in der retrospektiven Verarbeitung dieser Krisen, daß andere, sehr gute Menschen, allzuoft, gerade durch seine Nichtberücksichtigung ihrer subjektiven Interessen, auf der Strecke blieben.

Mit ausgesprochen unrealistisch-poetischer Gestaltungstechnik operieren Armin Stolpers *Klara und der Gänserich* (U. 1973), Armin Müllers *Sieben Wünsche* (U. 1974) und Rudi Strahls Lustspiel *Arno, Prinz von Wolkenstein oder Kader entscheiden alles* (U. 1977). In diesen Stücken wird der vorwiegende gesellschaftliche Abbildcharakter der sozialistischen Gegenwartsdramatik durch den Einsatz poetischer Komponenten (Parabel, Märchen, Träume) erweitert. Diese Elemente durchbrechen die realistische Ebene der Stücke vor allem in wichtigen Entscheidungsmomenten, deren Bezugspunkte in den jeweiligen Fabeln als klar, logisch und gesellschaftlich objektiv umrissen sind. Von Stolper und Müller wird durch leitmotivische Musik der Umbruch von objektiven Denkstrukturen zu subjektiven Gefühlsausbrüchen angedeutet und bringt bei den betroffenen Figuren unterbewußte, allgemeinmenschliche Humanitätsideale zum Vorschein, in denen sich die subjektive Gefühlswelt des Individuums konkretisiert und sich gegen die enggefaßten objektiven Entscheidungsmöglichkeiten behauptet. Problematisch bleibt für beide Stücke die jeweilige Rückkehr auf die realistische Ebene. Ob hier die metaphorisch gesteigerte Subjektivsphäre rückwirkend die zugrundeliegenden gesellschaftlichen Wirklichkeitsanalysen, auf die die Autoren zielen, durchsichtiger erscheinen läßt, ist zweifelhaft. Rainer Kerndls vergleichbarer Prozeß in *Nacht mit Kompromissen* erfüllte diese Intention durchaus. In *Klara und der Gänserich* wird diese Technik durch Ansätze dialektischer Denkstrukturen, die jeweils mit den subjektiv-poetischen Ansätzen erscheinen, wirkungsvoll unterstützt. In *Sieben Wünsche* ist diese Technik aber eher als Surrogat nicht vollzogener Wirklichkeitsanalysen auf der realistischen Fabelebene zu betrachten.

Erfolgsautor Rudi Strahl ist von Anfang an weniger anspruchsvoll und schlachtet den Widerspruch zwischen Märchen und Wirklichkeitsebene zur affirmativen Situationskomik, nebst seichter Gesellschaftssatire, aus: Ein thüringischer Prinz wird überraschend durch einen ›mittleren Kader‹ von einem alten Zauberspruch erlöst, wird fidel und stößt mit einer Menge Bürokratentypen verschiedener Kaderschichten auf seiner Burg – jetzt Ferienheim – zusammen usw. Für das, was dabei lustig sein soll – außer dem Einfall selbst –, ist die Bezeichnung Boulevardkomödie noch zu anspruchsvoll, es beweist jedoch die Durchschlagskraft der poetisierend-surrealen Tendenz von der anspruchsvollsten Ebene der DDR-Literatur (Faust- und Werther-Themen) bis zur regelrechten Gebrauchsdramatik, die für die Abwechslung in der Spielplangestaltung zu sorgen hat.

Eine prognostisch-abschließende Zusammenfassung der Entwicklungstendenzen der DDR-Dramatik erübrigt sich im Zeichen der realpolitischen Ausbürgerungsmaßnahmen, die nach 1976 gegen Schriftsteller und Künstler, deren Auffassungen einer tabufreien Kulturpraxis sich von den Parteiprämissen des Sozialismus abhoben, unternommen wurden. Obwohl bis 1980 keine profilierten Gegenwartsdramatiker abgeschoben oder ihrer Arbeitsbasis enthoben wurden, ist die Neuerungswelle, die 1972/73 einsetzte, schon mit ihren ersten Erscheinungen historisch geworden. Die Rückkehr zur eindeutig-neostalinistischen Kulturpolitik, zu Positionen des 11. Plenums 1965 (wo Biermann und Heym zum erstenmal angegriffen wurden) verdrängt die eigenständige Entwicklung der sozialistischen Literatur der DDR von einer progressiven Beziehung auf die besten Dokumente ihrer eigenen Literaturgeschichte.

Als Modell der entwicklungsträchtigen Tendenzen der DDR-Gegenwartsdramatik bleibt immer noch das 1974er *Spektakel 2-Zeitstücke*-Projekt der Volksbühne Berlin funktionsfähig.[37]. Hier wurde der notwendigen Koexistenz unterschiedlicher, manchmal entgegengesetzter Gestaltungstechniken eine konkrete, vom Publikum sowie der Kritik weitgehend verstandene und applaudierte Arbeitsbasis bereitet. In einem Arrangement von 8 Stücken, welches mit *Das Laken* aus Heiner Müllers grotesk-existentieller Faschismusstudie *Die Schlacht* (U. 1976) begann, eine gewagte, dialektische Gegenwartsgeschichte-Collage aus Brauns *Hinze und Kunze* und Äschylus-Heiner Müllers *Prometheus* inkorporierte und dazu mit *Der Bauch* einen neuen konsequenten Dialektiker in Kurt Bartsch vorstellte, fand sich eine Häufung neuer Themen und Perspektiven.[38]

Bemerkenswert waren außerdem die Stücke der Kinderbuchautorin Lena Foellbach *Jahresringe* (U. 1964) und *Die Ausgezeichneten* (Spektakel 2) von der schreibenden Arbeiterin Regina Weicker. *Jahresringe* bearbeitet die in der DDR-Literatur relativ zu kurz gekommene Problematik der älteren, sich im Ruhestand befindenden Bürgergeneration, deren Gesellschaftsanschluß in der Wirklichkeit als gefährdet eingeschätzt werden muß. Weickers dramatischer Erstling will konkrete Wirklichkeit auf die Bühne stellen. Nicht dialektisch, nicht poetisiert, mit keinerlei Abstraktionen wird an einer Frauenbrigade gezeigt, daß in der DDR-Gesellschaft das Ideal der sozialistischen Parteilichkeit sich oft nur auf gesellschaftlich erforderliche Tarnung des im psychologischen Privatkram versiechenden Individuums und auf Anhäufung des privaten Konsums reduziert.

In welche Richtungen die profilierten Stückeschreiber im Widerspiel mit den neuen (alten?) kulturpolitischen Richtlinien weiterarbeiten werden oder ob neue Stimmen wie Foellbach, Weicker oder Rudolf Bartsch sich in diesem Klima profilieren können, bleiben vorerst Fragen der realen Innenpolitik der SED, die schon immer Spielplangestaltung als ideologisches Instrument verstanden hat. 1975 konnte die kontrollierende und maßgebliche Position gar nicht klarer ausgedrückt werden als vom Minister für Kultur Hans Joachim Hoffmann selbst: »Für mich ist ein Spielplan nicht in allererster Linie eine statistische Größe, sondern ein ideologisches Führungsinstrument. Ich bin leidenschaftlicher Anhänger des demokratischen Zentralismus in der Industrie, in der Landwirtschaft, im Staat überhaupt, also auch im Theater.«[39] Man merkt, daß hier immer noch Theater als ›moralische Anstalt‹ der Gesellschaft angestrebt wird. Wer die moralischen Grundsätze definiert oder mit welcher demokratischen Breite diese Definition erfolgt, bleibt dabei deutlich: »Aber der staatliche Leiter ist verantwortlicher Einzelleiter. Der Spielplan ist eine kulturpolitische Entscheidung, geleitet von den staatlichen Organen auf der Grundlage der Beschlüsse der Partei.«[40] Für Leute, die klare Entscheidungen vorziehen, ist das eine; aber eine für die qualitative Entwicklung der Gegenwartsdramatik der DDR nicht gerade vorzügliche.

Anmerkungen

1 Dokumente zur Kunst-, Literatur- und Kulturpolitik der SED. Hrsg. von Elimar Schubbe. Stuttgart 1972. S. 157.

2 Vgl. Werner Mittenzwei: Der Realismusstreit um Brecht (I). In: Sinn und Form (1976) H. 6. S. 1273–1313.

3 Kritik in der Zeit: Der Sozialismus – seine Literatur – ihre Entwicklung. Hrsg. von Klaus Jarmatz. Halle 1970. S. 147.

4 Vgl. Jürgen Rühle: Das gefesselte Theater. Vom Revolutionstheater zum Sozialistischen Realismus. Köln 1957. S. 240 f.

5 Die literarische Entwicklung in der Deutschen Demokratischen Republik. Red. von Hans Kaufmann, Elisabeth Simons [u. a.]. In: Weimarer Beiträge (1964) H. 5. S. 794.

6 Vgl. Heinz Kersten: Theater und Theaterpolitik in der DDR. In: Theater hinter dem eisernen Vorhang. Hrsg. von Reinhold Grimm [u. a.]. Hamburg 1964. S. 26.

7 Gesammelte Werke. Bd. 19. Schriften zur Literatur und Kunst. Bd. 2. Frankfurt a. M. 1967. S. 555.

8 Das Theater der Gegenwart. Eine Rundfrage. In: Neue Deutsche Literatur (1957) H. 4. S. 128.

9 Ebd. S. 131.

10 Ebd. S. 129.

11 Ebd. S. 133.

12 Hermann Kähler: Die Gegenwart auf der Bühne. Die sozialistische Wirklichkeit in den Bühnenstükken der DDR von 1956–1963/64. Berlin 1966; Die literarische Entwicklung in der Deutschen Demokratischen Republik (Anm. 5) S. 794.

13 Vgl. dazu Wolfgang Schivelbusch: Sozialistisches Drama nach Brecht. Darmstadt/Neuwied 1974; H. G. Huettich [Gunner Hüttich]: Theater in the Planned Society: Contemporary Drama in the German Democratic Republic in its Historical, Political, and Cultural Context. Chapel Hill 1978; Helen Fehervary: Heiner Müllers Brigadenstücke. In: Basis 2 (1971) S. 103–140; Werner Mittenzwei: Gestaltungen und Gestalten im modernen Drama. Berlin/Weimar 1965.

14 Der Hans Garbe, Siemens-Plania Aktivistenstoff wurde zuerst von Eduard Claudius in der Erzählung *Vom schweren Anfang* und dem daraus entstandenen Aufbauroman *Menschen an unserer Seite* (1951) dargestellt und von Brecht als *Büsching* konzipiert (Brecht Archiv Nr. 925/01). Zum Vergleich *Büsching/Lohndrücker* s. Fehervary (Anm. 13) S. 108 ff.; Käthe Rülicke Weiler: Brecht in der DDR. In: Bertolt Brecht. Leben und Werk. Berlin 1963. S. 170 ff.; Mittenzwei (Anm. 13) S. 164 – 166.

15 Schivelbusch (Anm. 13) S. 46, 78.

16 Ebd. S. 78.

17 Die parteioffizielle Perspektive wurde z. B. von Henryk Keisch referiert: Man sprach »von einer Theorie des ›didaktischen‹ oder ›dialektischen‹ Theaters, das sich wohl mit dieser Bezeichnung dem Theater des sozialistischen Realismus gegenüber- oder entgegenstellen will (sonst sähe man keinen Grund für die Notwendigkeit eines eigenen theoretischen Systems). Obwohl sich in der Aussprache zeigte, daß die verschieden gemeinten Tendenzen nicht in jeder Hinsicht unter einen Hut zu bringen sind, lassen sich doch wesentliche gemeinsame Züge herausarbeiten: Eine abstrakte Auffassung der Wirklichkeit; ein Betonen der Widersprüche unter Verzicht darauf, bis zu deren Lösung vorzudringen; ein Vorurteil gegen vertiefte Menschengestaltung, die gern durch das Zeigen sogenannter sozialer Verhaltensweisen (oft gerade der falschen!) ersetzt wird; eine Abneigung gegen die große dramatische Form, dafür impressionistische Auflösung des Geschehens in Episoden; eine Vorliebe für Sprecher, Kommentatoren und andere von außen in die Handlung eingreifende Figuren; oftmals auch mechanistische, vulgärmaterialistische Gedankengänge, Darstellung des Volkes als ausschließlich von Magen, Unterleib und Geldbörse her zugänglich; Mißachtung der Rolle des Bewußtseins als eines gesellschaftsverändernden Faktors.« (Bericht über eine von der Abteilung Kultur beim ZK der SED einberufene Tagung über »Die Entwicklung des sozialistischen Nationaltheaters« 28.–29. Mai 1959. In: Neues Deutschland v. 4. 6. 1959.)

18 »Katzgraben«-Notate. In: B. B.: Schriften zum Theater. Bd. 2. (Anm. 7) S. 818.

19 Vgl. Geschichte der Deutschen Literatur. Bd. 11: Literatur der Deutschen Demokratischen Republik. (Autorenkollektiv.) Berlin 1976. S. 412, 422.

20 Bericht des Politbüros zum 11. Plenum des ZK der SED. In: Neues Deutschland v. 16. 12. 1965. Unter diesen Gesichtspunkten wurde auch Hans Pfeiffers Brigadenstück *Begegnung mit Herkules* nach einer Leipziger Premiere abgesetzt. Pfeiffers erstes Gegenwartsstück *Die dritte Schicht* (U. 1960) erreichte nur zwei Vorstellungen.

21 In: Sinn und Form (1965) H. 1, S. 170.

22 Vgl. Geschichte der deutschen Literatur. Bd. 11. (Anm. 19) S. 413.

23 In: Sozialistische Dramatik. Autoren der Deutschen Demokratischen Republik. Berlin 1968. S. 463.

24 Ebd. S. 363.

25 Vgl. Walter Ulbricht: Die Bedeutung des Werkes »Das Kapital« von Marx für die Schaffung des

entwickelten gesellschaftlichen Systems des Sozialismus in der DDR und den Kampf gegen das staatsmonopolistische Herrschaftssystem in Westdeutschland. Berlin 1967.

26 In: Neue Stücke. Autoren der Deutschen Demokratischen Republik. Berlin 1971. S. 280.

27 Ebd. S. 312.

28 In: Traditionen und Tendenzen. Materialien zur Literatur der DDR. Frankfurt a. M. 1972. S. 587, bzw. 410.

29 Die entwickelte sozialistische Gesellschaft: Aufgaben der Gesellschaftswissenschaften nach dem VII. Parteitag der SED). In: Einheit (1971) H. 11. S. 1212.

30 (Rede auf dem 4. Plenum des ZK der SED.) In: Neues Deutschland v. 18. 12. 1971.

31 Einen Abriß dieser Diskussionen enthält Peter Christian Ludz: Widerspruchstheorie und entwickelte sozialistische Gesellschaft. In: Deutschland Archiv (1973) H. 5. S. 506–518.

32 Weite, Vielfalt und Widersprüche unserer Kunstentwicklung. In: Einheit (1973) H. 7. S. 802.

33 In: Theater der Zeit (1973) H. 2. S. 63.

34 Heiner Müller: Der Lohndrücker. In: Neue Deutsche Literatur. (1967) H. 5. S. 116.

35 Gudrun Klatt: Methoden – Erfahrungen – Entdeckungen. Entwicklungsprobleme und Leistungen der DDR-Dramatik. In: Theater der Zeit (1975) H. 8. S. 54.

36 In: Theater der Zeit (1973) H. 4. S. 64.

37 Vgl. Spektakel 2 – Zeitstücke. In: Theater der Zeit (1974) H. 12. S. 50–55.

38 Aus der ›Trilogie‹ *Die Goldgräber. Der Strick. Der Bauch*. In: Theater der Zeit (1977) H. 6. S. 64–72. Figuren und Strukturen aus dem Brecht/Weill-*Mahagonny Songspiel* locker und DDR-spezifisch zur Gesellschaftskritik und Satire aufgearbeitet, bisher nur einzeln aufgeführt: *Der Bauch* (U. 1974), *Die Goldgräber* (U. 1975), *Der Strick* (U. 1977 Budapest).

39 Theater in unserer Zeit. In: Theater der Zeit (1975) H. 1. S. 4.

40 Ebd.

Literaturhinweise

Abusch, Alexander: Literatur im Zeitalter des Sozialismus. Beiträge zur Literaturgeschichte 1921–1966. Berlin 1967.

Autorenkollektiv: Geschichte der Deutschen Literatur. Bd. 11. Literatur der Deutschen Demokratischen Republik. Berlin 1976.

Bathrik, David: Agroprop: Kollektivismus und Drama in der DDR. In: Geschichte im Gegenwartsdrama. Hrsg. von Reinhold Grimm und Jost Hermand. Stuttgart 1976. S. 96–110.

Beyer, Peter: Dramatik der DDR. Warschau 1976.

Brown, Edward J.: Russian Literature since the Revolution. London 1969.

Dokumente zur Kunst-, Literatur- und Kulturpolitik der SED. Hrsg. von Elimar Schubbe. Stuttgart 1972.

Dymschitz, Alexander: Reichtum und Wagnis der Kunst. Berlin 1974.

Einführung in die Theorie, Geschichte und Funktion der DDR-Literatur. Hrsg. von Hans-Jürgen Schmitt. Stuttgart 1975.

Fehervary, Helen: Heiner Müllers Brigadenstücke. In: Basis 2 (1971) S. 103–140.

Franke, Konrad: Die Literatur der Deutschen Demokratischen Republik. München 1971.

Gesellschaft, Literatur, Lesen. Hrsg. von Manfred Naumann. Weimar 1973.

Greiner, Bernhard: Die Literatur der Arbeitswelt in der DDR. Heidelberg 1974.

Huettich, H. G.: Theater in the Planned Society. Cultural Politics and Contemporary Drama in the German Democratic Republic in its Historical, Political, and Cultural Context. Chapel Hill 1978.

Hüttich, Gunner [ders.]: Zum Problem der Stereotypie in der Aufbauliteratur der DDR. In: Zeitschrift für Literaturwissenschaft und Linguistik. Beiheft 9. Stereotyp und Vorurteil in der Literatur. Göttingen 1978. S. 203–222.

John, Erhard / Lippold, Eberhard / Rammler, Michael: Kunst und sozialistische Bewußtseinsbildung. Berlin 1974.

Kähler, Hermann: Die Gegenwart auf der Bühne. Die sozialistische Wirklichkeit in den Bühnenstücken der DDR von 1956–1963/64. Berlin 1964.

Klatt, Gudrun: Erfahrungen des »didaktischen« Theaters der 50er Jahre in der DDR. In: Weimarer Beiträge 23 (1977) H. 7. S. 34–69.

Klunker, Heinz: Zeitstücke und Zeitgenossen. Gegenwartstheater in der DDR. München 1975.
Kritik in der Zeit: Der Sozialismus – seine Literatur – ihre Entwicklung. Hrsg. von Klaus Jarmatz. Halle (Saale) 1970.
Lederer, Herbert: Theater in the German Democratic Republic. In: Perspectives and personalities. Hrsg. von Ralph Ley [u. a.]. Heidelberg 1978. S. 214–221.
Lehrstück Lukács. Hrsg. von Jutta Matzner. Frankfurt a. M. 1974.
Maczewski, Johannes: Der adaptierte Held. Untersuchungen zur Dramatik in der DDR. Bern / Frankfurt a. M. 1978.
Mäde, Hans Dieter / Püschel, Ursula: Die Dramaturgie des Positiven. Berlin 1963.
Mittenzwei, Werner: Gestaltungen und Gestalten im modernen Drama. Berlin/Weimar 1965.
– Der Realismus-Streit um Brecht. In: Sinn und Form (1976) H. 6. S. 1273–1313.
Oelssner, Fred: Kampf gegen den Formalismus in Kunst und Literatur. Berlin 1951.
Positionen. Beiträge zur marxistischen Literaturtheorie in der DDR. Hrsg. von Werner Mittenzwei. Leipzig 1971.
Raddatz, Fritz J.: Zur Entwicklung der Literatur in der DDR. In: Die deutsche Literatur der Gegenwart. Traditionen und Tendenzen. Stuttgart 1971. S. 337–365.
– Traditionen und Tendenzen. Materialien zur Literatur der DDR. Frankfurt a. M. 1972.
Revolution und Literatur. Hrsg. von Werner Mittenzwei und Reinhard Weisbach. Leipzig 1971.
Riewoldt, Otto F.: Nicht unbeschadet, aber unbedroht. Zur Situation des Theaters in der DDR. In: L 76. Demokratie und Sozialismus. Politische und literarische Beiträge. Frankfurt a. M. / Köln 1977.
Rohmer, Rolf: Die Beziehungen Autor – Bühne – Publikum an den Theatern der DDR. In: Das Theater und sein Publikum. Wien 1977. S. 282–291.
Rühle, Jürgen: Das gefesselte Theater. Vom Revolutionstheater zum sozialistischen Realismus. Köln 1957.
Sander, Hans Dieter: Geschichte der schönen Literatur in der DDR. Freiburg i. Br. 1972.
Schivelbusch, Wolfgang: Sozialistisches Drama nach Brecht. Darmstadt/Neuwied 1974.
Slonim, Marc: Russian Theater from the Empire to the Soviets. New York 1962.
Sozialistische Realismuskonzeptionen. Dokumente zum I. Allunionskongreß der Sowjetschriftsteller. Hrsg. von Hans-Jürgen Schmitt und Godehard Schramm. Frankfurt a. M. 1974.
Theater Bilanz. Bühnen der DDR. Hrsg. von Christoph Funke. Berlin 1971.
Theater hinter dem eisernen Vorhang. Hrsg. von Reinhold Grimm [u. a.]. Basel 1964.
Theater in der Zeitenwende. Zur Geschichte des Dramas und des Schauspieltheaters in der Deutschen Demokratischen Republik. 1945–1968. 2 Bde. Berlin 1972.
Träger, Claus: Studien zur Realismustheorie und Methodologie der Literaturwissenschaft. Leipzig 1972.
Trommler, Frank: Der ›Nullpunkt 1945‹ und seine Verbindlichkeit für die Literaturgeschichte. In: Basis 1 (1970).
– Von Stalin zu Hölderlin. Über den Entwicklungsroman in der DDR. In: Basis 2 (1971).
– Der zögernde Nachwuchs. Entwicklungsprobleme der deutschen Nachkriegsliteratur in West und Ost. In: Tendenzen der deutschen Literatur seit 1945. Hrsg. von Thomas Koebner. Stuttgart 1971. S. 1–116.
Wekwerth, Manfred: Theater und Wissenschaft. München 1974.
Zipes, Jack: Bertolt Brecht oder Friedrich Wolf? Zur Tradition des Dramas in der DDR. In: Literatur und Literaturtheorie in der DDR. Hrsg. von Peter Uwe Hohendahl und Patricia Herminghouse. Frankfurt a. M. 1976. S. 191–240.
Zur Theorie des sozialistischen Realismus. (Autorenkollektiv unter der Gesamtleitung von Hans Koch.) Berlin 1974.

FRANK TROMMLER

Zur aktuellen Situation der DDR-Literatur

Die Periodisierung der DDR-Literatur beschäftigt seit langem offizielle und nichtoffizielle Beobachter, mit recht kontroversen Resultaten. Seit einiger Zeit läßt sich jedoch eine gewisse Übereinstimmung darüber feststellen, daß ein entscheidender, bis heute nachwirkender Umbruch Mitte der sechziger Jahre erfolgte. Zu diesem Zeitpunkt vollzog sich unter Ulbrichts selbstbewußtem Regime der Übergang von der Nachkriegs- und Aufbauphase der Deutschen Demokratischen Republik zur Phase der Konsolidierung, und in diesem Übergang veränderten sich Charakter, Form und Funktion der Literatur einschneidend. Die von der Theorie des sozialistischen Realismus begleitete optimistische und typisierende Aufbau- und Ankunftsliteratur machte einer Literatur der individuellen Erfahrung Platz, deren Realismus sich kritisch versteht, kritisch gegenüber der gesellschaftlichen Wirklichkeit ebenso wie gegenüber der eigenen ästhetischen Position. Um die aktuelle Situation der DDR-Literatur in den siebziger Jahren erfassen zu können, muß man zu diesem Umbruch Mitte der sechziger Jahre zurückgehen. Der Anspruch, Literatur in einer sozialistischen und für eine sozialistische Gesellschaft herzustellen, an dem die Schriftsteller der DDR gemessen werden, erhält erst in diesem Zusammenhang seine historische Kontur, nicht weniger als die offizielle Kulturpolitik dieses Staates, deren Schwankungen häufig als der – unregelmäßige – Herzschlag der Literatur mißverstanden werden.

Ohnehin ist in der DDR das Interesse an einer historischen Sichtweise in den siebziger Jahren gewachsen. Rückblick, Rückbesinnung und Bilanzierung gehören zur aktuellen Situation der DDR-Literatur. Die Autoren stellen den einstigen Hoffnungen die heutigen Realitäten gegenüber, greifen in die bewegten Kriegs- und Nachkriegsjahre zurück, fragen nach Sinn und Erfolg der politischen Wandlungen für den einzelnen. Darüber hinaus haben die spektakulären Ausweisungen bzw. Ausreisen von Schriftstellern wie Peter Huchel, Wolf Biermann, Reiner Kunze, Sarah Kirsch, Günter Kunert in die Bundesrepublik den Staat DDR insgesamt auf den Prüfstand gebracht, haben generelle Fragen über seine moralischen und politischen Fundamente aufgeworfen, die sich nicht allein mit der Berufung auf die vom Kapitalismus verschiedene Gesellschaftsform beantworten lassen. Während man in den fünfziger und sechziger Jahren für die Formulierung dessen, was Sozialismus in Deutschland sein könnte und sein sollte, ohne Zögern auf die Zukunft hinwies und noch in der westdeutschen Protestbewegung Ende der sechziger Jahre auf das Potential (um nicht zu sagen Prinzip) Hoffnung setzte, verlor dieses Vorgehen in den siebziger Jahren an Überzeugungskraft. Statt von der Zukunft wurde nun oft von der Vergangenheit gesprochen, wenn es um die Auseinandersetzung mit dem Sozialismus ging, von Erfahrungen statt von Programmen, und da gaben die Zeugnisse von Schriftstellern und Intellektuellen in der DDR ebenso wie in der Tschechoslowakei und der Sowjetunion vielbeachteten Anschauungsunterricht.

Der Zweifel an den Erfolgen, wie sie in der offiziellen Selbstdarstellung der DDR kontinuierlich behauptet werden, bedeutete jedoch keine Infragestellung der staatlichen

Sonderentwicklung seit dem Zweiten Weltkrieg. Auch die regimekritischen Schriftsteller betonten die Notwendigkeit dieses Staates, identifizierten den eigenen Aufstieg mit dessen Aufbauphasen. In der Literaturwissenschaft entspricht dieser Haltung das seit 1958 verfolgte Konzept einer eigenständigen DDR-Literatur. Dieses Selbstverständnis wurde auch im Westen anerkannt. Immerhin erschienen Anfang der siebziger Jahre in der Bundesrepublik fünf größere Überblicksdarstellungen zur DDR-Literatur (die Arbeiten von Werner Brettschneider, Konrad Franke, Fritz J. Raddatz, Hans-Dietrich Sander und der Sammelband von Hans-Jürgen Schmitt), bevor 1976 eine offizielle Geschichte der Literatur der DDR herauskam. Natürlich läßt sich bei dieser Welle publizistischen Interesses im Westen nicht übersehen, daß man damit, kurz nachdem die Ostpolitik von Brandt/Scheel zu Verträgen mit den östlichen Nachbarn führte und den Status von West-Berlin sicherte, eine Lücke auf dem Informationsmarkt erkennbar machen und schließen konnte. Zugleich wurden in der Beschäftigung mit der DDR-Literatur, die auch in die Universitäten Eingang fand, mancherlei Energien aufgefangen, die die linke Protestbewegung geweckt hatte. All das bedeutete gegenüber der vorhergehenden Periode der Ignoranz eine positive Entwicklung, lieferte sie doch zugleich die Basis für eine in den siebziger Jahren ständig anwachsende Berührung ostdeutscher Schriftsteller mit westdeutschem Publikum, mit der in den Fällen, wo Autoren bestimmte Werke in der DDR nicht publizieren durften, ihre Präsenz in der deutschen Öffentlichkeit gesichert war.

Auffallend ist für die sechziger Jahre die Korrespondenz zwischen dem kulturellen Missionsgefühl der DDR und der Verweigerung ihrer politischen Anerkennung seitens des Westens. Viele Künstler und Schriftsteller teilten das Gefühl, an der Schaffung eines Eigenen, Neuen mitzuwirken. Sie warteten nicht auf Anerkennung von jenseits der Grenzen, wo ihnen Mißtrauen und Ignoranz begegneten. Die Werke dieser Zeit spiegeln diese Suche nach Identifikation, ja leben davon. Anders in den siebziger Jahren, als die Anerkennung erfolgt war und nach den ›Mühen der Berge‹ die ›Mühen der Ebenen‹ zur Stellungnahme aufforderten. Hier genügte die Berufung auf die Eigenständigkeit nicht mehr. Sie war Voraussetzung, nicht Botschaft. Auch wenn die SED in dieser Situation die Abgrenzung von der Bundesrepublik offiziell noch stärker betonte, wandelte sich das Selbstverständnis der Schriftsteller. Sie gingen daran, ihren Beitrag als kritische Zeitgenossen zu formulieren. Ihre Erfahrungen als Zeugen sozialistischer Entwicklung in einer zunehmend technisierten Gegenwart drängten sie zu neuen Positionen, für die der Austausch mit dem Westen nicht mehr ›das andere‹ bedeutete, sondern stimulierend und korrigierend wirkte, häufig sogar für die Veröffentlichungsmöglichkeiten lebenswichtig wurde. Wo schließlich die Berührung mit dem Westen auch physisch vollzogen werden mußte, fragte man sich zu Recht, ob man das Emigration, Exil oder schlicht Übersiedelung nennen sollte. So wenig dafür ein Patentbegriff gefunden wurde, so eindeutig bestätigte es das Faktum, daß die DDR-Literatur in ihrer Besonderheit und Wirkung ohne die Verflechtung mit der Bundesrepublik nicht mehr zu denken ist.

Angesichts der intensiven kulturellen Verflechtungen zwischen Bundesrepublik, Österreich und der deutschen Schweiz stellt das nichts Ungewöhnliches dar und hat mit dem jeweils eigenständigen Gesellschafts- und Staatsverständnis nur indirekt zu tun. Die Bundesrepublik dient mit ihrem großen Markt, ihren Medien und Publikationsanstalten längst als wichtigster Vermittler der deutschen Kultur, wobei in den siebziger

Jahren die Leistungen jenseits ihrer Grenzen besonders interessant gewesen sind. Solange mit dieser Vermittlung und Rezeption (über die auch ein Großteil des Austausches mit dem anderssprachigen Ausland läuft) nicht die Anmaßung einhergeht, alleiniger Sprecher der deutschen Gegenwartskultur zu sein, liegt diese Funktion der Bundesrepublik durchaus im Interesse der deutschsprachigen Schriftsteller, Künstler, Theaterleute und Intellektuellen. Überschaubare und wirksame Information und Kommunikation sind im technischen Zeitalter auch für die Künstler unabdingbar, um so mehr als im deutschen Sprachraum heute eine Metropole fehlt, die als natürlicher – und kritischer – Katalysator der Kultur dienen könnte. Die DDR-Literatur, die innerhalb der Literatur Osteuropas als deutsche Variante sozialistischer Kultur ihre Möglichkeiten und Grenzen findet, hat mit dieser Verflechtung bisher nicht Einengung, sondern Bewegungsfreiheit und Weltläufigkeit gewonnen. Während sie im Osten angesichts der deutschen Untaten im Zweiten Weltkrieg niemals anders denn als *deutsche* Literatur verstanden werden wird, profiliert sie sich in der Verbindung zum Westen als sozialistische Variante innerhalb der deutschen Kultur, als Variante, die ihre Wurzeln in der deutschen Geschichte, speziell in der deutschen Arbeiterbewegung besitzt, jedoch ihre Substanz aus der künstlerischen Bemühung um die eigentümliche, keineswegs immer sozialistische Wahrheit dieses Staates gewinnt.

Ohnehin lehren Politik und Ökonomie der siebziger Jahre, wie sehr die DDR generell aus der Kooperation, nicht Konfrontation mit der Bundesrepublik Vorteile zieht, wie sehr sie, nachdem die Aufbaueuphorie der Vergangenheit angehört, für ihre Selbständigkeit auf eine höchst prekäre Balance zwischen Ost und West angewiesen ist. Entsprechend hat die Bundesrepublik in ihrer Politik der letzten Dekade erkennen lassen, daß sie am Bestand eines stabilen deutschen Staates interessiert ist, weil nur auf diese Weise der Frieden in Europa garantiert wird, der in diesem Jahrhundert von einem einigen, mächtigen Deutschland zweimal zerstört wurde. Angesichts der nationalen Interessen der Kommunisten in Osteuropa (und Westeuropa) vermag sich dieser deutsche Staat im Osten trotz aller Berufung auf den Sozialismus nicht viel Identifikation jenseits der nationalen Kultur und Tradition zu verschaffen. Zwar weist jede offizielle Äußerung zur Begründung der Existenz der DDR auf den »fundamentalen Gegensatz der Epoche«, die Konfrontation von Kapitalismus und Sozialismus hin, doch ist die Stabilität dieses Staates in Wahrheit nur von der Machtbalance seit dem Zweiten Weltkrieg garantiert worden, d. h. von dem Interesse der Großmächte, in Zentraleuropa eine Friedenszone zu errichten. Daß ihr grausamstes Symbol, die Mauer in Berlin, von den Kommunisten errichtet wurde, bezeugt den repressiven Charakter ihres Systems, kann aber nicht ohne Bezug auf eben jene Notwendigkeiten, die sich aus der Niederlage Deutschlands ergeben, bewertet werden.

Damit ist schließlich der wichtigste Bezugspunkt für die Einstufung der Literatur der DDR als Teil der deutschen Literatur beim Namen genannt. Nachdem die Staatlichkeit der Deutschen Demokratischen Republik mit enormem Aufwand an ideologischer Rauchentwicklung etabliert worden ist, haben die siebziger Jahre eine nüchternere Rückbesinnung auf die historische und kulturelle Situation ermöglicht. Es ist nicht nur sichtbar, sondern aussprechbar geworden, daß sich auch die DDR, die sich in einer ungebrochenen Traditionslinie mit dem deutschen Sozialismus sieht, nicht aus der Haftung für die gesamte deutsche Geschichte entlassen kann, aus der Haftung für eine Nation, die in Europa die brutalste Menschenausrottung betrieben und dafür einzustehen hat. So wenig es gelingen konnte, sich unter Berufung auf den Sozialismus »als den Sieger der Geschichte« von der Verantwortung für die deutsche Geschichte, d. h. von der deutschen Niederlage freizumachen, so wenig kann sich die DDR aus der Gemeinsamkeit der deutschen Kultur entlassen. Diese Kultur bezog seit jeher aus der Verschiedenheit von Landschaften und Ländern ihren besonderen Charakter. Wenn nach dem Zweiten Weltkrieg in einem Staat ein sozialistischer Neuanfang versucht wurde, so verdient dieses Novum volle Beachtung. Allerdings läßt es sich inzwischen nicht mehr nur nach dem programmatischen ›Anspruch‹, wie der vielgebrauchte Terminus lautet, bewerten.

Das Ende der Nachkriegsliteratur

Zeugnisse von DDR-Schriftstellern aus den siebziger Jahren machen auf solche historischen Zuordnungen aufmerksam. Sie stehen nicht im Vordergrund, gewinnen aber wie im Falle der heftigen Diskussion um Christa Wolfs Buch *Kindheitsmuster* (1976) eine plötzliche Signalwirkung, die erkennen läßt, daß die offizielle Sprachregelung der Partei zum Thema deutsche Vergangenheit keineswegs kritiklos akzeptiert wird. Dabei geht es nicht darum, die Reinigung der Beamten- und Lehrerschaft von Nazis oder die ökonomisch-politischen Maßnahmen gegen faschistische Institutionen nach 1945 neu zu diskutieren. Hier geschah eine weitaus gründlichere Tilgung und Bestrafung nationalsozialistischer Elemente als in Westdeutschland. Was vielmehr wieder erörtert wird, ist die Frage, ob die mit dieser strikten Reinigung übereingehende Feststellung, der Faschismus sei damit in der DDR bewältigt und überwunden, wirklich zutreffe. Gewiß wurde die Bevölkerung, insbesondere die Jugend, in der DDR systematisch von Presse, Film, Fernsehen, bildender Kunst und Literatur antifaschistisch erzogen. Unbefragt aber blieb, so lauten die Argumente, was der Faschismus über die Ideologie hinaus für den einzelnen Deutschen wirklich bedeutet habe, wie die Deutschen zwölf Jahre lang den Faschismus aktiv praktizieren und danach – in der DDR – eine komplette Wendung vollziehen konnten. Sind Verhaltensweisen, die die Deutschen offensichtlich für den Faschismus prädestinierten, im Sozialismus plötzlich abgeschafft worden? Der Dramatiker Heiner Müller meldete daran schon früh seine Zweifel an. Der Lyriker Günter Kunert kritisierte, man sei der Auseinandersetzung mit dem faschistischen ›Überbau‹ ausgewichen, habe seine psychischen wie intellektuellen Voraussetzungen ignoriert und das gesamte Phänomen als Produkt ökonomischer Zwänge vor 1933 neutralisiert.[1] Die Erzählerin Christa Wolf sagte 1976 in einer Diskussion anläßlich ihres Buches *Kindheitsmuster* über die allzu glatte Bewältigung des Phänomens Faschismus in der Literatur: »Ein wenig stört mich, daß viele unserer Bücher über diese Zeit enden mit Helden, die sich schnell wandeln, mit Helden, die eigentlich schon während des Faschismus zu ziemlich bedeutenden und richtigen Einsichten kommen, politisch, menschlich. Ich will keinem Autor sein Erlebnis bestreiten. Aber mein Erlebnis war anders. Ich habe erlebt, daß es sehr lange gedauert hat, bis winzige Einsichten zuerst, später tiefgehende Veränderungen möglich wurden.« Der Anlaß für *Kindheitsmuster* sei »dieses Gefühl einer Lücke; daß etwas fehlt, daß auch, glaube ich, Leser außerhalb unserer Grenzen vielleicht etwas mehr darüber wissen sollten, daß sie erfahren wollen, was eigentlich in den Leuten damals vorgegangen ist«. Christa Wolf summierte: »Ich glaube – ich bin sogar ganz fest davon überzeugt –, daß, was diese Zeit betrifft, von uns allen vieles uns selber und anderen bisher nicht gesagt ist.«[2]

Die Diskussion um Christa Wolfs Erinnerungsbuch über ihre Kindheit am Ende des Zweiten Weltkrieges, die 1977 vor allem in der Zeitschrift *Sinn und Form* geführt wurde, bestätigte diese Feststellung nachdrücklich. Die Literaturkritikerin Annemarie Auer wandte sich gegen die Art und Weise, wie Christa Wolf die Nazizeit mit der Gegenwart verknüpfte, etwas, was andere Beobachter gerade als mutig und befreiend hervorhoben. Während *Kindheitsmuster* im allgemeinen positive Rezensionen erhielt, machte dieser Aspekt zu schaffen, zumal Christa Wolf die Schilderung der aktuellen Besinnung in dunklen, resignierten Tönen hielt. Stephan Hermlin erinnerte in einem Brief gegen Annemarie Auers *Gegenerinnerung* in *Sinn und Form* (4/1977) daran, daß die Zahl der wirklichen Antifaschisten gering gewesen sei. Daneben stünden die anderen: »Man muß wissen, an was, wie sie sich erinnern, auf welche Weise das Vergangene im Gegenwärtigen, das Gegenwärtige im Vergangenen aufscheint. Was Franz Fühmann, Christa Wolf, Hermann Kant geleistet haben, ist von größtem Wert.«[3]

Wie immer der literarische Rang von Christa Wolfs Buch einzuschätzen ist – darauf wird noch zurückzukommen sein –, es hat mit seiner »subjektiven Authentizität« einen entscheidenden Beitrag dazu geliefert, die Stereotypen antifaschistischer Literatur weiter aufzubrechen und eine genauere öffentliche Reflexion über die Wirklichkeit des Faschismus zu fördern. Christa Wolfs Kritik an den allzu vorbildlich denkenden Helden von Entwicklungsromanen (vorwiegend zwischen 1957 und 1965) rückt das Problem bereits ins Zentrum, ohne daß die moralisch-pädagogische Absicht dieser Werke bestritten würde, die man als antifaschistisch bezeichnet hat.[4] Denn das sind diese Werke auf jeden Fall: antifaschistisch. Sie gleichen darin vielen Bildern von sozialistischen Malern und zahlreichen Filmen der DEFA. Sie stellen die richtige Weltanschauung der falschen gegenüber, die positive Gesellschaftsordnung der verbrecherischen und lassen im Zuschauer keinen Zweifel an der Auslegung zu – allerdings auch keinen Zweifel an sich selbst. Seine Zweifel werden mit den Stereotypen in Schwarz und Weiß zugedeckt: man erkennt nicht sich, sondern ein fernes Geschehen. Es waren andere Deutsche, nicht die Mitlebenden in der DDR.

Einige der seit den vierziger Jahren entstandenen antifaschistischen Werke fanden auch im Ausland Beachtung, etwa Bücher von Anna Seghers und Bruno Apitz (*Nackt unter Wölfen*) oder Filme von Konrad Wolf (*Sterne, Ich war neunzehn*). Die besten unter ihnen bleiben nicht bei der bloßen Illustration des »Anti-« stehen, sondern sprechen auch davon, wie der Faschismus trotz der Antifaschisten ein ganzes Volk infizieren konnte. Gerade darüber aber schwieg man sich unter Kommunisten im allgemeinen aus, noch lange nachdem Stalin gestorben war. Aufstieg und Erscheinungsform des Nationalsozialismus wurden in der sowjetischen Einflußzone bis in die sechziger Jahre hinein kaum erforscht,[5] es blieb nur die von Dimitrow 1935 geprägte Formel vom Faschismus als »offener terroristischer Diktatur der reaktionärsten, am meisten chauvinistischen Elemente des Finanzkapitals«. Genug, daß die Gegnerschaft festgestellt wurde. Es ging um anderes, um den Aufbau einer sozialistischen Gesellschaft. Die Legitimation lag im Sieg des Sozialismus, man gehörte zu den Siegern. Es war diese Zurückweisung der Niederlage, die Johannes R. Becher und Bertolt Brecht zu engagierter Kritik veranlaßte. Brechts Wort von 1953 faßt den Sachverhalt zusammen: »Wir

haben allzufrüh der unmittelbaren Vergangenheit den Rücken zugekehrt, begierig, uns der Zukunft zuzuwenden. Die Zukunft wird aber abhängen von der Erledigung der Vergangenheit.«[6]
Damit korrespondiert Hermlins Bemerkung von 1977, daß man wissen müsse, auf welche Weise das Vergangene im Gegenwärtigen, das Gegenwärtige im Vergangenen aufscheine. Für dieses Wissen lieferte die Literatur in der Zwischenzeit nur zögernd Material. Der sozialistische Realismus, wie er von Partei und Staat propagiert wurde, sperrte sich dagegen. Er nährte sich aus der von Brecht genannten Begierde, sich der Zukunft zuzuwenden, war schon in den dreißiger Jahren im Sowjetstaat als aktivierendes Literaturprogramm für eine Aufbaugesellschaft durchgesetzt worden. Er sollte erkennbar machen, was in der Gegenwart noch nicht vorhanden war. Er zielte auf das geschlossene Kunstwerk, in dem die Brüche in der Wirklichkeit nicht sichtbar würden, zielte auf einen Realismus, der die Wirklichkeit nur nach der bereits fixierten Tendenz erfaßte. Kernbegriffe waren Aufbau, Leistung, Verantwortung, Anstrengung, Erfolg. In der DDR fügte man nach 1960 ›Ankunft‹ hinzu. Nach der Vielzahl von Produktionsromanen, die sowjetischen Mustern folgten, hatte Ulbricht mit dem Bitterfelder Weg eine Literatur gefordert, die zugleich aufbauend und repräsentativ, arbeitsbezogen und klassisch sein sollte. Schriftsteller, zumeist der jüngeren Generation, rückten die positive Begegnung mit der im Aufbau befindlichen Industrie in den Mittelpunkt, beschrieben diese ›Ankunft‹ als repräsentativ für das Neue in diesem Lande. Die Stereotypen dieser Literatur berührten sich mit denen der antifaschistischen Werke: es ging um die Manifestation eines neuen sozialistischen Staates, der sich selbst am Schopf aus dem Sumpf von Kapitalismus und Faschismus herauszog, den Blick nach oben gerichtet und voller Gewißheit, sich damit von den Schatten der Vergangenheit zu befreien. Da war kein Platz für die Verarbeitung der Mitschuld an Deutschlands Verirrung, für die Abrechnung mit dem Stalinismus und seiner bürokratisch-brutalen Manipulation von Menschen und Ideen. Indem der Staat behauptete, die Rechnung mit der Vergangenheit beglichen zu haben, nahm er dem einzelnen Schriftsteller die Veranlassung, in eigener Münze eine Abzahlung zu versuchen.
Die Tatsache, daß die DDR-Literatur bis Mitte der sechziger Jahre im Ausland vergleichsweise wenig Resonanz erhielt, hängt mit dieser ideologisch begründeten Vorausnahme eng zusammen. In dieser Literatur fand man wohl eine militante Stellungnahme für Sozialismus und gegen Faschismus, aber kaum Aufschlüsse darüber, wie die einzelnen Deutschen mit den von ihrem Land verursachten Ereignissen fertig geworden waren. Das Gewicht, das die westdeutsche Literatur während dessen mit Namen wie Böll, Grass, Lenz, Walser u. a. international gewann, beruhte vor allem auf der individuellen Betroffenheit über Deutschlands jüngste Geschichte, der diese Autoren Ausdruck verliehen. Indem sie die Gegenwart in die Auseinandersetzung mit der Vergangenheit hineinnahmen – vor allem jene von Alexander Mitscherlich analysierte Unfähigkeit zu trauern –, gelangten sie zu wirklichen Aufschlüssen. Erst ihre Gegenwartskritik verschaffte der Beschäftigung mit der Vergangenheit Überzeugungskraft. Es ist demgegenüber nicht unangemessen, auch in der DDR bis in die sechziger Jahre hinein von einer deutlich umrissenen Periode der Nachkriegsliteratur zu sprechen, insofern die forcierte Ideologisierung der Erfahrung von Vergangenheit, Gegenwart und Zukunft ein Resultat des Krieges darstellte, den Schriftstellern oft nicht weniger als den Politikern von einer größeren Machtkonstellation auferlegt, so daß man im

Rückblick kaum Werke von bleibendem Bestand, wohl aber eine aufschlußreiche Dokumentation der ideologisch dominierten Nachkriegs- und Aufbauzeit verzeichnen kann.
In diesem Zusammenhang wird verständlich, warum Johannes Bobrowski mit seinem Roman *Levins Mühle* 1964 eine so tiefgehende Wirkung auf Autoren in der DDR ausübte. Bobrowski entfaltete in diesen ›34 Sätzen über meinen Großvater‹, ganz privat und scheinbar versponnen, eine Szenerie deutsch-jüdisch-polnisch-östlicher Provinzkultur in Westpreußen, worin die individuelle Schuld bedacht und festgehalten wird, die Schuld des deutschen Großvaters, der sich als einziger Mühlenbesitzer im Ort der Konkurrenz des Juden Levin entledigt und weiterhin die Rolle des Biedermanns spielt. Vorbildcharakter gewann vor allem die reflektierte und sensibel vermittelnde Erzählhaltung, bei der das Geschehene zunächst als Gegenstand sprachlicher Mitteilung erkennbar wird, bevor es zum Faktum gerinnt. Bei dieser Abkehr vom geradlinigen Erzählen und Hinwendung zur sprachkritisch reflektierten Vergegenwärtigung bestimmter Erfahrungen fanden bisher stark vernachlässigte Themen Ausdruck. Man hat geradezu vom Bobrowski-Ton in neueren Werken der DDR-Literatur gesprochen. Bezeichnend ist die Feststellung dieses Autors, der zuvor als Lyriker hervorgetreten war: »Ich bin dafür, daß alles immer neu genannt wird, was man so ganz üblich als ›unbewältigt‹ bezeichnet, aber ich denke nicht, daß es damit ›bewältigt‹ ist. Es muß getan werden, nur auf Hoffnung.«[7]
Bobrowski starb bereits 1965. Aber er trug viel zu der Wende in der DDR-Literatur Mitte der sechziger Jahre bei, von der eingangs gesprochen worden ist und deren Spuren bis in die Gegenwart reichen. In Christa Wolfs Werk, etwa in *Nachdenken über Christa T.* und *Kindheitsmuster*, sind diese Spuren besonders deutlich zu sehen.

Die Herausforderung der wissenschaftlich-technischen Revolution

Wenn auch nach 1971 unter Ulbrichts Nachfolger Erich Honecker die Bezugnahme auf die Leistungen der vorhergehenden Konsolidierungsperiode an den Rand gerückt ist, bleibt diese Zeit für das Selbstverständnis in der DDR richtungweisend. Mit Ulbrichts bemerkenswerten Erfolgen in der Wirtschaftspolitik verloren Mitte der sechziger Jahre die Produktionsparolen einiges von ihrem bloßen Projektionscharakter. Angesichts der Fortschritte im alltäglichen Leben, in Industrie und Versorgung, wuchsen auch bei DDR-Bewohnern, die nicht ideologisch engagiert waren, Stolz auf das Geleistete und Identifikation mit dem Staat. Diese Identifikation wurde dadurch erleichtert, daß Ulbricht in überraschendem Maße ideologische Prinzipien hinter die gleichsam neuentdeckte Steuerungskraft Wissenschaft zurücktreten ließ und in die alltägliche Sprachregelung den (beinahe) wertneutralen Begriff der wissenschaftlich-technischen Revolution einbrachte. Die von sowjetischen und westlichen Ideen gespeiste Bemühung um Verwissenschaftlichung der gesellschaftlichen Planung nahm zeitweise solches Ausmaß an, daß sich langwährende Prioritäten des Marxismus-Leninismus zu verschieben schienen. Ohne Schwierigkeiten lassen sich in der Technik- und Wissenschaftsgläubigkeit alte sozialdemokratische Traditionen erkennen, und selbst das von Ulbricht mit lauten Fanfaren verkündete Konzept der sozialistischen Menschengemeinschaft in der DDR hat sozialdemokratische Vorläufer.[8]

Was bei dieser dekretierten Homogenisierung der Gesellschaft unter Führung von Planern und Leitern verlorenging, war die zuvor so lautstark verkündete zentrale Rolle der Arbeiterklasse. Nachdem schon vorher die Darstellung von Arbeit und Arbeiter in Literatur und Kunst höchst problematisch gewesen war[9] (und die Bitterfelder Bewegung als Mißerfolg abgebrochen wurde), rückte dieser Bereich noch mehr beiseite. Es eröffneten sich Ausblicke, die den lange gepflegten Vorstellungen über die Zukunft der sozialistischen Arbeit widersprachen. Eines der entscheidenden Probleme der wissenschaftlich-technischen Revolution hat Claus Koch kritisch auf den Nenner gebracht: »Wenn mit der nun konkreten Möglichkeit, in wenigen Jahrzehnten zentrale Bereiche der Güterproduktion, des Kommunikations- und des Verkehrswesens selbstregulierenden Steuerungsprozessen unterwerfen zu können, eine Revolutionierung des Charakters massenhafter, gleichförmiger Arbeit avisiert ist – was soll, was kann dann der neue Charakter sozialistischer Arbeit sein, die zumindest heute von kapitalistischer Arbeit nicht unterschieden ist?«[10] Es verwundert kaum, daß die industrielle Arbeitswelt als Zentralthema und Bezugsrahmen künstlerischer Auseinandersetzung in den Hintergrund trat, auch wenn ihre Geltung für die DDR weiterhin beschworen wurde.[11]

Zugleich verlor der sozialistische Realismus, der als aktivierendes Literaturprogramm für eine Aufbaugesellschaft durchaus seine Funktion besessen hatte, seine Bedeutung. Noch mehr als zuvor wurde offenkundig, wie stark er seit seiner Durchsetzung in der Sowjetunion eine bloße Projektion bereits geleisteter Zukunft darstellte (wobei hier auf die repressive, kaum enthusiasmierende Anwendung von seiten der Partei nicht eingegangen zu werden braucht), wie eng er an die stalinistische Konzeption des Sozialismus als Leistungs- und Aufbaudoktrin gebunden war, und zwar um so härter verfochten, je weniger die Zukunft bereits geleistet war. Denn wo lag nun die Notwendigkeit ästhetischer Antriebe für eine solche fiktive Vorausnahme, wenn man mit der Wissenschaft bereits über den Schlüssel zur Zukunft zu verfügen glaubte? Stellten nicht die »wissenschaftlichen Methoden der Analyse, der Prognostik, der Quantifizierung gesetzmäßiger Prozesse«, wie sie Ulbricht beschwor, einen viel überzeugenderen Vorgriff auf die zukünftigen Entwicklungen dar? In der Tat wurde die Definition des sozialistischen Realismus, die schon vorher ihre Genauigkeit zumeist nur als Spiegel der jeweiligen Parteiinteressen erworben hatte, noch unbestimmter. Der 1966 maßgebende, in der Zeitschrift *Neue Deutsche Literatur* (H. 5) veröffentlichte Text von Erwin Pracht und Werner Neubert, *Zu aktuellen Grundfragen des sozialistischen Realismus in der DDR*, bildet ein wortreiches Zeugnis von Theorieopportunismus, insofern die von Brecht herausgestellte dialektisch-kritische Wirklichkeitssicht eingebracht, zugleich aber die von der Partei vorgegebene Wirklichkeitsinterpretation beibehalten werden soll.[12] Wenn in den Folgejahren das Publikum und seine Aufnahme künstlerischer Werke als große Entdeckung in die theoretischen Erörterungen einbezogen wurden, so drückte sich darin eine größere Offenheit gegenüber dem tatsächlichen Verhältnis von Literatur und Wirklichkeit aus. Insgesamt kam das der – im Westen schon vorher etablierten – Rezeptionsforschung zugute, kaum aber einer deutlicheren Analyse des spezifisch Sozialistischen. Die Bestimmung des Kommunikationsprozesses zwischen Autor und Leser erreichte in den siebziger Jahren in der DDR ein wissenschaftlich hohes Niveau,[13] konnte aber nicht verbergen, daß die früher so betonte kulturelle Dynamik zugunsten statischer Modelle aufgegeben war. Wo die Zukunft nur als eine

Verlängerung der Gegenwart vorausgesetzt wird, schrumpft der Sozialismus zum bloßen Kommunikationskonzept zusammen.
Am stärksten wurde von den Wandlungen die Literatur betroffen. Für sie ergaben sich angesichts der Ausrichtung an technologisch-wissenschaftlichem Denken und der dazugehörigen ganzheitlichen Planer- und Leiterperspektive, d. h. Managerperspektive, grob gesprochen nur zwei Möglichkeiten: Entweder sie erschöpfte sich in der Funktion des emotionalen Transmissionsriemens, mit dem sich die bereits durchforschten Sachverhalte und -entscheidungen ans Publikum vermitteln ließen, oder sie berief sich auf ihre eigenen Wahrheiten und Aussageweisen und wurde ins Abseits abgeschoben. Natürlich lag darin nichts entscheidend Neues, doch rückte das Problem mit der Abkehr von den unmittelbaren Aufbausorgen nun grundsätzlicher ins Blickfeld. Vor allem ließen die Maßregelungen des 11. Plenums gegen Schriftsteller, Künstler und Filmschaffende 1965 keinen Zweifel daran, daß die Partei eine selbständigere kritische Rolle der Künste auch in der Phase der Konsolidierung ablehnte. Die Formulierung von Entfremdung und Widersprüchen bildete eine Herausforderung an die neuen technisch-wissenschaftlichen Harmonisierungsstrategien. Letztlich konnte der Staat, der die Literatur Ende der fünfziger Jahre in einer politisch und ideologisch prekären Situation als aktivierendes und legitimierendes Element der Aufbauprogrammatik gebraucht hatte, auf diese Hilfe nun verzichten. War Literatur zwar einflußreich genug, um Zweifel und Entfremdungsvorstellungen zu fördern (abschreckendstes Beispiel: Kafka), so trug sie doch mit ihrem begrenzten Konsumentenkreis und häufig elitären Kommunikationscharakter nur bedingt zu positivem Systemdenken bei.
Es entsprach der neuen enthusiastischen Einschätzung der Massenkommunikation, wenn die Partei in dieser Situation, das Fernsehfieber ausnutzend, die Fernsehdramatik über das Leben in der DDR an die Spitze des Interesses stellte. Nach dem Durchbruch des fünfteiligen Fernsehfilms *Dr. Schlüter* von Karl Georg Egel, der 1965/66 eine überaus hohe Einschaltquote erzielte und viele Diskussionen in der Öffentlichkeit auslöste, kam es 1966 mit den Sendungen von *Hannes Trostberg*, *Ohne Kampf kein Sieg*, *Irrlicht und Feuer*, *Columbus 64* und *Meine besten Freunde* geradezu zu einem »heißen Fernsehsommer«.[14] Besonders große Resonanz fanden danach die Fernsehfilme *Die Geduld der Kühnen* (1967), *Zeit ist Glück* (1968), *Die Zeichen der Ersten* (1969) von Benito Wogatzki, *Wege übers Land* (1968) von Helmut Sakowski und *Krupp und Krause* (1969) von Gerhard Bengsch. In diesen Filmserien sah man auf offizieller Seite eine neue Volkskunst entstehen, die die Massen wirklich erreichte und jenen emotionalen Transmissionsriemen darstellte, den die Literatur nur ungenügend abgab. Die Anerkennung des Kunstcharakters ging mit der Fähigkeit der Filme einher, individuelle Schicksale mit großen politisch-gesellschaftlichen Problemkomplexen zu verknüpfen. Die 1967 ausgearbeitete Fernsehkonzeption zielte ausdrücklich auf die »Entwicklung des DDR-Bewußtseins der Zuschauer«, d. h. auf die Entwicklung des Staatsbewußtseins, des Klassenbewußtseins, der historischen Einstellung zur DDR, vor allem aber auf das »Handeln im Interesse des Ganzen« und die »Formung der ethisch-moralischen Grundhaltungen und Verhaltensweisen der sozialistischen Menschen, die Entwicklung des sozialistischen Menschenbildes, die Herausbildung der sozialistischen Menschengemeinschaft«.[15]
Dafür hatte die Literatur nicht genug anzubieten. Gegenüber dem bewegten Bild vom Neuererhelden, zumeist eines Ingenieurs, der sich im heroischen Alleingang für das

Ganze – das visuell ständig präsent gehalten werden kann – verzehrt, mußte sie mit ihren sprachlichen Vermittlungsformen zurückbleiben. Mehr noch, die Rückbesinnung von Schriftstellern auf ihre spezifische Wahrheit, auf Schmerz, Leiden und individuelles Glück, nahm sich in offizieller Perspektive als Resignation, als privater Defätismus in einer gemeinschaftsbezogenen Gesellschaft aus. Zahlreiche Autoren gingen aber den Weg in die Reflexion und Introspektion, distanzierten sich von dem Drang zur Repräsentation, der ihr Tun lange Zeit legitimiert hatte.

Die Suche nach neuer Legitimation führte zu neuem literarischem Selbstbewußtsein und neuem Ernstnehmen literarischer Wirklichkeitsfindung. Davon brachte die Lyrik-Debatte in der Zeitschrift *Forum* 1966 einiges zum Ausdruck. Sie zielte über die traditionellen Schattengefechte um den sozialistischen Realismus hinaus, rückte die Eigenständigkeit der Literatur gegenüber Wissenschaft und Technik ins Zentrum. Von Günter Kunerts skeptischer Stellungnahme im *Forum* (10/1966) zu Christa Wolfs Essay *Lesen und Schreiben* 1968 führt ein gerader Weg. In breitgefächertem Argumentationszusammenhang versicherte sich Christa Wolf der Notwendigkeit von Prosa, markierte sie deren Vermögen, »tödliche Vereinfachungen« abzubauen, »indem sie die Möglichkeiten vorführt, auf menschliche Weise zu existieren«.[16]

Bemerkenswert ist für diese Jahre sowohl die wachsende Zahl von Schriftstelleressays über Probleme literarischer Arbeit als auch eine deutliche Bevorzugung kürzerer Darstellungsformen. Anfang der siebziger Jahre stellte Kurt Batt unter Hinweis auf Erwin Strittmatter, Anna Seghers, Christa Wolf, Günter Kunert, Manfred Jendryschik, Bernd Jentzsch u. a. fest, »daß die nach wie vor beim Lesepublikum begehrteste Gattung, der Roman, derweil seine führende Stellung an die kleinen Prosaformen hat abtreten müssen«. Die »verhaltene Sprache« der neuen Kurzgeschichten erlaube es, »jene nichtantagonistischen, eher unterschwelligen Widersprüche kenntlich zu machen, die sich nicht in dramatischen Kollisionen entladen, aber in ihrer bisweilen beängstigenden, bisweilen heiteren Stille ein gut Teil unseres Lebens beherrschen«.[17]

Die verhaltene Sprache, die die Subjektivität der Mitteilung unmißverständlich erkennbar macht, gewann auch in der Lyrik an Terrain. Ihre Evokation der »unterschwelligen Widersprüche« nahm in diesem Genre besonders beziehungsreiche Ausdrucksformen an, die den Vorwurf des Subversiven geradezu herausforderten. Damit ist die Bezugnahme auf existentielle Sinnfragen eng verbunden, die Günter Kunert, selbst ein verhalten formulierender Lyriker, für die neuere Lyrik in der DDR als konstitutiv hingestellt hat. Die »wesentlichsten jüngeren Lyriker«, merkte Kunert an, »(ich möchte wenigstens ein paar Namen nennen: Karl Mickel, Sarah Kirsch, Adolf Endler, Heinz Czechowski, Reiner Kunze, Bernd Jentzsch) beziehen sich auf diese existentielle Ebene in ihren Gedichten, mehr oder weniger offenkundig, mehr oder weniger virulent«.[18]

In den offiziellen Äußerungen Ende der sechziger Jahre klang ›subjektiv‹ allerdings häufig wie ›subversiv‹. Höhepunkt einer ausdauernden und mit restriktiven Maßnahmen verbundenen Kritik an der Wendung zu Reflexion und Introspektion in der Literatur bildete der VI. Schriftstellerkongreß 1969. Hier wurden Autoren wie Christa Wolf und Reiner Kunze direkt angegriffen. Max Walter Schulz, der Leiter des Leipziger Ausbildungsinstituts für schriftstellerischen Nachwuchs »Johannes R. Becher«, warf in seinem Grundsatzreferat Christa Wolf vor, in ihrem Buch *Nachdenken über Christa T.* »unsere Lebensbewußtheit zu bezweifeln, bewältigte Vergangenheit zu erschüttern, ein gebrochenes Verhältnis zum Hier und Heute und Morgen zu erzeugen«.[19] Restriktive Maßnahmen bedeuteten im Falle dieses Buches, daß es in der DDR zunächst praktisch nicht erhältlich war. Es wurde nur in wenigen hundert Exemplaren an Literaturwissenschaftler und Parteifunktionäre ausgeliefert, während es sehr bald in vergleichsweise hoher Auflage in der Bundesrepublik erschien. Selbst Hermann Kant bekam mit der Veröffentlichung des Romans *Das Impressum*, der 1969 zum Jubiläum der DDR herauskommen sollte, Schwierigkeiten. Offensichtlich war diese ironisch-satirische Bestandsaufnahme des Lebens in der DDR, die ins Nachdenken über den Chefredakteur David Groth gekleidet ist, der ein Ministeramt übernehmen soll, den Veranstaltern des Jubiläums zu salopp. Kant hatte das Verdienst, mit dem Roman *Die Aula* 1965 die stereotypen Schilderungen vom Aufbau der DDR und der Ankunft der jüngeren Generation mit einer heiter-ironischen, episoden- und anspielungsreichen Darstellung aus der Frühzeit der DDR-Entwicklung durchbrochen zu haben. Das Buch war neben Bobrowskis *Levins Mühle* zum wichtigsten Beispiel einer reflektierten Erzählkunst geworden, mit der die – auch ideologisch – geschlossene Fiktion zugunsten einer offeneren, auf Dialog mit dem Leser bedachten Vortragsform aufgegeben wurde. Diese Technik übernahmen auch Autoren wie Erik Neutsch (*Die anderen und ich*, 1970; *Auf der Suche nach Gatt*, 1973), Alfred Wellm (*Pause für Wanzka*, 1968), Irmtraut Morgner (*Hochzeit in Konstantinopel*, 1968), Günter de Bruyn (*Buridans Esel*, 1968; *Preisverleihung*, 1972).

Es war eine der meistbeachteten Entscheidungen von Ulbrichts Nachfolger Erich Honecker, daß er mit dem VIII. Parteitag 1971 dem ›Rückstau‹ an Büchern und Unwillen aus den späten sechziger Jahren zumindest begrenzten Auslaß gewährte. Christa Wolfs *Nachdenken über Christa T.* erschien ebenso wie Kants *Impressum* in hoher Auflage, und Schriftsteller wie Heiner Müller, Peter Hacks, Stefan Heym, die »Sorgenkinder der Leute, die über Druck und Nichtdruck von Manuskripten oder die Aufführung oder Nichtaufführung von Stücken zu befinden haben« (Jentzsch), wurden wieder offiziell diskutiert und anerkannt. Es entstand ein kulturpolitisches Klima, mit dem die in den sechziger Jahren erfolgte Verselbständigung des ästhetisch-künstlerischen Denkens auch in die Öffentlichkeit wirken konnte. Die Autoren, die sich von den Restriktionen des ideologischen Auftragsdenkens befreit hatten, damit aber bei der Suche nach Legitimation allein auf sich angewiesen waren, traten selbstbewußter, kritischer, auch selbstkritischer auf, deutlich um selbständige moralische Positionen bemüht. Nicht nur hielt sich die Vorliebe für kleinere Darstellungsformen, sondern auch für die Herausstellung individueller Erfahrungen, im Sinne der »subjektiven Authentizität«, wie sie Christa Wolf im Interview mit dem Literaturwissenschaftler Hans Kaufmann postulierte. Der Band *Auskünfte* (1974), in dem das Gespräch erschien, gibt mit seinen Autoreninterviews Auskunft über die Kontinuitäten und Entwicklungen literarischer Arbeit zwischen 1968 und 1974. Ähnlich wie die von Joachim Walther geführten Schriftstellergespräche *Meinetwegen Schmetterlinge* (1973) summiert er die in den literarischen Werken der Zeit erkennbare Tatsache, daß nun auch in der DDR die Probleme der modernen Leistungsgesellschaft in ihrem Effekt auf den einzelnen zur Sprache kamen, Probleme der Bewältigung von Wissenschaft und Technik, Anonymität und Entfremdung.

Die Partei und die Schriftsteller

Mit dem im sozialistischen Staat besonders ausgeprägten Eifer, welthistorische Einschnitte zu setzen, hat man in der DDR während der siebziger Jahre dem VIII. Parteitag 1971 als Inauguration der Ära Honecker ein überaus hohes Podest errichtet. Wie üblich ebnet sich im Rückblick auch diese Erhöhung wieder ein und macht einem neuen Podest Platz. Will man im Bild bleiben und die Rolle der Literatur hinzuzitieren, so genügt es, darauf hinzuweisen, daß Literatur nicht auf Podesten gedeiht. Sie sucht sich einen anderen Grund. Podeste markieren das Terrain, sind allerdings mit ihrer begrenzten Haltbarkeit auch dafür nicht immer geeignet. Um von dem Bild wieder in die Realität zurückzukehren: Im Rückblick verliert der Eindruck, mit den siebziger Jahren sei eine den Künsten wesentlich freundlichere Ära heraufgezogen, einiges an Überzeugungskraft. Die Hoffnungen von Schriftstellern und Künstlern in der ersten Hälfte dieser Dekade, in einer freieren und kritischeren Form am öffentlichen Leben Anteil zu haben, läßt sich nicht von der Enttäuschung, ja dem Schock trennen, den die Ereignisse um die Ausweisung des Lyrikers Wolf Biermann 1976 und die anschließende Protestwelle auslösten. Dem Freiwerden neuer Energien folgte die Ernüchterung, und wenn sich das Ergebnis der restriktiven Politik auch an dem Auszug zahlreicher prominenter Autoren und Theaterleute aus der DDR ablesen läßt, so ist doch die schlimmere Folge die Entmutigung der vielen, die sich immer wieder kritisch für diesen Staat eingesetzt haben und dort blieben.

Auch der berühmteste Satz der Kulturpolitik dieser Dekade, den Honecker auf der 4. Tagung des ZK der SED Ende 1971 prägte, läßt sich im Rückblick genauer einordnen: »Wenn man von der festen Position des Sozialismus ausgeht, kann es meines Erachtens auf dem Gebiet von Kunst und Literatur keine Tabus geben. Das betrifft sowohl die Fragen der inhaltlichen Gestaltung als auch des Stils – kurz gesagt: die Fragen dessen, was man die künstlerische Meisterschaft nennt.«[20] Die vielgefeierte Enttabuisierung wird im zweiten Teil des Satzes recht genau erläutert: sie bezieht sich auf die Freizügigkeit hinsichtlich der inhaltlichen und stilistischen Gestaltung. Der Parteichef der SED billigte die Abkehr der Künstler und Schriftsteller von den auf typische Repräsentanz gerichteten Postulaten des sozialistischen Realismus und die Zuwendung zu den Darstellungsformen der künstlerischen Moderne. Honecker gab sein Plazet zu einer in den sechziger Jahren vollzogenen innerästhetischen Wandlung. Er änderte jedoch den Parteistandpunkt, was die Ausrichtung von Kunst und Literatur am Sozialismus betrifft, nicht. Jedermann war angehalten, die »feste Position des Sozialismus« einzunehmen. Worin diese bestand, blieb wie von jeher der Entscheidung der Partei vorbehalten. Damit begrenzte sich die Enttabuisierung auf künstlerische Aspekte. Sie bildete keinen Freibrief für eine Infragestellung des Parteistandpunktes. Honecker bekräftigte das nach den Diskussionen und Maßregelungen 1979 ausdrücklich.

Dieses Resümee besagt nicht, daß Schriftsteller und Künstler von vornherein auf eine solche Infragestellung aus gewesen wären. Und es besagt ebensowenig, daß die Partei diese Infragestellung von vornherein unterstellt hätte. Sie weist nur auf die Bedingungen hin, unter denen Künstler, Schriftsteller und Intellektuelle operierten. Die Partei ließ sie zunächst an einer langen Leine. Sie legte dem inhaltlich und stilistisch unorthodoxen Prosa- und Theaterstück *Die neuen Leiden des jungen W.* (1972) von Ulrich

Plenzdorf, das einen schnellen Siegeszug durch die Theater der DDR und auch der Bundesrepublik erfuhr, kaum Hindernisse in den Weg, ebensowenig dem von Plenzdorf verfaßten Film *Die Legende von Paul und Paula* (1973). Plenzdorf knüpfte in *Die neuen Leiden* an die Dreiecksliebesgeschichte von Goethes *Werther* an, die für den Helden Edgar Wibeau zum Fluchtpunkt seiner Außenseiterexistenz wird. Während die unorthodoxen Werther-Bezüge speziell die offiziellen Literaturverwalter herausforderten, gewann das Werk mit dem witzig-schnodderigen Jugendjargon seine eigentliche Popularität. Es enthusiasmierte das – vorwiegend jüngere – Publikum mit sprachlich impulsiven, inhaltlich gedämpften Attacken auf Spießertum, Karrieredenken und Alltagskonventionen der Gesellschaft. Edgar stirbt am Ende, jedoch nicht in der verzweifelten Angriffshaltung von Werther, sondern bei einem technischen Experiment, das letztlich der Gesellschaft zugute kommen sollte. Bei einem derart abgewogenen Preis jugendlichen Eigenwillens brauchte die Partei nicht einzugreifen, im Gegenteil, sie konnte über die Ventilwirkung des Werkes hinaus fast eine Werbung für ihre Freizügigkeit und Modernität konstatieren.

Demgegenüber hielt die SED das 1965 ergangene Publikations- und Auftrittsverbot gegen Wolf Biermann, der in seinen Gedichten und Liedern grundsätzlich Kritik am Kommunismus in der DDR übte, weiterhin aufrecht. Biermann zündete nicht nur Feuerwerkskörper, die, außer Geräusch zu erzeugen, auch das Terrain bunt beleuchten. Er ließ vielmehr Munition explodieren, deren Widerhall aus der Bundesrepublik zurückschlug und schmerzlich in den Ohren klang, vor allem wo er die bürokratische Erstarrung der DDR aufs Korn nahm und den sterilen Sozialismus der SED lächerlich machte. Biermann, dessen provozierender Band *Die Drahtharfe* (1965) ebenso wie *Mit Marx- und Engelszungen* (1968), *Deutschland. Ein Wintermärchen* (1972), *Für meine Genossen* (1972) im Westen herauskamen, wirkte mit seiner virtuosen, zugleich derb-volkstümlichen Chansonkunst als ein Pfahl im Fleische dieses Staates, als Tabu-Person mit großer Popularität unter der rebellischen Studentengeneration in der Bundesrepublik, als Oppositioneller, der sich dennoch ständig für die DDR und gegen die Bundesrepublik erklärte, als ein Poet in der Nachfolge von Villon, Wedekind und Brecht, der die prekäre Situation des DDR-Künstlers zwischen Ich-Exhibitionismus und Parteischelte nicht verinnerlichte, wie es die meisten anderen Autoren taten. Biermann war unbequem und machte sich unbequem, wies Vermittlungsversuche zurück und kehrte seine Isolation nicht ohne Erfolg gegen den Überwachungsapparat, wobei er in dem ebenfalls isolierten Physiker Robert Havemann, der vom kommunistischen Widerstandskämpfer und angesehenen Mitglied der intellektuellen Führungselite zum Regimekritiker geworden war, einen wirklichen Genossen fand. Nachdem der erfolgreiche Liedersänger beim Auftritt in einer Kirche in Prenzlau zum erstenmal wieder Publikum in der DDR hatte und dieses Publikum zweifellos gefangennahm, benutzte die SED eine überraschend erteilte Ausreisegenehmigung für Auftritte in der Bundesrepublik, ihn am 16. November 1976 aus der DDR auszubürgern und ihm die Rückkehr zu verbieten. Für Biermann, der diese Aktion gefürchtet, jedoch, wie er danach in mehreren Interviews betonte, auf die Stärke der DDR-Führung gesetzt hatte, ihn ›auszuhalten‹, ließ sich ungern in Westdeutschland nieder und nahm die Mitgliedschaft der spanischen KP an. Sein von der IG Metall am 13. November in Köln vor 7000 Zuschauern veranstalteter Auftritt wurde vom westdeutschen Fernsehen übertragen und damit auch von vielen DDR-Bewohnern live verfolgt. Das *Neue Deutschland* beschuldigte Biermann, den Auftritt zur »Verleumdung und Beleidigung« der DDR mißbraucht zu haben. Das Maß sei nun voll.

Im ›Fall Biermann‹ markierte die Partei die Toleranzgrenze. Sie fühlte sich von dem Vorgehen Biermanns und Havemanns, den ›realen‹ Sozialismus in diesem Staat an den unerfüllten Ansprüchen zu messen, im Grundsätzlichen herausgefordert. Sie plazierte die Publizität um beide Kritiker in den Rahmen einer »groß angelegten Verleumdungskampagne« ihrer Politik. Allerdings kam dann die eigentliche Herausforderung ihrer offiziellen Selbstdarstellung in dem Buch *Die Alternative. Zur Kritik des real existierenden Sozialismus* (1977), worin Rudolf Bahro aus der Praxis des Insiders im Machtapparat den ›realen‹ Sozialismus analysierte. Hier erschien eine wissenschaftliche Kritik der Bürokratisierung und Mediokrisierung des Sozialismus, die den Verlust der Zukunftsperspektive zugunsten der wachsenden Rolle der Partei- und Staatsmaschine bloßstellt, darüber hinaus aber in eine generelle Neubestimmung der Industriegesellschaft einmündet und damit auch für den Westen Gewicht hat. Gegen Bahro, der sein Buch nicht in der DDR, sondern nur in der Bundesrepublik veröffentlichen konnte, nahm die SED keine Rücksichten. Sie ließ ihn verhaften und unter dem Vorwurf nachrichtendienstlicher Tätigkeit zu einer Freiheitsstrafe von acht Jahren verurteilen. Bevor er zum Märtyrer werden konnte, ließ ihn die Partei 1979 in die Bundesrepublik ausreisen.

In *Die Alternative* zieht Bahro das Resümee, die Parteibürokratie müsse entmachtet, die Herrschaft des Apparats über die Gesellschaft beseitigt, die kommunistische Bewegung, die der Gesellschaft von innen heraus die Perspektive der Kulturrevolution eröffnen soll, neu konstituiert werden. Er schlägt den Bogen zum ›Prager Frühling‹ 1968, wo dieser Prozeß begonnen habe. Das ist – im Parteisinne – wesentlich radikaler als das, was Schriftsteller mit ihrer aufs individuelle Erlebnis bezogenen Kritik vorgebracht haben. Das Argument individueller Entfremdung, das die Schriftsteller benutzen, hat, wenn es im individuellen Rahmen belassen wird, nicht notwendig oppositionellen Charakter. In dieser Erkenntnis ist die Partei seit etwa 1970 flexibler geworden und hat, bei gleichzeitiger Festigung des Machtanspruchs in den strategisch und ideologisch entscheidenden Gebieten, gewisse Bewegungsfreiheit gewährt. Diese Bewegungsfreiheit sollte nicht ohne die relativ großzügige finanzielle Unterstützung der Schriftsteller seitens des Staates gesehen werden. Das bringt von vornherein eine gewisse Selbstzensur mit sich. Aber auch ungeachtet dieses Abhängigkeitsverhältnisses ergibt sich aus der größeren künstlerischen Bewegungsfreiheit von Schriftstellern mancher Bonus für den Staat, vor allem natürlich in der Tatsache, daß sie in der Verfolgung ihrer professionellen Belange zugleich Aushängeschild für das System sein können und im Falle der Anerkennung der DDR als eigenständiger Gesellschaft insgesamt fördernd gewirkt haben. Die Grenzen sind auch hier eng gesteckt, insofern Autoren und Künstler in einem solchen System ohne Opposition zugleich für den Mangel an kritischer Öffentlichkeit zu kompensieren haben, womit ihrer Eitelkeit einiger Spielraum gewährt, ihre Verwundbarkeit aber ebenfalls verstärkt wird. Es ist für einen außenstehenden Beobachter überaus schwierig zu entscheiden, inwiefern sie tatsächlich die prominente und repräsentative Rolle spielen, die ihnen die Partei mit Hilfe der skandalorientierten westlichen Medien immer wieder ermöglicht, doch besteht im Fall Biermann und den darauffolgenden öffentlichen und nichtöffentlichen Auseinandersetzungen kein Zweifel, daß eine für die DDR repräsentative Problematik ausgetragen wurde.

Die Ausbürgerung Wolf Biermanns zerstörte bei zahlreichen Schriftstellern und Künstlern die behutsam gehegte Annahme, mit diesem Staat in ein prekäres, aber praktikables Arbeitsverhältnis gekommen zu sein. Die mutige Reaktion, gegen diesen Schritt Protest einzulegen, kam überraschend und testete den Staat selbst. Es waren anerkannte Autoren, die am 17. November 1976 einen Brief veröffentlichten, mit dessen Inhalt sich in der Folge über hundert Künstler, Theaterleute, Schriftsteller und Intellektuelle solidarisierten, die dafür teilweise erhebliche Repressalien zu erleiden hatten. Der Brief lautet: »Wolf Biermann war und ist ein unbequemer Dichter – das hat er mit vielen Dichtern der Vergangenheit gemein. Unser sozialistischer Staat, eingedenk des Wortes aus Marxens *18. Brumaire*, demzufolge die proletarische Revolution sich unablässig selbst kritisiert, müßte im Gegensatz zu anachronistischen Gesellschaftsformen eine solche Unbequemlichkeit gelassen nachdenkend ertragen können. Wir identifizieren uns nicht mit jedem Wort und jeder Handlung Wolf Biermanns und distanzieren uns von den Versuchen, die Vorgänge um Biermann gegen die DDR zu mißbrauchen. Biermann selbst hat nie, auch nicht in Köln, Zweifel darüber gelassen, für welchen der beiden deutschen Staaten er bei aller Kritik eintritt. Wir protestieren gegen seine Ausbürgerung und bitten darum, die beschlossenen Maßnahmen zu überdenken.«[21] Es unterzeichneten Sarah Kirsch, Christa Wolf, Volker Braun, Franz Fühmann, Stephan Hermlin, Stefan Heym, Günter Kunert, Heiner Müller, Rolf Schneider, Gerhard Wolf, Jurek Becker, Erich Arendt. Mit ihnen solidarisierten sich u. a. die Autoren Ulrich Plenzdorf, Klaus Schlesinger, Jürgen Fuchs, Hans-Joachim Schädlich, Fritz Rudolf Fries, Günter de Bruyn, Karl-Heinz Jakobs, Helga Schütz, Thomas Brasch, Elke Erb, Klaus Poche sowie aus dem Theater-, Musik- und Unterhaltungsbereich u. a. Manfred Krug, Katharina Thalbach, Hilmar Thate, Eva-Maria Hagen, Angelica Domröse, Adolf Dresen, Hans Bunge, Nina Hagen, Thilo Medek, Thomas Langhoff, B. K. Tragelehn, Gerulf Pannach, Christian Kunert. Offene Briefe an Honecker schrieben Robert Havemann und Bernd Jentzsch. Gegen Biermann nahmen öffentlich u. a. Hermann Kant, Ludwig Renn, Konrad Wolf, Erik Neutsch, Wieland Herzfelde, Dieter Noll, Peter Hacks Stellung, letzterer mit einem besonders bissigen Artikel in der *Weltbühne* (49/1976).

Die Reaktion des Staates war gegenüber einigen prominenten Unterzeichnern deutlich auf Mäßigung abgestellt, in anderen Fällen, wo Auftritts- und Publikationsverbote ergingen, hart und bewirkte, daß bekannte Vertreter der Literatur- und Theaterszene in der Folgezeit in den Westen umsiedelten, unter ihnen Sarah Kirsch, Thomas Brasch, Katharina Thalbach, Manfred Krug, Hans-Joachim Schädlich, Thilo Medek, Nina Hagen. Besonders hart ging man gegen den jungen Schriftsteller Jürgen Fuchs vor, den man aus Havemanns Auto heraus verhaften ließ und 1977, ebenso wie die Liedersänger Gerulf Pannach und Christian Kunert, aus der Haft in die Bundesrepublik abschob. Hier erschien im selben Jahr sein Band *Gedächtnisprotokolle*. Nicht alle waren so bekannt, daß ihre Bestrafung im Westen publik wurde oder ihre Absicht, in den Westen zu gehen, Verwirklichung fand. Bernd Jentzsch, der sich in der Schweiz aufhielt, beschloß, dort zu bleiben. Jurek Becker verließ die DDR mit der Option, nach zwei Jahren zurückkehren zu können. Andere, wie vor allem Reiner Kunze, hatten ihre eigene Rechnung mit den Behörden der DDR zu begleichen. Kunze war in eine stillere Opposition als Biermann gegangen, hatte gleichwohl mit seinen Gedichten und knappen Prosastücken (*Sensible Wege*, 1969; *Zimmerlautstärke*, 1972; *Brief mit blauem*

Siegel, 1973; *Die wunderbaren Jahre*, 1976) seit dem ›Prager Frühling‹ eine so provozierende Bloßstellung der politischen und psychischen Repression geliefert, daß er 1975 mit faktischem Berufsverbot belegt worden war (Ausschluß aus dem Schriftstellerverband). Kunze siedelte 1977 in die Bundesrepublik über.

Die Maßnahmen gegenüber einigen prominenten Autoren wie Christa Wolf, Jurek Becker oder Stephan Hermlin, die vom Parteiausschluß (Becker) über den Ausschluß vom Vorstand der Berliner Sektion des Schriftstellerverbandes (Wolf) zu einer schweren Rüge (Hermlin) reichten,[22] lassen erkennen, wie stark die Partei von dem Protest herausgefordert war, wie sehr sie dennoch eine direkt stalinistische Reaktion vermeiden wollte. Auch nach dem Eklat behielten sich die zuständigen Stellen eine Vielzahl von Optionen gegen unbotmäßige Schriftsteller vor, in denen die Technik, Konfliktzonen in der Literatur einfach zu übergehen oder als nichtrepräsentativ kleinzumachen, eine wichtige Rolle spielte. So wurde Christa Wolfs *Kindheitsmuster* kurz nach dem Schriftstellerprotest ungehindert ausgeliefert, und manch anderer der Petenten konnte seine Gratwanderung mitsamt den Westpublikationen vorsichtig fortsetzen. Dabei gab es seit Jahren, wie Stefan Heym erläutert hat, die Möglichkeit, das Büro für Urheberrechte für eine Publikation im Westen zu umgehen, indem der betreffende Autor eine Ordnungsstrafe von 300 Mark zahlte. »Ein Stückchen Freiheit kaufen«, nannte es Heym. Im gleichen Atemzug mußte Heym jedoch 1979 die Tatsache konstatieren, daß sich die SED nun schärfer gegen eine solche Umgehung der Zensur wandte. Er selbst wurde für die unautorisierte Veröffentlichung seines regimekritischen Romans *Collin* (1979) mit einer Geldstrafe von 9000 Mark belegt. Kurze Zeit darauf erhielt Robert Havemann eine Strafe von 10000 Mark. Die Verhärtung der kulturpolitischen Linie 1979 gipfelte in dem Ausschluß Stefan Heyms und anderer Autoren aus dem Schriftstellerverband der DDR. Neben Heym waren Rolf Schneider, dessen Roman *November* (1979) ebenfalls unautorisiert im Westen erschien, sowie Joachim Seyppel und Karl-Heinz Jakobs betroffen, die beide die Maßregelung mißliebiger Autoren kritisierten. Außerdem wurden die Erzähler Kurt Bartsch, Klaus Poche, Klaus Schlesinger, Dieter Schubert und der Lyriker Adolf Endler, die einen kritischen Brief an Honecker geschrieben hatten, aus dem Schriftstellerverband ausgeschlossen.

Stefan Heym, mit Anna Seghers, Erich Arendt und Stephan Hermlin zu den großen Alten der DDR-Literatur zählend, stellte die neue Praxis, die »Verordnung ›Zur Wahrung der Urheberrechte‹« mit dem Devisengesetz zu koppeln, in einer scharfen Stellungnahme bloß. Daß der Staatsanwalt, sagte er noch vor seiner Verurteilung, vom Devisengesetz sprechen würde, und nur vom Devisengesetz, sei selbstverständlich. »Man redet von Devisen, in Wirklichkeit aber geht es um die Freiheit des Wortes.«[23] Heym zog eine Parallele zu den Praktiken der McCarthy-Ära in den USA, wo man auch mit einem Paragraphentrick Schriftsteller kriminalisiert habe. Der andere Vergleichsmaßstab ist zweifellos die Stalin-Ära. Auch dort drohte Schriftstellern der Prozeß. Allerdings ist die Entwicklung der Zensurpraxis von damals zu heute – die zugleich die Veränderungen der Machtausübung reflektiert – nicht zu übersehen: die Maßnahmen des Staates wurden im Fall Heym nicht mehr mit Hilfe der Ideologie, sondern des Materialismus begründet, nämlich als Ahndung eines Devisenvergehens.

Die neueren literarischen Entwicklungen

Ein solcher Weg von der Ideologie des dialektischen Materialismus zum Materialismus ist – auch ohne Ironie – nicht unbedingt als Ziel der marxistischen Staatsgründer der DDR anzusehen. Jedoch brachten die siebziger Jahre eine so starke Orientierung der DDR-Gesellschaft an den Konsumgewohnheiten Westdeutschlands – wobei die Etablierung der zweiten Währung DM-West mitten im Sozialismus nur das bekannteste Element darstellt –, daß diese Formulierung nicht aus der Luft gegriffen ist. Sie mag hier anstelle eines ohnehin fragmentarischen Abrisses dieser Periode stehenbleiben. Für die literarische Entwicklung, vor allem für die zunehmende Bemühung der Schriftsteller um eigenständige moralische Positionen gegenüber der gesellschaftlichen Realität, sind damit durchaus Anhaltspunkte gegeben. Zweifellos hält sich ein Großteil der Autoren in der DDR, wie es etwa bei Erik Neutsch, Dieter Noll, Helmut Sakowski oder Max Walter Schulz zu beobachten ist, an die Sprachregelungen der ganzheitlich-harmonisierenden Parteiperspektive. Einige der literarisch bedeutsamsten Schriftsteller aber haben sich mehr und mehr von dieser Bezugnahme entfernt, entwerfen ihre Werke aus der Sicht des kritischen Moralisten, treffen sich darin mit einer Vielzahl moderner Autoren. Die Gefahr dieses Vorgehens, der auch westdeutsche Schriftsteller wie Heinrich Böll, Günter Grass und Martin Walser nicht entgangen sind, besteht darin, daß dabei mehr eine Literatur der Schriftsteller als der literarischen Werke entsteht, eine Literatur, bei der die jeweilige aktuelle Stellungnahme mehr zählt als die ästhetische Bewältigung. Allerdings hat die DDR-Literatur gerade damit an Eigenwert gewonnen (der mit den Stereotypen des sozialistischen Realismus gewiß nicht erreicht worden wäre).

Während in der Bundesrepublik die Enttäuschung nach der gestrandeten Protestbewegung bisweilen militant, bisweilen resigniert Ausdruck fand, machten DDR-Schriftsteller die zunehmende Enttäuschung nach der offiziellen Euphorie über den Sozialismus ebenfalls in verschiedenen Formen erkennbar und – wenngleich für den westlichen Leser nur bedingt – nachvollziehbar. Ohne die Verschiedenheit des gesellschaftlichen Kontextes zu übergehen, lassen sich neue Berührungspunkte zwischen Ost und West wahrnehmen, insbesondere bei der Auseinandersetzung mit der Leistungsgesellschaft, mit der Schwierigkeit, angesichts der Anonymität und Typisierung des Alltags ein unverwechselbares Leben zu führen, sich selbst zu sein. Wie man leben kann, lautet allenthalben die Frage, und plötzlich melden sich selbst in der DDR Stimmen zu Wort, die diese Frage in alter Weise zu dem Satz umkehren: Kann man denn leben? Plötzlich meldet sich auch die jüngere Generation zu Wort, die bisher so wenig wie in der Bundesrepublik die literarische Szene umgeformt hat, auf welcher die Fünfzigjährigen, die in den sechziger Jahren groß wurden, dominieren. Bezeichnenderweise hat Thomas Brasch sein Stück *Rotter*, in dem der Held zuletzt ekstatisch nach einem neuen Anfang schreit, als Bestandsaufnahme deutschen Lebens in der Jahrhundertmitte angelegt, an deren Ende das Nichts steht, wenn es heißt: alle gehen »durch den Tunnel ins Leere«. Wie bei Brasch, der Ende 1976 in den Westen übersiedelte und sofort mit dem Prosaband *Vor den Vätern sterben die Söhne* (1977) und der Sammlung *Kargo* (1977) reüssierte, finden sich auch bei anderen solche Zeugnisse des Ausbruchs, der Abrechnung, wo nicht nur Enge und Stagnation des Lebens in der DDR gemeint sind, sondern deutsche Gegenwart, deutsche Vergangenheit, deutscher Alltag überhaupt. Hier seien die Stücke von Stefan Schütz genannt, in denen dieser Hintergrund aufscheint, wenn von der erhofften und zerstörten Selbstverwirklichung des einzelnen die Rede ist, von dessen Revolte gegen die Staatsbürokratie (*Stasch*) und von der Verdrängung der Vitalität im Spießbürgeralltag (*Der Hahn*). In einer Rezension zu Braschs *Kargo* hat Heiner Müller, der von den Jüngeren mit seinem beständigen Kampf gegen die harmonisierende Parteiperspektive als Vorbild anerkannt wird, im *Spiegel* (38/1977) festgestellt: »Die Generation der heute Dreißigjährigen in der DDR hat den Sozialismus nicht als Hoffnung auf das Andere erfahren, sondern als deformierte Realität. Nicht das Drama des Zweiten Weltkriegs, sondern die Farce der Stellvertreterkriege (gegen Jazz und Lyrik, Haare und Bärte, Jeans und Beat, Ringelsocken und Guevara-Poster, Brecht und Dialektik). Nicht die wirklichen Klassenkämpfe, sondern ihr Pathos, durch die Zwänge der Leistungsgesellschaft zunehmend ausgehöhlt. Nicht die große Literatur des Sozialismus, sondern die Grimasse seiner Kulturpolitik: den verzweifelten Rückgriff unqualifizierter Funktionäre auf das 19. Jahrhundert, als der Gegner noch ›gesund‹ war, die andere zählebige Kinderkrankheit der sozialistischen Frühgeburt. (Ein Staat, der sich als revolutionär versteht, muß zu seinem ersten Bedürfnis die Kritik der Bedürfnisse machen. Aber solange die Leitung vorwiegend von oben nach unten Strom führt, wird das Verdikt immer wieder gerade auf neue Bedürfnisse fallen.)«

Heiner Müller ist nach 1970 immer mehr zu einer dominierenden Gestalt der DDR-Literatur geworden, insofern er von den Schwierigkeiten, nicht von den Lösungen, die der Sozialismus bringt, ausging und damit für eine Zeit, in der vorgegebene Lösungen nicht mehr genügen, über ein beeindruckendes kritisches Instrumentarium verfügt. Müller steht darin in Brechts Fußstapfen, daß er nicht Inhalte, sondern Haltungen lehrt, auch wenn sich diese Haltungen des Dennoch zunächst nur in der Sprache voll dokumentieren, in einer bewußt schwierigen Sprache, in welcher die Dialektik zugleich existentiell erlitten wird. Müller geht über Brecht hinaus, indem er unverdrossen die Mühsal sichtbar macht, die die Veränderung der Lebensbedingungen kostet (von *Der Lohndrücker* und *Der Bau* bis zu *Traktor* und *Die Bauern*), und hat zwangsläufig das Etikett Geschichtspessimist aufgeklebt bekommen. Bei der Bearbeitung antiker Stoffe und der Neubehandlung von Stücken Shakespeares und Molières sowie Gladkows berühmtem Roman *Zement* holt Müller die skeptische Wahrheit über die Unveränderbarkeit des Menschen, der sich doch ändern soll, aus den ›großen‹ Vorlagen; immer stellt sich ihm die Frage nach dem Preis, den geschichtliche Größe, gesellschaftlicher Erfolg kosten. In *Mauser* heißt es angesichts der Russischen Revolution: »Wozu das Töten und wozu das Sterben / Wenn der Preis der Revolution die Revolution ist / Die zu Befreienden der Preis der Freiheit.« Doch ist sie auch bei Müller nicht zu übersehen, jene Referenz auf Deutschland, auf die Abgründe des Schreckens und der Grausamkeit, von denen sich der Sozialismus nach 1945 abzuheben suchte und die sich doch immer wieder öffnen. Müllers *Schlacht* und *Germania* gehören zu den erregendsten Exerzitien über dieses Thema.

Demgegenüber hat sich Peter Hacks, der sich bis Mitte der sechziger Jahre mit Stücken wie *Die Sorgen und die Macht* und *Moritz Tassow* an der Diskussion um den Aufbau des Sozialismus beteiligte, indem er von der Zukunft, der Utopie her argumentierte, inzwischen zu einem Klassizismus emporgearbeitet, der ihn zu keiner Stellungnahme mehr verpflichtet. Was sich bei anderen Autoren in resignierter oder aggressiver

Enttäuschung manifestiert, interpretiert Hacks als ästhetische Befreiung: den Eintritt in ein postrevolutionäres Stadium. In der »postrevolutionären Dramaturgie« löse die Darstellung des Menschen die der Gesellschaft ab, das »neue Drama« nähere sich wieder dem der Klassik, insofern es die Menschenkonstellationen frei von gesellschaftlichen Zwängen behandeln könne. Mit dem Rückzug von konkreten gesellschaftlichen Inhalten führt die Kontrastierung von Leben und Utopie (wie man leben könnte), die Hacks früher für die Partei so schmerzlich genau vornahm, nun zu unverbindlichen Wahrheiten über die unvollkommene Menschennatur. Die Stücke, zumeist Bearbeitungen, wurden als komödiantische Leckerbissen von einer unrevolutionären Gesellschaft in West und Ost mit Behagen konsumiert. Es überrascht kaum, daß sich Hacks in einem zentralen Punkt von anderen Autoren unterscheidet, wenn er behauptet, die Revolution sei in der DDR tatsächlich verwirklicht und beendet.

An Müller und Hacks ist allerdings schon viel exemplifiziert worden, und hier kann nur bestätigt werden, daß ihre Prominenz im deutschen Gegenwartstheater, das an Begabungen so großen Mangel hat, berechtigt ist. Direkte Rückschlüsse auf den Zustand des Theaters in der DDR lassen sich von ihnen nicht ziehen. Längst gehört die Experimentierphase im Gefolge des Brecht-Theaters der Vergangenheit an. Allzu viele Theaterleute, Dramatiker wie Regisseure und Schauspieler, sind in den siebziger Jahren entmutigt worden und haben mit wechselndem Erfolg versucht, jenseits der Grenzen Fuß zu fassen. Wenn schließlich doch Stücke von umstrittenen Autoren wie Müller in der DDR aufgeführt werden konnten, hatten sie durch jahrelange Zensurverzögerung an Aktualität verloren. Selbst die Komödienproduktion, die in den sechziger Jahren in den Vordergrund rückte, hat an Niveau eingebüßt, und die heikelste Theaterkunst, das Kabarett, ist nur in der Leipziger ›Pfeffermühle‹ zu wirklichen Höhen aufgestiegen.

Kontinuierlicher erscheint dagegen die Entwicklung in Lyrik und Prosa, wo mit Sarah Kirsch und Jurek Becker große Talente hervorgetreten sind, die sich neben dem wohl beständigsten der DDR-Erzähler, Franz Fühmann, einen wichtigen Platz erworben haben. Erwähnung verdient ebenfalls Irmtraut Morgner, die seit dem Roman *Hochzeit in Konstantinopel* (1968) erfolgreich Traum, Legende und Phantasie in die Behandlung des Gegenwartsalltags eingebracht hat. Die damit gewonnene kritische Perspektive ist in dem Roman *Leben und Abenteuer der Trobadora Beatriz nach Zeugnissen ihrer Spielfrau Laura* (1974) zwar nicht vertieft, aber vor allem für das Thema weiblicher Emanzipation mit viel Witz fruchtbar gemacht worden. Für letzteres Thema lassen sich bei Christa Wolf und Sarah Kirsch, Brigitte Reimann (*Franziska Linkerhand*, 1974), Gerti Tetzner (*Karen W.*, 1975) und anderen Autoren wichtige Zeugnisse finden.

Es ist hier nicht der Ort, den Entwicklungen und Werken im einzelnen nachzugehen. Es sei nur auf Symptome aufmerksam gemacht, so z. B. auf die breite Resonanz, die Volker Braun, der als Dramatiker und Lyriker hervortrat, mit der Erzählung *Unvollendete Geschichte* erhielt, die 1975 in *Sinn und Form* (H. 5) abgedruckt wurde. Braun konfrontierte die Liebe einer jungen Zeitungsvolontärin und eines schwierigen Außenseiters mit dem politisch-moralischen Anspruch des Staates und machte deutlich, wie schwer die Menschwerdung im Sozialismus, der sie doch erleichtern sollte, zu verwirklichen ist. Solche Konfrontationen zwischen der Bemühung um individuelle Selbstverwirklichung und der Machtpraxis des Staates fanden in den folgenden Jahren noch kritischere Formulierung. Einige der Werke wurden durch die Publikation im Westen bekannt, so Carl-Jacob Danzigers *Die Partei hat immer recht* (1976) und *Falscher Salut* (1978), Klaus Schlesingers *Berliner Traum* (1977), Hans-Joachim Schädlichs *Versuchte Nähe* (1977), Klaus Poches *Atemnot* (1978), Rolf Schneiders *November* (1979) und Stefan Heyms *Collin* (1979). Während jüngere Autoren immer wieder die Frustration über die Enge dieses Staates artikulieren, rechnet Stefan Heym in *Collin* aus der Sicht des kommunistischen Zeitgenossen ab, der die Desillusionen mit sich selbst, seinem Leben kurz vor dem Tode ausmachen muß. Es ist die Radikalität des Schmerzes und des Alters, die Heym schonungslos mit der politischen Führung ins Gericht gehen läßt, und wenn er dabei kaum über den Illustriertenstil hinausgelangt, ist doch die Ernsthaftigkeit nicht zu übersehen, mit der er die Frage »Wie kann man leben?« vor dem erinnerten Hintergrund der letzten vierzig, fünfzig Jahre Kommunismus neu an die Gegenwart stellt: Wie kann man *damit* leben? Andere Schriftsteller vermeiden solche Zuspitzungen, und doch läßt sich auch bei ihnen die Frage nicht überhören, was aus den großen Hoffnungen, vom Ich zum Wir zu kommen, geworden ist. Lyriker suchen nach der Identität des Ich in dieser Gegenwart, die sich weder aus der Vergangenheit noch aus der Zukunft legitimieren kann. Als Kunert 1979 in die Bundesrepublik übersiedelte, nahm er die Fragestellung mit.

Eine stärkere Identifikation mit dem Vorgegebenen behauptete Christa Wolf, die die Frage so formulierte: »Wie sind wir so geworden, wie wir heute sind?« In ihrem Roman *Nachdenken über Christa T.* (1968) hat sie bereits viele Argumente beim Namen genannt, die dann in den siebziger Jahren geläufig wurden, hat davon gesprochen, wie wenig die Menschen »hinter den überlebensgroßen Papptafeln« sichtbar geworden sind, »die sie trugen, und an die wir uns, was sehr merkwürdig ist, schließlich sogar gewöhnten«. Unter dem von Johannes R. Becher entlehnten Motto »Was ist das: Dieses Zu-sich-selber-Kommen des Menschen« versuchte sie sich an einer Bestandsaufnahme des Daseins in der DDR, wobei sie im nicht-offiziellen, nicht-repräsentativen Leben der Christa T. eine tragisch erfahrene Überlegenheit aufspürte. Die Tatsache, daß Christa Wolf ihrer Desillusion über die Entwicklung in der DDR bereits hier Ausdruck gab, mag dazu beigetragen haben, daß sie eine weitergehende, den Stalinismus einbegreifende Auseinandersetzung in *Kindheitsmuster* ausgespart hat. Nicht zu Unrecht haben Rezensenten, wo es doch um die Frage geht, wie »wir so« geworden sind, auf diese Aussparung in dem neueren Werk aufmerksam gemacht. Wie ließe sich eine gültige Biographie von Menschen in der DDR schreiben, ohne dieses Phänomen zu berühren? Zu viel diktatorischer Machtmißbrauch, zu viel Untertanengesinnung, Opportunismus und Denunziantentum sind im kommunistischen System wirksam geworden. Doch soll Christa Wolfs eigenen Äußerungen ebenfalls Gerechtigkeit widerfahren, denen zufolge für manches der Weg erst einmal freigeschrieben werden muß. In der zitierten Diskussion zu *Kindheitsmuster* stellte sie 1976 fest: »Ich hatte seit Jahren das deutliche Gefühl, daß ich diesen Beitrag, den ich selber leisten muß, um danach anderes schreiben zu können, noch nicht geleistet habe. Es gibt da auch gewisse Gesetze der Berufsmoral. Wenn man eine bestimmte Sache noch nicht gesagt hat, darf man nicht zu anderem übergehen.«[24] Die Sache, die sie in *Kindheitsmuster* sagte, betrifft die Erfahrung des Faschismus aus der Perspektive einer jungen Deutschen, die in kleinbürgerlichen Verhältnissen in der östlichen Kleinstadt Landsberg lebend kaum etwas von den Exzessen mitbekam, nichts von Auschwitz wußte und auch nach Kriegsende und Flucht nur langsam den Glauben an dieses System verlor.

Christa Wolf hat versucht, diese Erfahrung mit all der Faszination angesichts der – so viel intensiveren Zeit der – Kindheit aufzuarbeiten, d. h. dem Erinnern nachzugehen und es zugleich mit den furchtbaren Informationen anzureichern, die die Unversehrtheit dieses Daseins in Frage stellen. Daraus ist kein Roman entstanden, sondern ein vielfach gebrochener, unfertiger, unentschiedener Text, dessen formale Schwäche zugleich seine inhaltliche Stärke darstellt: die Betroffenheit angesichts des Nichtwissens und doch Mitschuldigseins wird nicht von der Routine des Romanhaften überlagert, erscheint damit unverstellt und ungeschützt, mitvollziehbar und unerledigt.
Demgegenüber hält Hermann Kant in dem bemerkenswerten Roman *Der Aufenthalt* (1977), worin er ebenfalls Autobiographisches aus der Zeit zwischen 1944 und 1946 verarbeitet, an der Romanroutine fest. Der Prozeß der ›Entwilderung‹ des Helden, eines jungen deutschen Soldaten, in der polnischen Kriegsgefangenschaft wird im Hinblick auf die indirekte Mitschuld an den deutschen Verbrechen beschrieben, wobei Kant viele Episoden der Gefangenschaft höchst unterhaltsam zu gestalten weiß. Kant entzieht sich, indem er diese ›Entwilderung‹ als abgeschlossenes historisches Kapitel darstellt, der Frage, ob und wie jene Zeit (und Entwicklungsphase) noch in die Gegenwart hineinreicht.
Die Kritik hat auch hier die Frage gestellt, ob die Selbstzensur des Autors der Wahrheit seines Werkes nicht abträglich ist. Kant hat sich das Problem leichter gemacht als Christa Wolf. In *Kindheitsmuster* weist die Autorin den Leser zumindest darauf hin, wie schwierig Aufrichtigkeit ist. Gegen Ende des Buches fragt sie: »Gibt es nur die Alternative zwischen Schweigen und dem, was Ruth und Lenka ›Pseudo‹ nennen (Falsch, unecht, unaufrichtig, unwahr)?« Sie bestreitet diese Alternative und gibt als Antwort: »Du stellst dir vor: Aufrichtigkeit nicht als einmaliger Kraftakt, sondern als Ziel, als Prozeß mit Möglichkeiten der Annäherung, in kleinen Schritten, die auf einen noch unbekannten Boden führen, von dem aus auf neue, heute noch unvorstellbare Weise wieder leichter und freier zu reden wäre, offen und nüchtern über das, was ist; also auch über das, was war« (S. 437). Das offenere, nüchternere Reden ist, so sollte man hinzufügen, längst nicht mehr nur eine Vorstellung. Die Schriftsteller der DDR bewegen sich seit längerem in die Richtung der Aufrichtigkeit. Allerdings verlangt das viel Selbstvertrauen, denn wie die offenen Zensur- und Behinderungsmaßnahmen zeigen, tut es der Staat auch.

Anmerkungen

1 Günter Kunert: Deutschlandkunde. In: Die Zeit. Nr. 47 v. 24. 11. 1978 (US-Ed.).
2 Diskussion mit Christa Wolf. In: Sinn und Form 28 (1976) S. 861 f.
3 Stephan Hermlin [Brief] in: Sinn und Form 29 (1977) S. 1318.
4 Vgl. Therese Hörnigk: Das Thema Krieg und Faschismus in der Geschichte der DDR-Literatur. In: Weimarer Beiträge 24 (1978) H. 5. S. 73–105.
5 Vgl. Walter Laqueur: Russia and Germany. A Century of Conflict. Boston/Toronto 1965. S. 238 ff.
6 Bertolt Brecht: Kulturpolitik und Akademie der Künste. In: B. B.: Gesammelte Werke. Bd. 19. Frankfurt a. M. 1967. S. 543.
7 Johannes Bobrowski: Selbstzeugnisse und neue Beiträge über sein Werk. Hrsg. von Gerhard Rostin. Stuttgart 1976. S. 20.
8 Vgl. Frank Trommler: Die Kulturpolitik der DDR und die kulturelle Tradition des deutschen

Sozialismus. In: Literatur und Literaturtheorie in der DDR. Hrsg. von Peter Uwe Hohendahl und Patricia Herminghouse. Frankfurt a. M. 1976. S. 44 f., 61 ff.

9 Vgl. Ingeborg Münz-Koenen: Die Reportageliteratur der fünfziger Jahre. In: Weimarer Beiträge 23 (1977) H. 1. S. 61 f.

10 Claus Koch: Wo hält die wissenschaftlich-technische Revolution? In: Merkur 26 (1972) S. 1070.

11 Bernhard Greiner: Von der Allegorie zur Idylle: Die Literatur der Arbeitswelt in der DDR. Heidelberg 1974. S. 217.

12 Vgl. auch die Bände: Sozialistischer Realismus. Positionen, Probleme, Perspektiven. Hrsg. von Erwin Pracht und Werner Neubert. Berlin 1970; Zur Theorie des sozialistischen Realismus. Hrsg. vom Institut für Gesellschaftswissenschaften beim ZK der SED (Hans Koch). Berlin 1974.

13 Vgl. Gesellschaft – Literatur – Lesen. Literaturrezeption in theoretischer Sicht. Hrsg. von Manfred Naumann [u. a.]. Berlin/Weimar 1973. – Einen guten Überblick gibt Peter Uwe Hohendahl: Ästhetik und Sozialismus: Zur neueren Literaturtheorie der DDR. In: Literatur und Literaturtheorie in der DDR (Anm. 8) S. 100–162.

14 Ingeborg Münz-Koenen: Fernsehdramatik. Experimente – Methoden – Tendenzen. Ihre Entwicklung in den sechziger Jahren. Berlin 1974. S. 188 ff.

15 Ebd. S. 221 f.

16 Christa Wolf: Lesen und Schreiben. Aufsätze und Prosastücke. Darmstadt/Neuwied 1972. S. 219. – Vgl. Alexander Stephan: Die wissenschaftlich-technische Revolution in der Literatur der DDR. In: Der Deutschunterricht 30 (1978) H. 2. S. 18–34.

17 Kurt Batt: DDR-Literatur heute. In: K. B.: Widerspruch und Übereinkunft. Aufsätze zur Literatur. Leipzig 1978. S. 340 f.

18 Günter Kunert: Autor und Publikum in der DDR. In: Kontext 2. Hrsg. von Marlis Gerhardt und Gert Mattenklott. München 1978. S. 67.

19 VI. Deutscher Schriftstellerkongreß. Protokoll. Berlin/Weimar 1969. S. 55.

20 Schlußwort Erich Honeckers auf der 4. Tagung des ZK der SED. In: Neues Deutschland v. 18. 12. 1971. Zitiert nach: Dokumente zur Kunst-, Literatur- und Kulturpolitik der SED 1971–1974. Hrsg. von Gisela Rüß. Stuttgart 1976. S. 287.

21 Zitiert nach: Deutschland-Archiv 10 (1977) S. 75. Dort eine Dokumentation zum Fall Biermann.

22 Vgl. Wolfgang Werth: Unter falschem Verdacht. Die Biermann-Petition der zwölf DDR-Autoren und was daraus gemacht wurde. In: Süddeutsche Zeitung v. 15./16. 1. 1977.

23 Die Frage der Zensur in der DDR. Eine Erklärung des Schriftstellers Stefan Heym. In: Frankfurter Allgemeine Zeitung v. 24. 4. 1979.

24 Diskussion mit Christa Wolf (Anm. 2) S. 862.

Literaturhinweise

Ästhetik heute. Autorenkollektiv unter Leitung von Erwin Pracht. Berlin 1978.

Blumensath, Heinz / Uebach, Christel: Einführung in die Literaturgeschichte der DDR. Ein Unterrichtsmodell. Stuttgart 1975.

Brettschneider, Werner: Zwischen literarischer Autonomie und Staatsdienst. Die Literatur in der DDR. Berlin 1972.

Deutschland-Archiv (laufende Berichterstattung).

Der Deutschunterricht 30 (1978) H. 2.

Die deutsche Teilung im Spiegel der Literatur. Beiträge zur Literatur und Germanistik der DDR. Hrsg. von Karl Lamers. Stuttgart 1978.

Dokumente zur Kunst-, Literatur- und Kulturpolitik der SED. Hrsg. von Elimar Schubbe. Stuttgart 1972.

Dokumente zur Kunst-, Literatur- und Kulturpolitik der SED. 1971–1974. Hrsg. von Gisela Rüß. Stuttgart 1976.

Einführung in Theorie, Geschichte und Funktion der DDR-Literatur. Hrsg. von Hans-Jürgen Schmitt. Stuttgart 1975.

Franke, Konrad: Die Literatur der Deutschen Demokratischen Republik. München/Zürich (1971)1974.

GDR Bulletin, Washington University, St. Louis (laufende Berichterstattung).

GDR-Monitor. Hrsg. von Ian Wallace. Dundee (laufende Berichterstattung).
Geschichte der Literatur der Deutschen Demokratischen Republik. Autorenkollektiv unter Leitung von Horst Haase [u. a.]. Berlin 1976.
Gransow, Volker: Kulturpolitik in der DDR. Berlin 1975.
Jäger, Manfred: Sozialliteraten. Funktion und Selbstverständnis der Schriftsteller in der DDR. Düsseldorf 1973.
Klunker, Heinz: Zeitstücke – Zeitgenossen. Gegenwartstheater in der DDR. Hannover 1972.
Kritik in der Zeit. Der Sozialismus – seine Literatur – ihre Entwicklung. Hrsg. von Klaus Jarmatz. Halle (Saale) 1970.
Kritik in der Zeit. Literaturkritik in der DDR 1945–1975. Hrsg. von Klaus Jarmatz. 2 Bde. Halle (Saale) / Leipzig 1978.
Kultur und Kunst in der DDR seit 1970. Hrsg. von Hubertus Gassner und Eckhart Gillen. Lahn-Gießen 1977.
Literarisches Leben in der DDR 1945 bis 1960: Literaturkonzepte und Leseprogramme. Autorenkollektiv unter Leitung von Ingeborg Münz-Koenen. Berlin 1979.
Literatur der DDR in Einzeldarstellungen. Hrsg. von Hans Jürgen Geerdts. Stuttgart 1972.
Literatur der Deutschen Demokratischen Republik. Einzeldarstellungen. Autorenkollektiv unter Leitung von Hans Jürgen Geerdts. Berlin 1974 (Bd. 1), 1979 (Bd. 2).
Literatur und Geschichtsbewußtsein. Entwicklungstendenzen der DDR-Literatur in den sechziger und siebziger Jahren. Hrsg. von Manfred Diersch und Walfried Hartinger. Berlin/Weimar 1976.
Literatur und Literaturtheorie in der DDR. Hrsg. von Peter Uwe Hohendahl und Patricia Herminghouse. Frankfurt a. M. 1976.
Neue Deutsche Literatur (laufende Berichterstattung).
Positionen. Beiträge zur marxistischen Literaturtheorie in der DDR. Hrsg. von Werner Mittenzwei. Leipzig 1969.
Raddatz, Fritz J.: Traditionen und Tendenzen. Materialien zur Literatur der DDR. Frankfurt a. M. 1972.
Sander, Hans-Dietrich: Geschichte der Schönen Literatur in der DDR. Ein Grundriß. Freiburg i. Br. 1972.
Schlenstedt, Dieter: Die neuere DDR-Literatur und ihre Leser. Wirkungsästhetische Analysen. Berlin 1979.
Schriftsteller der DDR. Hrsg. von Günter Albrecht [u. a.]. Leipzig 1975. (Meyers Taschenlexikon.)
Trommler, Frank: Sozialistische Literatur in Deutschland. Ein historischer Überblick. Stuttgart 1976.
The University of Dayton Review 13 (1978) H. 2.
Weggenossen. Fünfzehn Schriftsteller der DDR. Leipzig 1975.
Zur Literatur und Literaturwissenschaft der DDR. Hrsg. von Gerd Labroisse. Amsterdam 1978. (Amsterdamer Beiträge zur neueren Germanistik. Bd. 7.)
Zur Theorie des sozialistischen Realismus. Autorenkollektiv unter Leitung von Hans Koch. Berlin 1974.

WALTER WEISS

Die Literatur der Gegenwart in Österreich

Frühere Versuche über die Literatur seit 1945 in Österreich haben deren weiterhin gültige Kontinuität und Stabilität, über alle Veränderungen unseres Jahrhunderts hinweg, betont. So erklärte Friedrich Heer programmatisch in seinen *Perspektiven österreichischer Gegenwartsdichtung* (1959),[1] ihr Grundzug sei »eine Kontinuität, die – ungebrochen im Innersten – mitten durch die Brüche und Katastrophen des Menschentums und der Gesellschaft in Österreich hindurchführt«. Und Herbert Eisenreich[2] rückt die Generation der österreichischen Nachkriegsschriftsteller an die Grillparzer- wie an die Hofmannsthal-Generation heran. Im Unterschied zu weniger ausgeprägt österreichischen Dichtergenerationen dazwischen seien sie die eigentlichen Vertreter und Gestalter einer zeitüberdauernden österreichischen Dichtungs- und Geistesform. Von heute aus betrachtet sind solche Thesen fragwürdig im doppelten Sinn. Am Ende der fünfziger Jahre hatten sie noch viel für sich. Was sie erschüttern sollte, war erst dabei, aus dem literarischen Untergrund aufzutauchen.

Nach dem Ende des Hitler-Staates traten in Österreich wie in Deutschland Schriftsteller ganz verschiedener Altersstufen gleichzeitig hervor. Vom NS-Regime unterdrückte, ausgesperrte Dichtung und in die Emigration getriebene Autoren wurden entdeckt oder wieder wirksam. Der Neubeginn in Österreich zeigte nun aber einige Besonderheiten, die nur zum Teil durch die besondere politische Situation der »Zwischenstation zwischen Siegern und Besiegten«[3] bedingt waren. So fehlten hier weitgehend Autoren wie Borchert, Böll, Nossack, die in der Spannung zwischen radikaler Verzweiflung und der Hoffnung auf einen radikalen Neubeginn das Gesicht der deutschen Literatur in der unmittelbaren Nachkriegszeit entscheidend prägten. Während sich im deutschen Westen schon bald, im *Ruf* und in der nach seinem Verbot sich zusammenfindenden Gruppe 47, ein scharfer Gegensatz zwischen einer jungen Schriftstellergeneration und jenen Älteren herausbildete, die die Bundesrepublik politisch, wirtschaftlich und geistig formierten, bietet das literarische Leben in Österreich bis in die fünfziger Jahre hinein das Bild eines nicht grundsätzlich gestörten Neben- und Miteinanders der verschiedenen Schriftstellergenerationen. Es ist symptomatisch dafür, wie der fast siebzigjährige Heimito von Doderer für die avantgardistische Wiener Gruppe eintrat.

Eine weitere Besonderheit ist das Nachleben und Weiterwirken altösterreichischer Zusammenhänge noch in die Zeit der Zweiten Republik herein. Österreichische Juden kehrten schon bald nach 1945 zurück und förderten die junge Literatur ebenso, wie sie sich der österreichischen Tradition des Theaters und des modernen Romans annahmen (z. B. Hans Weigel, Friedrich Torberg). Sie knüpften damit an den Geist der jüdischen Künstler und Wissenschaftler an, die zur letzten Kultur- und Literaturblüte Altösterreichs entscheidend beigetragen haben. Andere Emigranten vor Hitler, die im alten, größeren Österreich geboren waren, kehrten zwar nicht zurück, blieben dem wiedererstandenen kleineren Österreich jedoch im Zeichen der Vergangenheit verbunden (z. B. Johannes Urzidil). Selbst ein nach dem Untergang der Monarchie in einem ihrer Nachfolgestaaten Geborener, wie Paul Celan, kam zunächst auf den Spuren der alten

Ausstrahlung nach Wien – »Das Erreichbare, fern genug, das zu Erreichende hieß Wien«[4] –, wenn er da auch nur kurz blieb. Andere blieben, wie der Serbe Milo Dor und der Ungar György Sebestyén.
Dazu kommt ein weiteres, das sichtbar wird, wenn man die repräsentative österreichische Nachkriegszeitschrift *Plan* (1945–48)[5] betrachtet, in der 1946 Ilse Aichingers *Aufruf zum Mißtrauen*, das oft zitierte Signal für den Neubeginn der Nachkriegsliteratur in Österreich, erschien.[6] Da fehlen zwar nicht die Anklage und der sozialkritische Ton, wie z. B. in den Gedichten Walter Tomans; im Vordergrund steht jedoch die Kunstform, besonders die Vermittlung und Anverwandlung des Surrealismus, der der jungen Lyrik in Österreich den stärksten Anstoß gab.[7] Ich nenne nur die Namen Friederike Mayröcker, Paul Celan (zuerst im *Plan*); Hans Carl Artmann, Andreas Okopenko (zuerst in den *Neuen Wegen*, die ab 1949 erschienen); Ingeborg Bachmann (zuerst in *Stimmen der Gegenwart*, 1951 von Hans Weigel herausgegeben). Zu den Zeichen für die erwähnte Gemeinschaft der Älteren mit den Jüngeren gehört es, wenn sich Heimito von Doderer 1947 im *Plan* unter dem Pseudonym René Stangeler mit einem Lob der Form einstellt: *Von der Unschuld des Indirekten. Zum 60. Geburtstag von Albert Paris Gütersloh*. Indem Doderer sein Leitbild feiert, formuliert er seine eigene Kunstauffassung. Sie steht im diametralen Gegensatz zum bekannten »Manifest« Borcherts[8]: »Im Grunde beginnt das neunzehnte Jahrhundert mit dem Satz Goethes: ›Jede Form, auch die gefühlvollste, hat etwas Unwahres‹. Im Sinne Güterslohs dürfte man entgegensetzen: ›Jede Formlosigkeit, auch die gefühlvollste, hat etwas Unwahres‹.«[9] In seinem Buch *Deutsche Literatur der Gegenwart* bringt Walter Jens eine Zäsur in der deutschen Nachkriegsliteratur mit dem Auftreten von Paul Celan, Ingeborg Bachmann und Ilse Aichinger bei der Gruppe 47 in Zusammenhang: »[...] es war in Niendorf an der Ostsee, Frühjahr 1952, eine Tagung der Gruppe 47 fand statt. Die Veristen, handwerklich gute Erzähler, lasen aus ihren Romanen. Dann plötzlich geschah es. Ein Mann namens Paul Celan (niemand hatte den Namen vorher gehört) begann, singend und sehr weltentrückt, seine Gedichte zu sprechen; Ingeborg Bachmann, eine Debütantin, die aus Klagenfurt kam, flüsterte, stockend und heiser, einige Verse; Ilse Aichinger brachte, wienerisch-leise, die ›Spiegelgeschichte‹ zum Vortrag.«[10] Nun, die Autoren, mit denen Jens diese Wendung zu einem neuen Formbewußtsein verbindet, waren in Österreich schon vorher, in der Blütezeit des Neorealismus, der Nachkriegsprogramme hervorgetreten. Doch die Publizität stellte sich, wie fast immer, erst mit dem Erfolg außerhalb Österreichs ein.
In den fünfziger Jahren wirkten die in der unmittelbaren Nachkriegszeit beobachteten Tendenzen weiter. Hatten jedoch in den ersten Jahren sowohl der Anschluß an die Tradition als auch die Öffnung für das Neue, das Experiment, in Zeitschriften wie *Plan* und *Neue Wege*[11] nebeneinander Platz gefunden, so schlug nun das Pendel zur Tradition hin aus. Während sich im Deutschland der 50er Jahre ein Vorgang der Konsolidierung und der Polarisierung von ›Restauration‹ und ›Antirestauration‹ im Zeichen der sich verfestigenden politisch-ideologischen Teilung vollzog, geschah die österreichische Konsolidierung im Zeichen der Herstellung des integren Staates, des Staatsvertrages, des Abzuges der Besatzungstruppen und der Neutralitätserklärung. Die nach dem Kriege begonnene Besinnung auf Österreich wurde in der Folge auch vom Staat eifrig gefördert, nicht zuletzt aus den Erfahrungen mit der Ersten Republik heraus, die u. a. durch ihren Mangel an Selbstbewußtsein so krisenanfällig gewesen war.

Vor dem Untergang des alten Österreich und in der Ersten Republik war *Die österreichische Kulturidee* (Oskar Benda, 1936) nicht zuletzt von österreichischen Schriftstellern entworfen und beschworen worden, so von Hermann Bahr (*Austriaca*, 1911), Hugo von Hofmannsthal (*Preuße und Österreicher*, 1917), Richard Schaukal (*Österreichische Züge*, 1918), Anton Wildgans (*Rede über Österreich*, 1929), Leopold Andrian (*Österreich im Prisma der Idee*, 1937). Den literaturhistorischen Unterbau hatten Josef Nadler, Otto Rommel u. a. durch die Herausarbeitung der barocken Literaturlandschaft geliefert. 1931 schrieb Walther Brecht über *Österreichische Geistesform und österreichische Dichtung*.[12] Nun kam man darauf zurück. In wenigen Jahren erschienen zahlreiche Schriften, die sich mit Themen wie der österreichische Mensch, sein Geist und seine Literatur im wechselseitigen Zusammenhang beschäftigten. Der Freiburger Literaturhistoriker Gerhart Baumann schrieb 1954 in Anlehnung an Hofmannsthal über *Franz Grillparzer. Sein Werk und das österreichische Wesen* und dann 1957 in dem repräsentativen Sammelwerk *Spectrum Austriae*, weiter ausholend, über *Österreich als Form der Dichtung*. Er stützte die These von der Kontinuität der österreichischen Literatur, indem er Grillparzer und die österreichische Literatur der Jahrhundertwende eng zusammenrückte. Hellmut Olles beantwortete die Frage *Gibt es eine österreichische Literatur?* (1957)[13] mit dem Aufweis konstanter Motive. Joseph Strelka und Kurt Adel beschäftigten sich mit dem *Wesen der österreichischen Literatur* (1961)[14] und *Dichtung* (1964).[15] Ernst Schönwiese, der mit seiner Literaturzeitschrift *das silberboot* (1935/36; 1946–52) Brücken zwischen der österreichischen Moderne Hermann Brochs und Robert Musils und der Literatur nach 1945 schlagen wollte, schrieb zu einer Anthologie moderner österreichischer Lyrik (*Das zeitlose Wort*, 1964) *Marginalien über die Eigenart der österreichischen Literatur*,[16] in denen er diese Eigenart noch schärfer als seine Vorgänger profilierte und, im Anschluß an Hofmannsthal, Benda und den deutschen Wahlösterreicher Oskar A. H. Schmitz (*Der österreichische Mensch*, 1924), den Unterschied zur deutschen Kultur zu einer Art metaphysischem Gegensatz zuspitzte. 1962 kam als Band Nr. 100 (!) der Buchreihe *Das österreichische Wort* eine Essaysammlung mit dem programmatischen Titel *Das Große Erbe*[17] heraus.
Allein schon die Titel der nur in Auswahl genannten Schriften sind aufschlußreich. Die Wörter »Wesen, Erbe, Mensch, Idee, zeitlos, Dichtungs- und Geistesform«, die da den Konstanten »Österreich, österreichisch, Österreicher« zugeordnet werden, treten feldartig zusammen, in der gemeinsamen Sinnrichtung auf Stetigkeit und Dauer. Damit verbundene gedanklich-sprachliche Leitmotive sind: das Evidenthalten des katholisch-barocken, imperial-übernationalen Erbes; der Sinn für das Metageschichtliche, ein enges Verhältnis zum Tod ebenso wie ein letztes Vertrauen in Gnade und Natur; Stabilität, thomistisches Maß, Gleichgewicht der Gegensätze, Ablehnung der Dialektik, der extremen und einseitigen Umschläge (des Faustischen); Aversion gegen das Gewaltsame, Veränderungssüchtige; Sinn für das Alte in der Bedeutung des Bleibenden, des immer gegenwärtigen Ursprungs; Heimat- und Volksverbundenheit. Während Hofmannsthal, Baumann u. a. auch auf fragwürdige Kehrseiten wie z. B. die Selbstaufgabe an die Tradition hinweisen, wächst die Tendenz zur Gleichsetzung des ›zeitlos Österreichischen‹ mit der, trotz allem, heilen, ganzen Welt und dem Menschen der Mitte. Hand in Hand mit der Deutung ging die Sammlung: Drei geförderte und inzwischen auf mehrere hundert Nummern angewachsene Kleinbuchreihen, *Das österreichische Wort*, *Neue Dichtung aus Österreich* und die *Österreich-Reihe*, sammeln das

literarische Nationalvermögen. Dazu gesellt sich die seit 1966 erscheinende umfangreiche Anthologie *Dichtung aus Österreich*. Ab 1955 erschien *Wort in der Zeit* als repräsentative österreichische Literaturzeitschrift, die es sich zum Ziel setzte, das literarische Besitztum Österreichs vorzustellen und zu verhindern, daß etwa »das fremdsprachige Ausland oft die literarischen Zusammenhänge zwischen dem alten und dem neuen Österreich nicht begreift und etwa Rainer Maria Rilke und Franz Kafka zu Tschechoslowaken oder Ödön von Horváth zu einem Ungarn stempelt« (Rudolf Henz, Herausgeber).[18]

»Literarische Zusammenhänge zwischen dem alten und dem neuen Österreich« – das könnte man beinahe als Motto über die österreichische Literatur der fünfziger Jahre setzen, soweit sie damals bekannt und angesehen war. Das zeigt sich besonders klar in der erzählenden Dichtung. Ihr repräsentativer Vertreter war Heimito von Doderer. Fast noch ein Zeitgenosse der österreichischen Klassiker des modernen Romans (Kafka, Musil, Broch), ist er in seiner Dichtung wie in seiner Theorie eng mit ihnen verbunden. Auf der anderen Seite bekannte sich einer der namhaftesten Erzähler der jüngeren Generation in den fünfziger Jahren, Herbert Eisenreich, wiederholt zu Doderer und brachte seine Kurzprosa – zumindest theoretisch – in einen Zusammenhang mit Doderers Großform.[19] Bemerkenswert ist ferner, daß Doderer erst mit seiner Trilogie (*Die erleuchteten Fenster*, 1950; *Die Strudlhofstiege*, 1951; *Die Dämonen*, 1956) so recht zum Durchbruch kam, obwohl er seit 1924 bereits drei Romane veröffentlicht hatte, in denen Grundzüge – Motive, Gestalten, Bauformen – seiner Erfolgswerke bereits sichtbar waren. Das traditionsfreundliche Klima der fünfziger Jahre begünstigte den Erfolg dieser Romane um die wiedergefundene österreichische Tradition. Es gab in diesen Jahren noch eine Reihe vergleichbarer Spätwirkungen, Spätentdeckungen, Späthervorbringungen. Genannt seien nur Joseph Roth und Fritz Herzmanovsky-Orlando, deren gesammelte Werke 1956 bzw. 1957 bis 1963 herausgegeben wurden; George Saiko, dessen Romane *Auf dem Floß* und *Der Mann im Schilf* 1948 und 1955 erschienen; Albert Paris Gütersloh, dessen Hauptwerk *Sonne und Mond* erst 1962, und Albert Drach, dessen *Protokoll gegen Zwetschkenbaum* 1964 herauskam. Doderers später Ruhm ist also kein Sonderfall, sondern eher charakteristisch für das literarische Leben Österreichs in den fünfziger und in den beginnenden sechziger Jahren. Ähnliches gilt auch für konstitutive Züge von Doderers Romanwerk und Romantheorie: die Präsenz des alten Österreich, das Konzept des totalen (universalen) Romans, das Motiv der Apperzeption und der Apperzeptionsverweigerung.

Die Präsenz des alten Österreich – vom Milieu bis zum Modell – mitten in der Wirklichkeit der Zweiten Republik verbindet die Romane Doderers mit der Mehrzahl der bedeutenden österreichischen Romane in den fünfziger Jahren. Es ist bezeichnend, daß in drei zwischen 1955 und 1960 erschienenen Romanen von Autoren der ältesten, der älteren und der jungen Generation das Schloß als Schauplatz und als geistiger Ort erscheint: Gütersloh, *Sonne und Mond*, George Saiko, *Auf dem Floß*, Gerhard Fritsch, *Moos auf den Steinen*. Man wird Frank Trommler zustimmen, der meint, daß die österreichischen Romanciers bei der Antwort auf die Frage der Realität »an die politische und geistige Landschaft Österreichs gebunden bleiben [...]. Ob man will oder nicht, man kommt in ihrer Interpretation von Österreich nicht los«.[20]

Auch im Zeichen des totalen Romans ergeben sich zahlreiche Längs- und Querverbindungen. Von den österreichischen Klassikern des modernen Romans hat jeder auf seine

Weise dieses Konzept verfolgt. Ihr gemeinsamer Ausgangspunkt war dabei die ›moderne‹ Erfahrung des Verlusts der Einheit und Übersichtlichkeit der Welt, durch die ihre erzählerische Gestaltung zunehmend schwieriger wurde. Musils bzw. Ulrichs Reflexionen darüber sind genug bekannt. Hermann Broch handelt in dem Essay *James Joyce und die Gegenwart* davon, wo er sich fragt, »ob eine Welt ständig zunehmender Wertzersplitterung nicht schließlich überhaupt auf ihre Totalerfassung durch das Kunstwerk verzichten muß und sohin ›unabbildbar‹ wird«. Der totale Roman soll die Desintegration nicht nur darstellen, sondern, ihr begegnend, »Universalität neu konstituieren«.[21] Für Eisenreich ist der totale Roman im 20. Jahrhundert das, »was die Kathedrale im Mittelalter war: das zeitgemäße Mittel zur Universalität«, »die stellvertretend *wiederhergestellte* Totalität des Seins«.[22]

Damit sind wir bei Doderers Grundmotiv der Apperzeption, das sein Werk von den Anfängen her durchzieht. ›Apperzepierer‹ öffnen sich der Erfahrung des ganzen, konkreten, individuellen und zugleich unendlich verwobenen Lebens. Doderers »Menschwerdung« ist wesentlich apperzeptive Öffnung. ›Apperzeptionsverweigerer‹ kapseln sich gegenüber der Lebenstotalität ab und leben in abgeschlossenen Wahnwelten verschiedener Spielarten, z. B. sexuellen, politischen, bürokratischen. In der Gleichsetzung von Revolutionär und Apperzeptionsverweigerer, von Ideologiebefangenheit und Apperzeptionsverweigerung[23] wird der konservative Aspekt von Doderers Grundmotiv sichtbar. Eisenreich stimmt auch hier überein, und er steht damit nicht allein: »Was, als Vereinzeltes, im zersplitterten modernen Leben uns stört und verstört[!], das *rückt* er [der Roman] *zurück* ins Ganze der Schöpfung, und schon erstirbt uns das Nein auf der Lippe«. Dies ist nicht zuletzt eine Kampfansage an die ›engagierte‹ Literatur,[24] die sich der Kritik, dem Nein, der Veränderung verschrieben hat. »Wiederherstellen«, »zurechtrücken« stehen bereits in ihrem Wortsinn nahe bei »Restauration«. Vergleicht man damit Eisenreichs Erzählpraxis, so ist darin mehr von der modernen Krisenerfahrung und Verstörung eingegangen, als man nach dieser spekulativ-ideologischen Deutung erwarten würde. Und auch sein Vorbild Doderer ist nicht einfach, im Sinne mancher kritischer Deutungsversuche,[25] als Traditionalist oder Reaktionär abzutun, sondern man entdeckt in seinem Spätwerk geradezu revolutionäre Veränderungen des Romans,[26] die neuerdings in österreichischen Romanerstlingen traditionsbildende Wirkungen zeigen (Georg Schmid: *Roman trouvé*, 1978; Matthias Mander: *Der Kasuar*, 1979).

Neben dem Roman bestimmte die Lyrik das Gesicht des österreichischen literarischen Lebens der fünfziger Jahre. Auch bei ihr spielen »Zusammenhänge zwischen dem alten und dem neuen Österreich« keine geringere Rolle. An Gedichten, welche die Zeitschrift *Plan* kurz nach dem Kriegsende veröffentlichte, fällt neben der bereits erwähnten neuen Form des metaphorischen Sprechens der Ton der Versöhnung über allen Schrecken auf. Dies gilt für Gedichte Paul Celans und besonders für die Gedichte Christine Bustas, die von sich sagt: »Mein Grundthema ist die Verwandlung der Furcht, des Schreckens und der Schuld in Freude, Liebe und Erlösung. Freilich hat die Schönheit dabei oft unbarmherzige Farben und die Tröstung kostet zumindest eine Hüfte«.[27] Auch die Gedichte Ingeborg Bachmanns, die als österreichische Lyrikerin in den fünfziger Jahren repräsentativ war wie Doderer als Epiker, zeigen ähnliche Züge. Ihre eigentümliche Verbindung von surreal-verschlüsseltem und emblematisch-deutendem Sprechen, von Zeitkritik und Aufblick zu Zeitenthobenem, von Härte und

Tröstlichkeit wurde wiederholt als wenig radikale Verbindung von Avantgarde und Traditionsgebundenheit zustimmend oder kritisch hervorgehoben und nicht zuletzt auf die österreichischen Herkünfte zurückgeführt. Wenn Christine Lavant, die dritte bedeutende Lyrikerin, auch weniger versöhnlich wirkt, so schließt sie sich hier doch an mit der aus Leid, Angst, Krankheit, Gefährdung und Sehnsucht gemischten, Trakl nahen Atmosphäre ihrer Gedichte wie mit ihrer eigenartigen Metaphernwelt, die ungewöhnliche Wandelbarkeit und Konstanz der Elemente paradox vereinigt.[28] Eine Abgrenzung gegenüber Tendenzen, denen wir uns jetzt zuwenden, nahm Ingeborg Bachmann in ihren *Frankfurter Vorlesungen* zur Poetik (1959/60) programmatisch vor: »Mit einer neuen Sprache wird der Wirklichkeit immer dort begegnet, wo ein moralischer, erkenntnishafter Ruck geschieht, und nicht, wo man versucht, die Sprache an sich neu zu machen, als könnte die Sprache selbst die Erkenntnis eintreiben und die Erfahrung kundtun, die man nie gehabt hat. [...] Es gibt in der Kunst keinen Fortschritt in der Horizontale, nur das immer neue Aufreißen einer Vertikale. Nur die Mittel und Techniken in der Kunst machen den Eindruck, als handelte es sich um Fortschritt«.[29] Inzwischen entdeckt man sie, nicht zuletzt auch in ihrer Prosa, als Vorläuferin der aktuellen Hinneigung zum subjektiven Erzählen und zur kritischen Reflexion historischer Bedingungen, Beschädigungen, aus der Sicht der Frau.

Es drängt sich die Vermutung auf, daß der restaurative Traditionalismus der fünfziger und der frühen sechziger Jahre vor allem eine Tendenz der herrschenden Deutung, Bewertung und offiziellen Förderung der österreichischen Literatur gewesen sei. Sie verstärkt sich noch, wenn man bedenkt, daß sich die Wiener Gruppe, mit der man heute die Vorstellung von einer ästhetischen Revolution verbindet, bereits zu Beginn der fünfziger Jahre zusammengefunden hatte.

Allerdings trat sie so recht erst Mitte der sechziger Jahre schockierend ins Bewußtsein einer breiten Öffentlichkeit. Von der Rezeption her behält also dieser Vorgang seine Bedeutung als eine fast revolutionäre Veränderung der Literaturszene, die es zunehmend schwieriger machte, die Literatur, die nun in Österreich nach vorne drängte, mit den früher skizzierten Kategorien zu erfassen.[30] Eine Art Wendemarke stellt Hans Carl Artmanns Gedichtband *med ana schwoazzn dintn* (1958) dar. Auf den ersten Blick ließ sich das Neue darin scheinbar zwanglos mit der Tradition verbinden. Der große Publikumserfolg sprach denn auch für eine solche Deutung. Von heute aus muß sie aber korrigiert werden. Inzwischen hat sich herausgestellt, daß mit Artmanns Dialektgedichten erstmalig ein literarischer Untergrund für eine breitere Öffentlichkeit sichtbar wurde, der sich in dem, was er wollte und hervorbrachte, erheblich von der offiziell anerkannten österreichischen Literatur der fünfziger Jahre unterschied. Die Wiener Autoren, die dann von außen her die Kollektivbezeichnung ›Wiener Gruppe‹ erhielten, arbeiteten von etwa 1952 bis 1964 in einer gemeinsamen Richtung und fanden sich auch in wechselnden Konstellationen zu Gemeinschaftsunternehmungen zusammen. Außer Artmann, der sich nach seinem Erfolg 1958 zurückzog und später auch die Existenz einer echten Gruppe bestritt, zählten dazu Friedrich Achleitner, Konrad Bayer, Gerhard Rühm und Oswald Wiener. Dazu gesellen sich Autoren, die außerhalb der Gruppe oder doch nur in loser Verbindung mit ihr eine ähnliche Richtung einschlugen, so Friederike Mayröcker, Andreas Okopenko, Ernst Jandl. Nachdem nun die damals unbekannten Arbeiten der Wiener Gruppe in der von Gerhard Rühm herausgegebenen und eingeleiteten Anthologie (1967)[31] und Artmanns *gedichte aus 21 jahren* (1969) vorliegen, haben die Dialektgedichte von 1958 einen Kontext erhalten, der ihren Stellenwert erheblich verändert. Rühm bestimmt ihn, wie folgt: »der dialekt war damit – im gegensatz zur bisher naiven dialektdichtung – als ein bestimmter, manipulierbarer ausdrucksbereich in den materialbestand der neuen literatur aufgenommen«.[32] Mit anderen Worten, es handelt sich weniger um Gedichte im Dialekt als mit dem Dialekt, um »keine Wiener Gedichte, sondern um Gedichte aus Wien«.[33] Die Wiener Gruppe griff zwar auf lokale Formen und Traditionen zurück (Wiener Dialekt, Wiener Volkstheater, Milieu und Gestalten der Vorstadt usw.), verstand das aber nicht als literarische Folklore. Sie fand ihre Vorgänger und Vorbilder in einer literarischen Tradition, die Gustav René Hocke im Anschluß an Ernst Robert Curtius als *Manierismus in der* [europäischen] *Literatur*[34] beschrieben hat. Sie fand Mit- und Gleichstrebende in aller Welt, besonders die Vertreter der konkreten Poesie, von Eugen Gomringer in der Schweiz, Claus Bremer und Helmut Heißenbüttel in Deutschland bis zur Noigandres-Gruppe in Brasilien. Sie verfolgte das Konzept einer umfassenden Erprobung dichterischer Möglichkeiten, Elemente, Verfahrensweisen, sowohl sprachlicher als auch außersprachlicher, in den verschiedensten Kombinationen, von Schreibmaschinentexten bis zum Happening. Ihr Sprach- und Dichtungsverständnis zeigt ungeachtet der Dominanz von Spiel und Artistik auch revolutionäre Züge: »neue ausdrucksformen modifizieren die sprache und damit sein [des menschen] weltbild. das besagt natürlich auch, inwieweit unsere dichtung über ihre ästhetische bedeutung hinaus wirksam sein soll. gerade in ihrer unabhängigkeit von einer sanktionierten gebrauchsweise besteht die chance, neue ausdrucksformen zu provozieren, zu ›verändern‹«.[35] Auch dafür gibt es Traditionen, auf die sich die Neuerer beriefen, in der Barockliteratur, in den Sprachrevolten des Expressionismus, Dadaismus und Surrealismus, aber auch österreichische Vorgänger, wie Hofmannsthal mit seinem Sprachzweifel und Karl Kraus mit seiner Thematisierung der Sprache, mit seiner Sprachkritik.

Doch stärker wirkte der Bruch mit dem unmittelbar vorausgegangenen Traditionsverständnis, das provozierende Absehen und Abgehen von vorgegebenen, vertrauten Sprachmustern, Sprachbedeutungen und Sprachverwendungen. Sprachverfremdung und Publikumsbefremden entsprechen einander. Als weniger janusköpfige Texte als die Artmanns (1957 in den *Neuen Wegen*, 1964 in *Wort in der Zeit*) ein breiteres Publikum erreichten, wurden sie sogleich auch als gesellschaftliche Provokation empfunden. Die These von der Wirklichkeitsveränderung durch Veränderung der Sprachmodelle, von der Gesellschaftskritik durch Kritik der etablierten Sprachmuster sollte für die Fortsetzer der Sprachexperimente der Wiener Gruppe in den sechziger Jahren zunehmende Bedeutung gewinnen.

Zuvor aber gilt es noch einen anderen Aspekt der Veränderung im österreichischen Literaturklima zu betrachten. Ein Autor, dessen Weg aus den fünfziger in die sechziger Jahre als repräsentativ für die Wandlungen und Spannungen in der österreichischen Literatur des letzten Jahrzehnts gesehen werden kann, ist Gerhard Fritsch. Sein 1956 erschienener Roman *Moos auf den Steinen* war ein Beitrag zum Thema der österreichischen Kontinuität. Er verbindet die Sehnsucht nach einem Anschluß an die altösterreichische Tradition mit der Kritik an einer verfälschenden Restauration im wiederhergestellten Österreich und schließt elegisch, wenn auch mit einer unbestimmten Hoffnung. Friedrich Heer wertete diesen Roman als gelungenen »Anschluß an die große Tradition«,[36] Herbert Eisenreich erkennt darin *das* symptomatische Werk der literarischen Nachkriegsgeneration, das ihr Dilemma zwischen gut österreichischer Hinwendung zur Tradition und einem übermächtigen betrügerischen wie selbstbetrügerischen Pseudotraditionalismus darstellt[37]. 1962 übernahm Fritsch die Redaktion der Zeitschrift *Wort in der Zeit* und öffnete sie energisch dem Neuen. Im zweiten Heft 1964 veröffentlichte er Texte von Konrad Bayer und Gerhard Rühm und zog *Bilanz* (Gedichttitel!) für sich selbst. Sie heißt Absage an das zitierte eigene Werk, Absage an die »traditionelle Gesinnung« als Sentimentalität, als illusionäre Flucht in die Vergangenheit, als Pseudoerlösung, als Fixierung auf den Tod. – Der Erfolg: Heftige Proteste[38] und die Entlassung des Redakteurs Fritsch. Als *Wort in der Zeit* Ende 1965 praktisch zu existieren aufgehört hatte, gab Fritsch, seit 1966, zusammen mit anderen, die neue Literaturzeitschrift *Literatur und Kritik* heraus. Im darin publizierten *Nachruf auf eine Zeitschrift* nennt er »die größte Gefahr [. . .], die es für die Literatur in Österreich und anderswo gibt: den Provinzialismus allzu biederer und selbstsicherer Poeterei«.[39] Er bleibt dabei, daß »Bayer, Rühm, Jandl, Okopenko« »Repräsentanten der Gegenwartsliteratur in Österreich« sind. Mit den *Protokollen* (ebenfalls ab 1966) versuchte Fritsch (zusammen mit Otto Breicha) das Beispiel eines nichtprovinziellen, nicht selbstverliebten Wiener Literaturjahrbuchs zu geben. Und 1967 brachten Fritsch und Breicha das Sammelwerk *Aufforderung zum Mißtrauen. Literatur, Bildende Kunst, Musik in Österreich seit 1945* heraus. Der Titel des Werks weckt Erinnerungen und provoziert Vergleiche: 1946 im *Plan* Ilse Aichingers *Aufruf zum Mißtrauen*, 1959 Herbert Eisenreichs Essay *Schöpferisches Mißtrauen oder Ist Österreichs Literatur eine österreichische Literatur?* An der Abfolge der drei Titel und der dahinterstehenden Beiträge lassen sich die Klimaveränderungen im literarischen Leben Österreichs seit 1945 ablesen: Nach dem Krieg der Aufruf zur Selbstprüfung, der sich freilich nicht gegen die Kulturtradition richtet. In den fünfziger Jahren das Lob der österreichischen Tradition, nicht zuletzt als Leitbild für Gegenwart und Zukunft, Mißtrauen als zeitüberdauernde österreichische Tugend. In den sechziger Jahren der neu erwachte Sinn für die Gefahren einer einseitigen Fixierung aufs Vergangene, die sich mit provinzieller Verengung verbindet, und die Kritik daran: »Man beschwört hierzulande gerne das ›große Erbe‹ und preist die Kontinuität gerade in den Künsten, den bewährt konservativen Sinn für das Bewahrende, Erhebende etc.« Gegenüber den »Klischees österreichischer Selbstvorstellung, die nach der Idylle in einer heilen Welt sucht«, möchte die »Aufforderung zum Mißtrauen« das »Bild eines Kunst-Raumes« geben, »der trotz vieler Kustoden kein Museum geworden, sondern Werkstatt geblieben ist«.[40]

Ebenfalls 1967 veröffentlichte Fritsch seinen Roman *Fasching*, als dichterisches Ergebnis der Wandlung, die er seit *Moos auf den Steinen* durchgemacht hatte. Standen im ersten Roman Schloß Schwarzwasser als »guter Ort« und die Welt der Großstadt als böser Ort (»Hier ist kein guter Ort«) einander gegenüber, so ist der Schauplatz des zweiten Romans eine österreichische Provinzstadt und ihre Gesellschaft vom Zweiten Weltkrieg bis heute, eine Art Pandämonium. Und diese verkehrte Welt ist ein Modell, wenn nicht Österreichs im ganzen, so doch der österreichischen Provinzialität. Auf dem Weg von den fünfziger Jahren in die sechziger Jahre ist der Romancier Fritsch vom Österreich-Elegiker und Erben der österreichischen Romantradition zum Österreichkritiker und formalen Neuerer, wenn auch nicht zum Avantgardisten, geworden. Mit *Fasching* hat er einen nicht unanfechtbaren, aber markanten Beitrag zu einer für die österreichische Literatur der sechziger Jahre charakteristischen Erscheinung geleistet, die ich Problematisierung des Heimatromans bzw. des Regionalromans nennen möchte.[41] Bedeutender Vorläufer ist der Bergroman Hermann Brochs; *Die Wolfshaut* (1960) von Hans Lebert, mehr oder weniger das ganze Prosawerk von Thomas Bernhard und *Geometrischer Heimatroman* (1969) von Gert F. Jonke bieten weitere Beispiele.

Die Problematisierung hat inhaltliche wie formale Aspekte. Sie bezieht sich auf das Bild der heilen Provinz ebenso wie auf das ihm zugeordnete einfache Erzählen, und darüber hinaus auf eine gerade in Österreich sehr starke literarische Tradition (Rosegger, Schönherr, Waggerl, Grogger, Nabl, Perkonig usw.). Die Modellfunktion der geschlossenen Kleinwelt bleibt erhalten und wird im Zusammenhang mit Tendenzen der Gegenwartsliteratur (Kafka-Nachfolge, konkrete Poesie) noch verstärkt. Dazu kommt, zumindest bei Fritsch und Lebert, als besondere Motivierung die Ansicht, daß die heutige österreichische Gesellschaft, Wien nicht ausgenommen, im ganzen der Provinzialisierung zuneige und deshalb am besten im Modell des Dorfes oder der Kleinstadt dargestellt und kritisiert werden könne.

Dieser besondere Bezug tritt bei Bernhard und Jonke zurück. Zwar sind Bernhards Romane und Erzählungen von *Amras* (1964) bis zum *Kalkwerk* (1970) alle in verschiedenen Gegenden Österreichs angesiedelt, aber die damit verbundenen Namen und Details erhalten eine gemeinsame Richtung auf die überall gleiche Weltverfassung, die von Krankheit, Agonie, Tod, Deformation, Isolierung, Angst, Wahnsinn bestimmt ist. Dadurch werden die jeweiligen lokalen Besonderheiten eigentümlich irrelevant. Wie die Entstehungsgeschichte zeigt, sind sie austauschbar, als Elemente einer Unheilswelt, die als Sprachwelt durch fortlaufende Entsprechungen (»tödliche Analogien«), Wiederholungen, Zitate (»ein fortwährendes Zitieren, das die Welt *ist*«), phonetische, semantische, rhythmische Variationen des Identischen konstituiert wird.[42] – Bereits der Titel Jonkes paßt nicht oder doch nur antithetisch zum geläufigen Heimatroman mit seiner ideologischen Bindung an das Irrational-Natürliche. Die Landschaft, das Dorf und die Menschen darin (»Figuren«) werden more geometrico behandelt, d. h. konstruiert. Der schematisch skizzierte Dorfplatz ist ein »strukturales muster«. Damit sind ebenso räumliche wie auch politisch-soziale (z. B. obrigkeitlich-hierarchische) und sprachliche Beziehungen bzw. Determinationen gemeint.[43] Das Dorf ist eine Art geschlossenes System, in das man nur unter größten Schwierigkeiten einzudringen vermag. Am Ende wird es wieder verlassen: »Im gleichen Luftbereich, / im selben Zeitraum / [...] ist es möglich und durchaus erlaubt, / das Dorf in weißes oder andersfarbiges Packpapier mit / oder ohne Firmeninschrift einzuwickeln / oder zu einem Ellip- / soid mit den Ausmaßen eines herkömmlichen Rugbyballes / zusammenzufalten / [...] hinter den Rücken / zu werfen / *um in eine andere Landschaft einzubiegen*!« In der abschließenden Manipulationsgeste, die das Dorf (Heimatdorf?) als ein konstruierbares, damit durchschaubares und beliebig verfügbares Modell unter vielen anderen möglichen behandelt und abtut, verbindet sich die formale Revolution der Wiener Gruppe und der ihr nahestehenden Autoren mit einer Gesellschaftskritik, die das spezifisch Österreichische nicht aufdringlich herausstellt, aber auch nicht ausschließt, sondern einschließt. Diese Verbindung ist charakteristisch für eine profilierte Gruppe der um 1940 herum geborenen und in den sechziger Jahren zuerst hervorgetretenen österreichischen Schriftsteller. Ihr wichtigstes Zentrum wurde das Forum Stadtpark in Graz. Es bildete sich Ende der fünfziger Jahre unter der Leitung von Alfred Kolleritsch als Ort der Begegnung, mit erklärter Spitze gegen den Provinzialismus von Publikum und Autoren.[44] Besonders die Wiener Gruppe und ähnlich gerichtete Autoren und Tendenzen in anderen Ländern wurden hier vorgestellt und wirkten als Impulsspender für Autoren wie Peter Handke, Barbara Frischmuth, Wolfgang Bauer, Michael Scharang. Sie debütierten hier und konnten in der seit 1960 erscheinenden Zeitschrift des Forums, *manuskripte*, veröffentlichen. Die Verbindung zwischen der älteren Wiener Gruppe und dem jüngeren Grazer Zentrum dokumentieren zwei Erstveröffentlichungen in den *manuskripten*: *die verbesserung von mitteleuropa* von Oswald Wiener (in Fortsetzungen ab 1965) und *Publikumsbeschimpfung* (1966) von Peter Handke. Die Pole ›Text‹ und ›Aktion‹ sind auch für die Jüngeren charakteristisch, ›Gemeinschaftsarbeiten‹ spielen eine geringere Rolle als in der älteren Wiener Gruppe. Sind etwa Frischmuth und Scharang textorientiert, Bauer mehr aktionsorientiert, so verbindet Handke die zwei Pole auf seinem Bühnenweg von *Publikumsbeschimpfung* über *Kaspar* (1967) zu *Das Mündel will Vormund sein* (1968). Handke, und ganz ähnlich Frischmuth und Scharang, richten sich in gestaltender Reflexion auf sprachliche Bedingungen, Sprachmuster, Klischees, Strategien, die den verschiedenen Spielarten der Manipulation, der Beherrschung, der Terrorisierung des Menschen in unserer Gesellschaft voraus- und zugrunde liegen. Sie bedienen sich dabei sowohl »reproduzierender« als auch »antigrammatischer« Verfahrensweisen im engeren Sinn (Heißenbüttel),[45] denen die Reduktion gemeinsam ist. »In Sätzen steckt Obrigkeit«,[46] unter diesem Titel besprach Handke den *Geometrischen Heimatroman* und charakterisierte damit zugleich den zwanghaften Lehr- und Lernvorgang im *Kaspar*. Frischmuth läßt in der *Klosterschule* (1968) die Sprache der repräsentativen Erziehungsanstalt sich selbst entlarven, indem sie diese scheinbar ganz einfach wiedergibt. Ähnlich reproduzierend-entlarvend verfährt Scharang in obrigkeitlichen Strafreden wie »Rüge« oder »Ein Verantwortlicher entläßt einen Unverantwortlichen«.[47] Bei aller Gemeinsamkeit in der beabsichtigten Verbindung von Sprachkritik und Gesellschaftskritik, von Sprachexperiment und Bewußtseinsveränderung – getreu dem Diktum Wittgensteins: »Die Grenzen meiner Sprache sind die Grenzen meiner Welt«,[48] bestehen doch beträchtliche Unterschiede zwischen den ›Sprachspielen‹ Handkes, die primär Formen reflektieren und verändern, und der ›politischen Grammatik‹ eines Scharang, der die Dialektik von Schreiben und Realisieren reflektiert (*Schluß mit dem Erzählen und andere Erzählungen*, *Streik*, 1970).[49] Wieder anders verhält es sich mit der Mischung von Volkstheater, Happening und Klischeereflexion bei Bauer (*Magic Afternoon*, *Change*, *Party for Six*, 1969).

Neben der Reduktion macht sich eine gegenläufige Tendenz bemerkbar. Oswald Wieners Roman *die verbesserung von mitteleuropa* (1969) beginnt mit einem umfangreichen »personen- und sachregister« als »inhaltsverzeichnis«; ihm folgt ein »vorwort«, das, von den Titeln her, unmittelbar in die »appendices A–C« übergeht; den Schluß bilden umfangreiche »literaturhinweise«. Diese Anordnung und Versammlung verschiedenartigster literarischer Elemente, wie Schlagzeilen, Aphorismen, Exkurse, Essays, Prosaszenen, Lautgedichte, lettristische Texte usw. legen es nahe, das Buch nicht so sehr linear, sondern in der Art einer Enzyklopädie zu lesen. Und 1970 legt Andreas Okopenko den »Lexikon-Roman« *Lexikon einer sentimentalen Reise zum Exporteurtreffen in Druden* vor. Im Titel begegnen einander die Anspielung auf den subjektiven Reiseroman des 18. Jahrhunderts und das Lexikonprinzip der Welt von A bis Z. Eine Vermittlung zwischen den zwei gegensätzlichen Prinzipien des linearen

Weges und der nur mehr äußerlich geordneten diskontinuierlichen Vielfalt stellt die »Gebrauchsanweisung« her, wenn sie im Stil der Reisefiktion außer einer Hauptroute noch viele andere Reiserouten, sprich Leserouten, vorschlägt bzw. zuläßt. Somit entsteht ein »Möglichkeitenroman«, aus dem sich jeder Leser aktiv einen eigenen Roman zusammenkombinieren soll oder kann. Der Lexikon-Roman führt damit die polyphonen, enzyklopädischen Tendenzen des Romans im 20. Jahrhundert zu einem vorläufigen Extrem.

Wenn sich Okopenko im 2. Stichwort bewußt provozierend zur »affirmativen Dichtung« bekennt, trotz allem, was dagegensteht, so macht er sich damit – wenn auch zweideutig – zum Gegenpol der *verbesserung von mitteleuropa*, die mit einem Appell zum (anarchischen) Protest gegen den Zwang der totalen Information endet; ähnlich wie sich Handkes Kaspar zuletzt gegen die totale Zwangsordnung anarchisch auflehnt.

Parallel zur Problematisierung der österreichischen Kontinuität des ›großen Erbes‹ in der Literatur der sechziger Jahre beginnt ein Wandel in der Deutung. 1963 publizierte der Triestiner Claudio Magris ein Buch über die österreichische Literatur des 19. und 20. Jahrhunderts, das 1966 unter dem Titel *Der habsburgische Mythos in der österreichischen Literatur* ins Deutsche übersetzt wurde. Magris deutet den Österreich-Mythos als sekundäres Erzeugnis der veränderungsfeindlichen politischen Ideologie des untergehenden Habsburgerreiches. Die geistig-literarische österreichische Kontinuität, auch nach dem Untergang der Monarchie, wird, bei allen positiven Akzenten im einzelnen, als rückwärtsgewandte Statik, als Immobilismus, als mangelnde Anpassung an die Gegenwart und ihre geschichtlichen Tatsachen und Forderungen, ›entlarvt‹. Ungeachtet grundsätzlicher Vorbehalte und notwendiger Korrekturen behält der Versuch von Magris seinen Wert als kritische Korrektur des früher skizzierten Prozesses der Rechtfertigung bis mythisierenden Verklärung des Österreichischen in der Kultur wie im Menschentum. Weniger polemisch ergänzte Frank Trommler die Thesen von Magris (*Der österreichische Roman im 20. Jh. – eine Episode?*, 1967). Auch er wendet sich gegen die vorschnelle und ungeschichtliche Behauptung der Überzeitlichkeit der österreichischen Dichtung und ihres Wesens. Der »Totalitätsanspruch« der österreichischen Klassiker des modernen Romans ist für ihn Erbe der Romantik und geschichtlich an die Existenz des »Hofmannsthalschen Österreich« gebunden: »dieses Österreich ist vergangen und mit ihm dieser Roman.«

Alles in allem bot die Literatur in Österreich am Beginn der siebziger Jahre ein viel weniger harmonisches Bild als, zumindest nach außen hin, in den fünfziger Jahren. Die Autoren, die mit ihrem Leben und Werk die Verbindung zum alten Österreich und zu den österreichischen Klassikern der Moderne bewahrten, traten nach und nach ab: Saiko starb 1962, Doderer 1966, Csokor 1969, Urzidil 1970. Zwischen den führenden Autoren der mittleren und der jüngeren bis jüngsten Schriftstellergeneration gab es mehr Spannung und Entfremdung als Harmonie und Verständnis. Zwischen Herbert Eisenreich, Ingeborg Bachmann, Christine Busta auf der einen Seite und Autoren wie Peter Handke, Michael Scharang, G. F. Jonke auf der anderen Seite. Gerhard Fritsch, der sie von der mittleren Generation her überbrücken wollte, war nicht mehr.

Die Polarisierung zwischen einem »traditionellen« und einem »progressiven« Lager der österreichischen Schriftsteller, die sich am Ende der sechziger Jahre abzeichnete, schien sich in den siebziger Jahren zu verschärfen. Als äußeres Symptom dafür mag die

Spaltung zwischen dem österreichischen PEN-Club und der Grazer Autoren-Versammlung gelten.[50] Aber das sind im Grunde ungenaue, wenn nicht irreführende Vereinfachungen, wie zu zeigen sein wird.

Die Bedingungen für die literarische Kritik der gesellschaftlichen Zustände in Österreich oder am Beispiel Österreichs änderten sich dadurch, daß zu Beginn der siebziger Jahre die christlich-soziale ÖVP-Regierung durch die sozialdemokratische Regierung unter Kanzler Kreisky abgelöst wurde. Sie behielt die für die Zweite Republik seit 1945 bestimmende politisch-gesellschaftliche Harmonisierung (»Sozialpartnerschaft«) bei, setzte aber auch umstrittene gesellschaftliche Reformen in Gang. Kanzler Kreisky wurde in der Folge zunehmend zu einer Integrationsgestalt, sowohl für Jungsozialisten und kritische Autoren als auch für Traditionsbewußte, selbst noch im Sinne der vorrepublikanischen österreichischen Vergangenheit. So brachte ihn die Wahlwerbung 1979 bewußt mit Kaiser Franz Joseph zusammen; besser hätten wohl noch die Reformkaiser Josef II. und Leopold II. als Bezugspersonen gepaßt.

Dieser österreichische Vorgang fiel zeitlich zusammen mit dem Machtwechsel in der Bundesrepublik Deutschland zur sozialliberalen Koalition und mit dem Zurückschwingen des Pendels, nach dem revolutionären Pendelausschlag der Studentenbewegung am Ender der sechziger Jahre.

Auch in der Literatur glaubt man in den siebziger Jahren eine ›Tendenzwende‹ zu erkennen, verbunden etwa mit folgenden Merkmalen: Der Drang nach Neuem, als ästhetische Innovation wie als politische Emanzipation, verliert an faszinierender Anziehungskraft. Von den nach Helmut Heißenbüttel allein noch zukunftsträchtigen antigrammatischen und sprachreproduktiven Verfahren[51] kehren nicht wenige zurück zu dem vorher verpönten Erzählen bzw. zu vertrauteren Gattungen. Der linguistischen und soziologischen Verleugnung des Ich begegnet eine neue Subjektivierung, bis hin zu der polemisch beschworenen »neuen Innerlichkeit.«[52] Fiktionalität, ästhetische Sensibilität und literarische Phantasie steigen wieder im Kurs.

Das hier allgemein Formulierte zeigt sich an einigen Autoren beispielhaft:

Peter Handke, der als strukturaler Avantgardist bekannt geworden war (*Die Hornissen*, *Publikumsbeschimpfung*, *Kaspar*), begann im *Kurzen Brief zum langen Abschied* (1972), mit dem Blick auf Vorbilder des 19. Jahrhunderts, zu erzählen, beschrieb mit dem besonders erfolgreichen *Wunschlosen Unglück* (1973) das Leben und den Selbstmord seiner Mutter, orientiert am Schema der Frauenbiographie und an der sozialen Fallstudie, zugleich aber auch aus der Perspektive des betroffenen Sohnes. Mit der *Stunde der wahren Empfindung* (1975), den Tagebuchaufzeichnungen *Gewicht der Welt* (1977) und *Langsame Heimkehr* (1979) führte er eine Linie des subjektbezogenen Darstellens fort, die auch auf historische Modelle wie Werther, Malte Laurids Brigge und Jean Paul zurückdeutet. – Thomas Bernhard veröffentlichte im gleichen Jahr, 1975, den Roman *Korrektur*, der seine Gleichniskonstruktionen über den Weltzustand besonders konsequent weiterführte, und *Die Ursache*, den ersten Band seiner bis 1980 dreibändigen Autobiographie, die von der Genese seiner Welt handelt.[53] – Michael Scharang, der mit formalistisch-engagierten ›Texten‹ bekannt geworden war, wendet sich nun fiktionalen Erzählungen aus der österreichischen Arbeitswelt zu (*Charly Traktor*, 1973; *Der Sohn eines Landarbeiters*, 1976), mit der erklärten Absicht, so besser an die Betroffenen heranzukommen. – Barbara Frischmuth, die mit der Jargonreproduktion *Die Klosterschule* (1968) ihren Durchbruch erzielt hatte, entfaltet zunehmend ihre erzählerische

Phantasie (*Die Mystifikationen der Sophie Silber*, 1976; *Amy oder die Metamorphose*, 1978).

Über diese individuellen Veränderungen hinaus drängt sich als allgemeinere Tendenz die zum (auto)biographischen Erzählen auf. Sie wurde bei Handke und Bernhard bemerkt; auch ältere Autoren wie z. B. Elias Canetti (*Die gerettete Zunge*, 1977; *Die Fackel im Ohr*, 1980) schließen sich ihr an. Sie bringt nicht etwa nur eine Kultivierung des Individuums und seiner Innerlichkeit, sondern mehr noch die subjektive Vermittlung gesellschaftlicher Erfahrungen und Verhältnisse. Dies gilt etwa für Franz Innerhofers Trilogie *Schöne Tage* (1974), *Schattseite* (1975), *Die großen Wörter* (1977); Gernot Wolfgrubers *Auf freiem Fuß* (1975), *Herrenjahre* (1976), *Niemandsland* (1978) und für *Die kleine Figur meines Vaters* (1975) von Peter Henisch. So gesehen, sind diese Erzählungen nicht zuletzt eine Form der literarischen Auseinandersetzung mit der österreichischen Realität, die sich in den siebziger Jahren verstärkt und neue Dimensionen bekommt.[54] Neben der Bevorzugung der Gegenwart fällt das neuerwachte Interesse für bisher eher tabuisierte Zonen der österreichischen Vergangenheit auf, wie für die Erste Republik als Vorgegenwart, mit ihrer Polarisierung der »Lager«, bis hin zum Bürgerkrieg.

Die Literatur der Arbeitswelt erhält eine besondere österreichische Variante. Der Arbeiter, der vom Lande in die Stadt kommt, ein bestimmender autobiographischer Aspekt bei Innerhofer, bildet das Hauptmotiv in den erwähnten Romanen Scharangs. Walter Kappacher stellt kleine Angestellte und Arbeiter eines Kleinbetriebes in den Situationsrahmen der österreichischen Provinzstadt (*Morgen*, *Die Werkstatt*, 1975).

Einen parteilich-funktionalen Realismus in der Nachfolge Brechts vertritt eine Gruppe von Autoren, die sich um *wespennest. zeitschrift für brauchbare texte* versammelt hat, z. B. Gustav Ernst, Christian Wallner, Helmut Zenker. Neben Scharang steht Peter Turrini dieser Gruppierung nahe, der nach kritisch-aggressiven Volksstücken wie *Sauschlachten* und politisch-pointierten Aktualisierungen (*Der tollste Tag* nach Beaumarchais und Da Ponte / Mozart) das Fernsehen als klassenüberschreitendes Medium für die parteilich-fiktionale Aufbereitung österreichischer Geschichte entdeckt hat (*Alpensaga*).[55]

Die Parteigänger eines neuen Realismus in der österreichischen Literatur kritisieren die Sprachexperimente der Wiener und der Grazer. Michael Scharang, der selbst formalistisch-engagiert angefangen hatte, bewertet nun den »Rückzug [...] auf die Sprache« als »bloße Illusion«, die scheinbar engagierte Gleichsetzung von »Sprache und Gesellschaft« als »Ästhetisierung der Politik«, im Sinne Walter Benjamins, oder als «Kurzschluß zwischen Elfenbeinturm und Engagement«.[56] Peter Turrini spricht verächtlich vom »experimentellen Niemandsfeld«.[57] Sie lassen Sprachreflexion und poetische Sprachveränderung nur mehr im Dienste der Darstellung und Veränderung der materiellen sozioökonomischen Wirklichkeit in Österreich gelten, als Mittel im Klassenkampf. Mit welchen Mitteln kommt man an die heran, deren Partei man ergriffen hat, das ist eine der literarischen Hauptfragen dieses parteilichen Realismus.

Die Perspektive der Frau und des Kindes, ihre Befreiung aus überkommenen gesellschaftlichen Zwängen, wird zu einem Hauptthema österreichischer Autorinnen. Ich nenne nur Elfriede Jelinek, Christine Nöstlinger, Brigitte Schwaiger und Barbara Frischmuth, die sich schon lange vor dem jetzt herrschenden Trend mit ihrem strukturalen Erstlingsbuch *Die Klosterschule* und mit bald darauf folgenden Kindergeschichten in diese Richtung bewegt hatte. In ihrer Trilogie *Die Mystifikationen der Sophie Silber*, *Amy oder Die Metamorphose*, *Kai und die Liebe zu den Modellen* (1976–1979) vermittelt sie die österreichische Mythologie der Feenwelt mit der Gegenwart der Frau, die, zusammen mit ihrem Kind und ohne den Mann und Vater, zu sich selbst kommen, ihre Rolle neu bestimmen möchte: »hier in Mitteleuropa, und in diesem Jahrhundert, verwandelt und zurechtgeknetet von den Umständen«.[58]

Ganz im Sinne einer solchen Verschränkung des Persönlichen mit dem Gesellschaftlichen, der Gegenwart mit der Vorgegenwart, wenden sich derzeit Autorinnen wie Jutta Schutting und Brigitte Schwaiger im älteren und im heutigen Wortsinn – Zuwenden/ Entgegenstellen – gegen den Vater, wie bereits vor Jahren Peter Henisch.

Wohl nicht ohne Zusammenhang mit den eben skizzierten Tendenzen setzt in den letzten Jahren eine erneute Rezeption Ingeborg Bachmanns, eine Art Bachmann-Renaissance ein.

Könnte man aus dem zuletzt Berichteten eine gesellschaftsverändernde Gesamtrichtung der österreichischen Literatur der siebziger Jahre abzulesen geneigt sein, so sollte man nicht übersehen, daß daneben österreichische Traditionen weiterleben und sich sogar verstärken, die unter einen solchen Hut nicht passen. In der repräsentativen Anthologie *Glückliches Österreich. Literarische Besichtigung eines Vaterlandes* (1978) schreibt Gerhard Amanshauser: »Ein italienischer Germanist namens Claudio Magris hat österreichischen Schriftstellern den Vorwurf gemacht, sie litten an einem Monarchie-Komplex. Er meinte, sie sollten ihre Aufmerksamkeit lieber einer republikanisch-fortschrittlichen Zukunft schenken. Es gibt aber Länder, die weit mehr Vergangenheit als Zukunft haben, und im übrigen sind Komplexe bei Künstlern meist ergiebiger als fromme Wünsche oder Tendenzen.

Es mag sein, daß es österreichischen Schriftstellern manchmal gelingt, die deutsche Sprache sozusagen auf Abwege zu führen oder zu Seitensprüngen zu verleiten. Vielleicht wird sie dann dort, wo sie steif war, ein wenig biegsamer und muß, wo sie Ordnung stiften sollte, eine gewisse Verwirrung in Kauf nehmen.«[59]

Amanshauser zeigt hier wie auch sonst, daß der Blick zurück, die Sprach- und Formverliebtheit, die Ironie, der Möglichkeitssinn in der heutigen österreichischen Literatur noch nicht ausgestorben sind, mag sich auch Friedrich Torberg als Letzter einer versinkenden Kulturwelt fühlen (*Die Tante Jolesch oder der Untergang des Abendlandes in Anekdoten*). Das zeigen etwa zusammen zwei so verschiedene Sprachspieler wie Ernst Jandl, der über die Gunst und Ungunst der Moden hinweg seine individuelle Sonderform der konkreten Poesie weiterführt (*die bearbeitung der mütze. gedichte*, 1978) und auch in größere Texte einbringt,[60] und Alois Brandstetter, der die alte rhetorische Tradition und ihre heutige Erneuerung in seinen immer umfangreicheren fiktionalen Reden und Rederomanen verbindet (*Zu Lasten der Briefträger*, 1974; *Die Abtei*, 1977).

Besonders charakteristisch für die ambivalente Identität der österreichischen Literatur von den fünfziger Jahren bis in die siebziger Jahre ist es, daß Vertreter einer ›totalen Poesie‹, wie Artmann und Mayröcker, in verschiedenen ästhetischen und politischen Konstellationen immer wieder neu als Leitgestalten angesehen werden.[61] Artmann »führte« und verließ bald sowohl die Wiener Gruppe wie die Grazer Autorenversammlung. Friederike Mayröcker nimmt für sich in Anspruch: »Mein Gedicht ist meine Verwirklichung von höchster Freiheit mit den Mitteln des Worts«.[62] Dies gilt auch für

den Proteus Artmann, von der *Acht-Punkte-Proklamation des poetischen Actes* (1953) bis zu den *Nachrichten aus Nord und Süd* (1978).
Neben dieses Duo tritt in den letzten Jahren ein anderes, jüngeres, mit vergleichbaren Zügen: Jutta Schutting und Peter Rosei. Auch auf sie kann man anwenden, was Jandl über Mayröcker gesagt hat: Für sie ist »Welt ein Teil des Gedichts«, »nicht umgekehrt« – versteht man »Gedicht« in dem weiteren Sinn, der die poetische Prosa einschließt. Wenn Rosei seinen Roman *Von hier nach dort* (1978), der motivisch Erinnerungen an Eichendorffs *Taugenichts* weckt, H. C. Artmann widmet, so bedeutet das mehr als nur eine Geste der persönlichen Freundschaft.
Gert F. Jonke, der mit seinem Erstling *Geometrischer Heimatroman* als strukturaler Gesellschaftsdarsteller und -kritiker hervorgetreten oder doch aufgefaßt worden ist, bietet mit dem *Fernen Klang* (1979) tragikomische musikalische Phantasien, die an österreichische Komödientraditionen – »Zauberkomödien« – erinnern.[63]
Und selbst Hauptvertreter des parteilichen Realismus modifizieren neuerdings ihre Positionen wie ihre Schreibweise. Scharang brachte nach den »von oben« konstruierten Arbeitererzählungen den Roman eines leitenden Angestellten mit einer trivialen Liebes- und Kriminalhandlung, deren versteckte ideologische Strategie sich nicht mehr aufdrängt. Peter Turrini meint, daß er die zu wenig kenne, für die er Partei ergreift. Die Wirklichkeit sei komplexer, als es ideologische Kategorien wahrhaben wollen. Er schreibt Gedichte, u. a. um der Gefahr eines veräußerlichten parteilichen Betriebes zu begegnen.
Die Spannweite der österreichischen Literatur in den siebziger Jahren zeichnet sich ab, wenn auf der einen Seite immer noch Schlösser in einem ambivalenten Sinn bevorzugte Schauplätze sind (Alfred Kolleritsch: *Die Pfirsichtöter*, 1973; Amanshauser: *Schloß mit späten Gästen*, 1975), wenn sich andererseits Autoren wie Handke, Scharang, Turrini und Werner Schneyder, als Kabarettist, bewußt und programmatisch dem Fernsehen, als zeitgemäßem ästhetischem und gesellschaftlich-politischem Medium, zuwenden. Nicht die Polarisierung ist das Hauptmerkmal der österreichischen Literatur in den siebziger Jahren, sondern ihre produktive Vielfalt. Dies gilt auch für ihre literarischen Zentren.

Anmerkungen

1 Friedrich Heer: Perspektiven österreichischer Gegenwartsdichtung. In: Deutsche Literatur in unserer Zeit. Göttingen [3]1961. S. 125–158. Zitat S. 125.
2 Herbert Eisenreich: Das schöpferische Mißtrauen oder Ist Österreichs Literatur eine österreichische Literatur? (1959). In: H. E.: Reaktionen. Essays zur Literatur. [Gütersloh] 1964. S. 72–104.
3 Hans Weigel: Das verhängte Fenster. In: Plan 1 (1946) H. 5. S. 397–399. Zitat S. 397.
4 Paul Celan: Ansprache anläßlich der Entgegennahme des Literaturpreises der Freien Hansestadt Bremen. In: P. C.: Ausgewählte Gedichte. Zwei Reden. Nachw. von Beda Allemann. Frankfurt a. M. 1968. S. 127.
5 Ein knapper Überblick von Hans F. Prokop: Österreichische literarische Zeitschriften 1945–1970. In: Literatur und Kritik 50 (1970) S. 621–631.
6 Auszugsweise wieder abgedr. in: Aufforderung zum Mißtrauen. Hrsg. von Otto Breicha und Gerhard Fritsch. Salzburg 1967. S. 10. Dazu Hans Weigel: Es begann mit Ilse Aichinger. Ebd. S. 25–30.
7 Vgl. dazu: Plan 1 (1946) H. 11; 2 (1947) H. 4. Surrealistische Publikationen. Hrsg. von Edgar Jené und Max Hölzer. H. 1 (1950).

8 Wolfgang Borchert: Das ist unser Manifest. In: W. B.: Das Gesamtwerk. Hamburg o. J. S. 308 bis 315.
9 Plan 2 (1947) H. 1. S. 2–14. Zitat S. 4.
10 Walter Jens: Deutsche Literatur der Gegenwart. München ²1966. S. 129 f.
11 Vgl. dazu Andreas Okopenko: Der Fall ›Neue Wege‹. In: Aufforderung zum Mißtrauen (Anm. 6) S. 279–304.
12 Deutsche Vierteljahrsschrift 9 (1931) S. 607–628.
13 Wort und Wahrheit 12 (1957) S. 115–134.
14 Österreich in Geschichte und Literatur 5 (1961) S. 534–544.
15 (= Österreich-Reihe 267.) Darin: Österreichische Literatur als Ausdruck geschichtlicher, aber überzeitlicher Wesensart. S. 82–89.
16 (= Stiasny-Bücherei 125.) S. 229–236.
17 Darin Herbert Eisenreich: Das schöpferische Mißtrauen oder Ist Österreichs Literatur eine österreichische Literatur?; Ivar Ivask: Das große Erbe. Die übernationale Struktur der österreichischen Dichtung; Otto Basil: Panorama vom Untergang Kakaniens.
18 Vorwort zu Jg. 1. H. 1.
19 Die Doderer-Essays von Eisenreich in: H. E.: Reaktionen (Anm. 2) S. 166–215. Bes. aber in: Der Roman. Keine Rede von der Krise (ebd. S. 43–57) und Eine Geschichte erzählt sich selbst in: H. E.: Böse schöne Welt. Stuttgart 1957. S. 166–173.
20 Frank Trommler: Der österreichische Roman im 20. Jh. – eine Episode? In: Literatur und Kritik. (1967) H. 16/17. S. 381.
21 Hermann Broch der Denker. Hrsg. von Harald Binde. Zürich 1966 (2. Teil der Hermann-Broch-Auswahl). S. 78. – Heimito von Doderer: Grundlagen und Funktion des Romans. Nürnberg [1959]. S. 35.
22 Herbert Eisenreich: Der Roman. Keine Rede von der Krise (Anm. 19) S. 44/45, 47, 53.
23 Doderer: Tangenten. München 1964. Über den Zusammenhang zwischen Ideologie und Apperzeptionsverweigerung S. 183–187.
24 Eisenreich: Reaktionen (Anm. 2) S. 50: »[...] der Begriff der engagierten Literatur« als »Mißverständnis«. »Wir verzichten [...] auf jede naheliegende Polemik gegen diese Verwechslung von Politik und Literatur, von direkter und indirekter Wirksamkeit, und behaupten bloß, daß des Schriftstellers Humanität sich weitaus umfassender äußere als durch politisches Engagement, nämlich durch ein Ja zur vollen und ganzen Wirklichkeit.«
25 Z. B. Anton Reininger: Die Erlösung des Bürgers. Eine ideologie-kritische Studie zum Werk Heimito von Doderers. Bonn 1975. (Bonner Arbeiten zur deutschen Literatur 30.)
26 Georg Schmid: Doderer lesen. Salzburg 1978.
27 Christine Busta: Das andere Schaf. Graz 1959. S. 31. – Gedichtbände: Der Regenbaum (1951), Lampe und Delphin (1955), Die Scheune der Vögel (1958), Unterwegs zu älteren Feuern (1962).
28 Vgl. vor allem die Gedichtbände: Die Bettlerschale (1956), Spindel im Mond (1959), Der Pfauenschrei (1962). Zur Metaphorik die Untersuchung von Grete Lübbe-Grothues: Zur Gedichtsprache der Christine Lavant. In: Zeitschrift für deutsche Philologie 87 (1968) S. 613–631. Sie legt den Akzent einseitig auf die Wandelbarkeit.
29 Ingeborg Bachmann: Gedichte, Erzählungen, Hörspiele, Essays. München 1964. S. 305/306, 309.
30 Man vergleiche dazu Überblicke über die österreichische Lyrik und Epik der vierziger und fünfziger Jahre mit vergleichbaren Versuchen vom Standpunkt der sechziger Jahre. Etwa auf der einen Seite Ernst Schönwiese: Die österreichische Lyrik der Gegenwart. In: Études Germaniques 13 (1958) S. 333–347; Wolfgang Kraus: Der österreichische Roman seit 1945. In: Die Verbannten. Eine Anthologie. Hrsg. von Milo Dor. Graz 1962. S. 60–65. Auf der anderen Seite Otto Breicha: Die neue österreichische Lyrik nach 1945. In: Wort in der Zeit (1964). H. 2. S. 4–10; Paul Kruntorad: Prosa der sechziger Jahre. In: protokolle 66. S. 45 bis 51, bzw. in: Aufforderung zum Mißtrauen (Anm. 6) S. 498–505.
31 Die Wiener Gruppe Achleitner Artmann Bayer Rühm Wiener Texte Gemeinschaftsarbeiten Aktionen. Hrsg. von Gerhard Rühm. Hamburg 1967.
32 Ebd. S. 13.
33 Friedrich Polakovics, Herausgeber der *Neuen Wege*, im Vorwort-Kommentar zu: med ana schwoazzn dintn, gedichtar aus bradnsee. Salzburg 1958. S. 16.
34 Gustav René Hocke: Manierismus in der Literatur. Sprach-Alchimie und esoterische Kombinationskunst. Hamburg 1959.

35 Die Wiener Gruppe (Anm. 31) S. 27 f.
36 Heer (Anm. 1) S. 146.
37 Eisenreich: Das schöpferische Mißtrauen ... In: Das Große Erbe. S. 110–115.
38 Vgl. Wort in der Zeit 10 (1964) H. 7/8. S. 1–8; H. 11. S. 1–7.
39 Literatur und Kritik (1966) H. 1. S. 54 f.
40 Aufforderung zum Mißtrauen (Anm. 6) S. 5.
41 Vgl. dazu auch Wendelin Schmidt-Dengler: Die antagonistische Natur. Zum Konzept der Anti-Idylle in der neueren österreichischen Prosa. In: Literatur und Kritik (1969), H. 40. S. 577 bis 585.
42 Thomas Bernhard: Die Verstörung. Frankfurt a. M. 1967. S. 123, 169.
43 Vgl. dazu Hannes Rieser: Die Grammatik des Dorfes. In: Literatur und Kritik (1970) H. 49. S. 560–566.
44 Vgl. dazu Alfred und Hedwig Kolleritsch: Das Forum Stadtpark und die Grazer Situation. In: Aufforderung zum Mißtrauen (Anm. 6) S. 532–538.
45 Helmut Heißenbüttel: Frankfurter Vorlesungen über Poetik (1963). In: H. H.: Über Literatur. Freiburg i. Br. / Olten 1966.
46 Der Spiegel v. 21. 4. 1969. S. 186.
47 In: Michael Scharang: Verfahren eines Verfahrens. Neuwied/Berlin 1969. S. 17–21. – In: manuskripte 9 (1969) H. 26. S. 32–37.
48 Tractatus logico-philosophicus. Frankfurt a. M. 1963. S. 33.
49 *Streik* schließt an Walter Benjamins Essay *Der Autor als Produzent* an und verlängert ihn in die heutige Situation. In: protokolle 70. T. 1. S. 134–142.
50 Seit 1973.
51 So Helmut Heißenbüttel in seinen *Frankfurter Vorlesungen über Poetik*, 1963. Vgl. dazu: Über Literatur. Olten 1966. S. 149. – Beim Germanistentag in Hamburg, 1979, sprach Heißenbüttel in seinem Vortrag *Text oder Gedicht?* von der Rückkehr zu den traditionellen Gattungen in den siebziger Jahren, zu ihrem Gebrauch »mit Vorbehalt«.
52 Peter Hamm: Peter Handke. Der neueste Fall von deutscher Innerlichkeit. In: Über Peter Handke. Frankfurt a. M. 1972. S. 304–314.
53 Die weiteren Bände: Der Keller (1976); Der Atem (1978).
54 Dies gegen Ulrich Greiner: Der Tod des Nachsommers. München/Wien 1979; vgl. etwa die Aussagen: »In der österreichischen Literatur stirbt noch immer der habsburgische Mythos«, »die ›Desertion der Wirklichkeit‹ bestimmt diese Literatur« (S. 52, 51).
55 Eine sechsteilige Fernsehserie aus dem bäuerlichen Leben. Buch: Wilhelm Pevny, Peter Turrini; Regie: Dieter Berner. Buchveröffentlichung in der »Fernseh-Bibliothek«, Salzburg 1980.
56 Michael Scharang: Streik. In: Zur Emanzipation der Kunst. Neuwied/Berlin 1971. S. 93, 95.
57 Turrini Lesebuch. Wien 1978. S. 346.
58 Kai und die Liebe zu den Modellen. Salzburg 1979. S. 8.
59 Salzburg 1978. S. 22 f.
60 In dem Schriftstellerstück *Aus der Fremde* (1979), dessen autobiographische Lesart, »ein Tag im Leben des Ernst Jandl«, grammatisch-struktural durch die Rede in der dritten Person Konjunktiv gebrochen und auf Distanz gehalten wird.
61 Vgl. dazu Jochen Jung: Die österreichische Gegenwartsliteratur. Verzweifelte Lustbarkeit. In: Börsenblatt für den Deutschen Buchhandel. Sondernummer »Österreich«. 35 (19. 3. 1979) S. 6.
62 Schluß des Vortrags *Ein Gedicht und sein Autor*, Manuskr. mit Datum 26. 1. 1967.
63 B. Henrichs, in: DIE ZEIT v. 14. 3. 1980.
64 Neben Wien und Graz (»Forum Stadtpark«, Erscheinungsort der *manuskripte*) tritt in den siebziger Jahren zunehmend auch Salzburg (Residenz Verlag; Zeitschriften wie *Salz* und *PROJEKT-IL*).

Literaturhinweise

Aufforderung zum Mißtrauen. Literatur, Bildende Kunst, Musik in Österreich seit 1945. Hrsg. von Otto Breicha und Gerhard Fritsch. Salzburg 1967.

Breicha, Otto: Die neue österreichische Lyrik nach 1945. In: Wort in der Zeit 10 (1964) H. 2. S. 4–10.

Deutsche Literatur seit 1945 in Einzeldarstellungen. Hrsg. von Dietrich Weber. Stuttgart 1968. Darin Celan, Doderer, Aichinger, Eisenreich, Bachmann.

Eisenreich, Herbert: Das schöpferische Mißtrauen oder Ist Österreichs Literatur eine österreichische Literatur? (1959). In: H. E.: Reaktionen. Essays zur Literatur. [Gütersloh] 1964. S. 72–104.

Das Große Erbe. Aufsätze zur österreichischen Literatur von Otto Basil, Herbert Eisenreich, Ivar Ivask. Graz/Wien 1962.

Heer, Friedrich: Perspektiven österreichischer Gegenwartsdichtung. In: Deutsche Literatur in unserer Zeit. Göttingen ³1961. S. 125–158.

Himmel, Hellmuth: Die österreichische Literatur seit 1918. In: 1918–1968 Österreich – 50 Jahre Republik. Wien 1968. S. 315–327.

Kraus, Wolfgang: Der österreichische Roman seit 1945. In: Die Verbannten. Eine Anthologie. Hrsg. von Milo Dor. Graz 1962. S. 60–65.

Kruntorad, Paul: Prosa der sechziger Jahre. In: protokolle 66. S. 45–51.

Magris, Claudio: Il mito absburgico nella letteratura austriaca moderna. Torino 1963. – Der habsburgische Mythos in der österreichischen Literatur. Salzburg 1966.

Musulin, Janko von: Österreichische Literatur nach 1945. In: Hochland 59 (1967) S. 437–444.

Rieder, Heinz: Österreichische Moderne. Bonn 1968. (Abhandlungen zur Kunst, Musik- und Literaturwissenschaft 60.)

Schmidt, Adalbert: Dichtung und Dichter Österreichs im 19. und 20. Jahrhundert. Bd. 2. Salzburg 1964.

Schönwiese, Ernst: Die österreichische Lyrik der Gegenwart. In: Études Germaniques 13 (1958) S. 333 bis 347.

Suchy, Viktor: Literatur in Österreich von 1945 bis 1970. Wien 1971.

Trommler, Frank: Der österreichische Roman im 20. Jh. – eine Episode? In: Literatur und Kritik (1967) H. 16/17. S. 380–392.

Weiss, Walter: Österreichische Literatur – eine Gefangene des habsburgischen Mythos? In: Deutsche Vierteljahrsschrift 43 (1969) S. 333–345.

Wie die Grazer auszogen, die Literatur zu erobern. Hrsg. von Peter Laemmle und Jörg Drews. München 1975.

Die zeitgenössische Literatur in Österreich. Hrsg. von Hilde Spiel. München 1976. (Kindlers Literaturgeschichte der Gegenwart.)

Zwischenbilanz. Eine Anthologie österreichischer Gegenwartsliteratur, mit einem Essay über »Österreichische Beiträge zur Gegenwartsliteratur«. Hrsg. von Walter Weiss und Sigrid Schmid. Salzburg 1976.

KLARA OBERMÜLLER

Die Literatur der Gegenwart in der Schweiz

Bei der Behandlung von deutscher oder auch österreichischer Literatur versteht es sich von selbst, den Beginn der ›Gegenwart‹ auf das Jahr 1945, die sogenannte Stunde Null, anzusetzen. Für die Schweiz ist dieses Datum weit weniger zwingend. Das Jahr 1945 stellt zwar eine Wende, einen Einschnitt im kulturellen Leben des Landes dar; eine ›Stunde Null‹ ist es jedoch noch weniger als in Deutschland gewesen. Der 8. Mai 1945 bedeutete für die Schweiz das Ende einer mehr als fünf Jahre dauernden Bedrohung und zugleich das Ende einer noch viel länger währenden Abkapselung – »Einigelung« nennt es der schweizerische Sprachgebrauch –, die dem kulturellen Klima des Landes nicht eben gut bekam. Mit dem Aufkommen des Nationalsozialismus in Deutschland war für die Deutschschweizer Literatur etwas dahingefallen, wovon sie bis dahin wie selbstverständlich gelebt hatte: der kulturelle Austausch mit dem nördlichen Nachbarland und, damit aufs engste verbunden, ein wichtiger Markt für ihre geistigen Erzeugnisse. Was sich für Gottfried Keller und selbst den zutiefst schweizerischen Jeremias Gotthelf wie von selbst ergeben hatte, der Gang zum deutschen Verleger, fand 1933 ein jähes Ende. Eine ganze Generation von Schriftstellern sah sich in den 30er Jahren auf sich selbst zurückgeworfen, um Echo und Absatz gebracht. Ein Jakob Bührer, ein Albin Zollinger oder Werner Zemp, die zum Teil auch in der Schweiz selbst erst heute wieder in ihrer Bedeutung erkannt werden, haben nie jene Verbreitung und Beachtung gefunden, die ihren jüngeren Kollegen nach dem Krieg zuteil wurde. Für sie und die nachdrängende jüngere Generation brachte der 8. Mai 1945 auch eine Art von Befreiung.

Das Jahr 1945 als Abkehr von selbstgewählter und aufgezwungener Provinzialität – in diesem Sinne darf man das Datum gelten lassen. Was in Deutschland mit dem sogenannten Kahlschlag beginnen sollte, ein mühsames Ringen um Sprache und Stoff nach zwölfjähriger Barbarei, das konnte in der Schweiz sich selbstverständlicher, entspannter entfalten, konnte anknüpfen an niemals Verlorenes, an Eigenes und Fremdes. Trotz politischer und kultureller Abgrenzung gegenüber Hitler-Deutschland hat die Schweiz nie völlig im Abseits gelebt. Die »entartete Kunst« war dem an Kunst Interessierten ebenso vertraut wie die Exilliteratur, die sich ja zu einem guten Teil innerhalb der eigenen Grenzen entwickelt und entfaltet hatte, und auch der Umgang mit internationaler Kunst und Literatur, der französischen etwa oder der angelsächsischen, ist selbst in düstersten Zeiten nie abgebrochen. Im Gegensatz zu seinen deutschen Kollegen konnte der Schweizer Schriftsteller in jener Zeit sich ungebrochener Tradition anschließen. Ein Max Frisch zum Beispiel ist in seinen Prosa-Arbeiten Albin Zollinger ebenso verbunden, wie er sich für sein dramatisches Schaffen von Thornton Wilder anregen ließ.

Kann sein, daß sich von daher die einmalige Fruchtbarkeit im literarischen Schaffen vor allem der deutschen Schweiz nach dem Zweiten Weltkrieg erklären läßt. Wie Luft in ein Vakuum strömten die gestauten Energien hinaus in das befreite Europa. »Tell spannte zwar die Armbrust, doch grüßte er den Hut ein wenig – beinahe fast nicht –, und das Heldentum blieb uns erspart«, schreibt Friedrich Dürrenmatt in seiner *Dramaturgie*

der Schweiz[1] über die Zeit vor 1945. Wie die Schweiz mit ihrer Reverenz vor dem Geßler-Hut und ihrem verpaßten Heldentum fertig wird, die vergangene Epoche allenfalls literarisch zu gestalten, zu ›bewältigen‹ vermag, ist das eine; ein anderes, daß dadurch Kräfte erhalten blieben, die sich andernorts im Töten verbraucht hatten. Wie sonst wäre es möglich, daß Max Frisch sich unmittelbar nach Kriegsende an Themen heranwagte, die, so sollte man meinen, nicht Sache eines kriegverschonten Schweizers waren. Gleich in zwei Stücken, *Nun singen sie wieder* (1946) und *Als der Krieg zu Ende war* (1949), setzte er sich mit den Geschehnissen in Deutschland auseinander: nicht aus überlegener Distanz, sondern als Betroffener. »Wenn Menschen, die gleiche Worte sprechen wie ich und eine gleiche Musik lieben wie ich, nicht davor sicher sind, Unmenschen zu werden, woher beziehe ich fortan meine Zuversicht, daß ich davor sicher bin?«, schreibt er 1949 in *Kultur als Alibi.*[2]
Mit einem Satz wie diesem hat Frisch nicht nur jene Selbstgefälligkeit seiner Landsleute ins Visier genommen, die das weitgehende Verschont-Bleiben für ihr ganz persönliches Verdienst hielten; er versucht damit gleichzeitig auch, gleichsam auf dem Umweg über gemeinsame Schuld, sich an das Kellersche Gebot heranzutasten, es habe »wenn etwas herauskommen soll, sich jeder an das große Sprachgebiet zu halten, dem er angehört«.[3] So selbstverständlich, wie Keller dies forderte, ist das Verhältnis des Deutschschweizer Schriftstellers zum »großen Sprachgebiet« allerdings nie wieder geworden. Heute ist er davon vielleicht ungefähr gleich weit entfernt wie von Carl Spittelers *Schweizer Standpunkt,*[4] der meinte, dem Deutschschweizer habe der fremdsprachige Miteidgenosse näherzustehen als der gleichsprachige Deutsche. Es ist nicht leicht, einem Außenstehenden verständlich zu machen, warum einem Deutschschweizer Schriftsteller ein Heinrich Böll oder eine Christa Wolf vertrauter ist als irgendein Welscher oder Tessiner Kollege, der mit ihm im gleichen Verband sitzt. Und nicht minder befremdlich mag auch erscheinen, daß ein Schweizer Schriftsteller, auch wenn er längst wieder in einem westdeutschen Verlag erscheint, dem deutschen Kollegen gegenüber seine aus Minderwertigkeitsgefühlen und Überheblichkeit gewirkte Verkrampfung nie ganz abzulegen vermag. Das Leben im föderalistisch strukturierten Kleinstaat hinterläßt seine Spuren, die für den Fremden nur schwer einsehbar sind.
Mit seinem mutigen ›Anschluß‹ an deutsche Themen der unmittelbaren Gegenwart hat Max Frisch der Deutschschweizer Literatur jedoch nicht nur neue Geltung und neuen Auftrieb verschafft; er hat damit auch ein Moment in die Literatur seines Landes gebracht, das in den Jahren der Abkapselung weitgehend untergegangen war: das politische. Mit Ausnahme vielleicht eines Jakob Bührer gefiel sich die Schweizer Literatur der dreißiger und frühen vierziger Jahre, freiwillig oder unfreiwillig, in einer unverbindlichen L'art-pour-l'art-Haltung, bisweilen sogar in einer den deutschen Erzeugnissen jener Jahre nicht ganz unähnlichen Blut-und-Boden-Verherrlichung. Gesellschaftspolitische und sozialkritische Themen fehlen in der Schweizer Literatur vor 1945 – mit Ausnahme von Jakob Bührer, von Friedrich Glauser und Meinrad Inglin – fast ganz. Erst Max Frisch mit den bereits genannten Stücken und auch mit seinen später erschienenen Romanen *Stiller* (1954) und *Homo faber* (1957), in anderer Weise auch Friedrich Dürrenmatt mit einem Stück wie dem *Besuch der alten Dame* (1956) haben den Blick für ihre gesellschaftliche Umwelt, für das dialektische Verhältnis zwischen Individuum und Gesellschaft geschärft.
Nachdenken über die Schweiz als gesellschaftliches und politisches Gefüge, über die

Rolle des einzelnen, nicht zuletzt auch des Schriftstellers, innerhalb dieses Gefüges, über seine Verantwortung und seine Gefährdung ist seither eines der Hauptanliegen deutschschweizerischer Literatur. Otto F. Walter mit seinen Romanen *Die ersten Unruhen* (1972) und *Die Verwilderung* (1977) steht ebenso in der Nachfolge Frischs wie Adolf Muschg mit *Albissers Grund* (1974), Walter M. Diggelmann mit *Das Verhör des Harry Wind* (1962) und *Die Hinterlassenschaft* (1965), Gertrud Leutenegger mit *Vorabend* (1975) oder, in seiner parabelhaften Überhöhung eher an Dürrenmatt orientiert, Hugo Loetscher mit *Abwässer* (1963) und *Noah* (1967). In den sechziger Jahren schließlich griff Max Frisch selbst zur Form des politischen Tagebuches, *Tagebuch 1966–1971* (1972), um ihn und sein Land bedrängende Fragen zu erörtern: eine Form, die der Berner Pfarrer Kurt Marti in *Zum Beispiel: Bern 1972* (1973) wieder aufgenommen hat.

Ein bekannter Politiker hat auf einer Tagung des Schweizerischen Schriftsteller-Vereins einmal gesagt, seit Meinrad Inglins 1938 erschienenem *Schweizerspiegel* habe es in der Schweiz keinen politischen Roman mehr gegeben. Er ist damit, zu Recht, auf heftige Kritik seitens der Autoren gestoßen und mußte sich nicht nur an die eben zitierten Werke jüngerer Autoren, sondern zum Beispiel auch an Kurt Guggenheims Romantrilogie *Alles in allem* (1952–55) oder an die *Oeppi*-Romane[5] Arnold Küblers erinnern lassen. Und obwohl es lange gedauert hat, bis die Schweiz sich an die Aufarbeitung ihrer eigenen ›unbewältigten Vergangenheit‹ machte, so sind auch dazu in den letzten Jahren Werke erschienen, die des Politikers Tadel Lügen strafen: Den Anfang machte 1965 Walter M. Diggelmann mit seiner um schweizerische Flüchtlingspolitik im Zweiten Weltkrieg und schweizerischen Antikommunismus während des Kalten Krieges kreisenden *Hinterlassenschaft*. Es folgten ihm Walther Kauer mit seinem 1974 zunächst in der DDR, später dann auch in der Schweiz erschienenen *Schachteltraum* und Arthur Honegger mit seinen beiden Dorf-Romanen aus der Zeit kurz vor und während des Zweiten Weltkriegs *Freitag oder Die Angst vor dem Zahltag* (1976) und *Wenn sie morgen kommen* (1977).

Doch wir haben vorgegriffen. Bis in die frühen sechziger Jahre hinein sah es so aus, als ob die Schweizer Literatur nur aus Frisch und Dürrenmatt bestünde. Beide, so verschieden sie auch sein mögen – der eine eher alemannisch-verhalten, der andere von einer Vitalität und einem Reichtum der Phantasie, für die es in der Schweiz kaum Vergleichbares gibt –, haben der Literatur der deutschen Schweiz zu einer Geltung verholfen, von der kommende Generationen zwar profitieren konnten, die sich aber lange Zeit auf ihre geistige Produktivität auch hemmend ausgewirkt haben mag. Von Kriegsende bis Mitte der sechziger Jahre wechseln Frisch und Dürrenmatt sich im Schreiben von Stücken mit schöner Regelmäßigkeit ab: *Nun singen sie wieder*, 1946; *Es steht geschrieben*, 1946; *Die chinesische Mauer*, 1947; *Santa Cruz*, 1947; *Romulus der Große*, 1948/1964; *Als der Krieg zu Ende war*, 1949; *Die Ehe des Herrn Mississippi*, 1950; *Graf Öderland*, 1951; *Ein Engel kommt nach Babylon*, 1953; *Don Juan oder Die Liebe zur Geometrie*, 1953; *Der Besuch der alten Dame*, 1955; *Biedermann und die Brandstifter*, 1958; *Frank der Fünfte*, 1958; *Die Physiker*, 1961; *Andorra*, 1961; *Der Meteor*, 1966; *Biografie*, 1967. Hier bricht das Bühnenschaffen Max Frischs einstweilen ab. Nur Dürrenmatt schreibt unentwegt und mit wechselndem Erfolg für das ihm so adäquate Medium Theater: *Die Wiedertäufer*, 1967; *Porträt eines Planeten*, 1971; *Der Mitmacher*, 1972; *Die Frist*, 1977.

Man muß sich diese Liste so geschlossen vor Augen halten, um die Fruchtbarkeit dieser beiden Autoren in jenen Jahren zu ermessen und um zu verstehen, warum damals von einem kleinen ›Literaturwunder Schweiz‹ die Rede war. Die jüngeren Schweizer Autoren hatten es nicht leicht, sich mit ihren Werken gegen diese Phalanx durchzusetzen. Es hat denn auch – Zufall oder nicht – kaum einer von ihnen mehr Nennenswertes für das Theater geschrieben. Von Mitte der sechziger Jahre an ist die Literatur der deutschen Schweiz eine Literatur der Prosa: des Romans, der Erzählung, der Kurzprosa – letzteres ein Begriff, der sich seit Erscheinen von Peter Bichsels *Eigentlich möchte Frau Blum den Milchmann kennenlernen* (1964) in der schweizerischen Literaturbetrachtung eingebürgert hat. Paul Nizon, Erica Pedretti und andere haben die Form später aufgegriffen. Obwohl größtenteils kaum jünger als der 1921 geborene Dürrenmatt, galt eine ganze Reihe von Schweizer Autoren bis fast in ihr fünfzigstes Jahr als ›junge Schweizer Schriftsteller‹. In dieser Bezeichnung drückte sich aus, daß hier eine nicht einmal zehn Jahre jüngere und doch ganz neue Generation nach vorn drängte, sich von den übermächtig gewordenen Vorbildern Frisch und Dürrenmatt zu lösen versuchte und deutlich machen wollte, daß es noch andere Stimmen, andere Tendenzen und auch andere Themen in der Schweizer Literatur gab und geben würde als diejenigen von Frisch und Dürrenmatt. Nicht daß damals so etwas wie ein Bruch stattgefunden hätte, im Gegenteil; es vollzog sich alles ganz leise, ganz unauffällig, beinahe organisch. Auf einmal war eine neue Generation da und nicht mehr zu übersehen. Und diesmal war es kein einsames Zweigespann, diesmal war es eine ganze Gruppe von sehr verschiedenartigen Talenten, denen, außer ihrem Alter, vielleicht noch das eine gemeinsam war: Sie fühlten sich alle stark dem Prosaschaffen Max Frischs verpflichtet. Frisch ist heute, nicht nur von seinem Alter her, so etwas wie der Nestor der Schweizer Literatur; er hat auch die leisen, bisweilen lyrischen Töne in die schweizerische Prosa eingebracht, und er hat mit seinem Ringen um die eigene Identität wie das Selbstverständnis der diese Identität tragenden Gesellschaft ein Thema angeschlagen, das seither aus der Literatur der Schweiz nicht mehr wegzudenken ist. Sucht man nach Daten, die diesen Generationenwechsel belegen, so stößt man unweigerlich auf Otto F. Walters 1959 erschienenen Roman *Der Stumme*. Mit ihm wurde nicht nur zum erstenmal das Schaffen der ›jungen Schweizer Schriftsteller‹ manifest; er stellt auch, deutlicher, als dies bei Frisch und Dürrenmatt der Fall gewesen war, die Bezüge zum literarischen Schaffen in der Bundesrepublik her: zu Uwe Johnson vor allem mit seinen *Mutmassungen über Jakob* (1959). Auf den *Stummen* folgten dann, wiederum dicht nacheinander, Walters zweiter Roman *Herr Tourel* (1962), Walter M. Diggelmanns *Das Verhör des Harry Wind*, Jörg Steiners *Strafarbeit* (1962), Hugo Loetschers *Abwässer*, Herbert Meiers *Verwandtschaften* (1963), Jürg Federspiels *Massaker im Mond* (1963), um nur die wichtigsten Romane zu nennen. Als dann 1964 der junge Peter Bichsel für seinen Erstling *Eigentlich möchte Frau Blum den Milchmann kennenlernen* den begehrten Preis der Gruppe 47 zugesprochen bekam, war auch diese neue Schweizer Literatur mit einem Schlag salonfähig.

Im gleichen Jahr wie Bichsels schmales Prosabändchen erschien auch – seltsame Koinzidenz oder Zufall – Max Frischs letzter großer Roman *Mein Name sei Gantenbein* (1964), die Geschichte eines Mannes, der Geschichten anprobiert wie Kleider, ein Mann, von dem es heißt: »Ein Mann hat eine Erfahrung gemacht, jetzt sucht er die Geschichte zu seiner Erfahrung ...«[6] Dieser Satz hat, zumindest in der Schweiz,

Literaturgeschichte gemacht. In leicht abgewandelter Form hat ihn fast jeder der nach Frisch kommenden Generation einmal für sich in Anspruch genommen: Diggelmann ebenso wie Werner Schmidli – dieser vor allem in seinem jüngsten Roman *Zellers Geflecht* (1979) –, Bichsel und Steiner genauso wie Adolf Muschg, dessen Erstling, *Im Sommer des Hasen* (1965), ein Jahr nach Frischs *Gantenbein* erschienen ist. Kann sein, daß der Satz deshalb so Schule machte, weil er eine literarische Binsenwahrheit enthält; möglich aber auch, daß das Geschichtenerzählen, das konjunktivische Erproben von Geschichten auf der Suche nach der eigenen Identität und der eigenen Wahrheit eine besonders schweizerische Art des Schreibens darstellt. Tatsache jedenfalls ist, daß die Schweizer Autoren der Gegenwart kaum Neigung gezeigt haben, die Welt in episch breite Wälzer zu fassen, sondern eher die Kurzform, die Kurzprosa, die Geschichte bevorzugen, auch dann, wenn das Endergebnis schließlich unter der Bezeichnung ›Roman‹ daherkommt. Mit Ausnahme vielleicht von Gerold Späth gibt es in der Schweiz nichts, was etwa mit einem Günter Grass vergleichbar wäre. Dafür finden sich auffallend viele Werke, die als Untertitel die Bezeichnung »Texte« oder »Kurzprosa« tragen, so Diggelmanns Roman *Ich und das Dorf* (1972), der sich »Roman in Geschichten« nennt, so Erica Pedrettis Erstling *Harmloses, bitte* (1970) oder Paul Nizons *Im Hause enden die Geschichten* (1971). Auch die große Erzählung, von der nicht mehr genau auszumachen ist, ob es sich nun noch um eine Erzählung oder doch bereits um einen kurzen Roman handelt, ist in der Schweiz häufig anzutreffen: bei Federspiel zum Beispiel, aber auch bei Steiner und Nizon und schließlich in letzter Zeit vor allem bei Frisch, der seit dem *Gantenbein* kein umfangreicheres Werk mehr veröffentlicht hat. *Montauk* (1975) ist eine größere Erzählung, auch sein jüngstes Buch *Der Mensch erscheint im Holozän* (1979), und doch enthalten beide nicht weniger ›Stoff‹ als manch ein breit ausgewalkter Roman.

Es ist Paul Nizon, der in seinem 1970 erschienenen, heftig diskutierten Essay *Diskurs in der Enge* solche und andere Eigenheiten der Schweizer Literatur als Manko einer in der Enge des Kleinstaates verkümmernden Kultur entlarvte. Er beruft sich darin auf den schon von Gottfried Keller geprägten Begriff des »Holzbodens«, der kein schöpferisches Wachstum zulasse, und beklagt die mangelnde Welthaltigkeit des schweizerischen Staats- und Gesellschaftsgefüges. Der Schweizer Schriftsteller, der Schweizer Künstler müsse, so meint er, auswandern, wenn er gültigen Stoff für seine Werke finden wolle. Die Tatsache, daß dieser Essay in einer Zeit überaus fruchtbaren Schaffens innerhalb der Schweizer Literatur erschienen ist, legt den Verdacht nahe, daß hier einer eigenes schöpferisches Unvermögen philosophisch zu kompensieren suchte. Nizon selbst hat zwei Jahre später in seiner Erzählung *Untertauchen. Protokoll einer Reise* (1972) einen solchen Ausbruchversuch aus der Enge des Kleinstaates und mehr noch aus der Enge unbefriedigender Beziehungen literarisch gestaltet und mit dem Schluß der Erzählung, der Einsicht in die Vergeblichkeit solchen Ausbrechens und der Rückkehr in die angestammte Umgebung, seine eigene Theorie Lügen gestraft. Und er steht nicht allein mit dieser Erfahrung. Auch wenn Schweizer in noch so weite Ferne und noch so große Städte aufbrechen, sie reagieren doch immer als Schweizer auf die sie umgebende Wirklichkeit. Peter Bichsels Bekenntnis aus seinem Essay *Des Schweizers Schweiz* gilt auch für Muschg in Tokio (*Sommer des Hasen*) oder Jürg Federspiel in New York (*Museum des Hasses*, 1965): »Was mich freut und was mich ärgert, was mir Mühe und was mir Spaß macht, was mich beschäftigt, hat ausschließlich mit der

Schweiz und mit Schweizern zu tun. Das meine ich, wenn ich sage: ›Ich bin Schweizer‹.«[7] Weltgeltung und Weltläufigkeit von Literatur haben nichts zu tun mit der Einwohnerzahl des Ortes, in dem einer schreibt. Provinz ist keine geographische Kategorie. Gotthelf ist nie über sein Emmental hinausgekommen und hat dennoch ein episches Werk von seltenem Reichtum und ungeheurer Dichte geschaffen. Gottfried Keller oder Robert Walser haben zwar Welterfahrung in Berlin gesucht, doch ihre gültigsten Werke gründen in der Enge ihrer Herkunft. »Ich stamme aus dem Kanton Solothurn«, schrieb Otto F. Walter 1966, provoziert durch die Frage Max Frischs »Stellt unser Land für seine Schriftsteller keinen literarischen Gegenstand mehr dar?«, »aus der sehr kleinen Gemeinde Rickenbach, ich wohne im Umkreis von Olten und Aarau. Da liegt mein Erfahrungsbereich, da und in den großen Städten, die ich besonders mag. Auf das Risiko hin, als provinziell zu erscheinen: äußerlich aus diesem Grunde heraus schreibe ich. Schweizer bin ich etwa in dritter Linie.«[8] Jammers, der Schauplatz seiner Romane, liegt zwar, obwohl fiktiv, innerhalb dieser Koordinaten und reicht doch, ähnlich wie Dürrenmatts »Güllen« im *Besuch der alten Dame*, weit darüber hinaus. Bezeichnenderweise gehört gerade Dürrenmatt zu den wenigen Schriftstellern in der Schweiz, die nie in das Klagelied über die Enge im Kleinstaat eingefallen sind. Er, der neben Frisch meistgespielte und meistübersetzte Schweizer Autor der Gegenwart, hat sich stets mit Stolz und Ironie zugleich zu seiner bernischen Herkunft bekannt. Wenn er in seinem Stück *Die Wiedertäufer* den Habsburger das Bekenntnis ablegen läßt: »Ich bin Aargauer«[9], dann ist das mehr als nur ein Gag. In seinem Vortrag über *Amerikanisches und europäisches Drama* hat er im Bild des »Liechtensteiner Dramatikers«, für den Liechtenstein viel mehr ist, »unermeßlich viel größer als die 61 Quadratmeilen, die es tatsächlich mißt«, das Verhältnis des Autors zum kleinen Ort seines Herkommens treffend umschrieben: »Für diesen Schriftsteller wird Liechtenstein zum Modell der Welt werden, er wird es verdichten, indem er es ausweitet, aus Vaduz ein Babylon und aus seinem Fürsten meinetwegen einen Nebukadnezar schaffen.«[10]

Im so verstandenen Bekenntnis zur Region, aus der man stammt, in der man beheimatet ist und aus der man seine Erfahrungen schöpft, liegt meines Erachtens die Chance der Schweizer Literatur, nicht ihr Verhängnis. Es entspricht im übrigen zutiefst der geschichtlichen Tradition des Landes. Die föderalistische Struktur der Schweiz bringt es mit sich, daß die Schweiz zwar eine Hauptstadt, Bern, und eine Wirtschaftsmetropole, Zürich, jedoch kein geistig-kulturelles Zentrum besitzt. In der kulturellen Landschaft der Schweiz gibt es Kreise, und da sind die abgelegenen oft wichtiger und einflußreicher als die großstädtisch-zentralen. So hat zum Beispiel der sogenannte Jura-Südfuß durch Autoren wie Bichsel, Meier, Niederhauser, Steiner und Walter eine Bedeutung erlangt, die durchaus mit derjenigen von Graz für Österreich verglichen werden darf. Die kleine Stadt Rapperswil am oberen Ende des Zürichsees, nur 30 Kilometer von Zürich entfernt, ist durch das Schaffen von Beat Brechbühl und vor allem von Gerold Späth (*Unschlecht*, 1970, und *Stimmgänge*, 1972) zum festen Ort auf der literarischen Karte des Landes geworden. Das gleiche gilt für den Aargau, der sich für Autoren wie Silvio Blatter, Hermann Burger, Erika Burkhart und Ernst Halter als literarisch überaus fruchtbar erwiesen hat. Romane wie Ernst Halters *Urwil (AG)* (1975) und Silvio Blatters *Zunehmendes Heimweh* (1978) leben aus der engen Umgebung, in der der Autor sich bewegt, und beziehen ihre Welthaltigkeit gerade aus der akribischen Beschäftigung mit dieser Enge. Angesichts dieser, gemessen an der geringen Einwohnerzahl des Landes, doch recht stattlichen Zahl regional verwurzelter Werke steht Nizons Essay eher verloren da. Er wird seine Bedeutung allenfalls behalten, wo er kulturpolitische Mißstände ins Auge faßt, nicht aber dort, wo er die Schweiz als literarischen Gegenstand in Frage stellt.

Daß der schweizerische Regionalismus gerade dann Bedeutung erlangte, als eine neue, selbstbewußte Schriftstellergeneration sich im In- und Ausland zu behaupten begann, ist nicht weiter verwunderlich. Nach dem Schock der dreißiger Jahre und des Weltkriegs dauerte es seine Zeit, bis der Schweizer Autor als Schweizer wieder zu sich selber fand, sein angestammtes Minderwertigkeitsgefühl zu überwinden vermochte und einsah, daß er auch als Angehöriger eines Kleinstaates am Rande der großen Politik Eigenes und Unverwechselbares zu bieten hatte. Noch näher zum Eigenen tastete sich eine Gruppe von Autoren vor, vornehmlich Lyriker, die der schweizerischen Mundart zu literarischer Bedeutung verhalf. Eine Dialektliteratur hatte es in der Schweiz zwar immer gegeben. Doch haftete ihr, vor allem zwischen den Kriegen, etwas ausgeprägt Heimattümelndes an. Sie war zu verstehen als ein Beitrag zur ›geistigen Landesverteidigung‹, als Besinnung auf schweizerische ›Eigenart‹ und Abwendung vom Reich. Literarisch ernst genommen wurde sie kaum. Daß sie nach dem Krieg im Zeichen der Öffnung zur Welt hin eher verpönt war, versteht sich von selbst. Erst 1967 schob sie sich mit der Veröffentlichung von Kurt Martis *rosa loui* schlagartig ins Bewußtsein der literarischen Szene. Daß das schmale Bändchen mit Gedichten in berndeutscher Mundart zudem in einem deutschen Verlag herauskam, erfüllte die Schweizer damals mit Stolz und Verwunderung. Der Einfluß der Österreicher – Ernst Jandl, H. C. Artmann u. a. – mag den in ihrer Mundart so tief verwurzelten Schweizern Mut gemacht haben, auch zeitgemäße Inhalte in Dialektform zu fassen. Die Liedertexte des frühverstorbenen Mani Matter, die Gedichte Ernst Eggimanns und Ernst Burrens, die Stücke von Hansjörg Schneider haben Naturseligkeit und Heimatduselei weit hinter sich gelassen. Ihre Texte sind oft hintergründig und doppelbödig und bilden zum liebgemütlichen Tonfall vor allem des Berndeutschen einen eigenartigen Kontrast.

Diese Hinwendung zum Dialekt, dieses Ausloten der ureigensten Sprache nach neuen Möglichkeiten hat sich meines Erachtens auf die Schweizer Literatur als Ganzes befreiend ausgewirkt. Der deutsche Leser schweizerischer Literatur ist sich vielleicht nicht jederzeit klar darüber, daß das Hochdeutsche – in der Schweiz bezeichnenderweise ›Schriftdeutsch‹ genannt – für den schreibenden Schweizer im Grunde genommen eine Fremdsprache ist. Ein Umstand, der sich nicht nur im Gebrauch von Helvetismen ausdrückt, sondern sich auch, vor allem natürlich in dramatischen Werken, in gestelzten, bisweilen recht papierenen Dialogen bemerkbar macht. Der Deutschschweizer Autor verfügt über seinen jeweiligen Dialekt, den er jedoch nur selten schreibt, nicht aber über eine hochdeutsche Umgangssprache. Nuancen, wie sie etwa ein Franz Xaver Kroetz dem Deutschen bayrischer Provenienz abgewinnt, sucht man in der Deutschschweizer Literatur vergebens. Meines Wissens haben nur Gotthelf und viel später dann Friedrich Glauser die schwierige Balance zwischen Mundart und Hochsprache zu halten vermocht, indem sie, vor allem in die indirekt wiedergegebene Rede – eine Stilform, die dem Schweizer sehr entspricht – mundartlichen Duktus und mundartliche Wendungen eingebracht haben. Und außer Dürrenmatt ist mir kein lebender Autor bekannt, der wie er genüßlich und ganz bewußt ab und zu von einem kräftigen

Helvetismus Gebrauch macht. Wenn Romulus in dem gleichnamigen Stück gebieterisch »Das Morgenessen«[11] verlangt und sich belehren lassen muß, daß es auf deutsch »Frühstück« heißt, erzielt er auf deutschen Bühnen einen für Schweizer unerwarteten Heiterkeitserfolg. In den meisten Fällen jedoch fließen dem Schweizer Autor solche Wendungen unbewußt in die Feder und werden vom deutschen Lektor – vielfach zu Unrecht – später ausgemerzt. In jüngerer Zeit kommt es nun aber vor, daß Schweizer Autoren sich gegen solches ›Eindeutschen‹ zur Wehr setzen und selbstbewußter als früher darauf hinweisen, daß man ja auch den Österreichern ihre Austriazismen durchgehen läßt und sie dort sogar als reizvoll empfindet.

Wie überall vollzieht sich auch in der Schweiz die literarische Entwicklung generationenweise, wobei Schriftstellergenerationen rein altersmäßig oft nur wenige Jahre auseinander liegen. Mehr noch als die Zugehörigkeit zu einem bestimmten Jahrgang sind es wohl gemeinsame Erlebnisse politischer oder auch kultureller Art, die sich im nachhinein als gruppenbildend auswirken. Wenn sich in der Schweiz so ungefähr von 1970 an eine neue Generation von Autoren zu Wort meldet – es sind in etwa die um 1940 herum Geborenen –, so kann man sagen, daß ihnen zumindest drei Dinge gemeinsam sind: Sie haben den Krieg nicht mehr bewußt zur Kenntnis genommen, sie waren ferner zu jung, um zu ermessen, welche Auswirkungen die Auseinandersetzungen des Kalten Krieges in den fünfziger Jahren auch auf das kulturelle Leben der Schweiz hatten, dafür haben sie alle, teils am Rande, teils als unmittelbar Beteiligte, die Ereignisse von 1968 miterlebt. Für einige von ihnen, so für Werner Schmidli, Niklaus Meienberg und den etwas jüngeren Christoph Geiser, haben diese Erlebnisse ein direktes politisches Engagement zur Folge gehabt, das sich auch in ihren Werken niederschlägt. Während sich Werner Schmidli in seinen Romanen und Erzählungen – *Fundplätze* (1974), *Gustavs Untaten* (1977) und *Zellers Geflecht* – mit der kleinbürgerlichen Welt seines Elternhauses und seinen Erfahrungen als Laborant in der chemischen Industrie auseinandersetzt, während Christoph Geiser vor allem in seinem ersten großen Roman *Grünsee* (1978) den Weg aus großbürgerlichem Herkommen in das Engagement für die Arbeiterklasse nachvollzieht, hat Niklaus Meienberg mit seinen *Reportagen aus der Schweiz* (1975) die Form der direkten politischen Attacke gewählt und sich damit nicht unerheblichen beruflichen Repressalien ausgesetzt. Silvio Blatter schließlich hat mit seinen unter dem Titel *Schaltfehler* (1972) erschienenen Erzählungen ein Thema aufgegriffen, das in der Schweizer Literatur bisher so nicht behandelt worden war: die Arbeitswelt, Modebegriff damals auch in der Bundesrepublik, der jedoch in der Schweiz kaum Schule gemacht hat. Gewiß, es haben sich auch hier Werkkreise schreibender Arbeiter gebildet, doch mit einer Ausnahme – Emil Zopfis *Jede Minute kostet 33 Franken* (1977) – ist daraus bis jetzt nichts hervorgegangen, was literarischen Qualitätsansprüchen genügen würde. So stehen denn Autoren wie Blatter, Schmidli und Zopfi recht vereinzelt da. Das hat sicher nicht zuletzt mit der sozialen Struktur der Deutschschweizer Literaturszene zu tun: Der überwiegende Teil der Schweizer Autoren gehört dem Lehrerstand an oder übt sonst einen intellektuellen Brotberuf aus. Blatter hat sich inzwischen ebenfalls anderen Themen zugewendet, Schmidli lebt heute als freier Schriftsteller in Basel – sein jüngstes Buch *Zellers Geflecht* besteht fast ausschließlich aus Reflexionen über das Schreiben und das Dasein als Schriftsteller –, und ob Zopfi noch einmal die eindrückliche Dichte seines in der Computerwelt angesiedelten Erstlings erreicht, erscheint fraglich.

Obwohl vom Jahrgang her einiges älter, sind auch Walther Kauer und Arthur Honegger, von denen weiter oben bereits die Rede war, der Generation der sich in den frühen siebziger Jahren erstmals formulierenden Autoren zuzurechnen. Sie sind es um so mehr, als beide – Kauer mit seinem *Schachteltraum*, Honegger mit seinen Krisen- und Vorkriegsromanen *Freitag oder Die Angst vor dem Zahltag* und *Wenn sie morgen kommen* – entschieden in die politische Auseinandersetzung eingegriffen haben. Und auch wenn sie in ihren späteren Arbeiten den Boden der historisch-politischen Ereignisse wieder verlassen haben, das eine ist ihnen gemeinsam geblieben: das gesellschaftliche Engagement, der Sinn für Aktualität oder, andersherum gesagt, das Fehlen formalästhetischer Ambitionen. Kauer hat sich in *Spätholz* (1976) Landflucht und allmähliche Verödung eines Tessiner Bergtals und in *Abseitsfalle* (1977) die unmenschlichen Mechanismen des Spitzensports zum Thema genommen. Honegger entwirft in seinem *Schulpfleger* (1978) ein satirisch-überhöhtes Bild schweizerischer Gemeindepolitik.
Gemeinsames Erlebnis 68 – in drei Romanen ist es, auf sehr verschiedene Weise allerdings, Gegenstand des Erzählens geworden: einmal in Gertrud Leuteneggers Roman *Vorabend* aus der Sicht der beteiligten Jugend – Gertrud Leutenegger war 1968 gerade 20 Jahre alt geworden –, zum andern in *Albissers Grund* von Adolf Muschg und in Otto F. Walters jüngster Veröffentlichung *Die Verwilderung*, beide aus der Distanz dessen geschrieben, der schon nicht mehr dazugehört, für den jedoch die Erfahrung aus dem mittelbaren Erlebnis jener Zeit von entscheidender Bedeutung gewesen ist.
Jedem, der versucht, die Literatur eines bestimmten Landes in einer bestimmten Zeit darzustellen, wird sich irgendwann einmal die Frage aufdrängen, was denn nun bei aller Verschiedenheit der Generationen, der Herkunft und der Thematik der gemeinsame Nenner sei, dem diese Literatur zugeordnet werden könne oder, direkter gefragt, was hier als das spezifisch Schweizerische an dieser Schweizer Literatur der Gegenwart zu bezeichnen sei. Die Antwort auf diese Frage kann unterschiedlich ausfallen, je nachdem, ob man sie mehr von der Thematik oder mehr von der Sprache her anzugehen versucht. Das eine wird sicher die Auseinandersetzung mit dem ›Gegenstand Schweiz‹ sein, das andere eine Sprache, die gekennzeichnet ist durch ihre Nähe zur Mundart und den bewußten oder unbewußten Gebrauch von Helvetismen. Eine dritte Kategorie – und die scheint mir die wichtigste zu sein – hat zu tun mit dem Verhalten des Schweizer Schriftstellers zu seinem Gegenstand. Dieses Verhalten ist, von wenigen Ausnahmen abgesehen, immer ein realistisches gewesen. Immer, d. h. seit Gotthelfs breitangelegtem Fresko des bernischen Bauernstandes, seit Gottfried Kellers autobiographischem Roman *Der grüne Heinrich*, den in der Vergangenheit angesiedelten *Zürcher Novellen* und den liebenswürdig-satirischen Geschichten über *Die Leute von Seldwyla*; immer, das meint aber auch jene heute wenig geschätzten Autoren der ersten Hälfte dieses Jahrhunderts, einen Heinrich Federer etwa oder eine Maria Waser, einen Meinrad Lienert oder einen Carl Albert Loosli; immer meint den erzkonservativen Meinrad Inglin ebenso wie den streitbaren Sozialisten Jakob Bührer. Dabei hat dieser Realismus nur selten etwas mit platter Abbildung des Bestehenden zu tun. Schweizerischer Realismus – da hat sich seit Gotthelfs zornigem Konservativismus und Kellers klarem Bekenntnis zum Liberalismus nichts geändert – ist stets einhergegangen mit einem stark ausgeprägten Moralismus. »Die Schweiz ist beim Wort genommen«, schreibt Dürrenmatt in seiner *Dramaturgie der Schweiz*, »ihre Aufgabe ist zu sein, was sie behauptet zu sein.«[12] Man kann fast jede der gewichtigen Veröffentlichungen der letzten dreißig

Jahre als Beispiel heranziehen – Frischs *Stiller* ebenso wie Diggelmanns *Hinterlassenschaft*, Heinrich Wiesners *Schauplätze* (1969) nicht weniger als Walther Kauers *Schachteltraum* – immer spiegelt der Spiegel, von dem Gottfried Keller in seinem *Grünen Heinrich* spricht, das Doppelbild einer Schweiz, wie sie ist und wie sie sein sollte. Im Nachwort zur DDR-Anthologie *Schweiz heute* schreibt der Zürcher Literaturkritiker Christoph Kuhn: »Der gemeinsame Nenner einer Schweiz, die so ist, wie sie behauptet zu sein, das ist etwas, auf das unsere Schriftsteller hinarbeiten, das ist eine Zielvorstellung, die sie im Auge behalten beim Schreiben. Dabei verhalten sie sich realistisch, beschäftigen sich mit dem, was ist und was war, analysieren es, durchleuchten und kommentieren es kritisch, messen die wünschbaren Verhältnisse an den bestehenden.«[13]

In solchem Klima haben es sogenannte moderne oder modernistische Tendenzen immer recht schwer gehabt. Das mag mit dem eher behäbig-konservativen Charakter des Schweizers zu tun haben, aber auch mit seiner Skepsis allem nicht unmittelbar Greifbaren gegenüber. Es hält schwer, unter den Schweizer Schriftstellern reine Formalisten zu finden – der Konkrete Eugen Gomringer stellt da schon eine Ausnahme dar –, und auch Parallelen zum ›Nouveau roman‹ sind zumindest in der deutschen Schweiz kaum auszumachen. Sprachakrobatik liegt dem Schweizer nicht. Dann schon eher Sprachskepsis, die in der Schweiz jedoch weniger philosophisch begründet ist, als vielmehr zu tun hat mit Scheu vor dem allzu Gekonnten, mit Unsicherheit auch im Umgang mit einer letztlich nie ganz vertrauten Sprache. Walters ›Mutmaßungen‹ in seinem ersten Roman *Der Stumme*, aber auch Bichsels behutsames Sich-Herantasten an den Gegenstand mögen hier als Beispiele gelten. Selbst ein Adolf Muschg, der wohl, neben Frisch, am souveränsten mit Sprache umzugehen versteht, hört es nicht gern, wenn im Zusammenhang mit seinen Werken von Brillanz die Rede ist.

Die Suche nach dem gemeinsamen Nenner, nach dem Allgemeinen im Besonderen birgt natürlich auch Gefahren in sich: allem voran die Gefahr der Verallgemeinerung, die Gefahr auch, beiseite zu lassen, was augenblicklich nicht ins Bild paßt. Zum Beispiel eine Autorin wie Erika Burkhart, Lyrikerin in erster Linie, die jedoch mit ihrem 1970 erschienenen Roman *Moräne* gezeigt hat, daß sie auch erzählen und dabei der Prosa eigene, sehr poetische Qualitäten abgewinnen kann. Sie hat im Gespräch mit Georges Ammann ihr Verhältnis zur Realität mit den Worten umschrieben: »Die eindrücklichsten Realitäten lassen sich nur surreal fassen; das Surreale möchte bei mir zur Vertiefung der sogenannten Wirklichkeit dienen. Ich versuche zu zeigen, daß, nach einem Wort von Ludwig Hohl, ›fast alles anders ist‹. Er, der Dichter, ›liest die Unterseite der Steine und schreibt eine Fassung in Gegenlicht‹ steht in einem Gedicht ›Einer schreibt‹.«[14] Es ist kein Zufall, daß in diesem Zusammenhang der Name Ludwig Hohl fällt. Der seit über 40 Jahren in Genf gleichsam im Untergrund lebende Autor wird in der Schweizer Literatur der Gegenwart immer dann genannt, wenn es darum geht, das außerhalb gängiger Traditionslinien Stehende, die Nachtseite der Literatur gewissermaßen, ins Bild zu bringen. Obwohl er selbst nur ein schmales Œuvre vorzuweisen hat, berufen sich Schweizer Autoren gerne auf ihn, wenn sie selbst in Bereiche vorstoßen, die sich der alltäglichen Wahrnehmung entziehen: in Bereiche zwischen Wachen und Traum, in Bereiche, in denen Bildhaftes, Erinnertes, Unbewußtes wesentlicher sind als die Erfahrungen des Tages. Diese Linie innerhalb der deutschschweizerischen Literatur der Gegenwart ist schmal, tendenzbestimmend ist sie nie geworden; dennoch ist sie da, nicht zu übersehen im breiten Strom des Anerkannten und Bekannten, ernst zu nehmen als das Andere, die Kehrseite, die »Unterseite der Steine«, wie Hohl selbst es nennt. Auch ein Autor wie Kuno Raeber mit seinem aus mythischem Erleben schöpfenden Roman *Alexius unter der Treppe oder Geständnisse vor einer Katze* (1973) wäre hier zu nennen. Oder, in ganz anderer Weise, Silja Walter, die im Kloster lebende ältere Schwester von Otto F. Walter. Sie hat vor allem mit Gedichten, Hörspielen und religiösen Laienspielen, aber auch mit Erzählungen auf das Leben im *Kloster am Rande der Stadt* (1971) aufmerksam gemacht.

Im Rückblick auf die mehr als 30 Jahre schweizerischer, genauer, deutschschweizerischer Gegenwartsliteratur fällt eines auf: die Dominanz der Prosa, des Romans und der Erzählung, das relativ stiefmütterliche Verhältnis zur Lyrik und, seit Frisch aufgehört hat, für das Theater zu schreiben, und auch Dürrenmatt nur noch sporadisch auf der Bühne vertreten ist, die schwache Präsenz der dramatischen Gattung. Woran das liegt, ist schwer auszumachen. Sicher hat sich der Theater-Boom der beiden Autoritätsfiguren Frisch und Dürrenmatt hemmend auf das dramatische Schaffen ihrer Nachfolger ausgewirkt. Sicher werden in einem Land, da Kulturförderung nicht eben großgeschrieben wird, materielle Gründe für das Schattendasein der Lyrik verantwortlich sein. Doch das allein erklärt die Prosalastigkeit der Deutschschweizer Literatur nicht. Immerhin hat Werner Weber in seiner zusammen mit dem Zürcher Seminar für Literaturkritik erarbeiteten Lyrik-Anthologie *Belege*[15] über 100 Autoren versammelt, deren lyrische Produktion sich durchaus sehen lassen darf. Gedichte von Beat Brechbühl, Hermann Burger, Erika Burkhart, Dieter Fringeli, Hans-Rudolf Hilty, Kurt Marti, Elisabeth Meylan, Erica Pedretti und vielen anderen haben einen gebührenden Platz in der deutschsprachigen Lyrik der Gegenwart. Dennoch steht bei den meisten das lyrische Schaffen nicht im Mittelpunkt; es geht neben dem Brotberuf einher, es begleitet, still und weniger beachtet, die gewichtigeren Prosaarbeiten.

Etwas anders verhält es sich im Bereich des Dramatischen. Obwohl seit den Erfolgen Frischs und Dürrenmatts sich immer wieder jüngere Autoren mit Stücken versucht haben – Hugo Loetscher mit *Schichtwechsel* (U. 1960), Otto F. Walter mit *Elio oder Eine fröhliche Gesellschaft* (1963), Adolf Muschg mit *Rumpelstilz* (1968), Walter M. Diggelmann mit *Menschen glücklich machen* (U. 1974) und *Die letzte Adresse* (U. 1976), Hansjörg Schneider mit seinen Dialektstücken *Sennetuntschi* (U. 1972), *Brod und Wein* (U. 1973) und *Der Erfinder* oder *Schpäck und Bohne* (U. 1973) und vor allem Herbert Meier mit *Stauffer-Bern* (1975), *Dunant* (U. 1976) und *Bräker* (1978) –, der große, auch internationale Durchbruch am Theater ist keinem von ihnen gelungen. Mit Ausnahme vielleicht von Hansjörg Schneider und Herbert Meier liegt ihre Begabung eindeutig im Erzählerischen; ein dramatisches Talent ist, außer Dürrenmatt, keiner der heute lebenden Schweizer Autoren.

Diese Gewichtsverteilung innerhalb der literarischen Gattungen legt die Vermutung nahe, daß Lyrik und Drama dem Wesen des Deutschschweizers weniger gemäß sind als die epische Schilderung, die erzählerische Bewältigung von Wirklichkeit. Selbst Frisch, der auf dem Theater erfolgreich gewesen ist, hat, im nachhinein gesehen, sein Gültigstes im Roman, in der längeren Erzählung gegeben, nicht in seinen Stücken, die ja auch nie jene dramatische Potenz erkennen ließen, wie sie einem Dürrenmatt eigen ist. Es ließen sich an diese Feststellung weitschweifende Erörterungen zum schweizerischen Nationalcharakter anfügen. Doch ist hier nicht der Platz dazu, ganz abgesehen davon, daß solche Erörterungen immer etwas Fragwürdiges haben. So muß als Fazit genügen, daß die Deutschschweizer Literatur der Gegenwart eine Literatur der Prosa ist und daß der Großteil aller heute lebenden Schweizer Autoren in der Prosa, im Roman, in der Erzählung, in der Skizze oder im Essay, die ihnen und ihrem Weltverständnis gemäße Form gefunden haben.

Anmerkungen

1 Friedrich Dürrenmatt: Dramaturgie der Schweiz. In: F. D.: Dramaturgisches und Kritisches. Zürich 1972. S. 237.
2 Max Frisch: Kultur als Alibi. In: M. F.: Öffentlichkeit als Partner. Frankfurt a. M. 1967. S. 20.
3 Gottfried Keller: Brief v. 20. 12. 1880 an Ida Freiligrath.
4 Carl Spitteler: Unser Schweizer Standpunkt. Hrsg. von Hans W. Kopp. Bern 1964.
5 Arnold Kübler: Oeppi von Wasenwachs. Zürich 1943; Oeppi der Student. Zürich 1947; Oeppi und Eva. Zürich 1951.
6 Max Frisch: Mein Name sei Gantenbein. Frankfurt a. M. 1964. S. 9.
7 Peter Bichsel: Des Schweizers Schweiz. Zürich 1969. S. 23.
8 In: Neutralität 12 (1966).
9 Friedrich Dürrenmatt: Die Wiedertäufer. Zürich 1967. S. 57.
10 Friedrich Dürrenmatt: Amerikanisches und europäisches Drama. In: F. D.: Theater-Schriften und Reden. Zürich 1966. S. 162.
11 Friedrich Dürrenmatt: Romulus der Große. Neue Fassung. Zürich 1964. S. 14.
12 Dürrenmatt (Anm. 1) S. 256.
13 Christoph Kuhn: Die Schweiz als Chance einer künftigen Schweiz. In: Schweiz heute. Ein Lesebuch. Berlin [DDR] 1976. S. 657.
14 In: Schweizer Schriftsteller im Gespräch. Hrsg. von Werner Bucher und Georges Ammann. Basel 1971. S. 32.
15 Belege. Gedichte aus der deutschsprachigen Schweiz seit 1900. Hrsg. von Werner Weber. Zürich 1978.

Literaturhinweise

Belege. Gedichte aus der deutschsprachigen Schweiz seit 1900. Hrsg. von Werner Weber. Zürich 1978.
Fortschreiben. 98 Autoren der deutschen Schweiz. Hrsg. von Dieter Bachmann. Zürich 1977.
Gegenwartsliteratur. Mittel und Bedingungen ihrer Produktion. Hrsg. von Peter André Bloch. Bern 1975.
gut zum druck. 97 Schriftsteller der deutschen Schweiz. Hrsg. von Dieter Fringeli. Zürich 1972.
Links, Roland: Über Schweizer Literatur. In: Erkundungen. 35 Schweizer Erzähler. Berlin [DDR] 1974.
Pulver, Elisabeth: Die deutschsprachige Literatur der Schweiz seit 1945. In: Die zeitgenössischen Literaturen der Schweiz. Hrsg. von Manfred Gsteiger. München 1974.
Der Schriftsteller in unserer Zeit. Schweizer Autoren bestimmen ihre Rolle in der Gesellschaft. Hrsg. von Peter André Bloch und Edwin Hubacher. Bern 1972.
Schweiz heute. Ein Lesebuch. Mit einem Nachw. von Christoph Kuhn. Hrsg. von Roland Links, Ingeborg Quaas [u. a.]. Berlin [DDR] 1976.
Schweizer Schriftsteller im Gespräch. Hrsg. von Werner Bucher und Georges Ammann. Bd. 1: Basel 1970; Bd. 2: Basel 1971.

ALEXANDER RITTER

Deutschsprachige Literatur der Gegenwart im Ausland

»Die Sorge der Theoretiker: Wie viele deutsche Literaturen gibt es. Die Sorge der deutschsprachigen Praktiker (in Österreich, der Schweiz, der BRD, der DDR, im rumänischen Siebenbürgen usw.): in deutscher Sprache ein Gedicht, einen Roman, ein Bühnenstück, einen Essay zu schreiben. Möglichst von Rang. So hat jeder seine Sorgen.«[1] Reiner Kunze (1973)

In memoriam Victor Klein (Nowosibirsk)

I. Mit den Antworten auf die journalistisch wirksame Frage »Wie viele deutsche Literaturen gibt es?« (1973) hat der Verleger Andreas W. Mytze bemerkenswerte literaturgesellschaftliche Einmütigkeit dokumentieren können. Schriftsteller, Redakteure, Literaturwissenschaftler bekennen Gemeinsamkeit in der deutschen Sprache, im literarischen Auftrag, in der literaturkritischen Reflexion. Literaturgeschichtlicher Regionalismus, möglicherweise verursacht durch kulturhistorische Strukturen, abgrenzende Staatlichkeit oder weltanschauliche Differenz, scheint weitgehend aufgehoben.
Aber gerade diese Sicherheit, mit der eine große deutsche Literaturlandschaft abgesteckt wird, stimmt skeptisch, denn es gibt vor allem in Reiner Kunzes Antwort eine verbal nicht weiter ausgeführte Perspektive, eine nur begonnene und im »usw.« abgebrochene Aufzählung, die konsequenterweise literaturräumlich ausweitet und Vielzahl verspricht: die Arbeit der deutschsprachigen Autoren im weiteren europäischen und überseeischen Ausland. Von ihnen ist in deutscher Literaturgeschichte kaum die Rede, und wenn doch, dann nur in der unsicheren Geste einer zögernden Randnotiz.
Den umfassenden literaturgeschichtlichen Anspruch, in welchen die deutschsprachigen Schriftsteller aus Moskau, Tel Aviv, Sibiu, Bozen, Luxemburg und Buenos Aires mit eingeschlossen werden, können nur wenige noch nachvollziehen. Die traumatischen Nachwirkungen von Drittem Reich, Zweitem Weltkrieg und der nationalsozialistischen Kulturpolitik haben die gängigen Vorstellungen von deutschsprachiger Literatur auf den mitteleuropäischen Raum verengt, ihn kulturpolitisch, literaturkritisch und verlegerisch durchweg beschränkt auf das literarische Leben in der Bundesrepublik Deutschland, der DDR, in Österreich und der Schweiz. Auf immer zufällige Begegnungen mit Literatur deutscher Sprache aus Belgien, Luxemburg, der Sowjetunion und Italien, Kanada und Israel reagieren interessierte Leser und philologische Experten mit der beiläufigen Frage, ob es denn so etwas überhaupt gebe.
Unter diesen Bedingungen über deutschsprachige Literatur im Ausland zu berichten, ist zumeist ein Sprechen contra rasch evozierter Skepsis gegenüber einer implizierten erneuten Ausweitung des Literaturfeldes, dessen Grenzpfähle schon jenseits von Landserheft, Agitpropsong und Literaturverfilmung kaum noch erkennbar seien – so sagt man abwehrend, um der philologischen Einfriedung eines neuen Areals entgegenzuwirken. Brauchen wir diese Literatur etwa auch noch? – werden viele die wissenschaftliche Zweckmäßigkeitsfrage Heinz Ludwig Arnolds für unseren Zusammenhang variieren.[2] Ob wir, die Leser, sie brauchen, ob in den Forschungsprogrammen ein

Freiraum für sie einzurichten sein wird, das ist hier nicht zu diskutieren und zu entscheiden. Hier ist vom Tatbestand auszugehen: Diese Literatur ist da, sie ist Literatur deutscher Sprache, literaturgeschichtlich und poetologisch weitgehend der literarischen Entwicklung im deutschsprachigen Mitteleuropa verpflichtet und von ihr abhängig, sie hat ihre beachtlich große Leserschaft z. B. in der Sowjetunion mit ungefähr einer Million, sie gehört zum Aufgabenfeld der Germanistik und zum Beobachtungsraum der Literaturkritik, die beide jedoch diese Literatur übergehen und dem mitteleuropäischen Leser vorenthalten.

Unkenntnis und mangelnde Bereitschaft zur Auseinandersetzung mit dieser Literatur können nicht Rechtfertigungen sein für das eventuell aufsteigende Unbehagen, hier werde Literatur das Wort geredet, die bei uns keine Leser und damit auch keinen Markt habe. Auch der rasch vorgebrachte philologische Argwohn, stammeskundliche Literaturgeschichte werde in völkisch-germanistischer Tradition und Nadler-Nachfolge wiederbelebt, ist mit dem Hinweis zu widerlegen, daß bis heute weder die Rolle der deutschsprachigen Literatur des Auslands vor und während des Nationalsozialismus noch ihre Entwicklung in der Nachkriegszeit analysiert worden ist. In der Tat aber berührt dieses Thema wissenschaftliche und kulturpolitische Zonen, die kaum bekannt werden, weil man sie in sensibel bewahrtem übernationalem Einverständnis mit Vorurteilen betrachtet oder verdrängt.

Die beschriebene Abstinenz läßt sich sowohl für die Germanistik als auch für die deutsche Kulturpolitik der Gegenwart ursächlich auf die geschichtliche Zäsur 1945 zurückführen, denn in den Folgejahren »schloß sich die Germanistik zunächst nur allzu bereitwillig den gesamtdeutschen Verdrängungstendenzen an«, pflegte »moralische Distanzierung und ästhetische Verachtung«,[3] strich die deutschsprachige Literatur des Auslands aus dem Arbeitsprogramm, da sie zwar selbst nicht als Inbegriff von NS-Dichtung etikettiert, aber philologisch und politisch als ›Schrifttumsvehikel‹ benutzt worden war. Diese bis heute gültige philologische Selbstverleugnung, auch nach Zwischenspielen einer nur halbherzig betriebenen Wissenschaftsdiskussion, findet aber ihre Voraussetzungen in den Überlegungen der auswärtigen deutschen Kulturpolitik, die Carlo Schmid vor dem Deutschen Bundestag (1963) in einem denkwürdigen Plädoyer für ein kulturelles Selbstbewußtsein der Deutschen skizziert hat: »Wir sollten alles vermeiden, was da aussehen könnte, als wollten wir eine Art von Bindestrich-Politik betreiben, Bindestrich-Amerikaner, Bindestrich-Italiener, Bindestrich-undsoweiter-Leute schaffen. Wir dürfen durch unsere kulturpolitischen Bemühungen keine Deutsche schaffen wollen.«[4] Diese durchaus verständlichen Gedanken, im Schlagwort vom Bindestrich-Ausländer wirkungsvoll, aber auch problematisch reduziert, eine Beschäftigung mit den deutschsprachigen Minderheiten oder gar eine Förderung rufe im In- und Ausland allgemein nur den einen Verdacht hervor, »wir müssen denen draußen unsere Kultur bringen«,[5] führte zu jener bis heute aktuellen kulturpolitischen Hypochondrie mit den schon erwähnten Folgen. Und damit schließt sich der Kreis von Distanzierung und Unkenntnis: Wie soll der Leser lernen und verstehen, wenn sich die Kulturpolitik offiziell verweigert und die Germanistik in Schweigen hüllt, wenn der Verleger nicht informiert sein und der Kritiker nicht reagieren kann?

Eine Revision des wissenschaftlichen wie kulturpolitischen Standortes ist erforderlich. Das gilt besonders für die literaturwissenschaftlichen Defizite in dieser Frage. »Ohne den Bodensatz des Ressentiments zu einer guten Begegnung der alten Bestände mit den neuen Wirklichkeiten«[6] zu kommen, das erscheint vordringlich. Alle literaturästhetischen Vorbehalte gegenüber der deutschsprachigen Literatur des Auslands übergehen den weithin akzeptierten Wandel des Literaturbegriffs. »Kunst heißt nicht: Alternativen pointieren, sondern durch nichts anderes als ihre Gestalt dem Weltlauf widerstehen, der dem Menschen immerzu die Pistole auf die Brust setzt.«[7] Adornos Bild vom künstlerischen Widerstand kann der deutschsprachige Autor im Ausland am ehesten auf sich beziehen.

II. Das Selbstverständnis der deutschsprachigen Bevölkerungsgruppen und ihrer Autoren im Ausland, ihr über Geschichte und Sprache zwei nationalen Kulturen zugewandtes Leben und Schreiben läßt sich während einer literarischen »Bahnfahrt erster Klasse« nicht beschreiben, aber doch in einer Prinzipielles aufzeigenden dichterischen Gestaltung akzentuieren.[8] Die deutsche Öffentlichkeit der Kritiker, Literaturwissenschaftler und Leser hat diese in der rumäniendeutschen Erzählung von Arnold Hauser symbolisch gefaßte Einladung zur literarischen Mitfahrt, die nichts anderes meint als Aufforderung zu Wahrnehmung, Lektüre, Kenntnis und Anerkennung, bislang versäumt. Wenn hierfür eine neu zu beschreibende Position der professionellen Literaturkritik und der allgemeinen Rezeption anvisiert wird, dann sind bestimmte Überlegungen als Prämissen zu beachten, damit nicht die ersten zaghaften Bemühungen in der sich abzeichnenden Diskussion »Heimat- / Anti-Heimatliteratur rediviva«[9] von vornherein literatur- und allgemein kulturgeschichtlichen Mißverständnissen ausgesetzt sind.
So ist jede Beschäftigung mit dieser Literatur auch nur von Reminiszenzen an die literaturgeschichtlichen »Spekulationen über das Wesen des deutschen Volkstums«[10] und »einer dem chauvinistischen Rassenwahn verfallenden Literaturwissenschaft«[11] freizuhalten. Sie ist weiterhin getrennt zu führen von dem häufig apodiktischen Urteil ›provinzieller Schreiberei‹, nur weil literaturräumliche Ferne und vage Bekanntheit dazu verführen. Gerade solche Einschätzungen funktionieren bei uns im Rahmen der »eingeübten kulturellen Attitüde« als Blockade für die literaturkritischen Beobachter, die nur, »wo das Neue innerhalb der vertrauten Sehweise bleibt [...], dieses Neue goutieren«.[12] In Analogie zu der vor Jahren nur zögernd entwickelten Rezeptionsbereitschaft gegenüber der Trivialliteratur kann man diese lakonische Feststellung auch im Hinblick auf Gleichgültigkeit und Widerstand gegenüber der deutschsprachigen Literatur des Auslands variieren: »Sie ist nicht das Problem der Leute, die sie lesen. [...] Sie ist das Problem der Leute, die sich mit ihr kritisch beschäftigen [sollen], und die können den ihnen zugewachsenen Auftrag nicht erkennen und begreifen.«[13] Die geforderte kritische Mobilität hat mit zu bedenken, daß hier Literatur sich den besonderen regionalistischen Weg im gegenwärtigen »Prozeß des zivilisatorischen Gleichschritts und der kommunikativen Beweglichkeit«[14] sucht, und zwar durch die literarische Gestaltung der Suche »nach dem spezifischen Charakter der eigenen Situation, der eigenen Zeit, der eigenen Lokalität».[15]
Die literaturkritische Auseinandersetzung mit den deutschsprachigen Regionalliteraturen im Ausland ist nicht nur eigentlich fachspezifische Pflicht, sondern auch notwendige Reaktion auf die seit 1968 international geführte Regionalkultur-Diskussion, die auch von den deutschen Minderheitenliteraturen mit provoziert und mit getragen wird. Können in diesem Zusammenhang zunehmend Reaktionen im kulturellen Bereich, aber

auch bei kulturpolitisch wirkenden Institutionen beobachtet werden, so hat es im wissenschaftlichen Bereich vor allem bei der Literaturwissenschaft eine totale Unterbrechung der Beschäftigung gegeben. Linguistische,[16] volkskundliche,[17] ethnosoziologische[18] Fragestellungen, die auch die Formen der deutschsprachigen Volksdichtung im Ausland betreffen (wie Märchen, Volkslied, Spruch, Sage), wurden am ehesten über das Jahr 1945 hinaus verfolgt. Solche Bemühungen anderer wissenschaftlicher Disziplinen bieten für die zu leistenden Aufgaben der Literaturwissenschaft wichtige Informationen zu den Kontext-Bedingungen der jeweiligen Regionalliteratur. Methodisch wäre die Literatur im jeweiligen regionalen und überregionalen Bezugsfeld interdisziplinär und komparatistisch zu erfassen. In diesem Sinne erscheint auch die Bezeichnung ›deutschsprachige Literatur des Auslands‹, wie wir sie hier gebrauchen, als akzeptabler Terminus, der das erst in der NS-Zeit ideologisch festgelegte Attribut ›auslanddeutsch‹ aus der Diskussion nimmt und überflüssige rhetorische und politische Belastungen ausspart. Die Bezeichnung ›deutschsprachig‹ folgt auch dem Selbstverständnis und der Eigenart der verschiedenen Regionalliteraturen, indem wir so der Position dieser Literaturen, die als Dichtung deutscher Sprache zwischen zwei Nationalliteraturen die spezifisch eigene Welterfahrung gestalten, im Hinblick auf die doppelten Benennungen wie rumäniendeutsch oder deutschkanadisch oder auch regionalräumlichen Bezeichnungen wie elsässische und Südtiroler Literatur gerecht werden.
Mit Überlegungen zur begrifflichen Erfassung wollen wir uns den zahllosen Definitionsübungen, besonders während der zwanziger Jahre, keineswegs anschließen, aber doch eine nähere Umschreibung versuchen, die für alle weiteren Bemühungen als hilfreicher Hinweis gedacht ist, nicht als ergänzender Kommentar zur immer wieder diskutierten Frage des Verhältnisses von Regionalliteratur – Nationalliteratur – Weltliteratur. Wenn Hermann Kesten sagt, es gebe »nur eine einzige deutsche Literatur, nämlich die in deutscher Sprache«,[19] Jürgen Rühle dagegen urteilt, man könne »überhaupt nur von einer deutschsprachigen Literatur sprechen – die Sprache ist das einzige eindeutig abgrenzende Kriterium für unsere Literatur«,[20] Wolfgang Harich zwar auch nur »für eine deutsche Literatur« plädiert, die »aber weniger denn je eine Einheit bilde«, weil aufgrund der unterschiedlichen nationalstaatlichen Entwicklung »der Gemeinsamkeit der Sprache und des überlieferten nationalen Kulturguts nur geringfügige Bedeutung«[21] zukomme, so handelt es sich um einseitige Beurteilungen aus der Sicht jeweils eines Autors, der in einer jeweils verschiedenen Situation innerhalb des binnendeutschen Sprach- und Literaturraums lebt. Die Verbindung von deutscher Sprache – im Kontakt mit heterophonen Sprachen – und deutscher Literaturtradition – im Kontakt mit anderen national- oder regionalliterarischen Bedingungen – ist Voraussetzung zur besonderen Gestaltung einer Welterfahrung aus anderen Räumen und anderen Gesellschaften, die aber nach Qualität der künstlerischen Bewältigung von allgemeiner Erkenntnis getragen sein kann. Eine so auch von den deutschsprachigen Autoren des Auslands häufig verstandene, aber meistens zugunsten eines klaren jeweils nationalliterarischen Bekenntnisses abgelehnte ambivalente Zwischenposition bestätigt der Schweizer Lyriker Paul Marker: »Die deutschschweizerische [Literatur] mag ein Teil der deutschen Literatur sein, was aber nicht heißt, daß sie ›deutsch‹ ist. Und so vermute ich, daß andere deutsche Teilliteraturen ebensosehr deutsch wie nicht-deutsch sind.«[22] Der Luxemburger Roger Schiltz bestätigt dies, indem er Dieter Hasselblatts Urteil über Roger Manderscheids Dichtung *Die Glaswand* zitiert, »daß hier jemand in

deutscher sprache etwas gesagt habe, was ein deutscher auf deutsch gar nicht hätte sagen können«. Schiltz' wichtige Folgerung, »der luxemburger also zwischen zwei welten«, dieses Bewußtsein einer kulturgeschichtlich zweiseitigen Bindung, findet sich übereinstimmend bei den deutschsprachigen Schriftstellern des Auslands.[23]
Die so auch inhaltlich gegebene Absicherung der Bestimmungsattribute ›deutschsprachige‹, spezifizierend z. B. durch die Bezeichnung ›rumäniendeutsch‹ usw., verlangt folgerichtig für die Rezeption, ohne »die Literaturwissenschaft [. . .] in eine fürchterliche Lage« zu bringen, die Anwendung des modernen germanistischen Methodenapparates unter Einbeziehung des von Region zu Region wechselnden Kontextes im weitesten Sinne. Keine »Pluraltheorie«,[24] da hat Harich recht, aber es gilt die wirkliche Pluralität der deutschsprachigen Literatur zu erkennen. Damit ist auch das Verhältnis zur Exilliteratur gemeint, die nur unter besonderen Bedingungen autochthone deutschsprachige Literatur im Ausland beeinflußt hat (UdSSR) oder noch mitträgt (Israel), aber sich doch überwiegend aus Gründen der meist politisch motivierten Zuwanderung und eines nur befristet verstandenen Auslandsaufenthaltes besonders entwickelt hat.

III. Wie bereits angedeutet, ist die literaturwissenschaftliche Rezeption der deutschsprachigen Literatur im Ausland durch die Erinnerung an die Entgleisung der Germanistik während des Nationalsozialismus oft blockiert und wird nach der Politisierung der Minderheitenfrage durch das Dritte Reich in Verbindung mit einer latent mythisierenden Germanophilie die Beschäftigung mit diesen Fragen im In- und Ausland häufig suspekt betrachtet. Dagegen schreibt Paul Schuster für die Rumäniendeutschen und ihre Literatur: »Das politisch-moralische Fiasko, in das die deutsche Minderheit durch die Nachkriegsjahre geworfen wurde, war an sich eine günstige Voraussetzung für neue literarische Entwicklungen; die traditionellen Lebens- und Denkformen waren erschüttert, die Kollision provinzieller Schläfrigkeit mit geschichtlichen Umwälzungen von unabsehbaren Folgen stellte jeden vor neue Alternativen.«[25] Diese eher euphemistische Kommentierung verschweigt mit der Datierung »Nachkriegszeit«, daß das angesprochene »Fiasko« in einem größeren Zusammenhang gesehen werden muß. Es erscheint wenig sinnvoll, diese Zusammenhänge, wie überwiegend geschehen, auszusparen, weil sie minderheiten-, literatur- und fachgeschichtlich nicht von dem Problem der deutschsprachigen Regionalliteraturen zu trennen sind und unreflektiert lediglich weiterhin zu Komplikationen und Mißverständnissen führen.
Weil »jede Figur ein Signal« ist und weil bei diesem »Signalement« – frei nach Martin Walser – besonders den Germanisten und Kulturpolitikern »wie dem Pawlow-Hund der Wiedererkennungssaft«[26] des bitteren ideologischen Beigeschmacks rinnt, so ist ein weiterer Exkurs zu der kultur- und fachgeschichtlichen Hypothek zu geben, die zur Belastung in unserer Frage geworden ist und immer noch wird. Gerade hier gilt Karl Otto Conradys Urteil von der generell »gefährliche[n] Virtuosität« des Nationalsozialismus, »vorhandene Gedanken, Vorstellungen, Hoffnungen aufzugreifen und für sich zu instrumentalisieren«,[27] so daß tatsächlich »manches an Begriffen und Methoden bis heute schwer verdächtig geblieben«[28] ist, eben auch die Frage der deutschsprachigen Minderheitenliteraturen. Um unser Thema von diesem Verdacht zu reinigen, ist es erforderlich, einen kurzen ideologiekritischen Überblick zur Entwicklung dieses thematischen Zusammenhangs vorauszuschicken.
Die Veröffentlichungen während des Dritten Reichs zur deutschsprachigen Literatur

des Auslands als Teil deutscher Minderheitenkultur zeigen im allgemeinen, daß gerade für die Entstehung einer weltanschaulichen Literaturwissenschaft (= Deutschtumskunde) die sogenannte grenz- und auslanddeutsche Literatur von größerem Einfluß gewesen ist, als heute angenommen wird.[29] Die unter völlig anderen zeithistorischen Bedingungen von Herder, Jakob Grimm und den Romantikern geförderte Einsicht, »in der Sprachgemeinschaft einen Sozialverband«[30] vaterländischer Einigungsmöglichkeit zu sehen, dem alle Deutschsprechenden im Sinne der geistigen Herkunftsbindung angeschlossen seien,[31] wird in den Jahren zwischen den Kriegen von der Politik und, ihr dienend, von der Literaturwissenschaft zu nationalpädagogischer Einflußnahme, kulturpolitischem Missionseifer und machtpolitischem Territorialanspruch gewandelt.
Diese vorgegebenen Grundstrukturen für ein bestimmtes Verständnis von Sprachwissenschaft (= »Aufschlüsse über Herkunft und Eigenart von Stämmen und Völkern«) und Literaturwissenschaft (= »Entfaltung der Nationalgeschichte anhand einer Geschichte der poetischen Literatur«) gehen im wesentlichen auf drei Initialleistungen zurück:[32] August Sauers Prager Rektoratsrede *Literaturgeschichte und Volkskunde* (1907), Josef Nadlers *Literaturgeschichte der deutschen Stämme und Landschaften* (1912 ff.), dazu seine theoretische Grundlegung von 1914[33]. Besonders Nadlers Gedanken zur Neubestimmung literaturwissenschaftlicher Aufgaben und Methoden treffen nach dem Absinken germanistischer Arbeit zu positivistischer Sammeltätigkeit auf ein vielschichtig numinoses Ohnmachtserlebnis im Deutschen Reich, das zur Entdeckung auch der Auslanddeutschen (Terminus der Zeit) führt, vor allem gesteuert durch die folgenden literaturwissenschaftlichen Setzungen: 1. »Deutsche Literaturgeschichte ist die Wissenschaft von allen literarischen Denkmälern [...], die deutsche Sprachform haben und von Deutschen stammen.« 2. »Erkenntnisziel«: deutsche Schrifttümlichkeit. 3. Entwicklungsgeschichtliches Denken. 4. Hilfswissenschaften: »Sprachwissenschaft, Familiengeschichte, Ethnographie, Geographie, Volkskunde«.[34] Eine so regionalistisch, ethnographisch und nationalistisch angelegte Literaturwissenschaft korrespondiert mit der Heimatkunstbewegung (seit Ende des 19. Jahrhunderts) und führt zur nationalen Beachtung der Kultur der Auslanddeutschen, ihrer Sprache und Literatur, begünstigt durch die politischen Folgen des Ersten Weltkrieges, durch die die Bevölkerung auf die Frage deutschsprachiger Minderheiten aufmerksam gemacht wird: 1. gesamtpolitisch – die Reduzierung des nationalen Selbstverständnisses auf eine gemeinsame Sprache und Kulturgeschichte; 2. territorial – die Abtretung von deutschsprachigen Gebietsteilen des Deutschen Reiches und der K. u. K.-Monarchie Österreich-Ungarn wie Elsaß-Lothringen (Frankreich), Posen, Westpreußen (Polen), Sudetenland (ČSSR), Siebenbürgen, Banat, Bukowina (Rumänien), Nordschleswig (Dänemark), Eupen-Malmedy (Belgien); 3. die Auflösung der Kolonien; 4. die Berichte von Soldaten und Rückwanderern.
Im Rahmen dieser Erfahrungen wird die neue Kenntnis der Auslanddeutschen wie eine schicksalhafte Botschaft begriffen, die von der Vielzahl der Deutschen in der Welt kündet, von dem gemeinsamen Zusammenhalt zur nationalen Stärkung, vom Wiedererkennen der eigenen Situation in der Lage der Minderheiten im Reich, von deren beispielhaft verstandenem Widerstand zur Wahrung eigener Kultur, von der aus allem resultierenden nationalen Verantwortung gegenüber den Minderheiten. Folgerichtig werden alle Minderheitenregionen, also auch die überseeischen Auswanderergebiete, in einer neuen geistigen und ›völkischen‹ Bindung an das Vaterland verstanden.

Diese Voraussetzungen, die bereits während der zwanziger Jahre aus mythisiertem deutschem Nationalismus und kulturellem Vorpostenverständnis für die deutschsprachigen Minderheiten gegeben sind, durch Julius Petersens und Hermann Pongs' literaturwissenschaftliche Direktive, Nadlers stammesgeschichtlichen literaturhistorischen Evolutionsentwurf und Gottfried Fittbogens unermüdliche publizistische Bemühungen zur Kultur der Auslanddeutschen dann erweitert werden,[35] sind ein nicht zu unterschätzendes Stimulans für die nun weltweit sich belebende Literaturszene deutscher Sprache, erstmals ausdrücklich getragen vom deutschsprachigen Herkunftsraum, dem Deutschen Reich.

Die auslanddeutsche Literatur wird damals oft als Basis der völkischen Erneuerung verstanden, als nationalpädagogischer Katalysator für die »Herausbildung eines überstaatlichen Volksbewußtseins aller Deutschen«[36]. Sie wird in die allgemeine Mythisierung völkisch-deutscher Sendung mit einbezogen: Weil »aus der mächtigen Sturmflut der völkischen Erneuerung das auslanddeutsche Schrifttum als ein tragender Pfeiler der Gesamtliteratur unseres Volkes entstanden ist«[37], wird sie zum »Medium [der] großen Wechselwirkungen zwischen Deutschland und den Völkern der Welt«[38], zum Vermittler »deutschen Raumgeistes«[39], zur »Emanation des Volksgeistes«[40]. Die literaturideologische Radikalisierung leistet u. a. Heinz Kindermann. Gefordert werden von den Auslanddeutschen und ihrer Literatur »Blutbekenntnis«[41], »politischer Soldatendienst«[42], Widerstand gegenüber jeder Assimilation (= Verrat deutschen Blutes und deutscher Sprache).

Vor diesem Hintergrund werden zumindest zwei der schon angedeuteten Ursachen für die gegenwärtige Abstinenz der Literaturwissenschaft in unserer Frage begreifbar: 1. Das Verständnis der Literaturwissenschaft als volkhafte Lebenswissenschaft (nach Kindermann)[43], die agrarromantisch-völkische Mystifizierung der Autoren als »Flurhüter des geistigen Bodens« (nach Mühlberger)[44]. Diese ideologisierte Fachperspektive beurteilt Max Wehrli als »Katastrophe«, die »nicht nur physisch die Einheit und den Begriff einer deutschen Literatur zerspalten und zerstört [...], die Tradition unterbrochen [...], die Prinzipien der deutschen Literaturwissenschaft kompromittiert [hat]«.[45] Das gilt in vollem Umfang auch für unseren Zusammenhang. 2. Als weiterer wichtiger Faktor ist anzusehen, daß sich bis 1945 vor allem auch die prominenten Vertreter des Faches Germanistik in z. T. problematischen Publikationen mit der deutschsprachigen Literatur des Auslands befassen und in der Nachkriegszeit, als sie wieder an Universitäten tätig waren, diese Beschäftigung aus verständlichen Gründen verdrängt haben. So bleiben in der Tat »die Defizite [...] unübersehbar«[46].

IV. Wenden wir uns nach diesen notwendigen Vorüberlegungen den gegenwärtigen deutschsprachigen Literaturszenen im Ausland zu. Es ist ein erster Versuch, aus literaturwissenschaftlicher Sicht den indirekt ausgesprochenen Forderungen des rumäniendeutschen Schriftstellers und Redakteurs Arnold Hauser im vergleichenden Überblick nachzukommen, »Kenntnisnahme« dieser Regionalliteraturen zu ermöglichen, die spezifische »Authentizität innerhalb der gesamten zeitgenössischen deutschsprachigen Literatur« zu erläutern, ihre Bindungen an »eine Landschaft kultureller und sprachlicher Symbiose« beispielhaft vorzuführen.[47]

Angesichts der komplexen und jeweils individuell ausgerichteten kulturgeschichtlichen Strukturen, in die Literatur deutscher Sprache im Ausland eingebunden ist, gebietet es die wissenschaftliche Redlichkeit, deutlich darauf hinzuweisen, daß ein solcher Bericht bestimmten Einschränkungen unterliegen muß. Dazu zählen die völlig unzureichende Materiallage in den Bibliotheken der Bundesrepublik Deutschland, die fehlende literaturkritische Registrierung bei der binnendeutschen Germanistik, die nur unzulänglich als bibliographische Information durchgeführte Erfassung und Weiterleitung auslandsgermanistischer Beiträge. Zusätzlich ist zu bedenken, daß eine erste synoptisch angelegte Beschreibung nicht die Darstellungen ersetzen kann, die als adäquate Analysen von methodisch geschulten und kenntnisreichen Insidern der jeweiligen Regionalszenen überwiegend erst noch erarbeitet werden müssen. Die vielfältigen interdisziplinären und komparatistischen Implikationen dieser Aufgabe können hier nur angedeutet und über weiterführende Literaturhinweise abgesichert werden.

Wir unterscheiden gegenwärtig zwanzig Regionen, in denen – außerhalb des traditionellen deutschen Literaturraumes in Mitteleuropa (Bundesrepublik Deutschland, DDR, Österreich, Schweiz) – Menschen leben, die Deutsch, mit z. T. regional unterschiedlichen Einschränkungen, als ihre Muttersprache bezeichnen: Dänemark, Belgien, Luxemburg, Frankreich (Elsaß), Italien (Südtirol), Polen, ČSSR, Ungarn, Rumänien, UdSSR, Israel, Süd-/Südwestafrika, Kanada, USA, Brasilien, Argentinien, Chile, Paraguay, Australien. Weil aber die Entstehung einer Literaturszene nicht automatisch kulturgeschichtliche Folge, auch nicht unbegrenzt andauernde Konsequenz einer bestimmten Minderheitensituation ist, gilt für die einzelnen Regionen eine quantitativ und qualitativ sehr unterschiedliche Literaturproduktion, deren Erscheinungsbild wesentlich von den folgenden Faktoren gesteuert wird: Größe und Bildungsgrad der Bevölkerung, Siedlungsdichte und Autonomiestatus, Lage und Verhältnis zum mitteleuropäischen Sprach- und Literaturraum, Eigentradition und kulturelle Kontaktintensität zum Heimatstaat, Möglichkeiten des muttersprachlichen Unterrichts, Assimilations- und Emigrationsbereitschaft. Für die Literaturentwicklung läßt sich vereinfacht sagen, daß die Struktur der sprachlichen Pluralität und die Kontaktintensität zur Literaturentwicklung in Mitteleuropa sowie zur heimatstaatlichen Nationalliteratur die tragenden Momente darstellen. Diese Bedingungen sind von Region zu Region anders gelagert und minderheitenspezifisch ausgeprägt, so daß eine Darstellung sämtlicher deutschsprachiger Regionalliteraturen zu einem lexikographischen Abriß werden würde, der sich im vorliegenden Rahmen von selbst verbietet.[48] Bevor an den drei deutschsprachigen Literaturen in Frankreich, in der Sowjetunion und in Rumänien exemplarisch das Prinzipielle erläutert wird, sei zur Orientierung in knappen Hinweisen die Situation in den nicht weiter erwähnten Regionen benannt. Für eine erste Minderheitengruppe kann man generell sagen, daß eine eigene Literatur im kulturellen Leben von untergeordneter Bedeutung ist (Dänemark, Südafrika/Südwestafrika, Chile) oder überhaupt nicht existiert (Polen, ČSSR, Australien). In einer zweiten Gruppe lassen sich diejenigen Literaturen zusammenfassen, die nach 1945 deutliche Tendenzen einer wachsenden Produktion und literaturkritischen Reflexion zeigen (Belgien, Luxemburg, Italien, Ungarn, USA), die aber auch Symptome der Stagnation (Brasilien, Argentinien) sowie der absehbaren Auflösung erkennen lassen (Israel).

Wenden wir uns zuerst der deutschsprachigen Region in Frankreich zu, dem Elsaß und seiner Literatur. Im Gegensatz zu der touristischen Bekanntheit der Vogesenlandschaft steht die Aussage des elsässischen Schriftstellers Louis Edouard Schaeffer: »In der Welt weiß man wenig, was es heißt, Elsässer zu sein.«[49] Dieser Satz drückt weniger die

Bekümmertheit über eventuell provinzielles Vergessensein aus, sondern zielt mehr auf die wechselhaft verlaufene Geschichte dieses Landes zwischen deutscher und französischer Kultur. Der Germanist Robert Minder, elsässischer Herkunft, bekennt ein »Doppelleben, das [er] seit der Kindheit in beiden Sprachen geführt« hat, notiert »Belastungen«[50] und versteht als Literaturkritiker dasselbe wie der Dichter André Weckmann, Hebel-Preisträger wie er, wenn dieser feststellt: »Dichter sein im Elsaß ist nicht einfach.«[51] Zu den Belastungen, unter denen Literatur entstand und entsteht, zählt nicht isolierende Provinzialität regionaler Abseitigkeit, sondern scheinbar paradoxerweise regionale und damit kulturelle Offenheit, die zentrale Lage in Mitteleuropa. Regionales Selbstverständnis hat hier immer mit internationalem Kulturkontakt korrespondiert. Darum sieht Schaeffer »eine Identität von Elsässertum und Weltbürgertum«[52], ist Minder »es gewohnt, [...] Dichtung im europäischen Zusammenhang zu sehen«[53], soll »elsässische Zweisprachigkeit [...] Verwurzelung und Weltoffenheit zugleich sein«[54], wie Weckmann es fordert.

Elsässische Literatur kann nicht ohne Kenntnis der lingualen Bedingungen verstanden werden, diese wiederum nicht ohne die politisch wechselhafte Geschichte der Region. Schon die mageren Daten alternierender nationalstaatlicher Adoption und das Wissen um die traditionell staatsherrschaftlichen Maßnahmen, verwaltete Provinzen dem eigenen Staatsverständnis anzugleichen, lassen die durchlebten Konflikte ahnen. Im Rhythmus der territorialen und damit auch kulturpolitischen Zugehörigkeit, ausgelöst durch die Krisen 1870/71 (bis 1871 frz.), 1914/18 (bis 1918 dt.), anschließend Frankreich zugehörig, mit Ausnahme der deutschen Besatzungszeit 1940/45, entwickelt sich bis heute, im Widerstand gegen die verschiedenen Besitzer und ihre periodisch betriebenen Integrationsbemühungen, das besondere elsässische Problem- und Selbstbewußtsein. Man demonstriert energisch den Anspruch auf die eigene Kulturgeschichte, die multilinguale Freiheit mit den alemannischen Dialektvarianten als ›lingua liberté‹, das Recht auf regionale Mitgestaltung und votiert für einen europäisch offenen Regionalismus.

Weckmanns beschworene »Weltoffenheit« elsässischer Literatur hat ihre Vorbilder in der Literaturgeschichte. Immer in Phasen geistesgeschichtlicher Erneuerung treten aus dem Elsaß Persönlichkeiten zur europäischen Avantgarde, um Sprache, Formen und Stoffe zu erneuern. Im Mittelalter ist es Gottfried von Straßburg, im 14. Jahrhundert Johannes Tauler, der sprachmächtige Prediger mystischer Verinnerlichung, dann die auch von Schlettstadt durch Jacob Wimpfeling ausgehende Humanistentradition (14./15. Jahrhundert), ein Jahrhundert später die subtile Schulung des satirischen Sprechens durch Johannes Fischart, Thomas Murner, Jörg Wickram. Mit der Konsolidierung der nationalstaatlichen Verhältnisse scheint das Elsaß auch an literarischer Eigenständigkeit zu verlieren, bleibt aber Region der freien künstlerischen Begegnung, wie sie Herder und Goethe suchten. Das literarische Leben der letzten Nachkriegszeit und besonders der Gegenwart knüpft in seinen Grundzügen an die europäisch-kosmopolitische Perspektive an, die Hans Arp, Otto Flake, Yvan Goll, René Schickele und Ernst Stadler, aber auch Albert Schweitzer in Leben und Werk aufgezeigt haben, mit dem Ziel, die nunmehr hundertjährige politische und kulturelle Begrenzung aufzuheben, um »unbekümmert um das Windgerede irgendwelcher Nachbarn [das] Wurzelwerk«[55] zu nähren.

Weniger in der direkten Nachfolge der großen literaturgeschichtlichen Namen, aber um so mehr mit dem deutlich sich orientierenden Blick auf deren humanistischweltoffene Geisteshaltung sucht man heute den eigenen literarischen Anspruch zu verstehen und zu vermitteln. Die sprachliche Mehrfachkompetenz von Deutsch, Französisch und Mundart macht aufnahmebereit für die deutsche *und* französische Kultur. Den poetologischen Bedingungen für die konservative Heimatdichtung liegen die Erzählstrukturen und Lyrikmuster, die Landschaftsthematik, die idyllische Perspektive und das moralische Engagement bürgerlichen Zuschnitts von Johann Peter Hebel, Alexander Weill, von den Dialektdichtern Emile Erckmann und Alexandre Chatrian zugrunde, andauernd wirksam die immer symbolisch verstandene Rezensentengeste Goethes (1816) gegenüber Arnolds Mundartlustspiel *Der Pfingstmontag*. Diese Tradition ist durch die Heimatkunstbewegung der Jahrhundertwende zusätzlich gestützt worden. Die avantgardistischen Autoren der Gegenwart dagegen haben sich, besonders in der Lyrik, an der aktuellen Literaturentwicklung orientiert und verbinden diese in ihrem Œuvre mit poetischen Einflüssen aus der deutschen und französischen Dichtung des Surrealismus und Expressionismus.

Die Voraussetzungen der gegenwärtigen Literaturszene in ihren Grundkomponenten sind folgende: 1. Der Schriftsteller gewinnt sein Heimat- und Welterleben, gebrochen durch die historisch-politischen Verwerfungen wechselnden nationalstaatlichen Anspruchs, wobei er heute grundsätzlich für den französischen Staat und für die deutsche Kultur votiert, die zentralistische Assimilierungspolitik allerdings demonstrativ ablehnt. 2. Seine Schriftsprache ist vornehmlich Hochdeutsch als erforderlich homophone Voraussetzung für die auch schriftsprachlich zunehmend verwendeten alemannischen Mundarten. Neben der Amtssprache Französisch ist in den Schulen der Dialekt fakultativ oder das Hochdeutsche als Fremdsprache zugelassen. 3. Alle Schriftsteller sind durch ein die Generationen übergreifendes Regionalbewußtsein miteinander verbunden, angeregt durch lokale und internationale Reaktionen auf die politisch gesteuerte Assimilation einer kulturellen Kammerung. Alle drei Bedingungen sind frei von trotzigem Volkstumsmythos, betulicher Sprachpflege und falsch verstandener Bodenständigkeit.

Das Schaffen der älteren Dichter, muttersprachlich deutsch aufgewachsen, ist »stark von Tradition und konservativem Geist geprägt [...]. Vorherrschend sind die Kleinformen, besonders Lyrik als verklärende Ausdrucksform des Sentimentalen und Besinnlichen«, so kennzeichnet Adrien Finck diese Autorengruppe. »In traditioneller ›Dichtersprache‹ oder im ›Volksliedton‹ besingt diese Dichtung die ›ewigen Werte‹, die Heimatgebundenheit, die bürgerlichen und bäuerlichen Tugenden der Arbeit und Biederkeit, die elsässische Landschaft und ihre alten Denkmäler, das Dorfleben und das Altstädtische. Oft ist sie religiös geprägt und dient der geistlichen Erbauung.«[56] Die Einschränkung der Perspektive auf Themen des engeren Heimatraumes, die literarische Umsetzung in eine stilisierende Natur- und Heimatlyrik zeigen facettierende Motivwiederholungen wie in Henri Adrians *Elsässische Heimat*[57] oder Henri Solveens *Altes Landschaftsbild*[58], mit denen eine mythisch begriffene Gottgeborgenheit im Heimaterleben angesprochen wird: die »Kraft der Scholle«[59] gibt »Lebenskraft und Lebenswille«, »so strahlt's in alle Ewigkeit / [...] und doch ein Zeugnis Gott bereit«[60]. Mit zornigen, aber häufig nur rhetorisch zu verstehenden Worten werden ›Grenzlandschicksal‹ gestaltet und die ›Heimatrechtsbewegung‹ unterstützt. Aber »Gesellschaftspolitisches wird kaum berührt«.[61] Auch der Sprachenstreit bleibt, wie bei Maxime Alexandre,[62] ein mythisch überhöhter Vorgang, wird noch nicht zum realen Protest oder Anspruch.

Nur bei der Auseinandersetzung mit der NS-Besatzungszeit, z. B. in Paul Bertololys Text *Der Totentanz*, zeigt sich gesellschaftspolitisches Engagement,[63] das Schaeffers häufig versöhnliche Ironisierung der eigenen Geschichte banal erscheinen und in Paul Georges Kochs zivilisatorischer Vision *Prometheus 1971*[64] Ansätze zu aktueller Reflexion erkennen läßt.
Während sich die hochdeutsche Dichtung überwiegend weiterhin in traditionellen poetologischen und thematischen Mustern zeigt, geht die eigentliche Renaissance elsässischer Literatur von der Wiederentdeckung des Dialekts aus. Literaturhistorisch schließt dieses gegenwärtig aktuelle Verständnis von Mundart als universale Dichtersprache an die seit dem frühen 19. Jahrhundert belegbare Tradition an, die bei dem schon legendären Datum 1816, Arnolds *Pfingstmontag*, einsetzt und in den Arbeiten von Gustav Stoßkopf, Albert und Adolf Mathis, von Nathan Katz in den dreißiger Jahren unseres Jahrhunderts weitergeführt wird. Letzterem ist die Erhebung des Dialekts zur gleichberechtigten Literatursprache für das Elsaß zu verdanken. Die eigentliche sprachlich-formale Dynamisierung des Mundartgebrauchs erfolgt freilich überregional in den fünfziger Jahren durch die konkrete Dichtung Eugen Gomringers und der Wiener Gruppe (Friedrich Achleitner, H. C. Artmann, Gerhard Rühm), durch die Schweizer modern mundart (Ernst Eggimann, Kurt Marti), durch die Mundartverwendung im Drama (Rainer Werner Fassbinder, Martin Sperr). An diese Vorbereitungen knüpft die elsässische Dialektdichtung an. In einer günstigen Konstellation von eigenem Widerstand gegen die restriktive französische Innenpolitik (kulturelle Gleichschaltung über die Verweigerung des allgemeinen Deutschunterrichts, der regionalpolitischen Förderung), gegen die nur ökonomisch orientierte, ökologisch zerstörerische Nutzung der Region als Rohstoff- und Energielieferant (Proteste in Wyhl usw.) und angeregt von einem weltweiten Nachdenken über die lebenstragende Symbiose Mensch/Landschaft und den kulturgeschichtlich begründeten Regionalismus greift die jüngere Dichtergeneration die Mundart als jedermann verständliches Medium für ein gesellschaftspolitisches Engagement und regionalistisches Plädoyer auf. Statt behutsam-wehmütigem Beharren wie in Robert Laeuffers Gedicht *Di Bessey-Gossle. A Symbol*[65] zu folgen, transponiert die neue Mundartlyrik, auch als Resonanz auf André Weckmanns Manifeste und auf »Jeans« provozierende gesellschaftspolitische Dokumentation zum Elsaß (*Elsaß: Kolonie Europas*)[66], die traditionellen, aber nun unverklärt erkannten Probleme des Elsaß in die polemisch-aggressiv zugeschärfte alemannische Mundart.
Innerhalb von zwei Jahren entwirft Weckmann mit einem bemerkenswerten Gespür für die kulturgeschichtlich hochsensible Situation im Elsaß und die rhetorisch erforderliche Reaktion in einem programmatischen Dreischritt die richtungweisenden Manifestate: 1. zur gegenwärtigen Aufgabe des Schriftstellers (*Dichter sein im Elsaß* /1976)[67]; 2. zum neuen Medium der Mundart (*Dialekt als Waffe* / 1976)[68]; 3. zu der tragenden geschichtlichen Idee (*Die alemannische Internationale* / 1977)[69]. Weckmann fordert, der Dichter habe in kämpferischer Weise soziale und kulturelle Anteilnahme zu zeigen, dem assimilationsbedrohten Elsässer »Überlebenshilfe zu geben [...], seine Substanz zu retten und seine Identität wiederzufinden, als mündige alemannische Franzosen, mündige französische Alemannen [mit dem] Dialekt [als] Fundament unserer kulturellen Existenz«. Er verlangt »französisch-deutsche Zweisprachigkeit« als Grundlage der Partnerschaft, realisiert im »französischen Staatsraum«, bei geöffneter »Tür [...] zur deutschen Standardsprache, also zur gesamtdeutschen Kulturwelt«.

Den zentralen Gedanken von Sprache als kulturellem Identitätsträger (Mundart = Elsaß) steigert Weckmann zur »Waffe« im zweiten Text. Mit beschwörendem Pathos und biblischer Diktion werden die aktuellen Anlässe der Mai-Revolte 1968 und der KKW-Proteste in Marckolsheim/Wyhl für die Auslösung einer literarisch getragenen »Kampfansage« reklamiert: »[...] der Schrei saß uns schon lange tief in der Gurgel.« Der regionale Anspruch impliziert für Weckmann auch überregionale grundsätzliche Bedeutung. In der gemeinsamen Betroffenheit von den zeitunabhängigen kulturgeschichtlichen Umständen, der Sprachgemeinschaft und der Landschaft, sieht Weckmann, am Beispiel des alemannischen Sprachraums, Bedingungen für ein überregionales, internationales Zusammenleben. »Alemannische Konviviliatät und praktizierter progressiver Humanismus« sind ihm »die Grenzen überwindende, sie geistig auflösende Idee«, die die kulturelle Emanzipation des Elsaß, diese Regionalforderung ausgeweitet wissen will auf das »alemannische Gebiet«, einer »Austauschzone zwischen dem deutschen und dem romanischen Raum, zwischen West- und Mitteleuropa«. Das Ziehen der kulturpolitischen und mundartlichen Register, dieser Aufstand der Wörter, hat in Erinnerung an Rouget de Lisles Revolutionssignal im elsässischen Straßburg Tradition. Das neue rhetorische Pathos und die demonstrativen Sprachgesten sind nicht Aktionen provinzieller Fahnenweihe, sondern zutiefst Ausdruck humaner literarischer Streitbarkeit, die Hermann Bausinger in seinem vielbeachteten Referat *Die alemannische Internationale*[70] als dichterische Neuorientierung sorgfältig analysiert, wobei er freilich skeptisch auf die Gratwanderung von Dialekt und Literatur zwischen ›Folklorismus‹ und ›Mythisierung‹ hinweist.

Die so zeitkritisch dokumentierende, anklagende und agitierende Mundartlyrik holt die modernen poetologischen Möglichkeiten für die elsässische Literatur sprunghaft nach. Der Dialekt, in den wechselnd Formen wie Lied, Gedicht, aber auch Roman, Erzählung, Theater, Comic und Drehbuch übernommen werden, erscheint in seiner gesprochenen Variantenvielfalt als ein dem elsässischen Anliegen adäquat flexibles Medium. Diese so universale Demonstration von Mundart wird nicht nur von der jungen Protestgeneration allein getragen. Die Autoren gehören den Jahrgängen von 1897 (Auguste Arnoldy) bis 1952 an (Charles Bruchlen). Beruflich sind es Studenten, Lehrer, Hochschulprofessoren, aber auch freie Schriftsteller und Journalisten, zumeist also Intellektuelle, die mit ihrer geistigen Schubkraft elementares Unbehagen zu Manifest, Parole, zur literarischen Aussage umformen und auch über die berufliche Tätigkeit in das Kulturleben einbringen, wie z. B. der Straßburger Politiker Germain Muller in seinem Kabarett *Barabli*, der Germanist Adrien Finck in Vorlesung und Seminarübung, sein Kollege, der Dialektologe Raymond Matzen, in der Mundartforschung.

Sind die lyrischen Arbeiten von Georges Zink noch der erbaulichen Bewahrung von autobiographischer Erinnerung und Heimatgefühl gewidmet (*Alte Liedle*)[71], auch überwiegend diejenigen von Anne Franck-Neumann (*D'Matte vu minre Kindheit*)[72], so zeigt sich das Œuvre von Raymond Matzen schon vielgestaltiger. Neben dem Heimatbekenntnis (*Min Heimatländel*)[73] stehen Texte alyrischen Zuschnitts, sozialkritischer Thematik (*s'Fessener Proteschtlied*)[74], aber versöhnlich im Tonfall, frappierend in der Demonstration mundartlicher Sprechmöglichkeiten (*Moderni Sklave*)[75]. Ganz zweifellos ist Weckmann die überragende Begabung auf der derzeitigen elsässischen Literaturszene. Seine Arbeiten, Erzählungen, Gedichte, Hörspiele, ein Roman dokumentieren die effektive Brauchbarkeit von Literatur in einer kulturpolitischen Konfliktsituation. Die Vielfalt der Regionalismusaspekte wird von ihm aufgegriffen, im wechselnden Ton der Ironie, Agitation und Dokumentation gestaltet: Der Beginn der allgemein kulturgeschichtlichen, besonders literarischen Bewegung (*Marckelse* – »en Marckelse hets aangfange [...]«)[76], die Auseinandersetzungen mit dem zentralistischen Anspruch von Paris (*niemohls meh*)[77], die historische Begründung des eigenen kulturellen Anspruchs (im Bezug zum deutschen Bauernkrieg und der Bundschuhbewegung: *1525*)[78], die wirtschaftspolitisch-ökologische Bedrohung und *Entfremdung (aliénation)*[79], das Grundbefinden der Betrogenen: »de barisser het d macht / de schwob het s gald / un s elsass het s nôchsahn«[80]. Wie Weckmann, so schreibt auch sein Kollege Conrad Winter, arbeiten die Folksinger François Brumbt, René Egles, Roland Engel, Françis Keck, Syvie Reff, Roger Siffer, Claude Vigee, die ihre Texte z. T. mit eigenen Kompositionen präsentieren: Literatur für alle Bürger, über Idiom und Thema aktualisiert, im Volksliedton neu belebt (Jean Dentinger).

Was Robert Minder mit der Formulierung von den »Belastungen« eines »Doppelleben[s] [...] in beiden Sprachen und Kulturen«[81] meint, ist heute im Elsaß, in Verbindung mit der Problematisierung des »bürgerlichen Kulturbetrieb[s] samt dem Pop-Kommerz«[82] literarisch realisiert. Mundart und Literatur im Elsaß, von der Presse als »elsässische Wiederauferstehung«[83], als »Spiegel europäischer Geschichte«[84] sicherlich zu euphemistisch begrüßt, kann als Beispiel aber für die Möglichkeiten einer deutschsprachigen Regionalliteratur verstanden werden.

V. Das Exempel einer zweiten deutschsprachigen Literatur im Ausland, der sowjetdeutschen, trägt im Verhältnis zur elsässischen deutlich kontrastive Züge. Schon die unterschiedlichen Lebensbedingungen einer Bevölkerung von Immigrantennachfahren, die in weiträumiger Streuung siedeln, in dem genealogisch nicht verwandten heterophonen Sprachraum des Slawischen, bei räumlich und politisch kaum überbrückbarer Distanz zum mitteleuropäischen Sprach- und Kulturraum und integriert in eine sozialistische Gesellschaftsordnung mit einer politisch monostruktural fixierten Ideologie, machen auf völlig andere Voraussetzungen für Produktion und Rezeption aufmerksam. So ist eine Vergleichbarkeit kaum gegeben, auch wenn sich Begriffe wie vorgeblich geistige Liberalität und demokratische Emanzipation in den Leitvorstellungen des sowjetdeutschen Kommentators wiederholen. David Wagner benennt als »Motive der sowjetdeutschen Literatur« (1974) u. a. »Völkerfreundschaft, Klassensolidarität, Patriotismus, proletarischen und sozialistischen Internationalismus«, die »Liebe zur Muttersprache und die Achtung der russischen Sprache« usw., die aber alle eingebunden sind in den ideologischen Rahmen des kommunistischen Kampfauftrages der Weltrevolution, der »einheitlichen kommunistischen Gesellschaft [...], einer Weltgemeinschaft freier Völker«.[85] Damit sind die Existenzbedingungen der sowjetdeutschen Literatur im wesentlichen benannt, nämlich ihre Position als Minderheitenliteratur zwischen politisch geforderter, auch opportuner Assimilation und einer gruppengeschichtlich zu behauptenden Identität als deutschsprachige Minderheit.

Bei einer Reduzierung auf die Eckdaten sowjetdeutscher Literaturgeschichte ergibt sich die folgende Übersicht:

I.1. 1763–1914: Rußlanddeutsche Literatur einer siedlungsregional zerstreuten, dialektal heterogenen und territorial nicht anerkannten Minderheitennationalität.

2. 1914–17: Erster Weltkrieg. Innenpolitische und kulturelle Isolierung verhindern weitgehend ein Literaturleben.

II.1. 1917–41: Sowjetdeutsche Literatur einer territorial und kulturell im sozialistischen Staatsverständnis als autonom anerkannten Minderheitennationalität (Republik: ASSRdW 1924–41).

2. 1941–55: Zweiter Weltkrieg und Nachkriegszeit. Innenpolitische und allgemein kulturelle Isolierung, verbunden mit dem Verbot einer deutschsprachigen Literaturproduktion.

3. 1955 bis Gegenwart: Sowjetdeutsche Literatur einer siedlungsregional zerstreuten und territorial nicht anerkannten, aber politisch rehabilitierten Minderheitennationalität.

Schon mit der ersten Phase werden, auch wenn sie literarisch von untergeordneter Bedeutung ist, bis heute nachwirkende Bedingungen des literarischen Lebens vorgegeben, ohne daß dabei die städtische rußlanddeutsche Literaturszene (Moskau, Petersburg) von Einfluß ist. Eingewandert zwischen 1763 (Ukas Katharina der Großen) und 1871 (Aufhebung des Kolonistengesetzes), siedeln Bauern und Handwerker häufig in geschlossenen Dorfschaften über. Die wirtschaftlichen, konfessionellen und sozialen Verhältnisse in den deutschen Ländern des Südens und Südwestens fliehend, prägen diese Einwanderer von konservativ-gläubiger Weltsicht mit einer beharrlichen Bewahrung von Sozialstruktur, Arbeitsethos und Sprachverhalten die literarische Entwicklung in wesentlichen Voraussetzungen. Ihre Literatur, die ohne künstlerischen Anspruch als Schwank, Lied, Spruch und Spielszene dem täglichen erbaulichen Gebrauch dient und in Kalendern und Kirchenblättern gedruckt wird, hat über die engeren Verwaltungsgrenzen hinaus kaum Bedeutung, schon gar nicht für die weitgedehnten Siedlungsgebiete der Ukraine, der Schwarzmeerküste und Krim, der Wolgaregionen. Wirksam für die Entwicklung des Literaturbetriebs bis heute bleiben die soziologischen Voraussetzungen der deutschen Minderheit. Es ist vor allem die ländliche Bevölkerung, die – auch bei zunehmender Verstädterung – mit begrenzter Bildung und einer pragmatischen Erwartungshaltung alltagsorientierte Aktionsliteratur vom traditionellen Bildungsvermittler, dem Lehrer, fordert. Das ist bis heute gültig, denn rund 80% der gegenwärtig veröffentlichenden Autoren sind hauptberuflich Pädagogen, tätig in allen Schulbereichen, und damit in der doppelten Funktion von Lehrer und Schriftsteller die maßgeblichen Persönlichkeiten für die Entwicklung von Literatur und die Erhaltung der deutschen Sprache, letztlich überhaupt der Minderheitenkultur.

Die Ungunstbedingungen sporadischer Literaturerfahrung, restringierter Sprachkompetenz (Dialekt statt Hochdeutsch), soziale Unbeweglichkeit und kulturelle Konservierung erfahren in Verbindung mit den politisch-ökonomischen und gesellschaftlichen Veränderungen ab 1917 Modifikationen, die eine geschlossene Literaturentwicklung erst ermöglichen, allerdings nun unter den Postulaten einer staatlichen Kulturpolitik.

Für die sowjetdeutschen Autoren bedeutet die Beteiligung an den literaturtheoretischen Auseinandersetzungen bis 1932 (Stalin: *Über den Umbau der literarisch-künstlerischen Organisationen*) in ihrer Zeitschrift *Der Sturmschritt* (Charkow), in der mit gleicher Heftigkeit die Frage der politischen Funktion von Literatur wie in den überregionalen Großgruppierungen von MAPP, LEF, VAPP u. a. diskutiert wird,[86] persönlichen Kontakt zu anderen Literaturen und den Anschluß an die literaturtheoretische Diskussion der Zeit. Der Status einer eigenständigen Minderheitenliteratur und das auch auf diesem

Wege verstärkt gewonnene Minoritätenbewußtsein finden ihre demonstrative Bestätigung durch den 1. Kongreß sowjetdeutscher Schriftsteller in Moskau (21. 3.–26. 3. 1934), ferner durch die Teilnahme einer eigenen Delegation am 1. Allunionskongreß der Sowjetschriftsteller (Moskau 17. 8.–1. 9. 1934). Literaturhistorisch sind für die sowjetdeutschen Autoren alle auf ihrem und dem international besuchten Kongreß der Sowjetschriftsteller gefaßten Beschlüsse zur politisch verstandenen Gleichschaltung von Literatur bis heute maßgebend, vor allem die von Andrej Schdanow und Maxim Gorki vorgetragenen polit-poetologischen Setzungen im Sinne des verkündeten sozialistischen Realismus.[87]

Die quasi eigenstaatliche Einrichtung der ASSRdW (Autonome Sozialistische Sowjet Republik der Wolgadeutschen) sorgt u. a. auch durch eine relativ autonom entscheidende Kulturverwaltung für die organisatorischen Voraussetzungen zur Entstehung einer deutschsprachigen Literaturszene. Eine gezielte Förderung erfolgt über das Lehren des Hochdeutschen, die Unterweisung in deutscher und russischer Literatur, über die wissenschaftliche Ausbildung und die ersten Ansätze einer deutschsprachigen Hochschulphilologie, die planmäßige Schulung von jungen Talenten, über ein breites Angebot von Publikationsmöglichkeiten und die Vermittlung von Literatur durch einen ausgebauten Medienapparat (Presse, Verlage, Rundfunk).[89] Dazu zählt auch die Unterstützung reger Theaterarbeit vor allem in der Hauptstadt Engels.[80] Ein weiteres Förderungsmoment stellen die Emigranten dar, die zwischen 1917 und 1940 in den verschiedenen Bereichen des kulturellen Lebens als Mentoren anleiten. Dieser Zusammenhang von Exil und Minderheit ist für das Wirken von Johannes R. Becher, Hugo Huppert, Franz Leschnitzer, Erwin Piscator, Herwarth Walden und die weiteren zahlreichen Journalisten, Schauspieler, Künstler noch kaum geklärt.[90]

Die zweite radikale Unterbrechung einer kulturellen Entwicklung, die Auflösung der ASSRdW (1941), Deportation und forcierte Assimilation, Schreib- und Publikationsverbot, fehlender Deutschunterricht, hat eine erstaunlich rasche Regeneration der Literaturszene nach 15 Jahren wieder weitgehend kompensiert. Beharrlich bewahrtes Minderheitenbewußtsein, innerfamiliäre Konservierung der deutschen Sprache und die personale Kontinuität einer Gruppe gebildeter Persönlichkeiten haben Voraussetzungen erhalten, unter denen nach dem staatlichen Amnestieerlaß literarische Produktion sowie die Presse- und Verlagsarbeit neu beginnen konnten (1955 Amnestieerlaß; 1964 Rehabilitierungsdekret).[91]

Um Entwicklung und Erscheinungsbild der gegenwärtigen sowjetdeutschen Literatur angemessen verstehen und einschätzen zu können, sind die besonderen Spannungen im Bedingungsraster zu beachten, der diese Minderheitenliteratur prägt: Minoritätenbewußtsein – staatlicher Integrationsanspruch; Pluralismus der Sprachkompetenz (Deutsch, Russisch u. a. Regionalsprachen) – Unzulänglichkeit des gesetzlich zugesicherten Deutschunterrichts; Dogmatik der Literaturpolitik – individuelle Gruppenkultur und Bindung an die deutsche Literaturgeschichte; Erfassung einer sprachlich slawisch benannten Welt durch deutsche Sprache; künstlerischer Anspruch – Isolierung von der mitteleuropäischen deutschsprachigen Literaturentwicklung und eine Lesererwartung, die auf einfaches Sprachangebot, moralisierende Alltagskommentierung, Kulturbewahrung und simple erzählerische Identifikationsmuster ausgerichtet ist.

Eine Literatur, die sich so aus Gründen der Existenzerhaltung strikt an ihrem zahlenmäßig erheblichen Leserpotential (1979: 1,9 Millionen Sowjetbürger deutscher Nationalität, davon 64% muttersprachlich deutsch) und einer politisch festgelegten Kunstdoktrin zu orientieren hat, lebt im – unterdrückten – Dauerkonflikt von opportuner Zweckmäßigkeit und individuellem Literaturverständnis. Sie hat notwendigerweise auch die bescheidenen Begabungen zu akzeptieren, zumal jede literaturkritische Resonanz Teil des Affirmationszirkels ist, dessen Konzentrik den Ideologismen des sozialistischen Realismus folgt, der jeden konkurrierenden, damit aber auch orientierenden Vergleich ausschließt und dem Literaten publizistische Existenz gewährt, dessen Arbeiten gesellschaftspolitischen Konformismus garantieren.

Die rund sechzig regelmäßig veröffentlichenden Autoren aller Jahrgänge sind zumeist Mitglieder regionaler Schriftstellervereinigungen und damit, wenn auch nicht direkt, so doch über die Kommission für sowjetdeutsche Literatur beim Schriftstellerverband der UdSSR, der offiziellen Dachorganisation, angeschlossen. Eine kontinuierliche Veröffentlichung von Literatur vor allem in der Wochenschrift *Neues Leben* (Moskau / Redaktionsabteilung der *Prawda*) und einmal wöchentlich im Literaturteil der Tageszeitung *Freundschaft* (Zelinograd), ferner über die eigenen Verlage *Kasachstan* (Alma Ata) und *Altaier Buchverlag* (Alma Ata) sowie durch den Progress-Verlag (Moskau) zeigen ein quantitativ breites Publikationsprogramm, das – dirigiert durch politische Lektorenkontrolle und knappgehaltene Papierzuteilung (kleine Bindequoten) – die sowjetdeutsche Literaturszene und ihren Buchmarkt mit seinem planwirtschaftlich schwerfälligen Verteiler bestimmt.

Unter der staatlich eingesetzten Mentorschaft des Literaturwissenschaftlers Alexander Dymschiz, des ehemaligen Kulturoffiziers der sowjetischen Militäradministration in Deutschland (1945–49) mit seinen Erfahrungen in der Organisation einer sozialistischen Literatur in der sowjetischen Besatzungszone,[92] werden in den fünfziger Jahren die Bedingungen für die sowjetdeutsche Literatur festgeschrieben: die strikte Befolgung der Doktrin vom sozialistischen Realismus; der ausschließliche Autorenkontakt mit dem sozialistischen Ausland (DDR, Ungarn, Rumänien); die Beschränkung literaturgeschichtlicher Auseinandersetzung auf die russischen, internationalen und vor allem deutschen Schriftsteller, die im sozialistischen Sinne als fortschrittlich gelten (z. B. Lessing, Goethe, Schiller, Kleist, Heine und die Literaten des Vormärz, Thomas und Heinrich Mann; Becher, Bredel, Kirsch, Kunert, Seghers, Strittmatter, Weinert), wenn auch nur in bestimmten Teilen ihres Werkes.[93] So steht diese sowjetische Literatur deutscher Sprache, ohne je einen bedeutenderen Kontakt zur avantgardistischen Literaturentwicklung des 20. Jahrhunderts gehabt zu haben, vor allem in der literarischen Tradition des 19. Jahrhunderts. Völlig anders als im Elsaß mit seiner offenen Kulturszene und in Rumänien, das als sozialistischer Staat bei aller kulturpolitischen Grenzziehung eine Auseinandersetzung seiner deutschsprachigen Autoren mit der Moderne nicht behindert hat, zeigt sich die sowjetdeutsche Literatur sprachlich, formal, thematisch homogen und von poetischer Stagnation.

Daß das Gedicht als literarische Kurzform vorherrscht, hängt sicher mit der Spruch- und Liedtradition zusammen, ist aber auch Aussage über ein begrenzt gehaltenes poetisches Vermögen, das im Hinblick auf die innenpolitisch halbherzige Förderung der deutschen Minderheit durchaus erwünscht zu sein scheint. Dieser Umstand wird noch zusätzlich durch eine ökonomisch begründete knappe Papierzuweisung an Verlage und Redaktionen begünstigt, die wiederum bei autorengerechter Verteilung die dichterische Kleinform bevorzugen und so die Entstehung wie Publizierung z. B. von

Romanen fast verhindern. Charakteristisch für die dominierende Lyrik ist folgendes: Schon die früh erschienene Anthologie *Hand in Hand* (1960)[94] dokumentiert auch mit den Arbeiten, die in die Zeit der sogenannten Tauwetterperiode fallen, daß sowjetdeutsche Literatur weitgehend unbeeinflußt von innenpolitischen Liberalisierungstendenzen gesellschaftspolitisch gebundene Dichtung bleibt und gemäß dem Parteiauftrag ihre Autoren gleichfalls auf die Themen Lenin und die KPdSU, Sowjetpatriotismus, Internationalismus, positiver Held und sozialistische Arbeitsmoral usw. verpflichtet. Dieser bis in die Gegenwart über Anthologien wie *Ein Hoffen in mir lebt* (1972), *Sage über meine Freunde* (1974) und *Lichter in den Fenstern* (1979) vorherrschende Themenkatalog, erweitert um Motivkreise der Natur, Liebe und des privaten Sorgebereichs des täglichen Lebens im Kolchosebetrieb oder in dem städtischen Wohnblock, bleibt praktisch unbeeinflußt vom Generationenwechsel und zeigt lediglich thematische Variationen, die durch eine geforderte aktuelle Parteinahme begründet sind: Kalter Krieg, Weltraumfahrt, ökonomische Leistungsdemonstration, Neulandgewinnung usw. Entsprechend der verlangten Volkstümlichkeit und dem zu berücksichtigenden Bildungsniveau der eigenen Leser ist die Sprache einfach, direkt, parteiphraseologisch gefärbt, rhetorisch kaum sublimiert, überwiegend hochdeutsch, zurückhaltend im Gebrauch von tradierten Dialekten, mit der Verwendung von freien Rhythmen bereits modernistisch. Unter dem Einfluß von der teilweise bekannten DDR-Lyrik hat es Anfang der siebziger Jahre Ansätze zu einem künstlerisch modifizierten, stilistisch individuellen lyrischen Sprechen gegeben. Aber die von Robert Weber, dem heutigen Vorsitzenden der sowjetdeutschen Literaturkommission, in seinem Gedichtband *Verheißung* (1972) und von Lia Frank in ihren *Improvisationen* (1973)[95] vorsichtig verwendeten Mittel moderner Lyrik sind ohne Nachfolge geblieben.

So gelingt es in der sowjetdeutschen Prosa gleichfalls nicht, den Themenkreis zu erweitern, die ausschließlich politisch-moralische Perspektive zu brechen, die Sprachgestalt zu modifizieren und die erzählerischen Typisierungen von Personen (Kollektivbewußtsein) und Handlungsablauf (gesellschaftspolitische Läuterung) im Sinne z. B. von Christa Wolfs epischen Lösungen zu entwickeln. Die immer politisch affirmativ gemeinte Reportage,[96] die kurze Erzählung und ihre auf gemüthaft schlichten Humor angelegte Variante des meist mundartlichen Schwanks sind die häufigsten Prosaformen. Die bei den Autoren erzählender Literatur eingeübte und den Lesern geläufige episodische Kleinepik mit begrenztem Schauplatz, übersehbarer Figurenkonstellation und zeitlich eng geführtem Handlungsablauf ist auch für die schmale Romanproduktion typisch, aus der die beiden Arbeiten *Nebel* (1971) und *Dieser verlängerte Sommer* (1975) von Alexej Debolski besonders zu erwähnen sind.[97] Seine poetologische Orientierung am Leserbedürfnis, der eigenen Schreibfähigkeit, kaum an einem grundsätzlichen dichterischen Kunstverständnis bekennt der Autor im Interview. Die deutsche Literatur aus Mitteleuropa, in geringer Zahl zugänglich, bleibe mit ihrer »schnellen, in vielem sehr unterschiedlichen Sprachentwicklung in den beiden deutschen Staaten« und einem der eigenen Lebenserfahrung fremden Inhalt für den Durchschnittsleser der sowjetdeutschen Bevölkerung weitgehend unverständlich, so daß der Wunsch der Leser nach einem Inhalt immer deutlicher gestellt werde, »in dem sie sich selbst und ihre Umgebung erkennen können«.[98] Solche die sowjetdeutsche Literatur durchweg steuernden rezeptionsorientierten Überlegungen – Unterhaltungserwartung des Lesers und literaturpolitische Erwartung des Staates – prägen auch die nur wenigen

szenischen Arbeiten für eine kaum über die dörfliche Laienbühne hinausgehende Theaterszene.
Der 1980 an der Moskauer Schtschepkin-Theaterhochschule abgeschlossene Aufbau eines sowjetdeutschen Ensembles, das mit mehreren Stücken, darunter Maxim Gorkis *Die Letzten* und Lessings *Emilia Galotti*, auf Tournee gehen soll, schließt theatergeschichtlich an das Wirken des Akademischen Deutschen Staatstheaters in der früheren Hauptstadt der deutschen Wolgarepublik Engels an (1929/30–41), dem Bertolt Brecht einen Besuch abstattete, an dem Erwin Piscator zusammen mit zahlreichen emigrierten Schauspielern sein Projekt eines antifaschistischen Theaters (1936–41) vergeblich zu realisieren versuchte.[99] Von der nunmehr wieder begonnenen Entwicklung einer leistungsfähigen deutschsprachigen Bühne werden auch Impulse für größere dramatische Arbeiten ausgehen, wie es das bereits vorliegende Neuland-Stück *Die Ersten* von Alexander Reimgen und die noch nicht abgeschlossene dramatische Bearbeitung der Ereignisse in einer deutschen Siedlung der Ukraine zur Zeit des Einmarsches der Wehrmacht unter dem Titel *Die große Prüfung* von Debolski ankündigen.
Auch in den zahlreich edierten Kinderbüchern kehren gesellschaftliches Gruppenbewußtsein und politische Staatsverpflichtung mit gleicher Einförmigkeit wieder, wie in Nora Pfeffers *Viele gute Kameraden* (1974)[100], in den Liederbüchern z. B. von Oskar Geilfuß[101] und der wichtigsten Liedsammlung von Victor Klein *Schön ist die Jugend* (1975)[102], das nach dem politischen Pflichtbeitrag eine Dokumentation des klassischen deutschen und rußlanddeutschen Volksliedgutes bringt. Diese überlieferte, sorgfältig gepflegte, aber auch nicht mehr als fortgesetzte Volkskunst in Lied und Märchen, als einzige Formen weiterhin eingebunden in einen europäischen Motiv- und Stoffzusammenhang, kann genauso wie der Schwank in seiner sprachlichen (Mundart) und thematischen Rückzugsgeste (Privatsphäre) als literarisches Refugium gewertet werden, in dem ohne politischen Zugriff Minderheitenidentität erfahren und immer wieder stabilisiert wird.
Nach den Bedingungen der sowjetischen Literaturkritik, die sich ebenfalls unter Beachtung der »Berührungspunkte« zu entfalten hat, »die zwischen der Leninschen Lehre von der Parteilichkeit der Literatur und Kunst als der wissenschaftlich-ideologischen Grundlage der modernen Literaturkritik und den revolutionär-demokratischen Traditionslinien des ästhetisch-kritischen Denkens existieren«,[103] erfüllt die sowjetdeutsche Literatur ihre parteiliche Aufgabe vorbildlich, auch wenn dieser Umstand nur durch sparsame Beschäftigung mit ihr in der sowjetischen Öffentlichkeit honoriert wird, was wiederum mit dem Sonderstatus der deutschen Minderheit zusammenhängt. Die von der Partei verordnete Einschränkung, nur scheinbar relativiert durch die Alibigeste einer föderativen – sozialistischen – Nationalitätenpolitik, führt zu einer nur sprachlich-formalen kritischen Sichtung der Literatur, die Inhaltliches weitgehend unreflektiert läßt und vor allem der affirmativen Selbstdarstellung dient,[104] wie z. B. in Alexander Hennings Aufsatzfolge *Für Gedeihen und Neuerblühen* (1970), in der noch von Dymschiz eingeleiteten Essaysammlung *Zweig eines großen Baumes – Werdegang der sowjetdeutschen Literatur* (1974) und in Johann Warkentins *Kritisches zur sowjetdeutschen Literatur* (1977).[105] Die wirklichen Fragen bleiben aber offen: Wie kann eine solche Literatur verstanden und bewertet werden, deren Auftrag in das Prokrustesbett sozialistischer Gesellschaftsutopie und kommunistischer Welterlösungsperspektive eingespannt ist und im Ringen um die Minderheitenexistenz staatliches Wohlwollen durch

linientreue Instrumentalisierung und Affirmation fördert, besonders wenn man an die Rezeptionsbedingungen denkt, an die über eine Million Leser, für die diese Literatur spracherhaltend und damit existentiell wichtig ist? Sind pauschale Einschätzungen als plakative Parteiliteratur zu korrigieren, wenn auch die nicht austarierten, häufig multilingualen Sprachregister beachtet werden? Vieles ist im Hinblick auf die sowjetdeutsche Literatur noch ungeklärt, wird sich aufgrund der begrenzten Arbeitsmöglichkeiten kaum beschreiben lassen, wenn man dann noch zusätzlich die Beziehungen der Sowjetdeutschen zum eigenen Minderheitenverständnis, zur Sowjetunion und zur DDR wie zur Bundesrepublik Deutschland mit einbezieht.

VI. Auch für die rumäniendeutsche Literatur gilt, daß nicht schon das Nennen dieser Bezeichnung den Mechanismus einer dichtungsästhetischen Qualifizierung auslösen sollte, bevor nicht die literarischen Leistungen beschrieben und analysiert worden sind. Hinweise auf den literarischen Rang von Paul Celan und Rose Ausländer als Argument für oder – eingedenk beider Emigration – gegen regionalliterarische Möglichkeiten zu nutzen erscheinen im Zusammenhang solcher Wertungsanläufe als müßige Gedankenspiele. Und doch ist es nützlich, beide Lyriker für den Kontext der rumäniendeutschen Literatur zu beachten, denn sie bezeugen in ihren Schriften wiederholt eine auf jene bezogene geistige Biographie. Ob Celan kommentierend in seiner Bremer Ansprache (1958)[106] wiederholt, was *Eine Gauner- und Ganovenweise gesungen zu Paris Emprès Pontoise von Paul Celan aus Czernowitz bei Sadagora*[107] metaphorisch faßt, oder ob man Rose Ausländers lyrische Topographie liest, »ich träumte Strophen / an Donau Pruth / und Jordan«,[108] oder auch das, was sie in ihren *Erinnerungen an eine Stadt*[109] notiert: Es geht immer wieder um die heute noch für die rumäniendeutsche Kulturlandschaft gültigen Bedingungen der Deutschsprachigkeit und multilingualen Dynamik, um regionale Kulturtradition im vielgestaltigen Kulturgefüge des europäischen Südostens, um deren beständig enge Bindung an das deutschsprachige Mitteleuropa. Eine wechselseitig wirksame Bindung in der Form eines kenntnisreichen Gesprächs muß aber erst wieder beginnen. Alfred Kittner und seine österreichischen Schriftstellerkollegen Gerhard Rühm, Ernst Jandl, Friederike Mayröcker, Andreas Okopenko konnten dieses Gespräch 1970 aufgrund mangelnder Information nicht einleiten, und Arnold Hauser vermißt es noch fast 10 Jahre später in einem Interview zur Rezeption »rumäniendeutscher Literatur hierzulande«.[110]
Die Informationen über die Entwicklung der rumäniendeutschen Literatur nach dem Zweiten Weltkrieg und über ihre Voraussetzungen aus der Zeit seit der rumänischen Staatsgründung und davor sind zufriedenstellend.[111] Frühe Anerkennung als weitgehend gleichberechtigte Nationalität neben Rumänen, Ungarn, Serben durch den sozialistischen Staat, eine eigene Wissenschaftsgeschichte und ein entsprechendes intellektuelles Potential, eine wechselnd liberale Kulturpolitik haben literarische Entwicklung und literaturkritische Berichterstattung erlaubt. Die Nutzung dieses literaturpolitisch gegebenen Spielraums, bei stofflich thematischem Regionalbezug und poetologischer Orientierung an der europäischen Avantgarde der Literaten und Kritiker, haben – so bemerkt Stefan Sienerth nicht zu Unrecht – zu literaturkritischer »Einseitigkeit und Exklusivität« geführt, zu einer Rezeptionsorientierung an »vornehmlich europäischen und nicht unbedingt sächsischen oder schwäbischen Lesererwartungen«.[112] Diese sicherlich nicht genügend differenzierende Beurteilung aber macht einen Grundkon-

flikt einer jeden Regionalliteratur deutlich. Wenn nämlich literarischer Ethnozentrismus und Provinzialismus gemieden werden, wenn literarische Arbeit internationale Anerkennung sucht, die sie zur eigenen Standortbestimmung braucht, dann öffnet sich die Schere von Produktionsangebot und Rezeptionserwartung in der Region. Weil dadurch sogenannte traditionelle Bereiche der Literatur von der Forschung kaum beachtet oder auf das Gebiet der Volkskunde abgedrängt worden sind, können Fragen von Dialekt und Mundartliteratur, sprachlicher Interferenz und Mehrsprachigkeit, Märchen, Sage und Volkslied nur am Rande erwähnt werden. Es spricht aber für die gedankliche Offenheit im Literaturleben, wenn Sienerth im Rahmen seiner erwähnten Kritik in der renommierten Literaturzeitschrift *Neue Literatur* (Bukarest) für eine Besinnung auf die rumäniendeutsche Mundartliteratur im aktuellen Anschluß an die europäische Dialektrenaissance werben kann.

Die heute geförderte doppelte Integration einmal der regionalen Kulturtraditionen in eine gemeinsame rumäniendeutsche Literaturlandschaft und zum andern Einbindung der Regionalliteratur in eine nationalliterarisch rumänische Literaturgeschichte stellen auch eine Auseinandersetzung mit den verschiedenen Traditionslinien deutschsprachiger Literaturentwicklung dar. Dazu zählen für diese älteste deutsche Emigrationskultur, anders als im Elsaß und in der Sowjetunion, eine historisch bedingte Missionsidee, konsequentes Beharren auf kulturell eigenständiger Gruppenautonomie, mit den literarisch-sprachlichen Akzenten auf Mundart und Hochdeutsch, volksliterarischen Stoffen, Motiven und Formen, einer Verknüpfung der eigenen Literaturgeschichte mit der weiteren europäischen, mit Christentum und Judentum.

Über drei große Zuwanderungsbewegungen sammeln sich in drei Regionen deutschsprachige Kolonisten, die erst 1919 mit der Gründung des rumänischen Staates minderheitenrechtlich zusammengeschlossen werden (etwa 750 000): 1. Siebenbürgen, sogenannte Sachsen: Bauern, Handwerker, Adlige rheinfränkisch-moselfränkischer Herkunft (12. Jh.). 2. Banat, sogenannte Schwaben: Bauern, Handwerker aus dem Elsaß, aus Lothringen, Luxemburg, der Pfalz (18. Jh.). 3. Bukowina: Bauern, Handwerker rheinfränkischer Herkunft, auch aus dem Böhmerwald (18. Jh.).[113] Jahrhunderte dauernde Abwehr von Assimilationsbestrebungen durch kulturpolitische Konsequenz nach innen (Sprachpflege und Bildungsförderung) und nach außen (Pflege kultureller Kontakte mit Österreich und Deutschland) verhindern eine kulturgeschichtlich profilarme Kolonistenminorität wie in Rußland. Im Zusammenhang mit der Kenntnis europäischer, besonders deutscher Literaturentwicklung (Expressionismus, Impressionismus, Neuromantik) und deren Vermittlung sowie Diskussion in Verbindung mit der eigenen Literaturleistung (vgl. die Zeitschriften *Das Ziel* (1919 ff.), *Frühling* (1920), *Klingsor* (1924/39)) sowie der zögernden Lösung von Regionalthematik und provinzieller Erbauungsliteratur werden – auch für die Entwicklung nach 1944 – die Arbeiten von Oscar Walter Cisek, Egon Hajek, Alfred Margul-Sperber, Adolf Meschendörfer, Heinrich Zillich zu einflußreichen Vorleistungen. Kulturgeschichtlich unterschiedliche Voraussetzungen in Siebenbürgen und im Banat sowie in der Bukowina, die politischen Veränderungen während der zwanziger und dreißiger Jahre mit zunehmender Bedeutung des Nationalsozialismus unterstützen eine literaturhistorisch divergente Entwicklung. Während vor allem in Siebenbürgen, – weniger im Banat mit seiner schmalen Literaturszene – bei konservativer Ethnobindung und kulturellem Bezug zum »Reich«, die Heimatliteratur – noch in der Folge der Heimatkunstbewegung – sich dem Blut-

und-Boden-Mythos völkischen Literaturverständnisses annähert (z. B. Arnold Roth, Heinrich Zillich), demonstriert die deutschsprachige Literatur der Bukowina (z. B. Alfred Margul-Sperber, Paul Celan, Rose Ausländer) geistige Freiheit, weniger durch antifaschistische Politisierung, sondern vornehmlich durch lyrische Chiffrierung existentiell drängender Grundfragen. Die politisch bedingte künstlerische und menschliche Not sucht literarische Lösungen durch ihre symbolische und metaphorische Sublimierung in der geistigen und geistlichen Tradition slawischer, vor allem jüdischer Überlieferung in Bibel und Chassidismus: Czernowitz ist Prag vergleichbar.
Die drohende Auflösung der Minderheitenkultur durch die NS-Herrschaft, die Kriegsereignisse und die durch den Krieg ausgelösten Vorgänge wie Deportation, sowjetische Inbesitznahme der Bukowina, Enteignung und Verstaatlichung 1945, Zwangsrückführung und andauernde Emigration wird über die rasche Wiederanerkennung des Minderheitenrechts durch die neue sozialistische rumänische Regierung (1948/49) und die gelungene Bewahrung rumäniendeutscher Kultur aufgefangen. Den frühen Auswanderungsverlusten der Literaturszene (u. a. Heinrich Zillich, 1936; Rose Ausländer, 1946; Paul Celan, 1947) steht die politisch geförderte integrierende Entwicklung entgegen, die – allerdings nur unter wechselnd liberalen Bedingungen staatlicher Literaturpolitik – eine überregionale rumäniendeutsche Literatur im Sinne der rumänischen Nationalitätenpluralität offiziell fördert, im Assimilationsanspruch aber diese Förderung auch wieder relativiert.
Gemäß den Regeln sozialistischer Kulturpolitik folgen die literaturpolitischen Bedingungen in Rumänien dem ideologisierten Instrumentalverständnis von Kunst, indem »der Staat [. . .] die Entfaltung der Kultur des rumänischen Volkes sowie der Kulturen der nationalen Minderheiten [gewährleistet], die dem Inhalt nach sozialistisch, der Form nach national sind« (Rumänische Verfassung). Auch wenn sich die rumänische Regierung relativ früh (um 1962) von einer dogmatischen Durchsetzung des sozialistischen Realismus distanziert hat, so muß für die wechselnd liberale Qualität der Kulturpolitik mit Anneli Ute Gabanyi bedacht werden, daß »alle Schwankungen in der Kulturpolitik [. . .] taktischer Natur« sind, nie zu »grundsätzlichen Revisionen der ideologischen Grundlagen« führen, aber immer wieder verursacht werden durch den »bisher nicht gelösten Gegensatz von künstlerischer und Parteiraison«.[113] Literaturentwicklung heißt unter diesen Umständen für die rumäniendeutsche Szene dichterische Arbeit im Konfliktfeld von ideologisch geforderter Brauchbarkeitsbindung und künstlerisch-autonomer Entscheidung, von sprachlich-semantischem Bezug zur Eigenkultur und zu den Forderungen der rumänischen Gesellschaft, von rezeptionsästhetischer Eingrenzung und gewährter Auseinandersetzung mit der internationalen Schriftsteller-Avantgarde.
Für die rund 360 000 Angehörigen der deutschsprachigen Minderheit (1977), vor allem wohnhaft in Siebenbürgen, dem Banat und in Bukarest, verfassen regelmäßig Autoren aller Altersgruppen eine formal, stofflich und thematisch vielgestaltig angelegte Literatur in Hochdeutsch, aber auch Mundart. Sie wird über mehrere Verlage (z. B. Dacia, Cluj-Napoca/Klausenburg; Kriterion, Bukarest), Tageszeitungen sowie kulturelle Periodika wie *Volk und Kultur* (Bukarest) und besonders in der vorbildlich geführten Literaturzeitschrift *Neue Literatur* (seit 1956, vorher *Banater Schrifttum*, Bukarest) verbreitet. Probleme, die das Literaturleben negativ beeinflussen, sind die meist viel zu geringen Auflagen der Bücher, die Abwanderung von Trägern des geistigen Lebens

(Schriftsteller, u. a. Oskar Pastior, Dieter Schlesak, Günther Schulz), die unbefriedigenden Bedingungen des Deutschunterrichts, dessen Erfolg mit einer allgemeinen Sprachkompetenz des Hochdeutschen, damit auch des Dialekts und letztlich der Existenzfähigkeit der rumäniendeutschen Literatur gekoppelt ist.

Die erste Phase der Literaturentwicklung nach dem Zweiten Weltkrieg (1948–56/62) ist von der dichterischen Mythisierung der Minderheitenexistenz oder der neuen sozialistischen Gesellschaft, von der Adaption der Modernität oder der Bewahrung traditioneller Sprechformen, vom umstrittenen künstlerischen Konsens im Bezugsfeld von Wirklichkeit und Kunstprodukt geprägt. Vorrangige Gattung ist die Lyrik. Im Zusammenhang mit der Umformung der bürgerlichen in eine sozialistische Gesellschaft hat Literatur in dieser Zeit nach der kulturpolitischen Richtlinienkompetenz des Staates ›sozialistische Kampfdichtung‹ zu sein, die zunehmend künstlerisch entleert im hymnischen Tonfall den sozialistischen Aufbau besingt, die Partei, den weltanschaulichen Bewußtseinswandel, die Kollektivierung und Industrialisierung. Aber neben diesen Arbeiten, die schon in der Titelgebung *Neuer Mensch* (Franz Liebhard)[114] und *Von Plan zu Plan* (Werner Bossert)[115] programmatisch von der politischen Intention künden, werden auch andere Erfahrungen wie Krieg, Vertreibung, Konzentrationslager, Heimat, Natur und Befreiung vom Faschismus in tradierter Sprechweise gestaltet, wobei die politischen Einflüsse sichtbar bleiben. Die lyrischen Beiträge von Oscar Walter Cisek, Alfred Margul-Sperber, Christian Maurer, Erwin Wittstock, in denen der politische Anspruch und die neue gesellschaftliche Wirklichkeit nicht nur deskriptiv-affirmativ zu erfassen, sondern auch künstlerisch-inspirativ mit modernen Möglichkeiten poetischen Sprechens zu bewältigen versucht wird, finden erst mit den sechziger Jahren Resonanz und Weiterführung. Vergleichbare Zeichen setzt die Epik nicht, die vor allem im Roman die politisch gebotenen Themenkreise bearbeitet, wie z. B. Antifaschismus/Relativierung des Minderheitenmythos in *Da keiner Herr und keiner Knecht* (1957) von Georg Scherr und in *Jetzt, da das Korn gemahlen* (1957) von Andreas W. Lillin, Klassenkampf / industrieller Aufbau in Anton Breitkopfs *Sieg in der Arbeiterstadt* (1951), Minderheitentradition / Gegenwartsentwicklung in Fritz Jickelis Roman *Auf der Bach* (1957).

Der offenkundige Widerspruch zwischen der simplifizierten sozialistischen Literaturvorstellung und dem notwendigen Bewegungsraum für eine literarisch-künstlerische Gestaltung der aktuellen Probleme führt bis 1965 auch unter den Rumäniendeutschen zu Auseinandersetzungen um die Frage von liberaler und politisch-dogmatischer Handhabung des Kulturverständnisses. Die daraus folgenden ersten literaturpolitischen Lockerungen zwischen 1960 und 1965 (Entstalinisierung, Befürworten einer nationalen Politik) sorgen über eine begrenzte Dezentralisierung der Kulturinstitutionen, die Stimulierung und allgemeine Liberalisierung des Literaturbetriebs für eine Abschwächung der literarisch-künstlerischen Erosion. Statt dichterisch verkleideter Reportage und Kommentierung geht es den Autoren wieder um Wirklichkeitsbefragung und Wirklichkeitsgestaltung. Es wird erneut den Gattungsforderungen entsprechend geschrieben, und unter dem nun möglichen Einfluß der epischen Leistungen z. B. von Heinrich Böll und Erwin Strittmatter findet das Erzählen besonders in der Kurzgeschichte einen neuen Anfang, wie es die wichtigen Sammelbände von Arnold Hauser (*Kerben*, 1962), Franz Storch (*Die Ziehharmonika*, 1962; *Im Krawallheim*, 1963) und von Hans Liebhardt (*Träume und Wege*, 1962) belegen.

Das Jahr 1965 bringt mit dem IX. Parteitag der RKP und der Landeskonferenz der Schriftsteller eine verstärkt liberale Öffnung des Kulturlebens, die mit dem Verzicht auf den Begriff ›sozialistischer Realismus‹ die Erweiterung publizistischer Möglichkeiten und die Rezeption besonders westlicher Gegenwartsliteratur demonstriert (Ingeborg Bachmann, Bertolt Brecht, Paul Celan, Günter Eich, Hans Magnus Enzensberger, Helmut Heißenbüttel, Sarah Kirsch, Reiner Kunze, Peter Rühmkorf u. a.). Ein zusätzliches Signal bedeutet die Diskussion über Hugo Friedrichs Lyrik-Darstellung. Für die rumäniendeutsche Literatur beginnt nun die schwierig zu haltende Balance zwischen einem Anschluß an die westeuropäische Literaturentwicklung vor dem Hintergrund einer Ja-aber-Liberalität und der Gefahr einer privatisierten-intellektualisierten Produktion und einem restringierten öffentlichen Rezeptionsvermögen, wie es auch die Literaturkritiker Gerhardt Csejka, Bernd Kolf und Peter Motzan immer wieder andeuten. Das Repertoire moderner poetischer Sprechmöglichkeiten wird besonders von den rumäniendeutschen Lyrikern virtuos gehandhabt, um künstlerisch anspruchsvoll die Situation dieser Minderheit im sozialistischen Staat Rumänien zu gestalten.

So wird die zur Nüchternheit gewandelte Einstellung zur neuen Gesellschaftsordnung und eine vorsichtig-kritische Bejahung sprachlich, als Abwehrgeste gegenüber feiernder Politpoesie, in unterkühlt lakonischem Brecht-Stil wiedergegeben. Werner Söllners *Unhymnische Feststellung*[116] zur fehlerhaften staatlichen Einschätzung von Stärken und Schwächen meint die mangelnde Flexibilität sozialistischer Gesellschaftsveränderung genauso wie Richard Wagners Gedicht *Dialektik*[117], dessen Nachricht Anemone Latzina zum Lakonismus der Normalitätsperspektive reduziert: »Da wird ein Haus gebaut. / Da wird ein Feld bebaut. / Da legt man Straßen. / Und da pflanzt man Bäume. / Da baut man einen Sozialismus. / Was baut man da?«[118] Die Verwandlung des Freiheitsthemas zu dem in sich widersprüchlichen Motivkomplex »reiselust« – »grenzen« und seine temporär verstandene Transposition in ein erforderliches Bleiben und die kompensierende »tägliche Arbeit« plädieren für die unbedingte Priorität der Heimatbindung,[119] wie sie Franz Liebhard an seinem 80. Geburtstag den rumäniendeutschen Dichtern beschwörend sagt.[120] Aber diese rhetorisch starke und aufrichtige Geste vermag gerade mit ihrem Pathos nur unzulänglich eine pessimistische Grundstimmung und vielleicht auch Resignation zu verdecken, wie Franz Hodjak sie in mythologischer Bildkette als *Orpheus Tod*[121] gleichnishaft faßt und die aktuellen Grenzziehungen der täglichen Erfahrung symbolisch im Rondo der *Spielräume*[122] zu orakelhaften Formeln komprimiert. Artistisch geordnete Muster von Redensarten (Günter Schulz: *Verbindlichkeiten*)[123], von personifizierten Syntaxelementen (Gerhard Ortinau: *Die Moritat von den 10 Wortarten der traditionellen Grammatik*)[124] geben in formalistischer Verkleidung dieselben Informationen vom begrenzten künstlerischen Effekt der Literatur und den engen Möglichkeiten der Autoren, wie sie Schulz in seiner *Biographie*[125] resignierend gestaltet. Der kurze lyrische Hinweis vom »tisch des schweigens (brançusi)« ist auch für den Verfasser Volker Braun mehr als nur symptomatisches Fazit zur rumäniendeutschen Literaturszene: »in dieser runde kann / jeder mitsprechen / in gedanken.«[126]

Die epischen und dramatischen Arbeiten stehen in ihrer Bedeutung hinter den lyrischen Leistungen zurück. Das deutschsprachige Theater wird in seinem Repertoire von Stücken der rumänischen Literatur und der Weltliteratur bestimmt, zumal das rumä-

niendeutsche Textangebot schmal erscheint. In der Erzählprosa wird die kurzschrittige Szenenkette bevorzugt, zur längeren Erzählung mosaikartig oder zyklisch geordnet und mit romanesken Zügen versehen, ohne daß man zu großen epischen Entwürfen vordringt. Perspektiven- und Chronologieauflösung wie Episodenreihung bestimmen weithin die epische Struktur. Die Stoffe und Themen, die bei den Autoren oft vom ausgeübten journalistischen Beruf geprägt werden, entstammen dem Erfahrungsraum der Minderheitenregion und dem Heimatstaat, erfassen die Fragen von Krieg, Tradition und neuer Gesellschaft, das Regionalismus-Problem, das Verhältnis der Rumäniendeutschen zu den beiden deutschen Staaten. Von den Erzählern Franz Storch, Arnold Hauser und Hans Liebhardt, die eigene Sammelbände von Erzählungen und auch längere Texte vorgelegt haben, ist Hauser mit seinem Roman *Der fragwürdige Bericht Jakob Bühlmanns* (1972) auch über die Grenzen Rumäniens hinaus erfolgreich (1972 Österreich, 1974 DDR).
Über die zukünftige Entwicklung der rumäniendeutschen Literatur entscheiden die Unwägbarkeiten der Kulturpolitik mit. Die Möglichkeiten von deutschsprachiger Publizistik und Deutschunterricht, Emigration und Integration und der kulturellen Anbindung an das deutschsprachige Mitteleuropa werden über diese Literatur und ihre Authentizität entscheiden. Freilich wird einstweilen in zahlreichen Arbeitskreisen und Veranstaltungen die Rezeptions- und Regenerationsbereitschaft aktiviert. Die beginnende Diskussion um Dialekt und Mundartliteratur, ein nahezu seit 1965 unverändert offenes Literaturgespräch, wie es die Zeitschrift *Neue Literatur* mit jeder Ausgabe neu dokumentiert, und letzte Rezensionen zu lyrischen Arbeiten junger Autoren in *Volk und Kultur* stimmen optimistisch.[127] Sie korrespondieren in aufschlußreicher Weise mit dem Ausklang der Erzählung *Bahnfahrt erster Klasse*[128] von Arnold Hauser, jener Beschreibung einer Reisebegegnung zwischen Vergangenheit und Gegenwart, zwischen Berlin, Bukarest und Temeswar – und mit Rolf Bosserts ›Annonce‹: »suche hund / mit zwei mäulern / der nicht schweigen muß / während er beißt.«[129]

VII. Eine der Freiheiten auch der Literaturwissenschaft ist die Unbegrenztheit ihres Fragens. Sicher ist die deutschsprachige Literatur des Auslandes es wert, wieder in das Blickfeld des allgemeinen und des wissenschaftlichen Interesses zu geraten. Ein Plädoyer für sie soll keineswegs als die von Jost Hermand ironisch-kritisch verstandene einseitige »Reklame« begriffen werden, dieses Literaturfeld den schon »etablierten Markenartikeln« germanistisch nicht mehr bezweifelter Wertschätzung zuzuordnen, damit »man nicht umsonst in den Wald gerufen« hat.[130] Der Dichter Reiner Kunze hat mit wenigen Worten über einen begrenzten Horizont hinweggewiesen. Man kann seiner Geste folgen.

Anmerkungen

1 Wie viele deutsche Literaturen gibt es? Hrsg. von Andreas W. Mytze. Berlin 1973. S. 9.
2 Vgl. Heinz Ludwig Arnold: Brauchen wir noch die Literatur? Zur literarischen Situation in der Bundesrepublik. Düsseldorf 1972.
3 Horst Denkler / Karl Prümm: Vorwort. In: Die deutsche Literatur im Dritten Reich. Hrsg. von H. D. und K. P. Stuttgart 1976. S. 7.

4 Carlo Schmid: Zur auswärtigen Kulturpolitik. In: Deutsche Reden. Hrsg. von Walter Hinderer. T. 2. Stuttgart 1973. S. 1115.
5 Ebd. S. 1110.
6 Günter Blöcker: Die neuen Wirklichkeiten. Linien und Profile der modernen Literatur. München 1968. S. 10.
7 Theodor W. Adorno: Noten zur Literatur III. Frankfurt a. M. 1976. S. 114.
8 Arnold Hauser: Bahnfahrt erster Klasse. Erzählung. In: Neue Literatur 30 (1979) H. 3. S. 5–29.
9 Vgl. Heimat- / Anti-Heimatliteratur rediviva. Current trends in the regional literature of the German-speaking countries. In: Modern Austrian Literatur 11 (1978) H. 2. S. 51 f.
10 Walter Muschg: Josef Nadlers Literaturgeschichte. In: W. M.: Die Zerstörung der deutschen Literatur. München o. J. S. 187.
11 Ebd. S. 198.
12 Hans Dieter Zimmermann: Vom Nutzen der Literatur. Vorbereitende Bemerkungen zu einer Theorie der literarischen Kommunikation. Frankfurt a. M. 1977. S. 13.
13 Hans Dieter Zimmermann: Das Vorurteil über die Trivialliteratur, das ein Vorurteil über die Literatur ist. In: Akzente 19 (1972) S. 386.
14 Victor Lange: Nationalliteratur und Weltliteratur. In: Weltliteratur und Volksliteratur. Hrsg. von Albert Schaefer. München 1972. S. 16.
15 Ebd. S. 18.
16 Vgl. die Arbeit im Rahmen der Forschungen des Instituts für deutsche Sprache (Mannheim) und der Forschungsstelle für Mehrsprachigkeit (Brüssel).
17 Vgl. das Forschungsprogramm des Deutschen Volksliedarchivs (Freiburg i. Br.).
18 Vgl. z. B. Ingeborg Weber-Kellermann: Zur Interethnik. Frankfurt a. M. 1978.
19 Mytze (Anm. 1) S. 7.
20 Ebd. S. 25.
21 Ebd. S. 16.
22 Ebd. S. 12.
23 Roger Schiltz: die mondorfer glaswand. In: Nachrichten aus Luxemburg. Deutschsprachige Literatur in Luxemburg. Hrsg. von Carlo Hury. Hildesheim 1979. S. 23.
24 Wolfgang Harich. In: Mytze (Anm. 1) S. 19.
25 Mytze (Anm. 1) S. 28.
26 Vgl. Reinhard Baumgart: Aussichten des Romans oder Hat Literatur Zukunft? München 1970. S. 82.
27 Karl Otto Conrady: Deutsche Literaturwissenschaft und Drittes Reich. In: Germanistik – eine deutsche Wissenschaft. Frankfurt a. M. [5]1971. S. 79.
28 Max Wehrli: Deutsche Literaturwissenschaft. In: Literaturwissenschaft und Literaturkritik im 20. Jahrhundert. Hrsg. von Felix Philipp Ingold. Bern 1970. S. 16.
29 Vgl. die Hinweise bei Conrady (Anm. 27) S. 94.
30 Eberhard Lämmert: Das Ende der Germanistik und ihre Zukunft. In: Ansichten einer künftigen Germanistik. Hrsg. von Jürgen Kolbe. München 1969. S. 79.
31 Vgl. Eberhard Lämmert: Germanistik – eine deutsche Wissenschaft. In: Germanistik – eine deutsche Wissenschaft (Anm. 27) S. 13 f.
32 Ebd. S. 79.
33 Josef Nadler: Die Wissenschaftslehre der Literaturgeschichte. Versuche und Anfänge. In: Euphorion 21 (1914) S. 1–62.
34 Ebd. S. 51.
35 Vgl. z. B. Gottfried Fittbogen: Wie lerne ich die Grenz- und Auslanddeutschen kennen? Einführung in die Literatur über die Grenz- und Auslanddeutschen. München/Berlin 1927; ders.: Was jeder Deutsche vom Grenz- und Auslanddeutschtum wissen muß. München/Berlin [8]1937.
36 Karl Kurt Klein: Auslanddeutsches Schrifttum. In: Reallexikon der deutschen Literaturgeschichte. Bd. 4. Berlin 1931. S. 1.
37 Richard Csaki: Auslanddeutsches Wirken in der deutschen Kulturgeschichte. In: Nation und Staat 10 (1936/37) S. 139.
38 Ebd. S. 129.
39 Ebd. S. 130.
40 Wilhelm von Wrangell: Volkstum und Volkszugehörigkeit. In: Nation und Staat 10 (1936/37) S. 105.

41 Heinz Kindermann: Volksdeutsche Dichtung. In: Auslanddeutschtum und evangelische Kirche. Jahrbuch 1937 (München). S. 110.
42 Ebd. S. 116.
43 Vgl. Heinz Kindermann: Dichtung und Volkheit. Grundzüge einer neuen Literaturwissenschaft. Berlin 1937.
44 Vgl. Josef Mühlberger: Der auslanddeutsche Dichter. In: Klingsor 13 (1936) S. 135–137.
45 Wehrli (Anm. 28) S. 15.
46 Denkler/Prümm (Anm. 3) S. 7.
47 KK-Gespräch mit dem Schriftsteller Arnold Hauser. In: Kulturpolitische Korrespondenz 367/368 vom 30. 3. 1979. S. 21 f.
48 Für Informationen zu den einzelnen regionalen Literaturszenen vgl. die Literaturhinweise am Schluß dieses Beitrags.
49 Louis Edouard Schaeffer: Versuch einer Selbstdarstellung. In: L. E. S.: Schaeffers Märchen und Geschichten. Ausgewählte Werke. Bd. 1. Straßburg 1977. S. 100.
50 Robert Minder: Dichter in der Gesellschaft. Erfahrungen mit deutscher und französischer Literatur. Frankfurt a. M. 1966. S. 6.
51 André Weckmann: Dichter sein im Elsaß. In: Nachrichten aus dem Elsaß. Bd. 2. Mundart und Protest. Hrsg. von Adrien Finck. Hildesheim 1978. S. 27.
52 Schaeffer (Anm. 49) S. 101.
53 Minder (Anm. 50) S. 112.
54 Weckmann (Anm. 51) S. 29. Vgl. hierzu: Eugène Philipps: Schicksal Elsaß. Krise einer Kultur und einer Sprache. Karlsruhe 1980. (1. Ausg. franz. 1978.)
55 Josef Reithler: Zum Geleit der vierten Anthologie. In: Anthologie elsässischer Dichter der Gegenwart. 4. Folge. Straßburg 1978. S. 7.
56 Adrien Finck: Einführung. In: Nachrichten aus dem Elsaß. Deutschsprachige Literatur in Frankreich. Hrsg. von Adrien Finck. Hildesheim 1977. S. XIII f.
57 Nachrichten aus dem Elsaß (Anm. 56) S. 2 f.
58 Ebd. S. 75.
59 Ebd. S. 79.
60 Ebd. S. 75.
61 Ebd. S. XIV.
62 Ebd.: Zwei Sprachen – zwei Mythologien. S. 136–139. Die folgende neueste Arbeit konnte nicht mehr für diesen Essay berücksichtigt werden: Adrien Finck: Das deutschsprachige Werk Maxime Alexandres. In: Recherches Germaniques. Nr. 10 (1980) S. 225–238.
63 Ebd. S. 140–151.
64 Ebd. S. 47.
65 Anthologie elsässischer Dichter der Gegenwart (Anm. 55) S. 82.
66 »Jean«: Elsaß: Kolonie in Europa. Berlin [2]1977.
67 In: Nachrichten aus dem Elsaß. Bd. 2. Hrsg. von Adrien Finck. Hildesheim 1978. S. 26–30.
68 Ebd. S. 31–34.
69 Ebd. S. 35–38.
70 Hermann Bausinger: Die »alemannische Internationale«. In: Recherches Germaniques Nr. 8 (1978) S. 143–157. Publizistische Folge der Dialektrenaissance im alemannischen Sprachraum sind z. B. die von Raymond Matzen herausgegebenen Bände in den Reihen *Neue Alemannische Mundartdichtung* und die Gründung der beiden Zeitschriften *Allmende* (Sigmaringen 1980 ff.) und *Trio* (ab 1981).
71 Lebende elsässische Mundartdichter und Sänger. Hrsg. von Raymond Matzen. o. O. 1975. (Alimannisch dünkt üs guet. H. 3/4.) S. 24.
72 Ebd. S. 9 f.
73 Ebd. S. 14.
74 Nachrichten aus dem Elsaß (Anm. 67) S. 89.
75 Ebd. S. 96.
76 Ebd. S. 141.
77 »Jean« (Anm. 66) S. 47.
78 Ebd. S. 61.
79 Nachrichten aus dem Elsaß (Anm. 67) S. 135.
80 Ebd. S. 80.
81 Minder (Anm. 50) S. 6.

82 »Jean« (Anm. 66) S. 82.
83 Dernières Nouvelles d'Alsace v. 24. 9. 1978.
84 Basler Zeitung v. 12. 3. 1977.
85 David Wagner: Völkerfreundschaft und Internationalismus in der sowjetdeutschen Literatur. In: Zweig eines großen Baumes. Werdegang der sowjetdeutschen Literatur. Zelinograd 1974. S. 78 ff.
86 MAPP (Moskovskaja associacija proletarskich pisatelej / Moskauer Assoziation proletarischer Schriftsteller); LEF (Levyj front iskusstv / Linke Front der Künste); VAPP (Vserossijskaja associacija proletarskich pisatelej / Allrussische Assoziation proletarischer Schriftsteller). Vgl. hierzu: Kulturpolitik der Sowjetunion. Hrsg. von Oskar Anweiler und Karl-Heinz Ruffmann. Stuttgart 1973.
87 Vgl. die beiden Dokumentationen: Sozialistische Realismuskonzeptionen. Dokumente zum 1. Allunionskongreß der Sowjetschriftsteller. Hrsg. von Hans-Jürgen Schmitt und Godehard Schramm. Frankfurt a. M. 1974; Die Expressionismusdebatte. Materialien zu einer marxistischen Realismuskonzeption. Hrsg. von Hans-Jürgen Schmitt. Frankfurt a. M. 1973.
88 Matthias Hagin: Die Wolgadeutsche Republik. In: Heimatbuch der Deutschen aus Rußland 1964. S. 74–91.
89 Matthias Hagin: Beitrag zur wirtschaftlichen und kulturellen Leistung der Wolgadeutschen. In: Heimatbuch der Deutschen aus Rußland 1968. S. 81–105.
90 Vgl. hierzu die richtungweisende Arbeit von Hermann Haarmann, Lothar Schirmer, Dagmar Walach: Das ›Engels‹Projekt. Ein antifaschistisches Theater deutscher Emigranten in der UdSSR (1936–1941). Worms 1975. (Deutsches Exil 1933–45. Bd. 7.)
91 Vgl. Alfred Bohmann: Strukturwandel der deutschen Bevölkerung im sowjetischen Staats- und Verwaltungsbereich. Köln 1970. (A. B.: Menschen und Grenzen. Bd. 3.)
92 Vgl. Alexander Dymschiz: Ein unvergeßlicher Frühling. Literarische Porträts und Erinnerungen. Berlin [Ost] 1970; ders.: Reichtum und Wagnis der Kunst. Aufsätze über Kunst und Literatur. Berlin [Ost] 1974; ders.: Multinationale Sowjetliteratur im ideologischen Kampf. In: Weimarer Beiträge 20 (1974) H. 9. S. 48–71.
93 Vgl. hierzu: Deutsche Literatur. Lehr- und Lesebuch für die Schulen mit muttersprachlichem Deutschunterricht. Hrsg. von V. Klein und J. Warkentin. Klasse 8–9. Klasse 10. Moskau 1972.
94 Moskau 1960; Bd. 2: Moskau 1965. Bislang einzige Zusammenstellung sowjetdeutscher Literatur außerhalb der UdSSR: Nachrichten aus Kasachstan. Deutsche Dichtung in der Sowjetunion. Hrsg. von Alexander Ritter. Hildesheim 1974.
95 Moskau 1972; Moskau [1973].
96 Vgl. z. B.: Leo Weidmann: Aufzeichnungen eines Reporters. Alma Ata 1972; Wir zwingen es! Sowjetdeutsche Skizzen und Reportagen. Ausw. von R. Weber. Red. J. Warkentin. Moskau 1978.
97 Alma Ata 1971; Alma Ata 1975. Übers. ins Russ. 1979.
98 Ein Chronist sowjetdeutschen Lebens. In: Sowjetunion heute 25 (1980) H. 3. S. 48 f.
99 Vgl. Anm. 90.
100 Alma Ata 1974.
101 Chorlieder. Alma Ata 1975.
102 Sowjetdeutsches Liederbuch. Moskau 1975.
103 Valentin Oskozki: Literaturkritik in der Sowjetunion. In: Weimarer Beiträge 17 (1971) H. 6. S. 112.
104 Die sowjetische Germanistik hat sich bislang der deutschsprachigen Minderheitenliteratur in ihrem Land nur in wenigen Anmerkungen gewidmet. Alle wichtigen größeren Darstellungen zur sogenannten multinationalen Sowjetliteratur, die in der UdSSR und in der DDR erschienen sind, behandeln die sowjetdeutsche Literatur nicht. Auch die erste offizielle Erwähnung in der Kratkaja literaturnaja enciklopedija (T. 9. A-Ja. Moskau 1978) ist nur ein unzulänglich knapper Lexikon-Beitrag.
105 Vgl. die Literaturhinweise im Anschluß an diesen Beitrag. Seit dem bemerkenswerten Beitrag von Woldemar Ekkert »Sei Dichter Du und Bürger Deines Landes« (in: Freundschaft v. 17. und 24. Febr., 3. März 1979) scheint es unter den sowjetdeutschen Schriftstellern eine auch öffentlich vorführbare Diskussion über das Verhältnis von künstlerischer Qualität, literaturgeschichtlicher Position der eigenen Literatur und dem politisch gebundenen Auftrag zu geben.
106 Paul Celan: Ansprache anläßlich der Entgegennahme des Literaturpreises der Freien Hansestadt Bremen. In: P. C.: Ausgewählte Gedichte. Frankfurt a. M. 1968. S. 127–129.

107 In: Peter Horst Neumann: Zur Lyrik Paul Celans. Göttingen 1968. S. 35 f.
108 Rose Ausländer: Autobiographie in Flüssen. In: Deutsche Lyrik aus Amerika. Hrsg. von Robert E. Ward. New York 1969. S. 83.
109 In: Rose Ausländer: Aschensommer. Ausgewählte Gedichte. München 1978. S. 207–210.
110 Vgl. Anm. 47.
111 Zur Entwicklung der rumäniendeutschen Literatur im 20. Jahrhundert vgl. vor allem die Arbeiten von Peter Motzan. Für die Zeit bis zum Ende des Ersten Weltkrieges liegt eine neue Darstellung in Einzelaufsätzen vor: Die Literatur der Siebenbürger Sachsen in den Jahren 1849–1918. Beiträge zur Geschichte der rumäniendeutschen Dichtung. Red. von C. Göllner und J. Wittstock. Bukarest 1979.
112 Stefan Sienerth: Chancen rumäniendeutscher Mundartliteratur. In: Neue Literatur 29 (1978) H. 2. S. 105.
113 Anneli Ute Gabanyi: Partei und Literatur in Rumänien seit 1945. München 1975. S. 67 f.
114 In: Nachrichten aus Rumänien. Rumäniendeutsche Literatur. Hrsg. von Heinrich Stiehler. Hildesheim 1976. S. 10 f.
115 Ebd. S. 17.
116 Ebd. S. 87.
117 Ebd. S. 81.
118 Ebd. S. 83.
119 Elisabeth Axmann: Hier bin ich geboren hier. Ebd. S. 79.
120 Anna Conrad: »Fest auf dem Boden stehen«. Franz Liebhard wurde 80 Jahre alt. In: Volk und Kultur 31 (1979) H. 6. S. 38.
121 In: Nachrichten aus Rumänien (Anm. 114) S. 66.
122 Ebd. S. 68.
123 Ebd. S. 60.
124 Ebd. S. 92.
125 Ebd. S. 58.
126 Ebd. S. 70.
127 Vgl. Nora Jäger: Konfusion oder dichterische Phantasie. Zu Franz Th. Schleichs Gedichtband »spät im jahr«. In: Volk und Kultur 31 (1979) H. 3. S. 38; dies.: Zu Rolf Bosserts Erstling »siebensachen«. In: Volk und Kultur 31 (1979) H. 5. S. 35.
128 Vgl. Anm. 8.
129 Vgl. Anm. 127.
130 Jost Hermand: Synthetisches Interpretieren. München 1968. S. 9.

Literaturhinweise

Die bibliographischen Angaben beschränken sich auf ausgewählte Titel zur deutschsprachigen Regionalliteratur im Ausland. Für Informationen zur deutschen Sprache vgl. die Reihe: Deutsche Sprache in Europa und Übersee. Berichte und Forschungen. Hrsg. von Leopold Auburger, Heinz Kloss und Heinz Rupp. Wiesbaden 1977 ff. Über die poetischen Arbeiten informieren neben den zahlreichen Veröffentlichungen aus den einzelnen Regionen die anthologischen Zusammenstellungen der Bände: Nachrichten aus ... Auslandsdeutsche Literatur der Gegenwart. Hrsg. von Alexander Ritter. Hildesheim 1974 ff.

Bibliographie

Bibliographie zur deutschen Sprache und deutschsprachigen Literatur im Ausland (1945–1978). Zusammengest. von Alexander Ritter u. a. In: Karl Kurt Klein: Literaturgeschichte des Deutschtums im Ausland. Neu hrsg. von Alexander Ritter. Hildesheim 1979 (Neudr. der Ausg.: Leipzig 1939.)

Literaturgeschichte

Karl Kurt Klein: Literaturgeschichte des Deutschtums im Ausland. Neu hrsg. mit einer Bibliographie (1945–1978) von Alexander Ritter. Hildesheim 1979. (Neudr. der Ausg.: Leipzig 1939.)
Die Literatur der Siebenbürger Sachsen in den Jahren 1849–1918. Beiträge zur Geschichte der Rumäniendeutschen Dichtung. Red. von C. Göllner und J. Wittstock. Bukarest 1979.

Literatur

Anton Scherer: Einführung in die donauschwäbische Literatur. Graz 1960.
Marion Fleischer: A poesia alema no Brasil. Tendencias e situaçao atual. Sao Paulo 1967.
Gerhardt Csejka: Bedingtheiten der rumäniendeutschen Literatur. In: Neue Literatur 24 (1973) H. 8. S. 25–31.
Alfred Gruber: Zeitgenössische Literatur in Südtirol. In: Der Schlern 47 (1973) S. 584–600.
Peter Motzan: Überlegungen zu einer Geschichte der rumäniendeutschen Lyrik. In: Neue Literatur 24 (1973) H. 3. S. 73–86.
Heinrich Stiehler: Deutschsprachige Dichtung in Rumänien. Zwischen Utopie und Idylle. In: Akzente 21 (1974) S. 21–52.
Peter Motzan: Rumäniendeutsche Lyrikreflexion (1944–1974). In: Neue Literatur 26 (1975) H. 8. S. 18–29.
Alexander Ritter: Anmerkungen zur sowjetdeutschen Literatur und zum allgemeinen Rezeptionsdilemma. In: Deutsche Studien 13 (1975) S. 186–194.
Alexander Ritter: Sowjetdeutsche Literatur. Patriotische Akklamation und nationale Existenzbeschreibung. In: Akzente 22 (1975) S. 46–74. Wiederabdr. in: europäische ideen. H. 19 (1976) S. 56–71.
Adrien Finck: La poésie d'expressions allemande en Alsace depuis 1945. In: Recherches Germaniques. Nr. 6 (1976) S. 205–249.
Hartmut Fröschle: Gibt es eine deutschkanadische Literatur? In: Deutschkanadisches Jahrbuch Bd. 3 (1976) S. 174–187.
Hermann Böschenstein: Betrachtungen zur deutschkanadischen Literatur. In: Annalen des 2. Montrealer Symposiums Deutschkanadische Studien. Hrsg. von K. Guerttler und F. Lach. Montreal 1977. S. 1–17.
Annelore Engel-Braunschmidt: Russisches und Deutsches bei den Sovjetdeutschen. In: Korrespondenzen. Festschrift f. Dietrich Gerhardt. Hrsg. von Annelore Engel-Braunschmidt und Alois Schmücker. Gießen 1977. S. 139–166.
German-American Literature. Hrsg. von Don Heinrich Tolzmann. Metuchen, N. J., 1977.
Adrien Finck: Mundart und Protest. Zur neuen Mundartliteratur im Elsaß. In: Recherches Germaniques. Nr. 7 (1977) S. 197–221. Wiederabdr. in: Nachrichten aus dem Elsaß. Bd. 2. Mundart und Protest. Hrsg. von Adrien Finck. Hildesheim 1978. S. 1–25.
Hartmut Fröschle: Die deutschkanadische Literatur. Umfang und Problemstellungen. In: Annalen des 1. Montrealer Symposiums Deutschkanadische Studien. Hrsg. von K. Guerttler und F. Lach. Montreal 1977. S. 18–30.
Reflexe. Kritische Beiträge zur rumäniendeutschen Gegenwartsliteratur. Hrsg. von Emmerich Reichrath. Bukarest 1977.
Robert E. Ward: The case for German-American literature. In: German contributions to the building of the Americas. Hrsg. von Gerhard K. Friesen und Walter Schatzberg. Hanover, N. H., 1977. S. 373–392.
De duitstalige Literatuur in Belgie. Antwerpen 1978. (radar. Nr. 11/12.)
Fernand Hoffmann und Josef Berlinger: Die neue deutsche Mundartdichtung, dargestellt am Beispiel der Lyrik. Tendenzen und Autoren. Hildesheim 1978. (Germanistische Texte und Studien. Bd. 5.)
Wilhelm Reiter: Deutschsprachiges Theater in nichtdeutschsprachigen Ländern. Aus Tradition zu neuer Wirklichkeit. In: Zeitschrift für Kulturaustausch 28 (1978) Nr. 4. S. 52–60.
Johann Warkentin: Kritisches zur sowjetdeutschen Literatur. Moskau 1978.
Ernst Leonardy: Die deutschsprachige Literatur im ostbelgischen Raum: In: Deutsch als Muttersprache in Belgien. Hrsg. von Peter H. Nelde. Wiesbaden 1979. (Deutsche Sprache in Europa und Übersee. Bd. 5.) S. 241–252.
Hans Meschendörfer: Das Verlagswesen der Siebenbürger Sachsen. München 1979.
Alexander Ritter: Deutschsprachige Literatur des Auslands. Perspektiven germanistischer Analyse,

Beurteilung und Aufgabenstellung. In: Literatur als Dialog. Festschrift f. Karl Tober. Hrsg. von R. Nethersole. Johannesburg 1979. S. 109–127.

Helmut Rudolf: Ungarndeutsche Literatur heute. Ein erster Beitrag zur Positionsbestimmung. In: Német filológiai Tanulmányok XIII / Arbeiten zur deutschen Philologie XIII. Debrecen 1979. S. 315–324.

Peter Motzan: Die rumäniendeutsche Lyrik nach 1944. Problemaufriß und historischer Überblick. Cluj-Napoca 1980.

Alexander Ritter: Zwischen literarkritischem Vorbehalt und kulturpolitischer Empfindlichkeit. Die deutschsprachige Literatur des Auslands. In: Germanistische Mitteilungen (1980) H. 11. S. 71–88; dass. gekürzt in: Neue Literatur 31 (1980) H. 1. S. 82–94.

Die Autoren der Beiträge

Reinhard Döhl

Geboren 1934. Studium der Germanistik, Philosophie, Geschichte, Politischen Wissenschaften in Göttingen und Stuttgart. Dr. phil. habil. Akademischer Oberrat und Privatdozent am Institut für Literaturwissenschaft der Universität Stuttgart.

Publikationen:

Das literarische Werk Hans Arps 1903–1930. Stuttgart 1967. – Aufsätze vor allem zur Literatur des 20. Jahrhunderts.

Manfred Durzak

Geboren 1938. Studium der Literaturwissenschaft und Philosophie in Bonn und Berlin. Dr. phil. Professor an der Universität Oldenburg.

Publikationen u. a.:

Hermann Broch. Der Dichter und seine Zeit. Stuttgart 1968. – Der junge Stefan George. Kunsttheorie und Dichtung. München 1968. – Die deutsche Literatur der Gegenwart. Aspekte und Tendenzen (Hrsg.). Stuttgart ^{3}1976. – Dürrenmatt, Frisch, Weiss. Deutsches Drama der Gegenwart zwischen Kritik und Utopie. Stuttgart ^{2}1973. – Die deutsche Exilliteratur 1933–1945 (Hrsg.). Stuttgart 1973. – Zwischen Symbolismus und Expressionismus: Stefan George. Stuttgart 1974. – Gespräche über den Roman. Formbestimmungen und Analysen. Frankfurt a. M. 1976. – Hermann Broch. Dichtung und Erkenntnis. Stuttgart 1978. – Das expressionistische Drama I. Carl Sternheim. Georg Kaiser. München 1978. – Das expressionistische Drama II. Ernst Barlach, Ernst Toller, Fritz v. Unruh. München 1979. – Das Amerika-Bild in der deutschen Gegenwartsliteratur. Historische Voraussetzungen und aktuelle Beispiele. Stuttgart 1979. – Der deutsche Roman der Gegenwart. Entwicklungsvoraussetzungen und Tendenzen. Böll, Grass, Johnson, Wolf, Kant. 3., erw. und veränd. Aufl. Stuttgart 1979. – Erzählte Zeit. 50 deutsche Kurzgeschichten der Gegenwart (Hrsg.). Stuttgart 1980. – Die deutsche Kurzgeschichte der Gegenwart. Autorenporträts, Werkstattgespräche, Interpretationen. Stuttgart 1980. – Zahlreiche Aufsätze zur deutschen Literatur des 18., 19. und 20. Jahrhunderts und zur vergleichenden Literaturwissenschaft.

Bodo Heimann

Geboren 1935. Studium der Germanistik und Geschichte in Freiburg, Berlin und Frankfurt. Dr. phil. Wissenschaftlicher Mitarbeiter am Institut für Literaturwissenschaft der Universität Kiel.

Publikationen:

Der Süden in der Dichtung Gottfried Benns. Freiburg 1962. – Experimentelle Prosa der Gegenwart. Rühm, Becker, Wiener, Jonke, Heißenbüttel. München 1978. – Aufsätze zur deutschen Literatur des 18. – 20. Jahrhunderts.

Jost Hermand

Geboren 1930. Studium der Germanistik, Geschichte, Kunstgeschichte und Philosophie in Marburg. Dr. phil. Professor of German an der University of Wisconsin in Madison (USA).

Publikationen:

Die literarische Formenwelt des Biedermeiers. Gießen 1958. – Deutsche Kunst und Kultur von der Gründerzeit bis zum Expressionismus. 5 Bde. Berlin/München 1959–75 (mit Richard Hamann). – Literaturwissenschaft und Kunstwissenschaft. Stuttgart 1965. – Jugendstil. Ein Forschungsbericht. Stuttgart 1967. – Von deutscher Republik. 1775–1795. Texte radikaler Demokraten (Hrsg.). Frankfurt a. M. 1968. – Synthetisches Interpretieren. Zur Methodik der Literaturwissenschaft. München 1968. – Von Mainz nach Weimar. 1792–1919. Studien zur deutschen Literatur. Stuttgart 1969. – Wisconsin Workshop Series (Hrsg., mit Reinhold Grimm). 12 Bde. Frankfurt/Stuttgart/Wiesbaden 1970 ff. – Zur Literatur der Restaurationsepoche. 1815–48 (Hrsg., mit Manfred Windfuhr). Stuttgart 1970. – Pop international. Eine kritische Analyse. Frankfurt a. M. 1971. – Unbequeme Literatur. Eine Beispielreihe. Heidelberg 1971. – Stänker und Weismacher. Zur Dialektik eines Affekts. Stuttgart 1971. – Jugendstil (Hrsg.). Darmstadt 1971. – Der Schein des schönen Lebens. Studien zur Jahrhundertwende. Frankfurt a. M. 1972. – Düsseldorfer Heine-Ausgabe. Bd. 6 (Hrsg.). Hamburg 1973. – Streitobjekt Heine. Ein Forschungsbericht. 1945–1975. Frankfurt a. M. 1975. – Der frühe Heine. München 1976. – Stile, Ismen, Etiketten. Zur Periodisierung der ›modernen‹ Kunst. Wiesbaden 1978. – Die Kultur der Weimarer Republik. München 1978 (mit Frank Trommler). – Sieben Arten, an Deutschland zu leiden. Königstein (Taunus) 1979. – Unsere Republik. Politische Statements westdeutscher Autoren (Hrsg., mit Alfred Estermann und Merle Krueger). Wiesbaden 1980. – Orte. Irgendwo. Formen utopischen Denkens. Königstein (Taunus) 1981. – Konkretes Hören. Zum Inhalt instrumentaler Musik. Berlin 1981. – Mithrsg. von Zeitschriften sowie des *Brecht-Jahrbuchs*. Außerdem Aufsätze, Rundfunkbeiträge, Rezensionen, Übersetzungen und Texteditionen (Junges Deutschland, Der deutsche Vormärz, Bürger, Börne, Pückler-Muskau, Glassbrenner, Weerth, Holz).

Gunner Hüttich

Geboren 1946. Studium der Germanistik, Komparatistik, Anglistik an der University of Wisconsin. Ph. D. Assistant Professor of German an der University of Southern California.

Publikationen:

Theater in the Planned Society. Cultural Politics and Contemporary Drama in the German Democratic Republic in its Historical, Political, and Cultural Context. Chapel Hill 1978. – Aufsätze zur Literaturgeschichte und Kulturpolitik der DDR, zu Brecht und Rilke sowie zur Rezeption der DDR-Literatur in den USA.

Manfred Jurgensen

Geboren 1940. Studium der Germanistik, Anglistik und Politischen Wissenschaften in Zürich, Melbourne und Hannover. Professor für Neuere deutsche Literatur an der University of Queensland, Brisbane (Australien).

Publikationen:

Symbol als Idee. Studien zu Goethes Ästhetik. Bern 1968. – Max Frisch: Die Dramen. Bern/München ^{2}1974. – Max Frisch: Die Romane. Bern/München ^{2}1974. – Deutsche Literaturtheorie der Gegenwart. Stuttgart 1973. – Grass: Kritik – Thesen – Analysen (Hrsg.). Bern 1973. – Über Günter Grass. Bern/München 1974. – Böll: Untersuchungen zum Werk (Hrsg.). Bern 1975. – Frisch: Beiträge zum 65. Geburtstag (Hrsg.). Bern 1977. – Das fiktionale Ich. Bern/München 1979. – Handke: Ansätze – Analysen – Anmerkungen (Hrsg.). Bern 1979. – Erzählformen des fiktionalen Ich. Bern/München 1980. – Der Kegel im Wald oder Die Geometrie der Verneinung. Bern 1980. – Ingeborg Bachmann: Die neue Sprache. Bern 1980. – Aufsätze zur Literatur des 18.–20. Jahrhunderts, Rezensionen, Lyrik und Romane.

Angela Kandt

Geboren 1952. Studium der Germanistik, Orientalistik und Politik in Kiel und Hamburg. M.A.

Marianne Kesting

Geboren 1930. Studium der Literatur- und Musikwissenschaft an der Universität München. Dr. phil. Professor für Allgemeine und Vergleichende Literaturwissenschaft an der Universität Bochum. Mitglied des PEN-Clubs.

Publikationen:

Das epische Theater. Stuttgart 1959. – Bertolt Brecht. Reinbek b. Hamburg 1959. – Panorama des zeitgenössischen Theaters. München 1962. – Vermessung des Labyrinths. Studien zur modernen Ästhetik. Frankfurt a. M. 1965. – Entdeckung und Destruktion. Zur Strukturumwandlung der Künste. München 1970. – Herman Melvilles »Benito Cereno«. Berlin 1972. – Auf der Suche nach der Realität. Kritische Schriften zur modernen Literatur. München 1972. – Der Dichter und die Droge. Köln 1973. – Die Diktatur der Photographie. Von der Nachahmung der Kunst bis zu ihrer Überwältigung. München 1980. – Editionen, Aufsätze und Rezensionen.

Manfred Koch

Geboren 1947. Studium der Germanistik, Geographie und Pädagogik. Dr. phil. Studienrat. Nebenamtlicher Studienleiter am Landesinstitut Schleswig-Holstein für Praxis und Theorie der Schule (IPTS).

Publikationen:

Wolfgang Koeppen. Stuttgart 1973. – Aufsätze, Kurzmonographien und Rezensionen zur deutschen Literatur.

Helmut Kreuzer

Geboren 1927. Studium in Freiburg i. Br., Basel, Göttingen, Tübingen. Dr. phil. Professor für Germanistik an der Gesamthochschule Siegen. Mitglied des PEN-Clubs.

Publikationen u. a.:

Hebbel in neuer Sicht (Hrsg.). Stuttgart ^{2}1969. – Mathematik und Dichtung (Hrsg.). München ^{4}1971. – Die Boheme. Stuttgart 1968; Paperback 1971. – Literarische und naturwissenschaftliche Intelligenz (Hrsg.). Stuttgart 1968. – Gestaltungsgeschichte und Gesellschaftsgeschichte (Hrsg.). Stuttgart 1969. – Deutsche Dramaturgie der sechziger Jahre (Hrsg.). Tübingen 1974. – Veränderungen des Literaturbegriffs. Göttingen 1975. – Jahrhundertende – Jahrhundertwende. Bd. 1 (Hrsg.). Frankfurt a. M. 1975. – Literatur für viele. Bd. 2 (Hrsg.). Göttingen 1976. – Literaturwissenschaft – Medienwissenschaft (Hrsg.). Heidelberg 1977. – Entwicklungen der siebziger Jahre (Mithrsg.). Gerabronn 1978. – Fernsehforschung – Fernsehkritik (Hrsg.). Göttingen 1979. – Fernsehsendungen und ihre Formen. Typologie, Geschichte und Kritik des Programms in der Bundesrepublik Deutschland (Hrsg., mit Karl Prümm). Stuttgart 1979. – Mithrsg. der *Zeitschrift für Literaturwissenschaft und Linguistik (LiLi)* (1971 ff.), der *LiLi*-Beihefte (1975 ff.) und der *Reihe Siegen* (1977 ff.). – Aufsätze und Rezensionen.

Herbert Lehnert

Geboren 1925. Studium der Germanistik, Geschichte und Philosophie in Kiel. Professor of German an der University of California, Irvine.

Publikationen:

Thomas Mann: Fiktion, Mythos, Religion. Stuttgart 1965. – Struktur und Sprachmagie. Stuttgart 1966. – Thomas-Mann-Forschung: Ein Bericht. Stuttgart 1969. – Geschichte der deutschen Literatur: Vom Jugendstil zum Expressionismus. Stuttgart 1978. – Aufsätze und Rezensionen.

Rudolf Walter Leonhardt

Geboren 1921. Studium der Naturwissenschaften und modernen Sprachen in Leipzig, Bonn, Cambridge, London. Dr. phil. Stellvertretender Chefredakteur der ZEIT. Mitglied des PEN-Clubs.

Publikationen:

77 × England. München 1980. – Der Sündenfall der deutschen Germanistik. Zürich/Stuttgart 1959. – Leben ohne Literatur. Starnberg 1961. – ×-mal Deutschland. München 1961. – Zeitnotizen. München 1963. – Junge deutsche Dichter für Anfänger. Zürich 1964. – Reise in ein fernes Land (mit Marion Gräfin Dönhoff und Theo Sommer). Hamburg 1964. – Kästner für Erwachsene. Frankfurt a. M. 1966. – Wer wirft den ersten Stein? München 1969. – Sylt für Anfänger. Zürich 1969. – Haschisch-Report. München 1970. – Drei Wochen und drei Tage – Japan Tagebuch. Hamburg 1970. – Deutschland. Luzern / Frankfurt a. M. 1972. – Argumente pro und contra. München 1974. – Das Weib, das ich geliebet hab' – Heines Mädchen und Frauen. Hamburg 1975. – Journalismus und Wahrheit. Luzern 1976. – Lieder aus dem Krieg. München 1979. – Sylt. Luzern / Frankfurt a. M. 1980.

Renate Möhrmann

Studium der Germanistik, Romanistik, Philosophie und Medienwissenschaften in Hamburg, Lyon, New York. Dr. phil. habil. Professorin für Theater-, Film- und Fernsehwissenschaften an der Universität Köln.

Publikationen:

Der Vereinsamte Mensch. Studien zum Wandel des Einsamkeitsmotivs von Raabe bis Musil. Bonn 1974. – Die andere Frau. Emanzipationsansätze deutscher Schriftstellerinnen im Vorfeld der Achtundvierziger Revolution. Stuttgart 1977. – Frauenemanzipation im deutschen Vormärz. Texte und Dokumente (Hrsg.). Stuttgart 1978. – Die internationale Entwicklung des Films seit 1945. Wiesbaden 1979. (Handbuch der Literaturwissenschaft. Bd. 22.) – Die Frau mit der Kamera. Filmemacherinnen in der Bundesrepublik Deutschland. Situation, Perspektiven. Zehn exemplarische Lebensläufe. München 1980.

Helmut Mörchen

Geboren 1945. Studium der Germanistik, Skandinavistik und Philosophie in Bonn und Saarbrücken. Dr. phil. Wissenschaftlicher Assistent an der Pädagogischen Fakultät der Universität Bonn.

Publikationen:

Schriftsteller in der Massengesellschaft. Zur politischen Essayistik und Publizistik Heinrich und Thomas Manns, Kurt Tucholskys und Ernst Jüngers. Stuttgart 1973. – Ernst Glaeser: FAZIT. Ein Querschnitt durch die deutsche Publizistik (Hrsg.). Kronberg (Taunus) 1977. – Aufsätze zur Gebrauchsliteratur und ihrer Didaktik, zur Essayistik im Dritten Reich, zu Kurt Tucholsky und Heinrich Wolgast. – Rezensionen.

Rainer Nägele

Geboren 1943. Studium der Germanistik, Philosophie und Geschichte in Innsbruck, Göttingen und an der Universität von Kalifornien, Santa Barbara. Professor für deutsche Literatur und allgemeine Literaturwissenschaft an der Johns Hopkins University in Baltimore, Maryland.

Publikationen:

Heinrich Böll. Einführung in das Werk und die Forschung. Frankfurt a. M. 1976. – Literatur und Utopie. Versuche zu Hölderlin. Heidelberg 1978. – Peter Handke. München 1978. – Aufsätze über Goethe, Hölderlin, Kafka, Hofmannsthal, Heinrich Mann, Freud, Böll, Martin Walser, Handke und zur Literaturtheorie und -geschichte.

Klara Obermüller

Geboren 1940. Studium der Germanistik, Romanistik und Komparatistik in Zürich, Hamburg und Paris. Dr. phil. Freie Publizistin in Zürich.

Publikationen:

Melancholie in der deutschen Barocklyrik. Bonn 1974. – Jugendbücher.

Otto F. Riewoldt

Geboren 1950. Studium der Germanistik, Politikwissenschaft, Soziologie.

Publikationen u. a.:

Von Zuckmayer bis Kroetz. Die Rezeption westdeutscher Theaterstücke durch Kritik und Wissenschaft in der DDR. Berlin 1978. – Zahlreiche Arbeiten für Presse, Funk und Fachaufsätze.

Alexander Ritter

Geboren 1939. Studium der Germanistik, Geographie und Philosophie in Kiel. Dr. phil. Studiendirektor.

Publikationen u. a.:

Darstellung und Funktion der Landschaft in den Amerika-Romanen von Charles Sealsfield (Karl Postl). Kiel 1969. – Charles Sealsfield: Sämtliche Schriften (Mithrsg.). Hildesheim 1972 ff. – Auslandsdeutsche Literatur der Gegenwart. 13 Bde. (Hrsg.). Hildesheim 1974 ff. – Nachrichten aus Kasachstan. Deutsche Dichtung in der Sowjetunion (Hrsg.). Hildesheim 1974. – Landschaft und Raum in der Erzählkunst (Hrsg.). Darmstadt 1975. – Günter Grass: Katz und Maus. Erläuterungen und Dokumente (Hrsg.). Stuttgart 1977. – Deutschlands literarisches Amerikabild (Hrsg.). Hildesheim 1977. – Zeit in der Erzählkunst (Hrsg.). Darmstadt 1978. – J. G. Müller von Itzehoe und die deutsche Spätaufklärung (Hrsg.). Heide 1978. – Karl Kurt Klein: Literaturgeschichte des Deutschtums im Ausland (mit Bibliographie 1945–1978) (Hrsg.). Hildesheim 1979. – Aufsätze und Rezensionen.

Jay Rosellini

Geboren 1947. Studium der Germanistik in Urbana (USA), München, Bloomington (USA) und Berlin. Ph. D. Assistant Professor of German am Massachusetts Institute of Technology in Cambridge.

Publikationen:

Thomas Müntzer im deutschen Drama. Bern 1978. – Aufsätze und Rezensionen.

Peter von Rüden

Geboren 1946. Studium der Germanistik, Theatergeschichte und Geschichte in Münster, Köln und München. Dr. phil. habil. Leiter des Adolf-Grimme-Instituts des Deutschen Volkshochschul-Verbandes in Marl/Westf., Lehrbeauftragter für Medienwissenschaft an der Universität Osnabrück.

Publikationen:

Sozialdemokratisches Arbeitertheater (1848–1914). Frankfurt a. M. 1973. – Das Fernsehspiel (Hrsg.). München 1975. – Medienpädagogik (Hrsg., mit Wilfried Schmid). München 1978. – Unterhaltungsmedium Fernsehen (Hrsg.). München 1979. – Fernsehen in der Elternbildung (mit M. Borchert und K. Derichs-Kunstmann). München 1979. – Beiträge zur Kulturgeschichte der deutschen Arbeiterbewegung (Hrsg.). Frankfurt a. M. 1979.

Klaus Sauer

Geboren 1941. Studium der Germanistik, Philosophie und Publizistik in Berlin. Redakteur beim Deutschlandfunk in Köln.

Publikationen:

Lorbeer und Palme. Patriotismus in deutschen Festspielen (mit German Werth). München 1971. – Anna Seghers. München 1978. – Christa Wolf Materialienbuch (Hrsg.). Darmstadt/Neuwied 1979.

Hans Dieter Schäfer

Geboren 1939. Studium der Germanistik, Geschichte, Philosophie und Pädagogik in Wien und Kiel. Dr. phil. Akademischer Rat am Germanistischen Institut der Universität Regensburg.

Publikationen:

Peter Altenberg: Sonnenuntergang im Prater (Hrsg.). Stuttgart ^{4}1979. – Horst Lange: Tagebücher aus dem Zweiten Weltkrieg (Hrsg.). Mainz 1979. – Wilhelm Lehmann. Studien zu seinem Leben und Werk. Bonn 1969. – Aufsätze und Rezensionen.

Franz Schonauer

Geboren 1920. Studium der Germanistik, Geschichte und Philosophie in Bonn und Marburg. Dr. phil. Literaturkritiker. Wissenschaftlicher Mitarbeiter am Institut für Publizistik der Freien Universität Berlin. Mitglied des PEN-Clubs.

Publikationen:

Stefan George. Hamburg 1960. – Deutsche Literatur im Dritten Reich. Olten/Freiburg 1961. – Max von der Grün. München 1978. – Veröffentlichungen in Sammelwerken (Handbuch der Arbeiterliteratur, Kindlers Literaturgeschichte der Gegenwart, Neues Handbuch der Literaturwissenschaft u. a.), in Zeitungen und Zeitschriften. Mitarbeit beim Rundfunk.

Marc Silberman

Geboren 1948. Studium der Germanistik, Romanistik und vergleichenden Literatur in Berlin und Bloomington, Indiana. Ph. D. Assistant Professor an der University of Texas, San Antonio.

Publikationen:

Literature of the Working World. Bern/Frankfurt a. M. 1976. – Interpretationen zum Roman in der DDR (Hrsg.). Stuttgart 1980. – Aufsätze und Rezensionen zur zeitgenössischen deutschen Literatur und zum Film.

Frank Trommler

Geboren 1939. Studium der Literaturwissenschaft und Kunstgeschichte in Berlin, Wien und München. Dr. phil. Professor of German. Chairman des deutschen Departments der University of Pennsylvania, Philadelphia.

Publikationen:

Roman und Wirklichkeit. Stuttgart 1966. – Sozialistische Literatur in Deutschland. Ein historischer Überblick. Stuttgart 1976. – Die Kultur der Weimarer Republik (mit Jost Hermand). München 1978. – Deutsche Literatur. Eine Sozialgeschichte. Bd. 8: Jahrhundertwende (Mithrsg.). Reinbek 1981. – Aufsätze u. a. zu Kultur, Literatur und Theater des 19. und 20. Jahrhunderts.

Friedrich Voit

Geboren 1947. Studium der Germanistik und Klassischen Philologie in Mannheim, Saarbrücken und Bonn. Dr. phil. Lecturer am German Department der University of Auckland, NZ.

Publikationen:

Der Verleger Peter Suhrkamp und seine Autoren. Kronberg (Taunus) 1975. – Aufsätze zur deutschen Literatur des 18.–20. Jahrhunderts. – Rezensionen.

Heinrich Vormweg

Geboren 1928. Studium der Germanistik, Philosophie und Psychologie in Bonn. Dr. phil. Literatur- und Theaterkritiker. Mitherausgeber und Redakteur der Zeitschrift *L'80*. Honorary Professor des Department of German Studies der University of Warwick, Coventry. Mitglied des PEN-Clubs und der Akademie der Wissenschaften und der Literatur in Mainz.

Publikationen u. a.:

Die Wörter und die Welt. Essays. Neuwied 1968. – Briefwechsel über Literatur, mit Helmut Heißenbüttel. Neuwied 1969. – Eine andere Lesart. Essays. Neuwied 1972. – Geschichte der Prosa in der Bundesrepublik. In: Die Literatur der Bundesrepublik Deutschland. Hrsg. von Dieter Lattmann. München 1973.

Walter Weiss

Geboren 1927. Studium der Germanistik, Geschichte und Philosophie in Innsbruck. Professor für Neuere deutsche Sprache und Literatur an der Universität Salzburg.

Publikationen u. a.:

Enttäuschter Pantheismus. Dornbirn 1962. – Thomas Manns Kunst der sprachlichen und thematischen Integration. Düsseldorf 1964. – Dichtung und Grammatik. Salzburg 1967. – Gegenwartsliteratur. Zugänge zu ihrem Verständnis. Stuttgart 1973. – Zwischenbilanz. Eine Anthologie österreichischer Gegenwartsliteratur, mit einem Essay über österreichische Beiträge zur Gegenwartsliteratur. Salzburg 1976. – Beiträge in Zeitschriften, Sammelwerken, Zeitungen.

Personenregister

Das Register bleibt beschränkt auf die im Kontext relevanten Personen, die im Text oder in den Anmerkungen (A) erwähnt sind. Nicht erfaßt werden insbesondere die lediglich im Rahmen bibliographischer Angaben auftretenden Namen von Herausgebern und Übersetzern sowie ähnliche nur der Dokumentation dienende Namensangaben (Briefempfänger, Gesprächspartner u. ä.).